세계
문화
유산

글로벌 文化史의
理解

KB193190

세계문화유산
- 글로벌 文化史의 理解 -

지은이 | 최몽룡
펴낸이 | 최병식
펴낸날 | 2021년 7월 12일
펴낸곳 | 주류성출판사 www.juluesung.co.kr
　　　　서울특별시 서초구 강남대로 435 15층
　　　　TEL | 02-3481-1024(대표전화) · FAX | 02-3482-0656
　　　　e-mail | juluesung@daum.net

값 45,000원

잘못된 책은 교환해 드립니다.

ISBN 978-89-6246-442-9　93900

세계
문화
유산

글로벌 文化史의
理解

崔夢龍
(서울대 명예교수)

서문

　이 책은 세계 문화유산 목록(서기 1977년-서기 2019년 유네스코 세계 유산 목록 World Heritage List) 전체 1,121건 중 자연유산을 제외한 문화유산 869건과 복합유산 목록 39건의 도합 908건의 해설집으로 이는 독자들이 알기 쉽게 꾸며놓은 단순한 '여행·관광 안내서'라기보다는 이 책의 제목인 《세계문화유산 -글로벌 文化史의 理解-》와 같이 유네스코에 등재된 세계문화유산의 목록과 해설을 통해 '全世界文化史'를 빠르고 쉽게 이해할 수 있는 개설서이며 그 내용도 학술적·전문적인 관점에서 만들어 졌다.

　서기 2013년 11월 6일(수)에 발간된 인류문명발달사-고고학으로 본 세계문화사-5판에는 유네스코 세계 유산 중 자연유산을 제외한 문화유산 및 복합유산 목록 788건의 해설이 실려 있다. 이의 시작은 서기 2007년 1월2일(수)에 출간한 인류문명발달사-도시·문명·국가-(재판)때 부터이다. 처음(재판)에서는 목록의 나열에 불과한 87쪽 693건에 불과했다. 그 다음 서기 2009년 12월 4일(월) 인류문명발달사-도시·문명·

국가-(3판)에서는 108쪽 714건으로 역시 유산의 목록을 나열하고 해설을 조금 덧붙인 미미한 수준이었다. 이것이 4판에서는 763건 450쪽, 5판에서는 788건 456쪽으로 늘어났다. 5판에서는 현재까지 지정된 문화유산 및 복합유산 목록 788건 모두 해설하였을 뿐만 아니라 가능하면 지정된 문화유산의 역사적 배경과 아울러 학문적인 수준을 유지하고자 하였다. 다시 말해 이 책을 들고 현장에 가면 해당 문화유산을 이해하는데 아무런 문제가 없도록 해설의 폭과 깊이를 더하고자하였다.

디스커버리(Discovery), 내셔널지오그래픽(National Geographic Channel)과 히스토리 채널(History Channel)에서 세계문화유산의 소개가 많이 늘어나고 있다. 그래서 최근 세계문화유산에 대한 관심이 늘고, 또 이를 보고자하는 여행객의 수가 급증함에 따라 관광안내서가 아닌 관심 있는 한국인의 입장에서 세계문화사를 바라볼 수 있는 학문적 · 전문용 책자의 발간이 절실함을 느꼈다.

이 책의 발간은 서기 1978년 미국에서 유학할 당시부터 생각해왔으나 전공분야에 몰두해서 그럴만한 시간적 여유가 없었다. 최근 유선방송의 수가 늘어남에 따라 세계문화유산을 소개하는 프로그램의 수가 늘어났다. 필자도 경청을 하여 처음에는 화면을 유심히 보다가 궁금한 것은 관계 문헌을 찾아보거나 World Heritage Site, Wikipedia, the free encyclopedia를 포함한 인터넷을 이용해 이 책자 해설의 폭과 깊이를 더해 갔다. 여기에는 서기 2014년 6월 15일부터 25일까지 카타르(Quatar) 도하(Doha)에서 열린 38차 세계 문화유산 회의(The World Heritage Committee), 서기 2015년 6월 28일부터 7월 8일까지 독일 본(Bonn)의 39차와 서기 2016년 7월 10일부터 20일까지 터키 이스탄불(Istanbul)에서 열린 40차 세계 문화유산 회의에서 등재된 25건의 목록[전체 문화유산(Cultural) 814건, 자연유산(Natural) 203건, 자연과 문화의 복합유산

(Mixed) 35건, 유산들이 위치하는 나라(States Parties)는 165국임]과 서기 2017년 7월 2일부터 7월 12일까지 폴란드 크라쿠프(폴란드어: Kraków, 독일어: Krakau 크라카우)에서 열린 제 41차 세계 문화유산 회의목록을 포함하면 전체 세계문화유산(Cultural)은 21건이 많은 1,073건, 문화유산(Cultural)은 18건이 추가된 832건, 자연유산(Natural)은 3건이 추가된 206건, 자연과 문화의 복합유산(Mixed)은 19건이 추가된 54건, 유산들이 위치하는 나라(States Parties)는 167개국이 된다. 이 명단에서는 삭제된(Delisted) 유산은 54건, 여러 나라가 공동 소유하는 유산(Trans boundary)은 37건, 위험에 처한(in Danger) 유산 54건도 포함된다. 일 년 후인 서기 2018년 6월 24일(일)부터 7월 4일(수)까지 바레인 마나마(Manama, Bahrain)에서 열린 42차 세계유산회의(42nd session of the World Heritage Committee)에서 문화유산 13, 복합 3, 자연유산 3, 자연유산의 확대 1의 도합 20건이 추가 되었다. 그래서 전체 1,092건으로 다른 것은 변동이 없으나 문화유산 845, 자연유산 209, 복합유산 38건으로 되었다.

그리고 올해 서기 2019년 6월 30일부터 7월 10일까지 아제르바이잔공화국의 수도 바쿠(Baku, Republic of Azerbaijan)에서 열린 43차 세계 문화유산 회의의 결과 전체 유산(Properties) 1,121건으로, 문화유산 Cultural) 869건, 자연유산(Natural) 213건, 자연과 문화의 복합유산(Mixed) 167건, 여러 나라가 공동 소유하는 유산(Transboundary) 39건, 삭제된 유산(Delisted) 2건, 위험에 처한 유산(In Danger) 53건, 유산들이 위치하는 나라(States Parties)는 167국이 되었다.

세계유산 위원회(The World Heritage Committee)는 세계유산(The World Heritage)에 관한 논의를 하는 유네스코의(UNESCO, United Nations Educational, Scientific and Cultural Organization) 위원회이다. 유네스코 세계유산은 유네스코에서 인류의 소중한 문화 및 자연 유산을 보호

하기 위해 지정한 것이다. 이는 서기 1972년 11월 제17차 정기 총회에서 채택된 "세계 문화 및 자연 유산 보호 협약"에 따라 정해진다. 세계 유산 목록(The World Heritage List)은 세계유산 위원회가 전담하고 있다. 그래서 세계유산 위원회는 여러 나라들이 제출한 세계유산 신청서를 검토하고, 전문가들의 도움을 받아 매년 세계유산 목록에 등재할 유산들을 최종적으로 결정하는 기관이다. 세계유산에는 문화 유산(Cultural Heritage), 자연 유산(Natural Heritage), 자연과 문화의 복합 유산(Mixed Heritage)이 포함되며 서기 2019년 현재까지 유산들이 위치하는 나라(States Parties)는 167개국이 된다. 또 이 위원회는 삭제된(Delisted) 유산, 여러 나라가 공동 소유하는 유산(Trans boundary), 위험에 처한(in Danger) 유산도 함께 지정하여 관리한다.

세계유산 협약의 당사국 중 세계유산 협약 당사국 총회에서 선출된 21개국의 위원국으로 구성된다. 위원국은 아시아 · 오세아니아, 아랍권, 아프리카, 유럽 · 북아메리카, 카리브 해 · 중앙 및 남아메리카 5개 지역의 균형을 고려하여 선출된다. 위원국의 임기는 6년이지만 자발적으로 4년으로 단축하는 것이 가능하다. 회의는 자문 기관인 국제 자연 보전 연맹(IUCN), 국제 기념물 유적 협의회 (ICOMOS), 문화재 보존 및 복원 연구를 위한 국제 센터(ICCROM)의 대표자 및 비정부기구 등도 참여한다. 사무국은 세계유산 센터가 맡고 있다(위키백과). 서기 2019년 현재 21개의 위원국은 다음과 같다.

Angola, Australia, Azerbaijan, Bahrain, Bosnia and Herzegovina, Brazil, Burkina Faso, China, Cuba, Guatemala, Hungary, Indonesia, Kuwait, Kyrgyzstan, Norway, Saint Kitts and Nevis, Spain, Tunisia, Uganda, United Republic of Tanzania, Zimbabwe

세계 문화 및 자연 유산 보호에 관한 협약과 제안에 대한 역사는 ①
서기 1965년 워싱턴 DC에서 열린 백악관 회의에서 '전 세계 시민의 현
재와 미래를 위한 세계의 훌륭한 자연 및 경치 좋은 지역과 유적지'를
보호하기위한 국제 협력을 자극할 '세계 유산 신탁'이 필요하다고 주장
했다. ② 서기 1968년 국제 자연 보전 연맹(IUCN)은 회원국에 대해 유
사한 제안을 했으며, 이 제안은 스톡홀름의 1972년 유엔 인간 환경 회
의에서 발표되었다. ③ 그리고 그에 대한 협약은 서기 1972년 11월 16
일 유네스코 총회에서 채택되었다. ④ 그 결과 1차 회의는 서기 1977
년 프랑스 파리에서 열렸으며 서기 2019년 아제르바이잔 바쿠에서 43
차 회의가 열렸다. 그에 대한 성과는 이집트의 아부 심벨(Abu Simbel)
과 필라(Philae) 사원의 해체와 재조립, 베니스와 라군(이탈리아) 및
Moenjodaro(파키스탄)의 고고학 유적을 보존하고 Borobodur Temple
Compounds(인도네시아)를 복원하는 등의 성과를 가져왔다.

서기 1977년 프랑스 파리에서 열린 제 1회 세계 문화유산 회의에서부
터 이제까지 회의가 열린 장소와 연도는 아래와 같다.

① 정기 세계 문화유산 회의(Ordinary sessions of the World Heritage Com-
mittee)

43COM Baku, Azerbaijan(2019)

42COM Manama, Bahrain(2018)

41COM Kraków, Poland(2017)

40COM Istanbul, Turkey, July/UNESCO's Headquarters, October(2016)

39COM Germany, Bonn(2015)

38COM Qatar, Doha(2014)

37COM Phnom Penh, Cambodia(2013)

36COM Saint Petersburg, Russian Federation(2012)

35COM Paris, France(2011)

34COM Brasília, Brazil(2010)

33COM Sevilla, Spain(2009)

32COM Quebec City, Canada(2008)

31COM Christchurch, New-Zealand(2007)

30COM Vilnius, Lithuania(2006)

29COM Durban, South Africa(2005)

28COM Suzhou, China(2004)

27COM Paris, France(2003)

26COM Budapest, Hungary(2002)

25COM Helsinki, Finland(2001)

24COM Cairns, Australia(2000)

23COM Marrakesh, Morocco(1999)

22COM Kyoto, Japan(1998)

21COM Naples, Italy(1997)

20COM Mérida, Mexico(1996)

19COM Berlin, Germany(1995)

18COM Phuket, Thailand(1994)

17COM Cartagena, Colombia(1993)

16COM Santa Fe, USA(1992)

15COM Carthage, Tunisia(1991)

14COM Banff, Canada(1990)

13COM Paris, France(1989)

12COM Brasilia, Brazil(1988)

11COM Paris, France(1987)

10COM Paris, France(1986)

09COM Paris, France(1985)

08COM Buenos Aires, Argentina(1984)

07COM Florence, Italy(1983)

06COM Paris, France(1982)

05COM Sydney, Australia(1981)

04COM Paris, France(1980)

03COM Luxor, Egypt(1979)

02COM Washington, D.C(1978)

01COM Paris, France(1977)

② 임시 세계 문화유산 회의(Extraordinary Sessions of the Bureau)

12EXTCOM Paris, France(2017)

11EXTCOM Paris, France(2015)

10EXTCOM Paris, France(2011)

09EXTCOM Paris, France(2010)

08EXTCOM Paris, France(2007)

07EXTCOM Paris, France(2004)

06EXTCOM Paris, France(2003)

05EXTCOM Paris, France(2001)

04EXTCOM Paris, France(1999)

03EXTCOM Paris, France(1999)

02EXTCOM Paris, France(1997)

01EXTCOM Paris, France(1981)

③ 사무국(Bureau)의 설치

29BUR Durban, South Africa(2005)

27BUR Paris, France(2003)

26BUR Paris, France(2002)

25EXTBUR Helsinki, Finland(2001)

25BUR Paris, France(2001)

24EXTBUR Cairns, Australia(2000)

24BUR Paris, France(2000)

23EXTBUR Marrakesh, Morocco(1999)

23BUR Paris, France(1999)

22EXTBUR Kyoto, Japan(1998)

22BUR Paris, France(1998)

21EXTBUR Naples, Italy(1997)

21BUR Paris, France(1997)

20EXTBUR Mérida, Mexico(1996)

20BUR Paris, France(1996)

19EXTBUR Berlin, Germany(1995)

19BUR Paris, France(1995)

18EXTBUR Paris, France(1994)

18BUR Paris, France(1994)

17EXTBUR Paris, France(1993)

17BUR Paris, France(1993)

16BUR Paris, France(1992)

15BUR Paris, France(1991)

14BUR Paris, France(1990)

13BUR Paris, France(1989)

12BUR Paris, France(1988)

11BUR Paris, France(1987)

10BUR Paris, France(1986)

09BUR Paris, France(1985)

08BUR Paris, France(1984)

07BUR Paris, France(1983)

06BUR Paris, France(1982)

05BUR Paris, France(1981)

04BUR Paris, France(1980)

03BUR Cairo, Egypt(1979)

02BUR Paris, France(1979)

01BUR UNESCO Paris(1978)

 文明의 정의는 미국 하버드 대학의 故 張光直(Chang Kwang-Chih, 서기 1931년 4월 15일, 수-서기 2001년 1월 3일, 수) 교수의 이야기대로 "기념물이나 종교적 예술과 같은 고고학적 자료 즉 물질문화에서 특징적으로 대표되는 양식(style)이며 하나의 질(quality)"이라고 할 수 있다. 이러한 문명의 최종 결실의 표현은 時·空을 달리하는 고고학적 유적을 포함한 세계문화사를 구성하는 문화유적들로 대표된다. 앞으로 이들은 글로벌 文化史의 理解를 위한 문화적 자산이 된다. 이 책도 그러한 생각에서 만들어 진 것이다. 앞으로 판을 거듭하고 시간이 허락하는 한 해설을 보완하고 사진도 추가해 넣을 것이다.

 이 책《세계문화유산 -글로벌 文化史의 理解-》은
 가. 여기에는 서기 2019년 6월 30일부터 7월 10일까지 아제르바이잔

공화국의 수도 바쿠(Baku, Republic of Azerbaijan)에서 열린 43차 세계 문화유산 회의의 결과 전체 유산(Properties) 1,121건, 문화유산 Cultural) 869건, 자연유산(Natural) 213건, 자연과 문화의 복합유산(Mixed) 167건, 여러 나라가 공동 소유하는 유산(Transboundary) 39건, 삭제된 유산(Delisted) 2건, 위험에 처한 유산(In Danger) 53건, 유산들이 위치하는 나라(States Parties)는 167국을 모두 포함하였다.

나. 세계문화유산 목록은 가 · 나 · 다 순의 나라별로 작성되었다.

다. 참고 · 인용문헌 :

1. 유네스코 세계유산, 유네스코한국위원회(unesco.or.kr)

2. 가브리엘레 레서, 게르하르트 헨델 외(박영구 · 최병연 옮김), 2003. 유네스코 세계문화유산(Unesco World Heritage), 서울: 베텔스만 코리아

3. 네셔널 지오그래픽 편집위원회 편(이화진 옮김), 2011 유네스코 세계유산, 파주: 느낌 있는 책

4. UNESCO World Heritage Centre(who.unesco.org)

5. 최몽룡 2014 중국의 신석기시대 · 청동기 · 철기시대-中國의 多元的 文明發生의 고대문화-, 이상운 기증유물 III, 동북아 선사문화로의 초대, 한성백제박물관, 180-215쪽

6. 최몽룡 2014 선사와 역사시대의 세계문화유산(World Cultural Heritage List)-유네스코 세계문화유산 중 자연유산을 제외한 문화유산 및 복합유산 목록 810건의 해설-, 국립목포대학교, 1-85쪽

라. 그러나 본문은 UNESCO World Heritage Centre에서 公式的으로 발표한 解說을 바탕으로 하고 거기에 덧붙여 필자 나름대로 해설에 덧붙일 필요가 있다고 생각하여 補完을 많이 하였다. 그러한

결과 본문 중 일부 내용은 學問·學術的인 성격을 많이 띠어 일반 독자가 읽고 이해하기가 어려운 부분이 많이 있을 것이다. 이는 등재된 세계문화유산을 단순한 '여행·관광안내서'를 위한 쉽고 이해하기 좋게 서술하기 보다는 가능하면 학문적·전문적인 내용으로 '全世界文化史'를 올바로 이해할 수 있도록 만들고자 하는 목적 때문이었다.

마. 그리고 이 책을 주류성 출판사에 넘기기 전 원고를 읽고 교정을 보아준 姜信愛 연세대학교 시간강사(서울대학교 대학원 고고미술사학과 박사과정)에게 깊은 감사를 드린다.

세계문화유산목차
(서기 2019년 7월 10일 현재)

3. 셀라바테베, 우카람바 드라켄스버그 국립공원(Sehlabathebetional Park-extension
to the uKhahlamba Drakensberg Park, Lesotho: 복합, 2000, 2013, 확대지정)
4. 마푼구브웨의 문화경관(Mapungubwe Cultural Landscape: 문화, 2003)
5. 리히터스벨트 문화 생물 조경(Richtersveld Cultural and Botanical Landscape:
복합, 2007)
6. 코마니 문화 경관(‡Khomani Cultural Landscape: 문화, 2017)

네덜란드 NETHERLANDS 95

1. 쇼클란트와 그 주변지역(Schokland and Surroundings: 문화, 1995)
2. 암스텔담 방어선(Defence Line of Amsterdam: 문화, 1996)
3. 킨더디지크-엘슈트 풍차망(The Mill Network at Kinderdijk-Elshout: 문화, 1997)
4. 윌렘스타드 내륙지방 역사지역과 항구(Historic Area of Willemstad,
Inner City and Harbour: 문화, 1997)
5. D. F. Wouda 증기기관 揚水場(D. F. Wouda Steam Pumping Station: 문화, 1998)
6. 벰스터 간척지(Droogmakerij de Beemster/Beemster Polder: 문화, 1999)
7. 리에트벨드 슈뢰더 하우스(Rietveld Schröderhuis/the Rietveld Schröder
House: 문화, 2000)
8. 싱겔그라흐트 내 서기 17세기 암스텔담의 운하망(Seventeenth-century canal
area of Amsterdam inside the Singelgracht: 문화, 2010)
9. 반 넬레 공장(Van Nellefabriek/Van Nelle Factory, 문화: 2014)

네팔 NEPAL 101

1. 카트만두 계곡(Kathmandu Valley: 문화, 1979)
2. 룸비니 석가 탄생지(Lumbini, the Birthplace of the Lord Buddha: 문화, 1997)

노르웨이 NORWAY 102

1. 베르겐의 브리겐 지역(Bryggen area in Bergen: 문화, 1979)
2. 우르네스 목조교회(Urnes Stave Church: 문화, 1979)
3. 로로스 광산 도시(Røros Mining Town: 문화, 1980/2010 확대지정)
4. 알타의 암각화(Rock Drawings of Alta: 문화, 1985)
5. 베가군도의 경관(Vegaøyan-The Vega Archipelago: 문화, 2004)
6. 스트루브 자오선 측지점(Struve Geodetic Arc: 문화, 2005)
7. 리우칸-노토덴 산업유산 유적(Rjukan-Notodden Industrial Heritage Site: 문화, 2015)

8. 로마 제국 변경의 무역중심지(Frontiers of the Roman Empire: 문화, 1987/2005/2008 확대지정)

9. 뤼베크 한자 도시(Hanseatic City of Lübeck: 문화, 1987)

10. 베를린과 포츠담의 궁전과 공원들(Palaces and Parks of Potsdam and Berlin: 문화, 1990/1992/1999 확대지정)

11. 밤베르크 중세도시 유적(Town of Bamberg: 문화, 1993)

12. 로쉬의 수도원과 알텐 뮌스터(Abbey and Altenmunster of Lorsch: 문화, 1991)

13. 람멜스베르크 광산과 고슬라 역사지구, 하르쯔 윗마을 水資源 관리체계 (Mines of Rammelsberg and Historic Town of Goslar, Upper Harz Water Management System: 문화, 1992/2010 확대지정)

14. 마울브론 수도원 지구(Maulbronn Monastery Complex: 문화, 1993)

15. 퀘들린부르크의 대성당, 성, 구시가지(Collegiate Church, Castle and Old Town of Quedlinburg: 문화, 1994)

16. 필크링겐 제철소(Völklingen Ironworks: 문화, 1994)

17. 쾰른 성당(Cologne Cathedral/Kölner Dom: 문화, 1996)

18. 바이마르와 뎃사우(데소) 소재 바우하우스 유적(The Bauhaus & its sites in Weimar and Dessau: 문화, 1996)

19. 아이슬레벤과 비텐베르크 소재 루터 기념관(Luther Memorials in Eisleben and Wittenberg: 문화, 1996)

20. 바이마르 지역(Classical Weimar: 문화, 1998)

21. 뮤지엄스인셀(박물관 섬/博物館島)(Museumsinsel/Museum Island: 문화, 1999)

22. 바르트부르그 성(Wartburg Castle: 문화, 1999)

23. 라이헤나우의 수도원 섬(Monastic Island of Reichenau: 문화, 2000)

24. 뎃사우(데소) 뵐리츠의 정원(Garden Kingdom of Dessau-Wörlitz: 문화, 2000)

25. 에센의 졸버라인 탄광과 산업복합단지(Zollverein Coal Mine Industrial Complex in Essen: 문화, 2001)

26. 스트랄준트와 비스마르의 역사 지구(Historic Centres of Stralsund and Wismar: 문화, 2002)

27. 중북부 라인 계곡(Upper Middle Rhine Valley: 문화, 2002)

28. 드레스덴 엘베 강 계곡(Dresden Elbe Valley: 문화, 2004/확대지정, 2006/2007/2009)

29. 브레멘 시장의 시청 건물과 브레멘 상가(The Town Hall and Roland on the Marketplace of Bremen: 2004, 문화)

30. 무스카우어 공원(Muskauer Park/Park Mużakowski: 2004, 문화)

세계문화유산 -글로벌 文化史의 理解-

31. 레겐스부르크의 중세 도시구역(Old town of Regensburg with Stadtamhof: 문화, 2006)

32. 베를린 근대화운동의 動産家屋(Berlin Modernism Estates: 문화, 2008)

33. 알펠트의 파구스 공장(Fagus Factory in Alfred: 문화, 2011)

34. 바이로이스 후작의 오페라 하우스(Margravial Opera House Bayreuth/ Markgräfliches Opernhaus: 문화, 2012)

35. 베르그파크 빌헤름회헤 구릉공원의 수로가 있는 정원과 헤라크레스상(Water features and Hercules within the Bergpark Wilhelmshöhe: 문화, 2013)

36. 카롤링거 왕조의 웨스트워크와 코르베이 성(Carolingian Westwork and Civitas Corvey, 문화: 2014)

37. 창고지구와 칠레하우스가 있는 관청지구(Speicherstadt and Kontorhaus District with Chilehaus: 문화, 2015)

38. 르 코르뷔지에의 건축활동. 현대화에 뛰어난 공헌(The Architectural Work of Le Corbusier, an Outstanding Contribution to the Modern Movement 문화, 2016) → 스위스 8항을 참조할 것

39. 스바비안 쥬라의 동굴과 빙하기의 예술 (Caves and Ice Age Art in the Swabian Jura: 문화, 2017)

40. 나움부르크 성당(Naumburg Cathedral: 문화, 2018)

41. 헤데비와 다네비르케의 고고학 국경 문화 복합체(Archaeological Border Complex of Hedeby and the Danevirke: 문화, 2018)

42. 로마제국의 변경(Frontiers of the Roman Empire: 문화, 2019) → 오스트리아 9항을 참조할 것.

43. 에르츠 산맥의 광산(Erzgebirge/Krušnohoří Mining Region, Ore Mountains: 문화, 2019)

44. 아우스부르크 시의 수질 관리 체계 (Water Management System of Augsburg: 문화, 2019)

라오스(老撾) LAO PEOPLE'S DEMOCRATIC REP. 148

1. 루앙 프라방 시(Town of Luang Prabang: 문화, 1995)

2. 참파삭 문화지역 내 푸 사원과 고대 주거지(Vat Phou and Associated Ancient Settlements within the Champasak Cultural Landscape: 문화, 2001)

3. 거석 석제 옹관 유적(Megalithic Jar Sites in Xiengkhouang-Plain of Jars: 문화, 2019)

6. 치첸이챠의 先 스페인 도시(Pre-Hispanic City of Chichén-Itzá: 문화, 1988)
7. 구아나후아토 타운과 주변 광산지대(Historic Town of Guanajuato and adjacent mines: 문화, 1988)
8. 모렐리아 역사지구(Historic Centre of Morelia: 문화, 1991)
9. 엘 타힌 先 스페인 도시(El Tajín, Pre-Hispanic City: 문화, 1992)
10. 시에라 데 샌프란시스코 암벽화(Rock Paintings of the Sierra de San Francisco: 문화, 1993)
11. 자카테카스 역사 지구(Historic Centre of Zacatecas: 문화, 1993)
12. 포포카테페틀의 서기 16세기 수도원(Earliest 16th Century Monasteries on the Slopes of Popocatépetl: 문화, 1994)
13. 궤레타로 역사기념물지대(Historic Monuments Zone of Querétaro: 문화, 1996)
14. 욱스말 先-스페인 도시(Pre-Hispanic town of Uxmal: 문화, 1996)
15. 과달라하라의 호스피시오 카바나스(Hospicio Cabañas, Guadalajara: 문화, 1997)
16. 파퀴 카사스 그란데스 고고유적지(Archeological zone of Paquimé Casas Grandes: 문화, 1998)
17. 트라코탈판 역사기념물지역(Historic Monuments zone of Tlacotalpan: 문화, 1998)
18. 캄페체의 요새도시(Historic Fortified Town of Campeche: 문화, 1999)
19. 소치칼코 고고학 기념지역
(Archaeological Monuments Zone of Xochicalco: 문화, 1999)
20. 고대 마야도시와 카라크물의 보호받은 열대삼림[Ancient Maya City and Protected Tropical Forests of Calakmul, Campeche(extension of the "Ancient Maya City of Calakmul, Campeche"): 문화, 2002. 복합/확대지정, 2014]
21. 콰레타로의 시에라 고르다의 프란치스코 선교본부(Franciscan Missions in the Sierra Gorda of Querétaro: 문화, 2003)
22. 루이스 바라간의 집과 작업장(Luis Barragán House and Studio: 문화, 2004)
23. 용설란 재배지 경관 및 구 데킬라 공장 유적지(Agave Landscape and Ancient Industrial Facilities of Tequila: 문화, 2006)
24. 국립대학(UNAM) 중앙대학 도시 캠퍼스[Central University City Campus of the Universidad Nacional Autónoma de México「UNAM」: 문화, 2007]
25. 산 미구엘의 보호도시와 제수스 나자레노 데 아토토닐코의 聖域(Protective town of San Miguel and Sanctuary of Jesús Nazareno de Atotonilco: 문화, 2008)
26. 왕립 내륙 철도(Camino Real de Tierra dentro: 문화, 2010)
27. 와하카 중부 계곡의 야굴과 미트라 선사시대 동굴유적(Prehistoric Caves of Yaguland Mitla in the Central Valley of Oaxaca: 문화 2010)

28. 水銀과 銀의 아말감(合金)-산 루이스 포토시(The Mercury and Silver Biono-mial. Almadén and Idrija with San Luis Potosí: 문화, 2010)
29. 파드레 템블레크 수로제도의 수도교(Aqueduct of Padre Tembleque Hydraulic System: 문화, 2015)
30. 테우아칸-쿠이카트란 계곡: 中美의 최초의 거주지(Tehuacán-Cuicatlán Valley: Originary Habitat of Mesoamerica: 복합, 2018)

모로코 MOROCCO 222
1. 페즈의 메디나(Medina of Fez: 문화, 1981)
2. 마라케쉬의 메디나(The Medina of Marrakesh: 문화, 1985)
3. 아이트-벤-하도우(Ksar of Ait-Benhaddou: 문화, 1987)
4. 메크네스 역사도시(Historic city of Meknes: 문화, 1996)
5. 볼루빌리스 고고학지역(Archaeological Site of Volubillis: 문화, 1997):
6. 테투안의 메디나(The Medina of Tétouan-formerly known as Titawin: 문화, 1997)
7. 에사우리라의 메디나[Medina of Essaouira(formerly Mogador): 문화, 2001]
8. 포르투갈의 마자간 시[Portuguese City of Mazagan(El Jadida): 문화, 2004)
9. 현대와 역사 도시 라바트(Rabat, modern capital and historic city: a shared heritage: 문화, 2012)

모리셔스 MAURITIUS 226
1. 아프라바시 선착장 유적지(Aapravasi Ghat: 문화, 2006)
2. 르 모네 문화경관(Le Morne Cultural Landscape: 문화, 2008)

모리타니아 MAURITANIA 227
1. 오우아데인, 칭게티, 티치트, 오왈래타의 고대마을(Ancient Ksour of Ouadane, Chinguetti, Tichitt, Oualata: 문화, 1996)

모잠비크 MOZAMBIQUE 228
1. 모잠비크 섬(Island of Mozambique: 문화, 1991)

몬테네그로 MONTENEGRO 229
1. 코토르 지역의 자연 및 역사문화유적지(Natural and Culture-Historical Region of Kotor: 문화, 1979)
2. 스테치-중세 묘비(Stećci–Medieval Tombstones: 문화, 2016)

세계문화유산 -글로벌 文化史의 理解-

2. 치퀴토스의 예수회 선교단 마을(Jesuit Missions of the Chiquitos: 문화, 1990)

3. 수크레 역사도시(Historic City of Sucre: 문화, 1991)

4. 사마이파타 암각화(El Fuerte de Samaipata: 문화, 1998)

5. 티와나쿠(Tiwanaku/Tiahuanaco: Spiritual and Political center of the Tiwanaku Culture: 문화, 2000)

6. 쿠하파크 난 안데스 도로체계(Qhapaq Ñan, Andean Road System: 문화, 2014)

부르키나 파소 BRUKINA FASO 288

1. 로로페니 유적(Ruins of Loropéni: 문화, 2009)

2. 고대 제철 유적(Ancient ferrous metallurgy site of Burkina Faso: 문화, 2019)

북한(北韓, 조선민주주의인민공화국) DEMOCRATIC PEOPLE'S REPUBLIC OF KOREA 289

1. 고구려 고분군(Complex of Goguryo Tombs: 문화, 2004)

2. 개성 역사유적(Historical Relics in Kaesong: 문화, 2013)

불가리아 BULGARIA 295

1. 이바노보의 암석을 깎아 만든 교회군(Rock-hewn Churches of Ivanovo: 문화, 1979)

2. 마다라 기수상(Madara Rider: 문화, 1979)

3. 보야나 교회(Boyana Church: 문화, 1979)

4. 카잔락의 트라키안 무덤(Thracian Tomb of Kazanlak: 문화, 1979)

5. 네세바르 구도시(Old City of Nessebar: 문화, 1983)

6. 릴라 수도원(Rila Monastery: 문화, 1983)

7. 스베시타리의 트라키안 무덤(Thracian Tomb of Sveshtari: 문화, 1985)

브라질 BRAZIL 298

1. 오우로 프레토 역사도시(Historic Town of Ouro Preto: 문화, 1980)

2. 올린다 역사지구(Historic Centre of the Town of Olinda: 문화, 1982)

3. 살바도르 데 바이아 역사지구(Historic Centre of Salvador de Bahia: 문화, 1985)

4. 콩고나스의 봉 제수스 성역(Sanctuary of Bom Jesus do Congonhas: 문화, 1985)

5. 브라질리아(Brasilia: 문화, 1987)

6. 세라 다 카피바라 국립공원(Serra da Capivara National Park: 문화, 1991)

7. 세인트 루이스 역사지구(The Historic Centre of São Luis: 문화, 1997)

8. 디아만티나 시 역사지구(Historic Centre of the Town of Diamantina: 문화, 1999)

5. 그라나다의 알함브라, 제네랄리페, 알바이진(Alhambra, Generalife and Albayzin, Granada: 문화, 1984/확대지정, 1994)

6. 산티아고 데 꽁포스텔라 구시가지(Old Town of Santiago de Compostela: 문화, 1985)

7. 알타미라 동굴(Altamira Cave: 문화, 1985/확대지정, 2008)

8. 오비에도 및 아스투리아스 왕국 기념물군(Monument of Oviedo and the King-doms of the Asturias: 문화, 1985)

9. 세고비아 구시가지와 수로(Old Town of Segovia and its aqueduct: 문화, 1985)

10. 아빌라 구시가지(Old Town of Ávilla with its Extra-Muros Churches: 문화, 1985)

11. 아라곤의 무데하르 건축(Mudéjar Architecture of Aragon: 문화, 1986/확대지정, 2001)

12. 톨레도 구시가지(Historic City of Toledo: 문화, 1986)

13. 카세레스 구시가지(Old Town of Cáceres: 문화, 1986)

14. 세비야 지역 대성당, 성채와 아메리카 인디안 문서보관소(Cathedral, Alcázar and Archivo de Indias in Sevilla: 문화, 1987)

15. 살라만카 구 도시(Old City of Salamanca: 문화, 1988)

16. 포블렛트 수도원(Poblet Monastery: 문화, 1991)

17. 메리다 고고유적군(Archaeological Ensemble of Mérida: 문화, 1993)

18. 산티아고/상티아고 데 콩포스텔라 순례길(Route of Santiago de Compoatela: 문화, 1993/확대지정, 2015)

19. 산타마리아 과달루페의 왕립수도원(Royal Monastery of Santa Maria de Guadalupe : 문화, 1993)

20. 쿠엔카 구 성곽 도시(Historic Walled Town of Cuenca: 문화, 1996)

21. 라 론하 데 라 세다 데 발렌시아(La Lonja de la Seda de Valencia: 문화, 1996)

22. 라스 메둘라스(Las Médulas: 문화, 1997)

23. 산 밀란 유소-수소 사원(San Millán Yuso and Suso Monasteries: 문화, 1997)

24. 뮤지카 카탈라나 팔라우와 바르셀로나 산트 파우 병원(The Palau de la Música Catalana and the Hospital de Sant Pau, Barcelona: 문화, 1997)

25. 피레네 산맥의 페르두 문화 지역(Pyrénées-Mont Perdu: 문화, 1997/확대지정, 1999)

26. 이베리아 반도 지중해 연안 암각화지역(Rock Art sites on the Mediterranean Basion on the Iberian Peninsula: 문화, 1998)

27. 알카라 드 헤나레스 대학 및 역사지구(Universty and Historic precinct of Alcalá de Henares: 문화, 1998)

28. 이비자 생물다양성과 문화(Ibiza, Biodiversity and Culture: 복합, 1999)

29. 산 라구나 그리스토발(San Cristóbal de la Laguna: 문화, 1999)
30. 엘체시의 야자수림 경관(The Palmeral of Elche: 문화, 2000)
31. 타라코 고고유적(The Archaeological Ensemble of Tárraco: 문화, 2000)
32. 루고 성벽(The Roman Walls of Lugo: 문화, 2000)
33. 발드보와의 카탈란 로마네스크 교회(The Catalan Romanesque Churches of
the Vall de Boi: 문화, 2000)
34. 아타푸에르카 고고유적(Archaeological Site of Atapuerca: 문화, 2000)
35. 아란후에즈 문화경관지역(Aranjuez Cultural Landscape: 문화, 2001)
36. 우베다 베자의 르네상스 기념물 군, 사엔 성당(Renaissance Monumental
Ensembles Úbeda-Baeza: Urban duality, cultural unity and Jaén
Cathedral, 문화, 2003/확대지정, 2014)
37. 비즈카야 다리(Vizcaya Bridge: 문화, 2006)
38. 헤르큘레스의 탑(Tower of Hercules: 문화, 2009)
39. 코아 계곡 선사시대 암각화(Prehistoric Rock-Art sites in the Côa Valley/
Prehistoric Rock-Art Sites in the Côa Valley and Siega Verde: 문화,
1998/원래 포르투갈의 문화유산인데 스페인을 포함해 확대지정, 2010)
40. 세라 대 트라문타나의 문화경관(Cultural Landscape of the Serra de
Tramuntana: 문화, 2011)
41. 알마덴과 이드리쟈의 수은광산 문화유산(Heritage of Mercury Almadén and
Idrija: 문화, 2012)
42. 멩가의 집단묘(The Dolmen of Menga, megalithic burial mound called
a tumulus, a long barrow form of dolmen: 문화, 2016)
43. 메디나 아자하라의 칼리프 시(Caliphate City of Medina Azahara: 문화, 2018)
44. 리스코 카이도와 신비한 산의 문화경관(Risco Caido and the Sacred
Mountains of Gran Canaria Cultural Landscape: 문화, 2019)

슬로바키아 SLOVAK REPUBLIC 372
1. 반스카 스티아브니차(Banská Štiavnica: 문화, 1993)
2. 블콜리넥 전통건축물 보존지구(Vlkolínec: 문화, 1993)
3. 레보차, 스피시키 흐라드 문화기념물 군(Levča, Spišský Hrad and
its Associated Cultural Monuments: 문화, 1993/2009 확대지정)
4. 바르데조프 도시보존지구(Bardejov Town Conservation Reserve: 문화, 2000)
5. 카르파티안 산 슬로박 지구 목조교회(Wooden Churches of the Slovak part of
Carpathian Mountain Area: 문화, 2008)

6. 로마제국의 변경(Frontiers of the Roman Empire: 문화, 2019):
→ 오스트리아 9항을 참조할 것.

슬로베니아 SLOVENIA 375

1. 알마덴과 이드리쟈의 수은광산 문화유산(Heritage of Mercury Almadén and Idrija: 문화, 2012)

시리아 SYRIAN ARAB REP. 376

1. 다마스커스 구시가지(Ancient City of Damascus: 문화, 1979)
2. 보스라 구시가지(Ancient City of Bosra: 문화, 1980)
3. 팔미라 유적(Site of Palmyra: 문화, 1980)
4. 알레포 구시가지(Ancient city of Aleppo: 문화, 1986)
5. 기사의 성채와 살라딘의 요새(Crac des Chevaliers and Qal'at Salah El-Din: 문화, 2006)
6. 시리아 북부 고대마을(Ancient Villages of Northern Syria: 문화, 2011)

싱가포르(新加坡) SINGGAPORE 380

1. 싱가포르 식물원(Singapore Botanical Gardens: 문화: 2015)

아랍 에미리트 UNITED ARAB EMIRATES 381

1. 알 아민의 문화유적(The Cultural Sites of Al Amin; Hafit, Hili, Bidaa Bint Saud and Oases Areas: 문화, 2011)

아르메니아 ARMENIA 381

1. 하흐파트와 사나힌 수도원(Monastery of Haghpat/ Haghpatavank and Sanahin: 문화, 1996/2000년 확대지정)
2. 게하르트의 수도원과 아자 계곡(The Monastery of Geghard and the Upper Azat Valley: 문화, 2000)
3. 에크미아친 교회와 쯔바르트노츠의 고고유적(The Cathedral and Churches of Echmiatsin and the Archaeological Site of Zvartnots: 문화, 2000)

아르헨티나 ARGENTINA 383

1. 리오 핀투라스 동굴벽화(The Cueva de las Manos, Rio Pinturas: 문화, 1999)
2. 코르도바의 예수회 회원(수사)의 유적(The Jesuit Block and the Jesuit Estancias of Córdoba: 문화, 2000)

3. 우마우카 협곡(Quebrada de Humahuaca: 문화, 2003)
4. 쿠하파크 난 안데스 도로체계(Qhapaq Ñan, Andean Road System: 문화, 2014)
5. 르 코르뷔지에의 건축활동. 현대화에 뛰어난 공헌(The Architectural Work of Le Corbusier, an Outstanding Contribution to the Modern Movement 문화, 2016)
→ 스위스 8항을 참조할 것

아르헨티나/브라질 ARGENTINA/BRAZIL 388
1. 과라니족의 예수회 선교단 시설(Jesuit Missions of the Guaranis: 문화, 1983/1984 확대지정)

아이티 HAITI 389
1. 국립역사공원-시터들, 상수시, 라미에르(National Historic Park-Citadel, Sans Souci, and Ramiers: 문화, 1982)

아이슬란드 ICELAND 389
1. 핑(싱)벨리어 국립공원(Þingvellir National Park: 문화, 2004)

아일랜드 IRELAND 390
1. 보인 굴곡부의 고고학 유적(Archaeological Ensemble of the Bend of Boyne: 문화, 1993)
2. 스켈리그 마이클(Skellig Michael: 문화, 1996)

아제르바이잔 AZERBAIJAN 395
1. 쉬르반샤 궁전과 처녀탑을 포함한 바쿠의 성벽도시(Walled City of Baku with the Shirvanshah's Palace and Maiden Tower: 문화, 2000)
2. 고부스탄 암각화 문화경관(Gobustan Rock Art Cultural Landscape: 문화, 2007)

아프가니스탄(阿富汗) AFGHANISTAN/AFKHNISTAN 397
1. 얌의 첨탑과 고고학적 유적(Minaret and Archaeological Remains of Jam: 문화, 2002)
2. 바미안 계곡의 문화경관과 고고유적지(The cultural landscape and archaeological remains of the Bamiyan Valley: 문화, 2003)

안도라 ANDORRA 399
1. 마드리우-페라휘타-크라로 계곡(Madriu-Perafita-Claror Valley: 문화, 2004/2006 확대 지정)

알바니아 ALBANIA 400

1. 오리드 지역의 자연과 문화유산(Natural and Cultural Heritage of the Ohrid region, North Macedonia): 문화, 2005/확대지정, 2008/2019)
2. 부트린티의 고고유적(Butrinti: 문화, 1992/확대지정, 1999)
3. 베라트와 그지로카스트라 박물관 도시(Historic centers of Berat and Gjirokastra: 문화, 2005/확대지정, 2008)

알제리 ALGERIA 402

1. 베니 하마드 요새(Al Qal'a of Beni Hammad: 문화, 1980)
2. 지에밀라 고고유적(Djémila: 문화, 1982)
3. 팀가드 고고유적(Timgad: 문화, 1982)
4. 티파사 고고유적(Tipasa: 문화, 1982)
5. 므자브 계곡(M'Zab Valley: 문화, 1982)
6. 타실리 나제르(Tassili-n-Ajjer: 복합, 1982)
7. 알제리 카스바(Kasbah of Algiers: 문화, 1992)

에리트레아 State of Eritrea 406

1. 아스마라: 아프리카의 근대화 도시(Asmara: a Modernist City of Africa: 문화, 2017)

에스토니아 ESTONIA 407

1. 탈린 역사지구(The Historic Centre of Tallinn: 문화, 1997)
2. 스트루브 자오선 측지점(Struve Geodetic Arc: 문화, 2005)

에콰도르 ECUADOR 407

1. 키토 구 도시(Quito Old City: 문화, 1978)
2. 쿠엔카 역사지구(Historic Center of Santa Ana de los Rios de Cuenca: 문화, 1999)
3. 쿠하파크 난 안데스 도로체계(Qhapaq Ñan, Andean Road System: 문화, 2014)

에티오피아 ETHIOPIA 409

1. 라리벨라 암굴교회(Lalibela Rock-hewn Churches: 문화, 1978)
2. 파실 게비, 곤다르 유적(Fasil Ghebbi and Gondar monuments: 문화, 1979)
3. 악숨 교회 및 고고유적(Aksum: 문화, 1980)
4. 티야 비석군(Tiya-Carved Steles: 문화, 1980)
5. 아와시 계곡(Lower Valley of the Awash: 문화, 1980)

Fortifications, Bermuda: 문화, 2000)

18. 더웬트 계곡 방직공장(Derwent Valley Mills: 문화, 2001)

19. 뉴 래너크(New Lanark: 문화, 2001)

20. 솔테이어 공업촌(Saltaire: 문화, 2001)

21. 큐 왕립식물원(Royal Botanic Gardens, Kew: 문화, 2003)

22. 리버풀 항구 상업도시(Liverpool-Maritime Mercantile City: 문화, 2004)

23. 콘월 및 웨스트 데본 지방의 광산 유적지 경관(Cornwall and West Devon
Mining Landscape: 문화, 2006)

24. 로마 제국 변경의 무역중심지(Frontiers of the Roman Empire:
문화, 1987/2005/2008 확대지정)

25. 폰트카사스테 수로교 및 운하(Pontcysyllte Aqueduct and Canal: 문화, 2009)

26. 찰스 다윈의 연구실(Darwin's Landscape Laboratory: 문화, 2010)

27. 포스교(The Forth Bridge: 문화, 2015)

28. 지브롤터 네안데르탈 동굴과 환경(Gibraltar Neanderthal Caves and
Environments: 문화, 2016)

29. 영국 호수 지구(The English Lake District: 문화, 2017)

30. 조드렐 뱅크 천문대(Jodrell Bank Observatory: 문화, 2019)

예멘 YEMEN 441

1. 시밤 고대 성곽도시(Old Walled City of Shibam: 문화, 1982)

2. 사나 구시가지(Old City of Sana'a: 문화, 1986)

3. 자비드 역사도시(Historic Town of Zabid : 문화, 1993)

오만 OMAN 442

1. 바흐라 요새(Bahla Fort: 문화, 1987)

2. 바트, 알쿠틈, 알아원 고고유적(Archaeological Site of Bat, Al-Khutm and
Al-Ayn: 문화, 1988)

3. 프란크인센스 유적(The Frankincense Trail: 문화, 2000)

4. 아플라지 관개시설 유적지(Aflaj Irrigation Systems of Oman: 문화, 2006)

5. 칼하트의 고대도시(Ancient City of Qalhat: 문화, 2018)

오스트레일리아 AUSTRALIA 445

1. 카카두 국립공원(Kakadu National Park: 복합, 1981/1987/1992 확대지정)

2. 윌랜드라 호수지역(Willandra Lakes Region: 복합, 1981)

3. 아크르 고대 항구도시(Old City of Acre: 문화, 2001)

4. 텔아비브 화이트 시-모더니즘 운동(The White City of Tel Aviv-the modern Movement: 문화, 2003)

5. 성서의 구릉유적(Biblical Tels-Megiddo, Hazor, Beer Sheba: 문화, 2005)

6. 향의 길(Incense Route-Desert Cities in the Negev: 문화, 2005)

7. 하이파이와 갈릴리 서부의 바하이 聖所(Bahá'í Holy Places in Haifa and the Western Galilee: 문화, 2008)

8. 단의 삼중 아치문(The triple-arch Gate at Dan: 문화, 2010)

9. 카르멜 산의 인류 진화 유적(Sites of Human Evolution at Mount Carmel: The Nahal Me'arot/Wadi el-Mughara Caves: 문화, 2012)

10. 유다 저지대 마레샤와 베트/베이트(Beit)동굴의 小世界(Caves of Maresha and Bet-Guvrin in the Judean Lowlands as a Microcosm of the Land of the Caves: 문화, 2014)

11. 벳트 쉐아림의 공동묘지: 유대인 부활의 경계표(Necropolis of Bet She'arim: A Landmark of Jewish Renewal: 문화, 2015)

이집트 Egypt 514

1. 아부 메나 그리스도교 유적(Abu Mena-Christian ruins: 문화, 1979)

2. 고대 테베와 네크로폴리스(Ancient Thebes and its necropolis: 문화, 1979)

3. 멤피스와 네크로폴리스: 기자에서 다슈르까지의 피라미드 지역(Memphis and its necropolis with the Pyramid fields: 문화, 1979):

4. 누비아 유적: 아부 심벨에서 필레까지(Nubian Monuments from Abu Simbel to Philae: 문화, 1979)

5. 성 캐더린 지구(Saint Catherine Area: 문화, 2002)

이탈리아 ITALY 524

1. 발카모니카 암각화(Rock Drawings of Valcamonica: 문화, 1979)

2. 산타마리아 교회와 도미니카 수도원 및 레오나르도 다 빈치의 "최후의 만찬" (Church and Dominican Convent of Santa Maria delle Grazie with "The LastSupper" of Leonardo da Vinci: 문화, 1980)

3. 플로렌스 역사센터(Historic Centre of Florence: 문화, 1982)

4. 베니스와 석호(潟湖)(Venice and its lagoon : 문화, 1987)

5. 피사의 듀오모 광장(Piazza del Duomo, Pisa: 문화, 1987)

6. 산 지미냐노 역사지구(Historic Centre of San Gimignano: 문화, 1990)

이탈리아/홀리시 ITALY/HOLY SEE 교황청(홀리시 바티칸시티의 독립항목 참조) 565

21. 빅토리아 역(Chhatrapati Shivaji Station, formerly Victoria Terminus: 문화, 2004)

22. 붉은 요새 복합건물단지(Red Fort Complex: 문화, 2007)

23. 자이푸르의 쟌타르 만타르 천문관측소(The Jantar Mantar, Jaipur: 문화, 2010)

24. 여섯 곳의 라쟈스탄 요새(Six Rajasthan hill fort: 문화, 2013)

25. 라니키 바브/왕비의 우물(Rani-ki-Vav/The Queen's Stepwell at Patan, Gujarat: 문화, 2014)

26. 나란다의 불교수도원 유적(Excavated remains of Nalanda Mahavihara: 문화, 2016)

27. 르 코르뷔지에의 건축활동. 현대화에 뛰어난 공헌(The Architectural Work of Le Corbusier, an Outstanding Contribution to the Modern Movement 문화, 2016) → 스위스 8항을 참조할 것.

28. 캉첸드종가 국립공원(Khangchendzonga National Park: 복합, 2016)

29. 아마다바드 역사도시 또는 구 아마다바드(Historic City of Ahmadabad/Old Ahmadabad: 문화, 2017)

30. 뭄바이 시의 빅토리아 여왕시대의 고딕 양식과 아르 데코 양식의 조화 (Victorian Gothic and Art Deco Ensemble of Mumbai: 문화, 2018)

31. 라쟈스탄 자이푸르 시, Jaipur City, Rajasthan: 문화, 2019):

인도네시아 INDONESIA 594

1. 보로부두르 불교사원(Borobudur Temple Compounds: 문화, 1991)

2. 프람바난 힌두 사원(Prambanan Temple Compounds: 문화, 1991)

3. 상기란 초기 인류 유적지(Sangiran Early Man Site: 문화, 1996)

4. 발리 섬의 문화경관(Cultural Landscape of Bali Province: the Subak System as a Manifestation of the Tri Hita Karana Philosophy: 문화, 2012)

5. 사와룬토 옴빌린 탄광 문화유산(Ombilin Coal Mining Heritage of Sawahlunto: 문화, 2019)

일본(日本) JAPAN 597

1. 姬路城(Himeji-jo: 문화, 1993)

2. 法隆寺의 불교기념물군(Buddhist Monuments in Horyu-ji Area: 문화, 1993)

3. 고대 京都의 역사기념물[Historic Monuments of Ancient Kyoto(Kyoto, Uji and Otsu Cities): 문화, 1994]

4. 白川鄕과 五箇山의 역사마을(Historic Villages of Shirakawago and Gokayama: 문화, 1995)

5. 廣島 평화기념관: 原爆 돔(Hiroshima Peace Memorial-Genbaku Dome: 문화, 1996)

6. 嚴島 신사(Itsukushima Shinto Shrine: 문화, 1996)

7. 奈良 역사기념물(Historic Monuments of Ancient Nara: 문화, 1998)

8. 日光 사당과 사원(Shrines and Temples of Nikko: 문화, 1999)

9. 首里城 유적 및 流球 왕국 유적(Gusuku Sites and Related Properties of the Kingdom of Ryukyu: 문화, 2000)

10. 紀伊 산맥의 성소와 순례길(Sacred Sites and Pilgrimage Routes in the Kii Mountain Range: 문화, 2004):

11. 石見 은광 및 문화경관(Iwami Ginzan Silver Mine and its Cultural Landscape: 문화, 2007)

12. 平泉-사원, 정원, 佛教淨土를 대표하는 고고학적 유적(Hirazumi-Temples, Gardens, and Archaeological Sites Representing the Buddhist Pure Land: 문화, 2011)

13. 富士山(Fujisan, sacred place and source of artistic inspiration: 문화, 2013)

14. 富岡製糸場과 絹産業遺産群(Tomioka Silk Mill and Related Industrial Heritage Sites: 문화, 2014)

15. 明治日本의 産業革命遺産: 製鉄·鉄鋼·造船·石炭産業(Sites of Japan's Meiji Industrial Revolution: Iron and Steel, Shipbuilding and Coal Mining: 문화, 2015)

16. 르 코르뷔지에의 건축 활동. 현대화에 뛰어난 공헌(The Architectural Work of Le Corbusier, an Outstanding Contribution to the Modern Movement 문화, 2016) → 스위스 8항을 참조할 것.

17. 九州 沖ノ島(おきのしま)와 宗像(むなかた)의 관련된 聖所유적(Sacred Island of Okinoshima and Associated Sites in the Munakata Region: 문화, 2017)

18. 長崎와 天草 지방에 숨겨진 예수 크리스토教(天主教, 가톨릭) 관련유적(Hidden Christian Sites in the Nagasaki Region: 문화, 2018)

19. 大阪府(おおさかふ) 百舌鳥(もず, 모즈)와 古市(ふるいち, 후루이치)의 古墳群(Mozu-Furuichi Kofun Group: Mounded Tombs of Ancient Japan Mozu kofungun: 문화, 2019)

자마이카 JAMAIKA 618

1. 블루 엔드 존 크로우 산 국립공원(Blue and John Crow Mountains National Park: 복합, 2015)

중국(中华人民共和国) CHINA 620

1. 明·清代궁전: 紫禁城(Imperial Palace of the Ming and Qing Dynasties: 문화, 1987)

2. 周口店의 북경원인 유적(Peking Man Site at Zhoukoudian: 문화, 1987)

3. 泰山(Mount Taishan: 복합, 1987)

4. 만리장성(The Great Wall: 문화, 1987)

5. 秦始皇陵(Mausoleum of the First Qin Emperor: 문화, 1987)

6. 敦煌의 莫高窟(Mogao Caves: 문화, 1987)

7. 黃山(Mount Huangshan: 복합, 1990)

8. 承德의 遊夏山莊(The Mountain Resort and its Outlying Temples in Chengde: 문화, 1994)

9. 라사의 포탈라 궁(Potala Palace of Lhasa: 문화, 1994/2000/2001 확대지정)

10. 曲阜의 孔子 유적(Temple and Cemetery of Confucius, the Kong Family Mansion in Qufu: 문화, 1994)

11. 武當山의 고대 건축물군(Ancient Building Complex in the Wudang Mountains: 문화, 1994)

12. 盧山 국립공원(Lushan National Park: 문화, 1996)

13. 峨眉山과 낙산 대불(樂山 大佛)(Mt. Emei and Leshan Giant Buddha: 복합, 1996)

14. 平遙 고대도시(Ancient City of Ping Yao: 문화, 1997)

15. 蘇州 전통정원(Classical Gardens of Suzhou: 문화, 1997)

16. 麗江 고대마을(Old Town of Lijiang: 문화, 1997)

17. 頤和園(Summer Palace and Imperial Garden in Beijing: 문화, 1998)

18. 天壇(Temple of Heaven: 문화, 1998)

19. 武夷山(Mount Wuyi: 복합, 1999)

20. 大足 암각화(Dazu Rock Carvings: 문화, 1999)

21. 靑城山과 都江堰 용수로/관개 시스템(Mount Qincheng and the Dujiangyan Irrigation System: 문화, 2000)

22. 安徽-西遞와 宏村 고대마을(Ancient Villages in Southern Anhui-Xidi and Hongcun: 문화, 2000)

23. 龙门石窟(Longmen Grottoes: 문화, 2000)

24. 明과 淸 시대의 황릉(Imperial Tombs of the Ming and Qing Dynasties: 문화, 2000)

25. 云岡石窟(Yungang Grottoes: 문화, 2001)

26. 고대 高句麗 도읍지와 무덤 군(Capital Cities and Tombs of the Ancient Goguryo Kingdom: 문화, 2004)

27. 마카오 역사중심지(Historic Centre of Macao: 문화, 2005)

28. 殷墟 유적지(Yin Xu: 문화, 2006)

29. 開平 碉樓 및 村落(Kaiping Diaolou and Villages: 문화, 2007)

30. 福建省 土樓(Fugian Tulou: 문화, 2008)

31. 五台山(Mount Wutai: 문화, 2009)

32. 天地之中 登封의 역사기념물(Historic Monument of Dengfeng in center of Heaven and Earth: 문화, 2010)

9. 리토미슐 성(Litomyšl Castle: 문화, 1999)
10. 올로모크의 삼위일체 석주(Holy Trinity Column in Olomouc: 문화, 2000)
11. 브르노 지역의 투겐트하트 집(Tugendhat Villa in Brno: 문화, 2001)
12. 트레빅의 유대인지구와 성 프로코피오 교회(The Jewish Quarter and
St. Procopius' Basilica in Třebíč: 문화, 2003)

칠레 CHILE 826

1. 라파 누이 국립공원(Rapa Nui National Park: 문화, 1995)
2. 칠로에 교회(The Churches of Chiloé: 문화, 2000)
3. 발파라이소 항구도시의 역사지구(Historic Quarter of the Seaport
City of Valparaiso: 문화, 2003)
4. 움베르스톤과 산타 로라 초석작업장
(Humberstone and Santa Laura Saltpeter Works: 문화, 2005)
5. 씨웰 광산촌 유적지(Sewell Mining Town: 문화, 2006)
6. 쿠하파크 난 안데스 도로체계(Qhapaq Ñan, Andean Road System:
문화, 2014) → 아르헨티나 4항을 참조할 것

카보 베르데(케잎 베르데) CAPE VERDE 830

1. 시다데 벨라, 리베이라 그란데 역사지구(Cidade Velha, Historic Center of
Ribeira Grande: 문화, 2009)

카자흐스탄(哈薩克斯坦) KAZAKHSTAN 831

1. 코자 아메드 야사위의 靈廟(The Mausoleum of Khoja Ahmed Yasawi: 문화, 2003)
2. 탐갈리의 암각화(Petroglyphs within the Archaeological Landscape of
Tamgaly: 문화, 2004)
3. 실크로드/絲綢之路(Silk Roads: Initial Section of the Silk Roads, the Routes
Network of Tian-shan Corridor: 문화, 2014) → 중국 37항을 참조할 것.

카타르 QATAR 832

1. 알 주바라 시의 고고학 유적과 경관(Archaeological site of Al-Zubarah town
and its cultural landscape: 문화, 2013)

캄보디아(柬埔寨) CAMBODIA 837

1. 앙코르(Angkor: 문화, 1992)

5. 커피생산 문화 경관(Coffee Cultural Landscape of Colombia: 문화, 2011)

6. 쿠하파크 난 안데스 도로체계(Qhapaq Ñan, Andean Road System: 문화, 2014)

7. 찌리비쿼테(Chiribiquete National Park, 재규어의 집/"The Maloca of the Jaguar": 복합, 2018)

콩고 The Republic of the Congo/Kongo 856

1. 음반자, 전 콩고 왕국 수도의 흔적(Mbanza Kongo, Vestiges of the Capital of the former Kingdom of Kongo: 문화, 2017):

쿠바 CUBA 856

1. 구 하바나 시와 요새(Old Havana & its Fortifications: 문화, 1982):

2. 트리니다드와 로스 인제니오스 계곡(Trinidad & the Valley de los ingenios: 문화, 1988)

3. 산티아고 로카성(San Pedro de la Roca Castle, Santiago de Cuba: 문화, 1997)

4. 비날레스 계곡(Viñales Valley: 문화, 1999)

5. 쿠바 동남부의 최초 커피 재배지 고고학적 경관(Archaeological Land scape of the First Coffee Plantations in the Southeast of Cuba: 문화, 2000)

6. 씨엔후에고스의 역사중심 도시(Urban Historic Centre of Cienfuegos: 문화, 2005)

7. 카마궤이 역사중심 도시(Historic Center of Camagüey: 문화, 2008)

크로아티아 CROATIA 860

1. 두브로브니크 구시가지(Old City of Dubrovnik: 문화, 1979/1994 확대지정)

2. 스플리트의 디오클레티안 궁전과 역사 건축물(Historic Complex of Split with the Palace of Diocletian: 문화, 1979)

3. 포렉 역사지구 성공회 건축물(The Episcopal Complex of the Euphrasian Basilica inthe Historic Centre of Poreč: 문화, 1997)

4. 트로기르 역사도시(The Historic City of Trogir: 문화, 1997)

5. 시베닉 성야고보 성당(Cathedral of St. James in Šibenik: 문화, 2000)

6. 스타리 그라드 평원(Stari Grad Plain: 문화, 2008)

7. 스테치-중세 묘비(Stećci-Medieval Tombstones: 문화, 2016):
→ 세르비아 5항을 참조할 것.

8. 서기 15세기-서기 17세기의 베네치아 공화국의 방어성벽(The Venetian Works of defence between 15th and 17th: 문화, 2017)

키르기즈스탄(吉爾吉斯坦) KIRGHIZSTAN 864

1. 슐라마인 투 성산(Sulamain-Too Sacred Mountain: 문화, 2009)
2. 실크로드/絲綢之路(Silk Roads: Initial Section of the Silk Roads, the Routes Network of Tian-shan Corridor: 문화, 2014) → 중국 37항을 참조할 것.

타지키스탄(塔吉克斯坦) TADZHIKISTAN/TAJIKISTAN 865

1. 사라즘(Sarazm: 문화, 2010)

탄자니아 UNITED REPUBLIC OF TANZANIA 866

1. 킬와 키시와니와 송고 음나라 유적(Kilwa Kisiwani and Songo Mnara Ruins: 문화, 1981)
2. 잔지바르 Stone Town 해양도시(The Stone Town of Zanzibar: 문화, 2000)
3. 콘도아 암각화 유적지(Kondoa Rock-Art Sites: 문화, 2006)
4. 능고론고로 보호지구(Ngorongoro Conservation Area/NCA: 문화, 2010)

태국(泰國) THAILAND 870

1. 아유타야 역사도시(Historic City of Ayutthaya and associated Towns: 문화, 1991)
2. 수코타이 역사도시
(Historic City of Sukhothai and associated Historic Towns: 문화, 1991)
3. 반창 고고유적(Ban Chiang Archaeological Site: 문화, 1992)

터키 TURKEY 879

1. 이스탄불 역사지구(Historic areas of Istanbul: 문화, 1985)
2. 大모스크와 디브리기 병원(Great mosque and hospital of Divriği: 문화, 1985)
3. 궤레메 국립공원과 카파도키아 바위유적(Göreme National Park and the Rock Sites of Cappadocia: 복합, 1985)
4. 하투사(Hattusha/Hattusa: 문화, 1986)
5. 넴루트 닥 고고유적(Nemrut Dağ[Dagi] Archaeological Site: 문화, 1987)
6. 히에라폴리스-파무칼레(Hierapolis-Pamukkale: 복합, 1988)
7. 산토스-레툰(Xanthos-Letoon: 문화, 1988)
8. 사프란볼루 시(City of Safranbolu: 문화, 1994)
9. 트로이 고고유적지(Archaeological site of Troy: 문화, 1998)
10. 셀리미예 사원과 사회복합(Selimiye Mosque and its Social Complex: 문화, 2011)
11. 촤탈 휘윅 신석기시대 유적(Neolithic Site of Çatalhüyük/Çatalhöyük: 문화, 2012)

12. 부루사와 쿠말리키지크: 오스만 투르크 제국의 탄생
(Bursa and Cumalikizik: the Birth of the Ottoman Empire: 문화, 2014)
13. 페르가몬과 주위 여러 문화경관(Pergamon and its Multi-Layered Cultural Landscape: 문화, 2014)
14. 디아르바키르 요새와 헤브셀 정원의 자연경관(Diyarbakır Fortress and Hevsel gardens Cultural Landscape: 문화, 2015)
15. 에페소스(Ephesus: 문화, 2015)
16. 아니의 고고학 유적(Archaeological Site of Ani: 문화, 2016)
17. 아프로디시아스 고고학 유적(Archaeological Site of Aphrodisias: 문화, 2017)
18. 쾨베크리 구릉 유적(Göbekli Tepe: 문화, 2018)

토고 TOGO 914

1. 코타마코우, 바타마리바 경관(Koutammakou, the Land of the Batammariba: 문화, 2004)

투르크메니스탄 TURKMENISTAN 915

1. 고대 메르프 역사문화공원(State Historical and Cultural Park "Ancient Merv": 문화, 1999)
2. 호레즘(Khorezm)의 수도유적(Kunya-Urgench: 문화, 2005)
3. 니사의 파르티아 성채(Parthian Fortresses of Nisa: 문화, 2007)

튀니지 TUNISIA 917

1. 엘 젬의 원형 극장(Amphitheatre of El Djem: 문화, 1979)
2. 카르타고 고고유적(Site of Carthage Archaeological: 문화, 1979)
3. 튀니스의 메디나(Medina of Tunis: 문화, 1979)
4. 케르쿠안의 카르타고 유적 및 대규모 공동묘지(Punic Town of Kerkuane and its Necropolis: 문화, 1985/1986 확대지정)
5. 수스의 메디나(Medina of Sousse: 문화, 1988)
6. 카이로우안 고대도시(Kairouan: 문화, 1988)
7. 두가/투가(Dougga/Thugga: 문화, 1997)

파나마 PANAMÁ 921

1. 포토벨로와 산 로렌조 요새(Portobello & San Lorenzo Fortifications: 문화, 1980)
2. 살롱 볼리바르와 파나마 역사구역(Archaeological site of Panamá Viejo and

Historic District of Panamá with the Salon Bolivar: 문화, 1997)

파라과이 PARAGUARY 922
1. 라 산티시마 트리니다드 데 파라나와 제수스 데 타바란게 예수교 선교단 시설
(Jesuit Missions of La Santisima Trinidad de Parana and
Jesus de Tavarangue: 문화, 1993)

파키스탄(巴基斯坦) PAKISTAN 923
1. 모헨조다로 고고유적(Archaeological Ruin at Mohenjodaro: 문화, 1980)
2. 탁티바이 불교유적과 사리바롤 주변도시 유적(Buddhist Ruins at Takht-i-Bahi
and Neighboring City Remains at Sahr-i-Bahlol: 문화, 1980)
3. 탁실라 고고유적(Taxila: 문화, 1980)
4. 라호르의 성채와 샬라마르 정원(Fort and Shalamar Gardens in Lahore: 문화, 1981)
5. 타타 기념물(Historical Monuments of Thatta: 문화, 1981)
6. 로타스 요새(Rohtas Fort: 문화, 1997)

파푸아 뉴기니 PAPUA NEW GUINEA 928
1. 쿡크 초기농경유적(Kuk Early Agricultural Site: 문화, 2008)

팔레스타인 PALESTINE 928
1. 예수 탄생지(Birthplace of Jesus: the Church of the Nativity and
the Pilgrimage Route, Bethlehem: 문화, 2012)
2. 올리브와 포도나무의 땅인 예루살렘 남부 바티르의 문화경관(Land of Olives
and Vines - Cultural Landscape of Southern Jerusalem, Battir: 문화, 2014)
3. 헤브론 알 카릴 옛 시가와 주변 환경(Old town of Hebron al-Khalil &
its environs: 문화, 2017)

페루 PERU 932
1. 마추피추 역사보호지구(Historic Sanctuary of Machu Picchu: 복합, 1983)
2. 쿠스코 시(Old City of Cuzco: 문화, 1983)
3. 차빈 고고유적지(Chavín Archaeological Site: 문화, 1985)
4. 챤챤 고고 유적지대(Chan Chan Archaeological Zone: 문화, 1986)
5. 리마 역사 지구(Historic Centre of Lima: 문화, 1988/1991 확대지정)
6. 리오 아비세오 국립공원(Rio Abiseo National Park: 복합, 1990/1992 확대지정)

7. 나스카와 후마나 평원(Lines and Geoglyph of Nasca/Nazca and Pampas de Jumana: 문화, 1994)

8. 아레퀴파 역사도시(Historical Centre of the City of Arequipa: 문화, 2000)

9. 카랄-쥬페의 神聖도시(Sacred city of Caral-Supe: 문화, 2009)

10. 쿠하파크 난 안데스 도로체계(Qhapaq Ñan, Andean Road System: 문화, 2014) → 아르헨티나 4항을 참조할 것.

포르투갈 PORTUGAL 943

1. 앙그라 도 헤로이스모 시 중앙지역(Certral Zone of the Town of Angra do Heroismo: 문화, 1983)

2. 토마르의 그리스도 수도원(Convent of Christ in Tomar: 문화, 1983)

3. 바탈하 수도원(Monastery of Batalha: 문화, 1983)

4. 히에로니미테스 수도원과 리스본의 벨렘 탑(Monastery of Hieronymites and Tower of Belém on Lisbon: 문화, 1983)

5. 에보라 역사 지구(Historic Centre of Évora: 문화, 1986)

6. 알코바샤 수도원(Monastery of Alcobaça: 문화, 1989)

7. 신트라 문화 경관(Cultural Landscape of Sintra: 문화, 1995)

8. 오포르토 역사센터(Historic Centre of Oporto: 문화, 1996)

9. 코아 계곡 선사시대 암각화(Prehistoric Rock-Art sites in the Côa Valley: 문화, 1998)

10. 알토 도우로 포도주 산지(Alto Douro Wine Region: 문화, 2001)

11. 구이마레에스 역사지구(Historic Centre of Guimarães: 문화, 2001)

12. 피코 섬의 포도주 생산유적(Landscape of the Pico Island Vineyard Culture: 문화, 2004)

13. 몸바사 예수 요새(Fort Jesus, Mombasa: 문화, 2011)

14. 엘바스 요새마을과 성채(Garrison Border Town of Elvas and its Fortifications: 문화, 2012)

15. 코임브라 대학(University of Coimbra-Alta and Sofia: 문화 2013)

16. 마프라의 왕립 건조물(Royal Building of Mafra-Palace, Basilica, Convent, Cerco Garden and Hunting Park, Tapada: 문화, 2019)

17. 브라가 시의 봉 제수스 두 몬테 聖域(Sanctuary of Bom Jesus do Monte in Braga: 문화, 2019)

폴란드 POLAND 958

1. 크라쿠프 역사지구(Cracow's Historic Centre: 문화, 1978)

2. 비에리치카와 보치니아의 왕립 소금광산(Royal Salt Mines in Wieliczka and

Bochnia: 문화, 1978/확대지정, 2013)

3. 아우슈비츠 수용소(Auschwitz Concentration Camp: 문화, 1979)

4. 바르샤바/발샤 역사 지구(Historic Centre of Warsaw: 문화, 1980)

5. 자모스치 구시가지(Old City of Zamość: 문화, 1992)

6. 토룬 중세마을(The Medieval Town of Toruń: 문화, 1997)

7. 말보크의 게르만 양식의 성(Castle of Teutonic Order in Malbork: 문화, 1997)

8. 칼와리아 제브르지도우카(Kalwaria Zebrzydowska; the Mannerist Architec-
tural and Park Landscape Complex and Pilgrimage Park: 문화, 1999)

9. 자워와 스위드니카의 평화교회(Churches of Peace in Jawor and Świdnica: 문화, 2001)

10. 남부 리틀 폴란드의 목조교회(Wooden Churches of Southern Little Poland: 문화, 2003)

11. 무스카우어 공원(Muskauer Park/Park Mużakowski: 2004, 문화)

12. 브로츠와프의 백년 홀(Centennial Hall in Wrocław: 문화, 2006)

13. 폴란드와 우크라이나 카르파티안 지역의 목조교회(Wooden Tserkvas of the
Carpathian Region in Poland and Ukraine: 문화, 2013)

14. 타르노프스키에구리 납-은-아연 광산과 지하수 관리(Tarnowskie Góry Lead-
Silver-Zinc Mine and its Underground Water Management System: 문화, 2017)

15. 크르제미온키 선사시대 석기제작용 줄무늬 플린트 석 채광지역(Krzemionki
Prehistoric Striped Flint Mining Region:문화, 2019)

16. 클라드루비 나트 라벰의 儀式 운반용 말사육과 훈련(Landscape for Breeding
and Training of Ceremonial Carriage Horses at Kladruby nad Labem: 문화, 2019)

17. 에르츠 산맥의 광산(Erzgebirge/Krušnohoří Mining Region, Ore Mountains:
문화, 2019)

프랑스 FRANCE 972

1. 베르사이유 궁원(Palace and Park of Versailles: 문화, 1979)

2. 몽생 미셸과 만(Le Mont-Saint-Michel & Its Bay: 문화, 1979)

3. 샤르트르 대성당(Chartres Cathedral: 문화, 1979)

4. 베제르 계곡의 동굴벽화(Decorated caves of the Vézère Valley: 문화, 1979)

5. 베젤레 교회와 언덕(Church and Hill of Vézelay: 문화, 1979)

6. 아미엥 대성당(Amiens Cathedral: 문화, 1981):

7. 퐁텐블로 궁전과 정원(Palace and Park of Fontainebleau: 문화, 1981)

8. 샹보르 성(Château and Estate of Chambord: 문화, 1981)

9. 퐁트네의 시토파 수도원(Cistercian Abbey of Fontenay: 문화, 1981)

10. 오랑주의 로마시대 극장과 개선문(Roman Theatre and the "Triumphal Arch"

of Orange: 문화, 1981)

11. 아를르의 로마시대 기념물(Roman and Romanesque Monuments of Arles: 문화, 1981)

12. 아르크 에 세낭 왕립 제염소(Royal Salt Works of Arc-et-Senans: 문화, 1982/2009 확대지정)

13. 낭시의 스타니슬라스 광장, 캬리에르와 알리앙스 광장(Place Stanislas, Place de la Carrière and Place d'Alliance in Nancy: 문화, 1983)

14. 셍 사벵 쉬르 갸르탕프 교회(Saint-Savin-Sur Gartempe Church: 문화, 1983):

15. 퐁 뒤 갸르 로마시대 수로(Pont du Gard-Roman Aqueduct: 문화, 1985)

16. 스트라스부르 구시가지(Strasburg-Grande Isle: 문화, 1988)

17. 파리의 센느 강변(Banks of the Seine in Paris: 문화, 1991)

18. 노트르담 성당과 셍 레미 수도원 및 토 궁전(Cathedral of Notre-Dame, Saint Rémi Abbey and Palace of Tau: 문화, 1991)

19. 부르쥬 대성당(Bourges Cathedral: 문화, 1992)

20. 아비뇽 역사지구(Historic Centre of Avignon: 문화, 1995)

21. 미디 운하(Le Canal du Midi: 문화, 1996)

22. 카르카손 역사도시(Historic Fortified City of Carcassonne: 문화, 1997)

23. 리용 유적지(Historic site of Lyon: 문화, 1998)

24. 콩포스텔라의 상티아고 길(The Routes of Santiago de Compostela: 문화, 1998)

25. 셍테밀리옹 포도재배 지구(The Jurisdiction of Saint-Emilion: 문화, 1999)

26. 벨기에와 프랑스의 종루(Belfries of Belgium and France: 문화, 1999/2005 확대지정)

27. 프로뱅 중세도시 상가지역(Provins, Town of Medieval Fairs: 문화, 2001)

28. 피레네 산맥의 몽 페르뒤 지역(Pyrénées-Mont Perdu: 복합, 1997/확대지정, 1999)

29. 오귀스트 페레가 재건축한 아브르 항구도시(Le Havre, the City Rebuilt by Auguste Perret: 문화, 2005)

30. 달의 항구, 보르도(Bordeaux, Port of the Moon: 문화, 2007)

31. 보방 요새(fortifications of Vauban: 문화, 2008)

32. 알비 대주교의 시(Episcopal City of Albi: 문화, 2010)

33. 지중해 농업-목축 문화경관인 코스와 세반느(The Causses and the Cévennes, Mediterranean agro-pastorl Cultural Landscape: 문화, 2011)

34. 알프스 산맥 주위의 선사시대 掘立柱式집 (Prehistoric Pile dwellings around the Alps: 문화, 2011)

35. 노르-파 드 칼레 탄광분지(Nord-Pas de Calais Mining Basin: 문화, 2012)

36. 퐁 다르크/쇼베-퐁 다르크 동굴벽화(Decorated Cave of Pont d'Arc, known as

6. 慶州 역사유적 지구(Gyeongju Historic Areas: 문화, 2000)

7. 고창·화순·강화 고인돌유적(Gochang, Hwasun and Ganghwa Dolmen Sites: 문화, 2000)

8. 조선왕조의 왕묘군(Royal Tombs of the Joseon Dynasty: 문화, 2009)

9. 安東 河回마을과 慶州 양동마을(the Historic villages of Hahoe and Yangdong: 문화, 2010)

10. 南漢山城(Namhan Fortress: 문화, 2014)

11. 백제역사지구(Baekje Historic Areas: 문화, 2015)

12. 山寺, 한국의 山地僧院 (Sansa, Buddhist Mountain Monasteries in Korea: 문화, 2018)

13. 한국의 書院(Seowon, Korean Neo-Confucian Academies: 문화, 2019)

헝가리 HUNGARY 1031

1. 안드레시 애비뉴와 천 년 간의 지하유적("부다페스트의 다뉴브 강 연안과 부다 성(城) 지구"의 확장)[Andrásy Avenue fand the Millennium Underground (extension to "Budapest, Banks of the Danube with the district of Buda Castle"):문화, 1987/ 확대지정, 2002]

2. 홀로쾌 전통마을(Hollókö: 문화, 1987)

3. 파논할마의 베네딕트 천년 왕국 수도원과 자연환경(Millenary Benedictine Monastery of Pannonhalma and its Natural Environment: 문화, 1996)

4. 호르토바기 국립공원(Hortobágy National Park-the Puszta: 문화, 1999)

5. 소피아나 초기 기독교 묘지[Early Christian Cemetery/Necropolis of Pécs (Sopianae): 문화, 2000]

6. 토카이 와인지역 문화유산(Tokaji Wine Region Cultural Landscape: 문화, 2002)

7. 로마제국의 변경(Frontiers of the Roman Empire: 문화, 2019)
→ 오스트리아 9항을 참조할 것

홀리시 HOLY SEE 1034

1. 바티칸 시티(Vatican City: 문화, 1984)

가나 GHANA

1. 가나의 성채(Forts and Castles of Ghana: 문화유산-이하 '문화로 약칭, 1979):

　식민지시대 포르투갈을 시작으로 하여, 스페인, 덴마크, 스웨덴, 네덜란드 등이 차례로 황금 해안(오늘날의 가나) 500km 길이에 서기 1482년-서기 1786년 축조한 요새, 초소와 성채로 모두 11개소가 등록되었다. 이들 성채를 거점으로 각국에서 온 상인들이 가나 아샨티 왕국의 황금, 아프리카 내륙의 상아와 노예무역을 하였다. 특히 상인들은 노예무역으로 많은 이익을 얻었는데 각국의 식민지에서 운영하던 브라질의 커피농장, 쿠바의 사탕수수농장 등에 필요한 일손을 이곳 아프리카 노예로 충당하였다. 그리고 각국의 利權에 따라 성채의 주인이 수시로 바뀌기도 하였다. 이 성채들은 유럽 식민지시대 노예의 피로 얼룩진 어두운 역사를 간직하고 있다. 그 목록은 다음과 같다.

　　Elmina Castle(Elmina, 서기 1482년, 3,900m²), Fort Saint Antony(Axim), English Fort(Fort Vrendenburg, Komenda), Fort Metal Cross(Dixcove), Fort San Sebastian(Shama), Fort Batenstein(Butri), Fort St. ago(Fort Conraadsburg, Elmina), Fort Amsterdam(Abandze), Fort Lijdzaamheid('Patience', Apam), Cape Coast Castle(Cape Coast), Fort Good Hope(Fort Goedehoop, Senya Beraku).

2. 아샨티 전통건축물(Ashanti Traditional Buildings: 문화, 1980):

　이들은 아샨티 왕국(Ashanti/Asante)의 수도인 쿠마시의 동북쪽 케이제티아(Kejetia) 시장을 포함한 서기 18세기 전통 건축물로 진흙, 목재와 짚으로 만든 11개소의 사원으로 주거도 겸한다. 이 안에는 선대의 왕과 산하 부족장의 의자와 지팡이, 북, 제물로 받쳐진 털과 가죽 등이 모셔져 있으며 벽은 오랜지와 흰색으로 칠하고 표면에 기학문과 동물문을 浮彫로 새겼다. 아샨티 왕국은 오요코(Oyoko)족의 오세이 투투(Osei Tutu)가 서기 1670년경에 세워 서기 1900년경 영국의 식민지가 되었다. 아샨티 왕국은 금광을 바탕으로 매우 부유했었으며 황금의 의자(높이 46cm)가 이 왕국의 상징물로 되어 있다.

가봉 GABON

1. 로페 오칸다의 생태체계와 문화조경의 잔존생물(Ecosystem and Relict cultural Landscape of Lopé Okanda: 복합, 2007):

로페 국립공원의 로페 오칸다의 생태체계와 문화조경은 마지막 빙하기 이후 과거 15,000년이나 지속되었고 이러한 조성은 열대 우림과 사반나기후의 공존에 있다. 그리고 이곳에는 언덕, 동굴, 岩陰주거(rock shelter)에서 1,800여개의 암각화가 발견되고 또 철기시대의 유적인 철공소(대장간) 유적도 발견되고 있다. 이들은 서아프리카에서 오구우에(Ogooué) 강을 따라 이곳으로 이주해온 것으로 여겨진다.

감비아 GAMBIA

1. 제임스 섬과 관련된 유적(James Island and Related Sites: 문화, 2003):

감비아 강을 따라 강구에서 30㎞ 떨어졌으며 주푸레(Juffureh) 근처의 제임스 섬은 아프리카와 유럽의 식민지화와 노예무역 이전에서 감비아의 독립에 이르기까지 관련된 유적으로 이들은 노예무역의 시작에서 노예제도 폐지에 이르기까지 중요하다. 여기에 초기 정착민들은 쿠르란드(Courland)에서 온 네덜란드인과 세미갈리아(Semigalia)에서 온 발틱 연안의 독일인들이며 그들은 근처에도 여러 식민지를 소유하고 있었다. 비록 영국이 서기 1588년과 서기 1618년에 두 개의 독립적인 회사를 설립하도록 허가했지만 초기 정착민들은 이 섬을 안드류 섬(St. Andrew Island)이라 불렀으며 서기 1651년 이곳에 쿠르란드의 영주인 제이콥 케틀러(Jacob Kettle)의 이름을 딴 제이콥 요새(Jacob Fort)도 구축하여 무역의 기지로 삼았다. 이 요새는 영국군이 서기 1661년 침공하고 서기 1664년 영국에게 양도할 때까지 사용되었다. 영국군이 이 섬을 요크의 공작(Duke of York)인 제임스의 이름을 따라 제임스 섬으로 다시 명명하였다. 아프리카의 왕립투기(Royal Adventurers)회사가 이 땅을 빌려 금과 상아를 무역하였다. 이 회사는 서기 1669년 8월 1일 감비아 투기(Gambia Adventurers)회사에 다시 하청을 주고 서기 1684년 감비아 정부가 이를 인수하였다. 이 요새는 서기 1695년 프랑스로 넘어갔다가 서기 1697년과 서기 1702년 다시 영국군에 되돌려졌으며 그 과정에서 요새는 여러 번 파괴되었다가 다시 재건되었다. 서기 1765년 5월 25일부터 서기 1779년 2월 11일 사이 감비아는 영국령 세네감비아(Senegambia)의 일부였었다. 이러한 일련의 사건은 아프리카 내륙지방에 이르는 초기 식민지화의 역사적 기록도 된다.

2. 세네감비아의 환상 열석(環狀 列石)(Stone Circles of Senegambia: 문화, 2006):

잔자부레(Janjabureh)의 북쪽과 중앙 세네갈(Senegal) 즉, 350km 길이

의 감비아 강을 따라 나있는 100km 넓이의 4곳에 1,000여개의 環狀
列石群이 위치하는데 그 연대는 기원전 3세기에서 서기 16세기에
속한다. 4집단은 Sine Ngayène, Waner, Wassu 와 Kerbatch로 93개소의
환상열석, 여러 개소의 封土墳과 古墳들이다. 철제도구로 채석해 잘
다듬은 紅土(laterite)로 立石과 같이 만든 支柱와 함께 있는 고분들은
1,500년 이상 된 신비한 분위기를 자아낸다. 石列들은 고분 위에 놓
여 있는데 이들은 서기 8세기경에 만들어진 것이다. 석렬들은 10-24
개의 돌로 구성되며, 직경 4-6m, 무게 1-10톤, 높이도 1-2.5m로 제
각기 다르다. 석렬은 무덤과 葬禮를 표시하며 모두 서기 12세기 이
전에 만들어졌다. 이것들은 상당히 조직화되고 번영을 이루어 오래
지속했던 사회를 반영하고 있다.

과테말라 GUATEMALA

1. 안티구아 시(Antigua Guatemala: 문화, 1979):

과테말라 해발 1,500m의 고지의 Antigua/La Antigua에 위치한 최
고지휘관인 총독의 수도로 서기 16세기에 이탈리아의 르네상스식을
따라 거리도 格子文으로 반듯하게 건립되었으나 서기 1773년 산타
마르타(Santa Marta) 지진으로 대부분 파괴되었다. 그러나 스페인 무
데하르(Mudéjar)양식의 영향을 받은 바로크(Baoque)식 건물과 여러 채
의 식민지의 교회의 흔적이 아직 남아있다. 중요한 유적으로 산 호
세(San José) 성당, 라 메르세드(La Merced) 교회, 산타 도밍고(Santa Do-
mingo) 수도원, 고서박물관, 무기박물관, 전산 카를로스 대학에 위치
한 식민지시대 미술관, 玉박물관 등이 있다.

2. 티칼 국립공원(Tikal National Park: 복합 문화유산–이하 복합으로 약칭, 1979):

기원전 3세기–서기 10세기의 마야 유적. 티칼(Tikal)은 하소우(Jasaw)의 아들인 이킨 찬 카윌(Yik'in Chan Kawi, 서기 734년–서기 760년) 왕 때가 극성기로 서기 736년 경쟁자인 카라크믈(Calakmul)의 침입을 저지하고 서기 743년과 744년에 엘 페루(El Peru)와 나란호(Naranjo)를 제거했다. 그런데 기원전 200년경 올멕과 마야의 이 자판 지역과의 접촉에 자극 받아 과테말라 중앙 저지대의 티칼과 왁삭툰과 같은 곳에 피라미드가 처음 만들어진다. 티칼에 서기 292년 銘이 새겨진 비석도 세워졌다.

3. 퀴리구아 고고유적 공원(Archaeological Park and Ruins of Quirigua: 문화, 1981):

과테말라 이자벨 지구 과테말라 시에서 푸에르토 바리오 시에 이르는 고속도로에서 약 1km 떨어져 있으며, 모타구아 강 계곡에 위치한 퀴리구아 고고유적에는 서기 200년경부터 사람이 살기 시작했으며, 도시는 서기 550년경에 만들어지기 시작했고, 카우악 스키(Cauac Sky, 서기 723년–서기 784년) 왕의 통치 때 가장 번영하였다. 이곳에는 서기 8세기의 마야 유적과 이 시기의 마야 문명을 조명할 22개의 石碑(stelae), 고전기 마야 石彫인 동물형 조각품(zoomorphs)과 달력(calendars) 등 이 남아있다. 이들은 다른 마야유적에서 흔히 사용되는 석회암이 아닌 사암을 이용했다. 서기 850년 이후에는 건물이 더 이상 지어지지 않았고 서기 900년 이후에는 한발이나 지진으로 인해 완전히 폐기되었다. 이 유적은 서기 1839년 죤 로이드 스테판(John Lloyd Stephens)에 의해 처음 알려졌으며, 서기 1881년–서기 1885년 사이에 영국 인류학자인 알프레드 모즐리(Alfred Maudslay)가 이곳을 방문해 사진 촬영하고 석비를 석고로 떠 대영제국박물관에 보내어 보관하였다.

구 유고연방/마케도니아공화국 FORMER YUGOSLAV REP. of MACEDONIA

1. 오흐리드 지방의 역사건축물과 자연(Ohrid Region with its cultural and historical Aspects, and its natural environment: 복합, 1980):

마케도니아 서남부지방에서 오흐리드 호반가 알바니아 맞은편 해발 70m에 위치한 오흐리드 스투르가(Sturuga) 마을은 서기 7세기-서기 19세기의 유적으로 여기에는 종교, 문화와 방어시설이 중요하다. 앞서는 주거는 신석기, 청동기와 철기시대(할슈타트/Hallstatt)까지 거슬러 올라가나 현재로서는 서기 4세기 이전 알렉산더의 마케도니아 정복 이전 시대의 일리안(Illyrian) 마을이 고고학적 증거로 현재로서는 가장 오래된다. 그 후 서기 395년 이후의 비잔틴제국이 들어서고 그 후 서기 6세기-서기 7세기의 슬라브인이 들어와 서기 10세기 슬라브인들의 통치 때 使徒 키릴(Cyril)과 메토드(Method)가 이곳에 종교의 중심지를 만들게 되었고 또 사뮤엘(Samuel) 황제 때 오래된 요새가 복구되기도 하였다. 서기 1018년 비잔틴제국으로의 복귀, 서기 1024년 불가리아인들의 통치, 서기 1334년의 세르비아인의 통치, 서기 1394년-서기 1912년 사이 오스만 투르크의 지배를 순차적으로 겪어 왔다. 이곳에서 가장 오래된 슬라브인의 성 판텔레이몬 성당(St. Pantelejmon)과 서기 11세기-서기 14세기에 속하는 800개의 비잔틴 시절의 아이콘(Icon, 둥근 聖畵, 聖像)들이 보관되어 있다. 이들은 모스크바의 트레티아코프(Tretiakov) 미술관의 아이콘 소장품 다음으로 전 세계에서 가장 중요한 것으로 여겨진다.

그루지아 GEORGIA

1. 므츠헤타 중세교회(The City Museum Reserve of Mtskheta: 문화, 1994):

서기 3세기-서기 5세기 그루지아(죠지아, Georgia) 이베리아 왕국의 수도였던 므츠헤타는 서기 317년 기독교를 받아들였으며 그 전통으로 현재에도 여전히 이곳은 죠지아 正敎會(Georgian Orthodox and Apostolic Church)의 본부의 역할을 한다. 교회들은 코카사스지방의 중세시대의 뛰어난 건축으로 당시 왕국의 높은 예술과 문화 수준을 보여주며 그 중 스베티츠코벨리(Svetitskhoveli) 성당(서기 11세기)과 즈바리(Jvari) 수도원(서기 6세기)이 이곳의 교회건축 중 매우 중요하다. 그리고 이곳에는 아르마 츠쉬케(Armaztsikhe) 요새(기원전 3세기), 아르마츠쉬케 성채(기원전 1000년 말경), 왕궁(서기 1세기-서기 3세기)과 근처 묘지(서기 1세기), 서기 4세기경의 조그만 교회, 삼타브로(Samtavro)수도원(서기 11세기), 베브리스 취케(Bebris Tsikhe) 요새(서기 14세기) 등의 고고학적 자료들이 아직도 많이 남아있다. 서기 2009년 33차 회의에서 위험에 처한 문화유산으로 등재되었다.

2. 바그라티 성당과 겔라티 수도원(Bagrati Cathedral & Gelati Monastery: 문화, 1994):

통일된 그루지아(죠지아, Georgia)의 초대 왕인 바그라티 III세의 이름을 딴 바그라티 성당(the cathedral of the Dormition, Kutaisi Cathedral)은 서기 11세기 초(북쪽 벽에 남아있는 銘文은 서기 1003년임)에 완공되었으나 이메레티(Imereti) 왕국 때인 서기 1692년에 침공한 오스만 투르크에 의해 둥근 지붕과 천장이 파괴되고 중심건물은 현 위치인 쿠타이시(Kutaisi) 마을 중심 유키메리오니(UK'imerioni) 언덕 위에 그대로 남아있다. 겔라티 수도원은 서기 12세기-서기 17세기 건립되었으며 수도원의 여러 건물, 모자이크와 벽화가 거의 완전히 남아있다. 성당과 수도원은 그루지아 중세 건축의 걸작으로 꼽히고 있다.

3. 어퍼 스바네티(Upper Svaneti: 문화, 1996):

코가사스 지역 해발 3-5,000m 산들에 둘러싸인 스바네티 고원(Upper Svaneti, 그리스의 지리학자 스트라보/Strabo가 언급한 Soanes에 해당)에 위치한 중세시대의 마을로 주위의 山勢와 절묘하게 조화를 이루고 이제까지 고립된 지역으로 남아 있었기 때문에 200채 이상의 가옥과 외부 적들의 침입에 대비한 보루가 거의 원형대로 보존되어 있다. 스바네티인들은 용맹한 전사들로 잘 알려져 있으며 약탈자인 몽고군들도 이곳을 침범하지 못했다고 한다. 게로바니(Gelovani)家의 일족인 다데쉬케리아니(Dadeshkeliani) 태자 때 약간의 지배를 거쳤으나 서기 1875년 러시아군이 들어올 때까지 거의 자치와 같은 상태를 유지하고 있었다.

그리스 GREECE

1. 밧새의 아폴로 에피큐리우스 신전(Temple of Apollo Epicurius at Bassae: 문화, 1986):

작은 계곡(little valleys)을 의미하는 밧새(Bassai/Bassae/Vasses)에 있는

아폴로 에피큐리우스 신전은 기원전 450/420년-기원전 400년 사이 아르카디이안 고원 코티리온(Kotylion) 산록 해발 1,131m에 세워진 치료, 전쟁과 태양의 신 아폴로의 신전으로 가장 오래된 코린트식 柱頭를 갖고 있다. 이 건축의 설계는 익티노스(Iktinos/Iktinus)로 그는 헤파에스투스(Hephaestus)와 파르테논 신전의 설계자이기 도하다. 이 신전은 델피에 있는 아폴로 신전을 모델로 한 도리아(Doric) 건물로 이오니아(Ionic)와 코린트(Corinthian)식 모두를 갖고 있다. 건물의 규모는 14.48m×38.24m이며 다른 신전들과는 달리 장축이 남북 방향을 취하고 있다. 내부 31m에 달하는 소벽의 장식물 중 중요한 것은 이미 대영제국박물관으로 옮겨졌다.

2. 델피 고고유적지(Archaeological Site of Delphi: 문화, 1987):

델피[Delphi, 그리스의 Delphi의 Apollo 신전(Temple of Apollo)의 아폴로 신을 모신 신전에는 신탁(Delphic oracle)여인 겸 여자 무당인 피티아/퓌티아(Pythia) 또는 시빌(sibyl, sible, sibulla, sibylla)이 상주함]는 현 포시스(Phocis) 계곡 파르나수스(Parnassus)의 산록에 위치하며 그곳의 신탁이 이루어지던 범 헬레닉 세계(panhellenic or stephanitic)의 중심인 기원전 6세기경의 유적이다. 그리고 여기에서는 신탁 이외에도 기원전 586년부터 4년마다 그리스 각국에서 모여든 운동선수들로 근대 올림픽 게임의 선구자적 파이시안 게임(Pythian Games)도 열렸으나 올림피아 시(the city of Olympia)에서 기원전 776년부터 행해지던 올림픽 게임과는 또 다른 것이다. 현재 델피에 남아있는 당시 건물의 흔적은 신탁이 행해지던 아폴로 신전, 그리스 12부족의 대표들이 모여 회의를 열던 암픽티온 회의소(Amphiktyonic Council), 奉納物을 저장해두던 보물창고(Treasury of Athens, 복원), 키오스(Chios)인이 세운 제단(Altar of the Chians), 아테네의

柱廊(Stoa of the Athenians), 運動選手像(Athletic Statues), 원형의 솔로스 (Tholos), 산꼭대기 위에 위치한 경기장(Stadium), 히포드롬(Hippodrome) 競走用 경기장과 반원형의 극장(Theatre) 등에서 찾을 수 있다. 기원 전 431년-기원전 404년 펠로폰네소스 전쟁(Peloponnesian war)에서 이 긴 스파르타가 기원전 480년 페르시아와 아르테메시움(Artemesium) 해협 해전과 사라미스(Salamis) 전투 승리 직후인 기원전 478년 戰利 品을 奉安하기 위한 柱廊(스토아, stylobate)을 지은 아테네보다 더 큰 柱廊(會堂, stoa)을 바로 앞에 만들었다. 이것은 아테네와 스파르타 간 의 자존심 대결의 표현이었다. 이들 유적들은 그리스를 대표하는 古 典그리스(Classic Greece)에 속하며 이 시기는 기원전 500년에서 마케도 니아의 필립 II세(기원전 382년-기원전 336년)가 케로네아(Chaironeia) 전 투에서 그리스를 정벌하는 기원전 338년까지를 말한다. 그리고 그 다음 이어지는 마케도니아제국은 기원전 338년-기원전 146년(한니 발이 스키피오 장군의 양손자에게 자마 평원 전투에서 패전한 해)까지이다.

3. 아테네의 아크로폴리스(Acropolis, Athens: 문화, 1987):

아테네의 성채(Citadel of Athens)인 아크로폴리스(Acropolis는 "edge, extremity"의 의미를 지닌 acron과 'city'의 의미인 'polis'의 합성어로 고대 그리스 아테네의 요새를 뜻하며 파르테논/Parthenon 신전 등이 위치하고 있다)는 해 발 150m 높이의 꼭대기가 편평한 3ha의 바위언덕에 자리 잡고 있 으며, 아테네가 페르시아 아케메니드 왕조 중 4대 다리우스 I세 왕 (Darius, 기원전 550년-기원전 486년)과의 마라톤 전투(기원전 490년), 사 라미스 해전(기원전 480년)과 프라타이아이 전투(기원전 479년)에서 승 리한 다음 정치가 페리클레스(Pericles, 기원전 490년-기원전 429년 통치) 가 발의하고 조각가 피디아스(Phedias)가 감독하였다. 아크로폴리스 중심에는 익티노스(Iktinos/Iktinus)가 설계한 파르테논 신전(Parthenon, 기원전 447년-기원전 438년)이 있다. 아크로폴리스 입구에는 프로필라이아(Propylaea)라는 기념문(기원전 447년-기원전 432년)이 입구 동쪽과 파르테논 신전의 북쪽에는 에렉테이온(Erechtheon) 신전(기원전 409년-기원전 403년, 기원전 421년-기원전 414년)이 자리 잡고 있다. 이들은 모두 므네시클레스(Mnesicles)가 설계했다. 입구 남쪽에는 니케 신전(Athena Nike)이 있다. 아테네 옛 신전 서쪽에는 피디아스가 기원전 450년-기원전 448년에 조각한 전체 높이 9m의 청동여신상(전선에서 싸운 여신이란 의미의 Athena Promachos)이 한가운데 있었다. 臺地의 남쪽에는 디오니소스 야외극장(Theatre of Dionysus Eleuthereus)과 그 옆 남서쪽으로 조금 떨어진 곳에 헤로데스 아티쿠스 극장(Odeon of Herodes Atticus)이 있다. 이곳에서는 서기 2004년 영국의 사이몬 래틀 경(Sir Simon Rattles)이 베르린 필하모니(Berliner Philharmoniker)를 지휘했던 바와 같이 현재도 이곳은 아직도 야외음악당으로 이용되고 있다. 이곳에서 가장 대표되는 것은 파르테논 신전(기원전 447년-기원전 438년)으로 익티노스(Iktinos, 또는 Ictinus)와 칼리클라테스(Kallikrates, 또는 Callicrates)에 의해 만들어졌다. 이 안에는 현재에는 없어진 피디아스가 조각한 나무로 만든 여신상 위에 벗겨낼 수 있는 얇은 금판과 상아로 씌운 아테네 여신상(Phidias' chryselephantine cult statue of goddess)을 비롯해 인간의 모습은 이상화되고(idealized depiction of the human body) 자연주의와 감정의 표현을 억누르는 피디아스 樣式의 작품들이 추가되어졌다. 파르테논 신전에 이용된 대리석 석재는 18km 떨어진 펜델리콘 산에서 채석하였다. 그리고 신전의 건축에는 "인간은 만물의 척도"라고 언급한 피타고라스의 황금비율 1:0.168, 4:9의 均齊比率, 착시현상의 응용과 배흘림의 기둥(enthasis)수법 등 다시 말해 度量, 比例와 調和가 모두가

具現되어 만들어졌기 때문에 이 파르테논 신전은 완공 후 建築이라기보다는 彫刻에 가까운 것으로 평을 받고 있다. 서기 1803년 영국의 엘긴 백작 Lord Elgin이 당시 터키의 식민지였던 파르테논 신전 牌桛(pediment)의 조각상들을 떼어내서 서기 1816년 대영제국박물관에 기증하여 현재 'Elgin Marbles'로 전시하고 있으나 그리스의 문화부장관인 메리나 메르쿠리(Melina Melcouri)의 반환 요청에도 불구하고 스모그(smog) 핑계로 이의 반환을 미루고 있다. 아테네의 아크로폴리스와 기념물들은 고전그리스문명의 상징이며 그리스가 남겨준 위대한 건축과 예술의 복합체이다. 그리고 아크로폴리스와 아고라("gathering place" 또는 "assembly"라는 의미를 지닌 agora) 사이에 있는 3단 높이의 강단인 프닉스(Pnyx) 유적은 아테네시민들이 자발적으로 올라가 자신의 의견을 발표한 민주주의 탄생지의 산 증거이기도 하다.

파르테논 신전(충주대학교 백종오 교수 제공)

아크로폴리스 에릭테온 신전(충주대학교 백종오 교수 제공)

고린도 신전 전경(충주대학교 백종오 교수 제공)

4. 아토스 산(Mount Athos: 복합, 1988):

서기 1054년에 세워진 그리스 정교 수도원이 위치한 아토스 산 (Agion Oros)으로 러시아를 포함한 20개의 東歐 정교수도원의 고향이 며 聖山으로 불릴 정도로 정신적 중심지이다. 비잔틴제국시대 이후 로 자치권(Autonomous Monastic State of the Holy Mountain)을 갖고 있으 며 여자와 어린 아이들에게는 출입이 금지되어 있다. 그리스 할키디 키(Halkidiki) 반도 아토스 산록 해발 2,033m 높이에 335.637km²의 넓이 를 가진 수도원의 20개 건물에는 현재 1,400명의 수도사들이 거주하 고 있으며 내부에 그려진 聖畵들은 다른 지역 正敎會 사원의 범본이 되고 있다.

5. 테살로니카 지역의 고대 그리스도교 및 비잔틴 기념물군(Paleochristian and Byzantine Monuments of Thessalonika: 문화, 1988):

기원전 315년 마케도니아의 중심지 겸 테살로니카 항구도시(Hagia Sophia)로 서기 3세기경부터 기독교가 전파되어 나가는 첫 번째의 본거지였다. 서기 8세기에는 현재의 교회가 이곳에 지어졌다. 서기 1205년 십자군전쟁이 일어났을 때 성당으로, 서기 1430년 3월 29일 오스만투르크의 술탄 무라드(Sultan Murad) II세 때 회교도사원으로 바 뀌기도 하였다. 이곳은 비잔틴시대에 전성기를 맞았는데 앞선 콘스탄 티노플에 이어 그리스의 제2의 大都였고 그 이름은 알렉산더 대왕의 부하 장군이며 그에 이어 마케도니아의 왕이 된 카산드로스(Kassan-dros)가 그에게 시집온 마케도니아 필립 왕의 첫 번째 딸에 연유한다. 그는 자기가 세운 테살로니카 도시를 그녀의 이름에서 따왔다. 그리 스의 평면 십자형태의 건물과 세 개의 돔이 있는 대성당[Domed Greek cross basilica, '크로스 인 스퀘어(Cross-in-square)', 비잔틴 중기와 후기의 특징 있는 건축양식으로 crossed-dome으로도 불린다] 위에 교회가 지어졌다. 이 건물은 서기 4세기–서기 15세기까지의 오랜 기간 동안 비잔틴문화에 영향을 준 일련의 通時的인 건물의 변형을 보여준다. 여기에는 로마 시대, 기독교 초기 유적, 비잔틴제국의 유적, 이슬람제국의 사원 등이 모두 존재하기 때문이다. 지붕에 돔이 있는 건물인 성 데메트리우스 (St. Demetrius)와 성 다비드(St. David)의 교회 천장에 나있는 모자이크 는 초기 기독교 예술의 걸작이다.

6. 에피다우루스 고고유적(Archaeological Site of Epidaurus: 문화, 1988):

이것은 펠로폰네소스 반도의 조그만 골짜기 현 Argolis의 사로닉/ Saronic만에 아폴로 신의 아들이자 醫學의 神/疾病의 신인 Epidauria 의 탄생지에 만들어진 에피다우루스 도시국가에서 공식적으로 신봉 했던 아스클레피오스(Asklepios, Asclepius) 신전으로, 그는 기원전 4세기 부터 질병의 치료 유명해져 멀리 로마에서부터 환자가 오기도 하였 다. 그의 치료에는 뱀의 독을 추출해 마시는 것도 포함된다. 기원전 4세기경에 만들어진 솔로스(Tholos) 신전과 극장은 그리스건축의 대 표작으로 여겨진다. 여기에는 疾病의 神에 봉헌하는 병원 터도 있 다. 4년마다 열리는 아스클레피오스(Asclepieia) 축제 때는 올림피아나 델피처럼 운동경기와 연극이 열렸다. 현재 극장이 남아있다.

7. 로데스 중세도시(Medieval City of Rhodes: 문화, 1988):

서기 1309년에서 서기 1523년까지 로데스를 점령하였던 예루살렘 성 요한 교단(the Order of St. Jerusalem)은 이 도시를 요새로 바꾸었다. 그 다음 총독의 관저, 대 병원, 기사의 거리 등을 갖춘 터키와 이탈리 아의 지배를 받으면서 로데스의 위 도시는 고딕양식이 유행하는 기간 아름다운 도시의 조화를 이루었고 아래 도시는 오스만 투르크시대(서기 1299년-서기 1922년)에 지어진 회교도의 사원, 공중목욕탕 등의 건물과 공존하였다. 이곳에는 기사 자선 종교단원에서 지은 콜라키움(Collachium, 위 도시), 총독의 관저, 성 요한(St. John's) 성당, 성모 마리아(St. Mary's) 교회, 서기 1523년 회교도사원으로 바뀐 비잔틴(Byzantine) 교회와 4km의 길이의 성벽을 가진 도시의 요새 등 고딕과 오스만 투르크시대의 건물들이 가장 잘 남아있다.

8. 메테오라(Metéora: 복합, 1988):

피네이오스(Pineios) 강과 핀두스(Pindus) 강의 서북 끝자락에 접근하기 어려운 砂岩의 산봉우리 꼭대기(해발 550m)에 매달려 있다는 의미의 메테오라(매달린 바위, suspended rock)는 서기 11세기부터 지금도 남아있 는 테오토코스(Theotokos, mother of God) 교회를 중심으로 스타고이의 스케테(Skete of Stagoi)라고 불리 우는 수도사 단체가 형성되면서 세워진 24곳의 그리스 正敎會의 수도원으로 아토스산(Agion Oros)에 다음가는 중요한 곳이다. 현재 6개의 수도원만이 봉우리에 매달리듯 지어졌다. 서기 1453년 비잔틴제국이 멸망하고 오스만 투르크 제국의 압력이 거세짐에 따라 서기 15세기-서기 16세기 隱者들의 이상향인 수도원들이 이곳에 20여 개소 이상이 만들어졌다. 이 수도원 내부에 비잔틴시대 이후의 프레스코 벽화들이 잘 남아 있다. 이곳에는 The Holy Monastery of Great Meteoron(서기 14세기 건물이나 서기 1483년-서기 1552년 복원), The Holy Monastery of Varlaam(서기 1541년-서기 1548년), The Holy Monastery of Rousanou/St.Barbara(서기 1560년 장식), The Holy Monastery of St. Nicholas Anapausas(서기 1527년), The Holy Trinity Monastery(서기 1475년에 지어져 and was remodeled many times in 서기 1684년, 서기 1689년, 서기 1692년, 서기 1741년에 다시 꾸며졌다) 등의 수도원이 대표적이다.

9. 올림피아 고고유적(Archaeological Site of Olympia: 문화, 1989):

펠로폰네소스(Peloponnesus) 계곡에 위치한 올림피아 유적에는 선사시대부터 사람이 살기 시작하였는데 기원전 10세기경부터 제우스 신앙의 중심지로 여러 신들의 聖域인 알티스(Altis)로 그리스 선사시대로부터 대표적인 걸작품들이 몰려있는 곳 중의 하나이다. 여기에는 신전 이외에도 기원전 776년부터 4년마다 한 번씩 열리는 제우스 신을 찬양하는 올림픽 경기를 위한 시설물의 흔적도 많이 남아있다. 서기 394년 로마의 황제 테오도시우스(Theodosius) I세가 이곳이 異敎徒를 떠올리게 하는 장소로 올림픽 경기가 시작된 지 1,170년 만에 이를 폐지하였다. 이곳은 델피(Delphi)에서 열리는 파이시안 게임(Pythian Game)에 버금가는 중요한 곳이다. 베를린 마라톤의 우승자인 손기정이 부상으로 받은 그리스 투구도 이곳 奉納物 倉庫에서 발굴된 것으로 현재 보물 904호로 지정되어 있다. 이곳에는 건물들이 무질서하게 배치되어있는데 성역 안에는 헤라와 제우스 신전, 犧牲의 의식이 치러지던 펠로피온과 제단구역이 있었다. 성역의 동쪽에 경기장인 히포드롬(Hippodrome, 후일의 스타디움), 북쪽에는 프리타네이온(Prytaneion), 원형의 필리페이온(Philipeion)뿐만 아니라 여러 도시국가에서 바친 봉납물의 창고가 줄지어 서 있었다. 메트론(Metroon)은 창고 아래에, 네로 황제의 별장(Villa of Nero)도 동쪽 끝에 있었다. 제우스 신전 안에는 피디아스(Pheidias)가 크리스엘레판틴(chriselephantine) 수법으로 금과 상아로 제작한 시돈(Sidon) 출신의 안티페이터(Antipater)가 기원전 140년 자기의 시에서 언급한 세계 7대 불가사의 중의 하나인 거대한 제우스상이 안치되어 있었다.

10. 미스트라스의 중세도시(Mystras: 문화, 1989):

'모레아의 경이'라는 미스트라스는 서기 1249년 프랑크 왕국의 태
자인 윌리앙 비르아르두앙(William II de Villehardouin)에 의해 스파르타
서북 6km 떨어진 타이게토스(Taygetos) 산의 북쪽 가파른 산록의 요
새 주위에 원형극장으로 세워졌는데, 서기 1262년 비잔틴제국의 점
령 하에, 서기 1464년 오스만 투르크(서기 1299년-서기 1922년)제국과
서기 1678년-서기 1715년 베네치아 공국에, 다시 오스만 투르크에
의해 차례로 점령되었다가 서기 1832년 그리스의 독립 때까지 폐기
되었다. 이곳은 아름다운 경관과 어울리는 궁전, Peribleptos와 Panta-
nassa 수도원, Evangelistria와 Hodigitria 교회 등 중세시대의 건축물들
이 많이 남아있다.

11. 델로스 섬(Delos: 문화, 1990):

그리스신화에 의하면 아폴로 신은 키클라데스 제도의 조그만 섬
델로스에서 태어났고 아폴로 신의 聖域으로 인해 많은 관광객을 끌
어 모으고 있다. 이 섬은 미코노스(Mykonos) 섬과 가까운 곳에 있으
며 기원전 2000년 경의 미노아(Minoa, 기원전 2200년-기원전 1450년, 또
는 기원전 2000년-기원전 1450년)와 미케네(Mycenae, 기원전 1600년-기원
전 1200년, 또는 기원전 1550년-기원전 1100년) 때부터 기독교 전파 이전
까지의 여러 문화와 관련이 있다. 이곳에는 아폴로 신전을 비롯해
미노아와 미케네문명, 초기 청동기, 초기 기독교, 중세의 유적들까지
존재하는데 아테네의 프랑스학교(French School at Athens)에서 지금까지
발굴한 결과 이 유적은 넓고 또 유물이 풍부하며, 지중해 항구로서

국제적인 면모를 보여준다.

12. 다프니, 호시오스 루카스, 키오스의 비잔틴 중기 수도원(Monasteries of Daphni, Hossios Luckas, Moni of Chios: 문화, 1990):

Daphni(Attica), Hosios Lucas(Phocida), Moni of Chios(소아시아 근처 Aegean Sea)의 세 수도원으로 서로 멀리 떨어져 있으나 '크로스 인 스퀘어'[Cross-in-square, 비잔틴 중기와 후기의 특징 있는 건축양식으로 crossed-dome으로도 불린다]와 '든모 虹蜺'(squinch, 홍예, 맞졸임 천장, 상인방 돌에서 상부의 무게를 지탱하기 위한 내부 구석의 받침)로 천장을 받치는 평면 팔각형의 같은 건물양식, 또는 테살로니카의 성당처럼 '그리스의 평면 십자형태의 건물과 세 개의 돔이 있는 대성당(Domed Greek cross basilica)'과 같은 양식으로 서기 11세기-서기 12세기에 만들어졌다. 모자이크 같은 내부 장식과 세공도 유사하다. 서기 13세기 초 십자군에 의해 많이 약탈당하고, 서기 15세기 초 다시 개축되었으나 서기 1999년 지진으로 상당 부분 파괴되어 현재 복구 중이다.

13. 사모스 섬의 피타고리온과 헤라 신전(Pythagoreion and Heraion of Samos: 문화, 1992):

에게 해의 사모스 섬에는 기원전 2000년 이래의 유적, 유물이 많으나 고전 그리스의 인상적인 피타고리온 유적과 헤라이온 신전이 유명하다. 그리스와 로마의 유적을 포함한 성채가 있는 피타고리온 항구도시에는 Tunnel of Eupalinos 터널식 수도(導水管), 다시 말해 기원전 6세기의 당시로서는 가장 긴 1036m 길이의 유팔리니안 도수관을 의미한다. 헤라이온은 기원전 8세기부터의 聖域이다. 신전은 헤라 여신의 제단 반대쪽에 서 있었다. 이 건물은 10년쯤 서 있다가 지진으로 파괴되었는데 그 후 서쪽으로 40m 떨어져 더 크게 지었다 이 신전은 'Polycrates Temple'로 알려져 있으며 그리스에서 평면 면적이 가장 넓다.

14. 베르기나 고고유적(Archaeological Site of Aigai/Vergina: 문화, 1996):

마케도니아제국(기원전 338년-기원전 146년)의 수도였던 북부 그리스의 Vergina(또는 Virgina, Aigai)는 마케도니아왕국의 첫 번째 수도로 서기 1977년에 발굴되었다. 이곳에는 모자이크로 장식되고 벽토가 화려하게 발라진 궁전, 어떤 것은 기원전 11세기까지 올라가는 300개가 넘는 封土墳, 헬레니즘(기원전 304년-기원전 30년)의 세계를 연 알렉산더의 아버지 필립 II세(기원전 382년-기원전 336년. 그의 4번째 부인이며 알렉산더의 모친인 올림피아 측에 의해 암살당함)의 무덤과 황금제 유골함이 발견되었다. Aigai는 Archelaus가 Pella로 천도할 때까지 기원전 1000년-기원전 700년 초기철기시대에 마케도니아의 수도였으며, 마케도니아의 왕들은 사후에도 초기의 수도에 묻혔다. Aigai는 기원전 300년 후반에 번영하였으며 이곳에서 발굴된 궁전, 극장, 무덤들도 거의 이 시기에 속한다. 이 도시는 기원전 168년 로마군에 함락되어 불타버렸다. 필립 II세의 묘(4,000톤의 흙으로 싸여진 封墳의 높이 12.5m, 폭 110m, 전실 4.46m²임)에서 왕관, 뼈를 담은 두 개의 금제 관, 그리스 금속공예상 걸작품으로 꼽히는 70여점의 유물, 전실과 문 입구에 그려진 벽화 등으로 유명한데, 전실에서 발견된 금제 화살통과 함께 발견된 정강이를 보호하는 갑옷은 왼쪽이 38cm, 오른쪽이 41.5cm로 기록대로 필립 II세는 부상에 의한 오른쪽이 긴 절름발이였을 가능성도 보여준다.

15. 미케네와 티린스의 고고유적(Archaeological Sites of Mycenae and Tiryns: 문화, 1999):

세계제2차문명(secondary civilization)인 에게 海의 미노아 문명(Minoa, 기원전 2200년-기원전 1450년, 또는 2000년-기원전 1450년)과 그리스의 청동기시대를 대표하는 미케네(Mycenae, 기원전 1600년-기원전 1200년, 또는 기원전 1550년-기원전 1100년) 문명에 이어 나타나는 그리스의 고고학은 일반적으로 기원전 800년에서 기원전 300년까지, 그 중 그리스를 대표하는 古典그리스(Classic Greece)고고학은 기원전 500년에서 마케도니아의 필립 II세(기원전 382년-기원전 336년)가 케로네아(Chaironeia) 전투에서 그리스를 정벌하는 기원전 338년까지를 말한다. 그리고 마케도니아 제국은 기원전 338년-기원전 146년(한니발이 스키피오 양손자 장군에게 자마 평원 전투에서 패전한 해)까지이다. 미케네 문명과 그리스 청동기시대를 대표하는 미케네와 티린스의 두 도시유적은 강력한 왕국을 형성했으며 그리스 고전문화의 형성에 중요한 역학을 하였다. 이 두 도시는 유럽의 예술과 문학에 거의 3천 년간 영향을 주어왔던 호머(Home)의 서사시인 '일리아드와 오딧세이(Iliad와 Odyssey)'에서도 '금이 풍부한' 도시로 언급하듯이 떼려야 뗄 수 없는 불가분의 관계로 연결되고 있다. 미케네는 13m 높이 7m의 두께의 성벽으로 둘러싸인 요새화한 도시이며, 그 안에 궁전과 터널, 甕城과 竪穴墓 등이 뚜렷이 확인된다. 티린스는 호머가 '강력한 성벽을 가진 티린스'로 표현할 정도로 좀 더 크고 성벽의 두께는 부분적으로 20m나 된다. 그 안에 동벽에 왕의 옥좌가 가운데 爐址가 있으며 나무기둥이 지붕을 받치는 넓은 접견실(前室)을 가지고 있는 방인 크레데 섬의 미노아 문명의 메가론(megaron, central or throne room)양식도 보인다. 메가론이 있는 방의 세 벽 중 둘은 옛날 헤라 신전으로 통한다. 미케네는 지중해 동쪽 힛타이트, 이집트와 무역을 하면서 번영하였는데 기원전 1200년경에 망했다. 이 유적들은 서기 2세기 이곳을 방문했던 Pausanias에 의하면 이미 폐허가 되어 있고, 서기 1886년 하인리히 슈리만(Heinrich Schliemann)에 의해 발굴되었다. 현재는 아테네의 독일고고학연구소(German Archaeological Institute at Athens)와 하이델베르그 대학 발굴 팀이 계속 발굴을 해오고 있다. 미케네 문명은 하인리히 슐리만(Heinlich Schlieman, 서기 1822년–서기 1890년)이 서기 1876년 미케네 Atreus와 아가멤논(Agamemnon) 왕의 묘라고 여겨지는 竪穴墓(shaft grave)의 발굴, 호머(Homer)의 서사시인 일리아드(Iliad)와 오디세이(Odyssey), 그리고 그리스어의 기원인 線文字 B의 解讀 등에 의해 알려졌다. 트로이 전쟁에서 승리한 후 미케네로 귀환한 아가멤논 왕은 부인인 크라이템네스트라와 그녀의 정부 아이기토스에 의해 살해된다. 그의 시체를 묻은 竪穴式 무덤(shaft grave)이 슐리만에 의해 발굴되고 그곳에서 황금의 데드 마스크(gold death mask, gold funerary mask)도 발견되었다. 이 유적은 기원전 1300년경 축조된 미케네 방어 성벽 안쪽에 있으며 아가멤논의 기원전 1250년 이라는 시대보다 약 300년이 더 올라가는 기원전 1550년경으로 확인되어 아가멤논왕의 무덤이 아닌 것으로 밝혀졌다. 그러나 슐리만의 업적은 그리스의 청동기시대를 확인한 것으로도 충분히 보상을 받았다. 이 성벽의 동쪽 獅子의 門(Lion Gate)을 보호하는 요새(bastion, 우리의 甕城式 성문과 비교됨)는 기원전 3세기경 성벽의 補修時 築造되었으며 오늘날 獅子의 門은 완전히 復元되어 公開되고 있다.

16. 역사센터(성 요한 수도원과 파트모스 섬 '요한 계시록' 동굴)(The Historic Centre(Chorá) with the Monastery of Saint John "the

Theologian" and the Cave of the Apocalypse on the Island of Pátmos: 문화, 1999):

파트모스 섬 Chorá와 Skala 마을 사이에는 사도 요한이 복음서와 계시록을 쓴 동굴(Cave of Apocalypse)이 있으며 또 그곳의 신학자 성 요한(St. John the Theologian)을 기리는 수도원도 서기 10세기 말경에 세워졌다. 그 후 이 수도원은 그리스 정교의 범본으로 서기 10세기 말 이후 순례지가 되어 왔다. 그리고 이 수도원과 관련된 주위의 오래된 마을에는 종교적·세속적 건물들이 아름답게 조화를 이루고 있다. 성경의 요한 계시록(The Revelation)에는 지구 최후의 종말을 아마겟돈(Armageddon)으로 표현(요한 계시록 16:16)하고 있으며 이는 사도 요한이 로마의 기독교 박해 때문에 썼을 것으로 추측된다. 그러나 흥미 있는 것은 서기 1701년 치치칸테낭고 Chichicatenango 교회에서 발견된 필사본과 칠람발람(Chilambalam) 사제의 예언서 등은 이미 지났지만 마야인이 지구의 멸망 시기가 서기 2012년 12월 21일(금)로 말하고 있는 점이다.

17. 코르푸의 옛 도시(Old Town of Corfu: 문화, 2007):

알바니아와 그리스의 서북쪽 해안 코프푸 섬(41,905km²) 위의 성벽의 도시(castle city)로 알려진 옛 도시는 아드리아 해로 들어가는 전략적 요충지로 서기 8세기로부터 역사가 시작된다. 시내 베네치아 공국(서기 8세기-서기 1797년)의 기술자에 의해 설계된 세 개의 요새는 오스만 투르크(서기 1299년-서기 1922년)의 공격에 대한 베네치아 공국의 무역로를 보호하기 위한 수세기 동안 사용되어 왔다. 이 요새는 세월이 흐름에 따라 서기 19세기 영국의 지배 하에서도 보수되고 사용되었다. 옛 도시의 신고전주의 양식의 주택들은 베네치아의 영향으로 지어졌다.

18. 피립포이의 고고학 유적(Archaeological Site of Philippi: 문화, 2007):

기원전 356년 필립 II세에 의해 세워진 동부 마케도니아의 필립포이(Philippoi)지역은 일련의 고고학적 유물과 여러 문명들이 교차하고 발전해온 오랜 역사적 궤도를 알려준다. 사람이 살던 첫 번째의 고고학적 증거는 동부 카발라 그리스(Kavalla Greece)의 마케도니아와 트라키아(Thrace)에서 가장 오래된 신석기시대 주거지인 동부와 기원전 5500년의 선사 시대부터 시작하며 이는 필립포이 텔(tell, mound, hyük)인 디킬리 타쉬(Dikili Tash)에서 발견된다. 고대도시 필립포이는 북 에게해의 그리스섬인 타시안스(Thasians, Thasos, Thassos)에 살던 사람들이 기원전 360년 내부에 식민지 크레니데스(Krenides)를 세웠는데 이 식민지는 곧 마케도니아(기원전 359년-기원전 336년)의 필립 II세에 의해 정복되고 요새화되어 피립포이란 명칭으로 개명되었다. 당시의 인구는 2,000명 정도였다. 피립포이는 기원전 42년 카시우스와 부루투스 공화국(Republicans Cassius and Brutus)의 군대와 줄리우스 시져, 옥타비아누스와 마크 안토니우스(Julius Caesar, Octavian and Mark Antony)의 추종자들과의 전쟁을 치렀는데 기원전 27년 피립포이는 로마의 황제 아우구스투스(Imperator Caesar Divi Filius Augustus, 기원전 27년-서기 14년)의 명을 따라 로마의 법을 따르는 로마의 식민지가 되었으며 도시의 명칭도 'Colonia Augusta Julia Philippensis'로 되었다.

기원전 2세기 로마인들에 의해 건설되어 로마의 주인 일리리쿰(Illyricum, 일리리아 왕국의 자리에 세워진 로마 속주로 현대 알바니아의 드린 강부터 북부의 이스트리아, 동부의 사바 강까지에 위치)-미케도니아(Macedonia)-트라키아(Thrace)를 지나는 고대 세계에서 가장 긴 군사·무역로인 비아 에그나티아(Via Egnatia)도 피립포이 시를 지나게 되어 피립포이시는 중요 역사적 사건의 최전선이 되었다. 피립포이 시는 서기 49/50년 기독교의 전파에서 중요한 역할을 하였는데 사도 바울(Paul the Apostle, 사도행전/Acts 16:9-10)이 이 도시를 방문하여 서기 61년-서기 62년경 유럽에서 최초의 교회를 세우고 이들에게 첫 번째의 세례를 주었는데 이 사건이 유럽대륙에 많은 영향을 끼쳤다. 유럽 최초의 기독교 집단인 피립포이 사도회(The Epistle to the Philippians)는 예수의 사도들과 피립파이 사도들과 오랫동안 밀접한 유대관계를 맺어 왔다. 피립포이 시는 서기 313년 기독교공인 초기인 서기 4세기 중반부터 주교의 교구/교회관활지(episcopal see, A diocese or territory over which a bishop rules, the area of a bishop's ecclesiastical jurisdiction)가 있었다.

초기 기독교 건물 중의 예외는 서기 4세기 중반 이후 기독교 전성시대까지 사용되어온 초기 기독교 교회/성당, 팔각형 교회, 목욕탕, 主敎宮과 사유주택으로 피립파이 교회의 권력과 생명력에 대한 설득력 있으며 당시 기독교세계에 미친 영향력의 증거물들이다. 콘스탄티노풀 동로마제국 도시 교구의 발전과 밀접한 관련은 ① 크레니데스시 동쪽 2km 떨어진 곳에 위치한 레카니(Lekani) 언덕의 사람, 동물과 말탄 사람을 묘사한 암각화, ② 피립파이시 동쪽의 광산과 네아폴리(Neapoli, 현재의 Kavala, Kavalla)시의 항구는 헤로도투스(Herodotus)와 투키디데스(Thucydides)가 언급한 판가이온(Pangaion) 산맥의 금은광산 도시인 스캅테 실레(Skapte Hyle, Skáptēsýlē)와 일치함에서 보인다. 서기 969년경 니세포루스 황제(Emperor Nicephorus II Phocas)가 이곳 아크로폴리스 성채 위에 요새를 새로 짓고 비잔티움 동로마제국의 존재를 강하게 나타내었다. 서기 1077년 주교 카르지모폴루스(Bishop Basil Kartzimopoulos)가 도시의 방어시설을 재건해 이 도시는 다시 번영하였는데 이는 아랍 지리학자 알 이드리시(Al Idrisi)가 서기 1150년경 이 도시를 사업과 포도주 생산의 중심지로 언급한데서 잘 나타나고 있다.

제4차 십자군의 서기 1204년 콘스탄티노풀의 점령 후 프랑크(Franks, 현재의 프랑스)에 의해 일시 점거되었다가 이 도시는 다시 세르비아(Serbs, a South Slavic ethnic group native to the Balkans)인들에게 넘어 갔다. 그래도 서기 1354년 이 도시는 군사·무역로인 비아 에그나티아(Via Egnatia)의 길목에서 중요한 역할을 하였으며 비잔티움 황제요구자인 매튜 칸타구제누스(Matthew Cantacuzenus)는 세르비아인들에게 포로로 잡혔다. 이 도시가 언제 버려졌는지에 대해 구체적인 연대를 알 수 없지만 서기 16세기 프랑스 여행가 피에르 벨롱(Pierre Belon)이 이곳을 방문했을 때 터키(서기 1299년-서기 1922년 오스만 투르크/터키, Ottoman/Othman Empire, Osman Turk)인들에 의해 채석장으로 사용할 뿐 폐허만 남았을 뿐이었다.

나미비아 NAMIBIA

1. 트위휄혼테인(Twyfelfontein or /Ui-//aes: 문화, 2007):

'불확실한 샘'이란 의미의 트위휄혼테인은 쿠네네(Kunene) 지역 다마라랜드(Damaraland)에 위치하며 이곳에는 적어도 5,000점 이상의 岩刻畵가 존재한다. 이곳은 서기 1921년 지형학자 라인하르트 마크(Reinhard Maack)가 White Lady에서, 서기 1947년 레빈(D. Levin)이 이곳에서 좀 더 많은 암각화를 발견하고 트위휄혼테인으로 이름지었다. 현재 17개소에서 212개의 암각화가 발견되었으며 주제는 꼬리가 뒤틀린 사자, 기린, 우화적인 동물, 의식장면을 표현한 도상학적인 인간과 상상적 동물의 모습, 상징적이고 기하학적인 문양 등이다. 연대는 만년 전부터 서기 1000년까지 속한다. 서기 1952년 8월 15일 국가기념물로 지정되었다.

나이지리아 NIGERIA

1. 수쿠르의 문화경관(Sukur Cultural Landscape: 문화, 1999):

나이지리아 동북쪽에 위치하며 아래 마을을 굽어보는 언덕 위에 위치한 궁전 같은 족장의 집(Hidi's palace로 현재는 많이 파괴되었음), 포장된 길, 儀式을 곁들인 경작하던 계단식 농경, 화강암과 일반 돌로 지어진 집들로 구성된 마을, 전통적인 묘지, 샘, 철을 녹이던 용광로, 陶器로 만든 祠堂 등 몇 세기 동안 변하지 않고 남아있는 수쿠르의 문화들이 주위 경관과 잘 어울려져 있다.

2. 오순 오소그보의 신성한 숲(Osun-Osogbo Sacred Grove: 문화, 2005):

오소그보 시 교외 삼림이 빽빽한 숲은 요루바(Yoruba)인들의 만신전의 하나인 豊饒와 多産의 오순강의 신이 거쳐하는 집으로 여겨지며, 이 숲과 메안더 형상으로 굽이쳐 흐르는 강이 이 신전을 기념하기 위해 세운 聖域과 神堂, 조각·예술품들을 잘 감싸고 있다. 이 신성한 숲은 요루바족이 국가를 세운 민족 동질성과 요루바 문화의 요람을 상징하며 옛날 마을 주위에 이런 신성한 숲이 많이 있었음을 증명하고 있다. 여기에는 40개의 신전, 2개의 궁전, 많은 조각·예술품이 있다.

3. 아가데즈(Agadez, Historic Center of Agadez: 문화, 2013):

아가데즈(Agadez/gades)는 나이제리아 북부에서 인구 88,569명(서기 2005년 통계)을 가진 가장 큰 도시이다. 이 도시는 사하라 사막에 있으며 전통적인 투아레그-베르베르 족 연합정부(Tuareg-Berber federations)의 하나인 아이르(Aïr)의 수도이며, 아가데즈의 수도이기도 하다. 이 도시는 서기 14세기에 세워졌으며 사하라 사막을 횡단하는 무역망을 통하여 아소데(Assodé)를 밀어내고 투아레그족의 가장 중요한 도시로 성장했다. 또 빌마(Bilma)에서 隊商들이 이 도시로 소금을 搬入하기도 한다. 서기 1449년 회교왕국이 되었고 서기 1500년경 송하이 제국(Songhai Empire)에 합병되었다. 이때 인구는 30,000명 정도가 되었고 카노(Kano)의 서부아프리카 도시와, 지중해 연안의 팀북투(Tim-buktu), 가트(Ghat), 가다메스(Ghadames)와 트리폴리(Tripoli)의 오아시스들을 잇는 요충지였다. 그 결과 하우사 언어(Hausa language)는 도시의 다른 민족들 특히 무역, 종교와 행정을 다루는 전통적으로 실질적인 언어(lingua franca, working language, bridge language, vehicular language, unifying language)가 되었다. 회교도 모로코인들의 침입 이후 멸망의 길로 들어서며 인구도 10,000명 정도로 감소하였다. 아가데즈는 서기 19세기 프랑스 식민제국에 의해 합병되기 전까지 아프리카 대륙에서 오스만 제국(Ottoman Empire)의 가장 먼 곳에 위치한 곳 이였다. 이 도시는 서기 1900년부터 프랑스의 지배를 받아왔고 카오센 아그 모하메드(Kaocen Ag Mohammed)가 서기 1916년 반란을 일으켰으나 프랑스군에 의해 격퇴되었다. 그 후 아가데즈는 서기 1990년대 투아레그 반군의 중요한 거점이 되었다. 아가데즈는 시장과 주위에서 채굴되는 우라늄 수송의 중심지로 번영한다. 이 도시에서 중요한 문화재는 서기 1515년에 지어지고 서기 1844년에 재건된 아가데즈 대 모스크(사원), 카오센 궁전(현재 호텔로 이용), 아가데즈 술탄의 궁전이다.
이 도시는 또한 낙타, 은과 가죽제품의 거래로도 잘 알려지고 있다.

남아프리카공화국 SOUTH AFRICA

1. 로벤 섬(Robben Island: 문화, 1999):

　Cape Town 해안에서 7km 떨어진 테블 만(Table Bay)의 로벤 섬(3.3km
×1.9km, 5.07km²)은 서기 17세기-서기 20세기 감옥소와 사회적으로
받아들일 수 없는 병자들을 수용하는 병원과 군부대로 이용되었으
나 서기 20세기에는 백인과 흑인 사이의 갈등으로 인한 인종차별주
의(apartheid)정책으로 주로 흑인 정치범들의 수용소가 되었다. 그 중
에는 서기 1993년 Vilakazi 출생의 Fredrik William de Klerk와 함께
노벨평화상을 탄 넬슨 만델라[Nelson Rolihlahla Mandela, 서기 1918년 7월
18일-서기 2013년 12월 5일(목), 서기 1994년-서기 1999년 남아프리카공화국
의 대통령]와 Kgalema Motlanthe 대통령도 수감되었던 곳으로 이곳은
남아프리카 공화국 자유와 민주주의의 표상이 되었다.

2. 스테르크폰테인, 스와트크란스, 크롬드라이 인류화석 지역(Fossil Homi-
　　nid Sites of Sterkfontein, Swartkrans, Kromdraai and Environs:
　　문화, 1999):

　가우텡주(Gauteng province) 요하네스 서북쪽 50km 떨어진 47,000ha의
범위 내에 산재한 석회암 동굴에서 서기 1947년, Robert Broom과 John
T.Robinson에 의해 발견된 2-3백만 년 전의 Sterkfontein(Ausralophitecus
africanus로 별칭, Mrs. Ples인) 화석인류는 서기 1924년 레이몬드 다트

(Raymond Arthur Dart, 서기 1893년 2월 4일-서기 1988년 11월 22일)에 의해 서북주(North West province)에서 발견된 Taung baby(child)의 학문적 곤경을 일시에 해결해 주었으며 Sterkfontein에서만 이제까지 발견된 화석인류 중 ⅓이 발견되었다. 스테르크폰테인에서는 서기 1935년에 Robert Broom이 이미 유인원의 화석을 발견한 바 있고, 서기 1938년에는 소학교 학생인 Gert Terrblanche가 이웃 Kromdraai에서 발견한 화석을 Ramond Dart에게 가져와 이 화석이 후일 Paranthropus robustus라고 이름 지어졌다. 서기 1938년 Sterkfontein과 Kromdraai 사이의 Cooper 유적에서 유인원의 치아가 발견된 바 있다. 서기 1948년 Robert Broom이 Swartkrans 동굴에서 인류 화석을 찾아내기도 하였다. 그리고 마파칸(Mapakan) 계곡에서도 인류의 흔적이 찾아지고 있다. 그래서 스테르크폰테인, 스와트크란스, 크롬드라이 석회암 동굴지대를 '인류의 요람'이라고 부른다. 이들은 남방의 원숭이란 의미의 Australopithecus 초기 인류화석이 발견된 동굴 유적들로 330만 년 전까지 올라간다. Paranthus는 450-250만 년 전 까지 올라가며, 180-100만 년 전에는 인위적으로 불을 지핀 흔적도 발견된다고 한다. 인류의 조상을 찾기 위한 발굴은 여전히 계속되고 있다. 남아연방 요하네스버그 Malapa 동굴에서 서기 2008년 8월 15일 Lee Rogers Berger와 그의 아들 9살 Matthew에 의해 발견된 195-175만 년 전 洪積世(更新世)의 성인여성(127cm, 33kg, 두개용량 420-450cc)과 열 살 남짓한 아이의 화석들인 Australopithecus sediba는 오스트랄로피테쿠스와 현생인류의 중간단계인 early hominid(人科)로 여겨진다. 인류 초기의 화석의 발견은 영국의 맨체스터 대학의 해부학교수이며 전파론자인 Graffton Elliot Smith의 두 제자인 Raymond Dart와 Davidson Black에 힘입었다. Raymond Dart는 남아프리카에서 남방의 원숭이인 Sterkfontein과 Taung baby 화석인골

(서기 1924년), 그리고 Davidson Black은 중국 주구점에서 北京原人을 발견하였다.

3. 셀라바테베, 우카람바 드라켄스버그 국립공원(Sehlabathebe National Park-extension to the uKhahlamba Drakensberg Park, Lesotho: 복합, 2000/2013, 확대지정):

우카람바/드라켄스버그 공원은 해발 3,000m, 150km에 이르는 243,000 ha범위의 현무암 버팀벽, 찌를 듯이 날카롭게 틈새를 파고나온 나무, 황금 빛 모래요새와 같은 구릉의 자연미를 지닌 곳으로 무척 아름답다. 여기에 구르듯 높은 고도에 나 있는 초원과 태고적의 모습 그대로인 날카로운 강 계곡과 협곡도 장관을 이루어 아름다움을 더한다. 지구상에서 멸종될 위기에 처해 있는 새들과 식물들은 이곳의 다양한 서식지로 인해 보호받고 있다. 이러한 자연환경 속에 형성된 동굴과 岩陰住居에는 과거 40,000년 전인 후기구석기시대에서 서기 19세기 말까지 살던산(San)족이 사하라 사막의 남쪽 아래 남아프리카에 남긴 가장 규모가 크고 주제가 풍성한 바위그림(岩壁畵)이 밀집·보존되어 있다. 이 바위그림들은 동물과 사람의 묘사에 있어 뛰어나는데, 이들은 지금 滅族한 산족의 정신적 생활을 잘 나타낸다.

레소토(Lesotho) 콰챠스 넥(Qacha's Nek) District 지구 해발 2,400m의 말로티(Maloti)산에 위치한 셀라바테베 국립공원(Sehlabathebe National Park)은 공원 내 에서만 유일하게 발견되며 멸종위기에 처한 말로티 민로우(the Maloti Minnow) 물고기를 포함한 생물학적으로 중요한 동·식물이 자라는 아름다운 分水界를 가진 공원으로 서기 2013년 우카람바 드라켄스버그 공원의 연장으로 확대 지정되었다. 멸종 위기에 처한 또 다른 종은 콜베 독수리(Cape Vulture, Gyps coprotheres, The Cape

Griffon, Cape Vulture, Kolbe's Vulture)와 라머게이어 수염난 독수리(Bearded Vulture, Gyps barbatus, Lammergeier, Lammergeyer)이다. 이곳에서만 자라는 250종의 아프리카 고산성 툰드라 생태계는 우카람바 드라켄스버그 공원의 가치를 높여주고 있다. 그리고 여기서 나오는 신선한 물은 레소토, 남아연방과 나미비아에 공급하고 있다.

4. 마푼구브웨의 문화경관(Mapungubwe Cultural Landscape: 문화, 2003):

남아프리카, 짐바브웨, 보츠와나 삼국에 접해 있던 서기 1075년－서기 1220년의 가장 규모가 컸던 남아프리카 첫 번째의 왕국인 마푼구브웨(현명한 돌이 놓인 곳, 또는 재칼이 먹는 곳이라는 의미) 왕국의 역과 림포포(Limpoppo)와 샤세(Shashe) 강의 영향을 받은 넓고 개방된 사반나 기후 환경으로 현재 이곳에는 마푼구브웨 왕국 지배 400년간의 정치 사회의 중심지였던 수도, 궁전 터와 백성의 주거지들이 남아있다. 그들은 반투 유목민에서부터 왔으며 고고학상 Leopold's Kopje 문화로 이름 지어진 최대 규모의 부락은 K2로 알려져 있는데 이것은 마푼구브웨 왕국의 전신이 된다. 그들은 중요한 위치는 돌로 담을 쌓아 구획했고 마푼구브웨 구릉 아래 안뜰 옆에는 돌로 담을 친 주거가 있었다. 왕은 아마도 안뜰 위의 구릉에 돌로 구획된 집에 살았던 것으로 추측된다. 집을 짓는 재료는 돌과 나무가 함께 사용되었다. 인구의 증가, 금의 채굴과 상류층 집에서만 금 세공품이 나오는 것 등으로 보아 專門匠人의 존재가 있었던 모양이다. 이 왕국의 사람들은 인도, 중국이나 이집트를 대상으로 상아와 금을 수출했던 것으로 추측된다.

5. 리히터스벨트 문화 생물 조경(Richtersveld Cultural and Botanical

Landscape: 복합, 2007):

북쪽 케이프(Northern Cape)의 16만ha 넓이의 리히터스 국립공원의 척박한 산악·사막지대 문화 생물 조경지대는 지방 자치적으로 운영된다. 이곳에는 반 유목들인 나마(Nama)족들이 과거 2,000년간 살아오고 아직도 'haru om'이라 불리우는 골풀로 짠 집을 짓고 계절에 따라 生態適所(ecological niches)로 가축과 함께 이동하는 생활모습을 보여주고 있다. 그리고 이들은 약초나 다른 식물들을 채집하고 조상 대대로 이어오는 口傳의 民譚을 갖고 있다.

6. 코마니 문화 경관(╪Khomani Cultural Landscape: 문화, 2017):

코마니 문화 경관은 북쪽 보츠와나(Botswana)와 나미비아(Namibia)국경 근처 칼라하리 젬스복 국립공원[the Kalahari Gemsbok National Park (KGNP)]에 위치한다. 거대한 넓이의 모래지대에서 석기시대부터 현재까지 인류가 살아왔는데 이들은 유목민인 코마니 산 족(╪Khomani San people, Bushmen)으로 이들은 대대로 척박한 사막지대에 적응하는 전략을 몸에 익혀왔다. 그들은 이곳에서 자라는 식물을 구체적으로 잘 알고 있으며, 더 나아가 대대로 내려온 문화를 간직하고 환경과 관련하여 만들어진 세계관도 갖추고 있다. 코마니 문화 경관은 이 지역에서 수천 년 간 살아오면서 형성된 살아가는 방법을 잘 보여 준다.

네덜란드 NETHERLANDS

1. 쇼클란트와 그 주변지역(Schokland and Surroundings: 문화, 1995):

쇼클란트는 서기 15세기 섬이 된 반도이다. 이곳에는 사람이 살다

가 바닷물의 침식에 의해 폐기되었다. 서기 1941년 이래 Zuider Zee
에 차 있는 물을 排水하여 다시 사람이 사는 땅으로 환원되었다. 선
사시대부터 초기 역사시대의 사람들은 쇼클란트 습지의 환경에 적
응해 살았고, 서기 1000년경 어부와 농부들이 다시 이곳에서 살기
시작하고, 중세시대에는 물이 차올라와 주민 모두 철거하였다. 그
후 이곳에서 주민들은 어업과 조선업으로 생계를 유지했는데, 서
기 1859년 정부에서 이곳을 버리고 떠나라는 철거령을 내렸다. 서기
1941년 주위 누르두스트폴더(Noordoostpolder)라고 부르는 지역을 중심
으로 배수하고 사람이 다시 살기 시작했다. 이곳에서 바닷물과 싸워
이기는 네덜란드 사람들의 비교할 수 없는 강인한 인간의 영웅적인
투쟁을 볼 수 있다.

2. 암스텔담 방어선(Defence Line of Amsterdam: 문화, 1996):

서기 16세기 물의 관리에서 시작하여 암스텔담 시 주위 135km에
달하는 서기 1883년-서기 1920년 사이에 만든 물 관리 방어선으로
발전해온 네덜란드인들의 전문화된 수력공학기술을 보여 준다. 이
도시는 45개소의 埋築, 運河, 閘門과 보(洑)의 시설로서 보호되고 있
다. 다음은 문화유산으로 등재된 시설물이다.

Name of site(Municipality); Fort Near Edam(Edam-Volendam), Fort Near
Kwadijk(미완성, Zeevang), Fort north of Purmerend(Beemster), Fort along
Nekkerweg(Beemster), Fort along Middenweg(Beemster), Fort along Jisperweg
(Beemster), Fort near Spijkerboor(Beemster), Fort near Marken-Binnen
(Uitgeest), Fort near Krommeniedijk(Uitgeest), Fort along de Ham(Zaanstad),
Fort near Veldhuis(Heemskerk), Fort along the St. Aagtendijk(Beverwijk),
Fort Zuidwijkermeer(Beverwijk), Fort near Velsen(Beverwijk), Coastal Fort

near IJmuiden(Velsen), Fort north of Spaardam(Velsen), Fort south of Spaardam(Haarlem), Fort near Penningsveer(Haarlemmerliede), Fort near the Liebrug(Haarlemmerliede), Fort de Liede(Haarlemmerliede), Fort Bij Heemstede (Haarlemmermeer), Advanced defense at Vijfhuizen(Haarlemmermeer), Fort near Vijfhuizen(Haarlemmermeer), Battery along IJweg(Haarlemmermeer), Fort near Hoofddorp(Haarlemmermeer), Battery along Sloterweg(Haarlemmermeer), Fort near Aalsmeer(Haarlemmermeer), Fort near Kudelstaart(Aalsmeer), Fort near de Kwakel(Uithoorn), Fort along the Drecht(Uithoorn), Fort near Uithoorn(De Ronde Venen), Fort near Wavel-Amstel(De Ronde Venen), Fort in the Waver-Botshol(never completed)(미완성, Abcoude), Fort along De Winkel(Abcoude), Fort near Abcoude(Abcoude), Fort near Nigtevecht(Abcoude), Fort near Hinderdam(Weesp), Fort Uitermeer(Weesp), Weesp Fortress-Defensivetower on the Ossenmarket(Weesp), Muiden Fortress(Muiden), Muiden west battery(Muiden), Fort Kijkuit('s-Graveland), Battery near the IJ before Diemerdam(Diemen), Fort along the Pampusuiden), Battery near the IJ before Durgerdam(Amsterdam)

3. 킨더디지크-엘슈트 풍차망(The Mill Network at Kinderdijk-Elshout: 문화, 1997):

해수면보다 낮은 국토를 가진 네덜란드에서 排水하여 국토를 유지하려는 노력의 상징물인 風車는 현재 롯텔담 시 옆 조그만 마을인 킨더디지크-엘슈트 지역에 19개소가 남았다. 이들은 서기 1740년에 만들어졌다. 서기 1927년부터 바람대신 디젤을 이용한 전기식 펌프 엔진이 작동하여 배수하였고 풍차는 2차대전 말까지 이용되다가 오늘날에는 관광객들을 위해 풍차를 이용한 製粉을 하던 방앗간 사람들이 어떻게 살았는지를 알려주는 간이박물관시설이 되기도 한다. 이 풍차는 근처 堤防, 貯水池, 배수펌프장, 행정 관리소들과 연계되어 있다.

4. 윌렘스타드 내륙지방 역사지역과 항구(Historic Area of Willemstad, Inner City, and Harbour: 문화, 1997):

윌렘스타드는 서기 1634년 쿠라쵸(Curaço)의 카리비안 섬의 자연 항구에 네델란드인들이 화란 서인도회사(Dutch West India Company)를 통해 조성한 무역타운으로 유럽의 도시계획뿐만 아니라 윌렘스타드와 무역의 거래가 있었던 스페인과 포르투갈의 영향도 함께 받아 여러 가지 식민지의 양식을 반영하고 있다.

5. D. F. Wouda 증기기관 揚水場(D. F. Wouda Steam Pumping Station: 문화, 1998):

서기 1920년 우다 회사에서 만들어 프리드랜드 렘마르(Friesland Lemmar)에 설치한 蒸氣로 가동하는 揚水/排水 펌프장으로 이제까지 만들어진 것 중 가장 크다. 네델란드 기술진과 건축가들이 水力에 대항하여 자국민을 보호하기 위해 최고의 기술을 발휘하여 만든 것으로 아직도 사용하고 있다. 프리즈랜드의 겨울철이면 이 배수장은 최근에 만들어진 펌프장이 높은 파고의 수력을 대항하는데 일조를 하고 있다. 일 년 평균 400시간 가동한다. 이 기계는 엔진을 켜면 6시간 정도의 豫熱을 받아야 가동할 수 있으며 1분당 4백만 리터의 물을 배수할 수 있다.

6. 뱀스터 간척지(Droogmakerij de Beemster/Beemster Polder: 문화,

1999):

서기 1612년 네덜란드 정부가 바다로부터 처음 간척사업을 벌려 만든 農耕用 埋築地로 당시 르네상스의 유행하던 건설 원칙대로 만든 이 지역은 1,800m²의 넓이 안에 밭·들·길·운하·방죽·가옥 등이 그대로 보존되고 있다.

7. 리에트벨드 슈뢰더 하우스(Rietveld Schröderhuis/the Rietveld Schröder House: 문화, 2000):

건축가 게리트 리테벨트(Gerrit Thoms Rietveld, 서기 1888년-서기 1964년)가 서기 1924년 우트레히트(Utrecht)에서 집주인 투루스 슈뢰더(Mrs. Truus Schröder)부인과 그녀의 세 아들을 위해 설계한 집으로 주인의 주문대로 담이 없고 단순과 생략을 강조한 De Stijl의 건물양식대로 지었다. 집주인은 이곳에서 서기 1985년 그녀가 죽을 때까지 살았다. 이 집은 베르투스 물더(Bertus Mulder)가 복원해 박물관으로 사용하고 있다.

8. 싱겔그라흐트 내 서기 17세기 암스텔담의 운하망(Seventeenth-century canal area of Amsterdam inside the Singelgracht: 문화, 2010):

北歐의 베니스로 불리 우는 암스텔담 운하지구는 수백 km의 운하망, 90개의 섬과 1,500여 개의 다리를 갖고 있다. 서기 17세기 네덜란드의 황금기에 파낸 헤렌그라흐트(Herngracht), 프린젠그라 흐트(Prinsengracht), 카이져스그라흐트(Keizersgracht)의 세 개의 중요한 운하는 '목걸이처럼 반원형의 여러 겹으로 이루어진 인간이 만든 운하'라는 의미의 '그라흐텐고르델(grachtengordel)'로 알려진 도시를 둘러싸는 동심원상의 운하망을 형성하고 있다. 이 주요 운하를 따라 1,550동의 기념물과 같은 건물들이 늘어서 있다. 이 역사적 도시의 조화를 이루는 것이 서기 16세기 말−서기 17세기 초에 만들어진 새로운 항구 도시에 대한 설계의 기본이었다. 이 설계는 서쪽과 남쪽으로 나 있는 운하망과 옛 도시를 에워싸고 있는 중세시대의 항구를 포함하고 있다. 이는 동심원의 운하체계를 이용해 사이사이의 공간을 새로운 건물들로 채우고 또 늪지를 준설해 도시의 확장도 포함하는 장기간의 계획이었다. 그래서 이 공간의 이용으로 해서 박공의 집들과 기념물들을 포함하는 도시가 동질성을 이루면서 조화할 수 있었다. 당시로서는 도시의 확장은 최대로 그리고 동질성의 조화가 문제였다. 이 도시는 대규모 도시계획의 모델이었고 서기 19세기까지 전 세계에서 도시를 형성하는데 있어 꼭 참조해야 할 곳이었다.

9. 반 넬레 공장(Van Nellefabriek/Van Nelle Factory, 문화: 2014):

롯텔담(Rotterdam) 쉬 강변(Schie river)에 위치하고 서기 1925년−서기 1931년 요하네스 브링켄(Johannes Brinkman)과 렌더트 프르크트(Leendert van der Vlugt)가 설계·건축한 이전의 반 넬레 공장은 거대한 유리 외관에 특징이 있는 현대적(Modern architecture, Nieuwe Bouwen)이고, 국제적인 양식의 대표적인 건물 예이다. 이 건물은 현재 50−70개의 중소기업이 입주하는 디자인과 첨단 통신 기술센터로 'Van Nelle Design Factory, Van Nelle Ontwerpfabriek'로 불리고 있다. 이 공장은 아직도 원래의 모습을 그대로 간직하고 있다. 가장 특징 있는 곳은 공장건물과 船積사무소를 연결하는 유리로 만들어진 통로이다. 이 공장은 생산과 작업인부의 복지에 좋은 근대적이고, 투명하고, 건강한 녹색환경을 만들려는 전제하에 설계되었다. 이 團地는 20세기 초 문화와 기술의 복합적인 적용의 결과이다. 그래서 이 건설은 처음부터 여러 분야에서 호소하는 여건을 충족시킨 새롭고 기능적인 접근방식을 택하게 되었다. 현재 네덜란드의 국가기념물(Dutch national monument, Rijksmonument)로 지정되어있다.

네팔(尼泊尔) NEPAL

1. 카트만두 계곡(Kathmandu Valley, 加德滿都: 문화, 1979):

동아시아문명 교차로의 카트만두 계곡에 있는 7개소의 기념물과 건물 군으로 모두 130개소에 달하며 사원, 목욕시설, 우물과 정원 등을 포함한다. 그들은 카트만두 시의 하누만 도카의 더르바르 광장(Durbar Squares of Hanuman Dhoka)을 비롯한 Patan과 Bhaktapur, Swayambhu 와 Bauddhanath의 불교 수투파(부도탑), Pashupati와 Changu Narayan의 힌두 사원이다. 말라(Malla)왕국이 서기 12세기에서 서기 18세기까지 이 카투만두 계곡을 다스렸는데 현존하는 건축물들은 '사원의 도시'로 불리 울 정도로 대부분 사원으로 거의 모두 이 시기에 속한다. Maru Satal 사원(서기 1596년 Laxmi Narsingh Malla 왕이 세움), Pashupatinath 사원, Syambhunaath Stupa(Monkey temple), 두바르 광장에 있는 카투만두 궁전 등이 유명하다. 서기 2007년 31차 회의에서 위험에 처한 문화유산으로부터 해제되었다. 그리고 서기 2015년 4월 25일 일어난 강도 7.9-8.1의 두 차례 큰 지진으로 다라하라(빔센 타워 62m, Dharahara/Bhimsen Tower, 서기 1832년 初建되었다가 서기 1934년 復建)가 무너져 흔적 없이 사라졌으며 카트만두 중심에 있던 바크타푸르의 더르바르 광장, 바산타푸르의 더르바르 광장, 파탄의 더르바르 광장, 보드나트의 수투파(부도탑), 시암부나트 수투파(부토탑) 등 다른 문화유산들도 크게 타격을 입었다.

2. 룸비니 석가 탄생지(Lumbini, the Birthplace of the Lord Buddha: 문화, 1997):

기원전 623년 4월 8일 부처님이 마야 부인에게서 탄생하신 곳이다. 석가모니(世尊)는 기원전 623년 오늘날 네팔의 룸비니 동산에서 탄생, 生老病死의 고통에서 벗어나기 위해 카비라 성으로부터의 出家, 붓다가야/보드가야(佛陀伽耶) 前正覺山 보리수 나무 밑에서 成道, 사르나트(鹿野園)의 初轉法輪(사르나트 박물관에 서기 5세기경 굽타왕조 때의 초전법륜상이 전시되어 있음)을 거쳐 쿠쉬나가르(雙林涅槃)에서 기원전 544년 80세로 入寂하였다. 석가의 입멸 연대는 夏安居로 본 衆聖点記說[曆大三寶 記: 이는 중국 南齊 永明(서기 483년~서기 493년) 7년 서기 489년에 부처님의 입멸후 매년 실시하는 하안거의 숫자를 하나하나 표시해 나갔는데 모두 975점이 찍힌 책]에 의해 기원전 485년 설과, 아쇼카왕(阿育王)이 세운 石柱說에 의한 기원전 467년이 있다. 현재는 서기 1956년 네팔 카트만두에서 열린 세계 4차 불교대회에서 서기 1956년을 佛紀 2500년으로 공식 인정함에 따라 석가모니가 기원전 544년 2월 15일 80세로 입적(입멸)한 것으로 인정하고 있다(기원전 623년 4월 8일 탄생-기원전 544년 2월 15일 입적. 서기 2021년이 佛紀 2565년임).

노르웨이 NORWAY

1. 베르겐의 브리겐 지역(Bryggen area in Bergen: 문화, 1979):

서기 872년부터 시작된 노르웨이 왕국은 초대 왕 헤랄드 훼어헤어

(Herald Fairhair)의 증손인 올라프(St. Olaf, 서기 995년-서기 1030년) 왕이 강력한 왕권을 이룬 후 지금까지 계속되었다. 무역거점도시인 베르겐은 서기 12세기-서기 13세기 노르웨이 왕국의 수도로 서기 14세기-서기 16세기에 존재한 한자동맹의 일원으로 무역과 상업에 종사한 전통적 항구도시이다. 서기 14세기-서기 15세기에 지어진 목재건물과 뱃사람들의 집이 생선기름으로 인해 서기 1702년 화재로 소실된 후 재건된 15채의 목조 건물이 있다. 한자 박물관, 로젠 크란츠 타워(서기 1506년), 호콘스할렌(Hokonshallen) 연회장(서기 1247년) 등 서기 1957년 복원된 건물도 포함된다.

2. 우르네스 목조교회(Urnes Stave Church: 문화, 1979):

서기 1881년 이래 노르웨이 고대문물보존위원회의 소유로서 송 피요르드(Song og Fjordane) 지역에 위치하고 있다. 이 교회는 서기 1130년에 지어져서 현 위치를 그대로 고수하고 있다. 그리고 이 교회는 이런 종류의 목조교회 중 가장 오래된 것으로 기독교 교회 건물양식과 동물문양이 있는 우르네스 양식(Urnes-style)을 지닌 바이킹시대의 건물양식을 이어 주고 있다. 우르네스 교구는 서기 1881년에 폐쇄되었으며 그 이후 현재까지 솔보른 교구로 되고 나서 지금까지 교회로 이용되지 않았다. 이 교회는 스칸디나비아 전통적인 목조건물의 뛰어난 예로 켈트(Celt) 예술의 흔적이 아직도 남아있고, 바이킹의 전통과 로마네스크 양식의 공간구조가 한 건물 안에 조화를 이루고 있는 것이 특징이다.

3. 뢰로스 광산 도시(Røros Mining Town: 문화, 1980/2010 확대지정):

뢰로스(South Sami: Plassje)는 서기 17세기-서기 1977년까지 333년간

이용된 구리 광산, 이와 관련된 광산마을과 농촌으로 서기 1678년 스캐니아 전쟁(Scanian War, Northern War로 서기 1675년-서기 1679년 덴마크-노르웨이 대 반덴부르그와 스웨덴 연합군의 싸움) 때 스웨덴군에 의해 철저히 방화·파괴된 이후 서기 1679년에 완전히 재건되었다. 이곳에는 안뜰을 중심으로 주위에 배치된 연대가 확실한 80여 채를 포함한 2,000동의 목조건물이 남아 있는데 역청색의 검은 통나무집의 정면은 중세시대의 외관을 잘 보여준다. 서기 1644년에서 서기 1977년까지 과거 333년간 뢰로스는 노르웨이 최대의 광산이었으며 여기에서 10만 톤의 구리와 52만 5천 톤의 유황이 채굴되었다. 그리고 이 혹독한 환경의 뢰로스 광산마을, 광산업과 마을의 문화적 경관이 확대 지정되었는데 여기에는 페문드쉬타(Femundshytta) 鎔鑛爐와 그와 관련된 지역, 겨울 광물들의 운송 길, 서기 1646년 덴마크와 노르웨이의 왕실에서 하사받은 구리광산업으로 부를 누리던 특권층 기업인들이 거주하던 광산 외각에 위치한 완충 지대가 포함된다. 그리고 Røros kommune의 교회(Røros kirke)는 서기 2016년 영국의 사이몬 래틀 경(Sir Simon Rattles)이 베르린 필하모니(Berliner Philharmoniker)가 시작한 유럽연주회(Europakonzert)의 일환으로 베르린 필하모니를 지휘했던 바와 같이 이곳은 가끔 실내음악당으로 이용되고 있다.

4. 알타의 암각화(Rock Drawings of Alta: 문화, 1985):

북극권(Arctic Circle) 가까이 있는 피마크(Finmark) 주 알타 피요르드(Alta Fjord) 마을에 있는 기원전 4200년-기원전 500년의 암각화(岩刻畵)는 서기 1972년에 발견된 것으로 5,000천 점 이상의 그림(岩畵)과 암각화로 이루어져 있으며 선사시대 북극에 가까운 최북단에서 인간이 자연환경에 적응하며 살아가는 모습을 이해하는데 도움을 준다.

알타에서 4km 떨어진 암각화의 중심이 되는 지프말루오크타(Jiepm-aluokta) 지역에는 3,000점 이상의 독립된 암각화들이 집중되어 있어 야외박물관을 형성하고 있다. 馴鹿 떼를 통제하는 사냥-채집인들은 배를 만들고 물고기를 잡는 데에도 익숙하고 또 곰과 다른 동물을 숭배하는 샤만 의식을 행하기도 하였다. 암각화에서 보는 뚜렷한 증거와는 달리 이러한 암각화를 만들어낸 주인공이 콤사(Komsa) 또는 사미(Sami)문화인들의 후예가 될지 모른다는 추측 이외에는 잘 알지 못한다. 암각화의 주제는 이동을 의미 하는 울타리에 갇혀 있는 순록, 큰 사슴, 뿔 달린 사슴, 새, 물고기와 새끼 밴 동물 등이다.

5. 베가군도의 경관(Vegaøyan—The Vega Archipelago: 문화, 2004):

북극권(Arctic Circle)의 남쪽 노드랜드 주 베가(Vega)群島의 모두 6,930ha(163km²)에 달하는 6,500여 개의 작은 섬에서 어업, 농경과 여성들이 솜털오리(eider duck)에서 솜털(down)을 수확·채집하는 과거 신석기시대 이래 1,500년간 황량한 자연환경에 적응해 살아가는 알뜰한 일련의 방식과 모습을 보여준다(초기의 정착자들은 10,000년 전까지 거슬러 올라간다). 서기 9세기경 이 섬들은 오리털 공급의 중심지가 되어 섬 주민 수입의 ⅓이나 되었다. 이곳에는 어촌, 선창, 등대, 수로 표지 등이 남아있다.

6. 스트루브 자오선 측지점(Struve Geodetic Arc: 문화, 2005):

노르웨이(NORWAY), 라트비아(LATVIA), 리투아니아(LITHUANIA), 러시아(RUSSIAN FEDERATION), 벨라루스(BELARUS), 에스토니아(ESTONIA), 우크라이나(UKRAINE), 스웨덴(SWEDEN)과 핀란드(FIN-LAND) 지역이 함께 자오선 측정의 삼각측량점

7. 리우칸-노토덴 산업유산 유적(Rjukan-Notodden Industrial Heritage Site: 문화, 2015):

리우칸은 델레마크(Telemark)주 틴(Tinn)시의 행정중심지로 산, 폭포와 강 계곡이 어우러진 곳에 자리잡고 있으며 여기에는 수력발전소, 전송라인, 공장, 운송시스템과 마을을 포함한다. 이 공단은 공기에서 질소를 뽑아 비료로 만들기 위해 노르스크-수력발전소 회사에서 조성하였다. 이 단지는 서기 20세기 초 유럽에서 농업생산에 필요한 비료를 증산하기위해 만들었다. 리우칸과 노토덴 회사의 마을은 비료가 선적되는 철도와 도선장에 연결된 작업인부들의 숙박시설과 여기에 필요한 사회제도를 보여준다. 리우칸-노토덴 산업유산은 산업시설과 자연경관과의 결합에서 나타나는 여러 문제들을 성공적으로 해결한 것으로 여겨진다. 이 공단은 서기 20세기 초의 지구상 산업계에서 이룬 두드러진 업적이다.

뉴질랜드 NEW ZEALAND

1. 통가리로 국립공원(Tongariro National Park: 복합, 1990/1993 확대지정):

뉴질랜드의 가장 오래된 국립공원으로 그곳의 중심에 있는 통가리로 活火山의 모습뿐만 아니라 그곳에 살고 있는 '정상적인, 자연적인, 통상적인' 의미를 지니는 마오리(Māori)족의 화산에 대한 문화·종교적·생태적 적응의 연대관계를 살펴볼 수 있다. 마오리족은 뉴질랜드에 사는 토착 폴리네시아(Polynesia)인들로 서기 1300년(1280CE/current era/Christian era) 이전에 이곳에 정착하여 독특한 문화를 형성한 것으로 보인다. 마오리족은 서기 1642년 이곳에 온 아벨 타스만(Abel

Tasman), 서기 1769년 제임스 쿡(James Cook)과의 최초의 접촉이 있었다. 그들은 문신(moko, tattoos)으로도 잘 알려져 있다. 현재 랑기티히(Rangitihi)의 후손들인 테 아라와(Te Arawa)족이 이곳에 살고 있다.

니카라과 NICARAGUA

1. 레온 비에요 유적(Ruins of León Viejo: 문화, 2000):

레온 비에요 유적은 니카라과 북서쪽에 위치하며 아메리카대륙에서 가장 오랜 서기 1524년에 설립된 스페인식민지시대 Santiago de los Caballeros de León이란 이름의 도시로 서기 1610년 지진으로 인해 폐기되었다. 이 유적은 서기 1968년에 발견되어 발굴해보니 라틴아메리카의 다른 스페인의 식민도시와 같은 도시계획 하에 만들어져 비슷한 양상을 갖고 있었다. 현재 방격형의 구획된 거리와 광장이 중앙에 자리 잡고 있었고, 성당, 수도원, 王立鑄造所와 개인가옥들도 함께 발굴되었다.

2. 레온 성당(León Cathedral: 문화, 2011):

과테말라의 건축가인 디에고 호세 에 포레 에스퀴벨(Diego José de Porres Esquivel)의 설계에 따라 서기 1747년과 서기 19세기 초 사이에 이 성당은 바로크(Baroque)시대에서 신고전(Neoclassic)건축양식에로의 이행을 보여주는 절충양식으로 지어졌다. 성당은 내부장식의 쓰임이 절제되고 자연광을 많이 받도록 한 것이 특징이다. 그런데 둥근 지붕에는 장식이 많이 달렸다. 성당에는 목제 프란더스(Flemish)양식의 제단을 포함해 서기 19세기 말에서 서기 20세기 초 니카라과의 예술가인 안토니오 사리아(Antonio Sarria)가 그린 聖路 14곳의 그림이 걸려 있다.

덴마크 DENMARK

1. 옐링의 흙으로 쌓은 보루, 비석, 성당(Jelling Mounds, Runic Stones & Church: 문화, 1994):

덴마크 옐링 시에서 발견된 봉토분, 고대 북유럽의 룬(rune) 문자 비를 비롯한 북유럽 이교도 노르딕(Nordic)의 문화유산이 있는 종교적 聖所이나 서기 10세기 중엽 덴마크인들이 기독교로 개종하는 하는 모습도 보여준다. 옐링의 봉토분은 덴마크의 헤롤드(Harold, Harold, Haraldr) I세의 부모인 곰(Gorm) 왕과 티라(Thyra) 왕비의 무덤으로 그 아들 헤롤드 I세 왕은 무덤 앞에 커다란 立石을 세우고 표면에 룬 문자로 '헤롤드 I세가 아버지와 어머니를 위해 무덤을 세우다'라고 새기고 있다. 그는 그가 다스리던 덴마크와 노르웨이인들을 기독교로 개종시켰다.

2. 로스킬드 대성당(Roskilde Cathedral: 문화, 1995):

이 성당은 서기 1280년에 붉은 벽돌로 지어져 북유럽에 이러한 성당이 지어질 수 있도록 하는 촉매제가 되었다. 건축양식은 프랑스의 고딕(French Gothic), 네덜란드의 르네상스(Dutch Renaissance), 신고전주의(Neoclassicism), 새로이 부활된 비잔틴(Byzantine Revival)과 근대(Modernist) 양식으로 이루어졌다. 그리고 서기 15세기 이후에는 이 곳이 덴마크 왕실의 靈廟가 되었다. 성당 내부에는 마그레트 I세(Margrethe

I, 서기 1412년 歿), Christian I세(서기 1481년 歿)와 왕비 Queen Dorothy of Brandenburg(서기 1495년 歿), 크리스티안 III세(서기 1559년 歿)와 왕비 Queen Dorothy of Saxony-Lauenburg(서기 1571년 歿), Frederick II세(서기 1588년 歿)와 왕비 Queen Sophia of Mecklenburg-Schwerin(서기 1631년 歿), Frederick V세(서기 1766년 歿)과 왕비 Queens: Louise of Great Britain(서기 1751년 歿), Juliana Maria of Brunswick-Wolfenbüttel(서기 1796년 歿), Christian VI세(서기 1746년 歿)와 왕비 and Queen Sophia Magdalena of Brandenburg-Kulmbach(서기 1770년 歿), Christian VII세(서기 1808년 歿), Frederick VI세(서기 1839년 歿)와 왕비 Queen Marie of Hesse-Kassel(Hesse-Cassel, 서기 1852년 歿), Christian VIII세(서기 1848년 歿)와 왕비 Queen Caroline Amalie of Schleswig-Holstein(서기 1881년 歿), Frederick VII세(서기 1863년 歿), Christian IX세(서기 1906년 歿)와 왕비 Queen Louise of Hesse-Kassel(Hesse-Cassel, 서기 1898년 歿), Frederick IX세, Christian X세(서기 1947년 歿)와 왕비 Queen Alexandrine of Mecklenburg-Schwerin(서기 1952년 歿), Frederick IX세(서기 1972년 歿)와 왕비 Queen Ingrid of Sweden(서기 2000년 歿)의 석관이 안치되어 있다. 현관과 옆쪽의 예배당은 서기 19세기에 추가된 것이다. 서기 1536년 이전까지는 이 건물이 가톨릭성당이었으나 그 이후에는 개신교(신교도)의 교회가 되었다. 성당·교회건물에서 새로이 추가되는 부분에 의해 교회건물 양식의 변천상도 확인할 수 있다.

3. 크론보르그 성(Kronborg Castle: 문화, 2000):

덴마크와 스웨덴사이 순드(Sund) 해협을 한눈에 내려다 볼 수 있는 전략적 요충지에 위치하는 헬싱게(Helsinge, Elsnore)의 크론보르그 성은 덴마크인들의 상징이며 서기 16세기-서기 18세기 북구 유럽에서 중요한 역할을 담당하였다. 서기 1574년 르네상스식 성(또는 북유럽 로마네스크 양식의 성)으로 지어지기 시작하고 서기 17세기에는 대포의 존재 때문에 전략상의 수비가 강화되도록 증·개축이 이루어졌다. 이 성은 오늘날에도 잘 남아 있다. 그리고 이 성은 윌리엄 섹스피어 작품인 햄릿의 무대로도 유명하다.

4. 크리스티안펠드, 모라비아의 마을(Christiansfeld, a Moravian Settle-ment: 문화, 2015):

남쪽 유트란드(South Jutland)에 서기 1773년에 설립된 이 마을은 색소니(Saxony)주 헤른후트(Herrnhut)에 중심을 둔 루터 자유 교회(Lutheran free congregation, LFC)인 모라비안 교회(Moravian Church/Unity of the Brethren/Moravští bratři는 가장 오래된 개신교/프로테스탄트 교회 중의 하나로 보헤미안 종교개혁이 일어난 서기 15세기 까지 거슬러 올라간다)의 잘 설계되었다. 이 마을은 개신교/프로테스탄트가 갖고 있던 도시의 이상을 잘 구현하기위해 중심 되는 교회의 광장 주변에 마을이 만들어졌다. 건물들은 도시계획에 따라 서기 1773년-서기 1800년 사이에 지어졌으며 모두가 같고 장식을 하지 않았으며 모두 2층의 노란색 벽돌을 이용해 집을 짓고 지붕은 붉은색 타일로 덮었다. 모라비아 교회의 선구자적인 평등한 원칙에 따른 민주적 편성이 사람이 사는 마을설계에도 반영되었다. 집의 평면은 농경지 쪽으로 문이 나있고 교회의 과부나 결혼하지 않은 남녀를 위한 공동생활이 필요한 마을복지회관 같은 건물도 있다. 이 건물은 지금도 모라비아 교회에서 자치적으로 운영하고 있다.

5. 북부 질랜드 파포스 사냥 경관(The par force hunting landscape in

North Zealandt: 문화, 2015):

코펜하겐에서 북동쪽 30km 떨어진 곳에 위치하는 9,700ha의 문화경관은 제고스보브 해근(Jægersborg Hegn/Jægersborg Dyrehave)의 사냥공원 뿐만 아니라 서기 17세기 후반에 조성된 에레미타쉬(Eremitage) 사냥막이 있는 스토레 디레하베(Store Dyrehave)와 그리브스코프(Gribskov) 두 곳의 사냥 숲(사슴공원)을 포함한다. 이 숲은 재거스보르그 궁전 사냥막(Jægersborg Palace Hunting Lodge), 목욕시설을 갖춘 프레데릭스보그 성(Frederiksborg Castle, 서기 1859년에 불탐)과 프레데릭스보그 궁전으로 둘러싸여 있다. 이곳은 덴마크 왕과 신하들이 중세시대부터 정점을 이룬 서기 16세기를 지나 서기 19세기말 산업혁명이 들어와 코펜하겐 시가 커지고 건강상 북부 질랜드의 자연환경에 관심을 가지는 서기 19세기 말까지의 500년간의 역사를 지닌 파포스 사냥(parforce hunting) 혹은 사냥개를 앞세운 사냥을 하기위하여 변화하는 유럽역사에 따라 자연환경의 설계와 관리를 하던 왕실의 사냥장소였다. 삼림지구에는 직교하는 격자문과 같은 사냥하던 좁은 길과 함께 많은 石標, 울타리, 사냥막이 있는데 바로크 건축양식을 고수하고 있다.

6. 쿠자타-그린란드 亞北極지대의 농경 경관(Kujataa-a subarctic farming landscape in Greenland: 문화, 2017):

투누리아피크 피요르드(Tunulliarfik fjord, 피오르 또는 峽灣)를 軸으로 하는 이 지역은 나르사크(Narsaq)와 콰코토크(Qaqortoq)의 두 市에 걸쳐 100km에 이른다. 피요르드의 안쪽 비교적 낮은 산 지형은 풍부한 아북극지대의 식물이 자라고 있으나 해안가 좁은 지역의 크고 작은 여러 섬에는 大洋의 낮은 灌木이 자라고 있다. 두 지역사이의 기후는 매우 다르며 구체적인 群落의 동·식물이 살고 있는 동일한 환경조건의 바이오톱(biotope) 안에서의 相異性에도 불구하고 이곳은 과거부터 꾸준히 사람이 살 수 있는 주거환경을 만들어 주고 있다.

　에스키모/그린란드문화(The Eskimo/Greenlandic culture)의 흔적은 주로 해안가와 群島에서 이미 폐기된 뗏장을 이은 집, 천막을 치던 자리, 돌로 지은 고기 저장고, 사냥용 집과 무덤의 형태로서 발견된다. 투트토크(Tuttutoq)와 일루타리크(Illutalik)의 북쪽과 나르사크의 반대편 마을에서 중세에서 서기 20세기 초까지 사용되어 왔던 큰 집단에서 폐기된 겨울용 집들이 발견된다. 고고학자들이 일부 발굴조사를 했는데 오늘날까지 살아오는 과정에서 진화와 변화를 엿볼 수 있을 정도의 '그린란드 문화'라고 정의 할 수 있는 툴레(Thule, proto-Inuit) 에스키모인들의 전통을 찾을 수 있다. 이들은 마지막 단계에 노르웨이인과 덴마크인들을 만나 공존하기 시작하여 그들의 옛날 집들을 버리고 집짓는 전통방식까지 포기하게 된다. 여기에서 언급된 지역 내에서도 폐기된 집들이 여럿 발견된다. 대표적인 예는 이가리쿠(Igaliku)에서 폐기된 집들로 노르웨이인 안더스 올센(Anders Olsen)이 에스키모의 부인 투페르나(Tuperna)와 함께 살면서 서기 18세기 말에는 농부로 정착하게 되는 과정을 보여준다. 이는 그린란드 농경제국의 시작을 의미한다. 농부들은 중세성당의 주교의 집에서 뜯어온 돌로 집을 짓고 오늘날까지 이어오는 양과 가축의 사육을 재 소개하고 있다. 이 집들은 이가리쿠의 특징인 옛 집에서 특히 발견되는 전통들을 잘 보존해오고 있다. 이제까지 한정된 지역 안에서의 폐기된 집자리에서 서기 15, 16세기에서 서기 20세기까지 이어지면서 사냥보다 다른 새로운 생활방식을 채택하여 주거생활에서 보다 필수적인 것으로 진화해 나가는 에스키모 '그린란드 문화'를 발견할 수 있다.

　중세시대 노스 문화인 폐기된 교회 호벌루(The Medieval Norse culture-

Hvalsø)는 가장 잘 보존된 중세시대 노스 문화이다. 이 교회는 돌로 지어졌으며 지붕이 없지만 경사진 지붕 한 쌍으로 인해 만들어지는 삼각형의 공간인 박공(博栱, gable)이 남아있는 5m 높이의 건물이다. 그로부터 멀지 않은 곳에 같은 건축수법으로 지어진 홀이 남아 있는데 잘 보존 되어 있다. 건축적으로 이들은 노르웨이와 북부 스코틀랜드와의 접촉을 보여준다. 그들은 또한 유럽 대륙에서 만연하고 있는 근대적인 양식도 그대로 지니고 있다. 그들은 전파된 유럽 중세 문화와 관련된 지역들이 멀리 떨어져 있음에도 불구하고 놀랄만한 국제적인 모습도 보여 준다. 교회는 서기 1300년경에 세워진 것으로 추측되며 로마 가톨릭교회의 靈的 王國 안에서 문화와 종교적인 흐름을 가져온 역동주의의 표현으로 볼 수 있다. 이는 동시에 서쪽 끝 노스의 세계에 만연했던 그들의 기원지인 노르웨이/아이슬란드(Iceland), 여타 세계의 기독교와 지속되는 친교를 위한 주민들의 의지를 입증하는 생명력의 표현이기도 하다. 서기 1414년과 서기 1424년 아이슬란드의 기록은 서기 1408년 히발세 교회에서 행해진 결혼에 관해 이야기 해준다. 이는 서기 1500년에 폐기된 그린란드 노스 집단에 알려진 마지막 이야기이다.

가다르(Gardar)의 교회 주교의 주거와 관련된 건물은 이가리쿠 주거 내 있으며 서기 1126년에 지어진 司敎 管區와 관련된 것으로 보인다. 이 사교 관구는 성 니콜라스(St.Nicholas)에 봉헌된 것이며 서기 14세기 말까지 主敎의 기능을 가졌던 것으로 추정된다. 성당은 주교의 관사와 나란히 지어졌으며 여러 가지 예배를 보던 곳이다. 교회는 여러 번 증·개축을 하였는데 마지막에는 기초가 발견되어 오늘날에도 확인 할 수 있는 십자형의 성당으로 발전하였다. 이 건물은 동쪽 거주지(그린란드 노스 집단을 형성하는 두 개의 거주지 중 큰 곳)의 평탄한 곳에 위치하는데 40개의 예배당, 주거지, 평지에 흩어져 있는 여러 건물들 중 핵심적인 것이다. 이들 10곳의 폐허는 처음 만들어진 원래의 장소에 대부분 석조의 기초를 가진 벽으로 이루어져 있어 사적 소유의 건물이거나 집단적으로 있는 것이거나 모두 확정되어지고 이해된다. 이곳은 기독교가 두 번 소개된 몇 개 되지 않은 지역이지만 그린란드에서는 예외적이다. 이곳 가다르교회는 이가리쿠에서 콜럼버스의 중남미 대륙 발견 이전(pre-Columbian)시기 서쪽 끝의 로마 교회의 司敎管區가 있는 기독교의 복음은 이곳 노스 동쪽 거주지의 한 가운데에서부터 퍼져 나갔으며 이는 서기 1500년까지 지속되었다. 주교, 장소, 개인의 이름들은 그린란드 노스 역사와 중세시대 유럽문명의 전파를 모두 이해하는데 없어서는 안 될 중요한 참고점이다. 중요한 농작물의 생산은 사교관구와 연결 지어지며 100여 마리 소의 외양간도 있었다. 모든 가축의 사육을 위해 밭으로부터 안정된 곡물의 생산은 필수적이었다. 이를 지속해나가기 위해 평지의 전 지역에 여러 단계의 저수지와 함께 광범위한 관개시설이 만들어 졌다. 사교는 그린란드에서 대규모의 농장을 운영하였으며 폐허는 중세 그린란드 농부들이 그들의 곡물재배를 위한 전략을 이해하는데 도움을 준다.

브라타흐리드(Brattahlid)는 남부 그린란드가 서기 1980년대에 어떻게 아이슬란드로부터 식민화 되었는지, 이런 운동의 지도가 누구였는지를 알려준다. 전설적인 족장 에릭 더 레드(Erik the Red)가 투누리 아피크 피요르드의 땅 내부 깊숙이 들어가 점거하고 브라타흐리드(Brattahlid)와 피요르드 에릭스 피요르드(the fjord Eriksfjord)로 명명하였다. 이곳은 현재 콰시아수크 브라타흐리드 거주지 중 양의 목축지로 확인되었으며 그곳에서 대규모의 노스 집단의 흔적을 볼 수 있다. 고고학 발굴조사는 때로는 이곳 일부가 성직자들 생활의 근거를 이루는 전유물이었으나 노스의 전 기간 사람이 살고 있었음을 알려준다. 아이슬란드의 기록물에 의하면 서기 11세기의 초반부터 북아메리카를 항해했던 선박들이 이곳에서 출발했음을 알 수 있다. 또 같은 기록물은 그린란드의 첫 번째 교회 겸 서반구의 첫 번째 교회가 에릭 더 레드의 부인에 의해 세워졌음을 언급한다. 서기 1960년대 트죠힐데 고고학 조사(Tjodhilde. Archaeological investigations)도 이와 같은 사실을 확인 하였다. 어떠한 지표조사에도 교회의 흔적을 찾지 못했지만 고고학 조사결과에 의해 뗏장이 덮인 강 뚝이 교회가 있던 곳으로 밝혀졌다. 다른 폐허는 거주지의 마지막 기간에 속하지만 노스 집단의 여러 가지 형태로 이용된 풍부한 건물의 흔적을 보여준다. 피요르기 가까이 두 곳이 발굴되어 서기 17세기의 에스키모 유적이 복원되었다. 이제까지 언급한 여러 집단의 거주지이외에 한정된 지역에서 대소의 폐허들이 발견되었다. 이들 모두 남부 그린란드의 중세 노스 집단의 중요한 부분을 알려준다. 비교적 황폐하고 변방의 인구밀도가 낮은 지역에 위치한 덕에 이 독특한 경관이 잘 보존되었다. 북부 유럽의 노르딕(Northern Europe and the North Atlantic) 문화범위 내의 어떤 다른 지역과 달리 그린란드 노스 문화와 환경의 요소에 적응해 사회적 공간(social space)의 역할을 하던 여러 종류 다른 기능을 가진 건물을 볼 수 있다. 이 지역은 지난 500년간 절대적으로 예외적인 문화의 시작, 발전과 멸망을 잘 보여 준다.

7. 빙하와 바다 사이의 이누이트 족의 사냥터인 아시비수이트－니피사트
(Aasivissuit－Nipisat, Inuit Hunting Ground between Ice and Sea: 문화, 2018):

그린란드(Greenland) 서쪽 중앙부 북극권(Arctic Circle)에 위치한 이 유적들은 4,200년간의 인류역사를 담고 있다. 이곳은 육지와 바다 동물에 대한 이누이트족의 사냥, 계절적인 이동, 기후, 항해와 의료에 대한 풍요롭고 잘 보존된 유형·무형의 유산에 대한 증거이다. 이곳은 고 이누이트족(Paleo-Inuit)과 이누이트족의 문화뿐만 아니라 겨울을 지나기 위한 대규모의 집(겨울용 캠프)과 순록사냥(caribou hunting)에 관한 증거를 보여준다. 문화경관은 서쪽의 니피사트에서 동쪽의 氷帽(ice-cap, 빙관 또는 관빙이라고도 하며 육지를 덮고 있는 5만km² 미만의 빙하의 덩어리)에 가까운 아시비수이트에 이르는 7개의 지역을 포함한다. 이는 이 지역에 살던 인류 문화와 전통적으로 실행하는 계절적 이동에서 나타나는 '역경을 극복하는 힘인 복원력'에 대한 좋은 본보기가 된다.

도미니카 공화국 DOMINICAN REPUBLIC

1. 산토도밍고 식민도시(Colonial City of Santo Domingo/Santo Domingo de Guzmán: 문화, 1990):

크리스토퍼 콜럼버스가 서기 1492년 8월 3일-10월 12일의 긴 항해 후 신대륙 바하마/Bahamas에 도착하고 크리스토퍼 콜럼버스의 동생인 바르톨로뮤 콜럼버스(Bartholomew Columbus, 서기 1461년경-서기 1515년)가 서기 1496년 오자마 강(Ozama River) 둑에 세운 산토도밍고(Santo Domingo, Santo Domingo de Guzmán, 서기 1936년-서기 1961년에는 Ciudad Trujillo로 불림)에 方格形의 도시계획에 따라 대륙 최초의 식민지 도시가 건설되었고 새로 만든 요새 안에 궁전, 성당, 병원, 세관, 대학 등을 세웠다. 모두가 식민지 최초라는 수식어가 붙게 된다. 그 후 이 곳은 신대륙의 다른 식민지를 건설하는 범본이 되었다. 식민지 도시로 알려진 산토도밍고의 역사적 전략기지 도시는 3km²에 달한다.

독일 GERMANY

1. 아헨 대성당(Aachen Cathedral: 문화, 1978):

독일 아헨의 궁정교회(Imperial Cathedral, Royal church of St. Mary ar Aachen)로 서기 790년-서기 800년경 샤를마뉴(Charlemagne) 대제 때 건립된 로마의 교회로 중세시대 때 확장되었다. 이것은 처음 신성로마제국(서기 773/800년-서기 1806년, 샤를마뉴 I세, Holy Roman Emperor) 영역 내의 동부유럽지방의 영향을 받아 둥근 지붕을 가진 팔각형의 대성당으로 만들어졌는데 중세 때 성가대 등 여러 시설이 첨가·확장되었다. 서기 814년에 죽은 샤를마뉴 I세는 이 성당에 묻혔으며 그의 유해는 샤를 靈廟(Shrine of Charle)에 보관되고 있다. 첨탑의 높이는 74m로 여러 가지 양식이 혼합되어 있다. 그리고 서기 936년부터 서기 1531년의 600년 동안 30명의 독일 왕과 12명의 왕비가 이곳에서 戴冠式을 거행하였다.

박물관에는 비쟌틴(the late Classical), 카롤링거 왕조(Carolingian), 르네상스, 오토니안(Ottonian)과 스타우피안(Staufian) 시대의 걸작품이 소장되어 있으며, 그중에는 로타리오 십자가(the Cross of Lothair), 샤를마뉴의 보물함(the Bust of Charlemagne), 디메터와 제우스 딸의 머리가 장식된 파리안 대리석(Parian Marble)으로 조각된 샤를마뉴의 석관(Persephone Sacrophagus of Charlemagne)이 전시되어 있다.

2. 슈파이어 대성당(Speyer Cathedral: 문화, 1981):

슈파이어에 있는 대성당(Dome in German)은 4개의 탑과 2개의 돔을 가진 교회로 서기 1030년 콘라드(Conrad) II세에 의해 건립되었다. 서기 11세기 말 리모델링(재건축)되었으며 신성로마제국(서기 773/800년-서기 1806년)으로부터 로마네스크 양식으로 지어진 중요한 성당으로 여겨진다. 서기 1689년 이 성당은 파괴가 되어 현재에도 복구 중이며, 길이 134m, 높이 72m이다. 이 성당은 서기 1039년부터 서기 1309년 까지 300년간 8명의 중세시대 황제들의 靈廟(納骨堂)로 사용되어 왔다. 그중에는 콘라드 II세(Könraad II)도 포함된다. 그는 이 성당이 완공되지 않아 사후 2년 후에 이곳 영묘에 보관하게 되었다.

3. 뷔르츠부르크 궁전(Würzburg Residence: 문화, 1981):

서기 1720년-서기 1744년 태자 로타 프란츠 폰 쉔보른(Lothar Franz von Schöborn)과 대주교 프리드리히 칼 폰 쉔보른(Friedlich Carl von Schöborn)이 지은 세 개의 측실을 가진 바로크 양식의 궁전으로, 300개가 넘는 바로크와 로코코 양식의 방과 정원이 있다. 서기 18세기 베네치아 공국의 지오바니 비티사 티폴로(Giovanni Battisa Tiepolo, 서기 1696년-서기 1770년)를 포함하는 건축, 화가들의 국제팀, 발타사르 니만(Balthasar Nemann)이 이끄는 조각가와 벽 치장 세공사들이 서기 1780년에 내부까지 완공을 보았다. 여기에는 제국의 방(Hall of Imperial)과 거울의 방(Hall of Mirror, 677m²)의 천장에 그려진 18m×30m의 프레스코 벽화가 잘 알려져 있다. 세계제2차대전 중 이 건물은 폭격에 의해 파괴가 심했으나 복구해 서기 1987년부터 공개하고 있다.

4. 비스 순례 교회(Pilgrimage Church of Wies: 문화, 1983):

비스의 순례교회는 독일 바바리아 발하임-숀가우(Weilheim-Schon-gau)구 슈타인가덴(Steingaden)의 알프스 산록에 위치하며 건축가 도미니쿠스 짐머만(Dominikus Zimmermann)에 의해 서기 1745년-서기 1754년에 지어진 바바리아 지방의 색채를 많이 쓰고 유쾌한 모습을 보이게 지은 로코코 양식의 걸작이다. 서기 1738년 다 헐어가는 救世主(Scourged Saviour)의 木彫像에서 눈물이 보이는 기적이 일어나 이 알프스 산록지방의 교회가 순례지로 되었다. 서기 1740년 이 목조상을 따로 봉안하기 위해 조그만 예배당이 지어졌으나 순례자를 맞기에는 너무 적어 슈타인가덴 대수도원에서 따로 교회를 지었다.

5. 브륄의 아우구스투스부르크와 활켄루스트 성(Castles of Augustusburg and Falkenlust at Brühl: 문화, 1984):

꼴론(Cologne)의 태자-대주교의 저택인 아우구스투스부르크 성과 활켄루스트 사냥용 숙소가 있는 성은 서기 18세기 독일에 지어진 로코코 양식의 가장 초기 건물의 대표작이다. 처음에는 쾰른 지방의 대주교인 크레멘스 아우구스투스(Clemens Augustus)가 서기 1725년 부탁한 건축가 죤 콘라드 쉬라운(John Conrad Schlaun)이 시작하였으나 아우구스투스는 좀 더 많은 것을 원해 건축가를 프랑소아 데 큐비에(François de Cuvilliés)로 바꾸어 오늘날의 모습을 갖게 되었다. 프랑스인 도미니크(Domonique)에 의해 설계된 베르사이유 양식을 모방한 정원이 특징적이다.

6. 힐데샤임의 성·마리아 대성당과 성·미카엘 교회(St. Mary's Cathedral & St. Michael's Church at Hildesheim: 문화, 1985):

베른바드(Bernward) 주교가 세운 성 미카엘 교회는 서기 1010년-

서기 1020년 사이 교회건물 양끝에 튀어나온 반원형의 後陣을 가진 左右同形 평면구조의 옛 색손 지방의 로마네스크 양식(Ottonian Romanesque art of Old Saxony)으로 지어졌다. 교회 내부 1,300쪽의 나무천장의 그림과 벽장식, 베른바드 주교가 주문·제작한 청동제 문(Bronze Bernward doors, 서기 1015년), 청동제 圓柱(약 4.5m, 서기 1020년), 2개의 바퀴달린 가지모양의 촛대(서기 11세기), 고데하르드(Godehard)의 石棺, 밥티스말 호르트(Baptismal Fort, 서기 1225년), 교회 안뜰 고딕으로 지어진 안네(Anne) 예배당(서기 1321년)은 베른바드 주교가 또 세운 성 메리 교회(서기 1010년-서기 1020년)와 함께 신성 로마제국 서기(서기 773/800년-서기 1806년)의 로마네스크 양식을 보여준다. 서기 1945년 3월 22일 파괴되었으나 서기 1950년-서기 1960년 사이 복구되었다.

7. 트리에르의 로마시대 기념물, 성당과 리프후라우엔 교회(Roman Monuments, Cathedral and Liebfrauen-Church in Trier: 문화, 1986):

로마인들이 들어오기 전부터 이곳은 마을을 이루고 있었다. 이 마을 주민은 트레베리족(Gallo-Celtic의 Treveri)으로 씨저(Julius Caessar, 기원전 100년-기원전 44년)가 기원전 57년 이곳을 점령하기 전의 유물들은 박물관에 전시되어 있다. 그 후 약 500년간 이곳은 로마의 트리에르의 역사를 갖게 되었다. 도시는 방격형으로 구획되어 있으며 라인 강을 따라 프랑스의 주요 도시들 사이의 상업망과 연계되어 있다. 십자로 난 길과 도시구획 중앙에는 대광장과 공회당이 있는 포름(Forum)이 있고, 여러 개의 목욕탕, 서기 100년에 지어진 원형극장이 있다. 콘스탄틴 대제(서기 306년-서기 337년)의 통치 때에는 트리에르는 황금기를 맞았다. 그는 돔이 있는 성당, 황제의 목욕탕, 대성당, 여러 개의 종교적인 聖所를 지었다.

8. 로마 제국 변경의 무역중심지(Frontiers of the Roman Empire: 문화, 1987/2005/2008 확대지정):

Roman Limes(Limes Romanus)로 알려진 서기 2세기 경의 로마시대 경계선·방어체계로 북부 영국에서 유럽을 거쳐 흑해와 홍해에 이르는 5,000km에 달한다. 여기에서는 요새, 성벽, 望樓, 甕城, 해자(垓字), 水道橋, 주거지 등과 그 흔적들이 포함 된다. 독일의 경우 서북쪽에서 동남쪽 다뉴브 강에 이르는 550km가 해당한다. 이 선을 따라 어떤 곳은 발굴이 되고, 또 복원도 되고 약간은 파괴 되기도 하였다. 118km에 달하는 서기 122년에 지어진 영국의 하드리아누스 성벽(Hadrian's wall)과 그 후 안토니우스 파이우스(Antonius Pius) 황제 때인 서기 142년 서북쪽으로 좀 더 영토를 넓혀 60km에 달하는 성벽(스코트란드의 Antonine Wall)을 쌓아 놓았다. 이것들은 로마제국의 이민족(barbarian)에 대한 통치, 방어체계와 축성술을 보여준다.

9. 뤼베크 한자 도시(Hanseatic City of Lübeck: 문화, 1987):

Queen city of the Hanseanic League로 알려진 한자 동맹의 수도로 서기 12세기에 설립되어 번영을 누린 서기 16세기까지 북유럽 무역의 중심지였다. 지금은 수로를 이용한 상업의 중심지 역할도 한다. 세계제2차대전 중 많이 파괴가 되었으나 구도시의 戰禍를 입지 않은 서기 15세기-서기 16세기의 건물들이 많이 있는 세 구역이 특히 중요하다. 그들은 1) the Burgkloster, Koberg와 the Glockengiesserstrasse and the Aegidienstrasse 사이의 구역, 2) the Petrikirche and the Dom, the salt storehouses and the Holstentor 사이의 귀족들이 살던 구역, 3) the Marienkirche, the Rathaus and the Marktplatz의 도시의 중심 지구를 말한다.

10. 베를린과 포츠담의 궁전과 공원들(Palaces and Parks of Potsdam and Berlin: 문화, 1990/1992/1999 확대지정):

포츠담은 서기 1730년-서기 1916년 프러시아 왕들의 궁전과 정원으로 500ha 넓이의 정원과 150개의 건물이 있으며 전체적으로 이탈리아, 프랑스, 영국, 프란더스, 파리와 드레스덴의 영향을 받은 미적 감각과 자연에 절충주의적인 면을 강조하는 독특한 점을 보인다. 이곳은 궁전과 정원이 하벨 강과 나란히 있고 행정구역상 베르린-젤렌 마을(Berlin-Zehendorf)에 속한다. 대부분의 건물은 프레데릭 II(Friedeich II, der Grosse, 서기 1740년-서기 1786년)세 때 대부분 지어졌으며 프랑스의 볼테르는 서기 1745년-서기 1747년에 지어진 프레데릭 II세의 離宮인 산수시궁(Sans Souci, 無憂宮, 길이 97m, 폭 12m 단층의 로코코 건물로 건축가 크노베르스도르흐가 지음)에 머물기도 하였다. 다음의 궁전 건물들이 이곳에 포함된다. 그들은 Sans Souci, New Palace, Charlottenhof, New Garden, Babelsberg Park, Sacrow estate, Linstedt, Bornsted, Alexandrovka과 다른 조그만 건물들과 정원들이다.

11. 밤베르크 중세도시 유적(Town of Bamberg: 문화, 1993):

서기 10세기부터 슬라브 민족, 특히 폴란드와 폼메라니아(Pomerania)와 밀접한 관계를 가진 도시로 서기 12세기부터 이곳의 도시구획과 중세풍의 건물들은 북부독일과 항가리에 영향을 미쳤고 서기 18세기에는 남부독일 계몽주의의 중심이 되었다. 헤겔과 호프만 같은 유명한 철학자들이 이곳에서 살았다. 이곳에는 황제 헨리(Henry) II세와 교황 크레멘트(Clement) II세의 무덤이 있는 성당(서기 1237년), 서기 16세기와 서기 17세기 주교가 살던 옛 궁전(주교궁, Alte Hofhaltung, 서기 17세기 이후의 주교가 살던 신관저(NeueResidenz), 구관저(Old Residenz),

레그니츠 강 중간에 두 개의 다리와 함께 있는 옛 구청청사(서기 1386년), 레그니츠 강 한쪽에 있는 서기 19세기 어부들의 작은 베니스라는 마을, "Seven Hills"이라 불리우는 것 중의 한 구릉에 서기 12세기에 지은 수도원, 주교들의 저택이었던 알텐부르그 성(Altenburg, castle) 등이 있다.

12. 로쉬의 수도원과 알텐 뮌스터(Abbey and Altenmunster of Lorsch: 문화, 1991):

중세 카롤링거 왕조시대(Carolings, 서기 751년-서기 987년)의 서기 760년-서기 764년에 지어진 수도원으로 현재는 迎賓館으로 이용되고 있으며 토르할(현관, Torhall)이라고 불리는 입구가 중요하다.

13. 람멜스베르크 광산과 고슬라 역사지구, 하르쯔 윗마을 水資源 관리 체계 (Mines of Rammelsberg and Historic Town of Goslar, Upper Harz Water Management System: 문화, 1992/2010 확대지정):

람멜스베르크 광산 근처에 위치한 서기 10세기-서기 12세기 구리, 아연, 납, 은과 금이 중심이 되는 주요한 풍부한 금속광물에서 나오는 수입을 기반으로 한자동맹의 중요한 도시가 되었고 한때는 신성로마제국의 수도가 된 적도 있다. 서기 1988년에는 자원이 고갈되어 폐광하였다. 역사적 중심지에는 중세시대 서기 15세기-서기 19세기에 속하는 1,500동의 목제가 옥, 광산 坑道와 광물 수송선로, 사무실과 교회 등이 잘 보존되어 있다. 그리고 서기 2010년 확대 지정된 물 관리체계가 있다. 이 체계는 산업혁명 이전 에너지를 공급하는 체계로서 가장 크고 잘 남아있다. 이것은 오늘날에도 작동을 하는 알테나우(Altenau)의 댐과 홍예의 덮개, 운하, 자텔무어(Sattelmoor)의 늪지,

클라우스탈-젤러펠트(Clausthal-Zellerfeld)의 水車와 연못, 지하 水槽로서 광산에 물을 공부하던 곳이었다. 가장 오래된 것은 서기 12세기까지 올라가며 시토 수도회 수도사들에 의해 만들어졌다. 이 지역에서 광산의 성공은 중세시대의 경제적 번영과 그 후에도 이어졌다.

14. 마울브론 수도원 지구(Maulbronn Monastery Complex: 문화, 1993):

서기 1147년 설립된 시토 마울브론 수도회(Cistern Maulbronn Monastery)는 중세시대의 수도원 복합 유적으로는 알프스 산맥 북쪽에서 잘 남아있는 곳이다. 요새화된 성벽에 둘러 싸여 주요 건물들은 서기 12세기-서기 16세기에 지어졌다. 수도원 건물도 로마네스크에서 고딕 양식으로 바뀌는 과도기적인 것으로 북부와 중앙유럽에 많은 영향을 끼쳤다. 이 도시에는 물 관리제도가 잘 되어 있어 자연호수, 인공 운하와 연못과 테라스가 잘 연계되어 배수시설, 관개용수로와 저수지가 특히 잘 발달되어 있다. 수도원은 서기 1147년에 처음 지어졌고 서기 12세기-서기 17세기에 확장·발전되었다. 종교개혁 후 비템부르그 공작이 이 수도원을 점령하고 이곳을 사냥용 숙소와·마구간으로 만들었다. 반세기 후에는 신교도들의 신학교가 되어 오늘날까지 이르고 있다. 이 수도원에는 평수사들이 운영하는 많은 작업장이 있다. 딴 채의 건물들은 돌, 또는 목제 틀로 지어졌는데 이 모든 건물들은 둘러싸인 벽 안에 있다.

15. 퀘들린부르크의 대성당, 성, 구시가지(Collegiate Church, Castle and Old Town of Quedlinburg: 문화, 1994):

작센-안할트(Sachsen-Anhalt)의 퀘들린부르크 시는 Saxonian-Ottonian(서기 919년-서기 1024년) 왕조의 지배 때 수도였고 중세시대 이래 무역으로 번창했고 나무틀로 만든 많은 수의 가옥과 質로 인해 이 도시는 중세시대 때부터 기원한 도시 중 예외적으로 취급되었다. 성은 헨리 포울러(Henry the Fowler)와 오토 대제(Otto I the Great)에 의해 서기 936년에 이 도시가 설립되면서 만들어졌다. 궁정교회인 성 세르바티우스(St. Servatius)의 대성당은 서기 961년-서기 963년에 지어졌는데 로마네스크 양식의 걸작품이다. 지정된 문화유산은 도시 전체와 몇몇의 독립된 장소를 포함한다. 그들은 서기 10세기-서기 12세기 때부터 내려오는 성벽내의 역사적 도시와 서기 16세기-서기 17세기 경제적인 호황 때 만들어진 가옥들, 세르바티우스의 대성당(이 안에는 초대 독일 왕 부부가 묻혀 있음)과 제국이 있었던 때의 건물들이 있는 부르그베르그(Burgberg, CastleHill) 지구의 베스텐 마을(Westendorf), 納骨堂이 있는 성 비페르티(St. Wirperti, 서기 1000년경) 교회, 가난한 사람들이 살고 60여 채의 목조가옥이 남아있는 뮈쩬베르그(Müzenberg) 지구이다.

16. 푈크링겐 제철소(Völklingen Ironworks: 문화, 1994):

서기 1873년 줄리우스 부크(Julius Buch)가 자란트(Saarland) 주 자르 강가 푈크링겐에서 제철소의 건립을 추진하였으나 완공을 하지 못했다. 서기 1881년 칼 뢰클링(Carl Röchling)이 새로이 건조를 시작하여 2년 후에 용광로가 처음으로 가동을 시작했다. 오늘날 6ha의 제철소(Völklinger Hütte)는 박물관으로 되었다. 철 생산 공장(高爐 포함, Ferrodrome)은 복잡한 생산과정을 보여주는 학제적 연구를 수행하는 과학연구소로 되었다. 이곳은 서기 1986년 가동을 중단한 후 철 생산과정을 한 바퀴 둘러볼 수도 있고 발전소에 서는 여러 가지 문화행사가 이루어지며 여름에는 음악회까지 열린다. 서기 19세기에 건립되어 완전하게 남아있는 제철소는 유럽이나 북아메리카에서도 없는 이곳이 유일한 예이다.

17. 쾰른 성당(Cologne Cathedral/Kölner Dom: 문화, 1996):

쾰른 대주교의 본당으로 서기 1284년에 짓기 시작해서 6세기가 지난 후인 빌헤름 I세(William I, Wilhelm I)의 자극을 받아 서기 1880년 완공을 본 고딕 양식으로 지어진 세계 최대의 교회로 신을 향하는 순수한 건축뿐만 아니라 프루시아(Prussia)의 상징이 되었다. 높이 122.5m, 폭 86.5m, 첨탑의 높이 157m에 달한다.

18. 바이마르와 뎃사우(데소) 소재 바우하우스 유적(The Bauhaus & its sites in Weimar and Dessau: 문화, 1996):

서기 1913년-서기 1933년 바이마르와 뎃사우의 바우하우스 조형학교에서 혁신적으로 건축과 미의 개념을 바꾸었으며 하네스 메이어(Hannes Meyer), 라즈로 모홀리-나기(Lazlo Moholy-Nagy), 바실리 칸딘스키(Wassily Kandisky), 루드비히 반 데어 로헤(Ludwig van der Rohe) 등이 주역이었다. 국립바우하우스(Staatliche Bauhaus)가 서기 1919년 발터 그로피우스(Walter Gropius)에 의해 바이마르에서 설립되었다. 바이마르에서 벨기에의 앙리 반 데 벨데(Henry van de Velde)가 설계한 Art School, Applied Art School 그리고 최초의 실용적인 Das Haus am Horn 개인가옥이 세계문화유산으로 등재되었다. 바우하우스 조형학교에서는 이와 같은 개인집들도 설계하였다. 서기 1925년 정치적 압력을 받아 바우하우스 조형학교는 데사우(데소)로 옮겨 그곳에서 끝났다. 그러나 데사우에서 전성기를 맞아 Seven Masters Houses, Bauhaus Building 등의 건물을 설계하였는데 특히 콘크리트, 유리와 강철로 이루어진 바우하우스 빌딩들은 서기 20세기 유럽 건축의 이정표가 되었고 현대건축에 지대한 영향을 미쳤다.

19. 아이슬레벤과 비텐베르크 소재 루터 기념관(Luther Memorials in Eisleben and Wittenberg: 문화, 1996):

Saxony-Anhalt에 있는 이 유적들은 마틴 루터(Martin Luther, 서기 1483년~서기 1546년)와 루터의 동료 개혁가인 메랑히톤(Melanchthon)이 태어난 비텐베르크(Wittenberg)의 생가들과 서기 1517년 3월 21일 제성기념일(모든 성인의 날 전날 밤) 전야에 비텐베르크 성문에 내건 95개 논제(95 Theses)와 관련된 교회(Castle Church)에 관한 것이다. 이 날을 계기로 종교개혁이 일어나고 서구세계의 종교와 정치적 역사에서 신기원을 맞이하게 되었다.

20. 바이마르 지역(Classical Weimar: 문화, 1998):

서기 18세기 말~서기 19세기 초 바이마르의 투링겐(Thuringen) 도시는 '고전 바이마르'로 괴테(Goethe)와 쉴러(Schiller) 등의 문학가를 비롯한 유명 학자들이 모여들어 동독의 도시가 유럽문화의 심장부였다는 사실을 확인시켜 준다. 그리고 이곳에는 괴테가 서기 1775년에 집을 얻고, 헤르더(Herder), 쉴러 등도 그를 따랐다. 이는 공작의 부인 아나 아말리아(Anna Amalia)와 앞서 죽은 공작 칼 아우구스트(Carl August)의 후원에서 이루어졌다. 그래서 이곳에는 좋은 건물과 환경이 조성되었다. 다음의 성, 건물들과 정원 즉 "괴테의 집과 정원, 쉴러의 집, 도시교회, 헤르더의 집, 고등학교, 도시의 성곽, 도바거 궁전, 공작부인 아나 아말리아의 도서관, 태자의 무덤과 역사적인 공동묘지, 로마의 집이 있는 공원, 벨베더(Belvedere)의 성, 오렌지 밭과 공원, 티에후르트(Tiefurt) 성과 공원, 에테스부르그(Ettesburg) 성과 공원"
은 세계문화유산으로 등재되었다. 그리고 이곳 주립극장(Staatstheater
Meiningen, Das Meininger Staatstheater)은 서기 1994년 클라우디오 아바
도(Claudio Abbado, Cavaliere di Gran Croce OMRI, 서기 1933년 6월 26일-서
기 2014년 1월 20일)가 베르린 필하모니(Berliner Philharmoniker)가 시작한
유럽연주회(Europakonzert)의 일환으로 베르린 필하모니를 지휘했던
바와 같이 이곳은 가끔 실내음악당으로 이용되고 있다.

21. 뮤지엄스인셀(박물관 섬/博物館島)(Museumsinsel/Museum Island: 문화, 1999):

서기 1824년-서기 1930년 사이 브란덴부르크-프로이센의 왕가
(Hohenzollern dynasty, 서기 1415년-서기 1918년)의 독일 제국의 왕가(서
기 1871년-서기 1918년) 중 빌헬름 II세[빌헬름 2세(Wilhelm II, 서기 1848
년 2월 25일-서기 1921년 10월 2일, 독일의 마지막 황제 겸 프루시아(Prussia)
의 왕(서기 1888년 6월 15일-서기 1918년 11월 9일)으로 영국 빅토리아 여왕
(Queen Victoria)의 장손임]는 뷔르템베르크 왕국의 제 4대 국왕, 서기 1859
년-서기 1941년 재위] 때 대부분 지어진 중앙 미테(Mitte) 지구 스프리
(Spree) 강 북 쪽 베를린 박물관 섬(Spreeinsel) 안의 5개 박물관으로 서
기 1820년대 고대박물관(Altes Museum, 서기 1830년)을 필두로 시작하
여 서기 1841년 이 섬을 예술과 과학만을 위한 곳으로 정하였다. 그
래서 신박물관(Neues Museum, 서기 1859년), 국립미술관(Nationalgalerie,
서기 1876년), Kaiser-Friedrich-Museum(Bodemuseum, 고대조각과 비잔
틴 예술품, 서기 1904년)과 페르가몬 박물관[Pergamonmuseum, 이 안에는
페르가몬 제단(독일 기술자 칼 후만(Carl Humann)에 의해 서기 1878년-서기
1886년 터키 미시아(Mysia) 페르가몬 왕국의 수도의 아크로폴리스(acropolis)

에서 발굴된 기원전 170년에 세워진 제우스신에게 바쳐진 제단/Altar), 밀레
투스의 시장 문(Market gate of Miletus), 바빌로니아의 이시타르문(Ishtar)과
같은 역사적으로 중요한 건물들이 서기 1930년부터 복원·전시되어 있다]이
차례로 들어섰다.

22. 바르트부르그 성(Wartburg Castle: 문화, 1999):

서기 1067년 루드비히 튜링글라 공작(Duke Ludwig of Thuringla)에 의
해 처음 세워졌으며 봉건시대 중앙유럽에서 뛰어난 성이다. 이 성이
만들어지기 시작한 것은 서기 1067년까지 거슬러 올라가며 루드비히
데어 슈피프링거(Ludwig der Springer)에 의해 望樓가 세워졌다. 현재의
모습은 서기 1155년 중앙 건물(본체)을 지음으로써이며 르드비히 튜
링글라 공작이 소유하고 서기 15세기까지 확장해 나갔다. 이 성의 역
사적 중요성은 군사적인데 있지 않고 신학적·예술적인데 중점을 둔
다. 서기 1521년-서기 1522년 마틴 루터가 이곳에 귀양 와서 신약성
서를 독일어로 번역한 곳이다.

23. 라이헤나우의 수도원 섬(Monastic Island of Reichenau: 문화, 2000):

남부 독일 콘스탄스(Constance)湖의 라이헤나우(Reichenau) 섬에 세
워진 베네딕트 교파의 수도원으로 순회 신부인 성 피르민(St. Pirmin)
에 의해 서기 724년에 창건되었다. 라이헤나우의 수도원에는 신학
교, 사본실(기록실), 예술작업장 등이 갖추어져 있어 서기 10세기-
서기 11세기 스위스에 속한 수도원의 일부가 신성로마제국의 통치
때 이곳을 중심으로 정신적, 지적, 예술적인 영향력을 행사해왔다.
이 수도원은 베르너(Berno, 서기 1008년-서기 1048년) 대수도원장 때 전
성기를 맞았으며 헤르마누스(Hermannus)와 콘트락투스(Contractus)와

같은 저명한 학자들이 이곳에 머물렀다. 마리아(St. Mary), 마르쿠스 (Marcus), 성 베드로(St. Peter)와 성 바울(St. Paul),성 그레고리(St. George) 교회는 주로 서기 9세기-서기 11세기에 지어졌으며 중앙유럽의 중세시대의 수도원 건축에 지평을 열었다. 교회 내부의 벽화는 인상적인 예술행위를 보여준다.

24. 뎃사우(데소) 뵐리츠의 정원(Garden Kingdom of Dessau-Wörlitz: 문화, 2000):

뵐리츠의 영국정원으로 알려진 뎃사우(데소) 뵐리츠의 정원은 서기 1769년-서기 1773년 안할트-데사우(Anhalt-Dessau, 서기 1740년-서기 1817년)의 레오폴드 III세 공작의 섭정 하에 만들어졌으며, 그는 이태리, 네덜란드, 영국, 프랑스와 스위스를 오랫동안 여행한 후 친구인 건축가 프리드리히 폰 에르드만스도르프(Friedlich Wilhelm von Erdmannsdorff, 그는 건물만 담당함)와 함께 이 일을 시작하였다. 그들은 啓蒙主義의 理想에 깊이 영향을 받고 바로크식 양식을 벗어나 스토르헤드(Stourhead) 정원과 에르메노빌(Ermenoville)에서 본 자연주의적 풍치를 살려나가도록 하였다. 오늘날 이 정원은 색손-안할트(Saxony-Anhalt)의 중부 엘베 강 생물 보존지구 142km²를 포함하고 있다. 정원이 처음 만들어지기 시작한 것은 레오폴드 III세의 증조할아버지인 John George II세 태자가 네덜란드의 프레드릭 헨리 태자의 딸과 결혼하는 서기 1659년이었다. 그 당시에 만들어진 것은 바로크 양식에 의한 것이었다. 서기 1773년에 완공된 이 정원은 유럽대륙에 만들어진 최초의 영국식 정원으로 요한 프리드리히 아이져베크(Johan Friedlich Eyserbeck, 서기 1734년-서기 1818년)에 설계되었다. 건물로는 오라니엔바움 궁전(서기 1683년), 뵐리츠의 궁전(서기 1773년), 판테온(Pantheon, 서

기 1795년), 바위섬과 하밀톤 별장, 루이지움 성(서기 1774년), 죠지움 성
(서기 1780년), 그로스퀴나우 성(Grosskünau castle, 서기 1780년), 성 베드로
교회(서기 1809년) 등이 있다.

25. 에센의 졸버라인 탄광과 산업복합단지(Zollverein Coal Mine Industrial Complex in Essen: 문화, 2001):

에센의 노르트하인-베스트 화렌에 있는 150년 역사의 석탄 산업단
지로 이곳에는 역사적 탄광지하구조와 서기 20세기에 지어진 뛰어난
건물도 함께 자리하고 있다. 이곳은 과거 150년간의 基幹 産業의 흥
망성쇠에 대한 뚜렷한 물질적 증거를 구성하고 있다. 탄광은 쾰른에
이르는 주요 노선이 가깝기 때문에 성장 가능성이 많은 카르텐베르
그(Kartenberg) 마을에서 서기 19세기부터 시작되었다. 실제 그러했다.
서기 1930년 루르(Ruhr) 지역의 에펠탑이라는 별칭을 들을 정도로 이
정표가 된 탄갱 12호를 건설하면서 정점에 이르게 된다. 이것은 건축
가 프리츠 슈프(Fritz Schupp)와 마틴 크레머(Martin Kremmer)의 기록할
만한 업적에 의해서이다. 티센크루프(ThyssenKrupp)의 철강회사가 이
근처에 있었다.

26. 스트랄준트와 비스마르의 역사 지구(Historic Centres of Stralsund and Wismar: 문화, 2002):

북부독일 발틱 해 연안에 있는 스트랄준트와 비스마르 시는 서기
14세기-서기 15세기의 중세도시로 한자동맹의 무역중심지이다. 서
기 17세기-서기 18세기에는 스웨덴의 행정구역으로 편입되어 독일
에 대한 방어 중심지였다. 이곳은 발 연안의 벽돌로 지어진 고딕건
물이라는 독특한 건축의 발전에 기여했다. 수 세기 동안 발전해온

기법으로 만들어진 성당, 스트랄준트의 시청, 가옥, 상인과 기술자들을 위한 가게와 작업장 등이 대표적이다.

27. 중북부 라인 계곡(Upper Middle Rhine Valley: 문화, 2002):

古城, 역사적 마을과 포도밭으로 연이어 있는 코브렌쯔(Koblenz)에서 마인쯔(Mainz)에 이르는 라인 강 중부 65km의 계곡(Rhine Gorge)은 인류의 발전과 다양하고 아름다운 자연환경을 그림으로 보여주듯 묘사하고 있다. 또한 이 강의 계곡은 역사와 전설과 맺어져 있어 수 세기 동안 작가, 예술가와 작곡가들에 영감을 불어넣어 주어 작품으로 표현하게 하였다. 이 계곡은 로마시대부터 중요한 교통로로 중세시대에는 길과 강의 통과에 대한 통행세를 부과하기 위한 古城이 많이 지어졌다. 이 성은 반대로 도둑들에 대한 방비책이 되기도 하였다. 강물은 급류가 많아 항해도 무척 위험했다. 특히 빙거 로 호(Binger Loch)가 장애였다. 오랫동안 말 40마리가 배를 끌어 믿을 수 없는 위험 지구를 벗어나기도 했다. 좁고 깊은 지점인 로렐라이(Lorelei)도 그랬다. 이곳은 妖精 로렐라이가 뱃사람을 유혹하는 듯한 소리의 反響으로 유명했다. 중세부터 내려오는 가장 아름다운 성으로 서기 1326년에 처음 만들어진 팔쯔그라펜 고성이 있는 팔쯔그라펜슈타인(Pfalzgrafenstein), 서기 1803년의 성 베르더 성당, 서기 13세기에 처음 만들어졌으나 서기 1842년 빌헤름 IV세(Preussen의 Frielich Wilhelm IV, 서기 1795년 10월 15일-1861년 1월 2일)가 改造해 신 고딕양식으로 만든 스톨쩬펠스(Stolzenfels) 성을 비롯해 마르크스부르그(Marksburg), 라이헨슈타인(Reichenstein) 등과 같은 고대성, 코브렌쯔(Koblenz), 란슈타인(Lahnstein), 렌스(Rhens), 카우프(Kaub), 빙겐(Bingen), 뤼데샤임(Rüdesheim) 등과 같은 역사적 마을이 연이어 있으며, 요정의 바위인 로렐라이와 이곳의 수호신인 게르마니아 여신상(프러시아/Preussen 왕국의 Kaiser Wilhelm Friedlich Ludwig, 서기 1797년 3월 22일-서기 1888년 3월 9일, 1883년 제작)도 중요한 문화유산이다.

28. 드레스덴 엘베강 계곡(Dresden Elbe Valley: 문화, 2004/확대지정, 2006/2007/2009):

서기 18세기-서기 19세기 드레스덴 엘베 강 계곡 문화경관은 드레스덴 시, 서북쪽의 위비가우(Übigau) 궁전, 오스트라게게(Ostrageghe) 밭에서부터 동남쪽 필니쯔(Pillnitz) 궁전과 엘베 강의 섬에 이르기까지 18km에 달한다. 이곳은 색소니(Saxony) 諸侯國의 수도로 서기 16세기-서기 20세기의 牧草地, 필니쯔 궁전, 바로크 양식으로 지어진 왕궁을 비롯해, 신교도의 부인교회(Frauenkirche)인 Zwinger, 가톨릭 궁정 교회(Hofkirche)성당, 일본 궁전과 골덴 라이터(Goldene Reiter)像 등 여러 가지 기념물과 공원을 가진 드레스덴의 옛날과 현재 행정중심지를 포함한다. 또 드레스덴은 서기 18세기-서기 19세기에 문화적 중심지가 되었다. 여기에는 서기 19세기-서기 20세기의 교외 민가(Village of Loschwitz), 정원, 자연경관도 아우른다. 강변 계단식 농경지에서는 아직도 포도를 재배하고, 산업혁명 때부터 내려오는 여러 가지 역사적 기념물도 볼 수 있다. 그들은 147m의 Blue Wonder 철교(서기 1891년-서기 1893년), 단선철로(서기 1898년-서기 1901년), 鋼索鐵道(lift 와 같은 架空索道, 케이블 카, 서기 1894년-서기 1895년), 관광용 증기선(서기 1895년 것이 가장 오래됨)과 조선소(서기 1900년경)이다. 드레스덴의 역사지구는 세계제2차대전 중 폭격을 심하게 맞아 몇 채의 건물은 새로 지었거나 복원 중이다. 엘베 강 계곡의 잘 알려진 장소는 다음과 같다.

필니쯔 궁전(Pillnitz Palace)

로시비쯔 민가마을(Village of Loschwitz)

산업유산; 철교, 단선철로, 증기선과 조선소(Industrial heritage: the steel BlueWonder bridge, the Standseilbahn Dresden, the steam ships and shipyard)

역사중심지; 왕궁, 쯔빙거, 프로테스탄트의 부인교회, 셈퍼로퍼, 가톨릭 궁정교회와 같이 바로크 양식의 건물이 있는 옛 도시(Historic center(Old Town) of Dresden with its baroque buildings like the Royal Residence Palace, the Zwinger, the protestant Frauenkirche, the Semperoper and the catholic Hofkirche)

일본 궁과 골덴 라이터 동상이 있는 신 도시(New Town of Dresden with Japanese Palace and Goldene Reiter statue)

29. 브레멘 시장의 시청 건물과 브레멘 상가(The Town Hall and Roland on the Marketplace of Bremen: 2004, 문화):

서북부 독일 시민자치도시인 브레멘 시장(Hanzestadt Bremen) 앞에 있는 브레멘시 청사(서기 1409년 건설된 고딕 양식으로 서기 17세기에 보수를 했음)와 서기 20세기에 새로 세운 신청사가 조화를 이루고 있다. 시청 청사 앞에 높이 5.55m 서기 1404년에 도시의 수호자(Rathausplatz)인 로란드 像이 세워져 있는데 세계제2차대전 중 운 좋게도 폭격을 피하였다.

30. 무스카우어 공원(Muskauer Park/Park Mużakowski: 2004, 문화):

독일(Muskauer Park, 2.1km²)과 폴란드(Park Muzakowski, 3.5km²) 국경지대에 위치한 역사도시 루사타아(Lusatia) 지역의 무스카우어 마을에서 "Hints on the LandscapeGardening"의 저자 헤르만 폰 픽클러-무스

카우(Hermann von Pückler-Muskau, 서기 1785년–서기 1871년) 태자가 서기 1815년부터 서기 1844년까지 영국식 정원의 틀을 이용하여 루사티안 나이세(Lusatian Neisse) 강둑을 따라 '식물로 그림을 그리듯' 5.6km² 규모의 공원을 조성해 놓았다. 그는 바드 무스카우(Bad Muskau)에 국제조경학교를 세워 자연을 개선하는데 주안점을 둔 한 마을 전체를 포괄하는 조경공원을 짓는데 기초를 잡았다. 이 공원은 조경예술의 이상향을 이루었고 더 나아가 마을 전체까지 확대되어 근처의 다리, 무스카우 城과 수목원도 모두 이에 따라 새로이 복원·단장되었다.

31. 레겐스부르크의 중세 도시구역(Old town of Regensburg with Stadtamhof: 문화, 2006):

바바리아 지방 다뉴브 강가에 자리한 레겐스부르크의 옛 도시는 서기 9세기부터 영향력을 행사하고 무역의 중심지답게 많은 건물들이 들어서 있다. 2,000년간의 역사는 고대 로마(서기 90년 Cohort 요새를 지음), 로마네스크와 고딕 양식의 건물을 포함한다. 레겐스부르크의 서기 11세기–서기 13세기의 건물들은 시장(Kohlenmarkt), 시청, 교회, 큰 건물, 좁은 골목, 튼튼한 요새(도시 성벽)를 갖추어 이 도시를 특징지어준다. 여기에는 중세시대 귀족들의 가옥과 탑(서기 1869년), 교회(Dom, 서기 1275년에 시작하여 서기 1634년 완공), 서기 12세기의 옛 다리(서기 1135년–서기 1146년의 Steinerne Brüke)와 함께 조화를 이룬다. 또 이 도시는 신성로마제국의 중요한 도시 중의 하나로 서기 1542년 종교개혁 때 신교도의 도시로 전향한 풍부한 역사도 보여준다. Steinerne Brüke가 위치한 이 도시구역(Stadtamhof)은 서기 1924년 4월 1일 구획이 정해진 0.66km²의 범위를 갖고 있다.

32. 베를린 근대화운동의 動産家屋(Berlin Modernism Estates: 문화, 2008):

서기 1910년부터 서기 1933년 사이 특히 바이마르(Weimar) 공화국 시절 사회·정치·문화적으로 진보의 경향을 띠었던 개혁적인 베를린 근대화운동의 일환으로 家屋에는 6棟의 동산이 만들어졌다. 이 개혁운동은 도시 계획, 건축, 조경에 대한 새로운 접근 방법을 통해 저소득자들의 주택과 생활조건을 개선하는데 공헌하였다. 이 가옥들은 기술, 미적 개혁, 신선한 디자인을 통해 신도시와 건축의 範本을 제공하였다. 부르노 타우트(Bruno Taut), 마틴 바그너(Martin Wagner), 발터 그로피우스(Walter Gropius), 한스 샤로운(Hans Scharoun), 오토 루돌프 잘리프스버그(Otto Rudolf Salivsberg)가 이 운동의 주창자들이며 만들어진 연대와 가옥의 명칭은 다음과 같다.

Tuschkastensiedlung Falkenberg, 서기 1913-16, by Bruno Taut

Wohnstadt Carl Legien in Prenzlauer Berg, 서기 1928-30, by Bruno Taut

Ringsiedlung in Siemensstadt, 1929-34, by Hans Scharoun and Martin Wagner

Hufeisensiedlung Britz, 서기 1925-30, by Bruno Taut

Siedlung Schillerpark im Wedding, 서기 1924-30, by Bruno Taut

Weisse Stadt in Reinickendorf, 서기 1929-31, by Otto Rudolf Salivsberg and
Martin Wagner

33. 알펠트의 파구스 공장(Fagus Factory in Alfred: 문화, 2011):

알펠트의 파구스 공장은 10동으로 구성된 건물복합으로 서기 1910년 발터 그로피우스(Walter Gropius)의 설계에 따라 지어졌는데 이는 근대건축과 산업디자인 발전의 이정표가 되었다. 오늘날에도 그대로 운용되는 신발공장에서 일어나는 모든 단계의 생산제품 공정, 창고, 제품의 발송과 여러 가지 기능을 위한 건물복합들은 남부 색소니(Lower Saxony) 지방의 라인 강가에 위치한다. 건물 외벽의 유리장식 페널과 기능적인 미학의 창시적인 건물복합은 후일 바우하우스 학파(Bauhaus school)가 싹트고 유럽과 북미 건축발전의 이정표가 되었다.

34. 바이로이스 후작의 오페라 하우스(Margravial Opera House Bayreuth/ Markgräfliches Opernhaus: 문화, 2012):

서기 1745년과 서기 1750년 사이에 지어진 바로크식 극장 건축의 걸작인 오페라 하우스는 공연장이 목재와 화폭과 같은 본래의 물질로 구성되어 500명의 청중이 바로크 양식 궁정무대(Baroque court opera)의 오페라 문화를 관람하고 음향을 확실히 들을 수 있는 유일하게 보존된 예이다. 브란덴브르그-바이로이스의 후작 프레데릭(Frederick, 서기 1711년 5월 10일-서기 1763년 2월 26일)의 부인인 빌헬름미네(Margravine Wilhelmine)의 의뢰로 유명한 극장 건축가인 쥬세프 갈리 비비에나(Giuseppe Galli Bibiena)에 의해 설계되었다. 이는 일반 대중용 공간을 가진 궁정 오페라座로서 서기 19세기에 만들어지게 될 대형극장의 출현을 예고하고 있다. 극장 내 무대를 향해 4층으로 마련된 장식이 화려하고 환상적인 그림이 그려진 목제 화폭 칸막이가 있는 太子의 特別席(loge)과 貴賓들의 客席은 太子 자신의 위상을 과시하기 위해 이용된 短命의 건축 전통을 보여 준다. 그리고 옛 모습을 그대로 간직한 휴게실과 아폴로신의 그림이 그려진 공연장 천장도 눈길을 끈다.

35. 베르그파크 빌헤름회헤 구릉공원의 수로가 있는 정원과 헤라크레스 상 (Water features and Hercules within the Bergpark Wilhelmshö he: 문화, 2013):

폭포와 수로와 헤라크레스(Hercules, Heracles) 상이 올라선 팔각 건물이 있는 카셀(Kassel) 시 헤시안(Hessian)의 북쪽에 위치한 베르그파크 (Mountainpark) 빌헤름회혜 구릉공 원은 절대적 권력의 지배자가 스스로의 演技性을 보여준 뛰어난 걸작품이다. 하비히 츠발트 숲(Habichtswald forest)의 구릉 경사면의 특이한 지형을 이용하여 수 세대에 걸쳐 수도관이나 물을 끌어 올리는 기계를 사용하지 않고도 물을 구릉 위에서 여러 가지 예술적인 작품을 통해 물이 언덕 아래로 흐르게 만들면서 지배자와 건축가가 이루어질 수 없는 불가능을 가능으로 바꾸어 놓았다. 이러한 일을 처음 시작한 정신적인 창시자는 서기 1677년-서기 1730년 이곳을 통치했던 란드그라베 폰 헤센-카셀 (Landgrave Karl von Hessen-Kassel)이었다. 서기 17세기 말 이전에 있었던 바이센슈타인 성(Weißenstein castle)에서 눈에 띠는 장소를 택해 태자 스스로의 演技性을 살리기 위한 기초를 마련했고 그의 후계자들도 이어 덧붙여 계속 발전시켜 나갔다. 란드그라베 칼(Landgrave Karl)은 건설할 이상적인 장소로 하비히츠발트 숲의 동쪽 끝자락에 526m 높이의 능선을 골라 기념비적인 폭포를 보일 수 있게 만들고 그 위에 팔각형의 정자와 같은 큰 건물을 세웠다. 이 작업은 그가 서기 1699년-서기 1700년 장기간의 여행 중에 이미 시작되었고, 그 와중에 자신만의 정원을 꾸밀 생각을 가지고 귀국하였다. 팔각형의 건물은 수로를 꾸미기 위한 독특한 발상으로 물이 솟는 어떤 샘도 없이 구릉 위에서 물이 방울져 흘러내리도록 보이게 한 것이다. 이렇게 한 것은 구릉 위에서 물이 아래로 흐른다는 것은 끊임없는 물의 공급원이 있다는 것을 암시한다. 그러나 실제 이 물은 빗물이나 지표면의 물이 겨울 몇 개월간 에시그베르그(Essigberg) 고원에서 모여진 것에서 비롯한다. 이탈리아 르네상스 양식의 폭포가 길이 1,500m의 수로를 따라 설계되어 바로크식에로의 轉移는 완전히 새로운 발상이었다. 팔각형의 건물의 꼭대기에는 구리로 만들고 8.25m 높이로 확대된 파네스 헤라크레스(The Farnese Hercules: 기원전 4세기 리시포스/Lysippos에서 처음 제작되고 서기 3세기 초에 복제로 크게 확대된 헤라크레스 상으로 그리콘/Glykon이란 사인이 있다)가 서 있다. 이러한 건물을 만들기 위해 건축적으로 해결한 것은 기념비적인 인물을 내세우는 최고의 기술과 예술성으로 표현된다. 피라미드의 꼭대기에 헤라크레스 상이 서 있다는 것은 가능한 조각이 가벼울 필요가 있었음을 의미한다. 헤라크레스 기념물의 높이는 팔각건물 32.65m, 피라미드 29.6m, 동상의 높이 8.25m로 전체 70.5m에 이른다. 팔각형의 피리미드는 서기 1696년에 시작되었고 그 위에 헤라크레스 상을 세우고(서기 1701년–서기 1717년)폭포와 수로(서기 1714년 6월 3일 착공)를 만드는 것은 처음부터 계획되어 있었다. 비록 란드그라베 칼의 시대에 마무리 짓지 못했지만 칼의 후계자들은 바로크 양식으로 공원, 폭포와 수로를 만들어 나갔다. 하비히츠발트 숲의 구릉 경사면에 만든 예술적인 노력은 꼼꼼한 연구 결과가 수반되었다. 당시의 데니스 파핀(Denis Papin) 등이 주동이 된 과학자들은 고압스팀펌프와 같은 혁신적인 기계를 실험하였다. 이 결과물의 噴射시설이 가능하게 되었다. 고압스팀펌프는 실제 이용되지 않았지만 스팀엔진과 같은 부산물이 만들어지게 되었는데 이 기구는 인류문화를 기계화하는 지적이고 천재적인 발명품이 된 것이다. 따라서 란드그라베 폰 헤센-카셀과 그의 후계자들은 야심적으로 예술에 대한 관심, 자연과학적인 지식으로 공학적인 문제를 해결하여 인상이 뚜렷한 경관을 가진 정원을 만들어내게 된 것이다. 베르그파크의 면적은 차치하더라도 지형의 선택뿐만 아니라 자연과 조화를 이루어 만들어낸 명성이 높은 정원은 란드그라베와 그의 후계자들이 그토록 바랐던 것이다. 특대형의 헤라크레스

상, 폭포와 수로에서 나타난 것은 자연과 기술에 대한 극복으로 이
는 태자 스스로의 이미지를 잘 보여준다. 폭포와 수로를 조화된 경
관의 중심에 놓는 계획, 팔각의 건물을 헤라크레스 상과 뢰뵌부르그
(Löwenburg) 기념물로 조화시키려는 생각은 서기 19세기 바로크 양식
을 실천하는 원칙으로 태자의 힘을 상징하고 란드그라베 폰 헤센-
카셀에 대한 스스로의 演技性을 잘 보여준다.

36. 카롤링거 왕조의 웨스트워크와 코르베이 성(Carolingian Westwork and Civitas Corvey, 문화: 2014):

웨스트워크(독일어로 westwerk)는 카롤링거(Carolingian, 서기 800-서기
888년), Ottonian[서기 1299년-서기 1922년 오스만 투르크/터키(Ottoman/
Othman Empire, Osman Turk)] 혹은 로마네스크 양식의 교회(Romanesque
church, 반원형의 궁륭/아치로 특징지어지는 서기 6세기-서기 10세기 중세유
럽의 건축양식을 가진 교회)의 서쪽 면을 향한 입구를 가진 동양적 양
식을 보여주는 중요한 기념물이다. 건물의 바깥쪽은 두 개의 탑 사
이 여러 층으로 구성되어 있다. 안쪽은 입구 현관, 禮拜堂과 本堂
을 굽어보는 일련의 회랑을 포함한다. 이것은 제국의 규범을 보여주
고 안쪽은 중국을 포함한 여러 문화로부터 영향을 받았음을 보여준
다. 그리고 이 웨스트워크는 스페인의 초기 건물양식도 있지만 고
대 시리아 교회에서 기원했음을 보여준다. 독일의 코르베이 수도원
(Corvey Abbey, 서기 873년-서기 885년)의 웨스트워크는 가장 연대가 올
라가는 예이다. 서기 814/815년 루이스 피오스[Louis the Pious, 서기 778
년-서기 840년 6월 20일, the Fair와 the Debonaire으로도 불리어지며 서기 781
년부터 the King of Aquitaine이 되었다. 그는 또한 King of the Franks와 서기 813
년부터 그의 아버지 샤를 마뉴[Charlemagne(서기 742/747/748년 4월 2일-서

기 814년 1월 28일)와 함께 Louis I세로서 공동의 황제(co-Emperor)를 지냈다]
왕이 아버지 샤를마뉴 왕의 부탁으로 코르베이 근처 헤디스(Hethis)에
수도원을 만들었다. 코르비/좀무(Corbie/Somme) 노르망디(Normandy)
마을의 베네딕토 파의 수도승들이 옮겨와 이 수도원이 코르베이아
노바(Corbeia nova)로 불리었다. 코르비(Corvy)는 서기 9세기-서기 10세
기 북유럽의 문화중심지로 발전하였다. 서기 10세기 말에 코르베이
의 위드킨드Widukind)는 'Res gestae Saxonicae(The Deeds of the Saxons, or
Three Books of Annals)라는 책을 썼다. 오늘날 바로크 양식의 집합된 건
물에서 여전히 카롤링거 양식의 기원을 엿볼 수 있다. 중심적인 모
습은 서기 822년에 지어지고 서기 844년에 봉헌된 성당이다. 서쪽
면의 아래 단은 초기로 거슬러 올라간다. 무엇보다도 서기 9세기의
벽화/프레스코화는 호머의 오딧세이에서 나오는 오딧세이와 스킬
라(Scylla)와의 싸움을 묘사하는데 이는 중세의 벽화 중 매우 독특하
다. 후일 황제가 되는 왕과 그의 측근자들은 나라를 순회할 때 이 수
도원에서 머물렀다. 이 벽화는 서기 11세기에 만들어진 노르망디 양
식의 건물인 쥬미지 수도원(Jumièges Abbey)의 로베르(Robert)에 의해
서기 1067년에 봉헌되었다. 이러한 봉헌은 이후 독일의 고딕 양식으
로 만든 건물들에 계승되고 있다. 서기 1146년-서기 1158년 사이 코
르베이의 대수도원장을 역임했던 스타베로트(Stavelot)의 대수도원장
인 비발드(Wibald) 하에 서쪽 끝은 오늘날의 모습으로 연장되었다. 서
기 1618년-서기 1648년 사이에 일어났던 '삼십년 전쟁'기간에 카롤
링거 왕조는 상당한 손상을 입었고 이 수도원은 프로렌즈(Florenz von
dem Velde, 서기 1696년-서기 1714년) 대수도원장 하에서 황제의 방으로
사치스럽게 꾸며진 바로크 양식으로 계속 지어졌다. 오늘날의 코르
베이는 서기 1792년 公國으로 서기 1803년 종교적인 기능으로부터

탈피하여 라티보 공작/코르베이 왕태자(the Duke of Ratibor and Prince of Corvey)가 소유하고 있다.

37. 창고지구와 칠레하우스가 있는 관청지구(Speicherstadt and Kontorhaus District with Chilehaus: 문화, 2015):

창고지구인 함부르크 스파이셔스타트(Speicherstadt)는 완전히 새로운 설계와 도시계획으로 이루어졌다. 서기 1883년-서기 1928년 사이에 이 곳에 있던 바로크 양식의 주택들을 철거하고 재개발 되었는데 이는 당시 해외무역의 개발에 발맞추어 주도면밀하게 진행된 독일 근대화의 역사적 변화를 잘 보여준다. 17채의 창고들은 모두 7-8층 높이로 서기 19세기-서기 20세기에 지어진 것으로 세계에서 남아있는 유사한 건물 중 가장 규모가 크며 보전이 잘 되었으며 또 도시와 조화를 잘 이루고 있다. 관청지구인 함부르크 콘토르하우스(Kontorhaus)는 스파이셔스타트에서 일어나는 여러 가지 무역관계 민원을 해결하기 위해 세워졌는데 서기 1920년대 가장 인상이 깊은 독일의 도시 계획으로 유럽에서 처음 만들어진 곳이다. 그리고 건물들은 세계2차대전의 영향을 받지 않고 수준 높은 일관적인 양식을 그대로 유지해 왔다. 당시의 건축유산을 그대로 간직하고 있는 건물은 칠레하우스(Chilehaus), 메베르고프(Messberghof), 스프린켄호프(Sprinkenhof)가 가장 대표적이다. 서기 19세기 중반까지 상업, 행정, 창고와 주택들이 도시 중심부에 함께 있었는데 稅官(關稅廳)이 생기고 함부르크가 독일제국의 위한 중요한 수입원이 되면서 창고와 상품(물류)을 취급하는 독립된 구역의 설정이 불가피하게 되었다. 이로 인해 함부르크의 경제적 번영을 가져왔다. 새로운 창고가 건조된 곳은 도시 중심부의 남쪽 부르크섬(Brookinsel/Brook Island)이었다. 강과 수로를 연결할 수 있는 산드토르하펜(Sandtorhafen) 터미날이 이미 이곳 섬의 남쪽에 만들어져 있었다. 이곳은 바다로항해하는 큰 화물선이 충분히 닿을 수 있도록 수심이 깊고 또 모든 교역사무가 이루어지는 도시 중심부에 위치하는 商社에 급히 갈 수 있는 가까운 곳이었다. 그러나 서기 1880년대에 이곳에 창고지구가 들어설 수 있도록 회기적인 정책이 필요하였다. 그래서 기존의 1,884동의 바로크양식의 건물들을 철거하고, 24,000명의 주민을 타 지역으로 옮기었다. 또 섬을 편평하게 고르기 위해 상당량의 흙더미를 제거하였다. 그리고 빈네하펜(Binnenhafen)과 오베르하펜(Oberhafen)사이의 좁은 수로 폭을 넓히고 그 위에 다리를 놓아 통행을 통제하는 세관운하(Customs Canal/Zollkanal)를 만들어 함부르크 도시와는 별개의 분리된 자유항이 만들어졌다. 이 섬에는 부두에 필요한 시설, 적어도 20m이상의 폭을 가지고 바다로 항해하는 화물선과 이를 돕는 바지선(거룻배)이 지날 수 있는 수심이 깊은 운하, 항구로부터 상품을 운반할 수 있는 철로와 도로와 같은 산업기반시설이 만들어 져야했다. 이러한 제반 시설이 완료된 후 서기 1885년-서기 1914년 사이 세 번에 걸쳐 벽돌로 창고 (스파이셔스타트)를 지었다. 첫 번째는 가장 큰 대규모 사업으로 서기 1885년-서기 1888년 사이 서쪽 끝과 융훼른 다리(Jungfern Bridge)에서였다. 서기 1920년대가 되어 마지막 창고인 W가 완성되었다. 도로와 운하사이에 위한 모든 창고는 운하와 도로에서 용이하게 상품(물류)을 하역을 할 수 있도록 하였다. 또 부속건물로 2-3층 높이의 세관 신고용 창고, 북쪽의 배다리와 남쪽 산드토르(Sandtor) 터미널 부두에 지은 1층 높이의 창고도 있다. 북에서 남쪽으로 운하, 낮은 건물, 도로, 고층의 창고, 단층의 창고들이 줄지어 서있다. 창고(스파이셔스타트)들은 모두 상품을 하역하는 장치들을 갖추었다.

칠레하우스(Chilehaus)의 외관은 인상적이며 박력이 있으며 궁륭상의 입구는 도시중심부와 항구사이 관청지구인 콘토르하우스(Kontorhaus)를 눈에 띄게 강조하는 피셔트비테(Fischertwiete)에 이르는 도시의 정문처럼 보인다. 이 건물은 3개의 입구 홀과 계단이 있으며 함부르크의 콘토르하우스 건물의 전통처럼 정교한 기술로 만들어진 도자기 장식품으로 장식된 반쯤 개방된 시민 공간이 자리한다. 그리고 창고(스파이셔스타트)들은 세계2차대전 중 손상을 많이 입었으나 단기간에 복구가 되었다. 창고(스파이셔스타트)와 관청지구인 콘토르하우스 지구는 함부르크 문화재 보호법에 의해 보존지구로 등록되어 있다.

38. 르 코르뷔지에의 건축활동. 현대화에 뛰어난 공헌(The Architectural Work of Le Corbusier, an Outstanding Contribution to the Modern Movement 문화, 2016):

→ 스위스 8항을 참조할 것.

39. 스바비안 쥬라의 동굴과 빙하기의 예술(Caves and Ice Age Art in the Swabian Jura: 문화, 2017):

타분(Tabun), 케바라(Kebara), 샤니다르인(Shanidar)과 같은 호모 네안데르탈 렌시스(Homo neanderthalensis)에서 Homo sapiens idaltu(154,000년 전), Omo 1, 2(195,000년 전), Quafzeh와 Skhul(10만 년 전) 등의 이스라엘 지역의 호모 사피엔스(Homo sapiens)는 10만 년 전–5만 년 전에 크게 발전하였다. 중기 구석기시대를 이끌어간 사람들은 호모 사피엔스(Homo sapiens: 고인, 슬기사람: 인류 종/인종)이며, 약 3만 년–4만 년 전이 되면 해부학 상 우리와 같은 체질을 소유한 현생 인류로서의 호모 사피엔스 사피엔스(Homo sapiens sapiens: 신인, 슬기 슬기 사람)의 출현을 볼 수 있다. 인류는 지혜가 발달하면서 불을 사용하게 되었는데 불은 음식을 조리하거나 추위를 견디거나 또 위험한 동물을 쫓는데 매우 유용하였다. 이때의 사람들은 주로 사냥을 하거나, 곡물과 과일을 따서 식량을 마련하였으며, 사람이 죽으면 시체를 매장하기도 하였다. 유럽의 현생인류인 크로마뇽인은 프랑스의 남부(라스코, 쇼베와 꼬스께 동굴벽화 등)와 스페인 북부(알타미라 동굴 벽화)일대에 훌륭한 동굴벽화를 많이 남겼다. 그들은 또 조각이라는 예술품들도 만들어 내었다. 오늘날과 비슷한 모습의 인류가 등장한 것은 약 4만년 전부터이다. 유럽에서는 약 43,000년 전 마지막 빙하기(Würm, 11만 년 전-1만 2천 년 전)에 현생 인류가 나타났으며 그들이 살았던 곳 중의 하나는 남부 독일의 스바비안 쥬라(Swabian Jura)였다. 서기 1860년대에 발굴된 이 6개의 동굴 유적의 연대는 43,000에서 33,000년 전으로 밝혀졌다. 발견된 유물 중에는 동굴사자, 맘모스, 말과 가축 등의 동물을 새긴 조각상, 악기와 개인 소유의 장신구 등 50점이 보인다. 다른 조각상 중에는 半人半獸와 여성상도 있다. 그 중 홀레 휄스 비너스 상(The Venus of Hohle Fels)이 잘 알려져 있다. 이 맘모스 상아 뼈로 조각된 비너스 상은 브라우보이렌 선사박물관(Blaubeuren Museum of Prehistory)에 전시되어 있다. 이 조각상은 인류의 예술발전에서 보면 세계에서 가장 오래된 사람의 형상을 묘사한 곡선미가 뛰어난 조각품으로, 독일 바덴-뷔르템베르크(Baden-Württemberg)의 산맥 중 스바비안 알프스(the Swabian Alps.)의 동굴들에서 발굴된 50여개의 조각상 중에 가장 우수한 작품으로 유명하다.

40. 나움부르크 성당(Naumburg Cathedral: 문화, 2018):

튜린기안 분지(the Thuringian Basin, Thüringer Becken)의 동쪽에 위치한 독일 작센안할트(Sachsen-Anhal) 주에 있는 도시의 나움부르크 성당은 서기 1028년에 짓기 시작한 중세 예술과 건축의 뛰어난 대표 예이다. 두 개의 고딕식으로 지은 聖歌隊席(Gothic choirs)이 양측에 달린 현재의 로마네스크(Romanesque)건물은 로마네스크 양식 말기에서 고딕 초기 양식으로 옮겨가는 모습을 보여 준다. 서쪽의 성가대는 서기 13세기 전반부 그림이나 조각 같은 예술작품을 설명하는 比喩的 藝術作品(the figurative arts)에서 종교적 관례인 禮拜式의 변화와 함께 과학과 자연도 등장한다. 성가대나 이 성당을 처음 만든 사람을 조각한 실물 크기의 상은 나움부르크의 걸작(Naumburg Master)라고 불리울 만큼 대표작이다.

41. 헤데비와 다네비르케의 고고학 국경 문화 복합체(Archaeological Border Complex of Hedeby and the Danevirke: 문화, 2018):

헤데비의 고고학적 유적은 연대가 서기 1000년 기 까지 올라가는 도로, 건물, 공동묘지와 항구를 포함하는 무역도시 또는 엠포리움(emporium)의 유적을 포함한다. 이곳은 유럽 본토에서 유트란드 반도(Jütland Halbinse, 윌란 반도/Jylland Halvø)를 분리시키는 쉬레스비크 협부(Schleswig isthmus)를 가로 지르는 요새가 나있는 다네비르케에 의해 일부가 둘러싸여 있다. 헤데비는 로마제국이후 최대의 야만인 왕국인 남쪽의 프랑크 왕국(Frankish Empire, 서기 481년 설립)과 북쪽의 덴마크 왕국(Danish Kingdom, 덴마크에 기독교를 처음 도입한 하랄드 블라톤 고름손/Harald Bluetooth왕에 의해 서기 985년경 설립됨) 사이에 위치하는 독특한 지정학적 요건으로 유럽대륙과 스칸디나비아, 북해(North Sea)와 발틱해(Baltic Sea) 사이에서 무역의 중심지가 되었다. 이곳은 바이킹 시대 유럽의 경제, 사회와 역사적 발전을 해석하는데 있어 중요한 위치를 점하고 있다.

42. 로마제국의 변경(Frontiers of the Roman Empire: 문화, 2019):

→ 오스트리아 9항 참조할 것

43. 메르츠 산맥의 광산(Erzgebirge/Krušnohoří Mining Region, Ore Mountains: 문화, 2019):

에르츠 산맥은 독일 남동부 작센주(Saxony)와 북서쪽 체코 보헤미아 사이에 걸쳐있으며 중세시대 이후로 여러 가지 금속을 채광하던 광산지대이다. 서기 1460년부터 서기 1560년 사이에 은(Ag, silver)을 채굴하면서 채광기술을 향상시킨 중요한 지역이었다. 주석(Sn, Tin)은 역사적으로 보면 이곳에서 은 다음으로 채굴해서 제련했던 중요한 광물이었다. 서기 19세기말 이 지역에서 우라늄(U, uranium)이 나와 전세계적으로 중요한 지역이 되었다.이 광 산의 문화경관은 서기 12세기에서 서기 20세기까지 800년 간에 걸쳐 채광, 선구적인 물 관리 체계, 혁신적인 광물처리와 제련, 광산 도시에 의해 짙게 형성되었다.

44. 아우스부르크 시의 수질 관리 체계(Water Management System of Augsburg: 문화, 2019):

아우스부르크 시의 수질(물) 관리 체계는 서기 14세기부터 현재까지 계속적으로 진화되어 왔다. 이 체계는 서기 15세기부터 서기 17세기에 이르는 운하, 수로와 급수탑(給水塔), 낮은 압력에서 더 높은 압력으로 물을 끌어올리는 유압 공학기술(pumping machinery)의 채용, 수냉식 정육점 홀(water-cooled butchers' hall), 3개의 예술적으로 뛰어난 기념비적인 분수, 수력발전소들은 오늘날에도 지속 가능한 에너지를 공급하고 있다. 물 관리 체계에 의한 기술의 혁신은 아우스부르크 시가 물 관리 시스템의 선구적인 역할을 하는 본거지가 되게 하였다.

라오스(老挝) LAO PEOPLE'S DEMOCRATIC REP.

1. 루앙 프라방 시(Town of Luang Prabang: 문화, 1995):

현재의 수도 비엔티안(Vientiane) 북쪽 425km 떨어진 라오스 북쪽 중심부 메콩 강변에 세워진 루앙 프라방(琅勃拉邦, 銮佛邦, Luang Prabang, Louangphrabang)시는 서기 13세기-서기 14세기에 老聽族国家가 있었으나 法昂의 祖父가 이를 격퇴하여 스스로 川东王이라 불렀다. 서기 1353년 云南土司인 法昂(FaNgum)이 라오스(老挝)를 통일하고 澜沧王国(란쌍 왕국, 南掌, 서기 1354년-서기 1707년, 法昂王、桑森泰王、维素腊王)을 세워 수도를 이곳에 세워 川铜("金城")으로 개명하였다. 서기 1560年 크메르(Khmer, 高棉)에서 国宝인 "勃拉邦" 佛像을 供奉받아 루앙 프라방으로 개명하였다. 澜沧王国(南掌)은 서기 1693년 明朝가 망한 후 占巴塞(Champasack)、琅勃拉邦、川圹、万象의 4개 小国으로 분리되었다. 그 후 清朝의 속국이 되었다. 서기 1707년 라오스는 둘로 분리되어 北部는 루앙 프라방 왕국(Luang Prabang kingdom, 琅勃拉邦王国), 南部는 万象王国으로 되었고 서기 1713년에는 占巴塞王国이 세워져 라오스에는 三国이 병존하였다. 서기 1975년 공산당이 나라를 인수하여 비엔티안으로 수도를 옮길 때 까지 라오스 왕국의 행정부가 있던 수도였다. 이곳에는 라오족이 세운 Lao 도시 전통건물

(Lao urbanstructures)과 서기 1860년 프랑스의 식민지가 되면서 서기 19세기−서기 20세기의 유럽풍의 건물이 세워지면서 서로 잘 어우러지고 있다. 이 도시는 불교 도시로 촘시(Wat Chom Si), 화캄(Haw Kham), 파팡과 같은 여러 사원과 수도원들이 있다. 루앙 프라방의 역사는 다음과 같다.

最初에 老聽族의 聚居地.

서기 698년 老族王子 昆盧가 一個泰族 小王國 勐騷瓦(攟瑯勃拉邦 前身)를 정복하고, 라오스(寮國)瑯勃拉邦前身을 세움.

서기 705년, 勐騷瓦가 南詔에 의해 佔領당함.

서기 11세기 傣族名은 「川東川銅」이 됨.

서기 1353년, 南掌(瀾滄)國王 法昂이 이곳에 도읍을 정함.

서기 1479년 8월, 越南 後黎朝의 黎聖宗이 五路軍를 발동하여 南掌을 정복함. 南掌王都는 파괴되고 현재의 查爾平原에 後黎朝의 鎮寧府가 설치되고, 7개의 현을 나누어 통치함.

서기 1548년 蘭納王國(란나 왕국은 멩라이 왕에 의해 1292년 건국되어 현재의 태국 북쪽에서 13세기에서 18세기에 걸쳐 존재하였던 왕국으로 수도는 치앙마)의 塞塔提臘王이 瀾滄王國의 國王이 됨. 서기 1551년 玉佛이 수도로 운반됨.

서기 1560년 塞塔提臘王이 永珍으로 천도함, 川東川銅은 「瑯勃拉邦」으로 개명함. 그 때 勃拉邦佛과 玉佛 역시 永珍으로 옮겨짐.

서기 1707년 이후 龍坡邦王國의 수도가 번영함.

서기 1777년 톤부리 왕조(서기 1768년−서기 1782년, 吞武里王朝)가 비엔티안(Vieng Chan, 永珍)으로 침입하여 태국(暹邏)의 속령으로 삼고 勃拉邦佛과 玉佛을 약탈하여 방콕(曼谷)으로 옮김.

서기 1782년 郤克里王朝가 坡邦佛을 반환.

서기 1828년 泰國(暹邏)이 재차 침입하여 坡邦佛을 약탈하여 방콕으로
가져감.

서기 1867년 勃拉邦佛을 반환함.

서기 1885년 프랑스(法國)가 龍坡邦에 副領事館을 개설.

서기 1887년 黑旗軍(서기 19세기 말 淸 钦州人 刘永福이 우두머리인 지
방의 무장세력)이 侵龍坡邦에 침입하고 龍坡邦王國은 프랑의 보호
하에 들어감.

서기 1905년 프랑스가 龍坡邦王國을 개편함.

서기 1945년 3월 9일 9일 大日本帝國軍隊가 라오스(寮國)에 진주함.

서기 1945년 8월 15일 大日本帝國軍隊가 武裝解除하고 中華民國軍
隊가 進駐.

서기 1946년 5월 13일 프랑스가 龍坡邦을 점령함.

서기 1975년 巴特寮(파 테트라오, Phra Ratxa A-na-chak Lao)가 共産主
義革命을 일으켜 王宮과 首都機能이 상실됨.

워트 싱 통(琅勃拉邦市 香通寺, Wat Xieng Thong)은 루앙 프라방 시의
최대 사원으로 塞塔提腊一世(Setthathirat I, 서기 1548년-서기 1571년) 国
王이 서기 1560년에 건립하여 서기 1975년까지 왕실의 재산이었다.

2. 참파삭 문화지역 내 푸 사원과 고대 주거지(Vat Phou and Associated Ancient Settlements within the Champasak Cultural Landscape: 문화, 2001):

라오스 남쪽 참파삭(占巴塞) 주 메콩강을 따라 6km 떨어진 푸카오
(Phu Kao) 산자락에 들어선 크메르(Khmer) 왕국의 푸 사원(Vat Phou,
Wat Phu) 사원 조경단지는 서기 5세기-서기 15세기에 형성된 것으로
특히 바트 푸(Vat Phou) 사원을 중심으로 궁전과 도시들이 하나의 거

대한 조경을 이루어 과거 1,000여 년간 잘 보존되어 왔다. 이 사원 조경은 자연과 인간관계에 중점을 둔 힌두의 세계관에 따라 산꼭대기에서 강둑에 이르는 장축을 형성하여 거의 10km에 이르는 거리에 사원, 신전과 상수도 등도 기하학적인 설계에 따라 조성되었다. 메콩강 강변에 있는 도시계획에 따라 만든 두 도시도 이 조경사업의 일환이다. 현재 이 사원은 小乘佛教(Theravada, Hinayana) 중심의 사원이 되었으며 중심 연대는 서기 11세기-서기 13세기이다. 이 사원에서는 산에서 나오는 샘물로 石製의 性器 linga를 목욕시키는 儀式이 남아있다. 이곳에서는 불상이 안치되어 있는 聖所와 남쪽 벽에 크리시나(Krishna)가 칼리야(Kaliya) 신을 죽이는 모습을 조각한 상인방돌 등이 남아있다.

3. 거석 석제 옹관 유적(Megalithic Jar Sites in Xiengkhouang—Plain of Jars: 문화, 2019):

거석 석제옹관의 평원(Plain of Jars)이란 명칭은 라오스(老挝) 철기시대에 나타나는 巨石文化 중 장례용으로 이용되던 2,100개의 管모양으로 만든 石製 甕棺에서 얻은 명칭이다. 시엔코우앙(Xiengkhouang)의 15개소의 유적에서 기원전 500년-서기 500년경의 규모가 큰 돌로 깍아 만든 옹관, 석제 원반(stone discs), 제2차장(secondary burials, 주로 시체를 火葬 후 남은 인골을 다시 묻는 장례를 의미함), 묘비, 채석장과 장례유물들이 발굴되었다. 철기시대의 옹관과 이에 관련된 장례유물들은 서기 500년경 까지 사용되던 라오스 철기시대를 대표하는 유적·유물이다.

아세아에서 라오스 것과 유사한 거석문화는 인도의 칭레푸트의 만두란타캄 타루크(Mandurantakam taluk)의 스톤서클(stone circle)을 비롯하여 치투르의 티루베란가두(Tiruvelangadu), 북 아르코트의 벤구파투 (Vengupattu)와 치탈드루그의 브라마기리(Brahmagiri) 등 주로 남부 인도에 널리 퍼져 있다. 그중 지석묘는 크게 1) 큰 원형의 封土 하에 板石으로 짜여진 石室形(megalithic cist)인데, 입구 쪽의 판석에는 銃眼과 같은 구멍(port-hole)과 연도(passage)가 있으며, 또 석실 내에는 二次葬으로 인한 여러 體分의 人骨이 들어가 있는 형식과, 2) 큰 板石으로 짜여진 記念物로 그 안에는 테라코타(terra-cotta, 1000℃ 이하에서 구워짐)로 만들어진 관(sarcophagus)이 놓여 있는 두 가지의 형식이 존재한다. 전자의 총안이 있는 판석이 달린 석실은 요르단의 알라 사파트(Ala-safat)와 코카사스(Caucasus) 지역의 파차 계곡(Pacha valley)에서 그 기원을 확인할 수 있다. 라오스 철기시대에 나타나는 巨石文化도 인도의 영향을 받았을 것으로 추정된다. 그러나 세계사적으로 볼 때 거석문화 自生과 起源은 앞으로의 연구과제이다.

라트비아 LATVIA

1. 리가 역사지구(The Historic Centre of Riga: 문화, 1997):

리가는 서기 1282년 한자동맹의 중심지로 동과 서유럽과의 무역을 통해 번영을 이룬 역사적 도시로 중세시대 이 도시의 여러 면모는 화재와 전쟁으로 인해 거의 다 소실되었지만 그래도 당시의 번영을 보여준다. 그에 앞선 서기 1201년 당시 브레멘(Bremen)의 대주교인 알베르트(Albert)가 처음으로 그의 요새를 세웠고, 그의 기사단(Knights of the Sword)과 함께 발틱 연안에 십자군 원정도 하였다. 리가 시는 서기 19세기에 다시 경제적으로 중요한 중심지가 되고 서기 1896년부터 서기 1913년 사이에 도시가 확장되어 나가면서 이 도시의 교외에서부터 신고전적인 수법의 목조건물과 당시 독일, 오스트리아와 핀란드에서 유행하던 弓線을 특징으로 하는 공예와 예술의 특징인 유겐트 양식(Jugendstil)의 건축술을 받아들였다. 미하일 아젠슈타인(Mikhail Eisenstein)이 예술의 주창자였다. 서기 1905년의 혁명을 겪으면서 國粹的 로맨티시즘(National Romanticism)이라는 라트비아의 새로운 예술 양식으로 발전하게 되었다. 건물을 짓는데 전통적인 라트비아 양식에 자연적인 건축자재를 쓰기 시작했다. 대표적인 요소는 선이 날카로운 지붕, 무거운 하중의 건물과 민속적인 장식 문양의 첨가에 있다. 리가 시는 새로운 예술양식(Art Nouveau)의 훌륭한 보고라는 점에서 일반적으로 인정받고 있다. 이 도시에는 제분 공장 탑(Powder tower), 과학학교(Academy of Science), 예술학교(Art Academy), 성 베드로 교회 탑, 리가 돔 등이 남아 있다.

2. 스트루브 자오선 측지점(Struve Geodetic Arc: 문화, 2005):

노르웨이(NORWAY), 라트비아(LATVIA), 리투아니아(LITHUANIA), 러시아(RUSSIAN FEDERATION), 벨라루스(BELARUS), 에스토니아(ESTONIA), 우크라이나(UKRAINE), 스웨덴(SWEDEN)과 핀란드(FINLAND) 지역이 함께 자오선 측정의 삼각측량점

러시아 RUSSIAN FEDERATION

1. 상트 페테스부르그 역사지구와 관련 기념물군(Historic Centre of St. Petersburg and Related Groups of Monuments: 문화, 1990):

이 도시는 핀란드만의 항구도시인 페트로그라드(Petrograd, 서기 1914년-서기 1924년), 레닌그라그(Leningrad, 서기 1924년-서기 1991년), '북구유럽의 베니스' 등의 다른 이름을 갖고 있다. 서기 1703년 5월 27일 피터 대제(서기 1672년-서기 1725년)에 의해 설립되어 서기 1712년-서기 1728년, 서기 1732년-서기 1918년의 거의 200년간 러시아의 수도였다. 여기에는 여름궁전의 하나인 카사린 여제(서기 1729년-서기 1796년)의 궁전(호박 방으로 유명하고 2차대전 중 독일군에 의해 파괴된 것을 서기 1970년대 다시 복원한 예카테리나 궁전), 성 이삭 사원(Saint Isaac's Cathedral, 달마 티아의 성 이삭 성당, 皇家교회당, Majestic Issaki Jef church, 伊薩基輔大教堂), 서기 1881년 3월 아나키스트에게 암살당해 부상으로 죽은 황제인 알렉산더 II세(Александр II Николаевич Романов/Aleksandr II Nikolayevich 알렉산드르 니콜라예비치 로마노프로 로마노프 왕조의 12번째 군주/차르, 서기 1818년 4월 17일-서기 1881년 3월 13일)의 피가 묻어있는 장소로 '피의 구원 사원 또는 피를 흘리신 구세주 교회(Храм Спаса на Крови, Church of Our Savior on Spilled Blood)'로 불리 우는 그리스도 부활성당(서기 1883년 Aleksandr III세가 지음), 피터 요새[Peter와 Paul Fortress on Zayachy, Suomenlahti, 芬蘭灣, 핀란드와 에스토니아 사이에 있는 발트 해 동쪽의 만으로 네바 강이 흘러드는 러시아의 상트 페테스부르그까지 뻗어 있는 핀란드 만의 토끼섬(Hare island, 兎子島)], 피터 대제의 청동기마상(Bronze Horseman, Monument To Peter I', 프랑스의 Étienne Maurice Falconet가 서기 1782년에 조각)과 알렉산더 I세(서기 1801년-서기 1825년 재위) 때 프랑스의 나폴레옹(서기 1769년-서기 1821년)의 침입을 방어(서기 1812년 Patriotic War)한 기념탑인 석주(알렉산더 II세, 서기 1834년)가 있는 궁정 광장(Palace Square with Alexander Column), 피터 궁전(Petergof), 넵스키 大道(Nevsky Prospect, 4km×60m), 마린스키(Mariinsky/Kirov)와 알렉산더

(Alexander) 극장, 국립러시아박물관, 핀란드만 입구 네바(Neva) 강가의 겨울궁전(Winter Palace)과 현재 박물관으로 이용되는 에르미따쥐(Hermitage) 궁 전, 그리보예도프(Griboyedov) 운하, 네바 강 위의 트리니티 (Trinity) 다리, 레닌 동상(서기 1924년–서기 1991년 레닌그라드였음), 현재 해군박물관으로 이용되고 있는 옛날 페테스브르그 증권거래소 등의 건축물이 있다. 이곳이 '북구 유럽의 베니스'로 불리게 된 연유는 白 夜(White Night)의 여행으로 유명해진 시내 곳곳 도로 곁에 촘촘히 연 결되어 네바 강으로 빠져 나가는 운하망 때문이다. 이 운하에 面해 건물이 들어서 있는 베니스와 달리 건물과 운하사이에 축대로 쌓아 올린 넓은 도로가 형성되어있는 점이다. 그리고 그리스의 미케네와 터키의 트로이에서 하인리히 슐리만이 발굴하여 세상의 이목을 집 중시켰던 아가멤논의 황금 데드 마스크(假面)를 비롯한 프리암 왕의 보물들이 베를린 박물관에 소장되었다가 세계제2차대전 중 폭격으 로 사라져 없어진 것으로 여겨져 왔는데, 이들은 서기 1991년 러시 아의 푸시킨(Aleksander Pushikin, 서기 1799년–서기 1837년) 박물관 지하실 에 안전하게 보관되어 있음이 새로이 확인되었다. 그리고 또 이곳은 소설가 도스토옙스키(Feodor Dostoevski, 서기 1821년–서기 1881년)와 작곡 가 차이코프스키(Peter Tchaikovsky, 서기 1840년–서기 1893년)가 활약했던 곳이기도 하다. 그리고 이곳 피터 폴 정교회성당(The Cathedral Basilica of Saints Peter and Paul)에는 서기 1918년 7월 17일 예카테린부르크(Yekaterinburg)에서 서기 1917년 2월 혁명으로 인해 권력을 잡은 볼셰비키 (Bolsheviks) 당원에 의해 총살당한 로마노프 왕가의 마지막 황제인 니 콜라이 II세(Tsar Nicholas II/Nikolay II, Nikolay Alexandrovich Romanov 서기 1868년 5월 18일–서기 1918년 7월 17일)와 부인, 아들과 딸(부인 Alexandra Feodorovna/Alix of Hesse, 황태자 Alexei, 딸 Anastasia, Tatiana, Olga와 Maria)의

일가족 시체가 서기 1991년과 서기 2007년 발굴되고 동시 서기 2001 년 러시아의 聖人(Tsar-Martyr)으로 시성된 후 안치되어 있다.

2. 키지 섬 안 마을(Kizhi Pogost: 문화, 1990):

카렐리아 오네가 호수의 여러 섬 중의 하나에 위치한 키지 섬 안 마을로 서기 1714년 피터 대제가 종탑을 가운데 두고 양측에 소나 무, 전나무와 포플라 나무로만 지은 22개의 양파모양의 돔을 가진 목조의 예수와 성모 승천교회(the Assumption of the Virgin Mary/Trans-figuration Church), 10개의 돔을 가진 겨울 교회로 알려진 Intercession Church(서기 1764년)와 서기 1874년에 세운 종탑, 교회 납골당과 서기 14세기에 처음 지어졌으나 서기 1950년-서기 1960년대에 해체해 복원한 당시의 마을도 주위에 있다. 현재 두 목조교회는 붕괴에 처할 위험이 많다.

3. 모스크바의 크레믈린 궁과 붉은 광장(Kremlin and Red Square, Moscow: 문화, 1990):

서기 13세기 설명하기 힘든 정도로 러시아에서 역사적·정치적 사건이 뒤엉킨 가운데 서기 14세기-서기 17세기 사이 뛰어난 이탈리아 건축가 Aleviz Fryazin 등에 의해 세워진 모스크바의 심장부인 키티이 고로드(Kitai-gorod)로 알려진 역사적인 상인 구역이었던 크레믈린 궁전은 러시아 황태자의 사저가 있었고 종교적 중심지였다. 이 성벽의 기초인 붉은 광장(Red Square)에 서있는 성 바실리카 대성당 (St. Bail's Basilica)은 러시아正敎會의 뛰어난 기념물이다. 모스크바는 서기 1156년 짜르(czar, 황제)가 있는 수도로 설립되었다. 그중 이반 대제(Ivan the Terrible, 러시아 첫 번째 황제로 알려져 있음, 서기 1547년-서기 1584년)에 의해 건설된 성 바실리카 대성당이 가장 고전적인 것으로 잘 알려졌다. 이 성당의 색깔은 나중에 칠해졌다. 이 궁전은 정교회들, 궁전들과 정치적 용도로 만들어진 몇 개의 건물로 이루어졌다. 현재의 크레믈린은 서기 19세기부터 시작하며 현재 러시아 대통령 관저이다. 여기엔 복원된 보크레센스키(Voskresensky) 문과 스파스카야(Spasskaya) 탑 등이 있다. 성벽의 높이는 20m, 폭 7m, 둘레 2.5km이다.

4. 노브고로드 역사기념물 군과 주변지역(Historic Monuments of Novgorod and Surroundings: 문화, 1992):

중앙아시아와 북부유럽 사이의 고대 무역로 사이에 위치하는 노브고로드(Veliky Novgorod)는 서기 9세기 러시아의 최초의 수도였으며 러시아 정교회의 정신을 대표하는 성당과 수도원 등 러시아를 대표하는 건축물이 많이 있는 러시아 최고의 역사도시이다. 러시아 내에서 노브고로드와 비교할 수 있는 곳은 아무데도 없다. 그중에서도 서기 1045년-서기 1050년 사이 야로슬라프 I세(서기 Yaroslav, 서기 978년-서기 1054년)의 아들인 브라디미르 야로슬라비치(Vladimir Yaroslavich, 서기 1020년-서기 1052년) 왕자의 후원 하에 지어진 성 소피아 성당(St. Sophia Cathedral)이 가장 중요하다. 이것은 서기 11세기에 지어졌지만 아직도 성당으로 사용하고 있는 곳이며 동시에 엄격한 石壁, 5개의 양파 같은 둥근 지붕 등은 러시아의 건축물을 대표한다. 중세시대의 기념물과 서기 14세기에 그려진 안드레이 루블레프(Andrei Rublev)의 변형인 그리스 정교회 테오파네스(Theophanes)의 프레스코(Fresco) 벽화는 러시아의 건축 발전과 예술의 창의력을 보여준다. 전통적으로 데티네츠(Detinets)로 알려진 노브고로드 크레믈린은 러시아에서 가장 오래된 건물이 많이 있으며 그들은 성 소피아 성당을 비롯해 다면 궁(Palace of Facets), 유리에프 수도원(Yuriev Monastery), 성 니콜라스 대성당(St. Nicholas Cathedral), 수석 대주교의 저택 등이다.

5. 솔로베츠키 섬(Cultural and Historic Ensemble of the Solovetsky Islands: 문화, 1992):

White Sea의 서쪽 6개의 섬(Solovetsky, Anzer, Big Mucksalma, Small Mucksalma, Small Zayatsky, Big Zayatsky)으로 이루어진 300km²의 群島를 이루고 있으며 그중 솔로베츠키(Solovki라고도 함) 섬에는 서기 1429년 키릴로-벨로제르스키(Kirillo-Belozersky) 수도원으로부터 온 두 명의 수도사들에 의해 러시아 正敎會 수도원(서기 16세기-서기 19세기의 수도원)으로 이름을 떨쳤다. 이반 IV세 때 스웨덴과의 전쟁을 겪으면서 이곳에 러시아 최초의 해군기지와 훈련장을 창설하였다. 또 이곳에서 Livonian War(서기 16세기), Time of Trouble(서기 17세기), Crimean War(서기 19세기)와 Russian Civil War(서기 20세기)를 치루면서 외래의 공격을 잘 막아낸 네덜란드 대포로 무장한 난공불락의 요새, 성벽과 탑이 만들어지게 되었다. 그리고 서기 1921년 'Detension Camp(임시수용소)'라는 이름의 러시아 정치범 수용소가 만들어지게 되었다. 서기 1990년에 러시아정교회 수도원 공동체가 들어서서 다시 처음의 교회 기능을 회복하고 있는 이곳은 러시아 역사와 문화가 함께 살아숨쉬고 있다.

6. 블라디미르와 수즈달의 백색 기념물군(Monuments of Vladimir and Suzdal: 문화, 1992):

중앙러시아의 블라디미르와 수즈달의 두 예술 중심지는 러시아 건축예술의 발전에서 중요한 위치를 차지한다. 서기 12세기-서기 13

세기에 건립된 공공건물과 종교적 건물이 많이 있는데 그중에서도 석회암으로 지어진 성 데메트리오스(Demetrios) 대성당과 聖母蒙召昇天(8월 15일) 대성당 등을 포함한 8채의 석회암으로 지어진 잘레스예(Zalesye) 중세시대 건축물이 대표적이다. 그들은 聖母蒙召昇天 대성당(Assumption Cathedral in Vladimir, 서기 1158년-서기 1160년, 서기 1185년-서기 1189년), 브라디미르의 황금문(The Golden Gate in Vladimir, 서기 1158년-서기1164년, 후일 보수를 함), 성 데메트리오스 대성당(The Cathedral of Saint Demetrius in Vladimir, 서기 1194년-서기 1197년), 앤드류 성(The Castle of Andrew the Pious in Bogolyubovo, 서기 1158년-서기 1165년, 후일 보수를 함), The Church of the Intercession on the Nerl in Bogolyubovo(서기 1165년), The Suzdal Kremlin with the Nativity Cathedral(서기 1222년-서기 1225년, 서기 16세기에 증축), The Monastery of Saint Euthymius in Suzdal(대부분 16세기에 지어짐), The Church of Boris and Gleb in Kideksha(서기 1152년, 후일 보수를 함)이다.

7. 트리니디 세르기우즈 수도원(The Trinity-Sergius Lavra in Sergiev Posad: 문화, 1993):

서기 15세기-서기 18세기에 건립된 성 세르기우스(St. Sergius)의 三位一體 수도원은 러시아 정교회 중 가장 중요한 수도원이며 정신적 중심지로 모스크바에서 동북쪽 90km 떨어진 세르기에프 포사드에 위치한다. 마코베츠(Makovets) 언덕 위에 三位一體를 기념하기 위해 목조교회를 세운 러시아에서 가장 존경받는 성자인 라도 네즈(Sergius Radonezh)를 추모하기 위해 서기 1345년에 세워졌다. 이곳에는 Holy spirit church(서기 1476년), 보리스 고두노프(Boris Godunov)의 무덤이 있는 聖母蒙召昇天대성당(Assumption cathedral, 서기 1559년-서기 1585년),

望樓인 Duck tower(서기 1650년), 鐘塔(Bell tower, 서기 1740년) 등이 남아있다. 라브라의 보물 가운데 가장 중요한 것은 안드레이 루비에프(Andrei Rubiev)가 만든 三位一體聖像이다.

8. 콜로멘스코예 昇天교회(Church of the Ascension, Kolomenskoye: 문화, 1994):

모스크바 동남쪽 수 마일 밖 콜롬나(Kolomna)로 가는 옛 도로 옆 왕실 영유지에 있는 콜로멘스코예 승천교회는 오랫동안 기다려온 왕위 계승자인 이반 IV세(Tsar Ivan the Terrible)의 탄생기념 교회로 서기 1532년에 건립되었다. 하얀색의 돌과 벽돌로 하부구조를 형성하고 상부는 전통적인 목조로 만든 텐트와 같은 지붕 '흰 기둥(White Column)'이 있는 비잔틴 교회양식과의 단절로서 교회전통에 의거하지 않은 초기의 교회 건축 예이며 이것은 후일 러시아 절충적인 교회건물에 많은 영향을 주었다. 교회는 십자형의 지반 위에 팔각형의 평면구조를 가지고 하늘을 향해 서 있으며 조그만 돔으로 덮은 팔각형의 텐트 모양의 지붕을 갖고 있다. 팔각 평면 양측에는 벽의 일부를 튀어나오게 하는 벽기둥, 활과 같은 창틀, 세 개의 기둥으로 받친 Kokoshnik 양식(궁륭모양 반원형의 교회 천정)의 천정, 계단상의 아치 기둥 열, 개방된 회랑 등은 러시아적인 건축으로 나아가는 경향을 보여준다. 이러한 양식은 북쪽 러시아의 너새가 있는 지붕으로부터 차용한 것이다.

9. 훼라폰토프 수도원(The Ensemble of Ferapontov Monastery: 문화, 2000):

북부러시아 볼로고다(Vologoda) 지역의 훼라폰토프 수도원은 러시아가 통일된 국가와 문화로서 통치해나가는 서기 15세기-서기 17세기에 만들어진 러시아 정교회의 수도원으로 여러 건물이 조화를 이루고 있다. 수도원 내부에는 러시아의 화가 디오니시(Dionisy)가 그린 벽화로 둘러싸여 있다. 6개의 조화를 이루고 있는 건물은 The Cathedral of the Nativity of the Virgin(서기 1490년), The Church of the Annunciation(서기 1530년-서기 1531년)과 식당, the Treasury Chamber(서기 1530년대), The Church of St. Martinian(서기 1641년), The Gate Churches of the Epiphany and St. Ferrapont(서기 1650년), 종탑(The bell-tower, 서기 1680년대)이다.

10. 카잔 크레믈린 역사건축물(Historic and Architectural Complex of the Kazan Kremlin: 문화, 2000):

카잔 크레믈린은 골든 호르드(Golden Horde, Mongolian: Altan Ord, Tatar, East Slave 명칭, 서기 1240년-서기 1502년)와 카쟌 카네이트(Kazan Khanate, Golden Horde)를 이은 중세 Tatar 국가, Volga Bulgaria, 서기 1438년-서기 1552년의 회교도국가의 유적이다. 이는 다음 Tsardom Russia(서기 1547년-서기 1721년)의 이반 대제(Ivan the Terrible)에 의해 서기 1552년에 멸망하며 이곳 볼가 지역은 기독교화 된다. 현재 러시아에 남아있는 유일한 타타르 유적은 성채로서 순례 대상지이다. 카잔 크레믈린에는 이반 대제의 명령으로 서기 10세기-서기 16세기의 타타르 유적을 파괴하고 그 위에 서기 16세기-서기 19세기에 지은 역사적으로 중요한 건물들이 서있다. 그중 가장 오래된 것은 수태고지교회(Annunciation, 서기 1554년-서기 1562년)인데 6개의 홍예교각(pier)과 5개의 반원형의 後陣(aspse)건물들로 만들어졌다.

11. 성채: 더벤트의 고대도시와 요새(Citadal; Ancient City and Fortress Buildings of Derbent: 문화, 2003):

과거부터 카스피 해 연안에서 코카사스 지방에 이르는 關門인 더벤트 항구도시는 사산 왕조(서기 224년-서기 652년) 때 만들어진 카스피 해의 동과 서쪽으로 뻗어있는 성벽과 그에 부수된 요새와 망루가 있으며 이는 사산왕국의 북쪽 경계선에 해당한다. 성벽은 해안가에서 산 위로 오르며 두 줄의 평행선을 이룬다. 더벤트 도시는 이 두 줄의 성벽 사이에 형성되어 있으며 아직도 중세시대의 모습을 간직하고 있다. 이 지역은 서기 19세기까지도 전략적 요충지였다. 이 성벽은 과거 1,500년간이라는 장기간의 중요한 요새로서 세계에서 이렇게 오래된 현존하는 성벽이 있는 예는 없다.

12. 노보데비치 수녀원의 복합단지(Ensemble of the Novodevichy Convent: 문화, 2004):

모스크바에서 얼마 떨어지지 않은 노보데비치 수녀원은 '모스크바 바로크양식'으로 불리우며 도시의 방어체계를 형성하는 일환으로 리투아니아로부터 서기 1514년 스몰렌스크 지역을 얻은 기념으로 바실리(Vasili) III세(서기 1479년-서기 1533년)에 의해 서기 1524년에 설립되었다. 이 수도원은 모스크바 크레믈린 궁과도 깊은 관계로 러시아의 정치·종교사에서 중요한 위치를 점하고 있다. 특히 이곳은 왕족과 귀족, 측근 한 왕족들이 묻힌 곳이기도 하다. 이곳에는 중요한 그림과 유물의 수집 이외에도 내부의 풍부한 벽장식으로 러시아 건축상 무척 중요하다. 현재 최초의 건물은 거의 없고 현재 대부분은 서기 1680년대의 것이다. Our Lady of Smolenk 성당(서기 16세기), 팔각형의 종탑(서기 1689년-서기 1690년)을 비롯해 요새, 망루, 묘지 등이 남아있다.

13. 야로스라블 시의 역사중심지구(Historical Centre of the City of Yaroslavl: 문화,2005):

모스크바 동북쪽 250km 떨어진 볼가 강과 코토로시 강이 합류하는 지점에 서기 1763년 카사린 女帝(Catherine the Great, 서기 1729년-서기 1796년)가 러시아 전국에 명령을 내려 새로운 도시계획 하에 구획한 역사도시 야로스라블 시(서기 1010년에 처음 세워짐)는 放射狀으로 뻗어 있는 신고전주의 양식의 도시로서 러시아의 가장 중요한 무역중심지이다. 여기에는 이교도의 신전 위에 서기 12세기에 세워 계속 증축해온 볼가 강 유역에서 가장 오래된 스파스키(Spassky) 수도원을 비롯해 내부에 프레스코 벽화를 가진 St. Nicholas Nadein과 Elijah the Prophet 성당, 붉은 벽돌로 지어진 서기 17세기의 교회 20개소와 로스토프(Rostov) 요새 등이 남아 있다.

14. 스트루브 자오선 측지점(Struve Geodetic Arc: 문화, 2005):

노르웨이(NORWAY), 라트비아(LATVIA), 리투아니아(LITHUANIA), 러시아(RUSSIAN FEDERATION), 벨라루스(BELARUS), 에스토니아(ESTONIA), 우크라이나(UKRAINE), 스웨덴(SWEDEN)과 핀란드(FIN-LAND) 지역이 함께 자오선 측정의 삼각측량점

15. 볼가의 역사-고고학 단지(The Bolgar Historical and Archaeological Complex: 문화 2014):

볼가의 역사-건축-고고학 단지(380ha)는 유라시아 초원지대의 끝자락에 위치하며 볼가 강(Volga River)에 면한 볼가 볼가리아(Volga Bolgaria) 중심인 볼가의 고대 주거 유적(서기 10세기-서기 15세기), 볼가 시, 남쪽 부분에 둘레 5.6km의 垓字로 둘려 싸여 있는 뚝 형태의 요새 안에서 살던 골든 호드/킵차크 汗國(The Golden Horde로 Kipchak Khan- ate으로도 불려진 Ulus Juchi의 러시아 지명으로, 몽고제국의 서부지역으로 서기 13세기 중반부터 서기 14세기 말까지 번영하였다. 골든 호드의 주민은 투르크와 몽고인의 혼혈로 후반에 귀족정치를 이루었다)의 볼가 볼가리아(Volga Bolgaria), 볼가 우루스(Bolgar ulus)의 경제, 정치 문화 중심지(시베리아 일부의 주거지와 유목민의 캠프)를 포함한다. 볼가 단지는 380ha의 넓이로 서기 14세기의 중 후반-서기 15세기 초에 볼가국은 골든 호드(킵차크 한국), 러시아의 태자와 볼가 강에 살던 해적들의 침입에 의해 계속 황폐화되어갔다. 러시아인들은 이 볼가국을 'the Great Bulgar, the Arabs, the Golden throne'라고 부르기도 하였다. 볼가국에 적대하여 피오도르(Fyodor the Pestroy)태자가 지휘하는 모스크바 군대는 바실리 II세(Vasily the Second, Vasiliyevich Tyomniy, 서기 1415년 3월 10일-서기 1462년 3월 27일)세가 직접 파견한 것이다. 볼가 시는 마침내 파괴되어 그 이후 역사에 나타나지 않았으나 전통적이 무스림 순례자들의 신성스런 장소였다. 연대기 작가는 서기 16세기의 사건을 "카잔이 브리야키모프 볼가(Bryakhimov Bolgar) 시를 대신하였다"고 기록하였다. 20년간 포로가 되었던 다른 사람은 서기 16세기 중반에 "오늘날 도시는 텅 비었다"라고 카잔역사(Kazan History)에 기록하였다. 볼가 시가 번영할 때를 기념할 만한 남아있는 유적들은 서기 13세기-14세기의 동쪽과 서쪽의 벽돌과 돌로 지어진 靈廟, 검은 회관(Black Chamber), 적은 첨탑(Smaller Minaret)과 칸의 무덤, 대사원(Great Mosque), 붉고 흰 사원, 그리스 회관(Greek Chambers), 칸의 목욕탕과 영묘 등 공공 목적으로 지어진 건물들로 100개소가 넘는다. 볼가 단지의 동북쪽에서 고대도시의 일부가 발견되었는데 그 연대는 서기 10세기-서기 11세기에 속한다. 사람이 살던 지역에서 주거지, 무역, 건축물과 방어시설이 발굴·조사 되었다. 볼가 시는 서기 13세기-서기 14세기 볼가국의 수도이지만 어떤 학자들은 그 연대를 서기 10세기-서기 11세기로 올려 잡기도 한다. 이는 아랍 측의 기록에 의한 것으로 서기 10세기에 이미 사람들이 볼가강 河岸段丘에 정착해 살고 있었던 모양이고. 이스람으로 개종한 볼가 국의 지도자인 알무시(Al-mush)는 동전을 주조해 주위 여러 나라들에게 퍼트리기도 하였다. 그리고 서기 988년 무스림 학자들이 키에프(Kiev)로 가 브라드미르(Vladimir the Red Sun, St. Vladimir, Russian Orthodox Church Vladimir Sacred 혹은 Vladimir Baptist) 태자에게 이스람으로 개종할 것을 설득하기도 하였다.

16. 스비야츠스크시 섬의 성모성당과 수도원(Assumption Cathedral and Monastery of the town-island of Sviyazhsk: 문화, 2017):

스비야츠스크시 섬에 위치하는 성모성당은 같은 이름의 수도원의 일부이다. 볼가강의 스비야가강과 시츄카 강의 합류점인 실크(Silk)와 볼가가도의 십자로에 위치한 이 성당은 서기 1551년 이반 IV세 바실리예비치(Ivan IV Vasilyevich, 잔혹한 이반 Ivan the Terrible, Ivan the Fearsome으로 불림, 서기 1533년-서기 1547년까지 모스크바 대공국의 대공이었으며, 차르라는 호칭을 사용한 첫 번째 러시아 통치자, 서기 1533년 3살에 즉위하여 어머니 옐레나 글린스카야가 섭정을 하였으나, 모후가 독살된 뒤 서기 1538년-서기 1547년 사이 성직자 막심 트리볼리스가 섭정을 했고 서기 1547년 17세부터 친정을 함)에 의해 세워졌다. 그가 카잔 칸국(Kazan Khanate, 서기 1438년-서기 1552년 볼가 불가리아/Volga Bulgaria를 합병한 중세 불가리아-타타르터키국/medieval Bulgarian-Tatar Turkic state)을 침공한 것도 이곳에서부터 시작하였다. 성모수도원은 차르 이반 4세에 의해 모스크바의 영토를 확장하기 위해 생각해낸 정치적·선교적 계획의 결합물이었다. 성당 내부의 프레스코 그림은 동방정교(Eastern Orthodox)의 벽화 중 드문 것이다.

17. 프스코프 건축학파의 교회(Churches of the Pskov School of Architecture: 문화, 2019):

러시아의 북서쪽 베이리카야 강(Velikaya River)의 둑에 세워진 프스코프주의 주도이자 프스코프스키 군의 중심지로 과거에는 플레스코프로 불렸던 역사적 푸스코프 도시에는 교회, 수도원, 城塔, 행정건물들이 들어서 있다. 이들은 프스코프 건축학파에 의해서 만들어진 것으로 서기 12세기까지 올라가는 입방체 볼륨(cubic-volume), 돔, 현관, 鐘樓 등의 특징을 보인다. 교회와 성당은 정원, 경계벽과 울타리를 통해 주변 자연환경과 함께 어우러진다. 비잔틴(Byzantine)과 노브고로드(Novgorod Veliky Novgorod)의 전통 건축양식에 고무받아 프스코프 건축학파는 서기 15세기-서기 16세기에 정점을 이루며 그 후 500년간 러시아 건축의 진화를 야기시켰다.

레바논 LEBANON

1. 안자르 유적(Anjar: 문화, 1984):

베이루트에서 동남향 58km 떨어진 베카(Bekaa) 계곡에 위치한 안자르는 칼리프 아브드 알 말리크 이븐 마르완(Caliph Abd al-Malik ibn Marwan)의 아들인 칼리프 왈리드(Walid) I세가 서기 705년-서기 715년에 건립한 도시로 고대의 왕궁-도시를 생각나게 할 정도로 다마스커스를 다스리던 첫 번째 이스람 세습왕조인 우마야드(Umayyads) 왕조(서기 660년-서기 750년) 하에서 도시 설계가 잘 되어 있다. 왈리드 I세의 아들인 이브라힘(Ibrahim)은 조카인 마르완과 이 도시에서 2km 떨어진 곳에서 전투가 벌어져 안자르 시를 뺏겼다. 이곳에는 4개의 문이 있는 紀念物인 테트라파이론(Tetrapylon), 공중목욕탕, 가게가 늘어서 있는 카르도 막시무스(Cardo Maximus), 복원된 궁전 등이 남아 있다.

2. 바알벡(Baalbek/Baalbeck: 문화, 1984):

이 도시의 기원은 9,000년전 까지 거슬러 올라가며 현재 로마시대에 세운 쥬피터 신전 아래 있었던 텔(tell, mound)을 서기 19세기 성서 고고학자들이 구약성서 여호수아(Joshua 11장 17절)에 나오는 바알갓(Baalgad)과 연결시키려는 시도와 이 도시가 베카계곡(Joshua 11:17)의 발(Baal, Lord)이란 이름의 페니키아의 자그만 도시일 뿐이라는 것으로도 이 도시의 역사를 알 수 있다.

원래는 페니키아의 도시였다가 알렉산더의 부하장수인 셀레우코스 니카도가 세운 셀레우시드(Seleucid, 기원전 304년-기원전 64년, 그리스는 기원전 331년 알렉산더 대왕 때 점령) 왕조와 로마(서로마: 기원전 30년-서기 476년 9월 4일, 로마는 기원전 16년 아우구스투스 황제 때 점령) 때에는 '태양의 도시'라는 이름의 헬리오폴리스(Heliopolis)였다. 로마시대에는 쥬피터, 비너스와 박카스(Jupiter, Venus와 Bacchus)의 세신을 모신 종교적 성소로 특히 쥬피터 신전(Heliopolitan Jupiter)에는 많은 순례자가 방문했다. 이곳에는 로마제국이 절정에 달했을 때에 지어진 규모가 크고 아름다운 건물들이 많이 보존되어 있다. 현재 쥬피터 사원은 직경 2.4m, 높이 22m의 코린트식 기둥(Corinthian columns) 여섯 개가 남아 있으며 기둥 바닥에는 기둥을 수직으로 세울 때 위와 아래 돌을 쌓아 고정시키는 청동제 장부가 보인다. 여기에는 쥬피터 신전, 박카스 사원, 비너스 신전과 이들 세 사원이 들어서 있던 복합 단지인 대정원(Great Court)을 비롯하여 비잔틴시대의 교회와 이 도시에서 1km 떨어진 채석장 근처에 약 1,000톤 이상 나가는 '임신한 여자의 돌'(21.5m×4.8m×4.2m, Stone of the Pregnant Woman) 등도 보인다. 그런데 로마제국의 쥬피터 신전과 알렉산더 시대 헬리오폴리스 (Heliopolis, Heliopolis, the City of the Sun) 태양의 신전 아래의 초석들을 로마와 그리스보다 훨씬 앞선 카나아이트(가나안, Canaaities)의 神인 발 (Canaanite deity Baal)을 모시던 신전과 관련된 것으로 추정하여 이를 토대로 우주인(UFO) 도래설을 연구하는 사람들은 이를 우주인들과 관련된 초석 또는 우주정거장으로 추정하기도 한다.

3. 비블로스(Byblos: 문화, 1984):

이 비블로스는 청동기시대 중기-말기(기원전 2000년-기원전 1200년경) 남쪽의 필리스틴(블레셋, Philistines)과 이스라엘리트(Israelites) 문화들에 비유될 수 있는 북쪽의 카나아이트(가나안, Canaaities)에 해당한다. 솔로몬 왕의 사후 남쪽은 Israel(북, 수도는 사마리아 Samaria)과 Judah(남, 수도는 예루살렘 Jerusalem)로 분리되었다. 카나아이트를 이은 비블로스에서는 신석기시대부터 계속하여 사람이 살던 흔적이 보이는데 그 중 가장 오래된 문명은 고대 페니키아의 도시이며 여기서부터 페니키아 문자가 전 세계로 퍼져 나갔다. 기원전 1200년경 22자의 페니키아 문자가 나타나는데 최초의 고고학적 증거는 아히람(Ahiram) 왕의 석관에서 보이는 '자신의 무덤을 손상시키는 자에 대한 권력을 잃거나 망하는 저주'의 글에서부터 시작된다. 페니키아는 후일 한니발

(Hannibal, 기원전 247년-기원전 183년, 기원전 146년 자마 평원의 대전투에서 스키피오의 양손자[스키피오의 큰아들 Scipio Aemilianus의 양자인 Publicus Comelius Scipio Aemilanus(小의 스키피오, Scipio Africanus the Younger, 기원전 185년-기원전 129년)]가 지휘하는 로마군에 패배 후 19년이 지나 터키 북부 바타니아에서 자살)의 근거지인 튀니지의 Carthage(Punic, Phoenicia, Phönicia는 동의어임)로 잘 알려져 있다. 이 비블로스는 이집트, 그리스, 페르시아, 마케도니아, 로마, 비잔틴 제국, 페르시아, 오스만 투르크, 스페인과 프랑스 등의 직·간접의 지배를 받으면서 교역의 중심지로 성장해왔다. 이곳은 옛날부터 레바논의 국기에도 나타나는 杉木(백향나무, cedar)이 나와 이집트의 고왕조의 4왕조나 신왕조의 네페르호텝(Neferhotep) I세 때 파피루스·송진 등과 중요한 교역품을 이루었다. 여러 강국들의 지배를 거치다보니 이곳에는 기독교와 이스람의 사원(mosque)이 평화롭게 공존하는 곳이기도 하다. 기원전 1600년경의 오벨리스크 사원(Temple of the Obelisk), 서기 12세기 십자군에 의해 지어진 성 요한 침례교회(St. John and Baptist Church, 서기 1116년)와 요새, 중세시대의 성벽(270m) 등이 잘 남아 있다.

4. 티르 고고유적(Tyre: 문화, 1984):

베이루트 남쪽 83km 떨어진 고대 페니키아(Carthage, Punic, Phoenicia, Phönicia는 동의어임)의 도시인 티르는 마탄(Mattan)왕의 공주인 엘리사(Elissa)가 기원전 814년 튜니지아에 카르타고를 세워 해외 식민지를 경영할 정도로 강성했다. 티르는 헤로도투스에 의하면 기원전 2750년에 세워졌으며, 기원전 1300년에는 현 에우제비우스(Eusebius)에 있는 Philo of Byblos의 기록에도 나타난다. 이곳은 당시 무역의 중심지였다. 신바빌로니아를 세운 네브카드네자르(Nebuchadnezzar, Nebu-

chadrezzar, Nabu-kuddurri-ussur, 기원전 605년-기원전 562년)와 기원전 315
년 알렉산더의 침공이 있었다. 그리고 셀레우시드(Seleucid, 기원전 304
년-기원전 64년)와 로마(서로마: 기원전 30년-서기 476년)의 합병이 잇따
랐다. 이곳에는 로마시대 양쪽으로 列柱石이 늘어선 대로, 광장, 경
기장, 항구 등 로마시대의 유적이 잘 남아있다.

5. 콰디사 계곡 및 삼목숲(Qadisha Valley and the Forest of the Cedars of God: 문화, 1998):

오래된 초기 기독교 수도원과 관계 주거 건물들로 이들은 매우 척
박한 환경에 자리 잡고 있다. 근처에는 레바논의 국기에도 나타나는
杉木(cedar)이 자라고 있어 이집트의 고왕조의 4왕조나 신왕조의 네
페르호텝(Neferhotep) I세 때 파피루스·송진 등과 함께 중요한 교역품
의 하나였다. 이 삼목(杉木)은 종교적 건물이나 배를 건조하는데 필
요해 일찍부터 이집트와 근처 여러 나라에 수출해왔다.

루마니아 ROUMANIA(Rumania)

1. 트란실바니아 요새교회(Villages with Fortified Churches in Transylvania: 문화, 1993/확대지정, 1999):

중세시대 말기 서기 13세기-서기 16세기 양식을 보여주는 요새
화된 교회와 주위 남부 트란실바니아의 생생한 문화경관을 보여
주는 Saxon과 Székely의 7개의 마을로 그들은 Biertan, Câlnic, Dârjiu,
Prejmer, Saschiz, Valea Viilor, Viscri이다. 이 마을들은 중세시대부터 내
려온 구체화된 토지이용체계, 주거 유형과 가족농장의 조직이 뚜렷

하다. 그들은 요새화한 교회의 지배를 받고 있다.

2. 몰다비아 교회(Churches of Moldavia/ Church of the Resurrection of Suceviţa Monastery: 문화, 1993/확대지정, 2010):

외벽에 서기 15세기-서기 16세기의 비잔틴 문화로부터 직접 영향을 받아 제작한 걸작으로 여겨지는 프레스코 벽화가 있는 몰다비아 북쪽 7개의 독특한 교회로, 벽화는 외벽 전체에 그려져 있는데 내용은 종교적인 것이며 구성, 우아한 윤곽과 색조는 주위경관과 잘 어울린다. 그들 7개의 교회는 Church of the Beheading of St. John the Baptist, Arbore, Church of the Assumption of the Virgin of the former Monastery of Humor, Church of the Annunciation of the Monastery of Moldovita, Church of the Holy Rood, Patrauti, Church of St. Nicholas and the Catholicon of the Monastery of Probota, Church of St. George, Suceava Suceava, Church of St. George of the former Voronet Monastery 들이다. 수체비타 수도원은 내·외벽 전부가 서기 16세기 말기의 벽화로 장식되어 있으며 요새화된 수도원 내부에 보존되어 있다. 이 그림은 John of ladder/John of Scholaticus/John of Sinaites로 알려진 시나이 산의 수도사 성 죤 클리마쿠스(St. John Climacus)의 모습을 보여주는 유일한 예이다.

3. 호레주 수도원(Monastery of Horezu: 문화, 1993):

서기 1690년 콘스탄틴 브란코반(Constantine Brâncoveanu) 태자에 의해 건립된 호레주 수도원은 브란코반(Brâncovean) 양식의 대표적 수도원으로 건축의 순수성과 조화, 많은 조각 작품, 종교적 배치, 봉헌된 초상화 등으로 잘 알려져 있으며, 서기 18세기 이 수도원에 부설된 프레스코 벽화·聖畵像(icon) 학교는 발칸지역에서도 유명하다.

4. 시기소아라 역사지구(Historic Centre of Sighisoara: 문화, 1999):

트렌실바니아의 색손으로 알려져 있는 독일 예술가와 상인들에 의해 건립된 중세시대의 조그만 요새 도시로 유럽의 변방에서 수 세기 동안 중요한 전략의 요충지 겸 상업적인 역할을 해왔다. 현재 이 도시는 잘 보존된 훌륭한 예이다. 시기소아라는 신성로마제국시절 각지에서 찾아온 예술가들로 인해 트란실바니아의 중요한 도시 중의 하나가 되었다. 독일의 예술가와 장인들 이 건물과 요새들의 보호뿐만 아니라 도시의 경제까지도 좌지우지 할 정도였다. 서기 16세기-서기 17세기에 15개의 조합과 20개의 수공예품(匠人)의 지부가 있었다.

5. 마라무레스 목조교회(Wooden Churches of Maramures: 문화, 1999):

루마니아 북부 트렌실바니아에 시기와 장소를 달리하는 8개의 목조교회로 고딕 양식의 영향을 받은 正敎會 건물이다. 헝가리에서 석조로 된 정교회를 못 짓게 하자 대신 목재를 이용해 교회를 지었다. 교회의 본체는 두터운 통나무로 지었는데 내부는 매우 적고 어둡다. 서쪽에는 본체와 비례가 맞지 않게 길고 가냘프고 높게 올라가는 시계탑을 만들고 있다. 지붕도 나무판자로 한 겹 혹은 두 겹으로 두텁게 덮었다. 전체적으로 볼 때 고지식하고 생경한 인상이 들 정도다. 그리고 옛날의 목조교회 위에 또 다시 새로운 교회를 지었다. 이 교회들은 루마니아 북부의 경관에 맞는 지방양식의 표현으로 볼 수 있다. 이 교회들이 지어진 연대는 서기 17세기-서기 18세기이다.

6. 오라스티 산 다시안 요새(Dacian Fortresses of the Orastie Moun-

tains: 문화, 1999):

기원전 82년-서기 106년에 존속했던 다시안 왕국[Brebista왕(기원전 82년-기원전 44년) 때 전성기를 맞았으며 수도는 Argedava(Sargedava)였다]의 산 위에 만든 6개의 요새이다. 이 왕국은 서기 106년 로마에 의해 정복되었다. 그러나 활기차고 혁신적인 문명을 이루었던 이 왕국의 흔적은 잘 보존되고 있으며 주위 경관과 잘 어울리고 있다. 6개의 요새는 Sarmizegetusa, Costeşti-Cetatuie, Costesti-Blidaru, Luncani-Piatra Roşie, Bǎnita, Cǎpâlna이다.

룩셈부르크 LUXEMBOURG

1. 룩셈부르크 중세 요새도시(City of Luxemburg-its old Quarters & Fortifications: 문화, 1994):

모젤 강과 알제트 강에 둘러싸인 전략적인 요충지 때문에 브르군디, 합스부르그, 스페인, 프러시아(Brugundy, Habsburg, Spain, Prussia)의 열강들이 탐내고 20여 차례나 침공을 거듭하고 따라서 성도 수시로 보수·재건되었다. 보헤미아왕 벤첼 II세(Wencel/Wenceslas 서기 1361년 2월 26일 뉘른베르크-서기 1419년 8월 16일 프라하. 독일의 왕 바츨라프 IV세)가 서기 15세기 초에 이 성을 쌓았으며 성벽의 일부가 무너지는 서기 1867년까지 이 성은 'Gibraltar of the North'라고 불리울 정도로 지부롤터 성에 이는 유럽에서 두 번째로 규모가 큰 요새화된 도시이다. 전쟁 시 지하 23km에 이르는 砲臺의 연결망과 8천명이 군인이 상주할 수 있도록 설계되어 있다. 중세시대의 백작가문인 룩셈부르그家는 지기스문트의 사망으로 대가 끊어졌지만 그동안 하인리히 II

173

세와 VII세, 카를 IV세 등 신성로마제국의 황제들, 4명의 보헤미아 왕들, 1명의 헝가리 왕이 이 家門에서 배출되었다. 행정의 중심지였던 그랜드 두칼 궁전은 르네상스식으로 지은 화려한 대리석 건물이다.

리비아 LIBYAN ARAB JAMAHIRIYA

1. 시레네 고고유적(Archaeological Site of Cyrene: 문화, 1982):

고대 그리스 테라(Thera)의 식민지 겸 항구도시로 마그나 그레샤 (Magna-Graecia, 기원전 600년-기원전 500년경 남부 이탈리아의 그리스 식민지), 그레코-로만(Graeco-Roman, 기원전 146년-서기 14년)과 팍스 로마나(Pax-Romana, 로마의 지배에 의한 평화)세계에서 주요한 도시로 현재 샤하트(Shahat) 마을 근처에 자리 잡고 있다. 이곳에 남아있는 중요한 유적 중의 하나는 기원전 7세기경에 지어진 아폴로 신전이며 다른 것은 디메터(Demeter)와 일부 발굴된 제우스 신전인데 서기 1978년 모하마르 알 가 다피(Moammar Al Quadhafi)가 고의적으로 파손시켰다. 시레네와 고대항구도시인 아폴로니아 사이 10km 구간에 대규모 공동묘지가 있다. 이 도시는 그리스에 이어 로마화 되었고 서기 365년 지진이 일어날 때까지 중요한 도시였다. 서기 18세기 이후 천년의 역사를 간직한 역사적 장소가 되었다.

2. 렙티스 마그나 고고유적(Archaeological Site of Leptis Magna: 문화, 1982):

이곳에서 태어나 서기 193년 4월 14일 로마의 황제가 된 셉티무스 세르부스(Septimus Servus, 서기 145년 4월 11일-서기 211년 2월 4일)에 의해 확장되고 커진 렙티스(또는 Lepcis라고도 함) 마그나는 로마제국 중 도시계획, 공공기념물, 항구, 시장, 창고, 가게, 주택지구를 포함한 가장 아름다운 도시의 하나이다. 이곳은 원래 페니키아의 르피기(Lpgy) 항구였으며 기원전 46년 로마에 편입되었다.

3. 사브라타(Archaeological Site of Sabratha: 문화, 1982):

기원전 500년경 아프리카 내륙의 상품을 지중해 세계로 실어 나르는 출구 역할을 한 페니키아의 무역기지인 사브라타는 短命의 마시니사(Massinissa)의 누미디아(Numidian) 왕국(기원전 202년-기원전 46년)이 잠시 들어섰다가 로마로 편입된 후 로마화 되었다. 그리고 서기 365년 지진으로 파괴된 것을 비잔틴 제국의 총독이 다시 재건하였다. 여기에는 서기 3세기경에 지어진 3층의 극장, 리베르 파테르(Liber Pater, 디오니소스) 신전, 세라피스와이시스 신을 봉안한 신전, 모자이크 바닥이 남은 유스티아누스 때의 교회, 알 코마(Al-Khoms)시의 빌라 시린(Villa Sileen/Silin) 근처의 바닷가 해수욕장에서와 같이 아프리카 북쪽에 살던 로마귀족들의 가옥, 목욕탕, 극장, 公會堂 등의 건물 바닥과 흔적이 잘 남아있다.

4. 타드라트 아카쿠스의 암각예술유적(Rock-art Sites of Tadrart Acacus: 문화, 1985):

알제리 동남방 사하라 사막의 산맥인 리비아 서쪽 타실리 나제르(Tassili-n-Ajjer) 근처 기원전 12000년-서기 100년의 동굴 벽면에 그린 수 천점의 동·식물군의 벽화로 그리거나 새기고 있어 과거 사하라에 사람이 살았다는 흔적을 보여준다. 여기에는 춤추는 사람을 비롯해 기린, 코끼리, 타조, 낙타와 말 등이 암각화로 표현되어있다. 이 동물의 그림들로 암각화가 제작된 순서를 알 수 있다. 이웃 타실리 나제르 동굴 岩刻畵는 기원전 6050년경-서기 100년에 걸친 선사시대 동굴 예술로 15,000점의 암각화가 있다. 이 그림들로 편년을 하면 4시기로 나누어지는데 이는 1)archaic tradition(기원전 4500년 이전), 2)bovian tradition(소: 기원전 4500년-기원전 4000년), 3)horse tradition(말: 기원전 2000년)과 4)camel tradition(낙타: 서기 100년경)으로 나누어진다고 한다. 이는 소, 말 낙타들이 아프리카에 들어온 시기를 맞추어 편년한 것이다. 이곳 암각화도 기원전 1200년 이전 San족이 동굴에서 그려놓은 암각화인 남아프리카의 pre-Nguni 예술과 연결이 되고 있다.

5. 가다메스 구도시(Old Town of Ghadames: 문화, 1986):

사하라 사막 '사막의 진주'라 불리 우는 가다메스의 오아시스 도시는 사하라 사막에 만들어진 가장 오래된 도시 중의 하나로 가옥에서 뚜렷한 전통을 보이고 있다. 집들의 공간은 수직으로 나누어지는데 아래 지상이 가축, 그 위층이 사람, 그리고 옥상이 지붕이 없는 테라스 역할을 한다. 걸려 있는 것 같은 지붕이 있는 복도는 아래층들과 연결을 해주고 있다. 이 집들은 벽으로 둘러싸여 있다. 이곳에 사는 7개의 씨족들은 각기의 분할된 구역과 축제의 장소를 가지고 있다.

리투아니아 LITHUANIA

1. 빌니우스 역사지구(Vilnius Historic Centre: 문화, 1994):

서기 13세기-서기 18세기 리투아니아의 大公國(Grand Dutchy)의 정치와 무역의 중심지인 빌니우스는 카톨릭과 러시아 정교회 사이에 끼어 러시아의 중세시대부터 시작하여 약 500년간에 걸쳐 동구 유럽의 문화와 건축적인 발전에 영향을 끼쳤다. 수차례에 걸친 침략과 파괴에도 불구하고 고딕, 르네상스, 바로크, 고전 건물뿐만 아니라 중세시대의 도시구조와 주위 자연환경과의 조화도 잘 보존되고 있다. 이곳에는 카라이트[Karaites, 서기 8세기 유대교의 분파로 성경 위주론자(scripturalists) 임], 유대교와 회교도가 공존하고 있다. 현재 남아있는 건물은 궁전으로 Slushko, Radziwill, Tyzenhaus가, 종교적인 건물로 Vilnius와 Theotokos 성당, All Saint 교회, Gate of Dawn, Three Crosses, 기타 흥미 있는 곳으로 House of Signatories, 빌니우스 성벽, 내성(지하감옥)과 오늘날에도 사용되는 대통령 궁 등이다.

2. 케르나브 고고유적(Kernavė Archaeological Site—Cultural Reserve of Kernave: 문화, 2004):

리투아니아 동쪽 빌니우스 시로부터 서북쪽 35km 떨어진 네리스 (Neris) 강안에 자리 잡고 있는 구석기시대에서부터 중세시대에 이르는 약 만 년간 사람이 살던 고고학적 유적으로 1,944ha의 범위에 케르나브 읍, 5개소의 요새, 요새가 없는 주거지를 비롯해 考古學 遺物散布址가 자리한다. 읍은 서기 14세기에 튜우튼 교단(Teutonic Order)에 의해 파괴되었으나 유적은 그대로이며 이곳에는 아직도 사람이 살고 있다. 지정된 유적들은 18개소로 다음과 같다.

1. the Kernavė mound, named as the Altar hill, the Barščiai hill, the Holy hill, A 1469;

2. the Kernavė mound II, named as the Mindaugas's Thrown, A 1470;

3. the Kernavė mound III including the settlement, A 1471K: the mound named as the Lizdeika hill, the Smailiakalnis, the Kriveikiškiai mound, A

1471K1; the settlement, A 1471K2;

4. the Kernavė mound IV, named as the Castle hill, the Garrison hill, the castle's site, A 1472;

5. the site of Kernavė old town, A 1473;

6. the site of Kernavė old town II, A 1474;

7. the Kernavė necropolis, A 1475;

8. the site of the old Kernavė church, A 1476;

9. the ancient Kernavė settlement, A 1477;

10. the Kernavė, Kriveikiškiai mound, A 1478;

11. the Kriveikiškiai necropolis(공동묘지), A 1479;

12. the Kriveikiškiai village, A 1480;

13. the site of the Kernavė, Kriveikiškiai estate, A 1481;

14. the ancient settlement in Semeniškės, A 1482;

15. the ancient settlement in Semeniškės II, A 1483;

16. the wooden chapel(목조교회), the 18th century; AtV 663;

17. the stone chapel(석조교회)-mausoleum, the 19th century; AtV 664;

18. the rectory(주택), 1881; AtV 1094;

3. 큐로니안 스피트(Curonian Spit: 문화, 2000):

큐로니안 스피트는 길이 98km, 폭 0.4-4km의 해안가 모래 사구와 발틱 해안과 석호(潟湖)로 나누어지는 곳에 위치한 선사시대까지 거슬러 올라가는 사람이 살던 지역으로 바람과 파도와 같은 자연의 힘에 의해 조금씩 侵蝕되어가고 있으나 현재도 방풍을 위해 나무를 심는 등 보존대책과 노력이 끊이지 않고 있다.

4. 스트루브 자오선 측지점(Struve Geodetic Arc: 문화, 2005):

노르웨이(NORWAY), 라트비아(LATVIA), 리투아니아(LITHUANIA), 러시아(RUSSIAN FEDERATION), 벨라루스(BELARUS), 에스토니아(ESTONIA), 우크라이나(UKRAINE), 스웨덴(SWEDEN)과 핀란드(FINLAND) 지역이 함께 자오선 측정의 삼각측량점

마다가스카르 MADAGASCAR

1. 암보히망가 왕실 언덕(Royal Hill of Ambohimanga: 문화, 2001):

마다가스카르의 수도인 안타나나리보(Antananarivo)의 동쪽 24km 떨어진 곳에 위치하며 문화적 역사적으로 매우 중요한 곳이다. 王都, 이메리나(Imerina: the Merina Kingdom) 왕족의 靈廟, 聖所 등이 잘 조화를 이루고 있다. 이곳은 마다가스카르 주민들이 의례와 과거 500년의 역사에 대한 동경으로 민족동질성을 찾는 정신적으로 제일 성스런 장소로, 현재도 마다가스카르인들이 경배하러 꾸준히 찾아오는 순례지이다. 서기 1710년 메리나 왕국의 지도자인 안드리아마시나바로나(Andriamasinavalona)가 그의 왕국을 분할해 '푸른 언덕'이란 의미의 암보히망가를 네 아들 중 하나에게 남겨주어 수도를 삼게 하였다.

서기 1787년 태자 안드리아남포인이메리나(Andrianampoinimerina)가 나라를 맡아 왕이 된 후 메리나(Merina) 왕국을 통합하여 수도를 안타나나리보에 두었으나 그는 검소하여 검은 칠의 목조 가옥에 머물렀다. 이 왕국은 서기 1897년 프랑스 식민지 행정부가 안타나나리보의 왕실에 속한 중요한 재산과 건물을 이관시켜 이들을 상징으로 삼은 마다가스카르인들의 저항과 민족동질성의 정신을 말살시키려고 하

였다. 여기에는 서기 1847년 세운 왕비 라나바로나(Ranavalona) I세의 명으로 마을을 둘러싸고 있는 7개의 성문이 있는 성벽, 안드리아 남포이님메리나 왕이 안타나나리보로 수도를 옮기기 전 '기다리는 방법을 아는 사람'이란 의미의 마한드리호노(Mahandrihono)에 있던 단순한 전통 목조가옥인 왕궁과 집, 왕비의 침실, 爐址가 있는 왕이 거처하던 검소한 목조 가옥, 수영장, 정자/망루, 왕가의 지하묘소와 당시의 대포 등이 남아있다.

마샬 군도(일부는 REPUBLIC OF THE MARSHALL ISLAND에 속함)

1. 마샬 군도의 비키니 環狀珊瑚島핵실험장(Bikini Atoll nuclear test sites: 문화, 2010):

마이크로네아(Micronesia)에 속하는 마샬 군도는 594.1km^{2}의 넓이에 29개의 환상산호도, 5개의 섬으로 이루어지고 있다. 그중 비키니 섬은 서기 1600년대에는 스페인과 서기 1820년대 독일항해자 Otto von Kotzebue 등이 간간이 방문한 섬으로 코코넛에서 나오는 copra oil이 주교역품일 정도로 외부와 접촉이 없었다. 세계 제2차대전 중 일본군이 들어와 미국의 공격에 대한 전초기지/초소로 되었고 서기 1944년 2월 미국군의 접수로 다 떠나고 남아 있던 일본군 5명도 자폭하였다. 서기 1945년 2월 트루만(Harry S. Truman) 대통령의 명령으로 이곳이 미국의 핵실험 장소로 변모하였다. 이곳의 주민 167명은 Operation Crossroads의 일환인 Ables과 Baker 작전으로 비키니 섬의 1/6밖에 되지 않는 롱게릭(Rongerik)과 우제랑(Ujerang) 환상산호도로 강제 이주하게 되었다. 후일 핵실험장소가 에네웨탁(Enewetak)도로 바뀌자 에네웨탁의 주민들도 우제랑 섬으로 옮겨지게 되었다. 그러나 식수와 식량문제로 거의 아사지경에 이르게 되었다. 2차대전 종전 후 美蘇간의이 冷戰이 계속되면서 서기 1946년-서기 1958년 사이 모두 67차례의 핵실험이 행해졌고 그중에는 서기 1952년의 水素爆彈의 실험도 포함된다. UN 신탁통치령(Strategic Trust Territory; TT)의 고등판무관, 하와이 대학 인류학과 교수인 레오나드 메이슨(Leonard Mason) 등의 꾸준한 노력으로 서기 1946년 3월 7일-서기 2006년 3월 7일 60년간의 엑소도스(exodus)를 끝내고 현재 200여 명이 비키니 섬으로 귀향하여 시멘트로 지어진 집에서 살아가고 있다. 방사능 노출 문제는 아직 미해결의 상태이다. 미국의 강제이주에 대한 보상책이 나오고 있으나 실제 보상액은 0.3%로 미미하다. 그리고 廣島(히로시마)에 떨어진 원자폭탄보다 7천배나 위력이 있는 수소폭탄의 시험으로 비키니 섬의 지질과 자연환경, 동식물의 생태는 많이 바뀌었다. 방사능에 대한 노출로 인한 주민들의 건강도 앞으로 겪게 될 문제이다. 이곳 비키니 섬의 핵시대의 시작을 열었으나 지구상의 평화와 낙원에 대한 모순점만 안고 있다.

마이크로네시아 Federated States of Micronesia

1. 난마돌(Nan Madol: Ceremonial Center of Eastern Micronesia, Federated States of Micronesia: 문화, 2016):

칠레 라파 누이 국립공원(Rapa Nui National Park: 문화, 1995)의 石像들과 같이 서기 1100년경-서기 1628년경 존속했던 사우델 레우르(Saudeleur) 왕조의 수도였던 폰페이(Pohnpei)의 동쪽 해안 조그마한 템웬섬(TemwenIsland) 근처 평탄한 砂洲(reef)에 만든 거대한 석조물 흔적만 남은 고대도시 난마돌(Nan Madol)에 대해서 현재까지 뚜렷한 해석을 못 내리고 있으나 여러 가지 복잡한 관계가 얽혀있는 복합적인 고고학 유적이다. 이곳은 현재 오세아니아 태평양 서부에 있는 마이크로네시아 연방국(Federated States of Micronesia) 폰페이주 템웬섬 마돌레니므(Madolenihmw)에 위치한다.

潟湖로 둘러싸여 있는 이 도시는 운하로 연결되어 있는 조그만 인공 섬으로 이루어져 있다. 석담으로 둘러싸인 중심구역은 1.5km×0.5km의 넓이 안에 돌과 산호로 이루어지고 潮水가 들어오는 운하로 이어지는 100개의 조그만 인공 섬이 만들어져 있다. 난마돌이란 명칭은 '사이의 공간'으로 '유적을 교차하는 운하'라는 의미를 담고 있으며 원래의 이름은 '하늘의 암초(Soun Nan-leng)'이다. 그리고 '태평양의 베니스'로도 불리 운다.

난마돌은 사우델레우르(Saudeleur) 왕조가 망하는 서기 1628년까지 25,000명의 인구를 통합하던 儀式과 정치적 소재지로 폰페이의 중심 섬과 템웬 섬을 사이에 위치하는데 서기 1세기-서기 2세기부터 사람이 살고 있었다. 서기 8세기-서기 9세기부터 조그만 인공 섬들이 만들어지기 시작했으나 현재 보이는 節理狀의 玄武岩을 쌓아 무게 50톤에 이르며, 높이 7.5m에 이르는 신전, 연회장과 같은 대규모의 巨石物의 축조는 서기 12세기-서기 13세기부터 시작되었으며 그 기능은 상류층 지배자를 일반백성들로부터 격리시키는 있다. 이 엘리트 중심지는 지배자/상류층의 주거지로 또 司祭들이 주재하는 埋葬儀式을 위한 특별한 장소이며 그 안에 500-1,000명 정도가 살았다.

대부분의 조그만 섬들에는 사제들이 살고 있었지만 페이네링(Peinering)섬에서는 음식을 준비하고 카누를 만들고 또 코코넛 기름을 짜고,

페인키텔(Peinkitel), 카리안(Karian)과 레메코우(Lemenkou)섬은 무덤의 축조를 위한 것이었다. 그러나 왕족의 무덤은 난다우와스(Nandauwas)섬에만 있으며 5.5m-7.6m 높은 담장으로 둘러싸인 가장 깊은 안뜰에 모셔져있다.

난마돌 유적의 붕괴와 폐기는 서기 1500년 코스래(Kosrae)에서의 침입과 정복 또는 폰페이에서 또 다른 강력한 정치체에 의한 전복의 결과일 수도 있다. 여하튼 난마돌 유적의 붕괴는 코스래 섬에서도 이와 유사한 유적이 생겨나고 있는 것과 무관하지 않다. 레루(Lelu)는 족장과 일반 백성들로 구성된 강력한 계층사회를 이루어 통일을 이룬 서기 1400년 이후 코스래 지배자들이 살던 중심지였다. 전체 20ha 넓이의 안쪽에 만들어진 砂洲에 형성된 조그만 섬에는 100여 개의 담으로 둘러싸인 구획이 만들어 졌다. 오늘날 남아있는 유적은 프리즘 형태의 현무암으로 상인방돌과 길게 뻗은 들보의 형태로 조합해 쌓은 벽과 산호 부스러기와 현무암으로 바닥을 깔아 만든 왕의 시체안치소(무덤) 구역, 운하에 접근하는 큰 기둥과 포장된 도로이다. 시체안치소는 현무암 기둥들을 일렬로 늘어세워 석실을 만들어놓았다. 마지막 장례식은 근처 옌스리(Yenasr) 섬에서 일어났는데 그 당시의 장례의식의 모든 절차가 이름 지어지고 그들의 전통적인 친밀한 관계나 기능도 잘 알려졌다.

난마돌 유적은 18km²의 넓이에 템웬섬의 해안가 산호초나 이웃 폰페이의 해안가를 따라 만들어져 있다. 마돌레니므에서 채석장도 발견되었으나 난마돌에 사용된 석재의 정확한 기원은 아직 모르고 있다. 그래서 이 유적은 최근 UFO(Unidentified Flying Object, 미확인 비행물체) 연구자들의 관심을 끌고 있다. 이 유적은 아직 정확한 해석이 없지만 그 중요성으로 서기 1974년 12월 19일 미국의 역사적 장소 Na-

tional Register of Historic Places, 서기 1985년 9월 16일 국가 이정표/
U.S. National Historical Landmark로 등재되어 있다.

말라위 MALAWI

1. 총고니 공원 암석화 유적지(Chongoni Rock-Art Area: 문화, 2006):

중앙아프리카 말라위 높은 고원의 126.4km² 위 지역에 127개소의
岩刻畵가 집중 분포되어 있다. 이 암각화들은 이곳에 오래 살던 바트
와(Ba Twa)와 츄(Chew)족들이 석기시대말기(후기 구석기시대) 수렵-채
집과 농경인인(신석기시대)들의 전통을 그대로 이어나가 서기 20세기
에까지도 그들의 문화와 관련된 내용을 바위에다 표현하고 있다. 그
내용은 葬禮儀式, 少女의 成年式(initiation ceremony), 祈雨祭 등이다.

말레이시아(馬來西亞) MALAYSIA

1. 말라카 해협의 멜라카와 죠지 타운 시(Melaka and George Town, Historic Cities of the Straits of Malacca: 문화, 2008):

말라카 해협의 멜라카와 죠지 타운 시는 동쪽 중국과 서쪽 아라비
아와 유럽의 중간지방에서 무역과 문화 교류로 과거 500년 간 발전
해 왔다. 아시아와 유럽의 다문화적 영향이 無形이던 有形이던간에
이 도시에서 잘 나타난다. 정부 건물, 교회, 광장, 요새에서 멜라카는
서기 15세기 말레이시아 술탄, 서기 16세기 초의 포르투갈과 네덜란
드까지 올라가는 문화교류의 요소를 발견할 수 있다. 주거와 상업용

건물이 많은 죠지 타운 시는 서기 18세기 영국으로부터 시작한다. 이 두 도시는 동쪽과 동남아시아 어느 곳에도 없는 독특한 건축과 문화 경관을 보여준다. 그리고 明 3대 成祖(朱棣, 永樂 서기 1403년-1424년, 1420년 紫禁城을 완공) 때 宦官 鄭和(云南省 昆陽人, 서기 1371년/1375년-서기 1433년/1435년)에 의해 서기 1403년 南京 龍조선소에서 제작된 300여 척의 배로 조직된 선단으로 서기1405년-서기 1423년의 18년 동안 7차에 걸쳐 개척된 뱃길은 江蘇省 蘇州 劉家河 太倉市를 기점 으로 자바, 말라카(Malacca, 말레이시아), 수마트라, 세이론, 인도의 말 라바[캘리컷(Calicut), 페르시아 만의 Hormuz], 짐바브웨를 거쳐 오늘날의 아프리카와 紅海(Red Sea) 입구인 예멘의 아덴(Aden)과 케냐의 말린디 [Malindi, 윌리엄스(Sloan Williams, the University of Illinois-Chicago)가 이끄는 합동조사단이 케냐의 만다 섬(Kenyan island of Manda)에서 중국 명나라 때의 永樂通寶를 발견함]까지 도달했던 것으로 추측된다.

2. 렝공 계곡의 고고학 유산(Archaelogical Heritage of the Lenggong Valley: 문화, 2012):

우루 페락(Ulu Perak) 지역 상부 렝공 계곡에 위치한 고고학 유적들 은 말레시아 반도에서 가장 중요한 선사시대의 유적이다. 이곳은 조 그만 촌락으로 둘러싸인 한적한 야외박물관과 같으며, 아직도 인골, 동굴벽화, 보석류, 토기, 무기, 석기 등과 같은 중요한 발견이 이루 어지고 있다. 말레시아에서 가장 오래된 인류의 초기의 화석은 사라 왁 니아 동굴에서(Niah Caves in Sarawak) 발견되며 그 연대는 40,000년 전이다. 그리고 렝공에서 발견된 인골은 31,000년전까지 올라간다고 한다. 이들은 서기 1991년 발견된 페락인(Perak Man, the 11,000B.P., 키 157cm, 나이 50세 정도), 서기 2004년 레공 구아 테룩 케라와르(Gua Teluk

Kelawar in Lenggong)에 발견된 페락 여성(Perak Woman, 8,000년 전)을 비롯하여 구석기시대의 석기제작기술을 보여주는 工作所(원래는 30,000년 전으로 추산되었으나 현재는 75,000B.P.로 수정되고 있다.)가 있는 야외유적과 동굴유적을 포함한다. 이 지역에서는 구아 구눙 룬투(Gua Gunung Runtuh)의 무덤(5,000-3,000년 전)과 구아 하리마우(Gua Harimau) 청동기시대의 제작소를 비롯해 반유목민이 살던 터도 포함된다. 여기에서 발견된 모든 유물들은 코타 탐판(Kota Tampan)에 위치한 렌공 고고학 박물관(the Lenggong Archaeological Museum)에 전시되어 있다.

말리 MALI

1. 젠네의 구시가지(Old Towns of Djenné: 문화, 1988):

나이제리아 내륙 삼각주지역 모프티(Mopti) 지역에 위치하는 기원전 250년에서부터 사람이 살기 시작한 젠네의 구시가지는 사하라 사막을 횡단하는 소금, 노예와 함께 이웃 팀북투(Timbuktu) 남쪽 80km 떨어진 나레나 금광에서 나오는 사금을 기반으로 하는 금 무역의 중심지였다. 그리고 서기 15세기-서기 16세기에는 이슬람/무슬림교 전파중심지 중의 하나였다. 약 2,000명 정도가 살고 있는 전통 주거는 계절적인 홍수를 피하기 위해 언덕(toguere) 위에 지어지고 있다. 젠네는 포르투갈인들이 아프리카 연안에 무역기지를 설치하고 나서부터 더욱 더 번영하였다. 이곳은 세계에서 가장 큰 진흙벽돌 건물(아도비/adobe, 흙벽돌)로 이슬람 문화의 영향을 받은 수단-사하라 양식 건축물의 대표적인 걸작으로 유명하며 현재 남아있는 회교도대사원(The Great Mosque of Djenné)은 서기 1907년 초기의 사원 위에 지었다. 젠네에 처음으로 사원(모스크)이 지어진 해는 알려져 있지 않으나, 대략 서기 13세기에서 서기 14세기 말로 추정된다. 이는 모스크가 언급된 최초의 기록물인 알사디(al-Sadi)가 지은 타리크 알수단(Tarikh al-Sudan, 수단의 역사)과 서기 17세기 중반 이전에 이미 알려진 구전에 의해서이다. 이 책에 따르면 쿤부루 술탄(Sultan Kunburu)이 무슬림(Muslim, 이슬람교도)으로 개종을 하면서 서기 1240년에 존재했던 왕궁을 부수고 그 자리에 사원을 지었다고 전해진다. 첫 번째 모스크의 폐허는 서기 20세기 초반에 발행된 프랑스의 엽서에도 나타나고 있는데 이는 프랑스의 탐험가 르네 카일리에(René Caillié)가 서기 1828년 젠네를 처음 방문함으로써 이다. 서기 1906년 프랑스 당국은 폐허가 된 모스크를 새로 짓기로 하고 젠네의 석공이었던 이스마일라 트로레(Ismaila Traoré)의 감독으로 서기 1907년에 완료하였다. 그리고 동쪽 벽 앞에 자리한 언덕에는 2개의 무덤이 위치해 있는데 남쪽의 큰 것은 서기 18세기의 중요한 이맘[imām. 아랍어로 이슬람교도 공동체의 우두머리 또는 지도자라는 뜻이며 이 명칭은 코란(Quran, Qur'an, Koran, Al-Coran, Coran, Kuran, Al-Qur'an)에서 지도자와 아브라함을 가리키는 용어로 여러 번 사용되고 있다]이었던 알마니 이스마일라(Almany Ismaïla)의 무덤이다. 이 사원은 시장보다 3m 더 높은 75m×75m의 대지 위에 세워졌는데 이는 바니강(Bani River)의 범람을 피하기 위해서이다. 메카를 향해 기도하는 벽인 퀴블라(Qibla/Qiblah, 아랍어로 방향이란 의미)는 사원의 主壁 위 3조의 큰 상자형으로 이루어져 있으며 그 위에는 타조알 모양이 장식된 첨탑(尖塔, minarets)이 나있다. 중앙의 가장 높은 곳은 16m이다.

2. 팀북투(Timbuktu: 문화, 1988):

니제르 강 옆 통북투/톰북투(Tombouctou) 지역에 있는 도시로서 사하라 사막 주위 중앙아프리카 여러 나라의 무역중심지로 이웃 제네를 통하여 금, 상아, 보석, 옷감, 소금과 노예를 거래했다. 그리고 그곳에는 권위 있는 이슬람의 산코레 대학(Sankore, 서기 1325년 건립, 현재 모스코로 이용되고 있음)이 위치하며 서기 15세기-서기 16세기 아프리카의 이슬람교의 전도 중심지 겸 아프리카 이슬람교의 정신적 수도임. 그리고 이곳에는 잘 알려진 서기 1493년 건국한 송하이 왕국이 있어 번영을 누리다가 서기 1591년 북쪽 모로코에 의해 멸망하였다. 서기 15세기 만사무사 왕, 알만수르 왕과 특히 칸카 무사 왕 때 만데의 팀북투(Timbuktu) 남쪽 80km 떨어진 나레나 금광에서 나오는 사금을 기반으로 하여 노예, 보석, 옷감, 상아, 소금[북쪽으로 800km 떨어진 타우데니(Taudenni)의 巖鹽] 등을 교역하여 번성을 이루었다. 그리고 서기 2013년 1월 29일 말리의 내전으로 인한 프랑스 원군의 공세를 피해 이슬람주의자 과격파 반군(알 카에다와 관련된 이스람주의 무장단체 안 사르딘)이 10개월간 지배하던 팀북투에서 후퇴하기 전 아메드 바바 문서연구소(Ahmed Baba Center for Documentation) 소장의 서기 14세기경의 문서를 불태우고 또 팀북투 세계문화유산을 곡괭이와 삽으로 파괴를 자행하였다.

3. 반디아가라 절벽(Cliff of Bandiagara: 복합, 1989):

아프리카 전통문화를 그대로 간직하고 있는 몇 개 안되는 종족의 하나인 도곤(Dogon) 족이 살고 있는 반디아가라(Landof Dogons)의 붉은 색조를 띤 가파른 바위절벽(Falaise)과 모래고원이 절경이며 여기에 진흙으로 만든 집, 창고, 제단, 성소와 그곳 주민들의 회의 장소(Togu Na) 등이 잘 어우러진다. 절벽 위는 수 km의 평원을 이룬다. 그리고 도곤족들은 가면을 쓰고 축제를 열기도 한다. 도곤 족들은 밧줄 하나로 이 절벽에 올라 그곳에 살고 있는 새알과 벌꿀 등을 채취하여 생활에 도움을 받는다. 이곳은 자연과 문화의 조화가 무척 잘 이루어지고 있는 곳이다.

4. 아스키아 무덤(Tomb of Askia: 문화, 2004):

가오(Gao)의 서기 16세기 아스키아의 45m×50m의 무덤 복합유적에는 서기 1493년 건국(Gao시가 처음 수도로 됨)한 송하이(Songhai) 제국의 첫 번째 왕인 아스키아 모하마드(Askia Mohammad) I세(서기 1529년 사망)의 아도비 진흙벽돌로 쌓아올린 높이 17m의 피라미드형 무덤, 2개의 회교도 사원, 공동묘지, 집회장소회 등이 포함된다. 이것은 식민지화 이전 가장 높은 건물이며 이후 여러 곳에 전파된 이곳 최초의 이슬람 건축양식이다.

말타/몰타 MALTA

1. 발레타 구시가지(Old City of Valetta: 문화, 1980):

말타의 수도는 계속 이어진 전쟁과 정복, 자비로운 성 요한 교단(Order of St. John of Jerusalem)과 관계가 깊다. 이곳은 페니키아, 그리스, 카르타고, 비잔틴 제국, 아랍과 성 요한 교단의 지배를 계속해서 받았던 곳으로 말타의 수도인 Valletta(Il-Belt Valletta, 발레타시) 55ha내의 320개의 유적은 세계에서 유적이 집중된 역사적 장소라는 사실을 알려준다. 발레타(Msida)는 서기 1565년 예루살렘 성 요한 자선단체교단이 세운 곳으로 이 교단은 이곳을 약 250년간 지배하였으며 터키에 저항하기 위해 성벽을 세우고 그 안에 르네상스식 도시를 세웠다. 여기에는 초기의 건물들이 그대로 잘 보존되어 있다. 서기 1565년 말타의 함락에 이어 예루살렘 성 요한 자선단체교단은 시베라스(Xiberras) 반도에 자신의 권력을 유지하기 위해 새로운 도시를 세우기로 결정하고 섬에 기사들을 상주시켜 놓았다. 바레타 시의 定礎는 서기 1566년 3월 28일 예루살렘 성 요한 자선단체 교단에서 파견한 총독인의 장 파리소 발레타(Jean Parisot de la Valletta)에 의해 놓여졌다. 그래서 발레타란 이름도 성 요한 교단의 부하인 프랑스 귀족인 장 파리소 발레타를 따라 지었다. 성벽과 望樓, 성 요한 성당(St, John's Co-Cathedral), 성 바바라 교회(St. Barbara Church), 총독관저, 카사 로카 피콜라(Casa Rocca Piccola)의 식당 등이 남아있다.

2. 할 사플리에니 지하신전(Hal Saflieni Hypogeum: 문화, 1980):

서기 1902년 건설공사 중 발견된 지하 10.6m에 세워진 500m²의 거대한 지하구조로 기원전 3600년에서 기원전 2500년경 사이 산호(珊瑚) 빛나는 석회암의 받침대로 입석의 형태를 만든 선사시대의 사원인 聖所와 地下墓地로 여겨진다. 지하에 3개의 층위로 이루어지고 있는데 제일 아래층은 기원전 3600년-기원전 3300년, 중간층은 기원전 3300년-기원전 3000년, 위층은 기원전 3150년-기원전 2500년 사이에 만들어졌다. 지하 10m의 아래층에서는 말타의 셈시자(Xemxija)에서 발견되는 무덤의 구조와 유사한 석실분이 발견된다. 그리고 자연동굴과 같은 다른 방들도 옆으로 나 있다. 중간층은 石工기술을 발휘한 主室(main chamber, 羨道/널길이 있는 방), Holy of Holies(三石塔형식의 壁龕이 있음), 신탁의 방(Oracle room, 소리가 共鳴이 나도록 고안한 조그만 방으로서 최근 음파기술의 최첨단인 마이크로파 공명/음향가공술/共振을 이용해 방을 만들었다고 추정하기도 한다), 기하학문양으로 벽을 장식한 방(Decorated room) 등의 유구들이 발견되었다. 위층의 유구는 인골편이나 제물이 없이 물만 차 있어 원래 곡물창고로 여겨진다. 이 유적은 중간층(기원전 3,300년-기원전 3,000년)이 가장 뚜렷하며 구슬, 호박, 동물과 사람의 조각품(잠자는 부인상, sleeping lady)과 7,000여 명 분의 인골 편이 나와 무덤으로도 사용되었음을 알려준다.

3. 巨石 사원(Megalithic Temple of Malta: 문화, 1980/확대지정, 1992):

영국 연방의 말타(Malta) 및 고조(Gozo) 섬에 기원전 3000년경 이후 세워진 7개(말타 섬의 5개소, 고조 섬의 2개소)의 간티자(giant tower라는 의미로 갠티어/류갠티제로 발음함), 하가르 큄, 타르시엔(Gantijia, Hagar Qim, Tarxien) 등 거석문화를 대표하는 사원으로 각기 발전의 길을 겪어 왔다. 고조(Gozo) 섬의 간티자(Gian Tija, Ggantija)의 두 개 사원들은 청동기시대의 대표적인 것들이다. 말타(Malta) 섬의 Hagar Quim(Hagar Quimand), 므나지드라(Mnajidra)와 타르시엔(Tarxien) 사원은 세울 수 있는 제한된 석재를 고려하면 건축학 상 대표적인 예에 속한다. 또 타하그라트(Ta'Hagrat)와 스코르바(Skorba)의 복합 사원건물은 말타 섬에 거석사원의 축조 전통을 그대로 보여준다. 말타(Malta)와 이웃 고조(Gozo) 섬에는 다른 곳들의 거석문화와는 달리 특이한 3-6葉型의 반원형/抹角의 회랑(curved endas an apse)들을 가진 사원(temple)이 24개소나 있으며, 이들은 기원전 3500년-기원전 2500년에 축조된 것으로 보인다. 그래서 이들은 유럽의 거석문화를 연구하는 학자들로부터 또 하나의 다른 형식의 거석문화인 신전/寺院으로 불린다. 또 이들 신전들은 Minorca(Menorca), Majorca와 Ibiza 섬이 포함되는 스페인령 Balearicislands(발레아레스 제도)의 기원전 2000년경의 탈라요트(Talayot)

문화의 거석으로 축조된 사원들과도 비교된다. 거석문화에는 지석묘(고인돌, dolmen), 입석(선돌, menhir), 환상열석(stone circle, 영국의 Stonehenge가 대표), 열석(alignment, 프랑스의 Carnac이 대표)과 집단묘[collective tomb: 가. 羨道〈널길〉가 있는 묘 passagegrave(또는 access passage, 영국의 Maes Howe Chambered Barrow가 대표적임), 나. 연도가 없는 묘 gallery grave, 또는 allée couverte]의 크게 5종 여섯 가지 형태가 나타난다. 이들 거석문화의 대표 예들은 영국 Avebury의 Stonehenge, Cornwall의 Porthole(Cornwall Porthole, Men-An-Tol, the Crick Stone), 스웨덴의 Sonderholm, 스페인의 Los Millares, 프랑스 Brittany의 Carnac, Locmariaquer, Morbihan, Dissignac, Gavrinis와 아일랜드의 Newgrange, Meath, Haroldtown, Punchtown, Knowth 등이다.

멕시코 MEXICO

1. 멕시코와 소치밀코 시 역사지구(Historic Center of Mexico & Xochimilco: 문화, 1987):

멕시코 시 남쪽 28km 떨어진 운하와 인공섬지구로 아즈텍(서기 1325년-서기 1521년 8월 13일)인들이 조성. 아즈텍의 수도인 테노치티트란은 12km²로 가장 번성할 때 인구 30만 명 정도를 가졌다. 그 도시는 4개의 구로, 구는 다시 20개로 세분되었다. 각각의 구에는 칼풀리라는 씨족이 살았으며, 독자적인 의례중심지와 시장을 갖고 있었다. 또 호수를 끼고 있었기 때문에 특별한 방어시설을 갖추지 않았다. 이 도시는 2m 깊이의 호수 위에 건설된 것으로 통나무를 지하에 박아 기초를 다지고 그 위에 사원과 주거공간을 확보하였다. 그리고 다리와 나뭇가지, 갈대, 석회와 진흙으로 쌓은 전체 길이 16km의 제방도 만들어 외부와 연결하고 또 홍수를 막기도 하였다. 중요한 것은 태평양 연안에서 수도 테노치티트란까지 320km에 4차선의 도로를 만들어 24시간 내에 소식을 전하거나 물자의 수송이 가능하였다. 이 문명은 호수나 늪지대에 관개시설을 한 floating garden이라 불리는 1년에 7번의 경작이 가능한 각각 90m×9m의 넓이의 "치남파(Chinampa)"란 인공 정원 위의 집약농경, 수로, 궁전, 피라미드 축조와 같은 발달된 건축술이 있었으며 운반수단은 마야의 '템플라인(templeline)'과 같은 이마의 멜빵이었다. 아즈텍 제국의 지배자는 다음과 같다.

아카마피치틀리(Ācamāpichtli. 서기 1367년-서기 1387년 재위)

우이칠리우이틀(서기 1391년-서기 1415년 재위)

치말포포카(Chīmalpopōca, 서기 1415년-서기 1426년 재위)

이츠코우아틀(Itzcōhuātl, 서기 1427년-서기 1440년 재위)

몬테수마 1세(Motēuczōma Ilhuicamīna, 서기 1440년-서기 1468년 재위)

악사야카틀(Axayacatl, 서기 1469년-서기 1481년 재위)

티속(Tizocic, 서기 1481년-서기 1486년 재위)

아우이소틀(Āhuizotl, 서기 1486년-서기 1502년 재위)

몬테수마 2세(Motēuczōma Xocoyotzin, 서기 1502년-서기 1520년 재위)

쿠이틀라우악(Cuitlāhuac, 서기 1520년 재위)

구아우테목(Cuāuhtemōc, 서기 1521년-서기 1524년 재위, 서기 1502년-
    서기 1525년 2월 28일)

2. 테오티우아칸의 先 스페인期 도시(Pre-Hispanic City of Teotihuacan: 문화, 1987):

기원전 2세기-서기 750년에 건립된 테오티우아칸 문명의 유적으로 오리온좌 중 허리띠를 이루는 Alnitak, Alnilam, Mintaka의 세별의 배열에 따라 지어졌다고 알려져 있는 죽음의 거리(the Avenue of the Dead)에 따라 나있는 달과 태양의 피라미드, 시유다델라 복합지구(The Ciudadela, temple of Quetzalcoatl/Feathered Serpent Pyramid가 포함), 4개의 적은 신전의 뜰, 요새, Quetzal Butterfly 궁전, 재규어 궁전(Palace of Jaguars) 지하에서 발견된 깃털소라의 신전(Snail-Shell) 등이 있다.

최근 신전, 궁전, 주거지, 근처의 흑요석 광산, 벽화와 무덤, 무덤에서 나온 인골들의 해부학적 조사 등에서 확인된 구체적 증거로는 ① '신들의 시'라는 의미의 테오티우아칸은 서기 80년경 정남북으로부터 15°25″ 틀어진 남−북을 따라 나있는 '죽음의 길' 동쪽과 북쪽 끝에 배치된 태양과 달의 신전을 포함하여 현재는 3개밖에 남아있지 않지만 원래 20여개의 신전이 면밀하게 계획된 도시였고 이를 바탕으로 한 '신과 견줄 수 있는 권력자'의 힘인 강력한 지배체제의 국가였다. 서기 450년경 전성기에는 인구 15만 명의 큰 도시였으나 서기 550년 이후 멸망의 길을 걸어왔다. ② 태양의 신전 바닥 터널 끝에서 뮤온 탐지기(Compact Muon Solenoid, Muon detectors)로 4分된 도시를 상징하는 4개의 숨겨진 방의 발견, 국가의 선전 겸 상징적 의미를 지닌 법과 같은 궁전과 신전의 벽화에 묘사된 주제 등으로 볼 때 테오티우아칸은 祭司長, 儀式과 犧牲을 중요하게 받드는 神殿政治(theocracy)와 비슷한 '권력자의 강력한 힘으로 다스리던 국가사회'의 구조를 갖고 있었다. 이는 자신이 죽인 적들을 戰果로 표시하는 수자인 적들의 下顎骨(mandible)을 실로 꿰어 장신구로 목에 건 200여구의 용감한 戰士들이 후일 국가의 강력한 요구로 손을 뒤로 결박당한 체 神의 희생물로 산채로 구덩이에 묻힌 점에서도 확인된다. 이들 전사자들 중 일부는 멀리 과테말라 고원(Guatemala highland)이나 서쪽 200km 떨어진 미호아칸(Michoacán) 등지에서부터 당시 최고의 권력과 문화를 자랑하던 최대의 도신인 테오티우아칸으로 이주해온 사람들로 처음에는 군인으로 일하다가 후일 테오티우아칸 국가의 필요에 의해 神의 희생물이 된 것으로 추정된다. 이는 전사자들의 치아에서 나타나는 산소동위원소(oxygen hydraulic analysis)에 분석에 의해 그들의 고향을 파악할 수 있다. 아울러 이들은 또 테오티우아칸이 당시 多民族의 국가였음도 보여준다. ③ 학교로 추정되는 건물의 벽화 중에는 약 3.6kg-4kg의 고무공을 가지고 허벅지를 이용해 운동하는 '울라마'라는 볼게임(ball game)이 있는데 승자는 신의 제물로 바쳐지는 영광을 갖는다. 이는 마야의 신화에서와 같이 신화 상 지하세계를 관장하는 신인 우나푸(Hunapú)와 사바란쿼(Xbalanqué)란 쌍둥이 형제와 경기를 벌려 패자가 신에게 제물로 바쳐져 지하 저승세계로 들어가는 당시 숭고한 의식의 일환인 것이다. 이러한 게임은 현재 멕시코의 북서쪽 마즈트란(Mazatlán) 지역에도 남아있다. ④ 테오티우아칸은 주위 동북향의 파레돈(Paredon), 오툼바(Otumba), 투란친코(Tulancingo), 파추카(Pachuca), 자쿠알티판(Zacualtipan), 우카레오(Ucareo) 등지에서 오늘날 까지 채굴되는 노란 금색이 나는 초록색 흑요석(green colored obsidian) 광산의 발견과 개발 및 이들을 거울(stone mirror)과 석핵몸돌(micro-core)에서 떼어낸 돌칼(micro-blade)과 같은 석기를 제작하던 훌륭한 기술을 독점하고 있었다. 그리고 이들을 바탕으로 멕시코전역-과테말라에 까지 수출하고 주위의 다른 나라들에 강력한 영향력을 행사하던 지배적 문화 공동체를 행사하였다. ⑤ 신전과 궁전의 벽에 회반죽으로 칠을 하여 그 위에 여러 가지 색을 입히거나 벽화를 그렸는데 이를 위해 석회를 만들던 가마의 온도를 8시간 내내 430°를 유지해야하며 이 때문에 주위의 소나무를 매년 3만t 정도 베어 충당하였다. 이는 마야와 같이 피라미드 축조와 회반죽의 생산을 위한 주위의 과도한 숲의 제거→ 자연고갈(environmental degradation)→ 자연환경의 악화→ 토양침식→ 농지부족→ 흉년→ 국가의 통제력 상실과 같은 결과를 가져왔다. 그 결과 농지의 부족으로 흉년이 계속되고 백성들의 생활은 국가가 神으로부터 위임받아 제시한 풍작, 비옥과 비 등의 축복과 보호라는 약속과 달리 생활이 갈수록 어려워져만 갔다. ⑥ 현재 1.1%정도 남아있는 벽화들은 그 주제가 국가의 권위와 상징으로 神에 대한 희생으로 목숨까지 받쳐야하는 의무를 제시하는 국가의 의지를 강요하는 강력한 메시지를 담고 있다. 이러한 벽화들은 신전뿐만 아니라 국가가 강제로 이주시킨 2,000개가 넘는 주택단지 내의 개인 주택에서도 그려졌다. ⑦ 서기 550년경 神에 대한 숭고한 희생에 대한 '축복과 보호의 대가'를 이행하지 못한 테오티우아칸 국가의 기존권력이나 규율에 대한 불신으로 야기된 대한 주민들의 불만스런 폭동이나 완전한 보복으로 인해 일어난 인위적인 대화재로 불붙은 천장에서 떨어진 검은색갈의 탄 나무 흔적이 궁전과 신전의 바닥 회칠에서 여러 곳에서 발견된다. ⑧ 주택단지(resident complex)내의 일반 평민들이 마당의 바닥을 파서 묻은 가족이나 친인척의 무덤에서 테오티우아칸의 성립초기에는 綠色玉/翡翠, 조개껍질, 珊瑚와 같은 여러 부유한 증거의 副葬品들이 나왔으나 후기에 가면서 부장품도 형편없고 또 인골의 치아에서도 전염병이나 영양실조에 인해 생기는 줄무늬 증거(dental enamel hypoplasia, present in varying expressions of pits, lines and grooves: growth interruption in teeth)가 많이 나타나고 있다. 이러한 일련의 증거들이 한 때 매우 강력했던 테오티우아칸 국가의 멸망과도 관련이 있을 것이다.

3. 푸에블라 역사지구(Historic Centre of Puebla: 문화, 1987):

서기 1531년 4월 16일 멕시코 시 동쪽 100km 떨어진 베라쿠루즈(Veracruz)와 멕시코 시 사이의 전략지인 포포카테틀(Popocateti) 화산 아래의 공터에 'La Puebla de los Angeles'(천사의 도시)라는 이름으로 설립되었으며 이곳에는 식민지시대의 가장 오래된 것 중의 하나이며 규모로서는 두 번째인 서기 16세기-서기 17세기의 성당, 주교의 궁전과 같은 저택, 현재 호텔로 이용되고 있는 부유한 수녀들이 살았던 수녀원, 아주레호스(azulejos, 포르투갈에서 5세기 동안 변치 않고 사용된 주석 유약을 입혀 만든 청금빛 타일로 포르투갈의 대표적 문화요소 중의 하나임)로 벽을 장식한 소규모의 집과 주택의 담 등과 같은 종교 건축물이 밀집된 지역이다. 유럽과 아즈텍과 같은 중미 원주민의 주거양식의 혼합으로부터 생긴 미적 개념이 더해져 지역적이긴 하지만 바로크 양식의 건물에 독특한 분위기를 만들어주고 있다.

4. 와하카 역사지구 및 몬테 알반 고고유적지(Historic Centre of Oaxaca and Archaeological Site of Monte Albán: 문화, 1987):

이곳은 와하카 역사지구와 몬테 알반 고고유적지의 두 곳으로 나누어진다. 올멕(Olmecs, 기원전 1200년-기원전 600년), 쟈포텍(Zapotecs), 믹스텍(Mixtecs)으로 계속 이어지는 1,500년간 동안 사람이 살면서 몬테 알반의 테라스(단구), 댐, 운하, 피라미드와 인공적인 구릉은 산을 깎아 만든 신성한 지형의 상징이다. 방격법으로 구획된 와하카는 중앙광장(zocalo), 성당, 엄격한 규격의 가옥을 가진 서기 1529년 설립된 스페인의 식민지도시이다. 도시 건물의 견고성과 용적은 주옥과 같은 건물들이 지진에 붕괴되지 않고 견디어냈다는 좋은 증거물이다. 몬테 알반(Monte Albán) 고고유적지는 와하카의 서쪽 9km 떨어진 곳

에 위치하며 기원전부터 이 도시가 사람이 살기 시작했으나 남아있
는 대부분의 유적은 서기 300년-서기 900년 사이의 것들이며 그 당
시에는 인구가 25,000명 정도였던 것으로 추정된다. 무덤, 볼 게임장
(가슴, 무릎, 엉덩이와 허벅지를 이용하여 울라마로 불리는 약 4㎏ 무게의 고
무공을 벽에 부착된 원형의 고리에 넣는 공놀이), 몇몇의 건물들은 아직도
상태가 좋다. 올멕 다음의 중미지역 전체에서 최초의 국가로 알려
져 있는 문명은 와하카 계곡의 몬테 알반이다. 이 유적은 알폰소 카
소(서기 1896년-서기 1971년), 이그나치오 베르날(서기 1910년-서기 1992
년), 브랜튼(서기 1978년)과 캔트 프래너리와 마커스(서기 1983년)에 의
해 밝혀지고 있다. 이곳은 자포텍 언어를 사용하던 주민들에 의해
만들어진 중미 최초의 가장연대가 올라가는 국가체제를 갖고 있으
며, 존속기간은 기원전 500년(형성기 중기 말경)에서 서기 700년(고전기
후기)까지의 약 1,200년간이다. 이 유적에서 보이는 몬테 알반의 가
장 전성기는 서기 500년-서기 700년이며, 중심지 주위의 계곡과 능
선 위에 만들어진 2,000여 개의 테라스(단구) 위에서 25,000명의 인구
가 밀집해 살았던 것으로 여겨진다. 시내에 15개의 주거지역이 발견
되었는데 이들은 주거 테라스, 사원과 광장(플라자)에 둘러싸여 있었
다. 정부 중심부와 상류층의 집자리들은 이곳에서 가장 중앙의 거대
하고 여러 건물들이 서로 밀접하게 연결된 복합광장에 위치해 있었
다. 200m×300m 규모의 열린 광장 주위로 20개의 피라미드가 형성
되어 있는데 가장 큰 것들이 북과 남쪽의 경계를 이루고 있다. 중요
한 복합단지의 광장에서는 이곳에서 살던 자포텍 언어 사용인들이
돌에다 지배자의 전쟁승리나 군사행위를 기술해 놓은 기념물들이
발견된다.

5. 팔렌퀘의 先 스페인 도시와 국립공원(Pre-Hispanic City and National Park of Palenque: 문화, 1987):

기원전 200년-서기 900년(서기 900년-서기 1541년 스페인군의 유카탄 반도의 침입 시까지 고전기 이후기)에 존재했던 마야의 문명 중 고전기 마야문명 聖所의 하나의 팔렌퀘는 서기 500년-서기 700년 사이에 최고의 번영을 누렸던 종교도시이다. 그때 그들의 영향은 우스마치나(Usmacina) 강분지 전체에 끼쳤다. 마야 건물에서 나타나는 우아함과 당시 장인의 솜씨, 벽에 새겨 넣은 신화를 나타내는 상형문자를 흘려 쓴 초서체의 聖刻文字(hieratic writing)의 浮彫는 이 문명의 창조성을 보여준다. 현재 팔렌퀘의 500개의 건물 중 단지 34개가 밝혀지고 있다. 그중에도 비문 신전 지하에 묻힌 파칼 왕(K'inich Janaab Pakal, Sak K'uk'부인의 아들, 서기 603년 3월 26일-서기 683년 8월 31일, 서기 615년-서기 683년 재위, 12세 즉위 80세 사망)의 석관무덤이 유명하다. 중남미에서 올멕과 몬테 알반(Monte Albán)에 이어 세계를 대표하는 세 번째 문명은 마야이다. 마야의 유적은 멕시코(유카탄 반도), 과테말라, 벨리즈, 영국령 온두라스의 저지대 정글에서부터 서부 온두라스의 고지대에까지 넓게 분포한다. 그 조사의 시작은 죤 로이드 스티븐스로부터이다. 마야의 기원은 고전기에 앞서는 포마티브기 또는 선고전기부터 시작된다. 현재까지 알려진 잘 알려진 도시는 과테말라 치아파스(Yachilan/Yaxchilan,Chiapas Mexico)의 중심지인 팔렌퀘(Palenque), 페텐(유카탄 반도의 Petén), 치첸이차[El Castillo 신전이 있는 Chichén Itzá, 엘 카스티오(El Castillo) 치첸 이차(서기 800년-서기 1050년, 서기 1541년경/서기 1690년 치첸 이차가 파괴당함)], 티칼[Tikal, Jasaw의 아들인 Yik'in Chan Kawil 왕(서기 734년-서기 760년) 때가 극성기로 서기 736년 경쟁자인 카라크믈(Calakmul)의 침입을 저지하고 서기 743년과 서기 744년에 El Peru와 Naranjo

를 제거함]과 타진(Tajin) 정도이다. 그런데 기원전 200년경 올멕과 마야의 이자판 지역과의 접촉에 자극 받아 과테말라 중앙 저지대의 티칼과 와삭툰과 같은 곳에 피라미드가 처음 만들어진다. 최근 과테말라 열대우림 내 산바르톨로, 엘미라도르, 틴틸과 나크베 등지에서선 고전기의 피라미드의 축조가 확인된다. 곧이어 마야 건축의 특색인 코벨링(corbelling: 미케네의 무덤 천장에서 보이는 것과 같은 맞줄임 천장)이라는 초엽구조도 나타난다. 티칼에 서기 292년 명이 새겨진 비석도 세워진다. 알베르토 루즈 루이에(Alberto Ruz Lhuiller, 서기 1949년-서기 1952년 발굴)에 의해 발견된 치아파스(Yachilan/Yaxchilan, Chiapas Mexico)의 중심지인 팔렌퀘 '비문 신전 피라미드' 지하납골당에 묻힌 6구의 순장과 함께 만들어진 파칼 왕의 석관무덤이 잘 알려져 있다. 그는 68년간 통치하다 서기 683년에 죽었다. 이 피라미드는 파칼 왕의 석관 표면에 새겨진 모습대로 마야인들의 산, 지하세계와 신화를 본뜬 것으로 알려지고 있다. 마야를 창조한 후나푸(Hunapú)와 사바란퀘(Xbalanqué) 쌍둥이 형제 신이 관장하는 동굴지하 저승세계로 그 입구는 희생의 샘으로 알려진 세노테(Cenote)이다. 그리고 그 밑 동굴에서 민물과 바닷물이 만나는 지점이 저승의 시작으로 여겨졌다. 이러한 이상적인 곳이 현재 유카탄 반도의 칸쿤(Cancuen)에 남아있어 과거 파칼 왕의 지하세계를 상징하는 비문 신전 피라미드의 모델이 되었을 것으로 알려지고 있다.

6. 치첸 이챠의 先 스페인期 도시(Pre-Hispanic City of Chichén-Itzá: 문화, 1988):

서기 1541년 스페인군의 진입 이후의 유카탄(Yucatán) 반도의 후고전기(서기 900년-서기 1541년)의 마야 문명 유적인 엘 가스띠요(El Castillo)의 치첸 이차(서기 800년-서기 1050년)로 여기에는 마야와 톨텍 문명의 세계와 우주관이 돌로 만들어진 건축물에 구현되어 있다. 현재 남아 있는 건물은 戰士의 사원(Warrior's Temple), 엘 가스띠요(El Castillo)와 일 까라꼴(El Caracol)로 알려진 원형의 천문관측소, 엘 가스띠요의 치첸 이차 쿠쿨칸/퀘잘코틀(kukulcan/Quetzalctló) 신전/피라미드보다 규모가 작은 계단식 피라미드인 오사리오(Ossario), 그리고 가슴, 무릎, 엉덩이와 허벅지를 이용하여 울라마로 불리는 약 4kg 무게의 고무공을 벽에 부착된 원형의 고리에 넣는 공놀이(ball game)를 하는 대경기장(Great Ballcourt, 166m × 68m) 등이다. 이는 단순한 공놀이가 아니라 신화 상의 지하세계를 관장하는 신인 후나푸(Hunapú)와 사바란퀘(Xbalanqué)란 쌍둥이 형제와 경기를 벌려 패자가 신에게 제물로 바쳐져 지하 저승 세계로 들어가는 당시 숭고한 의식의 일환인 것이다. 이외에도 촘판트리(Tzompantli, skull platform), 독수리와 재규어가 조각된 기단(The platform of Eagle and Jaguars), 궁성의 기단(The Platform of Venus), 탁자의 사원(The temple of table), 증기목욕탕(Steam bath), 희생 제단 차크물(Chac Mool), 전사의 사원(Temple of Warriors)과 남쪽의 列柱石群(Group of a thousand columns), 최고 성직자의 사원(The High Priest Temple)과 정부와 궁전의 건물 단지(La Iglesia in the las Monjas complex) 등이 중요하다. 서기 900년에서 서기 1541년경 스페인군[서기 1519년 에르난 코르테즈(Hernan Cortez)에 의해 아즈텍 멸망]의 유카탄 반도의 침입 때까지의 마야를 후고전기로 설정한다. 이 기간은 주로 멕시코의 유카탄 반도에 국한하며, 치첸 이차의 현재 다른 건물들과 27.5° 차가 있지만 금성(Venus)의 북쪽 위치를 정확하게 파악하는데 목적을 둔 까라꼴 천문관측소(El Caracol observatory temple)와 엘 가스띠요(El Castillo)로 알려진 쿠쿨칸(Kukulcan, 퀘잘코틀/Kukulcan토필찐/Topiltzin)의 신전이 대표적이다. 이 쿠쿨칸 신전은 일 년 365일을 상징하는 계단, 260일의 祭祀用 短曆, 1년을 18주기로 나누고 한 달 20일씩 해서 모자라는 5일을 마지막에 더하는 태양력, 52년 만에 돌아오는 일주기, 그리고 특히 하늘에서 기어 내려오는 듯한 그림자로 날개달린 뱀 쿠쿨칸(퀘잘코틀)을 묘사하는 3월 21일의 춘분(the vernal/springequinox)과 9월 23일의 추분(the autumnal equinox)까지도 고려되어 만들어졌다. 쿠쿨칸 신전의 건축에서 보는 바와 같이 마야는 북쪽의 톨텍이나 아즈텍의 영향을 많이 받는다. 또 톨텍으로부터의 침입도 있었다. 마야의 기록에 의하면 서기 987년에 쿠쿨칸(Kukulcan, 서기 10세기경 마야의 왕으로 추정되며, 키가 큰 백인으로 묘사됨. 잉카의 태양신 콘티키와도 유사함)이 많은 이방인을 데리고 온다는 전설이 있는데, 쿠쿨칸은 유카탄 마야어로 번역된 톨텍의 날개 달린 뱀의 신인 퀘잘코틀[Quetzalcoatl: 토필찐, 쿠쿨칸과 퀘잘코틀은 같은 신이나 마야, 톨텍과 아즈텍에서는 달리 부름. 그러나 중미 공통의 비(雨)의 신은 트라록임]과 동의어로, 이는 톨텍의 공격을 짐작할 수 있다. 이 시기에 마야판이 중심지이며 스페인군에 의해 점령되는 서기 1541년까지 이곳에 살던 마야인들 사이에 내분과 갈등이 많았던 모양이다. 그러나 치첸 이차와 마야판은 유카탄 반도에서 서기 1697년(서기 1690년 치첸 이차의 파괴)까지 마야의 전통과 명맥을 유지하였다. 아무튼 마야는 천문, 역법, 건축, 20진법, '0'의 개념, 상형문자 등의 새로운 고안에서 세계의 문명사에 커다란 공헌을 하였다. 마야를 창조한 후나푸와 사바란퀘 쌍둥이 형제 신이 관장하는 동굴지하 저승세계로 그 입구는 희생의 샘으로 알려진 세노테(Cenote)이다. 그리고 그 밑 동굴에서 민물과 바닷물이 만나는 지점이 저승의 시작으로 여겨졌다. 이러한 이상적인 곳이 현재 유카탄 반도의 칸쿤(Cancuen)에 남아있어 과거 파칼 왕의 지하세계를 상징하는 비문

멕시코 유카탄(Yucátan) 반도의 치첸 이챠(Chichén Itzá)의 쿠쿨칸(Kukulcan/Quetzal-cótl/Topiltzin) 피라미드의 東面(El Castillo, 서기 10세기경 축조, 충북대 성정용 교수 제공)

신전 피라미드의 모델이 되었을 것으로 알려지고 있다. 이러한 생각은 서기 1701년 마야 종교의 중심지인 치치카테낭고(Chichicatenango) 교회에서 발견된 마야인의 성경에 해당하는 포풀 부(Popol Vuh)의 필사본에서 비롯된다. 북부 저지대 유카탄(Yucátan) 반도의 치첸 이차(Chichén-Itzá)나 코즈말(Cozmal)의 후기마야인들은 가뭄이나 정신적 압박감(스트레스)이 올 때 산성비가 석회암반층에 스며들면서 貯水漕 또는 연못 모양으로 형성된 세노테(Cenote) 안의 비의 신인 트라록(chac/chaacs)에 人身供養(특히 남자 어린아이)과 금과 같은 귀중품을 奉納함으로써 제사를 지내었다. 이곳이 바로 마야인들이 들어갈 사후세계인 저승의 지하입구도 겸했다. 이는 서기 16세기 디에고 데 란다(Diego de Landa) 신부의 기록이나 서기 1904년 에드워드 톰슨(Edward Herbert Thomson)의 발굴에서도 확인된다. 그리고 서기 2008년 8월 22일 멕시코의 수중고고학지인 데 안다(Guillermo de Anda) 팀에 의해 유카탄 반도에서 돌로 쌓은 신전이나 피라미드가 있는 14개의 지하동

굴이 조사되었는데 건물지 이외에 인골과 토기편들도 발견되기도
하였다. 이들은 저승세계의 입구인 지하동굴들로 지하 세계의 여행
을 말하는 포폴부 성경의 신화와 전설을 확인시켜 주고 있다.

서기 600년-서기 900년은 고전기 후기로, 美的인 발전이 이루어
진다. 조각과 건축도 화려해지며 지방적인 양식도 이루어진다. 유카
탄 북쪽의 치첸 이차나 욱스말에서 서기 9세기경 지붕에 닭 벼슬 모
양의 장식이 가미된 독특한 푸욱 양식(Puuc Style, 마야-톨텍 양식/Maya
Tolteca Style)의 건물이 세워진다. 그러나 어떤 이유에서인지 몰라도
서기 9세기-서기 10세기에 저지대 마야의 의례중심지는 폐기되고
고전기 후기도 끝난다.

7. 구아나후아토 타운과 주변 광산지대(Historic Town of Guanajuato and adjacent mines: 문화, 1988):

스페인이 서기 1554년에 건설하여 서기 1741년에 도시로 승격한
銀鑛지구로 지하 600m에 이르는 坑道로 지하거리(Subterranean street,
Bocadel Inferno)가 있다. 이곳에는 신고전주의양식으로 지어진 도시의
여러 건물들과 함께 바로크 양식으로 지어진 캄파니아(La compañía)와
발렌시아나(La Valenciana) 성당이 잘 알려져 있다.

8. 모렐리아 역사지구(Historic Centre of Morelia: 문화, 1991):

미코아칸(Michoacán)주의 州都인 모렐리아는 서기 1541년 5월 8일
안토니오 데 멘도자(Antonio de Mendoza)에 의해 '미코아칸의 신도시'
로 건립되었고 서기 1578년에는 발라돌리드(Valladolid)로 개칭되었다.
또 서기 1580년에는 근처의 파추쿠아로(Pátzucuaro)로 遷都했다. 식민
지 시절 여러 종파의 교단에서 스스로 도시를 세웠는데 모렐리아에

도 바로크 양식으로 지어진 모렐리아 대성당(서기 1577년), 서기 1785
년과 1789년 사이 프레이 안토니오 데 상 미구엘(Fray Antonio de San
Miguel)에 의해 설치된 상수도 시설, 총독의 관저, Clavijero 궁전, 교회
와 수도원, 로코코 양식의 산디에고 교회(Templo de San Diego, Santuario
de Guadalupe), 중남미 최초의 음악학교(Conservatorio de Michoac de las
Rossa Morelia), 아르마 광장(Plaza de Armas), 박물관(서기 1886년)과 같은
멕시코 예술과 문화를 대표하는 여러 건물들이 들어서게 되었다. 이
곳은 또 서기 1765년 이곳에서 태어나서 서기 1828년 9월 12일 이 도
시의 이름이 연유한 호세 마리아 모렐로스 이 파본(José Maria Morelos
yi Pavón)는 미구엘 이달고 이 코스테야(Miguel Hidalgo y Costella)와 함께
서기 1810년 스페인으로부터 독립전쟁을 일으켰다. 역사지구는 중
심에 150블록에 1,000개가 넘는 건물과 유적을 포함하고 있으며 그
중에는 핑크빛의 돌로 지어진 건물들이 특색이 있어 핑크빛의 도시
'Ciudad de las Canteras Rosas'란 이름을 얻게 되었다.

9. 엘 타힌 先 스페인期 도시(El Tajín, Pre-Hispanic City: 문화, 1992):

베라크루즈(Veracruz) 주에 위치한 테오티우아칸(Teotihuacan, 기원전
2세기-서기 750년)의 멸망 이후 중미 동북부지역의 중요한 서기 600
년-서기 1230년의 도시유적으로 이 문화의 영향은 멕시코 만과 마
야 지역, 중앙멕시코의 고원지대까지 이르며 서기 1521년 스페인군
이 들어오기 이전에 존재했던 멕시코의 화려하고 중요한 문화를 보
여준다. 기둥과 벽에 정교하게 조각한 浮彫로 알려져 있으며 천문
관측소의 기능을 갖고 있는 니치의 피라미드(Pyramid of the Niches), 가
슴, 무릎, 엉덩이와 허벅지를 이용하여 울라마로 불리는 약 4kg 무게
의 고무공을 벽에 부착된 원형의 고리에 넣는 공놀이를 하는 대경기

장(the North and South Ball Courts), 궁전(palaces of Tajín Chico) 등의 건물이 남아있다. 그러나 단순한 공놀이가 아니라 광대버섯[Amanita muscaria var. formosa(Pers.: Fr.) Bert. 영어속명은 Fly Amanita, Yellow Orange Fly Agaric, 또는 Soma이며, 이 광대버섯은 미 동부지역에서 돋는 변종이다]에서 추출한 환각제를 마시면서 신화 상의 지하세계를 관장하는 신인 우나푸(Hunapú)와 사바란퀘(Xbalanqué)란 쌍둥이 형제와 경기를 벌려 패자가 신에게 제물로 바쳐져 지하 저승세계로 들어가는 당시 숭고한 의식의 일환인 것이다.

10. 시에라 데 샌프란시스코 암벽화(Rock Paintings of the Sierra de San Francisco: 문화, 1993):

시에라 데 산프란시스코(El Vizcaino와 Baja California) 바하 케리포니아 반도 지구의 약 250군데에서 발견되는 기원전 1100년−서기 1300년에 바위벽이나 천장에 그려진 岩壁畵로 건조한 기후와 사람이 접근하기 어려움 때문에 잘 보존되어 있다. 암벽화 중에는 인간과 자연환경과의 관계를 나타내는 주술−종교적인 것과 무기, 토기, 표범, 삵괭이(스라소니), 사슴, 야생 염소와 양, 거북, 참치, 정어리, 문어, 독수리와 펠리컨(pelican, 사다새) 등의 많은 동물들이 그려져 있는데 그 중 흑등고래(humpback whale)의 그림이 잘 알려져 있다, 이곳은 서기 18세기 예수회 교단의 프란시스코 사비에(Francisco Javier)에 의해 발견되었으며 이 그림들은 지금은 사라져버렸지만 당시 이곳에 살던 코치미(Cochimi)나 과치미(Guachimis)족들이 그린 것으로 추정된다.

11. 자카테카스 역사 지구(Historic Centre of Zacatecas: 문화, 1993):

풍부한 銀鑛脈이 발견된 서기 1546년 건설되어 사람이 모여든 서기 16세기-서기 17세기에 번영한 도시로, 은광이 있는 좁은 계곡에는 서기 1730년-서기 1760년에 건립된 사치스런 바로크 양식의 외관을 가진 성당을 비롯해 옛날 가옥과 건물들이 줄지어 서 있으며 주변 경관도 무척 좋다. 서기 1556년부터 서기 1783년까지 45,000톤의 은이 채굴되고 그 중 9,000톤이 스페인 황실로 들어갔다고 하는 남미 볼리비아의 포토시 광산과 함께 이곳의 銀은 스페인 군함과 마닐라 범선(갈레온)을 통해 전 세계로 퍼져나갔다. 특히 스페인 戰費를 이곳의 은으로 거의 充當했다고 한다.

12. 포포카테페틀의 서기 16세기 수도원(Earliest 16th Century Monasteries on the Slopes of Popocatépetl: 문화, 1994):

멕시코 시 동남방 포포카테페틀의 경사면에 위치한 14개의 수도원들은 토착민들을 기독교로 개종시키려는 목적으로 이곳에 온 초기 선교사들인 프란시스코, 도미니크, 아우구스트 교파들에 의해 지어진 것으로 서기 16세기 초기의 모습을 그대로 간직하고 있다. 이 건물들은 수도원에서 공간의 개념을 중요시한 새로운 건축양식으로 멕시코 전역의 수도원을 짓는 범본이 되어왔다. 수도원은 Dominican convent of Tepoztlán(서기 1559년-서기 1580년), Franciscan convent and cathedral of Cuernavaca(서기 1533년-서기 1538년), Augustinian convent of Atlatlauhcan(서기 1570년-서기 1600년), Augustinian and franciscan convent of Yecapixtla(서기 1525년경), Franciscan convent of Huejotzingo(서기 1570년), Franciscan convent of Calpan(서기 1548년), Franciscan convent of Tochimilco(서기 16세기 경) 등이다.

13. 궤레타로 역사기념물지대(Historic Monuments Zone of Querétaro:

문화, 1996):

멕시코 시 서북 257km 떨어진 서기 17세기-서기 18세기 건립된 스페인 식민지 도시로 방격형으로 구획된 거리에 안으로는 앞서 이곳에 살았던 오토미(Otomi), 타라스코(Tarasco), 치치멕(Chichimeca)의 토착민들의 구불구불한 골목길이 공존한다. 이곳은 멕시코와 퓨에블라 다음의 세 번째로 큰 도시이다. 이곳에는 엘 퓨에브리토(El Pueblito) 피라미드, 산 프란시스코(San Francisco) 교회와 水道橋 등이 남아 있다.

14. 욱스말 先-스페인期 도시(Pre-Hispanic town of Uxmal: 문화, 1996):

유카탄 반도에 서기 700년-서기 1000년경 인구 25,000명이 살았던 마야 문명 말기의 유적으로 마야인들의 천문학적 지식을 보여준다. 스페인인들이 부른 것처럼 수트세이어(Soothsayer) 피라미드는 비의 신인 챠크(Chaak)를 묘사하는 상징적인 주제나 조각이 잘 나타나 있다. 욱스말, 카바(Kabah), 라브나(Labna)와 사일(Sail)의 儀禮중심지들은 마야인들의 예술과 건축의 정점을 보여준다. 여기의 유적들은 The Governor's Palace, The Adivino or Pyramid of the Magician, The Nunnery Quadrangle, A large Ballcourt, North Long Building, House of the Birds, House of the Turtles, Grand Pyramid, House of the Doves, South Temple 등 이다.

서기 600년-서기 900년은 고전기 후기로, 美的인 발전이 이루어진다. 조각과 건축도 화려해지며 지방적인 양식도 이루어진다. 유카탄 북쪽의 치첸 이차(Chichén Itzá)나 욱스말에서 서기 9세기경 지붕에 닭 벼슬 모양의 장식이 가미된 독특한 푸욱 양식(Puuc Style, 마야-톨텍 양식/Maya Tolteca Style)의 건물이 세워진다. 그러나 어떤 이유에서인지 몰라도 서기 9세기-서기 10세기에 저지대 마야의 의례중심지는 폐기되고 고전기 후기도 끝난다. 알려진 바로는 팔렌퀘는 서기 799년 경, 코판은 서기 819년경, 그리고 티칼은 서기 879년경에 망한다. 여기에 대하여는 화전농경으로 인한 토지의 척박, 마야 언어를 사용하는 투툰족의 침입 그리고 한발과 같은 이유, 다시 말해 과다한 벌목, 질병과 호전성 등이 거론되고 있으나 아직 어느 것 탄 반도에 찾아든 3, 6, 9년 단위의 혹독한 가뭄을 들기도 한다. 최근에 마야의 멸망에 대해 왕에 대한 백성의 믿음이 결여될 때를 그 이유로 들기도 한다. 즉 치아파스/야칠란(Yachilan/Yaxchilan, Chiapas Mexico)의 상인방돌(Lintel 24)에 새겨진 서기 709년 10월 28일 표범왕과 왕후인 소크(Xoc)가 행했던 것처럼 왕은 가오리 뼈로 만든 칼로 왕 자신의 성기를 찔러 性器放血(bloodletting)을 하고, 왕비의 경우 혓바닥을 찔러 피를 내어 그것을 하늘을 향해 태워 신에게 제사를 지내는 종교적 믿음과 신앙에 기초함에도 불구하고, 마야의 멸망은 마야의 왕 겸 제사장이 이웃과의 전쟁에 패하거나 또 서기 800년경의 심각한 가뭄과 같이 자연환경이 척박해져 일어나는 흉년으로 백성들이 왕을 떠나 신전과 궁궐이 중심이 되는 도시국가도 아울러 폐기되는 주위의 모든 일련의 과정에 대한 모든 책임을 지는 것에서 찾아진다. 그러한 性器放血은 기원전 100년 과테말라의 열대우림 내 산바르톨로 피라미드의 벽화에서도 발견되었다.

15. 과달라하라의 호스피시오 카바나스(Hospicio Cabañas, Guadalajara: 문화, 1997):

서기 1791년 세기 초에 과달라하라의 대주교가 건립한 불구자, 고아와 노인들을 돌보기 위한 병원, 고아원, 양로원으로 그 이름을 서기 1796년 감독자로 와서 건축가인 마누엘 톨사(Manuel Tolsá)에게 이

건물을 짓도록 한 Juan Ruiz de Cabañs에 따랐다. 이 건물은 164m×
145m로 단층이며 높이는 7.5m이다. 그러나 교회는 높이 15m이고 돔
까지는 32.5m에 이른다. 이 건물은 당시로서는 최초의 자선사업 건
물이며, 또 서기 20세기 초 이 건물 내부에 멕시코 최고 예술가였던
호세 클레멘테 오르조코(José Clemente Orozco)의 벽화가 있어 더욱 유
명해졌다.

16. 파퀴 카사스 그란데스 고고유적지(Archeological zone of Paquimé Casas Grandes: 문화, 1998):

서기 1130년-서기 1300년 사이에 존재했던 카사 그란데의 파퀴은
다층의 아파트에 2,500명 이상이 거주하던 서기 14세기에 최고 절정
을 이루어 미국 남서부 푸에블로 족[Pueblo, 리오그란데 강 지류인 The
Red Willow Creek 또는 Rio Pueblo 사이에 위치한 푸에블로 데 타오스(Pueblo
de Taos)의 경우 대개 서기 1000년-서기 1450년 사이에 존재]와 북부 멕시코
나 좀 더 발전한 문명권과 교역을 통한 문화접촉을 했던 고고학 유
적으로 극히 일부만 발굴된 상태이다. 이 발굴을 통해보면 이곳 주
민들은 자연환경과 경제적인 謫所에 적응을 잘하였던 모양이고 서
기 1521년 스페인군들이 들어올 무렵 사라져 버렸다. 이곳의 유적에
서 가슴, 무릎, 엉덩이와 허벅지를 이용하여 울라마로 불리는 약 4kg
무게의 고무공을 벽에 부착된 원형의 고리에 넣는 공놀이를 하는 대
경기장(Ballcourt), 돌로 둘러싸인 기단 面石, 흙을 돋아 올려 동물, 상
징, 종교적 형태를 만드는 구릉(effgy mound), 시장, 정교한 저수시설
등이 보이며, 구리방울과 구리 장신구, 바다조개로 만든 구슬 등의
전문장인의 존재, 무역망과 관련 있는 광범위한 범위를 포함할 수
있는 여러 종류의 토기의 제작 등이 확인된다.

17. 트라코탈판 역사기념물지역(Historic Monuments zone of Tlacotalpan: 문화, 1998):

멕시코 만 베라쿠루즈(Veracruz) 파파로아판(Papaloapan) 강둑에 자리 잡은 스페인 식민지 항구도시인 트라코탈판은 서기 16세기 중엽에 건설되어 넓은 대로, 양식과 색깔이 사치스러운 柱廊이 있는 집, 야외 공공시설과 개인의 정원에 심어져 있는 무성한 나무 등 원래의 도시구획과 스페인과 카리비안의 양식이 결합된 건물들이 잘 남아있다.

18. 카라크물 고대마야도시와 캄페체의 캄페체 요새도시와 보호받은 열대삼림[Historic Fortified Town of Campeche, Ancient Maya City and Protected Tropical Forests of Calakmul, Campeche(extension of the "Ancient Maya City of Calakmul, Campeche")]: 문화, 1999, 2014 복합/확대지정]:

서기 1540년 스페인 점령자들이 San Francisco de Campeche란 이름으로 앞서 마야인들이 살던 캄페체(Canpech 혹은 Kimpech)란 도시 위에 세운 '항구요새도시'로서 육지와 카리브 바다로부터 공격해오는 적군이나 해적들을 방어하기 위해 요새를 쌓았는데 스페인인들은 요새(성벽)안에 토착민들은 산 프란시스코(San Francisco), 과달루페(Guadalupe)와 산 로만(San Román 성벽)의 관문 근처에서 살았다. 남아 있는 성채(보루)는 다음과 같다.

Santiago: 'Xmuch'haltún'이란 이름의 식물원으로 사용되다가 복원이 되었다.

San Pedro: 옛날의 형무소

San Francisco: 육지로부터 오는 공격을 방어하는 성채

San Juan: 육지로부터 오는 공격을 방어하는 성채

Nuestra Señora de la Soledad: 바다로부터 오는 공경을 방어하는 성채로 가장 크고 도시 역사박물관으로 이용되고 있다.

San Carlos: 도시 박물관이 있으며 이 요새는 바다로부터 오는 공격을 방어하는 성채로 제일 먼저 만들어졌다. 바다로 향한 관문을 보호한다.

Santa Rosa

19. 소치칼코 고고학 기념지역(Archaeological Monuments Zone of Xochicalco: 문화, 1999):

Culmavaca 서남향 38km 떨어진 모렐로스(Morelos) 서쪽에 위치한 서기 700년-서기 1000년경의 테오티우아칸(Teotihuacan), 몬테 알반(Mont Albán), 팔렌크(Palenque)와 티칼(Tical)의 멸망 직후 들어선 고전기 후기(Epiclassicperiod)의 고고학유적으로 소치칼코의 전성기는 테오티우아칸의 멸망 바로 뒤를 잇기 때문에 소치칼코가 테오티우아칸 제국의 멸망에 모종의 역할을 했다고 믿게 된다. 건물과 圖像도 테오티우아칸, 마야와 유사하다. 그리고 테오티우아칸 제국은 多文化의 도시를 형성했기 때문에 그러할 가능성이 많다. 소치칼코의 중요한 의례중심지는 인공적으로 쌓아 올린 구릉 위에 다른 종속건물들과 함께 있다. 이 유적은 기원전 200년까지 거슬러 올라가나 대개 서기 700년-서기 1000년 사이에 속한다. 한때의 인구는 2만 명에 달했다. 현재 천문관측소(Asrtonomical observatory), 대경기장(Ballcourt), 깃털 뱀의 신전(Temple of Fearher Serpent) 등이 남았다.

20. 고대 마야도시와 카라크물의 보호받은 열대삼림[Ancient Maya City and Protected Tropical Forests of Calakmul, Campeche(extension of the "Ancient Maya City of Calakmul, Campeche"): 문화, 2002/확

대지정, 2014]:

　고대 마야도시 캄페체의 카라크물과 보호받는 열대 삼림은 서기 1999년 세계문화유산으로 등재된 3,000ha 넓이의 "Ancient Maya City of Calakmul, Campeche"의 재지정과 동시 확대 지정한 것이다. 그래서 이 유산은 자연유산과 문화유산의 복합·확대지정에 해당한다. 이 유적은 멕시코 남부 유카탄반도의 중심-남부 티에라 바하(Tierras Bajas)의 열대 삼림 지역 깊이 박혀있고 중기 先古典期/形成期-후기 古典期(Middle Preclassic/Formative to Late Classic)에 속하는 마야의 고대도시인 카라크물을 포함 한다 이 도시는 이 지역에서 12세기 이상 중요한 역할을 해왔으며 고대 마야도시의 생생한 모습이 잘 보존되어 있다. 또 이곳은 중미의 생물다양성지역 중 세계에서 세 번째로 큰 열대지구에 속해있으며 중앙 멕시코에서 파나마운하에 이르는 아열대와 열대 생태 체계를 포함하고 있다.

　카라크물(Calakmul, Kalakmul)은 멕시코 캄페체(Campeche)주에 위치하는 페텐 분지(Petén Basin) 깊숙이 자리 잡고 있으며 과테말라의 경계로부터 35km 떨어진 곳에 위치하나 이제까지 마야 저지대에서 발굴 조사된 마야의 고대도시 중 가장 크고 강력할 뿐만 아니라 남부 멕시코 유카탄 반도의 북부 페텐 지역 중에서도 가장 강력한 힘을 가지고 있었다.

　카라크물은 그들의 상징인 칸(Kaan)이라 부르는 뱀 머리형태의 상형으로 퍼져있는 넓은 지역을 통치했으며 뱀의 왕국(Kingdom of the Snake)의 중심에 있었다. 이 왕국은 古典期(Classic period) 전 기간을 통치했으며, 카라크물 자체에 인구가 5,000명으로 멀리 150km 떨어진 지역도 지배했던 것으로 추정된다. 이곳에는 현재 6,750개소의 유적이 남아 있으며 가장 규모가 큰 것은 건물(Structure) 2로 높이 45m

의 피라미드이며 이 안에 4개의 무덤이 안치되어있다. 중미에서 발견되는 많은 수의 사원/신전이나 피라미드와 같이 카라크물의 것도 중첩해서 쌓아 현재의 높이에 이르렀다. 중앙에 위치한 건물의 규모는 2km²이며 유적의 대부분은 주거지역으로 20km² 넓이이다. 古典期 전 기간 카라크물은 남쪽의 티칼(Tikal)과 경쟁관계로 이 두 도시의 정치적 행보는 마야 최고 권력국가간의 투쟁이었다.

현재까지 잘 알려진 마야의 도시는 멕시코 유카탄 반도의 치첸 이차(엘 메코/El Meco에서 5km 떨어진 엘 카스티오/El Castillo의 Chichén Itzá 마야유적, 서기 800년-서기 1050년), 과테말라 국경 근처 멕시코 령 치아파스/챠파스(Yachilan/Yaxchilan, Chiapas Mexico)의 중심지인 팔렌퀘(Palenque)와 보남파크(Bonampak), 과테말라의 페텐(유카탄 반도의 Petén), 칸쿠엔(Cancuén)과 티칼[Tikal, Jasaw의 아들인 Yik'in Chan Kawil 왕(서기 734년-서기 760년) 때가 극성기로 서기 736년 경쟁자인 카라크물(Calakmul)의 침입을 저지하고 서기 743년과 서기 744년에 엘 페루(El Peru)와 나란호(Naranjo)를 제거함], 타진(Tajin), 그리고 온두라스의 코판(Copán) 정도이다. 그런데 기원전 200년경 올멕과 마야의 이자판 지역과의 접촉에 자극 받아 과테말라 중앙 저지대의 티칼과 왁삭툰과 같은 곳에 피라미드가 처음 만들어진다.

카라크물을 다스리던 왕은 'k'uhul kan ajawob (Divine Lords of the Snake Kingdom)'로 불린다. 이곳에는 피라미드, 왕의 무덤을 비롯해 서기 541에 만들어진 비문 43(Stela 43)과 유크눔 투그 카윌 왕(Yuknoom Took' K'awii, 서기 702년-서기 731년) 이름이 새겨진 비문 51(서기 731년)을 포함한 전체 114개의 비문, 울라마로 불리는 약 4kg 무게의 고무공을 벽에 부착된 원형의 고리에 넣는 공놀이(ball game)를 하던 球場(Ballcourt)을 포함한 8채의 건물과 중앙 광장의 건물에 그려진 벽화 등이 남아있다.

왕의 이름(현재 Ruler Y)을 판독할 수 없는 서기 741년에 세워진 5개의 비문에서 카라크물의 멸망이 보이기 시작하고 있다. 카라크물의 동맹국인 엘 페루(El Peru)는 서기 743년, 나란호(Naranjo)는 서기 744년 경쟁자 티칼에 의해 멸망하며 카라크물의 멸망에 직접 영향을 준다. 서기 751년 지배자 Z는 왕비의 초상화가 그려진 비문을 세운다. 상형문자가 새겨진 계단은 보론 카윌(B'olon K'awiil)왕을 언급하고 이 왕은 서기 771년 두 개의 비문을 세우고 그는 서기 789년에 세워진 토니아(Toniná) 비문에 언급된다. 카라크물의 세력이 약화되었지만 비문은 서기 790년, 서기 800년, 서기 810년과 최후로 서기 830년에 계속 세워지며 이챤 펫트(Chan Pet)의 비문에 언급되나 서기 9세기 말-서기 10세기 초에는 이미 멸망한 듯하며 토기의 분석도 비슷한 연대가 나온다.

다시 말해 과테말라와 경계 안쪽 30km 떨어진 멕시코 남쪽 페텐(Petén) 분지 안 티에 라 바하(Tierras Bajas)의 1,300년간(기원전 400년-서기 900년) 지속해온 고대 마야의 큰 도시 중의 하나인 칼라크물(또는 Kalakmul)은 티칼(Tical)과 경쟁 상태에 있었던 칸(Kan)일 가능성이 있다. 이 도시는 아직 발굴이 되어 있지 않다. 현재 확인된 유적들은 시대 미상의 Yuknoom Ch'een I, c.520-546: Tuun K'ab' Hix, c.561-572: 공중에서만 확인, 572-579: First Axewielder, 579-c.611: Scroll Serpent, c.619: Yuknoon Chan, 622-630: Tajoom Uk'ab' K'ak', 630-636: Yuknoom Head, 636-686: Yuknoom Che'en II "Yuknoom the Great"(55m 높이), 686-c.695: Yuknoom Yich'aak K'ak', c.695: Split Earth, c.702-c.731: Yuknoom Took 'K'awil, c.736: Wamaw K'awil, c.741: Ruler Y, c.751: Ruler Z, c.771-c.789: B'olon K'awil, c.849: Chan Pet, c.909: Aj Took' 등이다.

21. 콰레타로의 시에라 고르다의 프란치스코 선교본부(Franciscan Missions in the Sierra Gorda of Querétaro: 문화, 2003):

멕시코 중앙토착민들에게 기독교 전파를 위한 마지막 기지로 프란시스코 교단의 후니페로 세라(Junípero Serra)가 서기 18세기 중엽에 만들었는데 이는 미국의 칼리포니아, 아리조나와 텍사스에 세운 Santiago de Jalpan, Nuestra Serra de la Luz de Tancoyol, Santa Maria del Agua de Landa, San Francisco del Valle de Tilaco, San Miguel Concá in Arroyo Seco의 다섯에 기지에 이은 것이다. 교회의 모습은 외부장식이 화려하고 토착민들의 문화도 수용하여 건물에 반영하고 있어 지방색이 많이 나고 있다.

22. 루이스 바라간의 집과 작업장(Luis Barragán House and Studio: 문화, 2004):

멕시코 시 근교 세계제2차대전 후 멕시코 20세기 최대 건축가인 루이스 바라간(서기 1902년-서기 1988년)의 1,161㎡의 넓이에 콘크리트로 서기 1948년에 지어진 지하 1층과 지상 2층의 집, 정원과 기념물이 세계문화유산으로 등재되어 있다. 바라간의 작품은 근대와 전통적인 예술 그리고 여기에 鄕土色의 경향도 잘 종합하고 있어 당대에 만들어진 정원, 광장과 조경에 많은 영향을 끼쳤다.

23. 용설란 재배지 경관 및 구 데킬라 공장 유적지(Agave Landscape and Ancient Industrial Facilities of Tequila: 문화, 2006):

데킬라 화산 산록과 리오그란데(Rio Grande) 강 계곡 마을의 34,658 ha의 용설란(선인장) 재배지로 서기 16세기부터 데킬라 술의 주정, 발효음료, 옷감을 만들던 곳으로 서기 19세기-서기 20세기 국제적 수

요가 많아져 매우 분주한 곳이 되었다. 여기에는 주거구역, 푸른 용설란이 자라는 밭, 데킬라, 아레날(Arenal)과 아마티안(Amitian) 도시의 술을 발효·증류하는 작업장 등을 포함한다. 그리고 서기 200년–서기 900년 사이 이곳에 살면서 용설란 경작지, 신전, 주거지, 대경기장(ballcourt) 등을 남겨놓은 테우치트란(Teuchitlan) 사람들의 흔적도 남아 있다. 멕시코에서는 용설란이 역사적으로 매우 중요하다. 아즈텍인들은 용설란에서 아구아미엘이란 용액을 발효시켜 포로에게 환각제를 섞어 먹이고 난 후 제단에서 黑曜石製 칼로 살해하고 심장을 꺼내 사방의 신에게 바치고 머리는 떼어 따로 보관하는 모습을 코덱스나 신전의 벽에서 쉽게 찾아볼 수 있다. 그리고 용설란 에서 술을 비롯해 옷을 만드는 실, 빨래비누 등도 만든다. 멕시코 원주민들은 지금도 용설란에서 실생활에 필요한 많은 도움을 받고 있다.

24. 국립대학(UNAM) 중앙대학 도시 캠퍼스[Central University City Campus of the Universidad Nacional Autónoma de México 「UNAM」: 문화, 2007]:

서기 1551년 9월 21일 설립되었지만 서기 1949년–서기 1952년 다시 건물을 짓기 시작한 멕시코 시 남부 코요아칸에 위치한 National Autonomous University of Mexico(UNAM) 건물 중 중앙캠퍼스인 Ciudad Universitaria(University City)는 Mario Pani와 Enrique del Moral이 대표되는 60명의 설계사, 건축기술자와 예술가들에 의해 설계, 시공과 장식이 이루어지고 서기 1954년에 완공되었다. 이곳에는 60여 동 이상의 건물과 연구소가 들어차 있는데, 도시, 건축, 예술과 조경이 어우러진 서기 20세기의 모더니즘을 대표하는 독특한 대학건물이다. 그중 중요한 것은 올림픽 경기장(Olympic stadium), 다비드 알파로 시퀘이로스(David Alfaro Siqueiros)의 벽화로 장식된 教區棟(Rectorate Tower), 후안 오 고만(Juan O'Gorman)의 벽화가 있는 중앙도서관, 박물관 등이 포함되어 있다. 이와 같은 예로는 미국 제 3대 대통령 토마스 제퍼슨(서기 1743년-서기 1826년)이 버지니아 주 샤롯테빌(Charlottesville) 근교 자기 소유의 땅에 세운 버지니아 대학과 캠퍼스(서기 1817년-서기 1826년)와 베네수엘라 건축가 비아누에바(Carlos Raúl Villanueva)가 설계한 베네수엘라 카라카스 대학건축물(서기 1940년-서기 1960년)이 있다.

25. 산 미구엘의 보호도시와 제수스 나자레노 데 아토토닐코의 聖域(Protective town of San Miguel and Sanctuary of Jesús Nazareno de Atotonilco: 문화, 2008):

요새화된 산 미구엘(San Miguel de Allende)의 역사도시는 자카테카스(Zacatecas)로부터 출발한 국제적 王道(Camino Real, royal road)로 안티구오 카미오 레알(Antiguo Camino Real)의 도중 기착지이며 이 길을 보호하기 위해 서기 1542년에 세워졌다. 이 도시가 정점을 이루는 서기 18세기에 종교적으로도 또 도시의 훌륭한 건물들이 멕시코 바로크 양식으로 만들어졌다. 이 중 몇 건물은 바로크에서 신고전주의 양식으로 발전하는 과도기 양식의 걸작으로 보인다. 제수스 나자레노 데 아토토닐코의 성역은 산 미구엘로 부터 14km 떨어져 있으며 신 스페인 바로크 양식의 예술과 건물로 잘 알려져 있다. 그중에는 로드리게즈 후아레즈(Rodriguez Juárez)의 油畵와 미구엘 안토니오 마르티네즈(Miguel Antinio Martinez)의 壁畵가 있는 대규모의 성당과 작은 예배당들이 있다. 이곳은 스페인, 크리오울(Creole, 남미로 이주한 스페인인들의 후손), 아메린디안[스페인과 남미 토착인의 혼혈인 메스티죠 문화(mestizo culture)]들이 서로의 문화를 교환하는 곳이었다면 제수스 나

자레노 데 아토토닐코의 성역은 유럽과 라틴아메리카 문화의 교역
장이었다. 성 이그네이셔스 로욜라(Ignacio Loyola)의 예수회 회원(Jesuit
peripatetic mission) 교리를 보여주고 있다.

26. 왕립 내륙 철도(Camino Real de Tierra dentro: 문화, 2010):

은의 길(Silver Route)로 알려져 있는 왕립 내륙철도(The Royal Road
of the Interior Land)는 멕시코 시 북쪽에서 미국 텍사스와 뉴멕시코 주
의 산 후안 퓨에블로(San Huan Pueblo)까지 전장 2,560km 중 멕시코
1,400km의 구간에는 55개소의 유적과 5개소의 세계문화유산을 지
난다. 이 철길은 서기 1598년부터 서기 1882년까지 과거 300년 간 자
카테카스(Zacatecas), 관후아토(Guanajuato), 산 루이스 포토시(San Luis
Potosi)에서 채굴한 銀과 유럽에서 수입된 水銀의 운송을 위한 활발한
무역로가 되어 왔다. 비록 鑛業에 의해 동기가 부여되고 강화되긴 했
지만 스페인과 미국 사이에서 사회, 문화와 종교적 연관성을 촉진시
켰다. 미국 측의 646km 구간도 서기 2000년 10월 13일 국립역사철로
(National Historic Trail)로 지정되었다.

27. 와하카 중부 계곡의 야굴과 미트라 선사시대 동굴유적(Prehistoric Caves of Yaguland Mitla in the Central Valley of Oaxaca: 문화 2010):

아열대의 와하카 중부 트라코루아(Tracolua) 계곡의 야굴과 미트라
선사시대 동굴과 岩陰 주거유적은 훨씬 이전 선사시대 초기 농경인
들과 관련이 깊어 이 지역은 북아메리카 식물재배의 요람으로 생각
된다. 이곳의 길라 나퀴츠(Guila Naquitz)는 조그만 동굴로 기원전 8000
년에서 기원전 6500년에 속하며 수렵·채집인들이 거주하였다. 동굴
의 퇴적층에서 소나무, 선인장, 팽나무 열매를 비롯해 야생종의 병

호박, 호박(cucurbitaceae seeds), 옥수수(maize cob)와 콩이 발견되었다. 그리고 미트라 유적에서는 무덤, 석판, 壁龕과 벽에 암각화로 새겨놓은 모자이크 화된 雷文세공과 기하학적 문양이 있으며 이는 회반죽이나 접착제 없이 근동지방의 결합도구(composite tool)모양처럼 잘게 자르거나 간돌 편의 돌날을 맞추어 놓은 도구를 이용하였다. 구석기 시대 이후 인간이 자연환경에 적응하여 생존 전략을 훌륭히 이루어 낸 곳으로 생각된다.

28. 水銀과 銀의 아말감(合金)-산 루이스 포토시(The Mercury and Silver Bionomial. Almadén and Idrija with San Luis Potosí: 문화, 2010):

水銀과 銀의 아말감(合金) 방법이 알려진 후에서 산 루이스 포토시의 은과 알마덴과 이드리자의 수은을 가지고 바다와 육지를 잇는 국제적 王道(Camino Real, royal road)라는 무역로가 중요한 역할을 해왔다. 스페인의 알마덴과 슬로베니아의 이드리자는 수은이 많이 나오는 산으로 산 루이스 포토시의 은과 합치면 세 도시의 광산지역 상호 간의 교역과 연결망이 형성이 되고 오늘날까지 이어오는 가치 있는 무형의 자산이 형성되어 기술, 경제, 사회, 문화적 교류로 발전되게 되었다. 이드리자 수은광산은 스페인의 알마덴 광산 다음으로 세계에서 두 번째로 크고 슬로베니아 역사상 500년간이라는 장기간 채굴한 가장 중요한 광산이다. 그래서 수 세기 동안 이드리자 광산은 과학과 기술의 발전에서 중요한 역할을 해왔다. 辰砂鑛石을 녹여 수은을 채취해 세계의 13%를 공급해왔다. 水銀은 과학, 의학, 기술과 사업에 유용한 다양한 용도를 지닌 물질이다. 산 루이스 포토시 광산은 다섯의 인디안 마을에 둘러싸여 있는 척박한 자연환경을 가진 지역으로 이 도시의 발생은 24km 떨어진 체로 데 산 페드로(Cerro de

San Pedro)이다. 여기에는 주지사의 관저와 행정중심지인 Casa Reales, 서기 18세기의 레알 쿠하(Real Cuja) 건물, 행정사무실과 개인주택, 산 루이스 포시의 레알 쿠하(Real Cuja)에서 시작하는 수은과 은의 수송 로, 산프란시스코 성당(서기 1718년), 프란시스코 수도원(서기 17세기), 산 아구스틴 교회(서기 17세기), 콤파니아(Compañia) 예수회 대학(서기 17세기), 베아테리오(Beatrio, 서기 18세기)와 산후안 데 디오스 교회(서기 18세기), 카르멘 교회와 수도원(서기 18세기) 등 서기 16세기-서기 18 세기의 건물들과 광산건물단지, 광장 등이 많이 남아있다.

29. 파드레 템블레크 수로제도의 수도교(Aqueduct of Padre Tembleque Hydraulic System: 문화, 2015):

서기 16세기에 세워진 수도교는 멕시코 주와 중앙 멕시코 고원의 하이달고(Hidalgo)사이에 위치한다. 문화유산인 수로제도는 취수지, 취수원, 수로, 분배 水曹와 가장 높은 단일 홍예랑(虹霓廊)으로 세 워진 수도교를 포함한다. 프란시스코파 修士[(성 프란시스 아시시/St. Francis of Assisi, 서기 1181년/1182년-서기 1226년 10월 3일)를 따르는 교파] 파드레 템블레크가 주도하고 그 지방의 행정지원을 받아 세워진 이 수로제도는 로마 물 관리 전통과 아도비 흙벽돌을 이용하여 건물을 짓는 중남미 기술전통이 합쳐진 것이다.

30. 테우아칸-쿠이카트란 계곡: 中美의 최초의 거주지(Tehuacán-Cui-catlán Valley: Originary Habitat of Mesoamerica: 복합, 2018):

中美에 속하는 테우아칸-쿠이카트란 계곡은 북아메리카 전역에 걸친 풍요롭고 다양한 생물이 함께 살고 있는 건조 혹은 반 건조 지 대이다. 이곳은 자포티트란-쿠이카트란(Zapotitlán-Cuicatlán), 산후안

라야(San Juan Raya)와 퓨론(Purrón)의 세 지역을 이루며 세계적으로 위험에 처한 다양한 仙人掌科(cacti family)들의 중심 서식지이다. 이곳은 용설란(agaves), 유카(yuccas, 용설란 아과)와 참나무 속 식물(oaks)을 포함하여 독특한 환경을 조성하면서 특히 원주 성장 선인장(columnar cacti, ceroid cactus, just cereus)은 세계에서 가장 많이 밀집해 서식하고 있다. 여기에서 발견되는 고고학적 유적은 기술적인 발전과 곡물의 재배를 보여준다. 이 계곡에는 中美에서 가장 연대가 올라가며 농업을 기반으로 하는 거주의 형성에 기여한 운하, 샘, 수도와 댐 등 독특한 물 관리체계를 보여준다.

모로코 MOROCCO

1. 페즈의 메디나(Medina of Fez: 문화, 1981):

서기 9세기경 건립된 성벽으로 둘러싸인 도시로 세계에서 가장 오래된 대학이 있는 페즈(Fez)는 마리니드(Marinid) 지배하의 서기 13세기-서기 14세기에 전성기를 맞았다. 이스람의 도시인 메디나 페즈(Marrakesh에서 옮겨옴)에는 이 시기에 속하는 교육기관, 궁전, 주택, 隊商의 숙소, 사원, 분수 등의 중요한 문화유적들이 산재하고 있다. 비록 모로코의 행정수도가 서기 1912년 라바트(Rabat)로 천도해 갔지만 이곳은 아직도 문화·정신적인 중심지로서의 지위를 잃지 않고 있다. 이곳에 남아있는 중요한 문화유적은 Bou Inania Madrasa(교육기관, 서기 1351년-서기 1356년), Al-Attarine Madrasa(교육기관, 서기 1323년-서기 1325년), University of Al-Karaouine(대학, 서기 859년), Zaouia Moulay Idriss II(靈廟, shrine), Dar al-Magana(물시계, 서기 1357년) 등 이다.

2. 마라케쉬의 메디나(The Medina of Marrakesh: 문화, 1985):

서기 1070년-서기 1072년에 알모라비드(Almoravids)에 의해 건설된 정치·경제·문화의 수도로 서구 무스림 세계에서 안달루시아에까지 영향이 미쳤다. 이 시대에 지어진 Koutou biya사원, Kasbash(조그만 도시인 메디나, 요새), 총안이 있는 성벽과 기념문이 남아 있다. 후에 지어진 건물로는 Bandiâ 궁전, Ben Youssef Madrasa 학교, Saadian 무덤, 저택, Jamaâ 궁전과 야외극장 등이 남아있다.

3. 아이트-벤-하도우(Ksar of Ait-Benhaddou/Aït Benhaddou: 문화, 1987):

마라케쉬 남쪽 Ouarzazate 30km에 위치한 서기 11세기에 흙벽돌로 지어진 전통적인 원시 사하라인들의 성채, 정치적·종교적 지배자들이 살던 카스바(Kasbah)와 일반거주지, 정문과 공통곡식창고가 남아 있으며 이곳은 현재 야외촬영지로도 이용되고 있다. Ksar/Kasar는 소형 전통가옥이 모여 있는 마을을 의미한다.

4. 메크네스 역사도시(Historic city of Meknes: 문화, 1996):

메크네스는 서기 11세기 알모라비드(Almoravids)가 군사적 주거요새로서 설립하였는데, Alaouite 왕조의 수도로서 술탄 모레이 이스마일(Moulay Ismail, 서기 1672년-서기 1727년)의 지배 때 서기 17세기의 소국가들인 마그레브(Maghreb, 20세기 근대국가가 출현하기 이전 모로코, 알제리, 튀니지, 리비아, 모리타니아의 북아프리카 다섯 나라에서 사용되는 조그만 나라의 개념)에 큰 문을 가진 스페인-무어 양식의 건물들이 섞여 조화를 이룬 인상적인 도시로 바꾸어 놓았다. 메크네스는 25km의 성벽으로 둘러싸여 있으며 Bab Mansor 같은 문들이 나 있었다. 그 안에는 80여 종의 문화유적이 있는데 그중 사원, 교육기관, 목욕탕, 隊商들의 숙소 등이 중요하다.

5. 볼루빌리스 고고학지역(Archaeological Site of Volubillis: 문화, 1997):

메크네스 근처 기원전 3세기 신석기시대 위층에 자리 잡은 카르타고의 집자리 위에 다시 건설된 모리타니아(Maurerania)의 수도는 로마 제국의 서쪽 중요한 전초기지가 되고 모리타니아로 불리는 로마의 아프리카(Roman Africa)의 행정적 중심지로 아름다운 건물들로 뽐내었다. 이 유적은 비옥한 농업지대에 위치해 많이 남았다. 로마인들은 서기 3세기 말 이곳으로부터 철수하였다. 그리고 서기 4세기에는 지진으로 이 도시가 파괴된 모양이다. 볼루빌리스는 서기 788년 이드리시드(Idrisid) 왕조를 건설한 이드리스(Idris) I세의 수도가 되었고 그도 서기 791년 죽어 그 옆 모레이 이드리스(MoulayIdris) 시에 묻혔다. 여기에는 쥬피터 신전과 성당 등이 남아있다.

6. 테투안의 메디나(The Medina of Tétouan—formerly known as Titawin: 문화, 1997):

서기 8세기 이후 모로코와 안달루시아(Al-Andalus)와의 접촉을 위한 중요한 역할을 했던 이스람 시기의 중요한 도시로 스페인의 국토회복운동 [Reconquista/reconquest: 이스람의 기독교 서고트 왕국(Visigoth) 렉카레르 I세부터-아르도 왕까지, 서기 586년-서기 721년]에서 쫓겨난 안달루시아의 난민이 세운 것으로 안달루시아의 영향을 많이 볼 수 있다. 그리고 그라나다가 서기 1492년 마지막으로 스페인의 영토로 편입되자 그라나다의 난민들이 와서 다시 재건하였다. 여기에는 대리석으로 만든 분수, 벽의 조각과 칠, 마룻바닥, 기둥, 초석 등에서 스페인의 그라나다(Alhambra of Granada)에서 사용되던 수법을 그대로 엿볼 수 있다. 그리고 밖으로부터의 영향을 받지 않아 당시 전통적인 가옥들의 모습을 그대로 보존하고 있는 역사적 도시이다.

7. 에사우리라의 메디나[Medina of Essaouira(formerly Mogador): 문화, 2001]:

요새라는 의미의 에사우리라(옛 이름은 안전한 항구라는 의미의 모가도르임)는 서기 18세기 후반 술탄 모하메드 Ⅲ세가 불란서 건축기사인 테오도르 코르누(Théodore Cornut)를 지휘해 유럽의 군사건물양식을 그대로 모방하고 스페인 대포들을 수입해 설치한 해안 요새화된 항구도시로 모로코와 배후, 사라하 사막 지역과 유럽을 잇는 전 세계에 50여 개의 지점을 둘 정도로 번창하던 국제 무역항의 역할을 하였다. 무역품은 주로 설탕, 당밀, 상아, 향신료, 열대목재, 측백나무로 만든 목공예품 등이다. 이곳에는 성벽과 도시 내부로 들어가기 위한 5개소의 성문이, 그리고 지금은 이주한 유태인의 주거지와 교회(synagogue) 등이 남아있다. 이 항구는 말리의 팀북투(Timbuktu)로 가는 관문이기도 하였다.

8. 포르투갈의 마자간 시[Portuguese City of Mazagan(El Jadida): 문화, 2004]:

마자간 항구의 요새화한 도시는 서기 1502년 카사브랑카에서 서남쪽 90km 떨어진 현재의 쟈디다(Jadida) 시에 서기 16세기 초 건설되었으나 서기 1769년 모로코인들의 손으로 넘어갔다. 요새는 보루와 甕城을 갖춘 르네상스식 설계로 되었다. 현존하는 포르투갈의 건물들은 수도원과 聖母蒙召昇天교회인데 고딕 말기의 Manueline(포르투갈의 후기 고딕양식) 양식으로 지어졌다. 이곳은 포르투갈 탐험가/식민 개척자들이 인도로 가기 위해 정착한 초기의 도시로 건물, 기술과 마을에서 유럽과 아프리카 모로코 문화의 상호교류 흔적을 볼 수 있다.

9. 현대와 역사 도시 라바트(Rabat, modern capital and historic city: a shared heritage: 문화, 2012):

라바트는 모로코 서북쪽 대서양 연안에 과거 아랍-무스림과 현대 서구사이 풍요한 교역의 산물이다. 등재된 라바트 시는 서기 1912 년-서기 1930년대 프랑스 보호국 하에 만들어진 新都市로 왕립, 행정구, 거주와 상업지역, 에세 자르당(Jardins d'Essais) 植物園과 娛樂園 등을 포함한다. 이들의 일부는 서기 12세기경까지 거슬러 올라가는 舊都市에 속하기도 한다. 신도시는 서기 20세기 아프리카에 건설된 규모가 크고 야심적인 근대 도시 계획을 골고루 갖추었다. 舊都市는 서기 1184년에 문을 연 하산(Hassan) 사원, 서기 17세기 무어 족 혹은 안다루시아 公國의 유적과 함께 유일하게 남아 있는 알모하드 칼리프(Almohad caliphate, 알모하드 제국은 서기 1121년-서기 1269년 존속)의 수도를 보호하는 알모하드(Almohad) 성벽과 대문도 포함하고 있다.

모리셔스 MAURITIUS

1. 아프라바시 선착장 유적지(Aapravasi Ghat: 문화, 2006):

1,640m²의 루이스 항구는 영국정부가 노예 철폐운동에 따라 '대 실험'이라고 할 수 있는 노예를 대신할 자유계약직 노동자를 인도로부터 처음 받아들이고 이들의 분산도 행했던 아프라바시가트 또는 이

주항구이다. 이곳에 온 계약노동자는 주로 인도인들로 50만이나 되고 서기 1834년-서기 1920년까지 이곳의 사탕수수농장에서 일하거나 리유니온 섬, 오스트레일리아, 아프리카의 동·남부, 카리브 해 연안국으로 옮겨가기도 했다. 아프라바시가트 항구 건물은 당시 이렇게 많은 인구의 이동과 전 세계 경제체제에 대한 증거물이 된다.

2. 르 모네 문화경관(Le Morne Cultural Landscape: 문화, 2008):

모리셔스 서남쪽 인도양의 울퉁불퉁한 르 모네 섬의 문화경관은 서기 18세기 서인도제도의 '산속의 흑인(도망친 노예)'들이 도피처로 삼았던 곳으로 그들은 그들의 전통을 유지한 조그만 집단을 형성했다. 고립되고, 나무가 울창하고, 접근할 수 없는 절벽으로 이루어져 도망친 노예들은 이 섬의 동굴이나 산꼭대기에서 조그만 주거를 형성하였다. 아프리카 본토, 인도, 동남아시아로부터 잡혀와 노예의 무역 도중 도망친 노예들과 관련된 口傳들은 르 모네 섬을 노예들의 자유를 위한 투쟁, 고통, 희생의 상징으로 삼았다. 모리셔스는 노예무역로의 도중 기착지로 이 과정에서 탈출한 많은 수의 노예들이 살던 라모네 섬은 노예들의 공화국으로도 불리어졌다.

모리타니아 MAURITANIA

1. 오우아데인, 칭게티, 티치트, 오왈래타의 고대마을(Ancient Ksour of Ouadane, Chinguetti, Tichitt, Oualata: 문화, 1996):

고대의 마을(ksour)들인 오우아데인(Ouadane, 서기 1147년 건립), 칭궤티(Chinguetti, 서기 13세기 건립), 티치트(Tichitt, 서기 1150년 건립)와 오왈래타(Oualata, 서기 1076년에 세워졌으나 서기 1224년 재건됨)는 서기 11세기-서기 12세기에 건설된 고대 사하라사막을 횡단하는 무역로를 따라 나있는 隊商(카라반)들의 무역 및 종교중심지로 이스람 문화를 이해하는데 매우 중요한 곳이다. 이 마을들을 보면 그들은 서기 11세기에서 서기 16세기 사이 진화해온 이스람의 마을과 도시조직이 그대로 남아있다. 內庭(안뜰)을 가진 집들이 사원과 尖塔 주위에 난 좁을 길옆에 모여 있다. 여기에서 서부 사하라의 유목민들의 생활이 중심이 되는 전통적인 방식을 보여준다. 특히 칭궤티는 카이로우안(Kairouan), 메디나(Medina), 예루살렘(Jerusalem)과 함께 이스람 4대 성지의 하나인 메카(Mecca)로 가는 길목에 자리 잡고 있는 소국들인 마그레브(Maghreb/Maghrib, 서기 20세기 근대국가가 출현하기 이전 모로코, 알제리, 튀니지, 리비아, 모리타니아의 북아프리카 다섯 나라에서 사용되는 조그만 나라의 개념)에로의 순례지 겸 만남의 장소이다. 이곳은 아랍반도까지 가지 못하는 이들의 순례지를 대신한다. 이곳에는 사원, 코란을 모아놓은 도서관, 방형의 첨탑 등이 있어 종교적으로 권위를 인정받고 있다.

모잠비크 MOZAMBIQUE

1. 모잠비크 섬(Island of Mozambique: 문화, 1991):

모잠비크의 요새화한 도시는 섬에 위치하며, 이전 포르투갈인들이 인도로 가기 위한 무역과 해군의 전초기지로서 1507년 설립 이래 계속 사용해온 덕에 건축, 기술, 재료(돌과 모잠비크에서 자주 쓰이는 갈대 macuti가 이용됨)와 장식에 있어서 무척 조화를 이루고 있다. 이 섬은 서기 1498년 바스코 다 가마가(Vasco da Gama)가 서기 1498년 이 섬을 방문하기 오래전 아랍의 항구도시로 조선의 중심지였다. 여기에는 서기 1522년 포르투갈인들이 세운 Nossa Senhora de Baluarte 교회가 서 있다.

몬테네그로 MONTENEGRO

1. 코토르 지역의 자연 및 역사문화유적지(Natural and Culture-Historical Region of Kotor: 문화, 1979):

유럽의 피요르드(fjord, fiord)라고 불리울 정도인 옛날 유고슬라비아에서 분리된 현 몬테네그로의 높이 55m의 첨탑을 상징으로 하는 자연경관이 뛰어난 아드리아 연안에 위치한 코토르(Boka Kotorska) 천연항구는 로마네스크 양식으로 지어진 교회와 聖畵像(icon)이 많이 보존된 예술과 교역의 중심지였다. 구도시는 성벽, 성문, 성루 등이 잘 보존된 중세의 성채와 서기 1166년에 지어진 성 트리폰(Tryphon) 성당, 인공 섬으로 그 내부에 순조로운 항해를 祈願해 받친 2,000여 개의 銀板장식으로 유명한 바위 위의 마리아(Our Lady of the Rock) 성당, 성 그레고리(St. George) 성당 등의 건물이 매우 중요한 문화유산이다. 그중에는 로마와 비잔틴 제국으로까지 거슬러 올라가는 것도 있지만 대부분의 성채와 부속 건물은 베네치아(Venetian) 공화국의 지배하에 만들어졌으며 오스트리아의 지배 때에도 改造가 이루어졌다. 서기 1945년 유고슬라비아로 편입되었다. 이곳은 자연과 역사의 조화가 잘 이루어진 곳이다. 서기 1979년 4월 15일 대지진으로 많은 곳이 파괴되었으나 유네스코의 도움으로 대부분 복구되었다.

2. 스테치−중세 묘비(Stećci−Medieval Tombstones: 문화, 2016):

  → 세르비아 5항을 참조할 것

3. 서기 15세기−서기 17세기의 베네치아 공화국의 방어성벽(The Venetian Works of defence between 15th and 17th cemturies: 문화, 2017):

  → 크로아티아 8항을 참조할 것

몽골 MONGOLIA

1. 오르혼 계곡 문화유산지역(Orkhon Valley Cultural Landscape: 문화, 2004):

  이곳은 청동기시대 카라숙(Karasuk, 기원전 13세기−기원전 8세기)의 사슴돌(Stagstone), 板石墓를 비롯하여 위굴제국(維吾尔, 回紇: 위굴 제국은 서기 744년−서기 840년임, 위굴제국은 키르기스/點戛斯에 망하며 키르기스는 서기 9세기 말−서기 10세기경까지 존재)의 수도 칼라코토(Khara khoto)의 흔적도 보인다. 그리고 서기 13세기−서기 14세기 칭기즈칸이 세운 몽골제국(서기 1206년−서기 1368년)의 수도였던 카라코룸(Karakorum/Kharkhorum/하라호룸/카르호럼)의 궁전터, 돌거북, 티베트의 샤카파[Sakya 샤카 사원에서 유래. 1267년 이후 팍파국사가 元 蒙古(元, 서기 1206년−서기 1368년) 쿠빌라이 世祖의 스승으로 티베트 불교가 원의 국교로 됨] 불교의 영향 하에 만들어진 에르벤쥬 사원(서기 1586년)도 포함된다.

2. 알타이 산맥의 암각화들(Petroglyphic Complexes of the Mongolian Altai: 문화, 2011):

3개소의 유적에서 발견되는 여러 군데의 岩刻畵들과 장례유적들은 과거 12,000년 간 몽골지역에서 문화의 발전을 이야기해준다. 가장 앞선 초기의 것은 기원전 11000년-기원전 6000년의 것으로 당시에는 일부 지역은 삼림으로 덮여져 있어 대규모의 사냥이 가능했었다. 그 다음 시기의 암각화들은 목축에로 이행과정을 보여준다. 가장 최근의 암각화들은 기원전 1000년경 초기의 스키타인(Scythian) 문화와 그보다 좀 더 늦은 서기 7세기-서기 8세기경의 突厥(투쮜에, 튀르크, 타쉬티크: 서기552년 柔然을 격파하고 유목국가를 건설. 돌궐 제2제국은 서기 682년-서기 745년임, 서기 7세기-서기 8세기)족들의 말에 의존하는 유목민족문화를 보여준다. 이들을 통해 아시아 북쪽에 살던 집단들의 생활과 문화를 이해할 수 있다.

3. 위대한 부르칸 칼둔 산과 주위 신령스런 경관(Great Burkhan Khaldun Mountain and its surrounding sacred landscape: 문화, 2015):

몽고 북동쪽 켄티이(Khentii) 주 바트쉬리트 소움(Batshireet soum)에 위치한 빈터(Binder)산과 그와 관련된 문화유산은 몽골에서 가장 신령스러운 부르칸 칼둔 산이 자리 잡고 시베리아 타이가(taiga)의 침엽수림대가 광대한 중앙아시아 초원지대(Central Asian steppe)와 만나는 켄티이 산맥과 분리될 수 없다. 문화유산과 신령스런 부르칸 칼둔 산은 같은 지역에 위치하며 이 산을 배경으로 나타난 역사-문화경관을 보여준다. 부르칸 칼둔은 신령스런 산과 강의 숭배의 대상이며 여기에는 옛날부터 전해 내려오는 샤만종교(巫敎, 薩滿敎, shamanim)의 표시인 돌무더기(shamanistic cairn/heap/rock piles) 오보(敖包/鄂博 áobāo, ovoo, Mongolian oвoo)가 보인다. 이 지역은 몽고족을 통일한 징기스칸 (Genghis Khan/Temüjin, 서기 1162년경-서기 1227년 8월 18일, 서기 1206년

강원도 원주 가현동 국군병원
신축부지에서 나온 石製短劍

Ukok Vertec Koldgin(little
river) 1호에서 출토된 청동단
검과 칼집(기원전 8-기원전 7
세기경, 서기 1994년 8월 7일,
필자 촬영)

러시아 노보시빌리스코 시 야외박물관에 전시 중
인 몽골의 사슴돌(Stagstone, Karasuk, 기원전
13세기-기원전 9세기경, 서기 1994년 필자 촬영)

몽골 홉스골 아이막의 하르만 출토 청동솥(鍑)과 찬드만 유적 출토 토기
(충북대학교 양시은 교수 제공)

봄-서기 1227년 8월 18일 그가 세운 몽고제국을 통치)이 탄생하고 묻힌 곳
으로 전해진다.

미국 UNITED STATES OF AMERICA

1. 메사 베르데(Mesa Verde: 문화, 1978):

콜로라도(Colorado) 주 몬테주마(Montezuma)읍에 위치한 메사 베르데(스페인어로 green table이란 의미) 국립공원(211km², 서기 1906년 6월 29일 지정) 안의 아나사지(Anasazi)족으로 알려진 고대 푸에블로(Pueblo)족이 중남미 고고학 편년상 古典期(Classic Period)인 서기 8세기경부터 서기 1300년경까지 살던 인디언족의 전통주거지로 북미에서 규모가 가장 큰 岩陰절벽궁전(Cliff Palace)을 포함해서 절벽 위에 굴의 형식을 빌리거나 절벽 입구 아래에 만든 특이한 집들로 잘 알려져 있다. 그런데 서기 1300년경 이곳에 일어난 장기간의 가뭄으로 인해 모두 떠나 버리고 廢墟가 됨. 그들의 후손은 후일 푸에블로족으로 알려져 있다. 여기에는 150개의 방과 223개의 키바(Kiva, 회의·의식장소)가 있는 절벽궁전을 비롯하여 웨더릴 메사(Wetherill Mesa)에 위치하며 서기 1960년대 발굴된 4층 높이에 94개의 방과 대규모 키바와 영적인 교류를 위한 시파부 구멍(sipapupits), 수직 벽과 벽기둥이 있는 머그잔 집(Mug House), 챠핀 메사(Chapin Mesa)에 위치하며 벽과 천장이 잘 복원된 가문비/전나무 집(Spruce TreeHouse), 가장 높은 방형탑을 가진 方塔의 집(Square Tower House, 서기 1200년-서기 1300년), 저수지(Mesa Verde Reservoirs), 발코니 달린 집(Balcony House, 1884년 3월 20일 S. E. Osborn에 의해 발견되었으며, 서기 1910년 Jesse Nusbaum에 의해 발굴) 등의 유적이 있다. 이 아나사지의 문화를 고고학적으로 Basket Maker II(서기 1년-서기 450년, 토기가 없으며 수혈움집에서 생활하며 옥수수와 호박을 재배, 서리/또아리 쌓기로 만든 coiled basket이 출현)→ Basket Maker III(서기 450년-서기 700/750년, 토기가 있으며 원형-방형 수혈움집에서 생활하며 키바가 있음,

갈돌 mano/metate가 있음)→ Pueblo I(서기 700년-서기 900년, 키바가 있으며 흙벽돌집에서 생활하며 면화를 재배함)→ Pueblo II(서기 900년-서기1100년, 돌로 벽을 만든 저택과 같은 집과 키바가 있음)으로 편년하고 있다.

푸에블로의 유적으로는 콜로라도의 메사 베르데 절벽궁전이외에 뉴멕시코주 첼리 캐년의 白宮(White House Ruins, Canyon de Chelly National Monument), 뉴멕시코주 차코 캐년의 푸에블로 보니토 대저택(Pueblo Bonito, the largest of the Chacoan Great Houses, stands at the foot of Chaco Canyon's northern rim)과 뉴멕시코주 푸에블로 데 타오스(Pueblo de Taos)가 있다.

2. 독립기념관(Independence Hall: 문화, 1979):

이 건물은 펜실바니아 주 필라델피아 시의 Independence National Historical(4가-5가 사이의 Chestnut St.)에 위치하며 서기 1732년에 시작하여 서기 1753년에 완공을 본 붉은 벽돌의 펜실바니아 주 주 의회 건물이었다. 가장 높은 종탑의 높이가 지상에서 41m에 이른다. 이곳은 서기 1732년-서기 1799년 주 의회 건물로서 원래 영국식민지정부가 들어서 있었다.

두 개의 작은 건물인 동쪽의 구시청사(Old City Hall)와 서쪽의 의회 건물(Congress Hall)이 독립기념관에 부속되어 있다. 서기 1775년-서기 1783년 제2의 대륙회의의 장소로, 서기 1787년 여름 헌법제정 총회의 장소였다. 미국 독립백주년 박람회 때 만들어진 자유의 종(Liberty Bell, Independence Hall Belfry, 서기 1876년)과 필라델피아 시와 주 의회를 묘사한 지도(서기 1752년)도 있다. 이곳에서 독립선언(서기 1776년 7월 4일)과 미합중국헌법(서기 1787년 9월 17일 완성, 서기 1789년 3월 4일부터 효력)이 이곳에서 통과·인준되었다. 독립선언서와 헌법에 공표된 자유와 민주주의의 원칙은 미국의 역사와 전 세계의 立法에 깊은 영향을 미쳤다.

3. 카호키아 역사유적(Cahokia Mounds State Historic Site: 문화, 1982):

일리노이주 콜린스빌 부근에 있으며 Woodland Culture(서기 700년-서기 1900년)와 Mississippian Culture(서기 900년-서기 1150년) 사이 미시시피 강 유역에 살던 카호키아 인디안들의 거대한 구릉 유적으로 서기 1964년 6월 19일 National Historic Landmark로 처음 등록되었다. 여기에는 높이 28m, 길이 290m, 폭 255m의 Monks Mound를 비롯하여 우드헨지(Woodhenge), 120개의 인공구릉이 포함된 8.9km²의 거대한 도시 광장(Grand Plaza), 한 때 8,000-40,000명이 살았던 것으로 추정되는 고대도시, 카호키아의 독수리 전사(the falcon warrior) 또는 鳥人(bird man)인 40대 중요한 지배자의 무덤으로 알려진 Mound 72 등의 유적이 있다. 그리고 미국 미주리주 센트루이스 시 외곽 서기 1050년-서기 1250년경 전성기에 거주했던 카호키아(Cahokia)족에게 씨페토텍(Xipe Totec)이란 신 앞에서 옥수수의 여신이 된 여인을 나무에 묶어 화살을 여러 발 쏘는 고문의 형식을 취하며 옥수수의 생산과 정을 상징한 인신공양이 있었는데 이는 후일 서기 1838년 대평원에서 서기 1300년 경에 일어난 장기간의 가뭄으로 인해 사라진 카호키아족의 직계후손이라 여겨지던 포니족(Pawnee)에게서도 볼 수 있었던 옥수수의 풍작기원으로 멀리 마야→ 아즈텍→ 카호키아→ 포니를 걸쳐 내려오던 중미의 전통적 의식이었다. 이 문화를 고고학적으로 Early Woodland(기원전 500년-기원전 100년)→ Middle Woodland(기원전 100년-서기 300년)→ Late Woodland and Mississippian Complex(서기 700년-서기 1200년)→ Middle Mississippi(서기 1200년-서기 1700년, Cahokia 지역의 킨케이드/Kincaid와 엔젤/Angel 유적 등)로 편년하고 이를 다시 Burial Mound I(기원전 300년-서기 300년, Adena 문화)→ Burial Mound II(서기 300년-서기 700년, Hopewell 문화: 이미 기원전 300년-서기 300년 사이에는 호프웰리안 통상권인 Hopewellian Interaction Sphere가 존재함)→ Temple Mound I(서기 700년-서기 1200년, Southern death culture)→ Temple Mound II(서기 1200년-서기 1700년)으로 세분한다.

4. 푸에르토리코 소재 라 포탈레자·산후안 역사지구(La Fortaleza and San Juan Historic Site in Puerto Rico: 문화, 1983):

서기 15세기-서기 19세기의 유럽식 군사건축물인 요새(La Fortaleza)가 스페인에 의해 전략요충지인 카리브 해 신대륙 연안 도시와 산 후안(San Juan) 만을 보호하기 위해 만들어졌다. 산타 카타리나 궁전(Palacio de Santa Catalina, Santa Catalina Palace, 170명의 총독이 이곳에서 살았음)으로 알려진 이 요새는 현재 푸에르토리코 지사 公館으로 이용되고 있는데 서기 1533년-서기 1540년 산 후안 灣을 보호하기 위해 지어졌으며 신대륙에서 가장 오래된 행정 건물이다. 서기 1640년 이 요새의 복원 때 요새 밖에 있던 산타 카타리나 교회가 붕괴되어 요새 안쪽으로 옮겼다. 그래서 산타 카타리나 궁의 이름도 그렇게 해서 생겨났다. 서기 1898년 미국이 스페인과의 전쟁에서 이긴 후 푸에르토리코는 미국령이 되었는데 그 이전 네덜란드(서기 1625년)와 영국(서기 1783년)군의 침공을 수차례 받아왔으나 요새의 견고함 때문에 잘 방어해 왔었다. 마지막 스페인 총독은 리카르도 데 오르테가(Ricardo De Ortega)로 미국에 푸에르토리코를 넘겨주기 전 자신의 칼로 시계를 쳐 푸에르토리코 역사의 시간을 멈추게 하였다는 일화가 있다.

5. 자유의 여신상(The Statue of Liberty: 문화, 1984):

'세계를 밝히는 자유'(Liberty Enlightening the World)라는 자유의 여신상은 프랑스에서 미국 독립 100주년을 축하하기 위해 프랑스에서 제작한 콘크리트 구조를 보내와 서기 1886년 10월 28일 미국에서 조립하여 허드슨 강 하류 뉴욕항의 리버티 섬(Liberty Island)에 설치하였다. 프레데릭 아우귀스트 바르톨디(Frédéric Auguste Bartholdi)가 조각하고, 서기 1889년 3월 31일 에펠탑을 완공한 귀스타프 에펠(Gustave Eiffel)의 기술 책임자 모리스 쾌흐린(Maurice Koechlin)이 내부구조를, 그리고 유진 비오렛 레 둑(Eugéne Viollet-le-Duc)이 자유의 여신상의 건축에 쓰일 구리의 선택과 안쪽을 쳐 바깥쪽을 두드러지게 하는 repoussé 기술을 맡았다. 여신상의 높이는 46m, 기단까지 합치면 93m이며 내부는 엘리베이터를 타고 전망대까지 오를 수 있다. 이 여신상은 파리의 에펠탑처럼 미국과 뉴욕의 대표적인 상징물이 되었다.

6. 차코 문화역사공원(Chaco Cultural National Historical Park: 문화, 1987):

서기 850년-서기 1250년 사이 뉴멕시코(New Mexico) 주 산 후안(San Juan)과 멕킨리(McKinley) 읍의 차코 골짜기(Chao Canyon) 국립역사공원에 살던 푸에블로(Pueblo) 인디안 문화유적으로 서기 1150년경 장기간의 가뭄으로 인해 챠코인들이 다른 곳으로 이주해가 폐허가 되었다. 챠코인들은 계곡의 바닥 14km에 걸쳐 주거복합을 형성하였는데 18.6년의 달 주기표에 맞춘 담장 있는 주거군을 형성하기도 하였다. 14개의 큰 집(Great Houses)이 알려져 있는데 9개의 큰 집은 차코 워시(Chaco Wash)의 북쪽 사암의 대지 위에, 다른 큰 집은 계곡의 지리적인 위치에 따라 형성되었다. 각각의 큰 집은 200개 또는 700개까지의 방을 갖고 있으며 여기에 의례중심지와 회의실인 키바가 29개의 방당 하나 꼴로 배치되어 있다. 큰 키바는 직경 19m나 되는 것도 있다. 가장 중요한 것은 퓨에블로 보니토(Pueblo Bonito, Beautiful village)로 650개의 방을 갖고 있다. 이외에도 서기 1050년-서기 1075년 사이에 지어지고 서기 12세기까지 존속한 퓨에블로 델 아요로(Pueblo del Arroyo)와 외곽지구(Outliers)의 주거흔적과 초승달, 손과 超新星을 묘사한 암각화도 발견된다. 그리고 목재를 운반하던 것으로 추정되는 폭 9.1m의 길이 97km에 이르는 6개의 길(Chacoan road system)이 각 마을과의 연결망을 형성하고 있다. 이 문화는 메사 베르데(Mesa Verde)의 Pueblo II(서기 900년-서기 1100년, 돌로 벽을 만든 저택과 같은 집과 키바가 있음)에 이은 Pueblo III(서기 1100년-서기 1150년/1300년, 岩陰절벽 주거인 Pueblo Bonito)과 Pueblo IV[서기 1300년-서기 1600년, 200-2,000개의 읍으로 형성되는 규모로 증가되고 규모가 큰 키바와 카치나 의식(Kachina cult)이 있음]기에 속한다고 편년한다.

7. 몬티셀로와 버지니아 대학(Monticello and the University of Virginia in Charlottesville: 문화, 1987):

미국독립선언문을 기초하고 제 3대 대통령이 된 토마스 제퍼슨(서기 1743년-서기 1826년)이 버지니아 주 샤롯테빌(Charlottesville) 근교 자기 소유의 땅에 이탈리아 르네상스 건축가 이탈리아 신고전주의 안드레아 팔라디오(Andrea Palladio, 서기 1508년 11월 30일-서기 1580년 8월 19일)의 책에 언급된 신고전주의 원칙을 따라 스스로 설계한 몬티첼로(Monticello) 농장, 집(서기 1769년-서기 1809년)과 대학과 캠퍼스(서기 1817년-서기 1826년)로 해발 260m의 얕튼 언덕 위에 세워졌다. 대학 건물은 제퍼슨이 고전에 의존한 건축적인 표현으로 유럽전통의 계승자로서의 새로운 미국의 열망과 성숙된 나라로서 기대할 수 있는 문화적 실험을 구현한 신고전주의 양식을 전개하고 있다. 이 건물은

토마스 제퍼슨 재단에서 관리하고 있다. 이 건물은 서기 1953년 $2
의 지폐 뒷면에 실기기도 하였다.

8. 푸에블로 데 타오스(Pueblo de Taos: 문화, 1992):

리오그란데 강 지류인 레드 윌로우 크리크(The Red Willow Creek) 또
는 리오 퓨에불로(Rio Pueblo) 강 사이에 위치한 타오스 푸에블로(Taos
Pueblo, 현재 타오스 시 북쪽 1.6km Northern Tiwa에 위치) 미국 토착 인디언
의 흙벽돌(어도비/adobe)로 지어진 주거 군으로 아리조나와 뉴멕시코
주의 퓨에블로 인디언의 문화를 대표한다. 이들은 붉은 갈색의 흙벽
돌로 지어진 다층의 건물로 약 1,000년 이상 지속되어 왔으며 대개
서기 1000년-서기 1450년 사이에 지어진 것으로 보인다. 현재 다층
의 아파트 건물들과 종교의례 장소인 키바가 남아있다. 그리고 서기
17세기에 스페인군과 함께 들어온 선교사들에 의해 인디안 전통의
어도비 양식으로 지어진 아시시 성당과 제로니모 성당이 남아 있으
며 현재에도 이곳을 지키고 있는 퓨에블로 인디언들은 관광객을 상
대로 생계를 유지하고 있다.

9. 파버티 포인트의 土壘(Monumental Earthworks of Poverty Point: 문화, 2014):

기원전 1700년-기원전 1100년 사이 3-4개의 土壘, 직경 600m-
1200m에 이르는 6개의 동심원을 이루는 반타원형의 능선, 가장 안쪽
이랑에 의해 구획되는 14-35hr 넓이를 가진 대규모의 편평한 광장,
여러 개의 낮은 경사 지역을 구성하는 흙으로 쌓은 건조물 단지가
미시시피 강의 서쪽 둑에서 멀지 않은 강어귀(늪이 있는 지류)에 만들
어졌다. 이 구릉은 생활공간으로 이용되었을 것으로 보인다. 미국에

서 두 번째로 큰 3개의 토루 중, 하나는 외벽을 형성하며 나머지 두 개는 안쪽에 만들어 지고 있다.

이 유적은 루이지아나주 웨스트 캐롤 패리쉬(West Carroll Parish) 내 엡스(Epps)시 근처 마촌 능선(Maçon Ridge)에 위치하며 넓이는 3681.61hr (910.85acres)로 서기 1988년 10월 31일 국립공원(National Park Service)으로 지정되었다. 파버티 포인트(Poverty Point, Pointe de Pauvreté)는 선사시대 파버티 포인트 문화(Poverty Point culture)에 속하는 토루로 미국 남부의 역사기념물로 지정되어있다. 파버티 포인트는 기원전 1650년-기원전 700년 사이 미국고고학의 편년 상 아케익기(Archaic period, 古期)에 토착인인 파버티 포인트 문화인들이 쌓은 여러 개의 토루와 구릉을 포함한다. 이 문화는 미시시피 강 삼각주를 가로지른 160km에 걸쳐있다. 파버티 포인트를 쌓은 원래의 목적은 잘 모르고 이곳이 주거지, 무역중심지, 의례를 위한 종교 단지 등의 여러 가능성만 제시되었다. 910acre(1.42sq mi, 3.68km²) 넓이의 유적은 북미고고학 편년 상 古期에서 발견된 가장 규모가 크고 복잡한 토루를 가진 집자리와 의례 유적으로 기술되어 왔다. 이 유적은 근처 파버티 포인트란 농장에서 이름을 따온 이후 서기 20세기에 고고학자들의 관심을 끌어 여러 번의 발굴이 이루어졌으며 종교와 儀禮를 포함한 구릉 유적으로 생각을 해오면서 여러 다른 이론들이 발표되었다. 파버티 포인트 유적은 토루로 만들어 졌으며 핵심은 가운데 500acres(2.0km²)인데 고고학자들은 전체적인 주거는 강안 단구를 따라 5km의 길이에 걸치고 있음을 밝혀내고 있다. 기념비적인 건조물은 6개의 동심원, 강둑에 있는 중심으로부터 퍼져나가는 5개의 통로에 의해 분리되는 초승달 모양의 능선이다. 그리고 둥근 토루의 안과 밖에 여러 개의 구릉이 형성되어 있다.

① 이곳 기념물의 중심부분은 6개의 동심원문의 토루이다. 각각은 回廊에 의해 분리되어 있다. 능선을 세 부분(이전에는 다섯)으로 분리하는 것은 안쪽으로 비스듬히 경사져 바요우 마촌(Bayou Maçon)에 올라가는 진입로이다. 각각의 토루 능선의 높이는 3ft이다. 고고학자들은 원래의 높이는 5ft였다고 믿지만 후일 수세기간 농경지 개간으로 낮아졌다. 외벽 능선의 직경은 대개 ¾마일이며, 안쪽 것은 ⅜마일 정도이다.

② 이러한 능선을 따라 편평한 언덕을 이루는 토루가 있으며 그 중 가장 큰 것이 능선의 서쪽에 있으며 鳥瞰圖로 보았을 때 T-형태를 보이는 것이 구릉 A이다. 이것을 많은 사람들은 이 유적의 우주적인 중심을 나타내는 '새의 구릉(Bird Mound)' 또는 '이승의 고립된 섬'으로 해석하기도 한다. 연구 결과는 이 구릉 A는 3개월 이내 빨리 만들어지고 建造되기 전 방사성동위원소연대(C^{14})에 의하면 기원전 1450년-기원전 1250년 사이에 유적을 덮고 있던 식물을 태워버린 것으로 파악하고 있다. 그리고 토루의 작업에 따라 그 위에 진흙으로 덮었다. 구릉 A는 238,000m³의 흙을 채워 만들었으며 용적으로 보면 동부 미국 전 지역 일리노이 주 차호키아(Cahokia)에 있는 서기 900년-서기 1000년 사이에 건설을 시작한 미시시피 문화의 몽크 토루(Monks Mound) 에 이어 두 번째이다. 토루 A, B, E는 남북 장축선상에 위치한다. A와 B사이에는 물이 흘러가도록 낮은 경사지역을 형성하는데 이 길로 구릉을 쌓을 진흙을 운반했던 것 같다.

③ 구릉 B는 편평하며 원형의 북쪽과 서쪽에 위치하는데 구릉 아래에서는 화장된 재와 人骨 片이 발견되어 이곳이 墓地거나 犧牲된 개인이 묻힌 곳으로 생각된다. 구릉 B를 지나면 자연 전망대가 나오며 이곳에서 여우, 뱀, 흰 꼬리 사슴, 아르마딜로(개미핥기류), 너구리,

다람쥐, 흑 곰을 포함한 이 지역의 동물들을 볼 수 있었다. 자연 전망대를 지나면 물결치는 듯한 능선의 높이 2-3ft의 '서북 구릉'의 둑이 나온다. 이 곳 주민들은 광주리나 화살촉을 만드는데 'switch cane'이라고 불리 우는 줄기식물을 이용하였다.

④ 구릉 C는 유일하게 광장 안쪽에 있으며 높이 6.5ft이다. 구릉을 둘로 분리하는 움푹한 구덩이는 서기 19세기 루이지아나 프로이드 읍으로 가는 마차 길로 인해 생겨난 것이다. 이 구릉은 기원전 1550년경에 처음 만들어 졌는데 단면에 나있는 層位는 16개나 되며 마지막 16층은 돔의 형태를 띤다.

⑤ 구릉 E는 '볼 경기 구릉(Ballcourt Mound)'으로 가운데는 편평하며 양쪽에 낮게 움푹 파여 있는데 고고학자들은 중미의 마야문명에서 보이는 볼 경기장을 예상해서 그렇게 이름을 붙였다.

⑥ 타원형의 토루 경내에 던바와 낮은 잭슨 구릉(Dunbar and Lower Jackson mounds)이라 이름 지어진 두 개의 구릉이 더 있다. 던바 구릉은 그 위에 귀한 石屑이 많이 나오는데 사람들이 이곳 꼭대기위에 앉아 보석을 만들던 곳이라고 여겨진다. 이 유적의 남쪽에는 가장 연대가 올라간다고 생각되는 낮은 잭슨 구릉이 있으며 남쪽 끝에는 높이 51ft(16m)의 모트리 구릉(Motley Mound)이 솟아 있다. 원추형의 구릉은 평면 원형으로 높이 24.5ft(7.5m)이다. 이들 세 개의 편평한 구릉들은 다른 구릉보다도 작다. 이 토루를 만들던 사람들은 농경인 보다는 후기 古期의 수렵-채집인들로 생각되며 출토된 유물들은 요리에 사용되던 土球, 토기, 細石器와 尖頭器 등이다.

10. 산 안토니오 선교회 국립공원(San Antonio Missions National Historical Park: 문화, 2015):

미국국립공원 중 매우 특이한 텍사스주에 있는 산 안토니오 선교회 굴립공원(서기 1975년 설립)는 한번 방문으로 모두 볼 수 없는 300년간의 역사와 문화를 지니고 있다. 이곳에는 산호세 선교회(Mission San José)에 있는 공원방문센터를 제외하고 에스파다 관개용수로망(the Espada acequia system, The Espada Aqueduct, 서기 1731년), 산 후안 전시용 농장(the San Juan demonstration farm), 텍사스 프로레스빌 목장(Rancho de las Cabras in Floresville, Texas), 산 안토니오 선교회 국립역사공원(San Antonio Missions National Historical Park)의 독립구역이 있다. 산 안토니오 국립공원에는 산 안토니오 미개척지 선교회 다섯 곳 중 4개가 있다. 이곳 선교회 기지는 가톨릭교의 종교절차에 따라 서기 17·18·19세기 현 미국 서남부에 살던 스페인 식민지의 토착민들에게 기독교를 전파시키려고 설립되었다. 지리적으로 산 안토니오 강 상류인 북에서 하류인 남쪽으로 성모마리아 축일 선교회(Mission Concepción, 서기 1716년 설립), 산 호세 선교회(Mission San Jose, 서기 1720년 설립), 산 후안 선교회(Mission San Juan, 서기 1716년 설립), 에스파다 선교회(Mission Espada, 서기 1690년 설립)가 세워졌다. 공원의 일부인 아스파다 관개용수로망은 강 건너 산 후안 선교회의 정동 쪽에 위치한다. 잘 알려진 알라모(Alamo)의 산 안토니오 선교회(서기 1718년 설립)는 공원의 일부는 아니고 텍사스 주정부의 소유로 되어있으며 'the Daughters of the Republic of Texas'이란 단체에 의해 운영되고 있다. 이곳은 산 안토니오 읍에 있는 성모마리아축일 선교회의 상류에 위치한다.

11. 20세기 건축가 프랑크 로이드 라이트(The 20th century Architecture of Frank Lloyd Wright: 문화, 2019):

프랑크 로이드 라이트(서기 1867년 7월 8일−서기 1959년 4월 9일)는 미국의 근대 건축가로 서기 20세기 초반 그가 설계해 남긴 미국 내의 8개 건물이 문화유산으로 등재되었는데 the Fallingwater(Mill Run, Pennsylvania), the Herbert and Katherine Jacobs House(Madison, Wisconsin)와 the Guggenheim Museum(New York)이 포함된다. 이 건축물들은 그에 의해 고안된 유기적인 건축물 "organic architecture"을 반영하며 여기에는 개방된 평면구조, 안과 밖의 모호한 경계, 강철과 콘크리트와 같은 전례가 없는 재료의 사용 등을 포함한다. 건물의 각각은 주거, 예배, 작업, 휴식을 위한 필요에 혁신적인 해결책을 내놓곤 한다. 이 시기의 라이트의 작품은 유럽의 근대 건축물의 발전에 강력한 영향을, 생전에도 매우 유명했으며, 오늘날까지도 미국의 가장 유명한 건축가로 남아 있다.

미얀마/ 버마(緬甸) Myanmar/Burma

1. 퓨/쀼 고대도시(Pyu Ancient Cities/Pyu city-states, 驃城邦 중 驃国, 문화, 2014):

버마(緬甸)의 역사는 선사시대(11,000년 전-기원전 200년)→ 퓨 도시(城市)국가(Pyu city-states/Sri Ksetra Kingdom, 기원전 200년-서기 1044/서기 1050년)→ 몬 왕국(Mon kingdoms/Mon city-states, 서기 825?년-서기 1057년)→ 파간/바간 왕국시대(Pagan Kingdom, 서기 1044년-서기 1297년 12월 17일)→ 토웅구 왕조(Toungoo Dynasty, 서기 1486년-서기 1752년)→ 콘바웅 왕조(Konbaung Dynasty, 서기 1752년-1855년)→ 영국식민지시대(British Burma, 서기 1937년 4월 1일-서기 1948년 1월 4일)→ 독립(Independence, 서기 1948년 1월 4일)로 이어진다. 오늘날의 버마/미얀마의 전신인 파간

제국의 건국자인 아나우라타(Anawrahta, 서기 1015년 3월 8일–서기 1078년 3월 23일)의 실제 통치 시작해인 서기 1044년(서기 1044년 12월 16일–서기 1078년 3월 23일까지 재위) 이전의 퓨(Pyu) 고대도시국가는 기원전 2세기부터 서기 11세기까지 현재의 북쪽 버마(미얀마)에 존재하던 도시국가들이였다. 도시국가(城市)들은 기록이 남아있는 버마의 최초의 퓨(Pyu) 언어를 사용하는 티베트–버마(Tibeto-Burma)의 남쪽으로의 이동에 의하여 건국되었다. 파간/바간 왕국(Pagan/Bagan Kingdom)이 서기 9세기 말에 나타날 때 고전국가(classical states)들이 시작되는데 그 이전 천 여 년 동안은 청동기시대에 연결되는 '퓨 천년/Pyu millennium'으로 불리어지고 있다. 버마에서 40,000년 전 호모 에렉투스(人科/family, 원인 또는 곧선사람)/family, 원인 또는 곧선사람)이 살고 있었다고 하나(Bowman, John Stewart Bowman 2013) 실제의 고고학적인 증거는 현생인류인 호모 사피엔스 사피엔스(人類種/人種, Homo sapiens, modern man, 현생인류 단계의 신인 또는 슬기 슬기인)로서 기원전 11000년까지 거슬러 올라가며 버마 중앙의 석기시대인 아냐티안(Anyathian)문화로 유럽의 구석기시대 전기와 중기에 해당한다. 샨 고원(Shan Hills)의 산록 타웅지(Taunggyi)시 근처에서 발견된 3개의 동굴은 기원전 10000년–기원전 6000년의 신석기시대에 속한다. 여기에는 동·식물의 사육과 재배와 아울러 마제석기의 사용, 동굴벽화(파다–린, Padah-Lin)도 나타나고 있다. 기원전 1500년경 청동기를 사용하면서 벼도 재배와 함께 닭과 돼지를 사육하였다. 그리고 오늘날 만다라이(Mandalay) 근처에 기원전 500년경 철을 만드는 마을이 나타났다. 그리고 청동으로 장식한 棺과 토기가 부장된 무덤도 발굴되었다. 만다라이 남쪽 사몬 계곡(Samon Valley)에는 기원전 500년–기원전 200년 중국과 교역을 하며 쌀농사를 짓는 마을들이 증가하는 것을 고고학 자료로 알 수 있다.

퓨/뷰 도시(城市)국가(驃城邦 중 驃国, Pyu city-states/Sri Ksetra King-dom, 기원전 200년-서기 1044/서기 1050년)는 기원전 2세기경 티베트-버마 말을 하는 퓨(Pyu)인들이 오늘날 중국 云南省에서 타파인(Tapain)과 쉬웰리(Shweli)강을 경유해 이라와디 계곡에 들어와서 세웠다. 퓨인들의 기원지는 중국 青海省과 甘肅省 코코노르 호(몽고어로 Kokonor Lake는 Blue Lake/Teal Sea이며 중국어로 青海湖/Qinghai Lake/Tsongon Po임)로 밝혀지고 있다. 버마 초기의 정착인인 퓨인들은 구석기시대 이래로 살아왔던 이라와디(Irrawaddy)와 친드윈(Chindwin)강의 합류지점의 고원 전역에서 정착해 살기 시작했다. 퓨 나라의 영역은 남쪽의 스리 크세트라에서 북쪽의 하린, 동쪽의 바나카(Binnaka)와 마인머(Maing-maw), 서쪽의 아야다우퀘(Ayadawkye)에 이르며 남쪽의 스리 크세트라에서 북쪽의 뮤 계곡(Mu valley) 중앙의 카우스케고 고원(Kyaukse plains), 서쪽의 민부(Minbu)지역을 아우른다. 중국 唐나라의 기록은 퓨 나라는 298개의 縣을 포함하는 18개의 소규모의 도시국가(城市, 그중 12개는 성으로 둘러싸임)로 언급하고 있다. 고고학 조사로 5개의 대규모의 성벽으로 둘러싸인 도시와 몇 개의 성벽이 없는 마을을 포함하여 12개의 城市가 버마의 식민지 이전의 세 개의 관개지역에 위치하는 것이 밝혀지고 있다. 이들은 남부 베트남과 남부캄보디아의 후난(Funan, 扶南), 베트남의 참파(Champa, 占城), 태국의 드바라바타(Dvaravati), 크라의 이스트무스(Isthmus of Kra)근처의 탐브라링가(Tambralinga)와 타쿠아파(Takuapa), 수마트라 동남쪽의 비자야(Vijaya) 왕국들과 같은 시기에 속한다. 이들 소국들은 동남아시아의 고전왕국(classical kingdoms)발생의 전조가 된다.

발굴된 5개의 중요한 성벽으로 둘러싸인 5개의 도시국가들과 여러 개의 조그만 읍은 북쪽 버마의 이라와디(Irrawaddy)와 친드윈(Chindwin) 강의 합류지점을 둘러싼 뮤 계곡(Mu valley), 캬우크세 평원(Kyaukse plains), 민부 지역(Minbu region)의 세 개의 주요한 관개지역에 위치한다. 중국과 인도 사이에서 육상교역이 이루어지던 지역으로 퓨 지역은 점차 남쪽으로 영역을 넓혀갔다. 북부 버마의 끝자락에 서기 1세기에 건국한 하린(Halin)은 남쪽 끝에 있던 스리 크세트라(Sri Ksetra, 현 피아이/Pyay 근처)에 의해 서기 7세기-서기 8세기에 대체 될 때까지 가장 크고 중요한 도시였다. 하린 보다 두 배나 큰 스리 크세트라는 가장 크고 중요한 퓨 지역의 중심이었다. 퓨의 문화는 인도와의 교역에 의해 받아들인 불교뿐만 아니라 건축, 정치적 개념 등 여러 면에서 크게 영향을 받았으며 후일 버마문화와 정치적 제도에 지속이 된다. 불교의 달력에 기초를 둔 퓨의 달력은 후일 버마의 달력이 되었다. 아직도 해독이 안 되었지만 브라미 문자(Brahmi script)에 기반을 둔 퓨의 문자는 버마 문자의 기원이 되었다. 천 년 간 지속된 문명은 도시 국가들이 난자오 왕국(Kingdom of Nanzhao)의 반복되는 침입에 의해 파괴되는 서기 9세기경에 와해되었다. 난자오와 함께 들어온 므란마(Mranma, 버마)는 이라와디(Irrawaddy)와 친드윈(Chindwin)강의 합류 지점인 파간/바간에 군사 주둔지와 같은 수도를 세웠다. 퓨의 주거지는 다음 3세기동안 버마의 북쪽에 머물렀지만 파간/바간 제국의 확장으로 점차 흡수되었다. 파간/바간의 언어는 서기 12세기 말까지 지속되었다. 그런 다음 퓨의 역사와 전설은 버마에 흡수되었다.

이제까지 발굴된 12개의 城市가운데 베이크타노(Beikthano), 마인머(Maingmaw), 베인너카(Binnaka), 하린(Halin)과 스리 크세트라(Sri Ksetra)의 5개가 가장 크다.

① 베이크타노(Beikthano)는 관개된 현재의 타웅드윙기(Taungdwingyi)에 가까운 민부지역에 위치하는데 동북쪽으로 수로가 발달된 캬우스케 평원에 접근하며 이제까지 과학적으로 발굴된 가장 오래된 도시이다. 발굴에서는 기원전 200년-기원전 100년에 속하는 건물구조, 토기, 유물, 인골들이 출토되었다. 힌두신 비슈누(Vishnu)의 이름을 따이 도시는 버마 역사상 문화·정치적으로 통일된 국가의 수도일지 모른다. 3km×1km의 장방형 성벽 안 300hr의 넓이에 주거지들이 있다. 성벽과 요새는 6m 두께를 가지며 기원전 180년-서기 610년의 연대에 속한다. 계속되는 도시들과 마찬가지로 성문은 쪽에 있는 성문은 궁전으로 향한다. 佛塔(stupa)과 사원이 성벽 안에서 발굴되었다.

② 마잉머(Maingmaw, Mong Mao)는 캬우세(Kyause)지역에 위치하며, 평면 원형으로 기원전 1000년 기에 속한다. 직경 2.5km, 222hr의 넓이의 마인머는 캬우크세(Kyaukse)고원에서 규모가 가장 큰 고대 도시 중의 하나이다. 성이 두 겹인데 외성은 방형, 내성은 원형이다. 방형 안에 원형의 성을 가진 평면 구조는 서기 19세기 만다라이(Mandalay)가 개념적으로 설명된 것과 같이 해와 땅을 상징하는 12宮을 나타낸다. 죽은듯한 가운데는 난다위야 파야(Nandawya Paya)로 불리 우는 사원이 옛날 사원 터 위에 새로이 건립되어있다. 서기 1979년의 첫 번째 발굴에서 베이크타노(Beikthano)와 베인너카(Binnaka)와 같은 시기의 보석, 은화, 甕棺을 포함하는 많은 유물이 출토되었다.

③ 베인너카(Binnaka)도 역시 캬우크세에 위치하며 여러 점에서 마인머 유적과 유사하다. 벽돌구조 건물도 베이크타노와 다른 퓨의 국가에서 발견되는 것과 같이 벽돌(塼)로 바닥을 깔았다. 발굴에서 불교 발생 이전(석가모니 기원전 623년 4월 8일-기원전 544년 2월 15일)의 유물, 금제 목걸이, 귀중한 석제로 만든 코끼리, 거북이와 사자 像,

퓨 시대의 특징 있는 토기, 퓨 문자를 매우 닮은 글이 새겨진 테라코
타 판, 호박과 옥으로 만들어진 구슬이외에 蝕刻한 얼룩瑪瑙(오닉
스, onyx) 구슬도 출토되었다. 또한 은과 금제의 꽃 장식품과 금제 팔
찌를 鑄造하는 틀(鎔范), 베이크타노와 베인너카에서 발견되는 것과
같은 甕棺도 나왔는데 특히 은제 접시와 같이 만든 금팔찌에는 퓨
문자가 새겨져 있었다. 마인머와 베인너카는 베이크타노와 같은 시
대이다. 베이크타노를 언급하지 않는 기록(연대기)은 퓨 도시국가들
과 같이 구체적인 것은 아니나 마인머와 베인너카를 언급하고 있다.
기록에는 베인너카의 지도자가 버마 말을 하는 사람들의 原鄕인 타
가운(Tagaung)의 멸망에 책임이 있다고 언급한다. 베인너카에는 그곳
에서 발견된 콘바웅(Konbaung) 시대의 종려나무 잎사귀에 써진 기록
(sittan)을 보면 서기 19세기까지 사람이 살고 있었다.

④ 하린(Halin) 또는 허린지(Halingyi)는 버마 식민지 이전 최대의 관개지
역의 하나인 무 계곡(Mu valley)에 위치하며 이제까지 발견된 가장 북
쪽에 있는 퓨의 도시국가이다. 하린의 초기 유물들인 목제 성문은
방사성동위원소연대(C¹⁴)로 서기 70년에 해당한다. 도시는 장방형이
지만 네 귀퉁이는 원형으로 돌아가는 抹角이며 벽돌로 쌓아져 있다.
발굴된 성벽은 동-서 장축이 3.2km, 남-북 장축이 1.6km이다. 내부
는 664hr로 베이크타노의 것보다 두 배나 넓다. 동서남북에 4개의
중요 성문을 포함해 12支에 의해 모두 12개의 문을 갖고 있다. 강과
운하가 시내를 관통해 흐르고 땅에 물을 모아두도록 댐이 형성되어
있어 해자가 필요 없는 남쪽을 제외한 모든 방향에 垓字가 있다. 도
시계획은 후일 버마와 샴의 도시인 수코타이(Sukhothai)의 도시계획
에 영향을 주었다. 예를 들어 성문의 수와 배치는 서기 11세기 파간
(Pagan/Bagan)과 서기 19세기의 만다라이(Mandalay)와 같은 버마의

수도에서 발견된다. 이 시의 배치는 같은 시기 퓨 영역의 마인머와 베이크타노와 아라칸(Arakan)의 단야와디(Danyawaddy)와 웨트하리(Wethali)뿐만 아니라 천년 후에 나타나는 수코타이에서도 발견된다. 하린에 남아있는 사원의 구조는 서기 11세기-서기 13세기의 파간/바간의 사원에 영향을 미쳤다는 것을 보여준다. 발굴된 유물들은 하린의 퓨 문자가 퓨나 버마의 영역에서 가장 오래되었다는 것을 보여준다. 이것은 브라미 문자(마우리안/Mauryan과 굽타어/Guptan)의 초기 경전에 의존하며 스리 크세트라의 문자는 같은 경전의 후기 變形本임을 보여준다. 서기 천 년기에 가장 값나가는 생필품인 소금생산에서 알 수 있는 것과 같이 하린은 서기 7세기경 퓨 도시국가 중 가장 강한 스리 크세트라에 의해 대치되었다. 중국의 기록에 의하면 하린은 난자오 왕국으로부터 끊임없는 침공에 의해 멸망할 서기 9세기 까지 퓨 나라들 중 중요한 위치를 점하고 있었다. 중국의 기록에는 하린은 서기 832년 난자오 전사들에 의해 파괴되어 3,000명의 주민은 포로로 잡혀갔다고 한다. 그러나 방사성동위원소연대(C14)는 그 해가 서기 870년으로 기록보다 40년 정도 차이가 있다.

⑤ 스리 크세트라(Sri Ksetra) 또는 더예 키타야(Thaye Khittaya)는 '행운의 밭' 또는 '영광의 밭'이라는 의미를 가지며 현 흐마우자(Hmawza) 마을인 프롬(Prome/Pyay)의 동남쪽 8km 떨어진 곳에 위치하는데 남쪽 끝의 마지막 퓨 도시이다. 도시(城市)는 서기 5세기-서기 7세기 사이에 만들어 졌으며 서기 7세기 혹은 서기 8세기에 퓨 도시국가 중 하린을 따라잡아 종주국이 되어 그 지위를 므란마(Mranma)가 서기 9세기에 들어올 때까지 유지하였다. 이 도시는 적어도 2-3제국의 原鄕이다. 첫 번째는 퓨의 카렌다를 처음 사용했고 서기 638년 3월 22일 버마의 카렌다가 된 비크라마(Vikrama)제국, 두 번째는 서기 739년

3월 25일 두타바웅(Duttabaung) 왕에 의해 건국된(11th waxing of Tagu 101 ME), 세 번째는 이제까지 발견된 것 중 가장 큰 스리 크세트라이다. 이 나라는 서기 11세기의 파간/바간 혹은 서기 19세기의 만다라이 보다도 더 큰 면적을 차지하였다. 스리 크세트라는 원형으로 주변이 13km, 직경이 3km-4km, 벽돌로 지어진 성벽은 높이 4.5m, 성문은 입구를 보호하는 12支神을 따라 12개가 나있고 4방향에는 사원이 세워졌다. 성문은 하린과 베이크타노와 같이 원형의 抹角을 이루고 있다. 도시 중심에는 마인머와 같이 曼荼羅(mandala)와 天宮圖(zata, horoscope)를 상징하고 있는 518m×343m 규모의 장방형 궁전이 있다. 도시의 남쪽은 궁전, 사원과 주택들로 북쪽은 쌀 경작지로 차 있다. 垓字와 성벽들로 보면 이 성은 적의 침공에 장기간 버틸 수 있었다. 스리 크세트라는 중국과 인도 사이에서 중요한 무역중개소(entrepôt)였다. 이곳은 이라와디 삼각주에서 멀지 않은 이라와디에 있어 인도양으로부터 오는 배가 프롬(Prome)에 와서 퓨의 영역, 중국과 무역을 하였는데 인도에서 문화적 영향도 많이 받았다. 스리 크세트라는 小乘佛敎(Theravada Buddhism)를 받아들였다. 종교적 예술은 서기 9세기에는 난자오 왕국으로부터 영향을 받았지만, 초기에는 인도 동남쪽에서 후일 인도 서남쪽에 영향을 컸다. 퓨 나라에서 중국의 영향은 스리 크세트라를 통해서 이다. 서기 648년 중국의 玄奘法師(서기 602년-서기 664년), 서기 675년 義淨(三藏法師, 서기 635년-서기 713년)은 동남아 불교왕국 중 스리 크세트라를 언급하며 唐나라도 서기 801년 퓨 나라에서 온 사신의 기록을 남겨 놓았다.

기타 많은 수의 퓨의 조그만 읍들은 북쪽 버마에서 발견되며 하린의 서쪽과 최근에 새로이 발견된 냐웅간(Nyaunggan) 청동기시대 유적의 남쪽 무 계곡의 와티(Wati)와 아야다우퀘 이와(Ayadawkye Ywa), 무 강의 입구를 지배하던 미인무(Myinmu)들이다. 적지만 정치적으로 중요한 퓨 나라의 유적은 만다라이에서 200km떨어진 버마 북쪽의 더 가운(Tagaung)으로 여기에서는 퓨 나라의 甕棺이 발견되었다. 그러나 이 더가운 유적은 기록상 나타나는 버마왕국의 原鄕이라는 점이다.

퓨 나라의 경제는 쟈포니카/Japonica종의 쌀농사가 중심이 되는 관개농경과 인도와 중국과의 무역에 의존한다. 무역은 육상무역으로 기원전 128년부터의 기록이 나타난다. 해상무역으로 로마제국에서 중국으로 가는 무역사절단의 기록이 서기 90년과 서기 120년에 나타난다. 무역의 중심은 퓨 나라를 통한 해상무역으로 인도양으로부터 오는 배가 프롬(Prome)에 와서 이라와디 삼각주(Irrawaddy delta)와 멀지않은 남쪽 해안의 퓨 나라들과 함께 윈가(Winga), 신다트-민다트(Hsindat-Myindat), 산파난가논(Sanpannagon), 무돈(Mudon)과 같이 퓨의 유물이 나오는 북쪽 타나세림(Tenasserim) 해안 마을이 중심이 되었다. 퓨 나라의 유물들은 아라칸(Arakan, Rakhine State of Burma) 해안, 버마 남쪽, 베트남의 오케오(Óc Eo)까지 발견된다. 베트남의 롱수엔(Long Xuen)에서 30km 떨어진 안 기안(An Gian) 주, 토이(Thoi) 현, 사파바(Sap-ba) 산록의 오케오 유적의 발굴 결과 이곳에서 로마의 주화와 중국의 거울, 인도어로 써진 '취급주의'와 '귀중품'이라는 物標가 나오고 있다. 그래서 이곳이 서기 50년-서기 500년 사이의 Phu Nam 왕국(Phu Nam/Funan 왕국, 베트남 남쪽과 캄보디아의 扶南王國)의 항구도시로서 인도와 중국의 중계무역이 이루어지고 있었음을 확인할 수 있다. 서기 801년-서기 802년 스리 크세트라는 唐나라에 35명의 樂士와 함께 외교관도 파견하였다. 중국기록에 의하면 퓨 나라는 금화와 은화를 사용하였는데 현재 은화만이 남아있다. 퓨 나라의 화폐는 은

화로 서기 5세기경부터 서기 9세기까지 나타난다. 은화의 양면에는 조개와 스리바챠(tutelary deity)를 나타내고 있다.

퓨 도시의 문화는 인도에서 상당한 영향을 받았다. 인도 문화는 해상무역을 통해 남부 퓨의 영역에서 보인다. 남부 도시의 이름들은 스리 크세르타(Sri Ksetra, Thaye Khittaya)나 비슈누(Vishnu, Beikthano)에서 파생된 팔리어(Pali)나 산스크리트(Sanskrit, 梵語)에서 나온다. 스리 크세르타의 왕들은 그 자신을 바르만스(Varmans)나 바르마(Varma)라고 하였다. 이것은 남부지방의 현상만은 아니었다. 다르긴 하지만 북부 퓨 나라들도 인도 문화의 재배 하에 있었다. 버마의 연대기는 더가운(Tagaung)의 건국 왕들은 釋迦族이나 釋迦牟尼의 직계후손으로 여기는 정도로 이야기하고 있다. 발굴된 문헌이니 중국의 기록에 의하면 퓨 지역의 중심종교는 남부 인도 안드라(Andhra)에서 유래하고 유명한 소승불교 학자인 부다고사(Buddhagosa)와 관련된 小乘佛敎이다. 이 소승불교는 신 우타라지바(Shin Uttarajiva)가 세일론의 大乘佛敎를 받아 재편성하는 서기 12세기까지 우세하였다. 고고학 증거도 탄트라불교(Tantric Buddhism, Vajrayāna, 대승불교와 일반적으로 동일한 목적을 수용하면서 tantras로 알려진 논문에 근거하여 빠른 방법으로 깨달음의 목표를 달성하기 위한 독특한 기법), 大乘佛敎(Mahayana Buddhism)와 힌두교(Hinduism) 광범위하게 퍼져있음을 알려준다. 대승불교의 觀世音菩薩(Avalokiteśvara, Lokanatha), 多羅菩薩(Tara), 迦葉佛(Manusi Buddhas), 多聞天(Vaiśravaṇa)와 하나의 얼굴, 두 팔과 두 다리로 묘사된 何耶揭唎婆(Hayagriva) 등이 퓨 나라(후일 파간/바간)에서 발견되는 圖像들 중 두드러진다. 버마 남쪽에서 특히 브라마(Brahma), 비슈누(Vishnu)와 시바(Shiva)의 힌두교의 3신에서부터 가루다(Garuda)와 라크쉬미(Lakshmi)에 이르는 여러 가지 힌두교의 도상도 발견된다. 小乘佛敎(上座部)의 관행이 아닌 소의 희생과 술 소비와 같은 의식도 퓨인들의 중요한 생활의 일부였다. 이와 같이 후일 比丘尼와 여신도가 두드러진 것은 불교가 들어오기 이전의 여성 자율권에 속한다. 불교이전의 관행과 불교가 융합하는 과정에서 그들은 화장한 뼈를 骨壺, 석제 甕棺에 담아 佛塔안에 넣거나 근처에 묻는 것은 高僧大德의 舍利를 奉安하는 불교의 관행에 따른 것이다. 비록 그들의 종교적 믿음은 여러 가지 배경에 의해 혼합된 것이지만 초기 파간/바간 에서와 같이 퓨 나라 사람들도 평화로웠던 것으로 전해진다. 唐나라의 기록은 퓨 나라 사람들이 전쟁을 모르고 친절하고 평화롭고 누에를 죽이지 않기 위해 비단옷 대신 면직물 옷을 입었으며 소년들은 7살에서 20세까지 修道僧생활을 하였다고 전한다. 그러나 이러한 평화로운 생활에 대한 중국의 기록은 겉핥기 식이며 도시 국가(城市) 전체의 진면목을 보지 못한 것 같다.

퓨 나라의 언어는 고대 버마어와 관련된 티베트-버마어(Tibeto-Burman language)로 궁중 언어로 산스크리트(Sanskrit, 梵語)와 팔리어(Pali, paali, Pāli)와 같이 사용되었다. 서기 801년-서기 802년 스리 크세트라는 唐나라에 35명의 樂士와 함께 외교관도 파견하였는데 노래는 梵語로 불렀다고한다. 중요한 비문은 퓨의 언어와 함께 梵語와 팔리어로 새겨놓았으며 퓨의 유적에서 기원전 3세기-기원전 2세기경의 인도 북부의 브라미(Brahmi)와 타밀 브라미(Tamil Brahmi)어로 써진 아쇼카 왕의 勅令과 서기 4세기-서기 6세기의 굽타(Gupta script, Gupta Brahmi Script 혹은 Late Brahmi Scrip로 언급)와 카나다 경전[Kannada script, 브라믹어 계통의 abugida(a segmental writing system in which consonant-vowel sequences are written as a unit)로 인도 남부 드라바다/Dravidian languages]도 발굴 되었다. 종교이외에도 퓨 나라는 인도로부터 과학과 천문학을 들여왔다.

중국의 기록은 퓨인들이 천문학적인 계산을 할 줄 알았다고 전한다. 퓨 나라의 달력은 佛歷에 기초하였다. 여기에는 두 시기가 있는데 첫 번째 것은 인도에 新曆이 사용된 2년 후인 서기 80년에 받아들인 사크라기(Sakra Era)고 두 번째는 사크라를 대신한 서기 638년 스리 크세트라기(Sri Ksetra Era)였다. 서기 638년 3월 22일이 첫날인 달력은 후일 버마의 달력이 되었고 현재 미얀마에서도 사용되고 있다.

건물에는 관계시설, 도식계획, 伽藍配置가 있다. 관계시설에는 북쪽 버마의 식민시기 이전에 만들어진 댐, 운하, 둑 등은 퓨와 파간/바간 시기에 해당한다. 도시계획은 방형, 장방형과 원형으로 이루어진 토착과 인도의 영향이 복합된 것이다. 성이 두 겹인데 외성은 방형, 내성은 원형으로 방형 안에 원형의 성을 가지며 12개의 문을 만든 평면 구조는 인도의 영향이다.

서기 4세기부터 퓨에서는 많은 불탑과 사원(伽藍)을 세웠는데 樣式, 伽藍配置의 평면구조, 벽돌 규모와 기술은 오늘날 남부 인도의 아마라바티(Amaravati)와 나가쥬 나콘다(Nagarjunakonda)에서 영향을 받은 것이다. 또 베키타노와 하린에서 발견되는 아누라다푸라(Anuradhapura)양식의 月石(moonstones)은 세일론의 영향 하에서이다. 서기 7세기경 바우바우지(Bawbawgyi), 파야지(Payagyi)와 파야마(Payama)에서 발견되는 원주형의 높은 불탑은 스리 크세트라에서 시작된다. 퓨의 건물은 후일 버마의 가람배치에 영향을 준다.

도시국가(城市)는 티베트-버마어를 구사하는 퓨 나라 사람들로 살고 있었고 이들 퓨인들의 기원지는 중국 青海省과 甘肅省 코코노르 호(몽고어로 Kokonor Lake는 Blue Lake/Teal Sea이며 중국어로 青海湖/Qinghai Lake/Tsongon Po임)로 밝혀지고 있다. 퓨 영역의 사람들의 수는 서기 17세기-서기 18세기에 200만정도임을 감안하면 처음에는 기껏

해야 수십만 정도였을 것이었다.

퓨의 마을(읍)은 독립적인 族長이 규모가 큰 도시국가(城市)는 왕이 다스렸을 것이다. 규모가 큰 도시국가(城市)는 660hr에서 1400hr의 넓이를 가졌다. 중국의 기록은 대부분의 사람들은 성내에서 거주하였다고 한다. 파간/바간의 발굴은 기념비를 세우는 부유한 도시국가에서 성 밖으로 범위가 확대되는 서기 1000년경까지는 모든 퓨의 유물들이 성내 주거지에서 발견되고 있다.

퓨 나라는 북쪽에서 이동이 빠른 騎馬人들인 난자오 왕국(Nanzhao Kingdom)의 무란마(Mranma, 버마)가 북쪽 이라와디에 연속해서 들어올 때까지 오래 동안 지속하였다. 唐나라의 기록에 의하면 난자오는 버마의 북쪽을 서기 754년/서기 760년부터 공격하기 시작해 서기 800년-서기 802년 강도를 높여 서기 832년 퓨 나라를 멸망시키고 하린으로 부터 3,000명의 포로를 잡아갔다고 한다. 그러나 방사성동위원소연대(C14)는 그 해가 서기 870년으로 기록보다 40년 정도 차이가 있다. 버마의 기록은 서기 840년에 파간/바간의 요새화한 도시를 세웠다고 한다. 그러나 그 이전의 오래된 성벽의 방사성동위원소연대는 서기 980년이고 새로이 세운 성벽의 연대는 서기 1020년경으로 파간 제국의 건국자인 아나우라타(Anawrahta, 서기 1015년 3월 8일-서기 1078년 3월 23일)의 실제 통치 시작해인 서기 1044년(서기 1044년 12월 16일-서기 1078년 3월 23일까지 재위)보다도 24년이나 앞서는 연대가 나온다.

2. 버간(Bagan, 문화: 2019):

바간 또는 파간은 미얀마(옛 버마, 緬甸) 만달레이 구(Mandalay Region)의 고대 도시이다. 서기 9세기-서기 13세기 동안 이 도시는 후일 현대 미얀마(Myanmar)를 구성하는 첫 번째의 통일 왕국인 파간왕국

(Pagan Kingdom)의 수도였다. 이 왕국은 바간 고원에만 서기 11세기-서기 13세기 동안에 만여개의 사찰, 탑, 사원이 세워진 전성기를 이루었는데 오늘날에도 2,200개의 사원과 탑이 남아있다.

바간은 寺刹과 塔 등 佛敎考古學的으로 볼거리가 풍성한 관광지역으로 발돋움을 하고 있으며 캄보디아의 앙코르 왓트(Ankor Watt)에 비견된다. 탑은 안에 빈 공간을 가진 거대한 건축물로 바간의 탑은 앞선 퓨 왕국 탑의 양식을 따르며, 또 퓨 왕국의 탑은 안드라(Andhra)지역 특히 오늘날 인도 남부의 아마라바티(Amaravati)와 나가르쥬나콘다(Nagarjunakonda), 세이론의 영향을 받고 있다. 바간 기원의 탑은 상징, 형식과 양식으로 보면 후일 버마(미얀마) 탑의 原形으로 여겨진다. 바간의 사찰은 크게 '탑 양식이 중심 되는 사찰(the stupa-style solid temple)'과 'the gu 양식(⚲)으로 凹자형의 사찰(the gu-style(⚲) hollow temple)'인 두 개의 범주 중의 하나에 속한다.

현재 바간에 남아 있는 중요한 사찰의 목록은 다음과 같다.

그리고 불교의 달력에 기초를 둔 퓨 도시(城市)국가(Pyu Ancient Cities/Pyu city-states/Sri Ksetra Kingdom, 기원전 200년-서기 1044/서기 1050년, 驃城邦 중 驃国)의 달력은 후일 버마의 달력이 되었다. 아직도 해독이 되지 않았지만 브라미 문자(Brahmi script)에 기반을 둔 퓨의 문자는 버마 문자의 기원이 되었다. 천 년 간 지속된 문명은 도시 국가들이 난자오 왕국(Kingdom of Nanzhao)의 반복되는 침입에 의해 파괴되는 서기 9세기경에 와해되었다. 난자오와 함께 들어온 므란마(Mranma, 버마)는 이라와디(Irrawaddy)와 친드윈(Chindwin)강의 합류 지점인 파간/바간에 군사 주둔지와 같은 수도를 세웠다. 퓨의 주거지는 다음 3세기동안 버마의 북쪽에 머물렀지만 파간/바간 제국의 확장으로 점차 흡수 되었다. 파간/바간의 언어는 서기 12세기 말까지 지속되었다.

그런 다음 퓨의 역사와 전설은 미얀마(버마)에 흡수되었다.

그리고 불교의 달력에 기초를 둔 퓨 도시(城市)국가(Pyu Ancient Cit-ies/Pyu city-states/Sri Ksetra Kingdom, 기원전 200년-서기 1044/서기 1050년, 驃城邦 중 驃国)의 달력은 후일 버마의 달력이 되었다. 아직도 해독이 안 되었지만 브라미 문자(Brahmi script)에 기반을 둔 퓨의 문자는 버마 문자의 기원이 되었다. 천 년 간 지속된 문명은 도시 국가들이 난자오 왕국(Kingdom of Nanzhao)의 반복되는 침입에 의해 파괴되는 서기 9세기경에 와해되었다. 난자오와 함께 들어온 므란마(Mranma, 버마)는 이라와디(Irrawaddy)와 친드윈(Chindwin)강의 합류 지점인 파간/바간에 군사 주둔지와 같은 수도를 세웠다. 퓨의 주거지는 다음 3세기동안 버마의 북쪽에 머물렀지만 파간/바간 제국의 확장으로 점차 흡수 되었다. 파간/바간의 언어는 서기 12세기 말까지 지속되었다. 그런 다음 퓨의 역사와 전설은 미얀마(버마)에 흡수되었다.

중요한 유적(From Wikipedia, the free encyclopedia)

Name	Built	Sponsor(s)	Notes
Ananda Temple	서기 1105년	King Kyansittha	버간에서 가장 유명한 탑
Bupaya Pagoda	서기 850년경	King Pyusawhti	서기 9세기 驃国 양식의 탑으로 서기 1975년 지진으로 파괴된 석탑을 복원하고 도금함
Dhammayangyi Temple	서기 1167년-서기 1170년	King Narathu	버간에서 가장 큰 탑
Dhammayazika Pagoda	서기 1196-서기 1198년	King Sithu II	
Gawdawpalin Temple	서기 1211년-서기 1235년경	King Sithu II and King Htilominlo	
Gubyaukgyi Temple (Wetkyi-in)	서기 13세기 초	King Kyansittha	

Gubyaukgyi Temple (Myinkaba)	서기 1113년	Prince Yazakumar	
Htilominlo Temple	서기 1218년	King Htilominlo	3층, 46m
Lawkananda Pagoda	서기 1044년- 서기 1077년경	King Anawrahta	
Mahabodhi Temple	서기 1218년경		석가모니가 보리수 나무 아래서 깨달은 장소로 유명한 부다가야 (Bodh Gaya)에 있는 마하보디 사원(Mahabodhi) 탑을 축소 복사
Manuha Temple	서기 1067년	King Manuha	
Mingalazedi Pagoda	서기 1268년- 서기 1274년	King Narathihapate	
Minyeingon Temple			
Myazedi inscription	서기 1112년	Prince Yazakumar	Pyu(驃国), Old Mon, Old Burmese와 Pali어로 기록한 미얀마의 로제타 (Rosetta Stone)석
Nanpaya Temple	서기 1160년- 서기 1170년경		Mon 양식의 힌두사원으로 Manuha's 옛 집자리거나 여기에 세워진 것으로 추정
Nathlaung Kyaung Temple	서기 1044년- 서기 1077년경		힌두사원(Hindu Temple)
Payathonzu Temple	서기 1200년경		대승불교 Mahayana와 샤크티 파(派)의 教義教典(Tantric) 양식
Seinnyet Nyima Pagoda and Seinnyet Ama Pagoda	서기 11세기경		
Shwegugyi Temple	서기 1131년	King Sithu I	Sithu I세가 여기서 암살당함. 궁륭형의 창문이 잘 알려짐
Shwesandaw Pagoda	서기 1070년경	King Anawrahta	
Shwezigon Pagoda	서기 1102년	King Anawrahta and King Kyansittha	
Sulamani Temple	서기 1183년	King Sithu II	
Tharabha Gate	서기 1020년경	King Kunhsaw Kyaunghpyu and King Kyiso	옛 벽이 유일하게 남아있고 방사선탄소연는 서기 1020년경 으로 나옴

세계문화유산 - 글로벌 文化史의 理解 -

Thatbyinnyu Temple	서기 1150년경	Sithu I	61m로 보간에서 가장 높음
Tuywindaung Pagoda			

바누타우 VANUTAU

1. 로이 마타 족장의 영역(Chief Roi Mata's Domain: 문화, 2008):

서기 13세기 멜라네시아 섬인 오늘날의 중앙 바누타우(Central Vanutau) 섬의 강력한 족장이었던 로이마타의 집, 죽음의 장소와 무덤을 포함하며 이들은 에파테(Efate), 레레파(Lelepa)와 아르톡(Artok)의 세 섬에 분산되어 있다. 서기 1967년 프랑스 고고학자인 Jose Garranger가 로이마타 족장과 25명의 가신들이 함께 묻힌 무덤을 Retoka에서 발굴하였는데 그는 전설과 口傳으로 그가 부족의 통일을 꿈꾸다가 동생에 의해 독살 당하고 고향에 가지 못했다고 한다.

바레인 BAHRAIN

1. 옛 딜문의 수도와 항구(Qal'at al-Bahrain-Ancient Harbour and Capital of Dilmun: 문화, 2005):

콸라트 알-바레인(Qal'at al-Bahrain)은 근동지방에서 수 천 년 간 사람이 한 곳에서 계속 살아오면서 인공적으로 만들어진 層位가 계속 쌓여 높아진 구릉(tell, tepe, mound, hüyük이라 불리 움)으로 이곳 300m×600m 높이 12m 범위의 구릉에는 기원전 2300년경의 수메르(기원전 3100년-기원전 1720년) 문명 때부터 서기 16세기의 포르투갈 유적에 이르기까지 계속적으로 사람이 살던 문화층이 나타나고 있다. 아직 전체 면적의 25%밖에 발굴되지 않았지만 여기에서 住居, 公共, 商業, 宗敎와 軍事적인 여러 종류의 유구들이 나타나고 있다. 구릉의 최상부 12m의 층위에서는 이 유적의 이름이 콸라트(Qal'at, fort, 요새)라고 부를 정도로 포르투갈인의 요새가 뚜렷이 나타나고 있다. 그리고 그 아래층에서는 수메르 문명 때 딜문(현 바레인)의 수도로 알려져 있는 항구도시로 주로 인더스(멜루하로 불림, 기원전 2500년-기원전 1800년) 문명권과 교역을 하던 국제무역 창구의 흔적도 밝혀지고 있다. 이와 관련된 圓筒形 도장과 印章 등의 유물도 많이 출토되고 있다. 상층부의 요새유구는 Qal'at al-Burtughal(Portugese fort), 즉 포르투갈의 요새로 포르투갈인이 서기 1500년대 초에 인도, 아프리카와 유럽을 잇는 무역의 요충지를 확보할 필요로 이곳을 침공해 요새를 築城하여 군사기지를 세우고 주위를 강화하면서 돌로 望樓까지 만들어 놓았다.

2. 자연 진주 채취와 경제발전의 증거(Pearling, testimony of an island economy: 문화, 2012):

자연 진주 채취와 경제발전의 증거는 무르하라크(Murharraq)시의 17동의 건물, 3개의 앞바다와 해안가의 굴 양식장, 배를 띄어 굴 양식장으로 출발하는 무르하라크 섬의 남쪽 끝에 있는 칼라트 부 마히르(Qal'at Bu Mahir) 요새로 구성된다. 그리고 건물들에는 부유한 상인의 저택, 상점과 사원들도 포함된다. 이러한 유적들은 자연 진주 채취가 마지막까지 남아있는 완벽한 문화적 전통을 보여준다. 그리고 진주의 교역은 서기 2세기부터 일본이 양식진주를 생산해 내는 서기 1930년대까지 페르시아(Persian Gulf)와 오만(Oman Gulf) 만에서 호황을 누려 경제를 지배하고 富를 창출해내었다. 이 일련의 과정은 전통적으로 바다의 자원을 개발하고, 인간과 자연환경과의 상호작용을 보여주는 뛰어난 예로 섬 사회의 경제와 문화적 주체를 형성하고 있다.

3. 딜문의 고분(Dilmun Burial Mounds: 문화, 2019):

기원전 2050년에서 기원전 1750년 사이에 축조된 딜문(Bahrain)의 고분군은 섬의 서부에 21개소나 된다. 이 중 6개소는 수십에서 수천 개의 封墳을 가진 고분군이다. 이 고분은 원통형의 낮은 봉분을 가지고 있으며 모두 11,774개에 달한다. 다른 15개소에는 2단의 무덤구조로 축조된 17기의 왕실 무덤이 있다. 封土墳은 기원전 2000년 기의 초기 딜문의 문명을 알려주는데 그 기간에 딜문은 무역의 中樞역할을 하였으며 그로 인한 富의 축적은 섬의 모든 주민에게 정교한 무덤축조의 전통을 이어갈 수 있도록 하였다. 이 무덤들은 수적으로나 규모에서 뿐만 아니라 龕室(alcoves)을 가진 墓室과 같은 세부적인 점에서도 또 다른 세계에서도 볼 수 없는 특징이라 할 수 있을 것이다.

기원전 2900년에 처음 나타나며 기원전 2100년경부터 망하기 시작하여 기원전 1450년 경에 폐허가 된 인도의 돌라비라(Dhollavira) 유적의 工房에서 발견되는 완성된 홍옥수(carnelian) 장신구들은 아랍 에미리트(United Arab Emirates: U.A.E)의 Abu Dhabi(화이라카)와 바레인(딜문) 지역으로 팔려나갔다. 아라비아와 바레인에서는 돌라비라 산의 홍옥수로 만든 장신구와 함께 원통형 도장(cylinder seal, 印章)이 발견되고 있다. 딜문은 페르시아 만 유역에서 흔히 발견되는 원통형 도장으로 보아 딜문(바레인), 화이라카(Failaka, 아랍 에미리트의 아부다비/Abu Dhabi 지역)와 마칸(Markan)을 경유하는 수메르와 인더스 지역, 즉 다시 말하여 현 걸프 만의 호르무즈(Hormuz, Hormtz) 해협, 아라비아 해와 인도의 말라바(Malava/Mawa) 지역 사이에 빈번했던 해상무역의 역할에서 찾아져야 할 것이다. 그래서 딜문의 고분은 고고학적 증거로 매우 중요하다 하겠다.

또 딜문(바레인)은 아담과 이브가 등장하는 성서의 에덴동산으로 추정되고 있다. 이는 당시의 오아시스와 같은 환경과 무덤 속에서 똬리(또아리) 튼 뱀의 뼈가 많이 나오는데서 비롯한다. 그러나 이라크의 쿠르나와 해수면 상승으로 지금은 페르시아 만(Persian Gulf)으로 된 바스라 항구 근처 바다 밑의 계곡도 에덴동산으로 추정된다.

바베이도스 BARBADOS

1. 역사적 브리지타운과 요새(Historic Bridgetown and Garrison: 문화, 2011):

이곳은 대서양 카리브 해에 서기 1627년부터 영국령 식민지시대의 섬으로 서기 17세기−서기 19세기 영국이 세운 도시와 군사적 요새를 포함한다. 도시는 方格形으로 잘 구획된 스페인과 네덜란드의 식민지 도시와는 달리 뱀처럼 구불부불한 길로 만들어진 도시 구조를 갖고 있다. 그러나 도시와 요새는 건축물로 매우 훌륭하며 현재 잘 보존되어 있다. 바베이도스는 서기 1966년 영국으로부터 독립하였다.

방글라데시(榜葛剌, 孟加拉) BANGLADESH

1. 바게르하트의 모스크 도시(Historic Mosque City of Bagerhat: 문화, 1985):

방글라데시 서남쪽 간지스와 브라마푸트라 강의 합류지점인 사라

진 도시 바게르하트(전 Khalifatabad임)의 교외 서기 15세기경 터키의
장군인 울루 칸 자한(Ulugh Khan Jahan)이 건설한 사원이다. 그는 이
the Shatgumbad(60개의 기둥이 있는 사원)와 같이 이 도시에 벽돌로 솜
씨 있게 지은 사원들, 길, 다리, 궁전과 저수지 등의 초기 회교 건축
물들을 많이 지어 놓았다.

2. 파하르푸르의 비하라 불교유적(Ruins of the Buddhist Vihara at Paharpur: 문화, 1985):

소마푸라 비하라(the Somapura Vihara)는 방글라데시 서북쪽 파하
르푸르에 위치한 서기 8세기경 지어진 히말라야 남쪽에서 두 번째
로 규모가 큰 불교사원이며 서기 8세기 중반 뱅갈과 비하르를 지배
한 팔라(Pala) 왕국에서 만든 것이다. 正方形으로 만들어진 사원은 양
변 281m로 회랑 같은 둘려진 네 변에 방이 177개에 이른다. 안뜰 가
운데에 위치한 사원은 계단식으로 3단을 쌓아 올렸는데 전체 높이
21m가 된다. 일부 蓮花文이 장식된 구운 벽돌로 쌓았으며 가운데
坐佛이 안치되어 있다. 계단의 각 基壇面에는 여러 줄로 데라코타
로 구운 벽돌을 돌려놓았다. 서기 12세기 이후 여러 민족들의 침입
을 받아 승려들이 절을 떠나 절이 황폐화 되었다.

베네수엘라 VENEZUELA

1. 코로 항구(Coro and its Port: 문화, 1993):

스페인 식민지 시절 카리브 해안에 독특 하게 흙벽돌(adobe)로 쌓아
만든 La Vela 항구와 함께 서기 1527에 설립된 산타 아나 데 코로(Santa

Ana de Coro)에는 서기 전통적인 원주민의 문화에 스페인 Mudéjar(스페인의 기독교 국토회복운동 이후 스페인의 기독교문화 영지에 남아 있었지만 기독교로 개종을 하지 않은 아랍/이스람 계통의 무어족을 언급)와 쿠라챠오(Curaçao) 식민지를 경유해 들어온 화란의 건축기술을 접목시켜 건설된 식민지시절 마을과 602개의 역사적 건물이 있다. 이곳에는 특히 서기 18세기-서기 19세기 당시의 집, 돌로 포장된 도로, 교회와 유태인의 공동묘지와 초기의 도시설계를 그대로 간직하고 있다.

2. 카라카스 대학 건축물(Ciudad Universitaria de Caracas, University city of Caracas: 문화, 2000):

서기 1940년-서기 1960년 베네수엘라 건축가 비아누에바(Carlos Raúl Villanueva)가 설계한 것으로 베네수엘라 근대건축의 대표작이다. 서기 1942년 Isaías Medina 대통령이 시몬 볼리바르(Simon Bolívar, 서기 1780년-서기 1830년) 가문에 속한 Hacienda Ibarra를 구입하여 그 위에 거대한 도시계획과 건축설계 하에 광장 등을 연결하는 대학캠퍼스와 많은 건물들을 세웠는데 이들은 밀집되면서도 실용성과 예술의 조화를 이루고 있다. 이곳에는 현대건축으로 지어진 강당과 비아누에바가 프랑스 유학 시 사귄 미국의 전위예술가인 알렉산더 칼더(Alexander Calder/Sandy Calder, 서기 1988년 7월 22일-서기 1976년 11월 11일)의 '구름'이라는 이름을 가진 천장조명의 조형예술이 결합된 대표적인 건물인 대학 강당(서기 1952년), 올림픽 경기장(서기 1950년), 프랑스의 페르난도 레거(Fernand Léger)의 착색유리창(stained-glass window)이 장식된 지붕이 있는 통행로와 광장을 비롯해 스페인 Baltasar Lobo의 벽화, 프랑스의 Henri Laurens, Hans Arp와 André Bloc, 러시아 Antonie Pevsner, 항가리 Victor Vasarely와 스위스 Sophie Taeuber-Arp 등의 조각품 등이 잘 알려져 있다. 이는 미국 버지니아 주 샤롯테빌(Charlottesville) 근교 대학과 캠퍼스 (서기 1817년-서기 1826년)와 멕시코 시 남부 코요아칸에 위치한 National Autonomous University of Mexico(UNAM) 건물 중 중앙캠퍼스인 Ciudad Universitaria(University City)와 함께 세계문화유산으로 등재되었다.

배냉 BENIN

1. 아보메이 왕궁(Royal Palaces of Abomey: 문화, 1985):

서기 1625년-서기 1900년 사이 12왕이 계속해서 강력한 아프리카 아보메이(Abomey) 왕국을 다스려 나갔는데 그중 독립된 담 안에 별개의 궁전을 지어 산 아카바(Akaba) 왕만 제외하고는 나머지 왕들은 흙벽 담으로 지어진 한 울타리 안에 공간과 요소들을 고려해 이전에 지어진 궁전들과 연관되어 살았다. 이 궁전들은 사라진 아보메이 왕국을 기억하는 독특한 증거물이다. 여러 채의 왕궁들과 근처 박물관은 서기 1984년 태풍으로 인해 많이 파괴되었다. 서기 1993년 이래 그레레(Glèlè)왕의 담 벽을 장식하던 浮彫 56개소 중 50개가 새로 지어진 벽에 복원되었다. 이 부조는 혼(Fon)족의 역사와 힘을 圖上으로 표현하고 있다. 서기 2007년 31차 회의에서 위험에 처한 문화유산으로부터 해제되었다.

베트남(越南) VIETNAM

1. 후에/훼 기념물 집중지대(The Complex of Húe Monuments: 문화, 1993):

越南이란 이름이 유래하는 통일된 베트남(서기 1802년)의 阮朝[응우 옌(Nguyen), 서기 1802년~서기 1945년), 越南(베트남)의 이름이 유래. 安南이란 말은 唐이 설치한 안남호부에서 유래한다. 서기 1858년 프랑스의 침공과 식민통치를 받음.] 왕국의 수도인 후에(Húe, 化) 시는 현재 베트남 중부 흐엉 강(香江)의 하구에 위치하며, 투아 티엔후에 성(Thúa Thiên-Húe 省)의 성도이다. 여기에는 13대에 걸친 왕들이 거주하던 중국 명·청 나라를 본 딴 太和殿과 紫禁城이 있는 궁전과 垓字로 둘러싸인 성 벽, 왕들의 위패와 유골함을 모신 테사원 등과 함께 우엔 왕조의 2대 민망, 3대 뜨득 왕, 7대 카이딘 왕(서기 1916년~서기 1925년, 서기 1931년 완성) 등 7개의 왕릉, 7층 석탑이 있는 티엔무 사원 등이 남아 있으며, 그 외에도 후에 박물관(Húe Museumof Royal Fine Arts)이 있다.

2. 회안/호이안 고대 마을(Hội An Ancient Town, 會安古城: 문화, 1999):

베트남 남쪽 중앙 해안가 참파 왕국[林邑(唐)/占城(宋), 서기 192년~ 서기 1832년] 때 투본강(秋盆河, Thu Bon river)강가 참파(Champa, 占城) 시 로 알려진 광남성(Quáng Nam province) 회안(會安, 海浦, 海埔/Hai Pho/海 邊城鎮, Faifo/費福로도 불리움) 항구도시인 고대마을은 서기 15세기~ 서기 19세기의 동남아에서 가장 보존이 잘된 무역항구의 예로 건물 이나 도시계획은 베트남의 토착적이고 전통적인 문화 요소에 도자 기, 비단과 향신료무역(spice trade)을 통해 받아들인 인도, 중국, 인도 와 일본 등의 아시아와 포르투갈과 네덜란드의 외국적인 것들을 접 목시켜 만들어진 독특한 문화를 반영한다. 이러한 예는 필립핀, 중국 과 스페인의 문화가 혼합되어 아시아 전역 어떤 곳에서도 볼 수 없 는 독특한 문화와 마을의 경관을 지니게 된 필립핀의 비간(Vigan) 도 시에 비유된다. 여기에서는 지붕이 있고 외모는 중국식인 日本橋(來

遠橋, 서기 1593년)와 부속된 佛塔을 비롯한 나무를 건축의 재료로 한 낮은 중국식 건물과 일본식 지붕이 혼합된 기와집, 중국식 福建會館, 潮州會館, 明鄕佛寺(會安博物館), 풍흥 고가, 꾸언탕 고가, 쩐가 사당과 옛 모습 그대로인 거리 등이 남아 있다.

3. 하노이 昇龍城(Central Sector of the Imperial Citadel of Thang Long—Hanoi: 문화, 2010):

이 성은 남쪽 참파(林邑, 서기 192년-서기 1832년)와 수라야바르만 II세의 앙코르 왕국을 공격한 베트남의 강력한 왕조인 李朝[리 꽁 우언(서기 974년 2월 12일 생)가 서기 1010년 다라이(하노이)에 도읍지를 옮김, 서기 1010년-서기 1225년]가 하노이에 들어서서 紅江(Red river) 하류 근처 7세기에 唐 때(安南都護府)에 만들어진 중국의 성 위에 다시 쌓은 것이다. 그 후 하노이에는 응위엔(院朝, 서기 1802년-서기 1945년) 왕조가 들어설 때까지 베트남의 수도역할을 했다. 이곳의 旗塔(flag tower, 서기 1812년, 33.4m, 旗까지는 41m임)은 프랑스정부(서기 1858년-서기1897년, 서기 1882년에 프랑스 보호국이 됨)가 들어선 동안에도 파괴되지 않았다. 베트남은 서기 1954년 10월 10일 하노이를 이양 받았으며 이 성은 베트남민족의 독립을 상징한다. 하노이에 수도가 들어선지 천년이 된다. 현재 이 근처에는 아직 발굴이 진행 중이다.

4. 胡왕조의 요새(Citdal of the Ho Dynasty: 문화, 2011):

서기 14세기 風水의 원칙에 따라 지어진 胡王朝의 요새는 당시 베트남에서 新-儒敎主義가 꽃피고 동아시아의 다른 지역에로의 전파를 보여준다. 이 요새는 風水地理說의 원리에 따라 마(Ma)와 부오이(Buoi) 강 사이의 평야에 투옹손(Tuong Son)과 돈손(Don Son) 산이 'X'자형으로 교차하는 지점에 세워졌는데, 이는 동남아시아제국에서 새로운 양식을 대표한다.

5. 트랑 안(長安) 경관(Tráng An Landscape Complex: 복합, 2014):

북부 紅河(Red River) 삼각주 남쪽 바닷가 닌빈(Ninh Binh, 寧平) 근처 트랑 안(長安)은 보트로 동굴을 여행하는 곳으로 잘 알려져 있다. 이 복합유산에는 호아 루(Hoa Lu), 탐 코크-비치 동(Tam Cốc-Bích Động, 陸龍灣 三谷碧洞)과 바이 딘(Bai Dinh)절 등도 포함되며 전체 10,000hr 넓이다. 이 복합유산에는 서기 10세기-서기 11세기 베트남의 옛 수도인 호아 루(Hoa Lu, 古都華閭)와 寺刹, 불탑, 쌀 경작지(논), 마을과 聖所도 포함되는데 전체는 ①트랑 안 환경지대, ②탐 코크-비치 동(Tam Cốc-Bích Động)강 경관, ③호아 루의 고대 首都의 세 개의 독립된 항목으로 나누어진다. 이 세 곳은 모두 모두 공통의 지질과 생태적 환경을 보이는데. 석회암 대지(karst)로 형성되고 곳곳에 동굴이 많으나 내륙까지 침수된 수로에 의해 모두 연결되고 있다. 그리고 동쪽에는 찬(Chanh)강, 북쪽에는 호앙 롱(Hoang Long)강, 남쪽에는 벤당(Ben Dang)강에 둘러싸여 있다. 이곳의 지질은 2억4500만 년 전에 형성이 되고 트아이아스紀(Triassic)에서 제 4紀(Quaternary Ages)에 이르는 6개의 地質層을 보인다. 그래서 계곡이 많은 침식된 석회암 대지(karst)로 일부는 수중에 가라앉거나 호아 루(Hoa Lu)의 경우 해발 70m-105m의 가파르고 수직의 절벽으로 둘러 싸여 있는 독특한 경관을 형성한다. 트롱(Trong)과 보이(Boi)동굴의 발굴에서 기원전 20,000년-기원전 10,000년에 사람이 살았고 비치 동(Bich Dong), 느오이 수아(Nguoi Xua), 바이 딘(Bai Dinh)과 다른 동굴의 발굴에서도 빙하기 말기 洪績世에서 沖積世까지 사람이 험준한 환경에 잘 적응해 계속 살았던 흔적이 발견되었다. 原史와 歷史시대에도 이곳에서 계속 사람이 살았다. 나무 보트로 만든 棺, 중국 漢시기의 무덤, 다양한 벽돌과 장식용 塼으로 만든 건물의 흔적이 이를 입증한다. 서기 10세기에는 국가가 형성되고 중국의 지배로부터 벗어나려 애를 쓴다. 미로와 같은 산과 수로를 이용해 중국의 공격을 잘 막아 내었다. 산은 성벽이 되고 강은 垓字로 변해 호아 루(Hoa Lu, 華閭)의 수도가 잘 방어되었다. 호아 루는 서기 968년-서기 979년 丁朝(Dinh Dynasty)의 42년간 수도로, 또 서기 980년-서기 1010년 前黎朝(Le Dynasty) 그리고 그 다음의 李朝(Ly dynasty, 서기 1010년-서기 1225년)의 초기 도읍지가 되었다.

호아 루는 독립국가이며 후일 李朝, 陣(Tran), 後黎, 院朝로 통합되는 大瞿越(Đại Cồ Việt)의 수도이기도 하였다. 서기 12세기-서기 14세기에 중국 金나라의 공격도 잘 막아내었다. 그래서 트랑 안에는 각 시대에 해당하는 佛塔, 寺刹, 廟가 수 백기나 된다. 그 중 丁王과 前黎王의 木造寺刹, 서기 10세기 사찰의 石柱에 불경을 새긴 낫트루(Nhat Tru)탑, 陣朝의 타이 비(Thai Vi) 石造寺刹 등이 있다.

벨기에 BELGIUM

1. 브러셀의 라 그랑뿔라스(La Grand-Place, Brussels: 문화, 1998):

서기 17세기 후반에 조성된 유럽에서 가장 아름다운 중앙광장·시장으로 사적이나 공적인 건물 모두가 동질성을 이루고 있다. 정치적·상업적 중심지인 광장을 중심으로 이곳에서 일어난 사회·문화적 발전단계의 모습을 볼 수 있다. 기록상으로 이곳 시장은 서기 1174년부터 상업적인 발전을 이루어왔다. 여러 번에 걸쳐 침공과 보수를 겪은 후 서기 1695년 8월 13일 프랑스의 프랑소아즈(François de Neufville) 장군이 7만 명의 군대를 이끌고 진격하여 이곳을 파괴시켰고 서기 19세기나 되어야 찰스(Charles Buls) 시장이 복구해나감으로써 과거의 영광을 되찾아 놓았다. 이곳에는 서기 1401년-서기 1445년 사이에 지어진 높이 96m의 높이의 첨탑과 꼭대기에 3m의 성 미카엘상이 악마를 물리치는 상으로 덮여있는 시청 건물, 왕이 실제 살지 않는 Maison de Roi(왕의 집 또는 Breadhouse, 서기 1504년-서기 1536년), 길드홀(Guildhalls, 서기 1700년에 재건)의 건물들과 꽃으로 덮인 flower carpet 광장이 있다.

2. 베긴 수녀원(Flemish Béguinages: 문화, 1998):

베긴 수녀원(화란어로 Begijnhof)은 이 세상에서 은퇴 없이 하느님에게 봉사하는 여자들만이 있는 곳으로 서기 13세기 로마가톨릭이 설립하였는데 그들의 신을 만나거나 물질적인 필요가 있는 사람들을 포용하였다. 베긴 수녀원은 집, 교회, 공공건물, 정원 등이 벽으로 둘러싸여 은둔한 수도원집단을 형성한다. 서기 13세기 벨기에 13개소의 세계문화유산으로 지정된 베긴 수녀원이 있다. 그들은 Gent, Leuven, Kortrijk, Mechelen, Brugge, Dendermonde, Turnhout, Sint-Amandsberg, Sint-Truiden, Lier, Diest, Tongeren, Hoogstraten들이다.

3. 중앙 운하의 다리와 그 주변(The four lifts on the Canal of Centre and surroundings: 문화, 1998):

하이나우트(Hainaut) 주, Wallonia Sillon indusrtiel의 루비에르(Louvière) 시 근처 7km 길이를 뻗어있고 뮤제(Meuse)와 쉘트(Scheldt)의 강바닥과 연결되면서 물의 높이가 66.2m나 차이가 생겨 난 중앙운하(Canal du Centre)에 이런 水準差를 해결하기 위해 서기 1888년 호우덩-꽤그니스(Houdeng-Goegnies)에 15.4m, 그리고 서기 1917년에 가동하기 시작한 다른 세 곳에 각기 16.93m씩 물의 높이를 올리는 모두 4개의 浮艦用 독(dock)을 만들어 배를 올리는 선박기중기(hydraulic boat lift)를 설치하였다. 물의 높이를 올리기 위해 가운데 설치한 철제 기둥의 도움을 받아 물을 水門을 여닫음으로써 물높이를 조절하게 된다. 이것은 당시 과학기술의 상징으로 영국 Clark, Stansgield & Clark 회사의 에드윈 클라크(Edwin Clark)가 설계하였다.

4. 랑드르와 왈로니아 종루(Belfries of Flanders and Wallonia: 문화, 1999):

랑드르와 왈로니아 鐘樓는 중세시대 종을 걸어두는 탑으로 대부분 읍이나 도시의 한가운데 위치하며 지방의 교회와 연결을 맺고 있다. 그런데 이 종루(종탑, 종각)의 설치는 중 세시대 봉건제도에서 벗어나 도시화가 되어가는 과정을 보여준다. 가장 오래된 것은 서기 13세기까지 올라가고 여러 번 화재가 나서 나무대신 돌로 축조하였다. 이 시기에는 주로 방형으로 튼튼하게 지어졌다. 후일 서기 14세기–서기 17세기 현존하는 대부분이 지어졌지만 종루는 방어적 기능을 상실하고 형태도 좁고 바로크 양식으로 지어졌다. Flanders와 Wallonia의 종루들을 포함하여 13세기–서기 17세기에 만들어진 모두 32개는 주로 벨기와 프랑스 북부에 분포한다. 이 종루는 현재 부르게스(Bruges), 안트워프(Antwerp), 겐트(Ghent), 몬스(Mons), 투르나이(Tournai), 부로간–쉬르–메르(Boulogns-sur-Mer), 아베빌(Abbeville) 등지에서 발견할 수 있다.

5. 브루게 역사지구(Historic Center of Brugge/Bruges: 문화, 2000):

벨기에 서부에서 가장 잘 보존된 지구로 서기 9세기 바이킹들이 도시를 건설했다. 서기 13세기부터 브르게는 국제적인 무역의 중심지가 되었다. 중세 옷감 짜는 직물전통과 한자동맹의 창고의 소재로 도시가 번영했다. 번영할 때 고딕 양식의 건물과 교회가 지어졌고 프레미쉬(Flemish) 원시미술학교가 이곳에서 번영을 누렸다. 서기 16세기에 들어와 이 도시는 쇠퇴하였고 서기 19세기까지 역할이 거의 없었다. 그래서 주민들도 가난했고 보잘것없는 이 도시는 과거의 유적을 그대로 보존할 수 있었다. 이곳에는 시장 광장, 성모 마리아 교회(Church of our lady, 첨탑까지의 높이 122.3m), 드지버(Djiver)와 그뢰네라이(Groenerei) 운하, 주정부청사, 쿠루이스푸르트(Kruispoort) 요새, 드위어스스트라트(Dweersstraat) 거리, 브루게 다리(서기 1919년), 시청 청사 등의 건물이 있다.

6. 건축가 빅토르 호르타의 마을(The Major Town Houses of the Architect Victor Horta, Brussels: 문화, 2000):

브러셀에 있는 Hôtel Tassel, Hôtel Solvay, Hôtel van Eetvelde, Maison and Atelier Horta(서기 1890년대 작품, 현재 Horta 박물관에 있음)의 4개의 중요한 건물들은 서기 19세기 말 건축가인 빅토르 호르타(서기 1861년-서기 1947년, Ghent 태생)의 혁명적인 작품으로 그는 신예술운동(Art Nouveau-movement)의 기수였고 강철, 철 같은 산업물질을 건축자재로 이용하고 자연에서 받은 영향대로 건축의 외부를 장식하였다. 그의 생각은 그가 살 집인 Maisonand Atelier Horta에 반영되어있다.

7. 스피엔느의 프린트 광산[The Neolithic Flint Mines at Spiennes (Mons): 문화, 2000]:

몬스의 신석기시대 석기제작에 있어 중요한 원료 중의 하나인 프린트 석제를 채취하던 기원전 4000년경 100ha 넓이의 광산으로, 이곳에서는 지표에서 수직으로 파고 내려가 사슴의 뿔을 이용한 괭이로 원석을 채취하였던 흔적이 발견되었다. 길이 31cm가 되는 프린트 돌도끼도 발견되었다. 이 석기로 나무를 깎아 집을 짓거나 카누(獨木舟)를 만드는데 사용하였다.

8. 뚜르나이의 노트르 데임 성당(Notre−Dame Cathedral in Tournai: 문화, 2000):

원래의 명칭인 Our Lady of Flander's Cathrdral of Tournai는 서기 1146년−서기 1325년에 대주교의 본당으로 로마네스크 양식으로 지어진 벨기에서 가장 중요한 성당이다. 本堂은 로마네스크 양식으로, 柱頭 위의 화려한 장식과 袖廊(翼廊) 위의 5개의 尖塔은 이 건물이 고딕 양식이 시작했음을 알려준다. 교회의 성가대는 서기 1242년−서기 1252년에 만들어졌다. 첨탑의 높이는 83m이다. 이 안에는 루벤스(Peter Paul Rubens)가 서기 1635년경에 그린 煉獄圖(The Issue of souls in purgatory)가 걸려있다.

9. 프란틴−모레툿의 집과 작업장(Plantin-Moretus House-Workshops-Museum Complex: 문화, 2005):

프랜틴−모레투스 박물관은 중세시대 국제교역이 번성하던 벨기에 안트워프 시에 르네상스와 바로크 시대부터 있어 왔던 인쇄소 겸 출판사로 파리와 베니스와 같이 당시 3대 출판사 중의 하나였다. 이곳은 크리스토프 프랜틴(Christope Plantin, 서기 1520년경−서기 1589년)의 活版印刷術의 발명과 보급으로 중요하다. 또 박물관으로 이용되는 이 건물 안에는 당시의 인쇄기구가 진열되어 있다. 그리고 서기 16세기에서 서기 1867년 문 닫을 때까지 해온 활발한 출판으로 인해 많은 희귀본들이 수집·보관되어 있다. 여기에는 루벤스(Peter Paul Rubens)의 그림도 포함된다. 수집품 중에는 5개 국어로 된 성경(서기 1568년-서기 1573년), Abraham Ortelius의 지리책, Robert Dodoens의 식물도감인 Cruydeboek, Andreas Versalius와 Joannes Valverde의 해부학, Simon Stevin의 십진법 등이다.

10. 스토크레트의 집(Stoclet House: 문화, 2009):

서기 195년-서기 1911년에 지어진 예술을 사랑하는 은행가 아돌프 스토크레(Adolphe Stoclet)의 개인집으로 당시 비엔나 예술 분리파(Wiener Wekstätte) 건축가인 요세프 호프만(Josef Hoffmann)에 의뢰해 지어졌다. 스토크레는 내부의 장식도 의뢰했는데 같은 비엔나 분리파의 실내장식가 겸 조각가인 프란츠 메츠너(Franz Metzner)가 담당했다. 분리파 화가인 구스타프 크림트(Gustav Klimt)의 벽화도 남아있다. 이 집은 아르누보로부터 아루데코와 근대화운동(Modernism)에의 과도적 표현으로 건축가, 조각가와 화가의 총체적 예술작품의 이상을 구현하는데 성공하고 있다. 재료도 노르웨이의 대리석, 금박을 입힌 재료와 가죽 등 최고급을 사용했다.

11. 왈로니아의 광산지대(Major Mining Site of Wallonia: 문화, 2010):

벨기 하이나우트(Hainaut) 주의 그랑 호르누(Grand-Hornu), 보와 뒤 룩(Bois-du-Luc)와 보와 뒤 카지에(Bois du Cazier), 리게(Liege)주의 브렌기 탄광(Blengy-Mine)의 4곳은 지하 1,065m 깊이의 坑道를 가진 炭鑛으로 서기 19세기 초에서 서기 20세기 말까지 같은 시기에 속하며 이를 통해 당시의 광업, 기술과 사회적 유산에 대한 압축된 이해를 할 수 있다. 광산 4곳을 통해 보면 작업과 인부, 사회적 구성원, 사회적 권력과 조직 등 서로서로 보완관계를 이룬다. 그리고 서기 1760년부터 일어난 영국의 산업혁명으로 발생한 여러 가지 기술도 받아들이고 있다. 사회적인 면에서도 왈론 광산의 坑夫들은 이탈리아, 체코, 항가리, 폴란드, 네덜란드, 러시아, 터키인들로 구성된 다문화적 중심지 역할을 하였다. 그래서 그란 호르누와 보와 뒤룩 광산에서는 주위 건물이나 도시발전에 있어서 국제적인 경향을 반영하고 있다. 그래서 건물양식, 기술적 조화와 주변 환경이 잘 어우러지고 있다. 서기 1956년 8월 8일 보와 뒤카지에 탄광의 마르시넬(Marcinelle) 갱도의 화재사건은 274명의 인부 중 262명의 희생자를 가져오기도 했다. 그래서 사고 50주년에 10유로의 마르시넬 동전이 발행되기도 하였다.

12. 왈로니아 광산(Major Mining Sites of Walonia: 문화, 2012):

벨기에 동서 길이 170km에 폭 3km-17km 정도의 크기를 가진 4개의 광산이 있으며 이것들은 모두 서기 19세기-서기 20세기에 채굴하던 탄광으로 현재 잘 보존되고 있다. 이들은 유럽의 산업화 시기부터 고도로 통합되고, 산업적이면서 도시의 조화를 이루고 있는 이상향의 건물들을 포함한다. 그중에서도 부루노 레나드(Bruno Renard)가 서기 19세기 전반에 설계한 그란드 호르누(the Grand-Hornu)탄갱과 작업인부들의 도시는 잘 알려져 있다. 보두룩(Bois-du-Luc) 광산에는 서기 1838년부터 서기 1909년에 세운 여러 가지 건물들이 있으며 그곳에는 서기 17세기까지 올라가는 유럽에서 가장 오래된 炭坑도 포함된다. 한편 왈룬 지역의 炭鑛은 수백 개의 坑道(炭坑)이 있으나 대부분의 기반시설은 없어졌다. 그러나 세계문화유산으로 등재된 4개소의 炭鑛은 아직도 고도로 통합된 체제를 갖추고 있다.

13. 르 코르뷔지에의 건축 활동. 현대화에 뛰어난 공헌(The Architectural Work of Le Corbusier, an Outstanding Contribution to the Modern Movement 문화, 2016):

→ 스위스 8항을 참조할 것.

벨라루스 BELARUS

1. 미르 성(Mir Castle Complex: 문화, 2000):

Gordno 주, Korelichy 구역 미룬카(Mirunka) 강둑에 세워진 미르 성은 서기 15세기 말 고딕 양식으로 지어지기 시작해서 서기 16세기 일리니치(Ilinich) 태자에 의해 완공되었다. 서기 1568년 미르 성은 라지윌(Radziwill) 태자의 소유가 되어 르네상스 양식으로 마무리 지었다. 성의 동쪽과 북쪽 벽을 따라 지어진 3층의 궁전과 회벽토를 바른 面壁은 석회암의 정문, 현관, 소용 도리 장식, 발코니, 현관입구로 꾸며졌다. 600년이나 된 성은 여러 귀빈들이 방문하였을 뿐만 아니라 전쟁과 침입으로 많은 손상도 입었다. 그래서 약 1세기 동안 버려졌으며 특히 나폴레옹 정복 때 심하게 파괴되었다가 19세기 말에 다른 부속건물을 추가하고 주위의 조경에 맞도록 복구되었다. 이 성은 혼란한 역사의 산 증거이다.

2. 스트루브 자오선 측지(Struve Geodetic Arc: 문화, 2005):

노르웨이(NORWAY), 라트비아(LATVIA), 리투아니아(LITHUANIA), 러시아(RUSSIAN FEDERATION), 벨라루스(BELARUS), 에스토니아(ESTONIA), 우크라이나(UKRAINE), 스웨덴(SWEDEN)과 핀란드(FIN-

LAND) 지역이 함께 자오선 측정의 삼각측량점

3. 네스비즈의 라지월 왕국의 건축과 주거의 문화복합(Architectural, Residential and Cultural Complex of the Radziwill Family at Nesvizh: 문화, 2005):

벨라루스 중 안 네스비즈에 위치한 건축, 주거와 문화의 복합인 네스비즈 성은 서기 16세기에 짓기 시작하여 서기 1939년까지 라지월 왕국 궁전의 역할을 하고 이 가문에서 유럽 역사에 공헌을 한 여러 인물들이 배출되었다. 그들의 노력으로 네스비즈 도시는 과학, 예술, 기술과 건물에 영향을 많이 끼쳤다. 이 성은 6면체로 안으로 서로 연결되는 구조를 가지고, 내부에는 주거, 靈廟, 그리스도 聖體(Corpus Christi)교회가 남아있다. 그리고 이 성은 중앙 유럽과 러시아의 건축 발전에 뚜렷한 영향을 준 原型이 되었다.

보스니아-헤르체고비나 Bosnia and Herzegovina

1. 옛 모스타르 시의 다리지구(Old Bridge Area of the Old City of Mostar: 문화, 2005):

네레트바(Neretva) 강 깊은 계곡에 위치한 모스타르 역사도시는 기록상 서기1452년 4월 3일부터 시작하며 서기 1468년 오스만 투르크의 전초도시로 서기 1878년에는 모스트로-항가리 제국에 합병되면서 발전해왔다. 세계 제1차 대전 후에는 유고슬라비아에 소속되었다. 현재 이곳은 보스니아-헤르체코비나에서 5번째로 큰 도시이다. 이곳은 오래전부터 유명한 건축가인 시난(Sinan)에 의해 설계된 스타리

모스트(Stari Most)라는 터키의 다리(서기 1557년에 시작하여 서기 1566년 7월 19일에서 서기 1567년 7월 7일 사이에 완공, 전장 30m, 폭 4m, 강바닥에서 높이 24m임)와 다리 양쪽에 나있는 탑, 여러 문화를 보여주는 주택들로 잘 알려져 왔으나 다리(서기 1566년-서기 1993년)는 427년간 서 있다가 서기 1993년 11월 9일 내전 때 파괴되었다. 오스만 투르크 이전, 오스만 투르크, 지중해와 유럽의 건축양식을 보이는 이곳 도시는 多文化가 공존하는 뛰어난 예이다. 그리고 모스타르 도시와 다리의 복원(서기 2004년 7월 23일)은 다양한 민족과 종교적 집단 사이에 있어 화해, 국제적인 협조와 공존의 상징이 되고 있다.

2. 비세그라드의 메메드 파사 소코로비치 다리(Mehmed Paša Sokolović Bridge in Višegrad: 문화, 2007):

보스니아와 헤르체고비나의 동쪽 드리나(Drina) 강에 걸려 있는 메메드 파사 소코로비치 다리는 오스만 투르크(서기 1299년-서기 1922년)의 전성기 때 고전 오스만 투르크시대와 이탈리아 르네상스시대의 대표적인 건축가인 시난(Sinan)이 총독 메메드 파사 소코로비치의 명을 받아 서기 1577년에 만든 것으로 길이 179.5m, 돌로 만든 11개의 虹蜺가 11-15m의 간격으로 나있다. 우아하고 기념비적인 다리이다.

3. 스테치-중세 묘비(Stećci-Medieval Tombstones: 문화, 2016):

→ 세르비아의 5항을 참조할 것

보츠와나 BOTSWANA

1. 초디로(Tsodilo: 문화, 2001):

10km² 범위의 칼라하리 사막 바위산과 동굴에 세계에서 가장 많은 4,500개의 바위그림(岩畵)이 밀집된 장소로 "사막의 루브르(Louvreof the Desert)"라고 불린다. 이 그림은 과거 10만년 동안 인류의 행위와 환경의 변화에 대해 編年的으로 설명을 해준다. 이 척박한 환경에서 구석기시대의 생활방식으로 살아가고 있는 이 지역 사람들은 대부분 부시멘(Bushmen, Pygmy)의 일족인 쿵(Kung, !kung)족으로 그들은 이곳을 조상대대로 내려오는 조상의 영혼이 담겨 있는 신성한 곳으로 여기고 있다. 이곳에서 7만년이나 된 유물들과 큰 뱀의 머리 조각품이 나왔는데 이들은 이곳 최초의 의식을 보여준다. 이들 암화들의 연대는 이곳의 호수가 말라붙은 2만 년 이전부터 늦어도 만 년 전으로 추정되며, 후기구석기시대 말인 막달레니아(Magdalenia)기에 속하는 프랑스 라스코(Lascaux, 기원전 15000년-기원전 14500년)와 스페인 알타미라(Altamira) 동굴벽화의 기원으로까지 생각된다. 이 그림에는 코뿔소, 사자, 얼룩말, 기린과 남근상이 보이는 춤추는 남자의 그림 등이 확인된다. 이들은 또 동굴 안에 자리 잡고 있는 큰 뱀 신(인간키의 높이와 6m의 길이)으로부터 복과 번영을 빌고 자연존중과 공존하는 법을 배웠던 것으로 보인다.

볼리비아 BOLIVIA

1. 포토시 광산도시(Potosí Mining Town: 문화, 1987):

Cerro de Potosí(별칭은 Cerro Rico임) 산 아래 해발 4,090m에 위치한 서기 1546년 광산촌으로 문을 연 포토시 광산은 곧 막대한 富를 만들어 내서 남미의 신대륙에서 가장 부유하고 큰 도시가 되고 한때의 인구가 20만 명이 넘어 서기도 하였다. 스페인에서는 유통되는 銀의 대부분은 이곳에서 가져올 정도로 스페인 사람들은 이곳 포토시를 행운 (to be worth a potosi, fortune)으로 부를 정도였다. 기록에 의하면 서기 1556년부터 서기 1783년까지 이곳 포토시 광산으로부터 45,000톤의 銀이 채굴되고 그 중 9,000톤이 스페인 황실로 들어갔다고 한다. 이곳에 서기 1672년 은화를 주조하기 위한 조폐국이 설립되고 늘어난 인구에 대비한 저수지가 만들어졌다. 그 당시 86개의 교회가 있었을 정도였다. 서기 1800년대 이후 銀鑛이 고갈되고 朱錫(Sn)이 이를 대신하였다. 그래서 포토시는 점차적으로 경제적인 약화를 가져왔다. 해발 4,090m에 위치한 포토시는 서기 16세기 세계에서 가장 규모가 큰 산업 복합단지로 여겨졌다. 銀鑛에서 은의 적출은 수력을 이용한 분쇄기에 의존하였다. 이곳에는 물이 導水管과 인공호수에 의해 정교한 체계로 제공되는 세로 리코(Cerro Rico)의 산업기념물 즉 카사 델 라 모네다(the Casa de la Moneda)식민지 시절의 마을, 산 로렌죠 교회(the Church of San Lorenzo), 몇 채의 부자나 귀족의 집, 작업인부들이 살던 바리오스 미타요스(the barrios mitayos)이 남아있다. 이곳은 식민지시대의 건축, 기념비적인 예술, 근대산업과 세계경제의 흐름을 바꾸는데 기여한 막대한 공으로 세계문화유산으로 등재되었다. 이곳은 또 유럽 이외의 지역에서 유럽의 역사와 건축이 연결될 수 있는 중요한 지역으로 손꼽힌다.

2. 치퀴토스의 예수회 선교단 마을(Jesuit Missions of the Chiquitos: 문화, 1990):

서기 1696-서기 1760년 사이 서기 16세기 철학자들의 이상형도시(ideal cities)에 감화되어 기독교로 개종한 원주민이 살던 6개 주거마을이 예수회 선교단에 의해 설립되었다. 이 선교단은 독창성과 풍부한 표현력으로 잘 알려져 있다. 이들이 만든 교회는 유럽의 전통적인 가톨릭교회 건물에 지역의 전통을 가미한 독특한 목조 건축물로 아르헨티나, 브라질과 파라과이에도 유사한 것들이 있으나 볼리비아 것만이 유일하게 잘 보존된 마지막이 될 것이다. 현재 남아 있는 6개의 마을은 모두 볼리비아 동쪽 산타 쿠루즈(Santa Cruz Department)에 위치하는 San Francisco Javier(서기 1691년 설립), Concepción(성모마리아축일 교회, 서기 1699년), Santa Ana(서기 1755년), San Miguel(서기 1721년), San Rafael(서기 1695년)과 San José(서기 1698년)로 키가 작다는 의미의 치퀴토스(little ones이라는 의미) 원주민들이 전통을 이어 그대로 살고 있다. 그중 콘셉시옹의 교회건물은 서기 1930년대 스위스 출신의 사제인 한스 로드(Hans Roth)에 의해 보수되었으며, 당시 언어 대신 종교적 신념을 바로크(baroque) 음악으로 선교하던 전통이 2년마다 열리는 세계의 축제(Festival)로 남아있다.

3. 수크레 역사도시(Historic City of Sucre: 문화, 1991):

볼리비아 최초의 수도인 수크레(스페인 때는 La Plata이며 스페인 국왕 펠리페/Felipe II세가 서기 1559년 수도로 명함)는 스페인의 Pedro de An-zures가 서기 1530년 11월 30일에 세웠는데, 이곳에는 산 라자로(San Lázaro, 서기 1544년), 산프란시스코(San Francisco, 서기 1581년), 산타 도밍고(Santa Domingo, 서기 16세기 말) 성당과 같은 서기 16세기에 지어진 종교적 건물들이 잘 보존되어 있다. 이런 건물들은 유럽양식의 건물에 볼리비아의 전통적 지방양식을 가미하여 만든 매우 특징적이며 이웃 포토시의 상황과 매우 유사하다. 볼리비아는 남미의 지도자인 시몬 볼리바르(Simón Bolivar, 서기 1783년-서기 1830년)의 이름을 따왔지만, 수크레란 도시명은 서기 1826년 볼리비아의 초대 대통령이 된 안토니오 호세 데 수크레 이 알카라(Antonio José de Sucre y Alcalá, 서기 1795년-서기 1830년)의 이름을 따랐다.

4. 사마이파타 암각화(El Fuerte de Samaipata: 문화, 1998):

엘 후에르테 데 사마이파타 유적은 두 부분으로 나누어진다. 하나는 많은 조각이 새겨진 구릉으로 서기 14세기-서기 16세기 옛 마을의 종교심지이고, 다른 하나는 이 구릉의 남쪽 행정과 주거구역이다. 이 거대한 조각이 있는 구릉은 아래 마을을 굽어보고 있으며 스페인군들이 들어오기 이전에 거주하던 차네스(Chanes)와 잉카(Incas) 원주민들의 종교와 믿음을 보여 주는데 다른 곳에서는 볼 수 없는 이곳만이 유일하다. 처음에는 잉카 이전 아라와크(Arawak)기원의 차네스에 의해 만들어졌으며 잉카 또한 이 근처에 사원을 짓고 잉카의 도시를 형성하였다. 이 도시는 잉카가 동남방으로 영역을 확장하는 과정에 만들어졌다. 이 도시는 이곳을 침공한 과라니(Guarani)족 전사들에 의해 고통을 받았으며 이들은 산타크루즈(Santa Cruz)와 사마이파타를 정복하여 스페인군들이 들어올 때까지 이곳에 살았다. 그 다음에 오는 스페인군들도 사원 근처에 살며 아랍 계통의 안다루시아(Andalusia) 건축을 지었다가 폐기하고 현재의 사마이파타로 이주해나갔다.

5. 티아우아나코 또는 티와나쿠(Tiwanaku/Tiahuanaco: Spiritual and Political center of the Tiwanaku Culture: 문화, 2000):

볼리비아 서쪽에 위치한 티와나쿠 또는 스페인어로 티아우 아나코(Tiahuanaco, Tiahuanacu)는 잉카와 서기 1532년 이전인 선 스페인 문명(서기 800년-서기 1438년)으로 포스트크라식(후고전기) 기간인 서기 800

년-서기 1532년에 속한다. 이 시기에는 티아우아나코, 와리(Wari, Hua-ri), 치무(서기 1200년-서기 1470년)가 함께 하며 그 이후에는 서기 1445년 Pachacuti Inca Yupanqui가 침공하여 잉카(서기 1438년-서기 1532년 11월 16일)로 통일된다. 잉카 제국도 8만 명의 군사가 말과 총으로 무장한 168명의 프란시스코 피자로(Francisco Pizzaro)가 거느리는 스페인 군대에 의해 서기 1532년 11월 16일 카하마르카(Cajamarca) 전투에서 패배함으로써 완전히 정복된다. 차빈 문화로 대표되는 Early Horizon 다음 단계인 중기 호라이죤(Middle Horizon, 티아우아나코/Tiahuanaco/Ti-wanaku, 볼리비아의 Tiahuanaco)는 말기 호라이죤(Late Horizon, 잉카/Inca, 서기 1438년-서기 1532년) 이전의 문명인 티아우아나코(Tiahuanaco)는 잉카 이전의 문명으로 기원전 300년경에 시작하여 서기 5세기-서기 6세기에 전성기를 맞고, 서기 600년-서기 800년에 도시국가로서 도시화 되는 과정에 있다가 IV와 V기(서기 300년-서기 1000년)에 전성기를 맞아 제국으로 발전하였다. 도시국가 유적은 티티카카(Titicaca) 호수 동남방 라파즈(La Paz)의 서쪽 72km 떨어져 티와나쿠 주 인가비(Ingavi) 현 티티카카 호수 동북 21km 떨어진, 해발 3,842m되는 수목이 거의 없는 푸나(Puna)에 속한다. 티아우아나코(티와나쿠)는 문자가 없던 고대국가로서 기원전 1500년경 농업을 기반으로 하는 마을에서부터 시작하나 티아우아나코(티와나쿠) IV와 V기인 서기 300년에서부터 서기 1000년 사이에는 큰 세력으로 등장하였다. 기원전 300년에서 서기 300년에의 600년간에는 순례지로 정신적 우주적 중심지 역할을 하였다. 이러한 우주론적인 생각은 티아우아나코가 제국(empire)으로 발돋움하는 정신적 기반이 되었다. 티아우아나코가 위치하는 건조한 고원과 티티카카 호수 사이에는 물고기, 야생조류, 식물과 야마 등 식생활에 풍족한 자연환경을 갖고 있었다. 유적과 유물은 푸마푼쿠(Pumapunku) 사원의 기단석과 근처 태양의 문(Gateway of the Sun)을 비롯해 칼라사사야(Kalasasaya) 사원과 사람의 머리를 조각해 벽에 장부(mortise)로 끼어 넣은 사원의 벽, 문 입구의 단일석주(monoliths), 지표상으로부터 푹 꺼진 안뜰의 의식용 인간제물/인신공양을 공물로 받치는 폰세(Ponce) 석비(stela, Benette Mmonolith), 인간의 형상을 한 토제 용기 등이 있다. 또 아카파나(Akapana)와 푸마푼쿠 사원의 붉은 사암으로 만든 하수구는 구리(Cu), 비소(As)와 니켈(Ni)의 三元合金의 꺽쇠가 이용되기도 하였다. 이 도시는 동서남북으로 정연한 방격형의 구획, 높은 계단상에 지어진 사원, 상류층 귀족의 집, 그리고 무덤으로 볼 때 이들은 멕시코 네 번째의 문명인 테오티우아칸과 비교가 된다. 이 문명의 특징은 아메리카의 스톤헨지로 불릴 만큼 종교제사유적(신전)을 짓는데 필요한 돌의 조각과 기단석축을 쌓는 데에서도 잘 보여 지고 있다. 티아우아나코는 모치카와 같이 야금술도 발달하였다. 그러나 청동기의 제작은 없었다. 토기제작도 매우 발달하였는데, 그 문양은 주로 종교적 상징이나 표범, 고양이, 개구리, 뱀과 같은 생생하고 만화같이 그려진 인간이 대부분이다. 호수 주변의 습지를 개간해 아즈텍 문명에서 보이는 치남파[Chinampa, 이는 버마의 Inle 호수의 Intha족의 '쮼모'라는 수경농경방법, 이집트 나일 강 하구의 水草로 형성된 케미스(Chemmis)라는 인공섬과 티그리스와 유프라테스 강이 만나는 하류지점 바스라 항구 가까이 늪지에 점점이 떠있는 조그만 섬 위에 갈대(marsh dwelling with reed-building mudhif)로 만든 마단(Ma'adan)이라는 갈대 집과 같은 맥락에서 볼 수도 있다]와 같은 호수에 떠있는 정원(floating garden)과 같은 高冷地의 티티카카 분지(the high-altitude Titicaca Basin)에서 "flooded-raised field" agriculture(suka kollus)를 만들거나 주거지 근처에 3m 폭의 밭과 그 사이사이에 폭 0.7m의 관개용 물이 흐르도록 판 이랑을 이용해서 수천 에이커의 경적지에서 집약농경(관개 밭/irrigated fields, 목초지/pasture, 계단식 밭/terraced fields, 인공연못인 qochas 등)을 하였고 감자와 옥수수를 포함한 곡물수확량도 2.5-3톤/10,000m²으로 추산된다. 당시의 인구는 285,000-1,482,000명 정도로 추산된다. 이 티아우아나코 유적은 서기 900년경 가뭄으로 인해 티아우아나코 칼라사사야 사원(Tiwanaku's Kalasasaya temple)에서와 같이 종교적인 폰세 석비로 묘사된 제사장이 술, 인간의 피 또는 아나데난데라(Anadenanthera peregrina/Yopo/Jopo/Cohoba/Paricaor Calcium Tree)씨로 만든 환각제를 담은 케로 컵[kero/qero/quero는 술이나 치차/chicha 등의 음료수를 마시는 컵)과 칼을 가지고 인간과 야마의 제물을 신전에 바쳤으나 허사가 된 후 서기 1000년경에는 완전히 버려졌다. 이는 서기 1989년 발굴된 공동묘지에서 출토하여 현재 티아우아나코 박물관에 전시되어있는 연회-음주-인간제물/인신공양을 보여주는 절단된 흔적이 있는 인간의 두개골, 야마 뼈, 환각용 제작을 위한 나무판과 흡입도구 등과 현재에도 근처 알티프라노(Altiplano)에 살고 있는 아이마라(Aimara)족의 하지(6월 21일)과 같은 태양제사에서도 증명된다.

그리고 영국 지리학자인 짐 알랜(Jim Allen)은 그의 저서 Historic Atlantis in Bolivia에서 티티카카 호수 근처 알티프라노(Altiplano) 평원의 포포(Poopo) 호수와 그 옆의 올라가스(Aullagas) 언덕이 그리스의 철학자 플라톤(Plato, 기원전 430년-기원전 350년)이 기원전 360년에 쓴 그의 저서 대화(Dialogues: Timaeus와 Critias)에서 언급한 12,000년 전 지진과 홍수에 의해 사라진 아틀란티스[Atlantis; Atl(water)와 Anatis[copper: 이곳에서만 금과 구리의 합금인 오리칼컴/orichalcum이 나온다. 이집트 피라미드 정상에는 금·은·미량의 구리 합금인 琥珀金(electrum)을 쓴다]를 결합한 남미의 말의 흔적으로 보고 있으며 '태양의 문(Gateway of the Sun)'과 같은 대표적인 유적도 그들의 후손이 만든 것으로 주장하기도 한다.

6. 쿠하파크 난 안데스 도로체계(Qhapaq Ñan, Andean Road System: 문화, 2014):

→ 아르헨티나 4항을 참조할 것.

부르키나 파소 BRUKINA FASO

1. 로로페니 유적(Ruins of Loropéni: 문화, 2009):

가오우아(Gaoua) 서쪽 11,130m² 넓이의 로비(Lobi) 요새 유적은 石壁으로 잘 보존되어 있다. 이것은 100여 개 석벽 중의 일부분으로 코트디아브르(Côte d'Ivoire), 가나, 토고와 경계를 이루면서 사하라 사막을 횡단하는 金貿易路를 관장하던 힘을 보여준다. 이 요새화한 유적은 천년은 되었을 것으로 생각된다. 주거지에는 로론(Lohron)이나 코우랑고(Koulango)족들이 살았던 것으로 짐작되며, 이들은 採金과 장신구를 만드는 여러 과정, 운송을 통제하였는데 서기 14세기-서기 17세기에 정점을 이루었다. 아직 완전히 발굴되지 않았으나 앞으로 계속 발굴되면 이 유적이 서기 19세기에 폐기되어 나무로 뒤덮인 이유를 설명해 줄 수 있을 것으로 생각된다.

2. 고대 제철 유적(Ancient ferrous metallurgy site of Burkina Faso: 문화, 2019):

아프리카에서 철 생산은 기원전 1000년경 나이지리아(Nigeria)의 녹문화(the Nok culture)에서 시작되었고 말리(Mali)와 나이지리아 사이의 나이제리아 계곡 안 디엔느-디에노(Djenné-Djenno) 근처에서는 기원전 250년에 제철을 한 고고학 증거가 남아있다. 제철 기술은 반투족(Bantu)이 기원전 500년-서기 400년 사이 동부나 남부 아프리카로 확장해 나가면서 전파되었고 이를 우레웨 문화(Urewe culture)에서 찾을 수 있다. 부르키나 파소(Burkina Faso)의 제철 문화유산은 여러 곳에 산재하는 5개소의 제철 생산유적에서 15개의 상비된 제철 관련 대장간(blacksmith), 최근의 용광로에 비해 65-70% 정도의 낮은 생산율을 보이는 옛날 방식의 용광로(natural-draught furnaces/Natural draft furnaces), 광산, 제철 생산자들이 살던 주위의 거주지 등을 포함한다. 기원전 8세기경까지 거슬러 올라가는 도우로우라(Douroula)는 부르키나 파소에서 발견되는 제철유적에 관한 가장 오래된 증거 자료이다. 티웨가(Tiwêga), 야마네(Yamané), 킨디보(Kindibo)와 베쿠이(Békuy)와 같은 다른 제철 장소들은 2천 년 대(the second millennium CE, the 11th to the 20th century)의 좀 더 기술적으로 강화된 제철 생산 방식을 보여준다. 비록 철광석에서 철을 추출해내는 당시의 환원(reduction) 방식은 오늘날에는 볼 수 없지만 마을 철공소(대장간)의 대장장이(冶匠, 鐵匠, 야공(冶工)들은 전통을 이어 여러 祭儀와 함께 풀무질을 하면서 여전히 철로 農·工具를 만들어 내는데 중요한 역할을 하고 있다.

북한(北韓, 조선민주주의인민공화국)
DEMOCRATIC PEOPLE'S REPUBLIC OF KOREA

1. 고구려 고분군(Complex of Goguryo Tombs: 문화, 2004):

冬壽墓(서기 357년), 德興里 고분(서기 408년)도 있으나 주로 서기

427년(長壽王 15년 평양 천도)-서기 668년 사이의 고구려 벽화 고분 97 기이다. 즉 이들은 평양 東明王陵과 眞坡里 고분군 15기, 평양 湖南里 四神塚과 호남리 1-16호분 등 34기, 평안남도 대동군 덕화리 1·2·3호분, 江西 三墓, 덕흥리·修山里 고분과 龍岡大塚, 雙楹塚, 安岳 1·2·3호분 등 3기로 모두 63기가 이에 포함된다. 그 목록들은 다음과 같다.

국보 12호 대성산 고구려 무덤떼, 평양시 대성구역 대성동

국보 15호 용산리 고구려 무덤떼, 평양시 력포구역 룡산리

국보 26호 호남리 사신무덤, 평양시 삼석구역 호남리

국보 28호 강서 세무덤, 남포시 강서구역 삼묘리

국보 29호 약수리 벽화무덤, 남포시 강서구역 약수리

국보 30호 수산리 벽화무덤, 남포시 강서구역 수산리

국보 39호 쌍기둥무덤, 남포시 룡강군 룡강읍

국보 67호 안악 3호 무덤, 황해남도 안악군 오국리

국보 73호 안악 1호 무덤, 황해남도 안악군 대추리

국보 74호 안악 2호 무덤, 황해남도 안악군 대추리

국보 156호 덕흥리 벽화무덤, 남포시 강서구역 덕흥동

국보 161호 덕화리 1호무덤 평안남도 대동군 덕화리

2. 개성 역사유적(Historical Relics in Kaesong: 문화 2013):

松都, 松岳, 開京과 松京의 이름을 가지고 북쪽에 帝釋山, 天馬山, 두석산이, 중앙에 松岳山/松嶽山, 남쪽에 進鳳山과 龍岫山으로 둘러싸인 분지의 개성 시내와 서쪽의 산자락까지 포함하는 개성 역사유적지구는 高麗왕조(서기 918년-서기 1392년)의 지배 근거지를 대표하는 문화유산들로 구성돼 있다. 문화유산은 통일된 고려왕조가

사상적으로 불교에서 유교로 넘어가는 시기의 정치적, 문화적, 사상적, 정신적인 가치를 내포하며 이는 도시의 풍수적 입지, 궁궐과 고분군, 성벽과 대문으로 구성된 도심 방어 시스템, 그리고 교육기관을 포함한다.

이 문화유산들은 12개의 개별 유산으로 구성돼 있으며 이 중 다섯 구역은 개성성 곽을 구성하는 유산들로, 삼중으로 구성된 고려의 방어체계도 볼 수 있다. 그리고 개성 역사유적지구 중 대표적인 것은 개성 성벽 5개 구역을 포함해 개성시 송악동 송악산 남쪽 기슭에 동서 445m, 남북 150m의 계단상 대지에 위치한 고려의 왕궁터(太祖 2년, 서기 919년-恭愍王 10년 서기 1361년)인 滿月臺(국보 122호)를 들 수 있다.

이 궁궐터에는 亞자형의 正殿을 비롯해 회경전, 장화전, 건덕전, 만령전 등이 계단상 으로 배치되고 13개의 성문과 15개의 궁문이 있었다고 전해진다. 그리고 만월대 서문 밖에 있는 고려시대 瞻星臺(국보 131호, 높이 2.8m이고, 장방형 한 변의 길이 2.6m 유적), 개성 북안동 남대문(국보 124호, 조선), 개성시 부산동 成均館[국보 127호, 고적 제 234호, 서기 992년(成宗 11년)에 세운 국가 최고 교육기관으로, 현재의 건물은 조선시대(서기 1602년-서기 1610년)에 재건한 건물이다], 개성시 선죽동 자남산의 崧陽書院(국보 128호)도 지정되었다. 崧陽書院은 조선시대의 지방 사설 교육기관으로 고려 말의 유학자 鄭夢周를 기념하여 서기 1573년에 그가 살던 집에 서원을 세우고 文忠堂이라고 하였는데 숭양서원이라고 부르게 된 것은 1575년부터이다. 그리고 善竹橋(국보 159호)와 表忠祠(국보 138호 表忠碑)도 정몽주와 관련된 문화재들이다. 또 개성시 개풍군 해선리 평양-개성 간 고속도로 옆 만수산 남쪽 언덕의 중턱에 자리 잡고 있는 고려 개국시조인 태조왕건과 왕비 신혜왕후 유씨를 합장한 무덤인 王建陵(顯陵, 국보 제179호)과 7개 왕릉과 명릉, 개성시 개풍군 해선리 恭愍王陵(국보 123호) 등을 포함한다. 세계문화유산에 포함된 목록들은 다음과 같다.

국보 122호 滿月臺 개성시 송악동, 고려

국보 123호 恭愍王陵 개성시 개풍군 해선리, 고려

국보 124호 개성 南門 개성시 북안동, 조선

국보 125호 觀音寺 대웅전 개성시 박연리 대흥산성 내, 고려

국보 126호 大興山城 개성시 박연리, 고려

국보 127호 개성 成均館 개성시 방직동, 고려

국보 128호 崧陽書院 개성시 선죽동, 고려

국보 129호 拔禦塹城 개성시 송악동, 통일신라

국보 130호 開城羅城 개성시 송악동, 고려

국보 131호 개성 瞻星臺 개성시 송악동, 고려

국보 132호 興國寺탑(서기 1021년) 개성시 박직동 고려박물관, 고려

국보 133호 靈通寺 오층석탑 개성시 룡흥리 오관산 령통사, 고려

국보 134호 華藏寺 부도 개성시 룡흥리 보봉산 화장사, 고려

국보 135호 佛日寺 오층탑 개성시 방직동 고려박물관, 고려

국보 136호 演福寺 개성시 북안동 남대문 문루, 고려

국보 137호 寂照寺 쇠부처(철불) 개성시 방직동 고려박물관, 고려

국보 138호 表忠碑(왼쪽 것은 서기 1740년에 영조가, 오른쪽에 있는 것은 1872년 고종이 각각 세웠다) 개성시 선죽동, 조선

국보 139호 玄化寺 칠층탑 개성시 방직동 고려박물관, 고려

국보 151호 玄化寺비 개성시 방직동 고려박물관, 고려

국보 152호 廣通普濟禪師碑 개성시 개풍군 해선리 무선봉 남쪽, 고려

국보 153호 五龍寺法鏡大師(慶猷)비 개성시 룡흥리 용암산 오룡산터, 고려

환도산성 내 瞭望臺(山上王 2년 축조, 서기 198년 축조, 필자 촬영)

환도산성하 적석총(서기 198년 이후 축조, 필자 촬영)

고구려 유화부인과 주몽(환도산성하 주몽 사당, 필자 촬영)

광개토대왕묘(전 장군총)의 현실(서기 413년경 축조, 필자 촬영)

세계문화유산 - 글로벌 文化史의 理解 -

국보 155호 靈通寺大覺國師 대각국사비 개성시 룡흥리 오관산 령통사, 고려

국보 159호 善竹橋 개성시 선죽동, 고려

국보 179호 王建王陵, 개성시 개풍군 해선리, 고려

불가리아 BULGARIA

1. 이바노보의 암석을 깎아 만든 교회군(Rock-hewn Churches of Ivanovo: 문화, 1979):

불가리아 동북쪽 로센키 롬(Roussenki Lom) 강 계곡을 깎아 서기 12세기-서기 14세기에 만든 하나의 암벽을 이용한 성당, 예배당, 수도원, 지하창고 등으로 서기 12세기 이곳에온 隱者가 처음 파기 시작했는데 수도사들이 서기 1320년대 본격적으로 만들어 서기 17세기까지의 모습을 오늘날에도 보여준다. 서기 14세기에 그려진 프레스코 벽화는 중세시대의 타르노보(Tarnovo/Turnove)파를 대표하는 작품으로 잘 보존되고 있다. 교회의 수는 40개, 부속건물은 300여개로 추산된다. 수도사들이 예배를 보는 교회는 St. Archangel Michael 교회 (The Buried Church), the Baptistery, the Gospodev Dol Chapel, the St. Thedore Church(the Demolished Church)와 본당이며 서기 14세기의 벽화가 있는 Holy Mother of God 교회 등이다.

2. 마다라 기수상(Madara Rider: 문화, 1979):

불가리아 동북쪽 서기 705년-서기 801년 사이 100m 높이의 마다라 마을 절벽 위에 새겨놓은 사자를 물리친 騎士像으로, 기사는 오

른쪽을 향하고 창으로 말굽 밑에 있는 사자를 찌르고 개가 그 뒤를 따르고 독수리가 위에서 나르는 모습을 그리고 있다. 이곳은 서기 9세기 기독교가 들어오기전 첫 번째 불가리아 제국이 들어선 聖所이다. 옆에 새겨놓은 銘文의 해독은 이 비가 서기 710년까지 올라갈 수 있음을 보여준다.

3. 보야나 교회(Boyana Church: 문화, 1979):

소피아 교외 3개의 교회로 서기 10세기에 처음 지어졌다. 그 다음 서기 13세기에 세바스토크라커 카로얀(Sebastocrator Kaloyan)에 의해 만들어졌는데 그는 두 번째의 건물을 첫 번째 것 옆에 2층으로 짓도록 하였다. 이 두 번째의 교회 내에 서기 1259년에 그려진 중세시대의 프레스코 벽화가 있다. 여기에 240개의 프레스코 벽화(89개의 장면과 240명의 인물)가 있는데 화가는 알려져 있지 않으나 타르노보(Tarnovo/Turnove)파 예술학교에서 훈련을 받은 사람으로 짐작이 된다. 현관에서 本堂에 이르는 복도에 그려진 18장면은 성 니코라스의 생활을 묘사한다. 바다와 배에서 일어난 기적과 뱃사공의 모자는 베네치아 화풍을 연상케 한다. 세 번째의 교회는 서기 19세기 초에 지어진 것이다. 가장 흥미로운 것은 기증자들인 카로얀과 데실사바(Dessilsava), 불가리아의 황제 콘스탄틴 아센티크(Constantine Assen Tikh)와 왕비 이리나(Isaritsa)의 초상화들인데 모두 서기 1259년에 그려졌다. 카로얀이 교회의 설계도를 들고 성 니코라스에게 주는 장면이다. 이곳은 서기 13세기-서기 19세기의 중요한 교회로 특히 서기 1259년에 제작된 프레스코 벽화는 중세시대의 중요한 작품의 하나이다.

4. 카잔락의 트라키안 무덤(Thracian Tomb of Kazanlak: 문화, 1979):

발칸 산맥하 트라키아 왕 세우투스(Seutus) III세의 수도인 세우토폴리스(Seutopolis) 근처 기원전 4세기경 헬레니즘(기원전 304년-기원전 30년) 시기에 만들어진 tholos(연도/널길, 羨道/널길/dromos가 있는 石室墳)가 있는 공동묘지로서 그 속에서 신랑과 신부가 작별하는 장면, 트라키아의 왕과 왕비, 전차 경기 등의 벽화가 생생하게 남아 있다.

5. 네세바르 구도시(Old City of Nessebar: 문화, 1983):

흑해 연안 3,000년 이상 오래된 네세바르의 성벽에 둘러싸인 옛 도시는 기원전 6세기에 그리스의 식민지(Magna-Grecia, 기원전 600년-기원전 500년), 트라키안(Thracian)의 주거지 메네브리아(Menebria)였다. 이 도시에는 주로 헬레니즘(기원전 304년-기원전 30년)시대의 성채(acroppolis), 아폴로 신전, 광장(agora), 요새의 성벽 등이 남아있다. 남아 있는 다른 유적들은 북해 서쪽 해안에 중요한 비잔틴 제국(서기 395년-서기 1453년)의 도시가 있었을 때의 스타라 미트로폴리아 대성당(the Stara Mitropolía Basilica, Old Bishoric), 중세시대의 성벽이다. 서기 19세기의 목제 가옥은 이 시기 흑해 연안의 대표적 건물이다. 여기에는 교회유적도 많은데 소피아 교회(Old Bishoric, Stara Mitropoliya, 서기 5세기-서기 6세기), Basilica of the Holy Mother of God Eleusa(서기 6세기), Church of John the Baptist(서기 11세기), Church of St. Stephen(New Bishopric, Nova Mitropoliya, 서기 11세기; 서기 16세기-서기 18세기에 복원), Church of St. Theodore(서기 13세기), Church of St. Paraskeva(서기 13세기-서기 14세기), Church of the Holy Archangels Michel and Gabriel(서기 13세기-서기 14세기), Church of Christ Pantocrator(서기 13세기-서기 14세기), Church of St. John Aliturgetos(서기 14세기), Church of St. Spas(서기 17세기), Church of St. Clement(서기 17세기)들이 대표적이다.

6. 릴라 수도원(Rila Monastery: 문화, 1983):

발칸 반도에서 제일 높은 릴라 산맥 내 서기 10세기경 정교회에서 성자로 인정한 성 요한 릴라(St. Johan Rila, 서기 970년 탄생)에 의해 창건된 정교회로 서기 1833년 1월 13일 화재로 인해 목조건물이 불타 서기 1834년-서기 1862년 재건되었고 중심에는 匠人 Pavel of Krimin 의 책임하에 성모 마리아 탄생 교회(the Church of the Nativity of the Virgin, 9월 8일)가 세워졌다. 그의 금욕생활을 하던 동굴과 무덤은 서기 15세기 이후 수도원에 포함된 聖地가 되고 중세시대 스라브민족의 동질성을 찾는 불가리아인들의 정신적·사회적 생활에서 중요한 역할을 차지했던 수도원 복합지구로 탈바꿈했다.

7. 스베시타리의 트라키안 무덤(Thracian Tomb of Sveshtari: 문화, 1985):

불가리아 동북쪽 라자그라드(Razagrad) 주에서 동북쪽 42km 떨어진 스베시타리의 조그만 마을 서남쪽 2.5km서 서기 1982년에 발견된 기원전 3세기경 트라키아인의 돌방무덤(石室墳)으로, 이 무덤이 특이한 점은 석실 내부의 벽면에 높은 浮彫로 조각하고 彩色한 半人·半植物의 10개의 女人像柱와 둥근 천장의 장식은 고대지리학자들이 이미 언급한 트라키아 민족인 게테(Gete)족들이 헬레니즘(기원전 304년-기원전 30년)과 북방민족들과의 문화접촉을 떠오르게 한다.

브라질 BRAZIL

1. 오우로 프레토 역사도시(Historic Town of Ouro Preto: 문화, 1980):

포르투갈의 식민지시대인 서기 17세기 말에 금광을 채굴하면서 만들어진 Ouro Petro(black gold) 마을(서기 1822년-서기 1897년, Minas Gerais 주의 수도)과 금의 집산지로 서기 18세기 브라질의 황금시대를 열었다. 19세기 금광이 고갈되어 바닥이 나도 그때까지 富村으로 인해 많은 예술가들이 모여 포르투갈 식민시대의 건물을 비롯하여, 브라질 특유의 건축물, 다리, 분수와 내부에 금으로 치장을 한 성당이 많이 남아 있고 또 서기 1882년 9월 7일 포르투갈로부터 독립선언을 하고 서기 1889년 11월 15일 독립한 브라질 자유와 문화의 상징 도시이다. 특히 알레하디노(Aleijadinho) 건축가가 만든 바로크식 성당 Igreja de São Francisco de Assis(Church of Saint Francis of Assisi)가 돋보인다. 그 외에도 화가 Mestre Athayde, 작곡가 Lobo de Mesquita, 시인 Thomas Gonzaga 등이 이 도시를 배경으로 활약하였다.

2. 올린다 역사지구(Historic Centre of the Town of Olinda: 문화, 1982):

서기 1535년 포르투갈인들에 의해 만들어진 사탕수수산업과 관련된 식민지도시였는데 네덜란드인의 공격으로 파괴되었다가 서기 18세기에 재건되었다. 이곳에는 식민지 초기의 도시계획, 건물, 정원, 20개의 바로크식 교회, 수가 많은 조그만 예배당들이 서로 조화를 이루고 있어 올린다의 매력을 더한다.

3. 살바도르 데 바이아 역사지구(Historic Centre of Salvador de Bahia: 문화, 1985):

포르투갈 주민들이 서기 1549년-서기 1763년 브라질의 첫 번째 수도로서 살바도르는 유럽, 아프리카와 아메리카 인디언들의 문화가 혼재되어있는 곳이다. 서기 1588년부터 이곳은 아메리카 대륙의 첫 번째 노예시장이 들어섰는데 이는 사탕수수농장에서 필요하였기 때문이었다. 구 도시에서는 뛰어난 르네상스 양식의 건물들을 보존하려고 노력하였고, 벽 치장을 한 밝은 색깔의 가옥들도 무척 특징이 있다. 지정된 구역 내의 건물들은 대성당(Cathedral), 성 프란시스, 도미니크, 카르멜, 안토니 수도원(Convents of St. Francis, St. Dominic, Carmel and St. Anthony), 서기 16세기에 만들어진 궁전, 바로크 양식으로 지어진 궁전(Baroque Palaces) 등이다.

4. 콩고나스의 봉 제수스 성역(Sanctuary of Bom Jesus do Congonhas: 문화, 1985):

Congonhas(Minais Gerais)에 있는 聖所로 이탈리아의 영향을 받은 로코코 교회(BomJesus Church, 서기 1772년), 밖의 계단에 12사도들의 상이 장식되어 있는 교회(the parvis with the 12 statues of the prophets, 서기 1800년–서기 1805년)와, 알레한디노(Alejandinho)가 만든 걸작품인 7개의 십자가의 聖路들로 장식되어 있고 생동감 넘치는 바로크 양식의 6개의 예배당(the 6 chapels containing the 7 stations of the cross, 서기 1796년–서기 1800년)을 말한다.

5. 브라질리아(Brasilia: 문화, 1987):

서기 1956년 브라질의 대통령이 된 쥬세리노 쿠비셰크(Juscelino Kubitschek)가 도시계획가인 루치오 코스타(Lucio Costa)와 건축가인 오스카 니메이어(Oscar Niemeyer)를 초청해 사람, 물, 동·식물이 거의 없는 사막과 같은 브라질리아란 空地에 새의 飛翔과 닮은 주거·행정구역에서부터 左右同形의 건물들에 이르기까지 모든 설계가 전반적으로 조화를 이루도록 만든 세계 도시계획의 새로운 이정표가 된 브라질의 수도이다. 특히 공공건물들은 매우 혁신적이고 상상력이 풍부한 외관을 보인다. 여기에는 브라질 공화국 연방의회, 쥬세리노 쿠비셰크 대통령의 다리와 기념탑, 도로의 기념비적인 十字軸(Monumental Axis), 성당, 대통령 궁, 호텔 등의 건물이 특징이 있다.

6. 세라 다 카피바라 국립공원(Serra da Capivara National Park: 문화, 1991):

브라질 동북부 피아우이(Piauí) 주에 위치하는 세라 다 카피바라 국립공원 안에 중남미 고고학 편년 상 가장 연대가 올라가는 후기구석기시대인 石期(Lithic)에 속하는 25,000년 전의 동굴벽화가 있고 이 벽화를 보존하기 위해 국립공원이 조성되었다. 이 벽화는 고고학자 니에데 귀돈(Niéde Guidon)에 의해 조사되었고 가장 중요한 유적은 페드라 후라다(Pedra Furada)이다. 이곳은 행정구역상 São Raimundo Nonato, SãoJoão do Piauí, Coronel José Dias와 Canto do Buriti에 속하며 규모는 1291.4km²이다. 이곳은 당시 인구밀도가 높았던 것으로 짐작된다. 벽화는 남아메리카 대륙에서 연대가 가장 올라가며, 벽화는 동물, 나무, 벌집, 의례장면, 사냥, 폭력(고문), 성교, 탄생 등으로 연대는 25,000년에서 2,000년 전으로 추정된다. 벽화는 사람이 살던 큰 동굴(boqueirão, large cave)과 조그만 동굴(toca, small cave)에 그대로 그려져 있다.

7. 세인트 루이스 역사지구(The Historic Centre of São Luis: 문화, 1997):

Maranhão 주도인 사용 루이(São Luis)는 포르투갈의 지배시 서기 1612년 프랑스는 자기의 식민지로 삼았고 그 이름도 처음에는 프랑스 국왕 루이(Louis) XIII세를 慶賀하는 뜻에서 그의 이름을 따 Saint Louis로 명명하였다. 서기 1614년 네덜란드인에 의해 침공을 받았으나 서기 1615년 포르투갈의 제로니모 데 알부커크(Jerônimo de Albuquerque)에 의해 다시 포르투갈 영으로 돌아갔다. 이 도시는 서기 20세기 경제적 침체로 인해 라틴아메리카에서 예외적으로 포르투갈 식민지 원래의 모습으로 방격법 도시구획, 당시의 공공건물, 화려하고 사치스럽게 지은 저택, 대리석제 다층가옥, 아주레호스(azulejos, 포르투갈에서 5세기 동안 변치 않고 사용된 주석유약을 입혀 만든 청금빛 타일로 포르투갈의 대표적 문화요소 중의 하나임)로 벽을 장식한 소규모의 집들이 그대로 남았다.

8. 디아만티나 시 역사지구(Historic Centre of the Town of Diamantina: 문화, 1999):

서기 1713년 탐험대가 미나스 쥬라이스(Minas Gerais) 산록에서 다이아몬드를 발견함으로써 아라이알 도 티후코(Arraial do Tijuco)란 마을로 설립되었다. 서기 1713년 포르투갈 왕이 이의 중요성을 알고 채굴 행정을 관할할 도시를 세우도록 명령하고 처음에는 다이아몬드 채굴권을 개인 기업에 주었다가 후일 왕의 소유로 귀속시켰다. 산록의 척박한 환경에 보석처럼 세워진 이 도시는 다이아몬드 채굴 때문에 만들어지고 그 이름도 다이아몬드라는 뜻의 디아만티나로 되었다. 서기 18세기와 서기 19세기에 상당한 富를 축적하였으나 남아연방의 드비어(De Beers)에서 새로운 다이아몬드 광산이 개발됨으로써 폐광되고 따라서 이 도시는 포르투갈인들이 세운 바로크 양식으로 세운 식민지도시와 회색 빛나는 'capitstranas'라는 돌로 깐 鋪道, 나무와 흙벽돌로 지어진 가옥의 담장도 원래 모습대로 잘 남게 되었다. 당시 새로운 금광과 광산의 개발로 인해 이웃에 형성된 미나스 쥬라이스와 함께 대표적이다.

9. 고이아스 역사지구(Historic Centre of the Town of Goiás: 문화, 2001):

브라질 중앙 고이아스 주의 고이아스 도시(식민지시대에는 좋은 도시라는 의미의 Vila Boa de Goyaz라고도 불리었다. 서기 1937년까지는 주의 수도였음)는 서기 18세기-서기 19세기 반데이란테(Bandeirante, 서기 16세기-서기 18세기 브라질의 노예사냥 탐험대로 'followers of the banner'란 뜻임) 탐험가 바르토로뮤 부에노 아 실바(Bartolomeu Bueno da Silva)에 의해 설립된 식민지도시로 광산촌이 바탕이 되었다. 식민지시대의 전통을 바탕으로 한 공공건물과 개인주택 등은 그 지방에서 나오는 건축 지재와 기술을 꾸준히 접목시킨 결과 주변 경관과 조화를 이루고 있다.

10. 상 크리스토바옹 시의 상 프란시스코 광장(São Francisco Square in the Town of São Cristóvão: 문화, 2010):

세르기페(Sergipe) 주, 서기 1590년에 만들어진 브라질의 네 번째 큰 도시인 상 크리스토바옹 시의 상 프란시스코 광장은 서기 1693에 세워진 상 프란시스코 교회와 수도원, 유색인 로자리오 교회(Our Lady of Rosary of Colored Men), 자애 수녀 병원 같은 역사적 건물들로 둘러싸여 있다. 상 크리스토바옹 시는 포르투갈이 스페인 왕(서기 1580년-서기 1640년)의 통치기 간에 세워졌으며 건물들로 둘러싸인 광장은 남미의 다른 도시에서는 흔하지만 브라질에서는 드물다. 상 크리스토바옹 시는 아라카후(Aracaju)가 새로운 수도가 되는 서기 1855년까지 州都였다. 이곳에는 식민지시대, 바로크, 종교적 건물들이 잘 보존되어 있으며 그중 聖畵박물관은 브라질에서도 가장 소장품이 많은 것 중의 하나이다.

11. 山間의 리오데자네이로 시의 경관, 리오데자네이로의 시민 카리오카(Rio

de Janeiro, Carioca Landscapes between the Mountain and the Sea: 문화, 2012):

　세계문화유산에 등재된 리오데자네이로 시는 문화유산이라기보다 이례적인 도시의 배경(무대장치)으로 구성된다. 이것은 티우카 국립공원(Tijuca National Park, 32km²)의 정상(3,350feet, 약 1,005m)에서부터 바다에 이르기까지 도시의 발전을 형성하고 자극을 주었던 중요한 자연요소를 포함한다. 그들은 또한 서기 1808년에 설립된 식물원(Botanical Garden), 높이 32m의 예수동상(신 7대 불가사의)이 서있는 해발 700m의 코르코바도 산과 눈부신 도시의 야외 생활문화에 이바지하는 코파카바나(Copacabana) 만을 따라 광범위하게 설계된 경관, 구아나바라(Guanabara) 만 주위의 언덕들도 포함한다. 그래서 리오데자네이로 시가 음악가, 정원사, 도시계획 전문가에게 예술적 영감을 주는 것도 인정이 된다.

12. 파푸더 근대의 조화(Pampulha Modern Ensemble: 문화, 2016):

　이곳은 아름다운 지평선이라는 의미의 벨루 오리 존치(Belo Horizonte)에 위치한 人工湖를 둘러싸고 있는 주거지역 또는 관리 영역의 이름으로 파푸허[pɐpuʎɐ]/파우더 문화복합지구로도 불리 운다. 벨루 오리 존치의 문화적으로 대표할 수 있는 시설은 파푸허 호수를 둘러싸고 있거나 가까이에 있는 연방 대학교 드 미나스 제 라이스(Universidade Federal de Minas Gerais), 미네이라오 축구장(the soccer stadium Mineirão)과 경기장(Mineirinho Arena), 오스카르 니에메예르(Oscar Niemeyer, 서기 1907 12월 15일–서기 2012년 12월 5일)가 설계한 아시시의 성 프란시스의 교회(Church of Saint Francis of Assisi), 현대 예술 박물관(Museum of Modern Art), 카사 드 베일무도장(the Casa de Baile, house of dance, Ballroom), 요트와 테니스 클럽(Tennis Club), 벌 마르크스 정원(Burle Marx gardens), 포르티나리(Cândido Portinari)의 그림(art panels, paintings), 체시아티(Alfredo Ceschiatti)의 조각 등이다. 자모이스키(Zamoiski)와 호세 페드로사(José Pedrosa)는 호수가에서 느끼고 행할 수 있는 여러 가지 설계를 하였다. 호수는 서기 1940년대 초 주셀리누 쿠비 체크(Juscelino Kubitschek) 시장 때 만들어졌으며 문화복합지구는 오스카르 니 에메 예르가 설계한 것으로 근대 브라질 건축에 상당한 영향을 끼쳤다. 또 호수 옆에는 체육관(Governor Magalhães Pinto Stadium, Mineirão), 동물원, 식물원, 생태공원, 馬術센터(Equestrian Centre), 자전거와 산책용 길 등 상당한 여가 시설을 갖추었다. 그 당시 브라질에서 문화복합지구에 대한 이러한 근대적 발상은 다음 세대와 전 세계에 상당한 영향을 끼친 혁명적이고 前衛的이었다.

13. 바롱고 부두 고고학 유적(Valongo Wharf Archaeological Site: 문화, 2017):

바롱고 부두 고고학 유적은 리오 데 자네이로(Rio de Janeiro) 중앙에 위치하며 호날 도 코메르시오 광장(Jornal do Comércio Square)을 둘러싸고 있다. 이곳은 서기 1811년 이 부두가 만들어진 이후 서기 1842년 쓰레기 매립지에 새로운 부두를 만들어 계속해서 아프리카의 노예들이 남아메리카 대륙에의 도착을 위해 만든 오래된 석조 부두가 있는 리오 데 자네이로 도시의 이전 항구 지대이다. 바롱고 부두를 통해 90만 아프리카 노예들이 남아메리카에 들어온 것으로 추산된다. 이 유적은 여러 고고학 층위를 이루는데 가장 오래된 것은 첫 번째 바롱고 부두에 속하는 '불량아들의 다리 항구'(pé de moleque, port. Fuß des Straßenjungen)로 브라질의 남부와 서남부에 널리 퍼진 'pé de moleque' 과자 모양으로 포장된 최하 바닥 층이다. 이곳은 아프리카 노예들이 아메리카 대륙에 들어온 중요한 흔적이다. 서기 2011년부터 리오 데 자네이로(Porto Maravilha) 중심부의 도시 개발을 위한 프로젝트로 IPHAN(Instituto do Patrimônio Histórico e Artístico Naciona, 국립 예술에 대한 역사 문화유산 연구소)의 감독 하에 발굴이 시작되었다. 이 부두 이외에 이 유적에서 바롱고 정원(Valongo Garden)의 일부였던 프레토스 노보스 공동묘지(Pretos Novos Cemetery)가 발굴되었는데 이는 서기 1910년대 리오 데 자네이로의 도시 개혁을 위해 조성된 것이었다.

14. 파라티와 일랴그란지 섬—문화와 다양한 생물(Paraty and Ilha Grande — Culture and Biodiversity: 복합, 2019):

세라 다 보카이나 산맥(the Serra da Bocaina mountain)의 산록과 대서양사이에 위치하는 문화경관은 브라질에서 가장 잘 보전된 해안가의 코스타 베르데에 위치한 파라티/파라치(Paraty)의 역사적 중심지, 생물지리학적으로 매우 가치가 높지만 현재 극심하게 훼손되었거나 장차 사라질 위기에 처한 세계 5군데 '생물 다양성 핫스팟(biodiversity hotspots)' 지역들 중의 하나로 브라질 대서양 4곳의 삼림 지대(the Brazilian Atlantic Forest)를 포함한다. 파라티는 강력한 인상을 주는 다양한 생물들의 고향이나 재규어 jaguar. Panthera onca), 흰입페커리(the white-lipped peccary, Tayassu pecari), 이 지역의 상징인 남부양털거미원숭이(the woolly spider monkey, Brachyteles arachnoides) 또는 남부무리키(Southern Woolly Spider Monkey, Muriqui, Brachyteles arachnoidess)같은 靈長類들이 위기에 처하고 있다. 서기 17세기 말 '황금의 길'인 카민호 도 오우로(the Caminho do Ouro, Gold Route)의 종점으로 이곳으로 부터 금이 유럽으로 船積되었다. 이곳 파르티 항구는 도구와 이곳 광산에 작업하러 보내진 아프리카 노예들이 들어온 입구였다. 부유한 항구와 도시를 지키기 위한 방어어시설도 갖추어 졌다. 파라티 도시 중심부에는 서기 18세기의 도시 계획을 그대로 보존되어 있고 서기 18세기와 19세기 초에 지어진 식민지 시대의 건축물들이 많이 남아있다.

사우디아라비아 SAUDI ARABIA

1. 알 히지르 고고학유적[Archaeological Site of Al-Hijr(Madain Salih): 문화, 2008]:

헤기라(Hegira)란 이름으로 알려졌던 이 유적은 요르단의 페트라 유적과 관련된 최대의 고고학적 유적이다. 연대는 기원전 1세기에서 서기 1세기에 속하며 현재 나바테안 이전에 속하는 銘文이 있는 50여개소와 동굴그림이 포함된다. 알 히지르 유적은 111개소의 기념비적인 무덤이 있고 그 중 94개소가 장식되어 있다. 또 샘은 나바테안인들의 건축학적 성과이며 물 관리 기술을 잘 보여준다. 서기 2007년 7월 9일 新世界 7대 不可思議의 하나로 선정된 요르단의 페트라 유적은 선사시대 이래의 紅海와 死海 사이, 아랍, 이집트, 시리와 페니키아의 교차로에 자리 잡았던 전략적 요충지인 사암으로 이루어진 천연요새의 캐러반(隊商) 도시이다. 이 무역루트는 요르단의 '바위'라는 의미를 지닌 페트라[Petra, 기원전 100년-서기 100년경의 아랍계 유목민족인 나바테안(Nabataean) 왕국의 아레타스(Aretas) IV세가 축조한 王陵/靈廟를 포함, 높이 40m]와 바쉬르 성, 시리아의 팔미라(Palmyra)까지 이르게 되었다. 이 페트라의 나바테안 왕국은 사막지대의 샤라 산맥에 자리 잡고 풍부한 지하 수맥의 개발로 향로와 몰약(myrrh, 沒藥) 등의 무역중심지가 되었으나 서기 106년 로마에, 그리고 서기 3세기-서기 4세기 이후에는 비잔틴 제국(동로마 제국)에 복속 되었다가 서기 7세기 후반 지진으로 멸망한 것 같다.

2. 아드 디리야의 투라이프(At-Turaif District in ad-Dir'iyh: 문화, 2010):

이곳은 현재의 수도인 리야드(Riyadh)의 서북쪽 아라비아 반도의 중심 아드 디리야(Ad-Dir'iyh, Ad-Dar'iyh/Dir'aiyah로도 표기함)에 자리하는 서기 1744년-서기 1818년 사우디 왕조의 첫 번째 수도였다. 서기 15세기에 설립되어 아라비아반도 중앙에 특징인 흙벽돌(adobe)로 규모가 크게 지은 나지(Najdi) 건축양식을 보여준다. 서기 18세기-서기 19세기 이 도시의 정치적 종교적 역할이 늘어남에 따라 투라이프 요새는 일시적으로 사우디왕가의 권력과 무스림 지역의 와하비(Wahhabi: 코란의 가르침대로 살자는 운동으로 리야드에서 일어나 수도도 그곳으로 옮김) 개혁의 전파 중심지가 된다. 오아시스 옆에 지어진 알 임맘 모하마드 빈 살와(Al-Imam Mohammad bin Salwa), 브라힘 이븐 사우드(Ibraheem Ibn Saud)와 화르한 이븐 사우드(Farhan Ibn Saud) 궁전, 무하마드 빈 압둘 와하브(Muhammad bin Adul Wahab) 사원들은 도시와 조화를 이루고 있다.

3. 마카/사우디아라비아로 가는 관문인 역사적인 제다 항구도시(Historic Jeddah/Jiddah/Jedda, the Gate to Makkah/Saudi Arabia: 문화, 2014):

'紅海의 신부'라는 별명을 가진 제다는 홍해 연안 히자즈 티마하 (Hijaz Tihamah) 지구에 위치하며 사우디아라비아의 서쪽 마카 주 (Makkah Province)에서 가장 큰 항구 도시 겸 사우디아라비아 전체 도시 중 수도인 리야드(Riyadh) 다음의 두 번째로 크고 중요한 도시이다.

서기 7세기경부터 상품을 메카(Mecca)로 보내는 인도양 무역루트의 중요한 항구로 설립되었다. 인구 510만 명을 가진 제다는 사우디아라비아 중 중요한 상업 중심축으로 몸이 성한 이스람 교도들이 적어도 일생에 한번 방문해야하는 이스람 최고의 聖地인 메카와 두 번째의 성지인 메디나(Medina)로 들어가는 바다의 관문이다. 이러한 이유로 이곳은 19세기말 도시의 상업 엘리트들에 의해 지어진 탑이 있는 집(tower houses)과 무역루트를 따라 들어온 외래의 영향과 기술이 홍해연안 산호로 집을 만드는 전통과 결합함으로서 특색 있는 多文化中心地로 발전하였다.

제다의 역사지구는 홍해 연안 사우디아라비아 왕국 서쪽을 따라 제다 시 중심에 있으며 제다의 역사는 이스람교가 만들어지기 전까지 거슬러 올라간다고 한다. 그러나 서기 647년 라시둔 칼리파(Rashidi Khalifat Utham Ibn Affan/Rashidun Caliphate, 서기 632년-서기 661년 재위, 예언자 모하메드/Islamic prophet Muhammad 사후 설립된 칼리파 나라의 첫 번째 무스람의 지도자)가 하지(Hajj) 때문에 사우디아라비아에 들어오는 모든 순례자를 받아들이는 항구로 바꾸라는 명령을 내리면서 이 도시는 크게 바뀌었다. 그 때부터 이곳은 칼리파의 나라(country of consuls, Balad I-Qanasil)로 불리 우며 지금까지 순례자들이 접근하는 海·陸의 중심지로 칼리파 영향 하의 도시가 되었다.

이 역사지구는 권위, 특징 있는 도시계획과 건물로 인해 제다 도시 중 가장 중요한 곳이 되었으며 아직도 옛날 제다의 성벽과 문, 옛 지구(Al-Mazloom Quarter, Al-Sham Quarter, Al-Yaman Quarter, Al-Bahar Quarter), 사원(Uthamn Ibn Affan Mosque, Al-Shafeey Mosque, Al-Basha Mosque, Ukash Mosque, Al-Meamar Mosque, Al-Hanafi Mosque)들과 같은 역사적 건

물들이 많이 남아있다. 옛 지구에는 시장이나 상업지구[souq, Al-Nada Souq, Al-Khasequiyyah Souq, Al-Alaweey Souq, Al-Saghah(Jewelry) Souq]가 들어차 있으며 문화유산에 해당하는 집들이 지금도 이용되고 있다.

이 역사지구는 홍해지역에서 아랍 이스람 도시의 정수인 동일한 도시구조를 보여 주는 골목길과 도로, 안뜰, 광장, 시장, 공공장소, 도시계획, 건물과 예술적 양식과 현재 문화유산인 아름다운 주거건물과 궁전을 포함하는 뛰어나고 독특한 양식으로 이루어져 있다.

제다 역사지구는 여러 행사, 종교적 휴일, 저녁의 축제와 같은 각각의 주거 지구에서 의무와 모임이 잘 이루어지도록 건축과 공간구성에서 뛰어 나고 특히 전통적인 카페와 상점이 주민들의 요구를 충족시키는데 이는 알 히자즈(Al-Hijaz) 지역에서 항상 볼 수 있는 도시의 모습이다. 사원(모스크) 또한 사람이 모이는 중심역할을 한다. 제다 역사지구는 왕, 대통령, 장관 등 외국의 貴賓이나 國賓들이 이곳을 찾을 때 주목을 받기 때문에 국가나 주민들이 항상 배려를 하는 곳이며 사진기자와 작가들의 좋은 취재대상이 되어왔다.

경제적으로 제다는 사우디아라비아와 중동에서 과학과 기술에 투자가 늘어나는 경제적으로 발전하는 도시이며 휴양도시로 全球世界都市集團網(Globalization and World Cities Study Group and Network (GaWC)에 의해 감마세계도시(Gamma world city)로 명명되었다. 제다는 서기 2009년 아프리카-중동에서 革新都市指數로 4위에 오르기도 하였다. 역사적으로 보면 제다는 전설적인 換金地로 사우디아라비아의 첫 번째 은행인 국립상업은행(National Commercial Bank)이 이곳에 설립되어있다.

4. 하일지구의 암각화((Rock Art in the Hail Region of Saudi Arabia,

2015):

이 유적은 사막경관에 포함되며 주바의 제벨 움 신만(Jabel Umm Sinman, Jubbah)과 슈와이미스의 자발 알-만조르와 라트(Jabal al-Manjor 와 Raat, Shuwaymis)두 지구로 나누어진다. 주바의 제벨 움 신만 산맥의 기저에 위치했던 호수는 지금은 사라져 버렸지만 대 나르포우드 사막(Great Narfoud Desert) 남부 지역의 사람과 동물이 필요한 식수원으로 이용되고 있다. 오늘날 아랍인들의 조상들은 근처 바위 표면에 여러 군데 암각화와 비문을 남겨놓았다. 슈와이미스의 자발 알-만조르와 라트는 모래에 감추어진 와디(wadi, 계곡으로 비가 올 때 이외에는 건조한 강 바닥)의 단층애(斷層崖, 급사면)를 발견하게 되는데 이 바위 표면에 만년에 걸쳐 새겨진 여러 가지 인간과 동물들이 발견된다.

5. 알하사 오아시스, 진화하는 문화경관(Al-Ahsa Oasis, an Evolving Cultural Landscape: 문화, 2018):

아라비아 반도 동쪽의 알하사(알아사)는 전통적인 오아시스 지역으로 역사적인 건축물, 도시를 구성하던 여러 잔재물(urban fabric, 건물유형, 신작로/도로, 공터, 평면상의 건물 구조와 배치, 도로경첩 등), 고고학 유적뿐만 아니라 일련의 정원, 수로, 샘, 우물, 배 수용 호수 등을 포함하고 있다. 이들은 아라비아 반도와 이란 사이의 걸프 만(페르시아 만) 근처에서 신석기 시대부터 현재까지 계속해서 살던 인류의 주거 흔적을 보여준다. 여기에는 역사시대의 요새(성벽), 모스크 사원, 우물, 운하와 물 관리 체계 등을 찾아 볼 수 있다. 이곳은 250만 톤의 야자 열매를 수확하는 세계에서 가장 큰 오아시스이며 인류가 자연 환경에 적응해서 살아나가는 독특한 지리-문화적 환경을 이루고 있다.

사이프러스 CYPRUS

1. 파포스의 고고유적(Paphos-Archaeological Site: 문화, 1980):

파포스 고고학공원(Nea Pafos)에는 기원전 3500년경의 신석기시대-
금석병용기시대(Chalcolithic 또는 Eneolithic Age)부터 사람이 살던 주거
지로 프톨레미 왕조(기원전 304년-기원전 30년) 때의 무덤과 서기 16세
기 오스만 투르크(Osman Turk, 서기 1299년-서기 1922년)시대의 유적들
이 산재하고 있다. 특히 이 섬의 지배자였던 미케네(Mycenae, 기원전
1600년-기원전 1200년, 또는 기원전 1550년-기원전 1100년) 문명 때 이 섬
에 풍요의 여신인 아프로디테(Aphrodite)의 신전을 세웠다. 이곳의 고
전그리스(기원전 500년-기원전 338년), 헬레니즘(기원전 304년-기원전 30
년)과 그레코-로마(기원전 146년-서기 14년)시대의 별장(villa), 궁전, 극
장(Paphos Odeon), 서기 7세기 아랍의 세력을 막기 위해 건설한 요새
(Saranta Kolones), 무덤과 디오니소스, 테세우스, 아이온, 오르페우스
와 사계절의 건물 바닥에 그리스 신화를 묘사한 모자이크 등도 남아
있다.

2. 트루도스 지역의 벽화 교회군(Painted Churches in the Troodos
   Region: 문화, 1985/확대지정, 2001):

섬 중앙 해발 1,592m 올림푸스 산 정상에 위치한 비잔틴 시대의 9
개의 교회와 제일 큰 키코스(Kykkos) 수도원이 밀집한 지대로 그 안에
는 비잔틴(서기 395년-서기 1453년)과 비잔틴 시대 이후의 벽화도 있으
며 조그만 교회의 벽화에서 수도원의 St. John Lampadist 벽화에까지
다양하다. 비잔틴 시대의 교회는 Stavros tou Ayiasmati, Panayia tou
Araka, Timiou Stavrou at Pelendri, Ayios Nikolaos tis Stegis, Panayia

Podithou, Assinou, Ayios Ioannis Lampadistis, Panayia tou Moutoula, Archangel Michael at Pedhoulas이다. 여기에 그려진 많은 벽화는 근처의 구리광산에서 얻는 막대한 이익 때문이었다.

3. 코리오코티아 고고유적(Choirokoitia: 문화, 1998):

코리오코티아(또는 Khirokitia) 유적은 근동지방 특히 아나톨리아 고원의 촤탈 휘윅과 관련이 깊은 신석기시대 기원전 6000년-기원전 3000년의 유적으로, 발굴된 집자리의 분석 결과 이곳의 주민은 300명 정도이며, 평균수명 35세, 농사를 하고 가축의 사육으로 생활해 나간 것 같다. 그리고 사람이 죽으면 현재 살고 있는 집 바닥에 묻은 것이 특이한 습관이다. 이러한 습관은 터키 아나톨리아의 촤탈 휘윅 유적에서도 보인다. 그곳에서는 集團의 成員이 죽으면 神殿의 壁畵에서 보이는 독수리의 머리로 보아 그의 시체는 티베트의 譯經僧 마르파가 만든 카큐(Kagu, 서기 1012년-서기 1098년)파와 같이 鳥葬場[지궁틸 사원: 天葬坮/天葬師]에서 鳥葬을 했거나 임시로 매장했던 것 같고, 나중에 二次葬으로 肉脫시키고 남은 뼈는 옷이나 멍석으로 잘 싸 거실의 침대 밑이나 신전의 바닥 밑에 묻었다. 두개골은 따로 떼어내어 바구니에 담아 집안의 다른 곳에 잘 안치 하였다. 또 두개골의 목이나 이마에 붉은색이나 푸른색의 염료로 칠하기도 하였다. 이는 조상이나 친척에 대한 존경으로부터 우러나오는 행동으로 보여 진다.

산 마리노 SAN MARINO

1. 산 마리노 역사중심지와 티타노 산(San Marino Historic Center and

Mount Titano: 문화, 2008):

산 마리노 역사중심지와 티타노 산 55ha는 이탈리아에 둘러싸여 서기 13세기 중세시대부터 독립된 도시국가(공화국)로 계속 남아온 곳으로 이탈리아의 중세시대 200개의 도시국가 중 마지막으로 남은 곳이다. 산 마리노 역사중심지는 서기 19세기 신고전주의 양식으로 지어진 성당과 궁전, 서기 18세기의 극장, 요새와 망루, 성벽, 성문, 옹성 등을 포함한다. 아페닌(Apennines) 산맥의 티타노 산꼭대기의 전략적 요충지에 자리하며 지금도 사람들이 유기체적으로 살아가고 있다. 산꼭대기에 자리 잡고 있어 외부로부터 큰 피해는 없었지만 그래도 이곳의 광범위한 복원은 서기 20세기 초 이곳에 사는 기술자인 지노 자니(Gino Zani)에 힘입었다. 세계 문화유산으로 등재된 것은,

Mount Titano and its slopes

San Marino historic centre, with public buildings and institutions of the city-state

3 defence towers: Guaita, Cesta and Montale market town of Borgo Maggiore

이다.

세네갈 SENEGAL

1. 고레 섬(Island of Gorée: 문화, 1978):

세네갈 해안 다카(Dakar)의 맞은편에 위치한 길이 900m, 폭 350m의 고레 섬은 서기 15세기-서기 19세기 포르투갈(서기 1450년경부터 시작), 네덜란드, 영국과 프랑스(노예의 집은 Afro-French family가 서기 1780년-서기 1784년 설립)가 계속적으로 이용해 1,000만 명 이상의 노예들

이 팔려나간 노예무역 중심지로 현재 당시의 노예들이 갇혀 있던 형편없는 노예의 방(House of Slaves), 돌아올 수 없는 문, 자료관으로 사용되는 노예의 집(Island of Corée's Slave Museum)과 노예무역업자들 머물던 호화로운 방의 수준차가 현격히 들어나는 인간착취의 장소이다. 그리고 노예무역·식민지 영토전쟁과 관련하여 서기 1519년 9월 20일 교황 알렉산더 4세의 중재 하에 토르데시야스(Tordesillas) 조약이 만들어져 세네갈(Senegal) 해안가 Cape Vert(포르투갈령 Cape Verde Islands) 섬을 중심으로 하는 1,500km 경계로 스페인과 포르투갈 영토가 분할되었다. 이때 브라질은 포르투갈에, 필리핀은 스페인에 속하게 되었다.

2. 세인트루이스 섬(생 루이, Island of Saint–Louis: 문화, 2000):

느다(Ndar) 또는 우로프(Wolof)로 불리며, 루이 XIV세(Louis XIV, 서기 1638년–서기 1715년) 때인 서기 1659년 프랑스의 식민지시대의 마을로 출발했던 세인트루이스 섬은 19세기 중반 프랑스의 아프리카 무역의 전초기지로 황금, 상아, 소금과 노예를 다루던 요새·도시화한 항구도시가 되었다. 서기 1673년부터 서기 1960년까지 세네갈의 수도로서 서아프리카의 문화·경제적으로 중요한 역할을 하였다. 또 서기 1920년부터 서기 1957년까지 이웃 식민지인 모리타리아(Mauritania)의 수도도 겸했다. 세네갈 강 입구에 형성된 도시와 도시계획, 부두의 체계와 식민지시대의 건축물은 세인트루이스 섬의 식민지시대의 독자적이고 매우 독특한 분위기를 만들어준다. 이곳에는 프랑스인들의 現地妻 역할을 했으며 고국으로 떠나간 프랑스인들로부터 물려받은 고급저택과 재산으로 부자가 되었지만 과부인 세네갈 여인들과 그들의 후손인 혼혈아들이 많다. 옛 시가지인 르봉(Lebon) 거리와 서기 1854년 총독이 된 화이더비(Faidherbe)가 만든 다리가 이 섬의 상징이 된다. 그 외에 총독의 관저, 관공서, 호텔과 대사원(the Grande Mosquée), 생루이 철교(폭 10.5m, 길이 507m, 서기 1897년 10월 19일 조립) 등이 남아있다. 현재 이곳은 한적한 어촌으로 전락해버렸다.

3. 세네감비아 환상열석군(Stone Circles of Senegambia: 문화, 2006):

거석문화유적으로 감비아 강 연안을 따라 폭 100km, 길이 350km 범위 내에 1,053여개의 환상열석과 28,931개의 單一石柱가 산재한다. 하나의 환상열석이 8-14개의 돌로 구성되어 있고 직경도 1-2.5m로 다양하다. 이들은 Kerbatch Central River Division(Gambia), Wassu Central River Division(Gambia), Sine Ngayéne Kaolack(Senegal), Wanar Kaolack(Senegal)의 4곳에 위치하는 93개소의 環狀列石群, 고분, 봉토분으로 라테라이트(laterrite, 紅土)로 만들어져 있으며 기원전 3세기에서 서기 16세기의 약 1,500년간에 속한다. 이것들은 번영하는 조직사회를 반영해 준다.

4. 살로움 삼각주(Saloum Delta: 복합, 2011):

세 강이 합류하고 염분이 있는 지류, 200여개의 크고 작은 섬, 맹그로브 숲, 대서양의 해양성 환경과 말라붙은 건조한 숲이 형성되어 있는 5,000km² 범위의 삼각주에서 漁貝類의 채집이 이루어져 왔고 그 결과 218개소에서 인간이 먹고 버린 패류의 쓰레기통인 貝塚이 발견되었다. 그중에는 수백m의 길이에 달하는 큰 규모의 패총도 있고, 그들의 무덤인 封土墳도 28개소에서 발견되고 있다. 그래서 이곳은 오랫동안 인류가 시대를 달리하면서 남긴 유적들은 그들의 문화를 이해하는데 도움을 주며, 아프리카 서해안에 살던 인류의 역사를 입증해준다.

5. 바사리 주: 바사리와 베딕의 문화 환경(Bassari Country: Bassari and Bedik Cultural Landscapes: 복합, 2012):

바사리와 베딕은 세네갈의 동남쪽에 위치하며 바사리-살레마타 (the Bassari-Salémata), 베딕-반다파시(the Bedik-Bandafassi)과 훌라-딘데펠 로(the Fula-Dindéfello)의 각각의 구체적인 형태를 띤 세 개의 지리적 구 획을 포함한다. 바사리, 베딕과 훌라 지구에서 사람이 서기 11세기 에서 서기 19세기까지 정착해 살았으며 그들의 생활양식도 주위의 자연환경에 알맞게 발전해왔다. 바사리의 경관은 초가집으로 이루 어진 마을이 드문드문 들어서 있으며, 가끔 고고학 유적이 발견되는 段丘와 쌀 경작지가 있는 것으로 특징이 있다. 반면에 베딕은 가파 른 경사가 있는 지붕의 초가집이 밀집되어 있으며 그들 주민의 문화 적 표출은 농경-목축, 사회, 의식과 정신적 행위로 특징지어지는데 이들은 주위 환경이 주는 제약과 人口壓에 대한 결과로서 나타나고 있다. 이 유적은 초기의 가옥과 역동적인 지역문화가 잘 보존된 다 문화적인 경관을 보여준다.

세르비아 SERBIA

1. 스타리 라스와 소포카니(Stari Ras and Sopoćani: 문화, 1979):

서기 8세기-서기 10세기에 건국되었다가 서기 13세기에 망한 중 세시대 세르비아의 라스카(Raška, Sandžak)왕국의 첫 번째 도시인 스 타리 라스의 교외 요새, 교회와 수도원이 있으며 서기 13세기 후반 에 건립된 소포카니의 수도원은 중세시대 세르비아의 가장 아름다 운 예술로서 평가받는데 특히 本堂의 서벽에 그려진 유명한 프레스코 마리아의 영면(Dormition of the Virgin)이 그러하다. 서구문명과 비잔틴 제국과의 접촉을 생각나게 해준다. 이 수원에서 오스만 투르크(서기 1299년-서기 1922년)제국은 수도사들이 수도원을 떠나게 했고 서기 1689년 불을 질러 함석지붕을 끌어내렸다.

2. 스튜데니차 수도원(Studenica Monastery: 문화, 1986):

세르비아 왕국의 건국자인 Stevan Nemanja가 퇴위하면서 서기 1183년에 세운 수도원으로 요새화된 성벽 안에 모두 대리석으로 지어진 성모 마리아 교회(Church of the Virgin, 서기 1183년 또는 서기 1191년)와 왕의 교회(Church of the King, 서기 1314년)의 두 개의 교회를 갖고 있다. 이 교회들은 세르비아 正敎會 중 가장 크고 부유한 교회이다. 이 교회 안에는 서기 13세기-서기 14세기의 프레스코 벽화가 있어 유명하다. 특히 라스카(Raška) 학파 양식의 원형인 Church of the Virgin의 벽화는 서기 1209년에 그려지고 서기 1569년 덧칠을 했다.

3. 코소보 중세 유적지(Medieval Monuments in Kosovo: 문화, 2004):

데카니 수도원(Dečani Monastery), 주교 수도원(Patriarchate of Peć Monastery), 성모마리아 수도원(Our Lady of Ljevisa), 그라카니카 수도원(Gracanica Monastery)의 4개의 수도원은 서기 13세기-서기 17세기 발칸 반도에서 발전한 특징 있는 벽화와 함께 비잔틴-로마네스크 양식의 절충양식을 보여준다. 데카니 수도원은 세르비아의 국왕 스테판 데친스키(Stefan Dečnski)과 그의 靈廟를 위해 서기 14세기 중반에 세워졌고, 서기 13세기 12使徒의 벽화가 있는 교단의 총주교가 머무는 패크 수도원은 4개 돔이 있는 교회의 건물 단지이다. 그리고 Our Lady of Ljevisa(Holy Virgin of Ljevisa) 수도원의 벽화는 동방 비칸틴 정교회와 서방 로마네스크 양식의 절충인 르네상스 양식(Palaiologian Renaissnce style)을 대표한다. 이 양식은 이후 발칸 반도 예술에 있어 중요한 역할을 한다.

4. 갈레리우스 궁전(Gamzigrad–Romuliana, Palace of Galerius: 문화, 2007):

세르비아 동쪽 요새화한 갈레리우스 궁전 즉 Gamzigrad-Romuliana의 복합단지는 서기 3세기 말 4세기 초 로마의 황제인 갈레리우스(Caius Galerius Valerius Maximanus, 서기 250년–서기 311년, 서기 305년–서기 312년 통치)가 건설한 것이다. 이것은 황제의 어머니 로물라(Romula)의 이름을 따 페릭스 로물라나(Felix Romuliana)라고도 알려져 있다. 이 유적은 서북쪽에 요새와 궁전을 배치하고, 나머지에는 신전, 목욕탕, 기념물, tetrapylon(입방모양으로 사벽에 문이 나있는 주로 교차로에 있음)이 자리하고 있다. 신전 건물과 기념물들은 서로 연결되어 있다. 갈레리우스(Galerius)가 속령의 領主일 때 페르시아와의 전쟁의 승리를 기념하기 위하여 서기 289년부터 건설을 시작하였으며 이곳의 발굴에서 이집트에서 나오는 자주 빛나는 반암으로 조각된 갈레리우스의 초상과 동전 등이 나와 이 궁전 건설의 연대를 알 수 있게 되었다.

5. 스테치–중세 묘비(Stećci–Medieval Tombstones: 문화, 2016):

Stećci (단수는 Stećak 임)는 세르비아, 몬테네그로와 크로아티아뿐만 아니라 현재 보스니아헤르체고비나(BiH or B&H, 수도 사라예보) 지역에 남아있는 중세시대 單一石의 墓碑이다. 자료에 의하면 이 묘비는 I기)는 서기 12세기 후반에 나타나 서기 13세기 까지 존속하였다. II기)는 14세기–서기 15세기에 나타났는데 가장 많고 장식도 같이 나타난다. 마지막 III기)는 서기 16세기로 사용이 중단된다.

약 3,300여 유적 중 약 7만 여기의 묘비가 등록되어있다. 약 8만기의 묘비 중 6만기가 보스니아헤르체고비나, 4,400기가 크로아티아, 3,500기가 몬테네그로, 4,100가 세르비아에 분포한다.

묘비는 단일석이나 ① 臥形과 ② 立石形의 두 형식으로 나누어진다. 대부분은 ① 臥形에는 가. 平石形, 나. 櫃, 箱子形, 다. 隆起形의 세 가지가 있다. ② 立石形 묘비에는 가. 石碑形, 나. 方尖塔形, 다. 交叉形, 라. 墓標形(nišan, nişan, gravemarker)으로 구분된다. 현존하는 묘비의 형식은 ① 臥形의 기본적인 것이 대표된다. 그것은 묘비가 분포하는 모든 곳에서 발견된다. 예술적인 형태의 묘비는 형식과 장식으로 表現된다. 묘비의 기본적인 예술의 질은 여러 종류의 끌(鑿)을 단계적으로 사용해 凹凸面의 입체적인 장식효과를 얻는 기술(two stone-carving techniques)에 의존한다. 가장 자주 쓰이는 수법은 線畵의 차이가 나지 않는 얕은 돋을새김(浮彫) 기술이다.

두드러지게 상징을 강조하는 중세 예술의 특징에 따라 장식 주제는 짜 맞추고 결합시킨 장식적 꾸밈과 세속적이고 종교적인 상징도 함께 보여준다. 일반적으로 말하자면 묘비의 장식이랑 묘비를 만드는 석공, 묘비아래 永眠할 장소를 찾은 故人과 그의 소망은 묘비에 새겨 놓을 글의 내용에 따라 만들어지는 당시의 전반적인 共感과 느낌을 나타낸 것이다,

묘비의 형태, 장식 주제와 질의 선택에 따라 뚜렷이 들어나는 地域差도 있지만 묘비의 제작은 몇 개의 묘비만이 세워지는 가족묘, 30-50개 범위의 친족묘 또는 수 백 명 마을 부락민의 공동묘지를 형성하는 집단의 채택에 따라 달라진다. 특히 중요한 것은 봉건사회의 높은 지위에 있던 귀족가문의 전형적인 묘지이다.

몬테네그로 서북과 북쪽 Pljevlja, Žabljak, Šavnik, Nikšić와 Cetinje의 지방자치제에 있는 묘비는 전형적인 중세의 것으로 서기 12세기-서기 16세기에 속한다. 몬테네그로의 가장 중요한 묘비들이 있는 공동묘지와 개인들 것은 Onogošt, Drobnjak, Piva, Jezera와 Breznice와 같은 중세의 敎區에 위치한다. 묘비는 산간 호수, 강 뚝, 옛길 옆, 폐허가 된 교회, 선사시대의 封墳, 언덕의 요새와 같은 접근 할 수도 또 할 수 없는 곳에 위치하지만 그들은 모두 규모가 틀리더라도, 점판암에서 엄청나게 큰 巖塊로 만든 것이라도 틀림없는 예술작품인 것이다. 두 개의 기본적인 묘비집단이 있는데 하나는 북부 Žabljak과 lužine 과 Pljevlja 자치구의 일부에서 규모가 적은 것들로 형태와 장식이 세르비아 서쪽과 보스니아 동남쪽에 위치한 것들과 또 Hum(Eastern Herzegovina)에 가까운 Nikšić 자치구의 기념비와 두 부분으로 나누어지는 합성물들과 유사하다. 몬테네그로 지역 내에서는 모든 형식의 묘비를 볼 수 있지만 대부분은그 지역에서 채석한 석회암으로 만들어진 적당한 크기의 것이다. 많은 수의 묘비는 끌로 얕게나 깊은 浮彫로 만든 장식 리본이나 채소, 식물, 기학적인 주제, 건물장식, 동물형상, 로마네스크나 비잔틴 양식을 따른 인물상과 墓碑銘이다. 단독 주제거나 다른 주제와 결합된 장식 요소는 지그재그 문양의 리본, 螺線文, 밧줄처럼 꼬은 繩文 등으로 특징지어 진다. 櫃/箱子形과 隆起形의 묘비에서는 건축물 문양에서는 다른 형식의 기둥이 있는 반원형의 로마네스크 양식의 상가 아케이드가 보편적이다. 묘비의 마감장식으로 사냥장면, 새, 뱀, 개별적인 인간상, 둥글게 춤추는 장면, 검과 방패와 같은 紋章뿐만 아니라 원형, 십자가, 이집트의 앙크(ankh)문, 달, 태양, 花瓣의 문양이 많다. 묘비에는 옛 스라브의 알파벳의 연구에 중요한 자료가 되는 묘비명도 있다.

몬테네그로의 묘비에 보이는 주제는 잘 알려진 보스니아헤르체고비나의 광범위한 지역, 서쪽 세르비아, 크로아티아에서 보이는 문양에 과 거의 일치하지만 묘비의 전체 모습에서 인식할 수 있는 구분되는 뚜렷한 번안 양식과 특징도 있다. 건축물 문양뿐만 아니라 지그재그 문양의 형태에서 깊은 부조로 새긴 특징 있는 문양을 가진 Maoče, Potkrajci의 작은 마을-Grčko groblje(그리스의 공동묘지)와 Stolovi 유적은 특히 언급할 만한 가치가 있다. 몰리카(Molika) 유적의 묘비들과 Vrulje의 단일 묘비(stećak, Pljevlja Park) 그리고 레버타라(Lever Tara)의 쥬그리카 루카(Žugića Luka)의 묘비에 보이는 사냥장면은 시각적인 예술표현으로 눈에 띤다.

그리스 공동묘지라는 의미의 Grčko groblje(Greek Cemetery)의 공동묘지는 두루미토르(Durmitor) 국립공원에 위치하는데, 자블자크(Žabljak) 자치구 안 노바코비치Novakovići) 마을 안 지블제(Riblje) 호수(Fish Lake)로부터 동북향에 있는 200여기는 Durmitor와 Jezera 고원경관과 분리할 수 없고 문화와 자연유산의 조화를 이루고 있다. 부드러운 고원의 초원지대에 공동묘지는 500m²의 옆으로 긴 타원형 지대에 형성되었다. 동서선상에 모두 47개의 묘비가 있는데 10개는 판석, 27개는 상자형, 12개는 융기형이다. 10개는 판석과 12개는 융기형 묘비에 문양이 새겨져 있다. 가장 흔한 장식은 상가 아케이드, 繩文, 프리즈(小壁), 평행된 斜線으로 다듬거나 만든 틀, 나선문, 三瓣, 花冠과 棕叶飾의 덩굴 문양이다.

그리고 주기차 바레(Žugića Bare) 공동묘지도 Žabljak 자치구 Novakovići 마을 Durmitor 국립공원에 위치하는데 300기의 묘비가 있는데 그 안에는 10기의 판석형과 50기의 상자형, 10기의 융기형으로 230기의 無定形이 있다. 여기에서도 가장 흔한 장식은 리본, 틀, 斜線으로 다듬은 盾边 등 앞서 언급한 묘비의 문양들과 유사하다. 그러나 초승달, 사과, 사슴과 함께 있는 개의 문양 등이 더 보인다.

또 몬테네그로의 서북쪽 프루치네(Plužine)시의 조그마한 자그라데(Zagrade) 마을에 위치하는, 'Grčko groblje'는 코사체(Kosač)의 중심지인 소코(Soko) 시의 동쪽에 해당하는데 서기 1444년, 서기 1448년과 서기 1454년의 연대가 있는 헌장(charter)이 있다. 이 공동묘지에는 14기의 비석이 있는데 지역에서 채석한 돌을 쓰고 표면에는 거의 문양이 없다. 그 중 가장 큰 묘비는 하얀 사암으로 만들어 졌는데 아래로 내려오면서 좁게 경사진 크고 한 덩어리의 6면체(입방체)이다. 이는 마을의 우두머리 공작 스테판(Headman Stjepan Vukčić Kosača)과 동시대 소코 시에 살던 크리스티안 페트코(Christian Petko)의 묘비이다. 이 비에는 스테판이 공작 작위를 수여받은 것은 서기 1435년 10월이며 또 황제 프리드리히 3세로 부터 Herzeg라는 작위를 수여받은 해가 서기 1448년 10월의 전반이라는 묘비명이 있어 역사적으로 매우 중요한 사료가 된다. 이는 그 이후 그가 통치하던 자후밀예(Zahumlje) 도시는 Herzegovina 라는 명칭으로 바뀌었기 때문이다. 이러한 연대가 있는 묘비명은 역사적 사실 뿐만 아니라 묘비의 형식분류(typology)에 매우 중요한 근거가 된다.

세인트 키츠와 네비스 SAINT KITTS and NEVIS

1. 硫黃山 언덕 요새 국립공원(Brimstone Hill Fortress National Park: 문화, 1999):

카리비안 해 동쪽의 세인트 키츠 섬에 있는 유황산 언덕 요새는 영국군 기술자들과 아프리카에서 온 노예들에 의해 서기 17세기-서기 18세기에 지어진 역사·문화 건축물의 중심지로 아메리카대륙에서 가장 잘 보존된 역사적 요새이다. 대포가 서기 1690년에 설치되었고 그 후 서기 1782년 프랑스와 전쟁 끝에 프랑스로 넘어 갔다가 서기 1783년 파리조약 후 다시 영국령이 되어 현재에 이르고 있다.

수단 SUDAN

1. 제벨 바르칼과 나파탄 지구유적(Gebel Barkal and the Sites of the Napatan Region: 문화, 2003):

쿠쉬[Kush의 마지막 왕국의 나파타(Napata, 기원전 900년-기원전 270년]와 메로에(Meroe, 기원전 270년-서기 350년) 문화. 이집트 25왕조 타하르카(Taharqa/Tahaqa/Tahakos, 성서의 Tirhaka, 기원전 690년-기원전 664년 재위) 왕은 이집트를 본받아 피라미드를 나파타(Napata)에 건설. 그 후 메로에(Meroe)에 수도를 옮겨 서기 300년까지 피라미드를 축조했다. 그 숫자는 이집트 기자의 것보다 많으나 규모가 작고, 피라미드 내부에 묘실이나 통로가 없이 시신은 주위에 따로 설치한 석실에 모시는 것이 다르다. 타하르카 왕은 기원전 671년 아시리아(Assyria)의 에사르하돈(Esarhaddon) 왕에 의해 축출되었다. 대영제국박물관에는 타하르카의 선왕인 샤바카(Shabaka, 기원전 721년-기원전 706년)의 石板이, 하버드대학 피버디 박물관에는 셰빅투(Shebiktu, 기원전 703년-기원전 690년) 왕의 두개골이 보관되어 있다. 그리고 보스톤 박물관(Boston Museum of Fine Arts)에는 쿠쉬 왕조의 아스펠타 왕(Aspelta, 기원전 593년-기원전 568년)의 石棺이 전시되어 있다.

2. 메로에 섬의 고고학유적(Archaeological Sites of the Island of Meroe: 문화, 2011):

나일과 아트바라 강 사이 반 사막지대에 위치한 메로에 섬의 고고학 유적들은 기원전 8세기에서 서기 4세기 강력한 힘을 가진 쿠쉬(Kush) 왕조의 도읍지였다. 나콰(Naqa)와 무사와라트 에스 수프라(Musawwarat es Sufra)의 종교적 유적이 남아있는 나일 강 근처에 자리 잡은 쿠쉬 왕조 도읍지에는 피라미드, 사원, 가정집과 물 관리 체계와 관련된 유적들이 남아있다. 이 쿠쉬 왕조는 근 1세기 동안 이집트를 지배했으며 지중해에서 아프리카 중심부에 이르는 광대한 지역을 다스려 예술, 건 축, 종교, 양측 언어의 교류에 영향력을 미쳤다.

수리남 SURINAME

1. 파라마리보의 역사적 내부 도시(Historic Inner City of Paramaribo: 문화, 2002):

서기 1667년 네덜란드인들이 만든 적도 근처의 네덜란드 식민도시로 북으로 소멜디츠케 강(Sommelsdijkse Kreek) 남으로 비오테 강(Viottekreek) 사이에 있는 제란디아(Zeelandia) 요새, 대통령 궁, 재무부, 개신교 교회와 성당 등이 잘 알려져 있다. 이 도시의 이름인 파라마리보는 근처에 살고 있던 토착 인디언들의 이름을 따랐다. 유럽의 건축이 토착 남아메리카의 건축자재와 기술로 점차 융합해가는 상태를 보여 준다. 그리고 대부분의 건물이 나무로 만들어져 화재에 약하다.

스리랑카 SRI LANKA

1. 시기리야 고대도시(Ancient City of Sigiriya: 문화, 1982):

카사파(Kasyapa) I세(서기 477년-서기 495년)가 캐디시 해발 370m 화강암의 Sigiriya Rock(사자의 바위) 위에 건설한 고대 요새 도시로서 카사파 왕이 父王 다투세나(Dhatusena)를 살해하고 왕위를 빼앗은 지 18년 후 인도서 구원병을 거느리고 온 배다른 왕위 계승자인 동생 모갈라나(Mogallana) 왕자의 공격을 받아 자살하였다. 거대한 사자의 발톱이 지키는 입구를 통해 나 있는 일련의 불교 벽화가 그려진 回廊과 가파른 계단을 통해이 유적에 이르게 된다. 카샤파 왕이 서기 477년에 이 요새를 건설할 당시 벽돌과 회반죽을 이용해 만든 궁전 터, 목욕탕, 정원, 관개수로, 저수지, 샘, 벽의 기초부분과 불교관계의 벽화 등이 남아 있다. 이 유적은 서기 1831년 영국군 조나탄 훠브스(Jonathan Forbes) 소령에 의해 발견되었다.

2. 폴로나루바 고대도시(Ancient City of Polonnaruwa/Polonnaruva: 문화, 1982):

서기 993년 침공을 받아 아누라드하푸라(Anuradhapura)가 파괴된 이후 새로이 천도하여 건설된 스리랑카의 두 번째 수도로 여기에는 잠시 이곳을 지배했다가 쫓겨난 인도콜라스(Cholas) 왕국에 의해 축조된 브라만교의 기념물 이외에도 서기 12세기 파라크라마바후(Parakramabahu) I세가 만든 전설적인 정원도시, 파라크라마바후와 갈 비하라(Gal Vihara)의 왕궁건물, 파라크라마바후 왕의 石像, 갈 비하라의 石佛像, 란카틸라카(Lankatilaka) 사원, 투파라마(Thuparama) 사원, 산다카다 파하나(SandakadaPahana)의 月石, 저수지 등의 유적이 남아있다.

폴로나루바 도시는 서기 13세기 힌두의 타미리스(Tamilis)에게 함락을
당해 폐허가 되었다.

3. 아누라드하푸라 신성도시(Sacred City of Anuradhapura: 문화, 1982):

  기원전 380년 불교 比丘尼 수도단 아누라드하푸라(Anuradhapura)의
창시자인 생가미타(Sanghamitta)가 카비라 성으로부터의 出家하여 보
리수나무 밑에서 成道한 붓다가야/보드가야(佛陀伽耶) 前正覺山에
서 가져온 菩提樹나무(bo tree)를 심으면서 만들어진 스리랑카 첫 번
째의 도시로 1,300여 년간 세일론의 정치·종교적 중심지가 되었다.
서기 993년의 침공을 받아 이 도시가 정글 속으로 사라져 방치되었
는데 궁전 터, 수도원과 불탑들이 다시 확인되고 있다. 현 스리랑카
의 수도인 콜롬보 북쪽 205km 떨어진 북쪽 중앙의 역사적인 말라야
투 오야(Malvathu Oya) 강둑에 위치해 있다. 그리고 두 번째의 수도는
이웃 폴로나루바(Polonnaruwa/Polonnaruva)로 천도하였다. 여기에서 루
완베리 사야(Ruwanweli Saya) 佛塔, 月石, 보리수나무 등이 남아있다.

4. 캔디 신성도시(Sacred City of Kandy: 문화, 1988):

  센카다갈라푸라(Senkadagalapura)로 알려진 캔디(산이라는 의미) 신성
도시는 스리랑카 신할라(Sinhala 왕국, 서기 1592년 수도가 되어 서기 1815
년 영국군에 멸망)의 마지막 수도로 불교와 정치의 중심지였다. 여기
에는 기원전 544년 2월 15일 80세로 입적한 부처님의 진신사리 중
치아를 보관한 佛齒寺(Temple of the Tooth, Sri Dalada Maligawa)를 비롯
해 해자에 둘러싸인 왕궁, 라자필라 마와타(Rajapihilla Mawatha) 인공
호수가 남아있다. 이곳은 불치사 때문에 스랑카의 불교인들의 聖地
겸 순례지로 되어있다. 이곳 불치사에 보관된 부처님의 치아는 인

도의 헤마말리 공주(Princess Hemamali)와 그녀의 남편 단타 태자(Prince Dantha)가 부친 구하시바 왕(King Guhasiva)의 지시로 스리랑카의 키르티 스리 메가바르나 왕(reign of King Kirthi Sri Meghavarna, 서기 301년-서기 328년 재위)때 밀수로 가져와 전달하였다고 전해진다.

5. 갈레 구 도시 및 요새(Old Town of Galle & its Fortifications: 문화, 1988):

서기 16세기에 갈레(서기 14세기 Ibn Batuta에 의하면 Qali라고 부름) 도시에 건설된 포르투갈의 요새로 서기 1815년 영국군이 들어올 때까지 존속하였다. 남아시아와 동남아시아에서 유럽인들에 의해 만들어진 가장 잘 보존된 요새 도시로서 유럽의 건축 양식과 남아시아의 전통이 잘 섞여 있다. 유럽 건축자재가 남아시아에 흔한 것으로 편하게 대체되어 있으나 도시 그 자체는 유럽의 모습을 띈다. 이곳의 주인은 후일 네덜란드와 영국에 차례로 넘어갔다. 여기에는 요새 이외에도 예수회 교단 수도사들에 의해 세워진 마리아 성당(St. Mary's Cathedral), 시바 사원과 아만갈라(Amangalla) 호텔이 눈에 띈다.

6. 담불라의 황금사원(Golden Temple of Dambulla: 문화, 1991):

콜롬보 동쪽 148km 떨어진 스리랑카 중앙에 위치한 이 동굴사원은 하나의 바위를 파고 들어간 과거 2,200년간 스리랑카의 불교 순례지로 기원전 1세기경 건립된 80여 개의 洞窟寺院群으로 이루어진 聖所인데 5개소의 분리된 寺院, 157구의 佛像과 천장과 벽에 그려진 佛畵가 있다. 15m에 달하는 臥佛도 있다. 이 동굴은 원래 피신처였으나 후일 왕들이 계속에 내부를 목조건물 양식으로 치장해 동굴사원으로 발전하게 되었다. 그중 서기 12세기에 만들어진 힌두교의 것도 있으며 가장 마지막에 그려진 그림은 서기 18세기 때 것이다. 그러나 동굴 내부의 대부분의 벽화는 서기 15세기-서기 16세기에 제작된 것들이다.

스웨덴 SWEDEN

1. 드로트닝홀름 왕실 영지(Royal Domain of Drottningholm: 문화, 1991):

스톡홀름 교외 매르(Mäar) 호수 안의 섬 위에 지어진 왕실영지에 니코데무스 테신(Nicodemus Tessin) 형제의 설계로 만들어진 성(서기 1700년경), 극장(서기 1766년), 로코코와 동양의 양식이 합쳐진 중국식 정자와 정원(서기 18세기 말)이 있다. 이 성은 서기 1981년 이후 스웨덴 왕실의 주거로 사용되고 있으며 서기 1661년 착공하여 서기 1682년 5월 6일 완성된 프랑스 베르사이유의 성(Château de Versailles)의 영향을 받았다.

2. 비르카와 호브가르텐(Birka and Hovgarden: 문화, 1993):

맬라렌(Mälaren) 호수 비왜르쾌(Björkö) 섬, 비르카(Birka)의 바이킹시대 번영하던 중심지와 요새유적으로 서기 12세기 말 덴마크 트렐레르그 요새에 주둔하던 다른 바이킹족의 공격을 받아 사라졌다. 이 틀렐레르그 요새의 바이킹족들은 서기 860년-서기 870년 영국의 요크(Yokshire, Northumbria) 지역을 공격한 후 앵글로 색슨족과 융화하며 생산과 무역으로 정착하였다. 비르카 근처에는 꽤트란드(Goetland) 성이 위치하고 있다.

3. 엥겔스버그 제철소(Engelsberg Ironwork: 문화, 1993):

배스트만란드(Västmanland)에 있는 서기 1681년에 세워진 최고급품의 철을 생산을 하던 파게르스타 엥겔스버그(Fagersta Municipality Engelsburg) 마을의 광산·제철유적으로 1세기 후에는 스웨덴과 유럽에서 중요한 제철소가 되었다. 서기 1919년 가동을 중단하였다. 스웨덴 제철소 중 50개의 기계설비, 관련 행정사무소가 완벽하게 보존되어 있다.

4. 타눔 암각화(Rock Carvings in Tanum: 문화, 1994):

보후스랜(Bohuslän) 타눔에 있는 기원전 1700년-기원전 500년 사이 청동기시대의 암각화로 45km²의 범위 안에 400여개의 집단이 확인된다. 여기에 새겨진 岩刻畵들의 주제는 인간, 무기, 배, 어망, 태양, 소, 말, 사슴, 새와 일상생활에서 일어나는 것들이다. 이들은 유럽 청동기시대의 생활모습과 현재 지방에서 행해지는 생활양식의 지속성을 보여준다. 리츠레비(Litsleby) 유적에서는 2m가 넘는 거인이 창을 들고 있는데 아마도 전쟁의 신 오딘(Odin)을 표현한 것으로 여겨진다.

5. 스코그스키르코가르덴 묘지공원(Skogskyrkogården: 문화, 1994):

건축가 군나 아스푸른드(Gunnar Asplund)와 지그루드 로렌츠(Sigurd Lewerentz)가 스톡홀름 근교의 새로운 공동묘지 설계응모에 당선된 후 서기 1917년-서기 1920년에 조성한 친환경적 삼림 속의 묘지로 주위 환경은 소나무가 자라는 자갈밭, 조그만 야산뿐이며 여기에 화장터와 큰 화강암으로 만든 십자가를 추가해 놓았다. 이 설계는 나무와 건축 요소를 결합해 무덤으로서의 기능에 맞는 친환경적 경관을 만들어내는데 목적이 있었다. 이러한 생각은 전 세계 다른 나라에도 많은 영향을 끼쳤다.

6. 비스비 한자동맹 도시(Hanseatic Town of Visby: 문화, 1995):

비스비는 고트란드(Gotland) 섬의 바이킹 유적이었으나, 서기 12세기-서기 14세기에는 발틱 해의 한자동맹 중심지로서 서기 13세기에 지어진 보루, 200개가 넘는 창고와 부유한 상인들의 저택이 있는 요새화된 북유럽의 상업도시가 되었다. 가장 중요한 유적은 도시와 옛 교회를 둘러싸고 있는 3.4km가 넘는 Ring Wall이라고 하는 石壁이다. 이 도시는 처음에는 독일 한자동맹에 속해 번영하였으나, 서기 1361년 덴마크의 발데마르(Valdemar) IV세에 점령을 당해 덴마크의 도시가 되었다. 서기 1470년에는 한자동맹에서 비스비의 지위를 무효화시키고 서기 1525년 뤼벡크(Lübeck) 시와 불화를 거쳐 서기 1645년 스웨덴이 덴마크로부터 300년 만에 다시 탈환하였다.

7. 래포니안 지역(The Laponian Area: 복합, 1996):

스웨덴 북쪽 북극지역 9,400km² 래포니아(Lapland)는 과거 7,000년간 선사시대의 문화와 생활을 그대로 유지하면서 순록을 사육하는 랩 족(Lapp 또는 Saami 족)의 고향이다. 랩 족은 매년 여름 대규모의 순록 떼를 몰고 이제까지 그대로 잘 보존된 자연환경을 따라 산으로 향하나 지금은 자동차의 왕래 때문에 위협을 받고 있다. 역사적인 그리고 계속되는 지질적인 변화과정은 氷河堆積이나 변하는 水路에서 찾을 수 있다.

8. 룰리아, 가멜스태드의 교회마을(Church Village of Gammelstad, Luleå: 문화, 1996):

Norrbotten의 Bothnia 灣 입구 서기 15세기 초에 만들어진 교회마을로 돌로 만든 교회 한 곳과 주위 목조로 만든 408개의 작은 오두막집과 553개의 방으로 이루어져있다. 이는 교구민들이 일요일이나 종교적 축제 때 예배를 보러오다가 하루에 왕복할 수 없는 경우 여의치 못해 하루를 숙박할 목적으로 세워진 것이다. 스웨덴 전역에서는 처음 71개소가 있었으나 지금은 16개소만 남아있다.

9. 칼스크로나 항구(Naval Port of Karlskrona: 문화, 1998):

브레킨게(Blekinge)에 있는 칼스크로나 항구는 서기 17세기 후반 유럽식으로 설계된 항구도시로 원래의 설계와 건물들을 그대로 두면서 시대에 따라 계속 발전해 나온 양상을 보여주고 있다. 칼스크로나는 서기 1680년에 세워진 바로크 양식의 도시로 스웨덴 왕립해군이 그 당시까지 농업과 草地였던 곳으로 옮기게 되었으나 지금은 스웨덴의 유일한 해군기지 겸 해안경비대 사령부가 있는 곳이기도 하다.

10. 남부 욀랜드 경관(The Agricultural Landscape of Southern öland: 문화, 2000):

5억 년 전 시생대 때 형성된 석회암층의 척박한 자연환경을 지닌 발틱 해 Öland 섬의 5,000년 전의 선사시대부터 현재까지 5,000년간의 자연환경(7월에 乾燥함), 인간, 동·식물이 조화를 이루어 생활에 오고 있음을 볼 수 있다. 환경에 대한 인간의 적응으로 서기 12세기부터 마을이 형성되는 집단가옥으로서의 목조 가옥, 창고, 해안가의 농사, 방목할 수 있는 초지 형성, 석조기술의 발전과 석회암의 수출 등을 들 수 있다.

11. 파룬지역 동광지역(Mining Area of the Great Copper Mountain in Falun: 문화, 2001):

다라르나(Dalarna) 주 파룬 지역은 'Grerat pit at Falun'이라고 알려질 정도로 鑛山地下坑道가 많은 서기 13세기부터 채굴되기 시작하던 구리 광산으로, 서기 17세기에 도시계획으로 역사적인 건물들이 많이 남아 다라르나 지역에까지 주거가 이어진 잘 설계된 도시이다. 이 도시에는 1,646개의 석쇠와 같이 方格形으로 구획된 거리가 나 있으며 구리 鎔鑛爐, 水路, 運河, 광산에 종사하던 인부들의 숙소인 목조가옥이 거의 대부분 잘 남아있다. 이곳은 세계에서 유례가 드문 잘 보존된 중요한 광산 도시이다. 서기 20세기 중반에 폐광하였다.

12. 바베르그 방송국(Varberg Radio Station: 문화, 2004):

이곳은 서기 1922년-서기 1924년에 지어진 스웨덴 남부 할란드 그리메톤(Halland Grimeton)에 있는 무선방송국으로 109.9ha 넓이에 127m의 강철로 만든 송신탑 6개, 스웨덴계 미국인 기술자 어네스트 후레데릭 베르너 알렉산더슨(Ernest Frederik Werner Alexanderson, 서기 1878년-서기 1975년)의 송출기가 있던 방송건물, 방송요원들 의 숙소가 포함되어 있다. 건축가 칼 아커발드(Carl Åkerblad)가 신고전주의 양식으로 방송건물을, 기술자 헨릭 크뤼거(Henrik Kreüger)가 방송탑을 설계하였다. 電子技術 이전의 전파 송출기 이외에도 초단파 송출기와 안테나가 모두 남아있다. 세계 제1차대전 중에 대서양 너머 다른 나라들에게도 무선방송을 하고 지금은 스웨덴 해군에서 사용하고 있다.

13. 스트루브 자오선 측지점(Struve Geodetic Arc: 문화, 2005):

노르웨이(NORWAY), 라트비아(LATVIA), 리투아니아(LITHUANIA), 러시아(RUSSIAN FEDERATION), 벨라루스(BELARUS), 에스토니아(ESTONIA), 우크라이나(UKRAINE), 스웨덴(SWEDEN)과 핀란드(FIN-

LAND) 지역이 함께 자오선 측정의 삼각측량점

14. 핼싱란드의 그림장식이 있는 농가의 목조 가옥(Decorated Farmhouses of Hälsingland: 문화, 2012):

세계문화유산에 등재된 7개의 목조 가옥은 스웨덴의 동쪽 지역에 있으며 중세시대까지 거슬러 올라가는 지역의 목조 가옥 전통의 극치를 보여준다. 이 가옥들은 서기 19세기 富를 '정교하게 장식을 한 별채'나 '축제용으로 마련한 딸린 방'과 같은 실용적인 새로운 가옥을 만드는데 쏟아 부은 독립적인 농민들의 면모를 잘 보여준다. 벽에 그려진 그림들은 전통 민속예술에 그 당시 지주계급들이 선호했던 바로크(Baroque)나 로코코(Rococo) 양식을 결합한 것이다. 당시의 有名 또는 無名의 떠돌이 화가들에 의해 그려진 그림들은 오랜 문화적 전통이 마지막으로 활짝 핀 모습을 보여준다.

스위스 SWITZERLAND

1. 베른 구시가지(Old City of Berne: 문화, 1983):

베른 주 아래(Aare) 강 주위 언덕에 서기 1191년 쨀링겐 공작(Duke Berchtold V of Zählingen)이 세운 도시 베른(Bern, Berne, Berna, Bärn)은 서기 1405년 화재로 목재로 만든 도시는 거의 소실되고, 집들은 砂岩으로 다시 지어졌으며 그러한 중세시대의 모습이 현재까지 변하치 않고 그대로 내려오고 있다. 서기 14세기-서기 16세기 사이 이 도시는 영역을 넓히고 영향력이 커졌다. 그리고 서기 1848년 스위스의 수도가 되었다. 이곳에는 서기 15세기의 상가(아케이드), 서기 16세기의 샘/분수, 연방정부 관저(Bundeshaus, 서기 1857년-서기 1902년), 지방자치단체 교구위원회청사(Gemeinderat, Erlacherhof), 시계탑(Time Bell), Münster 대성당, 시청청사(Rathaus)가 그대로 남아있다.

2. 세인트 갤 수도원(Convent of St. Gall: 문화, 1983):

세인트 갤 주에 위치한 칼로링가 왕조(Carlovingian/Carolingian, 서기 751년에 건국한 제2 프랑크 왕국, 샤를마뉴 왕조) 때 베네딕트 파에 속하는 이 수도원은 순회 중인 아일랜드 수도사 갈루스(Gallus)가 이 골짜기에 자기의 암자를 세운 서기 612년까지 거슬러 올라간다. 서기 719년에는 베네딕트 파의 정규 수도회의가 소개되면서 예배의식 숭배의 중심지가 된다. 고즈버트(Gozbert, 서기 816년-서기 837년) 대수도원장의 임기 동안 이 수도원이 황금 기간을 맞게 된다. 이 수도원의 도서관에는 책과 고문서가 15만 건이 보관되어 있어 중요하다. 그 중 양피지에 그려진 이 수도원의 가장 오래된 설계도가 보관되어 있다. 서기 1755년-서기 1768년 이 수도원은 바로크 양식으로 재건되었다.

3. 뮈스테르의 성 요한 베네딕트 수도원(Benedictine Convent of St. John at Müstair: 문화, 1983):

그리손(Grisons) 계곡에 위치한 성 요한 베네딕트 수도원은 카롤링가 왕조(Carlovingian/Carolingian, 서기 751년에 건국한 제2 프랑크 왕국, 샤를마뉴 왕조)시대의 프레스코 벽화가 보존된 수도원으로 추르(Chur) 수도원장이 서기 780년경 지었다고 한다. 서기 1167년에는 수녀원으로 되었다. 서기 20세기에 복원이 이루어지면서 서기 1160년대에 그려진 프레스코 벽화가 발견되었다. 다른 벽화들은 서기 800년대의 로마네스크 양식(샤를마뉴 왕 때의 것)으로 그려진 벽화로 밝혀졌다.

4. 벨린조나 시장-도시의 성과 성벽(Three Castles, Defensive Wall and Ramparts of the Market-town of Bellinzona: 문화, 2000):

벨린조나-타아시노 주 알프스 산의 주요 도로와 도시를 보호하기 위한 방어시설이 잘 보존되어 있다. 처음 지어진 것은 서기 10세기경이지만 대개 서기 13세기-서기 15세기 사이에 지어진 것으로 벨린존 읍에 세워진 알프스 산간 도로와 시장-도시를 보호하기 위한 세 개의 성 카스텔그란데(Castelgrande, 서기 13세기), 몬테벨로(Montebello, 서기 1300년경), 사소 코바로(Sasso Corbaro, 서기 1480년)와 망루가 있는 도시의 성채와 라 무라타(La Murata)라는 방어벽이다.

5. 라보 계단식 포도밭(Lavaux, Vineyard Terraces: 문화, 2007):

샤토 데 칠론에서 로잔까지의 30km 길이 830ha 넓이의 남쪽으로 제네바 호수를 바라보는 야산에 계단식으로 형성된 라보 계단식 포도밭은 그 시작이 로마시대까지 거슬러 올라가나 현재의 계단상 포도밭은 베네딕트와 시토 수도회에서 관리한 서기 11세기 이후에 형성된 것이다. 이 포도밭은 수 세기 간에 걸쳐 지방의 자원을 낙천적으로 개발하여 지역경제에 중요한 부가가치가 높은 포도주를 생산하는 사람과 주위 자연환경과의 상호관계를 잘 보여 준다. 특히 태양의 직사광선, 호수에서 반영되는 햇빛, 낮에 달구어진 돌들이 밤에도 포도밭에 영향을 주어 포도의 질이 세계 제일이라고 한다.

6. 라 슈 데 혼드·르 로클 시계제조 도시의 도시계획(La Chaux-de-Fonds/ La Locle, watchmaking town planning: 문화, 2009):

농사에 적합하지 않은 유라(Jura) 산록의 라 슈 데 혼드·르 로클은 서기 17세기까지 거슬러 올라가는 시계직공들의 마을로 현재의 도시는 서기 19세기 초 대화재로 인해 옛 마을이 새로이 정비되면서 시계라는 전문화된 단일 업종에만 종사하는 도시로 바뀌었다. 평행으로 구획되어진 길, 주거와 공장이 유기체적으로 연결되었다. 장인들의 가내공업에서 서기 19세기 말-서기 20세기 초의 공장 생산과정으로 바뀌어가는 과도기의 양상을 보여준다. 이곳에는 유명한 테라세(Terrasse), 티소(Tissot), 율리세 나르당과 제니트(Ulysse Nardin과 Zenith) 시계회사들과 세계 최대의 시계박물관이 있다. 이곳은 칼 막스(Karl Marx)가 자본론(Das Kapital)에서 유라의 시계공장의 노동 분화에 대해 언급하고 있는 곳이기도 하다.

7. 알프스 산맥 주위의 선사시대 掘立柱式집(Prehistoric Pile dwellings around the Alps: 문화, 2011):

알프스 산맥 주위의 오스트리아, 프랑스, 독일 이탈리아, 슬로베니아와 스위스에 111개소의 개별적인 유적에서 발굴되는 말뚝을 박아 높이 지은 掘立柱式집(pile dwellings, stilt houses)들이 발굴되는데 원래 기원전 5000년-기원전 500년 호수가, 강가와 저습지에 살던 유럽인들이 지은 湖上住居의 형식이다. 발굴에서 나타난 증거들은 알프스 산맥 주위의 신석기와 청동기시대 사람들이 자연환경에 어떻게 적응하면서 살았는지를 보여준다. 그중 56채가 스위스에서 발굴되었다. 이들은 잘 보존이 되어 있으며 유럽 초기 농업사회를 연구하는데 중요한 고고학 자료가 된다(→프랑스 34항).

8. 르 코르뷔지에의 건축활동. 현대화에 뛰어난 공헌(The Architectural Work of Le Corbusier, an Outstanding Contribution to the Modern Movement 문화, 2016):

유럽 건축의 근대화운동은 기능주의(Functionalism), 새로운 객관성(Neue Sachlichkeit, New Objectivity), 에스프리 누보(L'Esprit Nouveau) 또는 단순히 모더니즘(Modernism)이라는 용어로 불려왔다. 이는 개방적이고 투명한 사회를 창조하면서 새로운 건축형태와 사회개혁에 많은 관심을 보여 왔다. 건축에서 '국제적인 스타일(양식)'이란 용어는 미국 건축사학가 겸 비평가인 헨리 러셀 히치콕(Henry-Russell Hitchcock)과 당시 하바드 대학 철학과를 막 졸업하고 후일 자수성가한 건축가 필립 존슨(Philip Johnson)이 서기 1932년 주관한 'Modern Architecture: International Exhibition' 전시회에서부터 나타난다. 건축에서 국제적인 스타일(양식)은 ① 수직형태 ② 응용 장식 및 장식이 완전히 박탈된 빛, 간결하고 편평한 표면 ③ 개방된 실내 공간 ④ 캔틸레버(외팔보) 건축의 사용에 의해 발생하는 시각적 무중력의 재료이다. 이들은 평소 잘 보이지 않는 콘크리트, 유리와 철근의 사용은 건축물을 특징 짓는 재료들이다. 세계제2차대전 종료 후인 서기 20세기 전반 도시의 성장과 함께 '국제적인 스타일(양식)'은 한편으로는 지역 개발자, 정치가, 일반 대중들에게 이러한 개발이 도시에 필요한 부를 가져다주고 또 다른 한편으로는 이러한 제안이 다른 도시 경쟁으로 이끄는 개발이 되지 않기를 설득하면서 '도시안의 도시'라는 대규모의 도시 개발 계획에 쉽게 얻을 수 있는 선택의 폭을 넓게 하고 건물내부의 공간 면적을 극대화하는데 도움을 주었다.

이러한 소위 근대건축(Modern Architecture)의 개척자 중의 하나로 잘 알려졌던 르 코르뷔지에(Le Corbusier)의 본명은 Charles-Édouard Jeanneret-Gris(서기 1887년 10월 6일-서기 1965년 8월 27일)으로 스위스-프랑스의 건축가, 디자이너, 화가, 도시계획(설계)사, 작가로 활동하였으며 스위스에서 태어나 서기 1930년 프랑스 시민이 되었다. 그의 개척자적인 경력은 아르헨티나, 벨기에, 프랑스, 스위스, 인도, 일본과 미국 등지에서 근대식 건물을 지으면서 보낸 50년 동안에 잘 나타난다. 그는 복잡한 도시에 더 좋은 생활여건을 만드는데 공헌하면서 도시계획과 설계에 많은 영향을 미쳤다. 그는 국제 근대건축가협회 [Congrès international d'architecture moderne (CIAM)]의 창립 멤버였다. 또 인도 챤디가르(Chandigarh)시에 대한 기본 계획과 기본설계를 준비하면서 그곳에서 몇 채의 근대식 건물을 짓기도 하였다.

그가 지은 건물의 목록은 아래와 같다.

1923: Villa La Roche, Paris

1925: Villa Jeanneret, Paris

1928: Villa Savoye, Poissy-sur-Seine, France

1929: Cité du Refuge, Armée du Salut, Paris, France

1931: Palace of the Soviets, Moscow, USSR(project)

1931: Immeuble Clarté, Geneva, Switzerland

1933: Tsentrosoyuz, Moscow, USSR

1947-1952: Unité d'Habitation, Marseille, France

1949-1952: United Nations headquarters, New York(Consultant)

1949-1953: Curutchet House, La Plata, Argentina(project manager: Amancio Williams)

1950-1954: Chapelle Notre Dame du Haut, Ronchamp, France

1951: Maisons Jaoul, Neuilly-sur-Seine, France

1951: Buildings in Ahmedabad, India

1951: Sanskar Kendra Museum, Ahmedabad

1951: ATMA House

1951: Villa Sarabhai, Ahmedabad

1951: Villa Shodhan, Ahmedabad

1952: Unité d'Habitation of Nantes-Rezé, Nantes, France

1952-1959: Buildings in Chandigarh, India

1952: Palace of Justice

1952: Museum and Gallery of Art

1953: Secretariat Building

1953: Governor's Palace

1955: Palace of Assembly

1959: Government College of Art(GCA) and the Chandigarh College of Architecture(CCA)

1957: Maison du Brésil, Cité Universitaire, Paris

1957-1960: Sainte Marie de La Tourette, near Lyon, France(with Iannis Xenakis)

1957: Unité d'Habitation of Berlin-Charlottenburg, Flatowallee 16, Berlin

1962: Carpenter Center for the Visual Arts at Harvard University, Cambridge, Massachusetts

1964-1969: Firminy-Vert

1964: Unité d'Habitation of Firminy, France

1965: Maison de la culture de Firminy-Vert

1967: Heidi Weber Museum(Centre Le Corbusier), Zürich, Switzerland

스페인 SPAIN/ESPAÑA

1. 브르고스 대성당(Burgos Cathedral: 문화, 1984):

스페인에서 성당 단독으로 세계 문화유산으로 등재되었다. 서기

1221년에 시작하여 서기 15세기–서기 16세기에 첨탑이나 부속 콘스타블(Constable) 예배당을 개축하고 마지막으로 서기 18세기에 聖具보관소(성 테스라 예배당)가 설치되었다. 그래서 고딕양식의 첨탑이 일부 변형되었다. 이 성당은 고딕 양식이 기본으로 르네상스와 바로크식이 일부 첨가되었다. 건물의 길이는 106m, 첨탑의 높이는 88m이다. 그런데 이 성당의 축조에 참여한 건축과 조각가들의 이름 즉 후안 시몬(Juan, Simón), 프란시스코(Francisco, Colonia family), 길데 실로에(Gil de Slioé), 펠립페 비가르니(Felipe Vigarny), 디에고 데 실로에(Diegode Siloé) 등이 알려져 있으며, 이 성당은 원래 페드로 페르난도 벨라스코(Pedro Fernándo Velasco, 2nd Count of Haro, Condestable of Castile)과 그의 식구들의 納骨堂을 위해 축조된 것이었다.

2. 코르도바 역사지구(Historic Centre of Cordoba: 문화, 1984/확대지정, 1994):

남부 안달루시아(Andalusia)에 위치한 코르도바의 역사는 기원전 2세기 로마시대로 거슬러 올라가며 서기 6세기경에는 기독교인들의 지배를 받다가 서기 8세기경 무어인(Moors)의 정복이 이루어진다. 코르도바의 영광은 무어인들이 이곳을 수도(서기 711년–서기 1010년)로 삼으면서 시작되며 그 후 300여개의 회교사원, 헤아릴 수 없는 궁전과 공공건물이 들어서 '서방의 보석'으로 불리 울 정도로 콘스탄티노풀, 다마스커스, 바그다드와 화려함을 경쟁하게 되었다. 다시 서기 13세기 페르디난드 III세(Ferdinand III, 서기 1199년 8월 5일–서기 1252년 5월 30일)의 지배하에 회교 사원들은 가톨릭 성당으로 탈바꿈 하였고 성과 성벽(Alázar de los Reyes Cristianos와 Torre Fortaleza de la Calahorra)들이 다시 만들어졌다. 유럽지구에서 가장 큰 회교도 사원인 메스퀴타(Mesquita, 남북 180m, 동서 130m, 서기 785년 건립)는 석회암과 붉은 벽돌로 만들어진 로마의 기둥과 천장 등을 일부 살려 그 위에 회교사원을 지은 것인데, 서기 13세기의 기독교 코르도바인들은 이곳을 성당으로 개축할 때 안쪽 깊은 곳에 메카를 향해 절을 하던 메르하브(Merhab)를 비롯한 여러 회교사원의 원 모습을 그대로 방치해 두었다. 그래서 이곳은 회교와 기독교의 문화가 공존하고 서로 관용을 보인 예로 평가받고 있다. 그리고 구시가에는 회교도 문화의 특징인 꽃과 식물들로 장식한 內庭(patio)과 분수가 그대로 남아있다. 그리고 과달퀴비르 강(Guadalquivir River)을 건너지르는 로마시대의 다리와 요새화한 문인 칼라오라 탑(Tower of Calahorra, 서기 1369년 카스틸/Castile의 Henry II세 왕에 의해 복원됨)도 이곳에서 빼 놓을 수 없는 명소들이다. 코르도바의 전망대 역할을 하는 칼라오라 탑 안에는 이스람의 왕을 알현하는 천주교의 신부와 페르시아의 양탄자를 그린 12세기의 벽화가 남아있다. 그래서 모스크라는 회교사원을 포함한 이스람의 건축물들은 외부보다도 건물 안쪽에 들어갈수록 볼 것이 많은 감추어진 건축(hidden architecture)이라고 한다. 또 이곳에는 회교문화의 전통인 가죽제품과 이 재료로 만든 보석상자의 제작이 유명하다. 이곳은 회교문화의 전통인 가죽제품과 이로 만든 보석상자의 제작이 유명하다.

3. 안토니 가우디의 작품(Works of Antoni Gaudí: 문화, 1984/확대지정, 2005):

안토니오 가우디(Antoni Plàcid Guillem Gaudí i Cornet/Antonio Gaudi, 서기 1852년 6월 25일−서기 1926년 6월 10일)가 바르셀로나(Barcelona)시에 남긴 작품들로 미완성 가족 성당인 사그라다 파밀리아(Sagrada Família,

서기 1882년-현재), 채석장 이란 별명을 가진 까사 밀라 아파트(Casa Milà), 까사 바타요(Casa Batlló)와 구엘 공원(Park Güell, El Carmel) 등이 있으며 그가 살던 집은 현재 가우디 박물관으로 이용되고 있다. 그는 바르셀로나 시를 디자인과 예술의 도시로 바꾸어 놓았다. 그리고 이곳은 피카소(Pablo Picasso, 서기 1881년-서기 1973년)가 초기 작품 활동을 하던 제 2의 고향으로 피카소 미술관(서기 1963년)이 있다.

4. 마드리드의 에스큐리알 수도원 유적(Monastery and Site of Escurial, Madrid: 문화, 1984):

서기 16세기 말 성 로렌스의 순교를 기념하여 만든 에스쿠리알 수도원(The Royal Site of San Lorenzo de El Escorial, Monasterio del Escorial)은 격자(格子) 모양으로 배치되어 아름다우며 스페인 건축에 영향을 많이 주었다. 펠리페/필립 II세의 통치(서기 1556년-서기 1598년) 때에는 정치권력의 중심이었다. 이 건물은 신교도의 종교혁명에 대한 가톨릭교의 반대혁명으로 펠리페 II세의 명으로 만들어졌다. 이 건물의 설계는 후안 바우티스타 데 톨레도(Juan Bautista de Toledo)와 후안 데헤레라(Juan de Herrera)였고 공사기간은 서기 1563년-서기 1584년이었다. 이 건물에는 대성당, 왕궁, 수도원, 신학교, 도서관, 靈廟가 있으며 향후 50년간 스페인 건축에 상당한 영향을 끼쳤다. 이 수도원은 서기 1992년 다니엘 바렌보임(Daniel Barenboim)이 베를린 필하모니(Berliner Philharmoniker)가 시작한 유럽연주회(Europakonzert)의 일환으로 베를린 필하모니를 지휘했던 바와 같이 이곳은 가끔 실내음악당으로 이용되고 있다.

5. 그라나다의 알함브라, 제네랄리페, 알바이진(Alhambra, Generalife and

Albayzin, Granada: 문화, 1984/확대지정, 1994):

　현재 안다루시아 그라나다인들이 거주하는 저지대의 마을 뒤 구릉 위에 우뚝 솟아 있는 알함브라(붉은 요새/궁전)와 알바이진(Albaycín으로도 표기)은 서기 1492년 이곳에서 축출된 그라나다의 마지막 회교도의 나스리드(Nasriddynasty) 왕국의 군주들에 의해 만들어진 궁전도시를 형성하고 있다. 이곳(나스리드 왕궁)에는 외국의 대사를 맞는 謁見室(Hall of Ambassadors, 대사의 방, 천장에 天文·星宿가 새겨져 있다), 그라나다의 마지막 술탄인 보아브딜(Boabdil)의 아버지 아벤세라지의 방(The Sala de los Abencerrajes, Hall of the Abencerrages/Hall of Abencerrageo/Abencerrajes, The Sala de los Abencerrajes), 두 장의 대리석이 깔려 있어 불리 우는 두 자매의 방, 심판의 탑과 문(the Gate and Tower of Judgement) 등이 유명하다.

　알함브라 요새와 거주지 동쪽에 위치한 왕의 별궁인 제네랄리페(Generalife, 여름궁전) 궁전은 서기 13세기-서기 14세기 술탄과 나스리드 무어왕족들의 여름별장으로 그 내부에 '12마리 사자가 받치는 분수가 있으며 124개의 기둥으로 이루어진 왕의 전용인 사자의 정원'(the Court of Lions), 水路의 정원(The Court of la Acequia, Court of the Long Pond), 도금양/桃金孃의 정원(The Court of the Myrtles, Patio de los Arrayanes), 샘(fountain)과 같은 훌륭한 內庭이 있는데, 여기에는 눈 덮인 산맥(snowy range)이란 의미의 시에라 네바다(Sierra Nevada, 해발 3,478m)의 빙하가 녹은 물이 다로(Daro) 강물을 끌어올리는 관개시설에 의한 풍부한 수량의 '물의 정원', '사이프러스 정원'과 '물의 계단' 주위에는 풍요롭고 아름다운 식물들이 자라고 있다.

　알함브라 궁전 반대편에 위치하는 전원주택인 알바이진은 나스리드 무어인들의 지방 건축양식을 잘 보여주고 또 전통적인 안달루시아 건축 양식과도 잘 조화를 이루고 있다. 그러나 건물 石柱의 柱礎에 해당하는 부분이 모두 일정하지 못한데 이은 알라神만이 완전하다는 생각을 나타내고 있다.

여기에는 스페인의 국토회복운동[Reconquista/reconquest/레콩키스타: 이스람의 기독교 서고트 왕국(Visigoth, 렉카레르 I세부터-아르도왕까지, 서기 586년-서기 721년)에의 침입은 서기 710년-서기 712년에 이루어졌으며, 코르도바(서기 1236년), 세비야(서기 1248년), 아헤시라스(서기 1343년)를 거쳐 스페인의 마지막의 국토회복은 서기 1492년 그라나다의 나스리드(Nasrid) 왕국이 물러감으로써 이루어졌다]의 마지막 날인 서기 1492년 1월 2일 카스틸의 이사벨라 여왕 I세(Catholic Monarchs/los Reyes Católicos Isabella I of Castile)와 아라곤의 페르디난드 II세(Ferdinand II of Aragon)의 연합군이 그라나다 나스리드 제국의 마지막 왕인 무하메드 XII세(Muhammad XII, King of Boabdil/the Nasrid dynasty's Emirate of Granada, 서기 1487년-1492년 1월 2일 재위)이 그라나다의 무하메드 12세와 페인의 점령 후 서기 1527년에 세운 신성로마제국 찰스 V세(카를로스 5세/Carlous V, Charles V) 궁전도 포함된다.

6. 산티아고 데 꼼포스텔라 구시가지(Old Town of Santiago de Compostela: 문화, 1985):

이슬람 세력들과 치열한 투쟁의 상징인 순례유적지로 서기 10세기 이슬람(무슬림)군에 의해 파괴되었다가 서기 11세기에 재건되었다. 로마네스크, 고딕, 바로크 양식의 건물들을 가진 산티아고 시는 세계에서 가장 아름다운 도시 중의 하나이다. 가장 오래된 건물들은 성 제임스(St. James, 예수 12제자중의 하나인 야고보)의 묘지와 성당 주위에 몰려 있으며 그 중에는 유명한 頌榮의 柱廊(Pórtico de la Gloria)이 있

다. 이곳은 서기 1987년 유럽위원회에서 유럽 첫 번째의 문화 순례
의 길인 중세시대 순례자의 길, 꽁포스텔라의 쌍띠아쥬 길[Camino de
Santiago(the Way of St. James)]의 목적지이다.

7. 알타미라 동굴(Altamira Cave: 문화, 1985/확대지정, 2008):

서기 1879년 스페인 북부 피레네 산맥의 산탄더(Santander) 시 서쪽
30km 떨어진 안틸라나 칸타브리아(Antillana Cantabria) 마을 사우트올
라(Sautuola) 백작의 領地에서 사우트올라(Marcelino Sanz de Sautuola)
백작에 의해 세계 최초로 발견된 후기구석기시대(Magdalenian 문화기,
기원전 16000년-기원전 8000년)의 동굴벽화로 연대는 기원전 16,000년
에서 기원전 12,000년 사이의 15,000년 전(또는 18,000년-15,000년 전)의
것으로 추측된다. 이 동굴에는 岩刻하거나 한 동물에 3가지의 색을
사용해 그린 들소, 말, 사슴, 신비스런 사인(手印) 등의 多色壁畵가
있다. 이 그림을 그린 주인공들은 동굴입구 岩陰住居에서 살고 그림
은 안쪽 畵廊에 신전처럼 모셔두었던 것 같다. 이 동굴벽화는 석기시
대 예술의 교회 "Chapel of Stone Age Art"로 불리며 인류역사상 최초
의 문화적 전환점이 된다. 현재 벽화를 보존하기 위해 원 동굴은 폐
쇄하고 그 앞에 동굴과 그대로 복사해둔 전시실을 만들었다. 그러나
최근 영국 사우스햄프턴 대 엘리스터 파이크(Professor Alistair Pike, Uni-
versity of Bristol in the U.K. 현재 University of Southampton), 독일 막스프
랑크 진화인류학연구소 스페인 이사벨 I대의 공동 연구팀에 의해 스
페인 남부와 서부에서 새로이 발견된 동굴벽화의 시료 60여개를 채
취해 우라늄(U)-토륨(Th) 방사성동위원소로 64,000년 전 현생인류에
앞서 네안데르탈인(Neanderthals)에 의해 그려졌다는 새로운 설도 만
들어 지고 있다. 엘리스터 파이크교수는 스페인 북부 칸타브리안 동

부 연안 엘 까스티요(El Castillo) 동굴 벽화가 40,800년 전 네안데르탈인이 그린 것으로 발표한 바 있다(Ker Than, National Geographic News, 2012년 6월 14일자).

그리고 미국 펜실바니아 주립대학교 인류학과 딘 스노(Dean Snow) 교수는 이제까지 연대가 잘 알려진 라스코(Lascaux) 동굴벽화의 제작이 기원전 15000년-기원전 14500년인 것에 비해 영국 브리톨(the University of Bristol)대학교 고고인류학과 엘리스테어 파이크(Alistair Pike)교수에 의해 유럽에서 가장 빠른 연대인 적어도 48,000년 전에 제작된 것으로 추정되는 스페인 칸타브리아(Cantabria) 엘 카스티요(El Castillo, Puente Viesgo에 위치한 4개의 동굴벽화중 하나로 El Castillo와 Las Monedas가 일반에 공개되어 있다) 동굴벽화에 나타난 사인(手印, 손도장, handprints)들을 중심으로 유럽의 동굴벽화에 보이는 손도장이 75%(32개중 24개, 3개는 남성, 나머지는 소년)가 거의 모두 여성의 것으로 유럽의 동굴벽화는 여성의 네안데르탈인들이 그린 것으로 주장한다(Sci-News.com, 서기 2013년 10월 16일, the journal American Antiquity). 이는 영국 리버풀대학(Liverpool University)의 존 매닝(Dr John Manning)교수가 성호르몬 때문에 남녀의 손가락 비율이 다르며(men and women have differing finger ratios), 남성은 藥指(4th finger, 약지, 無名指, ring)가 食指(2nd finger, 식지, 塩指, 人指, index)보다 길고 여성은 두 손가락이 같다(the ratios of the index finger to the ring finger and the index finger to the pinky(little finger, 5th finger) to distinguish between adolescent males and females)는 연구 결과에 따른 것이었다.

8. 오비에도 및 아스투리아스 왕국 기념물군(Monument of Oviedo and the Kingdoms of the Asturias: 문화, 1985):

서기 9세기 소왕국인 아스투리아(Asturia)에서 기독교가 번영하여
여기에 로마네스크 이전 양식의 건물들이 종교적인 건축물에 등장
하였는데 이들은 이베리아 반도에서 종교적 건축물의 발전에 영향
력을 많이 끼쳤다. 그들은 산타 마리아 교회(Church of Santa María del
Naranco, 이전의 왕궁), 산 미구엘 교회(Church of San Miguel de Lillo), 크리
스티나 교회(Church of Santa Cristinade Lena), 카마라 산타 교회(The Cá-
mara Santa), 산 후리안 대성당(Basilica of SanJulián de los Prados)과 라 폰칼
라다(La Foncalada)라는 수리시설 이다.

9. 세고비아 구시가지와 수로(Old Town of Segovia and its aqueduct:
문화, 1985):

세고비아의 역사적 기록은 서기 192년 켈트이베리안(Celtiberian) 주
민들이 로마인에 의해 패하는 시기로 거슬러 올라간다. 그러나 서
기 1세기 중반과 2세기 초, 즉 베스파시아누스(Vespasian, 서기 69년-서
기 79년)나 네로(Nerva, 서기 54년-서기 68년) 황제 때 이 水道橋가 이미
만들어졌다고 추정된다. 이 수도교는 길이 813m, 163개의 아치형을
2단으로 화강암을 회반죽 없이 높이 30m로 쌓아 올렸다. 현재까지
남아있는 로마의 수도교 중 가장 잘 보존된 것이며 단순, 우아 장엄
을 보인다. 이베리아에 서고트 왕국(Visigoth, 렉카레르 I세부터-아르도
왕까지, 서기 586년-서기 721년)이 톨레도(Toledo)에 수도를 세우고, 그
후 서기 11세기경 언덕에 위치하던 로마 요새 위에 세워진 알까사르
(Alcázar) 성은 디즈니랜드(Walt Disney)에서 만든 애니메이션 백설공주
의 모델이 된 성이다. 이곳에서 페르디난도 II세(Ferdinando II of Aragon,
서기 1452년 3월 10일-서기 1516년 1월 23일)왕과 이사벨 I세(Isabella I, 서
기 1451년 4월 22일-서기 1504년 11월 26일) 여왕의 결혼식(서기 1469년 10

월 9일), 펠리페(Philip/Felipe) II세의 대관식과 결혼식도 치러졌다.

　그 안에는 현재 중세시대의 갑옷, 투구와 무기, 종교화 등이 전시되어 있다. 또 꽃이 핀 고딕 양식으로 알려진 첨탑 높이 88m, 돔 높이 33m의 세고비아 성모마리아 대성당[Philip V세(서기 1683년-서기 1746년) 때인 서기 1525년에 시작하여-서기 1577년 완공], 작은 베르사유 궁이라 불리 우고 프랑스식의 정원과 분수를 갖춘 여름별장의 라 그란하(La Granja) 궁전(펠리페 Philip V세 때인 서기 1721년에 시작하여 서기 1731년 완공)과, 처음 유태인이 살던 다이야몬드 형의 문양장식을 한 새부리의 집(서기 15세기, 현재 예술학교로 이용) 등이 남아있다. 그리고 매우 중요한 사실은 이곳 세고비아는 가톨릭, 유대교와 이스람 문화가 공존하던 곳으로 곳곳에서 그러한 흔적을 찾을 수 있다는 것이다.

10. 아빌라 구시가지(Old Town of ávilla with its Extra-Muros Churches: 문화, 1985):

　무어족의 테러를 막기 위해 서기 1090년 건립된 성으로 성 테레사의 탄생지며 종교재판소장인 토로퀘마다의 묘지가 있는 곳이다. 해발 1,130m에 지어진 둘레 2.5km, 82개의 반원형 치성(雉城/甕城)과 9개의 문이 있는 요새가 거의 완전하게 남아있다. 여기에는 로마네스크 양식의 성당과 르네상스 양식의 궁전 카스티안(Castillian) 귀족들의 저택들도 포함된다.

11. 아라곤의 무데하르 건축(Mudéjar Architecture of Aragon: 문화, 1986/ 확대지정, 2001):

　스페인의 국토회복운동[Reconquista/reconquest/레콩키스타: 이스람의 기독교 서고트 왕국(Visigoth, 렉카레르 I세부터-아르도왕까지, 서기 586년-서기 721년)에의 침입은 서기 710년-서기 712년에 이루어졌으며, 코르도바(서기 1236년), 세비야(서기 1248년), 아헤시라스(서기 1343년)를 거쳐 스페인의 마지막의 국토회복은 서기 1492년 1월 2일 그라나다의 나스리드(Nasrid) 왕국이 물러감으로써 이루어졌다]으로 회복된 아르곤 지역의 무데하르 양식의 발전은 기독교인들의 국토회복운동(Reconquista/레콩키스타) 이전부터 존재해왔던 이스람/회교도의 문화에 서기 1118년 아라곤 왕이 된 라미로(Ramiro) I세가 아라곤의 失地를 회복한 다음 기독교문화를 접목시킴으로써 이루어진 것이다. 다시 말해 서기 12세기 이후 회교도의 문화에 고딕과 같은 유럽의 기독교적 양식을 접목하여 서기 17세기경까지 정제되고 창조적인 벽돌과 유약을 입힌 타일을 성당과 교회의 건물 특히 종루에 많이 이용하고 있다. 서기 1986년 당시 테루엘(Teruel) 지역의 산타 마리아(Santa María) 성당과 산 페드로(San Pedro), 산 마틴(San Martin)과 사비요르(Saviour) 교회의 4건만 지정 되었으나 서기 2001년 자라구자(Zaragoza) 지역의 산타 마리아(Santa María, Calatayud), 산타 테크라(Santa Tecla), 산타 마리아(Santa María, Tobed), 알하페리아 궁전(Palacio de la Aljaferia), 산 파블로(San Pablo) 성당과 라 세오(La Seo) 성당의 6건이 추가로 지정되어 모두 10건이 되었다.

12. 톨레도 구시가지(Historic City of Toledo: 문화, 1986):

이곳에는 기원전 2세기 로마, 서기 6세기의 서고트(Visigoth) 왕국의 수도, 코르도바 에미리트의 요새, 서기 1492년 무어족의 물러남과 기독교 왕국의 전초기지, 카를로스 V세(Charles V, Carolus V, Holy Roman Emperor, 서기 1519년-서기 1556년)의 임시 권력중심지 등 2,000년 간의 역사 속 당시의 유적들이 집중하고 있다. 그리고 이곳은 유태교(synagogue of Transito and Santa Maria la Blanca, 1492년 출축됨), 가톨릭(가톨릭 대성당, Cathedral of Toledo)과 이스람 교도들의 사원(mosque of Cristo de la Lus, 서기 999년 건립, 서기 1502년 축출됨)과 후일 신교도의 교회 (church of San Sebastian)들까지 공존하였다. 특히 타호(Tajo) 강으로 둘러 싸인 서고트 왕국(Visigoth, 렉카레르 I세부터-아르도 왕까지, 서기 586년-서기 721년)의 수도인 알까사르(Alcázar) 성은 중세이후부터 마누 엘 아 사냐가 이끈 좌파 인민전선의 정부와 프랑코 장군의 보수 우파의 반 란군의 싸움인 스페인 내전(Spanish civil war, 서기 1936년-서기 1939년)에 도 이 건물을 사용해온 경제, 정치, 문화와 종교의 중심지이다. 서기 2009년부터 이 건물은 현재 군사박물관으로 탈바꿈하였다. 도시를 둘러싸고 있는 성벽에는 9개의 문이 있으며 그중 비사그라(Bisagra, 서 기 1550년)문이 톨레도의 관문이다. 그 외에 소코도바(Zocodover) 광장, 프랑스식 고딕과 바로크식 양식으로 지어진 길이 113m, 폭 57m, 높 이 45m의 톨레도 대성당[Fernando III세(서기 1199년 8월 5일-서기 1252년 5월 30일) 때인 서기 1227년에 착공하여 서기 1493년 완공], 현재 선사, 로 마와 서고트 등의 유물과 현대미술품을 전시하고 박물관으로 사용 하고 있는 플라테레스크(plateresque facade)와 르네상스 양식으로 서기 15세기에 지어진 산타 크루즈(Santa Cruz) 병원 건물도 중요하다. 이곳 톨레도는 화가 엘 그레코(El Greco, 서기 1541년-서기 1614년 4월 7일)의 고향이며, 서기 711년 무스림의 영향으로 설탕과 아몬드로 만들어진 마자판(mazapan) 빵과 象嵌을 한 다마스 퀴나토(Damas quinato) 금속공 예기술도 유명하다.

13. 카세레스 구시가지(Old Town of Cáceres: 문화, 1986):

무어인과 그리스도교인들의 전투역사가 많은 지역으로 그 안에 남 아있는 로마, 이스람, 북쪽 고딕과 이탈리아 르네상스식 건물들로 지어진 궁전, 탑과 개인 저택 등이 뒤섞여 있는 것으로도 증명된다. 서기 12세기 무스림 통치 시기 남아있는 아랍의 성벽과 30여개의 탑 중 부하코와 모차다 문(the Torre del Bujaco, Torre Mochada)이 가장 유명하다. 이 도시는 서기 1229년 스페인군이 다시 탈환하였다.

14. 세비야 지역 대성당, 성채와 아메리카 인디안 문서보관소(Cathedral, Alcázar and Archivo de Indias in Sevilla: 문화, 1987):

이 세 건물은 세비야의 중요한 기념물이다. 성당과 성채는 이제까지 아랍문화권에 물들어있던 지역을 서기 1248년 기독교왕국의 재탈환에서 16세기까지 안달루시아뿐만 아니라 이곳 세비야의 문명 발달사에도 중요한 증거물이 된다. 지랄다 회교사원의 첨탑(The Giralda minaret)은 5개의 본당이 있으며 고딕양식으로 지어진 성당(서기 1402년-서기 1506년) 옆에 위치한다. 이 성당 내부에는 콜럼버스(Christopher Columbus)의 석관이 안치되어 있다. 성채는 무어왕국의 알모하데스(Almohades) 왕이 처음 지은 성채와 궁전으로 서기 1540년-서기 1572년 증축을 하였다. 식민지시대 아메리카 인디안의 문서보관소(Archivo de Indians)는 옛날에 지어진 상인들의 거래처(Casa Lonja de Merchants)였던 론하(Lonja)란 건물 내에 위치한다. 이 건물은 서기 1584년 후안 데 미하레스(Juan de Mijares)가 후안 데 헤렝라(Juan de Herrera)의 설계대로 짓고 서기 1598년 입주가 시작되었다. 건물의 완공은 서기 1629년 대주교 후안 데 주마라게(Juande Zumárrage)와 페드로 산체스 팔코네테(Pedro Sanchez Falconete)에 의해서이다. 건물은 2층으로 건물로 내부에 정원과 분수가 있는 內庭 파티오(patio)가 있다. 카를로스 III세(Charles III, Carolus III, 서기 1716년 1월 10일-서기 1788년 12월 14일) 때인 서기 1785년 스페인 전역에 흩어져 있던 아메리카 인디안 문서를 한꺼번에 모아 이곳에 보관하게 된 것이다.그리고 이곳은 비제(George Bizet, 서기 1838년 10월 25일-서기 1875년 6월 3일)의 카르멘 (Carmen, 서기 1875년 초연)과 로시니(Gioachino Rossini, 서기 1792년 2월 29 일-서기 1868년 11월 13일)의 세빌리아의 이발사(The barber of Seville, 서기 1816년 초연)의 무대가 된 곳으로 유명하다.

15. 살라만카 구 도시(Old City of Salamanca: 문화, 1988):

마드리드 서북쪽 고대 대학 타운으로 이곳은 처음 기원전 3세기경 에 카르타고, 그다음 로마 그리고 서기 11세기에는 무어인이 들어와 통치했다. 이곳에는 두 개의 대학과 두 개의 성당이 남아 있다. 유럽 에서 가장 오래된 대학 중의 하나인 이곳 대학은 살라만카의 황금시 기에 가장 번영하였다. 도시의 역사중심지에는 로마네스크, 고딕, 무 어, 르네상스와 바로크 양식으로 지어진 마용르 광장(서기 18세기), 회 랑과 상가 건물들이 많이 남아있다. 카사 데 라스콘챠(Casa de las Con-cha) 저택은 서기 15세기 살라만카를 대표하는 또 다른 건물로 소유 자도 회원인 성 제임스 교단의 상징인 350개의 조가비 껍질을 벽에 붙였다.

16. 포블렛트 수도원(Poblet Monastery: 문화, 1991):

이 수도원은 세계에서 가장 큰 시토 파의 수도원 중의 하나로 서기 1151년에 세워져 서기 1835년에 폐쇄되었다가 서기 1940년에 다시 문을 열었다. 이것은 또한 거대한 군사적 요새, 왕궁, 주거와 萬神殿 의 역할도 하였다. 이 수도원은 발보나 데 레스 몬게스(Valbona de les Monges)와 산타 크레우(Santes Creus)와 더불어 서기 12세기 카타로니아 지방에서 막강한 영향력을 행사하였다.

17. 메리다 고고유적군(Archaeological Ensemble of Merida: 문화, 1993):

기원전 25년경에 설립된 로마시대의 Augusta Emerita 식민지로 원형극장(Amphitheatre)과 수로시설(Water supply system), 水道橋, 대광장(forum), 鋪道, 과디아나 다리(Guadiana bridge), 극장, 다이아나 신전(Temple of Diana), 트라야누스(서기 98년-서기 117년) 황제의 개선문(Arch of Trajan), 경기장(Circus), 목욕탕, 개인 저택, 무덤 이외에 산타 유라리아(Santa Eulalia) 대성당(서기 4세기), 알카자바(Alcazaba, 서기 835년), 산타 마리아 대성당(서기 1230년-서기 1579년), 엑스트레마두라(Extremadura, governmemt state of Spain) 관사 등이 남아있다.

18. 산티아고/상티아고 데 콩포스텔라 순례길(Route of Santiago de Compoatela: 문화, 1993/확대지정, 2015):

스페인의 꽁포스텔라/콤포스테라의 쌍띠아쥬 길[Camino de Santiago (the Way of St. James)]는 서기 1987년 유럽위원회에서 유럽 첫 번째의 문화 순례의 길로 선언하였는데 이는 프랑스에서 스페인의 꽁포스텔라(Santiago de Compostela) 성당(이곳 지하에는 서기 813년에 발견된 예수 그리스도의 열두 제자 중 성 야곱(야고보, St. Jacob/St. James the Apostle/James the Greate/James the GreatJames, son of Zebedee 예수 12대 제자중의 하나로 서기 44년 제자들 중 처음 순교함. 그는 Zebedee와 Salome의 아들이며 요한/John의 동생이다)의 유해는 현재 스페인 서북부 지역 갈리시아의 산티아고 데 콩포스텔라로 이장되어 모셔졌으며 서기 813년에 발견이 되었다. 이로 인해 아트리아스 왕조(Kingdom of Asturias, 라틴어: Regnum Asturorum, 서기 718년-서기 924년)의 당시 국왕 알폰소 II세(Alfonso II, 서기 759년-서기 842년)는 그 묘지 위에 150년에 걸쳐 산티아고 데 콩포스텔라 대성당 건축하였다. 그 안에 세인트 제임스/야고보의 관이 전시되어 있다. 이 순례의 길을 따라 종교적이던 세속적이든 간에 역사적으로 흥미 있는 1,800여 개의 건물이 있다. 이는 바티칸, 예루살렘과 함께 기독교 3대 성지의 하나이다. 이 순례는 중세시대 이베리아 반도와 유럽의 여타 지역 간의 문화적 교류라는 중요한 역할을 하였다. 이 길은 유럽 전 지역과 모든 계급의 사람들에게 기독교 신앙의 힘이 얼마나 큰지를 보여준다. 스페인 서북부 꽁포스텔라 성당에 이르는 두 달 반의 모두 1,600km 순례의 길은 서기 12세기부터 내려온 고전적인 방식을 따르면 프랑스 중남부의 Le Puy가 전통적인 출발점이 된다. 전통적 순례코스인 Camino de Santiago(the Way of St. James)는 Le Puy(전통적 출발점)/또는 Tour, Vezelsy, Arles에서 출발→ Biaritz 근처의 St. Jean-Pied-du-Port→ Pamplona→ Burgos→ Leon→ Santiago de Compostela 성당과 St. James의 무덤에 이른다. 아미엥 대성당(Amiens Cathedral), 샤르트르 대성당(Chartres Cathedral), 베즐레(Vézelay) 대성당과 부르고스 대성당(Burgos Cathedral) 대성당도 순례코스 중의 하나이다.

서기 1993년 지정된 '산티아고/상티아고 데 콩포스텔라 순례길'에서 '이베리아 반도의 북부 스페인의 순례길(Routes of Santiago in Northern Spain)'도 역사적으로 중요하며 북쪽의 칸타브리아(Cantabria)와 아스투리아스(Asturias)는 성 제임스/야곱이 처음 온 지역으로 여겨지며 이곳에서 산티아고/상티아고 데 콩포스텔라 순례길인 오비에도(Oviedo)로 이어진다. 여러 가지 이유로 '산티아고/상티아고 데 콩포스텔라 순례길'은 스페인의 문화유산이라는 맥락에서 중요한 의미를 지닌다. 이 길은 로마이전과 로마시대에 이용되던 역사적인 길로서 榮枯盛衰를 겪으면서 1,200년이 넘게 지속되어왔다. 특히 이베리아반도에서 무스림(회교도)의 존재와 다른 순례길을 찾아나서는 기독교인들의 저항의 역사가 눈에 띈다. 서기 10세기−서기 12세기 해안가를 따라난 길은 프랑스와 스페인을 잇는 중요한 순례길인 동시에 이베리아반도 북쪽 칸타브리아 해안과 산티아고/상티아고를 연안의 바다를 항해하여 연결시킨 '순례에 바탕을 둔 연안 무역길'이 새로이 만들어지기도 하였다. 오늘날에도 이베리아 반도 스페인의 북쪽 순례길은 유럽대륙과 연결되면서 문화적·종교적인 里程標로 많은 영향력을 끼쳐왔다. 그래서 서기 2015년 다시 이 길의 중요성을 감안하여 '산티아고/상티아고 데 콩포스텔라 순례길'을 확대 지정하였다.

19. 산타마리아 과달루페의 왕립수도원(Royal Monastery of Santa Maria de Guadalupe : 문화, 1993):

이 왕립수도원은 가톨릭 왕들의 스페인의 국토회복운동[Reconquista/reconquest: 이스람의 기독교 서고트 왕국(Visigoth, 렉카레르 I세부터−아르도 왕까지, 서기 586년−서기 721년)에의 침입은 서기 710년−서기 712년에 이루어졌으며, 코르도바(서기 1236년), 세비야(서기 1248년), 아헤시라스(서기 1343년)를 거쳐 스페인의 마지막의 국토회복(Reconquista/레콩키스타)은 서기 1492년 그라나다의 나스리드(Nasrid) 왕국이 물러감으로써 이루어졌다]과 서기 1492년 콜럼버스의 미국대륙에의 도착과 관련된 것으로 안에는 유명한 마리아상(Our Lady of Guadalupe)이 있다. 이 수도원의 창건은 서기 13세기까지 거슬러 올라가는데 목동이 과다루페 강 언덕에서 무어인들이 서기 714년 침공하면서 묻어버린 마돈나 상을 발견해 그곳에 성당을 지음으로써 이다. 서기 1389년 성 제롬 교단의 수도사들이 이 수도원을 인계받아 本堂으로 삼았다. 과다루페의 수도사들이 왕궁이 있는 수도와 멀리 떨어져 있지 않은 Escorial 수도원을 창건한 이후에도 이 산타마리아 수도원은 왕가의 후원을 받아왔다.

20. 쿠엔카 구 성곽 도시(Historic Walled Town of Cuenca: 문화, 1996):

서기 1086년-서기 18세기 무어(Moors)인들이 코르도바의 칼리페이트(Caliphate of Cordoba)에 방어용으로 세운 Kunka로 불리 우는 요새와 중세시대의 옛 시가지를 포함한다. 시내에는 Anglo-Norman 양식으로 지어진 스페인 최초의 쿠엔카 성당(서기 1182년-서기 1270년, 옛날 바로크식의 파이프 오르간이 있음)과 로마네스크 양식으로 지어졌으며 서기 18세기에 재건된 성 베드로 교회(St. Peter church), 성 미카엘 교회(St. Michael church, 서기 13세기에 지어졌으며, 서기 15세기-서기 18세기에 증 축), 사비요 교회(The Savior church, 서기 18세기), 바울 다리(St. Paul bridge, 서기 1533년-서기 1589년에 건조), 바울 수도원(The old saint Paul convent, 서기 16세기), 디오세세(Diocesé) 박물관으로 이용되는 대주교(Bishop)의 궁전, 아랍인들의 카스티요 성(El Castillo)과 성벽, 만가나 탑(Mangana tower, 서기 1565년경), 타운홀[Town Hall, Charles III세(서기 1716년 1월 10일-서기 1788년 12월 14일)가 서기 1762년 완공] 등이 보인다. 그리고 파라도르 데 쿠엔카(Parador de Cuenca) 같은 옛 문화재건물을 약간 리모델링하여 파라도르(Parador)라는 국영호텔로 이용하여 계속 보존해나가는 정책과, 우에카(Huécar) 강을 내려다보는 절벽 위에 서기 15세기에 지어진 건물을 페르난도(Fernando)가 다시 설계하여 만든 Las casas colgadas(절벽에 매달린 집)라는 현대추상미술관도 돋보인다. 그리고 이곳은 세르반테스(Miguel de Cervantes, 서기 1547년-서기 1616년)가 쓴 돈키호테의 무대(라만차 지방의 콘수에그라의 풍차와 여관 등)로도 유명하다. 여기에는 가톨릭과 이스람 문화가 공존한다.

21. 라 론하 데 라 세다 데 발렌시아(La Lonja de la Seda de Valencia: 문화, 1996):

서기 1469년에 기름시장으로 세워졌는데 나중 비단 교역(Silk Ex-chage)을 위한 중세 상업의 중심지로 되었고 여기에는 팔마 대 말로카(Palma de Malloca) 건물을 모방한 고딕 양식의 말기 건물이 걸작이다. 건축가는 페드로 콤프테(Pedro Compte), 후안 이바라(Juan Yvarra)와 요한 코르베라(Johan Corbera)로 서기 1498년이 되어야 총안이 나있는 망루와 고딕 양식의 불꽃모양 플랑봐양 양식의(Flamboyant) 무역청사가 완공되었다. 다른 건물들은 서기 1533년에 만들어졌다. 특히 살라 데 콘트라타시옹(Sala de Contratación, contacrt, trading hall)건물은 서기 15세기-서기 16세기 상업도시의 富를 보여준다.

22. 라스 메둘라스(Las Médulas: 문화, 1997):

스페인 서북쪽 레온(Léon)에 있는 서기 1세기경 로마 제국에 의해 개발된 금광 지역으로 물을 運河로 끌어들여 採金한 기술을 보여준다. 그러나 2세기 후 금이 거의 바닥이 나자 철수해버렸고 채금 시 형성된 가파르고 구불구불한 지형은 지금 농지로 이용되는 척박한 환경이 그대로 남아 있다.

23. 산 밀란 유소-수소 사원(San Millán Yuso and Suso Monasteries: 문화, 1997):

라 리오하(La Rioja)의 산 밀란 코고야(San Millán de la Cogolla)에 위치한 서기 6세기 중엽에 이곳에 살던 성자 밀란에 의해 세워진 Suso(upper)와 서기 16세기 새로 지어 아래쪽으로 이사를 한 Yuso(below) 수도원 두 곳을 말한다. 이곳에 오늘날 세계 여러 곳에서 사용되는 카스틸(Castilian)어로 된 스페인 문학이 처음으로 탄생되었다. 이곳에서 라틴어 문자 옆에 처음으로 스페인어와 바스크(Basque)어가 註釋으로 씌어졌으며, 문제가 되는 코덱스 寫本은 서기 16세기 아래 수도원으로 옮기기 전에 위 수도원의 도서관에 계속적으로 보관되어 있었다.

24. 뮤지카 카탈라나 팔라우와 바르셀로나 산트 파우 병원(The Palau de la Musica Catalana and the Hospital de Sant Pau, Barcelona: 문화, 1997):

카탈라나 신예술의 건축가인 루이스 도메네크 이 몬타너(Lluís Domènech i Montaner)가 설계한 The Palau de la Música Catalana(서기 1905년-서기 1908년)와 Hospital de Sant Pau(서기 1901년-서기 1912년)의 현대건축물로 강철을 많이 사용하여 빛과 공간을 최대한 활용하도록 하고 있다. 그리고 당시로서는 외부장식도 화려하게 설계되었다. 병원 건물도 병자들에게 알맞도록 설계와 장식도 대담하게 만들어졌다.

25. 피레네 산맥의 페르두 문화 지역(Pyrénées—Mont Perdu: 문화, 1997/ 1999 확대지정): 피레네-몽 페르 뒤(Pyrénées-Mount Perdu : 복합, 1997/1999 확대지정):

프랑스와 스페인의 국경지대인 31,189ha의 북쪽의 圈谷지대, 남쪽의 片巖으로 이루어진 高原지대와 20km 이상 뻗어 있는 경사 급한 해발 3,000m 이상의 石灰岩 斷層地塊인 피레네산맥 중앙지역은 動·植物·自然環境의 寶庫 뿐만 아니라 산악지대 환경에 대한 인류의 적응도 중요하다. 사람이 살던 주거지, 環狀列石, 支石墓와 40,000년-10,000년 전 후기구석기시대의 사람들이 살던 동굴유적도 발견된다. 그리고 꽁포스텔라의 쌍띠아쥬 순례자의 길[중세시대 순례자의 길, the Way of St. James(the Camino de Santiago)]도 이곳을 지나가며 아직 행해지는 移動牧畜은 문화의 교류도 가능케 한다.

26. 이베리아 반도 지중해 연안 암각화지역(Rock Art sites on the Mediterranean Basion on the Iberian Peninsula: 문화, 1998):

  이베리아 반도 중석기-청동기시 대의 암각화는 대규모로 형성되어 있으며 현재 727개소가 지정되어 있다. 그들은 Andalusia, Araon, Castille-La Mancha, Catalonia, Murcia and Valencia에 위치 하며 처음 발견은 서기 1903년 테루엘(Teruel)에서였다. 그림 내용은 수렵-채집에 서 정착생활의 과도기적인 면을 보이며 사람, 동물, 새와 사냥장면 등이다.

27. 알카라 드 헤나레스 대학 및 역사지구(Universty and Historic precinct of Alcalá de Henares: 문화, 1998):

  마드리드 동북 35km 떨어진 곳에 위치하는 서기 1496년 시스네로스(Cisneros) 추기경이 알카라(Alcalá)에 르네상스시대 학문과 배움의 중심지가 된 Universidad Complutense를 만들었는데 이곳은 세계에서 처음으로 계획된 대학도시이다. 이곳은 스페인의 선교사들이 신대륙에 가져간 이상형의 도시 공동체인 Civitas Dei(city of god)이며 또한 유럽과 다른 지역에 퍼진 대학의 모델이 되기도 하였다.

28. 이비자 생물다양성과 문화(Ibiza, Biodiversity and Culture: 복합, 1999):

  스페인 서부 발레아릭 군도(Balearic Islands)의 해양과 연안의 생태체계를 조화시킨 謫所(ecologial niches)로 해양 植物·水草(Posidonia, seagrass)가 많이 자라는 지역은 근처에 사는 사람들로 하여금 바닷가의 생활을 다양하게 하고 또 그리고 그렇게 하도록 도와준다. 이비자 섬에는 그러한 것을 보여주는 오랜 역사가 있다. 여기에는 Sa Caleta(주거지), Puig des Molins(공동묘지) 등의 원사시대 페니키아-카르타고 시대의 유적도 포함된다. 또 요새화된 위 도시(Alta villa)는 르네상스시대의 대표적 군사적 건물이다. 이러한 것들은 스페인의 신대륙 식민지건설에 많은 영향을 주었다.

29. 산 라구나 그리스토발(San Cristóbal de la Laguna: 문화, 1999):

카나리 군도(Canary Island)에 만들어진 산 라구나 그리스토발은 테네리페(Tenerife)의 이전 도읍지로 2개의 중심지가 있다. 하나는 원래 모습대로 구획하지 않은 위 도시이고 다른 곳은 냉정하게 원칙에 따라 구획하고 이상적으로 만들어진 아래 도시이다. 아래 도시의 넓은 길과 공간에는 서기 16세기-서기 18세기에 만들어진 대학, 교회와 공적·사적인 건물들이 많다.

30. 엘체시의 야자수림 경관(The Palmeral of Elche: 문화, 2000):

알리칸테(Alicante) 주 발렌시아(Valencia) 자치구의 야자수/종려나무 경관은 서기 10세기 말 엘체라는 무스림 도시가 만들어졌을 당시 관개농업에 의해 이 건조한 지역이 농산물이 나오는 곳으로 바뀐 오아시스이다. 이곳은 아랍 사람들이 유럽에서 농업을 한 독특한 경우이다. 대추야자나무의 재배는 기원전 5세기까지도 올라갈 수 있다. 현재 종려나무는 18만 그루가 이곳에서 자라고 있기 때문에 물이 모자라 관개농경이 더욱더 필요한 시점이다.

31. 타라코 고고유적(The Archaeological Ensemble of Tárraco: 문화, 2000):

타라고나(Tarragona) 주 카타로니아(Catalonia) 자치구의 타라코(현재의 Tarragona) 도시는 기원전 25년경에 설립된 로마시대의 식민지인

Emerita Augusta의 오늘날의 이름인 메리다(Mérida) 고고 유적 군과 비교가 되는 이베리아 반도에서 오래되는 기원전 3세기에서 서기 476년까지 로마시대의 상업·행정 중심도시로 삼단의 계단식 層段을 형성한 후 도시를 만들었는데 발굴한 결과 로저(Portal del Roser)와 안토니(Portal de Sant Antoni)의 두 개의 문을 가진 성벽, 신전과 요새, 대광장, Pilate의 집이라 부르는 아우구스투스 궁전, 경기장, 원형극장, 스키피오의 탑 혹은 석관, 수라(Sura) 혹은 바라(Bara)의 개선문, 아우레리안 거리 등이 나타나고 있다.

32. 루고 성벽(The Roman Walls of Lugo: 문화, 2000):

이곳의 로마식민지 루고는 로마시대 때 Lucus로 도시는 기원전 15년-13년에 설립되었지만 남아있는 성벽은 서기 263년-서기 276년에 만들어졌으며 이 성은 길이 2.117km, 5개의 문과 46개의 망루를 가지고 있다. 서기 3세기 이후 창궐하는 이민족의 침공을 막기 위해 이 성이 만들어졌지만 결국에는 페레네 산맥을 넘어온 게르만 계통의 Suevi(Suebi), 서고트, 무어와 노르만족의 침입을 이겨내지 못하였다.

33. 발드보와의 카탈란 로마네스크 교회(The Catalan Romanesque Churches of the Vall de Boi: 문화, 2000):

피레네 산맥 카타란의 로마네스크 양식의 교회로서 이전에는 카타로니아의 로마네스크 양식이 나타나기 이전의 Pre-romanesque 양식으로 여겨진 것들이 지금은 초기 로마네스크(primer románic) 양식으로 인정받고 있다. 카타로니아 지방의 로마네스크 건축물들은 다음과 같다.

Sant Pere de Roda(서기 943년-서기 950년경), Ripoll 수도원(서기 977

년), Cardona의 Church of St. Vicenç(서기 1029년-서기 1040년), Sant Cristòfol of Beget, Sant Pere of Besalú, Sant Vicenç of Besalú, Monastery of Sant Miquel of Cruïlles, Sant Vicenç of Espinelves, Part of Monastery of Sant Pere de Galligans in Girona, Sant Nicolau in Girona, Saint Cecil of Molló, Church of Sant Joan in Palau-saverdera, Monastery of Sant Quirze of Colera in Rabós d'Empordá, Monastery of Sant Aniol d'Aguja, Monastery of Santa Maria of Vilabertran, Churches of Saint Mary and Saint Clement Taüll, Sant Feliu, Sant Joan de Boí, Santa Maria de l'Assumpció, Santa Maria de Cardet, la Nativitat de Durro, Ermita de Sant Quiric and Santa Eulàlia, in Vall de de Boí, Churches of Santa Maria, Sant Pere and Sant Miquel in Terrassa

34. 아타푸에르카 고고유적(Archaeological Site of Atapuerca: 문화, 2000):

스페인 북부 부르고스(Burgos) 시에서 15km 떨어진 해발 1,000m의 La Sierra de Atapuerca 유적은 그란 돌리나(Gran Dolina) 동굴에서 120만 년 전-80만 년 전에 속하는 Homo antecessor가 출현함으로 유럽에서 최초의 인류라고 할 수 있는 Homo erectus와 Homo heidelberg인 사이를 연결하는 화석인류가 출토되고 있다. 서기 1984년에 시작하여 아직도 발굴 중인 이 유적은 타라곤과 마드리드 대학교와 마드리드 자연사박물관에서 담당하고 있다. 동굴 유적으로 5개소에서 각기 시대가 다른 인골과 동물화석이 나오고 있다. 동굴은 Elephanté 동굴(100만년 중기 갱신세 말기로 하이에나 소 종류, 들소와 코끼리화석이 나옴), 갈레리아(Galeria) 동굴(30-35만 년 된 인류화석이 나옴), 그란 돌리나 동굴(Homo antecessor 화석이 나옴), 시마 데 로스우에소스(Sima de los Huesos, 30만 년 전의 32명분의 화석인류가 나옴), 미라도르(Mirador) 동굴(기원전 6000년의 신석기시대와 청동기시대)이다.

35. 아란후에즈 문화경관지역(Aranjuez Cultural Landscape: 문화, 2001):

The Palacio Real de Aranjuez는 스페인 국왕의 궁전으로 스페인 왕가 유적의 하나이다. 이 궁전은 타호 강 옆 서기 1561년 펠리페/필립(Philp) II세에 의해 계획되고 후안 바우티스타 데 톨레도(Juan Bautista de Toledo)와 후안 데 헤레라(Juan de Herrera)에 의해 설계되었으나 페르디난도(Ferdinando) VI세 때 완공되었다. 찰스 III(Charles, Carolus III)세는 건물에 두 개의 측실을 추가하였다. 좀 더 적은 궁전인 카사 델 라브라다(the Casa del Labrador)가 세워졌다. 이웃 타구스와 하라마 강물을 사용하는 스페인 화산재(meseta)의 먼지와 가뭄에서 벗어나 좀 더 쾌적한 생활을 하기 위해 거대한 정원이 만들어졌는데 합스부르그(서기 1278년–서기 1918년) 시기 스페인에서 가장 중요한 것이었다. 하르딘 데 라 이스라(the Jardin de la Isla)는 타구스 강과 리아 운하에 의해 막혀 있는 인공 섬이다. 이 정원을 둘러싼 문화 경관은 자연과 인간의 행위, 구불구불한 물길과 기하학적 경관의 설계, 지방과 도시, 숲의 경관과 섬세하게 다듬은 건물 사이에서 여러 가지 상반되는 복잡한 관계를 볼 수 있다. 과거 300년간 정원의 발전과 주의를 기울여온 왕가의 관심은 서기 18세기 프랑스 양식으로 만든 바로크식 정원에서 엿볼 수 있다. 휴머니즘(인본주의)과 정치적 중앙집권이라는 관념으로부터 계몽주의 시대 식물의 환경순응과 품종 개량과 함께 발전해온 도시 생활방식까지의 사상의 변천을 보여주고 있다.

36. 우베다 베자의 르네상스 기념물 군, 사엔 성당(Renaissance Monumental Ensembles Úbeda–Baeza: Urban duality, cultural unity

and Jaén Cathedral, 문화, 2003/확대지정, 2014):

스페인 남부 우베다와 베자의 두 조그만 도시는 무어 족이 통치하던 서기 9세기와 서기 13세기 스페인 기독교의 국토회복운동(Reconquista/레콩키스타)까지 거슬러 올라간다. 서기 16세기에는 이 두 도시가 르네상스 시대의 시작과 더불어 개혁되고 활기를 띠기 시작했다. 이 두 도시는 이탈리아에서와는 달리 형태와 역사적 발달에서 유사성을 보인 스페인에서는 특이한 쌍둥이 도시로 여겨지며 이것이 남미의 식민지 도시 건설에 그대로 이어져 확산되고 있다. 8.400m² 넓이의 聖母蒙召昇天 성당은 사엔의 시청과 主教宮 건너편 산타 마리아(Santa María Square) 광장에 위치한 스페인 르네상스 시대의 건물이다. 산타 마리아 광장은 사엔의 역사적 장소로 옛날 회교도사원 바로 위에 지어졌다. 이 성당의 거물은 서기 1249년 회교 사원 터에 짓기 시작해서 안드레스 데 반델비라(Andrés de Vandelvira, 서기 1509년-서기 1575년)가 성당의 가장 큰 건물을 짓는 서기 16세기까지 2세기 동안 수차례 손상을 입고 重修되었는데 이 건물은 서기 1724년에 獻堂되었다. 이 성당은 장방형 평면구조로 각 모서리는 직각인 편평한 벽을 형성한다. 이 건물은 같은 높이의 3개의 本堂 會衆席으로 구성되어 있는데 내부 扶築壁 안에는 龕室이 나있으며 천장에는 수평의 이중 대들보가 얹혀 지고 십자가형으로 배치된 코린트식 柱頭위에는 삼각 穹窿으로 설치되고 있다. 십자형 교회 좌우 翼部(袖廊)위의 천장 돔은 鼓狀部와 삼각 穹窿위에 배치되어 있는데 제일 꼭대기에는 採光窓으로 마무리 짓고 있다. 중앙 회중석 뒤에는 목제로 구획된 성가대가 설치되고 석벽 밖에는 두 부분으로 나누어지며 난간으로 마무리 짓고 있다. 이 성당의 중요성은 외면 벽을로 유프라시오 데 로페즈데 로하스(Eufrasio López de Rojas)가 설계하고 페드로 홀단

(Pedro Roldán)이 조각하였다. 내부에는 베로니키의 베일(Veil of Veronica, Holy Face, 가톨릭의 聖衣)이 있으며 서기 1545년경 프란시스코 게레로(Francisco Guerrero)는 聖歌曲의 대가(maestro de capilla, Kapellmeister)였다.

37. 비즈카야 다리(Vizcaya Bridge: 문화, 2006):

비즈하이아(Bizjaia) 주, 빌바오(Bilbao)의 서쪽 네브론(Nevron) 강 이바이자발(Ibaizabal) 강구 포르투갈레테(Portugalete)와 라스아레나(Las Arena, Gexto의 일부) 도시를 잇도록 바스크 지방 출신의 건축가이며 에펠탑을 세운 에펠(Gustave Eiffel)의 제자인 알베르토 데 팔라시오(Alberto de Palacio)가 서기 1893년 설계한 다리(輸送橋)로 서기 1760년부터 일어난 산업혁명 이후 건물에서 강철의 사용이 유행이 된 가운데 만들어진 뛰어난 건축물의 하나로 당시로서는 재료가 가벼운 꼰 鋼鐵線(케이블 카)을 이용해 다리를 놓고 그 사이에 증기 엔진을 이용해 매달린 곤돌라(gondola, 吊船) 6대가 매 8분마다 하루 24시간 일 년 내내 수십 명의 통행자와 자동차를 한꺼번에 나르고 있다. 한 번 가는데 걸리는 시간은 1분 30초이다. 다리의 길이는 164m, 다리 양쪽 기둥의 높이는 50m이다. 이 다리는 현지에서 Puente Colgante(hanging bridge, 懸垂橋)로 불리고 있다. 그리고 다리 아래로 배가 통과하는데 방해받지 않도록 설계되었다.

38. 헤르쿨레스의 탑(Tower of Hercules: 문화, 2009):

스페인 서북부 항구도시 라 코루냐(La Coruña)에 있는 고대 로마의 燈臺로 서기 1세기 후반 로마가 파룸 브리간티움(Farum Brigantium) 도시를 건설할 때 만들어졌다. 대서양으로 돌출한 57m 높이의 암반 위에 높이 55m의 탑이 서있다. 탑은 세 부분으로 나누어져 있으며 후세에 여러 번 개축을 했지만 서기 1990년대의 발굴에서 아래 장방형의 基壇部(34m)쪽은 로마시대의 모습 그대로임을 확인하였다. 그리스·로마시대의 등대건축으로는 이것이 유일하다. 이 유적 옆에는 철기시대 암각화가 있는 몬테 도스 비코스(Monte dos Bicos) 조각공원과 무스림 공동묘지가 있다. 세계 7대 불가사의 중의 하나인 알렉산드리아의 등대(The Pharos or lighthouse at Alexandria)는 기원전 3세기경 건립되었고 서기 1375년 지진으로 붕괴되었다. 이 파로스 등대는 스트라보의 기록대로 파로스 섬에 위치하며 구조는 동전에 묘사된 바와 같이 4각의 하층, 8각의 중층, 원형의 상부를 이루고 있으며, 화강암과 흰 로마가 팔미라 침공한 후 팔미라는 대리석으로 높이 90m 정도 쌓아올렸으며 서기 1600년대까지 흔적이 남아 있었다. 그러나 석재는 알렉산드리아 항구 앞바다에서 확인되고 있다.

39. 코아 계곡 선사시대 암각화(Prehistoric Rock-Art sites in the Côa Valley/Prehistoric Rock-Art Sites in the Côa Valley and Siega Verde: 문화, 1998/원래 포르투갈의 문화유산인데 스페인을 포함해 확대지정, 2010):

Côa 계곡 입구 16km의 범위에 후기구석기시대 기원전 22000년-기원전 10,000년까지의 암각화와 집자리들은 모두 16개소로 다음과 같다.

Broeira, Canada do Inferno/Rego da Vide, Faia, Faia(Vale Afonsinho), Vale das Namoradas, Vale de Moinhos, Vale de Figueira/Texiugo, Ribeira de Piscos/Quinta dos Poios, Meijapão, Fonte Frieira, Penascosa, Quinta da Ervamoira, Salto do Boi(Cardina), Ribeirinha, Quinta do Fariseu, Quinta da Barca.

이들은 후기구석기시대의 주거지와 암각화의 복합문화로 암각화에는 말, 소, 염소와 인간의 모습도 표현되어 있다. 크기는 15-180cm 이며 40-50cm의 것이 중심을 이룬다. 이들은 Mazouco(포르투갈), Fornols-Haut(프랑스), Domingo Garcia와 Siega Verde(스페인)들과 그 중요성이 비견될 수 있다. 이 암각화들은 원래 포르투갈 정부에서 계곡에 댐을 막아 수력발전소를 만들려고 하였다가 유적의 중요성 때문에 보존된 곳이다. 특히 스페인령 카스티야 이 레온(Castilla y León)의 시에가 베르데(Siega Verde)의 암각화가 훌륭하다. 이곳에는 강물에 의해 부식된 튀어나온 절벽에 새긴 645개의 암각화는 도식적이고 기하학문이 확인되지만 동물들로 대표되는 여러 가지를 표현하였다. 고아와 시에가 베르데의 암각화는 이베리아 반도 野外의 구석기시대 예술을 대표한다.

40. 세라 대 트라문타나의 문화경관(Cultural Landscape of the Serra de Tramuntana: 문화, 2011):

마요르카(Mallorca) 섬 서북해안과 평행선으로 뻗어 나온 산맥의 가파른 경사면에 위치한 세라 대 트라문타나의 문화 경관은 천년 이상 척박한 자연환경에 적응한 결과 주위의 지형을 바꾸어 놓았다. 그리고 이곳 주민들은 중세시대부터 기원한 경작지 주위를 감아 흘어내리도록 물줄기를 인위적으로 배치하여 관리하고 있다. 그리고 계단식 농경지와 서로 서로 연결된 물줄기 사이사이에 배치해 놓은 물레방아, 돌을 쌓아 지은 집과 농장들이 이곳 문화 경관을 조화시켜주고 있다.

41. 알마덴과 이드리쟈의 수은광산 문화유산(Heritage of Mercury Almadén and Idrija: 문화, 2012):

스페인 시우다드 레알(Ciudad Real)의 알마덴과 슬로베니아 고르스카(Goriška region)의 이드리쟈(Idrija, 이탈리아 독일어로 Idria임) 수은광산 문화유산은 고대부터 수은이 나온 알마덴과 서기 1490년 수은이 처음 발견된 이드리쟈의 광산지구이다. 스페인 쪽의 문화유산은 광산의 역사를 알려주는 레트마 성(Retamar Castle), 종교적 건물(성당)과 전통적 가옥이다. 이드리쟈의 문화유산은 수은 저장고와 부대시설, 광부들의 숙소와 극장을 포함한다. 이 유산들은 유럽과 아메리카 대륙 사이 수 세기 간 중요한 교역을 발생시켰던 '대륙 간 수은 교역'에 대한 증거들이다. 이 두 문화유산은 세계에서 가장 규모가 큰 수은광산을 대표하며 최근 까지도 작업이 활발했다.

42. 멩가의 집단묘(The Dolmen of Menga, megalithic burial mound called a tumulus, a long barrow form of dolmen: 문화, 2016):

유럽 거석문화 중 최대 규모의 집단묘(collective tomb/megalthic grave/long barrow) 중 羨道(널길)가 있는 묘(passage grave 또는 access passage)의 형식으로 스페인 남쪽 Andalusia 자치주의 일부인 말라가(Málaga)주 안테퀘라(Antequera)시 근처에 위치하며 그 범위는 길이 25m×폭 5m, 높이 4m에 이르는데 그 안에 32개의 거석으로 석실을 형성하고 있는데 가장 큰 돌은 180-200톤에 이른다. 당시 그곳의 지배가족의 것으로 추정되는 집단묘가 만들어진 후 중앙 한 가운데에 이르는 연도(널길, passage, entrance corridor)를 만들고 전체 석실은 흙으로 덮어 封土墳(tumulus, a long barrow form of dolmen)을 형성하였다. 근처에는 또다른 집단묘인 비에라 집단묘(Viera Dolmen)가 위치한다. 서기 1842-서기 1847년 미트하나(Rafael de Mitjana)가 이 집단묘가 발굴·조사할 때 그 안에서 수백구의 인골을 발견하였다. 멩가 집단묘의 연대는 기원전 3500년-기원전 3000년경, 비에라 집단묘는 멩가보다 500년이 늦은 기원전 2500년으로 추정된다. 이들 집단묘는 이와 같은 집단묘는 신석기시대-금석병용기시대(Chalcolithic, Copper Age, Eneolithic, Aneolithic age)에 비옥한 과달호르체 계곡(Guadalhorce valley)에 살던 농경인들로 여겨진다.

영국의 Maes Howe Chambered Barrow와 아일랜드의 Newgrange, eath, Haroldtown, Punchtown, Knowth(보인궁/Brú na Bóinne/Palace of the Boyne)에서 보인다.

유럽의 거석문화에는 지석묘(고인돌, dolmen), 입석(선돌, menhir), 환상열석(stone circle, 영국의 Stonehenge가 대표), 열석(alignment, 프랑스의 Carnac이 대표)과 집단묘[가. 羨道〈널길〉가 있는 묘 passage grave(또는 access passage, 영국의 Maes Howe Chambered Barrow가 대표적임), 나. 연도가 없는 묘 gallery grave, 또는 allée couverte]의 크게 5종 여섯 가지 형태가 나타난다. 이들 거석문화의 대표적 예들은 영국의 에이브버리 스톤헨지(Avebury Stonehenge)와 콘월 포트홀(Cornwall Porthole, Men-An-Tol, the Crick Stone), 스웨덴의 선더홀름(Sonderholm), 스페인의 로스 미야레스(Los Millares), 英연방인 고조(Gozo) 섬의 간티자(Gian Tija/Ġgantija/giant tower란 의미로 갠티에/쥬갠티제로 발음함)의 청동기시대의 두 개 사원, 말타(Malta, 몰타) 섬의 Hagar Quim(Hagar Quimand), 므나지드라(Mnajidra)와 타르시엔(Tarxien) 사원, 프랑스 Brittany의 Carnac, Locmariaquer, Morbihan, Dissignac, Gavrinis와 아일랜드의 Newgrange, Meath, Haroldtown, Punchtown, Knowth(보인궁/Brú na Bóinne/Palace of the Boyne)등이다. 특히 말타(Malta, 몰타)와 이웃 고조(Gozo) 섬에는 다른 곳들의 거석문화와는 달리 특이한 3-6葉型의 반원형/抹角의 회랑(curved end as an apse)들을 가진 사원(temple)이 24개소나 있으며, 이들은 기원

전 3500년-기원전 2500년에 속한다. 이들은 유럽의 거석문화를 연구하는 학자들로부터 거석문화의 하나로 불린다. 또 이들 사원들은 Minorca(Menorca), Majorca와 Ibiza 섬이 포함되는 스페인령 발레아레스 제도(Balearic islands)의 기원전 2000년경의 딸라요트(Talayot) 문화의 거석으로 축조된 사원들과도 비교된다.

43. 메디나 아자하라의 칼리프 시(Caliphate City of Medina Azahara: 문화, 2018):

메디나 아자하라의 칼리프 시는 서기 10세기 중반 북아프리카 이슬람의 이베리아(Islamic Iberia)에 있는 국가로 코르도바(Córdoba)는 우마이야 칼리파조(Umayyad dynasty)의 수도였다. 메디나 아자하라는 서기 929년부터 서기 1031년 까지 광대하고 요새화한 아랍 무스림 중세의 궁전으로 코르도바 우마이야 칼리파조의 첫 번째 칼리프(이슬람 국가 의 지도자·최고 종교 권위자의 칭호)인 아브드-아르-라만 3세(Abd-ar-Rahman III, 서기 912년-서기 961년)에 의해 건설되었다. 이 수도는 수년간의 번영 후 서기 1009년-서기 1010년 내란으로 인해 폐기되었다. 이 유적은 서기 20세기 유적의 재조사가 이루어지기까지 천여 년 간 잊혀졌다. 이 도시에는 도로, 다리, 수로체계, 장식요소와 일상 접하는 시설들과 같은 도시의 하부구조가 조화를 잘 이루고 있다. 이 도시는 지금은 사라진 가장 번성하던 서구 이스람 문명인 알안다루스(Al-Andalus)를 심도 있게 이해하는데 도움을 준다.

44. 리스코 카이도와 신비한 산의 문화경관(Risco Caido and the Sacred Mountains of Gran Canaria Cultural Landscape: 문화, 2019):

스페인 카나리아 제도에 위치한 그란 카나리아 섬(Gran Canaria)의 중심에 펼쳐진 광범위한 산에 위치하는 리스코 카이도(Risco Caído)는 절벽, 작은 골짜기, 화산으로 생물 다양성이 풍부한의 자연경관을 형성한다. 자연 경관에서 동굴 속에 사는 사람들(穴居人)의 집자리, 창고, 물탱크(水曹)들이 많이 발견되는데 이들은 이 섬에 스페인 사람들이 살기 이전의 문화(pre-Hispanic culture)가 존재해 있었던 증거가 된다. 북아프리카 베르베르족(Berbers)들이 서기 1세기 전후 소규모로 이 섬에 들어와서 살았고 서기 15세기 스페인 거주자들이 들어올 때가지 계속되었다. 혈거인들은 계절적으로 치루는 제사와 의식을 위한 움푹이 패인 제사 터, 리스코 카이도와 로퀴에 벤타이가(Risco Caido and Roque Bentayga)의 두 곳에서 그들의 신성한 사원(almogarenes)이 확인되는데 이 사원은 대지의 여신(Mother Earth)이라 불리 우는 별에 대한 숭배와 관련이 있는 것으로 추정된다.

슬로바키아 SLOVAK REPUBLIC

1. 반스카 스티아브니차(Banská Štiavnica: 문화, 1993):

　수세기 동안 뛰어난 기술자들 이 반스카 비스트릭(Banská Bystric)의 반스카 스티아브니차 도시를 방문할 정도로 이곳은 야금술 산업 및 광산에 관련된 주요 유적을 간직한 도시로 중세시대 銀鑛을 기반으로 커왔고 르네상스 시대의 궁전, 서기 16세기의 교회, 광장과 성이 그대로 남아있다. 이 도시 주변에는 金·銀鑛과 冶金을 하던 관련 유적으로 둘러싸여 있다. 이 도시는 서기 1156년 중세시대 은과 금의 산지로서 'terra banensium'(the land of miners)로 불리 우고 서기 1238년 항가리 왕국의 왕립의 첫 번째 도시가 되었다. 古城(Starý zámok), 新

城(Nozý zámok), 시청, Glanzenburg 광산 등이 있다.

2. 블콜리넥 전통건축물 보존지구(Vlkolínec: 문화, 1993):

슬로바키아 중부 루좀베로크(Ružomberok)에 위치한 유럽 중부의 전통 민속마을로 산간지방에나 있을 45채의 통나무집이 그대로 보존되어 있으며 통나무집 외벽에는 이 지방 전통의 특색있는 문양으로 장식하고 있다. 이 마을에 대한 기록은 서기 1376년부터 있어 왔고 서기 1882년에는 루좀베로크로 바뀌었다.

3. 레보차, 스피시키 흐라드 문화기념물 군(Levča, Spišský Hrad and its Associated Cultural Monuments: 문화, 1993/2009 확대지정):

석회암지대 위에 방어목적으로 세워졌으나 서기 1780년 불타버린 스피시키 흐라드(Spišský Hrad, 스피슈성/Spis castle)는 서기 13세기 동부유럽의 가장 큰 군사적, 정치적, 종교적 건축물 군 밀집지대로 후에 많이 변질된 로마네스크와 고딕 양식의 건물이 그대로 남아있다. 이 요새 안에 서기 13세기-서기 14세기에 만들어진 역사적으로 중요한 레보차 마을이 있다. 이곳에는 서기 1510년 匠人 폴(Master Paul)이 만든 18.6m나 되는 제단을 포함하여 서기 15세기-서기 16세기 多彩畵로 제작된 말기 고딕양식의 제단이 있는 성 제임스(St.

슬로바키아 철기시대 초기-로마시대(기원전 3세기경-기원전 1세기경)의 요새화된 두초베(Ducové) 성채(필자 촬영)

James) 교회(서기 14세기)가 남아있다. 주위의 성과 같은 시기에 형성된 스피스케포드라디(Spisske Podhradie)의 마을 중심, 스피스카 카피툴라(the Spisska Kapitula)의 종교적 복합 건물 단지, 제라(Zehra)에 있는 聖靈(the Holy Spirit) 교회가 있다. 이번 확대지정에는 요새 안에서 발견된 서기 13세기-서기 14세기 레보차 역사지구가 추가되었다.

4. 바르데조프 도시보존지구(Bardejov Town Conservation Reserve: 문화, 2000):

프레소프(Prešov) 지구 바르데조프 도시보존지구는 발틱 해와 흑해를 연결하는 중세 중부유럽의 무역로에 위치한 도시로 요새화된 도시화의 과정을 보여주고 있다. 이 도시는 서기 13세기부터 언급되어 왔다. 이곳은 원래의 도시계획 그대로 남아있으며 그 안에는 고딕 양식으로 만들어진 성 에기디우스(St. Egidius) 교회, 시청과 수십 채의 주민들의 가옥과 서기 18세기 지어진 유대교의 교회(the Great Synagogue)도 잘 보존되어 있다.

5. 카르파티안 산 슬로박 지구 목조교회(Wooden Churches of the Slovak part of Carpathian Mountain Area: 문화, 2008):

이곳의 목조 교회는 서기 16세기-서기 18세기에 지어진 2개의 로마가톨릭 성당, 3개의 그리스 正敎會이다. 이들은 라틴과 비잔틴 문화를 가진 종교적인 목조건물로 지방 전통양식도 가미되어 있다. 이들은 종교적 의식 절차에 따라 만들어지는 바닥의 평면, 내부 공간, 외부의 구체적인 지리적·문화적 맥락에 대한 세세한 해석과 적응에 대한 증거도 포함하고 있다. 내부는 벽, 천장, 문화의 의미를 풍부하게 하는 다른 작품들도 장식되어 있다. 교회 내에는 교회보다 좀 더 오래된 서기 15세기-서기 16세기에 그려진 聖畵들도 잘 보존되어 있다. 세계 문화유산으로 등재된 교회는 Hervartov(서기 15세기 후반), Tvrdošin(서기 15세기 후반), Kežmarok(서기 1717년), Leštiny(서기 1688년), Hronsek(서기 1726년, 교회와 종탑), Bodruzal, Ladomirová(서기 1712년), Ruská Bystrá(서기 18세기 초)이다.

6. 로마제국의 변경(Frontiers of the Roman Empire: 문화, 2019):

→ 오스트리아 9항 참조할 것

슬로베니아 SLOVENIA

1. 알마덴과 이드리쟈의 수은광산 문화유산(Heritage of Mercury Almadén and Idrija: 문화, 2012):

스페인 시우다드 레알(Ciudad Real)의 알마덴과 슬로베니아고르스카(Goriška region)의 이드리쟈(Idrija, 이탈리아 독일어로 Idria임) 수은광산 문화유산은 고대부터 수은이 나온 알마덴과 서기 1490년 수은이 처음 발견된 이드리쟈의 광산지구이다. 스페인 쪽의 문화유산은 광산의 역사를 알려주는 레트마 성(Retamar Castle), 종교적 건물(성당)과 전통적 가옥이다. 이드리쟈의 문화유산은 수은 저장고와 부대시설, 광부들의 숙소와 극장을 포함한다. 이 유산들은 유럽과 아메리카대륙 사이 수 세기 간 중요한 교역을 발생시켰던 '대륙 간 수은 교역'에 대한 증거들이다. 이 두 문화유산은 세계에서 가장 규모가 큰 수은광산을 대표하며 최근까지도 작업이 활발했었다.

시리아 SYRIAN ARAB REP.

1. 다마스커스 구시가지(Ancient City of Damascus: 문화, 1979):

기원전 6300년경 다마스커스 교외 텔 라마드(Tell Ramad)에 처음으로 사람이 살기 시작한 이래 기원전 2000년경에는 이곳에 대규모의 취락지가 형성되었다. 서기 661년-서기 750년에는 우마야드 칼리프(Umayyad Caliphate)의 수도였다. 세계에서 가장 오래된 도시로 구약성서 창세기(14:14, War of the Kings)의 언급을 비롯하여 아브라함, 모세, 카인과 아벨, 그리고 신약성서의 바울(사도행전 9:11, 직가라는 거리에서 다소 사람 사울이 언급됨)과도 관련이 있다. 기원전 37년 로마황제 칼리귤라(Caligula)의 칙령으로 나바테안 왕국의 아레타스(Aretas) IV세[요르단의 페트라(Petra, 기원전 100년-서기 100년경의 나바테안(Nabataean) 왕국의 아레타스(Aretas) 4세가 축조한 王陵/靈廟를 포함) 이 페트라의 바테안 왕국은 사막지대의 샤라 산맥에 자리 잡고 풍부한 지하 수맥의 개발로 향로와 몰약(myrrh, 沒藥) 등의 무역중심지가 되었으나 서기 3세기-서기 4세기 이후에는 비잔틴 제국(동로마 제국)에 복속되었다가 서기 7세기 후반 지진으로 멸망한 것 같다.]의 지배하에 두도록 하고 나바테안은 서기 106년 로마에 의해 망했다. 수도인 다마스커스 성채(The citadel of Damascus)는 구시가의 동북쪽 구석에 위치하며, Straight라 불리는 로마시대 다마스커스의 중심 거리는 비아 렉타(Via Recta)로 알려져 있으며 길이는 약 1,500m에 이른다. 오늘날이 거리는 바브 사르키(Bab Sharqi/eastern gate) 거리와 소크 메다트 파샤(Souk Medhat Pasha, covered market)의 둘로 이루어져 있는데 전자의 바브 사르키 거리는 조그만 가게들을 지나 성토마스 문(Christian quarter of Bab Tuma/Touma, St. Thomas Gate) 구역에 이르며 이 길의 끝자락에 아나니아스의 지하창고인 지하 예배당(House of Ananias)과 만나게 된다. 그리고 오스만 투르크제국[서기 1299년-서기 1922년 오스만 투르크(Ottoman/Othman Empire, Osman Turk)] 시절 이곳 주지사였던 메다트 파샤의 이름을 따 지은 후자인소크 메다트 파샤 거리는 덮개가 쳐진 중요 시장을 형성하고 있다. 세계 최대 모스크 중의 하나인 우마야드 모스크(Umayyad Mosque/Grand Mosque)는 로마와 이스람 건축양식의 혼합으로 이 사원에는 세례 요한(John the Baptist)의 머리가 묻혀 있다고 전하기도 한다. 이곳은 향신료, 몰약과 모직물의 교환이 주로 이루어진 종교와 경제의 중심지였다.

2. 보스라 구시가지(Ancient City of Bosra: 문화, 1980):

시리아와 요르단의 국경지대에 위치. 서기 2세기에 건립된 로마 수도(Niatrojana Bosra)로 그중에는 로마의 원형극장(37열의 15,000석)이 가장 보존이 잘 되어 있어 오늘날에도 무대로 이용되고 있다. 서기 632년 이스람에 함락당한 최초의 비잔틴 제국의 도시였다. 보스라란 말이 요새를 의미하듯이 우마이야 왕조 때에는 방어시설로 이 극장 둘레에는 요새화 되어 있으며 저수조로 이용되기도 하였다. 이곳은 다마스커스와 메카를 잇는 무역로와 순례길의 중심지였다. 극장 근처에 초기 교회 터, 로마시대의 목욕탕, 온천과 나바테안 왕국의 궁터도 남아있다.

3. 팔미라 유적(Site of Palmyra: 문화, 1980):

'대추야자의 마을'이란 뜻의 팔미라유적은 다마스커스 북동 215km에 위치하는 서기 1세기-서기 2세기의 비단길 길목의 중요한 오아시스 도시로 로마시대 동쪽 변경에 해당한다. 시리아 사막의 오아시스로 인도·파키스탄과 로마와 교역의 요충지로서 고대세계의 중요한 문화 중심지의 유적들이 많이 남아있다. 서기 1세기-서기 2세기의 팔미라의 건축과 예술은 문명의 교차로에 위치하면서 그레코-로만(기원전 146년-서기 14년), 페르시아와 지방양식을 받아들여 이루어진 것이다.

　로마가 팔미라 침공한 후 팔미라는 번영을 했고 종려나무의 도시로 되었다. 팔미라유적의 경우 서기 217년 칼카카라(Caracalla, 서기 188년 4월 4일-서기 217년 4월 8일) 황제 때 로마의 식민지가 되었고 팔미라 제노비아 여왕(Queen Zenobia, 서기 240년-서기 274년)이 로마에 항거하다가 서기 273년 로마의 디오클레티안(Diocletian) 황제의 공격을 받아 폐허화 되었다. 그래도 현재 개선문, 바알샤민(Baalshamin, Ba'al Šamem)신전(The Temple of Baalshamin), 벨 신전(The Temple of Bel), 1,100m에 이르는 열주(列柱, 코린트식 높이 9.5m), 이 열주의 거리 두 번째 축을 이루는 4개의 기둥으로 이루어진 독립된 건물을 네 구석에 배치하여 이 거리를 지나는 문으로 만든 테트라프리온(Tetrapylon, 4 columns), 도로, 아고라(광장, 48×71m), 원래의 모습대로 거의 완벽하게 남아있는 극장, 목욕탕, 제노비아 왕비의 명문 등의 로마시대 건물의 흔적이 많이 남아 있다. 당시 로마 제국의 영토는 서쪽으로 아그리 콜라(Gnaeus Julius Agricola) 장군(서기 40년 6월 13일-서기 93년 8월 23일, 서기 78년-서기 84년 브리타니아 총독)에 의한 브리타니아 섬의 정복이 완료되고, 하드리아누스 황제에 의해 만들어진 스코틀랜드의 빈돌란다 요새(Hadrianus Wall, 서기 117년-서기 138년), 그리고 동쪽으로 요르단의 페트라[Petra, 기원전 100년-서기 100년경의 나바테안(Nabataean) 왕국], 바쉬르성, 시리아의 팔미라(Palmyra)까지 이르게 되었다. 서기 2015년 8월 23일과 27일 극단주의 무장단체 이스람 국가(IS, the Islamic State)와 수니 무스림 집단The Sunni Muslim group)이 이곳의 바알샤민(Baakshamin)과 벨 신전을 폭파하였다. 그리고 서기 2016년 3월 27일 이스람 국가(IS)에 의해 10개월 동안 점령당했던 팔미라유적이 언론에 공개되었는데 동상과 사원, 건축물 등 상당수가 파괴되었으며 특히 벨 신전은 형태를 알아볼 수 없을 정도로 변했다.

4. 알레포 구시가지(Ancient city of Aleppo: 문화, 1986):

기원전 2000년 이래 다양한 무역로의 교차지점에 위치한 알레포 무역도시는 그 중요성 때문에 힛타이트, 앗시리아, 아랍, 몽골, 마멜루크(Mameluk Sultanate, 서기 1250년-서기 1517년), 오스만 투르크(서기 1299년-서기 1922년)의 침공과 지배를 받아왔다. 여기에는 서기 12세기-서기 17세기의 도시 건축물들이 서로 긴밀하게 연결되어 있으며, 서기 13세기의 요새, 서기 12세기의 대사원과 여러 개의 교육기관, 隊商을 위한 숙소, 목욕탕 등이 남아있다.

5. 기사의 성채와 살라딘의 요새(Crac des Chevaliers and Qal'at Salah El-Din: 문화, 2006):

'기사의 성채'와 '살라딘의 요새'의 두 성은 십자군 원정시대(서기 11세기-서기 13세기)동안 근동지방에서 요새건축의 영향과 진화·발전을 설명하는 중요한 자료이다. 기사의 성채는 서기 1031년에 만들어진 성을 서기 1142년-서기 1271년 예루살렘 성 요한 자선단체교단에서 다시 지은 것으로 서기 13세기 말 술탄 마멜루크(Mameluk Sultanate, 서기 1250년-서기 1517년)에 의해 추가건설이 이루어졌다. 이 성은 십자군의 성 중 가장 잘 보존되어 있다. 살라딘의 요새는 일부 허물어졌지만 건축술에서 서기 10세기의 비잔틴, 12세기의 프랑크, 서기 12세기-서기 13세기의 아유드(Ayyud) 왕조의 축성술이 모두 모여 있기 때문에 축성술의 역사적 선후를 따지는데 중요하다.

6. 시리아 북부 고대마을(Ancient Villages of Northern Syria: 문화, 2011):

시리아 서북부 하마(Hama) 시로부터 북쪽으로 약 65km 떨어진 8개 지점에 모여 있는 40여 개의 마을들(12,290ha)은 고대와 비잔틴 시대의 전원생활의 증거로 죽은 도시(Dead Cities)라는 세리질라(Serjilla, Sarjilla) 의 이름을 갖고 있다. 서기 1세기–서기 7세기 사이에 형성된 이 마을 은 서기 8세기–서기 10세기 사이에 버려졌으나 당시의 가옥, 이교도 의 사원, 교회(church of Simen Stykites), 물탱크, 목욕탕 등이 잘 남아있 다. 주변의 문화경관과 남아있는 유적들은 로마제국시대부터 비잔틴 기독교시대에 이르는 이교도 신앙세계의 변천 모습을 잘 보여준다. 또 물 관리 기술, 방어 벽,로마시대 농경지의 구획과 배치 등에서 이 곳에 살던 주민들의 농산물 생산에 대한 숙달된 모습도 알 수 있다.

싱가포르(新加坡) SINGGAPORE

1. 싱가포르 식물원(Singapore Botanical Gardens: 문화: 2015):

싱가포르 중심부에 자리 잡고 있는 식물원은 영국 열대식물원으로 보호관리와 교육이 근대 세계의 정상급이다. 문화경관은 서기 1859 년에 설립된 이후 지금까지의 식물원의 발전을 보여주는 다양한 역 사적 모습, 조림과 건물을 포함한다. 지금까지 이 식물원은 특히 서 기 1875년 이래 동남아에서 고무나무의 재배와 관련된 과학, 연구와 보호에서 중심역할을 해왔다.

아랍 에미리트 UNITED ARAB EMIRATES

1. 알아민의 문화유적(The Cultural Sites of Al Amin; Hafit, Hili, Bidaa Bint Saud and Oases Areas: 문화, 2011):

하피, 힐리, 비다 빈트 사우드와 오아시스 아레아스 지역은 신석기 시대 이래 사람이 살던 흔적과 함께 이후에도 계속 사람들이 살아왔던 곳이다. 이곳에는 기원전 2500년경의 원형의 돌무덤, 주거건물, 우물, 탑, 궁전과 행정건물들이 발견되었다. 특히 힐리 지역에는 철기시대까지 거슬러 올라가는 오만의 아플라지 관개시설(Aflaj Irrigation Systems of Oman: 문화, 2006)도 존재한다. 이러한 유적들은 수렵·채집 사회에서 정착생활에의 이행을 보여준다.

아르메니아 ARMENIA

1. 하흐파트와 사나힌 수도원(Monastery of Haghpat/Haghpatavank and Sanahin: 문화, 1996/2000년 확대지정):

키우리키아(Kiurikian) 왕조(서기 10세기-서기 13세기)가 번영하던 시기 투마니아(Tumania) 지구, 데베드(Debed) 계곡 지역의 비잔틴 양식으로 지어진 두 수도원은 중세시대 종교 건축의 걸작뿐만 아니라 배움의 중심지였다. 사나힌 수도원은 조명(반사경)과 서예(사본 필적)로 잘 알려진 학교였다. 하흐파트 수도원은 서기 10세기경 아바스(Abas) I세 왕 때 성 니산(Saint Nishan, Sourb Nshan)에 의해 창건 되었고, 근처의 사나힌 수도원도 비슷한 시기에 만들어졌다. 이 수도원들은 비잔틴 절충적인 건축과 코카서스 전통적 지방양식의 요소로부터 발전한 아르메니아의 특이한 종교적 건축물의 전성기를 보여준다. 종탑과 입구가 예술적으로 만들어졌다.

2. 게하르트의 수도원과 아자 계곡(The Monastery of Geghard and the Upper Azat Valley: 문화, 2000):

십자가에 못 박힌 예수와 관련 있는 창을 소유하고 있다는 전설로 아르메니아어로 창(lance/spear)을 의미하는 게하르트란 이름의 수도원은 기원은 서기 4세기까지 올라간다고 하지만 이곳은 서기 13세기 중세시대 수도원으로 대부분 바위를 깎고 들어간 여러 개의 교회와 무덤을 포함한다. 이 수도원은 아자 계곡을 둘러싸고 있는 절벽의 아름다운 주위 경관과 잘 어울린다. 이곳에는 지마툰(Jamatun/첫 번째의 바위를 깎아 만든 방, 서기 1238년), 게하르트 수도원의 입구(서기 12세기-서기 13세기), 祭服室/부속실(gavit, 서기 1215년-서기 1225년), 프로시카바키안(Prosh Khaghbakian) 태자의 무덤(서기 1238년) 등이 있다.

3. 에크미아친 교회와 쯔바르트노츠의 고고유적(The Cathedral and Churches of Echmiatsin and the Archaeological Site of Zvartnots: 문화, 2000):

아르마비르(Armavir) 지역의 에크미아친과 쯔바르트노츠의 두 교회는 순차적으로 지어져 아르메니아의 십자 형태로 배열된 4개의 돔 지붕(central-domed cross-hall) 양식의 선후를 알 수 있는 元型이며 이들은 근처 지역의 교회건물에 많은 영향을 끼쳤다. 아르메니아 성당 중심에 서 있는 에크미아친 교회는 서기 480년에, 쯔바르트노츠 교회는 서기 641년-서기 643년에 지어졌으며 앞서 지어진 에크미아친 교회의 위용을 누르기 위함이었다. 그리고 이 교회와 주위 고고유적으로의 건물터들은 가토릭코스 네르세스 III세(Chatholicos Nerses, Nerses the Builder, 서기 641년-서기 653년)의 신전과 궁전을 형성하고 있으며, 여기에서 발굴된 교회 건물의 石材로 보아 그는 시리아와 비잔틴의 건축을 알았을 것으로 짐작된다.

아르헨티나 ARGENTINA

1. 리오 핀투라스 동굴벽화(The Cueva de las Manos, Rio Pinturas: 문화, 1999):

페리토 모레노(Perito Moreno) 시에서 남쪽으로 163km 떨어진 산타 쿠루즈 주 프란시스코 모레노 국립공원(Francisco P. Moreno National Park) 옆에 위치하는 리오 핀투라스 동굴은 고고학과 고생물학 상 중요하다. 동굴의 벽화에는 신대륙 고고학 편년 상 13,000년-9,500년 전 남미의 고고학 편년 상 石期(Lithic)에 속하며 여기에는 특이한 그림이 많다. 특히 인간의 손(手印)그림이 많고, 그 외에 이 그림이 그려진 수렵-채집인들의 활동시기와 현재도 근처에서 흔히 보이는 야마(guanacos, Lamaguanicoe)와 사냥의 그림이 많다. 그래서 이 동굴도 '손의 동굴(Cave of Hands)'이라고 부른다. 손을 벽면에 대고 그 위에 광물안료를 입이나 파이프로 불거나 뱉어내 채색해 그린 벽화 프랑스 라스코 동굴벽화(기원전 15000년-기원전 14500년)와 수법이 유사하다. 주 동굴은 깊이가 24m에 이른다. 그리고 이 그림을 그린 주인공은 서기 19세기 유럽으로부터 온 정착민들에 의해 발견된 파타고니아(Patagonia) 또는 토착원주민인 테우엘체(Tehuelches)인들의 조상일 가능성이 많다.

2. 코르도바의 예수회 회원(수사)의 유적(The Jesuit Block and the Jesuit Estancias of Córdoba: 문화, 2000):

IHS(Iesous, Jesus)로 대표되는 이전의 파라과이 예수교구의 코르도바 예수회단(former Jesuit Province of Paraguay)은 선교활동, 종교 교육으로서 대학설립(서기 1613년), 본당교회, 예수회의 안식처 등의 중심건물과 5군데 집단농장(estancias, farming estate)을 거느리며 서기 1604년-서기 1767년 사이의 150년간 남미에서 독특한 종교·사회·경제적 실험을 하였다. 이곳의 폐쇄는 이그네이셔스 로욜라가 만든 예수회 회원의 세력과 영향이 강해지면서 스페인 왕과 교황청 교황의 눈 밖에 난 때문으로 설명된다. 여기에는 Jesuit block Córdoba와 5개의 집단농장(Estancia of Alta Gracia, Jesús Maria, Santa Catalina, Caroya와 La Candelaria)이 있다.

3. 우마우카 협곡(Quebrada de Humahuaca: 2003, 문화):

아르헨티나 북서쪽 후이우이(Juyuy) 주에 위치한 좁은 우마우카 협곡(Quebrada는 끊어진 깊은 계곡 또는 협곡을 의미)은 안데스 고원의 춥고 높은 사막과 같은 고원에서 리오 그란데(Rio Grande)의 계곡을 따라 남쪽 리오 레오네(Rio Leone)까지 150km에 달하는 '잉카의 길'(Camino Inca)의 통로로 과거 10,000년 전의 수렵-채집인에서 잉카(서기 1438년-서기 1532년 11월 16일)를 거쳐 스페인으로부터 아르헨티나의 독립(서기 1816년 7월 9일)까지 중요한 무역로 겸 경제·사회·문화적 통로로 사용되어왔다.

4. 쿠하파크 난 안데스 도로체계(Qhapaq Ñan, Andean Road System: 문화, 2014):

위대한 잉카의 길, 안데스 幹線道路, 아름다운 길이라는 의미를 지닌 쿠하파크 난 안데스 도로체계(網)는 현재 아르헨티나, 볼리비아, 칠레, 콜롬비아, 에콰도르, 페루의 6개국을 포함하는 30,000km에 달하는 광범위한 잉카제국(서기 1438년-서기 1532년 11월 16일 멸망)의 통신, 무역과 방어체계로 잉카에 앞선 여러 나라들이 구축한 일부 도로망들을 이용해 잉카제국이 수세기 동안 새롭게 통합·보완한 해발 6,000m의 안데스산맥의 눈 덮인 산길에서부터 열대삼림, 비옥한 계곡과 황량한 사막을 가로질러 해안가 까지 여러 다양한 지형을 망라한 세계에서 유례를 찾아 볼 수 없는 극적인 도로망이다. 이 길은 서기 15세기안데스 산맥을 가로지르면서 가장 크게 확대되었다. 쿠하파크 난 안데스 도로망은 6,000km이상의 길에 273개소 驛站과 같은 관계유적을 남기고 있다. 이들은 무역과 숙박시설, 창고, 종교·제사 신전으로 잉카제국의 뛰어난 사회, 정치, 기술을 보여준다.

잉카 도로망은 콜럼버스가 남미에 들어오기 전 가장 광범위하고 매우 발달된 교통체계이다. 도로를 건설하는데 많은 시간과 노력을 들어 잘 만들었는데 400년간의 이 용에도 불구하고 아직도 상태가 무척 좋다. 도로망은 북-남의 幹線道路와 중간에 支線道路網이 뻗어있다. 가장 잘 알려진 도로는 마추피추(Machu Picchu)로 가는 길이다. 잉카제국에 앞서 난 길은 주로 와리(Wari, 서기 500년-서기 1000년) 제국 시절에 만들어진 것이며, 스페인의 식민지 시절에 만들어진 것은 왕립도로/王道(El Camino Real, The Royal Road, The King's Highway)라고 불리 운다.

간선도로인 동쪽 루트는 에콰도르 퀴토(Quito)에서 아르헨티나 멘도자(Mendoza)까지 고원의 춥고 건조한 초원지대(puna grasslands)와 산간 계곡을 지난다. 서쪽 루트는 연안의 평지를 따라가지만 산록을 끼고 있는 연안의 사막지대는 지나지 않는다. 20개도 넘는 지선도로가 서쪽 산간을 달리지만 또 다른 길은 큰 산맥과 저지대를 횡단한다. 몇 개의 루트는 해발 5,000m의 고원지대를 지난다. 퀴토의 북쪽 수도 로부터 잉카제국에 연결되는 길은 오늘날 남쪽 칠레의 산티아고(Santiago)시를 지난다. 잉카의 도로망은 서로 연결되어 40,000km의 길이가 되고 지역도 3,000,000m²의 넓이가 된다. 해발 500m-800m 사이에 위치하는 폭 20m의 기념물과 같은 이 간선도로는 사람이 밀집한 행정중심지, 농경과 광산지대, 종교·제사의 신전과도 연결된다. 잉카의 길은 규모, 건설, 외관이 서로 다르나 대부분 폭이 1m-4m이다. 이는 도로망의 일부는 앞선 와리 제국에 의해 건설되었으나 잉카제국에서 전통적인 길에 대한 독점권을 행사한 결과이다. 이외에 새로 만들어진 부분은 칠레의 아타카마(Atacama)사막과 티티카카(Titi-caca)호수의 서쪽을 지나는 길이다. 잉카는 안데스 산맥을 지나는 길을 만드는데 가파른 경사에서는 돌계단을 쌓고 사막지대에서는 길에 모래가 밀려드는 것을 방지하는 얕은 담을 쌓는 등 기술을 발휘하여 어려움을 극복하였다.

쿠하파크 난 안데스 간선도로는 안데스 산맥의 脊稜을 따라 6,000km에 달하며 잉카제국의 북-남쪽을 잇는 고속도로로 잘 조직된 정치권력을 통해 크고 이질적인 제국을 통합하고 또 제국을 통치하고 쿠스코에서 도움이 필요한 지역으로 군사를 보내는데 도움을 주었다. 스페인 식민지에서는 5,200km의 왕립도로를 건설하였는데, 이 길은 에코도르 퀴토에서 시작하여 쿠스코를 지나 아르헨티나 투크만(Tucumán)에 이르렀는데 해발 5,000m의 안데스 산록을 횡단하였다. 4,000km의 연안의 길(El Camino de la Costa, the coastal trail)은 바다와 평행되게 건설되었으며 지선도로를 많이 만들어 왕립도로와 연결시켰다.

이 간선도로들은 사람의 이동을 포함하여 물자의 운반, 군사적, 종교적인 목적도 있었다. 운송에는 하루에 240km를 달리며 메시지를 전달하는 차스키(운송인, chasqui)와 물건을 운반하는 야마가 이용되었다. 무역에는 잉카제국 내의 정치적 결속을 위해 길과 다리가 필수적이다. 물자의 수송과 재분배를 포함하는 무역은 산간지방의 잉카가 바닷가의 식민지를 지배하는 수직적 지배(vertical archipelago, vertical control)를 통해 가능하였다. 이 길은 시민, 군사적 소통, 개인의 이동, 물류의 운송을 쉽고 빠르게 처리해주었으며 공무나 통행허가증을 소지한 군사, 메신저, 야마를 모는 隊商들이 주요 이용자였다. 길 옆에는 장기 저장을 위한 식량창고(Qollcas)도 있었다. 예를 들어 우아누코 팜파(Huánuco Pampa)는 면적이 37,100m³이고 여기에는 12,000명-15,000명의 사람을 먹일 충분한 식량이 저장되어 있었다. 잉카에서 산은 숭배대상이고 여기에 많은 儀式이 있어 산간지대의 길옆이나 길 가까이에는 제케(Zeq'e)체계의 일환으로 와카(wak'a)라는 예배를 볼 수 있는 신전이 있었다. 계곡을 잇는 다리는 갈대를 엮어 만든 浮橋로 쿠즈코의 아푸리막 강(Apurímaciver)의 부교는 45m나 되었다. 또 50m의 협곡에는 오로로야(ororoya)라는 바구니가 매달려 있어 물자의 운송에 도움을 주었다.

5. 르 코르뷔지에의 건축활동. 현대화에 뛰어난 공헌(The Architectural Work of Le Corbusier, an Outstanding Contribution to the Modern Movement 문화, 2016):

→ 스위스 8항을 참조할 것

아르헨티나/브라질 ARGENTINA/BRAZIL

1. 과라니족의 예수회 선교단 시설(Jesuit Missions of the Guaranis: 문화, 1983/1984 확대지정):

브라질의 São Miguel das Missõs와 아르헨티나의 San Ignacio Mini, Nuestra Señora de Santa Ana, Nuestra Señora de Loreto, Santa María la Mayor의 5개소의 예수회 선교단 시설 유적은 열대밀림 속 과라니 족들이 살고 있는 땅에 자리 잡고 있다. 모두 서기 17세기-서기 18세기에 만들어진 것으로 각기 다른 설계와 보존 상태를 보이고 있다. 이는 고고학적 조사에서 드러나고 있다. 이들 도시는 서기 1609년에서 서기 1818년 사이에 건설된 것으로 토착민인 과라니 족의 보호와 경제적 안정 이외에 사회·문화·종교에 대한 인식을 높이는데 목적을 두었다. 이러한 선교단은 처음에 30여개가 있었으나 아르헨티나, 브라질과 파라과이의 7개소가 세계문화유산으로 등재되었다. 파라과이의 '트리니다드'와 '타바란게' 예수교 선교단도 아르헨티나나 브라질과 같이 서기 17세기-서기 18세기에 선교활동을 하면서 기독교를 믿는 토착 인디오들인 과라니 족을 모아 조그만 도시와 같은 마을을 형성하였다. 서기 1706년 트리니다드 선교단은 자급자족의 도시를 생각하면서 마을 중앙에 만남의 장소, 광장, 대규모 교회시설, 학교, 여러 가지 工房시설, 박물관, 토착민들의 주거시설 등을 설치하였다. 이웃의 타바란게 예수교 선교단도 서기 1685년에 들어서 비슷한 자급자족의 설비를 갖추었다.

아이티 HAITI

1. 국립역사공원―시터들, 상수시, 라미에르(National Historic Park― Citadel, Sans Souci, and Ramiers: 문화, 1982):

아이티 기념물은 독립을 선언한 서기 19세기 초에 속한다. 산 소 치(San Souci) 궁전, 라미에르(Ramier) 건물 특히 국립역사공원의 요새 (Nationl History Park Citadel, Citadelle Laferrière)는 자유를 쟁취한 흑인노예들에 의해 건설된 것으로서 아이티 자유의 상징물들이다. 산소치 궁전은 앙리 크리스토프(Henri Christophe)로 더 잘 알려진 앙리(Henri) I세 왕의 궁전으로 아이티 독립운동(아이티 노예폭동)에 주역을 한 인물이다. 이 건물은 서기 1810년에 시작하여 서기 1813년에 완공을 보았다. 앙리 크리스토프 요새(Citadelle Henri Christophe)는 산꼭대기에 있으며 프랑스로부터 서기 1804년 독립한 후 세워진 것이다. 이 거대한 석조건축물은 프랑스의 침입을 막고 새로운 독립국가인 아이티를 보호하기 위해 2만 명의 흑인노예들이 서기 1805년에서 서기 1820년 사이에 완성하였다. 이 건물은 서기 1842년과 서기 2010년의 지진에 의해 파괴가 심하다.

아이슬란드 ICELAND

1. 핑(싱)벨리어 국립공원(þingvellir National Park: 문화, 2004):

아이스란드 서남부 레이크야네스 반도와 헹길 화산의 자연간헐천이 활동하고 있는 핑(싱)벨리어(þingvellir/Thingvellir에서 þing은 국회, vellir는 야외/field를 뜻함) 야외 국회는 그곳 아이슬란드인 전체를 대표하는 야외 집회소/국회인 알싱(Alþingi, Althing)이 서기 930년부터 서기 1798년까지 그들의 사회, 정치·경제 등 복잡한 문제를 논의하기 위한 일년에 2주일씩 열렸으며 서기 1928년 야외 국회와 자연을 보존하기 위해 국립공원으로 지정되었다. 이 알싱은 아이슬란드인들에게 역사적으로 오래되고 상징적인 국회로 한때 40,000여 명까지 모이기도 했다. 이곳은 자유민과 정착민 사이에서 나타나는 갈등과 문제를 해소하는 토론장이었다. 현재 돌과 잔디(뗏장)로 지어진 50여 개의 매점/오두막집의 흔적을 확인할 수 있으나 서기 10세기 때 만들어진 것은 지하에 매몰된 것으로 여겨진다. 또 서기 18세기-서기 19세기의 농경의 흔적도 보여주고 있어 이 공원은 과거 1,000여 년간 인간과 자연이 공존해온 증거를 보여주고 있다. 아이슬랜드에의 이주는 서기 874년에 시작되었으며 노르웨이 족장인 인골 푸르 아르나손(Ingólfur Arnarson)이 국회의 초대 의장을 지냈으며 서기 1944년 6월 17일 덴마크의 지배로부터 벗어나 아이슬란드 공화국으로 독립을 하였다.

아일란드 IRELAND

1. 보인 굴곡부의 고고학 유적(Archaeological Ensemble of the Bend of Boyne: 문화,1993):

더블린 북쪽 50km 보인(보인궁/Boyne, Brúna Bóinne, Palace of Boyne) 강둑에 위치한 Newgrange, Knowth와 Dowth의 3개소(780ha)의 신석기시대에 속하는 기원전 3500년-기원전 3200년의 巨石藝術記念物群이며 무덤의 내부는 죽음-부활/재생의 冬至축제와 관련이 있다. 기원전 4500년 전후 세계에서 제일 빠른 거석문화의 발생지로 여겨지는 구라파에서는 지석묘(dolmen), 입석(menhir), 스톤써클(stone circle: 영국의 Stonehenge가 대표), 열석(alignment, 불란서의 Carnac이 대표)과 집단묘(collective tomb) 중 羨道(널길)가 있는 석실분(passage grave, access passage), 연도(널길) 없는 석실분(gallery grave, allée couverte)의 5종 여섯 가지형태가 나타난다. 그런데 이곳에는 노스의 입석, 뉴그렌지의 헨지와 羨道(널길)가 있는 석실분(passage grave, access passage)으로 잘 알려져 있다. 여기에는 Cloghalea Henge, Townleyhall passage grave, Monknewton henge and ritual pond와 Newgrange cursus도 포함된다.

이들 거석문화의 대표적 예들은 영국의 에이브버리 스톤헨지(Avebury Stonehenge)과 콘월 포트홀(Cornwall Porthole, Men-An-Tol, the Crick Stone), 스웨덴의 선더홀름(Sonderholm), 스페인의 로스 미야레스(Los Millares), 英연방인 고조(Gozo)섬의 간티자(Gian Tija/Ġgantija/giant tower란 의미로 갠티에/쥬갠티제로 발음함)의 청동기시대의 두 개 사원, 말타(Malta, 몰타) 섬의 Hagar Quim(Hagar Quimand), 므나지드라(Mnajidra)와 타르시엔(Tarxien) 사원, 프랑스 Brittany의 Carnac, Locmariaquer, Morbihan, Dissignac, Gavrinis와 아일랜드의 Newgrange, Meath, Haroldtown, Punchtown, Knowth 등이다. 특히 말타(Malta, 몰타)와 이웃 고조(Gozo) 섬에는 다른 곳들의 거석문화와는 달리 특이한 3-6葉型의 반원형/抹角의 회랑(curved end as an apse)들을 가진 사원(temple)이 24개소나 있으며, 이들은 기원전 3500년-기원전 2500년에 속한다. 이들은 유럽의 거석문화를 연구하는 학자들로부터 거석문화의 하나로 불린다. 또 이들 사원들은 Minorca(Menorca), Majorca와 Ibiza 섬이 포함되는 스페인령 발레아레스 제도(Balearic islands)의 기원전 2000년경의 딸라요트(Talayot) 문화의 거석으로 축조된 사원들과도 비교된다.

그 중 문화전파의 증거가 되었던 영국 월셔 솔리스버리에 있는 환상열석인 스톤헨지(Stone henge)의 경우 스튜아트 피고트(Stuart Pigott)의 발굴 때 기원전 1900년, 그리고 그에 이은 리차드 에잇킨슨(Richard J. C. Atkinson) 발굴 자료의 방사성탄소연대는 기원전 2350년, 그리고 마지막 콜린 랜프류(Collin Renfrew)의 보(수)정방사성탄소연대는 기원전 2750년이 나와 이집트 죠서(Zoser/Djoser 기원전 2687년-기원전 2667년 재위, 기원전 2687/2686년-기원전 2613년)의 피라미드 축조연대보다 올라가는 것으로 밝혀졌다. 최근의 이 유적의 연대편년은 1기: 기원전 약 3100년경, 2기: 기원전 3000년경, 3-I기: 기원전 2600년경, 3-II기: 기원전 2600년-기원전 2400년, 3-III기·3-IV기: 기원전 2280년-기원전 1930년으로 잡아가고 있다. 장부로 맞물린 스톤헨지를 구성하는 4ton 무게의 청석(sarsen stone)은 북서쪽 217km 떨어진 Preseli 고원에서 채석한 것으로 오크나무로 만든 통나무배로 운반되었다. 최근 이곳에서 북동쪽 460m 떨어진 에본(Avon) 강 옆 덜링톤 월스 마을(Durrington Walls) 유적에서 기원전 2600년경(Stonehenge 3-II기는 이 유적의 중심연대로 기원전 2600년-기원전 2400년임) 스톤헨지의 축조자들이 살던 마을이 셰필드(Sheffield) 대학교 마이크 파커 피어슨(Mike Parker Pearson) 교수의 Stonehenge Riverside Project에 의해 발굴되기도 하였다. 그는 이 스톤헨지 유적에서 笏(홀)과 같은 기능을 가진 mace-head(棍棒頭/곤봉대가리)의 발견으로 이 유적이 기원전 3000년에서 기원전 2500년 사이 30-40세대에 걸쳐 한 유력가족의 무덤[giant tombstones to the dead for centuries perhaps marking the cemetery of a ruling prehistoric dynasty: 살아 있는 권력자와 권력의 상징인 族長과 가족의 무덤]으로 사용되었다고 주장하기도 한다. 다시 말해 스톤헨지는 덜링톤 월스 마을의 현세의 생활과는 반대되는 死者의 領域으로 약 500년간 그 마을을 다스리던 족장의 화장된 무덤(서기 1922년 발굴 이후 모두 240구가 발견됨)으로 조상숭배의 聖所로 여겨지며 여기에서 조상에 한 감사와 풍요의 통과의례 의식인 夏至(summer solstice)축제가 열렸다. 그리고 근처 일 년에 두 번 스톤헨지를 축조하기 위해 사람이 1,000여 호가 모여 큰 마을을 이루던 덜링톤 월스 마을 근처에 있던 우드헨지(woodhenge)와 에이본 강 옆의 제단에서는 죽음과 이때부터 나타나는 새로운 부활의 상징인 冬至(winter solstice)축제가 곁들여 졌다고 추정된다. 이는 9개월 된 돼지가 겨울에 집중적으로 도살된 증거로도 입증된다. 다른 일반 구성원들의 유골은 에이본 강 옆에 세워진 二次葬 터에 세워진 목제 틀 위에서 육탈시킨 후 화장하여 강에 뿌려진 것으로 추정된다. 또 덜링톤 월스마을-에이본 강-스톤헨지에 이르는 코스 중 길이 27.4m, 폭 13.8m의, 당시 축제장 소인 스톤헨지로 가는 '축제용 도로'가 발견되어 당시의 葬祭와 冬至祝祭의 모습을 구체적으로 복원할 수 있게 되었다. 그리고 최근 Blue Stonehenge라 불리는 제 2의 스톤헨지가 현 스톤헨지에서 2마일 거리도 안 되는 곳인 에이본 강 서쪽 제방에서 발견되어 주목을 끌고 있다. 이 스톤헨지의 축조의 마지막 시기는 기원전 2500년-기원전 2400년경으로, 이때 유럽본토에서 기원전 2400년-기원전 2200년경 이곳으로 이주해온 비커컵족(Beaker cup culture, 비커컵 토기문화, 일본에서는 鐘狀杯로 번역함, 西方文化複合體)들의 靑銅器와 冶金術의 소개로 인해 농업에 바탕을 두던 영국의 신석기시대의 종말이 도래하게 된 것이다. 이는 스톤헨지 동남쪽 3마일 떨어진 곳에서 발견된 35-45세 가량의 왼쪽다리의 異常(脛骨tibia의 前顆間區 anterior intercondylar area)으로 평소 절름발이의 상태를 면치 못했던 높은 신분의 무덤이 발견됨으로써이다. 여기에서 비커컵 5점과 함께 구리칼 3점, 금으로 만들어진 머리장식 두 점 등 모두

100여 점의 풍부한 유물이 출토하였으며, 주인공 뼈의 방사성탄소연
대는 기원전 2400년-기원전 2200년이 나오고 있다. 그리고 이제는
프랑스의 브리타뉴 지방의 거석기념물은 기원전 4000년 이전에, 그
리고 영국과 덴마크의 것은 기원전 3000년으로 이집트의 것보다 적
어도 3-4백년 이상 앞서 유럽의 거석문화가 독자적으로 형성되었음
이 밝혀지고 있다. 아무튼 이집트 문명은 "이집트학"이 성립될 정도
로 세계의 문명연구에 있어 중요성을 차지하고 있다. 이 스톤헨지의
발굴조사로 이집트는 "태양의 아들" 또는 "태양거석문화"의 전파지
로 불려왔으나 이것이 후일 "보정(수정) 방사성 탄소연대"가 새로이
개발됨에 따라 전통적인 편년체계가 몰락하고 이에 따라 이집트 기
원설이란 가설이 뒤집어지게 되었다. 이제까지는 기원전 2600년경
에 처음 세워졌던 이집트의 피라미드(죠서 왕의 생몰연대는 기원전 2686
년-기원전 2613년경으로 그의 피라미드는 기원전 2613년 전후에 세워진 것
으로 추정됨)를 거석문화의 하나로 보고 이 거석문화에서 전파되어
유럽거석문화가 형성되었다고 추정되어 왔다(영국 3항 참조).

2. 스켈리그 마이클(Skellig Michael: 문화, 1996):

이곳은 아일란드 Kerry 읍 서남쪽 대서양으로 12km 떨어진 가파른
바위섬인 스켈리그 마이클(마이클 섬이란 의미) 섬의 정상부(해발 230m)
에 위치한 서기 7세기경 돌로 쌓아 만든 기독교 초기의 교회로 600
년간 사용하던 아일란드인 초기 기독교 수사들의 벌집모양으로 만
들어진 수도원(The Celtic monastery) 복합유적이다. 이 수도원 내부의
엄격하고 가혹한 모습은 초기 기독교 수사들의 금욕적인 생활상을
보여준다. 이 수도원은 유럽에 잘 알려져 있으나 너무 외진데 위치
하고 배로 접근하기 어려워 최근까지도 방문객은 적은 반면에 유적

은 잘 보존되고 있다. 이 수도원은 6개의 종 또는 벌집형의 교회, 2개의 작은 예배당, 31개의 석판형 墓地石, 돌 하나로 만든 십자가, 서기 13세기의 성 미카엘 교회를 포함한다.

아제르바이잔 AZERBAIJAN

1. 쉬르반샤 궁전과 처녀 탑을 포함한 바쿠의 성벽도시(Walled City of Baku with the Shirvanshah's Palace and Maiden Tower: 문화, 2000):

쉬르반샤의 궁전이 있는 성벽과 처녀 탑이 있는 성벽이 둘러친 도시는 요새화된 옛 도시이다. 대부분의 성벽과 탑들은 서기 1806년 러시아의 공격에도 살아남았다. 바쿠 시는 서기 1723년 6월 26일 러시아의 침공으로 항복했다가 피터 대제(Peter the Great), 캐서린 여제(Catherine II세), 알렉산더(Alexander) I세의 러시아황제들에게 계속 공격을 당하다가 서기 1813년 러시아와 페르시아와 서기 1813년 10월 24일 굴리스탄(Gulistan, Golestan) 조약을 체결하여 결국 러시아에 합병되었다. 미궁처럼 좁은 골목길과 옛날 건물들은 그림과 같이 아름답다. 궁전 앞, 두 채의 隊商의 숙소(현재 세 곳만 남아있는 카라반 사라이), 처녀 탑, 목욕탕과 간판이 없는 건물 앞에는 돌이 깔린 鋪道가 있다.

이 도시는 앞서 서기 1501년 쉬르반샤와 아샨티(Ashnti) I세가 수도로 삼고, 서기 1540년에 이란/페르시아의 사파비드(Safavid) 제국(서기 1502년-서기 1736년)의 군대에, 서기 1604년에는 사파비드 제국의 아바

(조로아스터교의 상징인 프라바쉬/Fravashi(gurdian spirit)를 표현한 화라바하/Faravahar)

스(Abbas) I세(서기 1571년-서기 1629년)에 의해 침공 받아 파괴된 적도 있다. 이곳은 서기 2000년에 일어난 지진으로 위험에 처한 문화유산으로 분류되어 있었으나 서기 2009년 33차 회의에서 제외되었다. 그리고 아제르바이잔 바쿠시는 아후라 마즈다(Ahura Masda)의 영향을 받은 拜火教의 교조인 조로아스터(기원전 660년경 태어났으며 본명은 자라수슈트라/Zarathustra)가 태어난 곳으로 이 배화교는 페르시아의 아케메니드(Achemenid)왕조(기원전 559년-기원전 331년)의 일신교인 조로아스터교(Zoroastrianism, 마즈다교/Mazdaism/拜火教)로 되었다.

2. 고부스탄 암각화 문화경관(Gobustan Rock Art Cultural Landscape: 문화, 2007):

고부스탄 岩刻畵는 바쿠에서 서남향 64km 떨어진 아제르바이잔의 중앙고원(코카사스 산맥의 동남쪽 끝자락)의 제이란케치마즈(Jeyranke-chmaz) 분지 내 바위가 많은 구릉 위에 3개소 537ha에 분포하는데 모두 6,000점 이상이 발견된다, 연대는 후기 구석기시대에서 중석기시대(40,000년 전-5,000년 전)이다. 주제는 사람, 임신한 여자, 들소와 말 같은 동물, 춤, 투우, 무기를 든 사공이 젓는 배, 손에 창을 든 전사, 낙타, 태양과 별 등으로 이 지역의 기후와 식생이 오늘날보다 덥고 습할 때 수렵-채집인들의 당시 생활환경과 밀접한 관련을 맺고 있다.

3. 칸의 궁전이 있는 쉐키의 역사 중심지(Historic Centre of Sheki with the Khan's Palace: 문화, 2019):

역사적 도시 쉐키는 코카사스 산맥 아래 발치에 위치하며 가운데 구르자나 강(Gurjana River)이 흐른다. 북부의 오래된 지역은 산위에 건설되었고 남쪽으로 강에 이른다. 역사적 중심지는 진흙 沙汰

에 의해 파괴되었다가 서기 18세기에 재건되었는데 높은 박공의 지붕을 가진 전통적인 건축물이 특징이다. 이 도시는 역사적인 무역로에 위치해 건물들은 사파비 왕조(Safavid, 서기 1501년-서기 1736년, 이스마일 1세를 시조로 하는 이란의 왕조), 카자르 왕조[Qajar dynasty, Ghajar or Kadjar, 서기 1785년-서기 1925년, 투르크계 카자르 족의 아가 모하마드(Agha Mohammad Khan, 서기 1794년-서기 1797년)가 잔드(Zand)왕조의 카림 칸(Moḥammad Karīm Khān Zand)이 죽은 후 독립하여 창건한 국가로 페르시아 전통을 잇는 나라 또는 카자르 왕조라 한다. 테헤란에 수도를 두었다]와 러시아(Russian)의 건축물 전통양식에 영향을 받았다. 도시의 북동쪽에 위치한 칸의 궁전(Khan Palace)과 상인들의 집은 서기 18세기 말부터 19세기에 누에나방의 증식과 누에고치의 교역에 의해 얻은 부의 축적을 반영한다.

아프가니스탄 AFGHANISTAN/AFKHNISTAN

1. 얌의 첨탑과 고고학적 유적(Minaret and Archaeological Remains of Jam: 문화, 2002):

65m의 얌의 첨탑(Minarnet of Jam)은 우아하고 하늘을 찌르는 듯하며 표면이 정교한 벽돌, 벽토치장과 유약이 발린 타일장식으로 덮혀 있다. 이 탑은 이 지역에서 만들어진 예술과 건축의 극치를 이룬 것으로 알려져 있다. 또 이 탑은 구르(Ghur)주 중심부에 우뚝 솟아있는 해발 2,400m 산속 깊은 강 계곡과 절묘한 조화를 이루고 있다. 이는 구리드(Ghurid) 문명의 기술과 예술적 창조성을 잘 나타내고 있다. 명문의 연대로 보아 서기 1190년대에 세워졌다. 얌은 아마도 서기 12

세기-서기 13세기 아프카니스탄 뿐만 아니라 이란의 동부, 북부 인도와 파키스탄의 일부를 지배하던 구리드 왕조의 수도인 휘르즈쿠(Firzukuh)에 위치하고 있었을 것이다. 타일장식에는 銘文과 함께 고대 아라아비아 문자(Kufic, Cufic)와 이븐 무크라(Ibn Muqlah)가 고안한 行書體의 아랍 문자로 된 코란의 구절이 써져 있다. 첨탑을 만든 연대는 명확하지 않지만 서기 1192년 델리에서 가즈네비드(Ghaznevids)에 대한 구리드의 술탄 기야스 우드 딘(Ghiyas ud-Din)의 승리나 서기 1173년 가즈나(Ghazna)에서 구즈 투르크(Ghuzz Turk)와의 전투에서 승리를 기념하는 서기 1193년-4년, 또는 서기 1174년-서기 1175년이 될 가능성이 많다. 구리드 왕조는 서기 1202년 기야스 우드 딘의 사후부터 기울기 시작했다. 그리고 휘르즈쿠 수도는 서기 1222년 몽고군에 의해 파괴되었다.

2. 바미안 계곡의 문화경관과 고고유적지(The cultural landscape and archaeological remains of the Bamiyan Valley: 문화, 2003):

바미얀 계곡의 문화경관과 고고학 유적들은 모두 서기 1세기-서기 13세기에 속한다. 그중 마케도니아 제국(기원전 338년-기원전 146년)의 알렉산더 대왕이 이곳을 침공하고 난후 헬레니즘(기원전 304년-기원전 30년)문화가 형성되고 이 헬레니즘 문화가 인도의 불교와 서로 융합해 새로운 간다라(Gandhara) 미술양식이 나타났다. 이 간다라 미술의 형성에 직접 영향을 준 문화가 챤드라 굽타의 마우리아 왕조[기원전 317년-기원전 186년, 아쇼카 왕(기원전 268년-기원전 232년]와 이 지역에 남아있던 그리스 계통의 박트리아(Bakhtria) 문화이다. 특징 있는 간다라 양식은 이후 예술과 종교적 측면에서 발전을 계속해 나가 大乘佛敎의 불상제작에 막대한 영향을 준다. 이 바미안 지역에 있는 문화유산들은 이스람 통치기간의 요새화된 사원뿐만 아니라 불교의 사찰까지도 포함이 된다. 바미안 왕국은 수세기 동안 중국, 중앙아시아와 인도를 연결하는 전략적 요충지에 자리 잡은 불교국가였다. 많은 불상들이 바미안 왕국을 바라보는 바위 절벽에 조성되었는데 그중 2軀의 石佛立像이 가장 유명하다. 적은 것은 서기 544년-서기 595년, 큰 것은 서기 591년-서기 644년에 만들어졌다. 불상은 각각 높이 55m와 37m에 이르며 이 종류로는 세계에서 가장 큰 것이다. 그들은 서기 6세기-서기 7세기에 만들어진 것이다. 그러나 바미안 2기의 石佛立像은 서기 2001년 2월 26일 탈리반의 지도자인 Mullah Mohamed Omar의 명령에 따라 다이나마이트로 서기 2001년 3월 2일 이슬람 광신도들인 아프칸의 탈레반·탈리반(Taliban)에 의해 무참히 파괴되었다. 문화유산의 보존 차원에서 보면 비극의 현장이 되어 버렸다.

안도라 ANDORRA

1. 마드리우-페라휘타-크라로 계곡(Madriu-Perafita-Claror Valley: 문화, 2004/2006 확대 지정):

   마드리우-페라휘타-크라로 계곡의 자연환경은 원래 빙하계곡인 동부 계곡(Eastern Valley)의 종속적으로 형성된 안도라에서 제2의 최대 분지로 이곳은 주로 마드리우 강과 지류인 크라로 강(Claror i Perafita)이 차지하고 있다. 이곳에서는 인류가 수 천 년 간 피레네 산맥 고지대에서 자연에 적응해 자원을 수확해온 소우주적인 생활방식을 보여준다. 방목할 수 있는 초지, 나무가 빼곡히 들어찬 가파른 절벽과 빙하가 드문드문 남아있는 척박한 환경은 안도라의 4247ha, 전체의 9%에 해당한다. 이곳은 지속적인 목축업과 척박한 산속의 문화 특히 과거 서기 13세기까지 거슬러 올라갈 수 있는 공동토지소유제도뿐만 아니라 과거 기후의 변화, 경제적인 운명과 그 속에서 형성된 사회제도까지도 보여준다. 또 이곳에는 여름을 지낼 수 있는 가옥, 계단식 밭, 돌로 만든 길과 철을 녹이던 대장간의 흔적도 찾아볼 수 있다.

알바니아 ALBANIA

1. 오리드 지역의 자연과 문화유산(Natural and Cultural Heritage of the Ohrid region, "Natural and Cultural Heritage of the Ohrid region, North Macedonia"): 문화, 2005/확대지정, 2008/2019):

마케도니아 북부에 위치하는 오리드(Ohrid) 호수와 오리드 시를 포함하는 배후지역이 서기 1979년 이후 문화유산으로 등재되어왔다. 이 문화유산 영역을 좀 더 확대하여 북서쪽, 알바니아 지역, 오리드 호의 일부, 조그만 린 반도(Lin Peninsula), 마케도니아 경계의 반도에 연결되는 해안을 따라 나있는 육지의 일부를 포함한다. 반도는 서기 6세기 중엽에 설립된 초기 기독교 교회가 위치하는 곳이다. 그리고 호수가 얕은 물가 세 군데에서 선사시대 수혈주거지가 확인되었다. 최고의 자연경관을 지닌 호수는 민물에서 서식하는 지구의 지질시대에서 6,500만 년 전부터 200만 년 전까지의 기간인 제 3기(the Tertiary period)에서 이곳에 자라는 여러 종류의 풍토적 동·식물에게 피난처를 제공하고 있다.

2. 부트린티의 고고유적(Butrinti: 문화, 1992/확대지정, 1999):

부트린티(Bothrota/Butrint/Butrinti)는 알바니아 고대문화의 일 단편을 보여주지만, 원래 고대그리스의 도시이며 그리스 국경에 가까운 사란대(Sarandë)의 남쪽 14km 떨어진 사란대 고고유적지이다. 이곳을 그리스에서는 부트로톤(Bouthroton/Bouthrotios), 로마에서는 부트로툼(Buthrotum)으로 불렀다. 이 유적은 코르푸(Corfu) 섬에서 멀리 떨어지지 않은 지중해의 비바리(Vivari) 해협을 내려다보는 부트린티 국립공원의 일부인 구릉에 위치한다. 부트린티는 기원전 4세기에 전성기를 맞았고 인구도 만 명을 넘었다. 이곳의 요새는 기원전 6세기부터 군사와 경제적으로 중요한 도시였음을 알려준다. 아크로폴리스(고대 그리스 도시의 성채)가 위치한 구릉은 거대한 塊石으로 쌓은 높이 2m, 폭 3.5m의 벽으로 둘러싸여 있다. 아크로폴리스 발아래 만들어진 기원전 3세기 23열, 1,500명의 객석을 가진 원형극장, 아고라(agora, 광장), 그 옆에 그리스 藥의 신인 아스클레피오스(Asclepios)에게 받친 신전, 신전의 서쪽 벽에 그리스어로 씌어진 30개의 碑文, 기원전 1세기에 세워진 탑에 노예의 해방과 관련된 또 다른 비문 등이 있다. 서기 1928년-서기 1941년 사이 이탈리아 고고학자들이 발굴하여 결과로 부트린티의 여신상을 포함하는 조각품, 접시, 화병, 도기로 만든 촛대 등을 발견하였다. 기원전 2세기경에는 로마군의 입성이 있었다. 그리고 뒤따라 기독교가 들어왔다. 세례용 욕조와 두 개의 바실리카(basilica, 회당/대성당) 등이 발견된다. 서기 11세기에는 이민족의 침입, 서기 1153년에는 지진, 서기 1386년에는 베니스공국(Venetian)의 침입 그리고 서기 15세기-서기 20세기까지 오스만 투르크의 지배가 잇따랐다. 그리고 서기 1944년 알바니아가 독립을 했다. 다시 말해 이곳은 선사시대 이래 인간거주지였으나 초기에 그리이스의 식민지

(Magna-Graecia, 기원전 600년-기원전 500년)가 중심이 되고 이어 로마의 도시로 편입, 다시 비잔틴정부 아래서 번영을 구가하다가 베니스의 지배 이후 중세 말까지 방치된 도시였고 그 결과 현재 각 시대를 나타내는 건축물의 잔해가 남아있다.

3. 베라트와 그지로카스트라 박물관 도시(Historic centers of Berat and Gjirokastra: 문화, 2005/확대지정, 2008):

역사중심지인 베라트와 그지로카스트라 지역은 쿠레 양식(kule, 발칸-오스만 오스만 투르크 양식)이 특징 있는 오스만 투르크시대의 건축물이 잘 남아있는 예외적인 도시들이다. 중앙알바니아에 위치하는 베라트는 수세기를 내려오는 종교와 문화적 집단들의 공존을 보여준다. 이 도시에는 카라(Kala)로 알려져 있는 원래 기원전 4세기까지 거슬러 올라갈 수 있지만 대부분 서기 13세기에 지어진 城이 있다. 그리고 성 안에는 서기 1417년부터 지어진 오스만 투르크시대의 회교도 사원뿐만 아니라 서기 13세기의 비잔틴 시대의 교회도 같이 공존하고 있다. 그지로카스트라 시는 알바니아 남쪽 드리노스(Drinos) 강 계곡에 위치하는데 서기 17세기에 지어진 오스만 투르크(서기 1299년-서기 1922년)시대의 2층 건물들로 잘 알려져 있다. 두 도시는 시장, 고리카(Gorica) 다리, 두 시대의 모스크와 교회를 모두 갖고 있다.

알제리 ALGERIA

1. 베니 하마드 요새(Al Qal'a of Beni Hammad: 문화, 1980):

마디드(Maadid, aka Maadid)시 근처 므실라(M'Sila) 동북쪽 산록에 자

리 잡고 있는 하마디드 土侯國/왕조의 초기 수도(서기 1007년-서기 1152년)의 요새로 성 둘레는 20km에 이르며 그 안에 13개의 側廊과 8개의 隔室이 있는 알제리 최대의 사원이 있다. 발굴 결과 테라코타 土製像, 보석류, 동전, 도자기 등이 출토되어 이 수도가 문명이 매우 발달하였음을 알 수 있다.

2. 지에밀라 고고유적(Djémila: 문화, 1982):

알제리의 동쪽 해안 해발 900m의 지에 밀라 또는 쿠이쿨(Cuicul/Curculm)의 베르베르-로마(Berber-Roman) 시대 서기 1세기경에 세워진 고산지대 도시로 이곳에는 로마시대의 광장, 신전, 극장, 바실리카(會堂/대성당), 개선문과 가옥 등 고산지대에 적응한 도시계획을 볼 수 있다.

3. 팀가드 고고유적(Timgad: 문화, 1982):

아우레스(Aurés) 산 북쪽 산록에 위치한 팀가드(또는 Thamugas, Thamugadi)에 서기 100년 아무것도 없는 곳에 로마의 트라야누스(Trajan, 서기 98년-서기 117년) 황제가 북아프리카의 군사식민지로 건설했으며, 로마시대의 方格形 도시계획에 따라 구획된 方形의 壁(요새화하지는 않았음)과 그 안에는 直交하는 길을 내고 있다. 이 도시 유적은 반타(Banta) 시로부터 35km 떨어진 곳에 있으며, 12m 높이의 트라야누스의 개선문(Trajan's Arch), 쥬피터를 모시는 카피톨린(Capitoline) 신전, 3,500석의 극장 터 등이 남아있다. 이곳에서 서기 3세기 기독교도들의 활동이 시작되고 그리고 서기 4세기에는 북아프리카에 결성된 기독교 분파인 도나티스트(Domatist)의 본거지가 되었다. 서기 5세기에 반달(Vandal) 족들에게 파괴되었다. 그리고 서기 535년 비잔틴 제국의 솔로몬 장군이 발견하여 이곳에 다시 사람이 살기 시작했는데 서기

7세기 베르베르 족에게 다시 한 번 약탈당하고 서기 1881년 발굴될 때까지 사라져버린 도시가 되었다.

4. 티파사 고고유적(Tipasa: 문화, 1982):

지중해 연안의 티파사는 로마에 의해 정복당한 카르타고(Carthage, Punic, Phoenicia, Phönicia는 동의어임) 무역의 중심지였고, 또 크라우디우스 황제(서기 41년-서기 54년) 때 모리타니아 왕국을 침공하기 위한 로마의 전략기지였다. 로마의 도시는 바다를 향한 세 개의 구릉 위에 세워졌는데 가옥은 중앙의 구릉 위에 집중해 있었으나 흔적이 없다. 그러나 대회당/대성당(the Great Basilica, 중앙), 알렉산더 회당/대성당(Basilica of Alexander, 서쪽), 성 살사 회당(Basilica of St. Salsa, 동쪽)의 세 개의 교회 흔적과 두 곳의 공동묘지, 목욕탕, 극장, 원형경기장과 신전 등이 남아있다. 또 구릉에는 페니키아, 로마, 초기 기독교, 고대 그리스와 로마의 聖所인 샘의 님프신을 모신 님페움(nymphaeum), 그리고 서기 1960년 11월 28일 프랑스로부터 독립한 모리타니아의 靈廟가 남아있다.

5. 므자브 계곡(M'Zab Valley: 문화, 1982):

사하라 사막 북쪽 므자브 계곡에 서기 10세기경 이슬람교의 종파 분리자인 이바다이트(Ibadites)에 의해 만들어진 다섯 개의 kosur(walled village, 요새마을) 요새와 요새 주위의 생활 터전으로 이바이드(Ibaid) 인들은 방어 능력을 최대한 갖추어 살기 시작하면서 자연환경에 적응하고 가족구조도 고려하였다. 여름 요새는 그 안에 종려나무숲도 갖추고 있다. 다섯 개의 요새는 El Atteuf, Bou Noura, Beni Isguen, Melika, Ghardaia이다.

6. 타실리 나제르(Tassili-n-Ajjer: 복합, 1982):

알제리 동남방 사하라 사막의 산맥인 타실리 나제르(Tassili n'Ajjer 로도 표기하며, 'plateau of the rivers'란 의미임) 동굴 岩刻畵는 기원전 6,050년경-서기 100년에 걸친 선사시대 동굴예술로 15,000점이 포함된다. 이 그림들을 편년하면 4시기로 나누어지는데 이는 archaic tradition(기원전 4,500년 이전), bovian tradition(소: 기원전 4500년-기원전 4000년), horse tradition(말: 기원전 2000년)과 camel tradition(낙타: 서기 100년경)이다. 소, 말 낙타들이 아프리카에 들어온 시기를 맞추어 편년한 것이다. 이곳에는 암각화뿐만 아니라 신석기시대 습한 환경에서 사람이 살던 흔적도 근처에서 발견되고 있다. 암각화의 주제는 가축, 악어와 같은 동물과 사냥, 춤과 같은 인간의 행위도 포함되고 있다. 이 암각화는 기원전 1200년 이전 San족이 동굴에서 그려놓은 암각화인 남아프리카의 느구니 족에 앞서 살던 pre-Nguni 예술과 연결이 되고 있다.

7. 알제리 카스바(Kasbah of Algiers: 문화, 1992):

카스바는 기원전 4세기경 카르타고 무역항인 이코시움(Icosium)이 들어섰으며 후일 로마의 적은 도시가 되었던 섬을 굽어보는 이슬람의 도시로 오스만 투르크(Osman Turk, 서기 1299년-서기 1922년) 양식의 궁전, 모스크(사원), 요새 등이 있다. 이곳은 언덕의 상과 하 두 도시로 나누어져 있으며 서기 17세기의 회교도 사원과 석조건축물들을 볼 수 있다. 데이 바바 하산(Dey Baba Hassan)이 서기 1794년에 지은 두 개의 첨탑이 있는 케챠오우아(Ketchaoua), 계란 형태의 둥근 천장을 가진 엘 드제디드(el-Djedid, 서기 1660년)와 그 옆에 적은 둥근 지붕을 가진 엘 케비르[El Kébir, 가장 오래된 사원이나 타치핀(Tachfin)이 서기 1794년 재건], 알리 베치닌(Ali Betchnin, Raïs, 서기 1623년), 다르 아지자 (Dar Aziza, palate of Jénia) 4개의 사원들이 남아있다

에리트레아 the State of Eritrea

1. 아스마라: 아프리카의 근대화 도시(Asmara: a Modernist City of Africa: 문화, 2017):

아프리카에서 속세를 떠나고 권위주의적이어서 "아프리카의 북한" (Africa's North Korea)으로 언급되어 왔지만 1차세계대전 직전 프랑스에서 처음 등장한 시각 예술, 건축 및 디자인 스타일인 아르 데코 건물 (art deco buildings)이 많이 세워져 "아프리카의 마이애미"(Africa's Miami)로 불려왔던 에리트레아의 수도이며 근대화 도시인 아스마라는 해발 2,000m에 위치하며 서기 1890년대 이래 이탈리아 식민지 군대의 전초기지로 발전해 왔다. 그러나 아스마라는 20세기 이탈리아 현대 건축가들의 낙원으로 유럽의 보수적인 문화기준에서 벗어나 그들의 대담한 생각을 건물에 표현해 전 세계에 이 지역의 긍정인 인상을 심어 주었다. 서기 1935년 이후 아스마라는 시대적인 이성과 경험에 의한 합리적 근거에 따라 정부청사, 주거와 상가건물, 예수교의 교회 (churches), 이스람 교도들의 모스크(mosques), 유태인의 교회인 시나고그(synagogues), 극장, 호텔 등을 지었다. 이들 건물들은 서기 1883년-서기 1941년 사이 여러 가지 도시계획으로부터 파생하는 도시 전 지역과 이웃의 아르바테 아스마라(Arbate Asmera/Asmara)와 아바샤웰(Abbashawel)에도 영향을 미쳤다. 이는 서기 20세기 초 도시근대화의 예외적인 예로서 전 아프리카의 문화적 맥락에도 적용되고 있다.

에스토니아 ESTONIA

1. 탈린 역사지구(The Historic Centre of Tallinn: 문화, 1997):

탈린의 옛 요새화한 도시의 기원은 십자군전쟁 시 튜튼(게르만)인의 명령에 따라 성이 지어지는 서기 13세기까지 올라가며, 그 이후이 도시는 서기 1248년 한자동맹에 가입해 동맹의 무역의 중심항구로 부상하고 富를 축적해 교회 같은 공공건물들과 상인의 집들이 많이 지어지게 된다. 성벽 위의 66개소의 망루 중 20개만 남아있고, 무역을 하던 상인의 집들은 화재와 전쟁에도 불구하고 많이 남아있다. 탈린은 현재 에스토니아의 수도로 덴마크의 성(Danish castle, taani linnus)의 이름을 따왔고 성 자체도 덴마크의 발데마르(Waldemar) 왕에 의해 서기 13세기에 지어진 것으로 추측되고 있다.

2. 스트루브 자오선 측지점(Struve Geodetic Arc: 문화, 2005):

노르웨이(NORWAY), 라트비아(LATVIA), 리투아니아(LITHUANIA), 러시아(RUSSIAN FEDERATION), 벨라루스(BELARUS), 에스토니아(ESTONIA), 우크라이나(UKRAINE), 스웨덴(SWEDEN)과 핀란드(FINLAND) 지역이 함께 자오선 측정의 삼각측량점

에콰도르 ECUADOR

1. 키토 구 도시(Quito Old City: 문화, 1978):

에콰도르의 두 번째로 큰 수도인 키토는 잉카(서기 1438년–서기 1532년 11월16일)의 도시 키투(Kitu) 위에 서기 1534년 12월 6일 프란시

스코 피자로(Francisco Pizarro)에 의해 재건되었는데 서기 1707년, 서기 1917년, 서기 1987년에 일어난 지진에도 불구하고 잘 보존되어 라틴 아메리카의 역사 중심지가 되었다. 대주교 궁(Archibishop's palace), 산 프란시스코와 산토 도밍고(서기 1581년-서기 1650년) 광장, 산 프란시스코와 산토 도밍고 수도원, 교회와 라 캄파니아 예수회 대학(서기 1605년-서기 1768년) 등이 있다.

2. 쿠엔카 역사지구(Historic Center of Santa Ana de los Rios de Cuenca: 문화, 1999):

에콰도르 남쪽 해발 2,500m의 안데스 산록으로 둘러싸인 서기 1557년에 설립된 스페인의 내륙식민지도시(entroterra)로 에콰도르에서 세 번째 큰 도시이다. 스페인의 카를로스 V세/찰스(Charles) V세의 칙령으로 도시계획에 맞게 方格法으로 구획되어 과거 400년간 농업과 행정의 중심지가 되었다. 이곳에는 돌로 바닥을 간 鋪道, 높은 첨탑이 있는 성당, 대리석과 벽을 하얗게 바른 건물이 특징 있으며, 신·구 성당(New Cathedral, Old Cathedral), 카르멜 수도원(Carmelite Monastery), 산토 도밍고 교회(Church of Santo Domingo)가 있다. 키니네, 밀짚모자, 다른 특산물의 수출에 힘입어 서기 18세기의 건물들은 서기 19세기에 들어와 근대화되었다.

3. 쿠하파크 난 안데스 도로체계(Qhapaq Ñan, Andean Road System: 문화, 2014):

→ 아르헨티나 4항을 참조할 것.

에티오피아 ETHIOPIA

1. 라리벨라 암굴교회(Lalibela Rock-hewn Churches: 문화, 1978):

악슘 왕국의 멸망이후 서기 12세기 자그웨(Zagwe, 서기 1137년-서기 1270년) 기독교 왕국의 라리벨라(Lalibela) 왕이 서기 13세기 초 '새로운 예루살렘'(New Jerusalem)으로 인도의 아잔타 동굴(Ajanta cave)처럼 하나의 큰 바위를 깎아 가브리엘 라파엘, 임마뉴엘, 기오르기스 교회를 포함하는 11개의 중세시대 교회를 건설하였다. 이곳은 오늘날에도 신성한 지역(sacred place)으로 기독교신도들의 성스러운 순례지로 참배의 대상이다. 그곳에는 水曹를 비롯한 전시 방어요새를 위한 설비가 갖추어져 있어 교회보다 또 다른 목적으로 만들어졌다는 설도 있다.

2. 파실 게비, 곤다르 유적(Fasil Ghebbi and Gondar monuments: 문화, 1979):

파실 게비, 곤다르 유적은 에티오피아 황제 파실(Ethiopian emperor Fasilides, Fasil, Fasilades/Fasiledes)과 그의 계승자들이 머물던 왕궁이며 6채의 궁전, 교회, 수도원과 교회와 수도원 같은 다른 개별적인 건물들이 들어선 이 요새화한 도시이다. 곤다르를 설립한 사람은 황제 파실(Fasil)로 서기 1636년 이곳에 수도를 옮겼다. 서기 1640년 그는 여기에 성을 쌓았는데 후일 만들어진 다른 요새들에 둘러싸여 오늘날에도 풀밭 구내에 남아있다. 어렴풋이 총안이 보이는 성벽과 높은 탑은 유럽의 성을 이곳에 옮겨 놓은 듯하다. 이 성 이외에 황제 파실과 후계자들은 900m 길이의 성벽 안에 이야수 I세 궁전, 레발겜 연회장이 있는 다윗 황제 궁전, 멩투와브 여제 궁전 등 모두 6채의 또 다른 궁전건물들을 지었다고 한다. 그 중 가장 오래된 것이 Enqulai Gemb(혹은 계란성, Egg Castle)인데 이는 계란처럼 생긴 지붕 때문에 이름 붙여졌다. 다른 건물들은 왕립 기록보관소와 마구간이다. 콰하(Qaha) 강에 의해 경계가 된 도시 서북쪽 너머로 황제 파실이 지었다고 추측하는 목욕탕 건물도 있다. 건물은 2층으로 총안이 나 있는 벽이 한쪽에 나 있고 또 다른 한쪽에는 가까운 강에서 물을 끌어오는 운하와 연결된 장방형의 수영장이다. 여러 방을 가진 목욕탕은 홍예다리 위에 있으며 방어를 위해 더 높인 돌로 만든 다리로 연결된다. 이외에도 황제 파실은 7개의 교회와 7개의 다리를 놓은 것으로 알려진다. 이 건물들은 처음에는 힌두교와 아랍문화의 영향 하에 지어졌으나 후일 예수교 선교사들이 곤다르에 가져온 유럽의 바로크 양식으로 바뀌어졌다. 근처 교회에 이야수 I세 황제의 시신이 안치되어있다.

3. 악숨 교회 및 고고유적(Aksum: 문화, 1980):

에티오피아의 악숨(Axum/Aksum)은 서기 1세기-서기 2세기경 아라비아로부터 침입해 온 히마르틱 아랍(Himyartic Arabs, Cushites)인들에 의해 아비시니아(Abyssinia)에 세워진 악슈마이트(Axumite)王國의 수도로 알려지고 있다. 그리고 이곳에는 아라비아인들로부터 소개된 고샘어(archaic Sematic dialect)인 Geez語가 사용된다. 그런데 또 이곳 악숨은 기원전 약 10세기경(기원전 970년-기원전 930년) 성서에 나오는 다비드(David) 왕의 아들로 기원전 957년 처음 예루살렘에 聖殿을 짓고 솔로몬의 지혜(Solomon's wisdom)로 유명한 솔로몬(Solomon) 왕과 시바(Sheba 또는 Makeda, 기원전 1005년-기원전 955년 통치했다고 함) 여왕과의 전설적인 로맨스 그리고 그들로부터 나온 아들인 메넬리크(Menelik) I세에서부터 서기 1974년 폐위된 하일레 셀라시에(Haile Selassie, 서기 1891년-서기 1975년) 황제까지 다스려온 에티오피아 기독교의 성지로 잘 알려져 있다. 또 기원전 1200년-서기 700년 성서에 나타나며 댐과 신전이 남아있는 마리브(예멘의 북부 마리브, Ma'rib/Marib Oasis)에 수도를 둔 시바의 왕국은 아라비아 남부의 고대 사바의 세마이트 문명(Semitic civilization of Saba)으로 보고 있기도 하다. 이 왕국은 소말리아(索马里)、예멘(也门)、오만(阿曼)에서 채집한 乳香(樹脂, frankincense, Boswellia thurifera, Boswellia sacra)을 바탕으로 부를 축적한 시바 여왕의 통치지역으로 여겨지고 있으며 현재 예멘 마리브(Marib)의 기원전 7세기경 최후로 중수한 댐의 확인과 아울러 시바여왕이라 추측되는 기원전 6세기경의 청동여신상이 발견된 마흐람 빌키스(Mahram Bilqis)에서 시바여왕의 궁전과 신전을 찾는 발굴이 진행되고 있다. 솔로몬과 시바 여왕의 전설상 로맨스는 이어져 악슘의 서기 12세기-서기 13세기 초경 자그웨(Zagwe, 서기 1137년-서기 1270년) 왕국의 라리벨라(Lalibela) 왕이 바위를 깎아 만든 半竪穴 성 그레고리(St. George at Lalibela) 교회의 존재로서 입증이 될 듯하며, 이는 당시 이스라엘과 에티오피아의 악슈마이트 왕국 간의 교역까지도 示唆해주고 있는 듯하다. 여기에는 시바 여왕의 왕궁 터(Dungar palace), 목욕탕, 용의 샘, 악슘 문명의 상징인 화강암으로 만들어진 오벨리스크(Aksumobelisk), 에르자나(Erzana) I세 왕(서기 320년-서기 350년/서기 3231년경-서기 360년경)의 석비(stelae, 높이 33m, 에르자나 왕이 세움), 왕묘와 그 옆에 세워진 墓碑로서의 오벨리스크, 미완성 오벨리스크가 그대로 남아있는 채석장, 모세의 십계명석판을 보관한 鍍金나무상자(언약궤), 시바여왕의 왕궁터, 마리아 시온 대성당, 마리아의 전기를 적은 양피지 책의 성서, 그리스, 에티오피아와 사비아어로 새겨진 서기 4세기경의 에자나왕의 석비 등이 있다. 그리고 이 악슘 고대도시는 상아, 금, 沒

藥과 노예 등을 교역하던 무역로의 중심지였다고 여겨진다.

그리고 돌판(석판)에 새겨진 시바여왕의 초상은 현재 에티오피아 정교회 박물관에 보관되어있다고 전해진다.

4. 티야 비석군(Tiya-Carved Steles: 문화, 1980):

아디스 아바바 남쪽 구라게(Gurage) 지역 소도(Soddo)에 위치한 고대 에티오피아 문화와 관련된 160개소의 고고학 유적과 36개의 입석 또는 비석(stelae)군으로 32개의 비석에는 문자가 아닌 수수께끼 같은 손잡이와 따로 분리된 劍의 象徵만 새겨 넣어 에티오피아 고대 문화와 관련된 무덤 군으로 추측되나 해독하기가 무척 어렵고 연대도 미상이다. 족장으로 생각되는 남자 戰士者의 무덤에는 19개의 검이 양각되어 있으며, 그 옆 그의 부인으로 추정되는 무덤에는 여성의 가슴 등 여성의 상징이 조각되어있다. 서기 1945년 독일 민속학자들이 이곳을 방문하여 검의 상징을 확인한 바 있다. 근처 멜카 아와시(Melka Awash), 헤라 셰탄(Hera Shetan) 분화호수(crater lake)와 아게소케(Agesoke)에서도 비슷한 유적이 발견된다.

5. 아와시 계곡(Lower Valley of the Awash: 문화, 1980):

에티오피아 아와시의 아와시(Hawash로도 씀) 계곡은 와르크(Warque)산의 남쪽에 위치하며, 인류의 기원에 관한 유적으로 가장 연대가 올라가는 것은 400만 년 전까지 이르며 서기 1974년 도날드 요한슨(Donald Johanson)에 의해 발견된 52개의 인골 편은 Lucy(Australopithecus afarensis, 350만 년 전)의 복원을 가능하게 하였다. 이 루시보다 연대가 앞서는 화석인류는 Sahalenthropus tchadensis(Tumai/Tumaï, Michel Brunet가 Chad Jurab/Djurab 사막계곡에서 발견, 7-6백만 년 전), Orrorin tugenensis(Brigitte Senut, Martin Pickford Tugen Hill, Kenya Tugen hill에서 발견, 610~580만 년 전), Ardipithecus ramidus(Tim White, Ethiopia, 440만 년 전)과 Australopithcus anamensis(Meave Leakey, Kenya)가 있으며 동시대의 것으로는 Laetoli(Mary Leakey, Tanzania, 320만 년 전)이다.

6. 오모 계곡(Lower Valley of the Omo: 문화, 1980):

인류탄생의 요람지대로 지질학상 鮮新世(제 3기의 최신세, Pliocene)부터 20만 년 전의 洪績世(更新世, Pleistocene)에 속하며 이곳에서 발견되는 石英製 석기가 240만 년 전에 속한다. 투르카나 호수 근처인 오모에서 Homo gracile을 비롯한 선사시대 화석인류가 다량으로 발견된다. 인류는 動物界(kingdom)-脊椎動物門(phylum)-哺乳類綱(class)-靈長類目(order, 7,000만 년 전)-類人猿 亞目(sub-order)-人超科(supra-family, hominoidea/hominoids: gorilla와 chimpanzee)-人科(family, hominidae/hominids: Ausrtalopithcus)-人亞科[sub-family, homininae/hominines/euhominid (Broom과 Robinson이 Swatkranson 847 hominid cranium의 유사성에서 이 명칭을 사용): Javaman to homo sapiens]-人類屬(人屬, genus, homo/man)-人類種(人種, species, homo sapiens/modern man)으로 진화해 나온다. 즉 인류는 hominids-hominids-homo로 발전해온다. Homo sapiens는 최근 Homo sapiens idaltu(154,000년 전)와 Omo 1, 2(195,000년 전), Quafzeh와 Skhul (10만 년 전) 등이 발견되어 현재 지구상에 살고 있는 인류의 기원에는 아프리카 기원설[Out of Africa설, unilinear theory, Christopher Stringer가 에티오피아 출토의 프로토크로마뇽(proto-Cromagnon)인 Omo화석의 연구에 근거함] 및 다 지역 기원설(polyphyletic theory, Milford Wolpoff) 등이 있다. 그래서 이 지역이 인류의 조상과 계통을 살피는데 있어 중요한 화석인골자료를 제공하고 있는 곳이다. 오모강 하류 차모호수 근처에는

Mursi, Hamar, Karo, Tsamai, Bana, Erbore, Konso, Gabbra, Borana족들
이 살고 있다(이스라엘 9항 참조).

7. 에티오피아의 이슬람 역사도시 하라르 주골(Harar Jugol, the Fortified Historic Town: 문화, 2006):

이슬람 역사도시 하라르는 사막과 사반나 지대로 둘러싸인 깊은 협곡을 가진 고원지대 동편에 위치한다. 서기 13세기-서기 16세기에 축조된 이슬람/무슬림(Muslim) 도시로 이스람 세계에서는 4번째의 신성한 도시로 여겨진다. 바깥 성채, 82개의 모스크(그중 3개는 서기 10세기경에 지어짐), 102개의 靈廟가 남아 있다. 서기 1520년-서기 1568년 Harari 왕국의 수도였다. 서기 16세기에서 서기 19세기까지 하라르는 무역과 이스람 교육의 중심지였고 서기 1887년 에티오피아로 편입되었다.

8. 콘소 문화경관(Konso Cultural Landcape: 문화, 2010/2011 확대지정):

콘솔-가르두라(Konsol-Gardula)의 古人類學 遺蹟(palaeo-anthropological sites)으로 서기 1991년에 발견되었다. 洪績世(更新世, Pleistocene) 동안 호수가로 여겨지며 현재 沖積土로 형성된 남북 15km, 동서 5km의 범위(55km²) 안에 17개소의 유물산포지가 있다. 이곳에서 구석기시대 전기의 올도완(Oldowan)과 아슐리앙(Acheulian) 문화의 석기를 비롯해 과거 200만년-20만 년 전에 이르는 직립원인(Homo erectus)과 오스트랄로피테쿠스 보이세이(Ausrtalopithcus boisei)인들의 화석이 12개나 발견되었다. 고고학적 層位도 5개가 되어 다양한 문화가 순차적으로 존재해 있었음이 밝혀지고 있다.

또 고원지대에는 돌로 싼 계단식 농경지(terraces)와 요새화된 주거

지가 있다. 여기에는 21세대(적어도 400년 이상)나 올라가는 살아있는 문화전통이 계속 이어지고 있다. 이 문화 경관에서 이곳에 살고 있는 주민들이 서로 가치를 나누고, 사회적 결속력을 유지하면서 집단을 운영해나가는 방법도 알고 있음을 보여준다. 이 유적들에서는 神人 同形同性說을 나타내는 木像도 한자리에 모아지고 있는데 이는 집단의 존경받는 지도자 특히 영웅적인 행위를 묘사하고 있으며 이는 거의 사라져가는 집단의 장례행위를 실감 있게 보여주고 있다. 마을에서 발견되는 石碑도 사라져간 지도자들에 감사하는 복잡한 사회체계를 보여준다.

앤티가 바부다 Antigua and Barbuda

1. 엔티가 해군 조선소와 관련된 고고학 유적(Antigua Naval Dockyard and elated Achaeological Sites: 문화, 2016):

넬슨 조선소(Nelson's Dockyard)로 알려진 엔티가 해군 조선소는 동부 카리브 해 버진 제도(Virgin's island) 남쪽 원호를 그리며 잇달아 있는 섬들 중의 하나인 리워드 제도(Leeward Islands) 엔티가 섬 영국해군 조선소이다. 이 조선소는 서기 1720년 대 말 잉글리시 하버(English Harbour)에 만들어졌으며 서기 1895년 군사기지로의 기능을 상실하여 폐쇄하였다. 엥글리시 하버를 포함하는 좁고 깊은 만은 얕은 구릉에 둘러싸여 해군을 안전하게 방어하는데 도움을 주고 木船戰艦을 끌어올려 수리(careenage and repair facility)하고 또 태풍 때 배의 피신을 위한 적합한 이상적인 장소이다. 다시 말해 이곳은 영국 해군이 동부 카리브 해에서 강력한 해군력의 존재를 과시하기위한 전략적 이점이 있는 곳이었다.

　서기 1776년 식미지 미국을 잃으면서 엥글리시 하버의 조선소는 대서양을 가로질러 영국의 귀항에 앞서 전투에서 손상을 입은 전함의 수리와 보급기지로의 중요성이 부각되었다. 조선소에서 상급 해군 장교가 지휘한다는 전통의 결과 많은 유명한 해군 영웅들이 책임을 맡아 조선소를 지휘하였다. 그들은 호래이쇼 넬슨 제독(Admiral Lord Horatio Nelson), 버논 제독(Admiral Vernon), 후드 제독(Admiral Hood) 등이다. 이곳을 방문한 가장 유명한 해군 장교는 콜링우드 제독(Admiral Collingwood), 윌리엄 헨리 왕세자(Prince William Henry, 후일 William IV), 죠지 V세(George V) 등이다.

　이 조선소는 시간이 지남에 따라 조선 용량, 규모와 중요성이 부각되어 시설이 증가되었다. 이 시설을 보호하기 위해 영국군은 요새를, 병원, 병영, 군수품 가게, 조선소를 둘러싸고 있는 언덕 주위에 설치한 기반시설 등에 많은 투자를 하였다. 많은 군인들이 요새의 주둔지에 보내졌는데 그 중 약 40%가 영국으로 돌아오지 못하고 말라리아나 황열(yellow fever)을 포함한 열대병과 이질에 희생되었다. 대분의 군사시설은 지금 못쓰게 되었지만 이 시설들은 아직도 고고학자들이나 박물관 큐레이터를 위한 많은 조사·연구기회를 제공해 주고 있다. 조선소는 서기 1889년을 마지막으로 영국해군 전초기지로서의 기능을 상실하였다. 그 다음 50년간은 이 조선소는 앤티가 섬의 엥글리시 하버마을의 어부, 보트를 만드는 사람들과 여러 섬 사이를 오가면서 무역거래와 운항교통을 제공하던 목제 帆船(loops)과 두 개 이상의 마스트를 가진 세로 돛 범선인 스쿠너(schooners)들을 끌어올려 수리를 위한 시설로 이용되었다.

　이곳은 또한 세계제1·2차대전 동안 인도군의 해외파견근무를 위한 훈련장소로 이용되기도 하였다. 이 유적은 서기 1984년 국립공원법 제정에 따라 현재 앤티가 섬의 첫 번째로 지정된 국립공원으로 보호를 받고 있으며 문화유산 관광유적으로 운영되고 있다.

　여기에 속하는 중요 건물들은 NAVAL OFFICER'S HOUSE(1855), OFFICER'S QUARTERS(c.1810), COPPER & LUMBER STORE(1789), CORDAGE & CANVAS STORE(1778-1784), BOAT HOUSE & JOINER'S LOFT(1778), PITCH & TAR STORE(1788), BOAT HOUSE & SAIL LOFT(1796), BOAT HOUSE & SAIL LOFT(1796), PAY OFFICE(1807). SEAMAN'S GALLEY(1778) 들이다.

엘살바도르 EL SALVADOR

1. 호야 데 세렌 고고유적지(Joya de Cerén Archaeological Site: 문화, 1993):

　서기 79년 8월 24일 베스비우스 화산의 폭발에 묻힌 이탈리아의 폼페이와 헤르큐라네움시와 같이 이 마을도 서기 590년경 이웃 라구나 칼데라(Laguna Caldera) 화산의 폭발에 의해 깊이 14層이 형성될 정도로 깊이 묻힌 先스페인시대(pre-Hispnic) 마야시대 농업공동체 마니옥(manioc, casava) 재배단지였다. 화산 폭발시 주민들은 가재도구, 그릇, 먹다만 밥 등을 남기고 황급히 대피하였는데 피해자가 없었는지 70채의 주거지가 발굴되었으나 인골은 확인되지 않고 있다. 이 유적은 서기 1976년 콜로라도 대학 인류학자 파이손 시트(Pyson Sheets) 교수에 의해 발견되고 지금까지 발굴되고 있다.

영국 UNITED KINGDOM

1. 성 킬다 섬(St. Kilda Island: 복합, 1986/2004/2005 확대지정):

스코틀랜드 서북향 66km 떨어진 아우터 헤브리디스(Outer Hebrides) 내 독특한 절벽과 퇴적지형을 가진 히르타, 보어레이, 소이와 던 섬으로 형성된 세인트 길다 군도에서 보어레이 섬은 날개 끝이 검고 몸집이 큰 얼가니 바닷새의 최대 서식지를 비롯해 큰 도적 갈매기, 검은 다리 세 가락 갈매기, 회색기러기, 야생면양(soay ram) 1,400여 마리와 130종의 고유 식물이 자란다. 그리고 세계에서 가장 오래된 화산이 있고 글렌모어(Gleann Mòr) 골짜기가 있는 킬다 섬에서는 기원전 1850년부터 사람이 살기 시작한 선사시대의 유일한 배 모양의 열석('boat-shaped' stone rings, 'settings')와 20개소의 끝이 뿔처럼 튀어나온 폐허가 된 집자리 유적['horned structures'(3m×3m)]와 기원전 500년~서기 300년 사이에 살던 마을의 흔적도 발견되었다. 영국정부에서 서기 1930년 이 섬의 자연보호를 목적으로 사람들을 다른 곳으로 이주시켰다. 이 섬들은 자연·문화 보호지역(서기 1957년 영국, 서기 1986년 유네스코 지정, 스코틀랜드 문화 보호협회/National Trust for Scotland의 보호)이다.

2. 더햄 성과 대성당(Durham Castle and Cathedral: 문화, 1986):

서기 11세기~서기 12세기 영국 더햄 옛 대학도시를 가로지르는 웨어 강(Wear river)을 굽어보는 곳에 건립된 가장 크고 아름다운 노르만(Norman) 로마네스크 건축양식으로 서기 1093년~서기 1133년에 지어진 베네딕트 수도공동체의 성당, 성 구트버트(St. Cuthbert, 노섬브리아의 복음주의자)의 유적, 그 뒤에는 황태자 겸 대주교인 더햄이 살

던 고대 노르만의 요새 겸 그린 궁전(Palace Green)이 있다. 이 성당에
서 6.6m의 둘레와 6.6m의 높이를 가진 조각된 本堂의 기둥이 잘 알
려져 있다.

3. 스톤헨지 유적(Stonehenge, Avebury and Associated Sites: 문화, 1986):

신석기 시대 유럽의 지석묘·입석·열석·집단묘와 같이 거석문화의
하나인 환상열석(stone circle)으로 기원전 2750년경에 건조된 것으로
冬至와 夏至날 축제를 위한 종교·제사를 지내던 유적이다. 거석문화
에는 지석묘(고인돌, dolmen), 입석(선돌, menhir), 환상열석(stone circle, 영
국의 Stone henge가 대표), 열석(alignment, 프랑스의 Carnac이 대표)과 집단
묘[collective tomb: 가. 羨道〈널길〉가 있는 묘 passage grave(또는 access passage,
영국의 Maes Howe Chambered Barrow가 대표적 임), 나. 연도가 없는 묘 gal-
lery grave, 또는 allée couverte]의 크게 5종 여섯 가지 형태가 나타난다. 이
들 거석문화의 대표적 예들은 영국의 에이브버리 스톤헨지(Avebury
Stonehenge)과 콘월 포트홀(Cornwall Porthole, Men-An-Tol, the Crick Stone),
스웨덴의 선더홀름(Sonderholm), 스페인의 로스 미야레스(Los Millares),
英연방인 고조(Gozo)섬의 간티자(Gian Tija/Ggantija/giant tower란 의미
로 갠티에/쥬갠티제로 발음함)의 청동기시대의 두 개 사원, 말타(Malta,
몰타) 섬의 Hagar Quim(Hagar Quimand), 므나지드라(Mnajidra)와 타르
시엔(Tarxien) 사원, 프랑스 Brittany의 Carnac, Locmariaquer, Morbi-
han, Dissignac, Gavrinis와 아일랜드의 Newgrange, Meath, Haroldtown,
Punchtown, Knowth 등이다. 특히 말타(Malta, 몰타)와 이웃 고조(Gozo)
섬에는 다른 곳들의 거석문화와는 달리 특이한 3-6葉型의 반원형/
抹角의 회랑(curved end as an apse)들을 가진 사원(temple)이 24개소나 있

으며, 이들은 기원전 3500년-기원전 2500년에 속한다. 이들은 유럽의 거석문화를 연구하는 학자들로부터 거석문화의 하나로 불린다. 또 이들 사원들은 Minorca(Menorca), Majorca와 Ibiza 섬이 포함되는 스페인령 발레아레스 제도(Balearic islands)의 기원전 2000년경의 딸라요트(Talayot) 문화의 거석으로 축조된 사원들과도 비교된다.

그 중 문화전파의 증거가 되었던 영국 윌셔 솔리스버리에 있는 환상열석인 스톤헨지(Stone henge)의 경우 스튜아트 피고트(Stuart Pigott)의 발굴 때 기원전 1900년, 그리고 그에 이은 리차드 에잇킨손(Richard J. C. Atkinson) 발굴 자료의 방사성탄소연대는 기원전 2350년, 그리고 마지막 콜린 랜프류(Collin Renfrew)의 보(수)정방사성탄소연대는 기원전 2750년이 나와 이집트 죠서(Zoser/Djoser 기원전 2687년-기원전 2667년 재위, 기원전 2687/2686년-기원전 2613년)의 피라미드 축조연대보다 올라가는 것으로 밝혀졌다. 최근의 이 유적의 연대편년은 1기: 기원전 약 3100년경, 2기: 기원전 3000년경, 3-I기: 기원전 2600년경, 3-II기: 기원전 2600년-기원전 2400년, 3-III기·3-IV기: 기원전 2280년-기원전 1930년으로 잡아가고 있다. 장부로 맞물린 스톤헨지를 구성하는 4ton 무게의 청석(sarsen stone)은 북서쪽 217km 떨어진 Preseli 고원에서 채석한 것으로 오크나무로 만든 통나무배로 운반되었다. 최근 이곳에서 북동쪽 460m 떨어진 에본(Avon) 강 옆 덜링톤 월스 마을(Durrington Walls) 유적에서 기원전 2600년경(Stonehenge 3-II기는 이 유적의 중심연대로 기원전 2600년-기원전 2400년임) 스톤헨지의 축조자들이 살던 마을이 셰필드(Sheffield) 대학교 마이크 파커 피어슨(Mike Parker Pearson) 교수의 Stonehenge Riverside Project에 의해 발굴되기도 하였다. 그는 이 스톤헨지 유적에서 笏(홀)과 같은 기능을 가진 mace-head(棍棒頭/곤봉대가리)의 발견으로 이 유적이 기원전 3000년에서 기원전

2500년 사이 30-40세대에 걸쳐 한 유력가족의 무덤[giant tombstones to the dead for centuries perhaps marking the cemetery of a ruling prehistoric dynasty: 살아 있는 권력자와 권력의 상징인 族長과 가족의 무덤]으로 사용되었다고 주장하기도 한다. 다시 말해 스톤헨지는 덜링톤 월스 마을의 현세의 생활과는 반대되는 死者의 領域으로 약 500년간 그 마을을 다스리던 족장의 화장된 무덤(서기 1922년 발굴 이후 모두 240구가 발견됨)으로 조상숭배의 聖所로 여겨지며 여기에서 조상에 한 감사와 풍요의 통과의례 의식인 夏至(summer soltice)축제가 열렸다. 그리고 근처 일 년에 두 번 스톤헨지를 축조하기 위해 사람이 1,000여 호가 모여 큰 마을을 이루던 덜링톤 월스 마을 근처에 있던 우드헨지(woodhenge)와 에이본 강 옆의 제단에서는 죽음과 이때부터 나타나는 새로운 부활의 상징인 冬至(winter soltice)축제가 곁들여 졌다고 추정된다. 이는 9개월 된 돼지가 겨울에 집중적으로 도살된 증거로도 입증된다. 다른 일반 구성원들의 유골은 에이본 강 옆에 세워진 二次葬 터에 세워진 목제 틀 위에서 육탈시킨 후 화장하여 강에 뿌려진 것으로 추정된다. 또 덜링톤 월스마을-에이본 강-스톤헨지에 이르는 코스 중 길이 27.4m, 폭 13.8m의, 당시 축제장 소인 스톤헨지로 가는 '축제용 도로'

스톤헨지 유적(Stonehenge) 계명대 金权九교수제공

가 발견되어 당시의 葬祭와 冬至祝祭의 모습을 구체적으로 복원할 수 있게 되었다. 그리고 최근 Blue Stonehenge라 불리는 제 2의 스톤헨지가 현 스톤헨지에서 2마일 거리도 안 되는 곳인 에이본 강 서쪽 제방에서 발견되어 주목을 끌고 있다. 이 스톤헨지의 축조의 마지막 시기는 기원전 2500년-기원전 2400년경으로, 이때 유럽본토에서 기원전 2400년-기원전 2200년경 이곳으로 이주해온 비커컵족(Beaker cup culture, 비커컵 토기문화, 일본에서는 鐘狀杯로 번역함, 西方文化複合體)들의 靑銅器와 冶金術의 소개로 인해 농업에 바탕을 두던 영국의 신석기시대의 종말이 도래하게 된 것이다. 이는 스톤헨지 동남쪽 3마일 떨어진 곳에서 발견된 35-45세가량의 왼쪽다리의 異常(脛骨 tibia의 前顆間區 anterior intercondylar area)으로 평소 절름발이의 상태를 면치 못했던 높은 신분의 무덤이 발견됨으로써이다. 여기에서 비커컵 5점과 함께 구리칼 3점, 금으로 만들어진 머리장식 두 점 등 모두 100여 점의 풍부한 유물이 출토하였으며, 주인공 뼈의 방사성탄소연대는 기원전 2400년-기원전 2200년이 나오고 있다. 그리고 이제는 프랑스의 브리타뉴 지방의 거석기념물은 기원전 4000년 이전에, 그리고 영국과 덴마크의 것은 기원전 3000년으로 이집트의 것보다 적어도 3-4백년 이상 앞서 유럽의 거석문화가 독자적으로 형성되었음이 밝혀지고 있다. 아무튼 이집트 문명은 "이집트학"이 성립될 정도로 세계의 문명연구에 있어 중요성을 차지하고 있다. 이 스톤헨지의 발굴조사로 이집트는 "태양의 아들" 또는 "태양거석문화"의 전파지로 불려왔으나 이것이 후일 "보정(수정) 방사성 탄소연대"가 새로이 개발됨에 따라 전통적인 편년체계가 몰락하고 이에 따라 이집트 기원설이란 가설이 뒤집어지게 되었다. 이제까지는 기원전 2600년경에 처음 세워졌던 이집트의 피라미드(죠서 왕의 생몰연대는 기원전 2686

년-기원전 2613년경으로 그의 피라미드는 기원전 2613년 전후에 세워진 것으로 추정됨)를 거석문화의 하나로 보고 이 거석문화에서 전파되어 유럽거석문화가 형성되었다고 추정되어 왔다(아일란드 1항 참조).

4. 아이언 브리지 계곡(Iron Bridge Gorge: 문화, 1986):

원래는 콜부룩데일(Coalbrookdale) 세번 고지(Severn Gorge)였으나 산업혁명(서기 1760년) 시기의 상징으로 서기 1779년 세계 최초로 만들어진 유명한 철로 만들어진 다리 때문에 아이언 브리지 계곡으로 불리고 있다. 이 다리는 서기 1708년에 만들어진 鎔鑛爐가 있던 브로스리(Brosely) 산업도시, 메들리(Madeley) 광산지구와 콜볼룩데일의 산업 중심지를 연결하고 있었다. 다시 말해 이곳은 산업혁명에서 중요한 석탄, 철, 석회암, 타일과 도자기 원료인 점토가 나오던 곳이었다. 철을 용광로에서 녹여 철 구조물을 생산 하던 것을 상징한 'The bridge was cast'란 이름이 붙어 있는 이 다리의 길이는 30m, 鑄造된 철근이 300톤가량 사용되었다. 이 다리는 후일 프랑스의 에펠탑(서기 1889년)과 스페인의 비즈카이야 다리(서기 1893년)를 만드는데 있어 기술과 건축에 많은 영향을 주었다.

5. 화운틴 수도원 유적을 포함한 스터들리 왕립공원(Studley Royal Park Including the Ruins of Fountains Abbey: 문화, 1986):

북쪽 요크샤이어의 스터들리 왕립공원 에는 서기 1132년 13명의 베네딕트파의 수도사들에 의해 세워졌으나 후일 시토교단의 수도원으로 된 Cistercian Fountains Abbey(서기 1539년 Henry VIII세의 명에 따라 해체됨)와 서기 18세기에 만들어진 스터들리 왕립 관개 정원(Studley Royal Water garden)이 있다. 이 정원에는 우아한 호수, 운하, 신전, 폭포, 농장, 조망대, 여러 채의 큰 성(Fountains Hall Castle)들 있다. 이 성들은 신 고딕양식과 이탈리아 건축가 Andrea Palladio(서기 1508년 11월 30일-서기 1580년 8월 19일)의 팔라디안 건축양식으로 지어졌다.

6. 기네드 에드워드 I세 시대의 성과 읍성들(The Castles and Town Walls of King Edward in Gwynedd: 문화, 1986):

북부 웨일(Wale) 주 기네드에 위치한 군사시설 건축가인 James of St. George가 만든 보메리스(Beaumaris)와 할레크(Harlech)의 두 성, 그리고 케나혼(Caernarfon)과 기네드의 요새 복합단지는 에드워드 1세 왕(서기 1272년-서기 1307년)의 통치 때 식민지경영과 방어용으로 쌓은 당시 군사건축물을 잘 보여준다.

7. 하드리안 성벽(Hadrian's Wall: 문화, 1987):

Roman Limes(Limes Romanus)로 알려진 서기 2세기경의 로마시대 경계선·방어체계로 북부 영국에서 유럽을 거쳐 흑해와 홍해에 이르는 5,000km에 달한다. 여기에서는 요새, 성벽, 望樓, 甕城, 해자(垓字), 水道橋, 주거지 등과 그 흔적들이 포함 된다. 황제 하드리아누스(서기 117년-서기 138년 재위)가 영국을 방문해 길이 118km에 달하고 서기 122년에 지어진 영국의 하드리아누스 성벽(Hadrian's wall)과 그 후 안토니우스 파이우스(Antonius Pius, 서기 138년-서기 161년 재위) 황제 때인 서기 142년 서북쪽으로 좀 더 영토를 넓혀 길이 60km에 달하는 성벽(스코틀랜드의 Antonine Wall)을 쌓아 놓았다. 이것들은 로마제국의 이민족(barbarian)에 대한 통치, 방어체계와 축성술을 보여준다. 로마제국은 서쪽으로 아그리콜라(Gnaeus Julius Agricola) 장군에 의한 브리타니아 섬의 정복이 완료되고, 하드리아누스 황제에 의해 만들어진 스코틀랜드의 빈돌란다 요새(Hadrianus Wall), 그리고 동쪽으로 요르단의 페트라[Petra, 기원전 100년-서기 100년경]와 바쉬르성, 시리아의 팔미라(Palmyra)까지 이르게 되었다. 이 성은 石城으로 길이 118km, 높이 6m, 폭 3m이다. 어싱(Irthing) 강 서쪽의 경우 높이 3.5m, 폭 6m이다.

8. 블렌하임 궁전(Blenheim Palace: 문화, 1987):

옥스퍼드셔 주 옥드포드셔, 우드스톡(Woodstock)에 위치한 영국에서 잠시 유행한 바로크 양식으로 지어진 블렌하임 궁전은 말보로(Marlborough의 첫 번째 공작) 공작이 살기 위한 저택으로 서기 1704년 블렌하임 전투에서 프랑스와 바바리아를 물리치고 귀환한 공작에게 왕실에서 하사한 것으로 궁전의 명칭을 유지하고 있다. 영국에서도 가장 큰 궁전의 하나로 여겨지며 서기 1705년-서기 1722년 John Vanbrugh가 설계하였고 수상 윈스턴 처칠 경(Sir Winston Leonard Spencer Churchill, 서기 1874년 11월 30일-서기 1965년 1월 24일)이 태어난 곳이기도 하다. 그 옆의 정원은 브라운('Capability' Brown)에 의해 조성되었다. 이곳은 저택, 靈廟, 국가기념물(the Column of Victory)의 복합기능을 가지고 있다.

9. 배쓰 시(City of Bath: 문화, 1987):

영국 남부 Avon(옛 Somerset)의 배쓰 시는 로마인들에 의해 서기 43년 Aqua Sulis(the waters of Sulis)라는 명칭으로 개발된 온천으로 중세시대에는 모직산업의 중심지였다. 죠지 III세(서기 1738년 6월 4일-서기 1820년 1월 129일) 때에는 이탈리아의 신고전주의 팔라디오(Andrea Palladio, 서기 1508년 11월 30일-서기 1580년 8월 19일)의 팔라디안 양식의 건물이 들어섬으로써 로마의 온천과 조화를 이루었다. 이곳의 신전은 서기 60년-서기 70년에 지어졌고 목욕건물단지는 그 후 300년간 계속해서 확장되어 나갔다.

10. 웨스트민스터 궁/수도원과 성 마가렛 교회(Westminster Palace/Abbey and St. Margaret's Church: 문화, 1987):

런던의 웨스트민스터 궁은 중세시대의 터에 서기 1840년 신 고딕 양식으로 다시 지은 것인데 그 안에 중세시대에 지어진 垂直式의 고딕양식으로 지어진 성 마가렛 교회와 Big Ben(현재는 엘리자베스 II세의 이름을 땀) 시계탑을 포함하고 있다. 궁전의 북쪽에 위치하는 웨스트민스터 사원 건물은 영국의 聖公會로 늦어도 서기 13세기까지 거슬러 올라가며, 그 안에 영국의 왕과 왕비의 무덤들을 보관하고 있다. 이 사원은 서기 11세기 이래 영국 국왕의 戴冠式을 거행했던 곳으로 역사적으로 매우 상징이 되는 곳이다. 이 궁 안에 영국 국회(Parliament: 하원 the House of Commons, 상원 the House of Lords)가 들어서 있다.

11. 런던 타워(The Tower of London: 문화, 1988):

The Tower, White Tower로 불리며 서기 1078년 런던시를 방어하기 위해 정복왕 윌리엄 I세(William the Conqueror, William I, 서기 1028년-서기 1087년, 서기 1066년-서기 1087년 재위, 노르만왕가의 시조)에 의해 템즈 강변 북쪽에 세워졌다. 런던타워의 공식명칭은 여왕폐하의 왕궁 겸 요새(Her Majesty's royal Palace 와 Fortress)로 영국의 역사의 증인인 런던탑은 The White Tower와 동일시되며 영국왕실의 상징이 되고 있다. 이 탑의 주 기능은 요새, 왕궁, 교도소였고, 때로는 형장, 무기고, 국고, 동물원, 화폐를 발행하는 곳, 공공 기록 사무실, 전망대 등으로 이용되기도 하였다. 그리고 서기 1303년 이후로 영국의 보석과 왕관을 보관하는 장소로 이용되고 있다. 이곳은 헨리 8세(Henry VIII세, 서기 1491년 6월 28일-서기 1547년 1월 28일, 서기 1509년 4월 21일-서기 1547년 1월 28일 재위)의 둘째 부인 앤 볼렌(Anne Boleyn, 서기 1501년/1507년-서기 1536년 5월 19일)이 폐위되어 이곳에서 참수당한 이후 수 천 명의 정치범들이 참수당한 악명 높은 교도소와 형장으로 되었었다. 이 탑은 36m×32m, 높이 27m이다.

12. 캔터베리 대성당, 성 오거스틴 수도원 및 성 마틴 교회(Canterbury Cathedral, St. Augustine's Abbey, and St. Martin's Church: 문화, 1988):

켄트(Kent)에 있는 켄터베리에는 거의 5세기 간 영국교회(聖公會, Anglican Communion)의 정신적 지주역할을 해온 켄터베리 대성당이 있다. 이곳에는 垂直식의 고딕건물, 서기 12세기에 지어진 고딕식 성가대, 스테인드 그라스 창문, 지하납골당이 있으며 서기 1170년 대주교 토마스 베켓트(Thomas Becket)의 순교지로서 영국 기독교인들의 순례지이다. 그리고 켄터베리의 또 다른 중요한 교회는 도시의 중세시대 성벽 밖에 반만 남아있는 마틴 교회(Chruch of Martin)로 영국에서 가장 오래된 서기 4세기경에 지어졌다. 마지막의 도시중심을 벗어난 외곽에 위치한 성 아우구스트 수도원(St. Augustine's Abbey)은 현재 폐허가 되었지만 과거의 화려함을 보여주고 있다. 이곳은 서기 597년 Heptarcy(Angles, Saxons 등 7왕국의 7頭 정치국)에서 성지들이 복음을 전파하던 역사를 생각나게 한다.

13. 에든버러 신·구 도시(Old and New Towns of Edinburgh: 문화, 1995):

서기 15세기 이래 스코틀랜드의 수도로 도시는 두 개의 뚜렷한 특징으로 나누어진다. 하나는 구 도시로 중세시대의 요새가 중심을 이루고, 또 다른 하나는 서기 18세기부터 발전해온 유럽의 도시계획에 영향을 준 신고전주의의 신도시이다. 대조되면서 조화를 이루는 두 역사도시는 각기 알맞은 중요한 건물들을 보여주고 있다. 구 도시는 성으로 끝이 막혀 있으며 대동맥을 형성하는 대도인 Royal mile은 여러 개의 뚜렷한 거리로 이루어지며 지금은 폐허가 된 홀리루드 수도원(Holyrood Abbey, 서기 1128년 스코틀랜드의 데이비드 I세에 의해 건립) 유적으로 이어지고 있다. 수 피이트 폭의 좁은 골목길은 언덕 아래로 이어진다. 큰 광장에는 시장과 트론 커크 교회(Tron Kirk, 서기 17세기-서기 1952년), 자일스 성당, 대법원과 같은 중요 공공건물들이 둘러있다. 다른 특징 있는 건물은 스코틀랜드 의회 건물, 스코틀랜드와의 거주지인 홀리루드 궁전(Holyroodhouse), 스코틀랜드 교회의 대회의실, 왕립박물관, 에든버러 대학 등이다. 서기 1824년의 대화재에서 많은 건물들이 파괴를 입었다. 신도시는 도시계획의 걸작으로 서기 1765년-서기 1850년 사이 여러 시대를 걸쳐 형성되었으나 신고전주의 기간에 만들어진 건물이 많이 남아있다.

14. 그리니치 공원(Maritime Greenwich: 문화, 1997):

런던 교외 그리니치 공원에는 영국의 예술과 과학발전에 이바지한 서기 17세기-서기 18세기에 지어진 여러 건물들이 조화를 이루고 있다. 안드레 드 노트르(André Le Nôtre)가 설계한 공원에 있는 인디고 쫀스(Indigo Jones)의 The Queen's House는 영국에서 이탈리아 신고전주의 팔라디오(Andrea Palladio, 서기 1508년 11월 30일-서기 1580년 8월 19일)의 팔라디안 양식으로 지어진 최초의 건물이다. 그리고 크리스토퍼 워런(Christopher Wren)의 왕립해군학교와 크리스토퍼 워런과 로버트 후크(Robert Hooke)의 옛 왕립천문대(Greenwich Royal Observatory)도 여기에 있다. 이 천문대는 그리니치 標準時(Greenwich Mean Time, GMT, mean solar time)의 시발점이며 東과 西의 經度가 이곳에서 시작된다. 본초자오선은 서기 1851년에, 그리고 4개의 자오선이 그리니치 천문대를 기점으로 하는 것은 서기 1884년 국제회의에서 통과되었다.

15. 오크니 제도 신석기 유적(The Heart of Neolithic Orkney: 문화, 1999):

스코틀랜드 북서부 오크니 제도에서 메쇼우(Maeshowe), Standing Stones of Stenness, Ring of Brodgar, Skara Brae의 4개소가 세계문화유산에 포함이 되었다.

메쇼우(Maeshowe)는 신석기시대 거석문화의 하나인 羨道(널길)가 있는 석실분(passage grave/access passage, collective tomb)로 연도를 통해 冬至날 해가 석실분의 중앙 벽에 다다라 死者의 復活을 의미한다. 스테네스(Stenness)의 Standing Stones은 立石(menhir)으로 현재 4개가 남아 있는데 가장 큰 것은 6m나 된다. 브로드가(Brodgar)의 Ring은 環狀列石으로 직경이 104m나 되고 원래 60여 개의 돌로 구성이 되었다. 이것을 만드는데 모두 8만 시간이 소요되었다는 추정이 나온다. 주위의 環溝는 3-10m나 된다.

사카라 브래(Skara Brae) 그중 Skara Brae 섬의 점판암(slate)으로 지어진 신석기시대 말기의 10개의 원형가옥으로 그 연대는 기원전 2480년에서 기원전 2370년 사이에 속하며 보존이 잘 되어 있다.

16. 블래나본 산업경관(Blaenavon Industrial Landscape: 문화, 2000):

웨일즈의 블래나본 시는 광산과 제철업에 필요한 철과 석탄이 생산된 곳이고 여기에는 서기 19세기 당시 세계 제일의 철과 석탄 산업단지, 광산, 채석장, 기차선로, 용광로, 노동자숙소 등이 있다. 오늘날 폐광이 되어 도시의 역사적 건물과 광산의 경관은 그대로 남아 이곳은 박물관으로 되었다. 이곳에서의 제철업은 로마시대부터 시작되었으나 서기 1788년부터 高風管 엔진시설을 갖추어 고열을 내는 두 기의 용광로가 있는 제철소가 지어지고 서기 1812년에는 세계에서 철제품의 생산량이 가장 많았다. 炭鑛에는 坑道가 많아 도시는 사우스 웨일스탄광의 언저리에 위치하게 되었다. 서기 1800년에 처음으로 수직갱도가 작동하였다. 철의 수요가 높아질수록 갱도의 수는 늘어 갔다. Big Pit는 서기 1880년대에 가동을 했다가 100년 후에 폐광을 했다.

17. 성 조지 역사마을과 버뮤다 요새(The Historic Town of St George and Related Fortifications, Bermuda: 문화, 2000):

서기 1612년 버뮤다에 설립된 성 죠지 타운으로 신대륙에 만들어진 영국 최초의 도시주거와 이를 보호하는 군사요새로 서기 17세기에서 서기 20세기까지 포병병기(대포)의 발전에 대응하기위해 요새를 보강하는 군사기술도 점차적으로 늘어나게 되었는데 이 요새에서 그러한 발전과정을 잘 살펴볼 수 있다.

18. 더웬트 계곡 방직공장(Derwent Valley Mills: 문화, 2001):

영국 중앙부 더비셔의 더윈트 방직공장들은 메틀록 바스(Matlock Bath)에서 더비(Derby)까지의 15km의 계곡에 산재해 있으며 그중 서기 1771년 리차드 아크라이트(Richard Arkwright, 서기 1733년 1월 3일-서기 1792년 8월 3일)가 水力을 動力으로 하는 紡績機를 발명해 오늘날의 산업 규모로 생산을 해왔던 크롬포드(Cromford) 공장을 그 시작으로 한다. 공장에서 일하는 노동자들의 숙소와 다른 공장들이 그대로 남아 당시의 사회·경제의 면모를 보여준다. 이곳은 방직의 산업 기술사에서 무척 중요하다. 더웬트 계곡 방직공장 지대에는 크롬포드(Cromford) 방직공장을 비롯하여 크롬포드 공장 단지(Cromford Mill Complex), 크롬포드 운하(Cromford Canal), 마송 공장(Masson Mill), 마송 둑(Masson Weir), 리 브릿지(Lea Bridge), 스메들리 공장(Smedley's Mill), 벨퍼 앤 밀포드 공장(Belper and Milford Mills), 펙워쉬 공장(Peckwash Mill), 달리 애비 공장(Darley Abbey Mills)과 실크 공장(Silk Mill) 등 10곳이 남아 있다.

19. 뉴 래너크(New Lanark: 문화, 2001):

남부 스코틀랜드 조그만 마을의 뉴 래너크 방직공장은 사회 개척자 겸 박애주의자였던 로버트 오웬(Robert Owen)이 산업 공동체 모델로 세운 것으로 서기 1800년-서기 1825년 공장을 관리하며 이곳에서 일하던 에딘버러와 글라스고 빈민가 출신의 2,500명과 가족에게 어린이 노동과 체벌이 금지, 마을 사람들은 번듯한 집, 학교와 야간 수업, 무료 건강관리, 음식 등의 제공을 실천했다. 이곳의 인상적인 방직공장, 공간이 넓고 설계가 잘된 노동자 숙소, 권위 있는 교육기관과 학교는 오웬의 휴머니즘을 엿볼 수 있다.

20. 솔테이어 공업촌(Saltaire: 문화, 2001):

서기 19세기 후반 박애주의자인 솔트 경(Titus Salt, 서기 1803년 9월 20일-1876년 12월 29일)이 서부 요크셔(West Yorkshire)의 브래드포드(Bradford)에 세운 방직공장 마을로, 이곳의 공장, 공공건물, 노동자숙소 등은 수준 높은 건축기준과 도시계획에 의해 서로 조화를 이루도록 지어져 빅토리아(서기 1819년 5월 24일-서기 1901년 1월 22일, 서기 1837년 6

월 20일-서기 1901년 1월 22일 재위) 왕조시대의 박애주의적 공동협력을 잘 보여준다.

21. 큐 왕립식물원(Royal Botanic Gardens, Kew: 문화, 2003):

서기 1759년 에든버러에 세워진 큐 왕립식물원은 런던 남서지역의 리치몬드와 큐 사이 템즈 강가에 자리 잡은 런던의 조경정원으로 현재에는 300acre가 넘는 규모에 250여 년간 수집한 각종 식물 컬렉션(보호 식물, 식물과 기록)이 있다. 큐에는 17세기부터 정원이 있었다. 오늘날 이 식물원에는 수생 식물정원(Aquatic Garden), 겨울 정원(Winter Garden)을 비롯하여 다양한 26개의 정원이 있다. 그중에는 세계 각지의 다양한 식물을 관찰할 수 있는 6개의 온실도 포함한다. 서기 1844년-서기 1848년에 지은 팜 하우스(Palm House)와 템퍼리트 하우스(Temperate House)가 유명하다. 이곳의 큐 궁전(Kew Palace)은 17세기에 지어져 왕립식물원 내에서 가장 오래된 건물이며 조지 III세(King George III, 서기 1738년 7월 4일-서기 1820년 1월 29일)와 샬로트 왕비(Queen Charlotte)가 이곳에 살았다. 이곳에는 조지 왕이 말년에 입었던 양복조끼와 샬로트 왕비가 임종을 맞이한 의자 등, 왕족 관련 유물이 전시되어 있다. 이 왕립식물원은 에든버러를 비롯해 벤모어, 로간, 도익의 4곳으로 확장되었다.

22. 리버풀 항구 상업도시(Liverpool-Maritime Mercantile City: 문화, 2004):

리버풀 항구 상업도시는 서기 18세기-서기 19세기 리버풀에 세워진 대영제국의 발전에 공헌한 6곳의 무역항으로 이곳에는 개혁적인 방법으로 만든 부두(Albert dock)를 포함해 항만의 행정시설, 상업용사무소, 주거지역, 창고 만체스터와 리버풀을 잇는 운하(Bridgewater canal, 서기 1761년-서기 1795년, 66km), 박물관(알버트 독크를 이용해 만든 Merseyside maritime museum) 등이 있다. 세계문화유산으로 등재된 6곳은 Pier Head, Albert Dock Conservation Area, Stanley Dock Conservation Area, Castle/Dale/Old Hall Street Commercial Center, William Brown Street Cultural Quarter, Lower Duke street이다.

23. 콘월 및 웨스트 데본 지방의 광산 유적지 경관(Cornwall and West Devon Mining Landscape: 문화, 2006):

콘월 및 웨스트 데본 지방은 서기 18세기-서기 19세기 구리와 朱錫광산과 광업기술의 중심으로 서기 19세기에는 세계 구리 소비량의 2/3를 공급하였으나 서기 1860년대 쇠퇴하기 시작하였다. 이곳에는 지하 깊은 탄광의 坑道, 엔진시설이 있는 집(engine house), 鑄造所, 주택지, 작은 농지, 항구와 부수적인 산업시설 등이 남아있으며 콘월식 엔진 하우스, 광업기술과 장비는 스페인, 멕시코, 남아프리카, 호주 등 세계 각지에서 사용하고 있다. 이곳은 영국의 산업혁명(서기 1760년)의 발전에 공헌을 하였다. 이곳에 지정된 세계문화유산 목록은 St. Just Mining District, The Port of Hayle, Tregonning and Gwinear Mining Districts with Trewavas, Wendron Mining District, Camborne and Redruth Mining District with Wheal Peevor and Portreath Harbour, Gwennap Mining District with Devoran and Perran and Kennall Vale, St Agnes Mining District, The Luxulyan Valley and Charlestown, Caradon Mining District, Tamar Valley Mining District with Tavistock이다.

24. 로마 제국 변경의 무역중심지(Frontiers of the Roman Empire: 문화, 1987/2005/2008 확대지정):

Roman Limes(Limes Romanus)로 알려진 서기 2세기경의 로마시대 경계선·방어체계로 북부 영국에서 유럽을 거쳐 흑해와 홍해에 이르는 5,000km에 달한다. 여기에서는 요새, 성벽, 望樓, 甕城, 해자(垓字), 水道橋, 주거지 등과 그 흔적들이 포함 된다. 독일의 경우 서북쪽에서 동남쪽 다뉴브 강에 이르는 550km가 해당한다. 이 선을 따라 어떤 곳은 발굴이 되고, 또 복원도 되고 약간은 파괴되기도 하였다. 118km에 달하는 서기 122년에 지어진 영국의 하드리아누스 성벽(Hadrian's wall)과 그 후 안토니우스 파이우스(Antonius Pius) 황제 때인 서기 142년 서북쪽으로 좀 더 영토를 넓혀 60km에 달하는 성벽(스코트랜드의 Antonine Wall)을 쌓아 놓았다. 이것들은 로마 제국의 이민족(barbarian)에 대한 통치, 방어체계와 축성술을 보여준다.

25. 폰트카사스테 수로교 및 운하(Pontcysyllte Aqueduct and Canal: 문화, 2009):

웨일즈 동북 뢱스햄의 트레보르와 폰트카사스테 마을 사이를 흐르는 디(Dee) 강 계곡을 가로지르는 水路橋인 폰트카사스테 수로교 및 전장 18km의 운하는 산업혁명(서기 1760년) 동안 영국에서 가장 길고(307m, 폭 3.4m, 물통의 깊이 1.6m) 높게(38m) 만들어진 공학기술의 걸작이다. 수위를 조절하는 閘門을 만드는 대신 지형에 맞는 수로교와 터널로 만들어졌다. 이것은 토마스 텔포드(Thomas Telford)와 윌리암 제소프(William Jessop)가 설계하여 서기 1805년 11월 26일 완공하였다. 기둥은 벽돌로 물통은 鑄鐵과 鍊鐵로 홍예석(아치)처럼 鑄造(cast iron)해 사용하였다.

26. 촬스 다윈의 연구실(Darwin's Landscape Laboratory: 문화, 2010):

브롬리(Bromley)의 다우니(Downe)에 있는 촬스 다윈(서기 1809년 2월 12일-서기 1882년 4월 19일)이 서기 1882년 죽기 전까지 40년간 거주했던 집, 집주위의 환경과 그가 연구의 실험 대상으로 삼았던 연구실의 각종 식물, 곤충들의 표본이 포함된다. 그는 서기 1859년 종의 기원(Origin of Species)라는 책을 발간하였다.

27. 포스교(The Forth Bridge: 문화, 2015):

스콧틀랜드의 포스강구를 가로지르는 이 철교는 세계에서 멀티 스팬 시스템의 이점을 살린 가장 긴 캔틸레버(multi-span cantilever bridge, 외팔보 구조, 한쪽 끝은 고정되고 다른 쪽 끝은 자유로운 들보) 다리로 서기 1890년에 세워져 지금까지 사람과 화물을 운반하는데 이용되고 있다. 구조는 곧바르고 장식이 없는 것이 이 다리의 특징이자 아름다움이다. 양식적 개혁, 재료와 규모에서 포스교는 기차 길이 장거리 육지여행이 우위를 점할 때 모든 다리의 설계에서 시금석이 되어왔다.

28. 지브롤터 네안데르탈 동굴과 환경(Gibraltar Neanderthal Caves and Environments: 문화, 2016):

인류의 진화는 지금은 사할렌트로푸스 촤덴시스(Sahalenthropus tchadensis, Tumai, Michel Brunet와 Brigitte Senut가 Chad의 Jurab 사막계곡에서 발견, Tumai인, 7-6백 만년 전)-오로린 투게넨시스(Orrorin tugenensis, Martin Pickford, Kenya)-아르디피테쿠스 라미두스(Ardipithecus ramidus, Tim White, Ethiopia, 440만년 전)-오스트랄로 피테쿠스(Australopithcus anamensis, Meave leakey, Kenya)-오스트랄로피테쿠스 아파렌시스(Australopithecus afarensis, Lucy, 350만년 전, Donald Johanson)-라에톨리(Laetoli, Mary Leakey,

Tanzania, 320만년 전)-호모 루돌펜시스(Homo rudolfensis, Richard Leakey, 1470호, Koobi Fora, 240만년-180만년 전)-호모 하빌리스(Homo habilis)-호모 에르가스터(Homo ergaster)-호모 게오르지쿠스(Homo georgicus, 175/180만년 전, 조지아/옛 그루지아/그루지야)-호모 이렉투스(Homo erectus, Trinil, 170-25만년 전)-호모 엔티세서(Homo antecessor, Gran Dollina, Atapuerca, 80만년 전, 120만년 전-80만년 전, 유럽 최초의 인류)-호모 하이델베르겐시스(Homo heidelbergensis, Tautavel, 45-60만년 전)-호모 네안데르탈렌시스(Homo neanderthalensis, 타분/Tabun, 케바라/Kebara, 샤니다르인/Shanidar)-호모 사피엔스(Homo sapiens, Homo sapiens idaltu 154,000년 전, Omo 1, 2 195,000년 전, Qafzeh와 Es-Skhul 10만 년 전 등 이스라엘 지역: Homo sapiens는 10만년 전-5만년 전 크게 발전하였다. 7만5천년 전 인도네시아 수마트라 섬의 슈퍼 볼케이노 토바/Toba 화산의 폭발로 인한 빙하기가 닥쳐오고 인간이 멸종 단계에 이르렀으나 이를 극복해 말과 문화를 갖는 현생 인류로 발전하게 됨)-Homo sapiens sapiens/Cro-magnon[여기에서 오늘날의 黑人(Negroid), 白人(Caucasoid), 黃人種(Mongoloid race) 세 인종으로 발전] 등의 발견으로 인류의 기원이 6-7백만년 전으로 거슬러 올라가나, 현재로서는 인류의 직계조상은 아르디피테쿠스 라미두스로 보고 있다. 진화론상 인간과 침판지와의 분리는 약 5-600만년 전으로 이로써 거의 모든 화석인류가 발견된 셈이다. 이제까지 알려진 인류 최고의 화석은 탄자니아의 라에톨리에서 발견된 직립원인의 발자국과 에티오피아 하다르의 오스트랄로피테쿠스 아파렌시스(일명 루시)로 그 연대는 300-350만년 전으로 알려지고 있으나, 최근 에티오피아 아라미스에서 발견된 '아르디피테쿠스 라미두스'가 인류 최고의 화석으로 밝혀지고 있으며 그 연대는 440만년 전이다. 인류 최초로 도구를 사용하고 육식을 한 것은 에티오피아 보우리에서 발견된 오스트랄로피테쿠스 가르히로 밝혀졌으며 그 연대도 250만년 전이다.

호모 네안데르탈렌시스[Tabun, Kebara, Shanidar 등. 그러나 러시아 알타이 데 니소바(Denisova) 동굴(최하층인 22층의 TL dating은 282000/224000B. P.가 나오고 있다. 그러니 최근 5-3만년 전의 네안데르탈인의 손가락 뼈와 장신구도 발견된다)에서 30,000-48,000년 전에 살던 5-7세 어린아이의 뼈의 DNA분석은 네안데르탈인(35만년 전-4만년 전)과 전혀 다른 유전자배열을 갖고 있어 100만년 전 인류조상으로부터 갈라져 나와 따로 발전한 것으로 보인다는 설도 있으며, 또 인도네시아 플로레스 섬에서 발견된 18,000년 전의 인간도 호모 에렉투스에서 분파되어 멸종된 아시아의 또 다른 분파로 보고 있다] 최근 독일의 막스 프랑크 연구소 인류진화연구소팀(Max Planck Institute for Evolutionary Anthropology)이 크로아티아 빈데지(Vindage) 동굴에서 발견한 네안데르탈인의 유전자를 연구한 결과 네안데르탈인이 아프리카에서 벗어나 중동지방에서 현생인류 공존하면서 혼혈종을 만들어내고 그 혼혈종이 아프리카를 제외한 다른 지역으로 퍼져 나갔을 것이라는 가설과 또 최근 막스 프랑크 인류진화연구소의 Svante Pääbo(Science in May, 2010)는 4만년 전에 살았던 루마니아에서 발견된 네안데르탈인의 턱뼈로 현생인류(Modern humans, Homo sapiens)는 아프리카에서 유럽에 약 43,000년 전에 와서 39,000년경에 사라진 네안데르탈인과 교배를 하여 오늘날의 유럽인들은 1-3%의 네안데르탈인의 유전인자를 갖고 있다는 생각을 하고 있다. 최근(서기 2015년 1월 30일, 금) 이스라엘 텔 아비브(Tel Aviv) 대학 인류학 교수인 헤르슈코비츠(Hershkovitz) 교수가 서기 2008년 이스라엘 서부 갈릴리(Galilee) 마노 동굴(Manot cave)에서 배수공사 도중 발견된 55,000년 전의 여성의 두개골이 당시 이 지역에서 네안데르탈인(Neanderthal)과 현생인류(Modern man, Homo sapiens sapiens/Cro-magnon)가 공존하면서 이루어진 혼혈종이라는 새로운 증거를 제시하고 있다.

지브롤터는 지중해의 대서양 방향 입구에 위치하며 이베리아 반도 남부에 있는 해외 영국령 중의 하나로 서기 1704년 스페인 왕위 계승 전쟁 중에 영국과 네덜란드 연합군이 당시 스페인에 속해있던 지브롤터를 점령했다.

석회암으로 형성된 지브롤터의 바위(Rock of Gibraltar) 북쪽 끝 휘브의 방어선(Forbes' Barrier)을 구축하다가 에드문트 프린트 중위(Lieutenant Edmund Flint)에 의해 발견된 네안데르탈인의 여성의 두개골 화석은 호모 네안데르탈렌시스(Homo neanderthalensis) 중 최후의 것으로 여겨진다. 이 화석은 서기 1848년 채석장에서 발견된 것으로 그 당시로서는 두 번째의 발견이었다. 첫 번째의 화석은 8년 전에 독일 네안데르탈 계곡에서 발견되어 네안데르탈이라는 명칭을 얻었다. 만약 이 화석이 다른 종으로 인정되었다면 네안데르탈 대신 칼피칸(Homo calpicus, Calpican 또는 Gibraltarian)으로 불리어 졌을 것이다. 그리고 이곳에서 서기 1926년 악마의 탑 동굴(Devil's Tower Cave)에서 도로시 게롯드(Dorothy Annie Elizabeth Garrod, 서기 1892년-서기 1968년 12월 8일, 영국 최초의 여성 구석기 고고학자)에 의해 네안데르탈의 4살 된 어린아이의 두개골도 발견되었다. 현재 네안데르탈인들이 살던 유적은 이베리아 반도의 남쪽 끝 지브롤터 내에서 10개소에 이르는데 당시 유럽에서 네안데르탈인 들이 밀집해 살던 지역 중의 하나이다.

네안데르탈인이 살던 지브롤터의 동굴은 그들의 생활방식과 선사시대 환경에 대해 많은 정보를 알려준다. 이베리아 반도는 지금은 물밑에 가라앉은 비옥한 해안가의 평지로 네안데탈인들이 다양한 음식물을 제공받을 수 있던 동·식물의 보고였다. 기후 변화가 컸고 오랫동안 사람이 살 수 없었던 북유럽과 달리 이베리아 반도의 남쪽 끝은 125,000년간 안정되고 온화한 기온을 갖고 있었다. 이곳은 빙하기간 동·식물과 네안데르탈인들의 수천 년간 피난처가 되었다. 그러나 24,000년 전 갑자기 변한 기후는 지브롤터 네안데르탈인들의 음식 공급을 끊어버리고 회복할 수 없을 정도로 인구의 감소를 가져오고 결국 호모 네안데르탈렌시스가 멸종의 길을 걷게 만들었다. 네안데르탈인들이 살던 주거지는 10개소로 그 중 가장 유명한 5개소의 동굴은 '지브롤터의 바위'의 동쪽에 모두 위치하는데 그들은 염소 동굴(Ibex Cave, 1975년 발견)과 4곳의 바닷가에서 발견된 동굴 즉 보토이스트 동굴(Boathoist Cave), 반가드 동굴(Vanguard Cave, 更新世와 중기구석기시대), 고르햄 동굴(Gorham's Cave, 서기 1947년-1954년 죤 다시 웨츠터/John d'Arcy Waechter가 발굴, 중기-후기 구석기 시대의 100,000년간 거주, 서기 2012 재 발굴)과 베넷트 동굴(Bennett's Cave)들이다.

서기 1947년-1954년 죤 다시 웨츠터(John d'Arcy Waechter)가 고르햄 동굴의 대규모 발굴을 하여 이 유적이 중기-후기 구석기-沖積世/全新世(Holocene)에 걸쳐 10만 년 간 점유되어 왔음을 밝혔다. 서기 1912년 7월 고르햄 동굴 내부 39,000년 된 문화층 아래에서바위에 새긴 岩刻의 흔적도 발견하여 가장 오래된 추상 예술(the oldest known example of abstract art)로 명명되었다. 반가드와 염소 동굴은 서기 1994년 이후 지브롤터박물관의 지브롤터 동굴 발굴 계획에 의해 발굴되었는데 중기구석기시대 석기들과 함께 네안데르탈인들이 살던 환경에 대한 증거가 모래 밑 수 미터 하에 묻혀있거나, 위에서 떨어진 鐘乳石 하에서 또 동굴바닥 고생물학적 증거인 박쥐의 똥이나 다른 파편 등에서 나왔다. 이 발견물들은 고생물학자들로 하여금 거주자들의 생활방식이나 환경에 대해 구체적으로 밝힐 수 있게 하였다. 고르햄 동굴에서 얻은 자료들은 불에 탄 木炭과 씨앗, 뼈, 石器 등으로 연대는 중기-후기 구석기시대이며, 반가드 동굴에서는 更新世 유물들이 발견되었다. 서기 1975년에 발굴된 염소 동굴(Ibex Cave)에서는 척추동물 뼈, 조개껍질과 함께 중기 구석기시대의 유물이 표토층에서 발견되었다.

유럽에서 주기 구석기시대(무스테리앙(Mousterian) 문화는 12만년-4만년 전(중기구석기의 격지석기 flake tools, 르발르와 Levollois 기법 등), 후기 구석기문화 4만년-1만년 전(돌날석기 blade tools, Perigodian-Aurignacian-Gravettian-Solutrian-Magadalenian 등)으로 편년되며, 그 다음에는 신석기시대의 나투피안(Natufian culture)과 캪시안 문화(Capsian culture), 그리고 토기가 출현하는 케냐의 우레외(Urewe) 유적이 있다.

29. 영국 호수 지구(The English Lake District: 문화, 2017):

영국 서북쪽에 위치한 'the Lakes 또는 Lakeland' 알려진 영국 호수 지구는 스카펠 피크(Scafell Pike, 978m), 스카펠(Scafell, 965m), 헤벨린(Helvellyn, 951m), 스키도(Skiddaw, 931m), 윈드미어(Windermere)와 워스트 워터(Wast Water) 호수로 대표되는 영국최대 국립공원(2,362km², England's largest National Park)은 산악지대로 계곡은 빙하기의 빙하에 의해 형성되었으며 그 후 계속해서 농경-목축지의 토지 이용이 담에 의해 둘러싸여 특징 있게 되었다. 자연과 인간의 활동이 결합하여 산이 호수에 비쳐지는 조화로운 경관을 만들어 냈다. 여기에 큰 집, 정원, 공원이 경관의 아름다움을 더해주었다. 경관은 윌리엄 길핀(William Gilpin)에 의해 서기 1782년에 소개된 이상적인 미의 추구인 'Picturesque'와 그 후 서기 18세기-서기 20세기의 계몽주의 지적중심에 대항하여 생겨난 'Romantic movements'(The romantic impulse: 18th-20th century)가 英國畫壇에서 받아들여져 그림, 데상, 표어 등에서 빛을 보게 된다. 이곳의 경관은 아름다움의 중요성에 대한 인식을 고취시켜준다.

30. 조드렐 뱅크 천문대(Jodrell Bank Observatory: ansgshk, 2019):

라디오 전파방해가 없는 영국 북서쪽 시골에 위치한 조드렐 뱅크 천문대는 세계에서 앞서가는 중요한 전파 망원경 관측소 중의 하나이다. 서기 1945년에 시작한 이 천문관측소는 레이더 안테나로 다시 반사된 전자신호(radar echoes)로 물체를 측정하는 전파망원경을 설치하였다. 오늘날에도 사용되는 이 관측소에는 엔지니어링 격납(기관)고와 통제 제어실을 포함하는 여러 대의 전파망원경(radio telescopes), 회전하는 관측 건물이 있다. 조드렐 뱅크 천문대는 流星과 달, 블랙홀이 주변 물질을 집어삼키는 에너지에 의해 형성되는 거대 발광체인 퀘이사(Quasar, Quasi-stellar Object, 준항성체)의 발견, 양자 광학(quantum optics), 우주선의 추적(tracking of spacecraft) 등 우주물리학계에 구체적인 자료를 제공해왔다. 서기 1940년대에서 서기 1960년대 까지 전통적인 망원경 천문학에서 전파 천문학에로의 변천에서 이 천문대는 특이한 기술적 조화를 이루어왔다.

예멘 YEMEN

1. 시밤 고대 성곽도시(Old Walled City of Shibam: 문화, 1982):

서기 16세기 하드라마우트(Hadramaut/Hadramawt wadi) 골짜기의 장마철 홍수를 피하기 위해 세이윤(Seiyun) 지구에 건설된 요새 도시로 절벽 위에 세운 탑 같은 垂直式건물과 도시구획이 돋보인다. 그래서

'사막의 맨하탄'이란 별칭도 있다. 집들은 평균 5층이며 높은 것은 8층의 29.15m나 나간다.

2. 사나 구시가지(Old City of Sana'a: 문화, 1986):

과거 2500년간 사람이 살았고, 서기 7세기-서기 8세기에는 이슬람교의 보급의 중심지로 서기 11세기 이전에 지어진 103개의 사원, 14개의 목욕탕 그리고 6,000동의 가옥이 남아있다. 가옥은 塔과같이 多層구조로 되어 있으며 재료는 흙벽돌(adobe)로 版築(pisé)으로 지었다.

3. 자비드 역사도시(Historic Town of Zabid : 문화, 1993):

서부 해안 고원지대의 달 후다이다(d'al-Hudayda)에 있는 자비드는 서기 631년 무스림 세력이 들어온 이후 발전해 나왔으며 서기 13세기-서기 15세기 예멘의 수도로서 예멘에서 가장 오래된 도시 중의 하나이다. 이곳에는 대학이 있어 인근 지역에서도 찾는 아랍과 무스림 문화권에서 중요한 역할을 담당한다.

오만 OMAN

1. 바흐라 요새(Bahla Fort: 문화, 1987):

제벨 아크다르(Djebel Akhdar) 고원의 기슭에 있는 바흐라 오아시스 요새의 번영은 서기 12세기-서기 15세기에 걸쳐 이 지역의 막강한 힘을 가진 바누 네브한(Banu Nebhan) 부족에 힘입었다. 훌륭한 요새 유적은 사암의 기반 위에 돌로 礎石을 쌓고 그 위에 굽지 않고 말린 아도비(adobe) 벽돌로 쌓아올린 약 40m 높이의 성벽, 望樓, 비밀통로와 우물 등이 있는 要塞는 이런 종류로서는 보기 드문 예이며 바누 네브한 족의 강력한 힘을 과시하고 있다. 바흐라 요새는 근처의 이즈키(Izki), 니즈와(Nizwa), 루스타크(Rustaq) 요새와 함께 칼리프 하룬알-라신드(Caliph Harun al-Rasind)의 포섭·통일정책에 반기를 든 역사적인 저항운동인 카라지트(Kharajite)의 거점이었다. 이 요새의 동남쪽에 "금요일의 사원(Friday mosque)"가 있는데 성벽의 壁龕에는 서기 14세기에 조각된 mihrab(메카의 신전인 카바의 방향을 표시 퀴블라/qibla임)가 있어 주목을 끈다. 그리고 오아시스에는 둘레 12km의 아도비 벽으로 둘린 성벽도 남아있다. 비 때문에 거의 파손되었다가 서기 1993년-서기 1999년에 오만정부가 비용을 내 복원하였고 그로 인해 위험 문화유산으로부터 해제되었다.

2. 바트, 알쿠틈, 알아윈 고고유적(Archaeological Site of Bat, Al-Khutm and Al-Ayn: 문화, 1988):

바트의 청동기시대 유적은 오만의 회교왕국내의 종려나무 숲 근처에 위치한다. 이웃의 알 아인 유적들과 함께 살펴보면 기원전 2000년경 청동기시대의 대규모 집자리와 공동묘지를 형성하고 있어 근동지방의 청동기시대와 사회상을 연구하는데 있어 빼놓을 수 없는 중요한 학술적 자료를 제공해 주고 있다.

3. 프란크인센스 유적(The Frankincense Trail: 문화, 2000):

와디 도우카(WadiDawka)에서 나는 이스라엘인들이 제사 때 사용하던 고급 향료인 乳香나무와 시스르/우바르(Shisr/Wubar) 오아시스의 隊商유적 그리고 이와 관련되는 코르 로리(Khor Rori)와 알 발레드(Al-Baleed) 항구가 고대와 중세시대 지역에서 성행했던 수 세기 동안의

乳香의 무역로를 생생하게 보여준다. 이러한 예로는 네게브 사막의 기원전 3세기에서 서기 2세기 사이 고대 아랍 부족인 나바테안 왕국의 요새와 농경지가 있는 할루자(Haluza), 맘시트(Mamshit), 마브다트(Avdat)와 시브타(Shivta)의 4 도시를 이어 지중해 목표지점까지 나 있는 향신료 貿易路가 있다.

4. 아플라지 관개시설 유적지(Aflaj Irrigation Systems of Oman: 문화, 2006):

서기 500년까지 거슬러 올라가며 현재도 사용되는 3,000개의 관개수로 중 중요한 5개소가 문화유산으로 지정되었다. 그들은 팔라지 알 카트멘(Falaj Al-Khatmeen), 파라이알-말키(Falaj Al-Malki), 팔라지 다리스(Falaj Daris), 팔라지 알-제라(Falaj Al-Jeela), 팔라지 알-무야사르(Falaj Al-Muyassar)이다. 아프라지(Aflaj)란 사람이 살아가기 위해 필요한 관개시설을 말한다. 고고학적 증거는 이 관개시설이 기원전 2500년까지도 올라간다고 한다. 오만의 바닷가에서 내륙 쪽으로 조금만 들어가면 물이 없는 사막지대가 된다. 그러나 오만 사람들은 해발 3,000m의 산꼭대기에서 重力을 이용해 깊이 20-60m에 이르는 지하 수로나 샘으로부터 물을 끌어 올리고 또 물길을 만들어 아래로 흘려 내려 보내는데 마을에서는 물을 사용하고 관리하는데 지도자격의 존경받는 관리인(water master)이 선정되어 상호의존과 효율적인 관리 하에 공평하게 일을 처리하도록 한다. 물길 주위에는 물길을 관리하기 위한 감시탑도 세워진다. 6시간마다 물길의 방향을 바꿀 때에도 해, 달과 별의 천문적인 운행에 따른다. 이 관개수로를 통해 농사를 지어 식량을 생산해 자급자족하면서 척박한 자연환경도 슬기롭게 극복해나간다. 이 관개수로의 관리에서 자연을 거슬리지 않고 자연과 조화를 이루어 순응해나가는 오만인들의 슬기를 엿볼 수 있다.

5. 칼하트의 고대도시(Ancient City of Qalhat: 문화, 2018):

외벽과 내벽에 둘러싸인 칼하트의 고대도시 유적은 오만 술탄국
(오만, the Sultanate of Oman)의 동쪽 해안에 위치하며 요새 밖에는 공
동묘지가 있다. 이 도시는 호르무즈 태자(Hormuz princes, vassals of the
Atābaks of Fārs, the rulers of Kermān)가 다스리던 서기 11세기-서기 15세
기 사이 아라비아의 동쪽 해안에 있는 항구도시로 발전하였고 오늘
날에는 아라비아 동쪽 해안, 동 아프리카, 인도, 중국과 동남아시아
사이에서 일어났던 중요한 무역관계를 보여주는 독특한 고고학 유
적이다.

오스트레일리아(澳大利亞) AUSTRALIA

1. 카카두 국립공원(Kakadu National Park: 복합, 1981/1987/1992 확대
지정):

오스트레일리아 노던 주 다윈 시에서 동쪽으로 250km 떨어진 곳
에 남북 200km, 동서 약 100m, 넓이 2만km²에의 카카두 국립공원에
사람이 4만 년 전부터 살기 시작하고 그 후손인 토착민(aborigines)들
이 이곳에서 수 천 년 간 岩陰住居에서 생활해 오면서 남긴 흔적이
우비르(Ubirr)의 누랑(Nourang) 바위와 난구루우루(Nanguluwur)의 岩刻
畫로 남아있다. 이곳은 동물·식물의 생태를 비롯해 토착민들의 고고
학·민족학적 연구와 보호를 위한 지역으로 환경에 적응해 살아가면
서 이곳에 자생하는 여러 희귀동·식물의 생태학적 보고이다. 바위에

그려진 암각화의 주제는 동물의 영혼과 접촉하여 성공적인 사냥을 기원하는 사냥장면, 儀式을 표현한 종교적 장면, 이 세상을 만든 창조신에 관한 이야기, 무당과 주술 등이다. 우비르의 그림(岩畵)은 메기, 숭어, 뱀의 목을 가진 거북이, 돼지의 코를 가진 거북이, 왈라비, 타스마니안 호랑이 등이다. 그리고 무지개 뱀 신도 있다. 호주 원주민의 창조의 신은 하늘과 땅을 연결하며 강과 자연을 창조한 위대한 무지개 뱀 신(rainbow serpent/the great serpent)이다.

2. 윌랜드라 호수지역(Willandra Lakes Region: 복합, 1981):

278km²의 윌랜드라 호수지역은 뉴 사우스 웨일스 주에 위치하며 멜버른 북서쪽 600km 떨어져 있다. 6.5-4만 년 전부터 인류가 살던 지역 지역으로 砂丘에서 100여 인분의 화석인류가 발견 되었다. 중요한 것은 서기 1969년에 발견된 현생인류(Homo sapiens)인 뭉고/멍고 부인(뭉고/멍고 호수 가에서 발견된 여자란 의미의 Mungo lady)은 2만 6천 년-2만년경의 여자로 호주원주민의 직접조상으로 알려져 있다. 그런데 이 화석인류는 죽은 뒤 儀式을 거쳐 火葬되었다. 그리고 서기 1974년에 발견된 뭉고인(Mungo man)은 4-5만 년 전의 남자로 밝혀졌다. 그리고 新生代 중 洪績世(更新世, pleistocene) 이후 이 지역에서 살던 동물들의 화석이 많이 보존되고 있다. 그중 큰 캥거루의 화석도 나오고 있다.

3. 타즈매니안 야생지대(Tasmanian Wilderness: 복합, 1982/1989 확대 지정):

혹독한 빙하기를 거쳤던 100만ha의 지역에는 공원, 저수지, 석회 암동굴과 과거 2만 년간 사람이 살던 흔적이 남아 있다. 그리고 호주 시드니에서 남동쪽 100km 떨어진 윌리암산 국립공원(Mt. William National Park)에서 4,000년 전 원주민이 동굴 바위에 그린 半人半獸, 새, 도마뱀, 캥거루 등의 그림이 발견되었다. 호주원주민(aborigines)의 창조의 신은 하늘과 땅을 연결하며 강과 자연을 창조한 위대한 무지개 뱀 신(The Australian rainbow serpent/the great serpent)이다.

4. 울루루 카타 추타 국립공원(Uluru-Kata Tjuta National Park: 복합, 1987/1994 확대지정):

오스트레일리아 중앙 132,566ha의 건조한 모래평원에 우뚝 선 한 개의 붉고 거대한 砂岩 바위(Uluru/Ayers Rock, 9.4km 길이, 340m 높이)와 서쪽으로 32km 떨어진 3,500ha의 올가 바위산을 정점으로 하는 Kata Tjuta(Kata Jjuta-Mount Olga 정상은 해발 500m임)의 바위 돔은 이 바위의 소유자인 아낭구(Anangu, Pitjantjatjara, Yankunytjatjara) 토착민(Aboriginal people)들의 생활터전이며 그들의 전통적인 법인 티주르쿠르파(Tjurkurpa)에 따라 가장 오래된 인간사회의 전통적인 신앙체계를 형성하고 있다. 바위의 하단 동굴에 보이는 岩畵들은 아낭구 족의 지속되는 문화적 증거물이다. 이곳을 처음 본 유럽인은 위리암 고스(William Gosse)로 서기 1873년이 바위의 이름을 아이어스 바위(Ayers Rock)라 명명하였다. 서기 1872년 어네스트 자일스(Ernest Giles)는 카타 티주타(Kata Tjuta)를 베르템베르그의 왕비 올가(Queen Olga of Wertemberg)를 따라 올가라고 이름 지었다. 이곳의 역사는 이웃의 고고학 증거로 보아 10,000년 전으로 거슬러 올라가며 토착민들이 그린 암화들은 수 천 년 전으로 시작된 것으로 보이며 그 위에 여러 번 중복되게 그려졌다. 토착민들은 인간이 된 먼 옛날 까마귀(Dreamtime's crow)의 후손으로 여기고 있다. 암화도 이러한 주제로 그려졌다.

5. 왕립전시관과 칼튼 정원(Royal Exhibition Building and Carlton Gardens: 문화, 2004):

서기 1880년 멜버른 국제 박람회를 위하여 만든 것으로 조세프 리드(Joseph Reed)가 설계하였고 현재 12,000m²의 산업궁전(Great Hall)과 부속건물을 제하고는 다 해체되었다. 그리고 이 건물은 유럽인의 호주정착 100주년을 기념하기 위해 서기 1988년 다시 멜보른 100주년 전시회(The Melbourne Centennial Exhibition)도 개최되었다. 이 건물은 벽돌, 나무, 강철과 슬레이트로 지어졌으며 비잔틴, 로마네스크, 롬바르드, 이탈리아 르네상스 양식을 혼합해 만들었다. 이 전시회는 서기 1851년-서기 1915년 사이 파리, 뉴욕, 비엔나, 캘커타, 자메이카의 킹스턴, 칠레의 산티아고를 포함한 50여 개의 도시에서 산업전시를 통한 물질적·도덕적 진보를 보여 주려는 국제전시운동(International Exhibition Movement) 목적 하에 개최되었다.

6. 시드니 오페라 하우스(Sydney Opera House: 문화, 2007):

시드니 오페라 하우스는 덴마크 건축가 이외른 우촌(Jørn Utzon) 건축가가 서기 1957년에 건축디자인 공모전에 당선되고 서기 1958년 죠셉 카일(Joseph Cahill)이 이끄는 뉴사우스웨일스 정부(New South Wales Government)의 적극적인 후원으로 서기 1973년에 완공된 것이다. 이 건물에는 시드니 항구 교(the Sydney Harbour Bridge) 옆 시드니 항구안 베네롱 岬(곶, Bennelong Point) 위에 위치하며 시드니 항구 앞의 바다와 조화를 이루는 물 있는 풍경화를 만들기 위해 계단상의 기단 위에 세 줄의 조가비 모양의 지붕을 씌었다. 오페라 하우스는 전체 길이 185m, 최고 넓이 120m, 최고 높이 해발 67m이다. 건물 내에는 Opera Australia, The Australian Ballet, the Sydney Theatre Company와 the

Sydney Symphony Orchestra가 들어서 있으며, 내부에는 The Concert Hall(2,679석, 이 안에는 세계에서 가장 큰 1만5백 개의 파이프와 5단 건반으로 이루어진 오르간이 있다), The Joan Sutherland Theatre(proscenium theatre, 앞무대가 있는 1,507석), The Drama Theatre(proscenium theatre, 앞무대가 있는 544석), The Playhouse(벽에서 벽까지 이어지는 end-stage theatre, 398석), The Studio(400석)의 콘서트홀과 오페라 하우스 연극 공연장을 비롯해 극장, 녹음실, 음악당, 전시장과 식당이 자리하고 있다. 완공된 지 40여 년이 지난 후 현재에는 오스트레일리아를 대표하는 상징적인 건물이 되었다.

7. 오스트레일리아의 죄수 유배지 유적(Australian Convict Sites: 문화, 2010):

서기 18세기-서기 19세기 대영제국에서 오스트레일리아 해안가의 비옥한 시드니, 타스마니아, 노포크 섬, 프리맨틀에 세운 죄수들의 유배지로서 현재 11개소가 잘 남아있다. 죄수의 유적을 통해 대규모의 죄수의 이송과 유럽세력의 식민지 확대 등을 알 수 있으며 그들은 다음과 같다.

New South Wales: 옛 정부청사 및 관저(Parramatta), 하이드 파크 바라크(兵舍, Sydney), 콕타투(Cockatoo) 섬 죄수 유배지(Sydney) and 옛 Old Great North Road(Wiseman's Ferry 근처). Norfolk Island: 킹스톤과 아서의 베일 역사지구. Tasmania: 아서 항구 역사지구(Tasman Peninsula), 폭포 여성 공장(CascadesFemale Factory, Hobart), 달링톤 범죄자 보호 역(Darlington Probation Station, Maria Island), 炭鑛역사지구(Premadeyna 경유)와 Brickendon-Woolmers Estates(Longford 근처). Western Australia: 프리맨틀 형무소

8. 버디 빔 문화경관(Budj Bim Cultural Landscape: 문화, 2019):

오스트레일리아 빅토리아 남서부의 호주 원주민이 사는 지역인 군디트지마라[Gunditjmara/Dhauwurd Wurrung, 워 남불(Warrnambool), 포트 페어리(Port Fairy), 울스 호프(Woolsthorpe) 및 포틀랜드(Portland)를 포괄하는 지역] 내의 문화유산은 버디 빔 화산과 태락(Tae Rak, Lake Condah), 습지의 쿠르토니트(Kurtonitj), 산록과 대규모의 늪지가 있는 티렌다라(Tyrendarra)의 지역을 아우른다.

버디 빔의 용암의 흐름은 이 세 지역을 연결하며 군디트지마라가 세계에서 가장 크고 오래된 養殖網의 하나로 발전하게 하였다. 여러 수로, 댐, 보(洑, 堤, 둑, 어살)로 구성되어 홍수를 모으고 쿠양 장어(짧은 지느러미 장어, kooyang eel, Anguilla australis)를 덫으로 잡고, 가두어 수확하는 流域을 만들었는데 이는 6000년간 이곳에 사는 원주민들에게 경제적·사회적 기초를 제공하였다.

오스트리아 AUSTRIA

1. 잘쯔부르크 시 역사지구(Historic Centre of the City of Salzburg: 문화, 1996):

잘쯔부르크 시는 북과 남유럽의 문화가 만나는 교차지점으로 중세시대부터 황태자 겸 대주교에 의해 서기 19세기까지 다스려지던 도시국가로 화려한 고딕 양식의 건물로시의 증심부를 단장했던 이탈리아의 건축가 빈센조 스카모찌(Vincenzo Scamozzi)와 산티니 솔라리(Santini Solari)의 바로크 양식 작품들도 보인다. 그리고 이곳은 모차르트(Wolfgang Amadeus Mozart, 서기 1756년 1월 27일-서기 1791년 12월 5

일)의 탄생지이기도하다. 이곳에서 세계문화유산으로 등재된 것들은 성(Burgher houses), 루퍼트와 비르길 성당(Cathedral of St. Rupert and St. Virgil), 성 베드로 베네딕트 수도원(Benedictine Abbey of St. Peter), 베네딕트파 수녀원(Nonnberg Benedictine Nunnery), 성채(Hohensalzburg Fortress), 대주교의 궁전(Archbishop's Residence) 등이다.

2. 쉔브룬 궁전과 정원(Palace and Gardens of Schönbrunn: 문화, 1996):

서기 18세기부터 서기 1918년까지 합스부르크 왕가(Habsburg/Hapsburg, 서기 1278년-서기 1918년)의 황제들이 거주하던 궁전과 정원으로, 설계는 서기 1695년 조나단 베르나드 피셔 폰 에르라흐(Jonathan Bernhard Fisher von Erlach sr.)와 니코라우스 파카시(Nicolaus Pacassi)가 하였으며 베르사이유 궁전에 비견할 만한 장식예술의 극치를 보여주고 있으나 기본적으로 수수하게 꾸몄다. 14세 때 부르봉(Bourbon) 왕가 루이 16세에 시집와 서기 1789년 10월 6일 일어난 불란서혁명으로 서기 1793년 단두대에서 사라진 15번째이며 마지막에서 두 번째의 딸 마리 앙트와네트(MarieAntoinette, 서기 1775년 11월 2일-서기 1793년 10월 16일)의 어머니인 女帝 마리아 테레지아(Maria Theresia)는 이곳을 주요 거주지 정하여 여기에서 즐길 극장과 정원을 추가하고 글로리에테(Gloriette, Great Partere, 해발 60m 언덕 위에 서기 1775년에 세워진 정원의 중심축이다), 왕궁 예배당(빈 소년 합창단이 상주), 거울의 방, 대연회장, 대화랑, 자녀들의 방, 가족들과 담소를 하며 지내는 방 등들을 바로크와 로코코 양식으로 다시 꾸며 놓았다. 서기 1695년 장 트레(Jean Trehet)에 의해 설계된 'Great Ground Floor'라 불리 우는 정원과 함께 서기 1752년 프란시스 스테판(Francis Stephan)에 의해 만들어진 세계 최초의 동물원과 서기 1882년 유리와 철로 지어진 植物園

인 the Great Palm House(114m), 정자와 함께 새로 만든 로마유적[Roman Carthage, 서기 1778년 페르디난드 헤젠도르프 폰 호헨베르그(Ferdinand Hetzendorf von Hohenberg)가 설계해서 세움]도 추가되었다. 전체적으로 바로크 양식의 조화를 이룬 예술작품의 총체 'Gesamtkunstwerk'라 할 수 있다.

3. 할슈타트−다하슈타인 잘쯔캄머구트 문화경관(Hallstatt−Dachstein Salzkammergut Cultural Landscape: 문화, 1997):

기원전 2000년경 岩鹽을 채취하고 벌목하던 시절부터 구라파의 철기시대(기원전 12세기−기원전 6세기: A-기원전 12세기−기원전 11세기, B-기원전 10세기−기원전 8세기, C-기원전 7세기, D-기원전 6세기의 4기)를 거쳐 서기 20세기 중반에 이르기까지 번영을 누린 할슈타드 호반(Hallstätter See)에 자리한 서기 19세기−서기 20세기의 풍족하고 고풍스런 주택들로 들어찬 할슈타트 시와 이 시를 둘러싸고 있는 알프스 산록의 풍경과 고사우 계곡의 수려한 환경을 지닌 잘쯔캄머구트(Salzkammergut)지역을 포함한다. 이곳은 잘쯔캄머구트(estate of the salt chamber) 말이 의미하듯이 소금광산의 채굴로 인해 이 시를 부유하게 유지해왔으며 이것은 할슈타트 시의 건축물에서도 잘 반영된다.

합스부르그 왕가(Habsburg/Hapsburg, 서기 1278년−서기 1918년)에서도 독자적으로 운영할 만큼 'Imperial Salt Chamber'란 말도 만들어진다. 기원전 500년경 켈트(Celt)족의 선조인 할슈타트인들은 주거의 흔적도 없이 자취를 감추었으나 그들이 쓴 분묘와 그 속에서 나온 철검 손잡이의 안테나 식 장식은 멀리 우리나라의 세형동검(韓國式銅劍)에까지 영향을 미친다. 즉 英國 大英博物館 소장의 '鳥形柄頭 細形銅劍'이 우리나라에서 철기시대 전기(기원전 400년−기원전 1년)의 대표적인 유물인 세형동검의 자루 끝에 '鳥形 안테나'가 장식된 안테나식 검(Antennenschwert, Antennae sword)으로 보고, 그것이 오스트리아 잘쯔캄머구트 유적에서 시작하여 유럽의 철기시대의 대명사로 된 할슈탓트 문화에서 나타나는 소위 'winged chape'(날개달린 물미)에 스키타이(Scyths)식 동물문양이 가미되어 나타난 것으로 보인다. 이러한 예는 대구 비산동 유물(국보 137호)을 포함해 4점에 이른다. 그리고 오늘날 그곳에 살고 있는 주민들은 현재 서기 12세기 이래의 전통인 二次葬을 하면서 조상의 두개골을 따로 한곳에 보관하고 있다.

4. 젬머링 철도(Semmering Railway: 문화, 1998):

서기 1848년-서기 1854년 사이 고산지대에 부설한 41km의 철도 건설은 유럽에서 처음으로 산간지대에 놓은 철도이며 철로가 개통될 당시 주변의 경치에 맞는 휴양시설이 많이 생겼다. 이 철도를 개설하기 위해 고난도의 기술이 필요했는데 칼 폰 게가(Carl von Ghega)의 감독 하에 14개의 터널(그중에는 해발 1,431m의 정상을 관통하는 경우도 있다), 16개의 계곡 위를 가로지르는 高架橋(몇 개는 2층 높이를 가짐), 100개소의 石橋, 11개소의 鐵橋가 만들어졌고 동원된 노동자만도 2만 명이 되었다. 해발 고도의 차이는 460m, 20-25°의 경사를 극복하기 위해 빌헤름 프라이어 폰 엥게르트(Wilhelm Freiherr von Engerth)가 고안한 分節형 증기 기관차가 이용되기도 하였다.

5. 그라쯔 시 역사지구(City of Graz Historic Centre: 문화, 1999/2010 확대지정):

그라쯔 시는 합스부르크 왕가(Habsburg/Hapsburg, 서기 1278년-서기 1918년)의 수 세기간의 지배하에 중앙유럽, 이탈리아, 발칸의 여러 나라에 접하는 이웃 지역으로부터 받은 문화적 영향과 함께 중세시대부터 건축과 예술을 잘 조화시켜 내려온 중앙유럽의 도시복합단지이다. 현재 구도시(역사중심 도시)에는 고딕 양식으로부터 현대의 양식에 이르기까지 여러 양식으로 지어진 1,000여동의 건물이 그대로 남아있다. 그중 그라쯔 역사지구 서쪽 3km 떨어진 곳에 위치하는 에겐베르크 성(SchlossEggenberg)은 서기 1625년 한스 울리히 폰 에겐베르크(Hans Urlich von Eggenberg, 서기 1568년-서기 1634년) 공작에 의해 세워진 것으로 공작은 서기 17세기 오스트리아의 정치적 중요인물이었다. 따라서 에겐베르크 성은 이탈리안 르네상스 말기와 바로크 양식의 외부 장식이 있는 영향으로 당시 여러 정치적 여러 사건의 증인이 되고 있다.

6. 바하우 문화경관(The Wachau Cultural Landscape: 문화, 2000):

멜크(Melk)와 클렘스(Krems) 계곡 사이의 다뉴브 강 계곡의 수려한 풍경으로 수도원, 성과 여러 유적들이 포함되는 건축물, 읍과 도시의 건설계획, 선사시대 이래의 가장 중요한 포도나무 경작과 같은 농업을 볼 수 있다. 이곳에는 움베르토 에코(Umberto Eco)의 소설 '장미의 이름'(Il nome della rosa)이란 소설의 무대가 된 서기 1089년 오스트리아 후작(Margrave Austria)인 레오폴드(Leopold) II세가 처음 세운 멜크 베네딕트 수도원(Melk Abbey, 현재 바로크 양식의 수도원은 서기 1702년-서기 1736년에 세워짐)이 있으며 이곳은 또 독일 중세의 서사시인 니벨룽겐의 노래(Nibelungen-lied)의 무대이기도 하다. 그리고 서기 1908년 이곳 크렘 시 근처에 철도를 부설할 때 고고학자 죠세프 쫌바디(Josef Szombathy)에 의해 빌렌도르프의 비너스 상(Venus of Willendorf, 기원전 22000년-21000년, 11cm, 석회암제)이 발견되기도 하였다. 출구는 앞을 흐르는 다뉴브 강으로 배편을 통해 소금, 철, 옷감과 노예까지도 배편으로 무역이 이루어졌다.

7. 비엔나 역사지구(Historic Centre of Vienna: 문화, 2001):

비엔나는 켈트와 로마시대부터 중세를 거쳐 오스트리아-항가리 제국(Austro-Hungarian Empire)의 도시인 바로크 도시(Baroque city)로 발전해왔다. 이 도시는 비엔나 고전주의로부터 서기20세기 초까지 유럽 음악의 중심지로서의 역할을 해왔다. 이곳 역사 중심지에는 바로크양식의 성, 큰 건물과 기념비를 중심으로 뻗어있는 서기 19세기 말의 環狀道路를 포함하는 조화를 이룬 건축물이 많이 있다. 미카엘 광장의 로마유적, 비엔나 시장과 시의원을 대표하는 라트하우스(Rathaus), 서기 18세기부터 서기 1918년까지 합스부르크 왕가(Habsburg/Hapsburg, 서기 1278년-서기 1918년)의 황제들이 거주하던 쉔브룬 궁전(Schönbrunn)과 정원, 그리고 모차르트(Wolfgang Amadeus Mozart, 서기 1756년-서기 1791년), 베토벤(Ludwig van Beethoven, 서기 1770년-서기 1827년), 슈베르트(Frantz Schubert, 서기 1797년-서기 1828년), 스트라우스(Johann Strauss, 서기 1825년-서기 1899년), 브람스(Johanness Brahms, 서기 1833년-서기 1897년) 등의 유명한 작곡가들이 묻힌 중앙묘지(Zentralfriedhof, Central Cemetery, 서기 1874년 문을 열고 베토벤과 슈베르트 등의 묘지를 서기 1888년 이곳으로 이전) 등도 유명하다.

8. 알프스 산맥 주위의 선사시대 掘立柱式집(Prehistoric Pile dwellings around the Alps: 문화, 2011):

알프스 산맥 주위의 오스트리아, 프랑스, 독일 이탈리아, 슬로베니아와 스위스에 111개소의 개별적인 유적에서 발굴되는 말뚝을 박아 높이 지은 掘立柱式집(pile dwellings, stilt houses)들이 발굴되는데 원래 기원전 5000년–기원전 500년 호수가, 강가와 저습지에 살던 유럽인들이 지은 湖上住居의 형식이다. 발굴에서 나타난 증거들은 알프스 산맥 주위의 신석기와 청동기시대 사람들이 자연환경에 어떻게 적응하면서 살았는지를 보여준다. 그중 56채가 스위스에서 발굴되었다. 이들은 잘 보존이 되어 있으며 유럽 초기 농업사회를 연구하는데 중요한 고고학 자료가 된다.

9. 로마제국의 변경(Frontiers of the Roman Empire: 문화, 2019):

'Roman Limes(frontier of the Roman Empire)'은 서기 2세기 로마제국의 가장 확대된 국경, 변경을 대표한다. 이 국경선은 영국의 북쪽 대서양 연안에서부터 유럽을 거쳐 흑해에 이르고. 또 그곳에서 홍해(Red Sea)와 북아프리카를 건너 대서양 까지 약 5,000km이상이나 달한다. 오늘날 로마제국의 변경은 성벽의 흔적, 도랑, 요새, 望樓, 민간인이 거주하던 마을 등으로 파악된다. 어떤 유적은 발굴되어 복원도 되고 또 파괴되기도 한다. 독일의 두 곳은 북서쪽에서 남동쪽 다뉴브 강 까지 550km에 달한다. 영국의 118km 길이의 하드리안 성벽(Hadrian's Wall)은 브리타니아의 로마지역 변경 끝에 서기 122년 하드리안 황제의 명령에 의해 건설되었다. 이것은 로마제국 군사지역 내의 조직력이 뛰어나고 방어 기술과 地政學的 작전이 매우 훌륭했음을 보여준다. 스코틀랜드 60km길이의 안토닌 성벽(The Antonine Wall)은 서기 142년 안토니우스 피우스(Emperor Antonius Pius)황제에 의해 북쪽 야만인(barbarians)의 공격에 대비하기 위해 건설되기 시작된 것으로 로마 국경의 북서쪽 끝에 해당한다.

오스트리아/헝가리 AUSTRIA/HUNGARY

1. 페르퇴/노이지어드러제(Cultural Landscape of Fertö-Neusierdlersee: 문화, 2001):

중앙 유럽에서 세 번째로 크며 ⅓이 갈대숲으로 형성된 수심 1.5m-4m 내외의 오스트리아와 헝가리 국경을 접하는 페르퇴-노이지어드러제 호수는 과거 신석기시대부터 8,000여 년간 인간과 자연 환경의 공생 관계를 잘 보여 준다. 호수에서 뱀장어 조업, 호수 주위는 호박의 길 로마시대의 석회암 채석장으로 알려져 있으며, 호반에서는 켈트, 훈, 게르만, 반달족의 고고학적 자취도 확인된다. 오스트리아 동남쪽 국경 지대 근처 부르겐란트(Burgenland) 주의 주도 아이젠슈타트(Eisenstadt)라는 곳에 서기 18세기-서기 19세기 이 호수 주위에 만들어진 궁전들은 환경의 아름다움을 더해 준다. 특히 헝가리의 베르사유 궁(Hungarian Versailles)으로 알려진 바로크 양식 정원을 가지고 있고 고전 시대 음악(Classical Music)의 규범인 하이든(Franz Joseph Haydn, 서기 1732년-서기 1809년)의 후원자인 태자 에스테르하지(Prince Nikolaus Eszterházy, Prince Paul Anton)와 그의 후계자인 Prince Nikolaus II [Miklós Ferdinánd](서기 1765년-서기 1833년)]의 여름별장인 에스테르하지 [Eszterház, Eszterháza(서기 1762년 施工해서 서기 1766년 入宮)] 궁에서, 하이든은 서기 1761에서 서기 1790년 까지 29년간 머물렀다. 하이든은 서기 1761년 에스테르하지 후작 가문의 부악장으로 취임하면서 초기의 교향곡 군을 많이 만들어 내었다. 그는 104곡의 교향곡과 최근 발견된 교향곡 2곡을 포함해 모두 106곡을 작곡했다. 악장 베르너(Werner)의 타계로 하이든이 악장으로 승진하면서 에스테르하지 전성기(서기 1766년-서기 1775년)를 맞고 서기 1772년 교향곡 45번 고별

(Farewell)을 비롯해 서기 1761년의 표제가 붙은 3부작(제6번 〈아침〉, 제
7번 〈낮〉, 제8번 〈저녁〉)을 작곡하였는데 초기의 교향곡에는 바로크(ba-
roque, baroque, barocco,, Barock)시대 음악의 흔적이 역력하다. 그는 서기
1770년경의 이른바 '슈투름 운트 드랑'(Sturm und Drang, 또는 疾風怒濤.
서기 18세기 후반에 독일에서 일어난 문학 운동)시기에 이르자 급격히 표
현력이 심화해져 클라비어 소나타(Klavier sonata), 현악4중주, 교향곡
등에 영향을 쏟고 있다. 이와 함께 하이든은 종교음악이나 오페라에
관여하게 된다. 에스테르하지 城(Schloss Esterházy, 서기 1364년)은 에스
테르하지 백작(Count Esterhazy)이 처음에 바로크 양식으로 지은 것을
이후 서기 1663년-서기 1672년 고전주의 양식으로 복원하였으며 현
재 이 궁전은 박물관으로 되어 있다.

온두라스 HONDURAS

1. 코판의 마야 유적(Maya Ruins of Copán: 문화, 1980):

온두라스 서쪽 과테말라와 경계인 해발 700m의 구릉에 있는
0.6km^2 범위의 코판 마야 유적은 온두라스에서 유일하며 서기 200
년-서기 800년의 기간 동안 서기 7세기-서기 8세기에 전성기를 맞
는다. 그 세력 범위는 온두라스에서 멕시코 유카탄 반도에 이른다.
그곳의 인구가 한때 2만 명까지 추산된다. 聖刻文字에 의하면 코판
은 서기 426년-서기 435년에 통치했던 왕까지 거슬러 올라가며 그
후계자인 스모크 재규어(Smoke Jaguar)는 서기 628년-서기 695년 통
치했다. 그와 그의 후계자인 18토끼(Eighteen Rabbit)는 도시를 군사화
하고 여러 채의 건축물(현재까지 3,450개가 확인됨)을 세웠다. 마지막

왕인 스모크 셸(Smoke Shell)은 서기 749년-서기 763년에 통치하였으며 코판에서 중앙아메리카에서 가장 긴 명문인 성각문자가 있는 계단(63 계단, 서기 743년)을 세웠다. 라스세풀투라스(Las Sepulturas)와 로스 사포스(Los Sapos)에 있는 신전, 대경기장, 광장, 비석 'three stones/stelae', C, H(Uaxaclajuun Ub'aah K'awill 서기 738년), N, 63(K'inich Popo Hol 통치기간, 서기 551년), M(서기 749년) 등이 남아있다. 서기 800년-서기 1200년 도시는 멸망의 길을 들어섰으며 그 이유는 잘 알지 못한다. 서기 1570년 유럽인들이 들어와서야 이 유적이 알려졌다. 중남미에서 올멕과 몬테 알반에 이어 세계를 대표하는 세 번째 문명은 마야이다. 마야의 유적은 멕시코(유카탄 반도), 과테말라, 벨리즈, 영국령 온두라스의 저지대 정글에서부터 서부 온두라스의 고지대에까지 넓게 분포한다. 마야의 기원은 고전기에 앞서는 형성기(포마티브기) 또는 선고전부터 시작된다. 현재까지 알려진 잘 알려진 도시는 과테말라 치아파스(Yachilan/Yaxchilan, Chiapas Mexico)의 중심지인 팔렝퀘(Palenque), 페텐(유카탄 반도의 Petén), 치첸 이차(El Castillo 신전이 있는 Chichén Itzá, 서기 800년-서기 1050년), 티칼[Tikal, Jasaw의 아들인 Yik'in Chan Kawil 왕(서기 734년-서기 760년) 때가 극성기로 서기 736년 경쟁자인 카라크믈(Calakmul)의 침입을 저지하고 서기 743년과 서기 744년에 El Peru와 Naranjo를 제거함]과 타진(Tajin) 정도이다. 서기 600년-서기 900년은 고전기후기로, 美的인 발전이 이루어진다. 조각과 건축도 화려해지며 지방적인 양식도 이루어진다. 유카탄 북쪽의 치첸 이차(Chichén Itzá)나 욱스말 유적에서 서기 9세기경 지붕에 닭 벼슬 모양의 장식이 가미된 독특한 푸욱 양식의 건물이 세워진다. 그러나 어떤 이유에서인지 몰라도 서기 9세기-서기 10세기에 저지대 마야의 의례중심지는 폐기되고 후기 고전기도 끝난다. 알려진 바로는 팔렝퀘는 서기 799년경, 코판은 서기 819년경, 그리고 티칼은 서기 879년경에 망한다. 여기에 대하여는 화전농경으로 인한 토지의 척박, 마야 언어를 사용하는 투툰족의 침입 그리고 한발과 같은 이유, 다시 말해 과다한 벌목, 질병과 호전성 등이 거론되고 있으나 아직 어느 것 하나 만족한 답을 주지 못하고 있다. 그리고 마야의 멸망시기와 거의 일치하는 유카탄 반도에 찾아든 3, 6, 9년 단위의 혹독한 가뭄을 들기도 한다. 최근에 마야의 멸망에 대해 왕에 대한 백성의 믿음이 결여될 때를 그 이유로 들기도 한다. 즉 치아파스/야칠란(Yachilan/Yaxchilan, Chiapas Mexico)의 상인방돌(Lintel24)에 새겨진 서기 709년 10월 28일 표범 왕과 왕후인 조크(Xoc)가 행했던 것처럼 왕은 가오리 뼈로 만든 칼로 왕 자신의 성기를 찔러 性器放血(bloodletting)을 하고, 왕비의 경우 혓바닥을 찔러 피를 내어 그것을 하늘을 향해 태워 신에게 제사를 지내는 종교적 믿음과 신앙에 기초함에도 불구하고, 마야의 멸망은 마야의 왕 겸 제사장이 이웃과의 전쟁에 패하거나 또 서기 800년경의 심각한 가뭄과 같이 자연환경이 척박해져 일어나는 흉년으로 백성들이 왕을 떠나 신전과 궁궐이 중심이 되는 도시국가도 아울러 폐기되는 주위의 모든 일련의 과정에 대한 모든 책임을 지는 것에서 찾아진다. 코판이 망하는 이유도 다른 마야 유적에서와 같을 것이다.

요르단JORDAN

1. 퀴세이르 아므라(Quseir/Qasr Amra: 문화, 1985):

요르단 동부 사막 아즈 자르카(Az Zarqa)에 있는 우마이야(우마위야, Umayyad Calipate, 서기 660년-서기 750년 아랍 첫 번째 세습왕조) 왕국의

성으로 왈리스(Umayyad Calipate Wallis) I세 때인 서기 711년-서기 715
년에 건설되었는데 이 성안에 왕의 군대가 거주하는 요새와 궁전이
있다. 특히 응접실과 목욕탕으로 사용되던 조그만 환락의 궁은 벽에
당시의 세속적인 그림이 벽화로 남아있다. 이것은 초기 아랍(이스람)
의 건축과 예술을 보여준다.

2. 페트라(Petra : 문화, 1985):

선사시대 이래의 紅海와 死海 사이, 아랍, 이집트, 시리아와 페니
키아의 교차로에 자리 잡았던 전략적 요충지인 砂岩으로 이루어진
천연요새의 캐러반(隊商) 도시이다. 이 무역루트는 요르단의 '바위'라
는 의미를 지닌 페트라[Petra, 기원전 100년-서기 100년경의 아랍계 유목
민족인 나바테안(Nabataean) 왕국의 아레타스(Aretas) IV세(기원전 9년-서기
40년)가 그의 직계가족 13인을 위해 축조한 王陵/靈廟를 포함, 높이 40m]와
바쉬르 성, 시리아의 팔미라(Palmyra)까지 이르게 되었다. 이곳에서는
왕가의 유골을 포함해 서기 1세기경의 토기, 등잔과 낙타 像 등이 발
굴되었다. 페트라의 나바테안 왕국은 사막지대의 샤라(Shara) 산맥에
자리 잡고 하나에 5,000리터(1,300갤런)가 저장되는 水曹(cistern) 2,000
여개를 만들어 10만여 명이 충분히 마실 수 있고 또 무화과, 라임, 석
류와 양귀비를 재배할 수 있는 풍부한 지하 수맥의 개발로 사막의
오아시스를 이루어 향로와 몰약(myrrh, 沒藥) 등의 예멘-페트라-알렉
산드리아-로마를 잇는 무역로의 중심지가 되었다. 그러나 서기 106
년 로마에, 그리고 서기 330년 콘스탄티누스황제 때에는 비잔틴 제
국(동로마제국)에 복속되었다가 서기 7세기 후반(서기 551년이란 설도
있음) 지진으로 멸망한 것 같다. 지진으로 파괴되고 서기 1993년 복
원된 비잔티움의 교회지하에 150두루마리의 파피루스 은닉처가 미

국 동양학연구소에 의해 발굴되었는데, 이를 해독해보면 파피루스는 테오도루스라는 개인의 가문의 7세대에서 기록된 세금, 증서, 유언장 등을 기록한 것으로 밝혀졌다. 보물창고 엘 하즈네(Treasury, Al Khazne/寶物殿)란 이름의 페트라 유적은 바위(砂岩)를 반쯤 깎고 들어가 만들었으며 알렉산더 치하 때 이집트, 그리스와 로마를 포함하는 고대 동방과 헬레니즘 건축양식을 융화시켜 나바테안 양식으로 만든 것으로 특징이 있다. 페트라 도시에는 성서의 모세 12개 샘과 관련된 와디 무사(Wadi Mousa)와 와디 럼(Wadi Rum)을 포함하는 기본시설의 水路를 포함하여 캐러반(隊商)이 머물던 숙소, 엘 데이르(El Deir) 수도원과 협곡 입구 망자의 집이라는 암벽을 깎아 동굴모양으로 만든 무덤(Um Tomb), 왕가의 무덤과 와디 무사의 북쪽 9km 떨어진 시크 알 바리드(Siq al-Barid)에 위치한 왕의 무덤이나 사원으로 추정되는 소 페트라(little Petra), 서민들의 무덤, 6,000명을 수용할 수 있는 원형극장, 로마의 列柱大路, 사암 절벽 위를 깎아 만든 장례사원이란 앗데이르(비잔틴의 수도원으로 이곳에는 현재 '제벨 하룬/Jebel Haroun'[현재 모스크가 자리잡고 있으며 그 안에는 모세/Musa/Moses와 미리암/Miriam의 형, 아브라함/brahim/Abraham과 손자 야곱/Jacob의 후손인 예언자 아론/Aaron(Harun bin Imran)무덤이 안치되어 있음]과 같은 유적들이 많다. 현재 베두인족들의 근처에 많이 살고 있다. 이 유적은 서기 1812년 이 페트라로 통하는 迷路와 같은 폭 3-4m의 좁은 길인 Siq(shaft)를 통과한 스위스의 탐험가 요한 루드비히 부카르트(Johann Ludwig Burckhardt)에 의해 발견되었다. 서기 2007년 7월 9일에는 新世界 7대 不可思議의 하나로 선정되었다.

3. 카스트론 마화의 비잔틴 및 초기 이슬람 문명유적[Um er-Rasas

(Kastrom Mefa'a): 문화, 2004]:

마다바(Madaba)에 위치한 아직 발굴이 되지 않은 서기 3세기 말-서기 9세기 사이 로마, 비잔틴과 초기 무스림(회교도)의 유적이 있는 곳으로 특히 서기 5세기 이후 이곳이 도시화 되면서 남아있는 로마의 군사요새, 마루의 모자이크 장식이 잘남은 건물 터, 16개의 교회 터가 중심이 된다. 특히 2개의 방형 탑이 있는데 당시 禁慾하던 隱者들이 올라가 수도하던 곳으로 전해진다. 또 이곳에는 성 스테판(St. Stephan) 교회 터 바닥에 남아있는 모자이크도 잘 알려져 있다. 이 건조한 환경의 유적 주위에는 옛날의 농경을 하던 흔적이 남아있다.

4. 와디 럼 보호지구(Wadi Rum protected Area: 복합, 2011):

요르단의 남쪽 유일한 항구인 남쪽 紅海(Red sea)에 면한 아카바(Aqaba)와 사우디아라비아 국경 근처에 자연과 문화의 복합지구로 등재된 74,000ha 넓이에는 자발 럼(Jabal Rum, 1,734m)을 중심으로 좁은 산맥들로 이루어진 능선, 자연 구릉, 솟아있는 절벽, 경사, 거대한 산비탈, 동굴 등의 다양한 바다 근처 사막의 경관을 보여준다. 여기에서 발견되는 岩刻畵(Petroglyphs at Wadi Rum), 銘文과 나바테안 사원(A Nabatean temple) 등의 고고학적 유적들은 과거 12,000년부터 사람들이 이곳에서 자연환경에 적응해 살아왔다는 것을 알려준다. 20,000개의 명문이 새겨진 25,000개의 암각화는 인간의 사고와 초기 문자의 진화를 알려준다. 이곳 유적들은 목축-농경-도시에로의 진화가 이루어진 행위를 보여준다. 현재 이곳에는 와디 럼 오아시스 근처 토와 럼(Towa rum, 오아시스)지구에는 유목민인 베두인(Zalabia Bedouin)족들이 정착해 양과 낙타를 키우고 목초를 재배하고 있다.

5. 세례교 유적 '요단강 너머 성경마을 베타니'(Baptism Site "Bethany Beyond the Jordan"(Al-Maghtas): 문화, 2015):

사해 북쪽 9km, 요단강 뚝 동쪽에 위치한 고고학 유적은 자발마-엘리아스(에리아의 언덕, Jabal Mar-Elias, Elijah's Hill)으로 알려진 텔 알-카라르(Tell Al-Kharrar)와 강 옆의 세례 요한(Saint John the Baptist)교회지구의 두 곳의 지역을 포함한다. 옛날의 자연환경이 그대로 남아있는 이 유적은 나사렛 예수(Jesus of Nazareth)가 요한에게 세례를 받은 곳으로 알려져 있다. 이 교회는 로마와 비잔틴 양식의 교회, 예배당, 수도원, 은자들이 이용하던 동굴과 세례를 받던 웅덩이로 이루어져 있는데 이들은 모두 종교적 성격을 보여준다. 이곳은 기독교신자들의 성지이며 순례지이다.

우간다 UGANDA

1. 카스비에 있는 부간다족 왕릉단지(Tombs of Buganda Kings at Kasubi: 문화, 2001):

Kampala 지구에 30ha의 규모의 구릉에 위치한 서기 1882년에 만든 부간다(Buganda) 왕국 카바카스(Kabakas) 궁전이 있던 곳으로 서기 1884년 왕릉으로 바뀌었다. 현재 4개의 왕릉이 있으며 그들은 무테사(Mutesa I, 서기 1835년-서기 1884년, 서기 1861년 White Nile 강의 중간 지점인 빅토리아 호의 발견에 도움을 주었다), 므왕가(Mwanga II, 서기 1867년-서기 1903년), 다우디 츠와(Daudi Chwa II, 서기 1896년-서기 1939년), 에드워드 무테사 경(Sir Edward Mutesa II, 서기 1924년-서기 1969년)의 陵들이다. 이들의 무덤은 흙벽돌로 지어진 원형이고 그 위에 나무, 이엉, 갈대를 이용해 돔의 형태를 만들어 지붕을 얹혔다. 이들은 신념, 숭고한 정신, 지속성과 동질성에서 높이 평가받는다.

우루과이 URUGUAY

1. 콜로니아 델 새크라멘토 역사지구(Historic Quarter of the City of Colonia delSacramento: 문화, 1995):

서기 1680년 포르투갈인들이 현 아르헨티나 부에노스 아이레스(당시 스페인/ESPAÑA 총독부와 군이 주둔)를 마주보는 라 프라타강 연안(Rio de la Plata)에 세운 스페인군을 막기 위한 해상방어의 전략적 요충지로 서기 1680년 스페인 호세 데 가로(José de Garro)에 의해 점령되고 그 다음해 다시 포르투갈에 반환되었다. 서기 1828년 우루과이의 독립이전까지 스페인, 영국과 계속 투쟁을 벌였다. 현재 이곳은 이탈리아를 중심으로 하는 유럽으로부터의 이주민이 대부분을 차지하고 있으며 식민지시대 포르투갈과 스페인 양식이 잘 결합된 도시풍경을 보여준다. 아르헨티나의 부에노스아이레스로부터 페리 호를 타면 50분 거리에 있어 관광객이 많다. 자갈돌을 깐 서기 17세기의 길, 가로수가 있는 마요르 광장(Plaza Mayor), 시를 들어서는 입구(City Gate), 들어 올리는 목제 可動橋 다리, 총독부 관저 터, 성당(Basilica del Sanctisimo Sacramento), 등대(서기 17세기, Covent of San Francisco), 서기 18세기 포르투갈인들이 살던 집 등이 잘 남아있다.

2. 프레이 문화-산업경관(Fray Bentos Cultural-Industrial Landscape: 문화, 2015):

프레이 벤토스 시의 서쪽 우루과이 강으로 불쑥 튀어나온 곳에 위치하는 산업단지는 근처 대초원의 목장에서 나오는 육류를 가공하기 위해 서기 1859년 설립된 공장이 발전함에 따라 확장되었다. 이 단지는 육류의 부품조달, 가공, 포장, 운송의 전 과정을 보여주며 리비히 추출 고기 회사[Liebig Extract of Meat Company/LEMCO, 창시자는 독일 다름슈타트 출생의 Baron Justus von Liebig임, 서기 1803년 5월 12일-서기 1873년 4월 18일]의 육류 추출물과 소금에 절인 쇠고기(corned-beef)를 서기 1865년 부터 유럽에 수출하고 또 서기 1924년부터 냉동쇠고기를 수출하던 앵글로 육류 포장공장(Anglo Meat Packing Plant)의 건물과 장비도 포함된다. 눈에 보이는 뚜렷한 장소, 산업과 주택단지를 통해 전 세계를 상대로 육류를 가공하고 수출하던 세계적 규모의 리비히 추출 고기 회사의 전체 생산과정을 그대로 볼 수 있다.

우즈베키스탄 UZBEKISTAN

1. 이찬 칼라(Itchan Kala: 문화, 1990):

키바(Khiva), 호레즘(Khoemzm) 오아시스 지구의 높이 10m의 벽돌로 지은 동서남북의 정 방향에 성문이 나있는 성벽으로 둘러싸인 도시 유적으로 호레즘[Khorezm, 서기 11세기-서기 16세기경, 키우젤리-기르(Kyuzeli-gyr)와 딩그리드(Dinglidzhe) 농장 유적 등] 문명 때부터 이란으로 가던 隊商들의 무덤이 있던 곳이며 오아시스 주변 관개시설과 중앙아시아의 무스림 건축들이 잘 보존된 곳이다. 여기에는 디주마(Djuma) 모스크 사원, 靈廟, 교육기관, 서기 19세기 알라-킬리-칸(Alla-Killi-Khan)이 지은 두 개의 왕궁과 같은 잘 보존된 무스림 건축물들이 현존하고 있다. 그리고 内庭, 응접실, 주거공간이 갖추어져 있는 가정용 주택도 잘 남아 있다.

2. 부카라 역사지구(Historic Centre of Bukhara: 문화, 1993):

부하라 지구의 기원전 4세기경부터 시작되는 약 2000년이 넘는 역사를 가진 古都로 비단길(Silk road)의 길목에 자리하고 있다. 중앙아시아의 중세시대 도시계획이 완전히 남아있는 도시 안에는 서기 10세기 이스람 건축의 걸작인 이스마일 사마니(Ismail Samai)의 무덤과 근동지방에서 무스림 신학파의 중심지가 된 서기 17세기에 지어진 교육기관이 잘 남아 있다.

3. 샤크리스얍즈 역사지구(Historic Centre of Shakhrisyabz: 문화, 2000):

사마르칸트와는 달리 샤크리스얍즈(페르시아어로 '초록 도시'를 의미함)의 비옥한 지구는 페르시아, 마케도니아, 아랍과 몽골의 침공을 거치면서 서기 1370년-서기 1526년 티무르 제국의 수도로 정착하였고 오늘날에도 당시의 도시계획을 그대로 엿볼 수 있다.서기 15세기-서기 16세기 아미르 티무르(Amir Timur/Temur, 서기 1336년 4월 8일-서기 1405년 2월 18일)와 테무리즈(Temurids) 왕의 지배하에 극성기에 달한 도시의 발전을 보여주는 기념물과 고대 역사지구로 이곳에는 서기 1379년 티무르가 코냐우겐치(Konya Urgench)를 공격한 후 기념으로 지은 아크 사라이(Aq-Saray) 궁전이 있는데 궁을 짓고 모자이크를 만들기 위해 제국 내의 모든 기술자들이 동원되었다. 티무르 제국의 바브르(Baber/Babur, 서기 1483년-서기 1530년)에 의해 인도에서 무갈 제국(서기 1526년-서기 1707/1857년)이 형성되었다. 이곳에 남아있는 다른 유적들은 코크 굼바즈(Kok Gumbaz) 사원/Dorut Tilyovat Complex,

Hazrat-i Imam Complex(靈廟와 사원), 티무르(Timur)의 빈 무덤, 코르-수(The Chor-su)의 시장, 隊商의 숙소와 목욕탕 등이다.

4. 샤마르칸드 문화교차로(Samarkand-Crossroads of Cultures: 문화, 2001):

비단길(Silk Road) 중간기점으로 이찬 칼라(Itchan Kala), 부카라(Bukhara)와 샤크리스얍즈(Shakhrisyabz)의 역사지구. 아미르 티무르(서기 1336년-서기 1405년) 제국의 수도로 구르-에밀(Gur-Emir, 지배자의 무덤, 티무르 일가의 무덤이 있다), 비비하눔 모스크(서기 1404년), 레기스탄 광장의 티무르의 손자인 울르크베그(Ulugh-Beg) 메레두사, 천문대 샤이진다 등이 남아 있다. 이곳 아프라시아프(Afrasiab) 박물관 서벽의 벽화에는 서기 1965년 발굴된 서기 7세기 머리에 새의 깃털로 장식한 鳥羽冠을 쓴 고구려 사신의 모습도 들어있다.

이는 사마르칸트란 문화교류의 교차점(Samarkand crossroads of culture)으로 불린다.

스키타이인의 이동과 문화교류는 타슈켄트-알마아타-카라코룸을 잇는 다시 말해 북위 30°-35°선을 잇는 중앙아시아-오르도스-중국에 이르는 비단길 중의 하나가 이미 이 당시부터 형성되었다. 이것은 흉노, 타쉬트익(서기 1-서기 5세기), 돌궐(突厥, 서기 551년-서기 657년, 튀르크 제국, Turk Empire), 위굴과 몽골(元나라, 서기 13세기-서기 16세기)과 그 다음에 오는 帝政 러시아와 같이 역사적으로 잘 알려진 종족이나 나라들의 연이은 흥망성쇠에 그 영향력을 크게 행사하였다. 따라서 알타이 지방을 중심으로 하는 산간과 초원지방은 동쪽과 서쪽의 문화와 인종을 결합하는 무대였다. 이들은 중국에서는 ① 柔然[Róurán, 연연/蠕蠕, 여여/茹茹, 예예/芮芮로도 표기된다. 카스피 해의 북서 초원 지대에서 발흥한 돌궐 제국(튀르크 제국, Turk Empire)의해 유연은 정복되어 멸망하였으나 유연에 남아 있던 카자흐족, 키르기스족으로 불리 우는 丁零 또는 高車/鐵勒들이 투르크화 된다]→ ② 北魏(서기 386년-서기 534년)→ ③ 突厥→ ④ 契丹(Khitan, 서기 907/916년-서기 1125년, 契丹族이 建立한 封建王朝로 九帝, 210년 존속, 서기 947년 辽 太宗이 五代后晋을 멸하고 "辽"로 개칭하고 서기 983년 다시 "大契丹"으로 바꾸었다가 서기 1066년 辽 道宗 耶律洪基가 다시 国号를 "辽"로 회복하였다)→ ⑤ 蒙古/元(서기 1260년 칭기즈 칸의 손자 이며 몽골 제국의 제5대 대칸으로 즉위한 쿠빌라이 칸/忽必烈 홀필렬, 世祖)→ ⑥ 金[女眞/金-後金(万历 44년, 서기 1616년, "大金", 后金 大汗, 年号天命)을 세운 누르하치(愛新覺羅, 努爾哈赤, 努尔哈赤, 清太祖, 太清 Nurgaqi 서기 1559년 2월 21일-서기 1626년 9월 30일. 서기 1616년-서기 1626년 재위)-滿洲/淸(清太宗, 홍타이지/皇太極, 서기 1626년-서기 1636년 재위)-大淸/皇太極(서기 1636년-서기 1643년 재위)로 발전한다]으로 발전해 나간다.

그러나 唐나라 때 우즈베키스탄(Uzbekistan) 사마르칸트(Samarkand)의 동쪽 펜지켄트(Pendzhikent, 1946년 러시아인 Boris Marshak이 발굴, 서기 719년-서기 739년 아랍인의 침공으로 멸망)의 조그만 도시국가에 중심을 둔 소그드인들은 그들의 습관이 중국의 舊唐書 胡書에 기록으로 남아있을 정도로 카라반(隊商)을 형성하여 중국의 수와 당나라 때 활발한 무역을 했었다. 당나라 때에는 西安과 高昌에 정착을 하여 그들의 우두머리가 관리책임자인 薩寶라는 직을 맡기도 하였다. 그들의 무역활동 흔적은 벨기 후이 성당과 일본 正倉院/法隆寺의 비단(소그드의 씨실 비단 직조법과 사산 왕조의 영향을 받은 문양), 그리고 甘肅省 敦煌 莫高窟 45호와 西安 北周의 安伽墓(陝西省考古研究所, 2004)와 史君墓(펜지켄트 근처 부하라와 키쉬 출신으로 성을 '安', '康', '史', '石' 등으로 삼음)의 石槨 표면에 보이는 벽화를 들 수 있다. 그들의 후손으

아프라시아프(Afrasiab) 서벽 고구려 사신도(서기 7세기 중엽경, 국립중앙박물관 서기 2009년 11월 17일-서기 2010년 9월 26일 동서문명의 십자로, 우즈베키스탄의 고대문화 특별전, p.153)

로 여겨지는 安祿山의 亂(唐玄宗, 서기 755년-서기 763년)의 실패로 소그드인의 활동이 약화되었다. 그들의 문화는 앞선 페르시아의 사산(Sassan, 서기 224년-서기 652년) 왕조 문화의 영향을 많이 받았다. 그리고 慶州 월성군 외동리 소재 新羅 38대 元聖王의 掛陵(사적 26호, 서기 785년-서기 798년)의 石像(보물 1427호), 41대 憲德王陵(서기 809년-

서기 826년, 사적 29호), 42대 興德王陵(서기 826년-서기 836년, 사적 30호)
의 무인석상과 경주 용강동 고분(사적 328호) 출토 土俑도 실크로드
를 따라 중국 隋(서기 581년-서기 618년)와 唐(서기 618년-서기 907년)나
라 때의 胡商인 소그드(Sogd/Soghd)의 영향으로 생각된다.

우크라이나 UKRAINE

1. 키에프의 성 소피아 대성당과 수도원 건물들, 키에프-페체르스크 라브라 (Kiev: Saint Sophia Cathedral with Related Monastic Buildings, St. Cyril's and St. Andrew's Churches, Kiev-Pechersk Lavra: 문화, 1990/확대 지정, 2010):

터기 콘스탄티노플에 있는 하기아 소피아(Hagia Sophia) 교회에 필
적하는 키에프의 성 소피아 대 성당과 수도원 건물들은 서기 988년
성 브라디미르(St. Vladimir)의 기독교 전파 후 기독교 공국의 태자 야
로스라프(Yaroslav the Wise)가 Pechenegs(아시아의 유목민족) 족에 대한 승
리의 기념으로 서기 1037년 신 콘스탄디노플(New Constantinople)이라
고 불리는 성당을 키에프 수도에 지었다. 서기 16세기에 지어진 키에
프-페체르스크 라브라 수도원은 서기 17세기-서기 19세기 러시아
세계에 正敎會의 사상과 신앙을 전파하는 데 공헌하였다. 이 수도원
은 정교회의 성당을 비롯해 많은 지하무덤(catacombs), 종루, 내부 비잔
틴 양식의 벽화 등을 포함하고 있다. 이 성당 이외에도 성 키릴(St. Cyril)
과 성 안드류(St. Andrew), 키이브 페체르스크 라브라(Kyiv-Pechersk Lavra)
수도원도 포함된다. 성 키릴 교회는 원래서기 12세기의 건물이나 서
기 1748년-서기 1760년 우크라이나 건축가인인 그리고로비치-바르

스키(I. Grygorovych-Barsky)의 설계로 다시 지어져 우크라이나 바로크 양식을 갖게 되었다. 여기에는 서기 17세기-서기 19세기의 벽화가 있다. 성 안드류 교회는 서기 1747년-서기 1762년 라스트레리(F.B. Rastllei)의 설계로 지어지고 서기 1751년-서기 1752년 비시니아코프(I. Vyshnyakov) 팀이 그린 당시의 벽화가 있다. 그리고 라브라 수도원은 서기 16세기에 지어지고 많은 지하묘지(catacombs)를 가지고 있다.

2. 리비브 유적지구(L'viv-the Ensemble of the Historic Centre: 문화, 1998):

우크라이나 서부 할리치나(Halychyna)에 위치하는 리비브는 서기 1256년 할리치-볼히니아의 루테니안 公國(Ruthenian principality of Halych-Volhynia)의 다니료 할리취스키(Danylo Halytskyi) 왕이 레드 루테니아(Red Ruthenian)에 건설하고 자기 아들의 이름을 따서 지었다. 이곳은 서기 1349년-서기 1772년 폴란드에, 서기 1772년-서기 1918년 오스트리아에 점령을 당하고 세계제2차대전 후 러시아에 귀속되었다. 그런 역사적 인연으로 리비브 도시는 수 세기 동안 행정, 종교 상업의 중심지로 폴란드와 오스트리아의 영향을 받아 바로크 양식과 그 이후의 건물, 돌이 깔린 鋪道 등이 많이 남아있다.

3. 스트루브 자오선 측지점(Struve Geodetic Arc: 문화, 2005):

노르웨이(NORWAY), 라트비아(LATVIA), 리투아니아(LITHUANIA), 러시아(RUSSIAN FEDERATION), 벨라루스(BELARUS), 에스토니아(ESTONIA), 우크라이나(UKRAINE), 스웨덴(SWEDEN)과 핀란드(FINLAND) 지역이 함께 자오선 측정의 삼각측량점

4. 부코비티안과 달마티안 수도의 주거(Residence of Bukovitian and Dalmatian Metropolitans: 문화, 2011):

우크라이나의 부코비티안과 달마티안 수도의 주거들은 체코의 건축가인 요세프 흐라브카(Josef Hlavka)가 서기 1864년-서기 1882년에 지은 시너지 효과가 넘치는 걸작품이다. 건축사에 남을 서기 19세기의 건물들은 정원과 공원을 가진 수도원과 부속학교도 포함한다. 이 건물복합은 비잔틴 시대부터 내려오는 전통과 합스부르크 왕가(Habsburg/Hapsburg, 서기 1278년-서기 1918년)의 지배 하에서 正敎會의 건축적인 양식을 수용하였는데 오스트리아-항가리를 아우르던 합스부르크 제국의 종교적 관용을 반영한다.

5. 폴란드와 우크라이나 카르파티안 지역의 목조교회(Wooden Tserkvas of the Carpathian Region in Poland and Ukraine: 문화, 2013):

목조교회인 체르크바(tserkva)는 모두 16곳으로 8곳은 폴란드 말로 폴스키(Małopolskie Province)와 포드카라파키(Podkarpackie Province)에 나머지 8곳은 우크라이나 카르파티안에 위치한다. 교회의 명칭은 다음과 같다.

Poland

Tserkva of St. Michael the Archangel, Brunary

Tserkva of the Birth of the Blessed Virgin Mary, Chotyniec

Tserkva of St. Paraskevia, Kwiatoń

Virgin Mary's Care Tserkva, Owczary

St. James the Less Tserkva, Powroźnik

Tserkva of St. Paraskevia, Radruż

St. Michael the Archangel Tserkva, Smolnik

St. Michael the Archangel Tserkva, Turzańsk

Ukraine

Descent of the Holy Spirit Church, Potelych

Holy Trinity Church, Zhovkva

St. Yuriy's(George's) Church, Drohobych

St. Dmytro's Church, Matkiv

Descent of the Holy Spirit Church, Rohatyn

The Church of the Nativity of B.V.M., Nyzhniy Verbizh

The Church of St. Archangel Mykhailo, Uzhok

The Church of Ascension of Our Lord, Yasynia

서기 1797년 이후 그리스 正敎會의 목조교회는 세 부분의 건물, 가로로 쌓아 올린 통나무 건축의 外部, 서기 18세기-서기 19세기의 多彩畵 장식, 서기 18세기의 아이콘 장식벽(iconostsis, 교회의 본당과 성역을 나누는 아이콘 聖像과 종교적 그림으로 장식된 벽)으로 된 內部로 나눈다. 여기에는 폴란드 성 미카엘 대천사의 목조교회(Tserkva of St. Michael the Archangel)와 성모 마리아탄생 목조교회(Tserkva of the Birth of the Blessed Virgin Mary, 서기 1600년경)는 서부 렘코(West-Lemko) 정교회의 종교건물 중 대표 예이다. 성 미카엘 대천사의 목조교회의 외부는 비를 막기 위해 댄 비늘판(Weather-boarding), 판자지붕, 너세지붕의 본당, 여러 겹의 너새지붕을 인 聖壇, 낮은 쪽에 계단상의 지붕, 장미꽃 그림으로 채색된 소벽(frieze)으로 장식된 계단상의 판자, 빛이 통하지 않는 채광창이 달린 양파모양의 돔 지붕, 나중에 갖다 붙인 방이 있는 탑 등이 보인다. 내부 장식은 서기 18세기 바로크 양식의 장식벽과 제단(서기 17세기), 로코코 양식의 제단(서기 18세기), 복음서의 저자들을 그린 연단(서기 18세기)과 성상과 십자가를 그린 의자(서기 18세기-서기 19세기)가 있다. 성모 마리아 탄생 목조교회는 현재 천주교성당으로 사용되고 있고 서기 1600년경에 지어졌다. 가까이에 목조교회의 공동묘지와 목조 종탑이 있다. 외부는 가로로 쌓아 올린 통나무 건축의 목조교회로서 현관, 조립건물, 양쪽의 비를 막기 위해 댄 비늘판 등이, 내부에는 장방형의 본당 옆에 장방형의 성구보관소(pastophories, sacristy)로 확대되고 삼면이 벽으로 막힌 聖壇, 본당의 반대편에 곡선 형태의 상인방 서까래가 달린 '여성들의 현관(women's porch, babiniec, a portal with a wave-shaped lintel)'이 있다. 목조건물의 옛날 부분은 열주(arcade, soboty)로 둘러싸여 있다. 외부의 열주와 여성들의 현관 너머에는 회랑(gallery, 回廊/羨道/널길)이 기둥 위 반원형으로 이룬 서까래로 반쯤 덮혀 있다. 이 회랑을 따라 바깥의 계단으로 올라가면 남쪽 벽에 이른다. 본당에서 聖所와 위층의 예배당은 서기 1722년(대분이 이 해에 제작됨)-서기 1735년에 그려진 인물과 다채화의 장식으로 그려져 있다. 동쪽 본당 쪽에는 서기 1671년에 제작된 5단의 아이콘 장식벽, 서기 1756년에 제작된 제단, 서기 1700년경에 제작된 측면 제단이 있다. 목조교회는 폴란드에서 가장 시대가 올라가며 예배당 주위 회랑이 돌아가는 보기 드문 그리스 정교회이다. 목조교회는 과학적, 미적, 감정적 분야에서 충분히 근거가 있는 기념물이다. 그들은 역사적으로 중요한 기념물로, 지역적으로 특징 있는 모습을 보여주는 동시에 지역을 벗어나서도 매우 두드러지며 그 지역의 문화 경관에 어울린다. 오랜 시간 동안 약간의 변형이 있으면서도 중세시대의 상인조합(guild)에서 만든 전통과 기술을 지속시켜 나가면서 원래의 모습을 잃지 않고 있다. 교회 내부의 설비들은 수 세기 동안 예배와 의식을 끊이지 않고 지속시켜 왔다. 이들 주변에는 남아 있는 정신문화의 가치를 볼 수 있는데 이들은 우주론적인 표현과 동시에 지역적인 종교와 문화적 정체성에도 초점을 맞추어 나가고 있다. 그들은 전통적인 의식과 예식에 대한 배경을 형성한다. 서기 20세기에 목조교회의 복원에 관심을 갖기 시작하였다. 이전에는 그 시대의 양식과 기능에 따라 수리·복원되었다. 기술적인 전통의 지속으로 같은 기술과 재료도 보존되었다. 현재 사용되는 복원의 원칙은 구조물, 세부와 장식의 믿을 수 있는 근거를 일일이 확인해나가는 것이다. 우크라이나, 폴란드, 러시아와 루마니아에서 종교적인 건물은 여러 가지 원칙에 의존하고 공간적 구성형태에 따라 발전하고 있다. 폴란드와 우크라이나의 카르파티안 지역에서 가장 오래된 목조교회는 서기 16세기에 만들어졌는데 이들 교회는 당시의 목조교회 중 가장 잘 지어진 것이다.

6. 타우릭 케르손니스 고대도시와 코라(Ancient City of Tauric Cher-sonese and its Chora, 기원전 5세기—서기 14세기: 문화, 2013):

흑해 북부 연안 기원전 5세기 그리스 도리아인이 세운 식민도시인 타우릭 케르손니스는 6개소의 유적과 수 백 개의 코라(Chora)라고 하는 같은 규모를 가진 장방형의 농경지를 포함한다. 이 농경지(코라)들은 서기 15세기까지 2,000년간 북해연안국들 중 가장 번영하였던 포도주생산의 중심지로 기원전 4세기-기원전 3세기 중반 이전 케르손니스 나라의 중점 수출품목 이었다. 이 유적에는 석기시대와 청동기시대의 집자리, 로마와 중세시대의 망루가 있는 요새와 물 공급체계(수도), 초기 기독교유적뿐만 아니라 여러 개의 공공건물 단지와 집, 포도밭 경작과 경작지를 분할하던 벽이 잘 남아있다. 서기 3세기 이 유적은 그리스, 로마, 비잔틴 제국, 흑해 북쪽에 살고 있던 여러 나라들 사이에서 교역망의 중심으로 잘 알려져 있다. 무역 항구는 콰란티나야 만(Quarantinnaya Bay)에 기원전 4세기경에 처음 만들어졌으며 후일 항구의 수는 늘어갔다. 서기 2세기 중엽 케르손니스는 흑해 북쪽에 위치한 로마의 전략적인 전초기지로 서기 3세기 말에서 서기 4세기 초 로마군과 함께 보스포러스(Bosporus) 왕국과의 전쟁에 참전에 참여하게 되었다. 그 결과 능력 있는 케르손니스인들이 고트(Goths)와 알라니(Alani, 흑해 초원지대에 살던 유목민족)가 살고 후에 로마의 연방이 된 크리미아 서남부의 넓은 지역을 통치하게 되었다. 서기 395년 로마가 몰락하면서 케르손니스는 로마와 비잔틴 제국과 동맹을 맺은 도시에 불과하였다. 서기 5세기-서기 6세기가 되면 비잔틴 제국의 지방도시가 되며 중세시대에는 이웃 미개인(barbarian)들과 경계를 접하며 정치와 종교적 이단자를 위한 망명지로 유지하였다. 케르손니스는 포도주와 수공예품을 수출하는 중심지로의 역할을 다하였다. 이곳은 노예제도를 가진 민주공화국인 고대 그리스 도시(Polis, poleis) 케르손니스에 연결되며 배후의 농경지/포도밭 코라는 도시의 사회조직을 반영하는 민주적 토지제도의 뛰어난 예이다.

이라크 IRAQ

1. 하트라(Hatra: 문화, 1985):

바그다드의 서북쪽 290km, 모슐의 남서쪽 110km의 트라는 파르티아(Parthia, 기원전 247년-서기 224년) 제국의 영향 하에 요새화된 도시이며 첫 번째 아랍왕국의 수도로 서기 116년과 서기 198년 로마의 침입에 강력히 대응했다. 이는 望樓가 있는 강화된 두터운 성벽으로 알 수 있다. 헬레니즘(기원전 304년-기원전 30년)의 영향을 받은 로마의 건축물이 동양의 장식들과 뒤섞여 나타나고 있다. 이란에는 메디아(Medes, 기원전 708년-기원전 550년), 아케메니드(Achemenid, 기원전 559년-기원전 331년), 파르티아(Parthia, 기원전 247년-서기 224년)와 사산(Sassan, 서기 224년-서기 652년)의 네 왕조가 들어섰으며 그중 파르티아 제국의 고고학적 흔적이 이락에 남아있다. 하트라는 아랍부족에 의해 기원전 3세기경에 건국되었으며 이란의 파르티아 제국의 후원 하에 기원전 2세기-기원전 1세기경에 번영하였던 종교와 무역의 중심지였다.

2. 아슈르 유적(Ashur, Qal'at Sherqat: 문화, 2003):

아슈르(기원전 1365년-기원전 558년)의 고대도시는 메소포타미아의 북쪽 티그리스 강변에 있으며 기후적으로 비가 와야만 농사를 짓는 지역과 관개농업을 하는 지역 사이에 위치한다. 이곳은 아시리아제국의 첫 번째 도시로 국제적으로 무역의 중심지였고 종교적으로 아슈르 신과 이시타르와 이안나 여신을 신봉하는 종교적 도시였다. 아직 일부이긴 하지만 이곳에는 34개소의 신전과 3개소의 궁전이 발굴되었다. 아슈르에서 이름을 딴 아시리아 제국은 수도를 아슈르(Ashur)-님루드(Nimrud)-니네베(Nineveh)로 옮겼으며 첫 번째 수도인 아슈르(Ashur)는 서기 1903년-서기 1914년 독일의 고고학자인 발터 안드레(Walter Andrae)가 발굴한 바 있다. 이락(메소포타미아) 지역에서는 수메르(기원전 3100년-기원전 1720년)에 이어 아카드(기원전 2325년), 바빌로니아(기원전 1830년-기원전 700년), 아시리아(기원전 1365년-기원전 558년)와 페르시아 제국(현 행정구역상 이란임, 기원전 559년-기원전 331년, 아케메니드 왕조)들이 연이어 나타나 동양문명의 전통을 이어가고 있었으나, 마지막의 페르시아 제국의 다리우스 I세(기원전 550

년-기원전 486년) 때인 기원전 490년, 기원전 480년과 기원전 479년 그리스와 벌린 마라톤, 사라미스와 프라타이아이(Plataea) 전투에서 패함으로 그 전통이 처음으로 서양에 넘어가게 된 것이다. 아시리아 제국과 관련된 역사적 사건은 기원전 689년 센나케리브(Sennacherib, 기원전 704년-기원전 681년) 앗시리아 왕의 바빌론 침공과 나내베(Nineveh) 수도의 확장, 기원전 682년 느브갓트네자르(Nebchadnezzar,기원전 605년-기원전 562년)가 신바빌로니아(Neo-Babylon)를 세우고, 기원전 586년 예루살렘을 2회째 공격하여 유태인을 포로로 끌고 갔으나 이들은 바빌로니아를 공격한 아케메니드 왕조의 키루스(Cyrus, 기원전 559년-기원전 530년) 대왕에 의해 풀려나 고향으로 돌아간 것들이다.

3. 사마라 고고유적도시(Samarra Archaeological City: 문화, 2007):

서기 836년-892년 사이 튜니시아에서 중앙아시아에 이르는 아바시드(Abbasid) 제국(서기 750년-서기 1258년)의 칼리프(Caliphs)가 다스리던 수도로 바그다드 북쪽 130km 떨어진 티그리스강 양쪽에 위치하며 범위는 북에서 남으로 41.5km, 동에서 서로 4-8km에 이른다. 이곳의 건축물들은 아름다움을 더해 주위의 여러 아랍지역에 전파되었다. 서기 9세기에 지어진 대사원(great mosque), 나선형의 尖塔과 칼리프의 궁전은 대표적이다.

4. 에빌/아빌 성(Erbil/Arbil Citadel: 문화, 2014):

사람이 오랫동안 계속 거주하면서 자연적으로 土壘처럼 만들어진 높이 25m-32m의 구릉(tell, mound, hüyük/höyük, tepe)위 430m×340m (102,000m²)의 넓이에 세워진 에빌城과 보기에도 넓고 광대한 에빌市는 기원전 5000년부터 사람이 살기 시작한 이후 약 7,000년 이상의 역사를 갖고 있다. 이렇듯 이 유적은 아마도 세계에서 가장 오래 사람이 살아온 주거지로 여겨진다. 우르(Ur III), 신 앗시리아(Neo-Assyrian), 사산(Sassann, 서기 224년-서기 652년), 아바시드 칼리파(Abbasid Caliphate, 서기 750년-서기 1258년)와 몽고(Mongols) 침입(서기 1258년)의 역사가 계속 이어져 내려왔다. 사산과 아바시드 칼리파 기간에 에빌시는 기독교의 중요한 중심지였으나 몽고 침입과 더불어 이 도시의 중요성도 사라졌다. 서기 2007년부터 이 성을 복원하기 위한 작업이 시작되면서 그곳에서 살던 주민도 모두 퇴거당하고 발굴 작업도 병행되었다.

거의 45°의 급경사위에 세워진 성과 구릉은 서기 1258년 蒙古軍들의 포위와 外侵을 잘 견디어 냈을 것이다. 현존하는 도시의 구조도 수 백 년은 거슬러 올라가며 그 안에 남아있는 지역적 양식의 건물과 도시구조는 비단 이락에서뿐만 아니라 일반적으로 인류에게도 무척 중요한 자료이다. 기본적으로 타원형의 구조를 지닌 이 성안은 부자와 명망이 있는 사람들의 세라이(Serai), 가난한 사람들의 타캬(Takya)와 기술자와 농부들이 사는 토프카나(Topkhana)의 세 구역(mahallas)으로 나누어지는데, 전통적인 정원을 가지고 황토색 벽돌로 지어진 밀집된 집을 포함하는 10hr의 넓이를 감싸고 있다. 이외에도 이 성안에는 뮬라 아판디(Mulla Afandi)를 포함하는 3채의 사원, 공중목욕탕(Hammam), 7기의 역사적으로 중요한 무덤, 2개의 성문, 도시의 여러 곳의 공공장소 등 중요한 공공건물도 있다. 주거지역은 남문으로부터 나뭇가지처럼 펴져나간 미로와 같은 좁은 보행자용 골목을 지나야 나온다. 이곳에 남아있는 500여 채의 집들 중 330채는 문화와 건축학적으로 매우 중요하다.

5. 이락크 남부의 아와르: 다양한 생물의 피난처와 메소포타미아 도시의 잔

존 경관(The Ahwar of Southern Iraq: Refuge of Biodiversity and the Relict Lanscape of the Mesopotamian Cities: 복합, 2016):

메소포타미아 또는 이라크의 늪지는 이라크 남부, 이란과 쿠웨이트의 서남부 일부는 습지이다. 역사적으로 이 늪지는 주로 독립적이지만 중앙 하위제(Hawizeh)와 하마르(Hammar) 늪지와 이웃하는 서부 유라시아에서 가장 큰 습지 생태계이다. 중앙 늪지대는 아마라(Amarah)의 남쪽 티그리스 강의 샤트 알-무미나(Shatt al-Muminah)와 마자르-알-카비르(Majar-al-Kabir) 지류의 유입으로 물을 공급받는다. 그리고 The 하마르 늪지는 기본적으로 유프라테스(Euphrates) 강에서 물을 공급받으며 서쪽으로 나시리야(Nasiriyah), 동쪽으로 샤트 알-무미나, 남쪽으로 바스라(Basrah)와 경계 짓는다. 하위제 늪지는 티그리스(Tigris)강의 동쪽에 일부는 이란에 자리 잡고 있다. 이란 측의 늪지는 하와르 알-아짐(Hawr Al-Azim)으로 알려져 있으며 카르케(Karkheh)강에서 물을 공급받는다. 한편 이라크 측의 늪지는 티그리스 강의 지류인 알 무샤라(Al-Musharrah)와 알-카라(Al-Kahla)로부터 물을 공급받는다. 늪지들은 사막에서 보기 드문 水生景觀로 늪지 아랍(Marsh Arabs)인들과 중요한 야생동물들이 살아가는 장소를 제공한다. 늪지에서 배수가 서기 1950년대에 시작되었고 서기 1970년대와 1980년대에는 농경지와 석유탐사로 계속 매립이 되었다. 그러나 서기 1980년대와 서기 1990년대 사담 후제인의 통치시절 시아파(Shia) 무스림들을 쫓아내기 위해 이 작업은 확대되고 가속화 되었다. 서기 2003년 전 배수작업은 원래규모의 10%에 이르렀다. 후세인 정권이 몰락한 후 늪지는 다시 회복되었지만 상류 댐 공사로 물이 마르고, 터키, 시리아와 이란이 복구공사를 방해하였다.

기원전 3000년대 남부 메소포타미아에 문명의 요람이라고 언급되는 문자를 사용하는 사회가 들어서고 첫 번째의 도시와 관료체제가 우르크(Uruk) 기간 동안에 발전하였다. 비옥한 반월형지대의 지리적인 위치와 생태적 요소 때문에 이집트의 나일 강 분지부터 북쪽의 팔레스타인과 이스라엘의 지중해 연안을 따라 남쪽으로 다시 유프라테스와 티그리스을 따라 페르시아 만까지 이르는 반월형 형태의 비옥한 지역에서 문명은 농사와 기술을 발전시킬 수 있었다. 야생 식용식물의 이용이 중요한 계기였다. 초기에 농경이 비옥한 반월형지대에서 나타났는데 이 지역에는 영양이 많고 재배하기 쉬운 다량의 야생밀이 자라고 있었다.

서기 10세기와 서기 11세기에 늪지에 국가를 세우려고 시도한 임란 빈 샤힌(Imran ibin Shahin)에 의한 지리 정치적 단위인 바티하(Batihah)의 유적이 남아있다.

늪지대 아랍인들은 메소포타미아 또는 이라크 늪지의 중요한 거주자였으며 문명으로 기원전 3000년까지 거슬러 올라가는 수메르인들의 후예들이다. 그들은 늪지 전체에 정교한 갈대 집을 짓고 은둔의 마을에서 살아가고 있으며 서로 보트를 이용해 만난다. 그리고 그들은 물고기를 잡고, 벼를 재배하고, 水牛를 사육하고 또 다른 자원으로 매일 매일의 생계를 이어나간다. 서기 1950년대에 늪지대 아랍(Marsh Arabs)인들의 수자는 50만 정도였으나 배수와 사담후세인의 가혹한 보복으로 2만 명 정도로 줄어들었으며 8만에서 12만 명이 이웃 이란으로 도망을 갔다. 서기 2003년 이라크의 침공으로 늪지대 사람들은 돌아오기 시작했다.

6. 바빌론(Babylon: 문화, 2019):

바그다드 남쪽 85km 떨어진 문화유산 바빌론은 기원전 626년-기원전 539년 사이 신바빌로니아 제국(Neo-Babylonian Empire)의 수도였으며 여기에는 고대도시를 둘러싸고 있는 마을과 농경지도 포함된다. 이곳에는 고대 세계의 가장 영향력 있는 제국의 하나를 증명해주는 外城과 內城의 성벽, 성문, 궁전과 사원이 아직도 남아있다. 하무라비(Hammurabi)와 느브갓드네자르(Nebchadnezzar, Nebuchardrezzar, Nabukuddurriusur, 기원전 605년-기원전 562년)의 통치하에 바빌론 제국은 신바빌로니아 제국의 탄생으로 전성기에 이루었다.

그리고 그리스의 역사가 헤로도투스(Herodotus, 기원전 484년-기원전 425년경)와 알렉산드리아 박물관에 재직하였던 시레네(Cyrene, 북아프리카의 지중해 연안 그리스 도시, Cyrenaica의 수도) 출신의 칼리마쿠스(Callimachus, 기원전 305년-기원전 240년경)가 정했다고 전해지고 있는 세계 7대 不可思議(Seven Wonders of the World) 중의 하나인 '바빌론의 성벽과 공중 정원(Walls and hanging gardens of Babylon)'은 전 세계적으로 예술적, 대중적이고 종교적인 문화의 창조를 야기시켰다. 이 '바빌론의 성벽과 공중정원'은 기원전 600년 느브갓드네자르(네브카드네자르, Nebuchadnezzar) 2세가 기원전 650년에 만들었다고 하는 사막의 인공 오아시스인 공중정원은 바빌론 지역에 위치하며 구약성서의 바빌론에 관한 기록, 스트라보(Strabo, 기원전 64/63년-서기 24년경)와 안티페이터(Antipater)의 그리스의 역사가의 저서에 남아 있다. 이것은 메디아 공주 아이티미스를 위한 정원으로 이시타르(아슈타르) 문 근처에 위치하며, 흙벽돌 아도비(adobe)와 역청(바빌론식 시멘트)으로 만들고 스크류 설비로 샤도크라는 물을 끌어 들이는 장치가 있었던 모양이다.

또 기원전 682년 느브갓드네자르가 신바빌론 제국을 세우고 기원전 586년 예루살렘(Jerusalem)을 2회째 공격하여 유태인을 포로로 끌고 갔으나 포로들은 신바빌로니아 제국을 공격한 페루시아 제국

(Persia)의 키루스(Cyrus, 기원전 559년-기원전 530년) 대왕에 의해 풀려나 고향으로 돌아갔으며 아케메니드 왕조(기원전 559년-기원전 331년)의 창시자인 키루스(Cyrus, 기원전 580년-기원전 530년)는 신바빌론 제국의 포로인 이스라엘인들을 해방시켜 이스라엘인들로부터 신이 내린 왕 메시아로 불리운 역사적 사실도 있다.

그리고 수메르에서 페르시아까지의 메소포타미아 문명을 언급할 때 배놓을 수 없는 것은 그들의 문명이 단절된 것이 아니라 현재까지 이어져 내려오고 있다는 것이다. 근동지방에서는 수메르(Sumer, 기원전 3100년-기원전 2004년 멸망-기원전 1720년까지 우르 3왕조의 존속)에 이어 아카드(기원전 2325년), 바빌로니아(기원전 1830년-기원전 700년), 앗시리아(기원전 1365년-기원전 558년)와 페르시아 제국(기원전 559년-기원전 331년, 아케메니드 왕조)이 연이어 나타나 동양문명의 전통을 이어가고 있었다. 현재의 이란 지역에는 메디아(Medes, 기원전 708년-기원전 550년), 아케메니드(Achemenid, 기원전 559년-기원전 331년), 파르티아(Parthia, 기원전 247년-서기 224년)와 사산(Sassan, 서기 224년-서기 652년, 末代君主는 에데게르드(叶斯德苟特, Jezdegerd Jezdegerd III세임)의 네 왕조가 들어섰다.

아케메니드 왕조(기원전 559년-기원전 331년)는 키루스-키루스 II세-캄비세스(Cambyses) II세-다리우스(Darius, 기원전 550년-기원전 486년)-크세르크세스(Xerxes, 기원전 510년-기원전 465년)-아르타크세르크세스(Artaxerxes, 기원전 465년-기원전 424년)-다리우스 III세기(기원전 380년-기원전 330년)로 왕위를 계승하다가 다리우스 III세가 기원전 331년 10월 1일 가우가메라(Battle of Gaugamela/Battle of Arbela, 북부 이라크 모술의 동쪽) 전투에서 알렉산더대왕에게 패함으로써 마케도니아 제국(기원전 338년-기원전 146년)에 합병되었다. 그래서 동양 문명의 전통이 처음으로 서양으로 넘어가게 된 것이다.

이란 ISLAMIC REPUBLIC OF IRAN

1. 메디안 에맘, 에스파한(Meidan Emam, Esfahan: 문화, 1979):

　서기 17세기 초 사파비드 왕조(Safavid, 서기 1501년-서기 1794년)의 샤 아바스(Shah Abbas) I세에 의해 에스파한에 건설된 세계에서 가장 큰 도시 광장 중의 하나이다. 여기에는 샤(Shah)와 셰키 롯트홀라(Sheykh Lotfollah) 회교사원, 알리 콰푸(Ali Quapu) 궁전, 2층의 아케이드, 사원(Isfahan Grand Bazaar), 콰이사리예(Qaysariyyeh)의 거대한 주랑(柱廊)과 서기 15세기의 티무리드(Timurid) 궁전이 포함된다. 서기 2007년 31차 회의에서 위험에 처한 문화유산으로 등재되었다.

2. 페르세폴리스(Persepolis: 문화, 1979):

　기원전 518년 아케메니드(Achemenid, 기원전 559년-기원전 331년) 왕조의 다리우스 I세가 세운 수도로 현재 이란 시라즈 시에서 북동쪽 70km 떨어진 곳에 위치한다. 이름은 그리스인이 페르시아(Persia)와 폴리스(Polis)의 합성어로 부른 것에 기인한다. 기원전 331년 마케도니아(기원전 338년-기원전 146년) 제국의 알렉산더(기원전 356년-기원전 323년 6월 10일)가 다리우스 III세(기원전 330년 부하에 의해 암살당함)와의 기원전 331년 10월 1일 가우가메라(Gaugamera) 전투에서 승리한 후 이곳에 입성하여 폐허로 만들어 놓았다. 여기에서는 아직도 아파다나(Apadana Hall) 謁見室이 있는 60m×60m 규모의 건물과 동쪽 계단의 各國使節들의 浮彫, 110개의 列柱가 서있는 페르세폴리스 궁전, 萬國의 門(Gate of all Nations)에 있는 楔形文字碑文, 궁전 뒤의 산을 깎아 만든 세 개의 靈廟(Takht-e-Jamshid 뒤) 등을 볼 수 있다. 이란에는 메디아(Medes, 기원전 708년-기원전 550년), 아케메니드(Achemenid, 기원전 559년-기원전 331년), 파르티아(Parthia, 기원전 247년-서기 224년)와 사산(Sassan, 서기 224년-서기 652년)의 네 왕조가 들어섰다. 그중 키루스(Cyrus, 기원전 580년-기원전 530년: 바빌론의 포로인 이스라엘인들을 해방시켜 이스라엘인들로부터 신이 내린 왕 메시아로 불림)-키루스 II세(기원전 580년-기원전 530년)-캄비세스 II세(Cambyses)-다리우스 I세(Darius, 기원전 550년-기원전 486년)-크세르크세스(Xerxes, 기원전 510년-기원전 465년)-아르타 크세르크세스(Artaxerxes, 기원전 465년-기원전 424년)-다리우스 III세(기원전 380년-기원전 330년)로 왕위를 계승하다가 다리우스 III세가 기원전 331년 알렉산더 대왕에게 패함으로써 마케도니아 제국에 합병되었다. 페르시아의 아케메니드 왕조는 나일 강(홍해)과 지중해를 잇는 209km의 다리우스 운하, 가나트라 불리는 지하용수 공급체계, 왕의 大路, 파라다이시아 정원이 들어선 파사르가데(Pasargadae) 궁전, 보스포러스(Bosphorus Strait, 기원전 490년)와 헬레스폰트(다다넬스, 기원전 480년) 해협을 이어 그리스를 공격해 들어갔던 배다리 浮橋(pontoon bridge)의 건설 등으로 잘 알려져 있다. 아케메니드 왕조의 수도는 페르세폴리스(Persepolis)를 비롯해 파사르가데(Pasargadae), 엑바탄(Ekbatan), 수사(Susa)와 크세르크세스(Xerxes)가 있다.

3. 초가 잔빌(Tchogha Zanbil: 문화, 1979):

쿠제스탄(Khuzestan) 주의 데즈훌(Dezfoul)의 남서쪽 42km, 수사의 서쪽 30km, 아바즈(Ahvaz) 북쪽 80km에 위치한 고대 엘라마이트(Elamite) 문화 중의 한 곳으로 기원전 1250년 우트나쉬-나피리샤(Untash-

Napirisha) 왕에 의해 남쪽 저지대의 수사와 이곳 고지대의 초가 잔빌을 합쳐 엘람(Elam) 왕국의 종교중심 겸 신성도시를 만들고자 하였다. 이곳은 삼중의 성벽으로 둘러싸여 있고 그 안에 창고가 있는 방형의 지구라트(Ziggurat), 11개의 신전이 있는데 22개는 아직도 미완성인 채로 있다. 기원전 640년 앗시리아의 아슈르바니팔(Ashurbanipal) 왕의 침공과 파괴 후에도 이 도시는 완공을 못 보았다. 이곳에는 물이 부족하여 우트나쉬-나피리샤 왕이 대운하를 파 성안 주민의 식수를 해결하고자 하였다. 서기 1951년-서기 1962년에 발굴되었다. 수메르 문명은 이집트와 메소포타미아 동쪽의 중요한 지역들과 문화 접촉을 해온 국제화된 고고학적 증거를 보여준다. 수메르 문명은 국제화시대를 개막하고 현재의 이란 서남부에 중심을 둔 엘라마이트 문명(수도는 후일 아케메니드 왕조의 수도가 된 수사)과 활발한 접촉을 가졌다. 이는 엘라마이트 문명권에 속하는 이란 고원의 테페 야야(Tepe Yahya), 시알크, 사하리 속타, 힛사르 등의 유적에서 젬데트 나스르의 도장이나 점토판 문서의 발견으로 입증된다.

4. 타크트 에 솔레이만(Takht-e Soleyman, the 'throne of Solomon': 문화, 2003):

이란 서북쪽의 타가브(Takab) 시 동북쪽 45km 떨어진 화산지구에 자리한 사산(Sassan, 서기 224년-서기 652년) 왕조의 타크트 에 솔레이만(솔로몬의 왕좌) 조로아스터교(拜火敎)의 神聖地로 일부만 발굴되어 있다. 이곳은 몽골의 일크하니드(Ilkhanid, 몽골인들이 세운 왕국, 서기 1265년-서기 1335년) 때 아나이타 신에게 奉獻된 신전의 일부와 배화교의 聖所를 서기 13세기에 증축하였다. 이들 배화교의 신전, 궁전과 평면 설계는 이스람 건축에 많은 영향을 끼쳤다. 발굴된 4개의 지역은 Takht-e Suleiman[the Throne of Solomon/솔로몬의 왕좌, 배화교와 아나이타 신전(Zoroastrian Fire Temple and the Anahita temple)으로 이 유적의 중심지임], 이 유적을 만들기 위한 동쪽 산의 채석장, Zendan-e Suleiman(Prison of Solomon,신전이 있는 화산), Tepe Majid(Zendan-e Suleiman과 관련된 Mound/Tepe/Hüyük), 요새가 있는 Belqeis Mountain(Solomon의 어머니인 Bathsheba의 이름을 땄다)이다.

5. 파사르가데(Pasargadae: 문화, 2004):

아케메니드 왕조(기원전 559년-기원전 331년) 중 두 번째 왕인 키루스 II세 대왕(기원전 580년-기원전 530년) 때 기원전 550년 메데스(Medes)의 지도자 아스티야게스(Astyages)를 격파한 후에 만들어진 160ha의 도시로 페르세폴리스 동북쪽 고원에 위치한다. 그 이름은 페르시아 가장 큰 부족인 파사르가데(Parsagadeh, Throne of Par)에서 따왔다. 이곳에는 키루스 II세의 靈廟, Tall-e Takhit(계단식 요새), 왕궁의 입구, 謁見室, 왕궁과 정원 터가 남아 있다. 파사가르데는 지중해 동부, 이집트, 인더스 강 동부유역까지 多民族과 多樣한 文化를 아우르던 아케메니드 왕조의 종합된 문화를 보여준다.

6. 밤과 자연경관(Bam and its Cultural Landscape: 2004):

밤과 자연경관은 이란 고원 남부에 자리 잡은 무역기지 마을을 말한다. 그 기원은 아케메니드 왕조(기원전 559년-기원전 331년) 때까지 거슬러 올라가나 이 마을의 전성기는 서기 7세기-서기 11세기로 무역의 교차로에 위치하기 때문이며 이 마을은 비단과 綿의 직조로 잘 알려져 있다. 밤(Arg-e Barm) 요새의 축조는 파르티안 왕조(Parthia, 기원전 247년-서기 224년)까지 올라가나 대부분은 사파비드 왕조(서기

1501년-서기 1794년) 때 흙벽돌(Chineh, adobe)을 이용해 쌓은 것으로 중세시대의 지방양식이 많이 보인다. 이 마을 오아시스에서의 생활과 번영은 아직도 사용하고 있는 지하 관개수로인 가나트(qanāt)에 의존하고 있다. 이 마을은 서기 1722년 아프칸의 침공으로 대부분 버려졌으며 그 결과 사파비드 왕조의 몰락도 가져오게 되었다. 이 유적은 서기 2003년 12월 26일 일어난 지진에 의해 거의 파괴되어 버렸다.

7. 솔타니에(Soltaniyeh: 문화, 2005):

쟈진(Zanjin) 주, 솔타니에 시에 위치한 서기 1302년-서기 1312년에 만들어진 일칸국(Ilkanid/Il-Khanid, Ilkhanate) 왕국(몽골인들이 세운 왕국, 서기 1265년-서기 1335년)의 Oljaytu의 靈廟로 이스람 건축의 발전에 있어 중요한 예이다. 8각형의 건물 평면에 50m 높이의 돔이 덮여 있으며 돔의 표면은 푸른 터키옥 색의 파양스(분말 석영, 구리와 소다를 섞어 만든다)로 만들어졌으며 영묘 주위에는 8개의 적은 尖塔이 둘려져 있다.

8. 비소툰 유적지(Bisotun, Behistun, Bisutun: 문화, 2006):

케르만샤 주, 메소포타미아-이란 고원의 고대 무역로 옆 케르만샤-하마단 길 옆에 있는 베히스툰 또는 비소툰(Bisotun) 바위는 아케메니드 왕조(기원전 559년-기원전 331년)의 3대 왕 다리우스 I세 대제(Darius, 기원전 550년-기원전 486년/기원전 521년-기원전 486년 재위)가 왕위에 오른 기원전 521년에 명령하여 설형문자인 엘라마이트, 바빌론과 옛 페르시아어를 浮彫의 형태로 새긴 비문으로 다리우스가 기원전 521년-기원전 520년 아케메니드 왕조 초대왕인 키루스가 세운 제국 안에서 일어난 반란을 진압하였다는 내용이 적혀 있다. 이 부조의 상단에는 다리우스가 활을 들고 그 앞에 들어 누운 사람의 가습을 밟고 서 있다. 그 뒤에는 포로들이 묶여 일렬로 서 있다. 비문의 엘라마이트, 바빌론과 옛 페르시아어의 내용은 다 비슷하나 옛 페르시아어에는 다 이루어졌다는 res gestae(things done)이라는 말이 추가되었다. 이 비는 로린손(Rawlison, Lt. col. Henry Creswicke에 의해 서기 1835년-서기 1847년 조사)에 의해 판독됨으로 가능해졌다.

그리고 그리스의 역사가 Herodotus에 의하면 다리우스 I세(기원전 522년-기원전 486년 재위)의 운하(Darius I's Canal)는 앞선 이집트 26 왕조의 파라오인 Necho II세(Nekau, 기원전 610년-기원전 595년)의 계획을 완공시킨 것으로 당시 Greater Bitter Lake 호수 남쪽 이집트의 Shaluf(Chalouf) 마을 외곽의 Heroopolite Gulf와 홍해 사이에 나있던 실개천과 같은 물길을 확장해 당시 3단 櫓의 갤리선(galley)과 같은 노젓는 두 척의 배인 트라이림(trireme)이 다닐 수 있을 정도의 폭을 가지고 한번 횡단하는데 4일이 소요되었다고 한다. 다리우스 왕은 운하의 완공을 기념해 Kabret와 수에즈 북쪽 수마일 떨어진 곳에 비를 세웠다. 살루프 비석(Shaluf stele)이라고 알려진 비는 서기 1866년 Charles de Lesseps에 의해 발견되었으며 비문은 페르시아 고어, 메디아, 아시리아와 이집트어로 써졌음이 밝혀져 비소툰 비와 더불어 페르시아를 연구하는데 중요하다.

9. 이란의 아르메니안 교회(Armenian Monastic Ensemble of Iran: 문화, 2008):

이란의 서북쪽 세 개의 수도원은 아르메니아 기독교 수도원으로 이들은 성 타데우스(St. Thaddeus), 성 스테파노스(St. Stepanos), 죠르죠르(Dzordzor) 교회이다. 그중 가장 오래된 것은 성 타데우스 수도원으로 서기 7세기경까지 거슬러 올라가나 자연적 또는 인위적 파괴로 여러 번 改築을 거쳐 서기 7세기-서기 14세기에 속하며 아르메니아의 전 세계적 기독교관의 좋은 예이다. 그리고 건물의 모습에서 비잔틴, 正敎會, 페르시아 문화와 접촉을 한 흔적이 보인다. 성 타데우스 수도원은 아르메니아의 에크미아스틴(Echmiastin) 성당 다음으로 두 번째 큰 곳으로 12사도 중의 하나인 성 타데우스의 유해를 모신 곳으로 전해진다. 그래서 이곳은 아르메니아인들의 순례지로 수 세기 동안 내려오는 아르메니아인들의 종교적 전통을 보여준다.

10. 슈스타 관개시설(Shushtar H`istorical Hydraulic System: 문화, 2009):

역사적인 슈스타 灌漑施設은 사산 왕조(서기 224년-서기 652년) 때부터 복잡한 물 관리시설을 갖춘 섬과 같은 도시에 존재하고 있다. 카룬(Kârun) 강에서 발원하는 두 운하 중 현재도 사용 중인 가르가(Gargar)와 같은 운하가 폭포와 고도차를 형성하여 그 물줄기가 이 도시 주위를 垓字 모양으로 감싸 흐르도록 유도하고, 이 도시에 들어가는 문과 다리는 동서남북에 만들었다. 여러 개의 강줄기가 4ha 넓이의 천국(Mianâb)라 불리 우는 사탕수수와 주요 작물의 농사를 확장하는데 도움을 준다. 주요작물들은 서기 226년까지 거슬러 올라간다. 이곳은 살라셀 카스텔(Salâsel Castel)과 같은 유적들과도 연결이 된다. 상류에 설치한 탑에서 운하, 수로, 댐, 다리, 저수지, 제분소 등을 통제한다. 엘라마이트, 메소포타미아, 나바테안의 물과 수로 전문가들이 나름대로의 요령을 로마의 수로 건설에 전수했을 것으로 추측된다. 강, 개인과 공공건물의 저수조와 연결이 되는 가나트[Ghanats, 페르시아 아케메니드 왕조(기원전 559년-기원전 331년)의 다리우스 왕(기원전 338년-기원전 330년) 때까지 거슬러 올라간다]라 불리 우는 지하수로 체계는 平時에 개인과 관개농사에 戰時에는 도시 안 물의 저장과 공급에 도움을 준다. 가나트는 개인주택의 토굴에서 발견된다. 이 복잡한 관개수로는 서기 19세기에 퇴보를 겪었다.

11. 아르다브의 세이크 사피 알-딘 카네가 사원(Sheikh Safi al-Din Khanegah and Shrine Ensemble in Ardab: 문화, 2010):

아르다브의 세이크 사피 알-딘 카네가와 회교사원은 서기 16세기 초와 서기 18세기 말 사이에 지어졌다. 수우피(Sufi, 汎神論者: 신비주의적 분파로 현실적인 방법을 통해 신과 합일되는 것을 최상의 가치로 여긴다. 수피즘의 유일한 목적은 신과 하나가 되는 것으로 이를 위해 교리 학습이나 율법이 아니라 춤과 노래로 구성된 독자적인 儀式에 따른다)의 전통에서 정신적 黙想(避靜)의 장소는 이란의 전통 건물에서 보면 도서관, 사원, 학교, 靈廟, 물탱크, 병원, 부엌, 빵집, 관공서 등이 들어서기 적합할 최대한의 공간을 확보하는 건물구조를 가진다. 세이크 사원에 가는 길도 수우피 신비주의의 7단계를 반영하는 7가지이며 또 이는 수우피 주의 8개 단계를 상징하는 8개의 문으로 격리된다. 이러한 생각들은 건물에 잘 나타나 있으며 건물의 정면과 내부 모두 골동품 장식으로 잘 꾸며져 있다. 중세시대에 보기 드문 예에 속한다.

12. 타브리즈 역사적 시장단지(Tabriz Histosric Bazaar Complex: 문화, 2010):

이곳은 해발 1,350m에 쿠리(Quri)와 아지(Aji) 강이 만나는 지점에 자리하고 있는 이란의 4번째 큰 도시로 고대부터 문화교류의 장소였으며 카자르 왕조(서기 1794년-서기 1925년) 때에는 王太子가 거주하던 작은 수도였다. 역사적 시장단지는 중요한 비단길의 교역의 중심지였다. 이 시장단지는 서로 연결이 되며 지붕이 있는 벽돌로 지어진 건축물이나 빌딩으로 또 다른 용도로 공간을 밀폐하고 있다.

서기 13세기 아제르바이잔 동부에 속하면서 타브리즈 마을과 시장은 유명하고 번영을 누리면서 사파비드 왕조(Safavid, 서기 1501년-서기 1794년) 때에는 수도가 되었다. 이 도시는 서기 16세기 수도로서 자격을 잃고 오스만 투르크(서기 1299년-서기 1922년)가 확장해 올 때까지 무역의 중심지로 남아있었다. 이곳은 이란의 전통적인 상업 문화 체계를 알 수 있는 곳이다.

13. 페르시아 정원(The Persian Garden: 문화, 2011):

  페르시아의 정원은 아케메니드왕조(기원전 559년-기원전 331년)의 키루스 왕(Cyrus, Cyrus the Great, 기원전 580년-기원전 530년: 바빌론의 포로인 이스라엘인들을 해방시켜 이스라엘인들로 부터 신이 내린 왕 메시아로 불림) 때 뿌리를 두며, 다양한 환경에 적응하여 발전해왔다. 물로 관개와 장식의 중요한 역할을 해온 9개 페르시아 정원들은 4개의 형식으로 나누어진다. 정원은 에덴(Eden)과 拜火敎의 4대 요소인 하늘, 땅, 물과 식물을 상징한다. 기원전 6세기부터 시대에 따라 조금씩 변형되어온 이 페르시아 정원들은 건물, 정자, 담(벽), 관개시설 제도의 조화를 보여준다. 이는 인도 무갈 제국의 타지 마할[Taj Mahal, 무갈 제국 5대 황제인 샤 자한(서기 1628년-서기 1658년 재위)이 서기 1631년-서기 1645년 건립한 부인 뭄타즈의 靈廟(Mumtaz Mahal/아르주망 바누 베굼/Arjumand Banu Begum, 서기 1593년 4월-서기 1631년 6월 17일)]과 스페인 무어족 궁전(a Moorish Palace)과 알함브라 궁전의 정원(gardens of the Alhambra)의 형성에도 많은 영향을 끼쳤다.

14. 이스파한의 마스예드-에-자메 사원(Masjed-e Jāmé of Isfahan: 문화, 2012):

이스파한의 마스예드-에-자메 사원은 이스파한의 역사중심지 "금요일의 사원(Friday mosque)"에 위치하는데 금요일의 사원은 서기 841년에 시작하여 과거 12세기 동안 사원건축의 진화를 뚜렷하게 보여주는 놀랄 만한 곳이다. 그중 마스예드-에-자메 사원은 가장 오래된 건물로 잘 보존되어 있으며 후일 중앙아시아 전역에서 지어진 사원 건축의 범본이 되고 있다. 이 사원은 약 20,000㎡의 구역에 사산 왕조(Sassan, 서기 224년-서기 652년)부터 이슬람 종교 건축에 이르는 범본인 4개의 內庭을 갖춘 첫 번째의 이슬람 건물이다. 두 개의 포탄형 외모를 갖춘 돔 형식(double-shelled ribbed domes)은 이슬람 전 지역의 사원 건물에 영향을 준 창시적인 건물이다. 또 이 건물은 천년 이상 지속해온 이슬람 예술의 양식발전에서 보이는 대표적인 장식물로 꾸며져 있다.

15. 콘바드-에 콰부스 무덤/탑(Gonbad-e Qābus: 문화, 2012):

서기 1006년에 콰부스 이븐 보심기르(The Ziyārid Qābūs ibn Voshmgīr, 서기 978년-서기 1012년 재위)가 자신의 사후를 위해 이란의 동북 골레스탄(Golestan) 주의 고르간 강 옆 요르얀(Jorjan)[현 곤바드-에 콰부스(Gonbad-e Qābus] 고대도시의 폐허 옆에 만든 10각형의 탑 모양을 한 무덤(tomb tower)이며 원추형 천장 끝까지의 높이는 72m로 현재 벽돌로 만들어진 탑 중에서 가장 높다. 이 탑은 중앙아시아 유목민과 이란의 고대문명 사이의 문화적 교류를 보여준다. 이 무덤은 서기 14세기-서기 15세기 몽골의 침입으로 파괴된 예술과 과학의 중심지였던 요르얀 시에 남아있는 유일한 증거인데, 이란, 아나톨리아와 중앙아시아에 지어진 종교적 건축물에 뚜렷한 영향을 주고 기술적으로도 매우 혁신적인 이슬람 건축물의 예이다. 유약이 발라지지 않은 구워진

벽돌로 지어진 이 탑/무덤은 복잡한 기하학 형태로 직경 17m-15.5m
인데 위로 올라갈수록 직경이 줄어들며 꼭대기에는 원추형의 벽돌
지붕으로 덮었다. 이 무덤은 서기 10세기-서기 11세기 무스림/이스
람 세계의 수학과 과학의 발전을 잘 보여주고 있다.

16. 골레스탄 궁전(Golestān Palace: 문화, 2013):

골레스탄 궁전은 '장미정원궁전(Kakheh Golestān/The Rose Garden Pal-
ace)'으로 사파비드 왕조(Safavid dynasty, 서기 1502년-서기 1736년)의 타
마스프(Tahmasp) I세(서기 1524년-서기 1576년경) 때 지어지고 후일 카
림 칸 잔드(Karim Khan Zand, 서기 1750년-서기 1779년경) 때 개조되었
다. 아가 모하므드 칸 콰자르(Agha Mohamd Khan Qajar, 서기 1742년-서
기 1797년)가 테헤란을 수도로 삼았을 때 골레스탄 궁전은 콰자르 왕
실의 공식적인 거주지가 되었다. 그리고 이란 혁명이 일어나기 전의
마지막 왕조인 팔라비 왕조(Pahlavi era, 서기 1925년-서기 1979년) 때에
그들의 궁전을 니바란(Niavaran)에 만들었으나 레자 칸(Reza Khan, 서기
1925년-서기 1941년경)과 모하마드 레자 팔라비(Mohammad Reza Pahlavi,
서기 1941년경-서기 1979년 축출 당함)의 즉위식이 현 박물관 홀에서 열
정도로 이곳은 공식적인 왕립연회장으로 이용하였다. 현재 골레스
탄 궁전의 대부분은 박물관으로 이용되고 있다. 골레스탄 궁전은 테
헤란에서 가장 오래된 건물로 진흙과 이엉을 섞어 만든 성벽(Arg, 타
마스프 I세 때 초축)으로 둘러싸여 있다. 이 궁전은 서기 1865년 하지
아볼-하산 미마르 나바이(Haji Abol-hasan Mimar Navai)에 의해 현재의
형태로 재건축되었다. 서기 1925년-서기 1945년 사이 수 세기나 오
래된 궁전이 현대 도시의 성장을 방해해서는 안 된다고 믿었던 레자
샤(Reza Shah)의 명령으로 궁전의 많은 부분이 파괴되었고 그 자리에

서기 1950년대-서기 1960년대의 상업적인 건물이 들어섰다. 골레스탄 궁전은 17개 궁, 박물관과 홀로 이루어졌으며, 대부분은 콰자르 왕들의 200년간 재위시절에 지어졌으며, 이곳에서 중요한 축하연이나 즉위식이 거행되었다.

이곳에는 대리석 玉座가 있는 테라스 타크테 마마르(Takht-e Marmar/Marble Throne, 서기 1806년 축조), Khalvat Karim Khani(서기 1759년 경), 여름용 별장격인 Hoze Khaneh 궁, Negar Khaneh 궁, 박물관 홀(museum hall, 수집품은 대부분 테헤란의 다른 박물관으로 흩어졌지만 Hose Khaneh 궁에는 유럽화가들의 그림, Negar Khaneh 궁에는 이란화가들의 그림들은 그대로 보존됨), Talar Berelian 궁, Talar Zoroof 궁(중국 도자기가 보관됨), Talar Adj 궁, Talar Aineh 궁, Talar-e Aineh(Hall of Mirrors) 궁, Talar Salam 궁(Reception Hall, Entrance Hall이 있음), Kushk of Shams ol-Emareh(Edifice of the Sun, 서기 1867년 Ustad Muhammad-ali Kashi가 축조), Emarat-e Badgir(Building of the Wind Towers/windcatcher emarate, 서기 1806년 축조). Guilistan 궁, Talar Almas(Hall of Diamonds, 서기 1806년 축조), Abyaze 궁(White Palace, 서기 1883년 축조), Khalvat-e Karimkhani 궁 등이 남아있다. 골레스탄 궁전은 약 400여 년간의 건축과 개조의 결과로 건물 각각은 독특한 이란의 독특한 역사를 담고 있다.

17. 사하리 속타(Sharhr-I Sokhta, 문화, 2014):

불에 타버린 도시(Burnt City)라는 의미의 사하리 속타(Sharhr-I Sokhta/Shahr-e Sukhteh/Shahr-e Sūkhté/Shahr-i Shōkhta)는 지로프트 문화(Jiroft culture)와 관련되며 기원전 2100년에 폐기된 청동기시대의 도시유적으로 이란의 동남쪽 아프카니스탄과 경계를 이루는 시스탄과 발루치스탄 주(Sistan and Baluchistan Province)의 자혜단-자볼(Zahedan-Zabol)

도로와 만나는 힐만드/헬만드 강(Helmand/Hilmand River) 삼각주 위에 위치한다.

이 불타버린 도시의 성장과 멸망에 대한 이유는 아직도 신비에 싸여있다. 이 도시에서 발견된 유물들은 근처 같은 시기의 문명들과 잘 맞지 않아 사하리 속타가 고 대 메소포타미아 문명과는 다른 독립된 것임을 보여준다. 151hr 넓이의 사하리 속타는 문명발생의 여명기에 나타난 가장 큰 유적 중의 하나로 유적의 서쪽에는 25hr에 해당하는 거대한 묘지가 있어 여기에는 25,000에서 40,000여기에 달하는 무덤이 있을 것으로 추산된다. 이 도시는 기원전 3200년경에 세워져 기원전 2100년경에 멸망했는데 멸망하기 전 세 번에 걸쳐 불에 탔다. 이 문명은 4기로 나누어진다. 이 유적은 항가리-영국 계통의 고고학자인 오렐 슈타인(Sir Marc Aurel Stein, 서기 1862년 11월 26일-서기 1943년 10월 26일)이 서기 1900년대에 발견·조사하였다. 그리고 서기 1967년에 마우리찌오 토시(Maurizio Tosi)가 이끄는 이탈리아 아프리카-아시아 연구소(Istituto italiano per l'Africa e l'Oriente,IsIAO)에서 서기 1978년까지 발굴을 하였다. 그 후 사자디(SMS Sajjadi)가 이끄는 이란 문화유산·관광국 팀에서 발굴을 계속하여 새로운 발견물들이 계속 보고되었다.

이 유적의 발굴에서 새로이 발견된 유물들은

1) 1.82m 키가 큰 여인의 눈에 박혀 있었으며 기원전 2900년-기원전 2800년에 속하는 瀝靑(bitumen)으로 만들고 그 위에 얇은 금판을 씌운 직경 2.5cm의 人工眼球(서기 2006년 12월 발견).

2) 슬래그(鎔滓)와 도가니, 여러 금속물과 함께 발견된 서양 주사위놀이, 주사위, 캐로웨이 열매.

3) 두개수술을 행한 두개골과 손잡이 달린 動畵(animation.)로 생각되는

토제 술잔 등이다.

그리고 발굴을 통해 알 수 있는 새로이 사실은 ① 최근 발굴된 것 중 중요한 것은 40-45세 사이의 직업적으로 낙타를 타고 멀리까지 여행하는 남자(여행안내인, The ancient courier)로 추정되는 인골로 그의 오른쪽 발 뼈에는 외상(腫氣)의 흔적이 남아있다. ② 그리고 무덤에서 주인공인 여자가 5,000년 이상이 된 강자갈로 만든 특별한 표지물(insignias) 또는 印章을 갖고 있었는데 이는 여성의 신분이 높거나 부자임을 추정케 해준다. ③ 이 도시에서 발굴된 40개의 치아는 직조공과 같은 전문 기술자로 추정되는 젊은 여성의 것으로 광주리를 짜거나 다른 수공예품을 만드는데 치아로 실을 끊는 도구로 이용했다는 세 가지이다.

18. 메이만드의 문화경관(Cultural Landscape of Maymand: 문화, 2015):

메이만드는 이란의 중앙산맥 남쪽 끝자락 계곡 반 건조 지대에 외부의 도움 없이 자급자족하며 살아가는 곳이다. 마을 사람들은 반 유목의 농경-목축으로 생계를 유지한다. 그들은 봄과 가을 산의 목초지에서 일시적인 움막을 짓고 동물을 키우며 산다. 그리고 겨울 서너 달 동안에는 아래 마을로 내려와 부드러운 바위(kamar)를 파서 만든 동굴 집에서 사는데 건조한 사막 환경에서는 이례적이다. 이러한 문화경관은 과거에 많이 나타났던 것으로 동물보다 사람의 이동에 더 적합하다.

19. 수사(Susa: 문화 2015):

이란 서남부 자그로스산맥(Zagros Mountains) 저지대에 위치하는 엘라마이트/Elamite, Tepe Yahya, Susa) 문명의 고대도시인 수사는 강 서쪽의 샤부르(Shavur)뿐만 아니라 강 동쪽에 솟아있는 구릉의 고고학적 유적을 말한다. 이 유적은 카르케(Karkheh)와 데즈(Dez)강 사이 티그리스강 동쪽 250km떨어져 있다. 발굴된 고고학적 유적들은 행정집무실, 집자리와 궁전건축물 등이다. 수사는 기원전 5000천기 말부터 서기 13세기까지 중첩되고 연속적인 여러 문화층을 보이나 이 유적에서는 대부분 사라져버린 엘라마이트, 페르시아와 파르티아(Parthia, 기원전 247년-서기 224년) 문화전통이 나타나고 있어 주목을 끌고 있다. 그 중 수사의 엘라마이트 문명이 대표적이다. 이웃 金石竝用期시대(Chalcolithic/Aneolithic Age)의 우르크(Uruk)와 같이 수사는 아크로폴리스/Acropolis(7ha)와 앞다나/Apadana(6.3ha)의 별개의 주거지들이 후일 수사 문명의 원형인 수사 I(Susa I, 기원전 4000년경, 18ha)로 통합된다.

수사문명은 우르크와 같이 편년되며 초기, 중기, 후기(Susa II, 기원전 3800년-기원전 3100년)로 나누어진다. Susa II기 중 중기가 되면 도시도 25ha로 늘어나고 Susa III기(기원전 3100년-기원전 2900년)가 되면 엘람(Elam, 설형문자/Cuneiform/◁ NIM)라는 글자가 수메르의 기록에도 보인다. 수사는 수메르의 초기 왕조시대에 역사로 진입한다. 또 키쉬(Kish)와 수사와의 전쟁도 기원전 2700년에 일어나고 있다. 엘라마이트 문명은 티그리스와 유프라테스 강가에서 관개농업에 기반을 둔 메소포타미아 도시국가의 하나이며 세계 최초의 문명인 수메르 문명과 같이 인더스 그리고 이집트와 교역을 해나가면서 국제화하였다. 그리고 인더스 문명도 거시적인 안목에서 볼 때 수메르(아카드, 화이라카, 딜문, 말라바)-테페 야야(Tepe Yahya, 수사)-인더스(마칸, 멜루하)를 잇는 문명의 발달선상에서 이루어져야 한다. 그래서 램버그-칼롭스키(C. C. Lamberg-Kalovsky)같은 학자는 테페 야야(Tepe Yahya, 수사)를 중심으로 하는 중심지 이론(central place theory)의 무역을 적용하기도 하였다.

20. 페르시안 카나트(Persian Qanat: Qanat of Bam: 문화, 2016):

카나트(qanāt)는 지하에서 부드러운 경사면을 따라 흐르는 물을 지표면에서 수직갱을 뚫어 이용하거나 지하암반에 저장하기도하는 인공장치를 말하는데, 중국 新疆城 吐魯番과 哈密에서도 天山의 물을 이용하는 지하수로를 파서 경사진 수로를 통해 물을 받아 이용하는 카나트가 있으며 이를 카레즈(칸얼칭, 坎爾井, 坎兒井)라고 부른다. 카나트는 페르시아어인 카나트(qanāt)에서 유래되었고, 파슈토어 지역의 아랍어로는 '카레즈'라고 발음을 한다. 이 지역에서 물을 끌어들이는 시스템의 수는 1,000개, 전체길이 5,000km정도가 되어 萬里長城, 通州(北通州)와 杭州(南通州)를 잇는 京杭运河와 함께 중국 3대 토목공사로 불리 운다. 카나트는 여러 지역에서 서로 다른 이름으로 불려왔다. 이란에서는 '카나트'로 아프가니스탄과 파키스탄에서는 '카레즈'로 중국에서는 카레즈를 한자 음역하여, '칸얼칭'이라고 발음한다.

또 요르단과 시리아 지역은 '카나트 로마니'라고 하며, 모로코에서는 '케타라', 스페인에서는 '갈레리아', 아랍 에미리트와 오만 지역에서는 아프라지(Aflaj, 팔라즈), 볼로냐에서는 '칸'이라고 발음을 한다. 인도의 카나타카에는 수랑가라고 불리는 지하로 물을 대는 카나트 구조의 관계수로가 있으며, 파키스탄도 카레즈가 존재한다. 그리고 서기 2006년 세계문화유산으로 등재된 오만의 아플라지(팔라즈) 관개 시설 유적지(Aflaj Irrigation Systems of Oman: 문화, 2006)는 서기 500년까지 거슬러 올라가며 현재도 사용되는 3,000개의 관개수로 중 중요한

5개소가 문화유산으로 지정되었다. 아프라지(Aflaj)란 사람이 살아가기 위해 필요한 관개시설을 말한다. 고고학적 증거는 이 관개시설이 기원전 2500년까지도 올라간다고 한다. 오만의 바닷가에서 내륙 쪽으로 조금만 들어가면 물이 없는 사막지대가 된다. 그러나 오만 사람들은 해발 3,000m의 산꼭대기에서 重力을 이용해 깊이 20-60m에 이르는 지하수로나 샘으로부터 물을 끌어 올리고 또 물길을 만들어 아래로 흘려 내려 보내는데 이 관개수로를 통해 농사를 지어 식량을 생산해 자급자족하면서 척박한 자연환경도 슬기롭게 극복해나간다. 이들 카레즈로 부터 지하에서 끌어올린 관개수로의 관리에서 자연을 거슬리지 않고 자연과 조화를 이루어 순응해나가는 인간의 모습을 엿볼 수 있다.

오늘날 농업의 농업이 점점 중요성이 떨어져 가면서 카나트에 대한 의존도가 약해졌지만 이란의 고원지역의 대부분도 이러한 방식을 물을 공급받는다. 이란에서 가장 오래되고 잘 알려진 규모가 큰 카나트는 고나바드(Gonabad) 카나트이다. 2700년이 지난 지금도 4만 명이 넘는 사람들에게 농업용수와 식용수를 공급하고 있다. 주요 우물은 깊이가 360m 이상이며, 그 길이만 해도 45km에 이른다. 카나트는 가장 오래된 밤(Bam)을 비롯하여, 야즈드 시, 코락산 시, 케르만 시가 카나트의 사용으로 가장 잘 알려진 지역이다.

밤은 해발 1,60m의 이란고원 남부에 위치하며 그 기원은 아케메니드 왕조(Achemenid, 기원전 559년-기원전 331년)에까지 거슬러 올라간다. 전성기는 貿易路의 교차점에 자리 잡고 비단과 목화의 생산지로서 서기 7세기에서 서기 11세기에 번영을 누렸다. 과거 2,000년이나 지속되어온 오아시스에서의 밤의 생활은 지하관개수로(underground irrigation canals)인 카나트(qanāts)에 의존하는데 여기에 이란에서 서기

1000년대 전반기부터 만들어져 오늘날 까지 사용되어 오고 있는 가
장 초기의 카나트도 보인다. 이는 인간과 자연환경의 관계를 잘 보
여준다. 농업활동을 위한 역사적인 관개수로인 카나트의 지속적인
사용과 유지에서 보이는데 이는 살아 있는 문화경관이다. 또 아르게
밤(Arg-e Bam)은 진흙층을 이용한 특유의 공법으로 지은 요새화된 중
세도시의 대표례이다. 밤과 주위의 문화경관은 밤의 오아시스, 밤의
요새와 서기 2003년 12월 26일 진도 6.6의 지진이 발생한 지진단층
대(Bam Seismic Fault)를 따라 난 지역을 포함한다.

21. 역사도시 야즈드(Historic City of Yazd: 문화, 2017):

이스파한(Isfahan) 시의 동남쪽 270km 떨어져 스파이스(Spice)와 비단
길(Silk Roads)에 가까운 이란의 중부에 자리 잡고 있다. 이 곳은 사막
에서 생존하기위한 한정된 자원을 이용하는 살아있는 증거물이다.
물은 지하수를 끌어올리는 카나트 제도(qanāt system)을 통해 도시로
공급된다. 야즈드의 동쪽 건물은 전통적인 흙벽돌집들을 파괴해버린
현대화를 피해 카나트 제도를 포함해 전통적인 지구, 흙벽돌집, 시장
(bazars), 목욕탕(hammams), 회교사원(mosques), 유태인의 교회인 시나고
그(synagogues), 조로아스터 교(拜火敎)의 사원과 돌라트-아바드(Dolat-
abad) 역사적 정원 등 옛 모습 그대로 간직하고 있다.

22. 파르스 주 사산왕조 페르시아 제국의 고고학적 경관(Sassanid Archae-
ological Landscape of Fars region: 문화, 2018):

파르스 주의 동남쪽 피루자바드(Firuzabad), 비샤푸(Bishapu)와 사르베
스탄(Sarvestan) 세 지역에 8개소의 고고학 유적이 산재하고 있다. 이들
은 요새화한 건축물, 궁전과 도시의 평면구조인데 그 연대는 사산왕

조[Sassan, 서기 224년-서기 652년, 末代君主는 에데게르드(吥斯德荀特, Jezde-gerd Jezdegerd 3세임]의 초기와 말기에 해당한다. 이 유적들 중에는 사산왕조 페르시아 제국의 창시자이며 초대왕인 아르다시르 파파칸(Ardashir Papakan, 서기 180년-서기 242년, Ardashir I, Ardashir I, Ardashir the Unifier, 파팍의 아들 아르다시리 파파간 또는 아르데쉬리 바바칸 그리고 아르타 크세르크세스로 불림)과 그의 후계자 2대왕인 샤푸르 I세(Shapur I. 서기 240년-서기 270년/ 서기 272년)가 세운 수도와 도시가 포함된다. 이들 고고학적 경관은 아케메니드(Achemenid, 기원전 559년-기원전 331년), 파르티아(Parthia, 기원전 247년-서기 224년)의 전통과 로마시대의 예술도 반영하고 있는데 이들은 이스람 시기의 건축과 예술에 중요한 영향을 주었다.

이스라엘 ISRAEL

1. 예루살렘 구 도시 및 성벽(Old City of Jerusalem and Its Walls: 문화, 1981):

유대, 가톨릭교, 기독교, 회교도들의 성지로 현재 220여 개소의 기념물이 있다. 그중 서기 691년에 지어진 Dome of the Rock(바위돔)과 기원전 957년 Solomon 왕이 건립한 Holy Temple이 잘 알려져 있다. 사울(Saul), 다비드(David)를 거쳐 솔로몬(Solomon, 기원전 957년, The Holy Temple을 건립) 왕의 사후 이스라엘(북 Israel, 수도는 사마리아 Samaria)과 유다(남 Judah 수도는 예루살렘/Jerusalem)로 분리되었다. 기원전 720년 앗시리아의 사르곤 II세(기원전 722년-기원전 705년 재위)가 사마리아를 공격하여 사마리아인들을 포로로 데리고 갔다. Nebchadnezzar(Nebuchardrezzar, Nabukuddurriusur, 기원전 605년-기원전 562년)가 Neo-Babylon을 세움. 기원전 586년 예루살렘을 2회째 공격하여 유태인을 포로로 끌고 갔으나 이들은 바빌로니아를 공격한 페르시아의 키루스(Cyrus, 559년-기원전 530년)대왕에 의해 풀려나 고향으로 돌아갔다. 다비드(다윗) 왕의 묘소는 예루살렘에서 남서쪽으로 약 32km 떨어진 엘라(Elah) 요새로서 구약성경에서 다윗과 골리앗의 싸움이 벌어진 곳으로 알려 진 엘라 계곡 근처이다. 그리고 예수가 탄생했을 당시 2세 이하의 男兒를 모두 殺害하도록 명령했던 헤롯(Herod) 왕(기원전 37년-기원전 4년까지 통치)의 아내와 며느리가 묻힌 석관 두 기도 헤롯왕의 궁전이었던 요르단 강 서안지구 헤로디온 요새 터에서 발굴·확인되었다. 베스파시아누스(Vesapasianus)의 아들인 로마의 티투스(Titus,서기 79년-서기 81년 재위) 장군이 기원전 70년 예루살렘을 함락하였다. 이때 The Holy Temple이 로마군에 의해 파괴되고 성전에서 가져온 황금의 촛대, 탁자와 은제나팔의 聖物과 이스라엘의 보물들이 카이사리아 항구[기원전 31년 로마가 이스라엘의 점령 후 카이사리아 아우구스투스(Caesar Augustus)가 헤롯(Herod)왕에게 넘겨주고, 헤롯왕은 기원전 22년-기원전 10년에 그의 이름을 딴 항구도시(Port city of Caesarea)를 세움]에서 로마로 옮겨져 이스라엘의 전리품으로 서기 80년 콜로세움 경기장이 완공되었다고 한다. 이러한 내용이 티투스 개선문에 새겨졌다. 또 그 중 서기 691년에 지어진 Dome of the Rock/Al-Aqsa Mosque(바위돔)는 회교도들의 성스런 도시(The holy city)로 사우디아라비아(Saudi Arabia)의 메카(Mecca)와 메디나(Medina), 튀니지(Tunisia)의 카이로우안(Kairouan)에 이은 이슬람 4대 성지의 하나이다. 마호메트 탄생[서기571년-서기 632년, 마호메트는 예루살렘 바위돔(서기 691년 우마야드 칼리프 마 브드 알-말리크 이븐 마르완/Umayyad Caliph Abd al-Malik ibn Marwan에 의해 완공, Dome of the Rock, Al-Aqsa Mosque)에서 서기 621년 가브리엘 천사의 안내로 昇天하여 아브라함(Abraham)과 모세(Moses)를 만났는데 당시 50세였다.] 그리고 서기

651년 7대 칼리프가 오스만의 코란(Koran, Qur'an, Quran)편찬위원회에서 오늘날의 코란 경전을 완성하였다.

2. 마사다 국립공원(Masada National Park: 문화, 2001):

동쪽 400m, 서쪽 90m의 절벽과 꼭대기는 550m×275m의 넓이의 편사각형의 대지를 이루는 마사다는 死海를 마주보는 험준한 바위 요새로 이스라엘 유대의 헤롯 왕(Herod the Great, 기원전 37년-기원전 4년 재위)에 의해 기원전 37년-기원전 31년 궁전으로 축조되었으며 서기 73년 로마의 장군 루치우스 프라비우스 실바(Lucius Flavius Silva)에 의해 함락당했다. 서기 70년 로마 베스파시아누스(Vespasianus) 황제(서기 69년-서기 79년 재위)의 아들인 티투스 장군(서기 79년-서기 81년 재위)에 의해 예루살렘이 함락당한 4년 후 對 로마항전이 벌어진 서기 73년 예루살렘에 파견된 로마의 지사 루치우스 프라비우스 실바 장군의 10여 단에 의해 공격당하고 젤로트(Zealot)파 항전대원 모두 자살로 마감한 死海 근처 마사다(Masada) 요새(이스라엘의 헤롯 왕에 의해 기원전 37년-기원전 31년에 축조)에서도 엿볼 수 있다. 이 요새의 주위에는 로마군이 포위 공격을 할 때 만들어놓은 로마군의 진영과 공격용 경사로(ramp)가 오늘날까지 그대로 남아있다. 이곳의 역사와 전투 기록은 로마군에 투항한 유대인의 전사였으나 후일 유대-로마의 역사가가 된 죠세푸스(Josephus)의 기록에 근거하고 있다. 이 요새는 이스라엘 국민의 애국심을 불러일으키는 상징으로 되어 있다. 서기 1963년과 서기 1965년 사이에 발굴되어 서궁(Western palace), 북궁(Nothern palace), 헤롯 왕의 궁전(Herod's palace), 거주지와 저수지 등이 잘 남아 있다. 또 서기 68년 로마군에 대항하여 반란을 일으키고(The Great Jewish Revolt, 서기 66년-서기 70년) 솔로몬 성전(Solomon's Temple)의 자파 성문(Jaffa Gate: 기원전 8세기 말-기원전 7세기 초 앗시리아인들의 포위·공격에 대비한 히소기아/Hezekiah's Tunnel, 또는 실로암/the Siloam Tunnel) 아래 수로(길이 40m, 높이 1.5m의 water canal)를 통해 지온산(Mt. Zion)으로 탈출한 다음 바로 사해 지역(Dead Sea)의 쿰란(Qumran)으로 도피했던 에세네(Essenes), 젤로트(Zealot)파 등 4파에 의해 동판, 파피루스와 양피지에 필사된 1,500조각의 성경(Hebrew bible)이 서기 1947년-서기 1956년 사이 11개의 동굴에서 발견됨으로써 당시의 狀況을 잘 말해주고 있다. 이들은 한 종파에 의해 만들어진 것이 아니라 서기 1세기 로마의 지배하에 로마군에 대항하여 반란을 일으킨 여러 종파로 여겨진다.

3. 아크르 고대 항구도시(Old City of Acre: 문화, 2001):

서부 갈릴리 지역의 페니키아 때부터 계속적으로 사람이 거주해 온 성벽이 둘러싸인 항구도시로 현재의 도시는 서기 1517년 오스만 투르크 술탄 세림 I세가 이 도시를 점령한 후 서기 18세기-서기 19세기 오스만 투르크 때부터 요새화한 읍으로 성채. 사원, 칸(khans, caravanserai, 안에 넓은 뜰이 있는 隊商들의 숙소)과 목욕탕 등이 남아 있다. 서기 1104년부터 서기 1291년까지 십자군이 들어서서 쌓은 성과 유적들은 현재의 길표면 높이 가까이 있으며 이들을 통해 당시 십자군 왕국의 도시계획과 건물구조에 대한 드문 예를 보여주고 있다. 이곳은 또 기독교 초기 사울(사도 바울)이 기독교를 전파한 곳이기도 하다. 서기 1192년 십자군에 의해 예루살렘 왕국의 수도가 되고 1229년 성 요한 자선단체교단(Knights Hospitaller)의 지배하에 있었다. 십자군들은 이 도시를 잔다르크 "Acre" 혹은 "Saint-Jean d'Acre"로 불렀다. 그리스, 로마, 십자군, 오스만 투르크 등이 연이어 지배를 하여 서기 11세기 수도원의 기독교와 서기 1784년에 세워진 이스람교의 회교사원이 공존을 통해 평화를 보여주고 있다. 19세기 구도시의 전경, Jezzar Pasha 사원(서기 1800년과 서기 1814년 사이 오스만 투르크의 총독 제자르 팟샤가 설립), 구도시의 內庭이 있는 隊商들의 숙소, 목욕탕(Hammamal-Basha), 서기 19세기의 바다를 향하고 있는 요새의 포문, 기사의 회의소(KnightHalls, 성 요한 자선단체교단의 요새), 서기 1892년 5월 29일 죽은 바할루아(Bahá'ullah)의 靈廟 등이 있다.

4. 텔아비브 화이트 시−모더니즘 운동(The White City of Tel Aviv−the modern Movement: 문화, 2003):

서기 1909년 건설된 텔아비브(Tel Aviv) 시는 영국위임통치하에 대도시로 발전하였다. 텔아비브의 다른 이름인 The White City는 서기 1930년대−서기 1950년대 페트릭 게데스(Patrick Geddes) 경이 근대도시계획의 원칙하에 설계하여 근대운동과 새로운 환경이 조화를 이루도록 하였다. 건물은 흰색이나 가벼운 색깔로 바우하우스(Bauhaus)나 국제적인 양식으로 지었는데 이런 식으로 텔아비브시에 4,000여 동이 만들어졌다. 건축가들은 이스라엘로 이민 오기 전 유럽에서 많은 훈련을 쌓았기 때문에 새로운 문화적 맥락에 건축물들을 조화시켜 나갈 수 있었다.

5. 성서의 구릉유적(Biblical Tels−Megiddo, Hazor, Beer Sheba: 문화, 2005):

근동 지방에서 선사시대부터 사람이 모여 살기 시작하고 또 흩어지고 나면 그 자리를 고루고 후세사람이 그 위에 住居를 형성한다. 이런 식으로 수 세기 동안 여러 번 반복하다 보면 같은 자리에 丘陵이 형성된다. 이를 mound, tell, tepe, hüyük이라 부른다.이스라엘에 있는 200여 개의 구릉 가운데 메기도, 하조르, 비어쉐바 등도 예수가 활동하기 훨씬 이전부터 사람이 살아온 구릉이 형성되어 이것이 성서에도 구릉으로 이야기되고 있다. 성서에 보이는 구릉 유적 이전의 층을 발굴해보면 앞선 철기시대 사람들의 중앙집권화 된 건물 흔적, 농업과 관개수로와 무역로 등도 밝혀지고 있다.

6. 香의 길(Incense Route−Desert Cities in the Negev: 문화, 2005):

네게브 사막의 기원전 3세기에서 서기 2세기 사이 고대 아랍부족인 나바테안 왕국의 요새와 농경지가 있는 할루자, 맘쉬트, 아브다트와 쉬브타(Haluza, Mamshit, Avdat와 Shivta) 4개의 도시를 말한다. 이 길은 지중해 목표지점까지 나 있는 향신료 貿易路로 아라비아남쪽에서 오는 乳香과 沒藥도 함께 취급해 많은 이익을 남겼다. 정교한 관개 수로체계, 도시건축, 요새와 隊商이 머무르던 여관 등의 남아있는 유적들은 당시 황량한 사막에서 무역과 농경으로 정착하던 나바테안인들의 모습을 잘 보여준다. 여기에서 동쪽으로 가면 바로 그들의 수도인 요르단의 페트라[Petra, 기원전 100년−서기 100년경의 나바테안(Nabataean) 왕국의 아레타스(Aretas) 4세가 축조한 靈廟를 포함]와 바쉬르 성, 시리아의 팔미라(Palmyra)까지 이르게 되었다. 이 페트라의 나바테안 왕국은 사막지대의 샤라 산맥에 자리 잡고 풍부한 지하 수맥의 개발로 향로와 몰약(myrrh, 沒藥) 등의 무역중심지가 되었으나 서기 3−서기 4세기 이후에는 비잔틴 제국(동로마 제국)에 복속되었다가 서기 7세기 후반 지진으로 멸망한 것 같다.

7. 하이파이와 갈릴리 서부의 바하이 聖所(Bahá'í Holy Places in Haifa and the Western Galilee: 문화, 2008):

하이파이와 갈릴리 서부의 2개의 바하이 聖所는 바하이의 신앙과 그들의 전통적인 순례를 보여준다. 아크레(Aacre)의 바하울라(Bahá'u'llah)의 靈廟, 하이파의 바브(Báb) 영묘 는 주위의 부속건물과 정원을 포함한다. 바하이 신앙은 서기 19세기 페르시아의 바하울라에 의해 창건되었으며 전 세계적으로 200개의 나라와 지역에서 5-6백만의 신봉자가 있음이 추산된다.

8. 단의 삼중 아치문(The triple-arch Gate at Dan: 문화, 2010):

이곳은 이스라엘 고고학자 예루살렘의 히브리 유니온 대학의 아브라함 비란(Abraham Biran) 교수가 서기 1966년 10월 레바논 국경 가까운 팔레스타인 영국위임통치지역의 골란 고원 옆 갈릴리 위 마을에서 청동기시대 중기에 속하는 120acre의 단 구릉(Tell Dan, Tell el-Quadi; mound, tell, tepe, hüyük는 구릉을 뜻하는 같은 말임, 여기서 Dan은 이스라엘어로 Judge라는 의미로 전체 mound of judge가 된다)에서 발굴한 세계 최초의 三重虹蜺門(아치)으로 이것은 높이 7m, 말린 흙벽돌(adobe)로 47장을 쌓아 만들어졌다. 이곳 발굴에서 성벽과 儀式장소와 함께 석판도 나왔다. 석판의 내용은 다마스커스의 왕 하자엘(Hazael)이 기원전 9세기 후반 이곳을 공격해 이곳이 'house of David'에 승리를 거두었다는 것이다. 고고학 상 레반트 지역의 청동기시대 중기-말기(기원전 2000년-기원전 1200년경) 북쪽의 카나아이트(가나안, Canaaities)와 남쪽의 필리스틴(블레셋, Philistines)과 이스라엘리트(Israelites) 문화들과 비교할 수 있다. 솔로몬 왕의 사후 Israel(북, 수도는 사마리아 Samaria)과 Judah(남, 수도는 예루살렘 Jerusalem)로 분리되었다. 이 유적은 남쪽 이스라엘리트인들에 의해 기원전 12세기경 침공당한 후 합병된 북쪽의 카나아이트인들의 기원전 18세기경의 레셈/라이쉬(Lesham/Laish/Lachish) 도시 유적으로 볼 수 있다. 이 유적은 구약성서 창세기(14:14)에 나오는 '아브라함이 그의 조카가 사로잡혔음을 듣고....훈련된 자 318명을 거느리고 단(Dan)까지 쫓아가서...'와 여호수아(19:47)의 '....단 자손이 올라가서 레셈과 싸워....조상 단의 이름을 따 레셈을 단이고 하였더라.....'의 기록이 보여주는 것과 같이 이스라엘 왕국 북쪽 단(Dan)이 레셈(Lesham)과 일치하는 성경의 내용을 확인하는 고고학 증거이다. 그리고 기원전 12세기의 성벽은 전면이 힉소스 족의 양식으로 비스듬하게 높이 10m-15m로 쌓은 성벽(high glacis wall)이다.

9. 카르멜 산의 인류 진화 유적(Sites of Human Evolution at Mount Carmel: The Nahal Me'arot/Wadi el-Mughara Caves: 문화, 2012):

카르멜 산맥의 서부 구릉에 타분(Tabun), 자말 엘-와드(Jamal, el-Wad)와 스쿨(Skhul) 동굴유적이 있다. 이들은 54ha 넓이에 위치한다. 이곳에서는 무덤, 돌로 만든 집, 수렵-채집에서 농경과 목축 생활로 이동하는 여러 흔적과 함께 과거 50,000년의 인류 진화역사를 보여준다. 이 문화유산은 네안데르탈인과 초기 인류[Early Anatomically Modern Humans(EAMH)]의 공존도 보여준다. 그리고 특히 레반트(Levant) 지역은 이러한 인류 진화 발전에 대한 일반전인 고고학적 편년과 층위를 설정할 수 있는 중요한 유적이다. 과거 90년간의 고고학 조사에서 남-서 아시아의 초기인류의 기록을 만들어주는 다른 곳에서는 보이지 않는 문화적 순서도 밝혀주고 있다.

인류의 진화는 Sahalenthropus tchadensis(Tumai/Tumaï, Michel Brunet가 Chad Jurab/Djurab 사막계곡에서 발견, 7-6백만 년 전)→ Orrorin tugenensis (Brigitte Senut, Martin Pickford Tugen Hill, Kenya Tugen hill에서 발견, 610-580만 년 전)→ Ardipithecus ramidus(Tim White, Ethiopia, 440만 년 전)→ Australopithcus anamensis(Meave Leakey, Kenya)→ Australopithecus afarensis(Lucy, 350만 년 전, Donald Johanson)→ Laetoli(Mary Leakey, Tanzania, 320만 년 전) → Homo rudolfensis(Richard Leakey, 1470호, Koobi Fora, 240-180만 년 전)→ Homo habilis[탄자니아(Tanzania) Olduvai Gorge에서 1977년까지 60개의 인류 화석편이 발견되었는데 그중 Bed I 상층에서 OH5(1959년, Zinjanthropus boisei, Zinji)와 OH7(1964년, Homo habilis, Nutcracker Man/Dear Boy)이 유명하다. Bed I의 중-상층의 연대는 190만 년-170만 년 전이다. 그러나 현재 Bed I층 전체를 230만 년-140만 년 전으로 보기도 한다. 직립보행(bipedal locomotion)·양팔 사용(brachiation)과 더불어 동물의 단백질 섭취로 뇌의 용량이 커지고 이로 인해 도구제작과 주위 환경의 극복이 가능해짐. 호모 엘렉투스는 5만 년 전에 멸종]→ Homo ergaster(Turkana, Australopithecus garhi, 250만 년 전)→ Homo georgicus[Georgia, Dmanishi, 175만 년 전, 그리고 Homo sapiens 아프리카 기원설의 마지막 종착역은 최근 DNA의 검사로 Kazakhstan의 니아죠프 가족으로 밝혀짐. Homo sapiens의 이동을 표로 그려보면 아프리카의 산 부시맨(5만 년 전, 흡기음을 함)→ 중앙아시아 카자흐스탄 니아죠프 가계/인도 마두라이(35000년 전)→ 호주 뭉고 호숫가, 퀸즈렌드 애버리진(aborigines, 45000년 전)으로 종착. 그리고 니아죠프 가계에서는 시베리아와 아메리카로 이주해서 Clovis(fluted point, 10000년 B.C.-9000년 B.C./ 또는 12900년 B.P.까지 존속, 그들은 맘모스의 멸종과 마찬가지로 혜성의 충돌 즉 Nano-diamond theory로 인한 기후변화의 영향으로 아메리카 대륙에서 사라짐)→ Folsom(9000년 B.C.-7000년 B.C.)→ Plano(7000년 B.C.-5000년 B.C.)의 석기문화로 발전한다. 이것이 유럽으로 흘러 들어가면 4만 년 Perigodian-Aurigacian-Gravettian-Solutrean-Magdalenian(Lascaux: 15000년B.C.-14500년 B.C.)으로 발전한다.]→ Homo erectus(Trinil, 170-25만 년 전)→ Homo antecessor(Gran Dollina, Atapuerca, 80만 년 전, 120만 년 전-80만 년 전 유럽

최초의 인류)→ Homo heidelbergensis(Tautavel, 45-60만 년 전)→ Homo neanderthalensis[Tabun, Kebara, Shanidar 등. 그러나 러시아 알타이 데니소바 (Denisova) 동굴(최하층인 22층의 TL dating은 282000/224000B.P.가 나오고 있다)에서 30,000-48,000년 전에 살던 5-7세 어린아이의 뼈의 DNA분석은 네안데르탈인과 전혀 다른 유전자 배열을 갖고 있어 100만 년 전 인류조상으로부터 갈라져 나와 따로 발전한 것으로 보인다는 설도 있으며, 또 인도네시아 플로레스 섬에서 발견된 18,000년 전의 인간도 호모 에렉투스에서 분파되어 멸종된 아시아의 또 다른 분파로 보고 있다. 최근 독일의 막스 프랑크(Max-Planck) 연구소 진화유전학팀의 크로아티아 빈데지(Vindage) 동굴에서 발견한 네안데르탈인의 유전자를 연구한 결과 네안데르탈인이 아프리카에서 벗어나 중동지방에서 현생인류와 공존하면서 혼혈종을 만들어내고 그 혼혈종이 아프리카를 제외한 다른 지역으로 퍼져나갔을 것이라는 가설을 세우고 있다.]→ Homo sapiens[Homo sapiens idaltu 154,000년 전, Omo 1, 2 195,000년 전, Quafzeh와 Skhul 10만 년 전 등 이스라엘 지역: Homo sapiens는 10-5만 년 전 크게 발전하였다. 7만 5천 년 전 인도네시아 수마트라 섬의 슈퍼 볼케이노 토바(Toba) 화산의 폭발로 인한 빙하기가 닥쳐오고 인간이 멸종 단계에 이르렀으나 이를 극복해 말과 문화를 갖는 현생인류로 발전하게 됨. 그 증거로 남아프리카의 브롬버스(Blombos, 75,000년 전경) 동굴유적에서 찾아볼 수 있다. 수마트라 섬에는 DNA검사로 7만4천 년경에 살던 인류의 후손인 사망 족이 살고 있음이 밝혀지고 있다]로 나타난다.

그리고 최근까지의 연구결과 보면 현생인류가 아프리카 내에서 이동하거나 아프리카를 벗어나는 경로는 다음과 같다.

이디오피아의 오모(Omo) 강가 키비쉬 지역(195,000년 전)→ 나미바아 칼라하리 사막의 부쉬멘(피그미족)→ 남아프리카 페어웨이(13만 년 전-7만 년 전), 불룸보스 동굴(Blombos, 75,000년 전경)

이디오피아의 오모지역(195,000년 전)→ 사하라 사막(9만 년 전에는 초목이 우거짐)→ 시나이 반도→ 이스라엘의 스쿨(Skhul) 동굴→ 유럽과 아시아로 퍼져나감

이디오피아의 오모 지역→ 홍해(당시 the Gate of Grief 만의 폭이 11km로 줄어들고, 해안선을 따라 淡水가 나옴)→ 오만 해안(7만 년 전-12000년 전, 계절풍의 영향으로 오아시스가 형성)→ 유럽과 아시아로 퍼져나감→ 티모르에서 호주 북부 해안까지 65,000년 전-60,000년 전 해수면이 현재보다 100m 낮아져 이동이 가능했음

그래서 카르멜산의 인류 진화는 이러한 도식에서 볼 때 매우 중요한 위치를 전하고 있다(에티오피아 6항 참조).

10. 유다 저지대 마레샤와 베트/베이트(Beit)동굴의 小世界(Caves of Maresha and Bet-Guvrin in the Judean Lowlands as a Microcosm of the Land of the Caves: 문화, 2014):

이 동굴들은 이스라엘 중앙 키르야트 가트(Kiryat Gat)에서 13km 떨어진 마레샤와 베트/베이트(Beit) 구브린-마레샤 국립공원에 위치하는데 마레샤에는 초기 기독교시절의 유다(Judah)마을, 베트 구브린에는 엘류테로폴리스(Eleutheropolis)라는 로마의 마을이 있다. 이곳에서 유태인의 무덤, 로마-비잔틴 원형극장, 비잔틴 교회, 공중목욕탕, 모자이크와 동굴무덤이 발굴되었다.

유다 저지대에 위치한 마레샤와 베트 구브린 동굴은 '도시 밑의 도시'로 인간이 부드러운 白堊層을 파내어 만든 동굴로 '동굴 속의 小世界로 불리 운다. 여기에는 마레샤와 베트 구브린의 고대 쌍둥이 도시로 여러 형태와 기능을 갖춘 방들과 연락망이 있으며 철기시대에서 십자군 전쟁[십자군전쟁[Crusades: Crusade War, 9차 십자군 전쟁(서

기 1271년-서기 1272년) 이외에도 그리스도국과 회교도국 간의 전투는 서기 1291년까지 이어짐]에 이르기까지 2,000년 넘는 기간 동안 계속 굴을 파서 사용하던 증거뿐만 아니라 굴을 파 들어가는 여러 방법도 보여준다. 이 굴은 처음 채석장으로 파기 시작했으며 후일 농경과 지역에 필요한 窄油器, 비둘기장, 마구간, 地下水槽, 水路, 목욕탕, 무덤, 예배장소, 어려운 시기에 숨을 장소를 포함하는 여러 필요한 설비로 바꾸어 놓았다.

11. 벳트 쉐아림의 공동묘지: 유대인 부활의 경계표(Necropolis of Bet She'arim: A Landmark of Jewish Renewal: 문화, 2015):

일련의 지하 묘지(카타콤, catacombs)로 이루어진 공동묘지는 로마의 지배에 대한 두 번째 항거가 실패한 후 기원전 2세기 처음으로 예루살렘 교외 묘역에 형성되었다. 하이파 시 동남쪽에 위치하는 이 공동묘지는 그리스, 아람어(옛 시리아·팔레스타인의 셈계 언어), 헤브라이어로 써진 비명(碑銘)과 예술작품의 보고이다. 벳트 쉐아림 국립공원에는 로마의 지배 시 서기 135년 그의 탄생이후 유대인 집단의 중요한 지도자이며 유대인의 부활에 중요한 역할을 한 랍비 유다 왕(Rabbi Judah the Patriarch, Judah the Prince Rabbi, Rabbenu HaQadosh)의 무덤도 있어 그의 지도하에 형성된 고대 유대주의(Judaism)에 대한 특이한 증거를 보여준다.

이집트 EGYPT

1. 아부 메나 그리스도교 유적(Abu Mena-Christian ruins: 문화, 1979):

나일 강 서쪽 마리우트 호(Mariut See) 옆에 자리 잡은 서기 296년에 사망한 기독교 순교자 아부(아버지란 의미) 메나 성인의 이름을 따고 그의 묘지 위에 만든 초기 그리스도교의 신성한 순례도시로 현재 바실리카와 같은 대성당, 목욕탕, 순례자들의 숙박시설 등의 흔적이 남아있다. 과거 1700년 동안 이집트의 기독교도들인 콥트(Copt)들이 성인 아부 메나를 숭배하여 서기 3세기경에 기독교 수도원을 지었는데 시리아까지 포함하여 규모가 제일 컸다고 한다. 특히 앉은뱅이, 장님과 병자들의 치유소로 이름이 높았다고 한다. 서기 6세기 이후 이스람교가 들어온 후 이 순례지는 폐허가 되었다. 독일의 고고학자들이 주거지, 건물의 기초와 포도를 압착하여 포도주를 만드는 기구 등을 발굴하였다. 이곳은 현재 이집트정부의 인공운화와 관개수로 덕에 비옥한 농지로 변하였으나 순례지 유적과 건물의 기초가 물밑에 잠기게 되어 지하 예배당과 아부메나의 묘지는 곧 다른 곳으로 이전될 계획으로 있다.

2. 고대 테베와 네크로폴리스(Ancient Thebes and its necropolis: 문화, 1979):

이집트 中·新왕조시대의 수도. 이집트의 묘제는 초기의 낮은 계단상의 마스터바(mastaba)에서 계단식의 피라미드(step pyramid), 경사진 벤트 피라미드(bentpyramid), 제 4왕조 1대 파라오인 스네프루(Snefru, Snofru, Sneferu, Snefrue, 기원전 2613년-기원전 2589년) 때 만들어진, 화강암 표면이 벗겨져 연분홍 색깔을 띤, 그리고 드물게 흰색의 Tura의 석회암을 사용하기도 한 붉은 피라미드(red pyramid)를 거쳐 그 다음의 완성된 이집트의 전형적인 피라미드로, 그리고 마지막에는 岩窟墓로 변천해 나갔음을 보여준다. 이러한 피라미드는 후일 암굴을 파고 들어가 축조한 석실묘(암굴묘)로 발전하는데, 테베의 王墓의 골짜기에 있는 18왕조의 파라오 투탕카멘(기원전 1358년-기원전 1349년)과 19왕조의 파라오 세티 I세(기원전 1290년-기원전 1279년/기원전 1291년-기원전 1270년)의 무덤이 가장 유명하다. 그리고 피라미드는 그리스의 역사가 헤로도투스(Herodotus, 기원전 484년-기원전 425년경)와 알렉산드리아 박물관에 재직하였던 시레네(Cyrene, 북아프리카의 지중해 연안 그리스 도시, Cyrenaica의 수도) 출신의 칼리마쿠스(Callimachus, 기원전 305년-기원전 240년경)가 정했다고 전해지고 있는 세계 7대 不可思議(Seven Wonders of the World) 중의 하나이다.

프톨레마이오스 왕조 시대 기원전 304년부터 기원전 31년 프톨레미 왕조의 마지막 여왕인 클레오파트라 VII세가 안토니우스의 로마 제국과 연합하여 카이사르의 양자인 옥타비아누스(아우구스투스 황제)를 상대해 벌린 악티움 해전에서 패하여 프톨레마이오스 왕조는 끝났다. 그리고 로마는 王政-共和政-帝政의 순으로 발전하며 옥타비아누스는 아우구스투스 황제로 되어 제정시대의 막을 열었다. 서기 391년 테오도시우스 황제의 신전을 비롯한 이교도신의 숭배금지령과 그에 이는 571년 마호메트의 탄생 이후 형성된 이슬람 제국의 침입으로 종전의 이집트 문화는 사라지고 현재 곱트(Copt) 교회에서 당시의 방언인 곱트어가 남아있다. 이상과 같은 역사에서 볼 때 현대의 카이로 시는 사원(mosque), 이슬람 신학교(madrasa), 목욕탕(hammans)과 분수(샘, fountain) 등을 가진 가장 오래된 이슬람 도시 중의 하나이다. 이슬람 문화가 카이로에 들어오면서 서기 10세기(서기 969년, Fatimid Caliphs)부터 번창하여 14세기에는 황금시대를 이루었다. 이곳 카이로의 역사는 고대 카이로(Ancient Cairo,기원전 3000년-서기 200년), 기독교시대 카이로(Christian Cairo, 서기 200년-서기 640년), Al-Fustat(서기 640년-868년), Al-Qatta'i(서기 868년-969년), Al-Qabira(서기 969년-1517

죠서의 계단식 피라미드(충주대학교 백종오 교수 제공)

기자의 피라미드(충주대학교 백종오 교수 제공)

체프렌의 스핑크스(충주대학교 백종오 교수 제공)

룩소르(테베)의 카르낙 신전(충주대학교 백종오 교수 제공)

세계문화유산 글로벌 文化史의 理解

핫쉡수트 장제전(충주대학교 백종오 교수 제공)

핫쉡수트 장제전내 벽화(충주대학교 백종오 교수 제공)

테베 아멘호텦 3세 신전에 있는 멤논(Memnon) 거상(충주대학교 백종오 교수 제공)

터키 이스탄불 술탄아흐메트 광장에 위치한 테오도시우스(Flavius Theodosius, 서기 347년 1월 11일-서기 395년 1월 17일) 오벨리스크. 이는 기원전 1490년 투트모세(토트메스) III세(Thutmose III, ?-기원전 1425년, 기원전 1479년-기원전 1425년 재위) 시대에 룩소르의 카르낙 신전에 세워진 것으로 서기 390년 테오도시우스 1세는 이 오벨리스크를 3개로 분할하여 콘스탄티노폴리스까지 운반하여 콘스탄티노 폴리스 경마장의 트랙 안쪽에 세우게 하였다(서기 2017년 7월 9일 필자촬영).

세계문화유산 -글로벌 文化史의 理解-

년), Ottoman(서기 1517년-1805년), Muhammad Ali's Cairo(서기 1805년-1882년), 20세기의 카이로(서기 20세기 Cairo, 서기 1882년-현재)로 나누어 볼 수 있다. 이들 문화 내용은 서기 1858년 불란서인 마리엣이 설립한 이집트박물관과 이스람박물관 내에서 자세히 볼 수 있다. 그리고 시 내에는 곱트 교회인 공중교회(Hanging church, El-Mualaqa, Sitt Mariam, St. Mary, 서기 690년-서기 692년), St. George와 St. Abramm(서기 10세기경)을 비롯하여 Mosque-Madrassa-of al-Ghouri와 그의 영묘(서기 1505년경), Mosque of AbuDahab(서기 1774년), Beit Zeinab Khatun(서기 1468년), Beit al-Harawi(서기 1637년), Mosque of Sayyidna al-Hussein(서기 1870년), Mosque of al-Ashraf Barsbey(서기 1425년경), Madrass and Mausoleum of Qala'un(서기 1279년경), Madrassa and m Mausoleumof as-Salih Ayyub(서기 1242년-서기 1250년경), Saladin 성채(서기 1176년-서기 1183년)와 시장 등이 있다.

3. 멤피스와 네크로폴리스: 기자에서 다슈르까지의 피라미드 지역(Memphis and its necropolis with the Pyramid fields: 문화, 1979):

멤피스는 이집트 고왕조의 수도로 피라미드는 사카라에서 보이는 것처럼 제3왕조의 두 번째 파라오인 죠서(기원전 2686년-기원전 2613년: 이것은 그의 재무각료이며 건축가인 임호텝에 의해 만들어짐)의 계단식 피라미드(한 변이 약 62m임), 다슈르와 메이둠의 벤트 피라미드(bentpyramid)를 거쳐 오늘날의 전형적인 치옵/케호프-스네프르-쿠푸(치옵/그리스어로 케호프, Cheops)의 피라미드로 발전한다. 완성된 피라미드는 기자에서 보이는데 그것들은 제4왕조의 파라오인 쿠푸(치옵/케호프), 체프렌과 미케리누스에 속한다. 가장 큰 규모의 "대 피라미드"는 제4왕조의 파라오인 쿠프(치옵/케호프, Cheops, 기원전 2551년)에 의해 축조되었는데, 한 변의 길이가 약 230m이고 높이는 약 147m나 된다.

4. 누비아 유적: 아부 심벨에서 필레까지(Nubian Monuments from Abu Simbel to Philae: 문화, 1979):

아부 심벨의 신왕조 19왕조의 람세스 II세(기원전 1279년-기원전 1212년)의 신전 필레의 이시스 사원으로 이곳에서 프톨레미 왕조 5세의 칙어를 새긴 로제타 비석(기원전 196년)이 발견되어 서기 1799년 대영제국박물관으로 옮겨지고, 프랑스의 샴포리옹이 이를 해독하였다. 이 로제타 비석은 이집트를 대표할 수 있는 것 중의 하나로 죠지(George) III세(서기 1760년-서기 1820년) 치세인 서기 1799년에 나폴레옹의 이집트 원정군대가 나일 강 하구 서쪽의 로제타에서 발견한 현무암제 석판이다. 이 로제타 비석은 이집트를 둘러싼 영국과 프랑스의 식민지 쟁탈전의 일환으로 서기 1798년 8월 1일 일어난 알렉산드리아 아보우키르 만(Abourkir bay) 海戰(일명 나일 강 해전)에서 프랑스 함대의 기함인 120문의 포를 장착한 로리앙(L'orien) 호를 포함한 13척이 호레이쇼 넬슨(Horatio Nelson, 서기 1758년-서기 1805년, Trafalgar 해전에서 전사) 제독이 이끈 영국 함대의 집중포격을 받아 침몰해 일찌감치 끝난 영국군의 승리에 대한 전리품이 되었다. 이 비는 기원전 196년에 만들어진 프톨레미 왕조[알렉산더 대왕 사후에 부하 장군들인 셀레우코스 니카도(Seleucus Nicado), 안티고니드와 프톨레미가 각각 영토를 분할하여 나라를 세웠는데 그중 하나가 알렉산드리아를 수도로 하는 프톨레미 왕조임: 기원전 304년-기원전 30년]의 프톨레미 5세의 "여러 가지 세금을 폐하고 신전에 像을 세우라"는 칙어를 새긴 것으로 그리스어, 이집트의 민중용 문자와 상형문자 등 셋으로 구성되어 있다. 따라서 이 문자들은 프랑스의 샴포리옹(Jean François Champollion, 서기 1790년-서기 1832년)이란

학자로 하여금 이집트의 상형문자를 해독할 수 있는 실마리를 마련해 주었다. 이런 결과로 근대 이집트학의 성립이 가능하게 되었다.

5. 성 캐더린 지구(Saint Catherine Area: 문화, 2002):

접근하기 어려운 시나이(Sinai) 반도의 시나이 산[호레브(Horeb)] 협곡 입구에 자리 잡은 성 개더린 正教會수도원(정식 명칭은 The Sacred and Imperial Monastery of the God-Trodden Mount of Sinai이다. Saint Catherine of Alexandria의 유골이 천사에 의해 기적적으로 이곳에 옮겨졌다는데서 이름이 지어지고 또 순례지가 되었다)은 구약성경의 기록처럼 모세가 十誡命을 받은 곳으로 알려진다. 이 수도원은 서기 527년-서기 565년에 재위했던 불타는 떨기나무숲 교회(Chapel of the Burning Bush)를 이 수도원의 구내에 들어오게 하도록 유스티아누스 I세 황제의 명으로 세워졌다. 이 떨기나무숲 교회는 콘스탄티누스 I세 황제의 어머니인 헤레나(Helena)가 모세가 보았다고 추정하는 떨기나무숲 근처에 세웠다. 이 숲은 아직도 근처에 있다. 이 교회 생활에 대한 가장 오래된 기록은 서기 381년-서기 384년 聖地(팔레스틴)와 시나이 산을 방문한 에게리아(Egeria)라는 여인이 라틴어로 써놓은 것이다. 이 산은 이스람 회교도인들도 제벨 무사(Jebel Musa)로 숭배하고 있다. 이곳은 기독교, 이스람교와 유대교의 세계 3대 종교에서 신성시한다. 수도원은 서기 6세기경에 설립된 가장 오래된 기독교수도원으로 아직도 예배를 보고 있는 곳이기도 하다. 수도원의 건물과 벽은 비잔틴건축을 연구하는 데 중요하며, 수도원내의 도서관은 서기 628년 모하메드가 시나이의 수도원에게 증여한 기독교의 보호, 종교와 이동의 자유, 자신들의 심판관을 뽑을 수 있는 임명권의 자유에 관한 기록인 'a Charter of Privileges to the monks of Saint Catherine' 문서를 비롯한 초기 기독교의 중요한 文書와 聖畵像이 많이 보관되어 있다. 고고학 유적과 종교적 기념물을 많이 가지고 있는 울퉁불퉁한 주위의 산세는 이 수도원의 역사적 배경을 이루고 있다. 이곳은 회교도, 유대교와 기독교가 아무런 문제없이 평화롭게 공존하고 있는 세계의 유일한 곳이기도 하다.

이탈리아 ITALY

1. 발카모니카 암각화(Rock Drawings of Valcamonica: 문화, 1979):

롬바르디 평원,브레시아(Brescia) 알프스 남쪽에 위치하며 카무니(Camunni) 족에 의해 만들어진 단일 지역 세계에서 가장 많은 2만점의 岩刻畵(petroglyphs)로 바위에 새겨진 상징이나 모습이 14,000개가 넘는다. 주제는 우주, 인물, 지도제작과 같은 주제(cartographicmotifs)가 특징이 있으며, 그 외에 사냥, 의식장면, 농경, 항해, 주술 등이며 연대는 중석기시대(8th-6th millennium B.C.), 신석기시대(5th-4th millennium B.C.), 금석병용기시대(chalcolithic period, 3rd millennium B.C.)와 청동기시대까지(2nd millennium B.C.)의 8,000년간에 걸친다. 발견된 지역은 Capo di Ponte, Ossimo, Darfo Boario Terme, Sellero, Sonico. Ceto(Nadro) Cimbergo Paspardo들이다. 처음 발견된 것은 서기 1909년 브레시아(Brescia)의 지리학자인 Walter Laeng에 의해 Cemmo(Capo di Ponte) 발견된 암각화이다. 이곳 암각화가 만들어진 수법은 martellina(啄刻, 쪼아 파기)와 graffiti(線刻)기술에 의해서이다.

2. 산타마리아 교회와 도미니카 수도원 및 레오나르도 다 빈치의 "최후의 만

찬"(Church and Dominican Convent of Santa Maria delle Grazie with "The LastSupper" of Leonardo da Vinci: 문화, 1980):

서기 1463년 롬바르디 밀라노에서 기니호르테 솔라리(Guiniforte So-lari)에 의해 신축된 르네상스시대의 산타마리아 교회와 도미니카 수도원의 식당으로 서기 1492년-서기 1497년 도나토 브라만테(Donato Bramante)에 의해 증축되었는데 북벽에 레오나르도 다빈치가 서기 1495년-서기 1497년에 그린 '최후의 만찬'이 있다.

3. 플로렌스 역사센터(Historic Centre of Florence: 문화, 1982):

투스카니 프로렌스(Frorentia)의 에투르스칸 문화의 정착자들이 세웠으며 서기 1세기 로마인들이 점령한 주거지 위에 자리 잡은 곳으로 서기 15세기-서기 16세기 은행가인 메디치(De Medici)家의 후원으로 중세시대부터 무역과 예술에 기반을 두어 경제적, 문화적으로 탁월한 위치에 올라선 르네상스(Renaissance, 이탈리아어인 Rinascimento의 佛譯으로 재탄생이란 의미임)시대의 상징이다. 서기 13세기의 산타 마리아 델 프로레(Santa Maria del Flore) 성당, 산타 크로체(Santa Croce) 교회, 우피지와 피티[the Uffizini(현재 예술박물관)and the Pitti] 궁전과 지오토(Giotto), 피렌체의 산타마리아 델 피오레 성당의 거대한 돔을 완성한 브르넬레쉬(Filippo Brunelleschi), 보티첼리(Botticelli), 미케란제로(Michelangelo) 등 여러 예술가들의 활동이 눈에 띈다.

4. 베니스와 석호(潟湖)(Venice and its lagoon : 문화, 1987):

베네토 지역 베네치아의 석호 118개의 조그만 섬들 위에 이곳으로 온 피난민들에 의해 서기 5세기에 건립되고 서기 10세기경 주요한 해상도시국가로 발전한 베니스는 전 도시 건물 하나 하나가 지오르지오네(Giorgione), 티티안(Titian), 틴토레토(Tintoretto), 베로네세(Ve-ronese) 등의 예술가들의 작품으로 꽉 차 있다. 이 도시는 바라티에리(Nicolo Barattieri)가 설계한 대운하(Grand Canal)를 포함하는 150개의 운하와 서기 1591년 안토니오 데 폰테(Antonio de Ponte)가 최후 石橋로 세운 리알토(Rialto)와 같은 400개의 다리로 서로 연결되어 있다. 베니스는 십자군전쟁 때 세력이 확장되었으며 그 힘이 에게 해의 여러 섬들, 페로포네소스, 크레테, 콘스탄티노플까지 미쳐 서기 15세기에는 가장 극성기를 이루었다. 이 도시는 서기 1797년 오스트리아의 속국이 되었다. 성 마크의 대성당[St. Mark's Campaniles, 원래 서기 828년부터 있었으나 서기 1063년부터 새로 짓기 시작하고 서기 1094년 성자 마크의 유해가 발견되어 奉安, 서기 1500년대 젠(Zen) 예배당의 완공으로 대성당의 공사가 모두 끝남]과 그 앞에 있는 피아자 산 마르코(Piazza San Marco) 광장, 광장 옆의 도게 궁전(Doge palace, 고딕 건물로 서기 1309년-서기 1324년에 처음 건물이 지어졌다)과 鐘樓(Bell tower, 높이 98.6m, 서기 1902년 7월 4일 붕괴되어 서기 1912년 복원) 등이 있다.

5. 피사의 듀오모 광장(Piazza del Duomo, Pisa: 문화, 1987):

투스카니 파사의 넓은 성당 광장(Piazza del Duomo)의 공간에 자리한 중세시대의 대리석제의 斜塔(the leaning tower of Pisa, 鐘樓로서 1층의 건축 시작이 서기 1173년 8월 9일이고 7층의 완공이 서기 1319년으로 높이 55.86m이다), 성당, 洗禮場, 묘지를 말하며 이들은 서기 11세기-서기 14세기 이탈리아의 다른 건축물들에 영향을 많이 끼쳤다.

6. 산 지미냐노 역사지구(Historic Centre of San Gimignano: 문화, 1990):

서기 14세기-서기 15세기 프로렌스의 남쪽 56km 떨어진 시에나

주 투스카니 언덕 위에 있는 중세시대 성벽에 둘러싸인 조그만 도시로 프란신게나(Francigena)를 거쳐 로마로 왕복하는 순례여행의 중요거점이다. 귀족가문에서 서기 12세기-서기 13세기에 만들어진 높이의 50m, 72개의 탑으로 된 집을 운영하였는데 이것은 부와 권력의 상징이 된다. 현재 14채 밖에 남지 않았지만 산 지미냐노는 봉건시대의 외관과 분위기를 간직하고 있다. 이 도시에는 전에 성당이었던 콜레기아타(Collegiata)와 산타고스티노(Sant'agostino)의 집이 있는데 이탈리아 르네상스시대의 미술품을 폭넓게 보관하고 있다. 중세시대 고위공무원직 podestà의 관저인 자치단체의 관사는 현재 핀투리치오(Pinturicchio), 베노조 고조리(Benozzo Gozzoli), 필립피노 리피(Filippino Lippi), 도메니코 디 미케리노(Domenico di Michelino), 피에르 프란세스코 피오렌티노(Pier Francesco Fiorentino) 등의 예술가들의 작품을 전시하는 미술관으로 이용되고 있다. 관사인 단테의 방(Dante's Hall in the palace) 입구에는 리포 멤미(Lippo Memmi)가 그린 그리스도·성모화상과 당시 이 도시의 고위관리 겸 책임자인 토레 그로사(Torre del Podestà/Torre Grossa)를 그린 프레스코 벽화가 있다. 이 도시는 서기 1348년 黑死病이 창궐할 때까지 번영하였다.

7. 이 사시 디 마테라 주거지(I Sassi di Matera/The Sassi and park of the Rupesrtian Churches of Matera: 문화, 1993):

마테라의 사시(Matera's Sassi)는 바실리카타(Basilicata) 지역 마테라 도시의 多孔質 石灰華지역에 구석기시대부터 시기에 따라 人口壓에 의해 사람이 마테라 도시를 벗어나 사시에서 살기 시작하면서 바위를 깎고 들어간 穴居나 동굴주거지로 지형과 환경에 적응을 잘하고 있는 모습을 보여준다. 서기 17세기부터 이 지역은 가난한 자들이 모여 살면서 처음에는 단순히 동굴에서 살다가 점차 동굴이 집으로 화하였다. 서기 1952년 사시의 주민들은 위생상의 이유로 모두 철거 되었다. 이곳에는 52m 높이의 종루를 갖고 있는 마테라 성당(서기 1268년-서기 1270년)이 유명하다.

8. 비센자 시와 베네토의 팔라디안 건축물(City of Vicenza and the Palladian Villas of the Veneto: 문화, 1994/1996 확대지정):

베네토 지구 비센자 시와 베네토에서 이탈리아 신고전주의 안토니오 팔라디오(Andrea Palladio, 서기 1508년 11월 30일-서기 1580년 8월 19일)의 팔라디안 양식으로 지어진 건물이 많이 남아 있는데 이는 서기 15세기 초-서기 18세기 말까지 번영한 베네티아 제국의 후광을 입은 것이다. 이 건물양식은 영국 그리니치 공원의 왕비의 집(The Queen's House)을 비롯해 유럽이나 미국 등 전 세계에 영향을 주었다. 그는 석공으로 출발하여 로마에서 고전 건물에 대한 교육을 받은 뒤 그의 이름을 딴 팔라디안 건축 양식을 발전시켰다. 팔라디안 양식으로 지은 건물에서 별장(villa, 21개소)이 가장 주종을 이룬다.

비센자 시와 베네토의 팔라디안 건축물들은 Palazzo Barbaran da Porto, Palazzo Poiana, Palazzo Civena Trissino, Palazzo Thiene di Scandiano, Palazzo da Porto, Loggia del Capitaniato, Palazzo Valmarana-Braga, Palazzo Thiene-Benin-Longare, Palazzo da Porto-Breganze, Palazzo Chiericati, Teatro Olimpico, Arco delle Scalette, Palazzo da Monte-Migliorini,Palazzo da Schio, CasaCogollo, Church of Santa Maria Nuova, Loggia Valmarana in Giardino Salvi, Palazzo Garzadori-Bortolan, The dome of the Cathedral, Door on the north sideof the Cathedral, Palazzo Capra, Valmarana Chapel, Church of Santa Corona, VillaTrissino, Villa

Gazzotti, Villa Capra 등이다.

9. 크레스피 다다(Crespi d'Adda: 문화, 1995):

롬바르니, 카프리아테 산 게르바시오(Capriate San Gervaslo)에 있는 서기 19세기-서기 20세기 초 계몽주의에 영향을 받은 유럽과 북아메리카 산업체들이 노동자의 요구를 듣기 위해 만든 '회사 도시'(Company town)로 지금도 당시의 도시계획과 구획된 건물이 잘 남아 있다.

10. 르네상스 도시 페라라와 포 삼각주(Ferrara, City of Renaissance and its Po Delta: 문화, 1995/1999 확대지정):

볼로냐 동북 50km 떨어진 포강 지류인 포 디 보라노(Po di Volano) 강에 자리하고 있는 페라라와 포 삼각주에는 넓은 거리, 에르콜레 데스테(Ercole d'Este) I세(서기 1471년-서기 1505년) 때 에스테(Este) 공국이 르네상스 시대에 자리하면서 메디치 가문을 따라 후원한 예술가들의 작품과 궁전(서기 1492년-서기 1505년) 등 많은 건물들이 남아 있다. 그들은 시청(서기 18세기에 개조), 성 그레고리(St. George) 성당(서기 1135년부터 짓기 시작), 다이아몬드(Diamond) 궁전(Palazzo dei Diamond, 서기 15세기), 지오바니 로메네이의 집인 Casa Romei(서기 16세기)를 비롯해 아리오스테아 광장(Piazza Ariostea), 시의 극장(Communal Theatre, 세르토사(The Certosa), 산타 마리아 교회(The church of Santa Maria in Vado), 성 베네딕트 교회(The church of St. Benedict), 찰스 교회(The church of St. Charles), 성 크리스토퍼 교회(The church of St. Cristopher),성 도미니크 교회(The church of St. Dominic), 성 프란시스 교회(The church of St. Francis), 그레고리 교회(The church of St. George), 성 바울 교회(The churchof St.

Paul), 성 로만 교회(The church of St. Roman), 시인 루도비코 아리오소토의 집(The house of the poet Ludovico Ariosto, 서기 1526년), 마사리 정원(TheMassari gardens), 안티오니오 수도원(The monastery of Sant'Antionio in Polesine), 루도비코 일 모로의 궁전(The Palace of Ludovico il Moro), 마리피사 데스테의 궁전(The Palazzina di Marfisa d'Este) 등이다.

11. 시에나 역사지구(Historic Centre of Siena: 문화, 1995):

서기 12세기-서기 15세기경의 중세도시로 프로렌스와 경쟁할 정도로 도시계획이 잘 되어 있고 Duccio, Lorenzeti 형제, Simone Martini 등의 예술가들이 이탈리아를 넘어 유럽예술의 발전에 공헌하였다. Piazza del Campo 주위에 건립되고 서기 1189년 독립된 시에나는 주위의 자연환경과 잘 융화되고 있다. Banchi di SopraSotto와 Banchi di Sotto 거리의 이름이 보여주듯이 도시는 은행가들의 활동으로 부를 축적했다. 세례당(Battistero di San Giovani, 서기 14세기), Museo dell'Opera del Duomo, 성당(Il Duomo, 서기 1200년대), Palazzo Publico and Torre del Mangia(서기 13세기), 국립화랑(Pinacoteca Nazionale), 산타마리아 병원(Spedale di Santa Maria della Scala) 등의 건물들이 남아있다.

12. 나폴리 역사지구(Historic Centre of Naples: 문화, 1995):

기원전 470년에 그리스인들에 의해 건설된 Magna-Graecia(기원전 600년-기원전 500년)로부터 출발해 오늘날에 이르렀다. 이곳에는 산타 치아라(Santa Chiara) 교회와 카스텔 누오보(Castel Nuovo) 성이 유명하다. 산타 치아라 교회는 수도원, 묘지, 고고학 박물관으로 구성된 종교복합단지로 서기 1313년-서기 1340년 나포리 왕 로베르트(Robert)와 그의 부인인 왕비 마요르카의 산챠(Sancha of Majorka) 부부에 의해 건립되었으며 그들 부부도 사후 이곳에 묻혔다. 장방형의 건물로 길이 110.5m, 폭 33m, 본당의 벽 높이 47.5m 본당의 길이 82m이다. 카스텔 누오보는 마스치오 앙기오노(MaschioAngiono)로 알려져 있으며 서기 1279년에 만들어졌다. 서기 1285년까지 이 성은 사람이 살지 않다가 아들 촬스(Charles) II세가 계승하면서 이 성은 교황 셀레스틴 V세가 서기 1294년 12월 13일 이 성의 홀에서 은퇴식을 하고 11일 후 보니파스(Boniface) VII세가 이곳에서 교황으로 선출되면서 도시의 중심 역할을 하였다. 서기 79년 8월 24일 베수비오(베스비우스, Vesuvius) 화산에 묻힌 이웃의 헤르쿨라네움과 폼페이 시가 발굴 중에 있다.

13. 몬테 성(Castel del Monte: 문화, 1996):

몬테 성은 바리, 안드리아와 코라토에 있는 중세시대의 군사 건축물로 외관은 평면과 等軸의 조화를 이루고 완전하게 보존되어 있다. 이 성은 프레데릭(Frederik) II세가 십자군전쟁에 참여하여 근동지방 무스림 성으로부터 얻은 아이디어를 본 성에 적용하면서 고전적인 성곽과 시토파의 고딕 양식을 혼합하여 서기 1240년에 지었다. 그는 여러 개의 언어를 구사하는 이외에도 수학, 천문학, 자연과학에 관심이 많은 재주꾼이었다. 그의 사후 성은 황폐해지고 내부를 장식하던 모자이크와 석상도 도둑을 맞았다.

14. 알베로벨로의 트룰리(The Trulli of Alberobello: 문화, 1996):

푸길라(Pugila)의 남쪽지역 바리(Bari)의 석회암 주거지로 회반죽을 사용하지 않고 돌로 쌓아 만든 것이 특징으로 피라미드형, 돔이나 圓錐형의 트룰리 지붕, 맞졸임(귀죽임, 抹角藻井, 鬪八天井)의 선사시대 집짓는 기술이 그대로 전해 내려온다. 이곳에는 아이아 피콜리

(Aia Piccoli)와 몬티(Monti)의 두 지역이 있으며 처음 몬티 지구에서 40채 가량 들어섰다가 차츰 확장되었다. 원추형의 건물 꼭대기와 지붕에는 태양신과 관련된 여러 가지 그림과 장식이 보인다. 이 건물을 짓고 허물기가 쉬워 아쿠아비바(Acquaviva) 영주와 그 가족들이 부과하는 혹독한 주택세금을 피하는데 이용했다고도 한다. 그래서 주민들이 서기 1797년 나포리의 페르디난드 4세에게 청원하여 이곳이 왕가의 직속영지가 되었다. 그리고 이곳에는 카사다모레(Casa D'Amore, 서기 1797년), 산 안토니오 교회(Chiesa di San'Antonio, 서기 1920년), 산 티메디치 성당(Chiesa dei Santi Medici Cosmae Damiano, 서기 1609년), 투룰로 소브라노(Trullo Sovrano 2층 건물, 서기 1707년)와 이곳의 역사를 보여주는 領土博物館(Museo del Territorio)이 있다.

15. 라베나의 초기 그리스도교 기념물(Early Christian Monuments of Ravenna: 문화, 1996):

에밀라 로마냐(Emilia-Romanaga) 지구 서기 5세기의 로마제국, 서기 8세기의 비잔틴시대 이탈리아의 수도였던 라베나의 초기 기독교 기념물들은 8개소로 네오이안 洗禮場(Neonian Baptistery, 서기 430년경), 갈라 프라시디아 靈廟(Mausoleum of Galla Placidia, 서기 430년경), 아리안 세례장(Arian Baptistry, 서기 500년경), 대주교의 교회(Archiepiscopal Chapel, 서기 500년경), 산타폴리나레 누오보 성당(Basilica of Sant'Apollinare Nuovo, 서기 500년경), 테오도르의 靈廟(Mausoleum of Theodoric, 서기 520년), 산 비탈레의 대성당(Basilica of San Vitale, 서기 548년), 산타폴리나레 대성당(Basilica of Sant' Apollinare in Classe, 서기 549년)이다. 이들은 그레코-로만(기원전 146년-서기 14년), 기독교의 彫像, 동서양의 양식들을 잘 조합하고 있다. 이들은 서로마제국의 황제 콘스탄티누스 III세의 부인이며 攝政도 몇 년 했던 갈라 프라시디아의 使嗾와 후원 덕이었다.

16. 피엔자 시 역사지구(The Historic Centre of the City of Pienza: 문화, 1996):

투스카니 시엔나(Siena)의 교황 피오(Pius) II세가 서기 1459년 자신의 고향 코르시나노(Corsignano)를 一新하고 교황의 여름 궁전으로 삼기 위해 르네상스식 이상향의 도시구획을 적용하여 새로운 도시를 꾸미고자 건축가 베르나도 로셀리노(Bernardo Rossellino)로 하여금 그 역할을 맡게 했다. 피오 II세의 광장이 이 도시의 중심으로 서기 15세기의 중요한 건물이 들어서 있다. 그들은 성당(Rossellino가 서기 1459년-서기 1462년에 지음), 피콜로미니 궁전[Piccolomini Palace, 교황 피오 II세와 III세, 그리고 학자이면서 천문학자인 알레산드로 피콜로미니(Alessandro Piccolomini)의 가문 시네세 피콜로미니(Siennese Piccolomini)家의 저택], 대주교의 궁전(Episcopal Palace), 銃眼이 있는 시청(Town Hall, 서기 1462년). Rossellino가 화려하게 장식한 광장 등이다.

17. 까세르따 서기 18세기 궁전과 공원, 반비텔리 수로 및 산 루치오(The 18th-Century Royal Palace at Caserta with the Park, the Aqueduct of Vanvitelli, and the San Leucio Complex: 문화, 1997):

까세르따 궁전은 캄파니아 까세르따와 베네벤토에 위한 부르봉(Bourbon) 왕가의 촬스(Charles) III세가 서기 1773년에 시작하여 그의 아들이 완성한 마드리드와 베르사이유 궁전과 경쟁하기 위해 만든 것으로 궁전은 정면 250m, 5층의 건물로 1,200개의 방과 1,790개의 유리창이 있다. 정원은 오스트리아의 쉔브룬(Schönbrunn) 궁전과 스페인의 아란후에즈(Aranjuez) 궁전을 모방하여 서기 1753년에 조성하기 시작한 것으로 규모는 120ha에 달한다. 처음에는 나폴리에 궁전을 세우려고 하였다가 바다로부터의 공격을 피하기기 위해 까세르따 내륙의 領地를 택해 지었으며 모두 주위의 자연환경에 맞도록 배치하였다. 여기에는 사냥용 숙소, 비단공장, 공원과 정교한 수로도 배치되었다.

18. 사보이 궁중저택(The Residences of the Royal House of Savoy: 문화, 1997):

사보이의 Emmanuel-Philibert 公이 서기 1562년 튜린(Turin)으로 도읍지를 옮기고 세력을 과시하기 위해 궁전을 지었는데 후계자들로 계속 확장해 나갔다. 당시의 최고의 건축가들과 장인들이 설계하고 장식을 한 건물들은 도읍지인 튜린뿐만 아니라 피드몬트 지역까지 확산되어 나갔으며 여기에는 지방의 주택과 사냥용 숙소도 포함된다.

건물들은 모두 22동으로 튜린에 Palazzo Reale, Palazzo Chiablese, Royal Armory, Royal Library, Palazzo della Prefettura(former State Secretariats), State Archives(former Court Archives), Former Military Academy, Riding School with stables, Mint[Regia Zecca], Façade of the Royal Theatre, Palazzo Madama, Palazzo Carignano, Castello del Valentino, Villa della Regina가, 피드몬트에 Castello di Rivoli, Castello di Moncalieri, Castello di Venaria, Castello della Mandria, Palazzina di Stupinigi, Castello di Agliè, Castello di Racconigi, Pollenzo Estate, Castello di Govone이다.

19. 파두아 식물원[The Botanical Garden(Orto Botanico), Padua: 문화, 1997]:

서기 1545년 베네토 파도바 지역에 파두아 대학교에서 다니엘 바르바로(DanieleBarbaro)의 설계로 세운 세계 최초의 식물원으로 지구를 상징하는 물로 둘러싼 동심원의 형태가 당시의 평면설계 그대로 남아있다. 그리고 후대에 장식적인 입구, 난간, 펌프시설과 온실 등이 추가되었다. 여기에는 베네티안 제국(Venetian Empire)의 후원 하에 식물관계 장서 5만 권이 도서관에 소장되어 있다. 이 식물원은 처음에는 의학용 식물을 재배하려는 목적으로 만들어졌으며 이후 세계적으로 많은 영향을 끼쳤다.

20. 모데나의 토레 씨비카와 피아짜 그란데 성당(Cathedral, Toree Civica and Piazza Grande, Modena: 문화, 1997):

에밀라-로마냐(Emilia-Romagna), 모데나에 위치한 투스카니의 마틸다 백작(Matilda of Tuscany)의 定礎와 란프랑코(Lanfranco)와 윌리겔무스(Wiligelmus)의 설계와 조각에 의해 서기 1099년 6월 6일 시작되어 서기 1184년에 완공을 보았다. 광장과 하늘을 찌르는 탑, 서기 13세기경 '장미의 창문'을 단 로마네스크 양식의 대표적 성당으로, 이를 만들었던 카노사(Canossa) 왕조의 힘의 표출과 함께 홍수로부터 보호와 첫 번째 출정하는 십자군의 가호를 빌었던 건축가의 신앙심을 잘 보여준다. 이 도시의 보호자인 성 게미니아누스(St. Geminianus)는 6년 후 이 성당의 납골당에 奉安되었다.

21. 폼페이 및 헤르큐레니움 토레 아눈치아타(The Archaeological Areas of Pompei, Herculaneum, and Torre Annunziata: 문화, 1997):

나폴리 옆 서기 79년 8월 24일 베수비오(베스비우스, Vesuvius, 1,281m) 화산 폭발과 함께 묻혔다가 현재에도 발굴 중인 폼페이와 헤르큐레니움(헤르쿨라네움)의 두 도시이다. 당시의 생생한 목격담이 당시 미제눔에 있던 로마함대의 사령관인 大 프리니우스(The Elder Pliny, Gaius PliniusSecundus, 서기 23년-서기 79년)의 생사여부를 묻는 역사가 타키투스(Tacitus, 서기 55년?-120년?)의 물음에 小 플리니우스(The Younger Pliny, Caecilius Secundus, 서기 62년?-서기 113년?)가 편지로 답하는데서 잘 나타나고 있다. 대 프리니우스는 스타비에 시에서 친구들을 구하려다 죽은 것으로 되어 있다. 둘째 날 화산폭발이 멈추었을 때 폼페이 시는 화산재가 6-7m 가량 덮여 있었다. 헤르큐레니움(헤르쿨라네움) 시는 용암과 화산재가 순식간에 몰려들어 시 전체가 20m 이상 덮였다. 그래서 유적은 용암 밑에 자연히 보존되었다. 폼페이 유적은 서기 16세기 말 건축가인 도메니코 폰타나(Domenico Fontana)가 사르노 강에서 토레 아누찌아타란 읍에 물을 끌어 물을 끌어들이기 위해 라씨비타란 언덕에 수로를 가설하다가 발견되었다. 묻힌 도시의 발굴은 서기 1711년 농부인 지오바니 바티사노 노체리노가 레시나(현 에르꼴라노임)에서 우물을 파다가 색깔 있는 대리석상 여러 편을 발견해 당시의 엘뵈프의 황태자인 엠마뉴엘 모르티쯔에게 판 것으로부터 시작한다. 황태자는 그의 아름다운 이탈리아 신부를 위해 포르티치 근처에 화려한 별장을 짓고 그곳을 장식할 아름다운 조각품을 찾도록 발굴을 주선했다. 그러는 동안 대리석으로 만들어진 실물크기의 아름다운 부인상 세 점을 발견하여 황태자는 그의 직속상관인 오스트리아의 유진 황태자에게 선물하였다. 서기 1736년 유진이 죽자 이들은 당시의 대 수장가인 폴란드의 프레드릭 아우구스투스 3세의 소유가 되었다. 이것들과 발견에 얽힌 이야기들이 후일 나폴리의 촬스 IV세 왕(후일 스페인 부르봉 왕가의 카를로스/Carlos III세가 됨)의 부인이 된 그의 딸 마리아 아말리아 크리스티나의 호기심을 자극시켜 놓았다. 촬스 왕은 헤르큐레니움의 발굴을 시작했다.

폼페이의 경우 서기 1748년에 발굴이 시작되었는데, 서기 1763년에 이곳이 폼페이라는 것을 알려주는 명문이 출토되었다. 발굴은 간헐적이지만 오늘날까지 계속되고 있다. 초기의 발굴이라는 것은 건물이나 박물관을 장식할 보물찾기에 불과할 정도였다. 학문적인 발굴은 서기 1860년 이탈리아 고고학자인 쥬세프 휘오렐리(Giuseppe Fiorelli)가 발굴 책임자가 되고난 후부터 시작된다. 발굴된 유적 사이들의 지역이 깨끗이 제거되었고 또 자세히 기록되었다. 그는 폼페이를 9개 구역으로 나누었다. 그리고 각 구역을 동으로 나누어 번호를 매겨 놓았다. 또 발굴되어 길거리에 보이는 집들도 번지가 매겨져 모두 구-동-번지의 세 자리 단위를 갖게 되었다. 그는 또 사람이나 동물이 화산재에 묻힐 때 동체(몸체)는 없어지고 대신 빈 구멍만 남기는데, 이 구멍에 액체의 석고를 부어 넣어 굳은 후에 보면 인간이나 동물의 죽기 전의 형체나 자세를 파악할 수 있는 방법도 고안해내었다. 이 방법은 문, 가구나 뿌리의 형체를 파악하는데도 이용된다. 세계제2차대전이 끝난 후인 서기 1951년 이곳의 집중적인 발굴이 아메데오 마이우리(Amedeo Maiuri)에 의해 재개되었는데, 그는 이 발굴을 서기 1924년부터 서기 1961년까지 37년을 맡은 셈이다. 이 기간 동안에 I과 I구에 있는 비아 델 아본단짜라는 도시의 남쪽 넓은 지역이 발굴되었고, 도시의 성 밖에 쌓인 쓰레기더미가 깨끗이 치워졌다. 그래서 노쎄라문과 누쎄리아시로 향하는 문으로 나있는 길 양쪽의 공동묘지가 새로이 밝혀졌다. 서기 1970년대 초에 도시의 ¾이 발굴되었다. 폼페이 시는 선사시대부터 있었던 화산 폭발로 인해 흘러내린 용암 위에 형성되었기 때문에 매우 굴곡이 심하다. 발굴에 의하면 도시의 서남부 쪽이 가장 오래 되었음을 알 수 있다. 성벽은 주위가 3km이고 그 안의 넓이는 155acre이다. 폼페이 시에는 역사상 그리스 식민지 때인 마그나 그레샤(Magna-Graecia, 기원전 600년-기원전 500년)시대, 그리스와 로마가 교대로 이어져 내려오는 그레코-로만(Graeco-Roman, 기원전 146년-서기 14년)시대의 영향이 많이 남아 있다. 7개의 성문자리가 발굴되었다. 폼페이 시의 공공건물은 공회당(해발 34m), 삼각형의 공회당(해발 25m), 그리고 원형경기장과 체육관이 있는 세 곳으로 나누어진다. 특히 공회당은 종교, 경제와 도시생활의 중심이었다. 이곳은 이층의 열 지은 주랑으로 둘러싸인 장방형의 넓은 장소였다. 여기에는 신전, 모직공장의 본부, 시의원의 회합 장소, 시장의 집무소 등이 자리하고 있었다. 삼각형의 공회당에는 이 도시의 가장 오래된 도리아식 신전이 있으며, 또 제우스 메일리치우스와 이시스 사원 그리고 샘나이트 체육관이 근처에 있다. 마지막의 동쪽 구석에는 그리스의 로마식민지가 만들어지자마자 건조된 이 관계 유적 중 가장 오래된 원형경기장이 있다. 서쪽에는 샘나이트 체육관을 대신하는 다른 큰 체육관이 들어섰다. 목욕탕은 시내 곳곳에 있는데 스타비안과 중앙목욕탕(시대가 떨어지면 일반적으로 남탕과 여탕의 구분이 없는데, 여기에는 구별이 있음) 그리고 고급 개인 저택에 있는 목욕탕들이 유명하다. 그러나 무엇보다도 중요한 것은 수백 채의 개인 주택들이다. 이곳 폼페이 시에서만 샘나이트 시대부터 약 4세기 간에 걸쳐 집들이 지어졌기 때문에 그들의 역사를 추적해나가고 이에 따른 편년을 만들어 볼 수 있게 되었다. 이곳 폼페이 시에서 그리스와 로마인들 이전 先主民인 샘나이트인(Samnite)들이 먼저 살고 있었다. 그들이 살던 기원전 4세기부터 기원전 80년까지를 샘나이트 문화기라 부르며 그들이 지은 집의 형식에 따라 I과 II의 두 기로 나눈다. 우선 이곳에서 집들은 제일 오래된 집이 지어진 샘나이트 I기(기원전 4세기-기원전 3세기)와 가장 화려한 집들이 지어진 샘나이트 II기

(기원전 200년-기원전 80년)로 나누고, 또 여기에 미술양식에 따라 폼페이 I기(기원전 4세기-기원전 80년, 단순치장벽토, 여기에 샘나이트 I기와 II기가 포함된다), II기(기원전 80년-서기 14년, 건축화된 양식), III기(초기 로마 제국-서기 62년, 이집트화 된 양식)과 IV기(서기 62년-서기 79년 8월 24일, 장식화된 양식)로 구분된다.

이들 고고학적 유적과 유물들은 매우 중요하다. 왜냐하면 이들은 고대세계의 사회, 경제, 종교, 정치생활에 대해 여러 가지 자료를 제공해 주기 때문이다. 잘 보존된 많은 개인의 祠堂은 이제까지 전혀 기대하지 못했던 가정에서 종교에 대한 생생한 모습을 보여주고 있다. 제분과 반죽할 수 있는 기계 그리고 아직도 구울 빵이 들어 있는 오븐을 완전히 갖춘 빵집은 매일 먹던 주식이 어떻게 만들어졌는지 보여준다. 여러 개의 양모를 가공하는 공장은 당시 중요한 산업을 구체적으로 연구하게 해준다. 조각, 도구, 보석가공 상점과 생선 소스와 램프공장 그리고 포도주와 음식가게들은 당시생활의 또 다른 모습을 보여준다. 그러나 폼페이시는 헤르큐레니움(헤르쿨라네움) 시와는 달리 지하 하수시설(underground channel)이 없어 시궁창으로 몹시 불결했을 것이라는 발굴 후의 인상도 있다. 폼페이는 지중해 전체에 포도주, 생선 소스와 향수를 수출하는 매우 번화한 항구 도시였다. 상인과 무역업자들은 식사를 하고, 선술집, 식당과 賣春業所(사창가, Lupanar)를 찾아 돌아다녔고 도시 성문이나 공회당 근처의 여인숙에서 묵었다. 그것도 등급이 있어 대접이 천차만별이었다. 銘文이 좀 더 구체적으로 자료를 제공해준다. 그것들은 공공건물, 무덤과 석상의 밑바닥에 씌어져 있다. 사업거래는 유명한 루시우스 캐시리우스 쥬쿤두스 은행가의 왁스판에 기록되어 있다. 또 劍鬪競技에 대한 발표, 투표에 관한 기록과 매우 심하게 다툰 경쟁의 여운도 남아 있다. 낙서로 남아 있는 것은 회계, 장날의 목록, 애인의 교환, 버질(Virgil) 시에 대한 인용구절과 어린애들이 긁어 놓은 알파벳문자도 포함된다. 비문이나 고고학적 자료로 당시의 사회계층이나, 자유민, 노예, 소상인과 로마의 귀족까지도 연구할 수 있다. 또 폼페이 시는 고대도시에 있어 도시계획이나 토지의 이용에 대해 연구할 수 있는 좋은 기회를 마련해 준다. 최근의 발굴은 기대하지 못했던 상당량의 공지가 있었음을 보여준다. 원형극장 너머에 있는 공지는 종전에 생각했던 가축시장이 아니라 포도밭이었음을 알려준다. 포도밭, 과일나무와 정원은 생각했던 것보다 집약농경이 아니었음을 알려준다.

헤르큐레니움(헤르쿨라네움)의 발굴은 서기 1765년까지 竪穴坑과 지하터널에 의해 발굴되었다. 이런 발굴방법으로 바실리카(공회당)라 불리는 극장과 그리스어의 파피루스 도서관이 발견되어 명명된 "파피루스의 별장"이 발굴되어 잠정적인 도시계획이 새로이 만들어졌다. 그림과 조각상도 많이 발견되었다. 서기 1828년 빈터에 대한 발굴이 시작되었다. 표토층이 딱딱하고 레시나란 새로운 도시가 헤르큐레니움 시 위에 세워졌기 때문에 작업은 간헐적으로 이루어져 다른 4동의 일부와 함께 단지 4개 동의 지역이 완전히 발굴되었을 정도이다. 도시계획은 그리스의 영향을 받아 方格法에 의존하였다. 발굴된 공공건물은 두 개의 목욕탕, 상당히 큰 운동장과 아우구스탈레스 신전이었다. 신전은 황제를 숭배하는 장소로 공회장과 경계의 일부가 걸치고 있었다. 가장 화려한 집은 수사슴의 집과 가운데에 뜰이 있는 집인데 모바다의 만(灣)을 내다볼 수 있는 테라스를 가지고 있었다. 반대쪽에는 값싼 건축 자재를 이용해 지은 조그만 아파트들이 있는데, 이들은 공동의 뜰을 향해 문이 나있었다.

스타비아와 그라냐노 근처에서 나폴리의 카를로 IV세 왕(스페인 부르봉 왕가의 카를로스/Carlos III세)에 의해 주도된 발굴에서 서기 1749년에서 서기 1782년 사이에 12채의 별장이 발견되었는데, 이 작업은 금세기까지도 재개되지 못하고 있다가 요즈음 다시 진행 중이다. 두 개의 큰 列柱廊으로 돌려진 안뜰과 목욕탕을 가진 산 마르코의 별장은 잘 보존되어 있었다. 다른 별장들은 폼페이 부근 그라냐노 근처, 스카화티, 도미쎌라, 토레 아눈치아타, 보스코레알과 보스코트레카세 근처 베스비우스 화산의 낮은 경사면에서 발견되었다. 대부분이 발굴 후 매몰되었으나, 신비의 별장과 같은 몇 채는 오늘날에도 볼 수 있다. 현재 이곳에서는 안뜰의 샘터, 행정중심지인 바실리카, 牧神 파우누스의 집, 빵집과 제분용 맷돌, 술집 터, 비장의 莊園, 원형경기장 등이 공개되고 있다.

폼페이 시와는 달리 헤르큐레니움(헤르쿨라네움)에서는 처음 조사 때 인골이 10여 구밖에 발견이 되지 않아 서기 79년 화산의 폭발 때 거의 대부분이 피신했던 것으로 알려졌으나 최근 해안가 浦口의 발굴에서 유골 200여 구 이상이 발굴되어 이들이 모두 가스와 열 충격으로 죽은 것이 알려졌다. 서기 1735년 스위스의 엔지니어인 칼 웨버가 후원자인 카를로스 III세의 발굴을 돕기 위해 헤르큐레니움에 와서 "파피루스의 별장"인 건물을 발견하였다. 파피루스의 별장으로 이름지게 된 파피루스 두루마기의 발견은 서기 1754년에 이루어지게 되었다. 화산재로 인해 딱딱하게 굳어져 잘 펴지지 않아 발굴된지 50년이 지난 서기 1804년에야 비로소 절반가량이 해독되었다. 그 내용은 기원전 1세기경 가다라에 살았던 철학자인 필로데무스(Philodemus 기원전 110년-기원전 35년경, Syria의 Gadara 출생)의 음악에 관한 그리스어로 써진 논문이었다. 이것으로 인해 이별장의 주인이 당시 이 철학자의 후원자였던 로마 총독인 루치우스 칼푸루니우피

541

소임을 추측하게 되었다. 서기 1828년 이곳의 발굴이 재개되었고, 서기 1927년 무소리니의 재정지원으로 발굴이 활기를 띄게 되었다. 이제는 발굴이 터널을 이용하는 도굴식이 아니라 지상의 건물을 모두 철거시키고 난 다음의 정상적인 발굴방법에 의하고 있다. 당시의 별장에는 그리스와 羅典語의 두 가지 도서관이 있게 마련이어서 서기 1987년부터 정부가 직접 관장하는 대대적인 발굴에서는 나전어로 써진 파피루스의 발견을 기대하고 있다. 이런 중요성 때문에 헤르큐레니움 시는 서기 1987년부터 정부가 직접 관장하는 대규모의 발굴사업을 벌리고 있다.

이탈리아에서 손꼽히는 관광자원인 폼페이 시와 헤르큐레니움 시는 나폴리 시에서 동남쪽으로 각각 23km와 8km에 위치하며, 모두 비옥한 캄파니아 분지 내에 포함되어 있다. 이들 두 도시는 서기 79년 8월 24일 베스비우스 산의 갑작스런 화산폭발로 인해 땅 속에 묻혀 전설로만 알려졌을 뿐 지구상에서 완전히 사라져 버렸다. 그러나 이 두 도시의 발굴에서 얻어진 고고학과 미술사적인 자료들은 이제까지 베일에 가려져 왔던 그레코-로만(기원전 146년-서기 14년) 세계의 생활상을 알려주는 중요한 정보가 되었다.

헤르큐레니움 시의 재발견은 서기 18세기 우연과 보물사냥의 이야기이다. 18세기 중반 폼페이와 헤르큐레니움의 발굴은 유럽인들로 하여금 고전양식에 대한 새로운 이해를 갖게 하였다. 그래서 주로 르네상스에 기원을 둔 것이기는 하지만 옛것의 매력에 대한 탐구와 계몽주의로부터 받은 자극으로 유럽전역에 걸쳐 신고전주의가 새로이 발달하게 되었다. 그러나 가장 최근의 화산 폭발은 서기 1631년과 서기 1944년에 있었고, 청동기시대 이후 이제까지 36회나 화산폭발이 있었던 베스비오 화산은 아직 活火山으로 언제 또 터질지 모른다.

그래서 앞으로 이 유적의 발굴과 보존은 무척 힘들 것으로 예상된다.

22. 카잘레의 빌라 로마나(Villa Romana del Casale: 문화, 1997):

서기 4세기 초 시실리 섬 에트나의 카잘레에 있는 로마시대 말기의 별장(또는 궁전)으로 바닥에 채색으로 만들어진 모자이크가 많이 남아 있으며 그중 '비키니를 입은 여자'가 대표적이다. 이를 만든 장인은 아프리카에서 온 것으로 추정된다. 이곳은 방이 50개이고 전체 넓이 3,500m²나 된다. 이 별장의 주인은 四頭體制의 한 사람인 멕시미안(Maximian)으로 불리 우는 Marcus Aurelius Valerius Maximianius[서기 250년-310년, 서기 285/286년 7월 21일/25일(디오크레티아누스 황제 아래에서 Caesar로 재위)-서기 305년 4월 1일/5월 1일 서부에서 아우구스투스로서 재위로 보인다. 이 유적은 서기 1950년대에 발굴되었다.

23. 수 누락시 디 바루미니(Su Nuraxi di Barumini: 문화, 1997):

사르디나 섬 메디오 캄피다노에 기원전 1500년대 3층 높이(약 20m)로 기초가 없이 방형의 石塊로 圓錐形으로 쌓고 상부로 올라갈수록 좁아 들어가는 맞줄임천장을 가진 누라기(nuraghi, nuraghe, nuraxi) 거석문화가 벌집모양으로 散開되어 있다. 사르디니아 섬에 원래 3만개 정도 있었으리라 추정되나 현재 8,000여 개만 남았다. 기원전 천년기의 초반(기원전 7세기-기원전 6세기경) 카르타고인들과 접촉에서 이 구조물들의 분포 범위가 넓어지고 강화되었다. 이 건축물은 이 섬에만 있는 독특한 청동기시대의 방어구조물이다.

24. 포르토베네레, 친퀘 테레와 섬들(Portovenere, Cinque Terre, and the Islands-Palmaria, Tino and Tinetto: 문화, 1997):

리구리안(Ligurian) 지역 라스페클라의 친퀘 테레와 포르토베너레 (Portovenere) 사이 팔마리아(Palmaria), 티노(Tino)와 티네토(Tinetto) 섬들과 리구리안 해안가를 따라 이곳 주민들이 과거 천년 동안 가파른 경사지와 척박한 환경에 적응하여 조그만 마을도 만들어 잉카 특유의 집약농경을 위한 관개시설을 갖춘 계단식(terrace)농경지와 유사한 돌로 쌓아 만든 계단상의 밭에 포도와 올리브를 재배해왔다.

25. 코스티에라 아말피타나(Costiera Amalfitana: 문화, 1997):

소렌토 반도의 남쪽(Province of Salerno) 40km 구간 서쪽 포지타노(Positano)에서 동쪽 비에트리(Vietri sul Mare)까지의 펼쳐있는 아말피(Amalfi) 해안선을 따라 중세시대 초기부터 형성된 정착지로 비에트리(Vietri sul Mare), 트라몬티, 살레노(Salerno), 아말피, 라벨로(Ravello), 프라이아노(Praiano)와 포지타노 등과 같은 마을이 형성되어 있는데 지중해 절경의 풍광뿐만 아니라 그곳의 건축과 예술적 작품들이 중요하다. 이 해안선의 마을은 죤 스타인벡(John Steinbeck)의 Positano(서기 1953년)라는 소설책에 언급되기도 하였다. 가파르고 집으로 빼곡히 들어찬 해안선 산비탈에서의 주민들의 삶은 다양한 지형에 따라 계단상의 포도밭과 과수원, 산곡대기의 목축지까지 만들어 그들 나름대로 자연환경에 잘 적응하고 있다. 이곳에는 유럽 각지로부터 몰려오는 화가와 예술가들의 천국이기도 하다. 현재 아말피와 라벨로의 성당(서기 1272년), 콘카 데이 마리니의 에메랄드 동굴 등이 관광명소이다.

26. 아그리겐토 고고학지역(Archaeological Area of Agrigento: 문화, 1997):

시실리 아그리겐토(또는 Akragas)에 위치하는 기원전 6세기 마그나 그레시아(Magna-Graecia, 기원전 600년-기원전 500년) 시대에 세워진 그리스 본토와 독립적인 그리스 식민지로 지금은 밭과 과수원에 그리스의 도리아식 신전, 헬레니즘 시대(Hellenism, 기원전 304년-기원전 30년)와 로마의 도시 유적들이 남아 있다. 이 도시는 기원전 5세기에 번영을 누렸고 현재 남아있는 사원들은 이 시기에 지어진 것으로 보인다. 기원전 406년 카르타고인들이 침입해 모든 것을 파괴시켰으나 곧 재건되었고 기원전 210년 로마인들이 다시 공격할 때까지 존속했다.

27. 아퀴레이아 고고유적지 및 가톨릭교회(Archeological area and Patriarchal Basilicaof Aquileia: 문화, 1998):

프리울리-베네찌아 기우리아(Friuli-Venezia Giulia)에 위치한 초기 로마제국시대의 규모가 크고 부유한 도시로 匈奴로 알려진 아틸라(Attila, 서기 448년 현 항가리에 아틸라 왕국을 세움) 족에 서기 5세기 중엽에 파괴된다. 유적의 대부분 발굴되지 않은 채로 있으나 총주교의 성당으로 모자이크의 바닥을 가진 훌륭한 건축물로 중앙유럽의 기독교전파에 중요한 역할을 했다. 이 성당은 서기 1031년 대주교 포포(Poppo)에 의해 지붕이 편평하게 세워졌고 서기 1379년 같은 터에 대주교 마르콰드(Marquad)에 의해 고딕 양식으로 재건되었다.

28. 우르비노 역사유적지(Historic center of Urbino: 문화, 1998):

마르체 우르비노의 서기 15세기에 번영하여 페데리코 다 몬테휄트로(Federico da Montefeltro, 서기 1444년-서기 1482년) 大公의 후원하에 예술가들과 학자들이 이탈리아와 다른 나라에서 그의 궁전으로 모여들어 르네상스시대의 활발한 주역을 담당하였으나 서기 16세기 경제와 문화적인 침체로 이 도시가 시들고 따라서 르네상스 시대의 모습이 그대로 간직되었다. 남아 있는 기념물들은 포대 요새와 성문이 있는 성벽, 대공의 궁전, 성당, 라파엘(Raphael)의 탄생지, 오다시(Odasi)와 팔마(Palma) 궁전, 알볼노즈(Albornoz) 요새들이다.

29. 아드리아나 고대건축(Villa Adriana: 문화, 1999):

로마 근교 티볼리(Tivoli)에 서기 2세기 로마황제 하드리아누스(Hadrian, 서기 117년-서기 138년)가 로마의 팔라틴 언덕(Palatine Hill)에 있는 궁전이 마음에 들지 않아 250acre의 넓이에 30동의 건물을 새로 세운 별장이다. 이는 옛 로마 건축물의 보고로 이상형의 도시를 만들기 위해 이집트, 그리스와 로마의 건축양식을 집결시켜 놓았다. 서기 16세기에 추기경 이포리토 일 데스테(Ippolito II d'Este)가 자기의 별장인 빌라 데스테(Villa d'Este)를 장식하기 위해 이곳의 대리석과 석상을 빼갔다.

30. 아씨시, 성 프란체스코의 바실리카 유적(Assisi, the Basilica of San Francesco and other Franciscan Sites: 문화, 2000):

언덕 위에 세워진 중세 도시 아씨시는 성 프란체스코의 고향으로 서기 1818년에 발견된 그의 유해는 성 프란체스코 대성당 地下 納骨堂에 안치되었다. 그리고 이곳 대성당은 프란체스코 수도회파(Franciscan Order, Roman Catholic Order of Friars of Minor)의 母體 겸 본부이며 순례지이다. 이 성프란체스코 대성당과 수도원에는 시마부에(Cimabue), 피에트로 로렌제티(Pietro Lorenzetti), 시몬 마르티니(Simone Martini)와 지오토(Giotto) 화가들에 의해 그려진 프레스코 벽화와 같은 걸작품들로 인해 유명하다. 아씨시 대성당의 위의 성당(Upper Basilica, Basilica superiore)은 로마네스크와 고딕양식의 복합체이며, 아래의 성당(Lower Basilica, Basilica inferiore)는 로마네스크 양식으로 지어졌는데, 이들은 이탈리아와 유럽의 예술과 건축의 발전에 교과서와 같은 역할을 하였다. 이 성당은 서기 1228년-서기 1253년에 지어진 수도원으로 서기 1997년 9월 26일의 지진으로 몹시 파괴되었다. 프레스코 벽화는 Cimabue의 'Crucifixion'과 'Maesta with St. Francis', Simone Martini의 'St. Martin leaves the life ofchivalry and renounces the army', 'Musician with two flutes'과 'Polyptych(4-5장 패널로 된 프레스코 벽화) with Louis of Toulouse, Elizabeth of Thuringia, Saint Clare and Louis IX, King of France', 그리고 Pietro Lorenzetti의 'Madonnadei Tramonti'들이 유명하다.

31. 베로나 도시(City of Verona: 문화, 2000):

이탈리아 북부 베니스 시가 가까운 기원전 1세기에 만들어지고 섹스피어(William Shakespeare)가 쓴 '로미오와 줄리엣(Romeo and Juliet, 1591년-1595년 사이에 초연)'과 '말괄량이 길들이기(The Taming of the Shrew, 서기 1590년-서기 1594년 작품)'의 로맨스가 깃든 비극적 사랑과 '악처 조련하기'의 무대가 된 베로나 시는 서기 13세기-서기 14세기 사다리 紋章을 가진 스칼리거(Scaliger)家에 의해 번영하였다. 서기 15세기-서기 18세기 베네치아 공화국의 일부가 되었다. 그래서 이 요새 도시는 로마 제국-중세 스칼리거家-르네상스-베네치아 공화국-오스트리아를 이어온 역사시대의 중요한 문화유산과 기념물이 많이 남아있다. 그중에는 유럽의 세 번째로 큰 로마시대 베로나 아레나[Piazza Bra에 위치하는 Verona Arena, 서기 30년 건립, 152m×128m, 원형극장으로 높이 31m, 이 원형극장은 오래되어 붕괴될 위험에도 불구하고 극장 내부를 튼튼하게 받치고 매년 6-8월 베르디(Giuseppe Fortunino Francesco Verdi, 서기 1813년 10월 10일-서기 1901년 1월 27일)의 오페라의 규모가 굉장히 커 넓은 무대 공간이 필요한 아이다(Aida)와 같은 유명한 오페라의 무대로 사용하고 있다. 최대 15,000명을 수용한다] 검투사들의 원형 극장, 시그노리 광장(Piazza dei Signori), Porta Borsari(archway of Borsari), 캉그란데(Cangrande) I세의 무덤(서기 1351년), 산 제노 대성당(San Zeno Basilica), 스칼리거의 다리(Ponte Scaligero, 서기 1356년), 단테 밀리기에리 동상(Statue of Dante Alighieri), 성 아나스타샤 성당(San't Anastasia, 서기 1272년), 에르베 광장(Piazza delle erbe, 서기 15세기), Torre dei Lambserti(84m의 첨탑, 서기 1403년, 서기 1448년 복원), 고성(Castelvecchio, Old Castle, 서기 1354년~서기 1376년 사이에 건설, Lord Cangrande II della Scala는 서기 1359년에 돌아감, 현재 박물관으로 이용)과 石橋(Ponte di Pierta, Castelvecchio Bridge, stone wall bridge), 베로나 성벽에서 3km 떨어진 서기 995년 처음 사서에 언급된 서기 10-서기 12세기에 베로나를 수호하기위해 지어졌으나 서기 1820년대 오스트리아에 의해 파괴되고 현재 7개중 3개의 성채(탑)만 남아 매년 포도주 축제가 열리는 몬토리오(Montorio)성, 후일 관광객을 위해 붙여 놓은 줄리엣 집의 발코니(Balcony of Juliet house) 등이 대표적이다. 이곳은 로마시대부터 고대와 중세 르네상스의 건축물들이 완전하게 보존된 곳이다.

32. 티볼리의 르네상스식 빌라(Villa d'Este, Tivoli: 문화, 2001):

티볼리 데스테 이탈리아의 궁전과 정원으로 서기 16세기 르네상스 시대의 걸작이다. 여기에는 분수, 장식적인 연못, 님프, 석굴 등이 남아있으며 이후 유럽의 다른 지방에서 이 곳을 본 딴 정원이 많다. 알폰소 이 데스테(Alfonso I d'Este)의 아들인 추기경 이포리토 일 데스테(Ippolito II d'Este)가 교황 선거에 떨어진 후 교황 쥬리우스(Julius) III세에 의해 티볼리 지사로 임명과 함께 기존의 정원을 하사받았는데 서기 1560년 피로리고리오(Pirro Ligorio)의 설계에 따라 페라레세(Ferrarese)

궁전 건축가 겸 기술자인 알베르토 갈바니(Alberto Galvani)의 지휘 하에 빌라 데스테(Villa d'Este)를 재건하여 정원 앞의 그란 로기아(Gran Loggia) 궁전을 만들었다. 그리고 그는 이 정원을 장식하기위해 로마 근교 티볼리(Tivoli)에 서기 2세기 로마황제 하드리아누스(Hadrian, 서기 117년-서기 138년) 빌라에서 대리석과 석상을 빼 이곳 정원을 장식하였다. 이포리토 일 데스테는 궁전의 완공을 보지 못하고 서기 1572년 사망하고 서기 1605년 추기경 알레산드로 데스테(Alessandro d' Este)가 이 궁전과 정원에 좀 더 손질을 가하였다. 분수로는 fontana dell'Ovato, Le Cento, della Rometta가 잘 알려져 있다.

33. 발 디 노토의 후기 바로크 도시(시실리 섬의 동남부)(Late Baroque Towns of theVal di Noto, South-Eastern Sicily: 문화, 2002):

시실리 섬 남동쪽 카타기로네(Caltagirone), 밀리테로 발 디 카타니아 (Militello Val di Catania), 카타니아(Catania), 모디카(Modica), 노토(Noto), 팔라쫄로(Palazzolo), 라구사(Ragusa)와 시클리(Scicli)의 8개 읍은 서기 1693년 지진으로 파괴된 것을 다시 복구하였는데 바로크 말기 양식의 건물과 이에 따른 도시계획이 특징이다.

34. 피에드몽과 롬바르디의 지방의 靈山(Sacri Monti of Piedmont and Lombardy: 문화, 2003):

서기 16세기 북부 이탈리아 롬바르데와 피에드몽의 크레아(Crea), 발랄로(Varallo), 오르타(Orta), 바레세(Varese), 오로파(Oropa), 오수치오 (Ossuccio), 기파(Ghiffa), 도모도솔라(Domodossola), 벨몬테(Belmonte)의 신성한 산(Sacred Mountains)이 있는 9개의 영산/성산(聖山)마을로 바랄로의 것만 서기 15세기에 지어졌고 나머지는 서기 16세기-서기 17세기의 교회건물들로 이들은 언덕, 숲, 호수의 경관 속에 둘러싸여 있다.

35. 세르베테리와 타르퀴니아의 에트루스칸 벽화석실묘(Etruscan Ne-cropolises of Cerveteri and Tarquinia: 문화, 2004):

이곳은 로마지구 반디타키아(Banditaccia)의 공동묘지로 잘 알려져 있으며 400ha의 넓이에 1,000기의 무덤이 분포되어 있는 로마제국 발생 직전의 기원전 9세기-기원전 3세기에 속하는 에투르스칸 문화 의 공동묘지이다. 이들 무덤은 두 가지 형식이 있는데 첫째는 'dice'로 불리우는 봉토분이고 다른 하나는 길을 따라 만들어진 단순한 방형 의 무덤인 'roads'이다. 일반 관광객이 방문할 수 있는 곳은 10ha의 안 에 있는 'roads'형식으로 the Via dei Monti Ceriti와 the via dei monti della Tolfa(기원전 6세기)의 무덤이다. 봉토는 잔디가 덮여있는 원형 의 구조를 가지고 그 안은 돌을 깎아 파낸 死者의 방으로 羨道(널길, corridor, dromos), 중앙 玄室과 附屬房이 있다. 우리가 알고 있는 에투 르스칸의 생활과 문화는 이 무덤의 벽화와 출토한 유물들에 의해서 이다. 가장 유명한 무덤은 浮彫의 무덤(Tomba dei Rilievi/Tomb of relief) 으로 마투나스(Matunas)에 속하는 銘文, 프레스코 벽화, 부조와 출토 된 일련의 도구로 기원전 3세기경에 속한다. 또 에투르스칸 사람들 은 男根을 숭배했던 모양이다.

36. 오르치아 계곡(Val d'Orcia: 문화, 2004):

이탈리아 중앙 투스카나의 오르치아(또는 Valdoorcia)는 서기 14세 기-서기 15세기 시에나(Siena) 배후의 서기 15세기 교황 피오(Pius) II 세, 라디코파니(Radicofani)와 몬탈시노(Montalcino)의 후원하에 이상의 도시인 르네상스의 피엔자(Pienza)를 만들었던 농경·목장으로 白堊

期 평원의 지형, 그 위에 있는 농지와 목장, 농가, 그리고 프랑키게나(Francigena)를 거쳐 로마로 가는 길목에 보이는 수도원, 여인숙과 신전의 경관이 잘 어우러져 예술가들의 눈길을 끌고 있다.

37. 시라큐스의 그리스·로마시대의 유적 및 판타리카의 암굴묘지(Syracuse and the Rocky Necropolis of Pantalica: 문화, 2005):

시실리 섬 시라쿠스 아나포와 칼시 나라의 계곡 사이 채석장 옆에 있는 판타리카의 5,000여 개 방형으로 바위를 파고 들어간 암굴묘로 구성된 공동묘지는 그리스와 로마시대까지도 거슬러 올라갈 수 있지만 대부분 서기 13세기-서기 17세기 비잔틴 시대의 것이다. 비잔틴 시대의 흔적은 태자의 궁전으로 알려져 있는 아나크토론(Anakto-ron)의 礎石이 말해준다. 고대 시라큐스의 다른 유적들은 기원전 8세기 코린트로부터 온 그리스사람들의 유적이 많이 모여 있는 오르트기아(Ortygia) 섬의 초석도 포함된다. 또 후일 성당으로 전용된 기원전 5세기의 아테네 신전, 그리스의 극장, 로마의 원형극장, 요새 등도 언급된다. 그리고 비잔틴에서 부르봉 왕가에 이르기까지의 유적들도 발견되며 그 사이 사이 아랍-무스림, 노르만, 호헨스타우휀(Hohenstaufen) 왕조(서기 1197년-서기 1250년)의 프레데릭, 아라곤, 두 시실리의 왕국들의 유적들도 확인된다. 시라큐스의 역사는 지중해 연안의 3,000년간의 문명발달사를 한 눈에 보여준다.

38. 제노바의 롤리 왕궁 및 신작로 유적지(Genoa: Le Strade Nuove and the system of the Palazzi dei Rolli: 문화, 2006):

제노아 리구리아의 新作路와 王宮의 연대는 제노아 공화국이 재정적으로 항해 세력이 절정에 달하는 서기 16세기 말-서기 17세기 초에 속한다. 이곳은 서기 1576년 제노아 공화국 상원의 결정에 따라 단일체계하에 공공기관에 의해 재분배되는 도시발전 계획의 수립과 이와 관련된 私邸에 '공공하숙'(public lodging)제도를 도입한 유럽 최초의 도시계획사업을 보여준다. 이곳은 가리발디(Garibaldi), 발비(Balbi)와 카이로리(Cairoli) 세 곳의 신작로와 이를 따라 나있는 르네상스와 바로크식 궁전들과의 조화도 고려되었다. 이 궁전은 지방 귀족가문에서 세웠는데 제노아 공화국의 사회·경제적인 필요에 의해 특정적인 성격에 적합하고 보편적인 가치를 추구하는 공식적이고 구체적인 목표를 갖고 있다. 즉 제노아 공화국의 國賓을 맞기 위한 私邸들의 공적인 연결망인 것이다. 따라서 신작로는 귀족의 저택과 궁전을 위한 것이다. 이것은 당시 개혁적인 도시계획의 결과인 것이었다. 그리고 이 건물들은 바로크와 틀에 박힌 메너리즘(mannerism) 건축양식의 이정표였다.

39. 만투아와 사비오네타(Mantua and Sabbioneta: 문화, 2008):

만투아와 사비오네타는 르네상스 시대의 도시계획을 보여주는 이탈리아 북부 포(Po) 강 유역의 도시들이다. 롬바르디 근처 만투아는 현존하는 도시의 개선과 확대를, 30km 떨어진 사비오네타는 이상적인 도시계획에 관한 시대적인 이념들을 구현하고 있다. 만투아의 도시구획은 로마 시대부터 내려온 각기 다른 시대를 반영하듯 방격형의 반듯한 구획을 가지면서도 종전의 불규칙적한 모습을 그대로 보이며 그 안에는 서기 11세기 둥근 지붕을 가진 건물(rotunda)과 바로크 양식의 극장 사이 사이에 중세시대의 건물들이 들어서 있다. 한편 사비오네타는 서기 16세기 후반 베스파시아노 곤자가 콜로나(Vespasiano Gonzaga Colonna) I세의 지배하에 건설되어 한 시대의 도시로 방격법의 구획을 갖고 있다. 두 도시 모두 르네상스 시대 베스파시아노 곤자가 콜로나와 관련된 도시, 건축, 미적 현실에 대한 접근방식을 보여준다. 이 두 도시는 르네상스 시대의 건축과 문화의 전파에 있어 중요한 역할을 해왔다. 르네상스 시대의 이상은 베스파시아노 곤자가 콜로나에 의해 후원을 입어 도시의 형태와 건축에 반영되고 있다. 만투아 시에는 테 궁전(The Palazzo Te, 서기 1525년~서기 1535년)과 듀칼 궁전(The Palazzo Ducale) 등의 건물이 사비오네타 시에는 현 시청인 듀칼 궁전(Ducal Palace), 고대미술관(Gallery of the Ancient)과 정원 궁전(Garden Palace) 등이 남아있다.

40. 권력자의 건축물인 롱고바드(Longobards, Places of the Power, 서기 568년~서기 774년: 문화, 2011):

이탈리아 반도 전체에서 권력자의 건축물들인 롱고바드(서기568년~서기 774년)는 성, 교회, 수도원을 포함하는 7개소의 중요한 건물 군으로 이루어진다. 이들은 이탈리아 북쪽에서 내려와 서기 6세기-서기 8세기 동안 이탈리아를 지배하던 롬바르드 족이 남겨놓은 문화를 이야기한다. 롬바르드 족의 건축적인 특징은 고대에서 중세 유럽에로 이행하는 과정에서 고대 로마, 기독교의 정신, 비잔틴과 북부 독일의 영향을 모두 받아들이고 있는 점이다. 이들이 남긴 건물 군을 통해 롬바르드 족들이 수도원의 은둔적인 생활을 지지함으로써 중세유럽 기독교의 정신과 문화적 발전을 가져오게 한 중요한 역할을 했었음을 알 수 있다.

41. 메디치家의 별장과 정원(Medici Villas and Gardens: 문화, 2013):

메디치家의 별장은 플로렌스(Florence, Firenze) 성 밖 농장 한가운데에 지어놓은 새로운 형태의 주택이다. 서기 15세기부터 서기 18세기 초 메디치家는 그들의 정치적 권력과 직접 관련된 플로렌스 도시 안의 대저택에 이어 휴식과 사냥의 공간을 위한 토스카나(투스칸, Tuscan) 지역에 만들어 놓은 별장도 메디치가의 후원으로 문학가, 철학가, 예술가들을 위한 만남의 장소가 되는 막강한 정치력을 행사했다. 플로렌스 시에서 르네상스문화의 형성과 후일 르네상스 문화가 온 유럽에 퍼져나가면서 별장들은 메디치가가 정치적으로 성공할 때 만들어졌다. 별장들은 예술작품이 가득한 훌륭한 저택이었으며(보티첼리의 '봄'은 까스티요 별장을 위해 그려졌다), 동시에 이 별장들은 토스카나 大公國[Grand Duchy, 코시모 1/Cosimo I세인 데 메디치, 서기 1519년-서기 1574년)는 메디치가의 영광을 회복하여 토스카나의 초대 군주로 등극]의 領地 통제권 하에 수입원과 가문의 정치적 안전을 보장하는 훌륭한 경제적 투자이기도 하였다. 메디치 가문의 성원은 쾌락과 자기과시로 각기 자신의 영지를 소유하고 있었으며, 대공작은 프라토리노(Pratolino)와 카파기올로(Cafaggiolo)에서 사냥을 그리고 겨울에는 따뜻한 기후를 찾아 철따라 별장을 옮겨 다녔다. 현재 피렌체 시청사로 사용하고 있는 베키오궁전[Palazzo Vecchio, 피렌체 공화국에 서기 1290년대에 설립된 최고행정기관인 '시뇨리아(Signoria)'를 위해 메디치가문에서 지은 건물]의 이층 피렌체 군대가 피사와 시에나 군대를 상대로 우승하는 장면들이 거대한 프레스코화로 그려져 있는 '500인의 방(firenze palazzo vecchio salone dei cinquecento/Palazzo Vecchio Salone dei Cinquecento/Hall of the Five Hundred)'은 서기 1995년 5월 1일 피렌체 음악제에서 주빈 메타(Zubin Mehta)가 베르린 필하모니(Berliner Philharmoniker)가 시작한 유럽연주회(Europakonzert)의 일환으로 베르린 필하모니를 지휘했던 바와 같이 이곳은 가끔 실내음악당으로 이용되고 있다. 이 때 사라장(張永宙, Sarah Chang)이 15세때 파가니니 바이오린 협주곡 1번(Violin Concerto No.1 In D Major, Op.6, MS.21 Niccol Paganini 서기 1782년-서기 1840년)의 연주를 하였다. 메디치家의 첫 번째 별장은 트레비오와 카파기올로 별장(Villa del Trebbio와 Cafaggiolo)이다. 별장들은 古城이나 옛 별장을 바꾸어 놓은 것이기 때문에 수 세대의 시간이 흐름에 따라 메디치가의 별장들은 플로렌스 시의 역사-정치적, 문화적 사건들과 연관을 맺는 중요한 무대가 되었다. 넓은 정원에 둘러싸인 별장 건물과 공원 사이에 뚜렷한 연관성이 있다는 일반적인 관념에서 보면 후일 르네상스 양식의 합리적인 공간배치에 기초하고 이것이 플로렌스와 토스카나 지역 공간 배치의 전형이 되는 건물의 개념과 주위의 푸른 나무들의 배치가 메디치가의 별장과 정원에서부터 시작된다. 대공작(Grand Dukes/君主) 자신들의 명령에 의한 것이지만 메디치 가의 건물이 말하려는 것은 엄격함과 우아함에 고무되고 단순함과 검소함에 지배를 받는 것이다. 이는 전체 大公國 전역에 遍在하는 王太子像을 만드는 원칙을 고수하는 '국가 건축(State architecture)'에 의해서이다. 일반적으로 말해 별장은 앞모습은 장식이 거의 가미되지 않고 節制를 보이는 간결한 건물이다. 큰 현관은 주위의 정원과 경관을 향해 열려 있다. 정원은 계단식 테라스로 위에서 아래로 내려가는데 이는 별장의 기본구조이다. 이들은 코시모 I세가 위임하고 레온 바티사 알베르티(Leon Battista Alberti)의 규범과 기술에 기초하여 니콜로 트리볼로(Niccolò Tribolo)가 디자인한 까스티요의 메디치 별장(Medici complex of Castello)에서 분명히 보여진다. 이를 두고 바사리(Vasari)는 유럽에서 가장 풍요한 정원의 하나로 여긴다. 메디치 가의 개인적이고 비밀스런 장소를 떠나서 별장의 정원은 전체 정원을 미화하고 손님들을 깜짝 놀라게 하는 遠近法을 적용하여 만들어졌다. 그들은 토스카나에서 잘 적용되지 않는 프랑스식 표준에 맞추었다. 즉 공간을 통제하는 문화적 방식이 강하고 철두철미했다. 건물 내부도 메디치 가문을 빛낼 벽화도 돌아가면서 맞추어 놓았다. 포기오 아 카이아노(Poggio a Caiano) 별장도 프리니(Pliny)와 비트루비우스(Vitruvius)의 글에 근거하여 전형적인 교외의 별장에 生命을 불어넣는 가장 오래된 시도였다. 로마시대의 목욕탕의 구조를 참조하여 중앙의 넓은 마당을 격자로 된 궁륭상의 지붕을 덮었다고 할지라도 르네상스 시대의 별장은 실질적으로는 시골집이었다. 스트로찌(Strozzi) 가문이 소유했다가 지오바니 루체라이(Giovanni Rucellai)에게로 넘어간 칸셀리에리(Cancellieri) 고성도 서기 1474년 로렌죠(Lorenzo de' Medici, Lorenzo the Magnificent, Lorenzo il Magnifico, 서기 1449년 1월 1일-서기 1492년 4월 9일)가 구입해 쥬리아노 다 산갈로(Giuliano da Sangallo)를 고용해 새롭게 꾸며 놓았다. 별장은 柱廊에 의해 받쳐지는 기하학적 용적을 갖고 있다. 시골풍의 소박함을 강조한 것이 欂栱 아래 끼어 넣은 삼각면 덕에 좀 더 미묘해지고 우아하게 되었다. 별장에 대한 일반적 구상으로 중세시대의 건물과 같이 폐쇄된 정원 주위에 돌아가면서 방들을 배치하는 것이 아니라 건물의 長軸을 따라 나 있는 홀이나 연회장(salone) 주위에 중요한 방들을 배치하면서 토스카나 건물을 다시 태어나게 한다. 연회장을 중심에 배치하고 프란치아비지오(Franciabigio), 안드레아 델 사르토(Andrea del Sarto), 폰토르모(Pontormo), 알레산드로 알로이(Alessandro Allori)가 벽에 돌아가면서 그린 메디치가를 축하하는 원근법으로 그려진 회화들로 감흥을 일으키게 한다. 그 다음 세기에 또 다른 작품을 추가하여 별장을 바꾸어 놓는 바람에 서기 19세기 사보이家는 이들을 휴가를 보내는 별장으로 이용하였다. 페트라이아 별장(Villa della Petraia)은 메디치가 스트로찌(Strozzi) 가

문으로부터 서기 14세기의 고성을 구입해 개조·확대했기 대문에 그 연대는 서기 16세기 말이 된다. 뷰온탈렌티(Buontalenti, Bernardo Buontalenti, Bernardo Delle Girandole, 서기 1531년경-서기 1608년 6월 25/26일, 무대 장식가, 건축가, 극장디자이너) 양식으로 건물을 재배치하는 것은 여러 소유자들이 장식물이나 벽화를 이용함으로써 꾸려져 왔다. 코시모 다디(Cosimo Daddi)와 볼테라노(Volterrano)에 의한 정원의 프레스코(벽 토를 갓 칠한 벽에 水彩로 그림)는 메디치 가와 동일 시기이고, 일층의 교회는 로라이네(Lorraine) 저택과 같이 만들어진 시기이며, 그리고 정원의 철과 유리 덮개, 대규모의 파티장으로 배치와 별장의 내부 장식은 튜린(토리노, Turin), 모데나(Modena), 루카(Lucca)와 파르마(Parma)에 있는 자기집에서 가구를 가져온 사보이家에서 첨가한 것이다. 별장 주위의 넓은 정원도 시기를 달리한다. 서기 16세기 말 최초로 만들어진 뚝이 있는 중첩된 계단상의 테라스는 서기 19세기가 되면 휘오렌자(Fiorenza) 샘으로 장식된 소위 피아노 델라 피규리나(Piano della Figurina)의 경관으로, 서기 1800년대 초에는 북쪽에 낭만적인 영국 양식이 첨가된다. 코시모 데 메디치의 어머니가 즐겨 거처하던 카스티요 별장(Villa di Castello)은 코시모 자신이 서기 1537년 군주(Grand Duke)로 선출된 후 즉시 개조하고 장식을 하였다. 놀랄 만큼 빠를 정도로 권력을 얻고 평화와 번영의 수호자로서 그의 역할을 축하하기 위해 코시모는 여러 가지 장식물로 별장과 정원을 확대하기 시작하였다. 레온 바티스타 알베르티의 규범과 기록대로 만든 이탈리아 양식의 정원 중 가장 잘 보전된 정원은 아래로 향한 세 단의 테라스 중앙축을 따라 만들어졌으며, 그중 첫 번째의 테라스는 위에 있던 별장의 연장선상에서이다. 거대한 수도관이 여러 개의 샘에 물을 공급하였다. 장식물 중 대표적인 것은 헤라큐레스와 안타에우스 샘이다. 바르토로메오 아마나티(Bartolomeo Ammannati)가 중심이 되는 청동주물 집단이 이 샘들의 相輪部를 만들고, 바사리(Vasari)가 동물과 홍수의 동굴을 완성하였는데 多彩의 대리석으로 조각된 동물들이 있는 동굴은 자연동굴과 흡사할 정도였다. 이는 코시모가 생각한 생동하는 우주를 강조한 것이다. 여기에 강조할 점은 약초의 정원으로 세상에서 가장 중요한 몇 가지 식물들을 포함하여 감귤류의 수집은 약초의 정원 중 으뜸이라 할 수 있다. 서기 15세기 메디치家에서 가장 인기있던 카레기(Careggi) 별장은 로렌죠(Lorenzo the Magnificent, Lorenzo de' Medici, 서기 1449년 1월 1일-서기 1492년 4월 9일) 군주가 프라톤 학파의 철학가와 문학자들에 둘러싸여 학문에 몰두하던 역사와 기념비적 가치가 함께 하는 곳이다. 이 별장은 메데치家에서 구입해 미켈로 쪼 바르토로메오(Michelozzo di Bartolomeo)의 설계에 따라 서기 15세기 중반에 개조·확대되었다. 이때부터 돌로 맞줄임 천장(마야와 미케네의 the Treasure of Atreus 무덤 천장에서 보이는 것과 같은 건축의 특색인 코벨링/corbelling, 초엽구조. 맞줄임 천장이라는 초엽구조도)을 한 꼭대기에 銃眼을 내고 서쪽에 두 개의 로지아(loggia, 한쪽에 벽이 없는 낭하나 거실용 방)가 튀어나온 공통적인 특징을 가진 잘 짜여진 브로크 건물에서 비롯된다. 내부의 장식은 서기 1615년 추기경이 된 태자 칼로 메디치(Prince Carlo de' Medici)의 명령에 따라 서기 17세기 초의 수 십 년부터 비롯되는데, 별장과 정원은 메디치가 궁정의 기술자인 쥬리오 파리기(Giulio Parigi)의 지휘 아래 변화를 겪게 된다. 특히 멋있는 것은 1층 살롱 아래의 작은 동굴(grotticina, grotto)인데 샘은 스폰지와 마졸리카(majolica-tile, 이탈리아 장식 도자기, tin-glazed pottery) 타일로 장식하였다. 건물을 둘러싸고 있는 넓은 정원은 서기 17세기의 변화와 이 별장이 로렌죠(Lorenzo the Magnificent) 군주에 대한 전설을 기리는 장소가 되는 서기 19세기 말에 낭만적인 기질로 변해간다. 몬테 알바노 경사면에 있는 빈치(Vinci) 별장으로부터 멀지 않은 곳에 위치한 게레토 귀디 (Cerreto Guidi) 별장은 코시모 I세가 서기 1565년경에 지어 귀디 백작의 古城을 대체하였다. 플로렌스부터 피사(Pisa)와 마레마(Maremma) 지역으로 대공국 군주의 궁정이 옮겨다니는 편리한 기착지로서의 방격형으로 구획된 평지 위에 세워진 사냥용 주거지와 지방행정 중심지는 간단하고 직선적인 건축물로 대표되지만 그안에는 뷰오탈렌티(Buontalenti)의 전통을 따른 위엄있는 테라코타(Terra-cotta, 1000℃ 이하에서 구어진 토제품), 석제 등잔들이 원근법의 기본을 형성하면서 지리잡고 있다. 내부가 서기 19세기 장식물로 꾸미어진 별장은 주위의 정원으로 인해 윤택하게 보인다. 이들 별장은 지난 세기에 또 다시 꾸미어지고 또 경사로의 정면이나 정상에서 보이는 넓은 공간은 별다른 전경을 제공해준다. 메디치家門의 역대 초상화가 걸려 위엄이 넘치는 별장은 주위 경관을 특징 있게 하는 요소로서 뛰어난다. 메디치家 별장에서 대표적인 것들은 페트라이아(Petraia) 별장, 카스티요(Villa di Castello) 별장의 정원, 지우스토 우텐스(Giusto Utens)가 그린 포기오 카이아노(Poggio a Caiano) 별장의 그림 등이다. 별장은 모두 27개소로 大(Major)-16, 小(Minor)-11로 그 목록은 아래와 같다.

Major villas

1. Villa del Trebbio(서기 14세기 중반-서기 1738년)

2. Villa di Cafaggiolo(서기 14세기 중반-서기 1738년)

3. Villa di Careggi(서기 1417년-서기 1738년)

4. Villa Medici in Fiesole(서기 1450년-서기 1671년)

5. Villa di Poggio a Caiano(서기 1470년-서기 1738년)

6. Villa di Castello(서기 1480년-서기 1738년)

7. Villa di Mezzomonte(서기 1480년-서기 1482년, 서기 1629년-서기 1644년)

8. Villa La Petraia(서기 16세기 초반-서기 1738년)

9. Villa di Camugliano(서기 1530년경-서기 1615년)

10. Villa di Cerreto Guidi(서기 1555년-서기 1738년)

11. Villa del Poggio Imperiale(서기 1565년-서기 1738년)

12. Villa di Pratolino(서기 1568년-서기 1738년)

13. Villa di Lappeggi(서기 1569년-서기 1738년)

14. Villa dell'Ambrogiana(서기 1574년-서기 1738년)

15. Villa La Magia(서기 1583년-서기 1738년)

16. Villa di Artimino(서기 1596년-서기 1738년)

Minor villas

1. Villa di Collesalvetti(서기 1464년-서기 1738년)

2. Villa di Agnano(1486-1498)

3. Villa di Arena Metato(서기 1563년경-서기 1738년)

4. Villa di Spedaletto(서기 1486-서기 1492년)

5. Villa di Stabbia(서기 1548년-서기 1738년)

6. Villa della Topaia(서기 1550년경-서기 1738년)

7. Villa di Seravezza(서기 1560년-서기 1738년)

8. Villa di Marignolle(서기 1560년-서기 1621년)

9. Villa di Lilliano(서기 1584년-서기 1738년)

10. Villa di Coltano(서기 1586년-서기 1738년)

11. Villa di Montevettolini(서기 1595년경-서기 1738년)

42. 피드몽트의 포도밭: 랑헤, 로에로, 몬훼라토, 발테리나(The Vineyard Landscape of Piedmont: Langhe—Roero, Monferrato and

Valtellina, 문화: 2014):

州都가 튜린/토리노(Turin, Torino)인 피드몬테(Piedmont)에서는 로마 시대부터 포도밭이 널리 퍼져있고 와인(포도주) 생산이 세계적으로 평가를 받고 있기 때문에 이탈리아에서 와인용 포도 재배는 그 자체만으로도 대단히 중요한 문화적 가치를 지닌다. 이러한 목적을 위해 토지를 조성하고 여러 나라로부터 요구받는 가장 질 좋은 와인을 생산하기 위한 끊임없는 노력을 하는 것은 인간의 창의력에 대한 정확한 평가방식이다. 사실 이탈리아 이민자들은 미국과 호주에서 와인용 포도 재배와 포도주 생산에서 중요한 역할을 하였다. 포도농장을 조성하고 거기에 와인용 포도를 재배해 와인을 만드는 일련의 과정으로 수세기 동안 농장 주위의 경관에 끈임 없이 특징적인 표시를 남겨 놓은 것은 인간이 토지에 대해 행한 중요한 면이다. 토양이 다른 농사에 적합하지 않은 이들 지역에서 토지를 세분하여 만든 조그만 밭에서 와인용 포도를 재배하는 역사를 만들어 내고 이에 따라 인간 주거가 결정되었다. 그래서 현재의 경관은 코모(Como)에서 온 採石匠人과 성 베네딕틴(Benedictine) 지역에서 온 수도사들이 네비올로[이탈리아 와인용 변종 포도로 Nebbiolo, Nebieul(Piedmontese)로 부른다]라는 사랑받는 변종 포도를 선호하여 이곳에 옮겨 심은 중세시대까지 거슬러 올라가는 수세기 동안은 역사적으로 기록된 경험이자 행위의 산물이다. 랑헤, 로에로와 몬훼라토 지역에는 모래와 산성토양의 제3紀 砂岩層위에 기복이 심한 구릉지대가 널리 퍼져있다. 이곳은 기후, 개간기술, 접목과 변종 포도의 복합요소가 넓은 범위의 자연생태체계의 발전을 결정짓고 있다. 경관은 능선을 쟁기나 굴착기로 개간하는 방식에 따라 포도나무 열이 다르게 배열(ritocchino, cavalcapoggio, girapoggio)되어 있지만 포도 덩굴이 느릅나무, 뽕나무, 단풍나무와 포플러 나무줄기를 감아 높이 왼쪽으로 자라면서 올라가는 'impianti a sostegno vivo'라고 부르는 옛날 방식도 함께 존재한다. 포도가 신선한 동안 와인 생산, 주스 생산, 또는 건조 건포도를 만드는 것을 테블 포도(table grapes)라고 하는데 이곳에서는 포도를 장기적이고 전통적 방법으로 처리하여 도수가 약한 와인을 개량하여 도수가 강한 와인, 디저트용 와인, 숙성된 와인, 거품이 이는 와인과 酒精을 만든다. 각각의 경관 속에서 만들어진 포도밭은 와인의 생산, 분배와 수출과 밀접한 관련이 있다. 포도를 가공 처리하는 별도의 건물, 특히 와인이 숙성되고 저장되는 창고와 암반을 파고 들어간 동굴시설을 갖춘 각각의 농가가 이곳의 특징이다. 이런 구조들의 분포, 배치와 형태는 오랜 습관에서 관찰과 경험에서 만들어진다. 또 이탈리아 북부 롬바르디아(Lombardy)의 발테리나(Valtellina, Valtelline, Val Telline)에서 지형, 기후, 방향도 포도재배에 밀접한 영향을 준다. 주민들은 꾸준한 인내를 가지고 땅을 계단상으로 만들고 모래, 沈積土, 지하로 스며드는 건조한 토양의 장애물을 제거하고 질 좋은 포도를 수확하기 위하여 포도가 자라기 좋은 방향으로 개간해 나가고 있다. 발테리나에서 사용되는 건식 벽체(석고 보드, 인조 벽판, 석고 보드 등, dry walls)을 이용한 계단상의 구조는 산간지역과 알프스 산맥을 뒤 배경으로 하는 지형의 농사에 보통 사용되는 것으로 이곳의 특징은 30km 폭의 산록에 2,500km의 길이로 길게 연장한 계단상 밭에 있다. 이는 스위스 동남쪽 그리손 주(Swiss Canton Grisons)에서 서기 16세기와 서기 17세기사이 수세기동안 행해진 실험에서 비롯된다. 랑헤, 로에로, 몬휘라토, 발테리나의 포도밭 경관은 예술과 문학에서도 많이 취급되었다. 힘이 드는 경작기술로 땅을 조성하고 포도의 수확, 처리과정, 와인을 병에 담는 보람은 경건할 정도로 오래된 전통과 전설을 만들어냈다. 최근 이러한 와인용 포도밭의 경관은 오랫동안 연구와 경험의 결과로 여러 논문에서도 취급된다.

43. 아랍—노르만 팔레르모와 세팔루와 몬레알의 성당(Arab-Norman Palermo and the Cathedral Churches of Cefalú and Monreale: 문화, 2015):

시실리의 북쪽해안에 위치한 아랍-노르만 팔레르모((Arab-Norman Palermo)에는 시실리 노르만왕국(서기 1130년-서기 1194년)시기까지 거슬러 올라갈 수 있는 9개의 일반과 종교 건축물이 있는데 여기에는 세팔루와 몬레알의 성당뿐만 아니라 2곳의 궁전, 3곳의 교회, 한곳의 성당과 다리가 포함된다. 한마디로 이들은 한 섬에서 새로운 개념의 공간, 구조와 장식이 어울려 나타난 이른바 서구, 이스람과 비잔틴문화의 사회·문화적 통합을 보여주는 예이다. 그리고 무스림, 비잔틴, 라틴, 유대인, 롬바르드와 프랑스의 여러 나라에서 온 기원과 종교가 다른 사람들이라 할지라도 사이좋게 공존할 수 있다는 증거가 된다.

44. 서기 15세기—서기 17세기의 베네치아 공화국의 방어성벽(The Venetian Works of defence between 15th and 17th: 문화, 2017)

→ 크로아티아 8항을 참조할 것.

45. 로마 역사지구(Historic Centre of Roma, the Properties of the Holy See in that City Enjoying Extraterritorial Rights and San Paolo Furoi le Mura: 문화, 1980/확대지정, 1990):

→ 이탈리아/홀리시 ITALY/HOLY SEE 교황청(홀리시 바티칸시티의 독립항목 참조) 1항을 참조할 것

46. 20세기의 산업도시 이브레아(Ivrea, industrial city of the 20th century: 문화, 2018):

20세기의 산업도시인 이브레아는 이탈리아의 북서부 피에몬테 주에 위치하며 타이프라이터, 기계식 계산기, 사무용 컴퓨터를 제작하던 올리베티(Olivetti) 회사에서 생산하던 제품을 시험하던 곳으로 발전하였다. 이곳에는 대규모의 공장과 사원 주택, 행정관리를 위한 건물들이 들어섰는데 이는 이탈리아의 뛰어난 도시 설계사와 건축가들이 서기 1930년-서기 1960년 사이에 계획하여 만든 조화로운 건축물 군이다. 이의 발상은 피에몬테 주 이브레아 출신의 엔지니어이며 정치가이기도 한 진보성향의 기업가인 아드리아노 올리베티(Adriano Olivetti, 서기 1901년 4월 11일 -서기 1960년 2월 27일)가 이윤의 사회적 환원, 제품생산과 건축물 군들의 근대적인 안목으로 본 조화로운 관계로 발전시키기 위한 정치적으로 조직한 마을 운동(the Community Movement, Movimento Comunità)의 이념을 잘 반영하고 있다.

47. 프로 세코(Prosecco) 와인 생산지(Le Colline del Prosecco di Conegliano e Valdobbiadene: 문화, 2019):

이탈리아 북동쪽에 위치한 이 지역은 프로세코(Prosecco) 와인 생산지의 포도밭 경관을 보여주는데 여기에는 시그리오니(ciglioni)라고 부르는 길고 좁은 산등성이 'hogback'(또는 hog's back)의 지형으로 좁은 풀밭 테라스의 작은 덩굴 숲, 작은 마을 및 농지로 특징지어진다. 수세기 동안이 산등성이의 험준한 지형은 인간에 의해 형성되고 이용되었다. 서기 17세기이래로 시그리오니의 지형을 이용하여 경사지와 평행하고 덩굴을 수직으로 만들어 마치 체커판(chequerboard)과 같은 의 경관을 만들었다. 서기 19세기에는 포도나무를 머리위로 자라게 하는 밸루세라(The Bellussera)기술로 인해 경관이 좀 더 아름답게 형성이 되었다. 벨루세라 기술은 서기 1800년대 말 이탈리아 베네토 주 트레비소(Treviso) 현의 테제 디 피아베(Tezze di Piave)에 사는 벨루시 형제(Bellussi brothers)가 고안한 것으로 머리위로 포도 넝쿨을 자라게 하는 방법(overhead vine growing method)으로 포도나무의 병을 막는 시도로 소개되었다.

이탈리아/홀리시 ITALY/HOLY SEE 교황청
(홀리시 바티칸시티의 독립항목 참조)

1. 로마 역사지구(Historic Centre of Roma, the Properties of the Holy See in that City Enjoying Extraterritorial Rights and San Paolo Furoi le Mura: 문화, 1980/확대지정, 1990):

기원전 753년 로물루스와 레무스 형제에 의해 건국된 로마는 왕정(기원전 753년-기원전 509년), 공화정(기원전 509년-기원전 31년), 제정로마(기원전 31년-서기 476년, 서로마 제국)의 수도로 로마시대와 서기 313년 기독교 공인 후의 기독교 관계 유적들이 로마역사지구로 지정되었다. 여기에는 팔라틴 언덕(Palatine Hill)과 40m 아래의 로마의 정치·행정의 중심지인 포로 로마노(Foro Romano, Forum Romanum, Romam Forum)가 포함된다. 팔라틴 언덕에서는 아우구스투스 부인 리비아(기원전 58년-서기 29년)의 집(Domus Livia)과 그 아래에서 건국신화화 관련된 루페르칼 동굴(Lupercal Cave, 서기 2007년 11월 20일, 화)이 발견되었다고 한다.

교황청이 있는 바티칸(Vatican: State della citta del vaticano, 공식 국가명

칭은 the State of the Vatican City이다) 시는 서기 1929년 2월 11일 라테란 (Laterano) 협정에 의해 이탈리아로부터 독립을 얻은 전 세계의 가톨릭을 대표하는 홀리시(Holy See)로 0.44km²의 조그만 세속적 영토주권 국가이며 로마의 대주교(bishop) 겸 가톨릭 敎皇國이다. 이 국가에는 성 베드로 대성당, 카스텔 간돌포(Castel Gandolfo)에 있는 교황궁(Pontifi-cal Palace), 여름휴가지, 로마 부근의 5개소 이탈리아 전역에 흩어져 있는 23개소가 포함된다. 확대된 로마의 역사지구에는 로마 시내 북서부 바티칸 언덕(Mons Vaticanus)에 위치한 San Paolo Furoi le Mura(St. Paul Outside the Walls, 우르바노/Urban VIII세의 성벽)라는 교황의 대성당 (the Papal Basilica)이 있는 바티칸 시의 여러 유적들도 포함된다. 이 로마의 도시들은 로마나 알렉산드리아, 카르타고와 페레그린 등과 같은 거대한 도시에서부터 브리튼이나 모로코와 같은 屬州의 중심지에 이르기까지 그 규모나 모양이 다양하다. 이는 전 시대의 다른 문화 위에 새로이 로마의 도시가 건설되었거나, 새로운 식민지도시를 형성하였기 때문이다. 로마역사지구는 다른 로마 도시의 기본을 이루는데 팔라틴 언덕(Palatine Hill)과 40m 아래의 신전, 중앙의 大廣場을 지칭하는 공공장소인 포럼(forum)인 포로 로마노(Forum Romanum), 포장된 道路網(아피아 街道/Via Appia), 경기장, 목욕탕을 갖추고 있다. 아우구스투스 포룸과 같은 황제의 포룸이 세워지면서 신과 황제의 위엄을 찬양하는 신전과 기록/사료보관소로 바뀌면서 12개의 동판이 보존되기도 하였다. 이 주위에 신전과 바실리카(법정 도는 행정사건 처리소, 시장 등의 역할을 함)라고 하는 긴 回廊을 갖춘 건물도 들어서 있다. 로마 제국을 대표하는 건조물은 아치, 수로와 목욕탕을 들 수 있으며 여기에 로만 콘크리트(Roman concrete)라고 불리는 시멘트를 이용하였는데, 구조물들이 오늘날까지도 남아있는 堅固性은 베스비오(베스비우스, Vesuvius) 화산중턱에서 나오는 포졸라나라는 화산 용암을 섞었기 때문이다. 여기에 석재(대리석 포함)와 로마의 발명품 이라고 할 수 있는 벽돌과 콘크리트를 아래에서 위로 적당히 배치해 로마의 건물들이 하중을 이겨내고 오늘날까지 남아있게 되었다. 로마인들의 뛰어난 건축술을 볼 수 있는 대목이다. 그래서 서기 70년 베스파시아누스 황제 때 시작하여 서기 80년 티투스 황제 때 완공을 본 최대 수요인원이 5만~5만5천 명이고, 벨라리움(Velarium)이라고 하는 햇빛과 비를 막는 차일(awning)이 꼭대기에 쳐진 구조를 가진 직경 180m의 新 7대 不可思議 중의 하나인 콜로세움(Colosseum/Coliseum) 원형대경기장, 직경 48m의 판테온신전(서기 122년경 축조), 로마 오시리카의 8층 규모의 유리창이 달린 아파트, 아그리파 공중목욕당(서기 19년), 네로가 세운 황금궁전(Domus Aurea), 네로가 서기 68년 죽은 직후 그 위에 건립한 트라야누스 목욕탕, 디오클레티아누스 목욕탕 (Diocletianus bath), 카라칼라 목욕탕(Caracalla bath), 서기 113년 트라야누스 황제가 다키아인에 승리한 것을 기념해 세운 기둥, 최초의 식민지인 서기 76년 오스티아(Ostia, 로마의 항구인 티베르/Tiber 강구 라티움/Latium 위치한 고대도시)의 아파트, 공중화장실 그리고 납 파이프로 배수관을 하고 난방시설을 갖춘 목욕탕, 비고르 수로(서기 19년), 아우구스투스 水路(서기 97년)와 트레비 분수 등은 로마의 건축기술의 결정체로 꼽히고 있다.

이탈리아/스위스 ITALY/SWITZERLAND

1. 알불라/베르니나 경관의 레티안 철도(Rhaetian Railway in the Albula/

Bernina Landscape: 문화, 2008):

알프스 산록을 가로지르는 레티안 철로는 서기 1904년 개통되어 북쪽 서부지역을 달리는 알불라 선은 67km이고, 42개의 터널과 지하도(16.5km), 144개의 高架橋와 교량(2.9km)을 지난다. 그리고 전장 61km의 베르니나線은 13개의 터널과 지하도, 52개의 高架橋와 교량을 지난다. 이 열차로 해서 서기 20세기 초 중앙알프스 산록의 마을들은 고립을 면하고 산간지역에 사회·경제적인 혜택을 가져다주었다. 이 열차는 어려운 기술의 극복, 건축, 환경의 조화를 이룬 면에서 성공적이다. 알불라 선은 추르(Chur)에서 세인트 모르티츠(St. Mortiz)까지 가고 베르나 선은 세인트 모르티츠에서 티라노(Tirano)까지 가는데 이 철로는 이미 나 있는 산길을 따라 가도록 설계되었다.

인도 INDIA

1. 아그라 요새(Agra Fort: 문화, 1983):

아그라지구 우타 프라데쉬(Uttar Pradesh)에 위치하며 사자 한(서기 1628년-1658년)이 서기 1631년-서기 1645년 건립한 자무나 강 건너편의 타지마할 靈廟(Taj Mahal Mausoleum) 옆 서기 16세기 무갈 제국(서기 1526년-서기 1707년/1857년)의 요새화 된 또 다른 도시인 아그라 요새(Lal Qila,Fort Louge, Red Fort of Agra로도 불림)는 붉은 사암으로 만들어져 붉은 성으로 알려졌다. 이 성은 자한기르 궁전, 샤 자한 왕에 의해 만들어진 카스 궁전(KhasMahal)과 같이 동화 같은 이야기가 많다. 이 성에서 서기 1530년 즉위식을 가진 후마윤, 이곳을 수도로 삼아 서기 1558년 이곳에 온 아크바르, 쟈한기르, 샤 자한, 아우랑제브가 이 성에서 살았다. 垓字가 있는 성의 높이 20m, 길이 2.5km의 이중의 성으로 둘러싸여 있다. 성 내부에는 궁전, 정원의 테라스, 분수대, 알현실인 디완-이-카스(Diwan-i-Khas)와 두 개의 아름다운 사원이 이곳에 있다. 그리고 무갈 제국이 들어서면서 이 성에서 얻은 코-이 누르(Koh-i-Noor) 다이아몬드도 유명하다. 그리고서기 1857년 영국동인도회사의 몰락을 가져온 서기 1857년에 일어난 인도인의 반란도 이곳에서 일어났다.

2. 타지 마할(Taj Mahal: 문화, 1983):

무갈 제국 5대 황제인 샤 자한(서기 1628년-서기 1658년 재위)이 서기 1631년-서기 1645년 건립한 부인 뭄타즈(Mumtaz Mahal(왕궁의 보석)/아르주망 바누 베굼/Arjumand Banu Begum, 서기 1593년 4월-서기 1631년 6월 17일)의 靈廟로 샤 자한 왕은 서기 1612년에 연애 결혼해 14명 째의 아이를 출산하다 죽은 부인 뭄타즈 마할 왕비를 위해 그녀의 묘소인 타지마할 영묘(Taj Mahal Mausoleum)를 축조하였는데 이 영묘는 사라센(Saracen) 건축물을 대표하는 오늘날 세계적인 명소가 되었다. 타지마할 영묘는 당시 무갈 제국의 두 중심 수도인 델리 포트와 아그라(Agra) 포트 중 아그라 포트 근처 야무나(줌나) 강 남쪽 연안에 위치해 있으며, 샤 자한 왕은 그것을 축조하느라 국가의 재정을 거의 탕진해 아들 아우랑제브 왕(Aurangzeb, 6대 서기 1658년-서기 1707년)에 의해 아그라포트에 감금당한 후 8년 만에 사망하였으며 그의 장녀 자하나라(Jahanara Begum Sahib, 서기 1614년 4월 2일-서기 1681년 9월 16일)의 배려에 의해 타지마할의 부인 무덤 옆에 같이 묻히게 되었다.

3. 엘로라 동굴(Ellora Caves: 문화, 1983):

쿨라타바드 타루크 아우랑가바드 지구의 엘로라는 서기 400년–서기 1000년에 현무암 바위를 깎아 조성된 34개의 불교(1–12 동굴), 힌두(13–29 동굴)와 자이나교(30–34 동굴)의 僧院과 寺院이다. 불교의 동굴이 가장 먼저 만들어졌으며 1기(동굴 1–5, 서기 400년–600년)와 후기(서기 7세기 중반–서기 8세기 중반)인데, 힌두교의 동굴 27, 29, 21, 28, 19, 26, 20, 17과 14는 불교사원의 후기보다 먼저 만들어졌다. 불교의 동굴 중 가장 오래된 것은 6동굴이고 그 다음 5, 2, 3, 5(오른쪽 측면)동굴의 순이다. 이들 僧院은 크고 다층의 건물로 산을 정면으로 깎고 들어가 생활과 잠자는 공간, 부엌 등을 조성하였다. 여기에는 부처, 보살과 제자를 조각하였다. 가장 잘 알려진 동굴은 10동굴로 목수의 동굴(chaitya hall, Chandrashala, Carpenter's Cave)로 이 안에는 3.3m 높이의 釋迦如來坐像, 궁륭형 천장, 팔각의 기둥이 조각되어 있다. 힌두교의 동굴은 서기 6세기 중반–서기 8세기 말에 조성 되었으며 17–29 동굴이 가장 초기의 것으로 칼라추리(Kalachuri, 서기 10세기–서기 12세기) 시에 속한다. 카이라사(Kailasa) 혹은 카이라사나타(Kailasanatha)로 알려진 16 동굴에는 카이라쉬(Kailash) 산과 시바신이 조각되어 있다. 자이나교의 동굴은 다섯 개로 서기 9세기–서기 10세기에 조성되었다. 그들은 모두 디감바라(Digambara, 空依派/裸形派)에 속하며 금욕주의를 나타낸다. 가장 잘 알려진 동굴은 치호타 카이라쉬(Chhota Kailash, 동굴 30), 인드라 사바(Indra Sabha, 동굴 32)와 자가나트 사바(Jagannath Sabha, 동굴 33)이다. 이들 모두 고대 인도에 성행한 寬容의 정신을 이야기하고 있다.

4. 아잔타 동굴(Ajanta Caves: 문화, 1983):

아우랑가바드 지구 잘가온 시 마하라쉬트라에서 40km 떨어진 곳에 위치한 아잔타 동굴의 조각과 벽화는 찬드라 굽타의 마우리아 왕조시대(기원전 317년-기원전 186년)의 아쇼카 왕(기원전 286년-기원전 232년) 때보다 1세기 늦은 기원전 2세기 초-기원전 1세기에 시작하여 굽타 왕조 시대(서기 320년-서기 600년)인 서기 5세기-서기 6세기까지 계속 조성되어 크게 발달하였다. 한 그룹은 기원전 2세기-기원전 1세기에 만들어졌는데 여기에 속하는 것이 9호, 10호, 19호(동짓날 해가 비치는 방향과 일치), 26호(하짓날 해가 비치는 방향과 일치)이고 다른 그룹의 20개 동굴은 서기 460년-서기 480년 사이에 제작되어 풍부하게 동굴들을 장식하고 있다. 동굴은 30개로 29개는 수투파(塔婆, stupa)가 있는 사원인 차이티아 글리하스(chaitya-grihas)이고 나머지 하나는 寺院(僧院)이다. 동굴은 벽에 남아있는 글씨로 보아 서기 1819년에 4월 28일 영국인 마드라스 총독 죤 스미스(John Smith)에 의해 발견되었음을 알 수 있다. 아잔타 동굴의 벽화나 조각들은 불교의 종교적 걸작품으로 제 1굴의 서기 5세기-서기 6세기경에 그려진 '연꽃의 수술(Nelumbo nucifera=Nelumbo nymphaea)을 들고 있는 蓮花手菩薩(Padmapani, 觀世音菩薩의 별칭) 벽화를 포함하여 佛菩薩, 부처의 前生에 대한 이야기인 本生經, 부처의 일대기 중 八變相圖이며 벽에 회칠을 한 다음 그림을 그려놓았다. 아잔타 동굴의조각과 벽화는 후세 다른 나라의 동굴사원의 제작에 많은 영향을 끼쳤다.

5. 코나라크의 태양신 사원(Sun Temple at Konârak: 문화, 1984):

퓨리 지구 벵갈만의 해안가 떠오르는 태양광선에 빛나는 코나라크 사원은 양쪽에 12바퀴가 달리고 7마리의 靈的인 말이 끄는 태양신 수르야(Surya)의 戰車를 표현한 기념물이며, 나라싱 하데바(Narasimhadeva) I세 왕(서기 1236년-서기 1264년)에 의해 사암(khandolite)과 검은 색의 화강암으로 만들었는데 브라만교의 가장 유명한 神殿/聖所의 하나이다.

6. 마하발리푸람 기념물군(Group of Monuments at Mahabalipuram: 문화, 1984):

체나이(Chennai)로부터 58km 떨어진 마하발리푸람에 서기 7세기-서기 8세기경 팔라바(Pallava) 왕에 의해 코로만델(Coromandel) 해안가를 따라 나 있는 바위를 깎아 만든 聖所로 라타스(rathas, 戰車형태의 사원), 만다파스(cave sancutaries, 11개소의 동굴 사원), Arjuna's Penance 또는 Bhagiratha's Penance로 알려진 '간지스 강 신의 하강'(Decent of the Ganges)과 같은 거대한 야외 浮彫群, 시바(Siva) 신에게 바치는 수 천 개의 浮彫가 새겨지고 계단식 피라미드 탑의 형태를 지닌 리바지 사원(templeof Rivage) 등이 잘 알려져 있다.

7. 카주라호 기념물군(Khajuraho Group of Monuments: 문화, 1986):

마드야프라데쉬의 찬델라 왕조가 서기 950년-서기 1050년 극성기에 달했을 때 만든 사원기념물로 수도 카주라호에 궁전, 시바 사원, 요새화한 성벽을 갖추고 미나토 조각상이 보여주는 관능적 性愛와 快樂에서 영적인 깨달음을 얻는 카마수트라(Kama Sutra) 조각상으로 유명하다. 이곳의 조각은 3개의 뚜렷한 집단과 2개의 다른 힌두교와 자이나교에 속한다. 원래 85개의 사원이 있었으나 현재 22개만 남아 있다. 찬델라 왕조의 일상생활이 신전의 바깥쪽과 벽에 조각되어 있다. 현재 칸다리야 마하데바(Kandariya Mahadeva, Shiva temle) 사원은 조각품이 많으며 인도 예술의 걸작품으로 서기 1000년경에 세워졌다.

8. 파테푸르 시크리(Fatehpur sikri: 문화, 1986):

서기 16세기경 무갈 제국 아크바르 황제(Akbar, 3대, 서기 1556-서기 1605년)가 우타 프라데시 주(Uttar Pradesh) 아그라(Agra)지역에 서기 1570년경 세운 '승리의 도시'(the City of Victory)란 의미를 지닌 도시로 서기 1571년-서기 1585년의 14년간 수도의 역할을 하였다. 아크바르 황제는 서기 1560년대에 아그라 포트(Agra Fort)를 재건하여 수도로 삼기도 하였다. 이 수도를 짓는데 15년이 걸렸지만 불어나는 인구의 급수 부족 때문에 14년 만에 폐기하였다. 모든 건물양식은 붉은 사암을 사용하고 양식도 획일화 되었다. 이곳에는 인도에서 규모가 큰 사원 중의 하나인 자마 마스지드(Jama Masjid)와 입구인 부란드다르와쟈(Buland Darwaza)를 비롯해 4개의 다리(橋)를 가진 물탱크인 아누프 타라오(Anuuup Talao), 황제가 일반백성을 접견하는 건물인 디완-이 암(Diwan-i-Am), 여러 다른 종교지도자들과 만나 토론을 벌렸으며 중앙의 연단을 지탱하는 36개의 궁륭상의 기둥을 가진 건물인 디완-이 카스(Diwan-i-Khas), 아크바르 황제의 회교도 부인을 위한 저택인 후이라-이-아누프 타라오(Hujra-i-Anup Talao) 등의 건물이 남아있다.

9. 고아의 교회와 수도원(Churches and Convents of Goa: 문화, 1986):

이곳은 Gôa 주를 언급하는 Old Gôa(Velha Goa)이며 포르투갈 지배 때의 수도였다. 서기 15세기 비자푸르 술탄(Bijapur Sultanante)의 지배 때 만도비(Mandovi) 강뚝 위의 항구에 세워졌다. Old Gôa는 아딜 샤(Adil Shah)의 지배하 두 번째의 수도였다. 垓字가 둘려져 있었으며 그 안에는 Shah의 궁전과 사원(모스크)이 있었다. 서기 1510년 포르투갈 인이 이곳을 지배하여 행정중심지로 삼다가 서기 1759년 총독의 저택이 서기 1775년 이곳에서 서쪽으로 9km 떨어진 파나지(Panaji, 당시의 Pangim)로 옮겨가게 되었다. 이곳이 말라리아와 콜레라로 서기 17세기에는 폐기가 되었으나 서기 1843년까지 겨우 존속해 남아있었으며 이름이 Old Gôa였다. 서기 1543년경 이곳 Old Gôa의 인구는 20만 명가량이었다. Old Gôa에는 세 성당(Se Cathedral, 고아의 주교가 있는 성당), 아씨시의 성 프란시스 교회(the Church of St. Francis of Assisi), 케타노 교회(the Church of St. Caetano/Cajetan), 그리고 성 프란시스 사비에(St. Fracis-Xavier)의 무덤이 있는 봄 예수 대성당(the Basilica of Bom/good Jesus) 교회가 유명하며, 아시아에로의 복음전파(evangelism)를 보여준다. 이곳을 기점으로 아시아 전역에 기독교와 마뉴엘린(Manueline, 포르투갈의 말기 고딕 양식), Mannerist[mannerism, 이탈리아 르네상스시대 전성기시대(서기 1450년-서기 1527년) 말기 서기 1520년-서기 1580년에 유행]와 바로크 양식의 건물과 예술도 함께 전파되었다. 오늘날 이 성당과 건물들은 성지순례와 박물관으로 이용되고 있다.

10. 함피 기념물군(Group of Monuments of Hampi: 문화, 1986):

인도 남부 벨라리 지구에 위치한 함피는 마지막 힌두 왕조인 비쟈야나가라(Vijayanagar, 서기 1336년-서기 1646년)의 수도로, 현재 남아있는 간결하고 장엄한 건물들은 힌두교와 관련된 남부 인도의 토착전통이 엿보인다. 전설상의 부유한 태자들이 드라비다족 풍의 사원과 궁전을 지었는데 서기 14세기-서기 16세기 이곳을 다녀한 여행자들이 찬탄을 금치 못했다고 한다. 그리고 몇몇 건물에서 이스람 왕국과의 교류에서 받은 영향도 보인다.

11. 브리하디스바라 사원, 탄자브르(Brihadisvara Temple, Thanjavur: 문화, 1987):

남부 인도에서는 현 타밀 나두(Tamil Nadu) 주 탄자브르 현의 중요 도시인 탄자부르(Thanjavur/Tanjore)를 중심으로 콜라(Cholas) 왕조가 들어서 종교의 중심지 역할을 하였는데 그 대표적인 사원이 라자라자 콜라 Rajaraja Chola I세가 서기1010년경에 세운 男根像과 시바 신을 모신 브리하디시와라(Brihadishwara, Brihadishvara)이다. 이후 탄자부르 시는 다음 왕조인 판다야스(Pandyas, 수도는 Madurai)가 들어섰을 때에도 비자야나가라(Vijayanagar) 제국의 영역으로 서기 1350년 대규모의 사원이 들어섰다. 그리고 이 시는 포르투갈과 아랍 상인들과 꾸준히 교역을 계속하다가 서기 1674년 마라타스(Marathas) 왕조에 복속, 서기 1749년 영국과 처음 접촉을 가지고 마라타라자스(Maratharajas) 왕은 영국동인도회사(British East India company)가 설립되는 서기 1799년까지 왕국을 유지하였다. 서기 1855년에는 영국의 식민지가 되었다.

12. 엘레판타 동굴(Elephanta Caves: 문화, 1987):

봄베이(현 뭄바이)에서 10km 떨어진 오만 해에 위치한 엘레판티아(Elephantia) 섬 또는 '동굴도시'(City of Caves)에는 시바(Shiva) 신을 숭배를 위한 집단의 암각예술이 있는데 주 동굴의 거대한 浮彫의 조각품은 인도미술을 대표하는 예술품이다. 이 섬에는 두 집단의 동굴이 존재하는데 한 집단은 시바 신에게 바치는 磨崖像이 있는 5개의 힌두 동굴이며, 다른 집단은 2개의 작은 불교 동굴이다. 이들은 서기 5세기-서기 8세기에 속한다. 동굴의 조각품은 현무암을 깎아 만든 것인데 초기에는 칠을 했었으나 현재는 흔적만 남아있다. 주 동굴(동굴 1, 대 동굴)은 포르투갈인들이 서기 1534년 이곳을 지배할 때까지 힌두교의 동굴이었으며 그 후에는 많이 훼손되었다. 여기에서는 카일라샤(Kailasha) 산 위의 시바와 파르바티(Parvati) 신과 카일라샤 산을 흔드는 라바나(Ravana) 신, 네팔을 가진 수문장과 그리핀(griffon/grifin, leo-griff, 사자와 독수리를 합쳐놓은 神的動物)의 조각품 등을 볼 수 있다.

13. 파타다칼 기념물군(Group of Monuments at Pattadakal: 문화, 1987):

바다미 탈루크의 파타다칼은 서기 7세기-서기 8세기 찰루크야(Chalukya) 왕조(서기 543년-서기 753년) 시대의 북부(인도-아리안 계통의 Nagara)와 남부(드라비다족)의 인도 예술을 고도로 발달한 절충적인 모습을 변형시킨 자이나교의 聖所뿐만 아니라 무척 인상적인 9개소의 힌두교 사원들도 여기서 볼 수 있다. 그중 서기 740년경 왕비 로카마하데비(Lokamahadevi)가 남편이 남부에서 침공한 왕들에게 거둔 승리를 기념하기 위해 세운 비르파크샤(Virupaksha)는 대표적 걸작이다.

14. 산치의 불교 기념물군(Buddhist Monuments at Sanchi: 문화, 1989):

보팔(Bhopal) 시로부터 40km 떨어진 평야를 내려다보는 산치(Sanchi는 옛날에 Kakanya/Kakanava/Kakanadabota/Bota-Sriparvata로 일려짐), 언덕 위에 부처님의 舍利를 모신 스투파(석탑), 단일석으로 만든 3층의 石柱, 궁전, 寺院, 僧院의 불교적 聖所 또는 기념물로 이는 찬드라 굽타의 마우리아가 세운 마우리아 왕조(기원전 317년-기원전 186년) 중 아쇼카 왕(기원전 286년-기원전 232년 재위) 때 처음 만들어진 것으로 생각된다. 그러나 현재 규모는 높이 16m, 폭 37m이나 숭가 왕조(Sunga, 기원전 2세기) 때 탑문을 증축, 안드라 왕조(Andhra, 기원전 2세기-서기 3세기 초) 때 남문의 축조와 증축 등이 있었다. 서기 1818년 영국인에 의해 발견되었다. 서기 1912년-서기 1919년 사이 영국의 고고학지인 죤 마샬 경(Sir John Hubert Marshall)에 의해 발굴되었다. 원래 20여기가 있었으나 현재 제1塔(Stupa 1, the Great Stupa)과 塔門, 제

3塔만 남아 있다. 이곳은 기원전 2세기 혹은 기원전 1세기에 축조된 기념물로 서기 12세기까지 인도불교의 중심지였다. 3층의 회랑(대들보), 3층의 아치문에 부처님의 일대기(Jatakas)를 浮彫로 묘사해 놓았다. 다시는 대승불교가 들어서기 이전의 근본·부파·小乘佛教 때로 산치대탑이나 기원전 2세기-기원전 1세기경 사타바하나 왕조의 후원 하에 만들어졌던 데칸 고원의 아마라바티 스투파의 부조에서 보다시피 부처님의 탄생을 상징하는 연꽃과 아기 옷, 가르침의 轉輪/法輪(챠크라)과 화염, 깨달음의 보리수, 부처님 현존을 나타내는 발바닥/자국 또는 옥좌, 鉢 등으로 부처님을 상징하던 것이 후일 간다라 미술과 大乘佛教의 발전에 따라 부처님의 조각상과 함께 세부적인 특징인 肉髻, 螺髮, 髻珠, 白毫와 手印 등을 지닌 조각예술로 발전하였다. 이는 마케도니아 제국(기원전 338년-기원전 146년)의 알렉산더 대왕의 침입으로 간다라(현 페샤와르) 지역에 그리스 미술양식의 보급되어 헬레니즘시대(기원전 304년-기원전 30년)의 간다라 미술양식의 탄생한 결과이다. 그리고 기원전 323년 6월 10일 알렉산더 대왕(기원전 356년-기원전 323년)의 病死 후 부하 장군인 셀레우코스 니카도에 의해 셀레우시드 왕조가 성립(기원전 304년-기원전 65년)되고 그리스계 박트리아 왕국에 의해 인더스 남쪽 탁실라와 마니키알라 지역에까지 헬레니즘 문화의 전파가 이루어졌다.

15. 델리의 쿠트브 미나르 유적지(Qutb Minar/minaret and its Monuments, Delhi: 문화, 1993):

델리의 남쪽 수km 떨어진 곳에 위치하는 서기 1199년 델리의 첫 번째 술탄인 쿠투브 딘 아이바크(Qutbu'd-Din Aibak)가 델리 정복기념으로 만든 尖塔은 붉은색 사암으로 높이가 5층으로 인도에서 가장 높은 72.5m, 둘레(직경)가 저부는 14.32m, 상부 2.75m로 첨탑 주위에 모가 나거나 둥근 세로 홈(세로 홈파기)을 내는 장식을 돌리고 있으며 내부에는 379계단이 나 있다. 이 첨탑의 주위에 靈廟, 아라이-다르 와자(Arawi-Darwaza, 서기 1311년)의 문, 주위 20개의 힌두교사원에서 가져온 석재로 쌓은 쿠와틀-이스람(Quwwatu'l-islam) 모스크 사원, 굽 타왕조(서기 320년-서기 600년) 때 서기 320년-서기 335년에 만든 녹이 슬지 않는 고대 인도의 높은 冶金術을 보여주는 철제 기둥이 있다.

16. 델리의 후마윤 묘지(Humâyûn's Tomb, Delhi: 문화, 1993):

무갈 제국 2대 왕인 후마윤(서기 1530년-서기 1556년)의 사후 14년이 지난 아크바르(3대, 서기1556년-서기 1605년) 때인 서기 1570년에 세운 후마윤의 靈廟로 인도 최초의 정원식 무덤이다. 이는 무갈 제국 5대 황제인 샤 자한(서기 1628년-서기 1658년 재위)이 서기 1631년-서기 1645 년 건립한 부인 뭄타즈(아르주망 바누 배굼, Arjumand Banu Begum, 서기 1593년 4월-서기 1631년 6월 17일)의 묘소인 타지마할 영묘(Taj Mahal Mausoleum)를 축조하는데 영향을 주었다. 이 영묘는 左右同形의 붉은 사암으로 만들어졌고 1,200m² 넓이, 돔까지의 높이 47m에 이른다.

17. 다르질링 히말라야 철도/인도 산악철도/마테란 협궤철도(The Dar-jeeling Himalayan Railway/Mountain Railways of India/The Matheran Light Railway: 문화, 1999/확대지정/2008/2010):

서기 19세기에서 서기 20세기 초까지 개통되고 지금까지 운행되고 있는 인도 山岳열차는 5개인데 그중 다르질링 히말라야 철도(서기 1881 년), 칼카-쉼라 철도(Kalka-Shimla Railway, 서기 1898년), 캉그라 계곡 철 도(Kangra Valley Railway)의 세 개 철도는 북부 인도 히말라야의 험준한 산악 지역을 통과하고 있다. 그중 서기 1881년 개통되어 장난감 기차 (Toy Train, 610mm의 挾軌철로)의 별명을 가지고 오늘날에도 서부 벵갈 (Bengal) 주 히말라야(Himalayas) 산맥 초입 실리구리(Siliguri)에서 다르질 링(Darjeeling, 천둥·번개가 치는 곳이라는 의미)의 굼(Ghum) 역까지 86km 의 좁은 협곡을 거슬러 올라 해발 326m-2,203m의 고원 위까지 석탄 으로 운행하는 증기관차가 다닌다. 이 노선은 서기 19세기 4곳의 環線(tight loop)線路기술과 기차 운행술이 매우 뛰어났음을 보여주는 실례이다. 최근에는 현대 디젤엔진의 기차가 우편물을 나르는데 이 용되기도 한다. 기차선로 주위에는 조그만 마을들이 형성되어 정보 교환과 아울러 지역경제의 활성화에 이바지하고 있다. 선로 주위는 항상 서늘한 섭씨 12°를 유지하고 있어 이곳에서 생산하는 다르질링 차(Darjeeling oolong and green tea)는 영국을 포함한 전 세계적으로 유명 하다. 그리고 이번에 확대 지정된 마테란 협궤철도(MLR)는 서기 1901 년-서기 1907년 3월 22일 압둘 후세인 아담제(Abdule Hussein Adamjee) 에 의해 개통되었고 그의 아버지가 경비를 부담했다. 철로의 폭은 610mm의 挾軌로 19.97km의 넓은 숲을 가로 질러 네랄(Neral, 해발 39.31m)에서 출발하여 카르자트(Karjat)와 뭄바이(Mumbai) 근처 서부 가트(Ghats) 마테란(해발 803.93m)산에 이른다. 속도는 시간당 20km이 나 8km/hour로 제한하고 있다. 이 열차는 121개의 다리, 221개의 커 브 길을 지난다.

18. 붓다가야/보드가야(佛陀伽耶, Bodh Gaya)의 마하보디 사원 단지 (Mahabodhi Temple Complex at Bodh Gaya: 문화, 2002):

인도 동부 비하르(Bihar)에 있는 이 사원은 불교 4대 聖地 중의 주 의 하나로 기원전 3세기경에 아쇼카 왕(기원전 286년-기원전 232년 재위)에 의해 건립되었으며 현재의 사원은 서기 5세기-서기 6세기 굽타 왕조 시대(기원전 304년경-기원전 232년경, 기원전 269년경-기원전 232년경, 서기 320년-서기 600년) 말에 건립된 것이다. 이곳에는 울타리로 둘러싼 내부에 높이 55m의 本尊佛堂과 6개의 聖所, 남쪽 밖의 蓮池가 있다. 본존불당은 서기 12세기 무스림군이 침공하였을 때 파괴되어 버려졌다. 이 건물은 서기 1880년대 인도의 영국정부에서 알렉산더 커닝햄 경(Sir Alexander Cunningham)의 지휘 하에 복원하기 시작하였다. 석가모니(世尊)는 기원전 623년 4월 8일 오늘날 네팔의 룸비니 동산에서 탄생, 生老病死의 고통에서 벗어나기 위해 카비라 성으로부터의 出家, 붓다가야/보드가야(佛陀伽耶) 前正覺山 보리수나무 밑에서 成道, 사르나트(鹿野園)의 初轉法輪을 거쳐 쿠쉬나가르(雙林涅槃)에서 기원전 544년 2월 15일 80세로 入滅하였다. 서기 1898년 1월 Uttar Pradesh, Basti District 동북의 Birdpur Estate 부동산회사의 메니져인 W. C. Peppe에 의해 네팔에 가까운 피파라와(Piparahwa Stupa)에서 부처님의 화장된 유골이 滑石으로 만들어진 骨壺에서 발견되었다. 이는 후일 부처님 사후 150년이 지난 아쇼카 왕 재위 20년경(서기 245년) 때 원래의 매장지였던 그 자리에서 移葬되고 유골(舍利)은 길이 132cm의 사암제 석관에 옮겨졌음이 확인되었다. 이 유골(舍利)은 부처님 사후 8개국에 나누어진 것 중의 하나가 부처님의 탄생지인 룸비니(Lumbini)와 가깝고 샤카족(Sakays)의 중심지인 피피라와에 매장된 것이었다. 부처님 사후 만들어진 최초의 무덤도 서기 1970년 바로 석관 밑에서 확인되었다. 이 移葬을 아쇼카 왕 때로 보는 이유는 골호의 어깨에 새겨진 산스크리트어 중 브라미어(Sanscrit/Sanskrit, 梵語 Sanscrit/Sanskrit, 梵語)로 새겨진 "This relic deposit of the Lord Buddha is the share of this renowned Sakya brethren, his own sister's children and his own son(이 골호에 샤카 족의 일원인 붓다의 사리/재가 담기다)", 사암제 석관, 산치대탑과 사암제 石柱의 건조 등이 같은 시기에 만들어졌다고 생각되기 때문이다. 서기 2006년 영국 Yorkshire, Harewood House에서 개최된 'Piprahwa Stupa and its inscription' 회의에서 이 골호와 석관이 진품으로 판정되었다. 그러나 서기 1956년을 佛紀 2500년으로 하고 부처님의 탄생은 기원전 623년 4월 8일, 입적은 기원전 544년 2월 15일이 된다는 네팔 세계 4차 불교대회의 공식 발표에 따른다면 이 무덤의 연대도 기원전 245년보다 좀 더 올라갈 수 있을 것으로 여겨진다.

19. 빔베트카의 바위그늘의 암벽화 유적(Rock Shelters of Bhimbetka: 문화, 2003):

마디야 프라데시의 중앙 인도 고원 빈디안 산록에 위하는 빔베크타 岩陰住居는 우거진 삼림 위에 삐죽이 나온 砂岩脈에 5개의 자연 岩陰이 형성되어 있는데 여기에는 후기구석기시대부터 역사시대에 이르는 岩畵(바위그림)가 그려져 있다. 유적 주위의 21개소의 마을은 암화에 그려진 모습과 같은 문화적 전통을 보여주고 있다. 이곳의 암화는 7기로 나눌 수 있다.

I기는 후기구석기시대(약 3만 년 전)로 초록과 검붉은 색으로 들소, 호랑이와 무소를 線으로 처리하였다.

II기는 중석기시대로 그림은 비교적 규모가 작으며 양식화된 선으로 처리되며 동물 이외에 사람과 사냥장면, 무기의 사용, 춤, 새, 악기, 어머니와 임신한 여인, 죽은 동물을 운반하는 사람, 술 마시는 장면 리듬에 맞추어 움직이는 埋葬 등이 그려져 있다.

III기는 金石竝用期로 이곳 암음 주거에 사는 사람들이 말라와

(Malawa) 고원의 농경집단과 만나 물물교환 하는 장면이 그려져 있다.

IV와 V기는 초기 역사시대로 도식적이고 장식적인 모습을 붉고, 하얗고, 노란색을 사용해 그렸다. 騎士, 종교적 상징, 튜닉과 같은 의복, 다른 시기의 문자들이 보이며 종교적 신앙은 나무의 신 약사와 주술적인 하늘의 전차로 표현된다.

VI과 VII기는 중세시대로 기하학적 선과 도식적인 형태가 많이 나타나나 예술적인 면에서는 퇴화하고 조잡해진다. 염료는 망간, 철과 목탄이다.

20. 샴파너-파바가드 고고유적 공원(Champaner-Pavagadh Archaeological Park: 문화, 2004):

판치마할 구자라트에 있는 샴파너-파바가드 고고유적 공원에는 金石竝用期시대, 초기 힌두교의 수도가 있는 언덕의 요새, 서기 16세기 구자라트 수도의 흔적들이 남아있지만 아직 발굴이 되지 않은 고고학적 유적이며 역사적, 민속학적 문화전통이 살아 숨쉬는 서기 8세기부터 서기 14세기까지의 유적들이 보존되어 있다. 이곳에는 궁전, 요새, 5개의 모스크인 종교적 건물, 주거지역, 농경건물, 수로설비시설 등이 100여 군데 남아 있다. 해발 800m의 파바가드(Pavagadh) 언덕 위의 요새는 솔란키(Solanki) 왕들과 키치 카우한스(Khichi Chauhans)의 지배하에 있었고 구자라트의 술탄은 서기 1484년 20개월의 포위 끝에 이곳에 입성하여 23년간의 재건과 샴파너 도시의 내실을 기하는데 보냈다. 그는 샴파너를 무하마바바드(Muhammadabad)로 이름을 바꾸고 아메다바드(Ahmedabad)에서 수도를 이곳으로 옮겼다. 이 도시는 서기 1535년 무갈 제국의 2대왕 후마윤에게 최후로 굴복하고 그 후로 재건이 더 이상 이루어지지 않았다. 이곳은 무갈 제국 이전 힌두에서 무스림으로 이행해가는 과도기적인 도시이다. 이 곳에서 중요한 유적은 술탄 베가다(Begada)에 의해 지어진 쟈마 마스 디드(Jama Masjid)로 높은 석제 대좌 위에 세워지고, 가운데 돔을 갖고 30m 높이의 두 개의 尖塔, 172개의 기둥, 7개의 메카의 카바가 있는 곳을 가리키는 壁龕인 mihrab, 상인방을 정교하게 조각한 문이 있다. 칼리카마타(Kalikamata) 신전은 지금도 순례자들에게 중요한 곳이다.

21. 빅토리아 역(Chhatrapati Shivaji Station, formerly Victoria Ter-minus: 문화, 2004):

인도 제 2의 도시인 봄베이(현 뭄바이)의 영국 빅토리아 여왕의 이 름을 딴 옛 빅토리아 철도역으로 알려진 챠트라바티 시바지(Chhatra-pati Shivaji Station) 역은 영국 건축가 프레데릭 윌리암 스티븐(Frederick William Steven)이 서기 1878년부터 10년간 이탈리아 중세시대 건물을 모델로 건설한 신 고딕 양식(Victorian Gothic style)의 건물로 시공을 맡 은 인도기술자들의 도움으로 돔, 작은 탑, 인도신화를 조각한 벽과 常道를 벗어난 평면설계 등의 인도 특유의 양식이 가미된 특이한 건 물로 평가받고 있다. 그러나 내부는 통풍시설이 잘되고 조명이 어둡 지 않다. 현재에도 이 역은 인도 전역으로 始發, 終着과 환승을 겸한 중요한 교통 중심지이다.

22. 붉은 요새 복합건물단지(Red Fort Complex: 문화, 2007):

뉴델리에 위치한 붉은 요새 복합건물단지는 무갈 제국 5대왕인 샤 자한(서기 1628년-서기 1658년)에 의해 서기 1638년-서기 1648년 붉은 砂岩으로 이스람 샤 수리(Islam Shah Suri)가 서기 1546년 세운 옛 요새 옆에 새로이 세워진 요새이며 그 이름도 벽에 사용한 붉은 사암으로 인해 생겼다. 개개인이 사는 궁전들은 계속 흐르는 Nahr-i-Behist(천국의 개울)水路와 연결되어 있다. 淨化施設과 궁전의 설계는 이스람 건축술의 바탕 위에 티무르, 힌두의 전통도 융합시켰다. 정원 설계와 건축 양식은 라쟈스탄, 델리, 아그라와 다른 지역에도 영향을 주었다. 이 요새는 강 옆 33m 시내 쪽으로 떨어진 샤 자한 바드의 동쪽 끝에 서 있으며 성벽의 둘레는 2.5km, 성벽 높이 16m이다.

23. 자이푸르의 쟌타르 만타르 천문관측소(The Jantar Mantar, Jaipur: 문화, 2010):

인도 서부 중앙의 자이푸르에 있는 마법의 장치라는 의미의 잔타르 만타르는 마하라자 자이 싱(Maharajah Jai Sawai Singh) II세가 서기 1727년-서기 1734년에 만든 인도의 천문관측소이다. 이와 유하한 것은 델리, 우자인, 바라나시와 아후라에도 있으나 자이푸르의 것이 가장 크다. 시간과 일식 등을 관측하기위해 돌과 대리석으로 기하학적 형태로 만들어진 관측소들은 전 세계의 건축가, 예술가와 미술사가 들의 주목을 받고 있다.

24. 여섯 곳의 라쟈스탄 요새(Six Rajasthan hill fort: 문화, 2013):

라쟈스탄 아라발리스(Aravallis) 산맥에 위치하는 여섯 곳의 요새유적들은 다음과 같다.

1. Chittaurgarh의 I Chittaurgarh 요새
2. Rajsamand의 Kumbhalgarh 요새
3. Sawai Madhopr의 Ranthambhore 요새
4. Jaisalmer의 Jaisalmer 요새
5. Jaipur의 Amber 요새

6. Jhalawar의 Gagron 요새(서기 7세기-서기 8세기경):

이들 여섯 곳의 요새들은 인도 북부를 지배하던 힌두(Hindu) 전사계급들의 후손임을 자처하고 라쟈스탄(Rajasthan)과 수라쉬트라(Surashtra) 왕국들을 세운 라지푸트(Rajput)의 방어적인 군사요새 건축물을 대표하는데, 건축물들은 궁정문화와 예술과 음악의 후원자로서 또 상업적인 면모를 잘 반영하고 있다. 남아있는 요새 구조물들은 서기 8세기-서기 19세기에 만들어졌는데, 이들은 높이 세워진 요새, 궁전, 사원, 기념물과 貯水曹에 다가가기 위해 통과해야 할 여러 문을 거쳐야 한다. 각기 둘레 약 20km의 넓이 차지하고 있는 요새들은 구릉의 등고선, 가그론(Gagron)의 강, 란탐보래(Ranthambhore)의 삼림과 자이살머(Jaisalmer)의 사막도 적절히 이용하여 만들어졌다. 치타우르그라(Chittaurgarh)와 란탐보래(Ranthambhore, 서기 944년 초축) 요새에서는 서기 5세기경까지 올라가는 유물들도 발견되며, 또 전설에 의하면 쿰발가르(Kumbhalgarh) 요새는 기원전 2세기경 마우리야(Maurya) 왕조의 자인(Jain) 태자가 지었다고도 한다.

25. 라니키 바브/왕비의 우물(Rani-ki-Vav/The Queen's Stepwell at Patan, Gujarat: 문화, 2014):

라니키 바브는 구자라트 주 파탄지구 서북쪽 2km 떨어져 있는 사라와티(Saraswati) 강둑에 왕을 추모하기 위해 서기 11세기-서기 12세기에 세워지고 계단을 차례대로 타고 내려가 지하 水槽(물 저장고, 물탱크)의 수면에 도달할 수 있는 가장 웅장하고 인도의 특색을 가진 연못(stepwell)으로, 東向이다. 기둥이 규칙적 간격으로 서있는 격실을 가진 수층의 누각건물을 복도(回廊)를 타고 내려가는 특이한 건물이다. 아래로 내려가는 마루(臺)를 분할하는 4채의 누각들은 각기 2, 4,

6과 7층이다. 계단 옆벽과 400여개의 龕室에는 모두 500여개 이상의 중요한 彫刻像이 전시되어있는데 그 주제는 종교, 신화, 문학작품의 묘사와 같은 세속적인 상 등이다. 이런 우물들은 인도에서 기원전 2000년 이래 만들어져 왔는데 시간이 지남에 따라 모래구덩이를 파서 만든 단순한 물 저장고에서 라니키 바브와 같이 정교하고 복잡한 기술을 보여주는 아름다운 여러 층의 누각건물을 가진 정교한 水槽에 이르기 까지 진화해왔는데 이는 마루-구르자라(Maru-Gurjara)의 건축양식이다. 물의 신성함을 부각시키는 하향식 사원으로 설계되어 각층 예술작품으로 조각해 넣은 7층의 계단으로 이루어져 있다. 제 4층은 천장이 가장 높으며 9.5m×9.4m 깊이 23m의 장방형의 수조에 다가 갈수 있도록 하였다. 우물은 이 건물의 서쪽 끝에 위치하는데 직경 10m, 깊이 30m의 竪坑을 이루고 있다.

26. 나란다의 불교수도원 유적(Excavated remains of Nalanda Mahavi-hara: 문화, 2016):

나란다는 서적이 많이 보관된 근대 대학에 해당되는 고대 국제 교육문화 중심지였다. "Sri-Nalandamahavihariy-Arya-Bhikshu-Sanghasya" 라는 글이 새겨진 인장에 의해 나란다는 위대한 불교수도원(Nalanda Mahavihara, Buddhist monastery)이였다. 나란다는 고대역사를 지니고 있는데 인도 자이나교 창시자이며 '위대한 영웅'이란 뜻의 마하비라(Mahavira, Mahāvīra, Vardhamāna, 기원전 599년 인도 비하르/Bihar에서 태어나 기원전 527년 72세에 돌아감)나 기원전 7세기-기원전 6세기의 석가모니(붓다, Buddha)의 시기까지 거슬러 올라간다. 그러나 현재 석가모니의 탄생과 입적에 대한 공식적인 연대는 서기 1956년 네팔 카트만두에서 열린 세계 4차 불교대회에서 서기 1956년을 佛紀 2500

년으로 공식 인정함에 따라 석가모니가 기원전 544년 2월 15일 80세로 입적(입멸)한 것으로 인정하여 기원전 623년 4월 8일 탄생하고 기원전 544년 2월 15일 입적한 것으로 본다. 그래서 서기 2021년은 佛紀 2565년이 된다.

貝葉經(palm-leaf manuscripts)에 쓰인 상좌부의 팔리어 대장경(Pāli Buddhist literature, Pāli Canon, the, the scriptures of Theravada school)에서 석가모니가 여행 중 이곳에 가끔 나란다에 머물렀다는 언급이 많다. 이곳은 석가의 십대제자의 한 사람인 舍利佛(Sariputra)이 태어나고 입적한 곳이기도 하다.

이곳은 서기 5세기에 불교 국제대학(교육원, monastic-cum-educational institution)으로 중국에서 玄奘(玄奘三藏, 三藏法師, 서기 602년~서기 664년)과 義淨(三藏法師義淨, 서기 635년-서기 713년) 등이 이곳에 유학 온 것을 필두로 두드러지게 발전한다. 綺羅星같은 先覺者들에는 龍樹(서기 150년?-서기 250년?, 中觀/Madhyamaka을 주창한 인도의 불교 승려, 나가르주나, Nagarjuna)와 용수의 제자인 아리야데바(또는 제바, 서기 3세기경의 인도의 승려, Aryadeva), 바수반두(서기 316년-서기 396년경의 인도의 불교 사상가 Vasubandhu), 다르마(Dharma,Dharmapala, 법/달마 또는 율법의 보호자의 수호자), 비슈누(Vishnu, Suvishnu) 아상가(Asanga 또는 무착, 서기 300년-서기 3709년, 인도 대승 불교사상가), 戒賢(Silabhadra, Śilabhadra, 서기 529년-서기 645년), 리틀이(Dharmakirti, 서기 600년-서기 660년경), 윌리(Śāntarakṣita, Wylie, 서기 725년-서기 788년)가 포함된다. 역사적으로 유명한 사람은 비슈누(Suvishnu)로 그는 서기 2세기경 小乘佛敎(Hīnayāna)와 大乘佛敎(Mahâyâna)를 보호하기 위해 나란다에 108개의 사원을 세웠다.

이곳에서 고대 인도어와 문법(sabda-vidyâ), 논리학(hetu-vidyâ), 천문학, 형이상학, 의학(chikitsâ-vidyâ)과 철학을 가르쳤다. 그리고 순례자들은 이곳에서 문학 활동도 활발했다고 기술한다. 그래서 나란다는 불교이론 연구와 교육활동의 중심지로 동방지역에서 명성을 얻고 있었다. 이는 현장법사가 이곳을 떠난 30년이라는 짧은 기간에 11명의 중국과 한국 승려들이 이곳을 방문했다는 사실로도 입증된다. 나란다에서 승려들의 생활은 전 세계 불교도의 범본이 된 것으로 여겨진다. 명성은 수세기동안 지속되었다. 이것은 나란다의 구체적 역사는 대승불교의 역사라는 사실에 기인된다. 이 기관은 마을에서 걷은 普施와 당시 지배자들의 獻金에 의해 유지된 것은 기록에 잘 나타나 있다. 특히 王家에서의 기부금은 나란다의 번영과 능율에 대한 중요한 열쇠였다.

나란다는 인도 고고학 발굴팀이 서기 1915년-서기 1937년, 서기 1974년과 서기 1982년의 조사에 의해 밝혀진 유적으로 이 도시는 16km²의 넓이로 그 중 1km²가 발굴되었다. 여기에서 6곳의 벽돌로 지어진 사원과 11곳의 수도원이 체계적인 설계에서 지어졌음이 밝혀졌다. 중앙에는 30m 폭의 중심축이 남-북으로 지나며 서쪽에는 사원, 동쪽에는 수도원이 지어졌다. 수도원안의 방들은 규묘나 배열이 같다. 가장 당당한 구조는 남쪽 끝에 있는 사원 No.3으로 7층단 위에 지어졌다. 이것은 중앙의 신전과 네 귀퉁이의 종속적인 구조물을 배치하는 판차란타(pancharatna)의 개념을 따랐다. 이 유적에서 발굴된 유물들은 돌, 청동, 치장벽토(stucco)로 만들어진 彫刻像인데 觀音菩薩(Avalokitesvara), 文殊菩薩(Manjusri), 多羅(Tara), 般若波羅蜜多(Prajnaparamita), 摩利支天菩萨(Marichi), 多聞天王(Jambhala) 등이 보인다. 다른 중요한 유물들은 壁畵, 銅版, 석제와 벽돌에 새긴 銘文, 印章, 裝飾板, 동전, 테라코타, 토기 등이다. 이 유물들은 근처 박물관에 전시되어 있다.

27. 르 코르뷔지에의 건축활동. 현대화에 뛰어난 공헌(The Architectural Work of Le Corbusier, an Outstanding Contribution to the Modern Movement 문화, 2016)

→ 스위스 8항을 참조할 것.

28. 캉첸드종가 국립공원(Khangchendzonga National Park: 복합, 2016):

'신의 집'이라는 의미의 캉첸드종가(High Altitude) 국립공원은 서기 1977년 8월 850km²의 넓이로 시작했다가 서기 1997년 5월 1,784km²로 확대 지정되었는데 북쪽으로 로나크 계곡(Lhonak Valley)과 라첸 산맥(ridges of Lachen)의 추운사막지대에서부터 육솜(Yuksom) 역사지구까지, 그리고 서쪽으로 네팔(Nepal, 尼泊尔联邦民主共和国)과 중국(China, 中华人民共和国)의 경계에 접하고 있다. 그리고 인도의 서벵골(Bengal)주 북부에 있는 시킴(Sikkim)의 25.14%(¼)의 넓이를 차지한다. 시킴주는 영국의 보호령을 거쳐 서기 1950년 인도의 보호국이 되었으며 서기 1975년 4월 14일 실시된 합병안 투표 결과 서기 1975년 5월 인도의 22번째 주로 합병되었으며 현재의 위치는 히말라야 산맥 및 그 산록으로 기후는 고도에 따라 한대성에서 열대성까지의 다양한 분포를 보인다. 이 시킴 주에는 시킴의 토착민들인 렙챠(Lepcha, Róng/Rongpa people), 부티아스(Bhutias)와 수자가 압도적으로 많은 이질적인 인도의 고르카(Gorkhas)족도 살고 있는데 이 공원 내에는 소수의 렙챠족만 거주하고 있다. 렙챠 족은 롱쿱(Róngkup)이라고도 불리 우는데 '신이 사랑하는 아이들(Mútuncí Róngkup Rumkup)'이라는 의미를 지니고 있는데 이들은 330,000 and 50,000명 사이로 대다수는 부탄(不丹)왕국의 서부와 서남부, 티베트(西藏), 다르질링(Darjeeling, 네팔의 동쪽, 서 벵골 주의 북부에 위치), 네팔 동부 메치(Mechi)과 벵골 서부 지역에 살 고 있다.

공원은 조용한 산맥위에 솟아있는 세계 最高峰지역으로 거친 야생 의 경관을 보인다. 해발 8,586m의 캉첸드종가 산은 여러 봉우리로 부 터 흘러내린 300m폭, 26km 길이의 크고 두려울 정도의 사나운 제무 빙하(Zemu Glacie)를 가진 독립된 산이다. 여기에는 17개의 높은 고원 지대에 형성된 湖水와 19개의 산과 봉우리가 屹立해 있다. 5개의 寶 庫를 구성하는 '신의 집' 캉첸드종가 산은 5개의 봉우리와 시킴의 보 호신을 의미한다. 이 산은 나르싱 산(Narsing, 5,825m), 판딤 산(Padim, 6,691m), 트윈 산(Twins, 7,350m)의 남쪽 카부르 산(Kabru), 네팔 봉[Nepal Peak(Mount Everest), 8,848m], 북쪽의 텐트 봉(Tent Peak, 7,365m), 남쪽의 심보 산(Simvo, 6,811m)와 동쪽의 시니올추 산(Siniolchu, 6,886mts)에 둘러 싸여 있다. 이 산과 봉우리들은 부분적으로 이 공원에 자리하고 있다.

캉첸드종가 국립공원에는 旧北极과 동양지역에 유산한 동·식물 요소와 히말라야 산에 특유한 種들도 있다. 식물류로는 Cordyceps sinensis(버섯 종류로서 의약품), Schizandra grandiflora(a primitive climber, 攀 緣식물), Helwingia himalaica, Smilax rigida, Euonymons spp. Paphiope- dilum faireanum, Aconitum ferox 등이며, 동물류로는 히말라야에 고 유한 Red Panda(Ailurus fulgens fulgens, State Animal), Snow Leopard(Uncia uncia), Great Tibetan Sheep(Ovis ammon hodgsoni), Bharal(Pseudois nayuar), Musk deer(Moschus chrysogaster)이며, Black-necked crane(철새), Grus nigri- collis, Grey Peacock Pheasant(Polyplectron bicalcaratum), Himalayan Monal Pheasant(Lophophorus impejanus), Blood Pheasant(Ithaginis cruentus), Satyr Tragopan(Tragopan Satyra), Tibetan Snow Cock(Tetraogallus tibetanus), Himalayan Snow Cock(Tetraogallus himalayensis)은 이 공원에 특유한 새들이다.

29. 아마다바드 역사도시 또는 구 아마다바드(Historic City of Ahmad-abad/Old Ahmadabad: 문화, 2017):

Ahmedabad 또는 Amdavad로 알려진 아마다바드는 인도 서부 구자라트(Gujarat) 주의 이전 최대의 州都로 인구는 현재 351만 5,361명으로 사바르마티 강(Sabarmati River) 연변에 위치한다. 이곳에는 서기 11세기 이후 아샤발(Ashaval, Ashapalli)로 알려졌을 때부터 사람이 살기 시작하였으며 안힐와라(Anhilwara, modern Patan)의 지배자인 차우루캬(Chaulukya)인 카마(Karna)가 아샤발(Ashaval)의 빌(Bhil)왕에 전쟁을 걸어 승리하고 사바르마티 강변에 카마바티(Karnavati)라는 도시를 세웠다. 소란키(Solanki, 인도 라지푸트/Rajputs와 관련된 부족의 이름이나 샤하리아스/Saharias와 같은 非 라지푸트 집단도 이 명칭을 사용함)의 지배는 구자라트가 돌카의 바겔라 제국(Vaghela dynasty of Dholka)의 지배하에 들어간 서기 13세기 까지 지속하였으나 구자라트는 서기 14세기에 지방의 토호인 쟈파르 칸 무자파(Zafar Khan Muzaffar)가 중앙정권의 델리 술탄(Delhi Sultanated)의 지배를 벗어나 독립하고 스스로 구자라트의 술탄(Sultan of Gujarat)인 무자파 샤(Muzaffar Shah) I세를 자처하며 무자파 제국(Muzaffarid dynasty)을 세웠다. 서기 1411년 그의 손자인 술탄 아메드 샤(Sultan Ahmed Shah)의 통치 시 그는 사바르마티 강변은 새로운 도시의 숲으로 만들고 카르나바티(Karnavati) 근처에 새로운 성벽을 쌓고 아메드(Ahmed)의 4聖者의 이름을 따아마다바드(Ahmedabad)라 이름 지었다. 다른 자료에 의하면 그는 그 자신의 이름 따서 지었다고도 한다. 아메드 샤(Ahmed Shah) I세는 서기 1411년 2월 26일 목요일(Dhu al-Qi'dah, Hijri year 813년의 둘째 날) 오후 1시 20분 마네크 부르지(Manek Burj)에 나라를 세워 서기 1411년 3월 4일 신도시를 만들었다, 시내에는 바드라 성채(the Bhadra citadel), 포트 시티(the Fort city)의 성문과 성벽, 자마마스지드 이슬람교 대사원(Jama Masjid mosque, 서기 1656년)과 그 옆의 아마드샤의 묘(Badshah no Hajiro 혹은 Raja no Hajiro로 알려진 Ahmed Shah's Tomb으로 중세 왕들의 무덤이다), 힌두(Hindu)와 자이나교(Jain, Jaininsm)의 사원 등이 남아 있다. 도시는 문으로 막히고 새들에게 모이를 주는 새장과 같은 조류 급식 장치(bird feeders)와 같은 특징 있는 모습을 보여주는 전통적인 거리(puras)와 밀집된 전통적인 집(pols), 공공우물과 종교적 시설들이 갖추어져 있다. 이 도시는 현재까지 약 600년간 구자라트 주의 주도로 번성해 왔다.

30. 뭄바이 시의 빅토리아 여왕시대의 고딕 양식과 아르 데코 양식의 조화(Victorian Gothic and Art Deco Ensemble of Mumbai: 문화, 2018):

세계 무역의 중심지가 된 뭄바이(Mumbai)시는 서기 19세기 후반 야심찬 도시계획이 이루어졌다. 여기에는 뭄바이 남쪽에 위치한 평면 타원형의 공원인 오발 메단(Oval Maidan)공원에 접한 空地에 공공건물을 배치하여 ① 빅토리아 여왕(1819년 5월 24일-1901년 1월 22일) 시대의 신 고딕양식(the Victorian Neo-Gothic style)과 ② 제1차 세계대전 이후 프랑스에서 출현해 제2차 세계대전 종전까지 서기 1930년대부터 서기 1940년대에 걸쳐 세계 디자인계에 영향을 준 시각예술·디자인 양식으로 기존의 전통적 수공예양식과 기계시대의 대량생산방식을 절충하고 있는 아르 데코(Art Deco)양식을 함께 채용하여 인도 뭄바이 시에서 짓는 새로운 건축물의 발코니와 베란다에 자연환경에 어울리는 인도풍의 양식을 가미하였다. 그래서 극장과 주거 건물을 포함하는 아르 데코 양식의 건축물은 인도-데코(Indo-Deco)라고 표현할 수 있는 인도풍의 독특한 양식이 만들어지게 되었다. 이 두 가지 양식의 채용과 조화는 뭄바이 시가 서기 19세기와 20세기를 거치면서 겪은 근대화의 증거가 된다.

31. 라쟈스탄 자이푸르 시, Jaipur City, Rajasthan: 문화, 2019):

인도의 북서쪽 라자스탄 주의 자이푸르의 요새화한 도시는 제 이 싱 Ⅱ세(Sawai Jai Singh Ⅱ, 서기1688년 11월 3일-서기 1743년 9월 21일, Amber 왕국의 힌두 라지푸트 지배자/the Hindu Rajput ruler of the kingdom of Amber, 서기 1699년-서기 1743년 통치)가 앰버에서 자이푸르로 수도를 옮기면서 세워졌다. 고원 위에 세워진 다른 도시들과는 달리 자이푸르는 평지에 건립되었으며 베다 건축(Vedic architecture, Vastupurusa 혹은 "the spirit of the site")의 경전에 해석된 방격형 도시계획(grid plan)으로 설계 하였다. 길은 중앙에서 十字로 교차하면서 길가에는 연속적인 柱廊을 형성하고 차우파스(chaupars, Square)라 불리 우는 규모가 큰 방형의 광장을 형성한다. 시장, 매점, 주거지와 사원들은 모두 중심 도로를 따라 세워졌으며 정면의 모습이 일정하다. 도시 계획은 고대 힌두, 근대 무갈[(Mughal, 모굴/무갈 제국, 서기 1526년-서기 1707년 6대 아우랑제보 왕 때 이미 망하나 서기 1857년 영국군에 의해 합병될 때까지 티푸 왕국(서기 1799년-서기 1858년) 술탄 세링가의 파탐 전투 등의 저항으로 명맥을 유지함] 제국뿐만 아니라 서구로 부터도 영향을 받고 있다. 방격법 도시계획은 서구에서 유행하는 모델이지만 도시 내 다른 지역에서는 전통적인 힌두문화를 따라 형성되고 있다. 이 도시는 처음부터 상업도시로 설계되어져 상업과 匠人과의 협동적인 전통이 오늘날까지 이어져 내려오고 있다.

인도네시아 INDONESIA

1. 보로부두르 불교사원(Borobudur Temple Compounds: 문화, 1991):

'붉은 불'이라는 의미의 메라피(Merapi) 산을 굽어보는 사이렌드라(Sailendra) 왕조의 전성기(서기 760년-서기 830년)인 서기 800년경의 불교사원으로 쟈바 섬 중앙에 위치한다. 이 사원은 서기 1814년 당시 영국인 총독 라플레즈/Sir Thomas Stampord Raffles(1817, the History of Java, Oxford Univ. Press)에 의해 처음 발견되었으며 그 후 서기 1885년에 이제까지 확인이 안된 기단의 뒷면 부조도 새로이 발견되었다. 석조 사원은 전체 세 단으로 이루어졌으며 위에서 보면 전체 평면도는 방형 안에 원형을 배열한 佛界를 상징하는 曼茶羅/曼陀羅(輪圓具足, mandala)의 형태를 띠고 있다. 피라미드의 형태를 띤 118m² 基壇 위에 동심원모양의 기단을 올려놓은 5개의 方壇이 있다. 즉 身部를 형성하는 원추형의 몸통에는 각각 세 개의圓形臺座가 있으며 그 대좌 위에 鐘形佛塔(stupa)이 세워져 있다. 2,500m²의 하층 기단의 벽과 난간에는 낮은 浮彫로 장식되어 있다. 원형의 대좌에는 4열의 마름모형의 透孔이 72개가 있는 鐘形佛塔이 있으며 그 각각의 안에는 佛坐像이 모셔져 있다. 다시 말해 이 사원은 6개의 방형대좌, 그 위에 3개의 원형 대좌, 2,672개의 부조 벽과 504구의 불상으로 이루어져 있다. 그리고 가장 중앙에는 높이 10m의 鐘形佛塔이 있다. 이 사원은 서기 1970년대 유네스코에 의해 복원되었다. 벽과 난간의 부조에는 석가모니불의 일대기가 표현되어 있으며 상층에는 석가모니불이 解脫의 경지에 이르는 과정과 불교의 宇宙觀을 보여준다. 석가모니(世尊)는 기원전 623년 4월 8일 오늘날 네팔의 룸비니 동산에서 탄생, 生老病死의 고통에서 벗어나기 위해 카비라 성으로부터의 出

家, 붓다가야/보드가야(佛陀伽耶) 前正覺山 보리수나무 밑에서 成道, 사르나트(鹿野園)의 初轉法輪을 거쳐 쿠쉬나가르(雙林涅槃)에서 기원전 544년 2월 15일 80세로 入滅하였다.

그리고 이곳 벽면에 남아있는 帆船의 부조는 서기 8세기-서기 9세기 동남아해상무역을 무역과 배의 구조를 밝히는데 중요한 단서를 제공해준다. 서기 1998년-서기 1999년 인도네시아 수마트라와 보르네오 사이 벨리퉁(Belitung) 섬 앞바다에서 발견된 인도와 아랍의 난파된 배에 실었던 당시 중국 당나라(서기 618년-서기 907년) 때 湖南省 長沙의 화물들이 이러한 해상 무역을 입증해주고 있다. 이는 후일 중국 明나라의 宦官 鄭和(云南省 昆陽人, 서기 1371년/1375년-서기 1433년/1435년)에 의해 서기 1403년 南京 龍조선소에서 제작된 300여 척의 배로 조직된 선단으로 서기 1405년-서기 1423년의 18년 동안 7차에 걸쳐 개척된 뱃길은 중국 江蘇省 蘇州劉家河 太倉市를 기점으로 쟈바, 말라카(Malacca, 말레시아), 베트남, 수마트라, 세이론, 인도의 말라바[캘리컷(Calicut), 페르시아 만의 Hormuz], 짐바브웨를 거쳐 오늘날의 아프리카와 紅海(Red Sea) 입구인 예멘의 아덴(Aden)과 케냐의 말린디(Malindi)까지 도달했던 것으로 알려진 것으로도 이해될 수 있다.

2. 프람바난 힌두 사원(Prambanan Temple Compounds: 문화, 1991):

쟈바 중앙 인도네시아에서 로로 조그랑(Loro Joggrang)이라 불리우는 시바 신을 모시는 최대의 사원으로 서기 10세기경에 건립되었다. 가운데가 우뚝 선 높고 뾰족한 높이 47m의 중앙탑을 중심으로 한 동심원의 평면 위에 시바, 비슈누와 브라마의 힌두교의 위대한 신들을 모시는 라마야나(Ramayana) 敍事詩를 浮彫로 장식한 세 개의 사원과 이 신들을 모시는 동물들을 위한 또 다른 세 개의 사원이 있다. 이 힌두 사원 옆에 불교사원인 칸디 세우(Candi Sewu)와 룸붕(Lumbung)도 세계문화유산으로 등록되어있다. 이곳은 힌두교와 불교사원이 공존하는 종교 복합단지이다.

3. 상기란 초기 인류 유적지(Sangiran Early Man Site: 문화, 1996):

쟈바 중앙 상기란 초기 인류 유적지 56km²는 인류의 발달사에서 중요한 곳이다. 직립원인(Home erectus)으로 분류된 자바인(Java Man)이 서기 1891년 네덜란드의 듀보아(Duboi)에 의해 트리닐(Trinil)에서 또 다른 화석은 상기란에서 독일의 G.H.R.von Königwald에 의해 발견되었다. 서기 1936년-서기 1941년 사이 Meganthropus palaeo, Pithecanthropus erectus/Homo erectus 등 이제까지 전 세계에서 알려진 hominid 인류화석 절반가량이 되는 모두 60여점이 이곳에서 발견되었다. 직립원인(쟈바 Trinil, 170만 년 전-25만 년 전)은 Homo antecessor(Gran Dollina, Atapuerca, 80만 년 전, 120만 년 전-80만 년 전 유럽 최초의 인류)에 앞서는데 이곳은 洪積世 중기에서 현재까지 직립원인(Homo erectus)과 현생인류(Homo sapiens)의 발달과정을 보여주는 중요한 유적이다.

4. 발리 섬의 문화경관(Cultural Landscape of Bali Province: the Subak System as a Manifestation of the Tri Hita Karana Philosophy: 문화, 2012):

발리 섬의 문화경관은 19,500ha를 점하는 5개소의 계단식 쌀 경작지(논)와 물 관리 하는 사원이 '트리 히타 카라나' 사상(the Tri Hita Karana Philosophy)의 반영인 '수박 제도(the Subak System)'가 가져온 문화접변의 결과이다. 사원들은 서기 9세기까지 거슬러 올라가는 '수박 제도'로 알려진 '운하와 댐(둑)의 물 관리를 협동적이고 체계적으로 하는 행위'의 중심지이다. 문화유산에 포함되는 것 중에는 이 섬에서 서기 18세기에 지어진 가장 규모가 크고 영향력이 있는 푸라 타만 아윤(Pura Taman Ayun) 왕실 사원도 있다. '수박제도'는 영혼, 인간 세계와 자연이 함께 한다는 '트리 히타 카르나'란 철학적인 사상을 반영한다. 이 사상은 과거 2,000년간 발리 섬과 인도와의 문화적 교류 결과로 생겨나 발리 섬 문화경관을 형성하였다. 민주적이고 평등한 농업행위는 발리 群島의 人口壓에도 불구하고 경작자로 하여금 풍족한 쌀 생산을 가져왔다.

5. 사와룬토 옴빌린 탄광 문화유산(Ombilin Coal Mining Heritage of Sawahlunto: 문화, 2019):

수마트라의 접근하기 힘든 지역에서 양질의 석탄을 채굴하고, 가공을 거쳐 수출하기 위해 만들어졌던 이 산업지구는 서기 19세기에서 20세기 초까지 네덜란드 식민지정부에 의해 만들어 졌으며 여기에 필요한 인력은 현지 주민이나 和蘭((Holanda)인이 지배하던 지역에서 차출하였다. 여기에는 광산, 회사와 마을, 엠마하벤(Emmahaven)의 석탄 저장소, 광산에서 해안가 산업시설에 이르는 철도망이 포함된다. 사와룬토 옴빌린 탄광 문화유산은 채광, 가공과 석탄의 선적과 운반을 용이하게 했던 당시의 통합된 체계를 보여준다.

일본(日本) JAPAN

1. 姫路城(Himeji-jo: 문화, 1993):

효고현[兵庫県] 姫路市 本町에 위치한 서기 1336년-서기 1346년 아카마쓰 사다노리(赤松貞範)에 처음 짓기 시작하여 서기 1600년-서기 1609년 도쿠가와 이에야스(德川家康)의 사위 이케다 데루마사(池田輝政)와 서기 1617년-서기 1618년에 도쿠가와 이에야스의 손녀 센히메(千姬)가 계속 확장하여 오늘날의 모습으로 완공을 본 사까이[酒井]의 거성(居城)으로 바후꾸[幕府, 서기 1185년-서기 1867년]시대에 속하며 白鷺城(はくろ성)으로도 불린다. 950m×1,600m, 420m²의 넓이에 83개의 殿閣이 있으며 그중 天守閣(높이 46.4m), 乾小天守, 西小天守, 東小天守, 渡櫓 등이 잘 알려져 있다.

2. 法隆寺의 불교기념물군(Buddhist Monuments in Horyu-ji Area: 문화, 1993):

서기 711년 중건된 五層木塔을 포함한 나라[奈良]시대 불교 유적·유물이다. 일본 고고학과 역사시대의 편년은 선토기시대(先土器時代: 약 40만 년 전-12,000년 전)→ 죠몽시대[繩文時代: 12000년 전-기원전 300년]→ 야요이시대[彌生時代: 기원전 300년-서기 300년]→ 고훈시대[古墳時代: 서기 300년-서기 600년경]→ 아스카시대[飛鳥時代: 서기 552년-서기 645년]-하꾸호시대[白鳳時代: 서기 645년-서기 710년]→ 나라시대[奈良時代: 서기 710년-서기 784년]→ 헤이안시대[平安時代: 784년-서기 857년]→ 후지와라시대[藤原時代, 또는 후기 헤이안시대: 서기 857년-서기 1185년]→ 바꾸후시대[幕府時代, 鎌倉-室町-德川(甲斐國/가이국의 武田信玄부터 시작하여 織田信長, 豊臣秀吉, 德川家康으로 이어짐): 서기 1185년-서기 1867년]→ 왕정복고시대(서기 1868년-현재, 明治-大正-昭和-平成-令和)의 순으로 이루어지고 있다. 현재의 천황은 기원전 660년-기원전 589년간 다스린 초대 神武 천황 이후 제 126대째가 된다. 호류사의 불교 기념물 군이 지어진 시기는 서기 538년 불교가 전래된 이래 서기 584년 새로운 불교중흥정책과 더불어 정치질서가 확립되고 율령정치가 시작되는 것으로 특징지어지기도 한다. 불교가 공인되는 과정에 소가우지[蘇我氏]가 권력을 잡았는데, 소가노 우마꼬[蘇我馬子]의 외손이며 사위인 쇼도쿠[聖德/厩戸/우마야도 노미꼬 皇子] 태자(서기 573년-서기 622년, 22대 用明/崇峻 천황의 맏아들로 서기 593년 황태자에 책봉됨)가 섭정하게 되면서 불교는 더욱 더 융성해졌을 뿐만 아니라 전체적인 질서의 확립에도 커다란 기여를 하였다. 이것은 삼국시대 중 특히 백제의 영향으로 이루어졌다. 그리고 이 시대를 수도인 아스카[飛鳥 또는 明日香]를 따라 아스카 문화라 한다. 아스카 기간 중에는 일본 최고의 사찰인 아스카지[飛鳥寺; 원래는 法興寺 서기 596년 완성]가 스순[崇峻] 천황대인 서기 588년부터 스이고[推古] 천황대인 서기 596년에 이르는 동안의 8년에 걸쳐 건립된 것으로부터 사천왕사(四天王寺), 藥師寺(서기 680년 창건), 호류지[法隆寺, 서기 601년-서기 607년 건)가 창건되는 등 사찰건립이 활발하였다. 오층목탑은 서기 607년 창건, 서기 670년 燒失, 서기 711년 再建되어 오늘에 이른다. 金堂의 벽화는 고구려 26대 瓔陽王 21년(서기 610년) 曇徵의 그림이 있었으나 서기 1949년 1월 내부의 불로 소실되었으나 서기 1989년 벽화의 덧그림 아래서 그의 그림인 觀音菩薩像이 다시 확인되었다.

3. 고대 京都의 역사기념물(Historic Monuments of Ancient Kyoto—Kyoto, Uji and Otsu Cities: 문화, 1994):

서기 784년-서기 857년에 건설된 일본 헤이안[平安] 왕조시대에서부터 德川家康(서기 1543년 1월31일-서기 1616년 6월1일, 江戸시대는 서기 1603년 3월 24일-서기 1867년 11월 9일, 264년 15대 將軍)의 江戸

(현 東京) 遷都 전의 후지와라시대[藤原時代, 또는 후기 헤이안 시대: 서기 857년-서기 1185년], 바꾸후시대(幕府時代, 鎌倉-室町-織田信長, 豊臣秀吉)까지의 수도인 京都로 京都, 宇治, 大津의 문화재를 포함한다. 서기 1944년 세계문화유산으로 등재된 궁전, 절과 신사는 다음과 같다. Kamigamo Shrine(上賀茂神社), Shimogamo Shrine(下鴨 神社), Kinkakuji Temple/Golden Pavilion(金閣寺), Ginkakuji Temple/Silver Pavilion(銀閣寺), Toji Temple(東寺), Kiyomizu Temple(淸水寺), Daigoji Temple(醍醐寺), Ninnaji Temple(仁和寺), Kozanji Temple(高山寺), Ryoanji Temple(龍安寺), Nishi-Hongwanji Temple(西本願寺), Nijo Castle(二條城), Byodoin Temple(平等院, 서기 1053년 鳳凰堂), Ujigami Shrine(宇治上神社), Hieizan Enryakuji Temple(延曆寺), Tenryuji(天龍寺), Kokedera/Moss Temple(苔寺)이다. 특히 서기 1339년 夢窓國師 때 만들어진 연못 주위를 돌며 감상할 수 있는 天龍寺 曹池(曹源池)廻游式庭園이 잘 알려져 있다. 그리고 니조성(元離宮二条城)은 江戸幕府의 창시자인 德川家康이 江戸시대(서기 1603년-서기 1867년)에 자신과 후계자를 위해 지은 京都의 거주지이다. 오늘날 니노마루(二の丸御殿)로 알려진 궁전은 서기 1603년에 완성되었고, 德川家康의 손자인 3대 이에미츠(德川家光)將軍이 완성했다. 도쿠가와 시대가 막을 내린 서기 1867년, 니조조는 시의 소유가 되어 일반에 공개되기 전에 天皇宮으로 잠시 쓰였다. 니조조는 입구인 唐門을 들어서면 궁내는 크게 세 부분으로 나눌 수 있는데, 本丸(혼마루, 건축물은 서기 18세기에 화재로 소실되었으며, 지금의 건물은 서기 1893년에 교토 고쇼(京都御所)에서 이곳으로 이전한 것이다.), 二の丸(니노마루), 그리고 그 鶴島, 亀島와 蓬萊山이 있는 蓬萊式 二の丸庭園(別名「八陣の庭」고보리 엔슈/小堀遠州의 代表作으로 연못 주위를 돌며 감상할 수 있는 桃山樣式의 池泉回遊式

庭園)이 유명하다. 성의 모든 지역과 혼마루 주변 전체는 거대한 돌
벽과 못으로 둘러싸여 있다. 그리고 徳川家光將軍이 서기 1606년
(慶長 11年)에 완성하였으나 서기 1750년(寛延 3年) 불타버리고 터만
남은 5층의 天守閣의 축대가 남아 있다. 国宝로는 二の丸御殿, 遠
侍 및 車寄, 式台, 大広間, 蘇鉄之間, 黒書院, 白書院(御座の間) 이
있다. 니조성은 徳川家康의 에도막부의 시작 때 궁전으로 사용되다가 서기
1634년(寛永 11年) 제 2대 將軍인 徳川秀忠[서기 1579년(天正 7年) 5월 2
일-서기 1632년(寛永 9年) 3月14日]의 死後, 제 3대 徳川家光[서기 1604
년(慶長 9年) 7월 17일-서기 1651년(慶安 4年) 4월 20일] 이후 약 230년간
을 버려둔 후 14대 이에모치[徳川家茂将軍, 서기 1846년(弘化 3年) 7월
17일-서기 1866년(慶応 2年) 8월 29일]가 서기 1862년에 다시 입성하여
재정비하였으나 5년 후인 서기 1867년 에도막부의 종말을 본 일본
역사의 산 증인이다.

4. 白川郷과 五箇山의 역사마을(Historic Villages of Shirakawago and Gokayama: 문화, 1995):

　岐阜県 히다 지방의 白川郷의 荻町(오기마찌) 富山県 五箇山의
相倉(아이노쿠라)과 菅沼(스가누마)의 歴史·民俗마을로 에도(江戸)시
대부터 시작된 뽕나무재배와 양잠업으로 살아가며 동서 장축의 合
掌造り(갓쇼즈꾸리) 지붕을 가진集落이다. 지붕 밑은 공간이 넓어 겨
울용품을 보존하기 용이하다. 이 지역들은 暴雪지역으로 도로정비
가 늦어져 이런 유형의 집들이 지금까지 보존될 수 있었다.

5. 廣島 평화기념관: 原爆 돔(Hiroshima Peace Memorial—Genbaku Dome: 문화, 1996):

서기 1945년 8월 6일 원자폭탄 투하로 폐허가 된 廣島県 廣島市 中區 大手洞(中島町)의 돔 건물이며 서기 1945년 8월 9일에는 長岐 에서 두 번째의 투하로 그해 8월 15일 일본은 항복하였다.

6. 嚴島 신사(Itsukushima Shinto Shrine: 문화, 1996):

本州 廣島県 嚴島(いつくじま じんじや 또는 宮島/みやじま) 神社 로 원래 서기 593년(推古 元年) 佐伯部(さえき べ)의 有力者였던 佐 伯鞍職(さえきくらもと)에 의해 現在의 場所에 創建되었다고 전해 진다. 현재의 신사는 서기 1168년에 건조되어 海拔 535m 弥山(みせ ん)을 主峰으로 하여 밀물 때 물위에 떠 있게 되어 일본 3대 絶景 중 의 으뜸으로 여겨질 정도로 바다와 주위의 건물들과 조화가 무척 신비롭다. 이 신사는 일본神道의 대표적인 聖所이다. 重要文化財 로 本社火焼前(ひたさき)으로부터 88間의 海面에 솟아 있으며 해 와 달이 양쪽에 새겨진 大鳥居[おおとりい, 木造로 높이 약 16.6m, 棟長 24.2m, 主柱 둘레 9.9m, 総重量 약 約 60t, 木部는 光明丹으로 칠해졌으며 現 在의 大鳥居는 明治 8年(서기 1875년)에 再建되었다]를 비롯하여 大鳥居 本殿[ほんでん, 国宝 平安時代, 現在의 本殿은 元亀 2年(서기 1571년) 毛 利元就에 의해 개축됨], 本殿平舞 台[ひらぶたい, 国宝 平安時代이나 安 元 2年(서기 1176년) 平氏一門가 신사에 참배 할 때 社殿의 前方에 仮廊을 設設한 記録이 남아있다], 平舞台高舞台[たかぶたい, 国宝 平安時代, 本 社祓殿前에 있으며 現在의 舞台는 天文 15年(서기 1546년) 棚守 房顕에 의 해 지어졌다], 高舞台能舞台[のうぶたい 重要文化財·江戸時代, 일본에서 唯一하게 바다에 떠 있는 能舞台로 嚴島에서의 演能은 永禄 11年(서기 1568 年) 観世太夫의 来演이 그 시작으로 본다], 能舞台反橋[そりばし 重要 文化財로 重要한 祭祀를 지낼 때 勅使가 이 다리를 건너 신사 안으로 들어

옴. 現在의 다리는 弘治 3年(서기 1557년) 毛利元就·隆元의 父子에 의해 재건됨] 등 国宝(6棟)「厳島神社 本社本殿, 幣殿, 拝殿」「厳島神社 本社祓殿」「厳島神社 摂社客(まろうど) 神社 本殿, 幣殿, 拝殿」「厳島神社 摂社客神社祓殿」「厳島神社 廻廊東廻廊」「厳島神社 廻廊西廻廊」과 重要文化財「厳島神社 朝座屋」「厳島神社 能舞台」「厳島神社 揚水橋」「厳島神社 長橋」「厳島神社 反橋」「厳島神社 大鳥居」「厳島神 社 摂社大国神社本殿」「厳島神社 摂社天神社本殿」「厳島神社 摂社大元神社本殿」「厳島神社 宝蔵」「厳島神社 五重塔」「厳島神社 多宝塔」「厳島神社 末社 荒胡子神社本殿」「厳島神社 末社豊国神社本殿(千畳閣)」 등이 남아있다.

7. 奈良 역사기념물(Historic Monuments of Ancient Nara: 문화, 1998):

서기 8세기 혼슈[本州]의 중심부인 奈良県은 서기 710년-서기 784년 나라[奈良]시대의 수도로서 法隆寺 오층목탑(서기 711년), 平城京의 平城宮, 飛鳥寺(원래는 法興寺 서기 596년 완성), 藥師寺(서기 680년 창건), 東大寺, 元興寺 極樂坊, 唐招提寺, 春日大社와 같은 寺院과 神社 등 많은 역사적 유물이 남아있다.

교토(京都) 법륭사 오층목탑
(서기 711년, 필자 촬영)

8. 日光 사당과 사원(Shrines and Temples of Nikko: 문화, 1999):

동경 근처 도치기(栃木)의 日光에 있는 東照宮으로 서기 1616년 2대 쇼군(將軍)인 德川秀忠이 江戸幕府를 세운 아버지 德川家康의 위패를 모신 신사이며 3대 德川家光이 오늘날의 규모로 확장하였다.

9. 首里城 유적 및 流球 왕국 유적(Gusuku Sites and Related Properties of the Kingdom of Ryukyu: 문화, 2000):

서기 1470년–서기 1879년 尙氏 王朝에 의해 세워진 오끼나와 流球 那霸의 首里城[구스코성]과 왕릉이다. 오끼나와에서 구스쿠시대의 성은 琉球왕국의 성립 이후 규모가 큰 성곽으로 발전하여 왕의 권위를 더해주게 된다. 이 왕조의 성립은 구스쿠 말기 통일왕조를 이룩한 제1 상씨 왕조(서기 1429년 尙巴志가 통일, 琉球王國의 성립)에 이어 서기 1470년 제2 상씨(尙氏)왕조가 흥하게 됨으로써 이다. 尙씨 왕조(서기 1470년–서기 1879년)의 19대 왕은 尙円–尙宣威–尙眞–尙淸–尙元–尙永–尙寧–尙豊–尙賢–尙質–尙貞–尙益–尙敬–尙穆–尙溫–尙成–尙灝–尙育–尙泰의 순으로 이루어진다. 서기 1476년 中山王 尙円(서기 1415년–서기 1476년)의 王陵이 만들어지고 서기 1546년 首里 구스쿠가 확장되고, 서기 1554년 나하(那霸) 항구의 방비를 위한 야라자모리[屋浪座森] 구스쿠와 三重 구스쿠가 새로이 만들어진다. 그러나 서기 1609년 島津의 류구인들에 의해 류구 왕국은 무력을 상실하게 된다. 서기 17세기 후반 사쓰마[薩摩]의 지배를 받다가 서기 1879년 메이지[明治]정부가 류구를 폐하고 오끼나와県으로 편입시킴에 따라, 오끼나와의 독자적인 역사는 끝나게 된다. 이 성들은 대부분 세계2차대전 중 파괴되어 서기 1970년 이후 복원한 것들이다. 서기 2019년 10월 31일(목) 대화재로 건물 6동전체가 소실되어 현재 복구를 강구 중이다.

10. 紀伊 산맥의 성소와 순례길(Sacred Sites and Pilgrimage Routes in

the Kii Mountain Range: 문화, 2004):

京都 남쪽 三重, 奈良와 和歌山 495.3ha 범위의 紀伊山의 高野山, 熊野三山, 參詣道를 포함하며, 그 안에 吉野山水分神社, 金峰神社金峰山寺, 吉水神社, 大峯山寺, 熊野本宮大社, 熊野速玉大社, 熊野那智大社, 青岸渡 寺, 那智瀧, 那智原始林, 補陀落山寺, 丹生都比賣神社, 金剛峯寺, 慈尊院, 丹生官省符神 社, 大峯奧駈道, 熊野參詣道, 高野山町石道의 영지(灵地)와 참배, 순례길이 포함된다.

11. 石見 은광 및 문화경관(Iwami Ginzan Silver Mine and its Cultural Landscape: 문화, 2007):

本州 島根県 大田市 石見銀山遺蹟. 서기 16세기-서기 20세기(德川家康의 江戸幕府. 서기 1603년-서기 1867년)경의 銀山柵内, 代官所跡, 矢滝城跡, 矢筈城跡大森銀山伝統的重要建造物群保存地区, 佐毘売山神社, 海道輸送街道와 도모가우라(鞆ヶ浦), 오키도마리(沖泊), 유노쓰(温泉津)의 銀 輸出 마을, 伝統的 重要建造物群 保存地区, 宮ノ前地区, 熊谷家住宅, 羅漢寺 五百羅漢, 佐毘売山神社의 대규모 銀鑛, 製錬所, 鎔鑛爐, 城, 神社 등이다. 이곳에서 나오는 銀은 중국과 한국에 수출되었다.

12. 平泉-사원, 정원, 佛教淨土를 대표하는 고고학적 유적(Hirazumi-Temples, Gardens, and Archaeological Sites Representing the Buddhist Pure Land: 문 화, 2011):

岩手県 西磐井君 平泉町는 사원, 정원, 불교와 金鶏山을 포함하는 다섯 유적으로 구성되어 있다. 이곳은 서기 11세기-서기 12세기

京都 平安(서기 784년-서기 857년)정부와 경쟁 관계였던 藤原정부(後期平安時代, 서기 857년-서기 1185년)의 행정중심지이기도 하였다. 이곳은 서기 8세기경 일본에 유행한 佛敎의 死後 極樂淨土 宇宙觀의 장소이기도 하다. 일본의 토착적인 自然崇拜·神道와 연관되어 나타난 淨土思想은 일본문화에 독특한 정원을 만들어내었다. 대표적인 유적으로 中尊寺 金色堂, 毛越寺와 觀自在王院의 淨土庭園, 無量光院, 達谷窟毘沙門堂, 高館義經堂, 柳之御所遺跡 등이 있다.

13. 富士山(Fujisan, sacred place and source of artistic inspiration: 문화, 2013):

후지산은 静岡県(富士宮市, 裾野市, 富士市, 御殿場市, 駿東郡 小山町)과 山梨県(富士吉田市, 南都留郡 鳴沢村) 남쪽으로 静岡県 駿河湾(Suruga Bay)에 걸쳐 있는 活火山으로 標高 3,776m, 외형은 圓錐形으로 경관이 매우 아름다워 일본을 대표하는 상징물이기도 하다. 日本의 三名山(三霊山), 日本百名山, 日本의 地質百選에 選定되어 있다. 또 서기 1936년(昭和 11年)에는 土箱根伊豆 国立公園에 指定되었다. 그후 서기 1952년(昭和 27年)에 特別名勝, 서기 2011년(平成 23年)에는 史跡으로 指定되었다. 후지산 산록에는 富士山本宮浅間大社, 浅間神社, 大石寺가 자리한다. 富士山에 관해서 가장 오래된 기록은 常陸国風土記에 있는 福慈岳이며, 또 不二山, 不尽山으로 表記하는 古文献도 있다. 후지(フジ)라고도 말하는 것은 산의 긴 斜面을 나타내는 大和時代의 富士山이란 말에서 유래한다. 富士山으로 확실히 表記된 것은 駿河国富士郡에 나타난다. 富士信仰을 形成하는 富士山의 神霊인 浅間大神과 고노하 나노사구야비메(コノハナノサクヤビメ, 日本神話에 등장하는 女神으로 木花咲耶姫 임)와 함

께 主祭神으로 모시는 浅間神社는 전국적으로 있으며, 浅間神社의 総本宮이 후지산 산록 富士宮市에 있는 富士山本宮浅間大社이다. 이 本宮과 富士산의 山頂의 奥宮에서는 富士山神에게 祭祀를 올린다. 미술에서 후지산은 凱風快晴 葛飾北斎富士 山絵画(기록만 남아 있는 平安時代의 그림), 聖徳太子絵伝[法隆寺献納物로 延久元年 서기 1069년), 현존하는 最古의 그림, 東京国立博物館 소장], 絹本着色富士曼荼羅図(伝 狩野元信, 室町時代), 百富士[江戸時代, 明和 4年(서기 1767년)], 50銭 政府紙幣 서기 1938년 発行) 등에서 보인다. 그리고 문학에서 후지산은 万葉集(서기 7世紀後半부터 서기 8世紀 後半경에 걸쳐 편집된 日本에서 現存하는 最古의 和歌集), 新古今和歌集(鎌倉時代初期, 後鳥羽上皇의 勅命에 의해 편집된 勅撰和歌集), 竹取物語(竹取翁의 物語, 日本最古의 物語), 源氏物語(日本女作家 紫式部의 長篇小説), 伊勢物語(平安時代初期에 만들어진 歌物語), 堤中納言物語(平安時代後期에 편집된 物語集) 등에서 나타난다. 후지산은 일본에서 35번째로 높고 또 활화산의 아름다움 외에도 오랜 역사동안 종교와 예술적인 측면에 신으로 또는 문학의 주제로서 일본인들의 존경과 사랑을 받아왔다.

14. 富岡製糸場과 絹産業遺産群(Tomioka Silk Mill and Related Industrial Heritage Sites, 2014: 문화):

富岡製糸場と絹産業遺産群(とみおかせいしじょうときぬさんぎょういさんぐん)은 群馬県 富岡市의 富岡製糸場 및 伊勢崎市、藤岡市、下仁田町의 2市 1町에 위치한다. 養蚕関連 文化財에 의해 構成된 世界文化遺産이다. 서기 2007년 1월에 소위 近代化遺産으로서 日本에서 최초로 지정되었다. 日本의 近代化에의 기여에만 그치지 않고 비단산업의 国際的技術交流 및 技術革新을 전하는 文化

遺産으로서 서기 2014년 6월에 등재되었다.

群馬県내의 여러 가지 養蚕業·製糸業의 関連遺産 그 위에 그것의 流通을 받쳐준 鉄道 등도 함께 選定되었다. 여기에는 官営模範工場으로서 開業하고 日本 製糸業의 発展에 큰 影響을 미친 富岡製糸場(富岡市)、「清涼育」으로 불리어진 養蚕技術으로 確立하고、養蚕農家의 様式에도 影響을 준 人物의 住宅인 田島弥平旧宅(伊勢崎市)、「清温育」으로 불리어진 養蚕技術을 確立하고、蚕業学校에 의해 知識과技術의 普及을 도모한 組織의 실상을 전하는 高山社跡(藤岡市)、冷涼한 環境에서의 蚕種貯蔵에 의해、봄뿐만 아닌 여름부터 가을에 걸쳐 養蚕을 可能하게하고 이어 生糸生産量의 増大에도 貢献한 荒船風穴(下仁田町)의 4건이 함께 포함되었다. 群馬県一帯는 옛날부터 養蚕業이 번영해 오고 있다. 沼田市에는 수령 1,500년이 된 일본 최대 '薄根(うすね)의 큰 뽕나무(山桑)'가 남아있다.

群馬県에 器械製糸의 官営模範工場을 짓겠다고 결정한 것은 서기 1870년이다. 富岡地方이 선택된 것은 周辺에 養蚕業이 번영해서 原料의 누에고치(繭)조달하는 것이 쉽고 건설에서는 元和年間(서기 1615년-서기 1624년)에 富岡를 개척했던 代官 中野七蔵(なかのななくら)가 代官屋 부지 予定地로서 확보되어있는 토지가 公有地(農地)로 남아있었기 때문이다. 프랑스인 폴 부류나(Paul Brunat, 서기 1840년 6월30일-서기 1908년 5월 7일)를 고용하여 프랑스의 製糸器械를 도입한 富岡製糸場은 서기 1872년에 완공되었고 그 해 조업을 시작하였다. 한편 群馬에서는 器械製糸는 널리 퍼져 나가지 못했는데 그 원인은 앉아 고치에서 실을 끌어 물레(糸枠)에 감는(「座繰り/ざぐり」) 전통적인 방법을 기초로 하는 製糸가 발달되어 있기 때문이다. 그러한 조합의 하나로 甘楽社가 있고 旧甘楽社小幡組倉庫는 組合製糸

의 保管庫로 사용된 창고이다.

富岡製糸場의 役割은 단순히 技術面의 貢献에 그치지 않고 近代的인 工場制度를 日本에 가져왔다. 富岡의 工女들의 待遇는 나쁘지 않았고 그들의 근무시간과 휴일 제도는 民間에 전파되는 가운데 労働의 監視와 管理가 強化되고 富岡製糸場 자체도 民間에게 팔아넘김으로서 労働이 強化되는 방향으로 변화되었다.

富岡製糸場(서기 1872년 조업을 시작해서 서기 1987년에 문을 닫음)과 관련되어 세계 문화유산에 함께 등재된 시설들은 '薄根의 큰 뽕나무(山桑)', 富沢家住宅(서기 1792년, 農家), 中之条町六合赤岩(전통가옥집단), 旧甘楽社小幡組倉庫(생사를 저장하는 창고), 碓氷峠鉄道施設(碓氷第三橋梁, 일명 안경다리, 영국 건축가 C.A.W. Pownall이 설계한 다리로 서기 1893년에 開通, 서기 1994년에 近代化遺産 中 最初의 重要文化財로 지정됨), 旧上野鉄道関連施設(서기 1897년 高崎과 下仁田을 연결해 開通되었으며 生糸, 繭, 蚕種을 실어 나르던 협궤철도, 現 上信電鉄)을 포함한다.

15. 明治日本의 産業革命遺産: 製鉄・鉄鋼'造船'石炭産業(Sites of Japan's Meiji Industrial Revolution: Iron and Steel, Shipbuilding and Coal Mining: 문화, 2015):

이 유적들은 서기 2014년 지정된 富岡製糸場과 絹産業遺産群(Tomioka Silk Mill and Related Industrial Heritage Sites)에 이은 幕府시대 말(薩摩、長州、佐賀藩)부터 明治시대까지 明治 日本의 産業革命遺産(福岡 등 8県)으로「軍艦島」로 알려진 端島(はしま) 炭坑(長崎県 長崎市 高島町, 서기 1870년/明治 3年에 石炭採掘이 시작되어 서기 1974년/昭和 49年까지 계속됨)과 明治期의 生産施 設遺構와 서기 1897년/明治 30年부터 서기 1931년/昭和 6年에 걸쳐 사용되었으나 현재 매몰되어 남아

있는 유적, 三重津海軍所跡(佐賀県 佐賀市, 서기 1858년)과 橋野高炉跡(岩手県 釜石市), 三池炭鉱関連의 三池港(福岡県 大牟田市)·鉄道敷跡(福岡県 大牟田市·熊本県 荒尾市), 韮山反射炉(静岡県 伊豆의 国市) 등 23건의 施設이다. 나가사키에 三菱長崎造船所(長崎市) 등이 들어와 100년 이상 걸쳐 가동이 계속된 현재의 시설도 포함된 것도 세계문화유산으로 등재된 문화유산의 특징이다. 유네스코는 「九州·山口와 関連地域」이란 副題를 「製鉄·鉄鋼、造船、石炭産業」으로 変更하였다. 그리고 현재 老朽化가 진행되고 있는 軍艦島(端島)의 보존문제 대책은 서기 2018년 世界文化遺産委에 보고를 하기로 하였다.

등재된 유적들은 8곳의 23건(시설)으로 다음과 같다.

16. 르 코르뷔지에의 건축 활동. 현대화에 뛰어난 공헌(The Architectural Work of Le Corbusierr, an Outstanding Contribution to the Modern Movement 문화, 2016):

→ 스위스 8항을 참조할 것.

17. 九州 沖ノ島(おきのしま)와 宗像(むなかた)의 관련된 聖所유적(Sacred Island of Okinoshima and Associated Sites in the Munakata Region: 문화, 2017):

九州 서부 해안가에서 60km 떨어진 沖ノ島는 九州와 한반도의 玄海灘 사이의 망망대해에 위치한 神聖한 섬으로 전통적으로 禮拜를 위한 儀禮와 儀式이 끊이지 않고 있다. 이 섬에 남겨진 고고학 자료는 이곳이 당시 먼 航海를 위한 祭祀遺蹟으로 볼 수 있으며 서기 4세기부터 서기 9세기 까지 남겨진 유적들에서 儀式이 어떻게 행해졌고 변화해 왔는지를 고고학유물의 編 年으로 보여준다. 의식에서

신에 바치는 供物은 섬 안의 여러 곳에 놓여진다. 이 섬에서 야요이 시대[彌生時代: 기원전 300년-서기 300년]-고훈시대[古墳時代: 서기 300년-서기 600년경]-아스카시대[飛鳥時代: 서기 552년-645년]-하꾸호시대[白鳳時代: 서기 645년-서기 710년]-나라시대[奈良時代: 서기 710년-서기 784년]-헤이안시대[平安時代: 서기 784년-서기 857년]까지의 유물이 남아 있어 '바다의 正倉院(しょうそういん)'으로도 불리 운다. 발견된 유물들은 대부분 기술적으로 잘 만들어진 당시의 최고급품으로 해외에서도 가져온 것도 있다. 한국에서 가져온 金銅製龍頭는 경상북도 풍기와 강원도 양양 진전사지에서 출토한 것과 비슷하다. 이는 일본 群島, 한반도와 아시아 대륙 사이에 交易이 집중적으로 행해 왔음을 보여 준다. 도 갑옷을 모방한 滑石製 모형도 扶安 竹幕洞 水城堂에서 발견되었다. 이 섬에 대한 기록은 江戸시대부터 알려져 왔고 지역의 주민들도 이 섬을 信仰化하고 聖域化하였다. 그래서 宗像의 신전이 중심이 되는 沖ノ島는 지금까지도 신성시 되고 있다. 본격적으로 조사가 된 것은 서기 1953년도이며 이제까지 섬 내에서 23개소의 유적들이 발견·조사되었다. 그리고 沖ノ島와 관련되어 바닷길 항해의 편안을 위해 기도하는 제사 터는 한국의 韓國의 扶安 竹幕洞 水城堂(海神堂, 전라북도 유형문화재 58호, 서기 3세기 후반에서 서기 7세기 전반)과 濟州 龍潭洞(耽羅후기, 통일신라시대) 등지에서도 발견된다.

18. 長崎와 天草 지방에 숨겨진 예수 크리스토敎(天主敎, 가톨릭) 관련유적

(Hidden Christian Sites in the Nagasaki Region: 문화, 2018):

九州 서북에 위치한 長崎県内 전체와 熊本県 天草市 上天草市, 天草郡 苓北(れいほく)町内의 禁教時代에 숨아 지내던 예수 크리스

토 敎(천주교)의 역사에 관련된 敎会堂, 聖地, 集落, 城跡, 民俗行事, 芸能, 関連資料 또는 그것들을 전시하는 施設 등 関係市町이 登録한 資産을 말한다. 이들은 서기 16세기-서기 19세기의 예수 크리스토敎(천주교)가 들어오고 禁止, 迫害와 서기 1873년의 撤廢 등의 당시의 천주교 교회사를 반영한다.

構成遺産은 12곳으로 ① 原城址(はらじょうあと) ② 平戸島의 聖地와 集落(ひらどしまのせいちとしゅうらく)-春日集落과 安満岳(かすがしゅうらくとやすまんだけ) ③ 平戸島의 聖地와 集落(ひらどしまのせいちとしゅうらく)-中江의 島(なかえのしま) ④ 天草의 崎津集落(あまくさのさきつしゅうらく) ⑤ 外海의 出津集落(そとめのしつしゅうらく) ⑥ 外海의 大野集落(そとめのおおのしゅうらく) ⑦ 黒島의 集落(くろしまのしゅうらく) ⑧ 野崎島의 集落(のざきじまのしゅうらくあと) ⑨ 頭ヶ島의 集落(かしらがしまのしゅうらく) ⑩ 久賀島의 集落(ひさかじまのしゅうらく) ⑪ 奈留島의 江上集落(なるしまのえがみしゅうらく)-江上 天主堂과 그 周辺(えがみてんしゅどうとそのしゅうへん) ⑫ 大浦天主堂(おおうらてんしゅどう)이다.

長崎에서 예수 크리스토敎(천주교)의 전래와 禁教史는 아래와 같다.

1549년(天文 18年)

성 프란치스코 하비에르(Sanctus Franciscus Xaverius, 프란시스코 사비엘, 서기 1506년 4월 7일-서기 1552년 12월 3일)의 일행이 鹿児島에 上陸, 크리스토敎의 전래. 다음해 平戸(ひらど)에서 布教를 시작하다.

1563년(永禄 6年)

大村의 藩主였던 大村純忠이 洗礼를 받아 日本 최초의 「크리스탄大名」으로 되고 이웃 長崎 등을 예수회에 기부하여 크리스토敎 文化가 번영하였다.

1587년(天正 15年)

　　豊臣秀吉이「바테렌 追放令」: 天正 15年 음력 7월 24일 도요토미 히데요시에 의해 예수회 선교사의 추방령을 발하다.

1597년(慶長 元年)

　　宣教師랑 信徒 26人이 長崎의 西坂(にしざか)에서 処刑 당하다.

1614년(慶長 19年)

　　徳川幕府가「禁教令」을 전국에 발표하다.

1622년(元和 8年)

　　国外追放을 따르지 않고 潜伏한 宣教師와 宣教師를 감추어준 信徒 56人이 長崎의 西坂에서 処刑당하다.

1627년(寛永 4年)

　　踏絵(ふみえ): 금지령을 내렸던 기독교 신자의 색출을 시작하다.

1637년(寛永 14年)

　　島原·天草에서 集団行動이 일어나다.

1641년(寛永 18年)

　　海禁(鎖国)体制가 確立되다.

1865년(元治 2年)

　　浦上(うらがみ)地区에 숨어있던 크리스토教人이 外国人居留地에 建設된 大浦天守堂을 방문하고 Bernard-Thadée Petitjean(서기 1829년 6월 14일-서기 1884년 10월 7일) 神父에게 信仰을 告白하다.

1873년(明治 6年)

　　크리스토교의 禁制인 법령(高札, こうさつ·たかふだ)가 철폐되고、크리스토教에 대한 禁教政策이 終止符를 찍다. 그 후 크리스토教人이 가톨릭에 復帰하여 各地에 教会堂이 서다.

19. 大阪府(おおさかふ) 百舌鳥(もず, 모즈)와 古市(ふるいち, 후루이치)의 古墳群(Mozu-Furuichi Kofun Group: Mounded Tombs of Ancient Japan Mozu kofungun: 문화, 2019):

百舌鳥(もず)와 古市(ふるいち)의 古墳群은 大阪府의 堺(さかい, 사카이)와 百舌鳥(もず, 모즈) 평야에 위치하는 일본 국가의 탄생을 보여주는 고고학 증거이다. 古代国家의 成立은 律令(法律)이 制定되고, 天皇中心의 中央集権体制가 만들어지는 서기 7세기-서기 8세기의 飛鳥時代(あすかじだい)가 일반적으로 언급되지만 이곳에 고분이 만들어지는 서기 4세기-서기 5세기의 古墳時代(こふんじだい, 서기 300년-서기 600년경)와 그 전 단계 弥生時代(야요이 시대, 기원전 300년-서기 300년)말에 이미 고대국가(ancient state)로 들어섰다고 보여 진다. 그 당시에는 大和(やまと, 奈良), 和泉(いずみ)과 河内(かわち, 大阪府)、吉備(きび, 岡山県)國들의 王(首長)에 의한 連合政権이 존재해 있었다고 보여 진다.

여기에 造営된 고분들은 1600년을 경과해 남아있는 것들로 古墳文化가 꽃피운 시기에 大阪湾 가까운 평야지대에 일찍이 볼 수 없었던 巨大한 前方後円墳이 만들어 졌으며 그들을 둘러싸고 있는 中小의 古墳과 함께 여러 형태의 고분들이 古墳群을 形成하고 있다. 그리고 서기 3세기-4세기에 大和(やまと)를 中心으로 축조된 巨大古墳은 서기 4세기 말에 突然 大阪平野의 和泉·河内 지역으로 옮겨갔다. 이는 大和政権이 百済와 同盟을 맺고 防衛力을 強化하기 위해 新羅와 百済로부터 최신의 軍事力이였던 騎馬技術을 적극적으로 도입하였는데 이는 韓半島 北部의 高句麗가 新羅와 百済 를 侵攻하던 정치적 양상과 밀접한 관련이 있다.

특히 신라와의 관련성은 奈良県 奈良市 法華寺町 宇和奈辺(ウワ

ナベ)古墳의 陪冢으로 추정되는, 서기 5세기 中葉에 直径 約30m의 円墳으로 築造된 大和 第 6号墳(やまとだいろくごうふん, 서기 2012 년 8월 26일 발표)에서 872점의 鐵鋌(덩이쇠)을 비롯해 600여점의 철제 무기와 도구가 나왔는데 철의 성분에 砒素(As)가 함유되고 있어 서기 4세기-5세기 경 蔚山 北區 中山洞에 위치한 露天鑛山인 達川鐵場 (울산광역시 기념물 제40호)에서 採鑛·精鍊되어 유입된 것으로 추정된 다, 그리고 百済로부터 철이 유입되었다면 忠州 彈琴臺에서 채광· 정련된 철정이 될 가능성이 높다.

百舌鳥(もず)와 古市(ふるいち)의 古墳群은 大阪府에 있는 古墳群 의 總稱으로 百舌鳥古墳群 및 古市古墳群으로 형성되며 그 분포는 다음의 표와 같다(出典: フリー百科事典『ウィキペディア(Wikipedia)』.

① 百舌鳥(もず) 지역

古墳名	所在地	形状	墳丘長	史跡指定	宮内庁治定	備考
大仙陵古墳 (大山古墳)	堺市堺区大 仙町	前方後 円墳	525m		仁徳天皇陵	
上石津ミサン ザイ古墳 (かみいしづみさ んざいこふん)	堺市西区石 津ヶ丘	前方 後円墳	365m		履中天皇陵	
ニサンザイ 古墳	堺市北区百 舌鳥西之町3丁	前方後 円墳	290m	国家史跡 (内濠)	東百舌鳥陵 墓参考地	
田出井山 古墳	堺市堺区北 三国ヶ丘町2丁	前方後 円墳	148m		反正天皇陵	
御廟山 古墳	堺市北区百 舌鳥本町1丁	前方後 円墳	203m		百舌鳥陵 墓参考地	
いたすけ (Itasuke)古墳	堺市北区百 舌鳥本町3丁	前方後 円墳	146m	国家史跡		
長塚古墳	堺市堺区百 舌鳥夕雲町2丁	前方後 円墳	106m	国家史跡		
永山古墳	堺市堺区 東永山園	前方後 円墳	100m	堺市指定 史跡(周濠)	仁徳天皇陵 陪冢	
丸保山 古墳	堺市堺区 北丸保園	帆立貝形 古墳	87m	国家史跡	仁徳天皇陵 陪冢	

古墳名	所在地	形状	墳丘長	史跡指定	宮内庁治定
御廟表塚 古墳	堺市北区中 百舌鳥町4丁	前方後 円墳	85m	国家史跡	
銭塚 古墳	堺市堺区東 上野芝町2丁	帆立貝形 古墳	72m	国家史跡	
大安寺山 古墳	堺市堺区大 仙町	円墳	62m		仁徳天皇陵 陪冢
竜佐山 古墳	堺市堺区大 仙中町	帆立貝形 古墳	61m	堺市指定 史跡(周濠)	仁徳天皇陵 陪冢
収塚 古墳	堺市堺区百 舌鳥夕雲町2丁	帆立貝形 古墳	58m	国家史跡	
旗塚 古墳	堺市北区百 舌鳥夕雲町3丁	帆立貝形 古墳	58m	国家史跡	
茶山 古墳	堺市堺区大 仙町	円墳	56m		仁徳天皇陵 陪冢
孫太夫山 古墳	堺市堺区百 舌鳥夕雲町2丁	帆立貝形 古墳	56m		仁徳天皇陵 陪冢
菰山塚 古墳	堺市堺区南 丸保園	帆立貝形 古墳	33m		仁徳天皇陵 陪冢
七観音 古墳	堺市堺区旭 ケ丘北町5丁	円墳	33m	国家史跡	
塚廻 古墳	堺市堺区百 舌鳥夕雲町1丁	円墳	32m	国家史跡	
寺山南山 古墳	堺市西区上 野芝町1丁	方墳	45m	国家史跡	
善右ェ門山 古墳	堺市北区百 舌鳥本町3丁	方墳	28m	国家史跡	
銅亀山 古墳	堺市堺区大 仙町	方墳	26m		仁徳天皇陵 陪冢

② 古市(ふるいち) 지역

古墳名	所在地	形状	墳丘長	史跡指定	宮内庁治定	備考
誉田御廟山古墳 (誉田山古墳)	羽曳野市誉田	前方後 円墳	425m	国家史跡 (外濠外提)	応神天皇陵	
仲ツ山古墳 (仲津山古墳)	藤井寺市沢田	前方後 円墳	290m		仲姫命陵	
岡ミサンザイ古墳 (おかみさんざいこふん)	藤井寺市 藤井寺	前方後 円墳	242m		仲哀天皇陵	
市ノ山古墳 (市野山古墳)	藤井寺市 国府	前方後 円墳	230m		允恭天皇陵	
墓山 古墳	羽曳野市 白鳥	前方後 円墳	225m	国家史跡	応神天皇陵 陪冢	

津堂城山古墳	藤井寺市津堂	前方後円墳	210m	国家史跡	藤井寺陵墓参考地	
白鳥陵古墳	羽曳野市軽里	前方後円墳	200m		(日本武尊墓)	
古室山古墳	藤井寺市古室	前方後円墳	150m	国家史跡		
大鳥塚古墳	藤井寺市古室	前方後円墳	110m	国家史跡		
二ッ(ふたつ)塚古墳	羽曳野市誉田	前方後円墳	110m		応神天皇陵陪冢	
はざみ山古墳	藤井寺市野中	前方後円墳	103m	国家史跡		
峯ヶ塚古墳	羽曳野市軽里	前方後円墳	96m	国家史跡		
鍋塚古墳	藤井寺市沢田	方墳	70m	国家史跡		
向墓山古墳	羽曳野市白鳥	方墳	68m		応神天皇陵陪冢	
浄元寺山古墳	藤井寺市青山	方墳	67m	国家史跡		
青山古墳	藤井寺市青山	円墳	62m	国家史跡		
鉢塚古墳	藤井寺市藤井	前方後円墳	60m	国家史跡		
東山古墳	藤井寺市野中	方墳	50m	国家史跡		
八島塚古墳	藤井寺市道明寺	方墳	50m		仲姫命陵陪冢	三ッ塚古墳の一(ひと)つ
中山塚古墳	藤井寺市道明寺	方墳	50m		仲姫命陵陪冢	三ッ塚古墳の一つ
誉田丸山古墳	羽曳野市誉田	円墳	50m		応神天皇陵陪冢	
西馬塚古墳	羽曳野市白鳥	方墳	45m		応神天皇陵陪冢	
栗塚古墳	羽曳野市誉田	方墳	43m		応神天皇陵陪冢	
野中古墳	藤井寺市野中	方墳	37m	国家史跡		
助太山古墳	藤井寺市道明寺	方墳	36m	国家史跡		三ッ塚古墳の一つ
東馬塚古墳	羽曳野市誉田	方墳	23m		応神天皇陵陪冢	

일본 고고학과 역사시대의 편년은 선토기시대(先土器時代: 약 40만년 전-12,000년 전)-죠몽시대[繩文時代: 12000년 전-기원전 300년]-야요이시대[彌生時代: 기원전 300년-서기 300년]-고훈시대[古墳時代: 서기 300년-서기 600년경]-아스카시대[飛鳥時代: 서기 552년-645년]-하꾸호시대[白鳳時代: 서기 645년-서기 710년]-나라시대[奈良時代: 서기 710년-서기 84년]-헤이안시대[平安時代: 서기 784년-서기 857년]-후지와라시대[藤原時代, 또는 후기 헤이안시대: 서기 857년-서기 1185년]-바꾸후시대[幕府時代, 鎌倉: 서기 1185년-서기 1333년→ 室町: 서기 1336년-서기 1576년→ 德川: 서기 1603년-서기 1868년(甲斐國/가이국의 武田信玄부터 시작하여 織田信長, 豊臣秀吉, 德川家康으로 이어짐): 서기 1185년-서기 1867년]-왕정복고시대(서기 1868년-현재, 明治: 서기 1868년-서기 1912년→ 大正: 서기 1912년-서기 1926년→ 昭和: 서기 1926년-서기 1988년→平成: 서기 1989년-현재)→ 令和(서기 2019년 5월 1일-)의 순으로 이루어지고 있다. 현재의 제 125대째 明仁[(あきひと, 平成평성/헤이세이(へいせい)] 천황은 기원전 660년-기원전 589년간 다스린 초대 神武천황 이후 제 125대째가 되며, 현재 126번째의 천황은 德仁[なるひと、서기 1960년〈昭和 35年〉 2월 23일-, 令和(れいわ), 서기 2019년 5월 1일-]이다.

자마이카 JAMAIKA

1. 불루 엔드 존 크로우 산 국립공원(Blue and John Crow Mountains National Park: 복합, 2015):

불루 엔드 죤 크로우 산 국립공원(BJCMNP)은 자마이카 섬 동쪽 끝에 위치하며 면적은 495.2km²이고 자마이카 섬의 4.5%에 달한다. 지형측량으로 이 지역은 78,212ha(193,292에이커)이다. 공원의 산은 자마이카 동부를 뒤덮으며 배후에는 포트랜드(Portland), 세인트 토마스(St. Thomas), 세인트 안드류(St. Andrew), 성모(St. Mary) 행정지역과 남동쪽 일부가 맞닿아 있다. 가파른 산록에는 섬의 26개의 유역 관리소(watershed management units) 중 10개소가 있다. 섬에서 가장 높은 블루마운틴峰(2,256m)은 공원의 남쪽 지역에 위치한다. 블루 엔드 죤 크로우 산 국립공원(BJCMNP)은 포트 로얄(Port Royal), 블루(Blue)와 죤 크로우 산(John Crow Mountains)의 세 개의 산맥으로 구성되며 산맥의 북쪽 면은 버프 베이(Buff Bay)와 리오그란데 계곡(Rio Grande Valleys)으로 나누어진다. 블루 엔드 죤 크로우 산 국립공원(BJCMNP)은 최대 규모로 이어지는 자마이카 활엽수림대를 이루며. 높고 낮은 산의 雨林지대에는 지구상에서 다양한 고산식물의 높은 분포로 잘 알려져 있으나 점차 그 지위가 흔들리고 있다. 공원의 핵심 보존지구는 53.2%에 달하는 활엽수목의 원시림대, 40%는 완충의 벌채를 위한 목재 조림지, 나머지 4%는 농경과 주거가 있는 회복지대이다. 이 세 곳을 벗어난 외곽의 폭 1km는 공원관리소가 농촌마을과 연계해 환경을 보존하고 자연과 문화자원에 대한 적절한 관리를 하는 완충지대이다.

불루 엔드 죤 크로우 산 국립공원 삼림지대에는 나비(Giant Swallowtail Butterfly, Papilio homerus), 새(Jamaican Blackbird, Neospar nigerrimus), 구렁이(Jamaican Boa, Epicrates subflavus)와 설치류(Jamaican Hutia, Geocapromys brownii), 난초(orchids), 凤梨科植物(bromeliads), 양치류(fern) 등 자마이카 고유의 동·식물들이 서식하고 있다.

중국(中华人民共和国) CHINA

1. 明·清代궁전: 紫禁城(Imperial Palace of the Ming and Qing Dynasties: 문화, 1987):

明나라 3대 成祖(朱棣, 永乐, 서기 1403년-서기 1424년, 72만m², 9,000房間) 서기 1420년에 준공한 궁전으로 淸나라 말 서기 1911년까지 사용되었다. 자금성(北京故宮, 舊稱 紫禁城)은 동서 760m, 남북 960m, 72만m²의 넓이에 높이 11m, 사방 4km의 담과 800채의 건물과 일명 9,999(9,000房間)개의 방이 배치되어 있다. 이의 건축은 元 쿠빌라이 칸(元 世祖 忽必烈)의 上都와 大都를 잇는 남북(子午)선상을 '世界中央之国'의 中心軸으로 삼은 風水地理의 龙脈(dragon back)의 개념이 남아 있으며 明과 淸代의 北京城에는 景山의 北上门과 万春亭, 永定门, 紫禁城의 正门인 午门, 天安门, 正昭门, 地安门, 太和殿, 鐘樓(원래 元 大都 大天壽寺의 것이나 乾隆 10년 서기 1745년 重建으로 고 7.02m, 직경 3.4m, 무게 63t임)와 鼓樓(大 1, 소 24면, 큰 것의 높이 2.22m로 서기 1900년 8월 八国联军에 의해 파괴, 天明擊鼓催人起, 入夜鳴鐘崔人息으로 아침에는 북, 저녁에는 종을 침) 등의 건물이 이 중심축 위에 세워졌다. 北京城의 설계는 쿠빌라이 칸 때 刘秉忠(서기 1216년-서기 1274년, 元朝 忽必烈可汗 宰相)이 했다. 外殿으로 太和殿(登極과 結婚式용), 中和殿, 保和殿이 있으며 太和殿에는 建極綏猷(書經 湯誥편에 나오는 克綏厥猷로 황제는 법도를 세우고 백성은 이를 편안히 여기게 해야 한다는 뜻으로 皇建有極, 建極軒轅도 비슷한 의미를 지닌다)의 현판이 걸려 있다. 황제즉위식이 거행되는 太和殿은 明 成祖이후 淸 乾隆 때까지 크게 3번(서기 1421년, 서기 1599년, 서기 1679년)에 걸쳐 번개와 화재로 소실되었다가 재건되었다. 서기 1925년 10월 10일 古宮博物院이 되었다. 그 외에도 이곳에는 正大光明(乾清宮), 日升月恒(坤宁宫) 등의 유명한 額字가 많다. 그러나 紫禁城 古宮博物院(현재 180만 건 수장 유물)에 있던 乾隆帝의 수집품 중 玉器, 靑銅器, 書画, 陶瓷器 등 약 65만점(宋·元·明·淸의 24만점 포함)의 중요한 대부분의 文化財들이 현재 台湾 台北 国立故宮博物院(서기 1965년 개관)에 所藏·展示중이다 [石渠宝笈, 乾隆 10년(서기 1745年), 共編 44卷. 清廷内府 所藏历代 书画藏品을 画卷、轴、册9类로 나눔, The Collection of Imperial Treasures, 12,000점의 소개), 天祿琳琅, 物华天宝, 天工宝物(2006)]. 이는 中日战争 동안 北京(서기 1924년)-上海-南京-武汉-長沙-阳贵-安順-四川省 巴県-重庆-陝西省 宝鷄-南郑-襄城-峨嵋-南京(서기 1945년)로 옮겨 피신 중이었던 문화재들이 정착을 못하고 또 大長征과 八路軍의 역사적 사건을 거쳐 서기 1949년 10월 1일 들어선 共産主義者 毛澤東의 中华人民共和国 수립에 앞서 民族主義者 蔣介石의 中华民国의 정부가 대만으로 철수할 때 함께 가져갔기 때문이다.

서기 2016년 养心殿을 대규모로 开閉修繕하면서 北京 古宮博物院과 首都博物馆이 특별전 〈走進养心殿〉을 수도박물관에서 개최하였다. 养心殿은 紫禁城 南北 中心軸線上 保和殿 바로 뒤의 乾清殿 서쪽 옆에 있으며 擁正皇帝(서기 1678년 12월 13일-서기 1735년 10월 8일, 서기 1722년 12월 27일부터 13년 在位)가 머물던 곳으로 中心仁和殿과 그 뒤에 이는 五間耳房의 寝所를 중심으로 동쪽에 隨安堂, 東暖閣, 서쪽의 佛堂, 勤政親賢殿, 三希堂, 西暖閣을 포함한다. 여기에는 잘 알려진 中正仁和, 勤政親賢, 自疆不息(寝所), 又日新(殿寝宫龙床 위)의 현판이 걸려있다. 그리고 膳牌인 紅头牌과 錄头牌, 擁正帝觀書像, 13년 재위기간 20만 건의 서류를 보고 2,000여 자를 批准해 넣었는데 그 중에서 擁正批田文鏡奏折(台北故宮博物院 소장)와

擁正批年希堯奏折(中国第一历史檔案馆 소장)를 비롯한 여러 奏折 등과 함께 奏折를 담던 硬木奏折匣(北京 古宮博物院 소장)도 함께 전시되었다.

养心殿 西暖閣 옆 서남쪽 구석에 있는 8m²이 채 못 되는 크기의 三希堂은 乾隆皇帝의 讀書房 겸 詩文을 창작하던 곳으로 그 안에는 清乾隆古铜彩描金诗文壁瓶, 清乾隆金地粉彩花卉纹壁瓶을 포함하는 7점의 花瓶형상의 壁瓶, 平安春信图, 王羲之의 快雪時晴帖, 왕희지의 아들 王獻之의 中秋帖, 왕희지의 조카인 王珣의 伯远帖의 당시 보기 힘든 3점의 희귀한 書法作品이 보관되어 있어서 이 방의 이름도 三希堂라고 지어졌다. 또 三希堂 額字, 對聯, 嵌玉冠架, 是一是二图幅, 乾隆弘历薰風琴韻图도 이 방의 벽에 걸려있다. 이 방은 단순한 건륭의 修身养成과 문학활동을 위한 독서방 뿐만 아니라 中国文化盛世의 産室이며 실제 서기 1747년 乾隆이 主持하여 刊印한 300여점의 多幅이 수록된 三希堂書帖를 비롯해 文獻丛書인 四庫全書, 石渠宝笈 등이 모두 이 방에서 구상이 되었다.

养心殿 西暖閣 옆 서남쪽 구석에 있는 8m²이 채 못 되는 크기의 三希堂은 乾隆皇帝의 讀書房 겸 詩文을 창작하던 곳으로 그 안에는 清乾隆古铜彩描金诗文壁瓶, 清乾隆金地粉彩花卉纹壁瓶을 포함하는 7점의 花瓶형상의 壁瓶, 平安春信图, 王羲之의 快雪時晴帖, 왕희지의 아들 王獻之의 中秋帖, 왕희지의 조카인 王珣의 伯远帖의 당시 보기 힘든 3점의 희귀한 書法作品이 보관되어 있어서 이 방의 이름도 三希堂라고 지어졌다. 또 三希堂 額字, 對聯, 嵌玉冠架, 是一是二图幅, 乾隆弘历薰風琴韻图도 이 방의 벽에 걸려있다. 이 방은 단순한 건륭의 修身养成과 문학활동을 위한 독서방 뿐만 아니라 中国文化盛世의 産室이며 실제 서기 1747년 乾隆이 主持

북경의 자금성(서기 1420년, 필자 촬영)

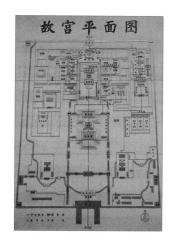

하여 刊印한 300여 점의 多幅이 수
록된 三希堂書帖를 비롯해 文獻丛
書인 四庫全書, 石渠宝笈 등이 모두
이 방에서 구상이 되었다.

　그리고 皇家에서 사용하는 기물의
생산 및 제조는 康熙 30년(서기 1691
년) 慈宁宫 茶饭房(茶膳房)으로 옮겨
茶饭房과 공유한 151间의 养心殿造
办处(清宫造办处 또는 皇室 造办处)에서 담당하였다. 이곳 造办处에
는 清宫檔案에 기재되어 있는 바와 같이 油木作、玻璃厂、盔头作、
灯裁处、铸炉处、舆图房金玉作、匣裱作、做钟处(自鸣鐘处)、鞍甲
作、铜饀作玻璃厂, 匣裱作, 琺瑯作, 등 "作"、"处"、"厂"、"馆"의 기
구가 있었는데 이곳에서 전국각지에서 모여든 재능 있는 100여명의
能工巧匠들이 전성기에 각종각양의 제품 61가지(六十一行之处로도
불리 움)를 만들었다. 이는 清末 외국인의 일기에도 나온다. 이곳은
擁正과 乾隆 때에도 활발하게 작품을 만들었는데 부족한 기술은 서

양인들을 데려다가 배우고 하였다. 여기에서 만들어진 제품 중 古宮博物院 소장의 珊瑚, 象牙, 琉璃, 瑪瑙와 碧玉으로 제작한 銅鍍金鑲嵌石料累絲(filigree, 線條細工)長方盆石石榴盆景와 銅鍍金鑲嵌石料累絲長方盆玉石石榴盆景, 擁正의 이복동생인 怡親王 允祥(康熙帝 第 13子, 서기 1730년-서기 1778년)이 감독·제작한 雍正宝藪 중의 하나인 雍正宝藪《雍正宝藪》《雍正宝藪》《雍正宝藪》爲君難玉璽와 彩五倫提梁壺가 있다. 후자는 유교의 三綱五倫에 의거해 만든 것으로 擁正이 奏章된 서류를 검토할 때 틈을 내 차를 마시기 위한 주전자로 擁正이 무척 아끼던 것이다. 그리고 台北故宮博物院 소장의 广東省 출신 匠人 陣祖璋이 8년간의 刻苦 끝에 乾隆 2년(서기 1737년)에 제작한 雕橄欖核舟(高 1.6cm, 橫 3.4cm, 縱 1.4cm, 重 3g)가 있는데 여기에는 苏軾의 后赤壁賦 전문이 1cm² 당 20자정도로 300여자가 새겨져 있다.

乾隆(雍亲王第四子 弘历, 清高宗弘历)황제 때 만들어진 北京古宮博物院 소장의 중요한 유물은 乾隆황제의 母親 崇庆皇太后(钮祜禄氏, 봉호는 格格→熹妃→熹貴妃→崇庆皇太后→孝聖憲皇后임, 서기 1692년 11월 5일-서기 1777년 3월 2일 崇庆皇太后가 圓明園 長春仙馆에서 붕어, 무덤은 泰東陵, 휘호는 崇德慈宣康惠敦和裕壽純禧恭懿安祺宁豫皇太后임, 史劇에서는 后宮 甄嬛传으로 알려짐)가 86세로 붕어하자 乾隆이 母親을 위해 제작한 金髮塔(清乾隆金发塔)으로 높이 147cm, 底座 70×70cm, 무게 108kg으로 둘레에 嵌珠宝、绿松石、珊瑚 등의 무수한 보석으로 장식한 清宮現存最大의 金塔이다. 이 清代 著名金器는 塔由下盘、塔斗、塔肚、塔颈、塔伞의 6부분으로 조성되었다. 塔肚内 供養佛 뒤에는 머리카락을 모아둔 金匣을 안치하였다. 金匣正面에는 六字真言을, 금갑 둘레에는 八吉祥纹을 장식하였다. 그리고 금갑

의 아래에는 白檀香木座로 받치고 塔下에는 紫檀木의 蓮花瓣须弥座로 돌렸다. 塔座의 정면에는 "大淸乾隆年敬造"라고 쓰여져 있다. 이는 사람이 头髮을 중시하여 万民之母인 皇太后이 매일 머리를 빗을 대 모아둔 두발을 사후에도 귀중하게 모신 것이다.

2. 周口店의 북경원인 유적(Peking Man Site at Zhoukoudian: 문화, 1987):

북경에서 서남쪽 40km 떨어진 주구점 龙骨山 석회암 구릉의 洪績世(更新世, Pleistocene) 중기 불의 사용을 처음 알던 50만 년 된 直立猿人/原人(Homo erectus)과 신인(Homosapiens, 山頂洞)인의 유적으로 서기 1921년 O. Zdansky에 의해 2점의 차아가 발견되고, 서기 1927년 전파론자인 Graffton Elliot Smith의 제자인 Davidson Black은 중국 주구점에서 인골을 발견하여 北京原人(Sinanthropus pekinensis)로 명명하였다. 서기 1929년 12월 2일 裴文中이 완벽한 头蓋骨을 발견한 이후 지금까지 두개골 5점을 포함하는 40여 점의 인골 화

북경 주구점 구석기시대 유적(필자 촬영)

석이 출토되었다. 이 인골들은 주로 1지구에서 출토되었으나 서기 1941년 일본과의 전쟁직후에 사라져 버렸다. 치아 중 门齒는 shovel-shaped incisor(앞니의 뒤가 삽처럼 파여졌다는데서 근거함)로 북경원인이 아시아의 조상으로 추측되는 근거를 마련하고 있다. 북경원인의 키는 남자가 156cm, 여자 144cm, 두 개 용량은 1,043cc, 두개골에는 骨櫛(矢狀隆起)이 현저하게 남아있다. 유물은 약 10만점이 되나 석기는 많지 않다. 석기는 주로 15지구에서 발견되었으며 박편, 긁개, 찍개류로 직접타격이나 양극타격을 이용해 석기제작을 하였다. 그러나 片石器가 위주이고 石核石器는 적다. 원료는 주로 脈石英, 砂岩, 燧石이다. 화석은 劍齒虎, 야생말, 양, 비비원숭이, 물소, 곰, 하이에나, 코뿔소, 사슴 등 포유동물이 많다. 이 유적은 불을 이용해 음식을 익혀먹던 50만년–20만년에 걸쳐 살던 직립원인들이다. 또 서기 1934년 주구점 山頂洞에서 두개골 4점 이외에 8명분의 인골과 여러 석기와 골기가 다량으로 나왔는데 이들은 신인(Homo sapiens)으로 후기구석기시대에 살았다.

3. 泰山(Mount Taishan: 복합, 1987):

山東省 中部 泰安市 관할에 속하며 남북 30km, 동서 40km에 달한다. 중국에서 東岳으로 불리며 가장 높은 해발 1,545m에 玉皇頂이 있다. 孔子의 登岳을 비롯해 秦 始皇, 汉 武帝(7대, 無字碑), 唐 玄宗(开元 13년, 서기 725년), 淸 乾隆帝(乾隆13年, 서기 1748년) 등이 이곳 정상인 玉皇頂 玉皇庙 근처 하늘에 이르는 门인 '登封台'에서 封禅祭祀를 지냈던 중국 제1의 聖山이며 산 정상인 玉皇頂 주위에는 碑林를 이루는 듯 각 시대에 따른 많은 石碑와 石刻이 있다. 그 중 '五嶽之長', '五嶽獨尊'과 '果然'(淸 康熙 54년, 서기 1714년)의 石刻도 눈에 띤다. 孔子와 杜甫 等 名人과 文人들이 이 산을 방문했는데 孟子의 "登泰山而小天下"를 비롯하여 杜甫의 詩歌인 '望岳', 姚鼐(淸

泰山의 "果然" 석각(서기 1714년, 필자촬영)

代文学家, 서기 1731년~서기 1815년)의 散文인 '登泰山记'가 전해온다.
현재 불교유적으로 玉皇寺、神宝寺、普照寺, 도교유적으로 王母池
(群王庵)、老君堂、斗母宮(龙泉观)、碧霞祠、后石坞庙、元始天尊庙
가 남아있다. 그리고 이곳에는 다른 곳에서는 볼 수 없는 泰山의 著
名한 特产物인 螭霖漁[『泰山药物志』에 记载된 "本品因螭头喜霖"으로
이 이름을 얻음, 赤鳞漁로도 불림]가 살고 있으며, 또 태산의 계곡은 天
然花紋石, 人物石과 文字石이 많이 나와 壽石(山水景石, 水石)所藏
家와 蒐集家들의 聖地(메카)로 각광을 받고 있다.

歷代帝王封禅祭祀泰山 一览表는 다음과 같다.

晋、元、明나라를 제외하고 統一王朝 皇帝는 모두 이곳에서 封禪을
행하였다.

秦

秦 始皇 始皇 28年(기원전 219년) 封泰山、禅梁父山

二世 胡亥 二世皇帝 元年(기원전 209년) 登封泰山

西汉

武帝 刘徹

元封 元年(기원전 110년) 封泰山、禅肃然山

元封 2年(기원전 109년) 封泰山、祠明堂

元封 5年(기원전 106년) 封泰山、祠明堂

太初 元年(기원전 104년) 封泰山、禅蒿里山

太初 3年(기원전 102년) 封泰山、禅石闾山

天汉 3年(기원전 98년) 封泰山、祠明堂

太始 4年(기원전 93년) 封泰山、禅石閭山

征和 4年(기원전 89년) 封泰山、禅石閭山

東汉

光武帝 刘秀 建武 32年(서기 56년) 封泰山、禅梁父山

章帝 刘炟 元和 2年(서기 85년) 柴祭泰山、祠明堂

安帝 刘祜 延光 3年(서기 124년) 柴祭泰山、祠明堂

隋

文帝 楊堅 开皇 15年(서기 595년) 壇設祭泰山

唐

高宗 李治 乾封 元年(서기 666년) 封泰山、禅社首山(双束碑, 鴛鴦碑)

天册金轮圣神皇帝 武曌 万岁登封 元年(서기 696년) 封太室山、禅少
　室山

玄宗 李隆基 开元 13年(서기 725년) 封泰山、禅社首山

宋

真宗 赵恒 大中祥符 元年(서기 1008년) 封泰山、禅社首山

清

聖祖 玄燁

康熙 23年(서기 1684년) 祭祀泰山

康熙 42年(서기 1703년) 祭祀泰山

高宗 弘历 乾隆 13年(서기 1748년)-乾隆 55年(서기 1790년)사이 前
　后 10회 祭祀泰山

山東省 泰安市 岱庙 博物館 東御座 내에 중국의 첫 번째 황제인 秦始皇의 封禪泰山刻石(일명 李斯篆碑라고도 함)이 전시되어 있다. 이는 진시황이 28年(기원전 219년) 탈 것의 도움 없이 泰山 18盤을 거쳐 정상인 해발 1,545m의 玉皇頂에 올라 封禪祭를 지낸('封泰山、禅梁父山') 증거물이다. 封禪泰山의 목적은 齊·魯지구의 儒生을 모아 천하를 석권하여 다스린다는 명분을('席卷天下 包擧宇內') 封禪儀式을 통해 만천하에 공포함이었다. 또 二世 胡亥 二世 皇帝 元年(기원전 209년)에도 '登封泰山'하였다. 封禪은 '封제사'와 '禅'제사로 나누는데 封은 하늘에 제사이고 禅은 땅에 祭祀지냄을 의미한다. 진시황은 후반에 5차의 東巡을 행하였는데 세 번은 齊·魯지구였으며 음력(農历)으로 2월에 출발하였다. 이것은 史记 高祖本紀에 보이는 바와 같이 이곳에 천자의 기가 있어 이를 진압한다('東南有天子氣 東巡压之')와 史记 項羽本紀에 나오는 大陰阳家楚南公의 예언인 '亡秦必楚' 때문이었을 것으로 여겨진다. 咸阳에서 태산까지는 약 1,000km로 西安 秦始皇陵 소장의 2호 銅車馬로 가더라도 하루 약 30km에 지나지 않은 먼 여정이었다. 孝公[秦 25대 君主, 嬴渠梁] 때 등용한 法家의 商鞅 때부터 시도해온 文字, 화폐와 도량형의 통일이 꾸준히 이어져 汉書 賈山伝에 기재되어있는 대로 요즈음의 고속도로격인 폭 50步(69m)의 馳道를 건설하였다. 당시의 秦·汉의 도량형은 一寸=2.3cm, 一尺=23cm, 一丈=230cm이며 한 나무의 크기를 약 13丈(7m)으로 잡아 표준을 만들었다. 통일된 도량형으로는 上海博物館 소장의 商鞅量(秦 孝公 18년 기원전 344년, 二次变法時에 제조되었으며 铭文 三十二字容积은 202.15毫升임, 全长 18.7cm、内口长 12.4cm、폭 6.9cm、깊이 2.3cm)과 山東省博物館 소장의 秦詔陶量(진시황 26년 기원전 221년)이 있다. 전자 商鞅量의 표면에는 "十八年, 齐率卿大夫众来聘, 冬

十二月乙酉, 大良造鞅, 爰積十六尊(寸)五分尊(寸)壹为升". 器壁与柄相对一面刻 "重泉" 二字. 底部刻秦始皇二十六年诏书: "廿六年, 皇帝尽并兼天下诸侯, 黔首大安, 立号为皇帝, 乃诏丞相状, 绾, 法度量则不壹歉疑者, 皆明壹之". 右壁刻"临"字. "重泉"与左壁铭文字体一致, 应是一次所刻, 而"临"字与底部诏书为第二次加刻. 可知此器初置于"重泉"이란 명문이 있으며 후자의 秦詔陶量에는 '意指秦始皇詔令丞相 規範度量衡 凡是不一致的都要加以統一 凡是不淸楚的都要加以明确"의 20行 40字의 篆書字가 보인다. 東巡時 기후가 나쁠 때가 많아 폭풍우를 만나면 나무 밑에서 피하곤 하였다 ('逢大風遇水波惡 風雨暴至 休于樹下'와 '始皇泰山 爲暴風雨所击 不得封禪')고 史记는 전하고 있다. 이는 태산의 五大夫松이 증명한다. 그리고 암살기도도 만만치 않았다. 战国 6국의 통일 후 3년(기원전 218년) 현 河南省 原阳县 東郊인 博浪沙에 도착했을 때 '張良刺身事件'이 있었고 咸阳에서는 荊軻(기원전 227년)와 그의 친구 高漸离(燕国人, 현 河北省 定兴县 高里村人)의 암살기도를 직접 겪기도 하였다. 이에 격분한 진시황이 기원전 226년, 연을 쳐서 수도 계(薊, 지금의北京)를 함락시켰다. 封禪이 끝나면 山東省 동남부의 琅雅(현 山东省 临沂市의 北)로 가 진나라가 통일지구 내의 융합된 모습을 보여주고자 하였다. 그곳에는 진시황이 12년간 세금을 면제시켜주면서 강제로 이주시킨 3만여호의 백성이 있었다.

西汉 武帝 刘徹(기원전 142년-기원전 87년)도 秦始皇에 이어 8회나 泰山에 올라 封禪祭를 지냈다. 한 무제도 封禪泰山儀式을 통해 儒敎에 기반을 둔 天下統一과 治国態度를 만천하에 공포함이었다고 짐작된다. 당시 한 무제는 董仲舒(기원전 179년-기원전 104년)의 기용(기원전 134년, 武帝 元光 원년)이후 儒敎가 국가의 이념으로 삼았기 때

문이었다. 한 무제의 봉선기록은 다음과 같다.

元封 元年(기원전 110년) 封泰山、禅肃然山

元封 2年(기원전 109년) 封泰山、祠明堂

元封 5年(기원전 106년) 封泰山、祠明堂

太初 元年(기원전 104년) 封泰山、禅蒿里山

太初 3年(기원전 102년) 封泰山、禅石闾山

天汉 3年(기원전 98년) 封泰山、祠明堂

太始 4年(기원전 93년) 封泰山、禅石閭山

征和 4年(기원전 89년) 封泰山、禅石閭山

그러나 한 무제의 첫 번째 封禪祭는 황제에 오른 후 32년 후로 기록에 의하면 儒敎의 国家的 理念을 벗어난 또 다른 이유가 있었을 것으로 생각된다. 그가 가장 총애하던 王夫人(元朔年间 약 元朔 6년 기원전 123년 皇二子 齐怀王 刘闳을 生産하고 元狩 2년 기원전 121년 卒)이 죽고난후 그녀를 그리워하면서도 한편 도교적인 長生不死를 꿈꾸며 求仙과 升仙이 주목적이었을 것으로 추정하기도 한다. 桓潭의 新論에서 '方士李小君言能致其神 乃夜設燈張幄 置夫人神影 令帝居他遙呈 見好女似夫人之狀'이라고 王夫人의 招魂을 언급한다. 여기에서 煉丹煉藥을 제조할 수 있는 方士 李小君은 중국에서 皮影(shadow play)의 발명자로 여겨진다. 史記에서 李小君이 한 무제에게 '仙者可見 見之以封禪則不死 皇帝是也'라고 皇帝와 마찬가지로 長生升仙할 수 있음을 알려준다. 이러한 분위기에서 五里將軍 欒大와 같은 인물들이 한 무제 주위에 모여 封禪을 부추긴다. 金 2만량을 받아 태산에서 봉선의식을 치른 후 돌아와 한 무제에게 신선을 만났다고 거짓말도 하게 된다. 여기에서 長公主의 간언도 무시하고 사위를 죽이라는 명령까지도 내린다. 泰山의 정상인 玉皇頂은 '天门直達天庭'으로 尋仙祭祀를 지내기 딱 좋은 곳이다. 한 무제가 산동성을 처음 방문할 때는 이곳이 극히 湖南省博物馆 所藏 素紗禪(單)衣 같이 얇은 비단의 산지로 汉書에서는 '强弩之末 力不能入魯縞'라고 기재하고 있다. 당시 張騫의 비단길 개척과 霍去病(首推冠軍侯, 기원전 140년~기원전 117년)의 匈奴의 제압과 夭折등으로 한 무제는 비단의 대량생산이 무척 필요하고 곽거병에 대한 그리움으로 곽거병의 아들 霍嬗을 태산에 데리고 갈 정도로 마음이 무척 상심했을 것이다. 司馬談이 임종 시 아들 司馬迁에게 '今天子接千歲之統 封泰山 而余不得從行 是命也夫 命边夫'라고 유언을 남기고 있다. 8차의 封禪 때에는 태산궁의 솟을 주조하도록 명하고 있으며 이는 서기 1963년 陜西省 西安 서쪽에서 발견되어 陜西省博物馆에 소장되어 있다. 명문은 '泰山宮鼎 容一石 具蓋 幷重六十二斤二兩 甘露三年 工王意造'이다. 甘露 3년은 汉 10宣帝(기원전 91년-기원전 48년 1월 10일)의 6번째 年号로 기원전 51년에 해당한다. 산동성박물관 소장의 '西王母·伏羲·女媧石刻画像'(東汉)과 山東省 泰安市 岱庙 博物馆 東南處東 汉柏院 內의 汉武帝의 泰山无字碑와 한무제가 친히 심었다는 汉栢五株도 당시의 情況을 이야기 해준다.

唐나라도 高宗 李治 乾封 元年(서기 666년, '封泰山 禅社首山'의 결과로 双束碑/鴛鴦碑가 세워짐), 天册金轮圣神皇帝 武曌 万岁登封 元年(서기 696년, '封太室山、禅少室山')과 玄宗 李隆基 开元 13年(서기 725년, '封泰山、禅社首山', 台北故宮博物院소장의 唐玄宗封禪玉冊이 있음)의 세 번에 걸쳐 山東省 泰安市 泰山에서 封禪祭를 거행하였다.

그 중에서 泰山 禅社首山碑(双束碑, 鴛鴦碑)는 '岱岳观造像记碑'로 唐 高宗 显庆 6년(서기 661년) 唐 高宗과 皇后 武则天의 두 사람

의 奉旨를 받들어 封禅泰山 후 세워졌다. 높이 3.18m, 폭 1.05m로 碑首에는 唐代风格을 지닌 殿阁九脊歇山顶을 만들었다. "双束碑"는 원래 泰山 南麓 老君堂院(虎山水库西侧)에 세워졌으나 서기 1960년 老君堂 东侧 建亭으로 옮겼으며 文物工作者가 岱庙 博物馆 炳灵门外 地下에 묻어 文化革命 때 劫难을 피하였다. 碑文은 碑身四周에 돌아가며 새겼고 每面은 四五层으로 나누고 每层에는 一则(표준 규범의 원칙에 따라 만들 줄과 구획) 혹은 二则의 꼭 같지 않지만 正书로 모두 24则을 새겼다. 그 중에는 武则天 재위기간에 새긴 7则이 포함된다. 하늘과 땅에 대한 제사인 '封禅'을 하기 위한 文武百官, 侍从과 丫鬟(아환, 계집종)을 포함하는 5,000명이 서기 665년(麟德元年) 洛阳을 출발하여 12월 泰山아래에 운집하여 그 다음해인 서기 666년 정월 泰山 禅社首에서 하늘에 대한 封祭祀를 지낸 기록을 담은 것으로 武则天이 43세 때이다. 서기 666년(乾封 元年 正月 초하루 高宗이 泰山의 남쪽에서 封祀坛을 세우고 昊天上帝에게 제사를 지냄을 시작으로 초이틀 태산 위에서 '封祭祀', 초3일에 社首山에서 '禅祭祀'(封은 하늘에 제사이고 禅은 땅에 제사지냄을 의미함)를 지냈다. 3일째의 제사에서 高宗이 初獻礼를 武后/武则天은 亞獻礼(제사 시 두 번째의 獻酒의 역할)를 하였다. 그리고 초 5일에 礼华를 마친다. 그리고 어전회의에서 천하에 大赦免令을 내리고 그 기념으로 '麟德'에서 '乾封'(乾封 元年은 서기 666년임)으로 연호로 고쳐 썼다. 그에 따라 '乾封泉宝'라는 동전이 발행되었다. 그 해 19일 泰山을 떠나 曲阜에 도착하여 孔子에게 太师의 칭호를 내리다. 2월 22일 亳州에 도착해서 老君庙에 제사를 지내고 太上玄元皇帝로 삼았다. 31일 제사를 모두 끝내고 武后/武则天와 함께 洛阳으로 돌아온 고종은 명을 내려 '登封记号文'을 새겨 태산에 세우도록 하였는데 그 비가 社首山碑(双束碑, 鸳鸯

碑)이다. 그러나 후일 "鴛鴦双束碑"의 비문 중 武则天이 남편 고종의 사후 스스로 세운 周나라의 상황에 맞게 11개 글자를 新造의 汉字로 고쳐 넣었는데 예를 들면 비문 중에 "天"字는 원래 "大"인데 한 획을 더 추가해 넣어 만든 것이다. "大"字는 一个 또는 开腿(다리를 쩍 벌린)의 男子이나 한 획을 더 넣음으로 苍天 즉 "男人头顶一片天"의 의미를 갖게 되었다. 다른 신조어들은 照、臣、君、月、年、日、星、载、圣、人、初、授、证、天、地、正、国 등이다. 唐 高宗 李治와 皇后 武则天의 封禅时。北方의 突厥、西域의 于阗、中亚의 波斯(현 伊郎, 이란)、南亚의 天竺(현 印度)、东邻 倭国(현日本)、高句丽 등지에서 온 首领들이 각자 부하들을 데리고 봉선에 참여하였다고 한다. 그래서 双束碑는 唐代 政治、宗教와 历史를 연구하는데 중요하며 이 비는 특히 武则天의 历史的实物资料이다.

  그리고 周나라를 세운 武则天이 77세인 久视元年(서기 700년) 7월 7일 文武百官을 거느리고 嵩山에 올라 封禪祭를 올리고 祈福을 구한다. 이에 대해서는 中国国家博物馆소장의 '武后行従图'에 묘사되어 있다. 서기 1982년 5월 河南省 中岳 嵩山 峻极峰에서 발견된 武曌金简은 竖长方形으로 长 36.2cm, 폭 8cm, 두께 1cm, 黄金纯度는 24K에 가까운 96%以上으로 무게 223.5g이다. 金简위에 镌刻双钩铭文이 3行 63字가 보이는데 이는 "大周国主武曌好乐真道长生神仙, 谨诣中岳嵩高山门, 投金简一通, 迄三官九府除武曌罪名, 太发庚子七月甲申朔七日甲寅小使臣胡超稽首再拜谨奏"이다. 즉 武则天이 宫廷太监 胡超向을 보내 金简을 만들어 道教 三官九府의 諸神들에게 자신의 죄를 消灾해 달라는 내용인데 이는 中国에서 발견된 유일한 金简이다. 三官이란 天官, 地官、水官 또는 "三官", "三元"을 의미하며 道教에서 지내는 神灵이다. 7월 7일은 道教에서 七夕

节、乞巧节로 人神相会하는 날이며, 三官에서 天官은 唐尧, 地官은 虞舜, 水官은 大禹로 이야기 하는데 道经에서 天官은 赐福, 地官은 赦罪, 水官은 解厄을 담당한다. 그리고 "九府"는 各方神仙洞府를 의미한다.

封禅은 中国古代政治 중 최대의 典礼로 功绩이 가장 뛰어난 皇帝만이 泰山(후일 岱山)위에 올라가 封禅을 할 수 있다. 봉선은 '奉爲祭天 禪是祭地'인 가장 중요한 大典祭祀로 역사적으로 秦始皇 嬴政、汉武帝 刘彻、汉光武帝 刘秀, 唐玄宗 李隆基와 宋真宗 赵恒 등이 봉선을 행하였다. 황제가 봉선을 할 때 玉册上面에 새긴 글(祭文)을 읽어 하늘에 고한다. 그리고 읽기를 마친 후 꿇어앉아 옥책을 玉匣에 넣어 금줄(金绳)과 金泥로 잘 봉한 후 "受命"의 두 글자를 새긴 玉玺盖를 그 위에 올려놓고 金匮는 神案 위에 놓는다. 황제는 神案을 향하여 두 번 절한 후 봉선제단에서 내려온다. 이 옥책은 五色土로 봉하고 金匮는 燔祭로 불에 태워(柴上焚烧)지면 옥책 위의 祭文은 하늘 天庭에 이른다.

唐 9대 황제인 玄宗(李隆基, 서기 685년 9월 8일-서기 762년 5월 3일, 서기 712년-서기 756년 在位)도 开元 12년(서기 724년) 宰相 張悦이 '英威邁于百王 至德加于四海'라는 奏請으로 开元 13년(서기 725년) 음력 10월 11일 西安 大明宫을 출발해 泰山에 올라 封禪祭礼(大典)을 올렸으며 제사가 끝난 후 封禅泰山玉册(台湾 台北故宫博物院소장)과 纪泰山铭(일명 东岳封禅碑 또는 泰山唐摩崖로 칭함)을 남겼다. 이 때 突厥의 可汗도 함께 참여하여 제사를 올렸다. 封禅은 山西省 高平市 仙翁庙 소장의 唐玄宗封禪图에 묘사되어 있다. 이 옥책은 宋 3대 황제인 眞宗(赵恒, 서기 968년 12월 23일-서기 1022년 3월 23일)의 옥책과 함께 台北故宫博物院 소장품이다. 당 현종의 옥책은 白色阶

玉으로 모두 15简, 每一简의 길이는 29.5cm 정도, 폭 3cm, 두께 1cm로 상하 두 곳에 구멍을 뚫어 금실로 이었으며 옥책에는 隷書로 135字가 새겨져 있으며 끝에는 두자의 楷书로 "隆基"라는 글이 새겨져 있다. 唐玄宗玉册祭文은 문장에서 글에 이르기 까지 玄宗 본인이 开元 13년(서기 725년, 11월 乙丑년)에 완성한 것으로 宋真宗玉册祭文도 大臣 冯拯이 撰·写하고 글은 真宗 본인이 완성한 것이다. 이 唐玄宗玉册祭文은 서기 1931년 民国의 馬鴻逵(서기 1892년 3월 9일-서기 1970년 1월 14일, 中华民国軍事將領)이 태산 하에서 발견한 것이다. 서기 1971년 马鸿逵이 죽고 나서 이 옥책은 台湾国民政府에 기증되어 台北故宮博物院에 보관된 후 지금에 이른다.

《纪泰山铭》은 唐 开元 14년(서기 726년) 9월 唐 玄宗 李隆基가 泰山에서 封禅大典을 치른 후 撰书한 碑刻铭文으로 泰山의 观峰 摩崖에 새겨졌다. 높이는 13.20cm, 폭 5.3m로 글은 隷书로 24行, 滿行 51字, 现存 1008字가 남아있다. 글자의 크기는 16cm×25cm, 額题는 "纪泰山铭" 隷书로 從으로 2行 4字가 쓰였으며 글자의 크기는 45cm×56cm이다. 开元 13년(서기 7254년) 唐 玄宗이 国力을 선양하기 위해 각종 색깔의 말 각 1,000필을 고르고 泰山에 오를 부대를 조직한 후 封禅大典을 거행하였다. 封泰山神을 天齐王으로 봉하고 大观峰下 굴의 《纪泰山铭刻石》에는 唐 玄宗의 神奇한 封禅故事와 皇家秘史가 기재되어 있다. 《纪泰山铭刻石》의 上面은 唐 玄宗 李隆基이 친필로 이를 비에 새긴 铭文으로 泰山은 野外历史博物馆이 된다.

宋 3대 황제인 真宗 赵恒(서기 968년 12월 23일-서기 1022년 3월 23일)은 大中祥符 元年(서기 1008년)에 开封에서 출발해 泰山岱顶에서 封祭祀、社首山에서 禅祭祀를 올렸는데 秦始皇 嬴政、汉武帝 刘彻、

汉光武帝 刘秀, 唐玄宗 李隆基에 이은 마지막 禅祭이다. 祭文이 새겨진 真宗玉册祭文(台北故宫博物院 소장)은 大臣 冯拯이 撰·写하고 글은 宋 真宗 본인이 완성한 것이다. 宋 真宗의 봉선제사는 契丹(또는 Khitan, 辽)과 굴욕적인 澶淵之盟(서기 1005년 辽聖宗과 이를 막기 위해 北上하였던 송의 眞宗이 澶州에서 對陣하고 체결한 강화조약)후에 일어났고 大食国(阿拉伯帝国, 波斯语로 Tazi 혹은 Taziks로 씀)상인도 이 제사에 참여 하였다.이는 송나라 24공신중의 하나인 王旦이 5차에 걸쳐 上奏했기 때문이었다. 宋真宗封禅泰山玉册은 白色闪玉으로 모두 16简, 每简의 길이는 29.5cm, 폭 2cm, 두께 0.75cm이며 玉册의 상면에는 楷书로 모두 227字가 새겨져 있다.

그리고 泰山岱顶의 东南쪽에 宋摩崖碑가 있는데 宋 真宗이 泰山에서 封祭祀를 올릴 때 새긴《御制功德铭》인데 후일 明나라 翟涛가 그 위에 大书로 "德星岩"라고 써놓아 많이 훼손되었다. 현재 篆额은 "登泰山谢天书述二圣功德铭"이며 그 이후에도 磨崖上에 "泰山乔岳", "俯仰乾坤", "天柱东维", "只有天在上, 更无山与齐" 등의 大字题刻이 많이 새겨졌다. 또 西南 盘路변에 튀어나온 柱石의 南쪽 거대한 담장 같은 바위에《泰山神启跸回銮图》가 그려져 있어 东岳大帝 宋 真宗의 泰山神出巡 및 回宫하는 광대한 장면이 표현되어 있다. 宋真宗이 벽화를 포함하여 岱庙正中央의 중심 건물인 天贶殿을 지었는데 이는 故宫太和殿, 曲阜孔庙大成殿과 함께 中国古代三大殿 중의 하나이다.

《泰山神启跸回銮图》는 원래 宋代에 그린 한 폭의 거대한 壁画로 中国三大皇宫宫殿의 하나인 泰山岱庙天贶殿内에 봉안 되어 있으며 全图长 62m, 高 3.30m이다. 壁画题材는 '东岳大帝出巡和返回的壮观场面'이다. 여기에는 봉선제사에 참여한 인물 697인이 묘사되어 있다. 乾隆帝와 嘉庆朝의 诗人 张鉴이 壁画를 보고 題咏하여 "松柏那论旧, 丹青尚著新"、"石坛古柏来风雨, 画壁群神奉敦盘"라는 글을 남겼다. 岱庙壁画가 그려진 후 천 여 년 동안 金大定之火, 贞祐之兵, 元至元之乱, 明宣德、嘉靖之灾, 清康熙之震, 庙殿屡建屡毁 등의 수난을 맞았으며 지금의 벽화는 清 康熙 17년(서기 1678년) 岱庙의 重修 후 다시 그린 것으로 康熙의《重修岱庙履历记》碑文에 의하면 "大殿内墙、两廊内墙俱口(使)画工画像"이라 기재하였으며 又 泰安大汶口《刘氏族谱》에 의하면 "刘志学, 善丹青, 泰邑峻极殿(当时岱庙大殿之名)壁画, 即其所绘"으로 기재되어 있다. 차후 乾隆、同治年间에도 그림을 다시 손보았다.

4. 만리장성(The Great Wall: 문화, 1987):

기원전 221년 秦始皇 때 쌓기 시작하였고 明나라 초 서기 1378년 (洪武 11년) 塼을 이용해 현재의 모습으로 다시 쌓아 서기 1505년(弘治 18년)에 八達嶺을 쌓은 것을 비롯해 戚継光(서기 1528년-서기 1587년)과 譚綸이 塼을 이용해 서기 1575년(14대 神宗, 万历 3年) 완공을 보았다. 明長城은 동쪽 山海关(天下第一关, 老龙头 포함)에서 辽宁省 綏中県과 河北省의 分界處로 九江河를 가로지르는 九门口水上長城(또는 一片石关, 京東首关, 서기 1986년-서기 1989년 복원)을 포함해 서쪽 嘉峪关(天下第一雄关)에서 서쪽 嘉峪关까지 뻗어 있다. 그리고 甘肅省 敦煌市 西北쪽 약90km 떨어진 곳에 위치한 玉门关으로부터 서쪽은 西域이이라 부른다. 북경을 중심으로 하는 명나라의 장성은 다음과 같다.

北京以東: 虎山長城, 老龙头長城, 山海关
北京周辺: 司馬台長城, 金山嶺長城, 蟠龙山長城, 古北口長城, 大榛

峪長城, 黃花城長城, 慕田峪長城, 箭扣長城, 八達嶺長城, 水关長城, 居庸关長城, 挿箭嶺長城, 九门口水上長城

北京以西: 老牛湾長城, 楡林鎮北楼, 三关口長城, 騰格里砂漠長城, 丹峽口 長城, 嘉峪关, 河倉城, 玉门关, 阳关長城은 战国長城, 秦長城, 汉長城, 明長城과 辽宁古長城으로 나누어 생각할 수 있다. 長城은 战国長城, 秦長城, 汉長城, 明長城과 辽宁古長城으로 나누어 생각할 수 있다. 秦長城은 秦始皇이 33년(기원전 214年) 大将蒙恬을 파견해 북쪽 匈奴의 남하를 막으면서 서쪽으로 甘肃省 临洮县(현 临洮县 新添镇 三十墩村 望儿)에서 기원전 221년 战国時代의 통일 때까지 동쪽으로 辽东 碣石山(현 河北省 藁城, 昌丽县으로 추정하나 이론이 많음)에 이르는 甘肅省, 陝西省, 内蒙古自治区, 宁夏回族自治区, 辽宁省을 포함하는 만 여리의 長城축조를 포함한다. 이는 앞선 战国时期 秦, 赵, 燕 三国长城의 기초위에 만들어 진 것으로 현재 东西로 西吉, 固原, 彭阳의 三县, 固阳县의 城北 7km의 色尔腾山(阴山山脉의 西段 狼山의 以东으로 巴彦淖尔盟 乌拉特前旗 东北部와 乌拉特中旗의 东南部에 위치)上, 崇山을 포함하는 내몽고자치구의 赤峰(赤峰市 傲汗旗-建平县-朝阳은 처음 燕 장성임), 呼和浩特, 包头, 鄂尔多斯(오르도스Ordos/Erdos, 鄂尔多斯沙漠, 河套/河南)시 鄂托克旗 등지에서 진 장성의 흔적이 뚜렷이 발견된다. 이는 세계 7대 기적의 하나로 여겨진다. 중국에서 만들어진 장성의 총 길이는 서기 2009년도의 8,851.8km에서 서기 2012년 6월 6일에 21,196.18km로 늘여 공식 발표하고 있다.

明나라 이전의 城은 나무틀을 만들어 그 안에 진흙을 넣고 다지는 版築狀의 土城이며 그러한 성들은 汉·唐나라 때의 비단길과 연결

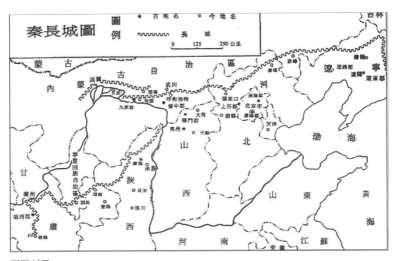

진장성도
中國文化硏究院(http://www.chiculture.net/1203/html/1203b04_02pop04.html)
에서 引用

된다. 그러나 서기 明 嘉靖 24년
(서기 1555년) 戚繼光장군이 倭寇
의 猖獗을 막기 위해 파견되었
고 그는 晉나라 때부터 있어왔
던 浙江省 台州府城(현 臨海市),
桃渚城과 新河城을 수축할 때
望樓와 군수물자의 보관을 위한

가평 달전 2리 위만 조선시대 토기
(필자 촬영)

空心敵台의 碉樓를 구축하고 성벽에 甕城과 비슷한 馬面을 설치
하였다. 이 성들은 홍수의 충격에도 견딜 수 있게 高溫에서 구운 靑
磚과 石材를 結構하고 그 사이에 회칠을 발랐다. 이러한 성벽은 中
国国家博物馆 所藏의 '太平抗倭图'(224cm×180cm)에 잘 묘사가 되어
있으며, 서기 2003년 河北省 秦皇島市의 발굴 때 명나라의 石碑가
발견되었는데 여기에 戚継光(서기 1528년-서기 1587년)과 譚綸이 搏을

세계문화유산 -글로벌 文化史의 理解-

이용해 서기 1575년(14대 神宗, 万历 3年) 완공을 본 長城의 건설에 참여한 명단이 수록되어 있었다. 空心敵台의 碉樓는 明 長城의 기본 틀이 되었다. 이를 '오아시스 길'이라고도 한다. 이는 天山北路와 天山南路(西域北路) 그리고 西域南路 등 세 경로가 있다.

1. 天山北路: 西安(長安)-兰州-武威-張掖-嘉峪关-敦煌(阳关鎮, 玉门关 포함)-哈密(Hami, Kumul)-乌鲁 木齐(Urimqi, Urumqi, Ürümqi)-伊宁(Yining)-伊犁河(Yili He/Ili River)-알마타(Alma-Ata, Kazakhstan의 수도)-타시켄트(Tashikent, Uzbekistan의 수도)-아랄 해-카스피 해-黑海-동로마의 비잔티움(콘스탄티노플/이스탄불)

2. 西域北路(天山南路): 西安(長安)-兰州-武威-張掖-嘉峪关-敦煌(阳关鎮, 玉门关 포함)-哈密(Hami, Kumul)-吐鲁番(Turfan)-焉耆-库尔勒-库车-阿克苏-喀什(Kashi)-파미르高原(帕米尔高詢/蔥嶺, Pamir Mountians)-중앙아시아(中亚, 키르기즈스탄 /Kirghizsstan, 타지키스탄/Tadzhikistan/Tajikistan, 아프가니스/Afkhanistan/Afghanistan)-인도(India)/서아시아(西亚)

3. 西域南路: 西安(長安)-兰州-武威-張掖-嘉峪关-敦煌(阳关鎮, 玉门关 포함)-楼兰-若羌(Ruoqiang)-且末-尼雅-和田(Hotan)-喀什(Kashi)-파미르高原(帕米尔高詢/蔥嶺, Pamir Mountians)-중앙아시아(中亚, 키르기즈스탄/Kirghizsstan, 타지키스탄/Tadzhikistan/Tajikistan, 아프가니스탄/Afkhanistan/Afghanistan)-인도(India)/서아시아(西亚)

이 길도 중국 陜西省의 長安(西安)에서 宁夏回族自治区 黄河와 渭河의 서쪽 兰州, 武威, 張掖과 嘉峪关을 거치는 河西走(廻)廊을 지나 실크로드(絲綢之路)의 요충지인 甘肅省 敦煌 莫高窟에서 시작한다. 敦煌에서 哈密-乌鲁木齐-伊犁河-알마타-타시켄트-동로마

로 가면 天山(Tian Shan)北路, 西安-敦煌-哈密-吐魯番(高昌国의 수
도)-焉耆-库尔勒-庫車(亀玆国)-阿克苏-喀什(Kashi/Kashkar/Kashgar)
을 가면 西域北路(天山南路), 西安-敦煌-楼兰-若羌-且末-尼雅
-和田-喀什으로 가면 西域南路가 된다. 喀什(Kashi)에서는 파미르
고원(Pamir Mountians)을 지나 키르기즈스탄/Kirghizsstan, 타지키스탄/
Tadzhikistan/Tajikistan, 아프가니스탄/Afkhanistan/Afghanistan을 거치
면 터키의 비잔티움(콘스탄티노플/이스탄불), 이란과 인도의 세 방향
으로 나아갈 수 있다. 이들은 모두 新疆省 維吾尔自治区와 甘肅省
에 위치하며 天山山脈(최고봉은 公格尔山으로 海拔 7,719m임, 托木尔峰
/Tömür/tomur는 7,000m), 타림 분지(塔里木盆地, Tarim Basin)와 타크라마
칸 사막(塔克拉瑪干沙漠, Takla Makan Desert)을 피하거나 우회해야 하기
때문에 만들어진 것이다.

   또 明 3대 成祖(朱棣, 永乐 서기 1403년-서기 1424년, 서기 1420년 紫禁
城을 완공) 때 宦官 郑和(云南省 昆阳人, 서기 1371년/1375년-서기 1433
년/1435년)에 의해 서기 1403년 南京 龙조선소에서 제작된 300여 척
의 배로 조직된 선단으로 서기 1405년-서기 1423년의 18년 동안 7차
에 걸쳐 개척된 뱃길은 江苏省 苏州 刘家河 太倉市를 기점으로 자
바(Java/Jawa, 爪蛙)→ 말라카(Malacca/馬來西亞의 馬六甲)→ 싱가포르(新
加坡)→ 수마트라(印度尼西亞)→ 세이론(斯里兰卡)→ 인도(印度)의 말
라바[캘리컷(Calicut), 페르시아 만의 Hormuz], 짐바브웨를 거쳐 오늘날의
아프리카와 紅海(Red Sea) 입구인 예멘의 아덴(Aden)과 케냐의 말린디
(Malindi)까지 도달했던 것으로 추측된다. 서기 2013년 3월 13일(수) 챠
푸르카 쿠심바(Chapurukha Kusimba, The Field Museum)와 슬로안 윌리엄
스(Sloan Williams, the University of Illinois-Chicago)가 이끄는 합동조사단이
케냐의 만다섬(Kenyan island of Manda)에서 중국 명나라 때의 永乐通宝

[서기 1408년(永乐 6年) 南京과 北京에서 錢局을 설치하여 永乐通宝의 주조를 시작하고 서기 1411년(永乐 9年) 浙江、江西、广東、福建에도 錢局을 설치·발행하여 明나라 전역에서 사용하게 함를 발견했다는 미국 일리노이주의 시카고 필드박물관(The Field Museum in Chicago)의 발표가 있었다. 그리고 중국 元나라에서 만들어진 세계지도인 混一彊理图/大明混一图[복제품은 混一彊理历代国都地图로 朝鮮 太宗 2년 서기 1402년 것임, 마테오리치와 李之澡의 坤與万国全图(서기 1602년)는 서울대박물관 소장으로 보물 849호임]가 제작된 것으로 추측되기도 한다. 중국 明나라에서 이슬람 세계로 나가는 중요한 교역품은 비단과 함께 青华白磁였다. 이는 이슬람 지역으로부터 얻어온 코발트(1300℃에서 용융) 안료, 당초문이 중국의 질 좋은 高嶺土와 결합해서 나타난 문화복합의 結晶体이다.

그리고 중국의 문명과 인종의 기원을 밝히는 연구가 실크로드(비단길)에서도 확인된다. 실크로드(비단길, 絲綢之路)란 용어는 서기 19세기 독일의 지리학자겸 여행가인 바론 페르디난트 폰 리히트호펜(Baron Ferdinand von Richthofen, 서기 1833년-서기 1905년)이 처음 언급하였는데 이는 중국의 비단이 서방세계로 전래되었음을 밝히는데서 비롯된다. 이 길이 처음 개척된 것은 기원전 139년-기원전 126년 사이 前汉(기원전 206년-서기 8년) 7대 武帝(기원전 141년-기원전 87년)의 사신으로 匈奴, 月氏(大月氏国, 현 아프카니스탄/Afghanistan/阿富汗 지역), 大夏国(현 이란/Iran/伊朗 지역의 大月氏国의 이웃). 身毒国(현 印度/India 지역), 乘象国(현 미안마/Myanmar/緬甸, Elephant riding kingdom), 烏孙(현 키르기스스탄/Kirghizstan 지역), 大宛(현우즈베키스탄/Uzbekistan 지역), 康居国(현 우즈베키스탄/Uzbekistan과 이락/Iraq 사이의 북쪽지역), 安息国[기원전 247년-서기 224년, 阿薩息斯王朝/帕提亞帝国으로 옛 페르시아/波

斯地区古典时期의 한 王朝로 현 이란근처임, 기원전 53년 宣帝 甘露 1년 안식국은 로마제국과 전투가 있었는데 당시 로마旗는 중국의 비단으로 제작되었고 당시 중국은 그리스와 로마인들로부터 비단을 의미하는 Seres/Serica/賽里斯로 불리움]과 樓栏(汉나라 때에는 金城임) 등의 西域에 다녀오면서 汗血宝馬/天馬, 포도와 석류 등의 西域 물품을 가져온 張騫(?-기원전 114년, 이 공로로 河南省 南阳市 博望鎭을 分封받음)에 의해서이다. 그 결과 汉 武帝-召帝-宣帝 때 운영된 甘肅省 敦煌市 懸泉置遺址는 兰州, 武威 張液, 酒泉과 敦煌을 포함하는 河西回廊의 長安-天山간 실크로드(絲綢之路) 상에 위치한 大型驛站이 중요하다. 그리고 甘肅省 敦煌市 西北 约 90km 떨어진 곳에 위치한 玉门关으로부터 서쪽은 西域이라 부르며 敦煌의 莫高窟에는 장건이 서역으로 떠나는 장면의 벽화도 남아있다. 그리고 武帝는 張騫에 이어 두 번째로 史记의 저자인 35세의 司馬迁을 巴蜀 지역 에 보내 成都→双流→新津→邛崃→名山→雅安→榮經→汉源→越西→喜德→冕宁→西昌→攀枝花→云南 大理→哀牢国(傣族先民이 怒江-澜沧江流域에 建立한 部落联盟国家)→古滇国[《史记·西南夷列传, 使將軍莊蹻將兵循江上, 略近蜀黔中以西。至滇地方三百里, 旁平地肥沃數千里, 以兵威定屬楚」》에 나오며 楚 頃襄王時 莊蹻가 連克且兰(지금의 貴州省 福泉市 일대)와 夜郎(지금의 貴州省 桐梓县 일대)를 정복하고 바로 滇池(지금의 雲南省 昆明市 一帶), 云南 江川县 李家山 일대에 살던 彝族人위에 세운 나라로 한 무제 때 하사한 金印 '滇王之印'이 남아있고 后 汉 明帝 永平 12년(서기 69년) 한나라에 귀속하였다]→乘象国(현 미얀마/Myanmar/緬甸)→身毒国(印度)의 제 1루트와 成都→彭山→乐山→鞭殉→宣賓→高県→錫連→豆沙芙→昭通→曲靖→昆明→哀牢国(傣族先民이 怒江-澜沧江流域에 建立한 部落盟国家)과 古滇国→身毒国(印度)에 이르는 제 2루트의 서

남방의 실크로드(絲綢之路)를 자세히 기술하게 하고 있다.

 이는 앞서 장건이 大夏国의 시장에서 발견한 四川에서 身毒国(印度)을 거쳐 수입된 蜀布와 四川 邛山 竹子인 邛竹杖 때문이다. 그 결과 汉나라는 后汉 明帝 永平 十二年(서기 69년)부터 이 서남방의 絲綢之路를 개척하고 또 앞서 西汉 汉 武帝 元鼎(기원전 116년-기원전 111년으로 汉 武帝의 5번째의 年号) 六年(기원전 111년) 广東省 湛江市 徐闻県에 세운 국제무역항인 徐闻港과 함께 한나라의 무역을 크게 확대시켜나갔다. 그러나 비단길을 확대하는 과정에서 이민족과의 충돌도 잦았던 모양이다. 그 한 예로 서기 1995년 10월 中日조사단이 타크라마칸(塔克拉馬干) 사막 남쪽 新疆維吾尔自治区民 民豊県 喀巴阿斯卡村 尼雅 유적[伊瑪木加法尔薩迪克大麻紮(墳墓)로 赫赫이라고 함, 東汉時期에는 鄯善에 속하며 精絶国의 故址임)에서 부부가 묻혀있는 長方木棺墓(2.2m×0.98m)를 발굴하였는데 그 안에서 목제 빗(梳), 瑞獸汶錦袋와 錦枕이 출토되었다. 특히 남자의 시신에서 화살을 쏠 때 왼쪽 팔을 보호하는 織錦의 护膊와 바지가 나왔는데 면직물의 표면에 '五星出東方 利中国 討南羌'이 새겨져 있었다. 이는 司馬迁의 史记 天官書, 汉書와 后汉書에 보이는 '五星(土星, 木城, 水星, 火星, 金星)出東方 中国大利 蠻夷大敗 積干西方 外国用兵子利'란 글을 옮긴 것이며 이의 역사적 배경은 西 汉 宣帝 元康 4년(기원전 62년) 비단길을 방해하고 반란을 일으킨 南羌族을 토벌하기 위해 한무제 때 활약하던 李广利(?-기원전 88년) 장군을 따라 匈奴族을 토벌한 경험이 많았던 76세의 赵忠国 장군을 파견할 때로 보인다.

 그 지역들은 훼르가나, 소그디아나, 박트리아, 파르티아(Parthia, 기원전 247년-서기 224년)와 북부 인디아 등지로 여겨진다. 비단길/絲綢之路은 '초원의 길'과 '오아시스 길'의 둘로 나누어진다. 초원의 길은 비잔티움[콘스탄티노플/이스탄불, 또는 오스만 투르크 제국(서기 1299년-서기 1922년)의 前 首都인 에디르네(Edirne)]-흑해-카스피해-아랄해-타시켄트(Tashikent, Uzbekistan의 수도)-알마타(Alma-Ata, Kazakhstan의 수도)-이닝(Yining, 伊宁)-우룸치(Urumchi, 烏魯木齊)-카라코룸(Karakorum/하라호룸)-울란바토르(Ulan Bator)를 지난다. 다시 말해서 옛 소련의 중앙아시아 초원지대·외몽고·중국을 잇는 북위 35°-45° 부근을 지나는데 이 길을 통해 기원전 7세기-기원전 2세기경 동물문양, 무기와 마구로 대표되는 스키타이 기마민족들에 의해 메소포타미아와 흑해연안의 문화가 동쪽으로 전래되었다.

중국의 汉/唐 나라와 로마 제국과의 만남은 필연적이다. 다시 말해 비잔티움(콘스탄티노플/이스탄불)과 西安[長安, 西安 唐의 大明宮 南门인 朱雀门 남쪽으로 뻗어있는 朱雀大路 서쪽에 위치한 당시 실크로드/絲綢之路의 시발점인 西市의 遺址에 현재 陝西省 西安市 大唐西市博物馆이 들어서 있음↔安息国(현 이란/伊朗과 이라크/伊拉克지역, 阿薩息斯王朝 혹은 帕提亞帝国, Emperâturi Ashkâniân: 기원전 247년-기원전 224년)↔羅馬/大秦/Roma]이 시발점과 종착역이 된다. 실크로드의 가장 중요한 상품 중의 하나는 비단이다. 세레스 지역에서 전래된 비단으로 만든 토가라는 옷[수메르의 투그(tug)에 기원을 둔 그리스의 긴 옷인 페프로스(peplos)와 비슷한 것으로 로마에서는 이를 토가(toga)나 세리카(sarica/serica, silken garments)로 부른다]은 로마 시민의 마음을 사로잡았다. 비단길을 통해 중국에서 서역으로 제지술, 인쇄활자 프린트, 도자기, 나침판과 화약이 가고, 서역에서는 유약, 유리 제조술, 유향, 몰약(myrrh, 향기 있는 樹脂), 말, 쪽 빛나는 靑华白磁 顔料(cobalt blue), 호도, 복숭아, 면화, 후추와 백단향 등이 중국으로 들어왔다. 이 비단길을 통해 교역뿐만 아니라 인도의 불교, 동로마 제국(비잔틴 제국)의 기독교(景教),

페르시아의 마니교(페르시아의 마니가 서기 3세기 경 제창한 종교)와 조로아스터교(拜火敎), 그리고 이슬람교(回敎)까지 들어와 예술과학과 철학을 포함하는 문화의 교류도 함께 있었다.

汉나라의 海上絲綢之路/실크로드의 시발점은 广東省 湛江市 徐聞県 二桥村과 遂溪県 仕尾村(大汉三墩港口, 汉 武帝의 徐聞県城이 위치)의 徐聞港→ 인도(Maharashtra 주의 Kãrli 동굴사원 石柱에 새겨진 로마상인의 돈의 기부 흔적)→ 미얀마/버마(緬甸)의 퓨/뷰 고대도시(Pyu Ancient cities, 驃城邦 중 驃国)→ 베트남(오케오와 겟티 유적에서 나타난 로마상인의 흔적)→ 로마[羅馬, 汉나라에서는 大秦으로 부름, 서기 166년경, 紅海(Red sea) 연안의 베로니카(Veronica) 항구]를 잇는 해상 비단교역로도 최근 밝혀지고 있다.

베트남의 롱수엔(Long Xuen)에서 30km 떨어진 안 기안(An Gian) 주, 토이(Thoi) 현, 사파바(Sap-ba) 산록의 오케오(Oc Eo) 유적의 발굴 결과 이곳에서 로마의 주화와 중국의 거울, 인도어로 써진 '취급주의'와 '귀중품'이라는 物標가 나오고 있다. 그래서 이곳이 서기 50년-서기 500년 사이의 Phu Nam 왕국(Phu Nam/Funan 왕국, 베트남 남쪽과 캄보디아의 扶南王国)의 항구도시로서 인도와 중국의 중계무역이 이루어지고 있었음을 확인할 수 있다. 이는 서기 14년에 죽은 로마 초대 황제인 아우구스투스(기원전 27년-서기 14년 재위) 灵庙의 입구 동판에 써진 업적 중 그가 황제로서 한 최초의 일이 인도 사신을 접견한 것이었다고 기록해 놓은 데서도 알 수 있다. 이 교역로는 로마인들의 비단에 대한 욕구에서 비롯된 것이다.

그리고 최근 이집트의 紅海(Red sea) 연안의 베로니카(Veronica) 항구의 조사결과 베로니카 항구를 중심으로 로마인들이 Cleopatra VII세(기원전 69년-기원전 30년 8월 12일)의 사후 이집트를 식민지화한 이후 서기 476년 서로마 제국이 멸망할 때까지 약 400년간 인도양을 거쳐 아프카니스탄, 파키스탄, 인도 등지와 다국적 국제무역을 해온 사실을 알 수 있었다. 무역품은 주로 향신료, 감송향(甘松香), 몰약, 후추, 상아와 옷감(특히 로마에서 아우구스투스 황제 때로 추정되는 석관에서 발견된 8살 여자의 미라와 함께 인도인형과 중국 산동성 동남 지방의 Lu Brocade 수공예 직조의 비단옷이 발견됨), 사파아우 비단 등이었다. 그리고 와디 기말(Wadi Gimal), 시케이트(Sikeit), 누크라스(Nuqrus), 하마마트(Hammamat)와 게벨 자바라(Gebel Zabara)와 같이 이집트 동부의 홍해 연안 사막 깊숙이에서 에메랄드(Marsa Alam 지역의 Cleopatra Mines/몬스 스마라그도스 Mons Smaragdus가 로마 제국의 유일한 에메랄드광산으로 잘 알려짐), 사파이어(스리랑카), 자수정(인도 코두마날)과 금 등의 천연자원도 독점·채굴해 서쪽의 스코틀랜드의 빈돌란다 요새에서 동쪽으로 요르단의 페트라와 바쉬르 성, 시리아의 팔미라 지역까지의 로마 영역 내에서 활발한 교역을 행했던 모양이다. 이와 같은 사실은 와디 하와메트, 셴세프, 베레니케와 나일 강 유역의 서기 50년 이후 형성된 기독교 집단인 곱트(Copt, 그리스어로 이집트인을 의미하는 Aegyptios/Aigyptos의 와전 임) 유적 등에서 얻어진 그리스, 나전어, 곱트어, 시리아어, 인도의 바라문(Brahman)어 등의 11개의 언어로 파피루스에 써진 당시의 각종 항해 기록, 세관(서기 90년 5월) 기록과 陶片(Ostraka) 등에 의해 확인되고 있다. 또 인도에서 수입한 다이아몬드로 유리 표면을 깎아서 오늘날의 크리스탈(crystal, cut glass)처럼 만든 유리제품과 틀을 이용해 만든 캐스트 그라스(Roman cast glass) 등으로 잘 알려진 로마의 유리 제조는 유명하다. 로마의 유리는 납을 많이 섞는 중국의 것과 달리 가성소다를 넣어 특색이 있으며, 이러한 로마의 유리제품이 실크로드를 따라 신라까지 전파되어 금관총, 서봉총, 황남대

총 남분과 북분(155호분, 凤首形 유리병), 황남동 98호분(남·북분) 등 멀리 新羅의 積石木槨墳에서도 발견되기도 한다. 庆州 월성군 외동리 소재 新羅 38대 元聖王의 掛陵(사적 26호, 서기 785년-서기 798년)의 石像(보물 1427호), 41대 憲德王陵(서기 809년-서기 826년, 사적 29호), 42대 興德王陵(서기 826년-서기 836년, 사적 30호)의 무인석상과 경주 용강동 고분(사적 328호) 출토 土俑도 실크로드를 따라 중국 隋(서기 581년-서기 618년)와 唐(서기 618년-서기 907년)나라 때의 胡商인 소그드(Sogd/Soghd)들의 영향으로 생각된다.

그래서 이 비단길/오아시스 길을 통해 중국의 汉·唐나라와 로마 제국과의 만남은 필연적이다. 또 명나라 때 북방의 몽고족은 중국과의 교역이 필요해 馬市라는 형태로 시장을 개방해달라고 계속 요구해 왔고 그것이 충족되지 않을 때는 장성을 넘어 공격해 오곤 하였다. 明 6대 및 8대 正統帝(永宗, 正統, 서기 1427년-서기 1464년, 서기 1436년-서기 1449년 재위) 14년 서기 1449년에 몽고계 오이라트(Oirāt, 瓦剌部) 족장인 에센칸(也先台吉, 군사령관인 太師였다가 北元 28대 대칸이 됨, 서기 1453년-서기 1454년 재위)이 山西省 大同으로 공격해와 정벌에 나선 永宗이 오히려 몽고군에 피랍되는 사건(土木之変, 土木堡之変)도 그 한 예로 들 수 있다. 그는 다시 7대 景宗(景帝, 景泰, 朱祁钰, 제 5대 宣宗의 次子, 서기 1449-서기 1456년)에 이어 8대(重祚, 天順, 서기 1457년-1464년)로 다시 재위한다.

그런데 正統/永宗→ 景泰/景宗→ 天順/永宗년간의 土木之変에 元(서기 1206년-서기 1368년)대 중기에 처음 나타나기 시작하여 明의 宣德(서기 1426년-서기 1435년)과 成化(서기 1465년-서기 1487년)年間에 매우 우수한 青华白磁가 많이 제작된다. 明나라 초 서기 1378년(洪武 11년) 塼을 이용해 현재의 모습으로 다시 쌓아 만든 万里長城의

城墙아래와 북경시대 元나라의 수도인 大都의 지하유구에서 서기 1970년대에 많이 출토되어 복원된 元代의 青华白磁와 明나라의 宣德(明 5대 宣宗 朱瞻基, 서기 1399년 2월 25일–서기 1435년 1월 31일, 서기 1426년–서기 1435년 재위), 成化(서기 1465년–서기 1487년)와 嘉靖(서기 1522년–서기 1566년)年間에 江西省 景德鎭市(일개 地級市에 해당) 景德鎭 珠山 明代御器厂窯(太祖 건국 11년, 서기 1378년 浮梁県衙, 瓷稅房 등 설치) 遺址(현 景德鎭市 政府청사 부근)에서 자기 제작 중 불합격품으로 파기된 파편들을 서기 1982년–서기 1983년 에서 발굴·수습된 파편들을 복원한 青华云龙紋蟋蟀罐(귀뚜라미를 담던 청화백자 그릇으로 특히 明 5대 宣宗 朱瞻基때 특별히 제작되어 애용됨), 青华凤紋蟋蟀罐, 青华白鷺黃鶴蟋蟀罐, 青华松竹梅紋蟋蟀罐, 青华蟬罐, 青华双聯罐, 青华烏食罐, 青华蟾形五毒紋文烏食罐, 青华螭龙紋硯滴, 青华果盤, 青华龙紋僧帽狀壺, 藍地白魚藻紋靶盞(이상 景德鎭御窑博物馆 소장)들 이외의 각종 청화백자들도 현재 北京의 首都博物馆과 紫禁城의 古宫博物院 등에 전시되어 있다.

그래서 이 비단길/오아시스 길을 통해 중국의 汉·唐나라와 로마 제국과의 만남은 필연적이다. 또 명나라 때 북방의 몽고족은 중국과의 교역이 필요해 馬市라는 형태로 시장을 개방해 달라고 계속 요구해 왔고 그것이 충족되지 않을 때는 장성을 넘어 공격해오곤 하였다. 明 6대 正統帝(英宗, 正統, 서기 1427년–서기 1464년, 서기 1436년–서기 1449년 재위) 14년 서기 1449년에 몽고계 오이라트(Oirāt) 족장인 에센칸(군사령관인 太師였다가 北元 28대 대칸이 됨, 서기 1453년–서기 1454년 재위)이 山西省 大同으로 공격해와 정벌에 나선 英宗이 오히려 몽고군에 피납되는 사건(土木之変, 土木堡之変)도 그 한 예로 들 수 있다. 그는 다시 7대 景宗(景帝, 景泰, 朱祁鈺, 제 5대 宣宗의 次子, 서기

1449-서기 1456년)에 이어 8대(重祚, 天順, 서기 1457년-서기 1464년)로 다시 재위한다.

그런데 正統/永宗→景泰/景宗→天順/永宗년간의 土木之変에 元(서기 1206년-서기 1368년)대 중기에 처음 나타나기 시작하여 明의 宣德(서기 1426년-서기 1435년)과 成化(서기 1465년-서기 1487년)年間에 매우 우수한 青华白磁가 많이 제작된다. 明나라 초 서기 1378년(洪武 11년) 塼을 이용해 현재의 모습으로 다시 쌓아 만든 万里長城의 城墻아래와 북경시대 元나라의 수도인 大都의 지하유구에서 서기 1970년대에 많이 출토되어 복원된 元代의 青华白磁와 明나라의 宣德(明 5대 宣宗 朱瞻基, 서기 1399년 2월 25일-서기 1435년 1월 31일, 서기 1426년-서기 1435년 재위), 成化(서기1465년-서기 1487년)와 嘉靖(서기 1522년-서기 1566년)年間에 江西省 景德鎮市(地级市) 景德鎮 珠山 明代御器厂窑(太祖 건국 11년, 서기 1378년 浮梁県衙, 瓷稅房 등 설치) 遺址(현 景德鎮市 政府청사 부근)에서 자기 제작 중 불합격품으로 파기된 파편들을 서기 1982년-서기 1983년의 발굴 중 수습해 복원한 青华云龙紋蟋蟀罐(귀뚜라미를 담던 청화백자 그릇으로 특히 明 5대 宣宗 朱瞻基때 특별히 제작되어 애용됨), 青华凤紋蟋蟀罐, 青华白鷺黃鶴蟋蟀罐, 青华松竹梅紋蟋蟀罐, 青华蟬罐, 青华双聯罐, 青华烏食罐, 青华蟾形五毒紋文烏食罐, 青华螭龙紋硯滴, 青华果盤, 青华龙紋僧帽狀壺, 藍地白魚藻紋靶盞(이상 景德鎮御窑博物馆 소장)들 이외의 각종 청화백자들도 현재 北京의 首都博物馆과 紫禁城의 古宮博物院 등에 전시되어 있다.

명나라 때 嘉靖(서기 1522년-서기 1566년, 11대 世宗 朱厚熜 年号)연간 嘉峪关을 통해 출입한 외국의 王들은 74명, 고위층 사신은 290명에 이르며 그들은 奧斯曼(오스만, 魯迷)帝国, 突厥, 蒙古, 波斯(페르

만리장성(필자 촬영)

만리장성 동쪽 끝 老龙頭(山海關의 끝, 필자 촬영)

시아), 栗特(소그디아나), 阿拉伯(아라비아), 希臘, 葉尔羌汗国(Yarkand Khanate, 야르칸드 칸국) 등 21여 개국, 9개의 언어가 사용되었다고 한다. 이는 蒙古山水地图(내몽고박물관 소장, 帳長 30.12m, 폭 0.59m, 絹本)에 보인다. 그리고 利瑪竇/马泰奥·里奇(意大利语: Matteo Ricci, 서기 1552년 10월 6일–서기 1610년 5월 11일)가 쓴 利瑪竇中国札记, 微州府祁门県江龙帖(中国国家博物馆 소장)과 万历年潔大魚清册(中国国家博物馆 소장)에는 肅州(甘肅省 酒泉市)와 기타 絲綢之路)의 도시에선 실크로드(비단길, 絲綢之路)를 따라온 외국상인과 현지여성 사이 국제

결혼이 성했다고 전한다. 물론 이들은 요즈음의 비자인 嘉峪关关照印版(嘉峪关長城博物馆 소장)를 얻어야만 입국할 수 있었다. 당시 그들의 주요 수입품은 龙泉窑靑磁注子(Turkey Topkapi Palace museum 소장), 龙泉窑陰刻花葡萄紋大盤(古宮博物馆 소장), 白磁梅瓶(天津博物馆 소장), 靑花主相花紋葡萄芦扁瓶(嘉靖 11년, 서기 1532년, 景德鎭御窑厂燒制) 등이었다.

5. 秦始皇陵(Mausoleum of the First Qin Emperor: 문화, 1987):

秦始皇은 진나라를 기원전 246년-기원전 210년에 통치하였으며 기원전 221년 战国時代를 통일하였다. 그의 무덤은 섬서성 임동현 여산(陝西省 臨潼県 驪山)에 위치하며 발굴에서는 보병의 1호(11열로 배치, 1열은 230m임), 각렬의 보병, 궁수·전차와 기마부대의 2호, 그리고 지휘통솔부의 3호의 兵馬坑이 확인되었다. 그리고 최근 중앙 왕릉 근처에서 발견된 80여 개의 坑 중 이어 만든 갑옷인 石製札甲만 수백 벌을 매장한 坑이 새로이 발굴·조사 중이다. 이는 진시황이 전사자들의 영혼을 위로하기 위해 매장한 것으로 추측된다. 그리고 이 묘는 진시황이 기원전 247년 13세로 등극하자마자 만들기 시작해 50세에 죽을 때까지 완성을 보지 못하였다. 그리고 그의 능도 기원전 207년 楚의 霸王 項羽(또는 項籍: 기원전 232년-기원전 202년)에 의해 도굴 당했으며 그 속에서 가져온 보물의 일부는 애첩 虞美人에게로 흘러 들어간 것으로 여겨진다. 그리고 秦始皇帝의 兵馬坑은 다음 汉나라에서도 계속 만들어졌는데 汉 武帝 父親이며 汉 阳陵 主人인 景帝墓(기원전 188년-기원전 141년 3월 9일, 汉朝 第6대 皇帝로 기원전 157년 7월 14일-기원전 141년 3월 9日 在位, 무덤은(汉 景帝 5년/기원전 153년 正月/혹은 3월에 만들기 시작해서 景帝 死后 3년/기원전 141년 완공) 西

진시황릉 병마갱(1호 및 3호, 필자 촬영)

安考古所에서 서기 1998년 10여 곳의 陪葬坑, 서기 2004년, 西安考
古研究所에서 陵区内의 丛葬坑(部分)、陪葬墓园、祭祀建筑 등을
발굴하고 汉阳陵考古陈列馆과 帝陵 外葬坑保护展示厅 등을 세
웠다), 陕西省 咸阳市 楊家湾에서 발견된 4·5호묘(이들은 周勃과 周

진시황릉 병마갱(1호 및 3호, 필자 촬영)

亞夫 父子묘로 기원전 195년 죽은 汉高祖 무덤인 長陵의 陪葬墓로 추정된
다. 서기 1970-서기 1976년 발굴)와 江苏省 苏州 西樵山에서 서기 1988
년-서기 1995년 발굴된 諸侯国 楚나라 3대 왕인 刘禹(기원전 155년에
일어난 吳楚七国의 亂이 실패하여 기원전 154년 35세 나이로 자살, 이 때는
西汉 6대 景帝 刘啓 前元 3년임)의 것이 잘 알려져 있다.

　기원전 247년부터 만들기 시작해 38년이 걸린 전체 면적 56.25km^2
내 封土墳만 25만m^{2}의 범위를 가진 秦始皇陵의 地下高樓(궁전, 무
덤)를 찾기 위한 물리적 탐사가 서기 1981년 水銀의 함유량 조사 이
후 계속 진행되고 있는데 서기 2002년부터 836물리탐사계획 탐사(단
장은 刘土毅, 考古隊長은 段淸波임)에서 진시황릉의 槨室(墓室) 주위에
보안과 봉토를 쉽게 쌓기 위한 동서 145m, 남북 120m, 높이 30m의
담장을 두르고 그 위에 전체 三段의 구획에 각단 3개의 계단을 갖은
모두 9개의 層段(무덤 하변의 폭 500m, 묘실 바닥에서 봉토까지 전체 높이
115m, 계단 한 층의 높이 3m, 각 계단 폭 2.5m)을 갖고 각 계단의 끝에는

개와를 덮은 極數인 9층의 樓閣지붕을 가진 목조건물의 피라미드 구조가 확인되고 있다. 그 구조 위에는 6-7cm로 다진 版築의 細夯土(封土下 30-40cm에서 발견됨, 묘실 위에는 40-60cm의 두께의 粗夯土로 덮여 있음)로 다진 후 봉토로 덮고 그 위에 享堂(祠堂, 墓上享堂)의 祭祀用 목조 건물을 세운 것으로 밝혀지고 있다. 이는 中国社會科學院 考古研究所 楊鴻勛 硏究員의 생각이기도 하다. 이와 같은 형태는 河北省 平山県 城北 灵山下에서 서기 1974년-서기 1978년에 발굴된 战国 말기 中山国 5대 중산왕릉(기원전 323년)에서 그 기원을 찾아볼 수 있다고 한다. 이 중산왕릉이 만들어진 50년 후 진시황릉이 만들어지게 된다. 그렇다면 高句丽 輯安의 將軍塚의 기원도 밝혀질 수 있을 것이다. 묘실 안에는 司馬迁의 史记 秦始皇 本紀 第 六에서 언급된 바와 같이 인부 70만 명을 동원해 세 개의 모래층을 판 穿三泉을 한 후 槨(묘실)을 만들고 천장에서 天文(보석으로 별자리를 만든 것으로 추측), 바닥은 水銀(100톤 이상으로 추산)으로 中国의 지형에 따라 강과 바다를 만들고 人魚膏(고래기름)로 長明燈의 불을 밝혀 오래 가도록 하였다. 그리고 弓矢를 장착해 문이 열릴 때 자동적으로 발사하도록 장치를 갖추었다 한다. 수은은 지형 상 바다가 면한 동북쪽과 동쪽에서 많이 含有된 중국의 水界分布를 나타내고 있음이 밝혀졌다. 이는 시체와 부장품들의 腐敗를 防止하기 위한 목적도 있다. 현재 황릉에 대한 다각적인 연구가 진행 중이다.

6. 敦煌의 莫高窟(Mogao Caves: 문화, 1987):

絲綢之路 중 교역물증을 확실하게 알 수 있는 곳은 敦煌의 莫高窟(Mogao Caves, 속칭 "千佛洞"임, 서기 1987년 세계문화유산 등재)이다. 이 막고굴은 甘肅省 敦煌県 동남쪽 20km 떨어져 그 앞에는 月牙泉이

감싸고 있는 鳴沙山 斷崖에 北朝에서 元에 이르는 서기 4세기-서기 14세기 壁畵가 있는 동굴 사원으로. 祁連山脈 河西走(迴)廊의 마지막 종착역이며 실크로드(絲綢之路)의 시발점이다. 前秦 建元 2년(서기 366년) 乐僔和尙이 처음 이곳에서 굴을 만들기 시작하여 十六国의 前秦-北魏-隨-唐-五代-西夏(서기 1032년-서기 1227년)-宋-元(서기 1206년-서기 1368년)대의 16국에 이르기까지 계속되었다. 동굴 내 벽화는 4.5만m²에 이르며 세계적 미술의 보고이다. 이곳에는 北朝, 唐, 西夏 시기의 불교관계 벽화가 중심되어 있다. 막고굴에는 현재 洞窟 735개, 壁畵 4.5만m²、泥质彩塑 2415尊이 있어 世界에서 최대규모이다. 돈황은 渭河의 서쪽 兰州, 中衛, 武威, 張掖, 酒泉과 嘉峪关을 거치는 河西走(迴)廊을 지나 실크로드가 시작되는 요충지로 서기 1906년-서기 1909년 사이 프랑스 학자 폴 펠리오(Paul Pelliot, 伯希和, 서기 1878년 5월 28일-서기 1945년 10월 26일)가 서기 1908년 鳴沙山 千佛洞 莫高窟에서 蕙超(聖德王 3년 서기 704년-元聖王 3년 서기 787년)의 往五天竺国伝 2冊(서기 727년, 한행 27-30자 모두 227행, 프랑스 국립도서관 소장)을 발견한 바 있다. 현재 敦煌文物研究院(樊錦詩院長)에서는 莫高窟 98호굴의 벽화(佛画)로부터 50℃에서 소금기를 제거하고 벽화를 복구하는 작업이 진행 중이다.

그리고 서기 1944년 여름 막고굴 220호의 宋나라의 벽화를 모사할 때 북쪽 벽 구석 송나라 벽화아래에서 唐나라의 벽화가 새로이 발견되었는데 이 벽화는 중원에서 온 翟(적, 책)氏望族의 일원인 翟玄邁의 翟家窟의 願刹인 막고굴 220호가 그 당시 翟氏집안에서 출가한 道弘法師의 지휘·감독 하에 조성된 것으로 추측된다. 220호 내의 벽화는 中原에서 모셔온 画師의 작품들로 《維摩詰經変图》(唐, 길이 895cm, 폭 570cm, 높이 495cm), 《文殊菩薩受佛祖嘱託》, 《各国王子聽

法图》,《历代帝王图》(미국 보스톤 미술관 소장), 鮮卑族供养人像列(莫高窟 285호, 西魏)와 女供养人画像(61호, 唐)을 본떠 제작한 翟氏供养人画像(당, 220호) 등이 이를 대변해 준다. 翟玄邁의 원찰은 唐 太宗이 貞觀 14년(서기 640년) 侯君集으로 하여금 '西域古国高昌国의 亂'을 평정할 때 絲綢之路의 河西走(廻)廊을 지나고 현 돈황이 있는 沙州에 兵站을 만든 데서 비롯된다. 이곳에서 사용된 벽화의 안료는 靑金石(아프카니스탄, 回靑), 朱砂, 孔雀石, 雲母 등으로 모두 서역에서 온 것이다. 이 벽화들은 徵妙比丘尼画像(北周, 286호)와 阿彌陀經変画(당, 2228호)의 佛头에서 사용되던 안료와 같이 西域顔料, 中原에서 모셔온 画師와 沙州打窟人의 합작품이다. 또 벽화를 그리고 塑像을 만들 때 整修崖面-鑿掘-벽면에 麥, 棉花와 麻를 섞은 진흙(泥)과 그 위에 白灰를 바른 후 그림을 그리는 繪制壁画/塑像의 제작과정에서 도 서역과 중원의 기술이 융합된 슬기로운 면이 엿 보인다. 그리고 당나라 초기의 재상이자 유명한 화가인 閻立本(염립본, 서기 601년-서기 673년 11월 14일)의 작품인《历代帝王图》의 亞流도 보인다. 이곳에서 그림을 그릴 때 사용하던 여러 가지 안료의 원료인 천연광물과 硯(研)도 발견되어 현재 敦煌博物馆에 전시중이다. 敦煌 莫高窟은 大同 云冈石窟, 洛阳 龙门石窟, 重庆 大足石窟과 함께 중국 4대 석굴의 하나이다.

이곳에서 그림을 그릴 때 사용하던 여러 가지 안료의 원료인 천연광물과 硯(研)도 발견되어 현재 敦煌博物馆에 전시중이다. 敦煌 莫高窟은 大同 云冈石窟, 洛阳 龙门石窟, 重庆 大足石窟과 함께 중국 4대 석굴의 하나이다.

이 敦煌 莫高窟은 1944년, 国立敦煌艺术研究所成立(常书鸿 所长, 서기 1950년 敦煌文物研究所를 위한 国立敦煌艺术研究所로

개칭. 1951년 文化部에서 위촉한 梁思永, 夏鼐를 포함한 清华大学、北京大学、古代建筑修整所의 古建、考古专家, 勘察莫高窟을 조사한 후 保护规划을 제정하고 10년간에 걸쳐 5개의 唐宋木结构建筑을 수리, 3곳의 붕괴 직전의 마애면과 195개의 동굴을 보수하였다. 서기 1961년 敦煌 莫高窟은 国家级文物保护单位 第一批全国重点文物保护单位로 지정되었다.

그리고 오늘날의 敦煌의 莫高窟이 있기 까지는 常书鸿(서기 1904년-서기 1994년, 부인은 陈芝秀과 李承仙)의 공이 매우 크다. 그는 满族으로 老姓은 伊尔根觉罗, 别名은 廷芳、鸿이다. 河北省 头田佐人으로 油画家로 서기 1943년 3월 敦煌에 도착해 그곳에서 서기 1944년 1월 元旦 敦煌艺术研究所를 成立하고 所长을 맡아 그의 부인 李承仙(中国画画, 敦煌艺术研究者)과 딸 常沙娜(中央工艺美术学院院长) 孙儒间(전 敦煌研究院保护研究所的第一任所长, 石窟, 壁画研究와 保护工作)을 포함한 敦煌艺术研究所员이 壁画 4.5万m², 800여 폭의 敦煌의 벽화를 모사하고 藏经洞、九层楼、飞天壁画을 포함하는 60여m 길이에서 洞窟 735개의 保护와 복원 작업, 서기 1951년 4월 13일 北京 古宫博物馆에서제 1차 首都敦煌文物展인《中国敦煌艺术展》을 여는 등 '돈황의 수호신'으로 돈황의 예술을 연구하였다. 서기 1951년 国立敦煌艺术研究가 中央人民政府의 文教委文化事业局에 귀속되어 "敦煌文物研究所"를 지속하고 所长의 임무를 보았다. 그는 서기 1923년 浙江省 立甲种 工业学校 染织科를 졸업한 후 서기 1932년 프랑스(法国) 里昂(Lyon) 国立美术学校, 1936년 파리(巴黎)高等美术专科学校를 졸업 하였다. 北平艺专教授, 国立艺专校务委员, 造型部主任、教授, 教育部美术教育委员会委员을 역임하고 서기 1943년 国立敦煌艺术研究所 所长으로 부임하고 서기 1956

년 7월 1일 中国共产党에 가입한 후 敦煌文物研究所所长、名誉所长, 敦煌研究院名誉院长、研究员、国家文物局顾问, 甘肃省文联主席, 第三·五届全国人大代表、第六届全国政协委员, 第四届全国文联委员을 지냈다. 그는 满族으로 老姓은 伊尔根觉罗, 别名은 廷芳、鸿이다. 河北省 头田佐人으로 油画家로 敦煌艺术을 연구하였다. 서기 1923년 浙江省 立甲种 工业学校 染织科를 졸업한 후 서기 1932년 프랑스(法国) 里昂(Lyon) 国立美术学校, 1936년 파리(巴黎)高等美术专科学校를 졸업 하였다. 北平艺专教授, 国立艺专校务委员, 造型部主任、教授, 教育部美术教育委员会委员을 역임하고 서기 1943년 国立敦煌艺术研究所 所长으로 부임하고 서기 1949년 후 敦煌文物研究所所长、名誉所长, 敦煌研究院名誉院长、研究员、国家文物局顾问, 甘肃省文联主席, 第三·五届全国人大代表、第六届全国政协委员, 第四届全国文联委员을 지냈다.

究藏经洞 출토 写本文献의 연구와 그이후의 石窟、壁画、汉简 내지 주변지역 출토 古代文献과 古代文物을 연구하는 "敦煌学"의 기원은 서기 1925년 8월 日本学者 石滨纯太郎(いしはま じゅんたろう)이 大阪怀德堂에서 강연 시 "敦煌学"이라는 말을 사용함으로 이며, 서기 1930년 저명한 중국 연구자인 陈寅恪先生이 陈垣先生编《敦煌劫余录》의 서문 중에 "敦煌学"의 개념을 언급한 후이다. 이 전 후 英文 중에 'Tunhuangology'이라는 단어가 만들어지고 敦煌学은 점차 국제적인 학문으로 발전하기 시작했다. 서기 1981년–서기 1986년 黄永武 主编《敦煌宝藏》이 台湾新丰文公司에서 모두 140책으로 출판되고 英国、法国(프랑스)、中国大陆에서 敦煌汉文文书로 인쇄되었다. 서기 1990년 台湾과 중화인민공화국이 합작으로 北京과 영국의 图书馆의 소장 위주의 63책을 출판하였다. 서기 1990년 四川

人民出版社가 中国敦煌吐魯番学会(서기 1983년 9월 第一任会长 季羡林이 北京大学 안에 설립하였음)、中国社会科学院历史所、伦敦大学亚非学院、英国图书馆의 합작으로《英藏敦煌文献(汉文非佛经部分》으로 15권으로 인쇄되었다. 上海古籍出版社와 俄罗斯(러시아) 및 중화인민공화국 내의 관련기관의 합작으로 서기 1992년부터《敦煌吐魯番文献集成》, 이미 출판된《俄藏敦煌文献》과《上海博物馆藏敦煌吐魯番文献》을 출판하였다.

7. 黄山(Mount Huangshan: 복합, 1990):

안휘성 남부 소재로 해발 1,873m, 泰山(東岳), 华山(西岳), 衡山(南岳), 恒山(北岳), 崇山(中岳)의 五岳과 더불어 중국 10대 명승지 중의 하나로 산록에는 고대 민간 촌락이 많다. 그리고 중국 嶺南画派 중 黄山画派(安徽画派)가 이곳의 경승을 배경으로 일어났는데 청대의 弘仁, 石濤, 梅清, 梅庚 등이 대표적 작가들이다.

8. 承德의 遊夏山莊(The Mountain Resort and its Outlying Temples in Chengde: 문화, 1994):

河北省 承德에 있으며 清나라 황실에서 4-9월의 6개월간에 걸친 여름 避暑宮으로 이곳에서 정치를 하였다. 옛 이름은 熱河로 燕巖 朴趾源(서기 1737년-서기 1805년)이 서기 1780년 乾隆(高宗) 45년 70세 万壽節 잔치에 다녀온 후 熱河日记를 썼다. 이곳은 宮殿区, 水苑区, 平原区와 山区의 4구역으로 나누어 건축이 이루어지고 둘레는 10km의 방어성을 쌓았다. 서기 1703년(康熙 42年)에서 시작하여 서기 1792년(乾隆 57年)에 건립하였다.

9. 라사의 포탈라 궁(Potala Palace of Lhasa: 문화, 1994/2000/2001 확대지정):

  라사의 포탈라(布達拉) 궁은 서기 7세기부터 달라이 라마의 겨울 궁전으로 티베트의 종교·행정의 중심지이다. 노르블린카(Norbulinka, 羅布林卡)는 여름궁전으로 서기 1755년에 지어졌다. 포탈라 궁은 라사 계곡의 해발 3700m의 紅山 위에 白宮, 紅宮과 부속건물들로 구성되어 있다. 궁의 규모는 동서 길이 400m, 남북 350m이며 높이 300m의 바위 위에선 건물 높이 117m, 100개의 방, 10,000개의 사원, 2만개의 불상, 13대에 걸치는 달라이 라마의 무덤(서기 1933년에 浮屠塔을 세움)이 있다. 그리고 지진에 대비하기 위해 3-5m 두께의 礎石과 건물 벽을 만들고, 초석에 구리를 부어 기초를 단단하게 만들었다. 토번(吐蕃)의 33대 송쩬간뽀(서기 617년-서기 650년) 왕 때 얄룽(嘎朗) 계곡의 쩨탕[澤堂] 칭와닥제 궁전[靑瓦達牧城]에서 迁都한 라싸의 포탈라 紅宮을, 5대 달라이라마 로상 가쵸(서기 1617년-서기 1682년) 때 白宮을 포함해 포탈라 궁을 오늘날과 같이 增築하였다. 토번 왕조 27대 치대죽돈쩬뽀(서기 374년)와 28대 라토토리녠 때 불교를 유입, 38대 치송데짼(서기 754년-서기 791년)의 불교의 국교공인, 그리고 서기 779년 쌈애 사원[桑耶寺]의 건립과 더불어 정식으로 불교가 들어오고 神政政治의 길을 트게 되었다. 이후 티베트에서는 불교를 믿는 주요 4대 학파가 형성되었다. 즉 그들은 닝마(Nyingma, 宁玛派/紅帽派, 紅敎 토번왕국 38대 치송데짼 때의 빠드마삼바바[蓮华生]에 의해 들어옴), 카큐(Kagyu, Kagyupa, Kagyud, 噶擧派, 역경승 마르파 서기 1012년-서기 1098년, 鳥葬을 함), 샤카(Sakya, 薩迦派, 샤카 사원에서 유래. 서기 1267년 이후 팍파국사가 元 쿠빌라이 世祖의 스승으로 티베트 불교가 원의 국교로 됨), 게룩(Gelug, 格鲁派/黃帽派, 쫑가파 宗喀巴〈서기 1357년-서기 1419

년〉에 의해 창시)派들이다. 라사의 포탈라 궁을 중심으로 신전정치를 폈던 法王制는 서기 1642년 쫑가파[宗喀巴]가 창시한 게룩파의 5대 라마[法王]인 아왕 로상 가쵸(서기 1617-서기 1682년)에 의해 서기 1642년 몽고의 支持下에 만들어졌다. 서기 1903년 13대 법왕 톱텐 가쵸(서기 1876년-서기 1933년)가 英国軍을 피해 北京과 印度로, 그리고 서기 1959년 14대 법왕인 달라이라마(서기 1935년-현재, His Holiness the 14th Dalai Lama of Tibet 줄여서 H. H. Dalai Lama로 씀, 우리말로는 聖下라 함)가 24세 때 라싸에서 서기 1959년 3월 10일 신년 '뢴람' 축제에 맞추어 일어난 대규모 시위(拉薩의 武裝蜂起)가 실패함에 따라 서기 1959년 3월 17일 인도 다름살라(Dharmsala)로 망명할 때까지 法王制인 神政政治(theocracy)가 지속되었다. 티베트는 서기 1949년 10월 1일 中华人民共和国의 建国 이듬해인 서기 1950년 중국으로 편입되었고 서기 1951년 10월 19일 3만 명의 인민해방군이 西藏의 昌都를 공격하고 西藏軍이 10월 21일 投降한 결과 서기 1951년 5월 23일 中央人民政府와 西藏地方政府 사이에서 和平解放西藏(北京條約)을 체결하고 中华人民共和国은 "和平解放西藏"을 선언하였다[중화인민공화국의 전 대통령인 胡錦濤(후진타오)는 서기 1985년 7월 貴州省의 공산당 서기, 서기 1988년 12월 西藏自治区의 공산당 서기, 1989년 3월 7일 拉薩의 武裝蜂起를 막기 위해 계엄령을 선포하고 동시에 서기 1990년 10월 티베트 군구 제 1서기도 겸하였다].

10. 曲阜의 孔子 유적(Temple and Cemetery of Confucius, the Kong Family Mansion in Qufu: 문화, 1994):

산동성 유교의 창시자인 공자(기원전 552년-기원전 479년)를 기려 건립. 文宣王 孔子墓, 孔庙(大成殿), 孔府(大堂), 孔林(子貢 三年喪 侍墓

子貢 三年喪 侍墓廬幕(필자 촬영)

孔廟 大成殿 內部(필자 촬영)

廬幕) 그리고 그의 후손들의 무덤들이 함께 세계에서 가장 오래된 가족공동묘지를 이루고(世葬山) 있다. 孔庙(大成殿), 孔府(大堂), 孔林을 三孔이라 부른다.

11. 武當山의 고대 건축물군(Ancient Building Complex in the Wudang Mountains: 문화, 1994):

湖北省 鈞県 丹江口市 경내 道教의 名山인 武堂山(주봉은 紫霄峰으로 해발 1,612m)의 서기 14세기-서기 17세기 도교와 관련된 元·明·清代 건물 군 중 天柱峰(大岳, 太岳)의 金殿을 비롯하여 8宮, 72庵庙와 32桥梁이 유명하다. 이 건축물군은 永乐帝(明 3대 成祖 朱棣, 서기 1360년 5월 2일-서기 1424년 8월 12일)가 서기 1417년(永乐 15年)부터 張三丰을 위해 遇眞宮을 비롯한 14년에 걸쳐 33棟의 건물을 지음으로서 시작된다. 그는 이 뿐만 아니라 茅山 欽選道士들에게 무당산에 가서 수도를 하도록 명을 내렸다고 한다. 紫雪宮의 벽화, 武當博物馆 소장의 金龙, 聖旨 등은 張三丰, 明 洪武帝, 永楽帝와 道教中興의 역사적 사실을 전한다. 張三丰의 名声은 朝廷에 알려져 서기 1385년(洪武 17年) 明 洪武帝(朱元璋)는 137세의 張三丰를 찾아 請教로 궁에 초빙했으나 성사되지 못하고 그의 아들 湘王 朱栢(서기 1371년 9월 12일-서기 1399년, 明太祖第十二子)이 무당산으로 찾아와 道教法器인 金龙(고 4.7cm, 폭 11.2cm, 무게 15g), 石簡, 玉璧을 남기고 떠났다. 이 유물들은 서기 1982년 紫霄宮 賜劍台에서 발견되었다. 특히 벽화는 까치(喜鵲)와 뱀(蛇)과의 싸움을 그린 것으로 이에서 太极拳의 창시자로 알려진 張三丰이 '以靜制攻, 以柔克剛'을 터득했다고 한다. 성지는 永乐帝가 보낸 600여 건의 성지가운데 12편의 석조와 3점의 목조로 그 중 永乐 十一年(서기 1413년)의 木彫彩繪聖旨가 눈

에 띈다. 이는 四川省 成都 서쪽 都江堰市에 위치해 있는 도교 18개의 名山 중 第 5洞天으로 張道陵이 득도한 靑城山과 비교된다.

12. 盧山 국립공원(Lushan National Park: 문화, 1996):

상해 남서쪽 540km 江西省 九江市 盧山 500km²는 해발 1,300-1,500m의 산등성이가 25km 이어지는 절경을 이루고 있으며 그중 三疊泉 폭포가 유명하다. 따라서 이 빼어난 아름다움을 노래한 시와 문학작품이 많다. 이곳에는 서기 386년 慧远이 東林寺를 창건하였는데 唐나라 때 번창하였다. 이 절에는 正殿, 神蓮宝殿이 있으며 李白, 白居易 陸遊, 王阳明의 비가 남아있다. 이곳은 도교, 불교, 유교를 포함한 중국 고대 교육과 종교의 중심지로 중국문명의 정신적 지주가 되어 왔다. 명문 있는 비, 역사적 건물, 중국과 외국인들의 별장 600여 동이 있으며 세계화된 마을을 이루고 있다.

13. 峨眉山과 낙산 대불(乐山 大佛)(Mt. Emei and Leshan Giant Buddha: 복합, 1996):

중국 불교 4대 명산인 蛾眉山(大光名山, 해발 3,099m)은 后汉(서기 25년–서기 220년) 때 불교가 처음 들어와 불교의 東迁 據點이 되었던 곳이다. 당나라 开元 원년(서기 713년)에 海通大師(法師)가 中国 四川省 乐山(옛 이름은 嘉定/嘉洲로 凌云大佛、嘉定大佛로 불리었음)市 동쪽 3km 떨어진 凌云寺 옆 岷江, 大渡河、青衣江이 합류하는 지점에 높이 71m의 砂岩에 높이 71m의 낙산 대불을 조성하기 시작하여 90년만인 서기 803년(貞元 19年)에 완공하였다. 불상 옆에는 唐 韋皋의 '嘉州凌雲寺大彌勒石像记'(높이 6.6m)가 있어 이 불상이 海通大師→唐 剑南西川节度使兼西川采访制置使 章仇兼 琼→唐 剑南

西川节度使 韋皋의 세 사람의 손을 거쳐 완성된 조성 내력에 관해 자세히 알 수 있으며, 또 근처 암벽에는 바위를 파고 조성한 東汉과 蜀시대의 崖墓가 여러 기 있다. 그리고 전면에 13층 높이의 목조 건물을 세워 햇빛과 비바람을 막아 사암의 풍화를 방지해왔는데 이 건물은 몽고군의 침입으로 불타버렸다. 그러나 불상은 서기 2008년 5월 12일(월) 四川省을 강타한 지진에도 파괴되지 않고 살아남았다. 그리고 다행히도 都江堰의 제방과 물길(宝瓶口) 등 수리시설도 아무런 피해를 받지 않았다.

14. 平遙 고대도시(Ancient City of Ping Yao: 문화, 1997):

서기 1370년(明 洪武 3年)에 磚石石墻으로 만들어진 山西省 平遙縣 平遙古城은 전통적인 중국의 전통적인 마을이다. 그리고 청나라 말기 은행이 들어선 경제도시이기도하다. 晋은 山西의 简稱으로 山西「山西商人」혹「山右商人」의 별칭인 晋商으로 불려 '晋商故里 汇通天河'로 부르기도 한다. 이곳의 日升昌 은행은 山西省 太原의 祁縣을 중심으로 내몽고 包头까지 활약하던 청나라 말의 喬致庸이 처음으로 고안해 사용하던 것과 관계가 많은 票号이다. 이곳은 중국 성안의 전통적인 도시계획, 건물과 전통예술이 잘 보존되고 있다. 현재 城壁, 재래시장, 古家를 포함해 双林寺(北齊 武平 2年, 서기 571년 건립), 鎭国寺 万佛殿(北汉 天會 7年, 서기 963년), 清虛觀(唐 顯庆 2年, 서기 657년), 文庙大成殿(北汉 天會 7年, 서기 963년), 惠濟桥(清 康熙 10年, 서기 1671년), 票号인 日升昌(清 道光 3年, 서기 1823년), 同興公鏢局 등도 남아있다.

15. 苏州 전통정원(Classical Gardens of Suzhou: 문화, 1997):

江苏省 長江 삼각주에 위치하는 苏州 园林으로 明代의 것이 272
개소, 淸代의 것이 130개소, 苏州古城 내에 69곳이 있는데 그중 세
계문화유산으로 拙政园, 留园, 網絲园, 環秀山莊, 滄浪亭, 獅子林,
藝圃, 耦园, 退思园의 9개소가 등록되었다. 이것은 세계에서 가장
뛰어난 정원조경으로 불릴 수 있다. 서기 1860년 太平軍, 서기 1863
년 촬스 고돈(Charles Gordon)의 常勝軍, 서기 1937년의 日本軍의 침입
만 없었더라면 더욱 더 잘 보존되었을 것이다. 이 정원들은 江南园
林 중 私家园林으로서 은퇴한 관리나 부자들이 노후를 즐기도록 자
신의 邸宅과 亭子에 自然地形을 이용해 造景을 한 것이다. 이곳 소
주는 南北朝(서기 220-서기 589년)시대 중 南朝의 晋(서기 317년-서기
418년)나라 때부터 관리들의 퇴직 후 살기 좋은 곳으로 정해졌었다.

16. 丽江 고대마을(Old Town of Lijiang: 문화, 1997):

云南省 丽江古城으로도 불리 우며 려강(리장)을 끼고 玉龙雪山
밑 해발 2,400m, 3.8km^{2}의 면적에 자리 잡고 있는 宋(서기 1127년-서기
1279년)나라 때부터 들어선 마을로 象山에서 흘러내리는 강물이 세
줄기로 나누어져 마을 안으로 흘러 들어오는데 이 물줄기를 이용해
물 공급이 원활한 관개시설과 上水路로 잘 이용하고 있다. 마을에는
300여기의 돌다리가 있고 마을 중심에 있는 四方街에는 五花石으
로 불리 우는 돌로 길을 鋪石해 놓았다. 이곳에는 汉族, 白族, 藏族
그리고 이 마을의 주인 격인 東巴文化(상형문자 포함)의 나시(納西)族
의 문화가 서로 융화되고 있다. 그리고 丽江의 山水는 서기 2001년
12월 17일 中国国家民政部에서 비준한 云南省 香格里拉县의 香
格里拉(Shanggri-La)와 함께 文人画의 範本이 되는 중국 최고의 絶景
을 이루며 여기에 리장 고대마을과 宝山石头城을 민속촌으로 이용

하고 있는 중국 관광 명승지이다. 明·淸시대에는 茶馬古都란 이름답게 茶 무역으로 부를 축적하였다. 이 무역루트는 云南省(普洱茶·康磚茶를 포함한 차의 교역)에서 티베트[瀾滄江 소금계곡의 鹽井(옌징, 차카룽) 자다촌(현재 納西族이 운영)에서 나오는 紅鹽과 白鹽]를 거치고 네팔-인도를 잇는 누브라 계곡을 건너 멀리 네팔과 인도 잠무 카슈미르주에 있는 라다크(Ladakh)까지 가는 동아시아 貿易路를 말한다. 현재 元代 世襲 麗江 土司 이래 西藏 最高統領인 云南省 麗江市 麗江 古城內 納西族의 木氏가 元·明·淸 3조 22대 470年間 사용하던 행정관청(衛署)인 木府(근처 金鑛을 기반으로 하여 번영함)라는 古家를 비롯한 풍부한 민속자료가 있다.

그리고 중국 지폐 20元(圓)의 배면의 배경이 된 이웃 广西壯族自治区 阳朔县 일대의 漓江, 桂林과 画山, 漓江과 阳朔주위의 九馬画山, 雲台山과 富里桥의 배경을 포함한 여러 산과 새로이 발견한 鐘乳洞窟 7-8곳에 대해서는 서기 1637년 明나라 徐弘相(호는 霞客임, 서기 1587년 1월 5일-서기 1646년 3월 8일)이 쓴 '徐霞客遊記' 중 麗江紀略과 奧西遊日记(广西県의 別稱이 奧西임)에 잘 나타나 있다. 현재 广西壯族自治区 중 珠江 상류에 해당하는 紅水河 변의 河池市 東兰県의 壯族을 비롯하여 岑王老山 下 广西 田村県 三瑤村 瑤恕 屯의 瑤族들은 기원전 600년-서기 3세기경사이 베트남 북쪽 紅河(Red river)의 삼각주를 중심으로 稻作을 기반으로 번성했던 동손문화(The Đông Son bronze culture)인들이 사용하던 전통적인 타악기인 靑銅 銅鼓(bronze drum, Heger Type I drum)를 아직도 만들어 사용하고 있다. 이 동고는 '中国三大靑銅礼器' 중의 하나로 가운데 태양을 중심으로 주위 여러 겹의 원형 구획 안에 기둥으로 받쳐진 집, 청개구리(靑蛙), 동물·새와 함께 춤추고, 쌀을 찧고, 長鼓를 치는 사람들을 사실적으로 묘사한 문양을 가진 똑같은 전통적인 銅鼓가 아직도 이 지역에서 鑄造되어 春節, 結婚式과 葬礼式전쟁의 지휘와 같은 중요한 儀式이나 행사 때 銅鼓舞와 함께 사용되고 있다. 다시 말해 銅鼓는 古代의 战争 중 指挥军队의 进退과 宴会, 乐舞 중에 사용하는 신분의 상징과도 같은 역할을 하는 것으로 广西、广东、云南、贵州、四川、湖南 등 少数民族地区의 打击乐器로 东方艺术의 特色을 갖춘 中国少数民族 先民智慧의 象征으로 世界文化艺术의 宝库이다. 이들은 현재 老挝、缅甸, 泰国과 印度尼西亚 诸岛에서도 발견된다. 현재까지 발견되어 박물관에 전시되어 있는 동고는 약 320점으로 이들은 발견된 장소와 문양에 따라 万家坝型铜鼓(云南省 楚雄市 万家坝 古墓葬群 出土가 대표), 石寨山型铜鼓(云南省 晋宁县 石寨山 古墓葬群出土), 冷水冲型铜鼓(广西壮族自治区 藤县 横村 冷水冲出土), 遵义型铜鼓(冷水冲型 铜鼓의 변형), 麻江型铜鼓(,贵州省 麻江县 出土) 北流型铜鼓(广西壮族自治区 北流县出土), 灵山型铜鼓(广西壮族自治区 灵山县出土), 西盟型铜鼓(云南省 西盟佤族自治县 佤族村寨出土)로 분류된다.

서기 1976년 8월 广西壮族自治区 博物馆에 의해 발굴된 출토의 翔鷺紋銅鼓를 비롯해 岭南地区의 广西壮族自治区 百色市 龙川镇 出土 銅鼓를 비롯하여 广西 田东县 祥周乡 甘莲村 江峒屯 등지에서 铜鼓가 발견되고 있다. 이들은 春秋晚期 혹은 战国早期 무덤에서 출토한 특징 있는 石寨山型 铜鼓로 岭南地区 广西 田东县 祥周乡 甘莲村 江峒屯 锅盖岭에서 联福村 陀塑屯 北土岭에 이르는 战国墓에서 주로 출토하고 있다. 또 百色市 龙川镇과 平乐에서도 이미 石寨山型 铜鼓가 발견된 바 있다. 그리고 广西 西林县 普驮에서는 西汉时期의 铜鼓墓에서 4점의 石寨山型 铜鼓가 발견되었다. 贵

县(현 贵港市) 罗泊湾 1호 汉墓中에서 2점의 石寨山型铜鼓과 함께 이를 변형시켜 다리가 셋이 달린(三足铜案)된 石寨山型 铜鼓도 발견되었다. 이들은 贵县 高中의 西汉墓, 贺县 沙田乡 龙中村에서도 발견되었다. 岭南지구의 山岭、田野、河流에서는 특징있는 冷水冲型、北流型、灵山型 铜鼓 등이 많이 발견되는데 新中国이 성립한 서기 1949년 이후 冷水冲型 铜鼓는 약 80여점, 北流型铜鼓 약 140점, 灵山型铜鼓약 78점, 麻江型 铜鼓는 广西博物馆소장품(遵义型)을 포함해 320여점에 이른다. 이외에도 文献记録에 보고된 것만 해도 唐代-民国时期에 발견된 铜鼓는 186점에 달한다.

이제까지 발견된 320점 이상의 동고 중에서도 北流县(현 北流市) 六靖乡水埇(冲)庵에서 서기 1940년도에 발견되어 현재 南宁市 广西民族博物馆에 전시되어있는 铜鼓가 "铜鼓王"으로 불리 운다. 이는 北流型 101号 云雷纹大铜鼓로 직경 165cm, 무게 299kg로 태양을 중심으로 圓圈과 그사이에 云雷纹이 그리고 청개구리(青蛙)가 장식되어있다. 이는 铅锡青铜 재질로 구성되어 있으며 铜、锡、铅의 比例分别는 66.5%、9.5%、18.5%이다.

17. 颐和园(Summer Palace and Imperial Garden in Beijing: 문화, 1998):

서기 1998년 세계문화유산으로 등재된 颐和园(元나라 때 임, Summer Palace and Imperial Garden in Beijing)은 北京 16景 중의 하나로 서북부 海淀区에 위치하는 庭园公园이며 원래 이름은 清漪園으로 北京 西郊 距城区에서 15km떨어진 곳에 위치하고 면적은 약 290ha(290万㎡)이다. 그 중 ¾인 인공호수인 昆明湖(204.9万㎡, 七里泊, 瓮山泊, 大泊湖、西湖라고도 함)이다. 海河 유역의 北运河支流인 通惠河水系에 속한다. 北京市 海淀区의 圆明园과 가깝고 昆明湖、60m 높이의 人工山

万寿山을 기반으로 杭州 西湖를 범본으로 만들어 皇家行宫御苑, 또는 "皇家园林博物馆", "园中园"으로 불리 운다. 乾隆十五年(서기 1750년) 乾隆皇帝가 그의 모친 崇庆皇太后를 위해 448万 兩의 白银을 사용해 淸漪园을 개조하여 현재의 淸华园에서 香山에 이른 길이 20km의 皇家园林区를 형성하였다. 서기 1750년(乾隆 15년, 서기 1711년-서기 1799년 재위)에 건설을 시작하였다. 서기 1860년(咸丰十年) 아편전쟁 당시 프랑스-영국의 연합군에 의해 약탈당하고 파괴된 것을 서기 1888년(光绪十四年)에 고치고 또 서기 1900년(光绪二十六年) 颐和园은 또 "八国联军"의 파괴되고 여러 보물들이 약탈당했는데 서기 1902년(光绪二十八年)에 西太后(慈禧太后, 서기 1835년 11월 29일-서기 1908년 11월 15일, 同治帝의 생모이며 光緒帝의 큰어머님 겸 이모이다. 그 외에도 慈禧太后는 圣母皇太后、那拉太后로도 불리었다)가 重建해서 颐和园으로 이름을 고쳐 여름 피서지로 삼았다. 淸朝가 멸망한 후 颐和园은 军阀의 混战과 国民党의 统治时期에 다시 파괴되었다. 전체는 万寿山과 곤명호로 이루어지고 있으며 东宫门, 仁寿殿(淸漪园时 勤政殿임), 文昌院(서기 1860년 英法联军에 의해 烧毁, 현재 文昌院博物馆이 있음), 玉澜堂(光绪皇帝의 寝宫)、宜芸馆(光绪皇后의 寝宫), 乐寿堂(慈禧의 寝宫), 德和园[光绪十七年(서기 1891년) 热河淸音阁과 宫中畅音阁이 戏台로 사용됨], 长廊, 排云殿, 佛香阁, 石舫, 耕织图景区가 잘 알려져 있다. 현재 中国古典园林 중 규모가 가장 큰 颐和园의 东二门 내 文昌阁[乾隆十五年(서기 1750년)에 지어짐] 文昌院博物馆은 西太后와 관련된 유물의 품질이 최고인 진열관으로 "铜器馆"과 "玉器馆"를 비롯하여 漆器、家具、书画、古籍、珐琅、钟表、杂项 등 6개의 专题展厅이 있으며 铜器(商나라의 饕餮紋이 있는 遵、玉器、瓷器(万寿齊銘이 있는 碗)、金银器、竹木牙 등 4만점, 300여 문건이 진열되어있다. 이화원

(颐和园)과 같이 北京市 海淀区에 위치하는 宮苑 겸 離宮(圆明园)으로는 서기 1709년(康熙四十六年)에 짓기 시작하고 서기 1860년(咸丰十年) 10월 18일 제2차 아편전쟁 시 영국파견 지방장관(현 고등판무관)인 엘긴 卿(Lord Elgin)의 명에 따라 英-佛 연합군(Grant와 Montauban 장군)에 의해 철저히 파괴된 圆明园(康熙 46년, 서기 1709년-咸丰 10년, 서기 1860년, The Old Summer Palace)도 들 수 있다. 이곳에는 현재 圆明三园인 长春园과 绮春园(改称 万春园)폐허의 흔적과 圆明园을 지키던 8品 技勇太監 任亮과 그의 부하 10여 명이 咸丰十年(서기 1860년 10월 6일 밤 圆明园 大宮門에서 최후의 결전을 벌려 殉死한 내용을 알려주는 任亮碑(圆明园 技勇 '八品首领' 任亮 등의 殉職碑)가 서기 1983년 清华大學 建築공사장에서 발견되어 당시의 상황을 전해준다. 그 비에는 '勇哉明亭, 遇難不恐, 念食厚祿, 必要作忠, 奮力直前, 寡弗抵衆, 殉難身故,忠勇可風'이라고 언급하고 있다.

18. 天坛(Temple of Heaven: 문화, 1998):

천단은 중국 北京市 崇文区 永定门내 위치하며 明·淸代 황제가 丰年祭와 祈雨祭와 같은 제천의식을 행하던 祭坛이다. 넓이는 273만m²로 紫禁城의 4배이다. 서기 1406년에 시작하여 成祖 永乐 18년인 서기 1420년에 완공되었다. 당시에는 天地坛이라 불렀고 서기 1530년 嘉靖9년 3개의 제단을 추가해 天坛으로 부르게 되었다. 중국의 天人合一的 宇宙觀을 보여주는 대표 예이다. 이곳에의 마지막 제사는 서기 1914년 中华民国 3년 황제를 자처한 远世凯였다. 이곳에는 祈年殿(높이 38m), 皇穹宇, 三音石, 圆丘坛이 있다. 우리나라에는 高宗 23년(서기 1897년)에 새로이 복원한 圆丘坛(사적 157호)이 전 조선호텔 뒤 정원에 위치하고 있다.

19. 武夷山(Mount Wuyi: 복합, 1999):

福建省 동남쪽 해발 2,158m의 武夷山(현재 세계문화유산으로 지정된 곳은 해발 750m가 가장 높음)은 아열대림 지역으로 뛰어난 경관과 생태계 보존지구이다. 여기에는 36개의 봉우리 2개의 병풍절벽, 8개의 고개, 4개의 계곡 9개의 여울, 5개의 물웅덩이, 11개의 골짜기, 72개의 동굴, 13개의 샘이 있으며 모두 수려한 자태를 지니고 있다. 한때 이곳에는 4천 년 전 越族이 살기도 하였지만 특히 이곳은 특히 性理學의 대가인 朱熹(朱子, 서기 1130년-서기 1200년, 南宋의 유학자)가 武夷精舍(淳熙 10년, 서기 1183년)에 은거하여 학문을 연구하고 제자를 키우던 곳으로 알려져 있다. 경치가 특히 좋은 곳은 九谷溪를 중심으로 하여 읊은 武夷九曲은 잘 알려져 있다. 그 중 桃源洞에 관한 아홉 번째의 곡 "庆熙書文의 번역: 아홉구비 다달으니 앞날이 활짝 활연대각이로구나 어랑은 도원 길을 다시 찾으니 뽕나무 삼나무 비이슬이 평천을 보더라 이 인간에 따로 하늘 있는 게 아니더라(九曲將窮眼豁然 漁廊更覓桃源路 桑麻雨露見平泉 除是人間別有天)"은 앞선 李白(서기 701년-서기 762년)의 山中問答인 "李太白文集: 묻노니 그대는 왜 푸른 산에 사는가 웃을 뿐 답은 않고 마음이 한가롭네 복사꽃 띄워 물은 아득히 흘러가나니 별천지 따로 있어 인간 세상 아니네(問余何事棲碧山 笑而不答心自閑 桃花流水杳然去 別有天地非人間)"과 같은 신선의 세상에 이르는 비슷한 경지를 이야기하고 있다. 虎嘯岩(康熙 46년 서기 1707년 천성선원이 있음), 咸丰(서기 1851년-서기 1861년)年间 太平軍을 피해 이주한 古崖居(天車架, 해발 717m의 수렴동에 위치), 南平 茫蕩山(1,363m) 등이 있으며 그 외에도 무이산 시 흥전진 城村 서남에서 서기 1958년에 발굴된 한나라의 汉城遺址가 있는데 남북 길이 860m, 동서 너비 550m, 총면적 48m²에 달하는 규모가 크고 대문,

정원, 主殿, 側殿, 산방, 회랑, 천장과 배수로의 배치가 무척 치밀하고 규모가 큰 古城으로 현재 중국국가중점문물보호단위로 지정되어 있다. 武夷宮(천보전, 무이관, 충우관, 만년궁으로도 불림, 唐의 天宝년간 서기 742년-서기 745에 건설), 武夷碑林, 심영낙선사(천심영락암, 明 嘉庆 7년 서기 1528년 재건)도 볼거리에 속한다. 황제에게만 상납하는 武夷岩茶도 이곳 御茶园(원래 宋대부터 시작되었으나 창설기록은 元 成宗 大德六年 서기 1302年임)에서 재배된다. 그리고 栗谷 李珥는 朱熹를 본 따 해주 석담에 은거하여 隱屏精舍를 짓고 武夷九曲歌 대신 孤山九曲歌 짓기도 했다. 尤菴 宋時烈의 华阳九曲, 안동 屏山書院도 모두 이곳 무이산과 관련이 깊다. 이것은 모두 大紅袍라는 磨崖石刻과 大紅袍记가 상징하는 武夷茶(무이산차, 武夷岩茶)가 기반이 되고 있다. 육곡 響聲巖의 절벽에는 宋, 元, 明대의 마애석각(磨崖石刻) 20여 점이 있다. 그 중에는 주자가 새긴 "逝者如斯"란 글도 있다.

20. 大足 암각화(Dazu Rock Carvings: 문화, 1999):

重庆市서 서쪽 大足県(唐 乾元 서기 758년-서기 760년에 생김)에 있는 대부분 서기 9세기-서기 13세기의 石刻으로 敦煌 莫高窟, 大同 云冈石窟, 洛阳 龙门石窟의 중국 3대 석굴에 이은 4대 磨崖石窟이다. 대족석각이 四川省에 조성된 것은 당나라 安祿山의 난(서기 755년-서기 763년)과 같은 어려움을 피할 수 있는 지리적 조건에 있었다. 대족의 磨崖石刻은 연대가 가장 올라가는 당나라 太宗 貞觀 23년(서기 649년)부터 시작해 五代(서기 907년-서기 922년), 南·北宋을 거처 明·淸대까지 造成되었다. 이들은 北山, 宝頂山, 南山, 石篆山, 石门山에 집중되어 있다. 마애조상은 75곳, 彫像은 5만여位, 碑刻題记는 10만자나 된다. 그중 宝頂山 臥佛은 길이 31m이며 그 옆에는 불교의 牧牛图도 있다. 또 석전산에는 孔子를 主尊으로 하는 儒家彫像이 있는데 다른 곳에서는 볼 수 없는 특징이다. 여기에는 佛敎, 道敎와 儒敎의 조각이 공존하면서 세속화, 민간풍속화, 심미적 정취가 긴밀히 결합되어 있다.

21. 靑城山과 都江堰 용수로/관개 시스템(Mount Qincheng and the Dujiangyan Irrigation System: 문화, 2000):

이 두 유적은 모두 사천성 成都 서쪽 都江堰市에 위치해 있으며 청성산은 도교 18개의 名山 중 第5 洞天으로 張道陵이 득도한 道敎의 탄생지 겸 정신적 중심지로 이 고대 사원에서 도교관계 행사가 연이어 벌어진다. 이 산의 뒤로는 蛾眉山(大光名山, 해발 3,099m), 앞에는 川西平原이 있다. 여기에는 建福宮, 上淸宮, 天師洞, 祖師殿 등의 건물이 있다. 이는 서기 14세기−서기 17세기 도교와 관련된 元·明·淸代 건물이 있는 湖北省 鈞県 武堂山과 비교가 되는 곳이다. 그리고 都江堰 灌漑는 秦昭王(기원전 295년−기원전 251년)時 蜀太守로 있던 李冰과 그의 아들 李郎이 기원전 256년 成都교외 북서쪽 65km 떨어진 곳에 都江堰계획으로 岷江을 막아 둑을 쌓고 水路를 내고 灌漑農業을 성공시켜 그곳에서 나온 잉여생산물을 축적하였는데 여기에서 축적된 잉여생산물을 후일 秦始皇이 인구증가와 战国時代를 통일하기 위한 軍備로 사용하고 있었다. 이들 부자는 이 治水의 공으로 근처 二王庙(后汉 乾宁 元年 서기 168년경 初築)에 모셔져 숭앙을 받고 있다.

22. 安徽−西遞와 宏村 고대마을(Ancient Villages in Southern Anhui−Xidi and Hongcun: 문화, 2000):

安徽省이 남부 西遞와 宏村 마을은 북송(서기 960년-서기 1127년)에 만들어져 900년간의 역사를 갖고 있는 중국의 전형적인 농촌마을로 지금은 사라져 없거나 변형되어가는 거리, 건물, 장식, 용수로, 宏村 汪씨 집성촌의 마을 등 중국역사의 오랜 定住시기의 농촌의 본 모습을 그대로 간직하고 있다. 지금은 민속촌으로서 좋은 관광자원이 되고 있다.

23. 龙门石窟(Longmen Grottoes: 문화, 2000):

河南省 洛阳市 洛龙区 龙门镇 龙门大道 洛阳의 남부 12.5km 떨어진 용문협곡 동서 두 절벽 사이에 위치하는 龙门石窟(The Longmen Grottoes, 伊阙)은 甘肃省 敦煌 莫高窟과 山西省 大同 云冈石窟과 함께 중국 3대 석각예술(中国三大石窟)의 보고로 불리 우며 甘肃省 麦积山石窟까지 합치면 四大石窟로 부른다. 남북 길이가 약 1km 로 현존 석굴이 1,300여 개, 洞窟龛室이 2,345개, 詩文과 碑石 조각 3,600여 점, 佛塔이 50여 개, 佛像이 11万 余 尊이 남아 있다. 대표적인 볼거리는 卢舍那大佛, "剪刀手" 佛像, 古阳洞, 宾阳中洞, 莲花洞인데 그 중 北魏(서기 386년-서기 534년) 제 7대 황제인 孝文帝 元宏(서기 467년 10월 13일-서기 499년 4월 26일, 原姓은 拓跋) 서기 493년에 만들어진 宾阳의 中洞과 古阳洞, 唐(서기 386년-서기 907년) 시기의 奉先寺 불상들이 대표적이다. 龙门石窟造像의 대부분은 皇家贵族이 발원해서 조영한 것으로 武则天은 자기의 용모를 닮게 조각한 奉先寺 卢舍那大佛을 만들고 洛阳 皇宫인 紫微城 天堂을 지을 때 入唐求法僧에 의해 日本에 전해진 후 日本 光明皇后가 武则天을 대단히 존경하여 圣武天皇 发愿 "朕亦奉造"라 하여 奈良에 天平十二年(서기 740년)에 东大寺(とうだいじ)를 짓고 卢舍那大佛을 모셨다.

이외에 孝文帝가 冯太后를 위해 古阳洞을 개착하고 兰陵王(北齐宗室名将, 兰陵王, 高长恭, ?-서기 573년)孙은 万佛洞造像을 만들었다. 李泰(서기 620년-서기 653년 1월 20일, 唐 太宗 第四子)는 모친 长孙皇后를 위해 阳南洞를 건조하고 唐 太宗 李世民의 贵妃인 韦贵妃는 敬善寺를 高力士는 唐 玄宗을 위해 无量寿佛을 만들었다. 龙门石窟은 中国石窟艺术의 "里程碑"로 天竺을 거쳐 新罗、吐火罗(新疆塔里木盆地一帶에 살던 Tocharians)、康国(乌兹别克斯坦의 康居国, 大月氏) 등의 国家营造으로 인해 欧洲纹样、古希腊石柱 등도 발견되어 全世界国际化를 이룬 最高의 石窟이다. 龙门石窟碑刻 题记는 2,860여 점으로 古碑林으로 칭하며 代表作은 "龙门二十品"、龙门双璧[褚遂良《伊阙佛龛碑》、宋真宗《龙门铭碑》]은 中国书法艺术之杰作이다. 이곳은 全国重点文物保护单位 겸 世界文化遗产에 등재되어 있다.

　龙门石窟은 건조 이래 불상의 파괴가 매우 심했다. 唐 15대 武宗 李瀍(서기 814년 7월 2일-서기 846년 4월 22일) 시기에 '灭佛运'으로 石窟을 재난에 빠뜨렸다. 清末과 民国初年의 여행기록에 石窟造像의 피해가 심했다고 기록되어 있다. 서기 1932년 民国政府가 南京으로부터 洛阳에 천도 하면서 龙门 西山下 道路를 修建할 때 대량의 佛龛을 폭파시켰다. 20세기 서기 1930년대에서 서기 1940년대에 战乱으로 관리가 소홀해져 龙门石窟造像은 日本、美国의 골동품상인들이 수매해 가는 바람에 头像、碑刻、浮雕头像、碑刻、浮雕 등 엄청난 피해를 입었다. 요즈음 龙门石窟研究院石窟保护中心에서 龙门石窟의 修复을 위해 노력중이다. 서기 1893년 日本人 冈仓天(おかくらてんしん)가 龙门石窟 유적을 발견하고 사진을 찍고 서기 1907년 法国人 爱德华·沙畹(Édouard Émmannuel Chavannes, 서기 1865년 10월 5일-서기 1918년 1월 29일)가 龙门石窟에서 12일 머물면서 유적을 촬영과 測量, 拓片을 행하였고 서기 1910년 美国人 査尔斯·朗·弗利尔(Charles Lang Freer)가 龙门石窟을 참관하고, 서기 1909년 法国 汉学家 沙畹도《华北考古图谱》을 내면서 책안에 사진을 발표하여 서기 1911년 이후 서기 1949년 사이에 龙门石窟의 대규모 掠夺이 향하여 졌음을 보여주고 있다. 서기 1928년 뉴욕박물관(纽约博物馆)의 远东艺术部 주임인 美国人 普爱伦(Alan Priest)이 서기 1930년 龙门石窟에서 사진을 많이 찍은 후 北京에 돌아와서 龙门石窟宾阳中洞东壁上의 浮雕인《帝后礼佛图》의 盗凿를 도와줄 사람을 물색했다. 이는《魏书》에 景明(北魏 8대 君主宣武帝 元恪, 서기 500년 正月-서기 504년 正月)初 父皇 孝武帝와 孝昭皇后와 龙门에서 宾阳中洞을 파고 불상을 모신 것을 기념하기 위해 조각한 것으로 그 내용은 北魏孝文帝와 孝昭皇后의 礼佛场面에 관한《帝后礼佛图》인 것이다. 北京 琉璃厂 古董商 岳彬이 이를 도와 普爱伦(Alan Priest)이《帝后礼佛图》를 수중에 넣게 되었다. 현재《北魏孝文帝礼佛图》는 美国 纽约市艺术博物馆(Museum of the City of New York)에《文昭皇后礼佛图》는 美国 堪萨斯(Kansas)市의 纳尔逊艺术博物馆(Nelson-Atkins Museum of Art)에서 수장 중이다. 이러한 자료들을 토대로 하여 서기 2020년 9월 28일 龙门石窟에서 흩어진 佛首를 처음으로 "数字复位"인 3D打印技术로 龙门石窟 奉先寺北壁에 맞추어 복원하게 되었다.

24. 明과 清 시대의 황릉(Imperial Tombs of the Ming and Qing Dynasties: 문화, 2000/2003, 2004년 확대지정):

서기 2003년과 2004년 확대 지정된 明清皇家陵寝은 江苏 南京 明 孝陵, 北京 明 十三陵, 湖北 钟祥 明 显陵, 河北 遵化 清 东陵, 河北易县 清 西陵, 辽宁 沈阳 清 福陵, 辽宁 沈阳 清 昭陵, 辽宁

新宾 清 永陵을 포함한다.

① 江苏 南京 明 孝陵: 明代 开国皇帝 朱元璋(서기 1368년-1398년 재위)과 皇后马氏의 合葬陵墓로 洪武 14年(서기 1381年)에 시작하여 洪武 16年/서기 1383년에 完成을 보았다. 下马坊、禁约碑、大金门、石像生、碑亭、文武方门、享殿门台基、享殿台基、内红门、方城明楼 및 宝城墙体 등 磚石建筑物이 남아 있으며, 明 孝陵은 규모가 웅장하고 엄숙한 분위기를 자아내며 이후 明·清 양 대의 皇陵建筑에 많은 영향을 주었다.

② 北京 明 十三陵: 북경 '明 十三陵'은 明나라가 北京으로 迁都 후 13位 皇帝陵墓를 총칭하는데 北京市 西北 约 44km떨어진 昌平区 天寿山 南麓에 위치하며, 陵의 총면적은 40km²이다. 서기 1409년 長陵를 시작으로 하여 清나라 順治初年에 思陵을 건조하기 까지 약 200년간의 긴 세월에 長陵(成祖)、献陵(仁宗), 景陵(宣宗)、裕陵(英宗)、茂陵(憲宗)、泰陵(孝宗)、康陵(武宗)、永陵(世宗)、昭陵(穆宗)、定陵(神宗)、庆陵(光宗)、德陵(熹宗)、思陵(思宗)의 十三陵이 만들어지고, 陵内에는 皇帝 13인、皇后 23인、皇贵妃 1인과 수십 명의 皇妃가 殉葬되어있다. 13릉은 중국 역대 帝王陵寝이 건축사상 완전이 보존되어있다. 지정된 명나라 황릉은 다음 표와 같다.

序号	陵名	皇帝名稱	年号	庙号	諡号	在位年代	世系	享年	祔葬皇后	陵址
		朱百六		德祖	玄皇帝		太祖高祖	不詳	胡氏	
1	祖陵	朱四九		懿祖	恆皇帝		太祖曾祖	不詳	侯氏	江苏省 盱眙縣管鎮鄉
		朱初一		熙祖	裕皇帝		太祖祖父	不詳	王氏	
2	皇陵	朱世珍		仁祖	淳皇帝		太祖父親	64	陳氏	安徽省凤阳縣西南
3	孝陵	朱元璋	洪武	太祖	高皇帝	1368-1398		71	馬氏	南京 鐘山南麓

4	長陵	朱棣	永乐	成祖	文皇帝	1402-1424	太祖四子	65	徐氏	北京 昌平区 天壽山下
5	獻陵	朱高熾	洪熙	仁宗	昭皇帝	1424-1425	成祖長子	48	張氏	北京昌平区天壽山黃寺一嶺下
6	景陵	朱瞻基	宣德	宣宗	章皇帝	1425-1435	仁宗長子	37	孙氏	北京昌平区天壽山黑山下
7	裕陵	朱祁鎮	正統 / 天順	英宗	睿皇帝	1435-1449 1457-1464	宣宗長子	38	錢氏 / 周氏	北京昌平区天壽山石門山下
8	景泰陵	朱祁鈺	景泰	代宗	景皇帝	1449-1457	宣宗次子	30	汪氏	北京西郊金山下
9	茂陵	朱見深	成化	憲宗	純皇帝	1464-1487	英宗長子	41	王氏、紀氏、邵氏	北京昌平区天壽山聚宝山下
10	泰陵	朱祐樘	弘治	孝宗	敬皇帝	1487-1505	憲宗三子	36	張氏	北京昌平区天壽山筆架山下
11	顯陵	朱祐杬		睿宗	獻皇帝		憲宗四子	43	蔣氏	湖北鐘祥縣松林山(又名純德山)下
12	康陵	朱厚照	正德	武宗	毅皇帝	1505-1521	孝宗長子	31	夏氏	北京昌平区天壽山蓮花山下
13	永陵	朱厚熜	嘉靖	世宗	肅皇帝	1521-1566	憲宗孫	60	陳氏、方氏、杜氏	北京昌平区天壽山阳翠嶺下
14	昭陵	朱載垕	隆庆	穆宗	莊皇帝	1566-1572	世宗三子	36	李氏、陳氏、李氏	北京昌平区天壽山大峪山下
15	定陵	朱翊鈞	万历	神宗	顯皇帝	1572-1620	穆宗三子	58	王氏、王氏	北京昌平区天壽山大峪山下
16	庆陵	朱常洛	泰昌	光宗	貞皇帝	1620	神宗長子	39	郭氏、王氏、刘氏	北京昌平区天壽山黃山寺二嶺下
17	德陵	朱由校	天啟	熹宗	哲皇帝	1620-1627	光宗長子	23	張氏	北京昌平区天壽山潭峪嶺下
18	思陵	朱由檢	崇禎	思宗	烈皇帝	1627-1644	光宗五子	35	皇后周氏、皇貴妃田氏	

위의 표에서 1은 江苏省 盱眙県 管鎮乡, 2는 安徽省 凤阳県 西南, 3은 南京 鐘山南麓, 8은 北京 西郊 金山下, 11은 湖北 鐘祥県 松林山(또는 純德山)下, 나머지는 모두 北京 昌平区 天壽山下 聚宝山, 蓮花山, 阳翠嶺, 大峪山, 黃山寺一嶺, 黃山寺 二嶺, 潭峪嶺, 鹿山의 '明 十三皇帝陵'(초대 朱元璋의 묘인 孝陵은 南京에 있음)에 위치한다.

이는 명나라가 '事死如事生'와 같이 사후에도 영혼이 존재함을 믿어 황릉의 건조에 무척 힘을 쏟았다. 定陵(14대 황제 神宗 朱翊鈞, 재위기간 서기 1573년-서기 1620년, 祔葬皇后는 孝端皇后와 孝靖皇后임, 万历 48年으로 재위기간이 명나라에서 가장 김)이 서기 1956년 5월-서기 1959년 발굴되고 陵寢墓室은 현재 '定陵地下博物馆'으로 만들어 놓아 현재 관람이 가능하다. 특히 정릉의 수축은 万历 13년(서기

명 13릉 배치도

1585년) 3월부터 매일 2-3만 명이 6년 작업하였는데, 銀 6백 만 량(당시 2년간의 농지세) 투입하였다.

서기 1956년 정릉의 발굴에서 陵寢墓室, 陵神道, 主神道의 石牌坊, 大红门, 神功圣德碑亭, 石像生、凤凰门 등 主要 建筑物이 원래의 모습을 그대로 갖추었음을 확인하였다. 그리고 北京市 昌平区 天寿山下의 長陵(成祖, 서기 1403년-서기 1424년, 祔葬皇后는 徐氏임, 永乐 13년/서기 1413년 完工)은 成祖 朱棣의 陵寢建筑物로, 橫恩殿(献殿)과 享殿은 長陵의 主体建筑物로 제사지내는 중요 장소이다. 長陵 被恩殿은 중국에서 제일 큰 단일의 木造殿堂이다.

그리고 '明 十三陵'에는 嘉靖 19年(서기 1540년) 汉나라 白玉으로 조성하고 정면 5間, 6柱 11樓, 폭 28.86m, 높이 14m 기둥위에는 기린, 사자, 용과 괴수를 조각한 중국 최대의 石牌坊, 사자, 용, 豸(神獸로 外觀은 羊과 鹿을 닮음) 낙타, 코끼리, 기린, 말의 石獸 24기, 武臣、文臣、勋臣의 石人 12기가 배치되고 宣德 10年(서기 1435년)에 정

비·수리된 石像生, 棂星门(凤凰门) 등이 있다.

③ 湖北 钟祥 明 显陵: 明 世宗 朱厚熜(서기 1521년-서기 1566년 재위)의 父亲恭睿献皇帝 明 睿宗 祐杬과 生母 慈孝献皇后 蒋氏의 合葬墓(嘉靖 18년, 서기 1539년 낙성)로 中国 明代 帝陵 중 最大의 陵墓이다. 湖北省 钟祥市城 東北 7.5km의 松林山(纯德山)에 위치하며 점유면적은 183.13hr, 주위 3,600m이다.

④ 河北 遵化 清 東陵(穆麟德, '昭'에 해당): 河北省 遵化市 境西北部 馬兰峪 昌瑞山에 위치하며, 北京 市区에서 서쪽으로 125km, 天津으로부터 150km 떨어져 있는 清朝의 三大陵园 중 最大이다. 이곳에는 世祖 順治帝(서기 1638년 3월 15일-서기 1661년 2월 5일, 서기 1644年-順治 18년/서기 1661년 재위)의 孝陵、聖祖 康熙帝(서기 1654년 5월 4일-서기 1722년 12월 20일, 서기 1661년 2월 5일-서기 1722년 12월 20일 재위)의 景陵、高宗 乾隆帝(서기 1711년 9월 25일-서기 1799년 2월 7일, 雍正 13년/서기 1735년-乾隆 60년/서기 1795년 재위)의 裕陵、文宗 咸豐帝(서기 1831년 7월 17일-서기 1861년 8월 22일, 서기 1850년-서기 1861년 재위)의 定陵、穆宗 同治帝(서기 1856年 4월 27日-서기 1875年 1월 12日, 서기 1861년-서기 1875년 재위)의 惠陵의 5개의 황릉과 그 외에 孝庄 文皇后(太皇太后/聖母皇太后, 万历 41년 二월 初 8일/서기 1613년 3월 28일-康熙 26년 12월 25일/서기 1688년 1월 27일, 아이신기오로 도르곤/愛新覺羅 多尔衮/애신각라다이곤/睿忠親王와 再婚으로 인해 그녀의 관은 37년간 지하에 매장되지 못하였다가 서기 1725년 사후 37년 만인 擁正 3년에 昭西陵에 매장되었으며 그녀의 능은 서기 1929년 도굴 당하였다. 그녀의 전남편인 后金의 제 2대 군주이며 清朝의 开国皇帝인 홍타이지/皇太極는 辽宁 沈阳 清 昭陵에 묻혀있다)의 昭西陵、慈禧太后/孝欽顯皇后

/聖母皇太后/西太后(서기 1835년 11월 29일-서기 1908년 11월 15일)의 普陀峪 定東陵, 慈安太后(서기 1837年 8월 12일-서기 1881年 4월 8일)의 普祥峪 定東陵, 裕妃園寢의 香妃(乾隆 二十四年/서기 1759년 乾隆帝의 妃가 됨, 위굴/維吾尔의 여자로 이름은 伊帕尔罕/拉丁維文/西里尔維文, 서기 1734년 9월 15日-서기 1788년 5월 24日) 墓가 포함된다. 聖祖 康熙帝의 妃嬪(皇妃←貴妃←妃←嬪←貴人←常在←答应의 순) 55位 중 敬敏皇貴妃와 妃嬪들이 같이 묻힌 능을 제외한, 貴妃 1人(溫僖貴妃, ?-서기 1694년 11월 초 3일), 妃 11人(慧妃、惠妃、宜妃、榮妃、平妃、良妃、宣妃、成妃、順懿密妃、純裕勤妃)、定妃(嬪 8人, 貴人 10人, 常在 9人, 答应 9人)의 48위의 비빈은 후일 景陵地宮 내 景陵妃園寢(康熙熙皇帝嬪妃墓葬群位于景陵东側。内葬: 溫僖贵妃钮祜禄氏、惠妃那拉氏 등 48位의 嬪妃과 一位皇子/順懿密妃王氏 幼殤之子의 묘)에 이장되어 함께 매장되었는데 清 東陵에서 獨一無二한 독립된 릉침은 景陵妃園寢의 동남쪽에 위치한 景陵皇貴妃陵寢/双妃園寢으로 비빈 중 慤惠皇貴妃/佟佳氏(서기 1668년-서기 1743년, 佟佳氏, 满洲镶黄旗人, 为领侍卫内大臣承恩公国舅佟国维之女, 孝懿仁皇后의 妹, 双妃園寢에 매장)와 惇怡慤惠皇貴妃/瓜尔佳氏(서기 1683년-서기 1768년, 乾隆 36년薨, 年 86세로 康熙의 비빈 중 최장수함)의 능침인데 이는 康熙의 慤惠와 惇怡 皇貴妃의 두 귀비에 대한 강희의 손자인 乾隆황제의 효심을 잘 보여준 것이다.

清 康熙 2년(서기 1663年)에 시작하여 217기의 宮殿牌楼와 15기의 陵園을 조성하였는데 陵区는 昌瑞山 主峰下 順治帝의 孝陵을 중심으로 산세를 의지하여 南麓에 부채꼴 모양으로 宮墙、隆恩殿、配殿、方城明楼 및 宝顶 등을 건축하였다. 전체 모양은 '前朝后寢'으로 方城明楼를 陵園의 最高 建筑物로 삼고 안쪽에는 石碑을 세웠

는데 碑에는 汉、滿洲, 蒙古 三種의 문자를 새겨 墓主의 諡号를 새겨 넣었다. 明楼 뒤에는 '宝顶'(大坟闘), 그 아래에는 灵柩 '地宫'을, 陵寝은 明楼와 宝顶사이에 만들었다. 半圆形의 封闭式 院落('哑巴院') 안에는 琉璃砖瓦를 사용한 '影壁'을 세우고 그 양측에서 明楼를 향해 갈 수 있게 하였다. 陵区 最南端의 石牌坊은 북으로 향하고 順治帝 孝陵의 宝顶에 이르게 하였다. 그리고 약 12m의 넓이, 길이 6km의 神道를 깔고 그 신도 옆에 大红门、大碑楼(聖德神功碑楼)、石像生、凤龙门、七孔桥、小碑楼(神道碑楼)、隆恩门、隆恩殿、方城明楼 등의 建筑物을 순서 있게 만들었다. 그러나 서기 1928년 国民革命軍 第12軍 軍長 孫殿英(서기 1889년-서기 1947년)이 乾隆帝 裕陵과 慈禧太后(西太后)의 普陀峪 定東陵을, 서기 1945년에는 土匪 王紹義와 張盡忠이 順治帝 孝陵을 제외하고 능묘 전체를 도굴하였다. 특히 孫殿英이 서기 1928년 7월 1일 潭溫江의 건의에 따라 7월 4일-7월 10일 군사훈련이란 美名下에 慈禧太后의 定東陵을 파괴하고 능 입구를 못 찾아 4주후 자희태후가 안장된 內棺까지 부수고 여기에서 여러 부장품들을 도굴했다. 이 도굴사건으로 여론이 나빠 그해 蔣介石에 의해 군사재판에 회부되었으나 종결되지 못한 채 서기 1949년 10월 1일 新中国의 탄생으로 有耶無耶되었다. 乾隆帝 裕陵에서 서기 1928년 7월 2일 도굴된 것으로 전해지는 干將劍[春秋時代 铸剑의 鼻祖이며 越王勾践을 위해 赫赫青铜名剑인 다섯 자루의 宝剑(湛卢、巨阙、胜邪、鱼肠、纯钧)과 楚昭王을 위해 세 자루의 名剑(龙渊、泰阿、工布)을 만든 欧冶子와 후예들인 干將과 그의 처 莫邪가 만든 有名剑인 越王勾践剑이 서기 1965년 12월 湖北省 江陵县(荆州市) 望山 1号[楚懷王(?-기원전 206년)시 楚의 貴族인 邵滑의 墓(竹簡文에서 확인, 陪嫁品/dowry으로 楚国에 흘러들어간 것으로 보임]에서 출토하였는데 이검에는 鸟虫書로 써진 '越王勾踐 自作用劍'이란 문자가 새겨져 있다. 이 검은 長 55.7cm, 폭 4.6cm, 柄長 8.4cm로 劍面에는 鑄造한 黑色菱形暗纹이 있고, 슴베 박은 칼자루의 목 쪽에 감은 쇠태인 칼코등이(劍環) 鑲(insert, inlay, set, mount; fill)의 정면에 蓝色琉璃로, 그리고 背面에 绿松石/turquoise/突厥玉/土耳其石을 밝아 넣었다. 구천의 검은 아마도 越絶書에서 보이는 바와 같이 欧冶子가 秦溪山 산정에서 주조한 칼 중의 하나일 것으로 추정된다(현재 湖北省博物馆 소장). 그리고 구천의 검과 함께 부장된 9条의 金龙을 조각해 넣은 蒙古式彎劍인 九龙宝劍은 国民政府 蔣介石(서기 1887년 10월 31일-서기 1975년 4월 5일, 그러나 干將劍과 九龙宝劍은 그 후의 행방은 묘연하고 깨져 없어진 것으로 추정된다)에게, 云南省 怒江州 福貢県 石月亮乡 瓦格村과 이웃 貢山県에서 많이 나오는 碧璽(電氣石, 綠柱石)西瓜(수박)은 宋美齡[宋嘉澍(海南島 文昌人, 서기 1863년-서기 1918년 5월 4일, 宋靄齡、宋庆齡、宋子文、宋美齡、宋子良、宋子安의 아버지)의 세 째 딸로 蔣宋美齡女士 혹은 蔣夫人으로 불림, 서기 1897년 3월 5일-서기 2003년 10월 24일]의 오빠 겸 宋庆齡(남편 孫中山)의 동생인 宋子文(서기 1894년 12月월 4일-서기 1971년 4월 26일)에게, 그리고 자희태후의 보물 중 서태후의 사후 염으로 입에 물렸던 夜明珠는 蔣介石의 두 째 부인 宋美齡에게 뇌물로 바쳐진 모양이다. 이는 陝西省 臨潼県 驪山에 있는 秦始皇陵은 진시황이 13세로 등극하자마자 만들기 시작했으나 50세에 죽을 때까지 완성을 보지 못하였는데 그의 능도 기원전 207년 楚의 霸王 項羽(또는 項籍: 기원전 232년-기원전 202년)에 의해 도굴을 당해 그 속에서 꺼내진 보물의 일부는 항우의 애첩 虞美人에게로 흘러 들어 갔던 역사적 맥락에서 이해된다. 자희태후의 능은 서기 1947년에 수리·복원되어 현재 전시중이다.

⑤ 河北 易县 清 西陵(穆麟德, '穆'에 해당): 이곳은 清代의 四位 皇帝
인 世宗(서기 1678년 12월 13일-서기 1735년 10월 8일, 서기 1722
년-서기 1735년 재위, 清 泰陵), 嘉庆帝(서기 1760년 11월 13일-서
기 1820년 9월 2일, 서기 1796년-서기 1820년 재위, 清 昌陵)、道光
帝(서기 1782년 9월 16일-서기 1850년 2월 25일, 서기 1820년-서기
1850년 재위, 清 慕陵)、光绪帝(서기 1871년 8월 14일-서기 1908년
11월 14일, 서기 1875년 2월 25일-서기 1908년 11월 14일 재위, 清
崇陵) 및 그의 皇后、嫔妃의 陵园이다.

清代의 开开国皇帝인 누루하치/努尔哈赤와 홍타이지/皇太极의 陵
墓는 요녕성 沈阳의 盛京三陵에 있으며, 북경으로 천도한 이후 顺
治帝부터 시작하여 唐山 遵化县 馬兰峪 皇家陵园 즉 清 東陵을 조
성하였다.

雍正帝(庙号는 世宗)는 永宁 山下(海拔 382m, 8.47ha)의 风水가 上吉
之壤으로 좋아 九凤朝阳山으로 불리고, 아버지 康熙帝를 독살하고
皇位를 찬탈했다는 民間所聞, 汉白玉이 나오는 曲阳县 太行山区와
무척 가깝고, 夏·商·周대이후 내려온 '昭穆(商나라의 乙丁制度)制度'를
따라 '父子分葬', '次序 隔代埋葬'으로 현 河北省 易县 清 西陵에 새
로이 陵园을 조성하였다. 그래서 東陵은 '昭', 西陵은 '穆'에 해당한다.
雍正의 清 泰陵(서기 1730년 雍正 8년 건축이 시작되고 아들 乾隆帝
가 여러 시설을 추가하였다)清 西陵에서 제일 큰 陵园으로 神道-龙
凤门-神道碑亭(聖德神功碑)-三孔石桥-3座의 石牌坊-啞巴院-宝
頂(地宫, 寝院, 陵寝)의 순으로 坊, 碑, 亭, 殿宇와 地下宫殿이 모두
갖추어져 있다. 雍正은 생전 엄격하여 자기의 능묘에 石像生과 神
道를 만들지 말 것을 生前에 명령을 내렸으나 그의 아들인 乾隆帝

는 石像生 뿐만 아니라 길이 2.5㎞에 달하는 神道, 또 神道 앞에 北京 房山石을 이용해 만든 중국에서 가장 큰 四合院 상으로 배치된 3座의 石牌坊, 龙凤门, 三孔石拱桥, 大紅门, 宝頂, 聖德神功碑(高 26.05m)도 함께 세웠다. 泰陵 뒤 寝院내에도 二柱门、石五供、方城、明楼、宝城、宝顶、地宫 등의 建筑物이 세워졌다. 이곳 泰陵에는 雍正帝、孝敬宪皇后、敦肃皇贵妃, 妃嬪을 포함하는 89여塚이 포함되어있다. 서기 1980년 啞巴院앞에서 盜掘孔을 발견하고 그해 4월 8일 泰陵地宫이 정식으로 발굴되었다.

그러나 건륭제는 자기의 할아버지인 康熙帝를 무척 숭배해 자기는 淸 西陵 대신 할 아버지가 묻힌 淸 東陵을 택하여 父子가 한곳에 묻히지 않는 '昭穆(商나라의 乙丁制度)次序, 隔代埋葬' 풍습이 만들어졌다. 道光帝는 西陵, 그의 아들인 咸丰帝는 東陵에, 咸丰의 아들인 同治帝는 젊어서 죽어 후에 죽은 모친인 慈禧太后가 묻힌 東陵에 안장되었다.

淸 8대 황제인 道光帝의 慕陵(庙号는 宣祖)은 河北省 保定市 易县 城西 永宁山 淸 西陵의 龙泉峪(45.6亩)에 위치하며 神道-龙凤门-无圣德神功碑楼(서기 1840년 1차 阿片战争과 서기 1842년의 南京 條約으로 홍콩/香港이 영국의 손에 들어가 聖德碑楼를 만들지 못함)-三孔石桥-隆恩门-隆恩殿(紫禁城 太和殿과 같은 金丝楠木殿임)-石牌坊-宝頂(地宫, 寝院, 陵寝)의 순서로 건물 27座가 만들어 졌다. 역대 능묘 중 가장 精簡하나 淸 東陵 宝华峪에 앞서 조영했던 능침이 滲水로 폐기하고 淸 西陵으로 옮겨 다시 짓는 바람에 工期가 길어지고 비용도 두 차례에 걸친 능묘의 건설에 白银 440万 兩을 소비하였는데 이는 西太后의 定東陵과 乾隆帝의 裕陵보다 240만량이 더 들었다. 慕陵은 道光 32년(서기 1832년)에 공사를 시작하여 16년(서기

1836년)까지 4년이 소요되었다. 이 능은 东陵 宝华峪 陵寝 渗水教训을 바탕과 평소 道光帝의 근검절약하는 정신을 반영하듯 "总以地臻全美为重, 不在宫殿壮丽, 以侈观瞻"의 宗旨와 같이 혁신적이면서 매우 간결하다. 건축 규모는 현저하게 축소되었고 大 碑楼、石像生、二柱门、方城、明楼 등의 大型建筑物도 만들지 않았다. 慕陵에는 孝穆成皇后, 孝慎成皇后, 孝全成皇后의 三位皇后가 합장되었는데 그 중 孝全成皇后는 咸丰皇帝(清朝第九位皇, 서기 1831년 7월 17일-서기 1861년 8월 22일)의 生母이다.

昌西陵은 清 仁宗 嘉庆皇帝의 두 째 부인인 孝和睿皇后(서기 1776년 10월 초 10일-서기 1850년, 74세 사망. 부친은 恭阿拉임)의 陵墓로 서기 1851년(咸丰 元年)에 시작하여 서기 1853년(咸丰三年)에 완성을 보았다. 그녀는 乾隆의 側妃(乾隆 55년, 서기 1790년)를 시작으로 → 贵妃→ 皇贵妃→ 皇后(嘉庆 4년)→ 太后(嘉庆 25년, 서기 1820년)을 거쳤다. 그녀는 皇3남 惇恪親王 綿愷(서기 1795년-서기 1838년)과 皇4남 瑞懷親王 綿忻(서기 1805년-서기 1828년)의 두 친아들을 두었음에도 불구하고 황권의 경쟁을 피해 嘉庆 25년 7월 承德 热河行宫에서 崩御한 嘉庆帝의 次子이며 嘉庆二年(서기 1797년) 2월에 돌아간 孝淑睿皇后의 아들인 旻宁을 후원해 嘉庆 25년(서기 1820년) 7월 道光帝가 되게 노력하였다. 昌西陵은 道光帝의 慕陵과는 체제상 비슷하고 方台上에 直接 원분(宝頂, 圆坟)을 만들고 方城과 明楼가 없이 매우 간단하다. 단지 宝頂 주위에 天壇과 같이 弧形의 回音壁이 설치되고 神道 중 回音石이 있는 것이 청나라 陵墓 중 유일하다. 이는 손자인 咸丰帝가 할머니의 寂廖함을 달래주기 위한 고안물이었다고도 한다.

清西陵 崇陵崇妃园寝 안에 恪順皇贵妃, 他他拉氏(珍妃, 서기 1876

년 2월 27일-서기 1900년 8월 15일, 25세)와 端康皇貴太妃, 他拉氏
(瑾妃, 서기 1873년-서기 1924년)의 두 묘가 있다. 이들은 모두 光绪
皇帝[9위, 전체 11위 황제, 서기 1871년 8월 14일-서기 1908년 11월
14일, 庙号는 德宗, 부친은 宣宗(道光帝)의 第7子인 醇贤亲王 奕譞,
生母는 那拉氏로 慈禧太后/孝欽顯皇后/聖母皇太后/西太后(서기
1835년 11월 29일-서기 1908년 11월 15일, 孝定景皇后, 那拉氏와 合
葬)의 여동생(妹)이다]의 崇陵妃珍园에 있다. 崇陵은 宣统元年(서기
1909년)에 시작하여 서기 1915년(民国 4年)에 竣工하였다. 光绪帝가
총애하던 珍妃는 13세에 入宫하고 慈禧太后 60세 회갑 때 妃로 승
격하였으며 또 近代史에서 光绪의 变法을 실행하는데 적극 지지하
고 사진(照相)기술과 촬영에 관심을 두어 紫禁城 古宫博物院에 자신
의 사진첩을 남긴 것으로 매우 유명하다. 그러나 이로 인해 慈禧太后
의 미움을 받아 서기 1900년 八国联军이 北京을 공격하여 함락시켰
을 때 慈禧太后가 허수아비 傀儡황제인 光绪를 데리고 西安으로 도
주하면서 冷宫에서 감금당하고 있던 珍妃를 꺼내 자금성 내 우물(珍
妃井)에 빠뜨려 죽였다. 그 다음해 珍妃의 尸体를 꺼내 京西 田村에
묻고 民国 2년 서기 1913년 北洋政府가 崇妃园寝을 建成하여 그곳
으로 移葬하였다. 이미 퇴위한 逊帝 溥仪(서기 1906년 2월 7일-서기
1967년 10월 17일)가 그녀를 "恪顺"으로 책봉하였다. 그 옆에 있던 瑾
妃(서기 1924년 민국 13년 10월 20일 51세로 東六宫 永和宫에서 사망)
는 珍妃의 친누나(姐姐/胞姐)로 서기 1924년에 죽어 그녀도 崇妃园
寝에 묻혔다. 瑾妃는 西陵의 清朝皇室에 묻힌 마지막 사람이다. 현
고궁박물원에 '珍妃金印'이 소장되어 있는데 높이 3.4cm, 한 변의 길
이 11cm로 몸통은 거북, 머리와 고리는 용의 모습을 하고 있는데 진
비는 이미 황후의 대우를 받고 있었던 모양이다. 서기 1938년 华北村

村庄里의 鄂士臣과 关友仁이 진비의 무덤을 도굴하여 많은 보물을 훔쳤는데 당시 滿洲国(서기 1932년 3월 1일-서기 1945년 8월 18일) 황제 溥仪가 그 사실을 알고 이들을 색출하여 처형하였다. 그러나 도굴된 무덤은 진비의 것이 아니라 근비의 것으로 밝혀졌다.

西陵의 여러 능묘 중 泰、昌、慕의 三陵은 保存이 완전하고 도굴되지 않았다. 그러나 崇陵과 瑾妃墓는 도굴되어 부장품은 이미 유실되었다. 崇陵 앞의 地宮은 파괴되었으나 현재 博物館으로 이용되고 있다. 西太后 慈禧는 사후 자기를 위해 東陵에 호화로운 陵墓(定東陵)를 건축했는데 光緒帝의 능침은 전혀 고려하지 않았다. 光緒帝는 西陵의 清崇陵에 안장되었는데 원래 묘 자리가 준비되지 않아 光緒가 돌아간 이후에 능묘를 만들기 시작했는데 3년 후 辛亥年(清 宣統三年) 서기 1911년 10월 10일 辛亥革命이 일어나 서기 1912년 2월 12일 청나라가 해체되면서 마지막 황제인 宣統帝(溥仪)가 퇴위하고 民國政府의 협조로 民國 4年(서기 1915年)에 완공을 보았다. 그래서 崇陵의 건축은 새로운 양식으로 만들어졌으며 崇陵崇妃園寢에는 珍妃(서기 1876년 2월 27일-서기 1900년 8월 15일)와 瑾妃(서기 1873년-서기 1924년)의 墓가 만들어 졌다. 그리고 서기 1995년 1월 26일 마지막 황제인 溥仪의 유골은 北京 八宝山 革命公墓로부터 이장되어 清 西陵 부근 易县 华龙皇家陵园에 안장되었다.

⑥ 辽宁 沈阳 清 福陵: 清 福陵清 福陵은 清朝[女眞/金-后金(서기 1616년-서기 1626년 재위, 누르하치/努尔哈赤/愛新覺羅氏/努尔哈赤/努尔哈赤/穆麟德/nurgaci, 清太祖(서기 1559년-서기 1626년 9월 30일, 서기 1616년-서기 1626년 재위), 서기 1616年 赫图阿拉에서 稱 '汗'을 하고 后金을 세움)-滿洲/清(清太宗, 홍타이지/皇太極, 서기 1626년-서기 1636년 재위)-大清/皇太極(서기 1636년-서기

1643년 재위)-順治(福臨, 淸世祖, 서기 1643년-서기 1661년 재위)]
가 서기 1644년 北京으로 입성하기 전의 都城인 盛京 三陵의 하나
인 开国皇帝인 努尔哈赤의 陵墓로서 辽宁省 沈阳市 東北郊外 南
으로 浑河에 임하고 북으로 天柱山의 웅장하고 아름다운 山勢아래
에 위치하는데 이곳에는 后妃 叶赫那拉氏、博尔济吉特氏 등이 合
葬되어있다. 서기 1626년(天命 11년) 努尔哈赤가 세상을 뜨고 3년
후인 서기 1629년(天聪三年) 이곳에 능묘를 건립하기 시작하여 서기
1636년(崇德 원년)에 '福陵'이라 칭하고 서기 1651년(順治八年)에 완
성을 보았다. 그 후에도 康熙와 乾隆년간에 증축을 하였다.

福陵의 능원은 엄숙한 분위기에 규모가 커서 19.48만km²에 이르며
전체 평면은 外城內郭의 장방형을 이루고 前院, 方城과 宝城의 세
부분으로 구성되며 남쪽으로부터 북으로 점차 고도가 높아지는데 明
朝의 능묘와는 다르다. 능의 4면은 붉은색의 담장으로 둘러싸고 있
으며 남북 길이 900m, 동서 폭 340m이다. 남쪽 담장 중앙에 '三楹
歇山'식의 정문(红门)이 나있고 양쪽 담 위에는 5색의 유리로 蟠龙
을 象嵌해 넣었다. 문외 양측에는 下马碑, 牌坊, 石狮子, 华表 등이
있는데 원래는 나무로 만든 것이나 乾隆帝때 석재로 바꾸었다. 문내
에는 神道옆에는 사자, 말, 낙타, 호랑이 등 石象生이 세워져 있다.
신도의 시작에서 끝까지 108개의 燈, 石桥, '大淸福陵神功圣德碑'
가 보존된 碑楼(康熙 27년, 서기 1688년 건립)가 있다. 碑楼 좌우에
는 茶果房、涤器房、省牲亭、斋房 등 보조 건물이 있다. 方城은 城
堡式建筑物로 비루 뒤에 위치한다. 능원의 주체를 위해 성 중앙에는
隆恩殿(须弥座台위에 서 있으며 歇山式屋顶이 있는 三间집으로 안에
는 木主 位牌를 모셨다)과 東西配殿이 있어 그곳에서 제사를 지냈다.
殿 앞에는 焚帛楼, 殿 뒤에는 石柱门과 石五供이 있다. 동서의 배전

은 각 5칸으로 歇山式 건축물로 주위에 回廊이 있다. 方城의 城墙은 높이 약 5m, 주위 둘레 약 370m이다. 남쪽에는 隆恩门, 북에는 明楼, 4隅에는 角楼가 설치되어 있다. 隆恩门은 一座三层의 歇山顶式 门楼이며 明楼 안에는 '太祖高皇帝之陵'의 石碑가 모셔져 있다. 楼下의 石洞门을 위해 方城 내의 建筑物은 모두 黄琉璃 瓦를 사용해 지붕을 덮었다. 廊柱는 모두 朱红色으로 廊枋间에는 '和璽彩畫'로 壁畫를 하였다. 方城의 뒤에는 둘레 길이 약 190m 月牙形의 宝城(月牙城)이, 城 한가운데에는 높이 약 2m의 宝顶이 있고, 그 아래에는 努尔哈赤와 孝慈高皇后 叶赫那拉氏와 殉葬한 嫔妃 博尔济吉特氏를 안장한 地宫이 위치한다.

⑦ 辽宁 沈阳 清 昭陵: 清 昭陵은 后金의 제 2대 군주이며 清朝의 开国皇帝인 홍타이지/皇太極[滿洲/清(清太宗, 穆麟德/Hong Taiji, 서기 1592년 11월 28일 申時-서기 1643년 9월 21일 亥時, 서기 1626년-서기 1636년 재위 중 国号를 努尔哈赤/누루하치의 后金에서→滿洲/清→大清으로 바꿈)→大清/皇太極(서기 1636년-서기 1643년 재위)]과 孝端文皇后와 宸妃, 贵妃, 淑妃 등의 后妃를 合葬한 陵墓로 辽宁省 沈阳市에 위치하며, 청나라가 서기 1644년 北京으로 입성하기 전의 都城인 盛京 三陵(撫顺 永陵, 沈阳 福陵, 沈阳 昭陵)의 하나이며. 面积 318.74만m²로 최대의 규모이다. 또 中国에서 现存하는 가장 完整한 古代帝王의 陵墓 建筑物 중의 하나이다.

홍타이지/皇太極는 清太祖 누루하치/努尔哈赤의 第 8子로 明 万历 二十年(서기 1592년)에 태어나, 그의 아버지를 따라 女真各部族을 통일하고, 滿洲/清 政权을 세워 大清의 开创者가 되었으며 中国历史上 걸출한 政治家、军事家로 또 스스로 皇帝로서 칭해 大清과 서기 1644년 아이신기오로 도르곤[愛新覺羅多尔衮/애신각라다이곤, 서기 1612년 11월 17일-서기 1650년 12월 31일)은 청나라 초기의 황족으로 后金의 초대 '汗'이자 청나라의 초대 황제 누르하치/努尔哈赤의 열네 번째 아들이며 누르하치의 네 번째 정실 효열무황후(孝烈武皇后, 서기 1590년-서기 1626년)의 소생이다. 작위는 예친왕(睿親王)이며, 시호는 충(忠), 정식 시호는 예충친왕(睿忠親王)]의 도움으로 北京으로 입성하는 기초를 만들었다. 그래서 그는 '上承太祖开国之绪业, 下啓清代一统之宏图'의 창업군주로 天命 11년(서기 1626年) 아버지를 이어 '汗'으로, 또 天聪 10년(서기 1636年)四月 '皇帝'로 칭하고, 后金에서 바꾼 滿洲/淸의 국호를 다시 '大淸'으로 바꾸었다. 그는 崇德 8년(서기 1643年) 향년 52세. 재위 17年으로 생을 마감했다. 昭陵을 만들기 시작한 것은 淸 崇德 8년(서기 1643年)이며 顺治 八年(서기 1651년)에 기본이 완성되고 난 후에도 여러 차례 改建과 重增를 거쳐 오늘에 이르렀다. 陵寝의 建筑 平面은 "前朝后寝'의 陵寝原则으로 南에서부터 北으로 올라가면서 中、后의 세 부분으로 구성되어있는데 主体가 되는 建筑物은 모두 중앙 남-북 長軸線上에 지어졌다. 民国 16년 5月(서기 1927年), 奉天省 政府가 昭陵 및 周边官地를 北陵公园로 삼아 '昭陵'으로 이름 짓고、神道를 纵轴으로 南北으로 형성된 中轴线을 연장하여 현재 面积 330만㎡를 北陵公园에 포함시켰다. 전체 규모는 陵寝을 중심으로 陵寝 前, 陵寝 后의 세 부문으로 나누었다.

昭陵의 陵地에서 建筑 部分은 18만㎡를 차지하고 있는데 남쪽으로부터 陵前部에는 下马碑부터 正红门에 이르기 까지 华表、石狮子、石牌坊、衣厅、宰牲厅을 포괄하며, 陵中部에는 正红门으로부터 方城에 이르기 까지 华表、石象生、碑楼과 祭祀用房을 포함하며, 陵后部는 方城으로 陵寝의 主体인 月牙城, 宝城이 있다. 陵区의 建筑

物은 陵区 四周圍에는 红、白、青 三种의 경계표지나 색상이 없고, 南面에는 挡衆木(拒马木)이 442그루, 陵区의 南-北은 좁고 길며, 東-西는 매우 좁고, 陵区의 最南端은 下马碑 4, 华表와 石狮子 한 쌍이 도로의 양측에 늘어서 있다. 石狮子의 북측에 神桥, 神桥의 서측에는 우물이, 神桥는 石牌坊에 이른다. 石牌坊의 東西 兩側에는 한 쌍의 小跨院이 있는데, 東跨院은 皇帝가 옷을 바꾸어 입거나 화장실로(厕所)이용하고, 西跨院에는 省牲亭과 馔造房이 있다. 石牌坊의 북쪽은 陵寝 正门인 正红门이, 이 문의 주위는 陵区의 朱红색으로 둘러친 담(风水墙), 正红门안에는 神道가 나있으며, 神道兩側에는 石象生으로 부르는 擎天柱, 石狮子, 石獬豸, 石麒麟, 石马, 石骆驼, 石象 한 쌍이 屹立해 있다. 神道 한가운데에는 神功聖德碑亭이, 碑亭의 양측에는 朝房이 있는데, 東朝房은 仪仗 및 奶茶를 준비하고, 西朝房은 膳食과 果品을 준비하는 곳이다. 碑亭의 북쪽은 方城이고, 方城의 正门은 隆恩门이며, 城门의 위에는 五凤楼가 있다. 方城의 정 중앙에는 隆恩殿이 있고 그 양측에는 配殿과 配楼(晾果楼)가 있는데, 祭祀用果品을 준비하는 곳이다. 隆恩殿 뒤에는 二柱门과 石祭台가, 그 뒤에는 券门이 또 券门 위에는 大明楼가 있어, 券门을 들어서면 月牙城이 나온다. 月牙城의 正面에는 琉璃影壁이, 그 양측에는 蹬道가 있어 方城을 오르내릴 수있다. 月牙城의 뒤에는 宝城、宝顶이 있고, 宝顶 안에는 地宫이 宝城 뒤에는 人工으로 쌓아올린 陵山(隆業山)이 있다.

이외에도 昭陵의 特色은 数里에 걸친 古松群에 둘러싸여 있다는 점이다. 현존하는 古松은 2,000여 그루로 수령이 300년에 달한다. 그 중에는 神樹凤凰樹、夫妻樹、姐妹樹、龟樹 등 특색 있는 나무도 많다.

⑧ 辽宁 新宾 清 永陵: 清 永陵 辽宁省 抚顺市 新宾县 永陵镇 에 위하

는데, 이곳에는 누루하치/努尔哈赤 조상들인 孟特穆(肇祖)、福满(兴祖)、觉昌安(景祖)、塔克世(显祖)과 누루하치의 두 삼촌 礼敦, 塔察篇古와 그 배우자들의 陵墓로 '興京陵'로도 불린다. 明 万历 26년(서기 1598년)에 지었는데 후일 重建과 擴大를 거듭했다. 清 永陵은 盛京三陵(撫順 永陵、沈阳 福陵、沈阳 昭陵)의 으뜸으로 규모는 작지만 满族의 特色과 비교적 완전한 皇家陵寝를 보존하고 있다. 清 永陵은 누루하치/努尔哈赤의 가족적 전통묘지로 福满、觉昌安、塔克世 및 努尔哈赤 부모의 삼촌, 작은 할아버지 등이 안장되어 있다.

서기 1624년 누루하치/努尔哈赤가 辽阳으로 천도한 후 东京陵을 짓고, 景祖、显祖 등의 제릉을 東京陵으로 옮김

서기 1636년 홍타이지/皇太极가 国号를 大清으로 바꾸고 興祖墓 뒤에 肇祖의 衣冠塚을 건설

서기 1651년 喬山尼雅满山岗을 '启運山'으로 봉하고 서기 1653년 享殿、配殿、方城门 담장을 건설하고 享殿 뒤를 '启運殿'으로, 方城门을 '启運门'으로 명명함

서기 1658년 景、显 二祖 및 礼敦、塔察篇古를 興京陵으로 옮겨 安葬함

서기 1659년 이름을 永陵으로 고쳐 현재까지 지속함

서기 1677년 永陵에서 黃琉璃 개와를 사용함

永陵의 神道는 길이 약 800m, 神道 입구에 下马碑(서기 1783년에 세움)를 세우고, 神道에는 石像生과 华表을 설치하지 않았다. 永陵 入口를 正红门으로 삼고, 正红门은 木栅으로 문을 만들었는데 이는 满族 建筑의 特色이다. 正红门에 들어선 뒤에는 肇、興、景、显 四祖의 神功聖德碑亭을 세우고 비는 夏·商·周대이후 내려온 '昭穆(商나라의 乙丁制度)制度'를 따라 排列하였다. 肇、興 二祖의 神功聖德碑亭은 서기 1655년에, 景、显 二祖의 神功聖德碑碑亭은 서

기 1661년 세웠다. 비는 满州、蒙古、汉語의 三種 文字로 비문을 새기고 碑亭에는 歇山琉璃顶으로 建筑하였다. 각 변의 아래에는 龙과 肖犬(狗)의 浮雕장식을 하여 가능하면 개를 숭상하여 장례를 치루는 满族의 尚犬習俗을 지키려고 하였다. 四祖碑亭 주위에는 두 채의 果房(朝房)이 있는데, 東朝房은 仪仗(옷을 바꾸어 입거나하는 祭祀配套를 하는 곳) 및 奶茶를 준비하고, 西朝房은 膳食과 果品을 준비하는 곳이다. 启運門을 方城의 正門으로, 方城에는 启運殿, 东西配殿 및 焚帛亭 등이 있고, 方城에는 城墙、角楼가 없다. 启運门 뒤 양측 벽에는 磚돌로 조각한 雲龙으로 장식했다. 一般 琉璃龙壁과는 달리 启運殿(享殿)을 祭祀主体의 建筑物로 삼고, 그 안에는 四帝 및 皇后의 位牌를 모셨다. 顶上의 两端 구석에는 용의 하나인 螭吻로 鴟尾를 삼았는데, 透彫로 '日'과 '月' 혹은 '破明'의 의미를 새기고 있다. 启運殿 뒤는 宝城으로 삼았는데 明楼、哑巴院 등의 건축물은 없다. 宝城의 가운데는 墓葬이 '昭穆次序, 隔代埋葬'의古, 肇祖 衣冠塚를 안장하였다. 昭穆制度의 排列順序에 따라 가운데는 兴祖, 좌에는 景祖, 우에는 显祖, 台下左에는 礼敦, 右에는 塔察篇을 모셨다.

25. 云岡石窟(Yungang Grottoes: 문화, 2001):

山西省 大同 武周山 남쪽 기슭에 위치하는 석회암의 云岡石窟은 鮮卑의 拓拔部의 北魏(서기 386년-서기 534년) 때인 서기 453년/460년[북위 文成帝(서기 452년-서기 465년) 興安 2년 또는 和平 1년] 경에 시작하여 孝明帝[正光년(서기 520년-서기 524년)]가 洛阳으로 移都하여 북위의 문화가 완전히 중국화 될 때까지 계속되었다. 즉 이들은 서기 5세기-서기 6세기경에 만들어졌다. 운강석굴은 河南省 洛阳의 龙门石窟과 甘肅省 敦煌 莫高窟과 함께 중국의 3대 석굴로 불리

환도산성하 적석총(서기 198년 이후 축조, 필자 촬영)

운다. 현재 252개의 석굴과 51,000개의 佛像이 조각들은 중국화의
시작이며 특히 曇曜 5굴은 중국불교예술의 경전이 되는 대표적이라
할 수 있다. 이곳은 자연 풍화가 심해 遼나라(서기 1049년-서기 1060년)
때 이 석굴사원을 보호하려 10개의 사원을 건조하였으나 파괴되고,
淸나라 서기 1651년(世祖, 順治八年)에는 목조사원과 17개의 불상을
세운 바도 있다.

26. 고대 高句麗 도읍지와 무덤 군(Capital Cities and Tombs of the An-cient Goguryo Kingdom: 문화, 2004):

옛 고구려시대의(기원전 37년-서기 668년) 수도인 吉林省 輯安 3개
도시의 40기의 무덤(14기 왕릉과 26기 貴族陵)군이다. 여기에는 대부분
서기 472년(長壽王 15년) 평양으로 천도하기 이전의 고분군인 요녕성
桓仁 五女山城, 길림성 集安市 丸都山城과 国內城, 通口고분군,
將軍塚, 太王陵과 好太王碑, 五盔(塊)墳 1-5호, 산성하 고분군(積石

塚)·王子墓, 角抵塚·舞踊塚, 장천 1·2호, 牟 头蒌塚(冉牟墓)·서대묘·千秋墓 등 모두 43건이 위치한다.

27. 마카오 역사중심지(Historic Centre of Macao: 문화, 2005):

후일 阿片战争[中英第一次鸦片战争 또는 第一次中英战争, 通商战争임. 서기 1839년 9월 4일(道光 19년 7월 27일)-서기 1842년 8월 29일(道光 22년 七월 24일) 이후 广州市 남쪽 珠江 강구의 동에 香港(Hong Kong, 서기 1842년 8월 29일-서기 1997년 7월 1일), 현 中华人民共和国香港特別行政区임], 서에 澳门(마카오, Macau/Macau/Macao, 서기 1887년 《中葡和好通商條約》, 서기 1908년-서기 1999년 12월 20일, 현 中华人民共和国澳门特別行政区임)이 들어선 것도 우연이 아니다. 그래서 香港/홍콩과 澳门/마카오의 특수한 존재로 인해 중국의 정치가 공산주의와 민주주의가 병존하는 一国二体制를 유지하는 것이 불가피하게 되었다. 澳门/마카오의 경우 서기 2005년 마카오 역사중심지(Historic Centre of Macao: 문화, 2005)로 세계문화유산으로 등재되어 있다. 广東省 珠江(Pearl river) 삼각주 남단에 위치한 澳门历史城区로 알려진 마카오는 明 嘉靖 35년(서기 1557년) 포르투갈(葡萄牙) 상인들이 해적을 소탕한 공로로 명나라 황제로부터 하사받고, 서기 1887년 포르투갈 식민지, 서기 1951년 포르투갈 海外 州로 되어 총독의 통치를 받았다가 서기 1999년 12월 20일 422년 만에 중국에 반환하였다. 마카오란 이름은 처음 포르투갈 인들이 海神 媽祖閣庙(서기 1488년) 근처에 많이 살았다고 해서 마조의 발음을 딴 것으로부터 비롯된다. 澳门과 海島市에는 역사적 거리, 주거, 종교적 성당, 포르투갈 인들의 공공건물, 富强救国을 요점으로 하는 《盛世危言》의 저자인 중국근대사상가인 郑觀应이 서구식의 영향을 받아 지은 郑家大屋과 같은 중국인의 건물(Mandarin's house)들은 東과 西에서부터 받은 美, 문화, 건축과 기술의 영향을 받아 독특한 분위기를 자아낸다. 이곳에는 벽타일을 이용한 벽화와 장식/아주레호/아주레주(azulejos, 포르투갈에서 5세기 동안 변치 않고 사용된 주석유약을 입혀 만든 청금 빛 타일로 포르투갈의 대표적 문화요소 중의 하나임, tin-glazed ceramic tilework)와 오늘날의 稅关/海关인 关閘门(border gate)이라는 葡萄文이 쓰여 있는 民政總署(新馬路 163号, 서기 1784년) 건물을 비롯해 당시의 요새인 大炮台(Mount와 Guia Fortress, 서기 1626년, 여기에는 중국에서 가장 오래된 등대와 교회가 포함)와 성벽들이 그대로 남아있다. 그 외에도 포르투갈 인들이 주로 살던 亞婆井街, 성 도밍고 성당/玫瑰堂(서기 1587년), 상파울루/聖保祿성당(Ruins of St. Paul, 서기 1583년에 세워지고 서기 1595과 서기 1601년 및 서기 1835년에 발생한 3차의 화재로 소성됨. 教堂은 서기 1602년에 重建되었음. 현재 서기 1640년에 완성된 前壁인 大三巴牌坊/敎堂과 石階만 남아있음)성당, 상파울루/聖保祿大學(서기 1602년-서기 1640년 Jesuits/耶苏會에서 지음)과 그 앞의 파도거리로 불리는 세나도(Senado) 광장, 성 아우구스틴(St. Augustin)과 성 요셉/(St. Joseph) 교회, 성모 마리아(Nativity of our Lady) 성당, 우리나라 최초의 신부이자 순교자인 金大建(대건 안드레아, 서기 1821년 8월 21일-서기 1846년 9월 16일)이 서기 1837년 6월 7일 마카오에 도착해 신학공부를 했던 성 안토니 성당(Santo Antonio, 서기 1560년에 지어져 화재로 인해 소실, 서기 1930년 재건) 등이 있다.

그리고 澳门博物館 소장품에는 靑花瓣口山水紋盤, 만찬용 鎖瓷, 耶苏會章紋蓋盤, 耶苏會徽聖水碗 등의 서양인의 취향에 맞추어 明代 万历(서기 1573년-서기 1620년)年間에 제작된 크라크(Kraak porelain, 克拉克, 이의 명칭은 서기 1602년 荷兰東印度公司/Dutch East India Company에서 나포한 포르투갈 상선 크라크 호에 실려 있는 중국자기에서 비롯된다) 靑花瓷器/靑花白磁가 전시되어 서기 16세기-서기 17세기 당시 澳门-長崎(나가사끼)-馬尼拉(마닐라)-墨西哥(멕시코)-里斯本 (리스본)을 잇는 비단, 차, 자기와 약재의 무역을 위한 海洋 絲綢之 路의 반영이며 이는 鄭和의 서기 1405년-서기 1423년 7차의 18년에 걸친 西向航海의 결과로 생각된다. 明 崇禎 4년(서기 1631년) 이전에 멕시코의 白銀 1,400万兩이 중국에 유입되었다고 한다.

포르투갈 인들이 이곳에서 활발한 교역행위를 벌린 것은 서기 1937년 广東省 珠海市 橫琴島에 위치하던 폭포에서 흐르는 물을 막아 물을 저장하고 이를 기념하기 위해 길이 4.2m 폭 4m 5行의 포 르투갈어로 새겨 넣었던 증거에서 잘 나타나다. 이는 포르투갈 상인 이 배를 타고와 淡水, 야채(채소), 糧食을 공급받기 위한 생필품을 얻 기 위한 행위 중의 하나였다. 그들의 생필품 중에는 만찬 시 식탁에 꽂아두던 꽃들도 포함된다. 오늘날의 稅关/海关격인 关闸门이 개 방되기 전에는 中山, 珠海, 澳门과 橫琴, 香山일대에서 현지인들과 직거래를 활발히 하였으며 中山市 소재 香山商業文化博物館에 전 시되어있는 明·淸 당시의 무역시장 내에는 茶店, 布匹店, 陶瓷器店 도 복원해 놓고 있다. 당시 가장 인기 있는 품목은 絲織品으로 포르 투갈인 들이 처음 교역할 때 白銀 235万 兩을 쓰기도 하였다고 전한 다. 현재 广東省博物館 소장의 石湾窑撇口瓶과 广州博物馆 소장 의 西村窑首壺도 당시 구매품 중의 하나이다. 그리고 향료와 향수 도 많이 취급 하였는데 오늘날 香山県의 香山 또는 大香山은 향료 의 취급 때문에 붙여진 명칭으로 여겨진다. 당시 무역거래인은 買辦 (comprador, 중국에 있는 외국 상사·영사관 따위에 고용되어 거래의 중개를 하 던 중국인)으로 불리었는데 이곳 현지인들인 唐, 郑, 容, 徐氏 가족들 이 많았다. 그 중 唐廷樞는 광동어로 주석을 붙인 英文集全 6권(珠

海市博物馆 소장)을 만들었는데 제6권은 6,000여 개의 商業用 단어와 語句를 모은 買辦問答에 관한 것이다. 이들은 당시 활발했던 무역의 실물증거이다. 후일 阿片战争[中英第一次鴉片战争 또는 第一次中英战争, 通商战争임. 서기 1839년 9월 4일(道光 19년 7월 27일)-서기 1842년 8월 29일(道光 22년 七월 24일) 이후 广州市 남쪽 珠江 강구의 東에 香港(Hong Kong, 서기 1842년 8월 29일-서기 1997년 7월 1일), 현 中华人民共和国香港特別行政区임] 西에 澳门(마카오,Macau/Macau/Macao, 서기 1887년《中葡和好通商條約》, 서기 1908년-서기 1999년 12월 20일, 현 中华人民共和国澳门特別行政区임)이 들어선 것도 우연이 아니다. 그래서 香港/홍콩과 澳门/마카오의 특수한 존재로 인해 중국의 정치가 공산주의와 민주주의가 병존하는 一国二体制를 유지하는 것이 불가피하게 되었다. 澳门/마카오의 경우 서기 2005년 마카오 역사중심지(Historic Centre of Macao: 문화, 2005)로 세계문화유산으로 등재되어 있다. 广東省 珠江(Pearl river) 삼각주 남단에 위치한 澳门历史城区로 알려진 마카오는 明 嘉靖 35년(서기 1557년) 포르투갈(葡萄牙) 상인들이 해적을 소탕한 공로로 명나라 황제로부터 하사받고, 서기 1887년 포르투갈 식민지, 서기 1951년 포르투갈 海外 州로 되어 총독의 통치를 받았다가 서기 1999년 12월 20일 422년 만에 중국에 반환하였다. 마카오란 이름은 처음 포르투갈 인들이 海神 媽祖閣庙(서기 1488년) 근처에 많이 살았다고 해서 마조의 발음을 딴 것으로부터 비롯된다. 澳门과 海島市에는 역사적 거리, 주거, 종교적 성당, 포르투갈 인들의 공공건물, 富强救国을 요점으로 하는《盛世危言》의 저자인 중국근대사상가인 郑觀应이 서구식의 영향을 받아 지은 郑家大屋과 같은 중국인의 건물(Mandarin's house)들은 東과 西에서부터 받은 美, 문화, 건축과 기술의 영향을 받아 독특한 분위기를 자아낸다. 이

곳에는 벽타일을 이용한 벽화와 장식/아주레호/아주레주(azulejos, 포르투갈에서 5세기 동안 변치 않고 사용된 주석유약을 입혀 만든 청금 빛 타일로 포르투갈의 대표적 문화요소 중의 하나임, tin-glazed ceramic tilework)와 오늘날의 税关/海关인 关闸门(border gate)라는 葡萄文이 쓰여 있는 民政總署(新馬路 163号, 서기 1784년) 건물을 비롯해 당시의 요새인 大炮台(Mount와 Guia Fortress, 서기 1626년, 여기에는 중국에서 가장 오래된 등대와 교회가 포함)와 성벽들이 그대로 남아있다. 그 외에도 포르투갈 인들이 주로 살던 亞婆井街, 성 도밍고 성당/玫瑰堂(서기 1587년), 상파울루/聖保祿성당(Ruins of St. Paul, 서기 1583년에 세워지고 서기 1595과 서기 1601년 및 서기 1835년에 발생한 3차의 화재로 소성됨. 敎堂은 서기 1602년에 重建되었음. 현재 서기 1640년에 완성된 前壁인 大三巴牌坊/敎堂과 石階만 남아있음), 상파울루/聖保祿大學(서기 1602년-서기 1640년 Jesuits/耶苏會에서 지음)과 그 앞의 파도거리로 불리는 세나도(Senado) 광장, 성 아우구스틴(St. Augustin)과 성 요셉/(St. Joseph) 교회, 성모 마리아(Nativity of our Lady) 성당, 우리나라 최초의 신부이자 순교자인 金大建(대건 안드레아, 서기 1821년 8월 21일-서기 1846년 9월 16일)이 서기 1837년 6월 7일 마카오에 도착해 신학공부를 했던 성 안토니 성당(Santo Antonio, 서기 1560년에 지어져 화재로 인해 소실, 서기 1930년 재건) 등이 있다.

그리고 澳门博物館 소장품에는 青花瓣口山水紋盤, 만찬용 鎖瓷, 耶苏會章紋蓋盤, 耶苏會徽聖水碗 등의 서양인의 취향에 맞추어 明代 万历(서기 1573년-서기 1620년)年間에 제작된 크라크(Kraak porelain, 克拉克, 이의 명칭은 서기 1602년 荷兰東印度公司/Dutch East India Company에서 나포한 포르투갈 상선 크라크 호에 실려 있는 중국자기에서 비롯된다) 青花瓷器/青花白磁가 전시되어 서기 16세기-서기 17세기 당시 澳门-長崎(나가사끼)-馬尼拉(마닐라)-墨西哥(멕시코)-里斯本

(리스본)을 잇는 비단, 차, 자기와 약재의 무역을 위한 海洋 絲綢之路의 반영이며 이는 鄭和의 서기 1405년-서기 1423년 7차의 18년에 걸친 西向航海의 결과로 생각된다. 明 崇禎 4년(서기 1631년) 이전에 멕시코의 白銀 1,400万兩이 중국에 유입되었다고 한다.

　포르투갈 인들이 이곳에서 활발한 교역행위를 벌린 것은 서기 1937년 广東省 珠海市 橫琴島에 위치하던 폭포에서 흐르는 물을 막아 물을 저장하고 이를 기념하기 위해 길이 4.2m 폭 4m 5行의 포르투갈어로 새겨 넣었던 증거에서 잘 나타나다. 이는 포르투갈 상인이 배를 타고 와 淡水, 야채(채소), 糧食을 공급받기 위한 생필품을 얻기 위한 행위 중의 하나였다. 그들의 생필품 중에는 만찬 시 식탁에 꽂아두던 꽃들도 포함된다. 오늘날의 稅关/海关격인 关閘门이 개방되기 전에는 中山, 珠海, 澳门과 橫琴, 香山일대에서 현지인들과 직거래를 활발히 하였으며 中山市 소재 香山商業文化博物馆에 전시되어있는 明·淸 당시의 무역시장 내에는 茶店, 布匹店, 陶瓷器店도 복원해 놓고 있다. 당시 가장 인기 있는 품목은 絲織品으로 포르투갈인 들이 처음 교역할 때 白銀 235万 兩을 쓰기도 하였다고 전한다. 현재 广東省博物馆 소장의 石湾窑撇口瓶과 广州博物馆 소장의 西村窑首壺도 당시 구매품 중의 하나이다. 그리고 향료와 향수도 많이 취급 하였는데 오늘날 香山県의 香山 또는 大香山은 향료의 취급 때문에 붙여진 명칭으로 여겨진다. 당시 무역거래인은 買辦(comprador, 중국에 있는 외국 상사·영사관 따위에 고용되어 거래의 중개를 하던 중국인)으로 불리었는데 이곳 현지인들인 唐, 郑, 容, 徐氏 가족들이 많았다. 그 중 唐廷樞는 광동어로 주석을 붙인 英文集全 6권(珠海市博物馆 소장)을 만들었는데 제6권은 6,000여 개의 商業用 단어와 語句를 모은 買辦問答에 관한 것이다. 이들은 당시 활발했던 무역의 실물증거이다.

28. 殷墟 유적지(Yin Xu: 문화, 2006):

고대 商王朝(기원전 1750년-기원전 1100/기원전 1046년)시대의 마지막 수도인 安阳 小屯임(기원전 1388년-기원전 1122년/1046년). 호(亳: 偃師 二里头: 기원전 1766년)-오(隞: 이곳은 정주「郑州」이리강「二里崗」임: 기원전 1562년-기원전 1389년)-안양(安阳: 기원전 1388년-기원전 1122년의 266년 동안 11 또는 12왕이 재위)의 순서로 도읍이 변천되었다. 상호보완적이고 공생관계에 있는 夏나라의 경우 수도는 왕성강(王城崗)-양성(阳城)-언사 이리두(偃師 二里头: 亳)의 순으로 옮긴 것으로 추정된다. 그런데 중요한 것은 하남성 언사 이리두(亳)유적의 경우 1·2층은 하나라시대이고, 그 위의 3·4층은 상나라 것으로 밝혀졌다.

그리고 안양 서북강(西北崗: 후가장「候家莊」)과 대사공촌(大司空村)에 있는 18대 반경(盤庚)에서 28대 제신(帝辛: 상나라 마지막 폭군인 주「紂」왕)에 이르는 현재 남아있는 11기의 왕묘와 또 다른 대규묘의 귀족들 무덤에서 보이는 殉葬風習, 青銅祭器와 藝術에서 보이는 직업의 전문화와 고도의 물질문화, 항토(夯土)라 불리는 판축법(版築法)으로 지어진 성벽, 사원, 궁전, 무덤과 같은 대규모의 건축, 기술자·노예·평민·귀족 등에 서 보이는 사회계층화와 조직적인 노동력의 이용, 집약-관개농업과 이에 따른 잉여생산으로 인한 귀족과 상류층의 존재, 반족(半族)이 서로 서로 정권을 교대해서 다스리는 이부체제인 을정(乙丁)제도(이는 族內의 분리로 의례목적상 10干에 따라 분리되는데, 이들은 甲乙과 丙丁 다시 말하여 乙门과 丁门의 두 개로 크게 나누어 왕권을 교대로 맡는다). 아울러 河南省 南阳市 북쪽에 위치하는 独山[中国 四大名玉 산지 중의 하나인 独山(玉潤独山, 海拔 367.8m)에서 산출되는 玉은 독산으로부터 3km 떨어진 6,000년 전의 玉鏟이 출토한 南阳市 臥龙区 蒲山鎮 黄山村 黄山 신석기시대 晚期의 유적으로 부터 잘 알려져 있으며, 南阳玉, 河

南玉, 独山玉(bright green jadeite, nephrite jade)으로 불리 운다. 옥의 主要 组成矿物로는 斜长石(anorthite)을 중심으로 黝带石(zoisite)、角閃石(hornblende)、透辉石(Pyroxene)、铬云母(Fuchsite; chrome mica)、绿帘石(epidote)、阳起石(Tremolite, Tremolite asbestos Actinolite) 등이 있다. 이곳에서 옥은 多色性으로 绿色、藍色、翡翠色、棕色(褐色)、红色、白色、墨色 등 7가지 색이 나타나며, 白玉에서 미얀마/버마/Myanmar(서기 1989년 이후 Burma의 새로운 명칭)에서 나오는 翡翠와 유사한 옥에 이르기 까지 다양하게 산출된다] 및 密县의 密玉(河南省 密县에서 산출하는 河南玉 또는 密玉이라고도 함), 辽宁省 鞍山市 岫岩 滿族自治県(中国 四大名玉산지 중의 하나), 甘肃省 酒泉, 陕西省 藍田, 江苏省 栗阳 小梅岭, 內蒙古 巴林右旗 靑田(巴林石, 青田石)과 멀리 新疆省 和田과 新疆 昌吉県 瑪納斯에서부터 당시 상류층에서 필요한 玉, 碧玉과 翡翠의 수입 같은 장거리 무역관계도 형성해나갔던 것 같다. 그리고 이들 무역을 통한 국제관계, 법과 무력의 합법적이고 엄격한 적용과 사용, 천문학과 같은 과학과 청동기에서 보이는 金石文, 卜骨·龟甲과 같은 占卜術 등에서 찾아질 수 있다. 또 상의 사회에서 강력한 부가장제, 도철문(饕餮文)에서 보이는 것과 같은 부족을 상징하는 토템신앙과 조상숭배 또한 빼놓을 수 없는 문명의 요소이다. 候家莊 또는 西北崗의 북쪽에 商의 후기 수도인 殷에서 살던 왕족을 매장한 커다란 무덤들이 11기, 그리고 殉葬된 사람이나 동물을 매장한 작은 묘들이 1,200여 기 발굴되었다. 그리고 郑州 근처의 구리와 아연광산을 비롯해 安阳 苗圃, 小屯, 薛家庄에서도 鑄銅유적이 확인되고 있다.

그리고 安阳市 西北 교외의 小屯에 殷墟宮殿宗庙遺址가 위치하는데 "殷墟宮殿区"로 命名하였다. 殷墟宮殿宗庙遺址는 中国考古学의 诞生地이며 甲骨文의 발생지이다.

서기 1976년 6월 4일 河南省 安阳市 小屯村 '殷墟 宮殿·宗庙 遺趾'의 西北 商王室 妇好墓에서 출토한 鸮尊(효준 효/올빼미, 妇好鸮尊)의 "妇好"라는 铭文의 주인공이 묻힌 妇好墓는 상 21대 武丁王(또는 23대)의 왕비이며 22대 祖庚어머니 妇好의 무덤이다. 이 妇好墓는 丙组 祭坛의 西南에 위치하며 서기 1928년 이래 殷墟宮殿宗庙区의 가장 중요한 발굴의 하나가 되었다. 출토한 靑銅鸮尊은 容酒器의 尊으로 通高 45.9cm、口径 16.4cm이다. 이 尊(준)은 肩大口尊、觚形尊、鸟兽尊의 세 종류가 있는데 이는 鸟兽尊에 속하며 身兼实用、美观两职의 특징이 있어 사람들의 사랑을 받는다. 殷墟에서는 이미 아름다운 청동기가 많이 출토하였는데 妇好墓에서 출토한 鸮尊이 表面花纹, 喙과 胸颈部上에 장식된 蝉纹, 高冠外侧에 장식된 饰羽纹, 侧各에 각 한 쌍식 장식된 一条의 怪夔(kuí, 기), 内侧 거꾸로 장식된 夔纹, 双翅装饰卷曲의 长蛇, 菱形纹, 兽面纹, 背后 鋬下에 장식된 飞翔의 鸮纹 등의 비범한 공예기술로 사람들의 주목을 받고 있다. 중국의 대표적인 청동기의 하나로 河南博物院에 소장·전시되어있다.

殷墟妇好墓는 그곳 安阳市 小屯村의 殷墟 5号로 南北 长 5.6m, 东西 폭 4m깊이 7.5m이며 墓口는 5.6m×4m로 그 위에는 祭祀 지내는 享堂이 위치하고 있었다. 妇好享堂은 母辛宗 즉 妇好의 死后 国王 武丁이 妇好를 위해 祭祀를 지내고 그녀의 무덤위에 宗庙를 짓고 庙号는 "辛"으로 하였다. 이 享堂은 卜辞에서 "母辛宗"으로 칭하였다. 墓中에서 발견된 殉葬人은 16명, 순장된 개는 6마리로 그 중 腰坑가운데 사람과 개가 한 마리씩 묻혀 있었다. 무덤은 椁内 四壁에 돌아가면서 유물들을 배치한 전형적인 商晚期의 무덤양식을 보여주며 棱脊、滿裝、三層花。小型玉器와 貝類를 棺 内 측면에 배치하였다

。妇好鸮尊의 銅器銘文으로 墓主는 婦好(商王 武丁의 配偶)임을 알 수 있고 무덤 앞에서 발견된 甲骨卜에도 婦好에 대한 기록이 있다. 武丁(?-기원전 1192년, 21대 商王)은 子姓으로《今本竹书纪年》에 의하면 이름은 昭이며 中国 商朝 第 23대 国君으로 59년 재위(기원전 약 1250년-기원전 1192년 在位)했다. "武丁"은 그가 죽은 후의 諡号이며 殷末의 추증시호는 "高宗"이다. 그는 商王 敛(小乙)의 아들이며 商王 旬(盘庚)과 商王 颂(小辛)의 조카이다. 武丁은 四方에 征伐하여 商의 疆域을 넓혔는데 羌方、夷方、巴方、蜀 및 虎方을 정벌하면서 北으로는 河套, 南으로는 江淮, 西로는 周境, 东으로는 山东半岛 东北部에 이르렀다. 그래서 武丁의 집권 시기는 '开创中兴', '武丁中兴', '武丁盛世'라 한다. 妇好(井方/현재 邢台市, ?-기원전 1200년, 기원전 1278년-기원전 1245년)는 帚子、婦子、帚好로 불리었으며 庙号는 辛이며 武丁의 세 왕비 司母戊妇姘(妇戊), 司母辛妇好(妇辛), 妇癸(妇好, 祖庚母亲) 중 셋째이다. 武丁은 세 왕비 이외에 妇嫌、妇周、妇楚、妇蛭、妇杞、妇妊、妇鼠、妇庞、妇妾 등 61명의 "诸妇"를 포함해 모두 64명의 부인을 두었는데 妇好墓에서 발굴된 甲骨文에 의하면 그녀가 남편 武丁을 대신해 统帅로서 13,000명의 大军을 이끌고 수차 출병을 하여 土方과의 일련의 전쟁을 치루어 土方을 멸망시키고 鬼方, 羌方, 巴方까지도 공격하여 승전하는 등 혁혁한 전과를 이루었다. 妇好는 '무게 8.5kg의 龙纹과 龙纹의 铜钺 등 그녀가 生前 전쟁에서 사용하던 武器를 휘두르는 女性军事统帅, 女战神' '世婦, 世襲女官', '司祭와 占卜之官', '大将军', '战略家 겸 政治家' 등'으로 활약해 그녀가 33세에 죽을 때 武丁이 비통해 할 정도로 무정의 총애를 가장 많이 받았다.

　서기 1939년 河南省 安阳市 武官村에서 기원전 13세기-기원전 11세기에 주조된 王室祭祀用 青铜方鼎은 鼎의 四周에 精巧한 盘龙

纹과 饕餮纹이 주조된 青铜鼎을 발견되고 일본군에 약탈당하지 않으려고 지하에 깊이 묻은 것을 서기 1946년 6월 그곳 주민 吳培文에 의해 다시 발굴되어 南京에 옮겨져 中央博物院에서 보존하고 있다가 서기 1959년 中国历史博物馆이 세워져 北京으로 운반되고 현재 国家博物馆의 镇馆之宝가 되었다. 후일 이 솟의 腹部에 "司母戊" 三字와 "孝己"가 주조되어 있고 "母戊"는 武丁의 妻姜 妇妌(邢, jing)의 庙号로 이 솟은 祖庚 혹은 祖甲이 母亲을 위해 祭祀했던 礼의 표현인 "孝己"를 확인하게 되어 서기 1976년에 발굴된 殷墟妇好墓와의 어느 정도 관련성도 밝혀지게 되었다. 墓위에는 甲骨卜辞로 덮여 "母辛宗"을 祭祀 지내는 享堂이 세워져 있었다. 이 司母戊方鼎[后母戊鼎, 司母戊大方鼎, 皇天后土/商王为祭祀其母戊所铸的鼎/献给 "敬爱的母亲戊", 中国国家博物馆 소장이며 殷墟博物苑 앞에 전시되어 있는 것은 모조품임]은 鑄造된 것이며 솥의 높이 133cm、아가리 길이(口长 口宽) 133cm、아가리 폭(口宽) 79.2cm, 무게 832.84(또는 875) kg이나 된다. 이 솥의 표면에 보이는 銘文으로 22대 祖庚이 어머니 妇好(辛, 后母辛, 母辛宗)와 같은 21대 왕 武丁(또는 22대)의 妻姜인 司母戊(妇妌, 邢, jing)를 위해 만든 것으로 되어 있다. 이 솥은 이제까지 발굴된 제일 크고 무게가 나가는 것이다. 그래서 이 거

河南省 安阳市 武官村 西北崗에서 출토한 司母戊方鼎[后母戊鼎, 司母戊大方鼎". 中国国家博物館 소장] : 서기 1992년 8월 24일(월), 韓国-中华人民共和国의 修交)시 中国歷史博物館(현 中国国家博物館)에서 필자 촬영)

대한 青铜方鼎은 商代 奴隶制의 발달과 함께 백성의 높은 创造能力도 반영한다. 이 소여러 무덤에는 부장품으로 이와 같은 청동제의 대형 솥(鼎)을 비롯해 도기(白陶), 옥, 상아, 대리석의 조각 등이 다수 포함되어 있는데, 이는 상나라 후기 수도인 殷의 공예기술을 대표한다. 동기와 골각기의 제작소, 두 마리의 말이 끄는 전차를 매장한 車馬坑도 발견되었다.

張光直(Chang Kwang-Chih, 서기 1931년 4월 15일, 수-서기 2001년 1월 3일, 수) 교수의 이야기대로 "기념물이나 종교적 예술과 같은 고고학적 자료 즉 물질문화에서 특징적으로 대표되는 양식(style)이며 하나의 질(quality)"이라고 할 수 있다. 그는 또 中國文化의 예를 들어 중국문화의 특성 가운데 하나로 설정된 "政治的 側面에서의 理解"만이 중국을 이해하는 첩경이며, 古代 中國에 있어서 藝術(art)·神話(mysdth)·儀式(ritual) 등은 모두 정치적 권위에 이르는 과정으로 이야기할 수 있다고 한다. 그러한 정치적 목적을 위해 사용되는 수단인 祭祀仪式에는 神灵과 직접 통하고 戒律的이고 嚴肅한 분위기가 필수적이다. 그래서 商代와 西周初期 제사용 청동기 솟(鼎)의 그릇 표면에 자주 등장하는 부족을 상징하는 토템신앙(totemism, 图騰崇拜)과 조상숭배(祖上崇拜, ancestor worship)인 도철문(饕餮文, tāo tiè)은 動物의 抽象化图像인 兽面纹으로도 불리 우는 中國의 传统纹饰으로 神秘色彩가 浓厚하다. 이는 조상숭배의 시작인 礼로부터 시작한다. 그러나 青铜方鼎과 古代盛酒器 혹은 宗庙에서 상용하는 祭器인 彜를 비롯한 모든 청동기는 그 자체로서 사회에서 불평등한 富의 접근과 축적 그로인해 결과로 나타나는 신분의 차이를 나타내는 계급사회를 대표한다. 그래서 王室祭祀用 青铜方鼎의 표면에 조각되어 있는 도철문도 토템신앙의 정점을 나타내며 지배자의 통치의 정당성의 강조와 함께 계율적이고 엄숙한 제사 분위기를 자아낸다.

수메르-이집트-인더스를 잇는 세계 제 네 번째의 하천문명 또는 灌漑文明은 中國 黃河유역의 商(기원전 1750년-기원전 1100/1046년)이다. 기원전 2500년-기원전 2200년경 즉 용산(龙山)문화 단계에 이르면 중국사회는 역사적 전환기로 정치, 경제, 종교에서 커다란 변화가 일어난다. 이러한 증거로서 기원전 2000년경 초부터 도시, 국가, 문명과 문자가 나타난다. 이 시기는 考古學上으로 청동기시대이다. 바로 그러한 시기가 龙山文化의 禹임금 때로 이는 三皇(太昊/伏羲·神農/炎帝·女媧)과 五帝(黃帝/軒轅 또는 少昊·顓頊/전욱·帝嚳/제곡·堯·舜)시대를 곤(鯀)의 아들로 治水를 잘한 덕에 舜을 이어 임금이 된 전설상의 夏나라(기원전 2200년-기원전 1750년)이며 河南省 언사 이리두(偃師 二里头/河南省 偃师市 翟镇 二里头村/二裏头, 2기, 기원전 2080년-기원전 1590년: 毫, 斟郡)에서 발견된 유적으로부터 청동기 시대가 시작된다. 靑銅器時代는 夏·商·周에서 春秋時代(기원전 771년-기원전 475년)으로 夏는 唯物史觀론적 견지에서 본 奴隸社會에 해당한다. 기원전 3200년에서 기원전 2500년까지 庙底溝, 대문구(大汶口)와 악석(岳石) 문화라는 龙山式 형성기(Lungshanoid)文化(용산문화 형성기)가 발생한다. 전자의 묘저구 문화는 陝西省과 河南省에 후자의 大汶口文化대문구와 岳石→ 山東 龙山文化(Lungshan Culture)山東省을 중심으로 나타난다. 기원전 2500년에서 기원전 2200년까지의 문화가 중국문명이 발생하기 직전의 龙山(Lungshan) 문화 단계이다. 용산문화에서 문명단계와 흡사한 영구주거지, 소와 양의 사육, 먼 곳까지의 문화 전파, 곡식의 이삭을 베는 반월형 돌칼, 물레를 이용한 토기의 제작, 占卜, 版築(夯土/hang-t'u, rammed/stamped earth)상의 공법으로 만들어진 성벽(山東省 日照県 城子崖, 河南省 登封県 王城崗, 河南省 淮阳県 平糧台)과 무기의 출현, 금속의 출현[山東省 胶県 三里河, 河南省 登封県 王城崗, 甘肅省 广河県 齊家坪, 甘肅省 東乡 林家(馬家窯期), 淸海省 貴南 朶馬台(齊家文化)유적 출토], 조직화 된 폭력(河北省 邯鄲県 澗溝村), 계급의 발생, 전문장인의 발생, 제례용 용기와 제도화 된 조상숭배 등의 요소들이 나타난다. 그리고 서기 1991년 '全国十大考古新发现之首'로 불리 우는 山东大学 历史·考古系(대표 董建华)의 山東省 邹平県 长山镇 丁公村의 발굴에서 商나라보다 약 800여 년이 앞선 문자(丁公陶文, 刻字陶片, 1235호 恢坑출토)가 용산식문화/용산문화형성기인 岳石文化(기원전 3200년-기원전 2500년)-龙山文化(기원전 2500년-기원전 2200년)의 城址, 蚌器, 石铲、磨制石斧, 石器, 骨簇、骨针과 이 시기의 전형적인 도기인 卵殼形 黑陶, 陶罐, 泥质灰陶, 鼓腹들과 함께 발굴되었다. 도문은 모두 11자로 鬲, 斧, 魚 등의 占卜문자가 확인되었는데 이들은 云南省과 貴州省에 살고 있는 彝族의 原始文字 또는 云南省 丽江市 丽江古城 内 纳西族文字와 비교된다. 하면서 발전해 왔던 것으로 이해되고 있다.

殷墟 출토 青銅器는 中国古代 청동기제작과 주조(青铜冶金과 鑄铸业)의 정점을 이루었다. 中国青铜文化의 源流는 무척 길다. 이들은 농축적인 民族特色과 艺术风格을 갖추었다. 殷墟出土 다량의 青铜器는 礼器、乐器、兵器、工具、生活用具、裝饰品、艺术品 등을 포괄하며 青铜礼器와 兵器를 위주로 青铜文明을 형성하였는데 中国青铜时代 发展의 최고봉을 이루었다. 殷墟青铜礼器의 대량출현은 中国青铜文化가 이미 최고의 발전단계에 왔음을 증명한다. 青铜礼器鼎、簋、瓠、爵、斝, 兵器戈、矛、钺、刀、镞, 工具锛、凿、斧、锯、铲, 乐器铙、铃、钲 등은 殷墟青铜器의 대표 례이다. 모양이 풍부·다양하고 문양장식은 복잡하고 신비롭다. 층층으로 겹쳐져 있는 선들은 动物形象의 抽象化를 이끌어 내고 几何纹과 凸凹의 浮雕는 매우

치밀·정세하다. 또 形形色色의 图案으로 엄숙·장엄하고 신비한 분위기를 자아낸다. 이는 殷商先民特有의 宗教 감정과 우주관을 나타낸다. 그래서 은허에서의 청동기 제작과 주조는 세계고대 청동문명 주조의 중심지 중 하나가 되었다.

商나라 王室과 예속 匠人들은 二枚一條의 双合范, 3매 또는 4매의 鎔范(주틀)을 이용해 고도로 발달한 청동기를 제작하였다. 최초의 금속은 이미 샤니다르(Shanidar, 기원전 8700년), 챠이외뉘(Çayönü Tepesei, 기원전 7200년), 알리 코쉬(Ali Kosh, 기원전 6500년), 촤탈 휘윅(Çatal Hüyük, 기원전 6500년-기원전 5650년), 하순나(Hassuna, 기원전 6000년-기원전 5250년) 유적 등지에서 확인된다. 그리고 문자의 출현과 기념비적인 건물양식의 발달이 이루어진다. 구리에 아연, 주석이나 비소를 가해 청동기를 제작하는 복잡한 야금기술[유리 1712℃, 철 1525/1537℃, 구리 1083℃, 금 1063℃, 은 960℃, 주석 232℃, 납 327℃, 청동(bronze)은 950℃에서 용용됨], 인구증가에 따른 단위 소출량의 증가를 위한 관개농업의 시작, 사회계층과 직업의 분화에 따른 주요 공공건물의 건립이 눈에 띄게 이루어진다. 이것은 앞선 신석기시대의 농업혁명에 이은 청동기시대의 도시혁명이 일어났음을 말해준다. 상나라의 청동의 재료는 그리고 河南博物院과 殷墟博物苑에 소장·전시된 구리원료로 보면 安阳 小屯, 郑州, 苗圃, 薛家庄 근처의 구리와 아연광산을 비롯해 云南, 四川과 長江 등 멀리에서부터 수입되었다. 이는 夏-商(기원전 1750년-기원전 1100/기원전 1046년)-周(西周: 기원전 1100년/기원전 1046년-기원전 771년)의 순으로 그 시간적 차이가 존재하는 것처럼 보여 지지만, 그들이 발전해 나오는 지리적 문화적 배경을 보면 이들의 관계는 각기 따로 떼어놓을 수 있는 완전하게 분리된 독립체라기보다 오히려 공·시(空·時)적이고 유기체적으로 밀접한 상호 交

易網 또는 通商圈(interaction sphere)을 형성하는 데에서 비롯된다. 이제까지 밝혀진 것은 무기와 같이 견고함을 필요할 때는 아연(zinc, Zn)을 光澤이 나는 祭祀用 청동기에는 납(Lead, Pb)을 이용하였다. 최근 殷墟출토의 청동기와 四川省 广汉市 三星堆의 청동기 假面의 아연(zinc, Zn)의 동위원소를 분석한 결과 産地가 같다는 결론도 나오고 있어 신석기시대 이래 청동기시대 문화의 多元性과 아울러 상나라의 지배와 영향 등의 새로운 해석도 가능해진다. 그러나 이곳은 商나라의 마지막 수도인 殷墟에서와는 달리 三星堆의 古蜀에는 甲骨文字와 같은 문자가 없었던 것이 차이점으로 들 수 있다.

   殷墟婦好墓는 상의 21대 무정(武丁)왕의 부인 好의 무덤으로 출토유물은 모두 1,928점으로 青銅器 468점, 玉器 755점, 石器 63점, 宝石製品 47점, 骨器 564점, 象牙器 3점, 陶器 11점, 蚌器(홍합) 15점, 貨貝 6,820점인데 그 중 青銅礼器는 모두 210여점이다. 婦好鴞尊, 三联甗(甗)와 偶方彝를 포함하는 青銅器 468점으로 礼器와 武器가 주이며, 炊器、食器、酒器、水器이다. 婦好銘文이 있는 青銅鴞尊、盉、小方鼎 각 한 쌍, 圓鼎 12점, 铜斗 8점, 后母辛銘文이 있는 大方鼎、四足觥 한 쌍 기타 銘文을 지닌 方壺、方尊、圓斝、瓿 10점、爵 10점이 있다. 이들 청동기들은 이제까지 출토한 청동기물을 편년하는 標識·範本이 된다. 武器는 戈、钺、镞 등이며 두 점의 "婦好" 銘文이 주조된 大铜钺은 호랑이가 사람의 머리를 무는 장식은 사람의 눈을 끈다. "后母戊"란 명문은 大鼎의 两耳上에 보인다. 대부분 新疆青玉으로 조각된 玉器 755점인데 玉器类는 琮、璧、璜 등의 礼器로 仪仗의 戈、钺、矛 등이며 다른 것은 工具와 装饰品인데 玉礼器 琮、璧이 위주로 《周礼》 大宗伯에 "苍璧礼天, 黄琮礼地"이라 하여 周朝의 观念과 유사함을 보여준다. 玉石器로 祭礼를 진행하는 것은 新石器時代에 이미 출현하고 있는데 良渚文化에서부터의 一脉相承을 확인할 수 있다. 裝飾品이 가장 많은 420여점으로 대부분 佩帶玉飾이며 약간은 鑲嵌玉飾과 观赏品으로 당시의 发式과 头饰을 엿볼 수 있다. 각종 동물형의 玉飾에는 神话传说의 龙、凤, 동물의 머리에 새의 몸을 가진 怪鸟兽이외에도 다량의 野兽、家畜과 禽鸟类가 많은데 여기에는 玉鸭을 비롯해 虎、熊、象、猴、鹿、马、牛、羊、兔、鹅、鹦鹉、玉鸭 등이다. 나머지는 鱼、蛙와 昆虫类이다. 중요한 것은 옥의 사용인데 여기에 이용된 옥들은 멀리 新疆省 和田에서부터 가져온 것이 많으며 이는 당시 상류층에서 필요한 玉과 翡翠의 수입 같은 장거리 무역관계도 형성해갔던 것 같다. 玉器이외에 石器 63점, 宝石製品 47점으로 绿松石、孔雀石、绿晶雕琢의 艺术品과 和玛瑙珠도 있다. 骨器 564점, 象牙杯 3점, 陶器 11점, 蚌器(홍합) 15점, 貨貝 6,820점, 陶器、丝麻织品, 6,000여 매의 贝壳、阿拉伯(Arab, 아랍)의 绶贝[모리셔스 모리 티아나(Mouritia mauritiana) 모리셔스 소라는 일반적인 이름으로 열대바다 달팽이, 龟甲宝螺] 1枚、红螺毂[Rapana venosa(Valenciennes, Stenoglossa, Muricidae] 2점의 모두 1,928점이다. 海贝는 台湾、南海(广东沿海、海南岛、福建 厦门 东山以南)에서 가져온 것이다. 青铜兵器 134점으로 龙纹铜钺 4점、青铜戈 90여 점、锛、凿、刀、铲 등 44점이다. 그리고 명문을 통해 妇好가 商 王武丁이 총애하던 王后이며 동시 걸출한 女将军으로서 그녀의 征战、祭祀、占卜과 爱情 등에 대해 잘 알려준다. 230편의 甲骨文 중에는 "妇好"의 记载가 200여건이며 그 중 一片의 卜辞는 "辛巳卜, 贞, 登妇好三千, 囗旅万, 乎伐羌"이라고 적혀있다. 그리고 무엇보다도 중요한 것은 劈砍의 격투용 兵器인 铜钺(大铜钺)을 포함하는 109점의 青铜器 위에 "妇好", "好", "后母辛"이란 二字가 있고 또 甲骨文의 卜辞 중에도 "妇

好"가 있어 墓主가 "辛"인 "妇好"임을 확인 할 수 있다. 또 이들 青銅器 468점은 이제까지 商나라에서 출토한 모든 청동기들을 새로이 編年할 수 있는 範本이 된다.

　青銅礼器는 모두 210여 점으로 그녀 자신은 당시 5,000명의 가신을 거느려 상나라 상류층의 권력과 부를 한눈에 보여준다. 그리고 청동 솥에 담겨져 있는 찜으로 요리되었던 듯한 인간의 두개골은 당시 포로로 잡혀온 四川省의 羌族[四川省 理县 桃坪에는 기원전 100년경 西汉의 古堡인 桃坪羌寨가 남아있으며, 현재 四川省 理县 浦溪乡 蒲溪村, 汶川県 梦卜寨과 北川県 西北治城 羌族乡이 잘 알려져 있다. 그리고 陕西省 宕昌県 鹿仁村 嘉陵江의 지류인 岷江의 상류와 四川省 阿坝藏族羌族自治州 茂县 曲谷乡 河西村 일대에는 羌族 8만 여명이 전통문화를 유지하고 살고 있다. 그리고 治水로 잘 알려진 夏나라의 禹임금은 《蜀王本记》에 의하면 四川 汶山(石紐)郡 广柔县人(현재 四川省 北川県)으로 羌族과도 관련이 있다]것으로 祭式으로 희생된 食人風習(cannibalism)을 보여준다.

　华夏의 인구는 증가하고 畜力车는 古代 先民의 陆上에서 가중 중요한 교통수단이 되었다. 이미 여러 번 발굴되었던 殷代의 마차는 그 만든 조립수법이 基本定型이 되었으나 최초의 발명에는 당연히 상당한 시간이 걸렸을 것이다. 古文献 중애 夏代에 车를 발명하였다고 하나 지금까지 夏代车의 고고학적 증거가 나온 적이 없고 殷墟에서 발굴된 殷代车马坑(殷墟宫殿区에서 발굴되어 진열된 6기를 포함)이 华夏考古學 발굴에서 畜力을 이용한 마차의 가장 오래된 实物标本이다. 이 마차는 세계에서 가장 빠른 연대에 발명되고 사용한 된 文明古国의 하나이다. 殷墟宫殿宗庙遗址展에 발견된 6기의 殷代车马坑과 道路遗迹은 中国社会科学院 考古研究所 安阳工作站과 安阳市文物工作队가 安阳 刘家庄 북쪽에서 나누어 발굴하였다.

商代道路유적은 남쪽 孝民屯의 동쪽 滑翔学校의 남쪽에서 발굴된 것이다. 그곳에서 여러 곳의 车马坑이 잘 보존되어 당시 수준 높은 높은 기술의 연구와 展示해도 좋을 价值를 지녔다. 每坑에는 마차 한 대가 묻혔고 그 중 5갱에는 마차 하나에 2마리의 말이 매장되었다. 4坑에는 한사람씩 묻혔으나 감정결과 그들은 殉葬된 成年男性으로 밝혀졌다. 다른 한 사람은 소년 남성이었다. 殷代의 马车는 외형이 아름답고 견고하게 조립되었다. 车体는 무척 가벼워 신속하게 움직일 수 있었으며 달려도 중심은 평형을 유지하고 승차감은 무척 좋았다. 殷代车马坑은 上古畜力车制의 文明程度를 나타내줄 뿐만 아니라 동시에 奴隷制社会의 잔혹한 殉葬制度도 보여준다.

甲骨文은 契文、甲骨卜辭、龜甲獸骨文으로 부르며 中国 商朝 晚期 王室用 占卜记事를 말한다. 甲骨文의 연구는 서기 1899년 龙骨(甲骨文)연구 嚆矢者인 王懿荣(中药 "龙骨", 서기 1899년 약방에서 185편의 갑골문을 처음 발견하여 수집)→ 王崇烈(甲骨文의 아버지 王懿荣의 둘째아들, 185편 갑골문 수집)→ 刘鹗[갑골문 1,085편 수집, 刘鹗辑《铁云藏龟》, 서기 1857년 10월 18일-서기 1909년 8월 23일, 서기 1903년/清 光绪二十九年 石印出版社]→ 羅振玉(서기 1866년 8월 8일- 서기 1940년 5월 14일)→ 傅斯年(서기 1896년 3월 26일-서기 1950년 12월 20일), 王国維(서기 1877년12월 3일-서기 1927년 6월 2일), 董作賓(서기 1895년 3월 20일-서기 1963년 11월 23일, 国立台湾大學 文學院 및 台湾省立師範學院教授, 국립서울대학교 대학원 사학과 명예박사)→ 李濟(中国考古學의 아버지, 서기 1896년 7월 12일-서기 1979년 8월 1일, 미국 하바드 대학교/哈佛大学 인류학과 고고학 박사, 1928년 10월-서기 1937년 6월, 安阳 小屯의 15차에 걸쳐 과학적 발굴)→ 梁思永[서기 1904년 11월 13일-서기 1954년 4월 2일, 미국 하바드 대학교 대학원 인류학과 형질인류학 석사, 서기 1931년, 梁思永은 山东

省 济南市 章丘区 龙山街道 龙山村东北의 城子崖유적을 发掘하여 이를 통해 中国 "龙山文化"를 밝힘]→ 郭沫若(서기 1892년 11월 16일-서기 1978년 6월 12일)→ 胡厚宣(서기 1911년 12월 20일-서기 1995년 4월)→ 王宇信(1940년 5月-, 中国社会科学院荣誉学部委员), 刘一曼(서기 1940년 6月-, 社会科学院考古所研究员)으로 이어지고 있다. 이들 중 羅振玉, 王国維, 郭沫若과 董作賓은 刘鹗의 《铁云藏龟》연구를 계승하여 '甲骨四堂'이라 한다.

발굴은 서기 1929년 2차와 3차, 서기 1931년 4차, 서기 1932년 6차, 서기 1936년 13차, 서기1937년 15차를 합하면 현재까지 발견·발굴된 갑골문은 모두 15만 편으로 중요한 것은 ① 서기 1936년 6월 12일 13차 발굴조사에서 127호坑(YH127坑)에서 16,000여片, ② 河南安阳殷墟發掘甲骨15次에서 수습한 24,918片의 갑골문, ③ 서기 1973년 小屯 남쪽에서 中华人民共和国(新 中国)의 성립 후 中国科學院이 실시한 2차 발굴 중 5.335편 수습, ④ 서기 1976년 婦好墓[은허 5호묘, 21대 왕 武丁의 부인이며 22대 祖庚이 어머니 好(母親 戊)]에서 청동기, 옥기와 상아 이외에 109점의 青铜器 위에 "妇好", "好", "后母辛"이란 銘文과 "辛巳卜, 贞, 登妇好三千, 口旅万, 乎伐羌"의 甲骨文을 발굴, ⑤ 서기 1991년 6월 中国科學院에서 3차에서 1,583편의 갑골문 발굴 등이다.

그 중 중요한 것은 台湾의 著名한 甲骨学者 董作宾先生이 《安阳发掘报告》第三期에 발표한 《大龟四版考释》으로 서기 1937년(民国二十六年) 河南 安阳 殷墟에서 15次에서 발굴한 24,918片의 갑골문 중에서 확인된 것이다. 이제까지 수습된 15만점의 甲骨文 중 90%는 21대 왕 武丁(또는 22대) 때 만들어진 것인데 비해 大龟四版은 "乙酉夕月有食"、"己未夕皿庚申月有食"과 "征夷方" 등의 殷墟甲骨卜辞는 '盘庚이 기원전 1300년 전후 殷(安阳/安阳殷墟: 기원전 1300년-기원

전 1046년/기원전 1388년-기원전 1122년의 266년 동안 11 또는 12왕이 재위)에 천도하고 武王을 정벌하는 早期年代'에 제작된 것으로 추정되는 것이 매우 특이하다. 그리고 『大龟四版』(또는 大甲四版)의 갑골문에서 보이는 "贞"이란 의미는 "元亨利贞"란 구절로 《易经》乾卦的卦辞에 나오는 것으로 "开始之后, 发展过程会很顺利, 但收获的过程, 时间会很漫长이"라는 뜻이다. 后汉의 許慎이 편찬한 중국 最古의 字典인 《說文解字》와 《註解 千子文》[(朝鮮 洪聖源, 서기 1752년(英祖 28) 南汉 开元寺 초판)에 '始制文字 乃服衣裳'(上古에 無文字하여 結繩爲治러니 伏羲始造書契하여 以代結繩하고 其臣蒼頡이 觀鳥跡而制字하니 爲文字之始라. 上古에 無衣裳하여 取木葉皮革以蔽体러니 黃帝爲冠冕衣裳하여 以肅觀瞻하고 以別等威하니 爲衣裳之始라]에 의하면 중국의 汉字는 三皇五帝 중 皇帝의 史官이던 창힐(蒼頡 혹은 倉頡)이 새의 발자국을 보고 나무에 새긴 '書契'를 발명하여 그는 書聖 또는 斯文鼻祖라 불리 운다 한다. 그러나 실제 고고학 자료는 楔形文字인 甲骨文은 중국 汉字의 기원으로 이후 金文→ 小篆→ 隸書→ 行書→ 草書를 거쳐 현재 台湾에서 사용 중인 繁子体를 대신해 서기 1949년 10월 1일 中华人民共和国(新 中国)의 성립 후 簡字体를 새로이 만들어 보급하는데까지 이어지고 있다.

지금까지 발견된 약 15만점의 甲骨文 중 90%는 21대 왕 武丁(또는 22대) 때 만들어진 것으로, 占卜의 내용은 건강, 사냥의 허락, 기후의 변화, 제사지낼 대상, 전쟁에 참가여부와 참가할 장수에 이르기까지 상나라 왕실 일상사의 다양한 모습을 보여준다. 그 중에서도 武丁의 王妃인 婦好가 羌族과의 전쟁의 승패에 관련된 점복도 200여건이나 된다. 그리고 왕은 이러한 占卜/神託으로 미래를 점치고, 조상을 숭배하고(ancestor worship), 우주(神)와 접촉하는데 이용하고 궁극적으로 이를 통해 통치의 정당성을 강조하였다.

갑골문을 새길 때 필요한 毛筆용 칼(刀), 亀甲과 소의 肩胛(削刀用), 朱沙 등은 《註解 千子文》의 '恬筆倫紙 鈞巧任釣'(古者에 削竹爲冊하여 書漆而書러니 秦蒙恬이 始造兎毫筆, 松煙墨하며 后汉宦者蔡倫이 始用楮皮敗絮하여 爲紙하니라. 魏馬鈞은 有巧思하여 造指南車하니 車有木人하여 指必向南하고 战国任公子는 爲百鈞之鈞하여 垂竿東海하여 釣巨魚하니라)이라는 秦나라 蒙恬將軍(?~기원전 210년)과 东汉의 宦官 蔡倫(东汉 永平四年, 서기 61년-建光元年, 서기 121년)에 이어져 이제까지 이용되어오던 대나무 조각(簡)과 나무 조각(牘)대신에 비단과 종이에 붓과 먹(墨)을 이용해 현재까지 중국의 문화가 一脈相承하고 있는 것이다.

상호보완적이고 공생관계에 있는 夏나라의 경우 수도는 왕성강(王城崗)-양성(阳城)-언사 이리두(偃師 二里头: 亳)의 순으로 옮긴 것으로 추정된다. 그런데 중요한 것은 하남성 언사 이리두(亳)유적의 경우 1·2층은 하나라시대이고, 그 위의 3·4층은 상나라 것으로 밝혀졌다.

29. 开平 碉樓 및 村落(Kaiping Diaolou and Villages: 문화, 2007):

广東省 江门市 管轄 开平市에 위치한 고층 누각(19m 전후)의 촌락들이다. 이 누각은 서양의 고층건물과 중국의 전통양식이 결합한 华僑洋屋으로 불리 우며 현재 1,833棟이 남아 있는데 百合鎭 百合墟 馬降龙(清末-民国元年 서기 1912년), 百合鎭 齊塘村 雁平樓(서기 1912년), 塘口鎭 塘口墟 方氏燈樓(古溪樓, 서기 1920년) 碉樓群, 开平市 中山樓 등이 등재되어 있다. 이들은 明나라 후기 서기 16세기경 水害, 匪賊/馬賊, 후일 日本人들의 의한 피해를 방지하기 위해 만들어지기 시작한 望樓建築物群으로 서기 19세기 미국과 캐나다의 서부개발에 따른 중국 노동자의 移住와 移民 그리고 그들이 고국에 보내온 송

금에 의해 계속 만들어지기 시작했으며 서기 1900년-서기 1930년대에 1,648동으로 급속히 증가하게 되었다. 건축 재료는 돌, 版築(夯土/항토), 磚과 콘크리트가 이용되었으며 콘크리트로 지어진 것이 많다.

30. 福建省 土樓(Fugian Tulou: 문화, 2008):

복건성 토루는 현재 46개로 台湾海峽 내륙 복건성 남부 博平岭 120km의 길이에 중국 복건성, 광동성과 台湾에서 활발한 媽祖信仰을 믿고 광동語(广东话/广東話/Cantones)를 사용하는 커지아/하카인(Hakka people, 客家人)들이 明·淸시대인 서기 15세기-서기 20세기에 匪賊의 침입을 막기 위해 지은 것이다.

전통적인 대가족의 집인 圍龙屋에서 방어의 개념을 갖추고 확대·요새화한 변형된 土樓는 석재와 벽돌의 기단과 그 위에 약 2m 두께의 진흙으로 약 5m×36cm씩 版築(夯土)으로 쌓아 올려 꼭대기에 해당하는 4-5층에는 杉木으로 結構한 목조의 瞭望台와 望樓의 기능까지 갖춘 요새화된 성채와 같은 집이다. 土樓의 外墻은 벼, 차, 담배 밭으로 둘러싸여 있다. 토루는 대개 4-5층 높이의 건물로 1층은 廚房이며 2층은 닭, 오리고기와 야채 저장창고, 3층 이상은 거주(침실, 臥室)용이다. 이 건물은 안쪽으로 향해 通廊式으로 지어졌으며 房은 약 30개-200개, 거주인은 300명-2,000명 정도가 살 수 있도록 지어졌고 원형(圓樓), 방형(方樓)의 평면을 갖고 있다. 內庭을 갖고 外墻은 두터운 판축된 진흙 벽으로 쌓고 지붕을 받친 요새의 형태를 갖춘 방어용의 주거이다. 한 씨족전체가 그 안에서 살기 때문에 '가족용 왕궁', 또는 '시끄러운 소규모의 도시'로도 불리 운다. 이들은 중국 다른 곳에서 볼 수 없는 예외적인 건물로 전통, 집단과 방어조직, 환경과 조화를 이룬 인간의 거주 등이 특징이 있다. 福建土樓(大型

生土建築)는 客家土樓와 閩南土樓의 두 가지 형식으로 대별되고 客家土樓에서는 五凤樓, 通廊式土樓, 單元式土樓로 나누어진다. 이들은 주로 华安, 南靖, 平和, 詔安, 雲霄, 漳浦, 安溪, 南安, 閩南에 분포하는데 永定県 古竹乡 高北村과 平和県 蘆溪乡 蘆峰村이 중심이 된다. 관광지로는 瑞雲樓, 裕昌樓, 步雲樓, 田螺坑 등이다. 토루는 다음과 같이 분류된다.

가). 初溪客家土樓群(福建省 永定县 下洋镇 初溪村): 集庆樓(明 永乐 十七年, 서기 1419년), 余庆樓, 拌庆樓, 永庆樓 등

나). 洪坑村土樓群(福建省 龙岩市 永定県 湖坑鎮 洪坑村): 현재 30여 채가 남아있으며 振成樓로 대표되는데 진성루는 서기 1912년(民国元年)에 지어졌으며 남향집으로 현재 16호에 林氏가족들 80여 명이 거주하고 있다. 현재 '토루의 왕자'로 불리운다.

다). 高北土樓群(福建省 永定县 高头乡 高北村): 南薰樓와 和貴樓가 대표적이다, 南薰樓는 서기 1847년–서기 1850년에 지어졌는데 裕昌樓、春貴樓、東升樓、曉春樓、永庆樓、裕興樓 등과 같이 五角形의 외관을 갖은 6座圓土樓이다. 남훈루는 '토루의 왕'으로 중국 특유의 四合院과 같은 구조의 方樓로 높이 21.5m, 5층, 沼澤地위에 건조로 현재 280년 정도 오래되고 약 300여 명이 거주하고 있다. 현재 이곳에는 14채의 토루가 남아있다. 그리고 또 다른 형식의 토루의 형식은 朝水樓로 대표되는데 이 건물은 서기 1617년–서기 1623년에 지어졌으며 阳照樓, 永盛樓、繩庆樓(서기 1699년–서기 1702년), 永榮樓、永貴樓와 같이 6座方形이다. 이곳에는 承啓樓(서기 1709년), 田螺坑土樓群(서기 1796년), 裕昌樓(서기 1308년), 二宜樓(서기 1740년), 聚奎樓(平和県 秀峰鄉 太級村)의 등이 있다. 그 중 二宜樓는 福建省漳州市 华安县 仙都镇 大地村에 위치하며

清 乾隆五年 서기 1740년에 지어진 双环圆形 土楼로 占地面积이
9300m², 동남-서북향으로 자리잡고 外环高 4层, 外墙厚 2.53m,
通高 16m, 外径 73.4m, 16单元으로 나뉘어지며 共有房间은 213
개이다. 그래서 "土楼之王" 또는 "国之瑰宝"으로 불리운다.

그 외에도 福建省 大田县 均溪鎮 許思坑村의 前方后圓형태의
芳聯堡가 있다. 이곳은 서기 1806년(嘉庆 十一年)에 지어졌으며
높이 6.9m 2층으로 방이 180여 개나 된다. 현재 張氏一族이 거주
하고 있다. 大田의 土堡 中 潭城堡、龙會堡와 함께 芳聯堡는 福
建三明으로 불리 우고 있다.

토루의 직경도 62.6m-73m, 층수도 3층-5층, 방도 53여 개-288여
개, 넓이도 5,376m² 전후로 다양하다. 그리고 广東省 河源市 和平
县 林寨镇 古村의 커지아/客家들의 围龙屋、走马楼、四角楼 등
의 林寨四角楼 30여 기도 토루에 포함된다. 河源市에 남아있는 여
러 围龙屋은 方形으로 "府第式"、"角楼"로도 불리 우며, 그 形式
도 北方의 전통적 "四合院"이며 河源市의 동쪽 仙塘에는 乾隆 十
七年(서기 1749년)지어진 건물도 남아있다.

31. 五台山(Mount Wutai: 문화, 2009):

山西省 忻州 五台県에 있는 불교의 聖山으로 정상에 평탄하게
난 葉斗峰, 望海峰, 錦秀峰, 桂月峰, 翠石峰의 5개의 봉우리 때문
에 五台山으로 부른다. 山西省 五台山은 四川 蛾眉山, 浙江 宝陀
山, 安徽 九华山과 더불어 중국 불교 4대 名山으로 불린다. 봉우리
주위 五台鎭에 있는 顯通寺가 가장 오래된 절로 東汉 永平 明帝(서
기 58년-서기 75년)년간의 서기 1세기경에 지어졌다. 佛光寺 大佛殿
(唐나라의 목조건물로 가장 높다), 五百羅汉像 높이 9m의 文殊菩薩像

을 안치한 五台山 최대의 殊像寺(明) 大雄宝殿 등이 잘 알려져 있
다. 南山寺(元)는 极乐寺, 善德堂와 佑国寺의 세 부분으로 구성되어
있다. 그 외에도 集福寺, 碧山寺, 圓照寺, 鎭海寺, 竹林寺, 龙泉寺
등 서기 1세기에서 서기 20세기까지 53개의 절로 들어서 있다. 이곳
에서 塔阮寺의 白塔과 輪藏台, 顯通寺의 銅殿, 文殊寺 千鉢文殊
菩薩像, 殊像寺의 瑞相天成, 羅侯寺의 木蓮, 龙觀寺 白大理石製
入口를 五台七宝로 들기도 한다.

32. 天地之中 登封의 역사기념물(Historic Monument of Dengfeng in center of Heaven and Earth: 문화, 2010):

중국 허난성(河南省, 하남성) 덩펑시(登封市) 북쪽에 있으며 夏나라
(기원전 2200년-기원전 1750년)의 왕성강(王城崗)-양성(阳城)-언사 이
리두(偃師 二里头: 亳) 세 수도 중 양성이 위치하였다. 그리고 泰山(東
岳), 华山(西岳), 衡山(南岳), 恒山(北岳), 崇山(中岳)의 중국의 五岳 중
중악(中岳)으로 중악산[中岳山, 동서길이는 60km, 높이 1,512m의 위자이
산(御寨山)이 최고봉]이 자리 잡고 있다. 崇山은 모두 72개의 산봉으
로 이루어져 있으며 예로부터 외방산(外方山), 태실산(太室山), 숭고
산(嵩高山) 등 많은 별칭이 있었다. 산중에는 세 첨봉이 있는데 중간
을 준극봉(峻極峰), 동쪽을 태실봉(太室峰), 서쪽을 소실봉(少室峰)이
라고 한다. 당(唐)나라 때인 서기 688년에 신악(神嶽)으로 지정되었
다. 또한 남북조(南北朝)시대부터 종교와 문화의 중심지로 유명하였
다. 산중에는 佛敎, 道敎와 儒敎의 수업도량(修業道場)이 많다. 그중
소림봉 북쪽 기슭에 있는 巫術로 알려져 있는 佛敎의 소림사(少林
寺)는 北魏 太和 十九年(孝文帝 十九年, 서기 495년) 선종(禪宗)의 시조
달마대사(達磨大師)가 세웠다고 알려져 있다. 태실봉 서쪽 기슭의 숭

악사(嵩岳寺)는 수당(隋唐)시대에 북종선(北宗禪)의 중심이었던 절로 숭악사탑(嵩岳寺塔)은 12각 15층 높이 40m이며 북위(北魏) 正光 元年(孝明帝, 서기 520년) 때의 것으로 중국에 현존 하는 최고(最古)의 탑이다. 문화유적으로는 道敎의 중악묘(中岳庙), 한(汉)나라 때의 숭산삼관(嵩山三闕), 儒敎의 숭양서원(嵩阳書院, 북위 서기 484년에 세워졌으며 宋仁宗 景祐 2년 서기 1035년부터 유교서원으로 됨, 理學/性理學이 유명함), 周公測景台, 관성대(觀星台, 元대, 높이 9.46m), 파왕사(法王寺) 등이 있다. 이곳은 도교, 불교와 유교의 역사건축물이 모여있는 곳으로 中国古代宇宙觀, 天文概念이 王权과의 결합하였으며 이들이 과거 1,500년간 중국의 예술, 종교과학에 막대한 영향을 끼쳐왔다.

33. 杭州 西湖의 문화경관(West Lake Cultural Ladnscape of Hang-zhou: 문화, 2011):

서호는 담수호로, 각각 소제(苏堤), 백제(白堤), 양공제(杨公堤)의 3개 제방으로 분리되어 있는데 浙江省 杭州市 西湖의 문화경관은 서기 9세기 이래 많은 文人과 詩人의 찬사를 받아왔다. 여기에는 많은 亭子, 寺刹, 庭园이 있으며 대표적인 것은 淨慈寺, 灵隱寺, 保俶塔, 岳王庙(악비의 묘), 苏小小墓, 龙井茶园, 武松墓 등이다.

서호 10경은 소제춘효(苏堤春曉), 곡원풍하(曲院風荷), 평호추월(平湖秋月), 단교잔설(斷桥殘雪; 민간 설화 白蛇伝의 배경), 뇌봉석조(雷峰夕照), 쌍봉삽운(双峰插雲), 유랑만앵(柳浪闻鶯), 화항관어(花港觀魚), 삼담인월(三潭印月), 남병만종(南屛晚鐘)이다.

서기 1984년 항주일보에서 신서호십경 선정 작업을 했는데, 이들은 운서죽경(云栖竹径), 만롱계우(滿陇桂雨), 호포몽천(虎跑梦泉), 용정문차(龙井问茶), 구계연수(九溪烟树), 오산천풍(吴山天风), 완돈환벽(阮墩环

碧), 황룡토취(黄龙吐翠), 옥황비운(玉皇飞云), 보석류하(宝石流霞)이다.

그리고 서기 2007년 저장성 항주에서 열린 제9회 중국항주서호박
람회 개막식에서 항주시의 왕국평 서기가 중국에서 역대 세 번째로
선정한 "신서호십경(新西湖十景)"은 영은선종(灵隐禅踪); 영은사, 육화
청도(六和听涛); 육화탑, 악묘서하(岳墓栖霞); 악왕묘, 호빈청우(湖滨晴
雨); 호빈로, 전사표충(钱祠表忠), 만송서연(万松书缘), 양제경행(杨堤景
行), 삼대운수(三台云水), 매오춘조(梅坞春早), 북가몽심(北街梦寻)이다.

34. 上都(The Site of Xanadu/Šanadu: 문화, 2012):

현 內蒙古自治区 锡林 郭勒盟正蓝旗(锡林 上都市郭) 东北 正蓝
旗 东쪽 약 20km 떨어진 闪电河 北岸(多伦県 西北 闪电 河畔) 蒙古
元나라(서기 1206년-서기 1368년)의 草原경관과 환경이 독특한 원나라
의 上都로 別名은 夏都이다. 上都地区에는 金나라(서기 1115년-서
기 1234년) 때 金莲川地区 혹은 凉陉으로 景明宮이 있었으며 金나라
때부터 皇帝의 피서 지역이었다. 서기 1259年 蒙哥가 죽은 그 다음
해 忽必烈(Kublai/Qubilai Khan, 元世祖, 서기 1215년 9월 23일-서기 1294년
2월 18일, 서기 1260년-서기 1294년 재위)이 开平에서 大汗으로 즉위했
다. 당시 몽고의 도성은 哈剌和林에 있었다. 忽必烈이 僧子聡(刘秉
忠)에 명해 桓州 동쪽, 滦水(현 闪电河/金莲川, 옛 濡水) 북쪽에 新城
을 축조하여 开平府(内蒙古 正蓝旗 金川草原 闪电河北岸, 正蓝旗 및 多
伦县附近一帯)로 삼고 藩邸로 삼아 천도하였다. 中统 4年(서기 1263
년) 开平府를 上都로 격상시켰다. 至元 元年(서기 1264년) 燕京[현 北
京, 金나라의 中都를 점령하여, 燕京으로 개칭하고, 燕京路总管府를 설치,
至元 九年(서기 1272년) 大都로 고쳐 首都로 삼음]을 中都로 개칭하였다
가 9年에 中都를 다시 大都로 정해 都城으로 삼았으며 대신 上都를

매년 4월 황제가 피서를 가서 8·9월 가을에 대도로 돌아오는 피서를 지내는 夏都로 만들었다. 元나라 末 농민(紅巾賊)들이 반란을 일으켜 至正 18年(서기 1358년) 12月 上都를 공격하고 宮闕을 파괴하였다. 明(서기 1368년-서기 1644년)나라 초 조정에서 开平卫를 설립하고 宣宗(서기 1426년-서기 1435년) 때 独石口(河北省 沽源県 独石口)로 옮긴 후 그대로 남겨두어 황폐된 채로 오늘에 이르렀다. 현재의 上都의 遺址는 25,000ha로 版築의 외성(둘레 9km, 동서 2.05km, 남북 2.115km, 북에 2, 서와 남쪽에 각 1대문이 있음), 그 안에 3중의 내성(남북 장 620m, 동서 폭 570m), 궁성, 사원(大龙光华嚴寺, 乾元寺), 楼台, 亭阁台基, 城内水利工程, 祭祀터와 무덤 등이 남아있으며, 몽고유목민, 티베트 불교와 汉나라의 문화를 융합한 독특한 문화경관과 铁幡竿 渠在内의 水利工程(Tiefan'gang canal) 주변의 風水를 보여준다. 이곳은 内蒙古文物考古研究所에서 서기 2009年에 시작하여 서기 2011년까지 面积 8,000km²의 발굴조사를 마쳤다.

35. 紅河 哈尼族(Hāní Zú)의 계단상 쌀 경작지(梯田) 문화경관(Cultural Landscape of Honghe Hani Rice Terraces: 문화, 2013):

哀牢山 哈尼族의 계단상의 논(梯田)은 云南省 紅河区 元阳県에 위치한다. 이 문화경관은 구릉 위에 위치한 숲 아래 울타리로 둘려진 마을과 계단상의 논(梯田) 아래 물을 대는 紅河수로체계(水滔耕作)도 포함한다. 紅河 哈尼族의 계단상의 논은 13,190ha, 완충지대는 14,810ha의 넓이를 차지다. 이곳은 쌀 재배문화를 보여주는 전통적인 농촌 풍경이다. 이곳은 두 가지 체계로 이루어진다. 첫 번째 체계는 구릉 위의 숲, 계단상의 논, 논 양쪽에 형성된 마을과 산 아래의 수로체계를 포함하는 독특하고도 통합된 생태계를 형성한다. 구

릉 정상의 숲은 물을 저장하고 있다. 구릉 정상의 숲에 저장된 水資源을 이용하기 위해 물이 차 있는 구릉 위의 계단상 논은 여러 군데에 인공적으로 조성한 습지나 소택지와 함께 벼도 자라고 물속에서도 서식할 수 있는 동·식물들도 함께 살도록 공존체계를 갖추었다. 이는 수 백 명의 하니족 이웃에 살고 있는 먀오족(苗族 Miáo Zú), 이족(彝族 Yí Zú), 야오족(瑤族 Yáo Zú), 리족(黎族 Lí Zú), 다이족(傣族 Dǎi Zú), 쫭족(壯族 Zhuàng Zú)과 같은 다른 민족들도 그런 방식을 택해 생활을 영위해 나간다. 오랜 기간 동안 이 지역에 살던 사람들은 농사에 알맞은 여러 종류의 벼를 재배해왔으며 한때는 천여 종이 넘고 오늘날에도 전통적인 벼 품종의 개량에 따라 수 십 가지의 벼를 재배하고 있다. 이는 稻作文化와 식량의 보존에 무척 중요하다. 두 번째의 체계는 마을, 주거, 생산을 위한 건물, 마을의 보호수, 관개 작업, 돌로 만든 이정표 등의 有形의 문화적 전통과 口伝으로 내려오는 전통적 생산과 생활방식, 습관, 축제행위, 지식체계와 같은 無形의 문화전통도 포함한다. 그래서 哈尼梯田(계단식 논)은 하니족의 벼 농사를 통해 그들의 민속과 신앙체계까지도 연구하는데 중요하다. 하니족의 전통에 따르면 45세대 동안 계속해서 보존되어 온 물을 生活用水 및 農業用水로 분배하는 水分石(Water Dividing Stone)은 현재 坝达景区 중 全福庄에 남아 있는데 그 역사는 하니족이 이곳에 처음으로 정착하던 唐나라 때까지 거슬러 올라간다고 한다. 그 기록은 唐 樊綽 撰 蠻書에 나와 있으며 明나라 徐光啟(서기 1562년 4월 24일-서기 1633년 11월 18일)는 農政全書에서 梯田에 관한 구체적인 정의를 내리기도 하였다. 그러나 서기 1840년 이후 중국 사회는 큰 변화를 겪었지만 전통적인 삶에는 영향이 미미하여 오늘날까지 당시의 생활방식이 유지되어오고 있다. 중국과 비슷한 세계문화유산으로는

필리핀의 루손(Luzon) 섬에 살던 이푸가오(Ifugao) 족들이 과거 2,000
년 동안 해발 1,500m에 이른 코르디에라스 산맥의 높은 구릉을 깎아
계단식(terrace) 농지를 만들어 二毛作의 집약농경으로 벼농사를 해오
던 곳으로 전통가옥, 벼농사와 관련된 닭을 잡아 피를 바치는 의례
와 농사에 필요한 물을 저장하는 삼림을 보호하는 친환경적 삶의 모
습이 유지되고 있는 계단식 벼 경작지인 코르디에라스(Rice Terraces of
the Philippines Cordilleras)를 들 수 있다.

36. 京杭大运河(The Grand Canal: 문화, 2014):

서기 2014년 세계문화유산으로 등재된 인공운하인 京杭大运河(The
Grand Canal, the Beijing-Hangzhou Canal)는 通州(北通州, 北京 通州区)와
杭州(南通州, 浙江省 杭州, Hangzhou, 南宋 때 수도인 臨安)를 잇는 京杭
运河, 大运河로 불리 우는데 이 운하(中华人民共和国 全国重点文物保
护单位 6-810, 서기 2006년 지정)는 '海河、黃河、淮河、长江[the Changji-
ang River/the Yangtze River, 金沙江(长江 상류를 언급)、扬子江、天堑、九派]、
钱塘江의 五大水系'를 잇는 중국뿐만 아니라 세계에서도 가장 긴
1,797km의 古代运河로 서쪽으로 陸上絲綢之路, 동쪽으로 海上絲
綢之路에 연결되는 식량과 소금, 화물의 물자운송의 大動脈으로 남
북문화의 유대를 가져 왔다. 이 운하는 元 至元十八年(서기 1281년)
开工해서 至元二十年八月二十六日(서기 1283년 9월 18일)에 凿成되
었다. 북쪽의 北京을 시작으로 남쪽의 杭州에 이르는 京杭大运河
路线의 城市는 北京、天津、河北、山东、江苏、浙江省의 四省 二市
이고 京杭大运河(北京-杭州)는 北京、通州、天津、沧州, 德州、临清、
聊城、济宁、台儿庄、徐州、淮安、扬州、镇江、湖州, 杭州의 18개 市区
를 거치고 있다. 그리고 京杭大运河의 남쪽으로 이어지는 浙東运河

(邘城 또는 苏州의 姑苏城-宁波)는 江苏의 苏州, 绍兴, 嘉兴, 常州, 无锡、安徽省 宣城, 湖北省 清江, 浙江省의 宁波이다.

越王 句踐이 上虞-紹興城 사이를 개착한 山陰古水道를 포함하여 扬州(오나라의 수도인 우성/邘城 또는 姑苏城)와 淮安 사이를 파서 개통한 邘溝인 239km의 浙東运河의 종착지는 현재의 宁波이다. 宁波市는 남쪽에서부터 보면 中国大运河의 시작점인 '通江达海'하는 經濟繁榮과 文化隆盛의 도시로 姚江、奉化江, 甬江의 宁波 三江口가 합치는 곳으로 庆安会馆을 중심으로 하는 海上丝绸之路의 重要起点이다.

明 成祖 朱棣(서기 1360년 5월 2일 - 서기 1424년 8월 12일, 明朝开国皇帝 朱元璋의 네 째 아들, 永樂帝, 廟號는 太宗, 明朝 세 번째 皇帝)는 明朝의 首都인 京師 應天府(현재의 江苏省 南京市)로부터 燕京의 藩王(燕王)으로 北平 順天府로 옮겼다. 燕王府의 府邸는 元 大都 皇城 西南의 隆福宮으로 元朝의 太子府였으며 위치는 대략 현재의 北京의 西安门 大街 以南, 府右街 以西, 灵境胡同 以北(현 紫禁城과 北海·中海·南海의 中南海의 서쪽인 北京 东城区 东厂 胡同)이었다. 그리고 北平을 北京으로 이름을 바꾸었다. 北平이란 이름은 战国 時 燕国이 右北平郡을 설치하고 西晋 時 右北平郡은 北平郡으로 개칭되고 서기 1368년(明 洪武元年) 9월 12일 大都를 北平府로 하였는데 이는 "北方和平"의 의미를 지닌다. 서기 1402년 6월 朱棣가 군대를 이끌고 京師 应天府(南京)를 점령한 후 "行宮"을 짓고 永乐十八年(서기 1420년) 朱棣가 정식으로 현 紫禁城(順天府)의 위치로 천도하여 北平의 이름을 北京으로 바꾸고 南京과 대립하여 "两京十三布政使司"를 만들었다.

北京市 东南部 北京市의 管轄区인 通州区(Tongzhou District)는 京杭大运河 北端에 위치한다. 이곳에는 北运河端遗址 즉 大运河遗

址가 있다. 北运河는 北京 北部와 东部地区를 경유하는데 상류는 溫楡河로 軍都山 南麓에서 기원한다. 西北·东南쪽으로부터 至通 县과 通惠河에 서로 만난 후 北运河를 이룬다. 北运河는 서기 7세 기 초 隋朝가 南北大运河의 最北段을 파기 시작한 이후 1,380년이 나 되었다. 北京城 近郊의 河流는 북쪽의 清河、남쪽의 凉水河 등이 北运河로 흘러들어 가는데 이는 北京에서 가장 중요한 排水河道이 다. 北运河는 南北大运河의 北段으로 北京 通县에서 天津의 바다 에 入海하는 곳까지 长 186km이다. 元朝가 白河 하류 河道를 준설 하여 만들었다. 北运河 자체는 협착(狹窄)하여 洪水 때 물이 빠지거 나 운하 폭이 늘지 않아 하류 물을 분리해 줄여 나갔는데 青龙湾, 筐 儿港、七里海(天津 최대의 天然湿地)와 金钟河가 운하의 감수를 도왔 다. 北端 通州로부터 天津段까지는 北运河이다. 北运河는 鮑邱水、 沽水、潞水、潞河、白漕、通济河、外漕河、自在河、泗河 등 여러 명칭 이 있다. 北运河历史上 南北物资의 交流, 中外文化의 소통에 다른 北京의 建设과 发展에 기여했다. 柳荫龙舟、二水会流、万舟骈集、 古塔凌云은 모두 "通州八景"에 속한다. 또 天际沙明、柳岸渔舟、漕 艇飞帆、风行芦荡 등은 "文昌阁十二景"에 들어간다. 京杭大运河는 北京市 東南(北京 通州 八里桥)에 위치하며 이 근처에는 元나라 때 처음 開凿된 通惠河 玉河道(현 通惠河 玉河遺址), 白浮泉遺址, 南新 槍(中华人民共和国 全国重点文物保护单位, 서기 2013년 3월), 鎭水獸가 조각되어 있고 汉白玉으로 만들어진 單孔의 虹橋(石拱橋)인 万宁桥 (서기 1285년-서기 1293년, 積水潭码头)와 그 옆의 海子閘 또는 개명된 澄清闸(中国 北京市 西城区 万宁桥 西側의 水闸(또는 "澄清上闸"이라 함) 이란 이름의 水閘, 什刹海, 張家灣 码头(부두, 선창), 張家湾城 남문, 通运桥, 通运桥碑記, 通州码头, 通州城, 御製通州石造碑, 永通桥,

北浮桥 등의 흔적이 남아 있다.

京杭大运河의 시작과 종착지는 元의 大都(서기 1264년에 조영된 元 大都城), 明과 淸나라의 紫禁城[永樂十八年(서기 1420년) 준공, 현 故宮 博物院]로 현재 中华人民共和国(서기 1949년 10월 1일-현재)의 상징인 明·淸 北京皇城의 南門인 天安门 앞 广场(Tian'anmen Square, 北京中 軸線上。南北長 880m, 東西 폭 500m, 面積 44万㎡)까지 이어져 一脈相 承, 一系同族의 전통적인 역사적 맥락을 잘 보여주고 있다. 현 중국 의 심장인 天安门 广场에는 북쪽 金水桥의 南쪽에는 国旗杆이 있 어 매일 日出에 따라 升旗와 일몰에 降旗仪式이 치러진다. 광장에 는 中国革命历史博物馆, 中国国家博物馆(简称 国博), 人民大会堂, 人民英雄纪念碑('中国人民解放战争和中国人民革命烈士纪念碑' Monu- ment to the People's Heroes, 天安门广场纪念碑로 花岗岩, 長 14.7m, 폭 2.9m), 毛主席紀念堂, 金水河 북쪽 天安门观礼台 등의 건물이 들어서 있 다. 大明门(淸朝에서 大淸门으로 칭하고 中华民国에서 中华人民共和国에 서는 中华门으로 불렀다)인 中华门에서 남쪽으로 "棋盘街"와 北京内 城의 正阳门 城楼를 마주 보며 天安门 앞 长安街의 東西에는 长安 左门、长安右门이 있고 이 두문 남쪽에는 千步廊(Thousand-Step Cor- ridor)이 东西 양측에 이어져 있었다. 이 "T"形 广场은 봉쇄되어 현 재 민간인의 출입이 금지되어 있다. 또 北京市 东城区 中部에 위치 한 北京明城墙遺址公园[Beijing Ming City Wall Ruins Park, 면적 15.5ha, 全 長 25km로 明 永乐17年(서기 1419년)에 세워짐]에 현재 남아 있는 全長 1.5km는 원래 北京 内城과 角楼로 서쪽으로 崇文门에 이어지고 있 다. 이는 方形 瓮城과 箭楼를 갖춘 明城墙으로 서기 1406년(永乐四 年)에 짓기 시작하였다. 通州와 朝阳의 경계의 通惠河 위에 지어진 八里桥가 있는데 이는 서기 1446년에 세워진 明代 三孔石拱桥이다.

《通州志》에 의하면 "八里庄桥는 永通桥이었다. 西八里桥(通州八里, 北京城八里에 위치)는 北京 广安门 卢沟桥의 路上에 걸려있다. 또 당시 码头(부두, 선창)의 역할로서 번성하던 大通桥는 北京의 동편에 위치한 明代 三孔石桥로 桥洞은 拱形, 桥墩은 尖形으로 水利分水에 도움이 된다. 大通桥는《读史方舆纪要》에 "大通河, 在(顺天)府城, 东南"에,《元史》에는 "至元二十八年(서기 1291년), 都水监郭守敬言水利..."라고 실려 있다. 明·清时期 北京 안의 内城九门의 하나로 지금은 漕运의 기능을 상실했지만 明代大运河의 终点인 '天下第一税关'인 崇文门은 元代에 漕运을 위해 만든 人工河인 通惠河를 호수인 积水潭에 물길을 터 通州에 도착하도록 한 번영을 누리던 선착장이었다. 이들을 통해 元 때부터 시작한 운하의 역사를 알 수 있다.

또 元나라에 앞선 金朝时期에는 서기 1161년 金 5대 世宗 完颜雍이 皇位를 이어받아 中都의 동북향인 오늘날 北海公园 中南海의 北半部 太液池와 大宁宫 琼華島일대에 皇家園林園을 건조하였는데 元朝가 大都를 수축할 당시 太液池를 皇城 안에 포함시키고 그 주위에 三组의 宫殿 즉 大内、隆福宫과 兴圣宫으로 둘러싸게 하였다. 太液秋波는 金朝의 燕京 八景의 하나가 되었다. 그리고 여기에는 "皱(皺, 추)、漏、瘦、透"를 美로 삼는 江苏省 太湖石(후일 '折算糧賦'의 고통으로 折糧石으로 개칭)이 庭園의 假山을 만들기 위해 다량으로 이용되었다. 元朝의 太液池 범위는 오늘날의 北海와 中海를 포함한다. 이 太湖石은 宋나라 首都인 開封근처 汴京에 奇花異石을 광적으로 좋아했던 徽宗 赵佶이 36세인 서기 1117년에 시작하여 서기 1122년에 준공한 皇家园林인 '艮岳园'에서 빼온 것이다. 徽宗은 이 돌을 얻기 위해 苏州에 應奉局을 설치하여 백성의 고통과 원성을 많이 쌓았다. 太湖石과 관련된 그림은 北京古宫博物院 소장의《

芙蓉錦鷄图》[宋 書畫皇帝인 徽宗의 것으로 서기 1125년에 제작되고 그 내용은 '秋勁拒霜盛 峨冠錦羽鷄 已知全五德 安逸勝鳧鷖'를 표현하였다],《祥龍石图卷》(徽宗 赵佶),《芙蓉金鷄图》,《淸明上河图》(宋 張擇端, 太湖石의 운반선 10여 척이 묘사), 台北 故宮博物院 소장의《池塘秋晚图》(徽宗 赵佶),《獵梅山禽图》(徽宗 赵佶) 등이 있다. 北京首都博物館의 '紀念金中都建都860周年特展'에 출품된 鶻鸚鵡紋玉帶環, 銅龍坐가 金나라의 특색을 보여준다. 中都 大宁宫 琼華島에 사용되었던 太湖石도 淸나라 順治, 康熙, 乾隆帝가 이들을 모두 빼내어 瀛台, 琼華島 남쪽의 永安寺를 건조하는데 다시 이용하였다.

또 元朝의 유명한 天文学家、数学家、水利工程专家였던 郭守敬[汉族, 서기 1231년-서기 1316년, 字는 若思。邢州 邢台县(현 河北省 邢台市 信都区)인, 저서로는《授時历》[元 至元十八年(서기 1281년)에 실시되었던 역법으로 太阳历으로 1년이 365.2422로 현재와 25.92秒 차이가 남],《推步》,《立成》등 14종 天文历法과 함께 简仪、高表 등 12종의 新儀器를 만들었다. 郭守敬記念館이 있는 匯通祠는 北二環路의 南側、人工河인 通惠河와 연결되는 积水潭 北岸의 小島에 位置하며 匯通祠는 明代 永乐年間에 짓기 시작하였으며 처음의 이름은 法华寺이다]은 至元元年(서기 1264년) 元 世祖 쿠빌라이칸(忽必烈 汗)에 의해 都水监으로 임명되어 西夏境內의 古渠, 闸堰을 세워 農田과 灌溉에 도움을 주고 또 至元二十八年(서기 1291년) 元 大都에서 通州의 运河까지 水利工程을 책임을 지고 77km의 거리에 13m의 水差를 澄淸上·中·下閘 등 24개의 갑문을 설치하여 일년 만에 工程을 완성하고 通惠河로 이름을 지었는데 南北交通과 漕运事业에 공헌하였다. 현재의 什利海(Shíchàhǎi)는 北京 老城区 北部의 前海、后海、西海의 3개 호수로 옛날에는 河沿으로 불리었는데 元 世祖至元二十二年(서기 1285년)에 玉河위에 지은 万宁桥(天桥, 地安

桥, 속칭 "后门桥"), 銀定桥를 거쳐 예전에 부두와 선착장(码头)이 있던 積水潭으로 불린 什刹海에 연결하여 京杭大运河를 관통시켰다. 郭守敬이 서기 1294년 漕运의 종착점인 積水潭 碼頭의 通惠河 玉河道를 완성한 후 화물의 집산지는 通惠河의 積水潭 碼頭로 옮겨갔다. 明·淸時期에도 이곳은 大运河 北端 起点의 水陆交通의 枢纽(hub) 및 物流集散의 中心地이었다.

北京市 东城区의 하천인 玉河(옛 이름은 御河임)는《元史》郭守敬传에 "通州至大都, 陆运官粮, 岁若干万石, 方秋霖雨, 驴蓄死者不可胜计, 至是皆罢之。三十年, 帝还自上都, 过积水潭, 见舳舻蔽水, 大悦, 名曰通惠河, 赐守敬钞万二千五百贯, 仍以旧职兼提调通惠河漕运事。守敬又言：于澄清闸稍东, 水与北坝河接, 且立闸丽正门西, 令舟楫得环城往来。志不就而罢。"라 하였는데 이는 元代의 通惠河의 主要河段으로 漕运을 통해 北京에서 필요한 粮食의 대부분을 通惠河를 경유해 北京城에 들여왔으며 이는 郭守敬이 至元三十年(서기 1293년) 修建한 것이다. 玉河는 원래 开凿한 通惠河가 宫城 东侧의 一段河道로 元 大都城内의 积水潭은 通惠河 漕运의 终点인 码头이다. 白浮泉水가 积水潭 向东南로 흐르고 澄清闸을 경유하여 万宁桥、东으로 不压桥、北으로 河沿、南河沿에서 皇城으로 나가는데 북으로 御河桥(원래의 곳은 贵宾楼饭店 西南側), 沿台基厂二条、船板胡同、泡子河를 지나 通惠河에 이른다. 현재 北京에서 大运河遺址의 보호를 위해 기념비, 凉亭, 牌楼, 神兽와 汉白玉桥가 있는 北京玉河遺址公园을 만들어 보호하고 그곳에 玉河遺址博物馆을 세웠다. 北京市文物局의 소개에 의하면 闸、堤、桥、码头 등 运河水工遺存과 城址가 발굴 조사되었는데 이들은 白浮泉 주변의 戏台、都龙王庙, 白浮泉九龙池의 出水口, 清 嘉庆十三年(서기 1808년)

이전의 大运河故道, 玉河故道、西板桥 및 河道, 路县故, 元代通惠河、明清玉河、东不压桥 및 澄清中闸、澄清下闸、二道桥、玉河庵 등의 重要遗迹과 乾隆《通州志》에 기재된 小圣庙遗址(大运河 北京段의 祭祀河神에 제사하는 庙宇遗址)도 발굴되었다. 또 张家湾에서 발굴된 善人桥遗址는 "大明万历三十三年建, 陈进儒监造"라는 銘文(題刻, inscriptions)의 발견으로 서기 1605년에 건조된 것으로 밝혀졌다.

현재의 紫禁城을 둘러싸고 흐르는 北护城河(속칭 筒子河)와 金水河, 《山海经》, 《禹贡》, 《周礼》, 《史记》, 《唐书》에 '左祖右社', "社稷祭祀"로 土地崇拜로 이야기하는 하는 天安门 西侧 皇家社稷坛(500m×18m, 五行五方思想으로 青红黄白黑의 五色土로 형성)이 있는 中山公园, 皇家园林, 琼华岛上에 있는 清 顺治八年(서기 1651년) 민족의 융합을 위해 만든 喇嘛塔인 北海白塔, 王羲之의 《快雪时晴帖》, 王献之의 《中秋帖》, 王珣의 《伯远帖》의 글자를 새긴 三希堂法帖(乾隆 12年, 서기 1747년, 135位,의 495만 刻字가 있음), 静心斋 등 乾隆의 6차 南巡 때 江南园林을 모방해 만든 乾隆御花园이 있는 北海公园과 永定河들은 通州博物馆과 中国国家博物馆(간칭 国博)에서 运河와 관련된 170점의 전시에서 이해 할 수 있다. 또 乾隆五十三年(서기 1788년)에 清代 畫家 江萱이 제작한 中国国家博物馆 소장의 《潞河督运图》(绢本设色, 高 41.5cm, 长 680cm)에서 번영하던 도시의 풍물이 잘 묘사되어 있다. 그림 중에는 官船、商船、货船、渔船 등 64척, 官吏、商贾、船户、妇孺、盐坨杂役 등 220여 명이 등장하고 人物形态는 각기 다른 풍요로운 생활상을 느끼게 하며 운하의 양안에 있는 선착장(부두, 码头)、衙署、店铺、酒肆、民居 등이 주옥과 같이 묘사되고 있다. 明 万历十九年(서기 1591년) 潘季馴이 제작한 黄河、淮河、运河 三河의 총체적 모습과 工程을 담은 古代治黄工程图인 《河防一

세계문화유산 −글로벌 文化史의 理解−

覽图》[43cm×2,01m, Overview of Huanghe River Regulation, 万历十八年(서기 1590년)], 全书는 모두 14卷, 약 28万字]도 운하를 이해하기 위한 매우 중요한 자료이다.

元·明·清 이래 남쪽 杭州에서부터 시작하는 京杭大运河의 종착점이자 江南에서 생산되는 모든 화물의 집산지인 北京市 紫禁城 주위 二环路에는 运河와 관련된 濕地公園이 많다. 이는 청나라 말기 西太后(서기 1835년 11월 29일–서기 1908년11월 15일, 孝钦显皇后로 咸丰帝의 妃嬪, 同治帝의 生母임, 赫那拉氏, Empress Dowager Cixi)가 颐和园에 자주 놀러가는 코스가 되기도 하였다. 그녀는 항상 禁城 西直门 長河에서 승선하여 颐和园에 가기 때문이다. 이 运河의 뱃길은 玉泉山→ 昆明湖 颐和园→ 北京動物園[光緖三十二年(서기 1906년) 설립, 서구식 건물인 畅观楼는 서기 1908년에 지어짐, 또 이곳에는 왕실 농사시험장이며 清代京郊御园의 하나인 乐善园이 있다)→ 長河行宮→ 紫禁城 西直门→ 北护城河(속칭 筒子河)를 따라 德勝门과 安定门을 지나면 → 积水潭→ 通惠河→ 京杭大运河로 이어지기 때문이다.

北京中轴线(The Central Axis of Beijing)은 北京의 元 大都로부터 明·清의 北京城 이래 北京城市의 东西中轴线인 长安街에 대칭하며 正阳门, 紫禁城, 景山 등의 南北 건축물을 지칭하는데 北京市의 中轴线上에 많은 건물이 있다. 明·清 北京城의 中轴线은 南의 永定门에서 시작하여 北의 钟鼓楼에 이르는 직선거리 약 7.8km를 말한다. 이는 钟楼의 중심점에서 四重城(즉 外城)、内城、皇城과 紫禁城이 北京城의 脊梁을 이루며 九重宮闕의 위치를 선명하게 들어 내준다. 이는 封建帝王이 거주하는 곳은 천하제일의 "唯我独尊"적 思想에 기인한다. 中国建筑의 대가인 梁思成은 일찍이 이를 "一根长达八公里, 全世界最长, 也最伟大的南北中轴线上, 北京独有的

壮美秩序就由这条中轴的建立而产生...."이라고 언급한 바 있다. 북
에서부터 남쪽으로 가면 万岁山 万春亭—寿皇殿—鼓楼—紫禁城
(子门, 端门, 午门, 太和门, 太和殿, 中和殿, 保和殿, 乾清宫, 坤宁宫, 神武门)
—天安门-正阳门(前门)—中华门(明은 大明门, 清은 大清门, 民国时는
中华门으로 개명하였으나 서기 1954년에 없어짐)—永定门으로 이어진다.
中轴线의 南端 四重城(즉 外城)인 永定门에서 시작하여 天坛—先
农坛, 东便门—西便门, 崇文门—宣武门, 太庙—社稷坛, 东三座门
—西三座门, 长安左门—长安右门, 东华门—西华门, 东直门—西直
门, 安定门—德胜门이 中轴线의 대칭으로 분포한다.

　元나라의 상업지구는 玉河 위에 지은 万宁桥, 銀定桥를 거쳐 예
전에 부두와 선착장(码头)이 있던 北运河와 积水潭이었으나, 明·清
때에는 崇文门(北京 东南方에 위치하는 北京四大城区의 하나로 서기 1267
년에 세움. 원래의 이름은 文明门이고 속칭 "哈德门", "海岱门"이다. 崇文门의
瓮城 左首 镇海寺 内의 镇海铁龟과 崇文门税关이 잘 알려져 있다)에서 崇
文门의 永定河 줄기인 南护城河(紫禁城의 북쪽 西直门, 德勝门, 安定
门를 따라 积水潭까지의 运河를 北南护城河라 함)를 따라 北京 紫禁城
을 포함하는 내성의 天安门广场 南側 正中의 "京师九门"의 으뜸인
正阳门(前门)의 护城河에 다다르면 正阳门 앞의 正阳桥(현재 지하에
묻힘), 大通桥(北京 东便门外 明代三孔石桥로 桥洞은 拱形, 桥墩는 尖形
으로 分水가 되는 "大通闸", 속칭 "头闸")를 건너오면 正阳门下 前門月
亮湾, 前门大家(前门大栅栏, 內船板胡同)를 만나게 된다. 여기에는 예
부터 소주와 杭州의 비단(綢緞), 江西省 景德鎭窑의 瓷器, 杭州市
西湖区 龙井 龙井茶(lóngjǐngchá) 등이 모였고 현재에는 중국문화를
대표하는 清朝四大商号인 同仁堂 약국[清 康熙八年(서기 1669년)문을
열고, 清 雍正元年(서기 1723년)부터 8대 皇帝 188년간을 清宫供御药으로

역할을 함], 源昇號의 二锅头酒[65-55도의 高粱酒, 中國燒酒, 清 康熙十九年(서기 1680년) 赵存仁, 赵存礼, 赵存义 三兄弟가 시작, 红星源升号博物馆] 등이 이곳에서 시작하고 그 외에도 중국 전통 브랜드(中华老字号)로 알려진 旗袍(qí páo)를 만드는 瑞蚨祥[清 光緒十九年(서기 1893)에 개업], 炒肝(汤嘴, 돼지의 간장, 대장 등을 위주로 만든 북경의 전통음식)로 유명한 姚记炒肝店(鼓楼店), 全聚德烤鸭[kǎo yā, 杨全仁이 清朝 同治三年(서기 1864년)시작], 稻香村[月餅, 清 乾隆三十八年(서기 1773년) 苏州에서 시작] 등이 자리 잡고 있다. 또 天安門 광장 서남쪽 和平門 밖에 위치한 江南의 분위기와 비슷한 前门 三里河畔의 琉璃厂(Liúlíchǎng)이라고 부르는 서예와 골동품 중심의 독특한 모습의 传统文化商业街道가 있다. 이곳에는 文房四友(文房四宝)라 부르는 墨, 붓, 벼루, 화선지를 취급하는 가게가 많은데 그 중 4대째 내려오는 五彩墨汁의 一得閣, 중국 35점의 名画를 復印한 '木版水印'画로 알려진 榮宝齐가 있다. 그리고 前门外 西南, 大栅栏街 西口에 明나라 때 "斜街"로 불리었던 杨梅竹斜街 胡同의 문화거리도 빼 놓을 수 없다.

永定河(Yǒngdìng hé)는 전장 650km로 옛날에 治水(西汉以前)、灅水(东汉)、桑干河(隋)、卢沟(金)、浑河(明)、无定河(清)로 불리었으며 海河 유역 7대 水系의 하나로 内蒙古 兴和县에서 발원하여 山西、河北 三省区、北京、天津两个直辖市의 모두 43개의 县市를 지나며 屈家店와 北运河에서 합쳐 부분적으로 홍수 때 北运河를 거쳐 海河로 들어간다. 清 康熙三十七年(서기 1698년) 처음으로 永定河로 불렀다.《光绪》顺天府志에 "挑河自良乡老君堂旧河口起, 经固安北十里铺, 永清东南朱家庄, 汇东安澜城河, 出霸州柳岔三角淀, 长一百四十五里, 达于西沽入海, 赐名'永定'"으로 기재되고 있다. 그리고 대부분 洪水 때 永定新河를 거쳐 天津市 滨海新区 北塘镇에서

渤海로 흘러들어간다. 北京 永定河의 경우 河北省 怀来县 幽州村에서 남쪽으로 北京市로 흘러 들어가 약 1만 년 전 新石器時代 早期의 "东胡林人"(斋堂镇 东胡林村)유적이 발견된 北京市 门头沟区 → 石景山区→ 丰台区 卢沟桥→ 房山区를 경유하여 北京市 大兴区 榆垡镇 崔指挥营村의 동에서 북경시로 진입한다. 그리고 북경시 서부 石景山의 南쪽 및 立垡村 동쪽 일대에서 南护城河(15.13km)란 이름으로 永定门 주위 垓字로 흘러간다. 서기 1937년 7월 7일 中·日전쟁의 도화선이 된 '七七事变, 또는 卢沟桥事变'의 무대가 된 卢沟桥[Lúgōuqiáo, 北京 卢沟桥는 中国四大古桥 중의 하나로 원명은 广利桥임, 金 大定二十九年(서기 1189년)처음 세워짐]도 北京市 丰台区 永定河 위에 걸려 있다. 中国四大古桥는 广东 潮州 广济桥(湘子桥), 河北 赵州桥、泉州 洛阳桥, 北京 卢沟桥이다.

이 南护城河가 通州와 北运河와 연결되어 北京의 곳곳에 다다르면서 당시 운하를 통한 상업의 발전과 번영을 누릴 수 있었다. 오늘날 이곳 永定门站에 北京南站(Beijing South Railway Station)이 들어서서 复兴号(서기 2007년부터 개통된 고속철도인 時速 350km인 和谐号를 서기 2017년 6월 25일 이후 개칭한 复兴号가 대체함)가 이를 대신해 天津, 上海와 南京까지 드나들면서 옛 번영을 대신하고 있다.

山西省에서 발원하는 桑干河가 河北省 怀来县 朱管屯에서 洋河와 합쳐 북경의 母亲河가 된 永定河를 이루어 北京에 진입하는데 이 永定河의 상류에 해당하는 石景山区는 '先有永定河 后有北京城'이란 말과 같이 서기 2018년에 개시된 水源净化工程의 하나인 '五湖一線一濕地'가 이루어지는 곳으로 蓮石湖와 園博湖가 서로 이어져 있어 현재 생태환경보존도 잘 되어 있다. 서기 1153년 金나라와 서기 1285년 元朝의 郭守敬도 이곳(金口河)에서 引水하여 通惠河를 개통시켰다. 石景山区는 원래 이 곳 首鋼园에 있던 중국국영철강회사인 首鋼钢铁企业(首钢集团, SHOUGANG GROUP)의 3호 高炉를 개조해 현재 서기 2022년 열릴 延京赛区(Yanqing District: bobsleigh, luge, skeleton and alpine skiing), 張家口赛区[Zhangjiakou District: ski jumping, Nordic combined (ski jumping) 10,000, biathlon 15,000, snowboarding(slopestyle, halfpipe) freestyle skiing 5,000, snowboarding(cross) freestyle skiing 10,000, snowboarding(parallel slalom) 5,000, cross-country skiing Nordic combined(cross-country skiing) 15,000]와 北京赛区(Beijing District: curling, ice hockey, speed skating, figure skating, short track speed skating)의 세 곳의 冬季奥运(2022年北京冬季奥运会, 第二十四届冬季奥林匹克运动会, The XXIV Olympic Winter Games, 4 February-20 Februar, Beijing National Stadium)지구의 올림픽 경기종목인 自由式滑雪(skiing)、冬季两项인 越野滑雪、跳台滑雪、北欧两项(越野滑雪、跳台滑雪)、无舵雪橇、有舵雪橇、钢架雪车(俯式冰橇)、单板滑雪、高山滑雪 경기를 치루는 中心基地로 탈바꿈하고 있으며 특히 중국 대표선선수단의 氷上芭蕾(ballet)인 花洋滑冰(figure skating)의 연습장을 이곳에 두고 있다.

永定门(yongdingmen)은 明·清의 北京外城 城墙의 正门인 南大门으로 左安门과 右安门의 中间 北京市东城区에 위치한다. 이는 北京外城 城门 가운데 가장 큰 것으로 永定河의 줄기인 南护城河와 通州로부터 天津段까지의 北运河를 따라 南쪽에서 北京에 출입하는 四通八达의 要道이다. 明 嘉靖三十二年(서기 1553년)에 세워져 "永远安定"의 의미인 永定门이란 이름을 얻었다. 城楼는 内城과 비슷하고 重檐歇山式 지붕(East Asian hip-and-gable roof, 歇山顶)을 가진 雨水의 回流를 방지하는 三滴水(滴子) 楼阁式建筑으로 灰筒瓦를 정상에 덮었다. 정면은 七间, 通宽 24m, 进深(jìn shēn 院子, depth, 同一

直线上 相邻两柱中心线间의 水平距离로 各间进深을 합친 것이 通进深이다)은 三间으로 通进深 10.50m이다. 서기 1544년 瓮城을 증건하였는데 东西宽 42m, 南北深 36m이였다. 清 乾隆三十二年(서기 1767년) 永定门을 중건하였다. 楼连台의 通高는 26m로 永定门 瓮城 城墙은 서기 1950년에 없어지고 서기 1957년에 交通과 永定门 城楼와 箭楼 자체의 붕괴 위험으로 파괴되었다가 서기 2004년 北京 永定门 城楼가 复建되었으나 瓮城과 箭楼는 아직 복원되지 못하였고 永定门城楼、永定门公园으로 이름 지어 졌다. 서기 2003년 先农坛 北京古代建筑博物馆이 门 입구의 古柏树아래서 明代원래 楷书로 "永定门" 三字가 써진 永定门石匾(长 2m, 高 0.78m, 厚 0.28m)이 발견되었다.

《光绪顺天府志》에 "永定门大街, 北接正阳门大街, 井三。有桥曰天桥"라고 기재된 바와 같이 天桥(Beijing bridge, 北京天桥, 通天桥)는 天子가 龙须沟를 지나 天坛、先农坛에 올 때 祭祀를 위한 목적으로 만들어진 것으로 옛 이름은 天桥이다. 天桥는 원래 元代에 만들어진 것으로 南北方向으로 양변에는 汉白玉의 栏杆이 다리 북쪽 동서에는 한 개의 亭子가 있었고 다리는 매우 높았다고 한다. 光绪三十二年(서기 1906년) 天桥의 높은 다리는 해체되어 石板桥로 바뀌고 서기 1934년에 다리 자체가 없어졌다. 正阳门外 北京市 宣武区 永定门内大街 中段부근에 위치하는 天桥는 河北省 滄州와 마찬가지로 독특한 '天桥文化'를 발생시키고 있는데 이는 北京 市井文化의 代表로 "三教九流、五行八作、什样杂耍와 百样吃食"으로 形象描写를 잘하는 民间艺术로서 杂技、武术, 唱을 포괄하는 戏剧、艺术, 曲艺 등이며 그 중에는 잘 알려진 "天桥八大怪"(일반적으로 穷不怕、醋溺膏、韩麻子、盆秃子、田瘸子、丑孙子、鼻嗡子、常傻子 등의 八位艺人을 지칭함)가 있다. 지금까지 연출된 많은 작품 중 作家 张恨水의 《春明

外史》,《啼笑姻缘》, 老舍의 《龙须沟》 등이 대표적이다. 이곳에는 현재 天桥印象博物馆, 北京曲艺团, 北京天桥艺术中心, 天桥艺术中心, 国粹京剧, 国粹苑, 北京风雷京剧团 등이 설립되어 많은 활약을 펼치고 있다.

北京시내를 관통하는 母亲河인 永定河의 줄기인 皇家御道인 南長河의 남쪽 白石桥 근처 北京市 海淀区 中关村 南大街 33号에 자리한 中国国家圖書馆(서기 1909년 설립) 国家典籍博物馆 내 中华传统文化典籍(保护传承大展)陳列展(中华人民共和国成立70周年, 서기 1949년 9월 7일)에 中国四大珍藏인 《永乐大典,》《四库全书》, 《赵城金藏》, 《敦煌遗书》 이외에 《乾隆年間八省运河图》와 서기 1901년 제작된 《京師全圖》가 소장되어 있어 大运河와 북경시의 皇城, 內外城, 天坛, 先农坛, 社稷坛, 昆明湖(翁山泊), 颐和园, 八里桥, 大通桥, 玉泉山, 香山, 南長河, 南护城河와 永定河 등을 한눈에 볼 수 있다.

元나라 때는 郭守敬이 서기 1294년 漕运의 종착점인 積水潭 碼頭의 通惠河 玉河道를 완성한 후 화물의 집산지는 通惠河의 積水潭 碼頭로 옮겨갔다. 그리고 明·淸 이래 남쪽 杭州에서부터 시작하는 京杭大运河의 原头이자 종착점은 昆明湖와 颐和园이다. 청나라 말기 西太后(서기 1835년 11월 29일-서기 1908년11월 15일, 孝钦显皇后로 咸丰帝의 妃嬪, 同治帝의 生母임, 赫那拉氏, Empress Dowager Cixi)가 항상 紫禁城 西直门 長河에서 龙船(舟)에 승선하여 海淀区의 皇家御道(御用河道)의 綉漪桥와 南如意门을 통과해 颐和园에 가기 때문이다. 또 颐和园에서 紫禁城으로 돌아가는 長河运河의 뱃길도 마찬가지이다.

京杭大运河는 北京城 北昌平县 化庄村 동쪽 龙山 东麓의 白浮引水工程의 起点인 白浮泉에서 시작한다. 이곳은 九龙池의 龙泉으로 불리 우며 元代著名科学者 郭守敬이 至元二十九年(1292) 大

运河 北端上流水源에서 浮堰을 만들고 물을 끌어 积水潭에 이르게 하여 元大都城의 漕运을 완성하였다. 이곳은 明·清 때에는 유명한 '祈雨之所'로 香火가 계속 이어졌다. 庙는 坐北朝南하고 照壁 (zhàobì, a screen wall facing the gate)을 지나면 山门、钟鼓楼、正殿 및 配殿 등의 건물들이 조성되어 있다. 院内에는 明、清의 碑刻 5곳이 있어 당시 民俗风情의 중요한 실물자료가 된다. 이곳에서 北京 颐和园 서쪽 海拔 약 100m인 玉泉山으로 지난다. 이곳에는 玉峰塔이 있는 香积寺, 山顶에는 金行宫、芙蓉殿이 있다. 그리고 京杭大运河의 原头인 昆明湖(瓮山泊, 海拔 50m)·颐和园을 지나 北京動物园, 長河行宫, 紫禁城 西直门을 거치게 되는데 이 長河(南長河)가 北护城河(속칭 筒子河)로 명칭을 바꾸고 德勝门과 安定门을 지나 계속 흐르면서 积水潭(해발 40m), 通惠河를 거쳐 京杭大运河로 이어진다.

"先有什刹海, 有北京城", "北方的水乡"이라는 什刹海(Shíchàhǎi)는 北京 老城区 北部의 前海、后海、西海의 3개 호수로 옛날에는 河沿으로 불리었다. 什刹海란 이름은 주위에 广化寺、什刹海火神庙、护国寺、保安寺、真武庙、白马关帝庙、佑圣寺、万宁寺、石湖寺、万严寺 등의 10개 사찰이 있어 이름 지어진 것이며 그 외에도 广福观, 大藏龙华寺 등의 寺庙가 있다. 什刹海景区에는 清代의 많은 量典型인 胡同(hú tòng, 北京의 좁은 골목길/街巷)과 四合院이 있다. 서기 1980년대 이후 北京市 东城区 南锣鼓巷의 雨儿胡同(北京市 东城区 地安门外 大街 东侧, 雨儿人家, 共生院으로 개조)과 菊儿胡同 玉河边 등 4개의 3.3만m² 넓이의 호동이 北京市 西城区 大栅栏(天安门 西南侧)历史文化保护区인 北京坊과 같이 古都의 풍모를 유지하기 위한 两轴一城一环의 정책에 의해 조금만 고치고 보존하는 '微更新'으로 보존되어 가고 있다. 이들은 天安门 앞 广场과 직선상으로 200m 떨어져 있다.

杭大运河는 北京 通州(北通州)에서 시작하여 남쪽으로 杭州市(南通州)에 이르며 그 사이에 天津、河北、山东、江苏 및 浙江省의 一市와 四省을 경유하며 海河、黄河、淮河、长江 및 钱塘江의 五大水系와도 접속·연결되고 있다. 전체 길이는 1,797km(1,115마일)이다. 이 운하가 건설된 연대는 春秋时期·北魏에서 南宋을 지나 清代에 걸친다. 이는 ①北京에서 洛阳을 잇는 隋唐大运河, ②北京 通州(北通州)와 杭州를 잇는 京杭大运河, ③扬州(오나라의 수도인 우성/邗城 또는 苏州의 姑苏城)와 淮安 사이를 파서 개통한 邗溝인 浙東运河까지 포함하면 全長 3,200km나 된다. 서기 1219년 元 世祖 忽必烈(Qubilai qayan, 서기 1215년 9월 23일-서기 1294년 2월 18일 남방의 糧食과 물자를 신속히 운반하도록 水理專門家인 郭守敬을 督水監으로 임명해 전쟁 중에 못쓰게 된 元 大都의 건축물(修治大都城)에서 운하의 수축(通州達段運河)에 이르기까지의 重修를 명했다. 서기 1220년 봄부터 시작된 건설은 모든 漕運의 종착점인 積水潭碼頭의 通惠河 玉河道로 완성을 본다. 이의 건설에서 도성의 基底부터 해발 20m 아래에 있는 한 줄의 수로밖에 없던 通惠河 20km의 운하를 개착·확장하고 閘蓋水, 水閘을 설치하여 逆水行舟해 운행하는 梯級通航法을 고안해 낸 것이다. 忽必烈(서기 1215년 9월 23일-서기 1294년 2월 18일, Qūbīlāī qaʾān/쿠빌라이 카안)은 南宋의 治理, 開發로 '魚米之乡'을 본받은 것이다. 원래 북경의 取水는 빈약해 神山아래 白浮泉山河에서 물을 끌어들여 玉泉山으로 이어지고 이것이 翁山泊(현 頤和园 昆明湖)에 모여지는데 이것도 부족하여 동쪽의 楡河, 玉泉, 沙河, 淸河, 泉水의 물까지 이용하고 이를 沙灘 北河沿-南河沿-御河 橋南-通州 張家灣碼頭-北运河로 이어지게 하였다. 이의 성공으로 운하의 길이가 900km나 단축되고 元 大都 동쪽에 식량창고가 南新槍, 北新槍 등 54개소가 만들어졌다. 그래서 商貨와 물자가 풍부해진 大都는 번영을 누렸다. 서기 1293년 忽必烈이 萬宁桥 위에서 목재, 도자기, 비단과 식량을 실은 배가 꼬리를 물고 들어오는 모습을 보고 매우 흡족했다 한다. 元代에 세워진 石碑에는 식량을 운반하는 배가 8,000척이 넘었다고 전한다.

또 明 嘉靖年间(서기 1522년-서기 1566년)에 御使 吳仲의 지휘 하에 通惠河 运河는 '舟楫之盛'으로 다시 태어났으나 清 光緖 年間(서기 1875년-서기 1908년)간에 通惠河 运河는 다른 운반수단의 발달로 인해 歷史的 使命을 다하고 폐기 되었다.

北京-天津-山東省 四艾寺사이에는 北运河와 南运河가 있다. 天津 靜海県 九宣闸에서 北京 北通州까지를 北运河라 하며 山東省 四艾寺에서 시작하여 河北省 吳橋 東光-泊頭-滄県-靑県-天津 金剛桥 三岔河口(芥园静海県)까지를 京杭大运河 大动脉(artery) 중 南运河라 부른다. 엣 이름은 白河、沽水와 潞河로 불리던 北运河는 京杭大运河의 北段으로 海河의 지류 중의 하나로 상류의 溫榆河가 通惠河에 합쳐 运糧, 运銅, 运盐의 貨通八达의 시작인 北京 通州区에서 天津(天津段은 天津에서 北京 通州)까지로 '中国运河第一庄'인 榆林庄村[홍수방지용 느릅나무(Elm Tree, Ulmus pumila L,)인 榆树가 많다고 이름 지어졌으며 乾隆이 친히 "榆林庄"으로 봉함, 이곳에는 전통음식으로 高粱이나 밀을 섞어 만든 '榆钱儿饭', 또는 '榆钱饭(Elm seeds meal)이 있음]에서 시작하는 北运河와 天津에서 山東 臨清에 이르는 南运河의 일부분으로 天城이라고도 함, 전장 174km)에 이른다. 그 중 北京 通州区 张家湾镇의 李二寺村이 중요한데 李二寺村(Lǐ'èrsì cūn, 里二泗村, 二泗村)은 潞河、萧太后河、凉水河、通惠河의 4条 河流가 모이는 "泗河涯"로 불린다. 里二泗村은 张家湾镇의 东部에 있는데 大运河边上 물 가에 있는 重要村落이며 张家湾城은 三面이 물가에

있는데 城 东쪽에는 通惠河, 가운데는 萧太后河, 남쪽에는 凉水河。 萧太后河、凉水河가 通惠河가 합친 후 张家湾城의 东门으로 二里에서 里二泗村으로 흘러 大运河로 들어간다. 그래서 이 마을을 京杭大运河上에서 船只(embargo), 船头 船尾로 八里를 이어지는데 이러한 이유로 李二寺村(二泗村) 일대를 "船到张家湾, 舵到里二泗"로 이야기 한다. 顺治年间에 村名은 "李二寺"로 또 발음으로 "里二泗"라고도 하였다. 중요 지류는 通惠河、凉水河、凤港减河、龙凤河이며 전장 238km이다. 南运河는 남쪽에 卫运河(明·清代는 卫河임)、鲁运河에 접하고 원래 山东 临天이 남쪽의 기점으로 전장 436km이다. 서기 1950년대 확대해 건설한 四女寺枢纽으로 独流减河를 파서 南运河를 절단한 후 南运河의 남쪽 기점은 四女寺 节制闸이 되고 여기서 북쪽으로 山东省 德州市, 河北省 衡水、沧州地区로 흘러 静海区 十一堡와 子牙河가 합치는 곳에서 끝나면 전장 309km가 되는데 天津市 金刚桥(三岔河)로 이어지면 전장 349km가 된다.

通州区 西海子公园内의 「通州八景」 중의 하나인 通州 燃灯塔("通州塔")은 京杭大运河의 시작이자 北端 終點의 標誌 겸 상징물이다. 이 절과 탑은 北周末期(서기 577년–서기 581년)에 创建, 唐代 贞观七年(서기 633년)에 复建되고 辽代 重熙年间(서기 1032년–서기 1054년)에 重建, 元代 大德七年(서기 1303년)、至正七年(서기 1347년)、明代 成化二十年(서기 1484년)、清代 康熙九年(서기 1670년)에 중수를 하였다. 八角十三层으로 密檐式이며 내부는 砖으로 채운 砖塔이며 높이 약 45m이다. 须弥座双束腰 중 束腰는 中国传统建筑의 术语인 가장 폭이 적은 一层을 칭한다. 탑의 每面은 균일하게 精美한 砖雕로 되어 있다. 第十三层 正南面에 砖刻碑记인 "万古流芳"이 있으며 塔上에는 风铃 2,224枚, 雕凿佛像 415尊, 塔刹은 八角形 须弥座

로 仰蓮紋(承仰連)이, 그 위에 다시 相轮部(相轮、仰月、宝珠、刹柱、龙車)를 올렸다. 塔顶部에는 원래 높이 수m의 楡树 한 그루가 올려져 있었다. 이 通州塔을 중심으로 왼쪽의 水面을 葫芦头(호호두)라 하는데 옛날 高梁河 동쪽 지류가 潞水(현 北运河)에 흘러들어가는 곳으로 水面은 宽阔하고 형태는 葫芦(호호, 표주박)와 같아 이름이 붙여졌다. 金 大定(서기 1161년-서기 1189년)、泰和年间(서기 1201년-서기 1208년) 金口河를 열고 闸河 河口가 이곳에 만들어 졌다. 明 嘉靖七年(서기 1528년) 直隶巡按御史 吴仲이 通惠河를 중수한 후 河口를 张家湾 북쪽으로 연결시켰다. 通惠河 东端은 北京에 양식을 운반하는 선착장(부두, 码头)으로 通州塔 우측에는 通州 旧城의 북쪽 성벽(北城垣) 및 일본 침략군이 수축한 钢筋混凝土로 만든 거대한 炮楼가 있다. 이 근처에는 1,000万㎡의 넓이를 조성하고 높이 300m의 北京塔을 중심으로 商务 북구와 남구로 나누어 北京市副中心으로 옛날 通州의 번성을 복구시키려고 노력하고 있다. 그리고 지금은 원래 漕运의 기능이 사라진 通州区 대운하 주변에는 '文化北京 艺术台湖'이라는 슬로건아래 城市綠心森林生态公园, 大运河森林公园, 극장(大剧場), 도서관(园艺驿站, 森林書屋), 박물관, 병원 등의 문화적 공공건물을 계속지어 北京文化副中心의 역할로 바꾸어 日新月昇의 모습을 보여준다.

결국 이 운하의 시작과 종착지는 元의 大都(서기 1264년에 조영된 元大都城), 明과 清나라의 紫禁城[永樂十八年(서기 1420년) 준공, 현 故宮博物院]로 현재 中华人民共和国(서기 1949년 10월 1일 -현재)의 상징인 明·清 北京皇城의 南门인 天安門 앞 广场(Tian'anmen Square, 北京中軸線上。南北長 880m, 東西 폭 500m, 面積 44万㎡)까지 이어져 一脈相承, 一系同族의 전통적인 역사적 맥락을 잘 보여주고 있다. 현 중국

의 심장인 天安门 广场에는 북쪽 金水桥의 南쪽에는 国旗杆이 있어 매일 日出에 따라 升旗와 일몰에 降旗仪式이 치러진다. 광장에는 中国革命历史博物馆, 中国国家博物馆(简称 国博), 人民大会堂, 人民英雄纪念碑('中国人民解放战争和中国人民革命烈士纪念碑' Monument to the People's Heroes, 天安门广场纪念碑로 花岗岩, 長 14.7m, 폭 2.9m), 毛主席纪念堂, 金水河 북쪽 天安门观礼台 등의 건물이 들어서 있다. 大明门(清朝에서 大清门으로 칭하고 中华民国에서 中华人民共和国에서는 中华门으로 불렸다)인 中华门에서 남쪽으로 "棋盘街"와 北京内城의 正阳门 城楼를 마주 보며 天安门 앞 长安街의 東西에는 长安左门, 长安右门이 있고 이 두문 남쪽에는 千步廊(Thousand-Step Corridor)이 东西 양측에 이어져 있었다. 이 "T"形 广场은 봉쇄되어 현재 민간인의 출입이 금지되어 있다. 또 北京市 东城区 中部에 위치한 北京明城墙遺址公园[Beijing Ming City Wall Ruins Park, 면적 15.5ha, 全長 25km로 明 永乐 十七年(서기 1419년)에 세워짐]에 현재 남아 있는 全長 1.5km는 원래 北京 内城과 角楼로 서쪽으로 崇文門에 이어지고 있다. 이는 方形 瓮城과 箭楼를 갖춘 明城墙으로 서기 1406년(永乐四年)에 짓기 시작하였다. 通州와 朝阳의 경계의 通惠河 위에 지어진 八里桥가 있는데 이는 서기 1446년에 세워진 明代 三孔石拱桥이다. 《通州志》에 의하면 "八里庄桥는 永通桥였다. 西八里桥(通州八里, 北京城八里에 위치)는 北京 广安门 卢沟桥의 路上에 걸려 있다. 또 당시 码头(부두, 선창)의 역할로서 번성하던 大通桥는 北京의 동편에 위치한 明代三孔石桥로 桥洞은 拱形, 桥墩은 尖形으로 水利分水에 도움이 된다. 大通桥는 《读史方輿纪要》에 "大通河, 在(顺天)府城, 东南"에, 《元史》에 至元二十八年(서기 1291년), 都水监郭守敬言水利라고 실려 있다. 明·清时期 北京 안의 内城九门의 하나로

지금은 漕运의 기능을 상실했지만 明代大运河의 终点인 '天下第一税关'인 崇文门은 元代에 漕运을 위해 만든 人工河인 通惠河를 호수인 积水潭에 물길을 터 通州에 도착하도록 한 번영을 누리던 선착장이었다. 이들을 통해 元 때부터 시작한 운하의 역사를 알 수 있다. 현재의 紫禁城을 둘러싸고 흐르는 筒子河와 金水河,《山海经》,《禹贡》,《周礼》,《史记》,《唐书》에 '左祖右社', "社稷祭祀"로 土地崇拜이야기하는 하는 天安门 西側 皇家社稷坛(500m×18m, 五行五方思想으로 青红黄白黑의 五色土로 형성)이 있는 中山公园, 皇家园林, 琼华岛上에 있는 清 顺治八年(서기 1651년) 민족의 융합을 위해 만든 喇嘛塔인 北海白塔, "士希贤, 贤希圣, 圣希天인"王羲之의《快雪时晴帖》, 王献之의《中秋帖》, 王珣의《伯远帖》의 글자를 새긴 三希堂法帖(乾隆 12년, 서기 1747년, 135位,의 495만 刻字가 있음), 静心齊 등 乾隆의 6차 南巡 때 江南园林을 모방해 만든 乾隆御花园이 있는 北海公园과 永定河들은 通州博物馆과 中国国家博物馆(간칭 国博)에서 运河와 관련된 170점의 전시에서 이해 할 수 있다. 또 乾隆五十三年(서기 1788년)에 清代 畫家 江萱이 제작한 中国国家博物馆 소장의《潞河督运图》(绢本设色, 高 41.5cm, 长 680cm)에서 번영하던 도시의 풍물이 잘 묘사되어 있다. 그림 중에는 官船、商船、货船、渔船 등 64척, 官吏、商贾、船户、妇孺、盐坨杂役 등 220여 명이 등장하고 人物形态는 각기 다른 풍요로운 생활상을 느끼게 하며 운하의 양안에 있는 선착장(부두, 码头)、衙署、店铺、酒肆、民居 등이 주옥과 같이 묘사되고 있다. 明 万历十九年(서기 1591년) 潘季馴이 제작한 黄河、淮河、运河 三河의 총체적 모습과 工程을 담은 古代治黄工程图인《河防一覽图》[43cm×2,01m, Overview of Huanghe River Regulation, 万历十八年(서기 1590년)], 全书共14卷, 약 28万字]도 운하를 이해하기 위

한 매우 중요한 자료이다. 이 운하가 건설된 연대는 春秋时期·北魏에서 南宋을 거쳐 清代에 걸친다. 그리고 처음 健康(南京)을 수도로 정하려고 생각했다가 서기 1138년(紹興 8년) 수도를 臨安으로 확정한 南宋 高宗 赵構 때에는 杭州를 중심으로 북으로 京杭大运河(淮安, 通濟渠, 永濟渠), 동북쪽으로 錢塘江, 동남쪽으로 杭州-紹興-宁波(海上絲綢之路 起碇港인 浙江省 宁波市)를 잇는 浙東运河와 연결되어 海上絲綢之路를 이루어 朝鮮, 日本, 東南亞, 페르시아(波斯), 아라비아(大食 (阿拉伯帝国) 등 50여 개 豈不勝取之于民'이라 글을 남기도 하였다. 日本 圓仁의 入唐求法巡礼記, 崔溥의 漂海录과 함께 세계3대중국기행문 중 이탈리아(意大利) 베네치아 공화국/베니스(威尼斯, Venice)상인 마르코폴로(馬可波羅, Marco Polo, 서기 1254년 9월 15일–서기 1324년 1월 8일)의 東方見聞錄[1298, 원제목은 세계의 서술(Divisament dou monde, Livres des merveilles du monde임]가 元나라 때 杭州를 방문하여 '百貨登市로 世界上 最美麗華貴之城'이라 하였다. 당시의 무역품으로는 비단, 도자기, 차(茶葉), 人物騎鳳飛行圖案과 愚意吉祥文이 있는 銅鏡이었다. 海上絲綢之路博物館에는 銅鏡이외에 南宋銀錠, 鐵剪刀, 鐵錢 등이 소장되어있다. 杭州에는 南宋 建炎 3년(서기 1129년) 王淵, 苗傅, 正彦 등이 苗劉兵變(劉苗之變、明受之變)을 일으켜 高宗을 退位시키려 하였으나 韓世忠, 張俊이 이 운하를 잘 이용하여 반군을 진압하였다. 그래서 운하 위에 걸려있는 堰橋는 德勝橋로 개칭되어 韓世忠의 공로를 기리고 있다. 이외에도 杭州에는 江張橋(魚碼頭)와 黑橋(米碼頭)가 남아있다.

明·淸시기에는 이 운하는 南方食量의 漕运에 기능이 많았으며 康熙와 乾隆帝는 이 运河를 이용해 6차례나 江南을 방문하기도 하였다. 옛날부터 육지에서 인력과 축력에 의해 의존하던 运輸는 속도도

느리고 운반량도 적었으며 비용과 물자의 소모는 무척 컸다. 그래서 이러한 폐단을 없애려면 수로를 이용하는 운하의 개통만이 유일한 해결책이었다. 중국에서 큰 강은 서쪽에서 동쪽으로 흘러간다. 황하유역은 역사적으로 전란이 많은 반면 정치·군사가 중심이며, 그리고 장강유역은 경제·문화가 중심이 된다. 그래서 남방의 풍부한 물자와 세금이 북방의 정치 중심지인 북경으로 옮겨져야 하는데 이에는 남북을 관통하는 수로가 필수적이다. 중국역대 明과 清나라의 양대 정부에서는 淮安府城(현재 淮安市 淮安区)을 중심으로 漕运总督과 그 밑에 방대한 기구를 설립하여 漕运을 맡도록 하였는데, 이 운하는 최근 육지운송이 다시 활발해지기 이전 전국 물동량의 ¾을 차지하였다. 역사상 이 운하는 隋、唐、元、明、清나라 때 필요에 따라 운하를 약간 연장하거나 확장했을 뿐 기본 구조는 별로 변함이 없었다.

① 邗沟운하: 春秋시대 末 太湖 유역의 吳王 夫差는 중원의 晋国과 패권을 다투었는데 기원전 486년 邗城(현재의 扬州附近)을 수축하여 북상하는 거점으로 삼았고 여기에서부터 운하를 末口(현재의 江苏 淮安市 淮安区 城北 北辰坊)까지 파서 淮河에 연결해 군대와 군수품을 옮겼다. 이 운하는 "邗沟"라는 명칭으로 기원전 486년 개착, 기원전 484년 완공하였는데 大运河 중에서 가장 빨리 만들어진 것이었다. 이 운하의 공사 중 오나라 사람들은 장강(양자강), 회하의 천연 河道와 호수를 이용하였으며 운하의 양쪽에는 운하와 나란히 인접하는 길을 만들었다. 전체 길이는 약 150km이다.

② 隋唐大运河: 수나라 때 남북의 통일을 이루어 운하를 계속 파 洛阳을 운하의 중심으로 삼고 여러 운하를 연결하였다. 여기에는 广通渠(인공 간선수로), 通濟渠, 山阳瀆(溝, 도랑), 永濟渠, 疏浚 江南河가

포함된다.

⒜ 广通渠: 京城 長安에서 潼关 東쪽을 연결하여 黃河에 이르는 길이 전체 300餘里가 되었다. 渭水를 주요 수원으로 삼아 方舟巨舫이라는 큰 배가 다닐 수 있었는데 이 공사는 宇文愷가 중심이 되었다.

⒝ 通濟渠: 낙양에서 출발하여 회하의 물길을 이용하여 황하에 이어지는데,《通鑒·隋紀四》에 의하면 隋炀帝 杨广의 즉위 후 大業元年(서기 605년) 宇文愷에게 명하여 매월 200만 명의 인부를 이용해 운하를 파는 동시 尙書右丞 皇甫議에게도 명해 河南 淮河의 북쪽에 사는 男女 百餘万을 通濟渠를 개통하도록 하였다고 한다. 通濟渠는 黃河의 南岸에 위치하며, 东西两段으로 나누어진다. 서단은 東汉 阳渠의 기초위에 폭넓게 형성되었으며 洛阳의 西面에 해당한다. 洛水와 支流인 谷水가 水源이다. 이 운하는 洛阳城 남쪽으로 흐르고 偃師 東南을 지나 다시 黃河로 들어가도록 굴착되었다. 東段은 西쪽 滎阳 西北의 黃河边위의 板渚로 黃河水를 끌어들여 淮河의 支流인 汴水로 흐르게 하여 현재의 开封市, 杞县、睢县、宁陵、商丘、夏邑、永城 等县을 지나 그리고 다시 동남쪽으로 현재의 安徽省 宿县、灵壁、泗县, 江苏省의 泗洪县을 지나 盱眙县에 이르기 까지 물이 흐르도록 했다. 동서 两段은 全長 近 2,000餘里나 된다.

⒞ 山阳瀆: 북에서 흘러오는 淮水의 南岸인 山阳(현재의 江苏省 淮安市 淮安区) 바로 남쪽으로 향해 江都(현재의 揚州市)의 西南인 長江에 연결되고 通濟渠를 만들 때와 같은 시기에 淮南인들을 10여 만 명을 동원해 확대한 것인데 대체적으로 邗溝운하의 기반위에 넓게 다듬어 만들어 졌다.

⒟ 永濟渠: 黃河의 북쪽 洛阳으로부터 对岸의 沁河口의 北쪽에 위치하는 衛河와 和蘆溝(永定河) 등 自然河道를 이용해 더욱더 깊게 파서 涿郡(현재의 北京市 경계)에 이르렀다.《隋書》煬帝紀에 의하면 大業 四年(서기 608년)에 河北省의 여러 군에서 남녀 100여만 명을 징발해 永濟渠를 만

들고 沁水를 끌어들여 남쪽으로 황하에 접속하고 북쪽으로 涿郡에 통했다고 한다. 大業 四年 그해 일년 만에 완성을 시켰다. 全長 1,900餘里이다.

(e) 疏浚 江南河: 春秋時의 오나라는 도성(苏州)을 중심으로 太湖의 平原을 굴착해 여러 운하를 만들었다. 그 중 하나는 북쪽 장강(양자강)으로 통하고, 다른 하나는 남쪽으로 錢塘江에 연결하였다. 남북으로 흐르는 이 두 개의 운하는 연대가 가장 올라가는 강남의 人工水道이다. 隋 煬帝는 명령을 내려 이 운하를 疏浚까지 연장하였다[《資治通鑑》卷一八一记载: "大業六年冬十二月, 敕穿江南河, 自京口(今鎮江)至餘杭, 八百餘里, 广十餘丈, 使可通龙舟, 並置驛宮、草頓, 欲東巡會稽"].

이들 广通渠、通濟渠、山阳瀆(隋 煬帝가 后兩者를 御河로 함께 부름), 永濟渠와 江南河 等의 渠道들은 비록 같은 시기에 만들어진 것은 아니지만 이들 운하는 정치적인 수도인 長安과 洛阳을 중심으로 하여 동남쪽의 餘杭, 동북쪽의 涿郡까지 연결되고 있다.

동쪽 도읍지인 洛阳을 中心으로 하여, 서쪽 广通渠를 끼고 大興城 長安에, 북쪽으로는 永濟渠를 경유하여 涿州에、남쪽으로 通濟渠, 山阳瀆과 江南運河(江南河)를 지나 江都、餘杭에 이른다. 洛阳은 中原大平原의 서쪽에 위치하며 海拔은 비교적 높고 운하공정은 東低西高의 지리적 위치를 이용하였는데 自然河道는 서에서 동으로 흐르는 것이 특징이다. 그래서 운하를 팔 때 인력과 물자를 절약할 수 있었으며 배를 이용하는 것이 훨씬 편하였다. 두 단(兩段)을 가진 운하는 풍부한 황하의 물을 이용하여 항시 물 걱정이 없었다. 물이 항상 수평을 이루어 당시의 운하를 파는 기술이 무척 높아 두 줄기의 가장 긴 渠道를 만드는데 전후 모두 6년 밖에 안 걸렸다. 南北大運河라고 부르는 隋나라의 운하는 河北、河南、江苏와 浙江省을 관통하고 있다. 운하 수면의 폭은 30m-79m, 길이 약 2,700餘里이다. 수나라의 政治 및 軍事中心은 북방에 있어 長安과 북방의 군사적 요충지에 대량의 식량과 물자의 운반은 山阳瀆 북쪽으로 通濟渠에 진입해 黃河를 거슬러 올라가 渭河를 향해 가면서 마지막에는 長安에 도착하였다. 남쪽으로는 江南運河를 이용하여 京口(현재의 鎭江)에 도착해 長江(양자강)을 건넜다.

③ 元朝의 大運河: 元나라는 수도인 大都(현재의 北京)에 식량과 물자를 옮기는데 隋나라의 大運河를 그대로 이용하면서, 海河와 淮河 중간에 濟州、會通、通惠河 등의 운하를 새로이 만들었는데 이는 洛阳을 中心으로한 운하를 東北 및 東南쪽으로 연장한 것에 불과하다.

ⓐ 濟州河와 會通河: 元나라의 도성인 大都(현재의 北京)에 동남쪽에서 나오는 식량의 운반하기 위해서는 지방에 대부분 水道가 있어 가능했다. 그러나 오직 大都와 通州사이 臨淸과 濟州사이에는 水道가 없었다. 이로 인해 南北水道의 貫通을 위해 人工河道가 필요하였다. 臨淸과 濟州사이의 運河는 元나라가 두 번에 걸쳐 만들었는데 먼저 濟州河를 다음에 會通河를 개통하였다. 濟州河는 남쪽 濟州(현재의 济宁)의 남쪽 魯桥鎭에서 시작하여, 북쪽으로 須城(현재의 東平県)의 安山에 이르렀다. 全長은 150餘里이다. 至元 18년(서기 1281년)에 시작하여 至元 20년 8월 26일(서기 1283년 9월18일)에 완공하였다. 유리한 자연조건을 이용하여 汶水와 泗水를 水源으로 삼아 수문과 제방(閘门, 闡壩), 渠道를 만들어 漕運이 가능하게 되었다. 그리고 會通河는 남쪽 須城의 安山에서 시작하여 濟州河에 이어지고 이 운하에서 북쪽으로 파 聊城을 지나 臨淸 接衛河에 이르렀다. 全長은 250餘里이다. 至元 二十六年 一月 十九日(서기 1289년 2월 10일)에 시작하여 至元 二十六年 六月 四日(서기 1289년 6월 22일)에 완공하였는데 至元 二十六年 七月 四日(서기 1289년 7월 22일) 元 世祖 忽必烈이 會通河로 명명하였다.

會通河와 濟州河가 개통된 이후 南方의 양곡선이 衛河、白河를 거쳐 通州에 이르렀다. 會通河에는 물을 조절하는 31개의 갑문이 만들어져 "闸

河"로 불리었다.

(b) 壩河와 通惠河: 옛날에 만들어진 운하의 물동량이 극히 적어 원나라에서는 大都와 通州간 수송량이 많은 壩河와 通惠河를 개통하였다. 먼저 만든 壩河는 서쪽 大都의 光熙门(현재의 北京 東直门 북쪽으로 그 당시에는 주요한 식량창고가 있었다)에서 동쪽으로 通州城의 북쪽 溫榆河에 연결하였다. 이 운하는 길이가 전체 40餘里이다. 至元 十六年(서기 1279년) 파기 시작해 그해 완공하여 식량을 운반하는 운하로 이용하였다. 지세는 西高東低로 水差가 20m 전후로 커 이 운하에 7개의 閘壩를 만들었는데 壩河로 불리었다.

후일 壩河의 水源이 不足해 元나라에서는 通惠河를 다시 만들었는데 책임자는 都水監 郭守敬(서기 1231년-서기 1316년)으로 昌平 化庄村 东龙山의 白浮泉에서 물을 끌어 积水潭에 물을 모아서 皇城 東側으로 南流시켜 東南쪽 文明门(현재의 北京 崇文门의 北쪽) 동쪽으로 通州의 白河에 연결하였다. 全长 164里이다. 서기 1292년 정월에 시작하여 서기 1293년 7월에 완공하고 至元 三十七年 七月 二十三日(서기 1293년 8월 26일) 元 世祖 忽必烈이 "通惠河"로 명명하였다.

通惠河가 만들어진 후 남방에서 오는 조운선이 大都의 성내 积水潭에 직접 들어와 内陆港이 되어 무척 번창하였다. 元나라는 隋나라 때부터 만들어졌던 南北大運河/京杭大運河를 편의적으로 조정해 全長 1,700km를 900km로 단축하였다.

④ 明·清의 大运河: 明、清의 두 나라에서도 大運河를 개조하여 京杭大运河를 다음과 같이 나누었다.

(a) 通惠河: 通惠河는 大运河의 가장 북쪽에 있는 구역으로 北京 東南에서 通州에 이르며, 水源이 不足하여 현재 배가 지나다니기가 힘들다.

(b) 北运河: 北运河는 通州에서 天津으로 가는 운하로 길이 186km이며 永定

河 河道를 이용하여 咽喉河의 西쪽으로 가며 天津에서 海河로 진입한다.

ⓒ 南运河: 南运河는 天津에서 至山의 동쪽 临清에 이른다. 全长 524km로 "卫运河"와 "南运河"의 두 운하로 나눈다. 원래 卫河를 이용하여 배를 몰 수가 있다. 물은 남에서 북으로 흐르며 天津에서 海河로 그다음 渤海로 진입한다. 서기 1960년대 중반 漳卫河 流域의 大兴水利에서 물을 끌어들여 농업용수로 사용하기 때문에 南运河에 물이 부족해 배가 들어가지 못한다.

ⓓ 鲁运河: 鲁运河는 會通河로 북쪽 临清에서 시작하여 남쪽의 台儿庄에 이른다. 山东省 西部를 지나가며 길이는 약 380km이다. 明 永乐 九年(서기 1411年) 工部尚书 宋礼가 명을 받아 이를 개통하였다. 宋礼는 戴村壩를 수축하고 汶水를 막아 운하를 소통시켜 대운하의 남북이 관통되었다. 서기 1855년 황하의 물줄기가 북으로 옮겨 鲁运河는 폐쇄되었다.

鲁北运河 또는 位临运河는 临清에서 시작하여 聊城에서 끝나면서 남쪽 黄河에 연결되나 황하의 물줄기가 바꾸어져 모두 폐쇄되었다.

鲁南运河는 북쪽 黄河에서 시작하고 남쪽 韩庄에서 끝난다. 서기 1949년 이후 济宁 이남의 大运河는 济宁에서 바로 兖州 煤炭으로 南下하는 重要한 水运通道이나 济宁 이북의 鲁南大运河는 水源이 없어 航运이 정지되었다. 黄河는 济宁에 다다라 大运河의 수원이 되고 黄河는 东平湖段(구간)의 出口에서 끝난다.

ⓔ 江北运河: 이 운하는 북쪽 徐州 銅山의 藺家壩에서 시작하여 남쪽으로 扬州의 六圩运河의 입구에 이르며 不牢河、中运河、里运河를 포함한다. 전체길이 404km이다. 이외에도 大沙河의 입구에 藺家壩의 微山湖 西河道가 있다. 길이 57km이다.

ⓕ 江南运河: 江南运河는 镇江으로부터 杭州에 이르는 330km이며 长江(양자강)과 钱塘江의 수계를 관통하고 있다. 江南运河는 太湖流域의 水网地带를 경유하며, "天堂"이라는 두개의 城市인 苏州와 杭州를 포함하여 丹

阳、常州、无锡、嘉兴 등 东南의 중요한 镇들을 지나친다. 江南运河는 수심을 깊게 파서 배가 많이 운행하고 물동량도 많다. 그리고 운하위에는 石桥가 많아 江南水乡의 特色을 잘 보여준다. 얼마 전 江南运河를 3级航道로 확장 건설을 하여 1,000톤의 배도 드나들 수 있게 되었다. 江南运河, 长江과 钱塘江에는 각기 船闸(闸门, navigation lock/ship lock)이 하나씩 있어 镇江을 谏壁船闸, 杭州를 三堡船闸으로 만들고 있다. 明、清나라 때 大运河의 运输量은 元나라의 물동량을 훨씬 초과한다. 현대의 육로교통이 발달하기 이전의 京杭大運河의 货物运输量은 全国의 ¾에 달했다. 明과 清나라 때 大运河가 지나는 길에는 扬州, 淮安-清江浦, 济宁, 临清, 天津과 같은 상업중심 도시가 많이 집중했다.

⑤ 京杭大运河의 衰落: 鸦片战争(서기 1842년, 道光皇帝로 하여금《中英南京条约》을 맺게 함)으로 영국군이 京杭大运河와 长江(양자강)의 镇江을 탈취해 漕运을 봉쇄하고, 太平天国(서기 1853년)의 난으로 운하 주위 城市의 조운창 건물이 훼손되었다. 그리고 黄河의 물줄기가 바뀌어져 山东省의 여러 운하가 폐쇄(서기 1855년)되고, 또 轮船招商局이 上海에 설립(서기 1872년)되고 津浦铁路가 개설(서기 1911년)됨으로 인해 물동량이 줄어들어 京杭大运河는 유명무실의 상태가 되어 오늘에 이르렀다.

37. 실크로드/絲綢之路(Silk Roads: Initial Section of the Silk Roads, the Routes Network of Tian-shan Corridor: 문화, 2014):

실크로드(비단길, 絲綢之路)란 용어는 서기 19세기 독일의 지리학자 겸 여행가인 바론 페르디난트 폰 리히트호펜(Baron Ferdinand von Richthofen, 서기 1833년-서기 1905년)이 처음 언급하였는데 이는 중국의 비단이 서방세계로 전래되었음을 밝히는데서 비롯된다. 이 길이 처음 개척된 것은 기원전 139년-기원전 126년 사이 前汉(기원전 206년-서기 8년) 7대 武帝(기원전 141년-기원전 87년)의 사신으로 匈奴, 月氏(大月氏国, 현 아프카니스탄/Afghanistan/阿富汗 지역), 大夏国(현 이란/Iran/伊朗 지역의 大月氏国의 이웃). 身毒国(현 印度/India 지역), 乘象国(현 미얀마/Myanmar/緬甸, Elephant riding kingdom), 烏孫(현 키르기스스탄/Kirghizstan 지역), 大宛(현 우즈베키스탄/Uzbekistan 지역), 康居国(현 우즈베키스탄/Uzbekistan과 이락/Iraq 사이의 북쪽지역), 安息国[기원전 247년-서기 224년, 阿薩息斯王朝/帕提亞帝国으로 옛 페르시아/波斯地区古典时期의 한 王朝로 현 이란근처임, 기원전 53년 宣帝 甘露 1년 안식국은 로마제국과 전투가 있었는데 당시 로마 旗는 중국의 비단으로 제작되었고 당시 중국은 그리스와 로마인들로부터 비단을 의미하는 Seres/Serica/賽里斯로 불리움]과 樓欄(汉나라 때에는 金城임) 등의 西域에 다녀오면서 汗血宝馬/天馬, 포도와 석류 등의 西域 물품을 가져온 張騫(?-기원전 114년, 이 공로로 河南省 南阳市 博望鎭을 分封받음)에 의해서이다. 그리고 甘肅省 敦煌市 西北 約90km 떨어진 곳에 위치한 玉门关으로부터 서쪽은 西域이라 부르며 敦煌의 莫高窟에는 장건이 서역으로 떠나는 장면의 벽화도 남아있다. 그리고 武帝는 張騫에 이어 두 번째로 史记의 저자인 35세의 司馬迁을 巴蜀 지역 에 보내 成都→双流→新津→邛崃→名山→雅安→榮經→汉源→越西→喜德→冕宁→西昌→攀枝花→云南 大理→哀牢国(傣族先民이 怒江-澜沧江流域에 建立한 部落联盟国家)→古滇国[《史记·西南 夷列传》에 나오며 云南 江川县 李家山일대 彝族人이 세운 나라로 한 무제 때 하사한 金印 '滇王之印'이 남아 있고 后汉 明帝 永平 十二年(서기 69년) 한나라에 귀속하였다]→乘象国(현 미안마/Myanmar/緬甸)→身毒国(印度)의 제 1루트와 成都→彭山→乐山→轛殉→宣賓→高県→錫連→豆沙芙→昭通→曲靖→昆明

→ 哀牢国(傣族先民이 怒江-澜沧江 流域에 建立한 部落联盟国家)과 古
滇国→ 身毒国(印度)에 이르는 제 2루트의 서남방의 실크로드(絲綢
之路)를 자세히 기술하게 하고 있다. 이는 앞서 장건이 大夏国의 시
장에서 발견한 四川에서 身毒国(印度)을 거쳐 수입된 蜀布와 四川
邛山 竹子인 邛竹杖 때문이다. 그 결과 汉나라는 后汉 明帝 永平
12년(서기 69년)부터 이 서남방의 絲綢之路를 개척하고 또 앞서 西汉
汉 武帝 元鼎(기원전 116년-기원전 111년으로 汉 武帝의 5번째의 年号) 6
년(기원전 111년) 广東省 湛江市 徐闻県에 세운 국제무역항인 徐闻
港과 함께 한나라의 무역을 크게 확대시켜나갔다. 그러나 비단길을
확대하는 과정에서 이민족과의 충돌도 잦았던 모양이다. 그 한 예로
서기 1995년 10월 中日조사단이 타크라마칸(塔克拉馬干) 사막 남쪽
新疆維吾尔自治区民 民丰県 喀巴阿斯卡村 尼雅 유적[伊瑪木加法
尔薩迪克大麻紮(墳墓)로 赫赫이라고 함, 東汉時期에는 鄯善에 속하며 精絕
国의 故址임]에서 부부가 묻혀있는 長方木棺墓(2.2m×0.98m)를 발굴
하였는데 그 안에서 목제 빗(梳), 瑞獸汶錦袋와 錦枕이 출토되었다.
특히 남자의 시신에서 화살을 쏠 때 왼쪽 팔을 보호하는 織錦의 护
膊와 바지가 나왔는데 면직물의 표면에 '五星出東方 利中国 討南
羌'이 새겨져 있었다. 이는 司馬迁의 史记 天官書, 汉書와 后汉書
에 보이는 '五星(土星, 木城, 水星, 火星, 金星)出東方 中国大利 蠻夷
大敗 積干西方 外国用兵子利'란 글을 옮긴 것이며 이의 역사적 배
경은 西汉 宣帝 元康 4년(기원전 62년) 비단길을 방해하고 반란을 일
으킨 南羌族을 토벌하기위해 한무제 때 활약하던 李广利(?-기원전
88년) 장군을 따라 匈奴族을 토벌한 경험이 많았던 76세의 赵忠国
장군을 파견할 때로 보인다.

그 지역들은 훼르가나, 소그디아나, 박트리아, 파르티아(Parthia, 기

원전 247년-서기 224년)와 북부 인디아 등지로 여겨진다. 비단길/絲綢 之路은 '초원의 길'과 '오아시스 길'의 둘로 나누어진다. 초원의 길은 비잔티움[콘스탄티노플/이스탄불,또는 오스만 투르크 제국(서기 1299년-서 기 1922년)의 前 首都인 에디르네(Edirne)]-흑해-카스피해-아랄해-타시 켄트(Tashikent,Uzbekistan의 수도)-알마타(Alma-Ata,Kazakhstan의 수도)-이 닝(Yining, 伊宁)-우룸치(Urumchi, 烏魯木齊)-카라코룸(Karakorum/ㅍ하라 호룸)-울란 바토르(Ulan Bator)를 지난다. 다시 말해서 옛 소련의 중앙 아시아 초원지대·외몽고·중국을 잇는 북위 35°-45° 부근을 지나는데 이 길을 통해 기원전 7세기-기원전 2세기경 동물문양, 무기와 마구 로 대표되는 스키타이 기마민족들에 의해 메소포타미아와 흑해연안 의 문화가 동쪽으로 전래되었다.

우리나라의 金海 大成洞과 良洞里, 永川 漁隱洞 등에서 나온 청 동항아리(銅鍑, cauldron), 鐵鍑(동의대 서기 1991년 발굴 토광목곽묘 162 호), 靑銅鼎과 동물문양의 허리띠(馬形帶鉤 등)장식 등이 대표적이다. 또 이들에 의해 남겨진 耳飾, 파지리크와 알타이 유적들은 積石木 槨墳의 구조를 갖고 있어 烏丸(烏桓)과 鮮卑문화를 사이에 둔 신라 고분과의 친연성도 제기되고 있다. 秋史 金正喜의 海東碑攷에 나 오는 신라 30대 文武王(서기 661년-서기 681년 재위)의 비문에 의하면 庆州 金氏는 匈奴의 후예이고 碑文에 보이는 星汉王(文武王의 15대 조, 金閼智, 서기 65년-?)은 匈奴 休屠王의 太子 祭天之胤 秺侯(투후) 金日磾(김일제, 기원전 135년-기원전 86/85년)로 부터 7대손이 된다. 그 리고 13대 味鄒王(서기 262년-서기 284년, 金閼智-勢汉-阿道-首留-郁 甫-仇道-味鄒王, 三国史记 제2, 新羅本紀 제2)은 경주 김씨 김알지의 7 대손으로 이야기된다. 따라서 경주 김씨의 出自는 "匈奴-東胡-烏 桓-鮮卑 등의 유목민족과 같은 복잡한 배경을 가진다. 휴도왕의 나라는 본래 중국 북서부 현 甘肅省 武威市(汉 武威郡 休屠県, 현 甘肅省 民勤県)로, 이는 新羅 積石木槨墳의 기원도 중국 辽宁省 朝阳에서 보이는 鮮卑족의 무덤·출토유물과 관련하여 생각해 볼 가능성이 열리게 되었다. 결국 초원의 스키타이인들이 쓰던 쿠르간 封土墳과의 관련도 배제할 수 없게 되었다. 또 甘肅省 魏晋時期 壁画古墳으로 嘉峪关 魏晋墓群, 敦煌 佛爺庙湾 古墳群, 酒泉 丁家閘 五号墓(東晋, 서기 317년-서기 418년)를 들 수 있는데 그중 酒泉 丁家閘 五号墓에는 황해도 안악군 유설리 3호분(冬寿墓, 永和 13년 서기 357년) 내의 것과 비슷한 벽화가 그려져 있어 고구려와 鮮卑族과의 관련도 시사해주고 있다. 특히 丁家閘 五号墓를 제외하고 画像塼으로 만들었으며 내부의 고분 구조는 后汉(서기 25년-서기 220년) 말 3세기경의 山東省 沂南 石墓 后汉(서기 25년-서기 220년) 말 3세기경의 山東省 沂南 石墓와 같이 맛졸임천장(또는 귀죽임천장, 투팔천장, 抹角藻井이라고도 함. 영어로는 'corbel style tomb in which the diameter of the circle decreased until the final opening at the top could be closed with a capstone'으로 표현)을 하고 있어 주목된다. 이는 그리스 미케네(기원전 1550년-기원전 1100년 또는 기원전 1600년-기원전 1200년)의 기원인 연도(널길)가 달린 솔로스 무덤(tholos tomb with dromos; 복수는 tholoi임)이 기원으로 추정된다.

초원의 길 이외의 '오아시스 길'은 天山北路와 天山南路 그리고 西域南路 등 세 경로가 있다.

1. 天山北路: 西安(長安)-兰州-武威-張掖-嘉峪关-敦煌(阳关鎮, 玉门关포함)-哈密(Hami, Kumul)-乌鲁木齐(Urimqi, Urumqi, Ürümqi)-伊宁(Yining)-伊犁河(Yili He/Ili River)-알마타(Alma-Ata, Kazakhstan의 수도)-타시켄트(Tashikent, Uzbekistan의 수도)-아랄해-카스피해-黑海-동로마의 비잔티움(콘스탄티노플/ 이스탄불)

2. 西域北路(天山南路)：西安(長安)-兰州-武威-張掖-嘉峪关-敦煌(阳关鎮, 玉门关 포함)-哈密(Hami, Kumul)-吐魯番(Turfan)-焉耆-庫尔勒-庫车-阿克苏-喀什(Kashi)-파미르高原(帕米尔高詢/蔥嶺, Pamir Mountains)-중앙아시아(中亚, 카자흐스탄/Kazakhstan, 키르즈스탄/Kirghizsstan, 타지키스탄/Tadzhikistan/Tajikistan, 아프가니스탄/Afkhanistan/Afghanistan)-인도(India)/서아시아(西亚)

3. 西域南路：西安(長安)-兰州-武威-張掖-嘉峪关-敦煌(阳关鎮, 玉门关 포함)-楼兰-若羌(Ruòqiang)-且末-尼雅-和田(Hotan)-喀什(Kashi)-파미르高原(帕米尔高詢/蔥嶺,Pamir丅丅Mountians)-중앙아시아(中亚, 카자흐스탄/Kazakhstan, 키르기즈스탄/Kirghizsstan, 타지키스탄/Tadzhikistan/Tajikistan, 아프가니스탄/Afkhanistan/Afghanistan)-인도(India)/서아시아(西亚)

이 길도 중국 陝西省의 西安(長安/西安 唐의 大明宮 南门인 朱雀门 남쪽으로 뻗어있는 朱雀大路 서쪽에 위치한 당시 실크로드/絲綢之路의 시발점인 西市의 遺址에 현재 陝西省 西安市 大唐西市博物馆이 들어서 있음)에서 宁夏回族自治区 黄河와 渭河의 서쪽 兰州, 武威, 張掖과 嘉峪关을 거치는 河西走(廻)廊을 지나 실크로드(絲綢之路) 의 요충지인 甘肅省 敦煌 莫高窟에서 시작한다. 敦煌에서 哈密-乌鲁木齐-伊犁河-알마타-타시켄트-동로마로 가면 天山(Tian Shan)北路, 西安-敦煌-哈密-吐魯番(高昌国의 수도)-焉耆-庫尔勒-庫車(亀兹国)-阿克苏-喀什(Kashi/Kashkar/Kashgar)을 가면 西域北路(天山南路), 西安-敦煌(阳关鎮, 玉门关 포함)-楼兰-若羌-且末-尼雅-和田-喀什으로 가면 西域南路가 된다. 喀什(Kashi)에서는 파미르 고원(Pamir Mountians)을 지나 카자흐스탄/Kazakhstan, 키르기즈스탄/Kirghizsstan,

타지키스탄/Tadzhikistan/Tajikistan, 아프가니스탄/Afkhanistan/Afghan-istan을 거치면 터키의 비잔티움[콘스탄티노플/이스탄불, 또는 오스만 투르크 제국(서기 1299년-서기 1922년)의 前 首都인 에디르네(Edirne)], 이란과 인도의 세 방향으로 나아갈 수 있다. 이 들은 모두 新疆省 維吾尔自治区와 甘肃省에 위치하며 天山山脈(최고봉은 公格尔山으로 海拔 7,719m임, 托木尔峰/Tömür/tomur는 7,000m), 타림 분지(塔里木盆地, Tarim Basin)와 타크라마칸 사막(塔克拉瑪干沙漠. Takla Makan Desert)을 피하거나 우회해야 하기 때문에 만들어진 것이다.

중국의 汉·唐 나라와 로마 제국과의 만남은 필연적이다. 다시 말해 비잔티움(콘스탄티노플/이스탄불)과 西安(長安 西市)이 시발점과 종착역이 된다. 실크로드의 가장 중요한 상품 중의 하나는 비단이다. 세레스 지역에서 전래된 비단으로 만든 토가라는 옷[그리스의 긴 옷인 페프로스(peplos)와 비슷한 것으로 로마에서는 이를 토가(toga)나 세리카(sarica/serica, silken garments)로 부른다]은 로마시민의 마음을 사로잡았다. 비단길을 통해 중국에서 서역으로 제지술, 인쇄활자 프린트, 도자기, 나침반과 화약이 가고, 서역에서는 유약, 유리 제조술, 유향, 몰약(myrrh, 향기 있는 樹脂), 말, 쪽빛 나는 青华白磁 顔料(cobalt blue), 호도, 복숭아, 면화, 후추와 백단향 등이 들어왔다. 이 비단길을 통해 교역뿐만 아니라 인도의 불교, 동로마제국(비잔틴 제국)의 기독교(景教), 페르시아의 마니교(페르시아의 마니가 3세기경 제창한 종교)와 조로아스터교(拜火教), 그리고 이슬람교(回教)까지 들어와 예술과학과 철학을 포함하는 문화의 교류도 함께 있었다. 로마(汉나라에서는 大秦으로 부름)-인도(Maharashtra 주의 Kārli 동굴사원 石柱에 새겨진 로마 상인의 흔적)-미얀마/버마의 퓨/뾰 고대도시(Pyu Ancient cities, 驃城邦 중 驃国)-베트남(오케오와 겟티 유적에서 나타난 로마 상인의 흔적)-중국(한과 당)을 잇는 해상 비단교역로도 최근 밝혀지고 있다. 베트남의 롱수엔(Long Xuen)에서 30km 떨어진 안기안(An Gian) 주, Thoi 현, Sap-ba 산록의 오케오(Oc Eo) 유적의 발굴 결과 이곳에서 로마의 주화와 중국의 거울이 나오고 있다. 그래서 이곳이 서기 50년-서기 500년 사이의 扶南王国(Phu Nam/Funan 왕국, 베트남 남쪽과 캄보디아의 扶南王国)의 항구도시로서 인도와 중국의 중계무역이 이루어지고 있었음을 확인할 수 있다. 그리고 서기 2003년 新疆省 타림 분지 내 樓란의 小河유적(小河뿐만 아니라 근처 青海省 民和県 喇家村 유적에서는 기원전 2000년경의 세계최초의 국수가 발견됨)의 발굴조사에서 얻은 '樓欄의 미녀'(扎浪魯克女尸)와 新疆省 維吾尔自治区 鄯善県 '양하이(洋海古墓, Yanghai)의 巫堂' 미라(吐魯番市 勝金乡 勝金店村 火焰山下 姑師/車師文化 墓地 M90 出土, 2050-2200B.P./기원전 1000년경)를 포함한 기원전 2000년-기원전 4세기까지 포함되는 12구의 미라들을 上海 复旦대학교 펠릭스 진(Fellics Jin)과 Spencer Wells 등이 실시한 DNA 분석결과 이들이 코카사스의 체첸(Chechen)/남러시아 파지리크(Pazyrik)인을 포함하는 유라시아 계통의 사람들일 가능성이 높다고 발표하는 데에서도 나타나고 있다. 이는 洋海古墓에서 나온 土器의 口緣裝飾에서 多産(fecundity)의 祈願을 위해 이탈리아에서 자라는 紫草(gromwell, Lithospermum officinale)의 씨를 이용하고 있음이 확인되는 데에서도 신빙성을 더해준다. 또 吉林대학 고고유전자연구팀의 연구결과는 이들이 동양과 서양의 混血人들로 밝히고 있다. 또 Cannabis(Cannabis sativa, Cannabis indica, Cannabis ruderalis, hemp, marijuana/marihuana, drug)가 나와 기원전 450년경에서 기원전 420년경에 써진 헤로도투스의 역사(The History of Herodotus)에서 언급되어 있던 스키타이인의 淨化儀式(purification rite)이 사실로 나타나고 있다. 기원전 8세기-기원전 4세기경에는 초원지대를 사이

에 두고 끊임없이 東西의 접촉이 있어 왔고 스키타이(Scythian)/匈奴
가 대표적이다. 이들은 오늘날 중국을 구성하는 55개의 소수민족 중
의 하나가 될 것이다. 그리고 인도네시아 자바의 키리반 해역에서 서
기 960년(宋 太祖 建隆 원년)경에 침몰한 중국 5代 10国(서기 907년-서
기 960년)의 주로 도자기 50만 점의 화물을 실은 商船이 조사되어 당
시 중국, 자바, 싱가포르의 북부, 말라카(Malacca/馬來西亞의 馬六甲),
샹후와 하노이[吳权(고구엔)의 吳朝 서기 938년-서기 968년(최초의 독립왕
조)와 丁朝 서기 968년-서기 980년]를 잇는 당시 동남아시아 사회, 종교,
경제와 초기역사를 알려주는 자료도 계속 나타나고 있어 주목을 받
고 있다. 또 明 3대 成祖(朱棣 永乐 서기 1403년-서기 1424년, 서기 1420년
紫禁城을 완공) 때 宦官 郑和(云南省 昆阳人, 서기 1371년/서기 1375년-서
기 1433년/서기 1435년)에 의해 서기 1403년 南京 龙조선소에서 제작된
300여 척의 배로 조직된 선단으로 서기 1405년-서기 1423년의 18년
동안 7차에 걸쳐 개척된 뱃길은 江苏省 苏州 刘家河 太倉市를 기점
으로 자바, 말라카(Malacca/馬來西亞의 馬六甲), 수마트라, 세이론, 인
도의 말라바[캘리컷(Calicut), 페르시아 만의 Hormuz], 짐바브웨를 거쳐 오
늘날의 아프리카와 紅海(Red Sea) 입구인 예멘의 아덴(Aden)과 케냐의
말린디(Malindi)까지 왔던 것으로 추측된다. 서기 2013년 3월 13일(수)
챠푸르카 쿠심바(Chapurukha Kusimba, The Field Museum)와 슬로안 윌
리엄스(Sloan Williams, the University of Illinois-Chicago)가 이끄는 합동조
사단이 케냐의 만다 섬(Kenyan island of Manda)에서 중국 명나라 때의
永乐通宝[서기 1408年(永乐 6年) 南京과 北京에서 錢局을 설치하여 永乐
通宝의 주조를 시작하고 서기 1411년(永乐 9年) 浙江、江西、广東、福建에도
錢局을 설치·발행하여 明나라 전역에서 사용하게 함]를 발견하였다는 미국
일리노이 주의 시카고 필드박물관(The Field Museum in Chicago)의 발

표가 있었다. 그리고 중국 元나라에서 만들어진 세계지도인 混一彊理图/大明混一图(복제품은 混一彊理历代国都地图로 朝鮮 太宗 2년 서기 1402년 것임)가 제작된 것으로 추측되기도 한다. 중국 明나라에서 이슬람 세계로 나가는 중요한 교역품은 비단과 함께 青华白磁였다. 이는 이슬람 지역으로부터 얻어온 코발트(1300℃에서 용융) 안료, 당초문이 중국의 질 좋은 高嶺土와 결합해서 나타난 문화복합의 結晶体이다. 중국의 汉·唐과 明 나라 사이에서의 국제무역의 증거는 계속 나타나고 있는데, 이는 당시 국제적 필요에 의한 필연적인 결과였다.

서기 2014년 6월 15일부터 25일 까지 카타르(Quatar) 도하(Doha)에서 열린 38차 세계 문화유산 회의(World Heritage Committee)에서 등재된 '실크로드/絲綢之路(Silk Roads: Initial Section of the Silk Roads, the Routes Network of Tian-shan Corridor: 문화, 2014)'는 중국에서 등재된 37번째의 세계문화유산이며 여기에는 광범위한 실크로드 중 5,000km에 해당하며 한과 당나라의 수도였던 長安/洛阳에서 중아아시아 키르기즈스탄(Kirghizstan, 吉尔吉斯坦), 카자흐스탄(Kazakhstan, 哈薩克斯坦)의 제티수(Zhetysu, Zhetisu, Jetisuw, Jetysu, Jeti-su, Jity-su) 지역에 이른다.

이는 기원전 2세기부터 서기 1세기 사이에 형성되었고 다양한 문명을 연결하고 무역, 종교, 과학적 지식, 기술적 혁신, 문화적 실용과 예술을 연결하면서 서기 16세기 까지도 이용이 되어왔다. 실크로드에서 연결된 33곳의 관계 유적들은 여러 제국들의 수도와 궁전, 汗왕국, 무역거래소, 불교 동굴사원, 고대의 길(經路), 驛舍, 关(pass), 烽燧, 万里長城의 일부, 要塞, 古墳과 종교적 건물 등을 포함한다.

絲綢之路은 일반적으로 三段으로 나누며 또 每一段은 北·中·南 三條의 路線으로 나눈다.

① 東段: 長安으로부터 玉门关、阳关(汉代 开闢)

② 中段: 玉门关으로부터 阳关 以西의 蔥嶺(파미르고원)에 이른다 (汉代 开闢).

③ 西段: 蔥嶺에서 西쪽으로 中亞를 경과하여 歐洲(유럽)로 이른다 (唐代 开闢).

以下 비단길(絲路)은 各段上의 重要 城市의 名稱이다(括号안은 古地名임).

① 東段: 東段의 各路線의 三線모두 長安을 出發하여 兰州, 武威、張掖, 匯合, 河西走廊을 따라 敦煌에 도달한다.

　　가. 北線: 涇川을 시작해 固原、靖远을 지나 武威에 이른다. 路線은 가장 짧으나 물이 없고 보급이 용이하지 않다.

　　나. 南線: 凤翔을 시작해 天水、隴西、臨夏、乐都、西宁을 지나 張掖에 이른다. 길이 무척 길다.

　　다. 中線: 涇川으로부터 平涼을 지나、會宁、兰州를지나 武威에 이른다. 距離와 補給이 모두 수월하다. 西安(長安、彌山石窟、麥積山石窟、炳灵寺石窟), 武威(涼州), 張掖(甘州), 酒泉(肅州), 敦煌(沙州, 莫高窟、榆林窟) 등이 가는 길에 있다.

　　서기 10세기 때 北宋政府는 西夏의 領土에서 天水, 青海를 지나 西域의 「青海道」에 이르는 길을 열며。송나라 이후에는 새로운 商路를 개척함.

② 中段: 비단길(絲綢之路) 상의 商隊를 반대로 가면 中段은 西域境內의 諸 路線이 綠洲이며、沙漠은 때때로 많은 변화가 있다. 三線은 中途에 安西四鎮(서기 640년 設立)에 이르며 여러 개의 갈래와 支路가 있다. 天水, 西宁, 伏俟城, 索尔庫裏 盆地(索尔庫裏) 등이 가는 길에 있다.

　　가. 南道(또는 於闐道라 칭함): 동쪽으로 阳关에서 시작하여 塔克拉瑪干沙漠을 지나 南쪽으로 若羌(鄯善)을 거쳐、和田(於闐)、莎車를 지나 蔥嶺(파미르)에 이른다. 阳关, 若羌(鄯善), 且末, 尼雅(精絕, 西汉時期 西域 三

十六国之一). 和田(於闐) 등이 가는 길에 있다.

나. 中道: 玉门关을 지나 塔克拉瑪干 沙漠을 거쳐 북쪽으로 가면 羅布泊(樓兰)、吐魯番(車師、高昌)、焉耆(尉犁)、庫車(亀茲)、阿克苏(姑墨)、喀什(疏勒)를 지나 費尔干納 盆地(大宛)에 이른다. 玉门关, 樓兰(鄯善과 같이 겸함, 新疆 若羌県에 속함), 吐魯番(高昌, 高昌故城、雅尔湖故城、柏孜克 裡克克 千佛洞). 焉耆(尉犁), 庫車(亀茲, 克孜尔朵哈烽燧, 克孜尔/Kizil千佛洞、庫木吐喇/Kumutula 千佛洞). 阿克苏(姑墨), 喀什(疏勒) 등이 가는 길에 있다.

다. 北道: 安西(瓜州)에서 시작해 哈密(伊吾, 水道를 따라 哈密瓜가 생산됨)을 지나、吉木薩尔(庭州)、伊宁(伊犁), 碎葉[葉城, Suyab, 현재 阿克·贝希姆 遺址로 키르기스스탄 吉尔吉斯斯坦 楚河州 托克馬克(Токмок/Tokmok)市 서남 8km]가 가는 길에 있다.

③ 西段: 蔥嶺서쪽으로 바로 歐洲로 이르는 絲綢之路의 西段이며 그것은 北中南三線分別과 中段의 三線이 서로 상접하고 대응함. 그 중에는 裡 海(裏海, 카스피해)를 지나 君士坦丁堡(콘스탄티노폴리스)의 路線은 唐朝中期에 开闢함.

가. 北線: 鹹海(아랄 해)、裡海(카스피해)를 연해 黑海의 北岸에 이르며, 碎葉、怛羅斯(阿拉伯、아라비아), 阿斯特拉罕(伊蒂尔, 아스트라한), 伊斯坦堡(君士坦丁堡, 콘스탄티노폴리스)에 도착한다.

烏魯木齊, 阿拉木图(哈薩克), 江布尔城(怛羅斯, 현재 카자흐스탄 哈薩克斯坦城市), 托克瑪克(碎葉, 현재 吉尔吉斯城市), 薩萊(俄羅斯, 러시아), 薩克尔, 伊斯坦布尔(君士坦丁堡, 土耳其城市 콘스탄티노폴리스) 등이 가는 길에 있다.

나. 中線; 喀什에서 시작하여 費尔干納(페르가나) 盆地를 지나、撒馬尔罕(사마르칸트)、布哈拉(우즈베키스탄의 부하라) 등 馬什哈德(伊朗, 이란의 마슈하드)에 도착하고 南線과 만남.

喀什(혹 喀什尔), 白沙瓦(페샤와르, 哈拉와 林大 道), 喀布尔(카불), 巴米揚(바미안, 著名한 巴米揚 大佛은 서기 2001년에 파괴됨) 등이 가는 길에 있다.

다. 南線: 帕米尔山(파미르고원)에서 시작하여 克什米尔(카슈미르 또는 캐시미르)를 거쳐 巴基斯坦과 印度에 도착, 白沙瓦(페샤와르)、喀布尔(카불)、馬什哈德(마슈하드)、巴格達(바그다드)、大馬士革(다마스쿠스 또는 디마슈크)을 거쳐 歐洲(유럽)로 감. 馬什哈德(伊朗), 薩卜澤瓦尔(이란 샙제바), 赫卡托姆皮洛斯(Hecatompylos, Šahr-e Qumis)과 伊朗 達姆甘과 沙赫魯德(Shahroud) 사이에 있음], 德黑兰(테헤란), 哈馬丹(하마단), 克尔曼沙汗(케르만샤 주), 巴庫拜(아제르바이잔의: 바키, 바쿠/Baku), 巴格達, 阿布哈里卜(Abu Ayyub), 費盧傑(팔루자), 拉馬迪(Ramadi), 阿列頗(敍利亞, Zanabili), 大馬士革(다마스쿠스 또는 디마슈크), 阿達納(土耳其 터키의 아다나), 科尼亞(터키의 코니아), 安條克(안티옥), 布尔薩(부르사), 君士坦丁堡(伊斯坦堡, 콘스탄티노폴리스) 등이 가는 길에 있다.

38. 투시유적/土司遺蹟(Tusi Chieftain Sites: Laosicheng Site/老司城 유적, Hailongtun Site/海龙屯遺蹟, Tang Ya Tusi Site/唐崖土司城遺蹟, Rongmei Tusi Site/龙梅土司遺蹟 문화, 2015):

土司는 中国边疆의 官職으로 元朝에서 시작하여 明, 淸에 이르기까지 지속되며 西北、西南地区의 土着 少数民族部族의 族長(chief, headmen, chieftain)에 해당한다. 예를 들면 元代 世襲 丽江 土司 이래 西藏 最高統領인 云南省 納西族의 토착세력인 木氏가 元·明·淸 3조 22대 470年間 土司로 임용되었으며 그들이 사용하던 행정관청(衛署)인 木府도 잘 남아있다. 이 제도는 서기 1253년 대칸 투루이가계의 몽케 칸(Mongke Khan/蒙哥汗/몽가한/서기 1251년-서기 1259년)의 동생인 쿠빌라이(世祖, Khubilai/忽必烈/홀필열/서기 1260년-서기 1294년)의 몽고군이 운남성 段王朝의 大理国을 함락시키고 그곳을 지배하는 元朝의 土司로 宣慰使、宣抚使와 安抚使의 三种武官职务를 두었다.

세계문화유산에는 湖南省 湘西土家族苗族自治州 永順県 灵溪鎮 司城村 老司城 土司遺蹟(南宋 紹興 五年 서기 AD 1135년-淸 擁正 二年 서기 1724년), 湖北省 咸豊県 唐崖司鎮轄区 唐崖土司 城遺蹟(서기 1346년-擁正 十三年 서기 1725년)、貴州省 遵義市 匯川区 播州 海龙 屯遺蹟(唐 僖宗 乾符 三年 서기 876년-明 万历二 二十八年 서기 1600년)、湖北省 恩施土家族自治州 咸豊県 彭山 龙梅土司遺蹟(元 至大 三年-元 至正 二十六年(서기 1366년)이 포함되었다. 명나라 때는 179명의 土司가 존재했지만 擁正年间에는 정비해 22명의 土司만이 남았다.

그래서 서기 2013년 초부터 三省土司遺蹟의 考古發掘、文物保護、環境整備가 진행되어 왔다. 湖南 永順 土司城 遺蹟、湖北 唐崖 土司城遺蹟、貴州 遵義市 匯川区 播州 海龙 屯遺蹟은 중국 토사 유적을 대표하는 것으로 여기에는 湘鄂黔三省交界的武陵山区, 土司城遺址, 土司軍事城址、土司官寨、土司衙署建築群(湖北省 鹹豊県 唐崖土司城遺址內의 土司墳)、土司莊园、土司家族墓葬群 등이 존재한다. 茂樹 翠竹掩은 老司 城遺蹟의 한 가운데 있으며 나무담(木墻柱)、土家族의 전형적인 黛瓦蓋頂형태의 오래된 민가가 차례대로 세워졌으며, 土司 內宮、寝宮、乐宮、地宮、禦街和城墻、城门、烽火台、擺手堂、演兵場、土王祠、祖師殿 등의 유적도 보인다. 이들 土司遺産에서는 중국의 元-明-淸朝의 역사에서 토착 소수민족이 살던 변방지역을 통치하는 중국의 정치·경제·역사와 문화를 엿볼 수 있으며 이와 아울러 이러한 時·空의 중요성이 中国土司 制度, 土司의 社會的 生活方式과 그들 소수민족의 文化特徵에서도 반영된다.

貴州 播州 海龙屯遺蹟은 중국 토사유적을 대표하는 것으로 여기

에는 湘鄂黔三省交界的武陵山区, 土司城遺址、土司軍事城址、土司官寨、土司衙署建築群(湖北省 鹹豐県 唐崖土司城遺址內의 土司墳)、土司莊园、土司家族墓葬群 등이 존재한다. 播州는 北部의 郎州, 恭水、高山、贡山、柯盈、邪施、释燕의 6县을 포함한다. 唐 贞观十三年(서기 639년) 郎州의 6县을 폐하고 그 자리에 播州를 두었다. 그래서 서기 2013년 초부터 三省土司遺蹟의 考古發掘、文物保護、環境整備가 진행되어왔다. 이들 土司遺産에서는 중국의 元-明-清朝의 역사에서 토착 소수민족이 살던 변방지역을 통치하는 중국의 정치·경제·역사와 문화를 엿볼 수 있으며 이와 아울러 이러한 時·空의 중요성이 中国土司制度, 土司의 社會的 生活方式과 그들 소수민족의 文化特徵에서도 반영된다.

海龙屯遺蹟으로 대표되는 貴州省 遵義市 匯川区 播州(贵州 遵义古播州) 播州宣慰司宣慰使는 土司政权(羈縻政策, 割据政权)인 播州杨氏에 의해 唐 僖宗 乾符 三年 서기 876년-明 万历 二十八年 서기 1600년까지 29세 725년 동안 유지되어 왔다.

그들 宣慰使는 다음과 같다.

杨端 39 丙申 서기 876년→杨牧南 46 乙亥 서기 915년→杨部射 14 辛酉 서기 961년→杨三公 2 乙亥 서기 975년→杨实 21 丁丑 서기 977년→杨昭 46 戊戌 서기 998년→杨贵迁 29 甲申 서기 1044년→杨光震 22 癸丑 서기 1073년→杨文广 15 乙亥 서기 1095년→杨惟聡 27 庚寅 서기 1110년→杨选 12 丁巳 서기 1137년→杨轸 34 己巳 서기 1149년→杨粲 61 癸卯 서기 1183년→杨价 10 甲辰 1244→杨文 12 甲寅 1254→杨邦宪 25 丙寅 1266→杨汉英 31 辛卯 1291→杨嘉贞 12 壬戌 서기 1322년→杨忠彦 7 甲戌 서기 1334년→杨元鼎 1 辛巳 서기 1341년→杨铿18 壬午 서기 1342년→杨师

鉴 39 庚子 서기 1360년→杨升 7 己卯 서기 1399년→杨纲 43 丙戌 서기 1406년→杨辉 11 己巳 서기 1449년→杨爱 37 庚辰 서기 1460년→杨斌 23 丁巳 서기 1497년→杨相 23 庚辰 서기 1520년→杨烈 28 癸卯 서기 1543년→杨应龙 29 辛未 서기 1571년.

이곳의 역사는 다음과 같다.

唐: 太宗 贞观十三年(서기 639년), 唐 朝政府 隋朝 牂柯郡을 폐하고 播州를 둠. 원래의 牂柯县을 遵义县로 고침(治所는 遵义市 绥阳县임). 播州의 州治를 위해 후래의 黔中道에 속하게 함. 唐朝가 衰落한 후 播州는 여러 번 南诏国(서기 738년-서기 902년, 서기 8세기 云南一帶의 古代王国)에 속하게 하는 것으로 논의됨.

僖宗 乾符三年(서기 876년) 太原 阳曲县人 杨端가 군대를 이끌고 播州의 南诏를 공격하여 점령하고 스스로 주인을 자처하고 世袭剌史의 家族政权을 수립함.

北宋 太祖 乾德三年(서기 965년) 5대 杨实이 나라흘 宋朝에 바침. 宋朝는 그 땅에 播州와 遵义军을 설치하고 杨氏를 首領으로 임명하고 6대 杨昭가 아들이 없어 7대 族子 杨贵迁을 양자로 삼게 함.

徽宗 宣和三年(서기 1121년) 播州、遵义를 폐함

南宋: 理宗 嘉熙三年(서기 1239년) 播州安抚司를 복구함. 南宋말년에 播州军을 抗元主力의 하나로 삼음.

元: 世祖 至元十二年(서기 1275년) 南诏国을 招抚播州를 삼으니, 至元十四年(서기 1277년) 16대 杨邦宪이 원나라에 항복하여 播州安抚司를 두고 杨邦宪을 安抚使를 삼음. 오래지 않아 杨邦宪이 죽고 그의 아들 杨汉英(杨赛因不花, 서기 1281년 - 서기 1320년)이 18대로 이음. 元朝 조정은 그가 겨우 4세로 그의 어머니를 따라 北京에서 元世祖를 보게 하고 "赛因不花"라는 이름을 하사하다.

至元二十八年(서기 1291년) 播州宣抚司로 승격하고 19개 长官司와 여러 苗族의 峒寨를 통할하게 함. 范围는 지금의 贵州 东北部와 重庆 綦江에 이름。元 武宗 大德七年(서기 1301년) 杨汉英은 元의 반역을 토벌한 공으로 资德大夫로 승진하고 元 顺帝 至正二十三年(서기 1363년) 杨氏는 明夏太祖의 왕후 明玉珍(彭皇后, 夏帝明升之母, 14世纪 - 서기 1404년 5월10일)이 되다.

明 太祖 洪武五年(서기 1372년) 杨氏는 明나리에 항복하고 苗疆土司로 되다. 万历二十八年(서기 1600년) 29대 杨应龙이 朝廷에 반기를 들어 오래지 않아 明군이 동원한 24만 명과 114일의 전쟁에서 패망하고 그의 일가족과 친척들 76명이 북경으로 압송되다.

杨粲과 그의 부인의 묘는 南宋 理宗 淳祐年间(서기 1241년-서기 1252년)에 만들어 졌으며 서기 1957년에 발굴되었다. 그는 字 文卿 小字 伯强, 唐 僖宗乾符三年(서기 876년) 播州(현 遵义)의 杨氏 鼻祖 杨端의 13세손자로 杨轼의 아들이다. 어린나이에 伯父 杨轸을 이어 13대 宣慰使가 되다. 유가의 경전을 공부하고 소년시절부터 큰 뜻을 품었다. 宋 宁宗 嘉泰初年(서기 1201년) 播州 安抚使(宣慰使)로 30여년 집정하였다. 杨粲墓는 南宋 播州 安抚使 杨粲夫妇의 墓로 북쪽 遵义市에서 10km 떨어진 贵州 遵义 红花岗区 深溪镇 坪桥村 皇坟嘴에 위치한다. 서기 1957년 발굴하여 播州 杨氏가 唐末에서 明 万历年间에 이르기 까지 统治 播州를 725년이나 길게 통치를 해 온 西南地区의 著名한 大土司로 杨粲은 제 13대 安抚使가 된다. 南宋 嘉泰(서기 1201년-서기 1204년, 南宋皇帝 宋宁宗의 두 번째 年号)初年에 播州 安抚使职을 세습 받아 武翼大夫로 끝마치는데 그의 묘는 淳祐年间(서기 1241년-서기 1252년, 宋 理宗 赵昀의 5번째 연호)에 만들어 졌다. 서기 1982년 国务院에서 杨粲墓를 第二批全国重点文物保护单位로

公布하였다.

　杨粲墓는 男女双室石墓로 结构하였는데 496개의 白砂岩을 잘라 条石建筑으로 축조하였는데 가장 큰 것은 한 덩어리가 12,000여 斤(1근은 500g으로 6,000kg)이며 상·하가 凹凸로 고정되었다. 그리고 내부 雕刻은 190幅이며 占地面积은 6,126m²이다. 이는 西南地区에서 이미 발굴된 宋墓 중에 가장 크고 훌륭하다. 杨粲墓의 平面布局은 南北两室이 并列되어 夫妇合葬墓를 이루었는데 南室墓主는 杨粲, 北室墓主는 그의 부인이다. 두 묘는 같은 크기로 대치하고 있는데 같은 墓门을 이용하고 前室과 后室의 三部分으로 组成되었다. 가운데 난 하나의 통로로 서로 통하며 通长 8.42m, 前室폭 8.04m, 后室폭 7.53m。棺床은 后室中间에 있는데 长 3.42m, 宽 1.84m, 高 0.43m이다.

　기단부는 四角이며 그 위에 圆雕의 龙柱(圆雕盘龙)가 세워져 있다. 两侧에는 龙身과 꼬리가 기둥을 감고 있으며 后室의 墓顶에는 각기 一方形藻井이 만들어져있으며 각기 镌双钩(高清字帖欧体) "庆栋"(男室), "德宇"(女室)字样으로 분별할 수 있다. 两室 墓门의 高度、位置、装饰基本은 같으나 宋代의 外观인 '安有仿木构'형식으로 单页门扉로 문을 여닫을 수 있도록 하였다(开启与闭合, 开阖关锁).

　내부의 석각장식은 人物、动物、花草、器物、图案 등으로 모두 190幅으로 간혹 阳線刻도 있지만 浮彫가 위주로 되어있으며 28尊 人物造像 중 4尊 武士像은 높이가 最高 平均 1.54m, 4尊 力士는 가장 적어 40-50cm가 된다. 다른 것들은 지위 머리 관과 명칭이 같지 않다. 墓主人 杨粲은 正面을 향해 앉아 있으며 衣冠이 鲜明·整洁하고 모습은 慈祥하고 威严하다. 文官은 女官立像으로 넓은 소매, 자연스럽게 웃으며 감추거나 꾸밈이 없다. 贡使는 머리를 옆으로 말아 올리고 맨발이며 여행으로 피곤함이 보인다. 武士는 갑옷을 입고 위엄이 넘친다. 負重力士는 두 눈이 둥글며 관이 없이 머리는 아래로 느려 트리며 천진한 모습을 보인다. 모두 墓主人을 중심으로 播州 당시의 계급과 민족 관계를 보여준다. 이는 西南石刻艺术의 宝库로 불리 운다. 특히 페르시아 양쪽으로 말아 올린 머리양식을 한 波斯(페르시아, Persia)贡使("进贡人")여인이 珊瑚를 담은 쟁반을 머리에 이고 杨粲에게 받치러 오는 장면은 云南一带의 古代王国인 南诏国을 통한 海洋丝绸之路를 통한 문화의 융합을 보여준다. 杨粲墓는 일찍이 도굴 당해 부장품이 거의 없지만 男、女二室內에서 발견된 2점의 铜鼓 중 운남성 일대의 소수민족의 문화의 특징 중의 하나인 八大类型标准器의 하나인 遵义型铜鼓가 男墓(杨粲墓)에서 발견되었는데 胸、腰、足의 三段이 分明하고 胸部에는 稍大于鼓面이 크고 束腰, 足外撇, 带状扁耳。造型凝重, 纹饰精美해서 매우 珍贵하다. 男室에서 출토한 铜鼓는 7.35kg, 通高 28cm, 面径 44.5cm, 鼓壁에서 "元"과 "通"의 单字의 동전 파쇄품이 발견되었는데 이는 北宋 7대 황제 哲宗 赵煦(서기 1077년 1월 4일 – 서기 1100년 2월 3일) 때 주조된 "元通宝"이며, 女室에서 발견된 铜鼓는 무게 17.75kg, 通高 30cm, 面径 49.5cm이다. 이들은 모두 贵州省博物馆에 소장·진열되어있다.

그리고 墓室內外의 精美한 浮雕, 细部彩绘帖金。南北两室의 서로 대칭하고 있는 石刻, 门窗户壁、梁柱斗拱、各种器物들은 당시 건축과 工艺风格을 반영하는데 이는 宋代 封建领主生活의 再现으로 볼 수 있다.

杨辉는 서기 1449년(明 英宗 14년) 25대 土司에 올라 11년간을 집정하였으나 杨씨내 집안의 내분이 끊이지 않아 29대 杨应龙은 万历 28년(서기 1600년) 명나라에 의해 멸망하였다. 明 成化十九年(명 8

대 憲宗, 서기 1483년)에 묻힌 楊輝墓는 青石을 쪼개어 만든 三室石室 墓葬로 墓葬과 墓园으로 이루어져 있다. 현재 墓上의 建筑物이 남아 있고 墓祠 등 대부분이 雷水堰 墓地에서 다른 土司들과 공동으로 이용되고 있다. 이 墓地의 발굴은 "2015年全国十大考古新发现"로 또 "贵州省遵义市播州杨氏土司遗存"의 이름으로 서기 2011-서기 2015년에 "田野考古奖"의 일등상을 획득하였다. 楊輝墓는 贵州省 遵义市 团溪镇 白果村 雷水堰上에 위치하는데 원래 "皇坟"으로 알려져 있었다. 墓葬은 背山臨水와 乘风聚气로 地理位置는 매우 좋다. 墓葬은 播州杨氏 第25任 土司 杨辉 및 俞氏(夫人으로 一·二品)와, 田氏(田氏는 淑人으로 三品)의 가 함께 묻힌 合葬墓이다. 실제 杨輝墓는 史籍《勘处播州事情疏》중에 "本年(成化二十二年, 서기 1486년)三月内渊访知杨爱(26대 土司)要去雷水祭扫"로 또 "又委各官到于地名雷水看得杨辉塑像止是朝冠朝服并无龙章凤式"으로 여러 번의 기록이 나와 있어 그의 아들 杨爱이 그의 아버지 杨辉의 墓葬에서 제사지낸 것으로 보인다. 그래서 杨輝墓는 "雷水"(雷水堰墓地)에 있는 것으로 의심할 여지없다. 같은 책《勘处播州事情疏》에는 雷水는 杨氏의 조상 대대로 소유하던 '庄田宅院'의 하나이다. 杨輝葬는《心斋随笔》에 말하기를 "杨辉와 그의 妻 田氏와 俞氏의 合墓"으로 道光(서기 1782년 9월 16일 - 서기 1850년 2월 26일)년간에 나온《遵义府志》에도 "杨辉墓, 在遵义城南南隅里雷水堰上"에 있다고 기재하고 있다.《府志》는 清代 贵州 大儒 郑珍과 莫友芝 두 사람이 쓴 것으로 "天下第一府志"로 평가 받고 있다. 서기 1988년 5월, 贵州省博物馆 刘恩元先生이 遵义地区文管会를 대동하고 도굴된 무덤의 정리를 진행하면서 墓编号 M10(뒤의 M11은 杨辉墓임)杨辉墓)을 발굴했는데 墓葬이 한 기의 单室石室墓("单室墓")로 墓室 四壁에 균일하게

조각된 아름다운 盆栽花卉图案과 遵义高坪 등으로 明代杨氏土司
墓葬形制와 一致하고 있어 土司의 大墓임을 확인했다. 墓室의 내
부에 遗物이 丰富하고 分陶、骨、铅、铁、漆器 등이 모두 87점 확인되
었다. 그 중에는 贵州地区에서 발둘된 최고의 陶俑组合, 分鼓乐俑、
武士俑、骑马武士俑 등이 나와 이를 "土司仪仗队"로 부른다. 墓 앞
에는 약 5m의 높은 지형에 높이 2m 3기의 비석이 있고 비석에는 篆
书、楷书로 새겨져 있는데 중간의 碑文铭은 "皇赠昭勇将军播州宣
慰使司宣慰使退斋杨公之墓"로 上款에는 楷书로 "明成化十九年
(憲宗, 서기 1483년)岁龙口癸卯二月十九日良吉", 下款에도 楷书로
"孝子昭勇将军播州宣慰使司宣慰使杨爱立"로 되어있다. 그 밖의
두 비는 篆书로 "明故播郡淑人田氏之墓"와 "明故播郡夫人俞氏之
墓"로 새겨져 있다. 그리고 三室墓 중 中室 및 西室에서 두점의 盒
石质墓志铭을 발견했는데 两盒의 墓志铭의 保存이 양호하였다. 志
石은 石櫃안에 철선으로 묶어 놓았는데 중실의 志石에는 "宣慰使
退斋杨公之墓", 西室墓志铭은 "明故播郡淑人田氏墓志铭"이라는
글을 새겨 놓았다. 또 东室棺床 아래 腰坑에서 "故夫人俞氏"라는
글이 써있는 墓劵、铜镜、金银质地 "四神"、铜锣 등의 유물이 나왔는
데 이것은 贵州地区에서 가장 완전한 土司墓葬腰坑이다.

　海龙屯(海龙囤, 海龙囤은 海龙塘, 龙岩水)은 贵州省 遵义市 汇川区
高坪镇 白沙村 龙岩山上의 军事防御의 土司城과 宮殿(宋나라의 老
宮殿과 明나라의 新宮殿) 유적을 의미한다. 이 城堡는 南宋末年 抗元
时期에 지어진 "中世纪城堡之城"으로 서기 876년 초대 杨端 播州
로부터 서기 1600년 명나라의 '播之战后'까지 杨氏土司 29世에 걸친
贵州省 遵义历史上 重要한 地位를 차지한다. 海龙屯의 历史는 杨
氏族人과 播州와의 밀접한 관계가 있다. 이곳을 다스리는데 에는 5

司7姓이 주축을 이룬다. "五司"는 贵州 근처의 草塘、黄平、余庆、白泥、重安土司를 말하며 随나라 이후에 播州가 崛起하는데 田、张、袁、卢、谭、罗、吴의 七姓豪族이 중심이 된다. 唐末 乾符三年(기원전 876년) 杨氏族人의 일인인 양단이 무리를 이끌고 泸州(현 四川南部), 合江(泸州市 管辖)을 거쳐 播州 白锦(현 贵州省 遵义县 南部)로 들어와 杨端은 播州의 杨氏통치를 이루고 土司始祖가 되었다. 杨端은 播州에 근거를 두고 播州 南部 龙岩山上(高 300m의 山顶 平台에 驻军城池를 手建 하였다) 동쪽에 杨端驻军이 抗击南诏의 定军山에 抗击하며 동시에 杨端 城池의 东部에 牧马를 할 수 있는 养马城을 세웠다. 杨端은 播州当地의 望族과 友好关系를 맺어 함께 闽蛮과 南诏를 저항할 것을 약속하고 통치정권을 견고하게 했다. 西关、万安关、飞凤关、飞龙关(외쪽의 "杀人沟"), 朝天关、朝天关、月城과 土城을 포함하는 海龙屯은 南宋 宝祐五年(서기 1257년)에 처음 세워졌는데 이는 宋末에 抵抗蒙古에 저항하던 산물이다. 海龙屯 外城 东侧 防御体系(作山前关城)는 밖에서 해룡둔의 동쪽 外城墙을 돌게 되며, 东南으로는 해룡둔 내의 首关, 铁柱关、铜柱关、登屯古道、歇马台를 "一"字形의 城墙을 连接한다. 铜柱关과 铁柱关과는 나란히 36보의 계단(三十六步天梯)에 이어지는데 그 계단은 飞虎关의 道路에 이어지는데 경사도는 30度, 한 계단의 폭은 2.8m, 높이 0.5m, 步跨 약 1.5m, 总斜长은 51.5m이다. 飞虎关 南向北에는 海龙屯의 大门이 위치하는데 龙岩山 산 허리에 해당한다. 飞虎关 뒤 飞龙关과의 사이에는 암벽을 깍아 만든 절벽에 가까운 무척 가파르다. 한 길의 완만한 大道(作龙虎大道)에 连接하고 大道外侧에는 낮게 쌓은 防护시설이 있으며 飞龙关은 山上 主城의 东北角에 있다. 옛적에는 飞虎关은 앞에 돌로 만든 계단이 있었으며 근처 门洞处에는 파서 濠沟를 형성하고 架桥를 세워 通行했다. 비룡관의 왼쪽에는 "杀人沟"가 있다. 飞龙关은 朝天关 所在의 地理位置上 三面이 깊은 계곡으로 둘려져 있는 등 외부에서 침입이 불가능할 정도로 난곡불락의 요새를 이룬다. 播州는 宋朝에서 贵州의 最大 羁縻州(割据政权)로서 관할면적이 점점 늘어났다. 南宋 淳祐年间 蒙古가 四川에 남침하면서 局势가 危急해져 15대 播州安抚使 杨文이 "保蜀三策"을 제출하여 서기 1253년 蒙古 西路军이 四川의 侵入을 미루고 현재의 云南境内 大理国을 침공한 후 서쪽으로 향해 播州를 공격하였는데 宋 朝派은 节度使 吕文德을 파견하여 播州部署를 맡게 하고 서기 1255년 宋军은 播州 北境에 龙岩城을 수축했다. 杨文은 "因山为城"의 防御理念으로 吕文德과 상의 후 播州城 西北의 龙岩山上에 龙岩新城 즉 海龙囤을 수축했다. 《宋史》에 기재된 海龙囤의 修建은 政府의 재정으로 만들어 졌으며 그 당시 海龙囤은 전쟁에 이용되지 않았다.

南宋 德祐二年 즉 至元十三年(서기 1276년) 元军이 南宋의 首都 临安(현 杭州)을 공격하여 함몰시켜 播州의 杨氏土司 등 西南部의 土司가 주동이 되어 元军에 항복을 示意하였다. 서기 1277년 播州는 평화적 방식으로 元朝의 疆土가 되었다. 元朝时期 杨氏는 播州에서 统治가 번성하였다.

明朝成立后 播州의 行政은 四川과 贵州의 양자에 귀속되었는데 明朝中期 29대 마지막 播州宣慰司宣慰使인 杨应龙과 明朝廷은 조상대대로의 우호적인 君臣关系를 유지하였다. 民族关系(贵川之间)의 矛盾、土司之间의 纷争으로 播州 内部의 불합리가 모두 杨应龙 개인 때문에 일어난 것으로 明朝는 파악하고 있어 당시 29대 杨氏统治者 杨应龙은 오히려 明朝에 반항하는 길을 걷게 되었다. 万历二十三年(서기 1596년) 杨应龙은 龙岩囤을 중수하고 三重城 九道와 석성

을 쌓아 軍事大本营을 만들어 朝廷에 반기를 들어 공격하게 되었다. 杨应龙이 海龙囤 앞 언덕에 세운《骠骑将军示谕龙岩囤严禁碑》중 새로이 만든 海龙囤은 자고로 "王公设险, 以守其国"하여 海龙囤을 "子孙万代之基业, 保固之基本"으로 삼자고 하였는데 明 万历二十 八年(서기 1600년) 明军과 土司军队의 大战을 성공적으로 이끌었는데 그해 4월 10만 명의 明军이 海龙屯을 포위하고 6월에는 海龙屯의 防御体系를 격파하였다. 전쟁준비를 위한 1년간의 식량을 성내 창고 에 비축해 두었지만 杨应龙은 114일 만에 명군에게 패하였다. 杨应 龙은 宮殿을 불태운 후 自杀하였고 가족·친인척 76명이 포로가 되어 북경으로 끌려갔다. 그로서 海龙屯은 파괴를 당하고 역사에서 영원 히 사라지게 되었다. 万历二十九年(서기 1601년) 명나라 조정은 播州 宣慰司를 없애고 遵义军民府와 平越军民府를 설치해 四川布政司 와 贵州布政司에 귀속시키고 土司制度를 폐지하였다. 이곳은 서기 1979년 再次 발굴이 이루어졌는데 遵义市 海龙屯 "新王宮" 遺址 废墟에서 大量의 明 宣德(明 5대 宣宗 朱瞻基, 서기 1399년 2월 25일-서 기 1435년 1월 31일, 서기 1426년-서기 1435년 재위)年間에 제조한 자기편 이외에 嘉靖、隆庆、万历年間에 제조된 生活瓷器残片도 10여 점 발 견되었다. 이의 발견은 "王宮"의 修建年代는 明 宣德에서 明 万历 (서기 1573년 9월 4일 - 서기 1620년 8월 27일, 明 13대 神宗 朱翊鈞의 年号) 年까지 약 140년 정도의 기간이 있어 王宮의 初建연대 문제도 제기 된다. 馬上杯와 公道杯 등의 고급 青华白磁는 明 历代皇帝가 土司 들에게 준 赏赐物일 것이다. 현재 贵州省博物馆에서 발굴단으로 부 터 복원된 유물들을 빌려 전시중인 것은 30组、50件으로 瓷器、瓦当、 冷热兵器 등인데 그 중 万安关 출토 青华白磁로 표면에 시가 적혀 있는 "明星文物" 公道杯(The fair Mug, 九龙杯、贪心杯、功德杯로도 불림)

가 특이하다. 公道杯란 古代汉族의 饮酒用瓷制品으로 杯 中央에 一老头혹은 龙头를 세워 体内의 유일한 空心瓷管이 있어 管下의 杯底의 小孔과 통하게 되었는데 管의 上口는 老人 가슴의 黑痣高度(nevus, 母斑, 혹은 龙颔/용의 턱)에 해당한다. 자기편은 모두 만 여 점이 출토되어 현재 모두 貴州省博物馆에 소장·전시되어 있다.

15대 播州宣慰司宣慰使《杨文神道碑》는 다음과 같다.

予尝考《禹贡》, 播州乃荆州之域在春秋则隶巴子国, 为翼轸分野。唐□□□□□□□□□□□其奉朝贡为刺史, 则先在武德也; 其奉特命袭爵。其开元也。宣宗末年, 大理举兵, 播州鼻祖端奉命平定南诏, 其功始著。五季乱, 天日离隔, 杨氏世守此土。宋庆历间, 十世祖实□(讨)平邕、广之依智高, 十一世祖昭, 被旨讨泸, □□□□□□□□□□□归旨方。圣天子嘉之, 授礼宾使, 许以世守。自祖入播, 以迄于君, 凡十有五世。□□□□□□□□□□□□以恩结诸蛮, 积聚已久。绍定间, 赵公制垣彦呐建■, 蜀事正棘。忠显奏间于朝, 欲以其子文承□□于土, 身□(帅)将士移闾效驰驱,。…………特□□□□□□□□□转中亮大夫、御使、抚使、开国上将军。解青原之围, 剿白之水溃, 多赖忠显之力。方叔屏□山□樊□□大夫自巴蜀相过者, 皆言杨君文十数年救蜀之功。□家□□□□□□□□□正音问阻隔, 忽播州吏卒踵门, 则云：都统、御使、抚使、上将军已为古人。今其子见知播, 状□□实求予言以铭。杨君文□□□□□□□□□□巴蜀吾乡国也, 杨君勋在吾乡, 义不得辞, 乃掇其行实以书之。君讳文, 字全斌, 本系出唐□■之后, 伯侨食采于□□, 子孙因氏焉。汉以来, 聚族会稽。至鼻祖端, 始入□□□□□□□□干巴蜀之南鄙。接近珍、涪、南平、施黔；远通湖北之沅、靖, 及广右之邕、宜等处。播乃我国家藩屏也。予家青以下, 号天下, 大岷山尚羁贯。时杨播州间, 岁必□□□□□□荐芗福, 皆意其惠。当忠烈御郡时，士类羽流，皆称其乐善而种德，喜儒而好礼。最是寓兵于农，且耕且战，得富国强兵之策，有古规模。自忠烈至忠显，世守疆场，久□□□□□□□高，人物瓌伟。其生□，其祖忠烈钟爱，常抱置膝上。自入小学，性资敏，其师为诵诸侯章及保社稷。和□□□日渚侯之孝，自有大体，初不存乎三牲之养。上侍忠烈暨忠显，以至两世慈亲，惟以色难养忠为孝。奉旨甘门安寝，皆得其懽心。忠烈及忠显尝面命之曰："吾家自唐守播，至□□□以迄于今日，杨氏累世恪守忠节。吾老矣！勉继吾志，勿堕家声，世世子孙，不离忠孝二字。"君领郡，式遵家法，于晨隙之时作新□政教，以坐作进退。无事则耕，有事则战，兵民两利，□为之用。嘉熙间，虏酋达罕举兵饮江，制使彭君大雅调播军戍江面。君即禀命忠显，委总管赵逞领步骑三千，拒虏于石洞峡，□□帅宣叶力剿遏。寻迁武德郎，閤门祗侯。岁□卯，忠显即世，君哀慕摧毁，有诏夺情，强起授职。淳裙六年，以累次功赏转武功大夫、閤门宣赞舍人。纶词褒甚。置制使余君玠□□命建阃，时蜀事转亟。君条陈保蜀三策，献之制使曰："连年虏寇如蹈无人之境，由不能御，敌门户故也。莫若近司利、阆之间，节次经理三关，为久驻计，此为上策；今纵未能大举，莫若于诸路险要去处，众口城筑，以为根抵，此为中策；至于保一江以自守，敌去敌来，纵其所之，此为下策。若夫意外之忧，近年西蕃部落，为贼所诱，势必逾雪外，以图云南，由云南以并吞蛮部，阚我邕广，窥我沅靖，则后门幹腹为患。"不□(意)君数十语，实切于今日料敌之奇策。蜀相前后连筑诸城，若兵若民，始有驻足之地，君发明之力居多。淳祐戊申，制□□□威，步骑三千，由碉门出雪外，遇虏于□(岩)州之马鞍山，皆三战三捷，擒贼酋秃漕于大渡河。捷闻，升职环卫。淳祐辛亥，制使余君欲捣汉中，君承阃令，选锐卒五千，命总管赵寅领之，□(首)战于罗村，再战于口子头, 三战于口(西)县。皆我军贾勇先登, 俘获颇众。余帅当时亲书"忠勇赵寅之旗"以旌之。天朝擢寅君不口口功以回授祖刘, 封通安郡夫人。训词略曰: "文之有功口(者)也, ……君谓吾家有敌忾之勋, 皆忠显基之。"遂口于朝, 觐口口恩沛……光前, 恩诏奖谕, 赐庙忠显, 领两口口节度使, 开府仪同三司, 加封威灵侯。又照四戎司例, 升口口为御前军. 给五军统制印。边屯之得升为御前军者, 仅此。淳祐壬子, 虏酋铁骑火鲁赤寇蜀之嘉定, 为四口臣镇显势……重, 余帅急调其军赴援。君选马步五千, 委总管田万部口从间道赴凌云, 播军周夜杀贼过江。嘉定一城, 唯万山、必胜两堡最要, 专以播军任责。我军以强弩射中粉青, 一大酋应弦而倒, 诸军相继, 贾勇获胜, 重围遂解。特授右武大夫。盖自累口以来, 谍者屡报, ……有斡腹之谋。由攻大理、善阐、特磨, 以寇邕管。十余年间, 口口口朝口议口欲设备广西者, 不一口东关右口, 取道沅、靖之说。岁甲寅, 谍者又报: ……己破大理, 将口道酋攻南、播, 以捣我沅、靖。予正居军席, 谓此路无瘴, 心甚忧之。犹幸有杨君父子, ……必能护此一方, 遂亲作御鞑四策。一曰待敌, 不可轻战, 二曰保山险, 不可散居平地, 三曰宜用夜劫, 不可昼战; 四曰收聚粮食, 毋以资敌。其口则以诸国唇齿相依, 利害相关, 平日不可各分彼此。缓急必须相为之救援。宣阃镂此榜文, 首以述之思, 播二郡, 又循及诸蛮部。口杨君智识过人, 深以此说为口, 见之施行。且用心结纳诸蛮部, 使不为鞑用。宝祐乙卯, 大口(帅)李公曾伯宣威蜀道, 贼酋买住■分道入寇, 自乌蒙渡马湖、入宣化。宣阃扎调我军助口(战), 君委其弟大声, 提步骑五千赴调, 出奇九战九捷, 立获阿狸等人。捷闻于朝, 特转左武大气是时……八大理, 迫近乌琐, 罗鬼, 拒播不远。制阃移书, 勉其口, 君复书曰: "此虏势必遣一溜向特磨, 以窥我邕管; 遣一溜出罗鬼, 以窥我南鄙。虏势得合, 非特蜀事岌岌, 而湖广亦凛

凛矣"。君之此言, 可谓精于料敌. 切中事机。制使蒲君, 以其事闻, 被
口遣中使宣慰, 押踢风樽、金钟、金盏、绫锦等物。令漕宪赵定应、口参
冉从周深诸蛮宣布上意, 慕授以杀贼方略。始得贼盘泊大理情状。自
是置定北诸仓, 以储军粮！创安南诸寨, 以扼贼冲。申儆军实, 遴选
人才, 除械器, 明间谍, 护斥堠, 常如虏至。宝祐丁巳, 虏酋惕滚葛■
出大理, 由口卤、乌琐、以攻罗鬼。杨君具以实闻, 上忧之, 乃命今节
使两府吕公文德驻黄坪。既而播军于阆中生致贼之头目胡撒桂者。
御笔："杨文, 国之藩篱。斡腹之防, 正赖其力口援。转两官, 可特与转
符节使。"吕公与杨君相会, 面言当为申朝庭行下口口制阃, 置一城以
为播州根本。我且住黄坪以蔽沅、靖, 于是筑岩新城。既而两府御使
吕公偕杨君深口口口酋勃先率诸酋跪马口……来, 南蛮不复口矣。
两府节使吕公谕以朝庭恩意, 勃先口赐以金帛、袍口口芴有差。贳其
从前口口口口。未几。蒙酋口口口入寇蜀口口口口口口口投口而起口…
…(此碑后段已残, 余文亡佚)

39. 左江 花山 岩画유적과 문화경관(Zuojiang Huashan Rock Art Cultural Landscape: 문화, 2016):

서기 2008년 8월 25일 29회 하계 베이징 올림픽(北京奧林匹克运动
会)대회에서 '中华5,000年文明'을 대표하는 증거의 하나로 선보이고
서기 2016년 7월 15일 土耳其 伊斯坦布尔(Istanbul, Turkey)[서기 2016
년 7월 15일 터키 이스탄불에서 거행된 제40회 会议에서 世界文化遗产으로
등재된 左江 花山 岩画 유적과 문화경관(Zuojiang Huashan Rock Art Cultural
Landscape: 문화, 2016)은 广西壮族自治区 宁明县 城 西南 约 25km 떨
어진 明江河畔 花山의 岩画와 그 주위 景觀은 지금으로부터 1800
년 전–2500년 전부터의 역사를 지니고 있다. 방사성탄소 연대(碳 14)

로는 1680년 전-4200년 전이, 그리고 현장에서 발견된 나무조각(목장, 木椿, 木棍)의 연대는 2680년 전으로 나왔으나 崇左市壯族博物馆에서는 이 암화의 연대는 劍과 다른 兵器의 형태로 보아 공식적으로 战国时期(기원전 475년-기원전 221년)-东汉(서기 25年-서기 220년)의 700년간에 제작된 것으로 보고 있다.

广西 左江 유역의 宁明、龙州、崇左、扶绥、大新、天等、凭祥 등 县市의 沿江地区 암벽에 벽화(岩画)가 분포하는데 모두 189개소 300組이며 그 중 花山岩画는 左江 流域 岩画群 중 代表的으로 그 크기가 画面长 약 172m, 수심으로부터 높이 약 9m, 강 면에서 저부까지의 높이는 30m로 면적은 8,000m²(6,621ha)로 内蒙古 乌拉特中旗、乌拉特后旗、磴口县 등의 旗县 境内 阴山山脉 岩石上의 阴山图像의 크기가 400m²인 것에 비교하면 중국에서 발견된 최대의 것으로 내용도 풍부하고 보존이 잘되어 있다.

이 유적에 대해서는 宋代 李石의 《续博物志》에 "二广深溪石壁上有鬼影, 如澹墨画。船人行, 以为其祖考, 祭之不敢慢"으로 左江岩画의 최초의 기록이며 明代 张穆의 《异闻录》에 "广西太平府有高崖数里, 现兵马持刀杖, 或有无首者。舟人戒无指, 有言之者, 则患病。"라고 기록되어 있다. 清初《思明府志》에도 "花山在府西八十里, 其山近水, 怪石嵯峨, 现人形马象执戈刀旗鼓之类, 遇者观之有所敬畏。"로, 清末《宁明州志》에도 "花山距城五十里, 峭壁中有生成赤色人形, 皆裸, 或大或小, 或执干戈, 或骑马。未乱之先色明亮, 乱过之后色稍黯淡。又按沿江如此类者多有"로 岩画를 神奇鬼魅로 묘사하고 各种各样의 传闻에 의해 唐代 黄巢의 兵马로 잘못 전하고 있다. 明清时期 安南朝贡使가 宁明에 들어와 배위에서 明江两岸의 岩画를 보고 诗文을 썼는데 明代의 冯克宽(서기 1528년-

서기 1613년)의 《过华山》는 "左江稳泛客航轻, 晓过华山枕水清。粉壁楼台亦秀丽, 黄巢兵马总分明。"라 하고 清 乾隆 때의 段浚의 《宁明江行》이란 시에는 "石藓层层开锦绣, 江流曲曲漾玻璃。黄巢兵马临波动, 白庙香烟罩林低。"라고 읊고 있다.

周代의 《礼记》 王制편에 骆越人은 中原人에 의해 중원에 비해 문화적으로 석기시대와 같은 낙후된 생활로 최초로 "野蛮"인들로 낙인 찍혔다. 그러나 宁明县 城中镇 耀达村 明江 西岸은 战国에서 东汉 时期까지의 약 700년간의 岭南 左江 流域 壮族先民인 骆越人의 巫术·儀式活動을 간직하고 있는 유적으로 국내외 '涂绘岩画'로 유명하다. 그리고 云南省 서남부의 滄源 佤族自治県에서도 4,000년 전 新石器時代부터 내려오는 전통적인 岩画를 현재에도 제작하고 있다.

岩画의 형성은 서기 1980년 7월 23일이나 서기 2008년 9월 28일의 경우처럼 년 평균 강우량이 1,242.2mm이나 한번에 196.7mm의 폭우가 6-8월 집중적으로 쏟아져 홍수를 이루고 암벽 90m 높이 중 강 수면이 25m-30m까지 올라가 獨木舟를 타고 암화 바로 밑까지 다다르거나, 암벽 정상에 밧줄을 걸고 그네와 같은 발 디딜 도구(그네 의자)를 타고 암화 중간에 있는 그들만의 비밀 장소인 花山 湖畔의 彩云洞(仙都山의 허리에 있어 玉虚宮 외 속칭 閬门洞과 天门洞으로도 불리운다. 굴 입구는 아침 동쪽의 햇살을 받아 매번 이른 아침 彩云'으로 뒤덮여 명칭을 彩云洞으로 바꾸었다)까지 내려오거나 아래에서 23층 63m의 높이에 달하는 비계목(飛階木, 塔架法)을 만들어 올라가서 그린 결과일 수도 있을 것으로도 추정된다.

花山은 壮族语로 'pay laiz(쁘莱)'이며 이는 '그림이 그려진 花山'을 의미한다. 이 산은 高 270m, 南北 长 350여 m의 강에 면해 돌출한 한 덩어리의 바위산 쪽 경사면에 猪紅色의 赤铁矿과 动物의 아교(阿膠,

胶)인 黏合劑(접착제)를 혼합해 颜料를 만들어 그리고 있어 암화는 朱红色을 띤다. 이 안료는 18,000년 전의 北京 周口店 山頂洞, 12,000년 전-7,000년 전의 广西壮族自治区 桂林市 象山区 南郊 独山 漓江(li jiāng) 옆 甑皮岩 동굴 유적의 두개골과 골반, 7,000년 전의 黑龙江省 大興安嶺 北山洞 유적 부근 岩画에서 보이는데 이는 永生을 뜻한다고 한다. 朱红色人物의 그림은 1,300여개나 된다. 확인할 수 없는 모호한 그림들을 제외하면 图像은 1,800여개로 대개 110组의 图像으로 분류된다. 画面은 아래쪽 2m 위에서 부터 나타나고 5-20m 높이의 중간 부분에 画像이 가장 많다. 岩画의 图像은 人物、动物과 器物 3종류, 최대의 인물은 높이 약 3m, 가장 적은 것은 23cm로 人像은 모두 裸体와 맨발(跣足)로 정면(正身)과 측면(側身)자세로 나누어지며, 正身의 人像形体는 비교적 크고 양팔(双臂)은 위로 올리고 두 다리는 개구리처럼 무릎을 구부리고 半蹲의 도약하는 형상 즉 손을 들고 무릎이 반쯤 구부러진 蹲式(squat on the heels, crouch) 자세를 취하고 있다. 动物画像에는 兽类、鸟类, 器物에는 刀、剑、铜鼓、铜钟、独木舟 등이 그려져 있다. 그 옆으로 马、狗、铜鼓、環首刀、剑(东汉)、钟、船(广西壮族自治区博物馆에 전시되어 있는 것과 같은 獨木舟에 載人行船)、道路、太阳 등의 그림이 보인다. 정중앙 또는 약간 上方에 위치하는 사람은 허리에 挂刀를 차고 머리에는 兽形装饰이 있는데 말을 탄 수 미터 키의 거인과 짝을 이룬다. 또 이 암화 중 태양을 상징하는 원형의 문양이 376개나 발견되는데 이는 제사와 권력을 상징하는 青銅銅鼓(bronze drum, Heger Type I drum)의 표면 가운데 나있는 중심문양으로 多子多福과 祈雨와 풍요한 수확을 상징하는 稻作農耕社會의 銅鼓의 위 표면에 장식한 4, 5, 6마리의 청개구리(青蛙)의 숭배사상과 관련이 있다. 古越人 특히 壯族이 중요하게 사용하던 일종의 打击乐器인

广西壮族自治区博物馆、广西民族博物馆、广西自然博物馆 소장의
敲击羊角钮钟은 일종의 銅鼓로 볼 수 있다. 현재까지 발견되어 박물
관에 전시되어 있는 동고는 약 320점으로 이들은 발견된 장소와 문양
에 따라 八大類型으로 이를 다시 滇系와 越系의 兩系統에 속하며
이들은 万家坝型铜鼓(云南省 楚雄市 万家坝 古墓葬群 出土가 대표), 石
寨山型铜鼓(云南省 晋宁县 石寨山 古墓葬群出土), 冷水冲型铜鼓(广西
壮族自治区 藤县 横村 冷水冲出土), 遵义型铜鼓(冷水冲型 铜鼓의 변형),
麻江型铜鼓(贵州省 麻江县 出土) 北流型铜鼓(广西壮族自治区 北流县
出土), 灵山型铜鼓(广西壮族自治区 灵山县出土), 西盟型铜鼓(云南省
西盟佤族自治县 佤族村寨出土)로 분류된다. 이들 동고는 春節, 結婚式
과 葬礼式전쟁의 지휘와 같은 중요한 儀式이나 행사 때 銅鼓舞와 함
께 사용되고 있다. 다시 말해 銅鼓는 古代의 战争 중 指挥军队의 进
退과 宴会, 乐舞 중에 사용하는 신분의 상징과도 같은 역할을 한다.

그리고 동고의 중요한 장식인 雷神의 아들인 개구리와 같은 이 蹲
式은 비단길(silk road, 絲綢之路)을 따라 멀리 고부스탄 암각화 문화경
관(Gobustan Rock Art Cultural Landscape: 문화, 2007, 阿塞拜疆共和国 首都
巴库 戈布斯坦, Gobusta.n Baku Azerbaijan)과 중앙아시아 카자흐스탄 세
미레체(Semireche) 주 알마타(Almaty) 탐갈리의 암각화(Petroglyphs within
the Archaeological Landscape of Tamgaly: 문화, 2004, 萨克斯坦 塔姆格里/泰
姆格里)에서도 볼 수 있다, 壮族의 청개구리(青蛙), 羊과 더불어 종교
적 토템신앙(图腾崇拜, totemism)의 하나인 개의 등위에서 위풍당당하
게 위를 바라보며 북을 치고 미친 듯이 춤을 추며 기뻐하는 사람은 당
연히 部族의 족장(首领) 혹은 활동을 指挥하는 여러 부족을 아우르는
骆越王일 것이다. 이는 壮族 음력 정월 1일 부터 2월 초에 열리는 母
系氏族社會의 전통인 蚂鍋節(蚂拐節)에서 볼 수 있다. 여기에서 水

中祭祀도 지내었다고 추측된다. 이는 秦始皇이 战国 6국을 통일하
고 기원전 219년 남쪽으로 50만 대군(秦军屠睢、赵佗、任嚣 ; 雒越军译吁
宋、桀骏)을 보내 '秦攻百越之战'을 시작해 百越族(古越人)을 "秦始皇
三征岭南"(기원전 219년-기원전 210년)으로 정복하게하며 이곳에 군수
물자 운반용 灵渠(기원전 219년-기원전 215년) 운하를 개통하게 한다.
기원전 219년 秦始皇이 屠睢에게 50만 명의 군대를 주어 5路로 나누
어 闽浙과 岭南를 공격하게 하였는데 첫 번째의 원정은 대패로 끝났
다.《淮南子》에는 '秦军共分五路, 一路攻取东瓯和闽越(浙江、福建),
两路攻南粤(广东), 其余两路攻西瓯(广西)。秦军分一路攻浙闽, 兵力
约10万, 分四路攻两广, 兵力约四十余万'.이란 기록이 있으며《淮南
子》人间训에는 秦征岭南史를 서술하면서 秦朝战役·百越族·广东
历次战争与战役·广西历次战争与战役·越南战事·中越关係史에 대
해 자세히 언급하고 있다. 이 암화는 진시황의 1차 침공의 50만 군대
에 대항하여 승리를 이끈 百越族(古越人)의 骆越王을 묘사한 것으로
보여 진다. 이러한 岩画构图와 人物造型勾画는 한 폭의 내용이 풍
부하고 의미가 깊은 그림일 것으로 오랫동안 끊지 않고 내려오는 古
骆越人(현존 壮族)들의 전통적인 社会活动의 情景을 묘사하고 있다.
이는《过秦论》의 "南取百越之地"와 같이 古代南方沿海一带诸部
落(长江以南、云贵以东、占婆以北、苏浙湘赣闽粤桂、越南)의 古骆越人(壮
族、侗族、黎族、布依族、傣族、毛南族、仫佬族、水族 등 소수민족의 조상으로
중요 취락지는 左右江 유역과 贵州 西南部, 越南 红河 유역이다)의 후예인
현재의 壮族의 종교와 의식을 비교해 볼 때 岩画의 내용은 애니미즘
(animism, 精灵崇拜)과 조상숭배(ancestor worship)로 이야기된다. 花山岩
画의 图像은 대다수 '平面塑造 즉 投影单色平涂'의 方法을 취하고
있다. 特製의 软笔을 이용하여 岩壁위에 图像의 윤곽을 그림으로서

"剪影(sketch)"의 예술효과도 노리고 있다. 花山岩画의 거친 外貌 및 역동적인 모습은 강렬한 예술적 영감을 주는데 이는 壯族 先民인 骆越人들의 탁월한 绘画艺术과 传承을 보여준다. 그러니 시간이 지나면서 전체 암벽의 裂开痕 418개 중 암화가 있는 곳은 27개이며 160여개의 구멍이 나있어 이 암화는 앞으로도 계속 風化와 老化에 시달리고 있다. 그래서 서기 2015년 5월 7일부터 석회로 틈이나 구멍을 발라 암화의 修復工程에 힘을 기우리고 있다. 서기 1988년 花山岩画는 国务院에 의해 全国重点文物保护单位로, 또 그 해에 花山岩画를 중심으로 하는 花山风景区는 国家级风景名胜区로 지정되었다. 花山岩画는 文化와 自然이 합친 '복합'형식을 갖추고 있다.

40. 厦门 鼓浪屿와 역사적 국제 居住地(Kulangsu: a Historic International settlement: 문화, 2017):

鼓浪屿(Gulangyu, Gulang Island or Kulangsu)는 중화인민공화국 福建省 샤먼(厦门)市 남부에 있는 地級(省 내의 地級市, 自治州, 盟)市로, 국제적으로는 아모이(Amoy)로도 알려져 있다. 섬의 면적은 1.83km²로 海上花园, 万国乾縮博覽會, 銅琴之島의 별칭도 갖고 있다. 厦门 鼓浪屿는 서기 1840년부터 서기 1842년까지 2년간 벌어진 제1차 阿片战爭[中英第一次鸦片战争 또는 第一次中英战爭, 通商战争임. 서기 1839년 9월 4일(道光 19年 7월 27일)-서기 1842년 8월 29일(道光 22年 7월 24일)] 이후 广州市 남쪽 珠江 강구의 東쪽에 香港(Hong Kong, 서기 1842년 8월 29일-서기 1997년 7월 1일), 현 中华人民共和国香港特别行政区임], 西쪽에 澳门(마카오, Macau/Macau/Macao, 서기 1887년《中葡和好通商條約》, 서기 1908년-서기 1999년 12월 20일, 현 中华人民共和国澳 门特别行政区임)이 들어섰다. 香港/홍콩과 澳门/마카오의 특수한 존재로

인해 중국의 정치가 공산주의와 민주주의가 병존하는 一国二体制를 유지하는 것이 불가피하게 되었다. 서기 1842년 8월 29일 청나라와 영국과의 사이에 체결된 南京條約은 广州、厦门、福州、宁波、上海 등 5곳의 通商口岸(五口通商)을 개항하고 여기에 英国领 事馆의 주둔, 영국 상인 및 家属들의 自由居住가 허락되어 있어 섬에는 영국영사관이 두어 지고 公共租界가 만들어져 서양인이 대부분 살고 있었다. 서기 1902년 1월 10일(光绪 27年 12月 初 1日) 英国、美国、德国(독일)、法国(프랑스)、西班牙(스페인)、丹麦(덴마크)、荷兰(네덜란드)、俄罗斯(러시아)、日本 등 전후 18개국의 厦门领事馆이 생겨났다. 그리고 清朝 福建省 兴泉永道 道台延年이 鼓浪屿 日本领事馆에서 《厦门 鼓浪屿公共地界章程》을 맺어 厦门英租界와 鼓浪屿公共租界가 형성하였다. 현재도 서기 18세기경 그들이 살던 양옥, 교회, 서양건축물 등이 존재한다. 샤먼 섬에서 페리를 통해 5분 정도면 도착할 수 있다. 서기 2017년 7월 1일(일) '庆祝香港回帰祖国二十周年'과 '庆祝香港 回帰祖国20周年'의 행사가 치러졌다. 广東軍区에 속하는 中国人民解放軍駐 香港部隊의 査閱式도 가졌다. 厦门 鼓浪屿는 "中国最美的城区"이다.

서기 2014년 11월 厦门市政府와 故宫博物院이 《建设运营鼓浪屿外国文物馆合作框架协议》에 서명한 후 서기 2017년 5월 13일 福建省 厦门市 思明区 鼓浪屿 鼓新路 70-80号에 개관한 故宫鼓浪屿外国文物馆은 北京故宫博物院의 分馆으로 "故宫鼓浪屿外国文物馆展览"에는 漆器、瓷器、琺瑯器、鐘錶、科技儀器 등 모두 219件이 전시되었으며 내용은 ① 文物来源: 故宫外国文物의 收藏途径 및 方式 ② 科技典范: 皇宫에서 응용하던 科学仪器 ③ 万国瓷风: 故宫所收藏의 欧洲、日本 등의 瓷器 ④ 生活韵致: 鼻烟盒을

대표로 하는 西方国家와 中国의 日常用品 ⑥ 典雅陈设: 紫禁城으로부터 园明园등의 궁에 소장하던 西方物品 ⑥ 异国情调: 故宫收藏의 西洋의 丝织品의 모방품、家具 등 서양문화의 유입과 융화와 康熙帝 때부터 중국 정치, 경제와 문화에 끼친 影响이다. 故宫鼓浪屿外国文物馆은 故宫馆藏外国文物을 전시하는 중국 제일의 외국문물관으로 "救世医院 및 护士学校旧址[Hope Hospital, 全国重点文物保护单位, 美国国籍의 荷兰人 郁约翰(Johannes Abraham Otte)이 서기 1898년에 창건하였다] 用地面积은 10,767m², 建筑面积은 5,168m²이다.

故宫鼓浪屿外国文物馆 전시실에 전시중인 물품은 康熙帝(서기 1654년 5월 4일-서기 1722년 12월 20일)가 故宫博物院에 소장된 13,000점 중 선택된 219점으로 이들은 서양문물을 膳物의 형식으로 직접 받아들인 것이거나 이를 모방해 中国化시켜 다시 만든 것으로 무기, 자명종, 鍾表, 八音盒(music box), 后妃의 화장대(梳粧台) 등이 포함된다. 이들은 銅鍍金乐箱轉水法轉花鍾, 銅鍍金乐箱花瓶开花活蝶鍾, 銅鍍金琺瑯四明鐘, 銅鍍金象馱轉花鍾, 銅鍍金四豹馱人打鍾, 銅鍍金嵌料石轉人容鏡, 銅鍍金矩度全圓儀, 銅鍍金持平經緯赤道公晷儀(英国 倫敦에서 만든 sun dial), 銅鍍金繪图儀器, 單筒望远鏡, 琵琶鞘槍, 改鞘槍, 輪船式風雨表, 西洋軍乐瑤琴, 嵌表八音盒, 木樓筒子鍾 등이다. 康熙帝는 수학, 천문학, 지리학, 약리학, 乐理(음악이론), 라틴어(拉丁語), 철학과 회화 등에 관심을 가지고 서기 1669년 그의 나이 15세 때 직접 해와 달의 운행을 관측해 欽天監 吳明烜의 오차를 지적해 내기도 하였다. 이는 당시 新舊阳陰历과 관련된 農历實历인 明 崇禎七年(서기 1634년)의 《崇禎历书》인 '時憲历'의 계속 시행과 관련된 것이다. 康熙帝는 네덜란드(荷兰)제 琵琶鞘槍와 李俊賢(Hubert de Meteorit), 潘廷璋(Giuseppe Panzi, 서기 1734년-서기 1812

년 이전 사망, 화가), 프랑스(法国)의 蔣友仁(Michel Benoit, 서기 1715년 10월 8일-서기 1774년 10월 23일)가 선물한 망원경을 무척 좋아 했으며 그는 또 독일(德国)의 湯若望(Johann Adam Scchall von Bell, 서기 1592년 5월 1일-서기 1666년 8월 15일), 벨기에(比利時)인 南懷仁(Ferdinand Verbiest, 서기 1623년 10월 9일-서기 1688년 1월 서기 1812년 이전 사망) 등과도 紫禁城에서 만나 서구의 선진과학기술을 배웠다. 서기 1708년 康熙帝의 명령으로 제작된 《康熙皇輿全覽図》는 英国의 과학자 李約瑟(Noel Joseph Terence Montgomery Needham, 서기 1900년 12월 9일-서기 1995년 3월 24일)도 칭찬을 아끼지 않았다. 故宮博物院에 소장된 康熙帝의 선진과학기술과 관련된 물품은 康熙帝讀書像, 康熙帝學算術桌, 麋鹿図이다. 그는 과학기술을 근거로 하여 黃河와 京杭运河의 治水, 天文과 火砲를 발전시키는데 애를 썼다.

그리고 전시된 물품 중 코 막히고(鼻塞), 두통, 감기기운이 있을 때 불어넣어 치료하던 일종의 약인 鼻煙을 담은 약통인 鼻煙盒(snuff box)과 鼻煙壺(snuff bottle)이 많다. 이는 煙草 粉末, 氷片油, 檀香油, 丁香油, 薄荷 등 珍貴 약재를 섞어 10여 년 숙성시킨 후 蜂丸으로 密封한 약재를 말한다. 이는 또한 瘧疾(malaria, 말라리아)를 치료하는 金鷄納(Quina)의 효과도 가지고 있었다. 明 万历皇帝 때 이탈리아(意大利) 天主教 耶穌会 신부인 马泰奧·里奇(Matteo Ricci, 서기 1552년 10월 6일-서기 1610년 5월 11일)도 이를 황제에게 헌상하기도 하였다. 康熙도 23년(서기 1684년) 南巡 때 2명의 서양인들로부터 鼻煙盒를 선물 받기도 하였고 光緒帝는 30년(서기 1904년) 서양약인 头痛藥膏를 처방받기도 하였다. 羅貫中의 《三国演義》, 施耐庵의 《水滸伝》, 吳承恩의 《西遊记》와 더불어 중국 4대 명저 중의 하나인 淸 乾隆 때 曹雪芹이 쓴 《紅樓梦》중 宝玉이 하녀 麝月이 병이 났을 때 '鼻煙

盒'을 꺼내어 처방하며, "宝玉便命麝月:「取鼻煙來, 給他嗅些, 痛打幾個嚏噴, 就通了关竅。」麝月果真去取了一個金鑲双扣金星玻璃的一個扁盒來, 遞與宝玉。宝玉便揭翻盒扇, 裡面有西洋琺瑯的黃"이라는 구절에서도 鼻煙盒이 나타난다.

러시아국가동방예술박물관(俄羅斯国家東方藝術博物馆)에도 시계, 닭, 인물, 화초 등의 각종 문양이 있는 双鷹藥瓶과 함께 西洋人像鼻烟壺가 소장되어 있다. 여기에는 中国朝服, 中国服裝, 漆器, 象牙扇子, 獅子形瓷器와 표트르 I세의 부인 예카테리나 I세(서기 1712년-서기 1725년, Catherine I, 叶卡捷琳娜, 리투아니아출신으로 표트르 1세의 두 번째 부인으로, 표트르 1세의 사후 서기 1725년-서기 1727년 女帝로 재위에 오름)를 위해 서기 1708년에 지은 叶卡捷琳娜宮(Catherine palace)의 중국자기, 象棋, 花鸟壁紙, 屛風, 漆器, 餐卓과 관련된 부속 그릇 등이 이를 말해준다. 이 鼻烟壺는 玻璃(glass)로 만들어졌다. 중국에서는 春秋战国時代 이래 玻璃璧, 玻璃蜻蜓眼挂件이라는 琉璃(玻璃)제품이 제작되기도 하였다. 그러나 서기 1987년 陝西 法门寺 地宮에서 발견된 唐 19대 僖宗(懿宗 第五子, 初名佺, 서기 873년-서기 888년 재위)이 法门寺에 奉獻한 唐代黃色琉璃盤, 唐四瓣花紋藍色琉璃盤, 唐素紋淡黃色直筒琉璃杯, 唐十字團花紋盤, 唐代钠钙琉璃盤 등의 20점의 유리제품들을 들 수 있다, 그래서 중국의 전통적인 유리제작방식은 古宮博物院 소장의 汉大鉛鋇琉璃矛와 같이 납 성분이 들어간 유리제품(鉛鋇琉璃, lead barium glass system)인데 법문사 유리제품들은 서기 758년 6월 11일 唐 肅宗을 알현한 回紇(Uyghur Khangale)과 大食国(Seljuk) 사신들이 진상한 八瓣花紋藍色琉璃盤, 素面藍色琉璃盤, 菱形双環紋深直筒琉璃杯 등 钠钙琉璃製作方式(soda lime glass system)으로 제작한 玻璃(琉璃)제품의 중국화한 것들이다. 法门寺

발견의 유리제품은 실크로드의 상호연구의 중요성을 강조해준다.

여기에 전시된 鼻煙盒과 鼻煙壺를 포함한 琉璃(玻璃)와 琺瑯(enamel)로 만들어진 漆嵌料石銀边朵花紋盒, 銅胎画琺瑯西洋人物图盒, 銅胎画琺瑯洋人物图橢圓盒, 銅胎画琺瑯嵌珠橢圓盒, 玻璃團花紋盖罐, 彩繪花卉紋帶銅架玻璃瓶, 玻璃方格文碗, 촛대(燭), 饌具 등의 제품들은 일상생활용품으로 서양문명에서 받아들인 것이다. 康熙帝는 서기 1695년 紫禁城 내에 玻璃厂을 설립해 故宮博物院에 소장된 藍玻璃方花瓠, 透明藍玻璃尊, 白玻璃水丞 등을 모방해 만들었다.

万国瓷风 전시실에는 서기 1710년 독일의 황실에서 드레스덴(Dresden, 德勒斯登) 근교에 만든 Meissen(邁森) 도자기 공장에서 중국자기를 모방해 만든 2점의 金边彩繪花鸟紋盤과 金边彩繪人物图盤이 보인다. 이는 서기 1700년 감옥소에 들어간 18세의 연금술사 뵈트거(Johann Friedrich Böttger, 巴特格尔, 서기 1682년 2월 4일-서기 1719년 3월 13일)가 서기 1708년 유럽 최초의 硬質白瓷를 만들어 내는 성공에서부터 시작한다. 또 프랑스의 전도사인 殷弘绪(Père Francois Xavier d'Entrecolles, 昂特雷科萊, 서기 1664년-서기 1741년, 天主教 耶稣会 法国籍 传教士)는 서기 1712년 부터 江西省 景德鎮窑에서 7년간 머무르면서 原料와 製作過程을 배워 프랑스에 귀국해 자기를 재현하고 있다. 그는 康熙 五十一年(서기 1712년) 및 康熙 六十一年(서기 1722년) 두 번이나 景德鎮에서 瓷器製作에서 세부적인 것까지 관찰하고 歐洲 耶苏會에 보고 하였다. 서기 1768년 프랑스 파리(巴黎)에서 400km 떨어진 Limoges(利馬日)의 Saint Tulle(聖提勒)에서 외과의사의 아내가 중국에서와 같은 高嶺土(Kaolinite)를 발견한 후 이곳은 프랑스 도자기의 고향(manufacture nationale de Sèvres, Hauts-de-Seine, France)이 된다. 프랑스

Doré a Sévres(塞夫勒) 공장에서 제작되고 乾隆(서기 1711년 9월25일-서기 1799년 2월 7일)이라 쓰여진 나무상자에 보관된 鑲銅架綠地花卉紋盤을 비롯해 서기 1787년에 제작된 金彩花卉紋碟, 金边印花盤, 서기 1881년(유물번호 18s48)의 藍釉描金花卉紋高足盤, 서기 1904년(유물번호 s8-1)의 金边貝買形盤도 전시되어있다. 또 서기 18세기 이탈리아 Capoclimonte (卡波迪家帝) 도자기공장, 영국의 Wedgewood(韋奇伍德), Derby(德比), Worchester(伍斯特)의 도자기공장에서 만들어진 것도 있다. 당시 유럽의 자기는 이탈리아/意大利 麦迪奇瓷器(Medici porcelain)와 多西亚陶瓷(Doccia porcelain), 독일/德国 迈森陶瓷(Meissen porcelain), 영국/英国 斯托克陶瓷(Spode) 프랑스/法国 利摩日瓷器(Limoges porcelain)를 칭한다. 또 日本에서 만들어진 藍釉攔金开光人物花卉图瓶, 彩繪描金觀音像, 鷄雛紋七宝小瓶도 이 전시실에 함께 전시되어있다. 일본은 司馬遼太郎[しば りょうたろう、서기 1923년(大正 12年) 8월 7일-서기 1996년(平成 8年) 2월 12일)가 소설화한 鹿兒島县 日置郡 東市來町 美山 소재의 薩摩燒(현재 15대 沈壽官)에서부터 서기 1904년(明治 37年) 森村市左衛門에 의해 愛知県 愛知郡 鷹場村 大字 則武(ノリタケ, Noritake 現 名古屋市 中村区 則武) 日本陶器合名会社에 이르기까지 도자기술의 전통을 꾸준히 유지해오고 있다. 이는 중국 汉나라 이후 海上絲綢之路를 통해 유럽으로 수출된 각 시대의 자기들이 부메랑(Boomerang)이 되어 중국에 돌아온 것이다. 이는 漆器에서도 볼 수 있다. 이들은 모두 礼物로 들어온 것으로 文房具, 漆盒, 筆筒 등이다. 일본은 漆器之国이라 불릴 만큼 紫禁城에 많은 영향을 끼쳤다. 康熙帝는 漆器에 대해 관심을 많이 가졌다. 특히 雍正帝는 이를 좋아하여 养心殿 西暖閣에 놓아두고 보기를 좋아하였다. 그러한 행적은 故宮博物院 소장의 擁正行乐图, 雍正이 破塵居

士란 이름으로 題詩를 쓴 十二美人図(博古幽思와 觀書沈吟에서 칠기가 배경으로 나온다)에서도 볼 수 있다. 그리고 그의 아들 怡賢親王 胤祥(서기 1686년 11월 16일-서기 1730년 6월 18일)으로 하여금 养心殿 造辦處를 맡게 하여 칠기를 관리하도록 하였다. 이들은 金漆仙鶴紋亭, 黑漆描金山水图香几, 金漆蝴蝶式盒, 金漆六方六方套金漆山水樓閣, 金漆牡丹紋盒, 金漆山水樓閣图罐, 黑漆描金浴馬图香几, 黑漆描金山水图執壺, 金漆團花紋盖碗, 金漆山水樓閣套盒, 黑漆描金堤梁壺, 金漆山水樓閣文具盒, 黑漆描金垂釣文具盒이다. 그리고 러시아에서도 銀質蓋爐, 銀幣制綉球式图鈴, 銀樹式座双耳洗를 奉先殿에 바쳤으며 이는 故宮博物院 소장의 万国來朝图에서 나타난다.

또 청나라 말기에 비단의 발원지인 중국에서 당시 서구와 미국을 총칭하는 泰西지역에서 수입한 비단으로 옷을 지어 입었다. 이는 서기 1911년 辛亥革命으로 6살에 퇴위한 宣統帝溥仪[기 1906년 2월 7일-서기 1967년 10월 17일, 서기 1908년-서기 1912년 재위, 서기 1932년 3월 1일-서기 1945년 8월 18일 滿洲国皇帝, 영어이름은 亨利(Henry)임]는 서기 1924년까지 황제의 칭호를 유지하고 서기 1924년 11월 5일 復辟사건 후 中国国民革命军陆军一级上将 冯玉祥의 부하인 国民革命军高级将领인 鹿鐘麟과 그의 부하들에 의해 紫禁城에서 퇴출되었다. 그는 紫禁城에서 서기 1924년 11월 5일까지 거주하는 동안 서기 1919년 13세 宣統帝 溥仪의 가정교사가 된 45세의 영국 스코틀랜드인 레지널드 존스턴 경[庄士敦, Reginald Fleming Johnston, 서기 1874년 10월 13일-서기 1938년 3월 6일, 英国 苏格兰人, 중국의 마지막 황제, 《Twilight in the Forbidden City》(2007년 9월 5일, Simon Wallenberg Press)]의 영향에 의해 전통적인 청나라 생활습관을 서구식 생활방식으로 바꾸었다. 그는 궁 안에 전화를 가설하고, 기차, 자전거와 자동차를 타고, 정구를 치며 서양음악을

즐겨 들었다. 그리고 서양식 조리사 4명을 두고 빵과 오트밀을 주식으로 하는 서양식 식사를 하고 소다수와 커피를 즐겨 마셨다. 그리고 양복, 모자, 안경도 서구식으로 바꾸었다. 그의 부인 婉容(婉容皇后, 宣統皇后, 필명은 榮月华, 시호는 孝恪愍皇后, 서기 1906년 11월 13일-서기 1946년 6월 20일 39세로 사망)도 청나라 귀족으로 어려서부터 유럽에서 온 여자 가정교사에 의해 영어와 서구식 생활방식을 배웠다. 이곳 박물관에 전시된 여러 泰西의 비단 옷, 식기(饌具), 의자, 탁자, 피아노(鋼琴)를 포함한 일상 생활용품들이 이를 말해 준다. 그들은 黃色洋花紋凸花緞, 虾青色洋花紋緞, 銀灰色洋花紋泰西緞懷擋料, 雪灰色銀綻紋泰西紗, 湖色花卉紋泰西紗, 米黃色洋花紋泰西紗緞, 宝藍色洋花紋泰西紗緞, 金漆絨西洋式椅, 紫漆彩繪套桌, 西洋軍乐瑤琴 등이다.

41. 良渚 고고학 유적(Archaeological Ruins of Liangzhu City: 문화, 2019):

중국의 고고학 편년은 技術과 經濟行爲로 본 중국의 ① 신석기시대는 기원전 8000년의 初期農耕民들의 초기신석기시대에서부터 기원전 3200년의 仰韶문화시대 ② 靑銅器時代는 夏·商·周에서 春秋時代(기원전 771년-기원전 475년) ③ 철기시대는 都市, 市場과 人本主義가 발전하고 토지의 소유가 가능한 戰國時代(기원전 475년-기원전 221년)로 보고 있으며, 유물사관론적 견지에서 본 奴隷社會는 夏, 封建制社會는 秦나라, 資本主義社會의 시작은 明나라부터 시작된 것으로 보고 있다.

기원전 3200년-기원전 2500년의 용산식문화(용산문화형성기)와 기원전 2500년-기원전 2200년의 용산문화기를 거쳐 청동기시대는 夏代[奴隷制社會의 시작, 기원전 2200년-기원전 1750년/偃師 二里头(毫)의 夏문화(기원전 2080년-기원전 1580년)]·商(기원전 1750년-기원전 1100년/기원전 1046년)]에서 기원전 475년 戰國時代의 시작까지이다.

이제까지 알려진 夏(기원전 2200년-기원전 1750년)나라보다 약 800년이나 앞서는 紅山문화에 속하며 祭壇, 女神庙와 적석총 등이 발굴된 辽宁 凌源县과 建平县의 牛河梁과 東山嘴(기원전 3000년-기원전 2500년경) 유적, 四川省 广汉县 興鎭 三星堆 祭祀坑[기원전 1200년-기원전 1000년경: 1호 坑은 商晚期, 2호 坑은 殷墟(기원전 1388년-기원전 1122/1046년) 晚期, 서기 2015년 6월 16일 中国中央電視台/CCTV 4에서 商時期의 北城墻 흔적이 발견되었다는 보도가 있음] 및 古蜀/蜀国初期都城(四川省 成都 龙馬宝墩 古城, 기원전 2750년-기원전 1050년이나 기원전 16세기가 중심: 商代早期)의 国政을 점치거나 또는 제사용으로 사용되었을 것으로 추정되는 土壇 유적이다. 이는 古蜀으로 그의 모습은 西汉 揚雄이 쓴《蜀王本记》에서 '未有文字 不暸礼乐'로 기재되어 있고《华阳国志》에서 초대왕인 蠶總(잠총)의 모습은 '蜀候蠶總 其目縱 始稱王'이라고 언급한다.

그리고 이들 이외에 玉器의 제작으로 유명한 良渚(浙江省 杭州市 余杭区 良渚鎭)문화(기원전 3350년경-기원전 2350년경) 등과 같이 종래 생각해오던 중국문명의 중심지역뿐만 아니라 상의 영향을 받아 주변지역에서도 청동기의 제작이 일찍부터 시작되었다는 새로운 사실들이 밝혀지고 있어 중국 청동기문화의 시작에 대한 연구를 복잡하게 만들고 있다. 최근 殷墟출토와 三星堆의 청동기 假面의 아연(zinc, Zn)의 동위원소를 분석한 결과 産地가 같다는 결론도 나오고 있어 신석기시대 이래 청동기시대 문화의 多元性과 아울러 상나라의 지배와 영향 등의 새로운 해석도 가능해진다.

周礼 春官 大宗伯에 보이는 "以玉作六器 以礼天地四方 以蒼璧 礼天 以黃琮礼地 以靑圭礼東方 以赤璋礼南方 以白琥礼西方 以 玄璜礼北方 皆有牲幣 各放其器之色"라는 六器 중 琮·璧·璜과 鉞의 네 가지 祭礼重器라는 다량의 玉器가 이미 앞선 良渚文化의 莫

角山 서북쪽 反山 왕릉지구에서 나타나고 있다. 그 중 서기 1986
년 5월부터 발굴을 시작한 21호에서 발굴된 玉琮 중의 으뜸인 玉
琮王은 당시 '生動有神'인 饕餮紋의 人獸面의 문양을 가지고 높이
17.6cm, 무게는 6.5kg에 달한다. 이 良渚(浙江省 杭州市 余杭区 良渚
鎭) 문화의 "神面"(人獸面)은 陝西省 楡林市 神木县 高家堡镇 禿尾
河 北侧山 石峁(스마오, shi mǎo)村의 石峁와 皇城台 유적, 偃師 二里
头, 湖北省 天门市 石家河镇 北郊 石家河유적(三星堆文化、楚文化의
기원)문화에서 영향을 주어 商과 周나라 饕餮紋의 기원이 되는 一脈
上承의 문화전통을 유지하고 있다. 이 饕餮紋은 당시의 종교적 토
템신앙(totemism, 图腾崇拜)과 조상숭배(祖上崇拜, ancestor worship)도 보
여주고 있다. 또 12호와 16호의 玉鉞, 12호의 玉三叉 등은 獨木棺에
옥으로 장식하고 매장된 왕과 왕비의 신분을 말해준다.

통나무를 세로로 쪼개어 속을 파서 만든 구유 모양의 獨木棺(飼槽·
粥筩形木棺)은 懸棺 중에서 보이며 특히 玉器의 제작으로 유명한 浙
江省 杭州市 余杭区 良渚鎭 良渚文化(기원전 3350년경-기원전 2350년
경) 莫角山 서북쪽 反山 왕릉지구에서 조사되었다. 이는 전 세계적
으로 절벽에 굴을 파서 시체를 매장하거나 절벽에 나무받침을 하여
관을 매다는 무덤(悬棺葬, 崖洞葬, 壁龕葬)을 쓰는 예는 아프리카 말리
의 도곤족, 인도네시아 술라웨시의 토라쟈(Toraja)족, 중국 福建省 동
남쪽 해발 2,158m 武夷山의 줄기인 江西省 鷹潭 貴溪市 龙虎山 濾
溪河(碧水丹霞)에 면한 仙水岩일대의 磨崖洞穴(春秋·战国時代, 古越
族이 만듦), 四川省 成都市 天廻山[특히 云南省의 僰(보/북)族은 강 옆
절벽에 관을 매다는 풍습을 가졌는데, 明나라의 초기 명군의 침공을 받아 紫
金山전투에서 거의 멸족됨], 揚子江(長江) 三峽懸棺(四川 巫山 大宁河小
三峽懸 兩岸崖壁上의 古代棺木), 貴州省 安順市 紫云县(苗族布依族自

治县) 格凸(村)河 河畔崖壁과 天星洞懸棺洞窟 안에 쓴 苗族의 懸棺, 广西省 百色市 靖西县(广西壮族自治区) 寨子里(石洞里)의 壮族의 懸棺, 湖南省 湘西 吉首市 土家苗族自治州 河溪水庫 내 懸棺 (清나라 道士) 등에서 보고되고 있다. 그리고 이러한 통나무를 세로로 쪼개어 속을 파서 만든 구유 모양의 獨木棺(飼槽·粥箇形木棺)은 기원전 1세기에서 서기 1세기 후반 사이의 경상남도 昌原 茶戶里 古墳群으로 명칭 변경, 사적 327호, 走漕馬国) 1호 목관묘에서 보이는 나무 널은 지름 1m의 통나무를 세로로 쪼개어 속을 후벼 파서 만든 구유 모양의 独木棺(飼槽·粥箇形木棺)으로 멀리 玉器의 제작으로 유명한 浙江省 杭州市 余杭区 良渚鎮 良渚文化의 莫角山 서북쪽 反山 왕릉지구에서의 영향도 추정된다.

良渚文明 단계에 공존하던 중국의 여러 문명으로 紅山, 半坡, 大汶口, 仰韶 등을 들 수 있다. 良渚文化는 先前文化인 崧澤文化(약 6,000년 전-5,300년 전, 또는 5800년 전-4900년 전)와 繼承文化인 馬桥文化(기원전 3400년-기원전 2250년) 사이의 문화로 主要分布는 太湖를 아우르는 流域으로 余杭 良渚, 嘉兴南、上海东、苏州、常州一带를 포괄한다.

그 중 서기 1986년 浙江省 余杭县 反山 12号墓(鉞王墓) 출토의 큰 琮(玉琮王, 浙江省博物館武林分馆, 浙江省文物考古研究所 소장)은 礼器 혹은 財富象征으로 神面(人獸面)과 饕餮紋의 문양을 가지고 있으며 형태는 方柱体의 内圓外方으로 通高 8.8cm, 上下端에 圓面으로 양각의 돌출부(射)가 조각되어 있으며 射径은 17.1-17.6cm이다. 正中央에 대칭하는 钻圆孔이 있는데 孔径은 4.9cm 무게는 6,500g에 달한다.《周礼》春官·大宗伯에 "以苍璧礼天、黄琮礼地." 그리고《說文解字》에 "琮, 瑞玉, 大八寸, 似車釭."라고 记載 되어있어 琮은 일종의 玉制礼器로 용도는 地神에 제사지내는데 필요한 것임을 알 수 있

다. 良渚文化의 玉琮은 内圓外方, 中有圓孔形制로 良渚인들의 "天圓地方"의 宇宙观이 표현된 것으로 볼 수 있다. 이 浙江省 杭州市 余杭区 良渚鎮 良渚문화의 "神面"(人獸面)은 陕西省 榆林市 神木县 高家堡镇 秃尾河 北側山 石峁(스마오, shi mǎo)村의 石峁와 皇城台 유적, 偃師 二里头, 湖北省 天门市 石家河镇 北郊 石家河유적 (三星堆文化、楚文化의 기원)의 문화에 영향을 주어 商과 周나라 饕餮紋의 기원이 되는 一脈上承의 문화전통을 유지하고 있다. 이 饕餮紋은 당시의 종교적 토템신앙(totemism, 图騰崇拜)과 조상숭배(祖上崇拜, ancestor worship)도 보여주고 있다. 그리고 여기에 '王'자에 가까운 刻画文字와 刻符玉璧을 비롯해 抽象的인 鸟纹과 하나의 太阳纹이 각화된 黑陶椭圓形刻画符豆(高 16.8cm, 盘口 19.8cm×12.2cm, 底 11.5cm, 泥质黑皮陶)도 보인다. 그리고 良渚博物院의 鎮院之宝인 反山 12호에서 출토한 刻符陶罐(刻纹灰陶罐)에는 호랑이와 거북을 비롯한 12개의 부호가 새겨져 있다. 漁, 鸟 등이 새겨진 泥質黑陶寬把壺, 서기 2003년-서기 2006년 浙江 平湖市 庄桥坟 유적 출토 2점의 石钺 위에 새겨진 原始文字도 있다. 이는 甲骨文과 같이 象形文字이며 会意文字는 아니며 甲骨文 보다 빠른 시기의 것이다. 또 反山 12호분 [원래는 3호분, 310×165cm의 土坑「餘反M12」는 「琮王」、「钺王」 등으로 불리울 만큼의 많은 647점의 玉器가 나와 「王陵」大墓로 칭함] 출토 重圈、螺旋纹, 鸟蛇样刻划과 玉器地纹의 螺旋线이 있는 嵌玉漆杯(高 20cm, 직경 6-8cm)는 良渚文化의 "高精尖" 예술품이다. 莫角山의 土城(堆筑土의 古城)과 宮殿, 국가의 상징이며 왕권과 신권(巫师)을 나타내는 琮·璧·鉞이 출토하는 反山 4, 12(良渚王), 16, 20, 23, 下溪湾村 瑶山 7호 (冠帽饰物인 神人兽面纹玉三叉形器가 출토), 11호(良渚王后葬中 玉琮、玉钺, 玉三叉가 없고 4점의 半璧形 玉璜이 副葬, 玄璜礼北方)호의 王墓, 瑶

803

山祭坛과 汇觀山의 祭坛, 국가의 상징인 琮·璧·鉞, 귀족과 평민의 무덤구조와 玉璜, 도기와 골기 등과 같은 발굴 자료는 良渚文化가 이미 족장사회를 넘어선 고대국가 또는 문명의 단계로 인식되고 있는 실정이다. 그래서 良渚文化도 '文明聖地'로 불리 운다. 瓶窑 窑山 東北部 400m, 西北 距吳 家埠 800m떨어진 瓶窑镇 外窑村의 유적의 汇觀山의 祭坛은 해발 23m의 自然山頂에 東西 80m, 南北 70m의 규모로 黃褐色土台→灰土→紅土의 순으로 쌓았으며 頂上面은 灰土围沟(grey soil enclosing ditchs)로 둘러쳐 內外三重으로 구획되고 있으며 폭 20m, 높이 18m, 2.2만m²의 면적 안에는 남녀 묘가 12기 안치되어 묘와 제단이 함께 존재함을 보여준다. 이 유적은 서기 1990년 봄 그곳에 사는 농부가 제단의 서남부 쪽에 집을 짓다가 玉璧, 玉镯, 石钺 등을 발견하여 신고하였는데 서기 1991년 초 余杭市文物管理委员会가 2기의 무덤을 발굴·정리하였고 그다음 浙江省文物考古研究所가 발굴 팀을 조직하여 正式发掘을 진행하여 면적 1,500m²에서 良渚时期의 覆斗状(工字形 截尖 平顶 塔形, 정상이 평탄한 4단의 피라미드형)方形祭坛 한 기를 밝혀내었다. 顶面은 灰土로 三重으로 구획되고 있으며 또 祭坛 西南部의 显贵墓葬 4기를 정리하였는데 그 중 M4 墓坑이 가장 크고 棺椁을 모두 구비하고 玉器도 그대로 남아있었는데 유물 중 중요한 것은 玉器로서 琮, 璧, 鉞, 三叉形玉器, 玉镯(管珠), 帶勾, 玉管, 玉珠, 玉坠, 柱形玉器, 锥形玉器, 玉带 또는 环 등 200점 이상이 넘었다. 石钺만 48점에 달한다. 서기 2000년 浙江省文物考古研究所가 祭坛을 발굴하면서 祭坛의 규모도 확인하였다. 瑤山祭坛도 가운데 弘土台(red soil terrace)로 주위는 灰土围沟(grey soil enclosing ditchs)의 구조로 汇觀山의 祭坛과 비슷하다. 余杭 瓶窑镇 匯觀山의 祭坛과 함께 모래 기반위에 夯土 版築으로 한 변 폭 20m, 4

단의 계단상으로 축조한 높이 18m의 계단상 피라미드의 정상에는 주위 男(m3-m8)과 女(m1-m6)의 旬葬墓를 두른 回字形 祭坛을 설치하였다. 反山 유적의 四隅는 春分, 秋分, 冬至의 절기와 日落에 맞추어 구획하고 있다. 이곳의 위치는 北緯 30°로 그 선상에 이집트(古埃及), 수메르(苏美尔, Sumer), 하라파(哈拉帕, Harappa)가 위치한다. 燧石彫刻道具(옥을 가공하는데 필요한 麻繩, 繩子, 管鉆, 解玉沙 포함)와 옥제원료가 다량으로 나오는 种種家港 手工玉房(玉器制作房)을 비롯한 余杭 反山과 瑤山 귀족 무덤에서 출토한 玉으로 만든 琮·璧·鉞(浙江省博物馆과 良渚博物院所藏)은 神权·財权·軍权을 상징하는 것으로 정치권력과 군사통수권을 가진 족장사회(chiefdom)를 넘어선 국가와 같은 수준의 정치적 기반을 갖춘 정부조직이 있었으리라는 추정을 가능하게 한다. 이외에도 三叉形玉器, 玉镯、玉管、玉珠、玉坠、柱形玉器、锥形玉器、玉带 또는 环 등의 유물이 많이 보인다. 이곳에서 사용된 玉器의 재료는 양저 유적의 부근의 옥광산, 특히 江苏省 栗阳 小梅岭에서 가져온 것으로 보인다. 또 玉琮은 신권을 물려받은 '王者之器'로도 불리 운다. 玉琮에서 高台符号로 鸟立高台가 보이는데 이는 이집트(埃及, ancient Egypt) 1왕조에서 발견되는 鸟立高台에서 보이는 神权과 유사하다. 서기 1986년 5월부터 발굴을 시작한 良渚文化(기원전 3400년/3350년경-기원전 2350년경)의 중심지인 良渚古城遺址公園 안의 余杭 瓶窑鎭 匯觀山 祭壇, 草屋의 下家山 주택구, 反山과 彭公村 墓地(4900B,P,), 長江(揚子江)하류 浙江省 西北部 天目山(海拔 1,787m) 하 鯉魚山, 楮老山, 塘山長堤, 谷口高坝, 平原低坝, 山前高坝, 盧虎岭과 毛元岭 등 매년 10월-12월 수확한 南獲의 草裏泥(茅草, 草代子, C^{14}/碳 14 방사성 탄소연대 측정은 5300B.P.- 4200B.P임)를 이용하여 가로 세로(一横一竪)로 쌓은 14km내에 11개소의 水坝(水利시설의 댐)를 만든 水利工程, 30-50cm 두께의 鋪石, 모래와 版築(夯土)을 기초로 쌓은 750m×450m 규모의 莫角山 宮殿地区 30만㎡ 넓이의 陆门(陆城门유적), 8개소의 水城门과 城牆(city wall, 높이 4m, 폭 20m)을 갖춘 三重古城이며 가운데 古河道가 흐르는 전장 7km의 王城과 宮殿, 內·外郭城(古城墙), 궁전 위에 만들어진 沙土広場, 한번에 870mm의 대홍수가 오는 浙江省 폭우 중심지대인 약 100km²의 大湖平原에 수재와 침수가 빈번하게 일어나 양저 문화인들은 谷口高坝, 山前長堤, 唐山長堤(해발 30m, 약 300m), 平原低坝(해발 2m), 鯉莫山과 南山 등 11개소의 水坝(水利시설의 댐, 제방, 매년 30만 명이 동원되어 101년을 소비해 쌓을 량)를 쌓아 이를 35km의 수로(水系), 부두(码斗)와 성의 수문을 四通八達로 연결하여 20개의 대나무를 엮어 만든 竹船인 뗏목과 獨木舟(茅山에서 발굴된 것은 길이 약 7.35m, 폭 0.4m)로 해발 5m 정도 전체 29만㎡ 넓이의 鋪石, 그 위에 모래와 草裏泥로 版築양상으로 중간에 縱으로 박아 넣은 护株(株洞)와 板墙을 이용해 그 사이에 9-12겹으로 반복해 쌓아 올리고 水口, 城墙, 陆城门 등 성의 안팎을 자유로이 운행하고 있어 양저 문명은 水利施設의 기반위에 필요에 따라 습관적으로 補築하면서 沼澤地를 防衛, 交通, 用水와 灌漑로 이용해 해발 2m의 육지에 도시와 궁전을 세운 인구 2만 명 정도의 '水利建国'의 국가사회로 불리 운다. 이 문명은 끊임없는 水利施設과 工程을 통해 약 1,300년을 지속했다. 이러한 수리시설은 战国時代 秦나라가 벌린 3대 수리공사인 都江堰, 郑国渠, 灵渠(秦凿渠, 秦堤, 湘桂运河, 兴安运河로도 불리 움, 식량을 운반 "鑿渠運糧"하는 목적)보다도 적어도 1000년 이상 앞선다. 이 시설은 灌漑로 水田(稻田)농사에 이용되어 탄화가루(炭化屑), 石耜, 石鎌, 石犁의 존재로 '火耕水耨'의 가장 발달한 단계의 犁耕농업이 이루진 것으로 짐작되며 관개농업으로 小米(모양새가 둥글고 굵은 短中粒型 japonica 쌀)를 생산해 낸 것으로 추정된다. 그래서 小米의 존재는 이곳 주민들은 북쪽 山東省 일대에서 이주해 온 것으로 추정된다. 司马迁의 《史记》 平准书에서도 "江南火耕水耨, 令饥民得流就食江淮间, 欲留, 留处'라고 언급하고 있다. 이는 石犁와 石鎌, 石耝(돌보습), 骨耝, 石鋤(돌호미) 등의 농기구로 보아 굴경(掘耕, digging stick system)과 초경(鍬耕, hoe system)을 지난 려경(犁耕, 쟁기, 보습, plough system)의 단계로으로 발전해 왔음을 알 수 있다. 河道, 水渠와 水田을 통해 관개농업으로 쌀(小米)의 생산을 늘리고 집에는 돼지(猪)를 키웠다. 莫角山 宮殿地区 남쪽 만㎡ 넓이의 池中寺는 약 28만근의 쌀을 저장할 수 있는 식량창고(糧仓)로 탄화미가 발견된다. 三足陶의 과학적 분석으로 쌀을 익히거나(烧), 끓이거나(煮), 쪄서(烝) 죽(粥)을 만들어 먹었던 것으로 여겨진다. 쌀 이외에도 鐘家港에서 발견된 돼지와 사슴을 포함하는 43종의 동물 뼈와 다량의 화살촉(三稜의 磨製石鏃)의 존재로 보아 어로와 수렵도 활발하게 이루어졌던 것으로 보인다. 주민들의 의복은 麻布로 만들어 졌으며 왕, 왕후와 귀족은 비단(絲綢) 의복을 해 입었을 것이다. 이는 기원전 2700년경(지금부터 약 5,200년 전-4,700년 전, 또는 4400B.P-4200B.P) 中国 太湖流域의 史前文明인 新石器時代晚期(商周時期의 馬橋文化)의 良渚文化時期에서 马橋文化 사이에 속한 浙江省 湖州市 湖州市 城南 7km 떨어진 吳興区 境內 錢山樣 유적에서 비단조각이 발견되었기 때문이다. 이곳 주민이 평소 신고 다니던 나무판에 구멍을 뚫어 끈으로 발에 부착하던 목제 신발(木履)도 나왔다. 史记 貨殖列伝 13에 보이는 '楚越之地地广人希飯稻羹魚(초나라와 월나라는 땅이 넓고 사람은 드물어 쌀로 밥을 짓고 고기로 국을 끓인다)'의 구절에서 나오는 稻羹魚 즉 飯稻羹魚가 그들의 식생활이었을 것으로 추측된다. 또 그들의 무덤에 통나무를 후

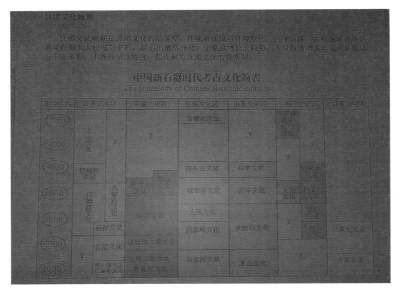

중국 신석기시대 고고문화 편년(杭州市 余杭区 良渚鎮 良渚博物院, 필자 촬영)

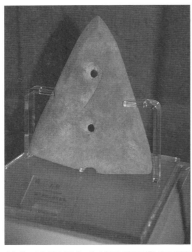

석제 보습(杭州市 余杭区 良渚鎮 良渚博物院, 필자 촬영)

도기(杭州市 余杭区 良渚鎮 良渚博物院, 필자 촬영)

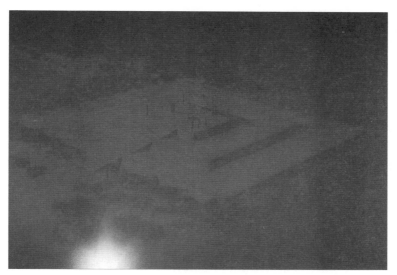

滙觀山의 祭壇(杭州市 余杭区 良渚鎭 良渚博物院, 필자 촬영)

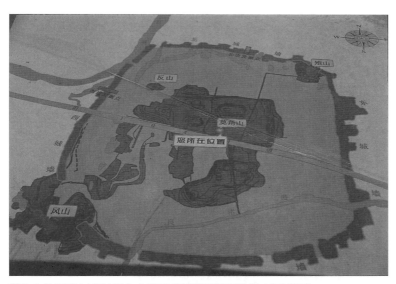

莫角山의 堆築古城(杭州市 余杭区 良渚鎭 良渚博物院, 필자 촬영)

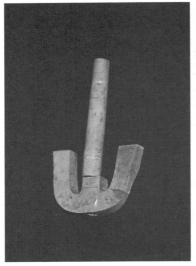

三叉形器(杭州市 余杭区 良渚鎮 良渚博
物院, 필자 촬영)

璧玉(杭州市 余杭区 良渚鎮 良渚博物
院, 필자 촬영)

玉琮(杭州市 余杭区 良渚鎮 良渚博物
院, 필자 촬영)

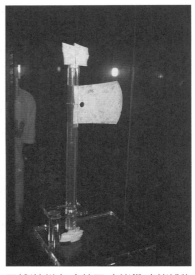

玉越(杭州市 余杭区 良渚鎮 良渚博物
院, 필자 촬영)

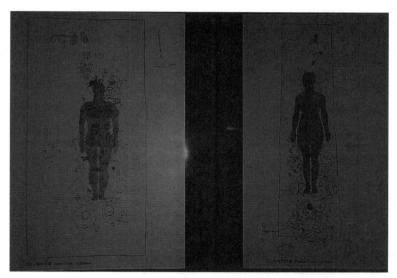

王陵墓(瑤山7호 : 女, 反山 23호묘 : 男, 杭州市 余杭区 良渚鎭 良渚博物院, 필자 촬영)

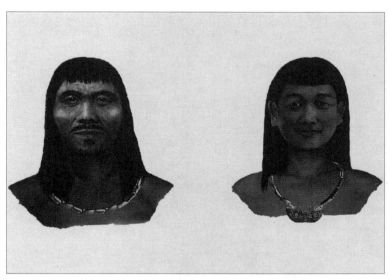

이들은 복원한 얼굴(杭州市 余杭区 良渚鎭 良渚博物院, 필자 촬영)

良渚인의 神像(杭州市 余杭区 良渚鎮 良渚博物院, 필자 촬영)

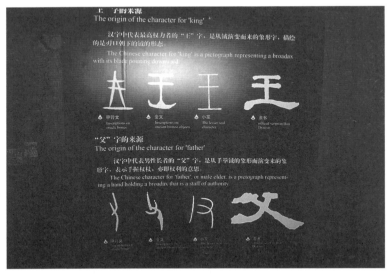

刻畵文字(杭州市 余杭区 良渚鎮 良渚博物院, 필자 촬영)

　　세계문화유산 -글로벌 文化史의 理解-

良渚古國의 王과 王妃(杭州市 余杭区 良渚鎭 良渚博物院, 필자 촬영)

1959년 良渚文化란 명칭을 처음 만든 夏鼐(杭州市 余杭区 良渚鎭 良渚博物院, 필자 촬영)

江蘇省 武進県寺墩 3호무덤(良渚문화, 기원전 2500년, 南京博物院, 필자 촬영)

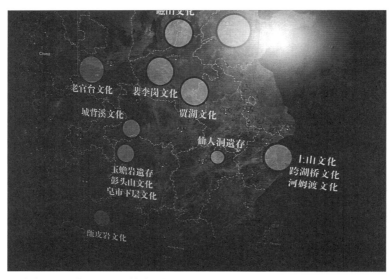

가.皂市下層→彭頭山→玉蟾岩문화로, 나. 河姆渡→跨湖橋→上山문화로 발전하는
그림(良渚博物院, 필자 촬영)

요령 능원 牛河梁遺址(필자 촬영)

우하량 제사유적(필자 촬영)

벼 판 獨木棺도 보인다.

요새화한 版築城은 河南省 安阳 后崗, 登封 王城崗, 淮阳 平糧台, 山東省 章丘 龙山鎭 城子崖 등 龙山문화에서부터 이미 나타나기 시작하였다. 良渚文明이 나타나는 문화사적 순서는 "彭头山→ 河姆渡(기원전 5000년-기원전 4500년)→ 馬家浜→ 崧澤→ 良渚[玉器의 제작으로 유명한 良渚(浙江省 杭州市 余杭区 良渚鎭)문화(기원전 3400년/3350년경-기원전 2350년경)]→ 楚"로 이어진다. 여하튼 넓은 지역의 중국에서 文明의 多原論(polyhedral, polyphyletic theory)이 제기될 수 있는 것은 가능하며, 이 점은 앞으로 중국고고학에서 해결되어야 할 문제점이다.

짐바브웨 ZIMBABWE

1. 카미 유적(Khami Ruins National Monument: 문화, 1986):

大짐바브웨가 서기 1550년경 사라진 이후 서기 1450년-서기 1650년 사이에 성장한 카미 유적은 고고학상 무척 흥미있다. 이곳에서 발굴된 유럽 스페인의 銀製그릇과 중국 明나라의 도자기 유물들은 이곳이 장기간 무역을 해왔다는 것을 알려준다. 그리고 왕과 일반사람들이 사는 구역이 구분이 되어 있다는 것은 계급사회가 뚜렷한 왕국이었음을 보여준다. 이곳은 마타벨레란드(Matabeleland) 주의 수도인 불라와요(Bulawayo)에서 서쪽으로 22km 떨어진 곳에 위치하며, 한때는 부투아(Butua) 왕국의 수도였다.

2. 大짐바브웨 유적(Great Zimbabwe National Monument: 문화, 1986):

아프리카의 동남쪽 짐바브웨(Zimbabwe, 이웃 Rhodesia는 영국인 Cecil

Rhodes가 서기 1965년 짐바브웨에서 분리·독립)의 '위대한 돌집'(Great Zimbabwe)은 회반죽을 쓰지 않고 100acre의 넓이에 오직 돌로 축조한 높이 약 9.6m에 이르는 벽과 좁은 迷路, 타원형의 건물, 원추형의 탑, 갈매기(chevron) 모양의 壁龕과 수많은 방을 포함하는 석조 건조물이 들어섰는데 이곳이 王의 집, 신성한 종교의식과 산업의 중심지의 기능을 갖추었던 것으로 보인다. 그 외에 金版, 銅塊, 보석, 목제 조각물, 중국제 도자기와 시리아제의 유리도 발견되었다. 또 滑石으로 조각된 강인한 다리를 가진 鳥像이 기둥 꼭대기에서 여러 점 발견되었는데 이는 오늘날 짐바브웨 국가의 상징물로 되었다. 이곳은 서기 1270년—서기 1550년경 인도양을 건너 인도와 아라비아와 같은 이슬람 문화권과 교역하던 왕국으로 볼 수 있다. 이곳은 반투(Bantu) 족과 관련되며 전설상 시바 여왕 시대의 수도라고도 전해진다. 이 다음에 카미(Khami) 문화가 나타난다.

3. 매토보 언덕(Matobo Hills: 문화, 2003):

이곳은 짐바브웨 남서쪽 불라와요(Bulawayo) 남쪽 35km 떨어진 424km² 넓이의 국립공원에 속해 있다. 이곳은 습기와 바위가 많은 화강암 언덕 위에 자연적으로 형성된 동굴주거가 많이 있어 연대가 가장 올라가는 고고학적 유물은 30만 년 전까지도 가능하나 대개 13,000년 전 후기구석기시대부터 철기시대에 이르며 당시의 사람들이 환경에 적응하기에 불편하지 않았다. 그래서 장기간에 걸쳐 계속 주거로 이용되어오던 동굴 700여 곳에서 2만점 넘는 岩壁画(rock painting)가 발견되며 지금도 이곳은 神託의 신 므왈리(Mwali)를 숭배하는 사원이나 신성한 장소로 이용되는 전통·사회·경제 행위의 중요한 장소이다. 그리고 2,000년 전 다른 곳으로 이주한 산(San, Bushmen) 족과도 관련이 많은 이 암벽화의 주제는 사냥과 채집이며 묘사된 동물은 코끼리, 기린, 흑 산돼지, 몽구스 등이다. 암벽화가 있는 곳은 봄바타(Bombata, 코끼리, 기린, 흑 산돼지 등이 묘사된 주요한 동굴벽화 유적), 이나케(Inake, 철기시대 爐址가 나옴), 느스와투기(Nswatugi, 코끼리, 기린 등의 벽화가 있음), 프로몽구웨(Promongwe, 39,032점의 석기가 출토하고 연대도 30만 년 전으로 올라감) 동굴과 흰 무소(White Rhino) 岩陰주거 등이다.

차드 Chad

1. 에네디 매시프의 자연 문화 경관(Ennedi Massif: Natural and Cultural Landscape: 복합, 2016):

현재 에네디 매시프로 불리 우는 아르쉐이(Archei) 지역은 '에덴의 사하라 정원'(the Saharian Garden of Eden)으로 알려지고 있다. 붉고, 갈색, 노란색과 황금색의 陰影으로 물드는 거대한 모래절벽, 기둥, 홍예, 미로, 탑이 절경이다. 세계에서 가장 큰 사막인 사하라의 남쪽 경계에 잘 보존된 산맥도 믿을 수 없이 아름다울 뿐만 아니라 7,000년에서 2,000년 전으로 거슬러 올라가는 岩刻畵의 고향으로 그 數量에서 뿐만 아니라 보존 또한 잘 되어 있어 프랑스의 畵廊의 이름을 따라 '하늘의 루부르(Louvre)'라고도 언급된다. 그들의 생활을 좀처럼 바꾸지 않은 유목민만 드문 드문드문 있을 뿐 이곳에는 사람이 별로 살지 않아 그들의 조상이 그리거나 조각한 암각화가 잘 보존되고 있다. 아름다운 장소와 사람, 잘 보존된 고대문화를 볼 때 에네디는 여러 면에서 특이한 생동감 넘치는 장관이라 할 수 있다.

에네디 매시프느는 다양한 생물의 보고이다. 그곳에서 서식하는 동식물은 사하라가 건조해진 이후 세계에 가장 유명한 바위틈새 물이 스며있어 오아시스에 해당하는 아르쉐이 겔타(Guelta d'Archei qalta, galta, agelmam) 오아시스 지역에서는 사하라 악어(Crocodylus niloticus Laurenti)와 낙타도 볼 수 있다. 이곳은 차드의 동북향의 에네디 고원에 위치하며 화다(Fada) 시의 남동향에 해당한다.

아르쉐이 겔타에는 암각화 뿐만 아니라 사하라 악어를 비롯하여 아직도 많이 남아 있는 중기 沖積世/全新世(Holocene)시대의 흔적들은 이 지역이 사하라 사막, 남쪽 지중해 연안을 따라 나있던 늪지에서 번영했었던 것으로 보여 진다.

사하라 사막의 일부를 형성하는 산악지대 타간트 고원(Tagant Plateau)은 모리타니 동부에 위치하며 서기 17세기 중반부터 시작하여 아드라 고원(Adrar Plateau) 지역으로부터 이주가 시작되어 타간트 고원에 살던 토착민을 내몰았다. 타르테가 겔타 오아시스(The Tartega Gueltas oasis)는 서기 1976년에도 악어가 살던 습지이나 서기 1976년 이후에 이곳에는 오히려 사람은 보이지 않는다. 그래서 현존하는 악어들은 사하라에서 알려진 서기 1996년 이후 사라진 타간트 고원의 모리타니 식민지(Tagant Plateau colony in Mauritania)를 회상하게 한다.

체코 CZECH REPUBLIC

1. 프라하 역사지구(Historic Centre of Prague: 문화, 1992):

서기 11세기-서기 18세기 체코의 중앙 보헤미안 지역의 니므부르크(Nymburk) 지구에 건립된 구 도시, 작은 도시, 신도시(Old town, Lesser town, New town)의 중세부터 내려오는 오래된 건축물로 대부분 서기 14

세기 신성로마제국 촬스 IV세(Holy Roman Empire, Charles IV) 때 지은 흐라드차니(Hradčany) 성, 성안에 성 비투스 성당[Saint Vitus' Cathedral(Czech: Katedrála svatého Víta)], 궁전과 찰스 다리가 있다. 이 성당은 서기 10세기 통치하고 현재에도 외부의 공격이 있을 때 백마를 타고와 체코를 지켜주는 수호신으로 여겨지고 있는 바츠라프(Václav) 왕의 墓所 위에 600년 만에 지어지고 주교가 왕의 머리를 이곳에 옮겨왔다고 하는 곳으로 고딕양식으로 지어졌다. 또 이곳 제단 위에는 서기 14세기에 통치하고 오늘날의 프라하와 이 성당의 건설을 명령했던 촬스 IV세[Charles IV(Czech: Karel IV, German: Karl IV, Latin: Carolus IV); 서기 1316년 5월 14일-서기 1378년 11월 29일, Wenceslaus(Václav)에서 태어나서, Bohemia의 두 번째 왕 겸 신성로마제국의 황제였다]의 像 등이 있다. 흐라드챠니 성은 길이 570m, 폭 130m로 성안에는 궁전과 서기 1378년 11월 29일 죽은 촬스 IV세의 석관이 안치되고 체코의 아트 누보(Art Nouveau) 화가인 알폰소 무차(Alfóns Mucha)가 그린 착색유리(stained glass)가 눈길을 끄는 고딕양식의 성 비투스 성당이 있다. 현재 이 궁전은 '프라하의 봄'을 주도했던 바츠라프 하벨(Václav Havel) 대통령 때부터 다시 대통령 궁으로 이용되어 오고 있다. 이 체코 대통령 궁(New Royal Palace of Prague Castle)의 스페인 홀(Spanish Hall)에서는 서기 2013년 영국의 사이몬 래틀 경(Sir Simon Rattles)이 베르린 필하모니(Berliner Philharmoniker)를 지휘했던 바와 같이 현재도 이곳은 아직도 실내음악당으로 이용되고 있다.

2. 체스키 크룸로프 역사센터(Historic Center of Ćeský Krumlov: 문화, 1992):

보헤미아 지역 무역의 중요한 루트인 블타바(Vltava) 강 뚝 서기 13세기에 처음 건립되어 고딕, 르네상스, 바로크 양식의 성으로 이어지는 5세기 이상 평화로운 進化·發展덕으로 처음 만들어질 때부터의 아름다운 건축, 옛 마을의 예술, 성 비투스 성당(Saint Vitus' Cathedral), 프로보카 성, 쿠루믈로프(Krumlov) 성의 건축유산이 고스라니 남아 있는 뛰어난 쿠루믈로프 公國 領地였던 중세의 도시이다. 서기 1938년-서기 1945년 나치 하에 수데텐란드(Sudetenland)의 일부가 되었으나 2차 대전이 끝난 후 독일어 하는 사람들은 모두 쫓겨나고 이 지역도 체코로 복귀되었다. 이 지역은 금광을 바탕으로 부흥했었으며 금이 풍부했던 탓인지 당시 성주 겸 요한 안톤 I세(Johan Anton I von Egg-enberg, 서기 1610년-서기 1649년) 公이 합스부르크 페르디난드 3세의 요청으로 로마 바티칸 우르반 VIII세(Pope Urban VIII)를 알현하기 위해 서기 1638년 3월 21일 로마로 출발했다가 귀국길에 페르디난트 3세에게 바칠 선물용으로 로마의 장인 쥬세프 휘오니치(Jusepp Hionichi)에게 의뢰하여 호두나무에 금도금과 은장식을 하여 만든 황금마차(Golden carriage)는 남쪽 보헤미아의 귀족가문이면서, 쿠루믈로프와 로젠베르크[장미문장으로 상징되는 Rozmbserk, Rosenbergs, 빌리엄 로젠베르크/Wil-helm von Rosenberg/Rotenberg(서기 1536년-서기 1592년)가 시조임] 영주의 성채 겸 집이였던 현재 박물관에 서기 1674년 이후 전시되어 있다.

3. 텔치 역사센터(Historic Centre of Telč: 문화, 1992):

비소치나 지구 중세시대 도시 계획으로 구획된 텔치 도시의 집들로 처음에는 목조 가옥이었으나 서기 14세기경의 화재 이후 석재로 재건립하였으며 성벽을 돌리고 또 일련의 인공적인 연못을 파 성과 도시 주거의 강화에 힘썼다. 이 고딕의 도시는 서기 15세기 말 High Gothic 양식(서기 1195년-서기 1350년 고전적 고딕건축양식이 가장 발달할 때의 양식)으로 지어졌다. 그래서 시장, 광장과 성은 매우 높게 지어졌다. 삼각형태의 시장과 광장은 정면이 매우 화사한 집들과 조화를 이루고 있다.

4. 젤레나 호라의 성 요한 순례교회(The Pilgrimage Church of St. John Nepomuk at Zelená Hora: 문화, 1994):

모라비아 주 남쪽 즈다 나드 사자보(Žďár nad Sázavou)에서 멀지 않은 곳에 위치한 서기 1393년에 죽은 순교자 성 요한 네포무크를 기념하는 순례 교회(Kostel sv. Jana Nepomuckého)로 서기 1769년에 체코-이탈리아의 건축가 얀 브라제이 산티니 아이치(Jan Blazej Santini Aichi)에 의해 바로크와 신 고딕 사이의 건물 양식으로 건립되었는데, 이 교회/수도원 안에 예배당이 있으며 평면구조는 10각의 별 모양을 하고 있다.

5. 쿠트나 호라 역사도시(Kutna Hora-the Historical Town Centre with the church of Saint Barbara and the Cathedral of our Lady at Sedlec: 문화, 1995):

쿠트나 호라(독일어로 Kuttenberg로도 불림)와 이웃 세드렉(Sedlec) 시에는 두 곳의 세계문화유산이 등재되어 있는데 하나는 쿠트나 호라 역사도시로 여기에는 서기 1388년에 고딕 양식으로 짓기 시작한 本堂이 다섯 개가 있는 성 바바라 교회(Kostel Svaté Barbory)와 이전 왕족의 저택인 이탈리아 풍의 궁전(Vlašský dvůr)과 鑄造所가 있다. 고딕으로 된 돌집은 서기 1902년 이후 박물관으로 이용되고 있으며 이 지방에 관한 중요한 고문서를 보관하고 있다. 이곳은 銀鑛이 있어 이를 바탕으로 이 도시는 프라하와 경쟁할 정도로 번영을 누리고 있었으며 주조소는 서기 1547년에 문을 닫았다. 86m의 탑이 있는 성 제임스 교회(Kostel sv. Jakuba)는 고딕 양식으로 지어진 건물이다. 그 외에도 우루술린 교회(Church of Ursuline Convent, Kostel KlásteraVoršilek), 예수회 대학(Jesuit

College, Jezuitská kolej), 마리아의 圓柱(Marian column, Morový sloup)가 있다. 그리고 이웃 세드렉 시에는 성모마리아 성당(Cathedral of Our Lady, Chrám Nanebevzetí Pany Marie)이 있는데 이곳은 사람의 人骨(Sedlec ossuary, Bone church, Kostnice Sedlec)로 장식한 여러 형태가 유명하다. 이 교회는 서기 13세기 세드렉 수도원의 대주교 진드리치(Jindřich)가 팔레스타인에 갔다가 그곳의 흙을 한줌 가져와 이곳 올 세인트(All Saint) 교회 주변에 있는 공동묘지에 뿌리고, 그 후 공동묘지를 이용한 사람의 수가 늘어 묘소의 부족으로 묘지를 파헤쳐 인골만 따로 이곳 교회에 보관하고 있는데 모두 4만 명분이 넘는다. 인골도 샨델리어(chandelier), 십자가, 종, 聖餐杯, 벽장식, 왕관 등의 형태로 장식해 놓았다. 이 도시는 서기 1142년에 건립되었으나, 합스브르그와 부르봉 왕가의 대립인 30년 전쟁(서기 1618년~서기 1648년), 세계제1차대전 등을 거치면서 도시의 소유가 여러 번 바뀌는 정치적 혼란을 겪었다. 이는 서기 13세기~서기 16세기 이곳에 있는 銀鑛개발과 소유권 문제와도 관련이 있다.

6. 레드니스-발티스 문화경관(The Lednice-Valtice Cultural Landscape: 문화, 1996):

서기 17세기~서기 20세기 리히텐슈타인(Liechtenstein)의 소국을 다스리는 公爵은 모라비아(Moravia) 남쪽 브레클레이 지구의 자기 영토를 인공적으로 아름다운 경관을 꾸며 놓았는데 이는 요한 베른하드 피셔(Johann Bernhard Fisher)의 설계와 작업에 의존해 200km² 넓이의 레드니체(Lednice)와 발티체(Valtice) 성들의 바로크양식 건물을 영국식의 낭만적인 정원 양식을 가진 고전과 신 고딕양식으로 바꾸어 놓았다. 이는 유럽에서 인공정원으로 만들어진 것 중 규모가 가장 크다.

7. 홀라소비체 역사마을 보존지구(Holašovice Historic Village Reservation: 문화, 1998):

중세시대의 평면구조를 그대로 간직하고 있는 서기 18세기-서기 19세기의 중앙 유럽의 전통적인 민속촌으로 보헤미아 남부의 특징을 지닌 'South Bohemian Folk' 혹은 '지방 바로크' 양식을 간직하고 있다. 세계제2차대전 후 황폐하게 버려졌다가 서기 1990년 복원되고 사람이 다시 들어와 살기 시작하였다.

8. 크로메리즈의 정원과 성(Garden and Castle at Kroměříž: 문화, 1998):

즈린 지구 모라비아 중앙지역을 관통하는 크리비 산맥의 산록의 옛날 조그만 개울이 있던 곳에 위치한 크로메리즈의 정원과 성은 귀족의 화려한 저택과 정원이 조화를 이루고 현재에도 잘 보존되고 있다. 이것은 피리베르토 루체세(Filiberto Lucchese)의 설계, 지오바니 피에르토 텐칼라(Giovanni Pietro Tencalla)의 施工과 서기 1644년 이래 올로모크(Olomouc)의 대주교인 카렐 리히텐슈타인 카스텔콘(Karel Lichtenstein-Castelcorn) 백작의 후원에 의해서였다.

9. 리토미슐 성(Litomyšl Castle: 문화, 1999):

르네상스 시대 서기 1568년-서기 1581년에 지어진 이탈리아 풍의 상점이 있는 성으로 체코에서 번안하였다. 귀족가문의 페른스타인(Pernstejn)이 본래 중세시대의 건물을 르네상스식을 개조하였고 서기 18세기 후반기에 내부를 복원하였으나 본래 모습의 정면과 벽의 장식이 잘 남아있다.

10. 올로모크의 삼위일체 석주(Holy Trinity Column in Olomouc: 문화, 2000):

올로모크 시 광장 가운데에 있는 三位一體의 石柱는 로마가톨릭 교회의 권위를 찬양하기 위해 서기 1717년 만들기 시작했으나 서기 1754년에나 완공되었다. 높이 35m이다. 이 석주를 설계하고 거의 자기부담으로 만든 석공 벤젤 렌드너(Venzel Redner)에 의해 시공되었으나 마치지 못하고 서기 1733년에 죽었다. 조각가 온드레이 자너(On-drej Zahner)가 18개의 조각, 9개의 부조를 채워 넣어 완공하였다. 이 석주는 바로크 양식의 석주로 유럽 초기 바로크 풍의 정점을 이루는 기념석주(石柱)로 후일 삼위일체의 석주로 바뀌었다.

11. 브르노 지역의 투겐트하트 집(Tugendhat Villa in Brno: 문화, 2001):

'투겐트하트의자(Tugendhat chair)'라는 별칭을 갖고 있는 투겐트하트 집은 독일 건축가 미스 반 데어 로에(Mies van der Rohe)가 서기 1930년 브르노 섬유공장주인 프리츠 투겐트하트(Fritz Tugendhat)를 위하여 설계한 저택으로 콘크리트와 강철을 사용해 만들었다. 외벽은 하얗게 칠하였고 거실의 내벽은 아틀라스(Atlas) 산맥에서 채취한 줄마노로 판벽을 붙였다. 집은 규칙적으로 물을 뿌려 축축하게 하고 중앙남방과 냉방장치를 갖추었다.

12. 트레빅의 유대인지구와 성 프로코피오 교회(The Jewish Quarter and St. Procopius' Basilica in Třebíč: 문화, 2003):

비소시나 지구 트레빅 시에 위치한 중세에서 세계제2차대전까지의 유태인문화와 기독교문화가 공존한 중앙유럽의 대표적인 예이다. 유태인 지구에는 교회(synagogues), 학교, 병원, 내부 식구에 따라 분리되는 몇 사람 소유의 콘도미니엄 양식의 집, 4,000개의 비석이 남아있는 공동묘지가 있다. 이곳에 살던 유대인은 세계제2차대전 중 독일인들에 의해 강제 疏開되었으나 전쟁이 끝난 후에 한 사람도 돌아오지 못하였다. 이는 아마도 Holocaust(全燔祭) 때문이었을 것이다. 기독교 지구의 성 프로코피오 성당은 베네디트파 수도원으로 서기 13세기에 화강암과 사암으로 지어졌고 로마네스크와 초기 고딕양식을 갖고 있다. 이 성당의 존재는 주위의 시장을 활성화하고 특히 유대인의 상행위를 도왔을 것이다.

칠레 CHILE

1. 라파 누이 국립공원(Rapa Nui National Park: 문화, 1995):

세계의 배꼽이라 불리우는 Easter Island[서기 1722년 부활절 날 네덜란드인 선장 로게벤(JacobRoggeveen)에 의해 발견되어 이름지어짐]의 토착어인 라파 누이(Rapa Nui, Aku-aku 섬, 길이 24.6km, 최대 폭 12.3km, 해발 507m) 국립공원은 라노 라라쿠(Rano Raraku, 모아이 석상을 만드는 응회암이 나오는 채석장으로 서기 7-서기 17세기에 이용되었으며 지금도 미완성인 석상이 300여 개 남아있으며 가장 큰 것은 22m나 된다)와 라노 카우(Rano Kau, 서기 1640년 이후의 채석장) 두 개의 분화구를 가진 71.3km²의 화산암(현무암)으로 전 세계에서 비교할 수 없는 매우 독특한 문화 현상을 지니고 있다.

서기 700년-서기 1100년경[고고학자 테리 헌트(Terry Hunt)와 칼 리포(Carl Lipo)는 이보다 늦은 서기 1200년경 정착으로 생각함] 미크로네시아 3,200km 떨어진 마르케사스(Marquesas) 섬이나 2,600km 떨어진 감비어(Gambier)에서부터 이곳에 정착한 라파 누이의 사회는 외부로부터 영향을 전혀 받지 않은 강인하고 토착적인 石像(모아이)을 제작하고 제단/신전(아후, 그 아래는 洞空으로 納骨堂임)을 세우는 것으로 알려져 있다. 모아이(moai)라 불리 우는 석상이 현재 887개가 남아있으며 이들을 모신 아후라는 제단도 120여개 소 남아있다. 대표적인 것은 북쪽의 나우나우 아후와 남쪽의 룽가 아후가 대표적이다. 석상은 거의 대부분 내륙을 향하고 있다.

석상들은 서기 10세기-서기 16세기에 만들어졌으며 전 세계에서 비교할 수 없는 문화적 조경을 지닌 독특한 것이다. 최근 이스터(아쿠-아쿠) 섬에 대한 연구가 활발하다. 이곳에 살던 부족들이 가뭄과 과도한 석상의 제작과 이들의 운반에 대한 나무의 필요로 인한 라파누이 종려나무(Rapa Nui Palm, 당시 13종이 있었음이 확인됨) 자원의 벌목으로 인한 고갈, 이에 따른 식량의 부족으로 벌어진 부족 간의 전쟁으로 망했던 것을 알려주고 있다. 다시 말해 서기 15세기-서기 17세기에는 농사가 잘되어 농지도 증가했으나 서기 17세기에 가뭄이 극심해 나무가 말라죽고 농지도 척박하게 되었다. 석상이 만들어지지 않기 시작한 해가 서기 1640년이다.

또는 자원의 고갈로 인해 환경이 척박해지고 종전까지 믿었던 신에 대한 비의 간절한 祈願이 좌절로 끝나자 생존차원에서 당시 11개 부족 간(전체 인구 13,000명으로 추산)의 갈등과 전쟁이 결국 사회체제와 지배층에 대한 믿음의 전환을 가져오게 되고 제단의 약탈과 파괴가 뒤따른 모양이다. 이들은 11개의 부족으로 나누어지고 각기 族長이 있고 그 위에 王이 존재한 계급사회를 유지하였다. 가뭄은 결국 모아이의 석상 제작을 폐기하고 '몸은 인간이고 머리는 새(鳥)'인 새-인간신을 만들게 되는 종교적 변혁까지 이르게 된 모양이다. 그리고 다시 1년 단위의 새로운 왕이 선출되어 이 섬을 다스렸다. 이의 중심지가 남쪽 라노카우 분화구 옆 오롱고 사원이다.

그 후 이곳은 외부 항해자들에 알려지고 노예상인이 가져온 질병에 의해 사라지게 되었다. 이곳에서 발견되는 롱고 롱고 書板에는 2,320字가 새겨져 있는데 이는 스페인들과의 접촉에서 배워 새긴 것으로 내용은 세상만물의 탄생과 관련된 것이다. 그리고 이곳의 석상들은 서기 1955년 노르웨이의 탐험가인 토르 헤이어달(Thor Heyerdhal, 서기 1914년 10월 6일-서기 2002년 4월 18일)이 페루(수도 리마)와 이곳 라파누이 사이의 문화전파론을 입증하는 자료로서도 이용되어 왔다. 만약 그렇다면 이는 서기 1519년 포르투갈인 마젤란(Ferdinad Magellan, 서기 1480년-서기 1521년)의 태평양을 건너는 항해보다도 약 300년 이상을 앞선 것이 된다.

서기 2011년 10월 조 앤 반 티부르그(Jo Anne Van Tiburg, UCLA/University of California, Los Angeles의 The Cotsen Institute of Archaeology) 박사를 발굴단장으로 하는 Easter Island Project가 만들어져 현재까지 수행 중으로 모아이 석상을 만들던 당시 주민들의 석상의 축조 과정이 새로이 밝혀지고 있으며, 또 석상 근처에서 발견된 참치(tuna)의 척추와 바닷가재 뼈들은 서기 1640년 이전 석상을 만들던 작업인부들의 노고에 대한 대접으로 먹던 음식물에 대한 증거를 보여주고 있다.

2. 칠로에 교회(The Churches of Chiloé: 문화, 2000):

이 교회들은 서기 17세기-서기 18세기 이그네이셔스 로욜라가 만든 예수회 회원(Jesuit peripatetic mission)에서 현지에서 자란 목재로 지은 목조건물로 19세기에 프란체스코 수도회에서 이어받아 계속 보수·유지하여 오늘날에 이르고 있다. 이 교회들은 스페인령의 칠로에 군도에서 무형의 풍요함과 품위를 지니고 토착인들과 유럽인들의 문화접목뿐만 아니라 주위 자연환경과도 잘 어울리는 스페인과 남미 토착인의 혼혈인 메스티죠 문화(mestizo culture)의 한 예이다.

3. 발파라이소 항구도시의 역사지구(Historic Quarter of the Seaport City of Valparaiso: 문화, 2003):

서기 19세기 후반 스페인(에스파냐 ESPAÑA)의 식민지도시로 서기 1542년 스페인인들에 의해 페루와의 무역을 위한 남미 태평양연안 항구 도시로 처음 만들어지기 시작하였다. 아래쪽은 만을 따라 시가지가 위쪽에는 다양한 색조의 집들이 배치되고 있다. 멀리서 보면 여러 형태의 집(맨션)과 산업지구들이 원형극장처럼 언덕과 교회의 첨탑에 둘러싸인 영화세트장처럼 잘 보존되었다.

4. 움베르스톤과 산타 로라 초석작업장(Humberstone and Santa Laura Saltpeter Works: 문화, 2005):

아타카마 사막에 서기 1872년 길레르모 웬델 초산 추출회사(the Gillermo Wendell Nitrate Extraction Company)가 만들어져 칠레, 페루, 볼리비아에서 온 인부들이 세계에서 가장 건조한 사막지대의 하나인 팜파(Pampa) 지구에서 함께 모여 마을을 만들고 이후 60년 동안 200여 개나 되는 농업용 초산나트륨 비료(硝石, saltpeter/fertilizer sodium nitrate) 생산을 위한 작업장을 운영했다. 서기 1910년 칠레의 초석생산은 전 세계의 65%, 칠레 수출량의 80%를 차지하는 무역의 핵심이 되었다. 多國籍의 사람들이 모여 공동사회를 형성함에 따라 사회정의의 실천에 따른 여러 사회적 문제들을 해결해 나가는 동안, 그곳에만 유통되는 화폐를 만들고, 병원과 극장 등을 운영하는 등 그들만의 독특한 복합문화를 형성하였다. 당시 亞鉛鍍金을 한 공장과 창고, 발전소 등의 건물들이 부식되어져 가고 또 이곳은 사막의 열사와 지진 취약지구로 '위험에 처한 유네스코 문화유산'으로 여겨지고 있다.

5. 씨웰 광산촌 유적지(Sewell Mining Town: 문화, 2006):

안데스 산맥의 산록 해발 2,000m의 지점에 서기 1905년 브라덴 구리회사(the Braden Copper Company, El Teniente)가 들어서 서기 1977년 폐광할 때까지 세계 최대의 지하구리광산이었다. 광부들이 한때는 15,000명 정도에 이르렀으며, 그들이 모여 마을을 형성하고 산업과 노동력이 잘 결합된 양상을 보여주었다. 마을은 차량이 오르기에 너무 가파른 곳에 형성되어 철도역부터 경사진 중앙계단이 만들어졌으며 불규칙적인 광장주위에는 장식용 나무와 식물들이 심어졌다. 거리를 따라 난 건물들은 노랑, 빨강과 푸른빛으로 칠이 되어 있었다.

6. 쿠하파크 난 안데스 도로체계(Qhapaq Ñan, Andean Road System: 문화, 2014):

→ 아르헨티나 4항을 참조할 것.

카보 베르데(케잎 베르데) CAPE VERDE

1. 시다데 벨랴, 리베이라 그란데 역사지구(Cidade Velha, Historic Center of Ribeira Grande: 문화, 2009):

서기 1462년 포르투갈의 탐험가 안토니오 다 놀리(António da Noli)가 이름 지은 큰 강이란 의미의 리베이라 그란데(large river)는 아프리카 적도 지역에 자리 잡은 최초의 유럽식민지이다. 산티아고(Santiago) 섬 남쪽 시다레 벨랴(old city)는 수도 프라이아(Praia, 서기 1770년에 옮김)에서 15km 떨어져 있으며 식민지 당시의 거리, 2개의 교회(그중 하나는 서기 1495년 건설), 16세기 화려한 대리석 기둥이 있는 필로리(Pillory)

광장, 항구(Real de São Felipe)와 요새(서기 1590년)가 남아있다. 현재는 기니비사우와 시에라리온에 있는 리베이라 그란데란 같은 이름을 피하기 위해 '오래된 도시'라는 의미의 시다디(Sidadi/Cidade Velha)라고 부른다. 이곳은 기니비사우(Guinea-Bissau)와 시에라리온(Sierra Leone)으로부터 온 노예들을 브라질과 카리브 해 연안 지역으로 데려가기 위한 중요한 항구였다. 또 이곳은 서기 1497년 바스코 다 가마(Vasco da Gamma), 서기 1498년 크리스토퍼 콜럼버스(Christopher Columbus)가 기항했던 곳이기도 하다.

카자흐스탄(哈薩克斯坦) KAZAKHSTAN

1. 코자 아메드 야사위의 靈廟(The Mausoleum of Khoja Ahmed Yas-awi: 문화, 2003):

이 영묘는 티무르 왕[Timur(Tamerlane), 서기 1336년 4월 8일-서기 1405년 2월 18일, 서기 1389년-서기 1405년 재위] 때 서기 9세기에 시작된 이슬람 신비주의 운동인 수피즘(Sufism)의 대표적인 학자인 코자 아메드 야사위(서기 1093년-서기 1166년)를 위해 현 투르키스탄(Turkestan) 시의 동북쪽에 지어졌다. 현재 중앙아시아에서 제일 큰 靈廟의 북쪽에 도시의 성채, 모스크 사원과 목욕탕이 복원되어 있다. 영묘의 돔은 사마르칸트의 구리 아미르(Gur-i Amir)의 돔과 같이 티무르 시대의 대표적인 것으로 여겨지고 있다.

2. 탐갈리의 암각화(Petroglyphs within the Archaeological Landscape of Tamgaly: 문화, 2004):

중앙아시아 카자흐스탄 세미레체(Semireche) 주 알마타(Almaty) 서북쪽 170km 떨어진 채색이나 뚜렷한 표지의 의미를 지닌 탐갈리 계곡 츄일리(Chu-Ili) 산 48개소에 5,000개의 岩刻畵(rock carving)가 집중되어 있다. 이들은 기원전 1500년-기원전 1000년의 청동기시대 중기-후기가 중심이나 철기시대 초기, 중세 시대를 거쳐 20세기 초까지에도 덧대어 그린 예도 있다. 근처 청동기와 철기시대의 유적으로는 카라숙 문화 계통의 石棺墓(cist), 따가르의 板石墓, 스키타이 계통의 쿠르간(Kurgan) 封土墳과 집자리 등이 발견된다. 이곳은 암각화가 집중 분포된 곳으로 당시 초원지방에 살던 유목민족들이 犧牲物을 바치던 祭壇으로 여겨지며 이들 암각화를 통해 그들의 목축, 사회조직과 儀式도 알 수 있다. 암각화의 내용은 인간이나 태양의 모습, 쌍봉낙타, 사슴, 꼬리가 유난히 말려 올라간 여우 또는 늑대 등 그들이 생활하면서 주위에서 흔히 볼 수 있는 동물이 주가 된다.

3. 실크로드/絲綢之路(Silk Roads: Initial Section of the Silk Roads, the Routes Network of Tian-shan Corridor: 문화, 2014):

→ 중국 37항을 참조할 것.

카타르 QATAR

1. 알 주바라 시의 고고학 유적과 경관(Archaeological site of Al-Zubarah town and its cultural landscape: 문화, 2013):

알 주바라 시의 고고학 유적과 경관은 알 주바라 시의 고고학 유적, 카라트 알 무라이르(Qal'at Al-Murair)의 파괴된 요새, 카라트 알 주바라

(Qal'at Al-Zubarah)의 요새의 이웃하는 세 가지 특성과 연결된다. 세 지역 사이의 완충지대는 지하수 운영을 입증하는 잘 보존된 우물, 해안가 방어체계로 현재 파괴된 요새, 유적 주위의 인간의 행위에 대한 有形의 증거, 유적 근처 해안에 가까운 얕은 내륙 바다에 자라는 생태학적으로 가치 있는 海草層(sea-grass beds)과 같은 자연환경들이다. 알주바라 시의 고고학 유적은 카타르에서 초기 인간이 살던 가장 규모가 큰 지역이다. 이 유적은 반도의 서북향 주바라 요새와 바다 사이에 위치하며 옛날 요새화된 해안도시를 포함한다. 현재 완전히 폐기되었지만 풍부한 굴 貝殼層과 걸프 만 내외의 무역망이 풍요를 보장해 주었던 증거들을 보여줌으로써 이 나라와 국민의 역사를 설명하는데 도움을 준다. 카타르 당국의 고고학적 발굴조사로 여러 나라 중 중국, 서아프리카, 페르시아와 메소포타미아(이락)과의 무역을 했던 증거를 밝혀주었다. 이 도시의 지도/forma urbis[The Forma Urbis Romae/Severan Marble Plan]은 고대 로마제국의 지도로서 셒티무스 세베루스(Septimius Severus) 황제 때인 서기 203년-서기 211년 사이에 제작되었다. 본래의 크기는 18m×13m로 평화의 사원(Temple of Peace) 내벽 15개의 대리석편 위에 조각되어 있다는 도시계획의 뛰어난 재능을 보여준다. 도시는 그리스 밀레투스/밀레(Anatolia 서쪽 해안가의 고대 그리스 도시)의 히포다무스(Hippodamus of Miletus)가 이론을 낸 도시의 "gridiron plan"으로 알려진 方格形/格子形에 기초하는데 거리는 서로 90°로 교차한다. 원래의 도시는 길이 2,000m, 폭 600m로 긴 외벽과 망루로 둘러싸여 있다. 독립된 구획과 외벽은 도시 발달상 2기에 추가된 것이며 3기에는 성벽 밖에 집들이 들어섰다. 이 주거지들이 들어선 연대는 확실치 않다. 그리고 도시의 역사를 구체화할 기록이 거의 없다. 이는 지금까지 도시의 5%만이 발굴조사 되었기 때문이다. 새로운 발굴이 이루어진다면 도시

의 역사를 밝힐 수 있을 것이다. 과거 10년의 조사에서 서기 7세기 이슬람 문명 시기에 이 도시가 이미 존재했다는 것을 보여주고 있다. 이 외에도 서기 1세기 그리스 지리학자 프톨레미(Ptolemy)가 쓴 지리(Geographia)란 책에 흥미 있는 단서가 있다. 그는 카드라(Qadra) 또는 카다라(Cadara)라고 불리는 도시가 있음을 기록했다. 그러나 그럴 듯하지만 알 주바라가 바로 그 도시라고 단정하기에는 확실한 증거가 없다. 서기 1638년 4월 하마드 빈 나엠, 술탄 알 무라키히(Hamad bin Nayem bin Sultan Al-Muraikhi Al-Zubari Al-Qatari)가 쓴 기록은 알 주바라에 150채의 집, 700명의 인구가 살면서 여러 척의 배와 가축을 소유하고 있는데, 주민들은 多文化 가정으로 나임(Naim), 무살렘(Musallem), 트와르(Twar), 하와제르(Hawajer), 베두인(Bedouins), 리사우드(Lisaud), 자유인과 노예로 이루어졌다고 한다. 서기 1765년 알 우투비(Al-Utubi)족인 알 칼리파(Al-Khalifa)와 알 자라히마(Al-Jalahima) 집단이 진주를 찾아 쿠웨이트의 고향에서 바레인으로 이주를 하였다. 그당시 페르시아인들이 바레인을 차지하고 있어 알 우투비는 알 주바라시로 옮겼다. 이곳을 지배하던 세이크(Sheikh) 족은 무역세를 내면 그들이 도시 안에서 살도록 해주었다. 그러나 그들은 이를 거절하고 알 주바라 시에서 남쪽으로 2km 떨어진 곳에 카라트 알 무라이르 요새를 건설했다. 후에 알 우투비는 그들의 요새에 벽을 추가하고 카라트 알 무라이르와 알 주바라 시를 잇는 항구로 사용된 운하를 만들었다. 이 운하는 일부를 여전히 볼 수 있으며 아라비아 반도에서 초기의 뛰어난 기술력을 나타낸다. 서기 18세기 말 알 주바라 시와 카라트 알 무라이르는 무역과 진주채집의 중심지가 되어 번영하였고 아라비아 만 전체에서 회자되는 곳으로 인정받았다. 이런 힘과 두드러짐으로 인해 페르시아의 통제하에 있었던 바레인으로부터 침입하는 목표가 되었다. 이에 응하여 알 칼리파(Al-Khalifa)는 섬에 대한 통치권을 주장하며 서기 1783년 바레인을 침공하였다. 그 후 알 칼리파는 오늘날에도 존속하는 그들이 세운 세이크 왕국(sheikhdom)으로 조금씩 이주해나갔다. 불행하게도 이 이주는 알 주바라 시와 카라트 알 무라이르를 점차 망하게 하여 결국에는 폐기하게 되었다.

알 주바라 시의 고고학 지역 안에서 파괴된 집자리와 공공건물 이외에 마다베(madabes)의 증거도 발견할 수 있는데 이 구조물은 걸프만 내의 전통적인 식품의 하나인 야자열매로 만든 데비스(debis/dibbs/tibbs)라는 시럽을 만드는데 사용되었다. 방에는 바닥 밑 10cm 정도 판 평행의 수로가 있으며 이는 구석에 놓여 있는 지하 항아리로 흘러들어가는 입구에서 수직으로 연결된다. 데비를 만드는 과정 동안 수로가 미끄럽고 편평하도록 종려나무잎(palm fronds)을 깐다. 대추열매는 종려나무잎에 싸서 2m 정도 높이로 쌓아둔다. 위에 쌓여진 더미의 무게로 인해 대추열매는 아래의 대추를 짓눌러 즙이 머드바사(mudbasa)라는 수로를 따라 흐르게 하여 땅에 파묻은 항아리에 채워지게 된다.

알 주바라 시 근교에 잘 보존된 대표적인 아랍의 요새인 카라트 알 주바라가 있다. 현재 카타르를 지배하는 가족인 세이크 압둘라(H.H. Sheikh Abdullah bin Qassim Al-Than)는 이 요새를 서기 1938년 파괴된 옛 성터 위에 세우고 군인들은 이 튼튼한 요새를 군부대의 주둔지처럼 사용하였는데 서기 1980년대 중반 근처 알 주바라 시에서 발굴된 유물을 전시하는 박물관으로 바뀌었다. 카라트 알 주바라는 사방 1m 두께의 벽으로 둘러싼 1층의 정방형 연병장이다. 삼면에 카타르식 총안이 있는 흉벽이 꼭대기에 설치된 원형의 망루가 있으며 네 번째에는 구멍으로 적에게 불덩어리나 녹인 납을 퍼부을 수 있는 城穴이라는 길쭉한 구멍이 달린 전통적인 삼각형 기반의 선반이 달린 성

탑이 있다. 평소 군인들을 수용하던 연병장의 8개 방은 현재 이웃 말주바라 시에서 발굴된 토기나 서부 아프리카의 동전, 중국과 태국의 도자기와 준보석 등의 고고학적 유물을 전시한다. 또 이완(iwan)이라는 방형의 柱列을 통하여 1층의 연병장 마당을 볼 수 있는 조그만 현관/柱廊이 있다. 연병장 안에는 4개의 기둥으로 그 위에 뚜껑이 씌워진 깊이 15m의 우물이 잘 보존되었는데 이는 군인들에게 물을 공급하던 곳이다. 요새의 2층 바닥은 구석에 잇는 성탑/망루 안에 감추어진 몇 개의 방을 가진 넓은 산책길이 있다. 이 방벽, 산책길은 여러 방향에서 어떤 방향에서건 공격하는 적에게 발사할 수 있도록 각도가 마주어진 총안이 있다. 성탑 안에 아직도 있는 나무사다리는 지붕까지 올라가 주변지역을 잘 살필 수 있도록 하였다.

알 주바라 시, 카라트 알 무라이르와 칼라트 알 주바라는 전통적인 건물을 짓는 기술을 보여준다. 건물을 차고 덥게 유지하는 두터운 벽은 산호석과 석회암을 중첩해서 쌓아 올렸으며 사이에는 진흙 반죽과 석회를 발랐다. 이 회반죽 위에 가끔 기하학 문양이 장식되었는데 바람이나 습기와 같은 자연적 요소로부터 벽을 보호하였다. 지붕은 4층으로 되었는데 첫 번째는 가끔 역청을 바른 단찰(danchal) 나무기둥으로, 두 번째는 대나무로 엮은 바스길(basgijl) 층으로, 세 번째는 맹그로브 줄기로 촘촘히 짜 망을 입히고, 마지막으로 압축된 진흙으로 지붕을 덮는데, 이는 더운 계절 작열하는 태양으로부터 집을 보호한다. 이러한 기술에서 가장 흥미있는 것 중의 하나는 밧줄로 엮은 단찰(danchal) 나무기둥을 이용한 平枋으로 이는 진흙과 회반죽의 접착성을 높여준다. 알 주바라 시의 고고학 유적과 경관은 토지의 사회-경제적 변형으로 뛰어나며, 또 다문화와 이민족이 조화를 이루어 공존하는 뛰어난 예이다. 이는 걸프만 주위에 사는 사람들이 무역망을 통해 문화를 교환하고, 전통을 유지하며 자급자족하는 데에서 잘 나타난다.

캄보디아(柬埔寨) CAMBODIA

1. 앙코르(Angkor: 문화, 1992):

　캄보디아의 앙코르(Angkor, Ankor Wat, 吳哥王朝)는 서기 802년−서기 1431년 크메르 왕국의 수도로 수리야바르만(Suryavarman, 비슈누 신의 수호자란 의미) II세가 서기 1177년경 습지를 모래, 자갈과 진흙으로 채운다음 이를 다져 세운 앙코르 왓트(Ankor Wat, 둘레는 1.3km×1.5km로 규모는 파르테논신전이나 콜로세움보다 큼) 사원이 유명하다. 서기 802년 1대 성왕(신왕)이 이곳에서 약 65km 떨어진 메콩 강 유역의 톤레삽(Tonlesap/Tonle Sap) 호숫가 메헨드라뿌라(신들의 땅, 프놈클렌 채석장)에 나라를 처음 세웠으나 메콩 강의 역류로 인한 잦은 홍수로 수도를 포기하고 수리야바르만 II세가 서기 1177년경 앙코르에 수도를 세웠다. 그러나 물이 빠진 톤레삽 호수의 바닥은 三毛作의 논농사로 이용되어 크메르 왕국의 경제적인 기반이 되었고 지금도 그곳 주민들의 어업의 기반이 될 정도로 물고기가 풍부하다. 현재의 사원을 포함한 세계 제일의 규모가 큰 앙코르 왓트 사원의 완공은 크메르의 나폴레옹으로 불리는 자야바르만(Jayavarman) VII세가 세운 것으로 서기 1992년 '수도 사원'이란 이름을 가진 앙코르 왓트(Ankor Watt)로 세계문화유산으로 지정되었다. 그는 이 사원을 비롯해 성벽을 쌓고 三段으로 축조된 전체 구조물의 가장 높은 곳에 65m의 탑(그곳에 오르는 계단의 경사는 57.11°임)과 그 주위에 석조건물이 흔들리지 않고 안정을 유지하도록 물의 균형을 위한 垓字를 파고 그곳에 악어를 길렀다. 특히 쟈야바르만 VII세는 서기 1190년 남북 140m×동서 160m 규모의 불교식 바이온(Bayon)을 사원을 三段 위 한가운데에 가운데에 건조하고 그 안에 54개의 탑과 1.2km의 길이의 네 벽에 浮彫를 만 들어 놓았다. 그리고 서기 1171년-서기 1181년 침공한 베트남의 李 朝軍[서기 1010년-서기 1225년, 남쪽의 참파(唐나라 때는 林邑, 宋나라 때 는 占城으로 불림. 서기 832년-서기 1832년이나 서기 13세기-서기 15세기경 에 이미 멸망의 길을 걷고 있었음)을 포함]을 격퇴시켰다. 그리고 사원에 는 216개의 힌두교 신화와 불교 신화에 나오는 구름과 물의 여자 요 정이며 신비의 미소를 머금은 압사라(Aspara)의 얼굴상, 善과 惡神의 싸움 등이 조각되어 있는데 이는 부처님의 얼굴에 쟈야바르만 VII세 자신의 얼굴을 합성해 놓았다. 4면의 회랑 벽에는 浮彫로 장식해 놓 았는데 색깔은 흰색을 띄고, 수리야바르만 II세와 쟈야바르만 VII세 의 모습에는 금색, 그리고 내부 기둥은 산화철을 이용한 적색을 칠 하였다. 여기에 사용된 석재는 이곳에서 65km 떨어진 프놈클렌의 7 개의 채석장에서 옮겨온 것으로 확인되고 있다.

크메르 왕국은 남아 있는 사원의 부조를 보면 힌두의 비수뉴(Vish-nu) 신을 포함한 '우유바다 싸움'의 신화 그리고 산스크리트어로 써진 1,200여 개의 비문 등에서 힌두 문화의 영향을 많이 받고 있음을 알 수 있다. 그리고 앙코르 왓트 사원의 구조도 인도 메루(Meru) 산의 다 섯 봉우리를 모방하여 힌두교의 우주관을 지상에 구현하고 있다. 다 시 말해 남부 인도에서는 현 타밀 나두(Tamil Nadu) 주 탄자부르(Than-javur) 현의 중요 도시인 탄자부르(Tanjore)를 중심으로 콜라(Cholas) 왕 조가 들어서 종교의 중심지 역할을 하였는데 그 대표적인 사원이 라 자라자 콜라(Rajaraja Chola) I세가 서기 1010년경 세운 男根像과 시바 신을 모신 브리아디시와라(Brihadishwara, Brihadish vara)로 여기의 조각상이 앙코르 왓트(Ankor Wat)에 많은 영향을 준 것으로 추측되고 있다.

그리고 사원의 부조벽화에는 생선 파는 여인, 닭싸움, 돼지 삶기 등의 많은 서민들의 생활이 묘사되어 있다. 이 크메르 왕국은 서기 1431년 蒙古족의 침공으로 영향을 받은 태국의 아유타야의 샴(Siam)족에 의해 멸망하였는데 도시는 서기 1432년 폐허화되어 밀림 속에 파묻혀 잊혀 지게 되었다. 그 이유 중의 하나는 멸망 이전 논농사를 위한 농지 확장·개발로 인한 정글에 대한 생태파괴이며 이로 인해 도시의 멸망에까지 이르게 되었다.

그러나 당시 앙코르 왕국의 여러 가지 이야기가 당시 중국 元나라 외교관인 周達觀(Zhou Daguan, 서기 1266년-서기 1346년)이 서기 1296년 8월 앙코르에 도착하여 서기 1297년 7월까지 스린드라바르만(Srindravarman) 왕의 궁전에서 머물면서 남긴 眞臘風土記(The Customs of Cambodia)에 의해 전해지고 있다. 기록에 의하면 왕궁과 성벽의 구조, 왕의 첩과 시녀 이외에는 왕궁의 출입이 불가하고, 황금빛 나는 왕의 침소에서 머리 7개나 달린 뱀이 변신한 여인과 왕이 매일 저녁에 동침, 죄를 지어 발가락이 잘린 범법자들의 성문 출입불허, 습기와 곤충을 막기 위한 高句麗의 창고인 椋 또는 浮椋과 같은 양식의 高床家屋과 야자잎의 지붕, 요리는 밖에서 하고, 어린 아이들에겐 악귀를 물리치기 위하여 좋은 이름을 지어주지 않는 관습, 말다툼을 한 두 사람을 며칠 탑에 가두어 보면 한 사람은 건강하고 또 다른 사람은 중병에 걸려 죄의 유무를 하늘에 맡겨 가름하는 해결방법, 여성의 관능적인 모습과 개방된 성문화와 아울러 여성의 정치·상업적 자유(왕비는 102개의 병원을 지어 활동함), 무당을 통해 병을 치료하는 전통 등에 관한 사회상을 잘 이해할 수 있다. 그러한 사회활동과 관습의 일부는 지금도 그 지방에서 행해지고 있다고 한다. 그래서 그는 지금은 사라진 앙코르 사회와 문화의 유일한 목격자가 되었다. 또 이곳 궁전에서 춤을 추던 무희 압사라들의 춤은 정복자인 샴 족의 침입으로 태국에 잡혀가 인도 남부의 춤이 크메르(앙코르 왓트의 부조에서 보임)를 거쳐 오늘날 태국에서 의상만 변형된 채 그대로 남아 명맥을 유지하고 있다.

2. 프레아 비헤르(Temple of Preah Vihear: 문화, 2008):

태국과 캄보디아 국경에 해발 525m의 당렉(Dângrêk) 산 정상에 위치하는 프레아 비헤르 사원은 서기 1962년 국제사법재판소의 결정에 따라 캄보디아 소유로 되었다. 이 사원은 서기 11세기-서기 12세기 앙코르에 수도를 둔 캄보디아(서기 802년-서기 1431년)의 크메르 왕국에 의해 세워진 시바(Shiva)를 주신으로 모신 힌두교 사원으로 외진 숲 속에 있어서 당시의 조각 예술품이 잘 보존되어 있다. 이곳은 크메르 루즈의 폴포트가 최후까지 남아 저항했던 곳이기도 하다.

3. 삼보 프레이 쿡 절의 고대 이샤나푸라 고고학유적(Temple Zone of Sambor Prei Kuk, Archaeological Site of Ancient Ishanapura: 문화, 2017):

캄보디아(柬埔寨, Cambodia, 柬埔寨를 方臘으로도 부름) 삼보 프레이 쿡의 고고학 유적은 크메르어로 '숲속의 풍요한 절'로 서기 6세기 말-서기 7세기 초에 흥성하였던 첸라 제국(Chenla Empire, Zhenla, 眞臘, 占臘, kmir)의 수도였다. 元나라 외교관인 周達觀(Zhou Daguan, 서기 1266년-서기 1346년)이 서기 1296년 8월 앙코르에 도착하여 서기 1297년 7월까지 스린드라바르만(Srindravarman)왕의 궁전에서 머물면서 남긴 眞臘風土記(The Customs of Cambodia)에 의해 전해지고 있다. 도시의 흔적은 25km²에서 나타나며 성벽과 절이 뚜렷이 발견되는데 그 중 10개는 동남아시아에서 보기 드문 독특한 8각의 형태를 띠고 있다. 이 유적에서 장식된 사암은 앙코르(Ankor Wat, 吳哥王朝) 이전 삼보 프레이 쿡 양식으로 알려진 특징 있는 표현방식이다. 이런 요소의 일부는 上引枋(lintel), 博栱(gable, pediments), 列柱(colonnades) 등이 나타나는데 모두 걸작이다. 이곳에서 발전한 예술과 건축은 다른 지역 건물의 範本이 되었으며 계속해서 나타나는 앙코르 예술 양식의 기초를 이루었다.

캐나다 CANADA

1. 란세오 메도스 국립역사공원(L'Anse aux Meadows National History Park: 문화, 1978):

서기 998년/서기 1010년 경 다시 말해 서기 1492년 콜럼버스가 신대륙을 발견하기 500년 전에 이미 그린란드(Greenland) 노스에 살던 노스 족(Norse People, 바이킹의 일족)이 뉴펀들랜드[New Foundland, 서기 1003년경에 써진 라이프 에릭손(Leif Ericson/Erikson, 서기 970년경-서기 1020년경)의 서사시(Saga에서는 Vinland로 묘사)]에서 살았던 고고학 유적[서기 1960년-서기 1968년 노르웨이인 헬게 잉스타드(Helge Ingstad)가 발굴]으로 전설상 에릭손이 스칸디나비아와 아이슬란드(Iceland)를 거쳐 그린란드(Greenland)의 Norse에 정착해 있는 동안 그의 아들 라이프 에릭손이 동료 30여명과 함께 이곳에 와서 2-3년만 살고 돌아갔다고 한다. 그리고 그 일행은 유럽에서만 자생하는 버터넛(butternut) 열매의 존재로 보아 미국의 서북부 케입 카드(Cape Cod)지역에도 방문했던 것으로 추측한다. 그들은 나침반과 유사한 원반형의 도구, 아이슬란드에서 나오는 日長石, 추위를 막아주는 의상을 갖추고 선박 조정술도 뛰어난 것으로 여겨진다. 그리고 그곳에 살던 알곤킨 인디언(Algonquin, Algonkins)에 의해 습격을 받아 출발지인 그리인랜드로 귀경하였다. 이곳에서 발견된 목조가옥과 숯의 방사성탄소연대가 라이프 에릭슨의 이 지역에 대한 발견 연대와 일치하며 이곳에는 철을 가공해 여러 도구와 못을 만들던 대장간, 유럽기원의 증거인 옷 핀과 방추차 등도 발견되었다.

2. 헤드-스매쉬드 버팔로 지대(Head-Smashed-in Buffalo Jump Complex: 문화, 1981):

서기 19세기까지 약 6,000여 년 동안 북아메리카 서북 대평원의 원주민들(Blackfoot 족도 포함)이 해오던 버팔로(bison) 사냥과 이에 필요한 복잡한 기술의 흔적이 그대로 남아 있는 사냥터와 도살장이다. 그들은 버팔로를 유혹해 포큐파인 언덕(Porcupine Hill)을 가로질러 한군데로 몰아 함정에 해당하는 높이 10m의 절벽 아래로 떨어지도록 해 집단사냥을 하였는데 여기에는 그들 나름의 사냥 儀式을 행하였고 또 절벽 아래에는 당시의 유적이 서기 1938년에 처음 발굴되었다. 유럽의 후기구석기시대에도 그러한 집단사냥터가 많고 또 미국 동부 콜로라도의 올센 츄부크(Olsen-Chubbuck) 유적(서기 1967년)에서도 이와 같은 사냥의 흔적을 볼 수 있다. 근처에 서기 1987년 개관한 Head-Smashed-in Buffalo Jump Interpretive Center 전시관을 통해 당시 사냥과 사냥한 버팔로를 도살해 고기(1ton 한 마리가 약 300인분의 식량), 가죽, 뼈(화살촉으로 이용), 갈비뼈(손잡이), 배설물(연료)들의 이용에 대한 이해를 돕고 있다. 이곳은 캐나다 785번 국도를 따라가다가 알버타 주 포트 마크레오(Fort Macleo) 초원에 자리 잡고 있다.

3. 수광 구와이(SGang Gwaay: 문화, 1981):

퀸 샬롯테(Haida Gwaii) 섬의 서부 해안으로부터 약간 떨어진 조그 만 안토니(Anthony) 섬에 위치하는 닌스틴트(Ninstints, Nans Dins) 혹은 수광 구와이(SGang Gwaay Llnaagat)의 하이다(Haida) 족의 마을은 집터, 나무에 조각된 屍體假置場, 토템 폴과 함께 그들의 예술과 생활방 식을 잘 보여주고 있다. 이 유적들은 북미대륙 서북해안에 처음부터 원주민 인디안들인 누트카(Nootka), 트린짓트(Tlingit)와 살고 있던 하 이다 족의 살아있는 문화, 땅과 바다에 대한 그들의 관계와 적응, 구 두로 내려온 전승문화에 대한 시각적으로 중요한 자료를 제공한다. 현재 하이다 족은 수광 구와이 이외 다른 4개의 마을에서 살고 있다.

4. 퀘백 역사지구(Historic District of Old Québec: 문화, 1985):

퀘벡은 서기 1608년 7월 3일 프랑스 탐험가 사뮤엘 데 샴프렌(Samuel de Champlain)에 의해 스타다코나(Stadacona)라 불리 우는 이로코이(Iro-quois) 족 마을에 세워졌다. 구시가에는 북미대륙에는 전혀 남아있지 않은 성벽과 요새(bastion, 우리의 甕城式 성문과 비교됨)와 같은 방어시 설이 당시 그대로 잘 보존되어 있다. 절벽 위에 세워진 위 도시(Upper town)는 종교와 행정의 중심지로 다우핀 레다우트(Dauphine Redoubt), 성채(Citadel), 프론타냑 성(Château Frontanac)과 같은 교회, 수도원, 요새 와 성이 들어서 있다. 아래 도시(Lower Town)인 옛날 구역을 함께 포 함하는 퀘벡은 요새화한 식민지도시와 신 프랑스의 수도로서 신대 륙 근대역사 발전을 연구하는데 매우 중요하다.

5. 루넨버그 구시가지(Old Town Lunenburg: 문화, 1995):

캐나다 노바 스코시아(Nova Scotia) 주 남쪽 마혼(Mahone) 만 서쪽에 자리 잡고 있는 루넨버그 구시가지는 서기 1753년부터 영국의 식민지로 당시의 方格形으로 구획된 도시설계가 잘 남아있으며 당시 근처의 목재를 이용해 지은 서기 18세기대의 루넨버그 아카데미(Lunenburg Academy), 목조가옥(서기 1750년), 지온 루터란(Zion Lutheran) 교회, 성 요한(St. John's) 성공회, 묘지, 얼음공장 등이 잘 남아있다. 이곳 주민들은 대구(codfish)잡이 어업과 수출로 부유하게 지냈으나 서기 1990년 수출이 금지되자 지금은 범선, 기관선, 저인망어선, 요트제작과 같은 조선업으로 생계를 유지하고 있다. 원래 최초의 주민은 독일인이였으나 그 후 스위스와 프랑스로부터도 이곳에 이민을 많이 왔다.

6. 리도 운하(Rideau Canal: 문화, 2007):

리도 운하(Rideau Waterway)는 서기 1832년 영국과 미국의 침공에 대비하기 위해 오타와의 카타르퀴(Catarqui) 강으로부터 남쪽 온타리오호 킹스톤 항구까지 202km나 되는데 당시 증기선도 천천히 다닐 수 있도록 수량이 풍부하도록 설계되고 또 당시 주위에 설치한 요새들과도 조화를 잘 이룬다. 오늘날에는 戰時用이 아니라 휴양을 목적으로 Parks Canada 회사가 배를 띠워 이 운하를 활용하고 있는데 배 타고 낚시하기 위한 관광객들과 겨울 스케이팅으로 지상 천국을 이루고 있다. 이 운하건설의 시작은 서기 1826년으로 6년 후인 서기 1832년에 완공을 보았으며 감독은 왕립 공병 기술자인 죤 바이(John By) 중령이었다. 그리고 오타와에는 리도 운하를 기념하기 위해 서기 1917년 바이타운 박물관(The Bytown Museum)이 세워졌으며 박물관은 서기 1951년 리도 운하의 건설 당시 건축자재 창고로 이용되던 건물로 이전하여 오늘에 이르고 있다.

7. 그랑 프레의 문화경관(The Landscape of Grand-Pré: 문화, 2012):

노바 스코티아 남쪽 미나스 분지(Minas Basin of Nova Scotia)에 위치한 그랑 프레 늪지와 고고학 유적은 서기 17세기 프랑스 식민지인 아카디아에 정착한 아카디안(the Acadians) 족에 의해 시작된 개간된 늪지에서 농사를 지을 때 潮水의 干滿의 차 때문에 늪지의 물이 넘쳐 나거나 염분이 들어오는 것을 방지하기 위한 흙으로 물길을 만들고 水門瓣을 설치하는 노동 집약적인 농경방법인 'aboiteau wooden sluice system'은 그 후 식민지 농장주들에 의해 계속 발전해오고 오늘날의 주민들에 의해서도 계속 이용되고 있다. 조수의 干滿의 차가 11.6m로 세계에서 가장 높은 이 유적은 서기 1755년 아카디안 인들에 의해 시작되었다고 하여 '아카디안 생활방식'으로 알려졌다. 넓이 1,300ha의 문화경관은 프랑스인의 그랑 프레와 영국인 후계자들이 사는 호톤빌(Hortonville) 읍의 埋築耕作地와 고고학 요소를 포함한다. 이 문화경관은 유럽의 초기 이주자들이 북아메리카 대서양 연안에서 자연환경에 적응하는 과정을 잘 보여주며 '대이동(the Grand Dérangement)'이라는 말처럼 프랑스로부터 초기 이주민 아카디안 인들을 기억할 수 있는 우상과 같은 장소도 된다.

8. 레드만 바스크인들의 고래잡이 기지(Red Bay Basque Whaling Station: 문화 2013):

뉴펀드란드와 라브라도르 주(Province of Newfoundland and Labrador) 라브라도르 남쪽 해안 벨레 섬 해협(Strait of Belle Isle)에 위치하는 레드灣 (또는 Balea Baya/Whale Bay, 이 灣에는 Penney Island과 Saddle Island이 위치함) 은 서기 1550년과 서기 17세기 초 스페인 서부 피레네 산맥에 살던 바스크인들의 고래잡이(捕鯨) 기지이다. 물에 잠기거나 육지에 남아

있는 고고학 유적들은 유럽인들이 상업적인 목적으로 자원이 풍부한 북아메리카에 대한 경제적인 개척을 해왔던 초기의 기록을 온전하게 보여준다. 그리고 또 레드만 항구는 전통적으로 식량자원이 풍부했던 깔때기모양의 지역 안에 자연적으로 형성된 뛰어난 항구였다. 이 항구는 수중에서 발견된 산 후안(San Juan, 서기 1565년 침몰) 호를 포함한 서기 2004년경 발굴된 세 척의 갈레온 선(galleons)과 4척의 고래포획용 살루파(chalupas)의 모항이었다. 그래서 레드만 항구는 아메리카 대륙에서 수중고고학의 중요한 유적으로 알려지고 있다. 이 항구의 물밑에 잠겼다가 건져진 배들은 이베리아 북부에서 건조된 것으로 서기 16세기 유럽의 배 만드는 기술과 함께 12개소 연안기지의 연락망을 통한 고래잡이 관련 행위는 고래잡이에서부터 유럽시장에서 값이 나가는 고래 기름을 만드는 과정까지도 알 수 있게 해준다. 특히 이 기지들에서는 기름을 짜내고 기름통을 제작하던 작업장, 일꾼들이 살던 주거시설, 부두와 선창의 흔적도 잘 보존되어 있다. 또 140명의 포경선원이 묻힌 공동묘지를 포함한 여러 무덤 군들, 그리고 展望臺도 보인다. 이곳에서는 시대별로 특징 있는 유물과 함께 수염고래를 포함한 여러 고래뼈들이 온전하게 남아있어 고래잡이와 관련된 다양한 유물복합상도 보여준다.

9. 리팅-온-스톤 주립공원의 岩刻畵(Writing-on-Stone/áisínai'pi: 문화, 2019):

캐나다 알버타 레드브리지 남동쪽 100km 또는 밀크 강(Milk River) 마을 동쪽 44km에 떨어져 밀크 강에 걸터앉은 듯한 리팅-온-스톤 주립공원(암각화 공원)은 알버타 공원 체계에 의해 광범위한 넓이의 초원이 잘 보호되고 있다. 이곳은 자연의 생태와 원주민이 여러 장소에 남긴 암각화의 두가지면에서 보존·보호된다. 이 극립원은 블랙프트/블랙피트[Blackfoot, Blackfeet Indians, 미국 몬타냐의 대평원(the Great Plains of Montana), 캐나다의 알버타와 서스캐처원(Saskatchewan)에 거주] 인디언과 다른 원주민들에 매우 중요하고 신성한 장소이다. 그리고 등재된 이름 Áisínai'pi는 블랙프트/블랙피트를 의미하는 Niitsítapi(Blackfoot)이다.

케냐 KENYA

1. 라무 고대 성읍(Lamu Old Town: 문화, 2001):

케냐에서 가장 오래된 라무 고대 도시는 동아프리카에서 전통적 기능을 가장 잘 보존하고 있는 스와힐리(Swahili)인들의 주거지로 산호석(corallite, 붉은 산호 빛 대리석)과 맹그로브(mangrove) 목재로 만들 어졌다. 이 도시는 안뜰(內庭), 베란다와 정교하게 장식된 나무문과 같은 요소들로서 화려하게 보이면서도 단순한 구조적 형태를 특징으로 하고 있다. 라무 지역은 바다 교통의 환승지로 목재, 상아, 노예를 무역하여 호황을 누렸고 서기 19세기 이래 이스람 문화의 종교적 축제를 받아들여 그들의 문화와 융화를 시키고 있는데, 이 점이 이슬람과 스와힐리 문화의 복합상을 연구하는데 중요한 지역이 되었다. 라무 항구는 아랍 여행가 아부 알-마샤니(Abu-al-Mashani)가 서기 1441년 메카(Mecca)로 방문하는 도중 라무에서 판사를 만난 기록에서도 언급된다. 이 도시의 역사는 서기1506년부터 시작된 포르투갈의 침공과 서기 1813년 경 오만(Oman)의 지배에서 나타난다. 포르투갈 지배에서 벗어나기 위한 라무 인들의 항쟁에서 오만의 도움을 받은 서기 1652년부터 라무의 황금시대가 된다. 또 중국 明의나라 鄭和의 선단 중 배 몇 척이 서기 1415년 라무 섬에서 가라앉은 적도 있다. 이는 明 3대 成祖(朱棣, 永樂 서기 1403년-서기 1424년, 1420년 紫禁城을 완공) 때 宦官 鄭和(云南省 昆陽人, 서기 1371년/1375년-서기 1433년/1435년)에 의해 서기 1403년 南京 龍조선소에서 제작된 300여 척의 배로 조직된 선단으로 서기 1405년-서기 1423년의 18년 동안 7차에 걸쳐 개척된 뱃길은 江蘇省 蘇州 劉家河 太倉市를 기점으로 자바, 말라카(Malacca, 말레시아), 수마트라, 세이론, 인도의 말라바[캘리컷(Calicut), 페르시아 만의 Hormuz], 짐바브웨를 거쳐 오늘날의 아프리카와 紅海(Red Sea) 입구인 예멘의 아덴(Aden)과 케냐의 말린디(Malindi)/라무 항구까지 도달했던 과정 중에 일어난 것으로 추측된다. 이곳에는 라무 요새, 리야다(Riyadha) 회교사원, 돌집 호텔(Stone House Hotel), 항구, 선창 등이 남아있다.

2. 미제켄다 카야 숲(Mijikenda Kaya Forest: 문화, 2008):

케냐 200km의 해안가를 따라 독립된 숲이 11개소나 있는데 여기에는 각기 카야라 불리우는 미지켄다인들의 요새화된 마을이 있다. 카야는 서기 16세기에 형성되어 서기 1940년대에 폐기되었는데 현재 이곳은 조상들의 거처와 매우 신성한 장소로 여겨지고 이곳에서 마을 長老들의 회의가 열린다. 이곳은 문화전통을 유지하고 현재의 생활과도 그대로 연결되는 곳이다. 이러한 문화과정은 이 유적들의 자연적 가치를 높여준다.

3. 몸바사 지저스 요새(Fort Jesus, Mombasa, Portuguess fortress in Kenya: 문화, 2010):

서기 1498년 포르투갈의 탐험가 바스코 다 가마(Vasco da Gama)가 인디아로 가는 도중 이곳에 기항하고 그 후 말린다에는 요새가 없는 포르투갈의 공장이 들어섰다. 그러다가 오만 인들의 침공으로 당시 이곳 아프리카 동부해안의 책임자였던 마 테우스 데 멘데스 바스 콘체로스(Manteus de Mendes de Vasconcelos)가 동부아프리카 지역과 인디아로 가는 무역로를 보호하기 위해 서기 1593년 성을 쌓기 시작하여 서기 1596년에 완공하였다. 이 성의 설계자는 이탈리아인 지오바니 바티사 카이라티(Giovanni Battisa Cairati)였다. 이곳의 역사는 포르투갈의 요새(서기 1593년 4월 11일부터 서기 1631년 8월 15일)-몸바사 술탄의 지배(서기 1631년 8월 15일-서기1632년 5월 16일)-재탈환(서기 1632년 8월 5일-서기 1698년 12월 13일)-오만(서기 1729년-서기 1741년)-몸바사 총독(서기 1741년-서기 1747년, 서기 1747년-서기 1826년, 영국인의 서기 1824년-서기 1826년 보호)-오만(서기 1826년)-잔지바르(서기 1856년-서기 1895년)-영국 식민지(서기 1895년-서기 1963년)-케냐(서기 1963년-현재)를 거쳤다. 이곳의 요새는 Fort St. Joseph, Fortim da Ponta Restinga, Forte do Sorgidouro, Fortes da Macupa(3곳의 요새)로 공식적으로 재탈환 이전 서기 1593년 4월 11일부터 서기 1631년 8월 15일까지 존속하였다.

4. 팀리히 오닝가 고고학 유적(Thimlich Ohinga archeological site: 문화, 2018):

빅토리아 호수 주변에 건축된 521개의 石墻과 같은 석조 구조물을 포함하는 138개 유적 중 하나인 미고리(Migori) 마을 북서쪽에 위치한 석조로 쌓은 담(石墻)을 돌린 주거지는 서기 16세기 경에 만들어 졌으며 짐바브웨의 Great Zimbabwe 건축양식을 반영하며, 건기가 뚜렷한 열대와 아열대 지방에서 발달하는 초원에서 만들어지는 '방어적인 사바나 건축물(defensive savanna architecture)'이다. 오닝가는 처음 마을이나 가축의 보호를 위한 요새나 우리로 지어 졌으나 이는 또 혈족(血緣)에 기반을 둔 사회적 유대감이나 정체성과도 깊은 관련이 있다. 팀리히 오닝가는 현재 남아있는 전통적인 石墻 중에 가장 규모가 크고 잘 보존되었으며 빅토리아 호수 분지 안에 살던 유목민들이 서기 20세기 중반까지 이용하던 특징 있는 고고학 유적인 것이다. 이 유적은 550년 정도 되었고 이 지역은 라모기의 후손(Ramogi's heir)이라는 의미의 루오족(Luo, Joluo or Jonagi/Onag)이 점거하고 있었다. Thimlich는 루오족의 언어인 도루오(Dholuo)로 '놀랄 만큼 빽빽이 들어찬 숲(frightening dense forest)'을 Ohinga의 복수인 'Ohingni'는 큰 요새(a large fortress)를 의미한다. 루오족은 케냐 서부, 우간다 북쪽 탄자니아 북쪽 마라지역(Mara region)에 살고 있다.

코스타리카 Costa Rica

1. 디퀴스의 石球가 있는 콜럼버스 이전(先 스페인期)의 族長의 주거(Pre-columbian Chiefdom Settlements with Stone Spheres of the Diquís: 문화, 2014):

디퀴스 삼각주, 카노 섬(Isla del Caño, Canlo Island), 핀카(Finca) 6, 엘 시렌시오(El Silencio)와 바탐발 그리잘바(Batambal, Grijalba)을 포함하는 남부 중앙 아메리카의 열대 강우림 지역의 콜롬비아 이전(先 스페인期)의 족장사회(pre-Columbian chiefdoms)는 특징있는 코스타리카 석구(stone spheres, stone balls, petrospheres)를 제작하였는데 45개의 고고학 유적에서 모두 300여 개가 넘게 발견되었다.

지방에서는 공(Las Bolas)으로 알려지고 있다. 이 석구는 이미 사라진 디퀴스 문화와 관련이 있고 디퀴스의 공이라고도 한다. 이들은 이스트모 콜럼버스 지역(The Isthmo-Colombian Area)의 석제 조각품으로 알려지고 있는데, 이 지역은 유럽인들과의 처음 접촉 시 치부찬어(Chibchan languages)를 사용하는 지역으로 온두라스 동부, 카리비아해의 니콰라과, 코스타리카, 파나마와 북부 콜롬비아를 포함한다. 국립박물관은 이들 유적을 수년간의 조사, 보존과 운영을 해왔다. 그중 핀타 6과 바탐발과 같은 고고학 유적이 새로이 발견되고 카노섬은 국가에서 보존하고 있다. 엘 시렌시오와 바탐발 그리잘바 유적은 발굴이 이루어졌다.

석구들은 직경이 수cm에서 2m, 무게는 15t까지 이르며 대부분 반려암(gabbro), 玄武岩(basalt), 조개성분이 많이 포함된 석회암(limestone)과 사암(sandstone)으로 만들어진다. 이 석구들은 서기 600년경에 만들어지기 시작해서 스페인의 정복 시작 전 서기 1000년 이후에도 만들어진 것으로 추정된다. 여기에서 추정연대는 相對編年인 層位의 확인에 의하지만 석구들이 원래의 제자리에 있던 것인지도 의문이며 이들을 만들었던 부족민들은 스페인의 정복 이후에 사라졌다.

석구들은 서기기 1930년대 United Fruit Company회사가 바나나를 재배하기 위해 밀림을 개간하는 중에 발견되었는데 인부들이 길 옆으로 치우는 바람에 몇 개는 손상을 입었다. 여기에 금이 감추어 졌다는 소문에 굴착으로 구멍을 뚫던가 다이나마이트로 파괴하기도 하였다. 몇 개의 석구는 학자들이 검토하기도 전에 파괴되고 다이나마이트로 파괴된 석구 파편은 수거되어 산호세에 있는 코스타리카 국립박물관에 전시되고 있다. 여기에 대해 United Fruit회사 사장 딸인 도리스 스톤(Doris Stone)이 최초의 과학적인 조사를 하여 그 결과를 서기 1943년 American Antiquity에 발표하였는데 미국 하바드 대학 피버디 박물관(Peabody Museum at Harvard University)의 샤 무엘 커크랜드 로드

롭(Samuel Kirkland Lothrop)이 관심을 가졌다. 서기 1948년 로드롭과 그의 부인은 코스타리카 북부 석구와 관계가 없는 유적을 발굴하려고 시도하였는데 코스타리카 정부에서 이를 금하였다. 산 호세에서 그는 스톤 도리스를 만나 디퀴스 델타지역의 발굴에 협조를 받았다. 로드롭의 발견은 Archaeology of the Diquís Delta, Costa Rica 1963에 실렸다. 서기 2010년 칼사스대학의 존 훕스(John Hoope)가 石球가 나오는 유적을 방문하여 세계문화유산에 등재하여 보호조치 하도록 하였다.

그리고 이들 석구는 보스니아(Bosnia)와 헤르체고비나(Herzegovina)의 서북지역의 오지미치(Ozimici)마을과 반자 루카 Banja Luka(Banja Luka)읍 근처 트른(Trn)과 테오카크(Teocak)마을에서 발견된 보스니아 석구들(Bosnian Stone balls)들과 연관해서 최근 UFO(Unidentified Flying Object, 미확인 비행물체) 연구자들의 관심을 끌고 있다.

코트디부아르 CÔTE D'IVOIRE

1. 코트디부아르 그랜 바상/그랜드-바삼의 초기 도읍지(The first capital of Côte d'Ivoir, the Historical Town of Grand-Bassam: 문화, 2012):

黃熱病(yellow fever)의 창궐로 빙거빌(Bingerville)로 도읍을 옮길 때까지 서기 1893년-서기 1896년 동안 프랑스 식민지의 도읍지였던 그랜드-바상은 서기 19세기 말-서기 20세기 초 상업, 행정, 유럽인과 아프리카인의 거주 지구를 方格法으로 구획되었다. 이 도시는 회랑, 베란다와 정원을 갖춘 기능적인 집으로 특징 있는 식민지 건축과 함께 아프리카인의 어촌마을인 나지마(N'zima)도 포함한다. 그랜 바상(Grand-Bassam)은 서기 1930년대 아비장(Abidjan)이 두각을 나타내고

서기 1960년 독립과 더불어 행정수도가 아비장으로 옮겨가기 전 가
장 중요한 항구로 코트디부아르의 경제와 법률 중심지였다. 이 도시
는 유럽과 아프리카인들의 복잡한 사회관계와 코트디부아르의 독립
으로 이어지는 산 증인이다. 현재 코트디부아르 이전의 프랑스령 기
니만(the Gulf of Guinea) 무역중심지는 아프리카, 유럽과 지중해 레반
트 지역에서 사람이 모여든 곳이었다. 도시는 에브리에 늪지(the Ébrié
Lagoon)를 가운데 두고 구 바상(Ancien Bassam)과 신 바상(Nouveau Bas-
sam)의 두 지역으로 나누어진다. 구 바상 지역은 식민지 프랑스인들
의 거주지였으며 성당과 국립의상박물관이 있으며, 다리로 연결된
신 바상은 아프리카 노예들의 거주지였다. 이 도시에는 로마 가톨릭
교회의 그랜드 바상 교구(the Roman Catholic Diocese of Grand-Bassam)가
있으며 그 위치는 Cathédrale Sacré Cœur이다.

콜롬비아 COLOMBIA

1. 카타제나의 항구, 요새역사기념물군(Port, Fortresses & Group of Monuments, Cartagena: 문화, 1984):

볼리바르 지구 스페인 식민지시대(서기 1533년 Pedro de Heredia-서기
1717년, 스페인으로부터 정식 독립은 서기 1811년 11월 11일) 카리브해 연
안의 요새화 한 도시로 성당과 안다루시아 양식의 궁전이 있는 산
페드로(SanPedro), 상인과 중간 계급이 있는 산 디에고(San Diego), 일반
인들의 지구인 겟세마니(Gethsemani)의 세 지구로 나누어져 있다.

2. 산타 크루즈 데 몸폭스 역사지구(Historic Centre of Santa Cruz de

Mompox: 문화, 1995):

볼리바르 지구 스페인 식민지시대(서기 1533년-서기 1717년) 서기 1537년에 건설된 도시로 스페인 식민지의 특성을 잘 보존하고 있다. 이 도시는 서기 1537년 5월 3일 돈 일론소 데 헤레이다(Don Alonso de Hereida)에 의해 막달레니아 강뚝에 안전한 항구로 건립되었다. 서기 16세기-서기 19세기 산타 크루즈 데 몸폭스 시는 강의 제방길이 중심대로로 이용되는 정도로 강과 함께 물자를 상류의 내륙지역으로 실어 나르는 항구로 번영하였으며 王立 鑄造所도 여기에 설립되었고 또 金細工으로 잘 알려졌다. 이 도시는 서기 19세기부터 시들기 시작하였지만 강물의 줄기가 바뀌고 河床이 퇴적되는 서기 20세기 초까지 지속되었다.

3. 티에라덴트로 국립고고공원(National Archaeological Park of Tierradentro: 문화, 1995):

카우카(Cauca)의 티에라덴트로 국립고고공원에 서기 6세기-서기 10세기경 서기 1533년의 스페인 점령 이전 이곳에 살던 원주민들의 人物彫刻像群과 그 아래 지하 묘지가 있다. 지표 하 5-8m 아래에 있는 西向의 一人用 玄室의 폭이 12m나 되는 지하묘지 안벽에는 나선형 계단, 기하학문, 擬人化나 動物化된 그림이 적색, 흰색과 검정색으로 그려져 있다. 土製像, 토기와 壽衣 등은 도굴을 당해 남아있는 것이 거의 없다. 이는 안데스 산맥 북쪽 스페인군들이 들어오기 이전 복잡한 사회와 함과 풍부한 문화를 보여준다. 여기에서의 그림과 인물상들은 서기 1세기-서기 8세기에 속하는 산 아구스틴(San Agustín) 문화와 매우 유사하다.

4. 산 아구스틴 고고학 공원(San Agustin Archaeological Park: 문화, 1995):

휠라(Huila) 지역에 서기 1세기-서기 8세기에 번성하였던 안데스 산맥 북쪽의 문화로 대규모의 종교적 기념물과 거석의 조각상들이 있다. 이들은 抽象과 事實에 이르는 양식으로 능숙하게 표현한 신과 신비스런 동물들로 안데스 북쪽에 살던 사람들의 창조성과 상상력을 보여준다. 서기 6세기-서기 10세기경에 속하는 티에라덴트로 국립고고공원 지하묘지 곁에 있는 조각상군과 유사하다. 이들은 산 아구스틴(SanAgustín), 알토 데 이돌로스(Alto de los Idolos)와 알토 데 라스 피에드라스(Alto de las Piedras)의 독립된 세 지역에서 볼 수 있다.

5. 커피생산 문화 경관(Coffee Cultural Landscape of Colombia: 문화, 2011):

이 나라의 서쪽 코르디에라 데 로스 안데스(Cordillera de lod Andes)의 서쪽과 중앙 산록의 18개소의 도시를 포함하며 세계적으로 알려진 6개소의 전통적 커피농장 생산지들은 100년 이상 전통을 지속한 특이한 문화 경관을 유지하고 있다. 이 커피 농장들은 농민들이 접근하기 어려운 숲이 많은 산록을 개간하여 경작을 가능하게 한 백년이상의 농경 전통을 보여준다. 커피농장이 있는 경사진 언덕 위 평탄한 대지 위에 자리 잡은 도시들은 스페인 식민지 때 스페인과 콜로비아 안티오크 식민지(Antioquian colonization) 건물의 영향을 받았다. 일부 지역에서는 당시에도 또 현재도 사용하는 건축 재료인 진흙에 옥수수 속대와 줄기를 넣은 흙벽으로 벽을 만들고 지붕도 흙벽돌로 덮어 사용하고 있다.

6. 쿠하파크 난 안데스 도로체계(Qhapaq Ñan, Andean Road System: 문화, 2014):

→ 아르헨티나 4항을 참조할 것

콩고 The Republic of the Congo/Kongo

1. 음반자, 전 콩고 왕국 수도의 흔적(Mbanza Kongo, Vestiges of the Capital of the former Kingdom of Kongo: 문화, 2017):

해발 570m의 고원에 위치한 콩고는 서기 14세기-서기 19세기 아프리카 남부 법률로 제정된 최대 나라 중 하나로 콩고 왕국의 정치적·정신적 수도였다. 역사적 지역은 왕립묘지 뿐만 아니라 왕립 거주지인 왕궁, 관례의 법원, 신성한 나무(神聖樹)를 중심으로 성장해왔다. 포르투갈인들이 서기 15세기 콩고에 들어왔을 때 그들은 그 지역에서 나오는 재료를 이용해 지어진 확대된 집합도시(an extended urban area)에 유럽식을 따라 석조건물을 추가해 지었다. 음반자 콩고는 사하라 사막 남쪽의 어느 나라 보다 더 기독교의 소개와 포르투갈인들의 중앙아프리카에의 도착에 의해 많은 변화를 겪었다.

쿠바 CUBA

1. 구 하바나 시와 요새(Old Havana & its Fortifications: 문화, 1982):

쿠바의 수도 하바나는 서기 1519년 스페인인들에 의해 건설된 신세계에서 가장 오래된 도시 중의 하나이다. 서기 17세기에는 카리브 연안의 중요한 무역항구와 조선소가 되었고 그래서 이를 보호하기 위한 요새가 필요했다. 옛 중심지에는 그 당시의 도시구획, 아직도 바로크와 신고전주의 양식의 건물이 섞여 있고 개인집과 상점, 발코니, 철제대문과 內庭들이 동질성을 보여주듯 조화를 이루고 있다.

2. 트리니다드와 로스 인제니오스 계곡(Trinidad & the Valley de los Ingenios: 문화, 1988):

서기 1514년 스페인 초대총독인 에르난 코르테즈(Hernan Cortez)가 Holy Trinity(聖三位一體)를 기념하기 위해 트리니다드 외곽 12km 떨어진 곳에 설립하여 북미대륙 침입의 전초기지로 삼았다. 후일 인도에서 가져온 사탕수수 재배로 로스 인제니오스 계곡(Valley of the Sugar Mills)은 사탕 산업 중심지를 이루고 한때는 아프리카에서 3만 명의 노예가 50개소의 사탕수수공장에서 일하기도 하였다. 이곳에는 사탕수수 산업에 관계된 75개소의 사탕수수 농장과 분쇄공장, 농장에 부속된 집, 노예들의 집과 당시 사탕수수밭에서 일하는 노예들을 감시하는 탑이 남아있어 이 도시의 興亡盛衰를 보여준다. 서기 18세기-서기 19세기 사탕수수로 막대한 돈을 번 부자들의 저택인 부루네트 궁전(Palacio Brunet), 칸테로 궁전(Palacio Cantero)과 마나카이즈나가(Manaca Iznaga) 농장 등이 잘 남아있다. 그중 중요한 건물들은 37ha의 규모의 이곳 역사 중심지인 시장 광장(Plaza Mayor)에 서있는 산 프란시스코 교회 종탑에서 도시 황금기의 전형적인 부루네트 궁전(Palacio Brunet)과 유럽의 신고전 양식의 칸테로 궁전(Palacio Cantero), 자갈로 포장된 도로를 내려다 볼 수 있다. 이 도시에서 서기 19세기 유럽의 신 고전, 바로크 양식의 건물들은 서기 18세기 스페인 안달루시아와 무어 양식의 건물들의 영향을 받은 것으로 보인다.

3. 산티아고 로카성(San Pedro de la Roca Castle, Santiago de Cuba: 문화, 1997):

산티아고 대 쿠바(Santiago de Cuba) 주의 주도로 쿠바 제 2의 도시. 카리브 해 지역의 상업과 경쟁을 위해 산티아고 항구를 보호하기 위한 서기 1638년 가파른 바위로 돌출된 岬(곶) 위에 4단계의 테라스를 쌓고 그 위에 안토넬리(Antonelli)가 서기 1700년 요새를 완공하였다. 이탈리아와 르네상스 양식 건축원리를 이용하여 요새, 창고, 堡壘, 포대를 갖추어 지은 스페인-미국식 성채 건축으로 가장 잘 보존되어 있다. 서기 1675년에서 서기 1772년 일련의 지진으로 파괴된 것을 서기 1693년-서기 1695년 프란시스코 페레즈(Francisco Pérez)가 복원, 다시 서기 1757-서기 1776년 6월 12일 여러 차례의 지진에 의해 또다시 파괴되었다. 서기 1898년 미군에 의해 점령을 당하고, 서기 1868년 10월 10일부터 스페인으로부터 독립운동을 벌리고 있던 쿠바는 서기 1902년 5월 20일 미국의 도움을 받아 독립을 하게 되었다. 현재 카스티요 델 모로(Castillo del Morro), 라 로카(la Loca, Rock), 라 에스트렐라(la Estrella, Star)와 산티아고(Santiago) 성당 등이 남아 있다.

4. 비날레스 계곡(Viñales Valley: 문화, 1999):

아바나 서쪽 120km 떨어진 1억2천만 년 전 형성된 석회암지대로 둘러싸인 비날레스 계곡과 동굴(Cueva del Indio, Cueva de José Miguel), 가끔 바닥에 괴기한 바위들이 울퉁불퉁 튀어나온 섬처럼 고립된 지역에 300년 전부터 정착민들이 들어와 鄕土色 짙은 건물에 살면서 전통적인 경작방법에 의한 담배(시가), 옥수수, 콩 등을 생산하는데 특히 담배는 사탕, 껌과 함께 쿠바의 주요 수출 작물이다. 이곳에는 카리브 해안 여러 섬 지역과 쿠바에서 들어온 다양한 인종들이 섞여 살고 있어 독특한 문화를 형성하고 있다.

5. 쿠바 동남부의 최초 커피 재배지 고고학적 경관(Archaeological Landscape of the First Coffee Plantations in the Southeast of Cuba:

문화, 2000):

쿠바의 동부 서기 19세기-서기 20세기 시에라 마에스트라(Sierra Maestra) 산록의 처녀림인 험준한 지형을 개척하여 농경의 형태로 운용한 매우 드물게 남아있는 개척자들의 커피 농장으로 독특한 문화 경관을 만들어내면서 카리브 해 연안과 라틴아메리카 지역의 경제, 사회, 기술의 역사도 함께 보여준다.

6. 씨엔후에고스의 역사중심 도시(Urban Historic Centre of Cienfuegos: 문화, 2005):

하바나의 남쪽 250km 떨어진 씨엔후에고스의 서기 1819년 스페인 영역 내에 설립된 스페인의 항구 도시로 사탕수수, 망고, 커피와 담배의 생산지와 가까워 이들의 무역 중심지였고 처음 이곳에는 프랑스에서 온 이민자들로 가득 찼었다. 이 도시에는 처음 신고전주의 건물들이 많이 지어졌으나 곧 절충이 되어 도시 전체가 조화를 이루도록 변화해갔다. 건물들 중 특징이 있는 것은 정부궁전(시청청사), 산로렌죠 학교, 대주교의 교구, 훼레르(Ferrer) 궁전, 문화회관, 개인 저택 등이다. 그 외에 요새(Castillo de Nuestra de los Ángeles de Juga), 푸리시마 콘셉시온(PurismaConcepcion) 성당(서기 1833년-서기 1869년, 스테인드 그라스가 있음), 개선문(Arcode Triunfo), 식물원(97ha), 주립박물관(가구와 도자기 박물관), 발레 궁전(Valle, 신고딕 양식, 서기 1913년-서기 1917년), 호세 마르티 공원(Parque José Martí), 시엔후에고스 대학이 있으며 이 도시는 라틴 아메리카에서 근대, 위생, 도시계획에서의 질서 등의 새로운 개념을 추구하여 건축적인 조화를 이룬 첫 번째로 뛰어난 곳이다.

7. 카마궤이 역사중심 도시(Historic Center of Camagüey: 문화, 2008):

스페인에 의해 세워진 7개의 도시 중의 하나로 쿠바 중앙에 위치한 현재 4번째로 큰 카마궤이 도시는 목축과 사탕수수재배에 중요한 역할을 한 내륙도시이다. 서기 1515년 Santa María del Puerto del Príncipe라는 이름으로 북부 해안에 세워졌다가 서기 1528년 해적으로부터 공격을 방어하기 쉽게 내륙으로 옮겨진 이 도시는 크고 작은 광장, 뱀같이 구불구불한 길, 뒷골목 등 평원에 세워진 다른 도시들과 달리 불규칙하고 비상정상인 방법으로 성장하였다. 54ha의 역사중심도시는 주요 무역로 와는 고립된 예외적인 도시주거를 형성하였다. 스페인 식민주의자들은 그들의 주거와 건물에서 신대륙에 가져온 도시 설계와 전통적인 건축양식대로 중세시대의 유럽의 건축양식을 따랐다. 그리고 세월이 흐름에 따라 이 도시는 아르트 누보(Art Nouveau), 합리주의뿐만 아니라 신고전주의, 절충, 아르트 데코(Art Deco), 신식민주의 양식도 반영한다.

크로아티아 CROATIA

1. 두브로브니크 구시가지(Old City of Dubrovnik: 문화, 1979/1994 확대 지정):

돌이 노래하는 곳이라는 의미의 두브로브니크 시는 해발 412m 스르지 산록(Srd Mountain)에 서기 13세기-서기 16세기 이후 베네치아와 지중해의 교역에 중요한 서기 476년 서로마제국의 멸망으로 이주한 라틴인들이 거주하던 항구·성곽의 도시국가로 서기 1667년 지진으로 파괴되었으나 고딕, 르네상스, 바로크 양식의 교회, 높이 25m 길이 1,940m의 성벽(2중의 벽으로 동쪽의 필레 성문, 북동쪽의 프로체 성문을 포함하는 구시가지의 성벽), 프란체스코 수도원[서기 1317년에 세워지고 서기 1391년부터 운영되는 마레 브라체(Male Brace) 약국이 있음], 큰 오노프리아스 샘/분수(서기 1438년), 로마네스크 양식의 프란시스코 수도원(서기 14세기), 도미니크 수도원[대성당, 서기 1667년 로마네스크 양식으로 재건, 서기 1417년 만들어진 로란드 상(Roland state)이 수도원 앞에 있으며 그의 팔꿈치를 기준으로 하여 두브로브니크의 표준 길이로 삼음], 로브리예나츠(Louvrijenac) 요새(서기 11세기까지 올라감), 수도원장의 궁정(Rector's House, 현 시청), 당시의 세관, 교역소, 세무서와 조폐국을 포함하고 현재는 고문서박물관으로 이용되는 스폰자 궁전(Sponza Palace, 서기 1520년), 성 블라이세 교회(St Blaise's church, 서기 18세기 재건, 바로크 양식), 루자 광장, 서기 972년 이후 이 성의 수호신으로 된 성 블라이세를 조각한 필레와 프로체 성문과 서기 15세기에 포석을 깐 프라차(Placa) 중심거리 등이 그대로 남아있다. 그리고 당시의 세관 벽에는 "상품의 개수를 셀 때 신이 보고 계신다"라는 글이 새겨져 있어 당시 이곳에서 행한 교역의 중요성을 보여주고 있다.

2. 스플리트의 디오클레티안 궁전과 역사 건축물(Historic Complex of Split with the Palace of Diocletian: 문화, 1979):

디오클레티안(Diocletian 황제, 서기 245년-313년, 서기 284년-서기 305년 재위) 궁전은 서기 3세기-서기 4세기 초경(서기 239년-서기 303년) 건설되었다. 황제가 서기 305년 5월 1일 퇴위 후 만년을 이곳에서 보내다가 靈廟에서 잠들었는데 이 영묘를 해체해 중세에 다시 지은 성, 도미누스 성당, 서기 12세기-서기 13세기의 로마네스크 양식의 교회, 중세시대의 요새, 서기 15세기 고딕양식으로 지어진 궁전 등도 있다. 그리고 근처 코르출라 섬은 東方見聞錄의 저자 마르코 폴로

(Marko Polo, 서기 1254년-서기 1324년)가 태어난 곳이기도 하다.

3. 포렉 역사지구 성공회 건축물(The Episcopal Complex of the Euphrasian Basilica inthe Historic Centre of Poreč: 문화, 1997):

서기 4세기경부터 기독교가 전파된 이스트리아(Istria) 주 포렉(Poreč)의 종교 기념물 집단은 이런 종류로서는 가장 완전하다. 비록 대성당은 고전과 비잔티움의 문화 요소가 결합된 예외적인 것이긴 하지만 대성당, 內庭(서기 4세기), 팔각형의 洗禮場(서기 6세기), 聖具보관소, 종탑(서기16세기), 主敎宮(서기 6세기에 지어졌으나 원래의 모습은 남아있지 않고 서기 17세기-서기 19세기의 예배당이 있음)은 종교적 건축물 중 뛰어난 예이다. 서기 4세기에 지어진 초기의 대성당은 성 마우루스 파렌티움(Saint Maurus Parentium)에게, 현재의 대성당은 서기 6세기 주교 에우프라시우스(Euphrasius) 때의 것으로 성모 마리아에게 바쳐진 것이다.

4. 트로기르 역사도시(The Historic City of Trogir: 문화, 1997):

스프리트 달마티아(Split-Dalmatia)의 트로기르 섬은 기원전 3세기의 헬레니즘시대 이후 도시의 전통을 계속 지녀오면서 다음 지배자들에 의해 공공건물과 私邸를 계속지어 발전을 거듭해왔다. 直交의 도로망을 가진 도시계획과 로마네스크 양식의 건물들도 다음의 르네상스와 바로크식의 건물들에 의해 보충되었다. 다시 말해 헬레니즘 문화에 바탕을 둔 중세시대의 도시 모습이 서기 13세기-서기 15세기의 베네치아의 지배를 거쳐 서기 21세기까지 그대로 유지되어 오고 있음을 보여준다.

5. 시베닉 성야고보 성당(Cathedral of St. James in Šibenik: 문화, 2000):

스베닉-크닌의 달마티안 해안가에 서기 1431년-서기 1535년에 프란세스코 디 지아코모(Francesco di Giacomo), 게오르기우스 마테이 달미티쿠스(Georgius Mathei Dalmaticus)와 니콜로 디 지오바니 프로렌티노(Niccolò di Giovanni Florentino)의 세 건축가에 의해 지어진 시베닉의 성제임스 성당은 서기 15세기-서기 16세기 북부이탈리아, 달마티아, 투스카니와의 문화교류의 증거를 많이 보인다. 이 성당은 베니스의 고딕 양식으로 출발해 르네상스 양식으로 귀결되는 과정에 서로 이어지는 건축양식을 보여주며, 전체의 재료를 브라크(Brac) 섬에서 채석한 돌로 지어진다. 그리고 궁륭과 돔의 건축에 독특한 기술을 구사하고 있다. 71개의 남자, 여자와 어린아이 像을 조각해 壁龕에 넣는 성당의 형식과 장식적인 요소는 고딕과 르네상스 건축양식의 접목을 보여준다. 이 성당은 세계제2차대전과 서기 1991년의 내전으로 많은 파괴를 입었다. 현재 복원 중이다.

6. 스타리 그라드 평원(Stari Grad Plain: 문화, 2008):

스타리 그라드 평원은 그리스 시대부터 포도와 올리브나무를 재배해온 곳으로 흐바르(Hvar) 섬의 농지는 쿠라(chora)라 불리우는 규격화된 한 뙈기의 밭이다. 가운데 돌로 쌓은 벽으로 소유자를 구분한다. 그리고 도구를 보관하는 벌집모양의 움푹 들어간 龕室과 저수지가 만들어진다. 이러한 방법은 기원전 4세기부터 이곳을 식민지화 했던(마그나 그레샤, 기원전 600년-기원전 500년) 파로스(Pharos)의 그리스인들로부터 받아들인 것이다. 그리스인들은 파로스(현 스타리 그라드) 도시를 건설했다. 스타리 그라드시는 현재 남아있는 것이 적지만 핵심적인 그리스 문화유산의 일부인 것이다.

7. 스테치-중세 묘비(Stećci-Medieval Tombstones: 문화, 2007):

→ 세르비아 5항을 참조할 것

8. 서기 15세기-서기 17세기의 베네치아 공화국의 방어성벽(The Venetian Works of defence between 15th and 17th: 문화, 2017):

이 성벽은 베네치아 공화국(서기 8세기-서기 1797년, the Most Serene Republic of Venice, Serenissima Republic of Venice)에 의해 축조된 좀 더 복잡해진 방어 체계로 베네치아 공화이 성벽은 베네치아 공화국의 군사 시설물로 건축과 축조방법에 있어 종래의 성벽과 달리 매우 혁신적이다. 이는 현재 크로아티아(Croatia), 이탈리아(Italy), 몬테네그로(Montenegro)의 3국에 걸쳐 있으며 모두 15개의 방어요새를 갖추고 이탈리아의 롬바르드(Lombard)지역에서 동쪽 아드리아 해까지 길이가 전체 약 1,000km이상이 된다. 'the Stato da Terra(Western Stato da Mar)' 성에만 6개의 방어 요새가 구축되어있는데 서북쪽의 유럽의 공격으로부터 베네치아 공화국의 보호를 위한 것이다. 그리고 'the Stato da Mars'성은 아드리아 해의 레반트(Levant)지역에 이르기 까지 상업을 위한 바닷길과 항구를 보호하려고 축조한 것이다. 이 성벽은 베네치아 공화국의 확장과 주권을 보호하는데 필수적이다. 그리고 당시 화약의 소개는 소위 베네치아 공화국의 최첨단의 稜堡(雉城)와 요새에 반영된 군사 기술과 건축술 등은 곧바로 유럽전역에 퍼져나갔다.

키르기즈스탄(吉爾吉斯坦) KIRGHIZSTAN

1. 슐라마인 투 성산(Sulamain-Too Sacred Mountain: 문화, 2009):

솔로몬의 산이라는 의미의 슐라마인/슐레이만(Sulamain/Sulayman) 聖山은 중앙아시아 실크로드 길목에 자리 잡은 오시(Osh)의 페르간 계곡(Fergan Valley) 앞에 있다. 과거 1,500년간 이곳은 여행가들의 등대 와 같은 역할을 해왔다. 5개의 봉우리와 산록에는 암각화가 있는 동 굴, 서기 16세기의 모스크 사원도 있다. 암각화는 101개소로 인간, 동물, 기하학 무늬가 새겨져 있다. 17호라 불리우는 禮拜處는 아직 도 이용되고 있는데 不姙治療, 두통, 요통, 수명장수에 효험이 있다 고 한다. 이곳은 이스람 문화가 들어오기 전과 후의 문화가 구별되 지만 이와 관계없이 중앙아시아에서 오랫동안 성산의 역할을 해왔 다. 이곳에는 신석기시대와 청동기시대의 주거지, 바위의 암각화, 儀 式장소, 서로 연결된 小路, 모스크 사원과 박물관 등이 남아있다.

2. 실크로드/絲綢之路(Silk Roads: Initial Section of the Silk Roads, the Routes Network of Tian-shan Corridor: 문화, 2016):

→ 중국 37항을 참조

타지키스탄(塔吉克斯坦) TADZHIKISTAN/TAJIKISTAN

1. 사라즘(Sarazm: 문화, 2010):

사라즘 유적은 도시화 단계 직전의 유적으로 proto-Sarasm이라고 도 불린다. 기원전 3400년-기원전 2000년 펜즈히켄트(Pendzhikent) 옆 해발 400-800m 동서 길이 1.5km, 100ha의 넓이의 자라프숀(Zaraf-shon/Zeravshan) 강둑에 세워진 이 유적은 서기 1977년에 발굴이 시작 되었다. 그리고 서기 1984년 프랑스와 미국의 고고학자들도 발굴에 참가하였다. '푸른 나무들이 시작이 되는 계곡', '전투의 시작', '땅이 시작되는 곳' 의 의미를 지닌 사라즘 유적은 중앙아시아에서 도시가 시작되기 직전의 단계로서 가축을 사육할 수 있는 유목민족의 초원 중심부에 자리 잡고 있으면서도 농경과 관개농업에 도움을 주는 계곡을 끼고 있다. 이 유적의 발굴에서 불의 사원, 공공건물, 개인주택, 궁전과 함께 구리, 청동, 납, 은, 금, 터키옥, 유리, 바다 조개, 무기 등이 함께 출토되고 있다. 이곳은 광산의 중심지대로 이곳 사라즘 사람들은 금과 은 등의 귀금속을 인도 서부뿐만 아니라 중동과 근동 지방에 수출하였다. 이곳은 중앙아시아 冶金의 중심지였다. 발굴에서 鎔范, 6개의 용광로, 대장간, 광물을 분쇄하는 대형 공이와 망치가 도끼, 검, 칼, 창, 핀, 낚시 바늘, 장신구들과 함께 발견된다. 250㎡ 넓이의 궁전 단지에서는 복도, 현관, 문지방, 부속실이 딸린 2-3개의 연이은 방의 구조가 확인된다. 모든 건물들은 넓은 통로로 연결이 되며, 어떤 방은 채광과 통풍을 위한 창문이 나 있다. 두 개의 홀 중앙에 있는 원형의 제단은 이곳이 궁전이라기보다 儀式을 위한 장소임을 알려준다. 이 사라즘은 야금을 통해 중앙시아와 투르크메니스탄의 초원지대에서부터 이란 고원, 인더스 계곡, 멀리 인도양까지 사람들과 문화적 교류와 무역관계를 유지하고 있었다. 이 유적의 사람들은 기원전 2000년 인도-이란의 도착과 함께 사라졌다가 기원전 1500년 농업과 구리 생산으로 다시 부활하고 있다.

탄자니아 UNITED REPUBLIC OF TANZANIA

1. 킬와 키시와니와 송고 음나라 유적(Kilwa Kisiwani and Songo Mnara

Ruins: 문화, 1981):

초기 유럽개척자들로부터 찬탄을 받아왔던 동부 아프리카 해안가 조그만 섬에 위치한 두 항구 킬와 키시와니와 송고 음나라는 서기 13세기-서기 16세기 킬와의 상인들이 짐바브웨에서 금과 철, 탄자니아에서 상아와 노예, 아라비아, 페르시아와 중국에서 직물, 보석, 도자기, 진주, 향수와 도자기들을 인도양을 통해 교역하던 곳이다. 킬와 키시와니는 현재 이스람 상인집단이 있는 곳으로 서기 9세기 경 이곳이 무역상 알-하산(Al-Hassan)에게 팔리고 난 후 아프리카 동부 해안가에서 무역의 중심지가 된 큰 도시로 발전하였다. 서기 13세기 마달리(Mahdali) 가문의 지배하에 가장 강력한 해안 무역도시가 되었고 그 영향력은 남쪽으로 모잠비크까지 끼쳐 아부압둘라 이븐 바투타(Abu Abudullah Ibn Battuta)는 서기 1330년 이 도시를 방문해 지도자 술탄 알-하산 이븐 술라이만(Sultan al-Hassan ibn Sulaiman)의 겸손함과 종교에 대해 언급해 놓았다. 이 무렵 후수니 쿠브와(Husuni Kibwa) 궁전과 킬와 대사원의 건축이 이루어진 것으로 보인다. 서기 16세기 바스코 다가마가 부유한 이스람 국가로부터 공물을 받아내고, 서기 1505년 돔 프란시스코 데 알메이다(Dom Francisco de Almeida)가 이끄는 포르투갈 군인들이 이곳 섬을 통치하였다. 서기 1784년에는 잔지바르의 오마니(Omani)에 의해, 그 후 프랑스, 그리고 독일이 서기 1886년-서기 1918년 이곳을 식민지화 하였다.

2. 잔지바르 Stone Town 해양도시(The Stone Town of Zanzibar: 문화, 2000):

현 잔지바르 웅구자(Unguja city) 시의 일부인 옛 스톤 타운(Stone Town) 지구는 동아프리카 스와힐리 해안의 해양 무역도시로 여기에는 과거 1,000년간 아프리카의 스와힐리 문화가 아랍, 인도와 유럽의 각종 문화요소를 받아들여 동질화시키면서 나타난 결과로 도시계획, 도시미화 및 조경과 아름다운 건물들이 들어서 있다. 아랍의 건물양식도 보이는데 규모가 크고 장식적으로 조각을 한 나무문, 폐쇄된 목제의 베란다 등에서 확인된다. 이는 서기 1840년에서 서기 1856년까지 사이드 빈 술탄(Said bin Sultan)이 이곳에 예멘의 수도를 삼기도 하였던 것에 비롯되기도 한다. 서기 1830년대 이후 돌로써 지어지고 있는 건물들에서는 거의 3세기에 걸쳐 사람이 살아오고 있다. 이 지역은 서기 1800년대 아프리카 내륙이 식민지화되기 이전 아시와 아프리카교역의 중심이 되었으며 그 후 몸바사(Mombasa)와 다르 에스 살람(Dar es Salaam)으로 옮겨갔다. 중요한 수출 품목은 향신료와 丁香이었다. 또 많은 기간 이곳은 노예무역의 중심이 되어 아프리카 내륙에서 노예를 데려다가 근동지방에 수출하기도 하였다. 노예를 가두어두던 노예무역시장에 영국의 聖公會가 지어졌다.

3. 콘도아 암각화 유적지(Kondoa Rock-Art Sites: 문화, 2006):

콘도아의 북쪽 20km, 아루샤(Arusha)와 도도마(Dodoma) 사이 길에서 9km 떨어진 탄자니아 대협곡(Great Rift Valley)을 경계로 마사이(Masai)의 가파른 경사지에 초원을 굽어보는 콜로(Kolo) 마을 2,336km^{2}의 범위에 150개소의 자연동굴과 岩陰住居에서 생활하던 터에 위치하는 콘도아 동굴의 岩畵(붓으로 그린 바위그림)는 수렵-채집사회에서 농경-목축 사회로 전환하는 다시 말해, 길게 늘여 그린 사람, 활을 가지거나 가면을 쓴 사람, 코끼리, 염소, 영양(kudu와 impala), 말, 얼룩말, 기린, 하이에나, 전갈 등의 동물, 덫, 그물망과 사냥장면, 춤, 치료방식 등 인류의 종교와 신념, 사회-경제에 대한 독특한 일련의 증거를 보여준다. 또 이 암화가 5만 년 전 중기구석기시대부터 철기시대에 이르기까지, 또는 적어도 2,000년-1,500년 이전, 19,000년 전-200년 전, 기원전 8000년-서기 1600년 등에 만들어졌다는 여러 가지 주장들이 나오고 있다. 최근 몇몇의 동굴과 岩陰住居 근처에서는 아직도 주위에 살고 있는 이곳 원주민인(마사이 족)들이 그들과 관련된 믿음(신앙), 儀禮와 宇宙觀을 반영하는 여러 儀式을 행하고 있다.

4. 능고론고로 보호지구(Ngorongoro Conservation Area/NCA: 문화, 2010):

탄자니아 아루샤(Arusha) 서쪽 180km 떨어진 분화고원(Crater High-land Area)은 인류화석이 나오는 올두바이 고지(Olduvai Gorge)를 포함한다. 인류의 기원은 Sahalenthropus tchadensis(Tumai/Tumaï, Michel Brunet가 Chad Jurab/Djurab 사막계곡에서 발견, 7-6백만 년 전)-Orrorin tugenensis(Brigitte Senut, Martin Pickford Tugen Hill, Kenya Tugen hill에서 발견, 610-580만 년 전)-Ardipithecus ramidus(Tim White, Ethiopia, 440만 년 전)-Australo pithcus anamensis(Meave Leakey, Kenya)-Australopithecus afarensis(Lucy, 350만 년 전, DonaldJohanson)-Laetoli(Mary Leakey, Tanzania, 320만 년 전)-Homorudolfensis(Richard Leakey, 1470호, Koobi Fora, 240-180만 년 전)-Homohabilis-Homo ergaster(Turkana, Australopithecus garhi, 250만 년 전)-Homo georgicus(Georgia, Dmanishi, 175만 년 전)-Homo erectus(Trinil, 170-25만 년 전)-Homo antecessor(Gran Dollina, Atapuerca, 80만 년 전, 120만 년 전-80만년 전 유럽 최초의 인류)로 이어진다. 탄자니아의 올두바이 고지는 메리와 루이스리키(Mary와 Louis Leakey) 부부에 의해 서기 1959년에서 서기 1977년까지 60여개의 인류화석이 발견된 인류탄생 요람지 중의 하나이다. 이곳에서 Homo habilis의 인류화석편이 발견되었는데 그중 Bed I 상층에서 OH5(1959년, Zinjanthropusboisei, Zinji)와

OH7(1964년, Homo habilis, Nutcracker Man/Dear Boy)이 유명하다. Bed I의 중-상층의 연대는 190만 년-170만 년 전이다. 그러나 현재 Bed I층 전체를 230만 년-140만 년 전으로 보기도 한다. 이곳에서 발견되는 고인류화석으로이곳에서 200만년 전부터 사람이 살기 시작하였고 수 천년 전 수렵-채집인, 2,000년 전에는 음브루(Mbulu), 서기 1700년 경에는 다투가(Datooga), 그리고 서기 1800년대에 마사이(Maasai)족들 이 들어와 오늘날까지 살고있다.

태국(泰國) THAILAND

1. 아유타야 역사도시(Historic City of Ayutthaya and associated Towns: 문화, 1991):

아유타야(Ayutthaya, 또는 Phra Nakhon Si Ayutthaya, 서기 1350년-서기 1767 년 4월 7일 버마에 의해 멸망, 33명의 왕이 지배)는 수코타이(Sukhothai, 서 기 1238년-서기 1378년)를 이은 나라로 두 번째의 수도였다. 나라가 선 지 417년 후 방콕을 수도하는 새로운 나라가 들어섰다. 이것이 현재 태국의 입헌군주제왕국 인 차크리(Chakri) 왕조[서기 1782년-서기 1932 년 4대 왕 라마 IV세인 몽구트(Mongut)는 영화 King & I의 주인공임. 현재 왕 은 서기 1932년부터 왕위를 계승 한 챠크리 왕조의 9대 왕(라마 IX세)인 푸미 폰 아둔야뎃(Bhumibol Adulyadej/Phumiphon Adunyadet)이다]. 이 국가의 수 입은 농산물과 외국과의 무역에서 얻는 관세에 주로 의존하였다. 포 르투갈, 네덜란드, 프랑스와 영국이 이곳을 무대로 활동하였다. 서기 1350년 우통(U-Thong, Ramathibodi I세) 왕에 의해 스 코타이 다음으 로 제 2의 샴족(Siamese)의 수도로 세워진 아유타야의 수도에서 보이는 유적은 聖骨函이 모셔진 탑(prang) 과 거대한 사원은 과거의 화려한 영광 을 보 여준다. 이 아유타야 왕국은 외 국과의 교역을 많이 하였는데, 포르투 갈과의 교역은 포르투갈이 현 말레시 아의 말라카(Malaca) 왕국을 접수한 서 기 1511년 직후에 일어났다. 그리고 서기 1644년 화란인(네덜란드, Dutch)들 이 무력을 앞세워 아유타야로부터 강 제로 무역독점권을 얻었고, 이 세력을 저지하기 위해 아유타야는 다시 1684

아유타야 왕(필자 촬영)

년에 프랑스와 조약을 체결하였다. 서기 1511년 장티프스로 사망한 포르투갈인들의 묘지가 아유타야의 수도에서 발굴되기도 하였다. 아유타야 왕국은 금이 풍부해 서구인들에게 'Siam the city of gold'라 불렸고, 실제 서기 1957년 왓 라차부라나 사원(Wat Ratchaburana) 납골 당에서 발굴된 왕의 상징물인 금으로 만든 검, 병과 장신구 등은 모 두 무게가 100kg이 넘는다. 이들은 현재 모두 아유타야 박물관에 전 시되어 있다. 서기 1767년 버마와 2년간의 전쟁 후 패배하여 이 유적 은 철저히 파괴되고 버려졌다. 이곳 역사공원에서는 라차브라나(Wat Ratchaburana: wat는 태국어로 사원이란 뜻임), 왓 마하타트(Wat Mahathat), 왓 프라 스리 산페트(Wat Phra Sri Sanphet), 왓 프라 람(Wat Phra Ram), 왓 로카야수타 위하른 프라 몽콘 보피트(Wat Lokayasutha Wiharn Phra Mongkhon Bopit), 왓 로카야수타(Wat Lokayasutha), 왓 야이 차이 몽콘 프 라 체디 수리 요타이(Wat Yai Chai Mongkon Phra Chedi Suriyothai), 왓 프난 초엥(Wat Phanan Choeng, 19m의 靑銅坐佛像, 서기 1324년), 왓 푸카오 통

(Wat Phu Khao Thong), 왓 챠이 와타나람(Wat Chai Watthanaram, 이 유적에
서는 옥수수대 모양의 탑으로 이루어져 있어 크메르 제국의 영향을 보여 주
고 있으나, 다른 사원의 鐘形의 塔身위에 尖塔이 달린 형식은 세 이론의 영
향을 보여 준다) 등의 사원들을 볼 수 있다. 그리고 서기 2011년 8월 홍
수로 인해 아유타야의 37m×8m 높이의 臥佛이 물에 잠겨 피해를 입
은 바 있었다는 보도가 있었다.

2. 수코타이 역사도시(Historic City of Sukhothai and associated His-
   toric Towns: 문화, 1991):

서기 1238년-서기 1378년 사이 수코타이 왕국의 수도와 관련된 유
적과 '행복의 시작'이란 의미를 지닌 수코타이는 서기 1238년-서기
1378년 사이 시암(Siam) 족이 세운 첫 번째 왕국의 수도(현재의 수코타
이 시로부터 12km 떨어짐)로 태국 건축의 발생을 알리는 여러 기념물
들과 불상 조각들이 있다. 수코타이 왕국(9명의 왕들이 통치)내에서 발
전한 위대한 문명은 앞선 여러 전통을 수용하여 수코타이의 독특한
양식을 만들어내고 있는 점이다. 수코타이의 영역은 마르바탄(Mar-
batan, 미얀마/버마), 말라이 반도, 루앙 프라방(Luang Prabang, 라오스), 중
부 태국과 버마의 몬(Mon) 족에까지 이르며, 인도의 小乘佛敎(Thera-
vada, Hinayana)도 이 왕국에 소개되었으며, 중국과의 무역도 번창하였
다. 그리고 3대 왕인 람 캄 행(Ram Kham Haeng, 서기 1279년-서기 1298
년)은 서기 1282년 중국 元나라 쿠빌라이 칸 황제(世祖)에게 두 번이
나 사신을 보내었다. 또 그는 크메르어를 차용해 모음 32자, 자음 44
자와 5성을 합쳐 만든 태국의 문자가 처음 만들어져 이로부터 태국
문명이 꽃을 피우게 되었다. 수코타이 왕국은 서기 1350년 이후에는
아유타야 왕국에 포함되었다. 이곳 역사공원에서는 왓 마하타트(Wat

아유타야 사원 유적(서기 1350년–서기 1767년, 필자 촬영)

아유타야 궁터 유적(필자 촬영)

서기 1511년 장티푸스로 몰살한 아유타야 포르투갈 교회 묘지(필자 촬영)

스코타이 유적(서기 1238년~서기 1378년, 필자 촬영)

세계문화유산 −글로벌 文化史의 理解−

Mahathat), 왓 프라 아차나(Phra Achana, Wat Si Chum), 왓 시 사와이(Wat Si Sawai), 왓 사 시(Wat Sa Si), 왓 타판 힌(Wat Taphan Hin) 등의 20개소의 사원을 볼 수 있다. 그중 연못은 연꽃으로 만발해서 사원의 정신적인 정서를 더욱 더 강조한 마하타트 사원이 가장 규모가 크다.

3. 반창 고고유적(Ban Chiang Archaeological Site: 문화, 1992):

기원전 20세기경 청동기시대 유적과 관련된 유적으로 이곳 반창 유적과 박물관은 발굴로부터 나온 청동기를 제작하던 거푸집(鎔范)을 비롯한 토기, 청동제의 창, 도끼와 토기(紅陶와 黑陶) 등 각종 유물들과 그들의 전시장으로 유명하다. 또 이들을 만들던 사람들의 무덤도 발굴해 일반 관람객도 인골이 묻힌 옛 모습 그대로 볼 수 있도록 전시해 놓았다. 이 박물관은 태국 미술성 산하 9개의 국립박물관 중의 하나이다. 이곳을 전 세계적으로 유명하게 만든 유적의 발굴은 서기 1957년에 발견되었다. 그 당시 재미있는 선사시대의 토기들이 우연히 발견되어 태국 동북쪽 우돈타니(Udon Thani) 주 농한(Nong Han) 구 반창(Ban Chiang) 마을의 주민들에게 알려지게 되었다. 이것들이 태국의 선사시대 연구에 매우 중요함을 알고, 태국 미술성과 미국 펜실바니아 대학박물관 팀이 공동으로 서기 1967년부터 이 지역에 대한 고고학적 조사와 아울러 발굴을 시작하였다. 서기 1974년부터 행해진 체계적인 정밀 발굴에서 매우 중요한 유물들이 출토되었다. 가장 최근에 나온 보고서에 의하면 이 마을이 기원전 4000년에 시작하여 서력 기원 전후-서기 200년경까지 다시 말해 신석기시대 말에서 철기시대에 이르는 약 4,000년간 계속 번영을 누린 곳으로 밝혀졌다. TL(발열광 연대측정)연대는 기원전 4420년-기원전 3400년으로 나왔다.

기원전 5000년-기원전 4000년 전에 이곳은 침엽수림과 상록수림대로 둘러싸여 있었던 것으로 추정되었다. 그래서 이곳에 정착하기 시작하면서 주민들은 삼림을 개간해 낮은 지역에 농지를 조성하고 그들의 주식인 쌀을 재배하여 생계를 유지하였다. 이외에도 소, 돼지, 개와 닭의 사육도 또한 그들 생계에 많은 도움을 주었다. 집자리들의 발굴에서도 당시의 기술이 발달했다는 증거도 보인다. 점토를 구워 토기를 만드는 데서 이러한 증거가 잘 나타나는데, 이것은 고온도의 불을 다루는 기술을 반영한다. 그리고 전통적인 토기제작과 함께 담황색의 표면에 채색을 해 여러 가지 문양이 있는 아름다운 토기도 자체 내에서 제작하였다. 이것들은 대부분 무덤에서 나와 껴묻거리(副葬品)임을 알 수 있다. 토기를 제작한 지 천 년쯤 지나 그들은 이러한 기술을 간단한 초보적인 야금술에 이용하게 된다. 반복적인 실험 결과 그들은 주조(鑄造)의 청동제 무기나 도구를 만드는 기술자가 된다. 농경과 야금술의 발달은 이들 사회를 종전의 수렵과 채집사회보다 좀 더 복잡하게 이끌어가게 되었다. 그런 다음 종전보다 한걸음 더 발달한 문명사회가 나타나게 된 것이다.

서기 1974년-서기 1775년에 걸쳐 발굴된 127구의 인골을 통해 이곳에 살던 주민들 중 남자들은 비교적 키가 크고, 다리가 길고 건장하였다고 알려지고 있다. 성인 남자의 키는 평균 162.5-172.5cm인데 그중 하나는 예외적으로 커 185cm나 된다고 한다. 성인 여자는 단지 평균 147.5-155cm밖에 안 되는 단신으로 체구도 왜소하다. 그들은 형질인류학상의 특성으로 큰 두개골, 넓은 이마, 넓은 얼굴, 툭 튀어나온 광대뼈, 큰 구개(口蓋), 좁은 안와(眼窩), 고두(高頭)를 가지고 있었다. 치아는 거의 완전했으며, 약간의 충치도 보인다. 2-3살 먹은 어린 아이의 경우 세균에 감염된 경우와 같은 종양의 흔적을 보인다. 성인의 경우 경골(脛骨)에 불구가 된 듯 한 질병을 앓았던 흔적도 보인다. 다른 예에서도 관절염, 종양과 빈혈 같은 증상을 보여준다. 특히 후손들로 여겨지는 오늘날의 주민에서 발견되는 탈라씨마 (Thalassemia)나 이상(異狀) 헤모글로빈(헤모글로빈 E)의 존재는 당시의 주민들이 운이 좋게 말라리아를 이겨낸 증거가 된다.

또 이곳에서 무엇보다도 중요한 것은 논녹타(Non Nok Tha) 고고유적의 기원전 2700년과 함께 늦어도 기원전 2000년경 태국에 처음으로 고고학 상 증거가 뚜렷한 청동주조기술이 나타난데 있다. 이 연대는 극동지역과 동남아시아에서 가장 올라가는 것으로 처음에는 아무도 그 연대를 믿으려고 하지 않았다. 그리고 미국 펜실바니아 대학에서 낸 일련의 방사성탄소연대와 그 시료로서 이용된 목탄의 채취과정에 대해서도 의심을 가졌다. 어떤 학자는 몰래 그 연대를 시험해 보고자 하였다. 이 지역이 청동기 주조의 기원이 된다는 설은 믿기에 매우 어렵고 복잡하게 보인다. 왜냐하면 주조기술이 토착적인 발전에 의한 것인지 혹은 외부의 영향에 의해 나타난 것인지에 대한 뒷받침을 하는 증거가 별로 없기 때문이다. 그러나 최근의 연구 경향은 이 유적의 연대에 대한 의심을 풀고 오히려 그곳 청동기 제작기술이 토착적으로 발전한 것인지에 대한 증거를 찾으려고 하고 있다. 그래서 관계 학자들은 연구가 진행됨에 따라 이 유적을 초기(기원전 4000년-기원전 1000년), 중기(기원전 1000년-기원전 300년)와 후기(기원전 300년-서기 400년)의 세 시기로 나누어 각 시기에 따른 특징 있는 문화의 성격을 밝히려고 노력하고 있다. 아무튼 이곳 유적에서 당시에 살고 있었던 장인(匠人)들은 여러 번의 실험으로 청동과 철의 두 가지 금속을 결합시켜 도구를 만들어내는 새로운 기술을 개발해내게 되었던 것은 확실하다. 일례로 어떤 창은 전체가 주조로 만들어졌는데 날은 철이고 손잡이는 청동이다. 그리고 어떤 팔찌는 청동제인데 그 위에 철제의 팔찌가 한 겹 더 싸여져 있었다. 이것이 만들어진 것은 기원전 1000년경의 일이다. 두 금속을 결합하는 기술의 기원이 이곳으로 부터 시작된 것은 아니지만 토착적으로 발전시킨 것만은 틀림없다. 그러나 이런 기술이 발전된 이후 청동대신 철에 의존해 도구를 만드는 경향도 더욱 더 많아졌다.

중국보다도 수 백 년 앞선 기원전 2000년경 극동과 동남아세아지역에서 최초의 청동 주조기술이 나타난 이 유적에 대하여는 앞으로 전 세계의 여러 청동기시대 학자들이 많은 토론을 벌릴 것으로 예상된다. 원 발굴자인 펜실바니아 대학의 체스터 고만 교수는 수 년 전 후두암으로 작고했다. 그래서 발굴에 대한 논의는 앞으로 그곳 공동책임자로 참여했던 피시트 차로엔웡사(Pisit Charoenwongsa, 그는 실파콘 대학교 고고학과 교수로 재직 중 이 발굴에 참여했으나 현재는 미술성 고고부 연구책임자로 있음)를 비롯한 여러 관련 태국학자들의 앞으로의 연구진행과 성과에 달린 것 이다. 그중의 하나가 서기 1985년 아만드 라베(Armand Labbé)가 영문으로 출간한 「반창」-태국 동북지방의 예술과 선사시대-(캘리포니아 산타아나 소재 바우어즈 박물관 간행)를 들 수 있다. 이 책 한 권으로도 이 유적 발굴의 중요성을 전 세계에 잘 알려주고 있다.

태국 정부에서도 이 유적의 중요성을 감안해 그곳 발굴현장의 하나인 왓트 포시 나이에 지붕을 씌어 야외박물관으로 보존하고, 유물의 전시는 발굴현장에 덧집을 씌워 현장 그대로 보전한 야외박물관, 발굴 직후 지어 놓은 단층의 콘크리트 전시실과 서기 1987년 태국 황실 현 챠크리 왕조의 9대 왕(라마 IX세)인 푸미폰 아둔야뎃(Bhumibol Abdulyadej/Phumiphon Adunyadet)의 어머니인 대비(大妃)의 재정적 지원에 의해 새로 지어진 이층의 박물관(사무실 포함)의 세 군데에서 이루어지고 있다. 그 외에 그곳에서 나온 모든 유물들을 전시하기 위해 서기 1987년 11월 21일 대비를 모시고 그녀의 이름을 따 "반창 국립 박물관 솜뎃트 프라 스리나카린드하라 보로무라지촌니(Somdet Phra Srinakarindhara Boromraj chonni)"라는 긴 이름의 두 번째 박물관을 앞선 단층 건물 앞에 새로이 세울 정도였다. 이는 태국정부가 태국 국민들로 하여금 세계에서 가장 중요한 유적의 하나를 갖고 있다는 자부심을 심어 주기 위한 것이었다.

터키 TURKEY

1. 이스탄불 역사지구(Historic areas of Istanbul: 문화, 1985):

　동로마 비잔틴 제국(서기 395/476년-서기 1453년)과 오스만 투르크 (서기 1299년-서기 1922년)를 거치면 서 기독교와 회교의 문화가 공존하는 역사적 도시 비잔티움[콘스탄티노풀/이스탄불: 콘스탄티노풀은 서기 324년 11월 8일(일) 콘스탄티누스 대제(Constantine the Great 서기 272년 2월 27일-서기 337년 5월 22일)에 의해 콘스탄티노폴리스(Constantinopolis)의 건설을 시작해 6년 뒤인 서기 330년 5월 11일 완공을 봄]으로 최근 철도공사로 인해 발굴 중인 예니카피(Yenikapi) 항구, 콘스탄티누스 황제 이후의 터(Great Palace), 성벽[Theodosian(서기 408년-서기 450년) Walls of Constantinople, 서기 413년 완공], Hippodrome of Constantine[전차 경기장, 서기 203년에 있던 것을 서기 324년경 콘스탄티누스 대제 때 확대 개조하여 여기에는 이집트에서 가져온 기원전 1490년에 만들어진 토트메스 III세의 오벨리스크가 세워져있다. 그리고 테오도시우스 대제 때 그리스 델피의 아폴로 신전에서 가져온 기원전 5세기경의 뱀의 기둥(The serpent column)도 있으며 머리는 현재 이스탄불 고고학 박물관에 전시 중이다], 지하 물탱크-저수지[Basilica

Cistern, 하기아 소피아(Hagia So-phia) 서남방 150m 떨어진 138m×64.6m, 9,800m²의 8만 큐빅의 물을 저장할 수 있는 Sunken palace(서기 532년경 재건)], 솔로몬 성전과 유사한 폴리에쿠토스 성당 터, '성스런 지혜'라는 의미의 하기아 소피아(Hagia Sophia, Holy Wisdom of God, Sancta Sophia)가 로마시대에 만들어진 중요한 유적이다. 하기아 소피아 사원의 역사는 "Great Church"로 알

성 소피아 성당 내 예수 벽화(서울대대학원 미술사학과 박사과정 강신애 제공)

려진 터 위에 서기 360년 2월 15일 즉위한 콘스탄틴(Constantius) II세 황제에 의해 서기 346년에 초건→ 서기 405년 10월 10일 즉위한 테오도시우스(Theodosius) II세의 명령으로 서기 532년 1월 13-14일 재건 → 서기 532년-서기 537년 12월 27일 유스티아누스(Justinian) 황제 때 이시도르(Isidore of Miletus)와 안테미우스(Anthemius of Tralles)의 설계로 만들어졌으나 서기 557년 12월 14일과 서기 558년 5월 7일 대지진으로 본당의 돔이 파괴되었는데 서기 562년 12월 23일 이시도르의 조카인 Isidorus the Yonger에 의해 세 번째로 현재의 건물인 정교회(orthodox patriachal basilica) 총교관이 복원되었음을 알 수 있다. 그리고 오스만 투르크의 메메드 II세(Mehmed II세) 점령하인 서기 1453년 아야 소피야 바미 모스크(Ayasofya/Ayasophia Vami Mosque) 회교사원으로 바뀌었다. 이 건물의 특징은 돔을 이용한 pendentive(돔에서 돔의 상부를 수평으로 잘라내고 그 위에 또 하나의 돔을 접합) 건축양식으로(라벤나/Ravenna의 서

기 548년에 축조한 산 비탈레/San Vitale 성당의 내부가 그러한 양식을 갖고 있다) 쉬레이마니예(Süleymaniye) 사원과 건축가 미마르 시난(Mimar Sinan)이 모스크 회교사원 주위에 만든 尖塔(minaret, 서기 16세기) 4기 등이 남아 있다. 또 현 회벽 안에는 유스티아누스 황제 때 하기아 소피아가 만들어질 당시의 예수, 성모마리아, 천사들과 함께 여러 가지 벽화가 남아 있음이 확인되고 있다. 그리고 서기 1616년 건축가 메메트 아가 (Mehmet Aga)가 하기아 소피아 사원 맞은편에 술탄 아메드 I세(Sultan Ahmed)를 위해 지은 술탄 아메드 사원(Sultan Ahmed Mosque, 서기 1609년-서기 1616년)도 있다. 그 외에도 이스탄불 시에는 톱카피 궁전[Topkapi palace museum, 서기 1453년부터 술탄의 거주지로 마지막 술탄인 압둘메시드 (Abdulmecid, 서기 1839년-서기 1863년)까지 거주, 주로 술탄들이 모은 진귀한 보석과 도자기들이 전시됨], 고고학박물관[서기 1887년 시돈(Sidon)에서 발견된 알렉산더의 석관(Alexander's sarphagus로 현재는 기원전 332년 시돈의 왕인 아브달로니므스(Abdalonymus)의 것으로 추정됨, 기원전 1274년 카데슈 전투 후 기원전 1258년경 이집트의 람세스 II세와 힛타이트의 무와타리 왕 사이에서 맺은 점토판의 평화협정문과 청화백자 등이 전시], 갈라타 탑(Galata tower, 서기 1348년 재건), 대시장(Grand Bazar, 서기 1455년-서기 1461년 건립)과 탁심광장(Taksim plaza/square, 서기 1732년) 등이 알려져 있다.

2. 大모스크와 디브리기 병원(Great mosque and hospital of Divriği: 문화, 1985):

아나토리아 고원 동쪽의 디브리기 마을에 서기 1228년-서기 1229년경 에미르 아메트 샤(Emir Ahmet Shah) 왕이 사원과 부속병원을 설립하였다. 사원은 하나의 기도실을 갖고 두 개의 궁륭상의 둥근 지붕으로 덮여 있다. 궁륭상의 둥근 지붕을 올리는 매우 복잡한 기술과 문 안쪽에 비해 바깥쪽에 많은 조각(浮彫)의 장식이 있는 것은 이 건축의 특징이다.

3. 궤레메 국립공원과 카파도키아 바위유적(Göreme National Park and the Rock Sites of Cappadocia: 복합, 1985):

터키 앙카라 서남부 320km 떨어진 화산 폭발로 형성된 응회암지대인 궤레메. 오즈코냐, 아하나스와 가지에메르 지역 지하에 만들어진 200여 개의 지하 도시이다. 젤베(Zelve) 계곡 수도사들이 은거해 있었던 훼어리 침니 바위(Fairy chimney rocks)와 깊은 우물이란 의미를 지닌 데린큐우(Derinkuyu Underground City)의 지하 20층 깊이의 지하 도시가 궤레메의 대표적 유적이다. 이 유적은 기원전 8세기-기원전 7세기경 아나톨리아 서쪽의 프리지아(Phrygia) 왕국 때 처음 만들어졌으며 비잔틴시대에 확장되고 아케메니드 제국시대에는 피난처로 이용되었다. 그러나 카파도키아에는 제일 연대가 올라가는 힛타이트 제국(기원전 1700년-기원전 1190년)의 유적을 비롯해 현재는 확인되고 있지 않지만 사도 바울[Paul, Paul the Apostle(서기 5년경-서기 64년/67경) 또한 "the Apostle Paul", "Saint Paul" and "Saul of Tarsus"로도 불리 움), 서기 64년경 참수 당해 피 대신 흰 우유가 쏟아져 나왔다고 전해짐]이 서기 50년-서기 53년 제 2차 전도여행 시 근처 안타키아/안티오크/Antioch에서 기독교를 전파하던 초기 기독교부터 서기 313년 기독교 공인 사이의 기독교인들의 박해와 서기 476년 서로마제국의 멸망으로 인한 망명해 온 기독교인들의 유적이 남아있을 가능성이 많다. 현재 서기 9세기 교회 30개소의 지하 교회(32km 범위의 지하에서 8층 높이의 교회도 있음)를 비롯하여 서기 14세기경까지 지어진 동굴 교회들이 16km의 거리 안에 100여 개가 존재한다. 그중 St. John the Baptist(서기 5세기-서기 10

궤레메 카파도키아 바위·동굴유적(서울대대학원 미술사학과 박사과정 강신애 제공)

세기), Karanlik Kilise(Dark Church, 어둠의 교회), Cavusin(Nicephorus Phocas) Uzumulu(grape) Church(서기 8세기–서기 9세기), Church(서기 964/965년), Haçli Kilise(Church with cross)와 Tokali Kilise(the Apple Church), Bezirhane churches를 포함하여 서기 14세기경에 지어진 성 바실(St. Basil) 수도원 (약 365개 중 30개 정도가 공개: 궤레메 야외박물관)의 프레스코 벽화와 무덤 등이 잘 알려져 있다. 그 외에도 로마인, 회교도들, 그리고 서기 13세기 실크로드 상인들의 지하 주거지군이 시대를 달리하며 존재한다. 그중에는 회교도 건축가 미마르 시난(Mimar Sinan)이 살던 집도 포함된다.

4. 하투사(Hattusha/Hattusa: 문화, 1986):

터키 동북 아나톨리아 고원 중앙의 초롬 주의 보아즈칼레(Boğazköy, Boghaz Keui, Boğazkale) 마을 뒤편에 위치하는 하투사는 청동기시대 말

힛타이트 제국(기원전 1700년-기원전 1190년)의 초기 수도로 사원(신전), 왕궁, 예르카피(Yerkapi) 요새, 사자의 문, 왕의 문, 하투사의 聖所인 야질리카야(Yazilikaya)의 바위에 새겨놓은 지하세계의 12신 등이 남아있으며 기원전 2000년경부터 아나톨리아와 시리아 북부에 영향을 미쳤다. 힛타이트의 전성기는 기원전 1375년-기원전 1200년이며 그중 수피루리우마 I세[Šuppiluliuma I, 기원전 1344년(?)-기원전 1320년] 때 가장 융성하였다. 힛타이트인들은 성벽으로 둘러싸이고 방어를 잘 할 수 있는 곳에 도시를 세우고 방어를 한층 강화하였다. 성벽은 두 개의 문이 나 있는데 이들은 동남쪽의 왕의 문과 서남쪽의 사자의 문이다. 힛타이트의 무와타리 왕이 이집트의 람세스 II세(재위 5년)와 기원전 1274년 시리아의 오론테스 강 옆 가데슈(Quadesh/Kadesh)에서 전투를 벌인 후 람세스 21년과 하투살리(Hattušliiš III, 기원전 1267년-기원전 1237년) 때인 기원전 1258년경 평화조약(婚姻同盟/講和條約)을 맺어 이후 80년간 전쟁이 없던 것은 역사적 사건이다. 이것은 보가즈쾨이 도서관에 발굴한 삼만 점 정도의 印歐語로 써진 점토판문서(Clay tablets)에 의해서 알 수 있다. 이 힛타이트어로 된 평화협정문서(Kadesh peace agreement)는 현재 터키고고학 박물관과 UN에 전시되어 있다. 서기 1906년-서기 1908년 독일의 휴고 빙클러(Hugo Winkler)가 발굴하여 보가즈쾨이가 힛타이트의 수도였음을 밝혀냈다. 그리고 힛타이트인들의 가장 중요한 업적은 기원전 14세기경 1,525℃/1,537℃의 高熱에서 녹는 철을 다루어 무기를 제작하고 지구상에서 철기시대를 열었다는 기술이다. 그리고 이곳은 외부의 침입과 공격에 의해서가 아니라 무와타리왕 II세(Muwattalli II, 기원전 1293년-기원전 1271년)와 조카 하투실리 III세(Ḥattušili III, 기원전 1274년-기원전 1249년) 사이에 벌어진 내분과 암투에 의해 명령과 복종에 의해 유지되던 사회조직이 붕괴되어 멸망하였고 그들이 어디론가 이주하기 전에 성내의 모든 중요한 건물들이 불태워 버려진 것으로 밝혀졌다. 이는 성스런 동굴에 새겨진 상형문자의 해독으로 파악되었다.

하투사(Hattusha. Boğazköy)에 중심을 두고 고대 아나톨리아인들이 기원전 18세기경에 세운 힛타이트 제국은 소아시아, 레반트와 메소포타미아의 북부지방을 아우르는 영토를 가진 수피루리우마 I세 때 가장 융성하였다. 그러나 기원전 1180년 이후 'Sea peoples'로 알려진 해양민족의 침입으로 제국은 와해되고 여러 개의 'Neo-Hittite' 도시국가(Neo-Hittite City States, Syro-Hittite Kingdom/Syrian Neo-Hittite Kingdom/GK로 알려진 Tabal국도 포함)로 분열되어 기원전 8세기경까지 존속하다 시리아의 사르곤 II세에 의해 합병되었다. 그러나 힛타이트라는 용어는 성경의 구약성서 창세기(Genesis)에서부터 에스라-느헤미야(Ezra-Nehemiah)까지 기원전 2000년경부터 언급되는데 이는 성서에 나타나는 힛타이트(Hattic, Biblical Hittites)로 印歐語(Indo-European language family)족이 아닌 핫틱(Ḫattic) 족으로 초기에는 아나톨리아의 Kussara(Pithana)에 정착했던 것으로 추정된다. 이들은 하투사에 정착하면서 Nesili(Neša의 언어)라는 印歐語를 사용하고 기원전 14세기경부터 鐵을 생산하는 힛타이트 족들에 의해 동화·흡수되었던 것으로 추측된다. 이는 힛타이트 문화에서 아카드(Akkad)/시리아의 쐐기문자, 원통형 印章(cylindrical seal)과 종교적 목적에서 핫틱의 언어를 차용한 흔적이 확인되기 때문이다. 그래서 힛타이트의 역사는 Hattic(Biblical Hittite)→ Old Hittite Kingdom(기원전 1750년경-기원전 1500년경)→Middle Hittite Kingdom(기원전 1500년경-기원전 1439년경)→ New Hittite Kingdom(기원전 1430년경-기원전 1180년경)→ Neo-Hittite City States(Syro-Hittite Kingdom)의 경과를 거치지만 우리가 언급하는 진정한 힛타이트 제국의 역사는 New Hittite Kingdom(Late Empire) 시기인 기원전 1430년경-기원전 1180년 사이를 말한다. 힛타이트 제국의 문화는 종족의 이동에 따라 발칸반도의 에제로(Ezero) 문화와 코카사스 지방의 마이콥(Maikop) 문화와 관계를 갖고 있다.

각 시대별 힛타이트 제국의 왕의 목록(King List)과 치세연대는 다음과 같다.

Ḫattic Period(Hattic, Biblical Hittites)

Pamba 기원전 23세기(?) Ḫurmeli 기원전 1845년(?) King of Kaniš

Ḫarpatiwa 기원전 1831년(?) King of Kaniš(?)

Inar King of Kaniš

Waršama King of Kaniš

Anum-Ḫerwa King of Zalwar

PitḪana King of Kuššar

Piyušti 기원전 18세기 말

Anitta 기원전 18세기 말 King of Kuššar

Peruwa King of Kuššar(?)

Zuzzu King of Kaniš(?)

Old Hittite Kingdom(Early Empire, 기원전 1750년경-기원전 1500년경)

Tudḫaliya I(reign uncertain)

Ḫuzziya 0(reign uncertain)

PU-Šarruma

Papaḫdilmaḫ

Labarna I 기원전 1680년-기원전 1650년

Ḫattušili I(Labarna II) 기원전 1650년-기원전 1620년

Muršili I 기원전 1620년-기원전 1590년

보가즈쾨이(보이즈카레) 사자의 문(서울대대학원 미술사학과 박사과정 강신애 제공)

Zidanta I 기원전 1560년-기원전 1550년

Ammuna 기원전 1550년-기원전 1530년

Ḫuzziya I 기원전 1530년-기원전 1525년

Middle Hittite Kingdom(Middle Empire, 기원전 1500년경-기원전 1439년경)

Telipinu 기원전 1525년-기원전 1500년

Alluwamna 기원전 1500년-?

Ḫantili II(?)

Taḫurwaili(?)

Zidanta II 기원전 1480년

Ḫuzziya II 기원전 1450년

Muwatalli I(?)

Tudḫaliya II 기원전 1420년-기원전 1400년

Arnuwanda I 기원전 1400년-기원전 1385년

Tudḫaliya III 기원전 1385년-기원전 1380년(?)

New Hittite Kingdom(Late Empire, 기원전 1430년경-기원전 1180년경)

Šuppiluliuma I 기원전 1344년(?)-기원전 1320년

Arnuwanda II 기원전 1320년-기원전 1318년

Muršili II 기원전 1317년-기원전 1293년

Muwattalli II 기원전 1293년-기원전 1271년

Muršili III 기원전 1271년-기원전 1264년

Ḫattušili III 기원전 1274년-기원전 1249년

TudḪaliya IV 기원전 1239년-기원전 1209년

Kurunta 기원전 1209년(?)

Arnuwanda III 기원전 1209년-기원전 1205년

Šuppiluliuma II 기원전 1205년-기원전 1177년(?)

Neo-Hittite City States[Syro-Hittite Kingdom/Syrian Neo-Hittite Kingdom/ GK로 알려진 Tabal국도 포함, 기원전 1180/1160년-기원전 8세기경 아시리아의 사르곤 II세(Sargon II, 기원전 722년-기원전 705년)에 통합됨]

5. 넴루트 닥 고고유적(Nemrut Dağ[Dagi] Archaeological Site: 문화, 1987):

카타(Khata)의 북쪽 40km 아디야만(Adiyaman) 근처 로마와 페르시아 제국 사이에 위치한 코마게내(Commagene)왕국의 안티오쿠스 I세(Antiochus I of Commagene, 기원전 69년-기원전 34년, 시리아 북쪽과 유프라테스를 지배하던 왕국)가 넴루트 산 정상에 기원전 62년 7월 7일 자신의 무덤(靈廟, 높이 49m, 직경 152m, 왕의 점성술사인 사자자의 석판에 새겨진 9개의 별로 확인)을 만들기 시작하고 동쪽 테라스에 작은 돌을 쌓아 2m 정도로 자신의 얼굴을 비롯해 수호신인 독수리와 두 마리의 사자, 조로아스타교(拜火敎)의 왕, 아폴로, 포튠, 헤라클레스, 제우스의 그

리스 신들과 아르메니아 신들의 石像을 배치하여 聖所(Hierotheseion, royal burial precinct)를 만들도록 하였다. 이들은 그리스인의 얼굴을 하고 페르스아인들의 복장(머리장식)을 갖추었다. 서쪽 테라스에는 혜라클레스와 왕의 점성술사인 사자가 있다. 이 유적은 알렉산더의 사후 공백지대에서 헬레니즘(기원전 304년-기원전 30년)의 전통을 유지한 유적으로 중요하다. 여기에서 발견된 그리스어로 새겨진 비문에는 '나는 왕궁의 수호자로 제우스신과 함께 휴식을 취하노라'라고 적혀있다. 이 유적은 서기 1881년 독일의 기술자 촬스 세스터(Charles Sester)가 발굴하였다. 서기 62년 이 왕국은 로마에 복속되었다.

6. 히에라폴리스-파무칼레(Hierapolis-Pamukkale: 복합, 1988):

이 유적은 아나톨리아 서남쪽 옛 프리지아(Phrygia)의 파무칼레(Pa-mukkale)와 데니즐리(Denizli, 代尼玆利)주 에 위치하며 기후가 따뜻하고, 온천 샘에서 나와 못을 이루는 방해석/석회암의 물, 아찔할 만한 절벽을 이루는 段丘와 같은 최상의 자연 현상에 의해 예외적으로 보존될 수 있는 뛰어난 곳이다. 이곳에는 그레코-로만(Graeco-Roman, 기원전 146년-서기 14년) 시대의 온천 설비를 갖춘 히에라폴리스 도시유적이 함께한다. 코켈레즈 산맥(Cokelez Mountains) 아래 쿠르쿠스 평원(Curuksu plain)을 굽어보는 해발 200m 절벽 아래 方解石/石灰岩이 많이 함유된 35°C의 온천수가 솟아나는 파무칼레(cotton castle/cotton palace)는 건강유지에 도움을 주는 온천휴양도시이다. 기원전 2세기경 아타리드(Attalids) 왕국의 페르가몬(Pergamon) 왕 유메네스(Eumenes) II세가 히에라폴리스의 온천욕장을 세웠으며, 이로 인해 고대도시 히에라폴리스에는 성당, 수도원 교회와 같은 초기 기독교시대의 뛰어난 건물들과 함께 로마시대의 목욕탕, 사원(아폴로 신전/Temple of

Apollo), 극장(세르부스/Severus, 서기 193년-서기 211년 로마의 황제)이 들어섰으며 절벽 위에 성벽이 지어졌다. 기원전 129년 로마인들이 이곳을 지배하며 아나톨리아, 그레코-마케도니아, 로마와 유태인이 섞여 사는 국제도시로 번영을 이루었다. 주위에는 각 민족의 正體性을 나타내는 그레코-로만 시기의 1,200여 기의 공동묘지가 이를 입증해준다. 서기 87년경 도미티안 황제(Domitian, 서기 81년-서기 96년 로마의 황제) 때 사도 필립(Philip the Apostle)이 이곳 고향에서 개종을 하고 선교활동을 벌리다가 십자가에 처형되었는데 성벽 동북쪽 꼭대기에 서기 5세기경에 세워진 그의 納骨堂(martyrium of St. Philip)이 중요한 기념물로 남아있다. 히에라폴리스는 프리지아 파카티아나[Phrygia Pacatiana, Diocletian 로마황제(서기 284년-서기 305년) 때 Diocese of Asia 아래 두 도시로 나누어짐] 도시와 기독교 敎區로 남았다. 또 이곳에서 나오는 온천수는 양모 등을 洗毛하는 데에도 이용되었다.

7. 산토스-레툰(Xanthos-Letoon: 문화, 1988):

무갈라(Muğala)와 안탈랴 지구의 리치아(Lycia) 왕국의 수도이며 무역 중심지인 산토스에서 리치아 문화전통과 헤레니즘(기원전 304년-기원전 30년)이 융화된 모습을 보여주며 靈廟(현재 대영제국 박물관에 전시), 네레이드(Nereid) 기념물, 파야바(Payava) 石棺을 비롯해 이곳에서 출토한 많은 銘文들은 리치아, 그리스와 아람어(Aramaic language) 문자를 해독하는데 중요하다. 레툰이라 불리 우는 산토스 시 옆에 자리한 헬레니즘의 레토(Leto) 聖所는 레토신과 그의 아들, 아르테미스, 아폴로 신들에게 바쳐진 리치아의 종교적 중심지이다.

8. 사프란볼루 시(City of Safranbolu: 문화, 1994):

카라부크의 사프란 시는 서기 13세기부터 서기 20세기 기차가 들어오기 전까지 隊商(카라반) 무역의 중심지로 서기 1322년에 돔을 중심으로 지어진 사원, 목욕탕 등이 있으며 서기 17세기에 번영의 극치를 이루었다. 이곳에서 역사적으로 가치가 있는 문화재로 등록된 것은 1,008점에 이르며 그중 사설박물관 1, 사원 25, 무덤 5, 분수(샘) 8, 목욕탕 5, 대상의 숙소3, 시계탑 1개소를 비롯해 수 백동의 집과 저택, 암굴묘와 다리 등이다. 이곳은 서기 17세 기에 정점을 이루었으며 건물들은 오스만 투르크(서기 1299년-서기 1922년) 지배하의 전 지역에 영향을 주었다.

9. 트로이 고고유적지(Archaeological site of Troy: 문화, 1998):

기원전 1250/1200년 호머의 일리아드와 오딧세이의 배경으로 하인리히 슈리만(Heinrich Schliemann)이 터키의 힛사르리크(Hissarik)에 있는 트로이(Troy) 유적을 서기 1871년-서기 1890년까지 4차에 걸쳐 발굴을 하였다. 이는 호머의 일리아드의 서사시에 나오는 트로이 전쟁에 관한 내용 때문이었다. 트로이의 파리스(Paris) 왕자에게 뺏긴 스파르타의 메넬라오스 왕(미케네 출신으로 스파르타의 프르크 왕자의 사망으로 왕위 계 승)의 부인이었던 헬렌(Hellen) 왕비, 파리스 왕자의 아버지인 프리암(Priam, Primos) 왕과 형인 헥토르 장군, 이를 응징하고 弟嫂 헬렌을 되찾기 위한 미케네의 아가멤논(Agamemnon, 스파르타의 메넬라오스 Menelaus 왕의 형) 왕과 그의 부인 크라이템네스트라(Clytemnestra), 그리고 전쟁의 제물로 바쳐진 이피게니아 공주, 이의 복수를 위해 크라이템네스트라가 정부 아이기토스와 짜고 남편이 트로이 전쟁에서 승리 후 귀환한 아가멤논을 살해, 전쟁에 참가하였다가 바다에서 포세이돈(海神)에 의해 10년을 고생한 후 고향인 이타카(Ithaca)로

트로이 유적의 목마(서기 2017년 7월 3일 필자 촬영)

돌아가서(천문학적인 기록인 일식에 의해 그 연대를 기원전 1178년 4월 16일로 추정하기도 한다)는 그의 부인 페네로페를 만나게 되는 율리시스(Ulysses, Odysseus, Odyssey)와, 그리고 트로이(Troy) 전쟁에서 전사한 아킬레스와 여사제 브리세이스 등 인물들이 등장하는 호머(Homer)의 일리아드(Iliad) 서사시에 나오는 트로이 전쟁의 무대는 기원전 1200년/기원전 1250년경으로 여겨지며 실제 발굴했던 칼 브레겐(Carl Blegen)에 의하면 층위 7A가 이 시기로 보인다. 그러나 층위 6이 호머가 언급한 트로이의 유적으로 이 문화층에 의하면 트로이가 전쟁으로 인해 망한 것이 아니라 지진에 의한 것이라는 견해도 있다.

이 전쟁은 당시 트로이가 黑海에서 시작해 보스포러스(Bosporus) 해협에 위치하는 비잔티움(콘스탄티노풀/이스탄불)을 지나 마르마라(Sea of Marmara, 옛 이름은 Propontis임) 바다와 다다넬스(Dardanelles) 海峽을 빠져나와 그리스로 향하는 당시의 무역루트 要衝地에 위치하여 交

易의 중심을 이루고 있었기 때문에 미케네를 盟主로 하는 그리스 공동 연합군(coalition force)의 공격이 불가피했을 것이다. 그리고 최근 이 트로이 전쟁을 神話로서보다는 實戰으로서의 가능성을 많이 언급하게 되는데 이는 서기 1961년 발굴된 '미코노스의 甁'에 그려진 攻城用으로 제작된 트로이 목마(아가멤논의 부하 장군인 율리시스/오디세우스의 고안품으로 알려짐)와 유사한 그림, 트로이 목마를 성안으로 끌어들여 신에게 제물로 바치는 트로이 측의 종교적 배경, 앗시리아에서부터 기원한 攻城用 장비, 말이 끄는 戰車, 전차병이 착용했을 것으로 추측되는 '덴드라 파나폴리'라 불리는 갑옷, 멧돼지 어금니로 만든 전통적인 투구와 여기에 새로이 개발된 아마포로 제작된 투구, 전갈이나 독충의 강한 독을 무친 청동제 화살촉(아킬레스가 이 화살을 발뒤꿈치에 맞고 죽음), 영국 스톤헨지에 음각되어 있는 것과 같은 미케네의 검, 흙벽돌로 만들어지고 二重의 垓字와 木柵에 둘러싸인 트로이 성 등의 고고학적 증거가 조금씩 확인되고 있기 때문이다. 트로이 전쟁에서 승리한 후 미케네로 귀환한 아가멤논 왕은 부인인 크라이템네스트라와 그녀의 정부 아이기토스에 의해 살해된다. 그의 시체를 묻은 竪穴式 무덤(shaft grave)이 슐리만에 의해 발굴되고 그곳에서 황금의 데드 마스크(gold death mask, gold funerary mask)도 발견된다. 그리고 그리스의 미케네와 터키의 트로이에서 하인리히 슐리만이 발굴하여 세상의 이목을 집중시켰던 아가멤논의 황금 데드 마스크(death mask, 死面)를 비롯한 프리암 왕의 보물들이 베를린 박물관에 소장되었다가 세계제2차대전 중 폭격으로 사라져 없어진 것으로 여겨져 왔는데, 이들은 서기 1991년 러시아의 푸시킨 박물관 지하실에 안전하게 보관되어 있음이 새로이 확인되었다.

10. 셀리미예 사원과 사회복합(Selimiye Mosque and its Social Complex: 문화, 2011):

　하나의 큰 돔과 4개의 날씬한 첨탑으로 이루어진 방형의 사원은 오스만 투르크 제국(서기 1299년-서기 1922년)의 前 首都인 에디르네 (Edirne, 현 마르마라/Marmara 지역 Edirne Province의 州都임)의 하늘을 덮고 있다. 오스만 투르크에 의해 이 도시가 점령된 것은 서기 1361년-서기 1371년으로 오스만 슐탄 무라드 I세(Ottoman Sultan Murad I, 서기 1362년-서기 1389년 재위)로 부터 서기 1453까지 에디르네는 콘스탄티노풀로 천도하기 까지 오스만 투르크 제국의 수도였다. 그래서 이곳에는 오토만 슐탄 무라드 II세(서기 1421년-서기 1451년 재위)와 그의 가족묘가 그대로 남아있다. 서기 16세기 오스만 투르크 제국 제일의 건축가인 시난(Mimar Sinan)에 의해 서기 1569년과 서기 1575년 사이에 만들어진 지붕이 있는 시장, 시계보관소, 야외 정원과 도서관을 포함하는 이 건물 단지를 그의 최고의 업적으로 생각하였다. 회교문화 중 가장 전성기 때 만들어진 이즈니크 타일(Iznic tiles)을 이용해 내부 장식을 하였는데 이점에서 아무것도 이 사원을 능가할 수 없었다. 이 건물 복합은 사원과 주위에 단일한 기관으로 운영된 오스만 투르크 제국의 퀼리예[külliye; deriving from the Arabic word "kull"(meaning the whole, all) is a term which designates a complex of buildings, centered around a mosque and managed within a single institution] 중 가장 조화를 이루었다. 그리고 오스만 투르크 제국(서기 1299년-서기 1922년)의 前 首都인 에디르네(Edirne)는 실크로드(絲綢之路)의 종착역으로 현재 중국으로부터 알려진 비단 제조업이 성하다.

11. 촤탈 휘윅 신석기시대 유적(Neolithic Site of Çatalhüyük/Çatalhöyük:

문화, 2012):

터키의 남쪽 코냐 고원 동남 50km 떨어진 아나톨리아(Anatolia) 고원 중앙 좌탈 휘윅(현재 Çumra라는 근대 도시에서 11km 떨어져 위치) 15m 높이의 丘陵(mound)에서 일반적으로 세계 최초라 알려진 수메르 문명(기원전 3100년-기원전 2900년)보다도 3000년이나 앞서는 좌탈 휘윅 문명이 확인되었다. 서기 1960년대 4차에 걸친 발굴에서 허물어지지 않은 회칠을 한 벽, 신전, 신상, 도구, 벽화 등이 발견되었다. 이 유적은 과거 호수였다가 넓은 고원으로 바뀌고 그리고 지금은 다시 투즈 괼리(Tuz Gölü)로 불리는 축소된 鹽湖로 흘러들어가는 강가에 위치한다. 이 유적은 제임스 멜라르트(James Mellaart)가 서기 1961년-서기 1964년에 4차에 걸쳐 유적을 발굴했고 케임브리지/Cambridge 대학교 재직 시절 그의 제자인 이안 호더(Ian Hodder)가 30년이 지난 서기 1993년 이후 지금도 발굴을 계속해 나가고 있다. 이안 호더는 멜라르트가 언급했던 바와 같이 왜 기술적 전문작업(specialized craft work)이 일반 집에서보다 특수한 공간에서 만들어지는가에 대한 의문을 풀기 위한 다시 말해 儀式(ritualism), 상징(symbolism)과 性(gender) 등에 중점을 두어 연구해 나가는 최신의 思潮인 후기과정고고학(postprocessual archaeology)의 일환으로 발굴을 계속하였다. 처음 발굴 당시 멜라르트는 유적의 최하층 아래 12층에서 12채의 건물이 있는 文化層을 발굴하였는데 전체 면적 32acre 중 약 $\frac{1}{30}$정도인 1acre에 불과하나 그곳이 바로 宗敎中心地에 해당했던 곳인 모양이다. 그 연대는 기원전 6300년-기원전 5500년(또는 기원전 6250년 기원전 5400년/기원전 6500년-기원전 5650년)에 속하며, 레반트의 無/先土器(Pre-Pottery Neolituic)시대, 시리아의 아무크(Amuq) A와 B기(Aceramic Neolithic)와 같은 신석기시대에 해당한다. 이 좌탈 휘윅 문화는 한 지역에 적응해 과거에서부터 거의 같은 양식으로 발전해 왔다. 이것이 흙벽돌로 축조된 건물이 허물어지면 다시 그 위에 건물을 지어 12층이나 지속되었으며 높이가 약 15m나 되는 높이의 구릉(mound, tepe, hüyük)으로 증명된다. 그러나 여기에서 출토된 풍부한 유물이나 예술작품들은 근동지방의 이 시기 유적들 출토품들과는 다른 양상을 보여준다.

아나톨리아 고원의 비옥한 초원지대에 살던 농부들은 양과 소의 가축을 사육하고 밀, 보리, 완두콩, 도토리, 피스타치오와 아몬드 등을 관개농업으로 재배하였다. 그들의 집자리(住居址)는 규모 약 6m×4m의 거의 규격화된 가운데 방을 중심으로 옆에 붙은 작은 저장실이 있어 조그만 출구나 들린 현관 구멍으로 들락거릴 수 있도록 하였다. 출입은 천장 입구에서 사다리를 이용한다. 채광은 벽 끝 지붕 밑에 나 있는 창을 통해 이루어졌으며, 방에 설치된 화덕에서 나오는 연기 역시 이 지붕사다리 구멍이나 창을 통해 빠지도록 되어 있었다. 어떤 방은 뜰이나 쓰레기 버리는 장소로 폐기되기도 한다. 꽉 들어찬 집들은 각자의 지붕을 갖고 있고 또 회반죽으로 칠해진 벽과 內頃된 나무기둥으로 집밖에는 空地나 길이 들어설 여유가 없었으며, 지붕 높이 차원에서 이동을 했을 가능성이 많다. 집들은 회반죽을 한 진흙의 龕室, 장의자(벤치), 들린 입구, 단조로운 돔의 형태를 지닌 부엌으로 갖추어 있다. 창고에는 숯이 되어 버린 곡물이 있던 상자가 있었다. 회반죽의 바닥 위에는 갈대로 짠 멍석이 덮여 있었다. 중앙의 방벽에는 붉은 색을 칠한 板壁이 있었던 모양이며 그것도 자주 바뀌었던 것 같다. 어떤 방은 다른 것들과 구조적으로 다르지 않지만 벽에 정교한 그림이 그려지고 소나 독수리 같은 동물의 머리나 祭式用 儀禮物을 塑造해 벽에 붙여 놓은 것도 보이는데 발굴자인 멜라르트는 이러한 방들을 神殿으로 부른다. 집을 지을 때 초기에는 목재를 많이 사용하다가 시간이 지남에 따라 흙벽돌의 사용이 주가 되는데 이는 화재의 위험을 방지하기도 하지만 목재의 공급이 줄었음을 의미한다. 좌탈 휘윅의 주민들은 농업이 성장하고 邑에서 都市생활로 발달해 나가는 중간단계를 유지하면서 살아온 신석기시대 초기의 사람이었다.

集團의 成員이 죽으면 神殿의 壁畫에서 보이는 독수리의 머리로 보아 그의 시체는 임시로 매장했던 것 같고, 나중에 二次葬으로 肉脫시키고 남은 뼈는 옷이나 멍석으로 잘 싸 거실의 침대 밑이나 신전의 바닥 밑에 묻었다. 두개골은 따로 떼어내어 바구니에 담아 집안의 다른 곳에 잘 안치하였다. 또 두개골의 목이나 이마에 붉은색이나 푸른색의 염료로 칠하기도 하였다. 이는 조상이나 친척에 대한 존경으로부터 우러나오는 행동으로 보여 진다. 이안 호더는 性的 區別, 집안 내의 裝飾物(house decoration)이 갖는 象徵的 關係를 재검토하여 이 유적 초기 단계에 보이는 物質的 象徵은 바깥세계/野性(wild)에 대한 祝祭나 統制의 의미가 있음을 추론해 내고, 統制는 남성과 여성의 표현(塑像)과 그리고 공간의 구성을 통한 사회적 권력(social power)과도 관련이 있다고 보았다. 즉 그는 유럽의 신석기시대의 시작에서와 같이 좌탈 휘윅의 신석기시대도 동물, 식물, 점토(clay), 죽음, 그리고 재현(재생)은 사회·문화적 체계의 통제 내에서 培養되거나 形成되는 자연적 현상이라는 '사회적 상징과 정'(a social symbolic process)으로 해석하고 있다. 무덤에는 지중해 연안에서 수입한 조개껍질, 돌로 만든 목걸이, 팔찌와 발찌 등 개인적인 私物을 제외하는 특별한 副葬品은 없었다. 어떤 뼈는 붉은 색칠(朱漆)을 하였던 흔적이 있으며, 신전 옆 무덤에 묻힌 사람 중 신분이 높았던 女司祭와 관련이 있을 것으로 추정되는 埋葬에는 돌로 만든 그릇, 磨研한 黑曜石製 거울과 다른 귀중한 유물들이 副葬되고 있었으나 토기나

塑像은 없었다. 二次葬된 시체를 새로이 埋葬할 때 앞선 것은 교란되거나 再配置되었다. 제7文化層에서 나온 인골은 제리코(Jericho)나 텔 라마디(Tell Ramadi)의 매장풍습과 유사하게 눈구멍(眼窩, eye socket)에 별보배 조개(cowrie/cowry)를 박아 넣었다.

좌탈 휘윅의 석기가공은 근동지방에서 제일 정교하다. 멜라르트는 근처 하산 닥(Hasan Dag)에서 나오는 흑요석이나 시리아에서 수입된 플린트(flint) 석재로 만든 50여 가지의 다른 석기가 있음을 확인하였다. 그중 양면에 날이 있는 석기와 加壓法으로 떼어낸 박편석기(flake)를 잔 솔질한 석기들이 대표적이다. 또 한 면에 날을 마련한 석기도 있다. 석촉은 슴배(tang)와 미늘(barb)이 있는 것 또는 없는 것도 있고, 二重의 창끝, 길이 20cm 정도의 석검, 일상생활이나 의례용의 많은 도구도 있는데 어떤 것은 신분의 과시용으로 확인된다. 먼 곳에서 수입한 여러 가지의 색이 나는 석재를 이용해 절구와 공이, 갈돌과 石棒, 돌도끼, 자귀, 棍棒頭 등 을 만들어 썼다. 砂岩이나 片岩으로 만들어진 化粧用 팔레트가 황적색의 염료와 함께 발견된다. 좌탈 휘윅을 대표하는 생산물은 잘 갈아 만든 흑요석제 거울이다. 석기의 제작이 퇴보하는 것은 구리가 사용되는 기원전 6000년 기 중반에 해당되는 문화층에서 뚜렷해진다. 뼈로 도구나 장식품들이 뼈로 만들어지는데 그중에는 송곳, 바늘, 비녀, 칼자루, 화장용 핀, 머리핀, 목거리, 발찌, 팔찌, 낚싯바늘, 버클, 흑요석제 화살촉, 프린트로 만든 검 등과 함께 어머니와 아들의 무덤에서 일상용의 국자, 주걱, 포크(fork), 수저도 가끔 발견된다. 나무로 만들어진 사발과 뚜껑이 달린 상자, 바구니, 가죽가방과 織物도 발견된다. 토기는 발굴된 모든 문화층에서 발견되며 색조는 단색으로 실용적이다. 최초의 토기는 지푸라기를 섞은 크림색이 나거나 얼룩덜룩한 회색의 태토로 서리

쌓기 방식(coiling method)으로 만들어 가마에서 그을리거나 낮거나 중간 정도의 燒成度로 구워졌다. 여기에 때로는 붉은색이 입혀지며 혹이나 띠 모양의 손잡이도 첨부된다. 토기에 문양이 칠해지거나 塑像이 만들어져 붙어 있는 것은 없다. 그러나 몇 줄의 음각된 線紋이난 동물의 머리가 토기의 아가리 부분에 장식된 예가 있다. 문화층 VI에서 II층 사이에서 나온 토기 중 螺線文이나 波狀文과 같은 기하학문으로 장식된 진흙으로 구워 만들어진 테라코타(terra-cotta) 印章이 있는데 이는 私有財産/所有權이 이미 있었다는 사실을 알려준다.

좌탈 휘윅에서 발견된 예술작품들은 특이하다. 진흙이나 돌로 만든 偶像이나 자연스러운 여자의 모습, 동물 등 다양하다. 굴곡 없는 다리와 막대기 같은 몸매, 부리 모양의 머리를 한 거친 여자의 모습은 건물의 틈 사이에서 자주 발견된다. 소, 염소와 수퇘지 상들도 인간의 사냥 儀式을 반영하듯 찔린 상처가 나온다. 특히 4마리의 수소와 한 마리 양의 動物像, 그리고 여자의 乳房(때로는 수퇘지의 송곳니, 독수리의 부리와 함께 결합)은 복원된 신전의 벽에 돌출되어 있다. 신전에는 떼어낸 石筍, 鐘乳石과 함께 정교한 모델로 조각된 女人像들이 있다. 이 중에는 곡물 상자에서 발견된 표범의 옥좌에 앉아 아이를 출산하는 여인 상(16.5cm), 두 쌍의 껴안고 있는 모습을 한 片岩板 그리고 앉거나 꿇어 앉아 있는 관능적인 여인의 누드상도 있는데 이는 분명히 아나톨리아 고원이나 고대 지중해 세계에서 존경받던 농업의 豊饒儀式을 대표하던 地母神이었을 것이다. 그리고 이 신에게 현세와 내세의 영속적인 풍요도 아울러 기원했을 것이다. 발굴된 전체 層에서 40여 개소에 이르는 신전이 확인되었는데 그 구조는 일반 집들과 별 차이가 없고 단지 내부의 특이한 장식이나 내용물에 의해 확인된다. 神像은 돌이나 진흙으로 제작되었으며 주로 신전 밖, 벽에 설치된 龕室에서 발견된다. 신 가운데서 가장 중요시 되는 것은 여신인데 이는 젊은 부인, 어린애를 낳고 있는 어머니 또는 늙은 부인의 세 가지 모습으로 표현된다. 남신 역시 어린애, 사춘기 소년, 또는 여신의 아들이나 연인, 신성한 동물인 수소 같은 수염이 달린 늙은 신 등 다양하게 표현된다. 그래서 이 유적이 아나톨리아 고원의 종교 중심지였을 가능성이 많다. 대부분 신전 내의 회반죽을 한 벽에 광물이나 천연물질로 그림을 그린 벽화는 단순히 기하학무늬를 그려놓은 장식용 벽화에서(판벽 널, 장식 판자)부터 주거지 위로 화산이 폭발하고 있거나, 인간의 송장을 먹고 있는 독수리, 그리고 수소, 수사슴, 수퇘지, 사자 혹은 표범(진흙으로 만든 표범의 머리)을 사냥하는 장면, 표범의 가죽을 입고 춤추거나 걷고 있는 인간의 모습에 이르기까지 다양하다. 특히 독수리 모습을 한 인간의 표현은 장례식의 모습을 나타낸 것으로 보인다. 문양과 색깔의 다양성 등의 대담한 벽화는 이제까지 알려진 것들 중 최초의 것이었다.

좌탈 휘윅의 주민들은 무역에 활발하게 종사하여 번영을 가져왔는데, 특히 근처 타우루스(Taurus) 산맥의 하산 닥(Hasan Dag) 화산에서 나오는 흑요석을 독점해 가공하여 아나톨리아 고원의 남부와 레반트 지역에 이르기까지 광범위한 지역을 교역의 범위로 삼았다. 이란 고원, 시리아와 레반트 지역에서 수입해온 귀한 재료로 만든 사치품들은 무역업자, 기술자와 예술가들이 어우러진 복잡한 사회를 형성하고 있었음을 보여준다. 그리고 주민들은 織造나 납과 구리를 녹여 필요한 금속품을 만들어 쓰던 야금술(metallurgy)을 다루는 전문 기술자도 소유하고 있었다. 기원전 6000년경에는 32acre의 넓이에 인구 5,000여 명이 살던 읍(town)을 형성하였는데 이 시기에는 근처에서 좌탈 휘윅을 필적할 만한 큰 곳이 없었고 제리코(Jericho)나 다른 유적들보다도 더욱 복잡한 정도로 발전하던 곳이었다. 그러나 이 유적은 단지 신석기시대에만 존재했고 그나마 기원전 5600년-기원전 5500년경에는 폐기 되었다.

文明은 都市와 文字를 필요충분조건으로 한다. 크라이드 크락크혼(Clyde Kluckhohn)은 도시주민(city dweller) 또는 도시(urban)라 언급할 때는 5,000명 이상의 주민이 있는 邑(town), 文字(written language)의 유무, 記念碑的인 宗敎 中心地(monumental ceremonial center) 중 적어도 두 가지를 충족시켜야 한다는 것을 말한다. 좀 더 쉽게 이야기해서 계급분화와 직업의 전문화가 이루어진 인구 5,000명 이상의 주민이 성벽에 둘러싸인 도시에 살고, 마야와 같이 종교중심지를 이루거나 문자가 없어도 적어도 잉카의 뀌푸라고 하는 結繩文字나 비의 신인 트라 록과 같이 올멕에서 아즈텍에 이르는 中美의 象徵的인 符號體系 등이 요구된다. 그리고 도시·국가·문명 단계에 이르기에는 '무력의 합법적인 사용', '전문화된 정부조직', 중앙 관료체제의 확립 등 여러 가지 요소가 필요하다. 그러나 이 유적에서는 현재 종교, 벽화, 신전, 전문화된 기술, 무역과 아마도 女司祭나 祭司長들이 다스리 던 神政政治의 可能性 등 문명의 정의에 충족할 만한 고고학 증거들이 조금씩 확인 되고 있으나 이를 청동기시대의 수메르, 이집트, 인더스와 商나라 등과 비교해 볼 때 세계 최초의 문명이라고 부르기에는 여러 가지 異見이 있다.

12. 부루사와 쿠말리키지크: 오스만 투르크 제국의 탄생(Bursa and Cuma-likizik: the Birth of the Ottoman Empire: 문화, 2014):

마르마라(Marmara) 남부지역 기원전 200년 비티니아의 푸루시아 왕 (King Prusia of Bitinia)이 설립하고 로마와 비잔틴 제국에 의해 지배를

받던 부루사 시와 이웃의 쿠말리키지크 마을은 오스만 투르크 제국
(Ottoman Empire, Ottoman Turkish, 서기 1299년-서기 1922년)이 만들어지는
8개의 지명 중 중요한 곳들이다. 부루사 시의 중요성은 오스만 투르
크 제국의 첫 번째 정치적 중심지였다. 이곳에는 오스만 투르크 제
국의 여섯 술탄(황제)들이 지은 127개의 사원, 오스만 투르크 제국의
건국자인 오르한 가지(Orhan Ghazi)의 무덤을 포함한 45개의 무덤, 34
곳의 마드라스(madrasas, 교육기관), 25개의 숙박시설, 37개소의 공중목
욕탕, 14개의 가난한 자들을 위한 무료음식배급소, 종교학교, 수도원
등의 일련의 종교제도를 포함하는 쿨리예(kulliyes)와 상업지구인 칸
(khans)이 남아있다. 브루사주 일디림(Yıldırım)지구 울르다그(Uludağ)의
북쪽 교외에 위치한 쿠말리키지크 마을(원래는 vakıf 마을임)은 오스만
투르크 제국이 부루사 시의 정복이전에 군수품과 양식을 비롯한 여
러 물자를 지원하도록 만들어 졌으며 이곳에는 역사적인 직물류뿐
만 아니라 전통적이 생활양식이 지금까지 그대로 전해 내려오고 있
다. 이 마을은 부르사 역사 중심도시 외곽에 만들어진 구성요소 중
의 하나로 부루사 시를 지원하는 하위 행정 단위가 되었다. 이 지역
들은 서기 14세기 초 오스만 투르크 제국이 성립하는 도시와 지방마
을과의 관계, 다시 말해 이 지역들은 새로운 수도와 그 주위에 형성
된 외곽의 마을과의 사회·경제적 조직의 중요한 기능을 설명해준다.

13. 페르가몬과 주위 여러 문화경관(Pergamon and its Multi-Layered Cultural Landscape: 문화, 2014):

페르가몬(Pergamon, Bergama)과 주위 여러 문화경관은 터키의 에게
해 지역 서북쪽 바키르카이 평원(Bakircay Plain)에 솟아있으며 이즈미
르(Izmir)도시로 부터 107km, 해안으로부터 30km 떨어져 있다. 페르가

몬의 성채는 헬레니즘 시대 교육 중심지인 아타리드 왕조(Attalid Dynasty)의 수도였으며 기념비적이 신전, 극장, 柱廊, 체육관, 제단과 도서관이 둘레가 긴 도시성벽으로 둘러싸인 경사면 위에 자리 잡았다. 바위를 파내어 만든 키벨레 성소(Kybele Sanctuary)가 성채와 관련된 다른 구릉의 서북쪽으로 자리 잡고 있다. 후일 이 도시는 아스클레피온/아스클레페이온(asclepeion, Asclepieion, Asklepion, 아스클레피우스/Asclepius 신에게 봉헌된 치료 신전) 치료원으로 알려진 아시아의 로마 지역의 수도가 되었다. 성채는 더 낮은 경사면에 위치한 현재의 페르가몬 도시 안 밖으로 선사시대부터 로마와 비잔틴과 오스만 투르크 제국에 이르는 고고학적 유적들과 시대를 달리하는 무덤으로 뒤덮혀 있다. 페르시아와 리디아의 지배를 지나, 그리고 기원전 333년 알렉산더 대제의 통치로 접어들면서 기원전 283년 이후 헬레니즘(Hellenism, 기원전 304년-기원전 30년) 기간에 문화와 무역의 중심지가 되었다. 유메네스 II세(Eumenes II, 기원전 197년-기원전 159년)의 통치 때 페르가몬 성채 내에 훌륭한 건물이 들어차면서 헬레니즘 세계의 문화, 건축, 조각의 중심지가 되었고 이는 로마시대에도 중심지 역할을 하였다. 비잔틴 제국시대에는 기독교 주교의 管區가 되었다. 이전 헬레니즘과 로마시대의 건물과 彫像에 사용되던 석재가 그대로 이용되었다.

가장 훌륭한 기념물은 페르가문/베르가마 서남쪽에 위치하는 아스클레피온/아스클레피어온(Asklepion)치료원/신전, 300m 떨어진 구릉 위에 자리 잡은 성채 또는 윗 도시, 중간도시 또는 로마 시, 서기 2세기경에 지어진 세라피스 신전(붉은 안뜰), 교육기관, 시장, 공중목욕탕, 전통적인 집과 같은 터키-이스람의 예술을 포함하는 유기적인 도시 구조이다. 성채는 페르가몬에 주거지가 처음 만들어진 곳으로 중요한 건물은 아테네 신전(Temple of Athena), 디오니소스 신전

(Temple of Dionysos), 아고라 신전(Temple of Agora), 제우스 제단, 10,000명을 수용하는 극장, 도서관, 고대 그리스나 로마의 영웅을 모신 신전(heroon), 궁전, 병기고, 윗 광장, 주랑, 기념문, 헬레니즘 시대의 주거유적들이다. 아포론의 아들이며 치료와 의료신에게 봉헌한 고대의 치료원인 아스클레피온 신전은 아스클레피오스 궁전이란 말로 의미가 있으며 고대의 역사가 파우사니아스(Pausanias)에 의하면 페르가몬의 아스클레피온은 오늘날의 아이바잘리(Ayvazali)에 기원전 4세기 전반에 지어져 서기 4세기까지 운영되었다고 한다.

14. 디아르바키르 요새와 헤브셀 정원의 자연경관(Diyarbakir Fortress and Hevsel gardens Cultural Landscape: 문화, 2015):

소위 '비옥한 반월형지대(Fertile Crescent)'의 일부인 티그리스 강 상류분지의 가파른 경사지에 위치한 디아르바키르 요새 도시와 그 주위 헤브셀 정원의 자연경관은 헬레니즘(기원전 304년-기원전 30년) 시대이후 로마(서로마 제국, 기원전 27년-서기 476년), 사산(Sassan, 서기 224년-서기 652년), 비잔틴[동로마 제국, 서기 330년/395년-서기 1453년 5월 29일, 서기 324년 8월(일) 콘스탄티노폴리스(Constantinopolis)의 건설을 시작해 6년 뒤인 서기 330년 5월 11일 완공을 봄), 이슬람[서기 571년 마호메트 탄생(서기 571년-서기 632년, 62세), 서기 651년 7대 칼리프 때 오스만의 코란(Koran, Qur'an, Quran)편찬위원회에서 오늘날의 코란 경전이 완성됨], 오스만 제국(Ottoman/Othman Empire, Osman Turk, 오스만 투르크/터키, 서기 1299년-서기 1922년)을 거쳐 오늘에 이르기 까지 중요한 중심역할을 해왔다. 이 유적은 내성으로 알려진 이차칼레(İçkale), 상당수의 망루와 성문, 부축벽(扶築壁, 扶壁, 버팀벽)이 남아있는 5.8km 길이의 디아르 바키르 도시성벽, 각 시기마다 만들어진 63점의 銘文과 도시와 티그리스 강

사이를 잇는 녹색 띠이며 도시에 식량·채소와 물을 공급하는 헤브셀 정원을 포함한다.

15. 에페소스(Ephesus: 문화, 2015):

카이스트로스(Cayster) 강 입구에 위치한 에페소스(성서에서는 에베소라 부름)는 서부 소아시아의 에게 해 연안에 위치한, 고대 그리스의 아테네에 의해 기원전 7세기-기원전 6세기에 건립된 식민도시로 헬레니즘(기원전 304년-기원전 30년)과 로마시대(서로마제국 기원전 27년-서기 476년, 동로마제국 서기 330년 5월11일/395년-서기 1453년 5월 29일)에 서쪽 연안으로 이동하여 새롭게 자리를 잡았다. 에페소스는 주변 도시 혹은 국가 들인 스파르타, 페르시아, 페르가몬, 로마 등의 흥망성쇠에 따라 식민지의 역사를 계속해왔다. 그리고 이곳에서 로마의 원로원 셀수스(Tiberius Julius Celsus Polemaeanus)를 기념하기위해 서기 110년에 총독이 된 그의 아들 가이우스 줄리우스 아퀼라(Gaius Julius Aquila)에 의해 서기 135년에 완공을 보고 12,000권의 책을 소장했던 셀수스의 도서관(Library of Celsus)과 대극장(Great Theatre) 터도 발굴되었다. 지중해연안에서 순례자를 불러 모았던 세계 7대 불가사의 중의 하나인 아르테미스 신전의 흔적도 약간 발견되었다. 서기 5세기 이후 에페소스에서 7km 떨어진 곳에 성모 마리아의 집, 돔을 한 십자가 교회는 기독교도들의 중요한 순례지가 되었다. 에페소스에는 아시아의 일곱 교회 중의 하나가 있던 곳으로 요한 계시록의 책에도 인용되며 요한복음도 여기에서 지어졌을 것으로 추정된다. 에페소스 고대도시는 바닷길과 항구 기반시설을 갖춘 로마시대의 교통의 요지로 여행과 상업에 기반을 둔 큰 항구도시로 상업을 통해 막대한 부를 축적하였다.

그리고 그리스의 역사가 헤로도투스(Herodotus, 기원전 484년-기원

에페소스의 대극장(Great Theatre) 필자 촬영

에페소스의 셀수스 도서관(Library of Celsus) 필자 촬영

세계문화유산 −글로벌 文化史의 理解−

전 425년경)와 알렉산드리아 박물관에 재직하였던 시레네(Cyrene, 북아프리카의 지중해 연안 그리스 도시, Cyrenaica의 수도) 출신의 칼리마쿠스(Callimachus, 기원전 305년-기원전 240년경)가 정했다고 전해지고 있는 세계 7대 不可思議(Seven Wonders of the World) 중의 하나인 에페소스의 아르테미스(다이아나) 신전(The temple of Artemis at Ephesus 기원전 550년)은 서기 4세기경 지진으로 파괴되었다. 터키의 에페소스 아르테미스 신전의 아르테미스 상은 사냥과 가슴에 유방이 많이 달린 처녀 아르테미스 신

에페소스 고고학박물관 소장 아르테미스 (Artemis) 여신상.
이 여신상은 대지의 여신, 다산과 풍요의 여신으로 키벨레 또는 시벨레(Cybele)로도 불린다. 신전에 모셔져 제의식의 절정에 이를 때 가슴에서 우유가 쏟아져 나오도록 고안되기도 하였는데, 이는 알렉산드리아 출신의 과학자 헤론(Heronis)의 도움을 받은 것으로 전해진다.(서울대 고고미술사학과대학원 박사과정 강신애 제공)

앙이 퍼져있던 기원전 550년경에 착공하였다. 로마의 역사가 小 플리니우스(The Younger Pliny, Caecilius Secundus, 서기 62년?-서기 113년?)의 기록에 의하면 신전의 크기는 목탄, 양털, 석탄으로 68m×130m 정도의 토대를 차곡차곡 쌓고 그 위에 대리석으로 기단을 형성했는데, 대리석은 근처 벨레미에서 채석하였다고 한다. 신전에는 13m 약 6층 높이의 127개의 기둥이 있었으나, 기원전 323년경 화재로 소실되고 그 후 지진으로 완전히 파괴되었다고 한다. 그리고 이 신전은 사도 바울이 서기 52년경 에페소스 주민들에게 기독교신앙을 전파할 때도 이곳을

기점으로 삼을 정도로 사람의 왕래가 많은 번잡한 곳이었다고 한다.

16. 아니의 고고학 유적(Archaeological Site of Ani: 문화, 2016):

카스 도시 동쪽 42km 떨어진 아나톨리아 고원 동쪽에 위치한 아니 시는 중세시대 가장 인은 도시 중의 하나이다. 아니 시의 폐허 유적 은 터키와 아르메니아의 경계를 이루는 아르파차이(Arpaçay) 강과 알 카(Alaca) 혹은 아니 내(Ani stream)라 불리 우는 소지류 사이에 거의 삼 각형 형태의 평면을 이루고 있다.

비록 아니 시의 설립에 대한 정보는 거의 없지만 이 지역은 기원전 천 년 기 전반 우라티안(Urartian) 기간 동안에 사람이 살기 시작하여 그레코-로만(Greco-Romans, 기원전 146년-서기 14년)과 페르시아의 파 르티안((Parthian, 기원전 247년-서기 224년)-사산(Sassanian, 서기 224년-서 기 651년) 왕조에 대한 지속적인 항쟁 후 서기 5세기에 요새와 궁전을 지은 캄사란칸 제국(Kamsarankan Dynasty)에 의해 점거 되었다.

아랍과 캄사란칸 사이의 전쟁 후에 아니는 서기 9세기 종말 봉 건 통치체들을 통일하여 권력을 공고이 한 바그라티데스(Bagratides, Bagratid, Bagratuni 왕조)의 아르메니안 제국으로 넘어가게 되었다. 비록 바그라티드 왕 아소트 I세(Ašot I, 서기 884년-서기 890년 재위)는 카르스 (Kars)에 수도를 세우긴 하였지만 아소트 III세(서기 953년-서기 977년 재위)는 서기 961년 궁전을 카르스에서 아니 시로 옮겼다. 내성이 쌓 여진 것은 서기 963년-서기 964년 아소트 III세 때였다. 새로운 지위 를 얻은 아니 시는 확장되고 성채에서 왕실거주지와 왕가의 수도로 바뀌었다. 슴바트 II세(Smbat Bagratuni II, 서기 977년-서기 990년 재위)는 제2의 내성의 성벽을 쌓았다. 가기크 I세(Gagik I, 서기 990년-서기 1020 년)의 재위동안 아니 시는 문화, 예술 과 경제활동의 중심지로 최고의 번영을 맞았다. 이 때 유명한 건축가 트르다트(Trdat)가 아니의 대성당과 가기크 I세 때의 聖者 그레고리(St. Gregory)를 위한 둥근 靈廟(mausoleum)를 지었다.

가기크 I세 통치 이후 이 도시는 죠지아(Georgians, 옛 그루지야/그루지아), 아랍(Arabs)과 비잔티음(Byzantines)의 공격을 받았다. 서기 1045년 성채를 강화한 비잔티움에 멸망하였다. 서기 1064년에 이 도시는 알프 아르스란(Alp Arslan) 지배하의 셀주크(Seljuks)에 정복당하였다.

마누체르(Manucehr)의 모스크(mosque, 聖院, 淸眞寺)는 아나톨리아 고원의 모스크이며 성벽 북쪽에 위치한 셀쥬크 궁전도 이 시기에 지어졌다. 서기 12세기와 서기 13세기 아니의 지배자는 여러 번 바뀌었다. 서기 1239년 몽고군의 침입이후 아니 시는 상업 중심지의 역할을 상실하였다. 그 다음해부터 이 지역은 카라코윤루스(Karakoyunlus, the Black Sheep Turkomans, 黑羊王朝, 서기 1375년-서기 1468년), 아코윤루스(Akkoyunlus, 서기 1378년-서기 1508년)와 오스만 제국(서기 1299년-서기 1922년오스만 투르크/터키, Ottoman/Othman Empire, Osman Turk)의 수중에 있었다.

도시 성벽 안에 아니의 성채는 두 강바닥이 만나는 조그만 언덕 위에 세워져 있었는데 가장 오래되고 두드러진 구조를 보인다. 사엽(四葉) 장식이 교차로 나있는 평면설계를 보이는 조그만 교회는 서기 10세기 까지 올라가는데 이 지역에서 최초로 평면 원형의 설계로 된 것으로 보인다. 아니 시는 많은 교회를 받아들여 '1,001개의 교회가 있는 도시'라는 전통적인 명칭을 갖게 되었다. 대다수의 교회가 원형의 설계를 갖고 있지만 십자가, 6각, 8각의 평면설계도 보여 다양한 교회의 모습을 반영한다. 거룩한 사도(Holy Apostles), 세인트 구세주(St. Savoir), 목자의 교회(Church of the Shepherd)와 같은 대부분의 교회들은 서기 12세기와 13세기 사이에 지어졌다.

이 유적에서 아니의 성당은 가장 중요한 건물이다. 서기 989년 아르메니안 왕 슴바트 II세의 위임을 받아 후계자의 부인 카트란데(Katranidē) 왕비에 의해 서기 1001년에 지어졌다. 이 건물을 지은 건축가 트르다트는 콘스탄티노플/이스탄불[콘스탄티노플은 서기 324년 11월 8일(일) 콘스탄티누스 대제(Constantine the Great 서기 272년 2월 27일-서기 337년 5월 22일)에 의해 콘스탄티노폴리스(Constantinopolis)의 건설을 시작해 6년 뒤인 서기 330년 5월 11일 완공을 봄]에 있는 '성스런 지혜'라는 의미의 하기야 소피아(Hagia Sophia)성당의 돔의 수리에도 참여하였다.

하기아 소피아 사원의 역사는 "Great Church"로 알려진 터 위에 서기 360년 2월 15일 즉위한 콘스탄틴(Constantius) II세 황제에 의해 서기 346년에 초건→ 서기 405년 10월 10일 즉위한 테오도시우스(Theodosius) II세의 명령으로 서기 532년 1월 13-14일 재건→ 서기 532년-서기 537년 12월 27일 유스티아누스(Justinian) 황제 때 이시도르(Isidore of Miletus)와 안테미우스(Anthemius of Tralles)의 설계로 만들어졌으나 서기 557년 12월 14일과 서기 558년 5월 7일 대지진으로 본당의 돔이 파괴되었는데 서기 562년 12월 23일 이시도르의 조카인 Isidorus the Yonger에 의해 세 번째로 현재의 건물인 정교회(orthodox patriachal basilica) 총교관이 복원되었음을 알 수 있다. 그리고 오스만 투르크의 메메드 2세(Mehmed II세) 점령하인 서기 1453년 아야 소피야 바미 모스크(Ayasofya/Ayasophia Vami Mosque) 회교사원으로 바뀌었다.

아니는 중세시대 인구가 밀집된 도시로 이 유적의 발굴에서는 일반 서민들의 주택과 공중목욕탕, 상가, 수도관, 다리, 도로와 같은 공공 도시 건축물도 상당수 확인되었다. 아니 시는 아르메니안의 문화, 종교와 국가유산의 상징으로 알려졌다. 레바논 베이루트(Beirut)에

소피아 사원(필자 촬영)

서 태어나 캐나다에서 자란 아르메니아인 라즈미크 파노시안(Razmik Panossian)은 '아니 시는 과거 아르메니안 인들의 위대함과 자존심에 대한 눈에 보이는 유형의 상징'으로 말한다.

17. 아프로디시아스 고고학 유적(Archaeological Site of Aphrodisias: 문화, 2017):

아프로디시아스는 터키 서남쪽 에게 해(Aegean Sea) 내륙 150km 떨어진 단달라스 강(Dandalas River)이 굽이쳐 흐르는 계곡의 바바다그(Babadag) 산맥 바닥 해발 500m에 위치한다. 이 도시는 고대 로마시대 카리아(Caria) 지구의 수도였다. 이곳은 고대 그리스와 로마시기의 중요한 고고학 유적으로 그리스·로마 신화에 나오는 올림푸스 12신 중 하나인 미와 사랑의 여신 아프로디데(Aphrodite, 로마의 Venus)를 이 도시를 보호하는 신으로 모신 至聖所(神殿)이다. 아프로디시아스 시는 기원전 2세기부터 서기 6세기 까지 오랫동안 번영을 누려왔다. 오늘날에도 도시의 많은 유적들이 그대로 남아 발굴을 통해 대리석상과 유물이 많이 발견되었다. 이 유적의 아름다움과 잘 보전된 유적·유물들은 그레코-로만(Greco-Roman, 기원전 146년-서기 14년) 시기의 세계와 생활상을 생생하게 보여준다. 아프로디시아스는 유적에서 발견된 銘文과 銅錢에 의해 기원전 2세기 고대 지방 聖所에 처음 세워졌음을 알 수 있다. 기원전 1세기 말에 이 도시는 로마의 황제 아우구스투스(Octavianus/Octavian, Augustus, Imperātor Caesar Dīvī FiliusAugustus, 기원전 63년 9월 23일-서기 14년 8월 19일)의 개인적인 후원 하에 만들어 졌고 그 후 오랜 기간의 성장과 행운이 뒤따랐다. 처음 수 세기동안 급속도로 번영하였고 이곳 대부분의 건물도 이 시기에 지어졌다. 서기 4세기 아프로디시아스는 로마시대 카리아(Caria) 지구의 수도가 되었다. 이 도시의 汎世界的인 성격은 이곳에 살던 활동적인 유태인 집단에 의한 것으로 이는 이곳 유태인 교회인 시나고그(Synagogue)에서 발견되는 銘文에 의해서도 입증된다. 체계적인 발굴은 뉴욕대학의 지도와 후원 하에 서기 1961년부터 시작되어 도시 중심에서 많은 유적들 이 새로이 조사되었다. 서기 1979년-서기 1981년 사이 아프로디테를 모신 웅장한 신전 복합체 건물인 세바스테이온(Sebasteion) 신전이외에도 원로원(Bouleuterion, council house, assembly house, and senate house)과 아우구스투스(Augustus), 티베리우스(Tiberius), 카리귤라(Caligula), 클라우디우스(Claudius)와 네로(Nero)의 처음 다섯 황제를 의미하는 the Julio-Claudian 황제들의 조각상들이 많이 남아 있었다. 아프로디데와 5명의 황제를 모신 종교적 성소인 세바스테이온은 서기 20년-서기 60년 사이 로마황제와 가족, 擬人化된 로마제국의 인물, 신화적 영웅과 신들을 의인화한 원래 실물크기의 浮彫 대리석상

약 200여개로 장식되었던 것으로 추정되는 로마제국의 종교 복합 건물로서 로마 고고학 상 가장 중요한 발굴의 하나가 되었다. 이 浮彫들로 보아 로마제국의 힘이 지방에 어떻게 영향을 미쳤는지를 잘 보여 준다. 다른 중요한 건물은 극장, 하드리아누스 목욕탕(the Hadrianic Baths)과 경기장이다. 건물들은 건물 자체의 보존뿐만 아니라 그들에게 부속된 銘文, 石像, 浮彫들도 무척 중요한 의미를 지닌다. 아프로디시아스는 아름다운 조각물로 유명하다. 대리석 채석장이 도시에서 수 km 떨어져 있으며 헬레니즘(Hellenism, 기원전 304년-기원전 30년) 말기 대리석 조각의 전통이 지방에서도 자리를 잡았음을 보여준다. 후대에 아프로디시아스의 조각품은 티볼리(Tivoli)의 하드리아누스 (Publius Aelius Trajanus Hadrianus, 서기 76년 1월 24일~서기 138년 7월 10일)의 별장에 놓일 정도로 유명하게 되었다. 이 유적에서 발견된 조각상은 예술적인 가치와 다양성으로 특징 있다. 발굴에서 나온 조각품은 장식적인 浮彫뿐만 아니라 신, 영웅, 황제, 웅변가, 철학자, 권투선수의 조각상에 이르기 까지 다양하다. 무덤에서 기원전 2세기의 부조에서 서기 6세기의 州知士의 조각상에 이르기 까지 다양하게 발견된다. 이들 조각상은 미술사에서 이미 중요한 위치를 점하고 있다.

18. 쾨베크리 구릉 유적(Göbekli Tepe: 문화, 2018):

터키 산리우르화(Şanliurfa 이전의 Urfa/Edessa)읍의 동북쪽 메소포타아의 윗 지역(Upper Mesopotamia)인 아나톨리아 고원 동남쪽 쾨베크리 구릉(Göbekli Tepe, Potbelly Hill, 높이 15m 직경 300m의 구릉, 서기 1994년 발견)에서 금속이나 토기조차 사용하지 않았던 기원전 9,600년-기원전 8,200년 사이의 무토기시대(Pre-Pottery Neolithic age)인 초기 신석기시대의 수렵·채집인들이 약 11,500년 전 거대한 돌로 울타리를 두른 세계 최초의 神殿(sanctury)이 독일 고고학연구소 슈미트(Klaus Schmidt, the Deutsches Archäologisches Institut)에 의해 발굴되었다. 신전은 III층에서 보이며 울타리(Enclosure)로 구성된 유구가 20여개로 T자형 A 석주(높이 5.7m, 2ton) 2마리의 수소, 여우, 학, 멧돼지가, 울타리 T자형 C 석주 27의 사자와 같은 포식성 동물이외에도 다른 석주에는 거위, 새, 곤충과 추상화한 인간 등이 浮彫로 새겨져 있는데 신전의 연대는 기원전 9130년-기원전 8800년(9559±53B.C.), 기원전 9110-기원전 8620년(9452±53B.C.)이다. 이 유적은 기원전 3000년경의 수메르 문명이나 피라미드의 축조보다 적어도 약 6,000년 이상이 앞선 의례중심지(ceremonial center)이다. 이 유적에 대해 아직 해석이 분분하지만 노아의 方舟(Noah's Ark)와 관련된 터키 영내의 아라라트(Ararat)산과 연계시켜 方舟에 실린 동물들이 이곳의 석주들에 묘사된 것이 아닌가도 해석하고 있다.

토고 TOGO

1. 코타마코우, 바타마리바 경관(Koutammakou, the Land of the Batammariba: 문화, 2004):

토고의 동북쪽에서 배냉으로 이어지는 바타마리바의 경관(땅)에 토고의 상징인 탑 모양 흙집(Takienta)을 특징으로 하는 코타마코우가 존재한다. 이러한 경관 속에서 사회와 儀式은 밀접한 관련을 맺고 있다. 5만ha 해당하는 경관에는 사회 구조를 보여주는 탑 모양 흙집이 특징적이다. 대부분의 건물이 이층 높이이고 창고가 있는 것은 원통형의 벽 위에 둥근 모양의 지붕을 하고 있다. 어떤 것은 편평한 지붕이고, 다른 것들은 원추형의 지붕에 이엉(草家)을 얹혔다. 흙집의 가옥들은 마을에서 집단별로 나누어지는데 여기에는 의식용 공간, 샘, 바위, 성인식도 함께 포함된다. 바타마리바의 문화에서는 사람과 자연환경 사이에서 영적인 힘으로 결합된 전통적 관계를 보여준다.

투르크메니스탄 TURKMENISTAN

1. 고대 메르프 역사문화공원(State Historical and Cultural Park "Ancient Merv": 문화, 1999):

이곳은 4천여 년 동안 지속된 오아시스 도시로 기원전 3000년경의 신석기시대 마을-아케메니드(Achemenid, 기원전 559년-기원전 331년)를 거쳐 서기 1221년 몽골제국의 침입으로 폐허가 될 때까지 문화의 중심지였다. 서기 5세기부터 11세기사이에 메르프는 동시리아(East Syria) 수도권이었다. 서기 1992년 이후 현재까지 영국과 투르크메니스탄 고고학자들이 고대 메르프의 조사(Ancient Merv Project)를 실시하고 있다. 그 결과 여기에서 가장 오래된 아케메니드 때의 에르크갈라(Erkgala), 헬레니즘과 사산 왕조(Sassan, 서기 224년-서기 652년) 때의 괘위갈라(Gäwügala), 셀쥬크[Abbasis/Seljuk(서기 1038년-서기 13세기경] 때의 솔탄갈라(Soltangala)와 티무르(서기 1336년 4월 8일-서기 1405년 2월 18일) 왕 때의 아브디라한갈라(Abdyllahangala)의 4개의 흙벽돌 토성이 발견되었다. 그 성내에서 아도비 흙벽돌로 만들어 세운 요새, 왕궁, 신전, 묘지를 비롯하여 서기 3세기경 죠로아스터(拜火敎), 불교와 기독교의 영향을 받은 고고학적 증거물, 그리고 서기 651년[마호메트 탄생(서기 571년-서기 632년, 62세), 서기 651년 7대 칼리프 오스만의 코란(Koran, Qur'

915

an, Quran)편찬위원회에서 오늘날의 코란 경전이 완성됨] 이슬람 정권 이후 서기 13세기까지 이스람 문화의 중심 도시로서 지하수로, 목욕탕, 氷庫, 靈廟 등이 발견되고 있다.

2. 호레즘(Khorezm)의 수도유적(Kunya-Urgench: 문화, 2005):

투르크메니스탄 서북쪽 아무다리아 강안에 위치한 호레즘 제국의 수도인 우르겐치(Urgench)는 실크로드의 무역중심지로 서기 11세기-서기 16세기의 유적이 남아있다. 이곳은 아케메니드(Achemenid, 기원전 559년-기원전 331년) 때부터 서기 8세기 아랍의 침입, 서기 1221년 몽골군의 공격(Genghis Khan), 서기 1372년-서기 1388년 티무르의 점령당시까지의 유적이 남아있다. 서기 20세기까지 버려져 순례자들의 공동묘지화 하였다. 이곳에는 현재 호레즘 제국이 번성할 당시의 모스크(사원), 隊商의 숙소입구, 요새, 두 곳의 靈廟와 60m 높이의 Kutlug-Timur 尖塔(서기 11세기)이 있다. 이 건축들은 매우 훌륭하여 이란, 아프카니스탄(Jam 첨탑)과 무갈제국(서기 1526년-서기1707/1857년)까지 영향을 미쳤다.

3. 니사의 파르티아 성채(Parthian Fortresses of Nisa: 문화, 2007):

이란에는 메디아(Medes, 기원전 708년-기원전 550년), 아케메니드(Achemenid, 기원전 559년-기원전 331년), 파르티아(Parthia, 기원전 247년-서기 224년)와 사산(Sassan, 서기 224년-서기 652년)의 네 왕조가 들어섰다. 그 중 니사에 있는 파르티아 제국의 유적은 新·舊두 개의 텔(tell, mound, tepe, hüyük)이 있으며 이들은 기원전 247년부터 서기 224년까지의 470년간 인더스-유프라테스 사이에서 큰 세력을 지닌 파르티아 제국의 초기 중심도시의 하나이다. 아직 발굴이 덜된 상태이지만 서쪽으로 헬레니즘(간다라미술: 기원전 304년-기원전 30년)과 그 다음의 로마와의 접촉을 갖고 고유의 전통문화에 접목을 시키고 있음을 알 수 있다. 전략적 교차점의 길목에 자리한 파르티아는 로마가 동쪽으로 확산하는 것을 막으면서 동서남북으로 문화의 교류와 무역을 촉진하였다.

튀니지 TUNISIA

1. 엘 젬의 원형 극장(Amphitheatre of El Djem: 문화, 1979):

서기 3세기 로마제국 Gordian[서기 238년 로마의 티스드루스(Thysdrus) 황제가 됨] 총독이 북아프리카엘 젬(로마 제국 당시의 이름은 티스드루스임, coliseum으로도 불리운다)의 적은 도시에 세운 35,000명의 객석을 가진 검투와 전차경기를 위한 전형적인 로마의 타원형경기장으로 로마 제국 당시의 영광과 역량을 보여준다. 서기 17세기까지는 거의 온전한 상태를 유지 했으나 그 이후 이웃의 다른 건물과 카이로우안(Kairouan)에 있는 회교 대사원을 짓기 위해 이곳의 석재들이 많이 유출되어 일부 파괴된 상태이다.

2. 카르타고 고고유적(Site of Carthage Archaeological: 문화, 1979):

비르사 언덕 위 기원전 9세기경 페니키아 왕녀 디도가 세웠다고 전해지는 페니키아의 초기 유적으로 여기에는 바알 신에게 희생 제물로 바쳐진 아기들의 무덤과 토펫 신전이 포함된다. 페니키아, 반달, 로마, 이슬람, 프랑스인의 계속된 거주지로 튀니지의 다양한 문화를 형성하고 있다. 바르도 박물관에는 특징이 있는 로마시대의 모자이크가 전시되고 있다.

3. 튜니스의 메디나(Medina of Tunis: 문화, 1979):

서기 12세기-서기 16세기 알모 하드(Almohads)와 하프신드(Hafsids)의 지배하에 튜니지는 이슬람 세계에서 강력한 부국으로 성장하였다. 뛰니지 시의 파리 개선문을 모방한 프랑스 문(Bab el Bhar, Port De France)을 경계로 구시가지 메디나는 궁전, 지투나 모스크(AghlbidEz-Zitouna Mosque, 서기 698년에 설립, 이곳에는 코란, 수학과 의술 등을 가르치는 이스람 신학교인 madrasas가 있음) 등 700여 개의 기념물과 궁전[로마의 극장과 서기 10세기 지아디브-알라 알 아그라브(Ziadib-Allah al Aghlab) II세의 궁전 위에 세운 것으로 추정되는 다르 알 베이(The Dar-al-Bey, Bey's Palace)], 200여 개의 사원, 술탄의 靈廟[mausoleum, 후세인 왕조의 후세인 베이(Hussein Bey) II세의 대리석 석관이 있다. 서기 19세기 초], 성벽, 분수(샘), 금, 은, 향수(장미, 라벤다, 바닐라 등의 각종 향수)를 비롯해 구리와 철제품까지 파는 옛 시장과 가게(Souk En Nhas)들이 남아있다. 이곳은 역사학자·철학자·정치가인 이븐 할둔(Ibn Khaldun, 서기 1332년-서기 1406년)이 태어난 곳이기도 하다.

4. 케르쿠안의 카르타고 유적 및 대규모 공동묘지(Punic Town of Kerkuane and its Necropolis: 문화, 1985/1986 확대지정):

케르쿠안(Kerkouane, Kerkuane)과 대규모의 공동묘지는 뛰니지 동북쪽 본(Bon) 만 근처 카르타고(Cartage/Punic/Phöenicia는 같은 말임), 하드루 메툼(Hadrumetum, modern Sousse)과 우티가(Utica)와 더불어 중요한 포에니 시(Punic city)의 하나로 약 400년간 존속하였다. 제1차 포에니 전쟁(기원전 262년-기원전 241년경) 동안인 기원전 250년경에 버려졌으나 이곳을 점령한 로마인들에 의해서 추후 재건되지 않았다. 이 도시의 발굴 결과 기원전 4세기-기원전 3세기경의 유구들이 밝혀졌다. 도시 설계가 뚜렷한 유적 주위에는 담과 정면에 색깔 있는 진흙으로 바른 집들이 확인되었다. 집들은 복잡한 도시 설계에 따라 일률적으로 배치되었다. 성역은 기둥에 둘러싸여 있고 안뜰에는 모자이크가 발견된다. 모든 집자리 유적에서 가장자리를 구획하는 面石(facing-wall, kerb, curb), 문 앞의 계단, 문지방, 간단한 모자이크가 깔린 바닥들이 발견된다. 고고학 발굴이 계속되고 있지만 중요한 것들은 대부분 이미 발굴되었다고 믿어지고 있다.

5. 수스의 메디나(Medina of Sousse: 문화, 1988):

튀니지에서 남쪽 140km 떨어진 불어로 수스(현지에서는 Sûsa라고 불림) 시는 아랍인들이 바다를 면한 연안에 세운 요새의 대표적인 예로 생각된다. 이 도시는 카르타고 때 하드루메툼(Hadrumetum, modern Sousse)으로 시작하여 서기 7세기경 아랍-이슬람 군대가 이 도시를 함락하고 이곳을 기점으로 서기 827년 시실리를 침공하였다. 서기 18세기 불란서인들이 들어오면서 이 도시를 수스로 불렀다. 서기 9세기경 번영한 아그라비드(Aghlabids 서기 800년-서기 900년) 왕조 때 중요한 항구, 군사도시였다. 이곳에는 회교사원의 첨탑(minaret)과 전망대(watch tower)로 형성된 조그만 요새인 리비트(ribat)는 세계에서 그 예가 드물어 많은 관광객을 불러 모은다. 이 도시는 아직도 미궁과 같은 구불구불한 길이 나있는 카스바(kasbah, 메디나의 일종인 요새)와 메디나(medina, 성벽이 있고 좁고 미궁과 같은 길이 있는 이슬람의 옛 도시)를 그대로 간직하고 있다.

6. 카이로우안 고대도시(Kairouan: 문화, 1988):

카이로우안(또는 Kirwan, AlQayrawan으로 불림, 아랍어로 camp라는 의미임) 서기 670년 이곳을 아랍의 오크바빈 나피(Oqba bin Nafi) 장군이 침공하고 아글라브(Aghlabids, 서기 800년-서기900년) 왕조 때는 수도가 되었다. 이곳은 튀니지 남서쪽에 건설된 회교도들의 성스런 도시(The holy city)로 메카(Mecca), 메디나(Medina)와 예루살렘(Jerusalem)에 이어 이슬람 4대 성지의 하나이다. 여기에는 서기 9세기에 건설된 북아프리카에서 가장 오래된 그랜드 모스크(Gland mosque, 서기 670년에 짓기 시작해서 서기 863년에 최후의 완공, the Mosque of Uqba/Great mosque of Sidi-Uqba)가 있으며 또 세계에서 가장 오래된 회교사원의 첨탑(minaret, 서기 724년-서기 728년)와 아치형 三門이 있는 모스크 회교사원(서기 866년)도 있다. 그런데 카이로우안에 있는 회교 대사원을 짓기 위해 서기 3세경에 만들어진 로마시대의 엘 젬의 원형 극장에서 석재들을 많이 유출하였다. 서기 1881년 이 도시는 프랑스에 의해 점령당했어도 비회교도인은 아직도 이곳에 발을 들여놓지 못한다. 아랍인들의 침공시 이곳의 토착민이었던 베르베르(Berber, 투아레그) 족들이 항전하던 곳은 크사르(Ksar)라 불리우는 흙으로 지은 베르베르족의 요새 가옥이었고 이 안에는 곡물창고가 있었다.

7. 두가/투가(Dougga/Thugga: 문화, 1997):

로마가 누미디아(Numidia)를 합병하기 이전 비옥한 고원을 내려다보는 튀니지 북쪽 63ha 규모의 두가/투가(원래의 이름은 요새화된 베르베르(Berber) 마을이며, 두가/투가는 목초지를 의미한다)는 리비코-퓨닉(Libyco-Puni State) 왕국의 수도로 기원전 2세기경 누미디아 왕 마시니사(Masinissa) 때 로마제국으로 편입되어 번영을 누렸으나 비잔틴, 반달과 이스람 통치기간에는 시들어갔다. 오늘날에도 볼 수 있는 인상 깊은 로마제국의 유적들은 로마제국 변방의 이 조그만 도시에 대한 생각을 달리 한다. 가장 잘 남아있는 로마제국의 변방도시로 리비코-퓨닉의 靈廟(21m 높이), 바지나(누미디아의 bazina 혹은 circular monument tomb) 무덤, 神殿, 누미디안 요새, 마르시우스 맥시무스(Marcius Maximus)를 기리기 위한 石碑, 극장(amphitheatre), 농업의 신 새턴(Saturn, 농업의 신인 로신)과 쥬피터의 아내 주노(Juno) 신전, 會衆席 빌라의 안뜰과 市場로마인들의 무덤 석비, 하이포지움(hypogeum, 서기 3세기경 장례용 甕棺을 묻기 위한 반 수혈의 伽藍), 루치우스 셉티무스 세베루스 (Lucius Septimius Severus, 서기 146년-서기 211년)와 알렉산더 세베루스(Alexander Severus, 서기 222년-서기 235년) 로마 황제의 개선문(穹窿門, arch) 을 비롯해 심지어는 기원전 2000년경의 지석묘 등도 잘 남아있다.

파나마 PANAMÁ

1. 포토벨로와 산 로렌조 요새(Portobello & San Lorenzo Fortifications: 문화, 1980):

서기 17세기-18세기 스페인 왕에 의해 대서양의 무역로를 보호하기 위해 카리브 연안에 설치한 포르토 벨로와 산 로렌죠 군사방어시설로 당시의 뛰어난 건축술의 예이다. 포르토 벨로는 스페인의 탐험가 프란시스코 벨라르데 이 메르카도(Francisco Velarde y Mercado)에 의해 서기 1597년에 설립되었다. 서기 16세기-서기 18세기동안 이곳은 스페인 본국으로 가는 銀의 수출과 스페인 보물선단이 기항하는 항구 도시 중의 하나였다. 서기 1668년 헨리 모간(Henry Morgan) 선장이 선단을 이끌고 와서 이곳을 14일 동안 점령·약탈하기도 하였고, 서기 1739년 11월 21일 에드워드 버논(Edward Vernon) 제독이 이끈 영국해군에 의해 공격을 받아 점령을 당하였다.

2. 살롱 볼리바르와 파나마 역사구역(Archaeological site of Panamá Viejo and Historic District of Panamá with the Salon Bolivar: 문화, 1997):

파나마는 정복자 페드라리아스 다빌라(Pedrarias Dávila)가 서기 1519년에 세운 아메리카 대평양 연안에 세운 첫 번째 유럽인의 정착지였다. 서기 1671년부터 발전하기 시작한 최초의 이 역사적인 지구는 초기의 方格形 설계로 구획한 거리의 초기유형을 많이 보존하고 있다. 옛 파나마란 뜻의 파나마 비에호에의 건물들은 스페인, 프랑스, 초기 미국의 양식의 혼합이다. 살롱 볼리바르(Sálon Bolivar)는 서기 1826년 자유주의자 겸 독립운동가(El Libertador)인 시몬 볼리바르(Simon Bolivar, 서기 1783년 7월 24일-서기 1830년 12월 17일)에 의해 범 아메리카 회의를 소집하기 위해 만든 국회와 같은 집회소이지만 실패로 끝났다. 이곳에는 서기 17세기-서기 18세기 대서양 횡단무역의 보호를 위해 스페인군에 의해 건설된 방어요새인 군사건축물 포르트벨로(Portobello)와 산 로렌죠(San Lorenzo) 요새, 아직도 원주민 인디언들이 살고 있는 다리엔 국립공원(Darien National Park), 그리고 구시가지에는 현재도 이용되는 대통령궁, 국립극장(서기 1907년), 산호세 성당과 센트럴 호텔 등이 남아 있다. 파나마는 서기 1821년 11월 28일 스페인으로부터, 그리고 미국의 도움을 받아 서기 1903년 11월3일 컬럼비아로부터 독립을 하였다. 그리고 대서양과 태평양을 잇는 파나마 운하 77km는 미국이 서기 1914년 완공을 시켰으며 미국이 서기 1960년에 세운 '미국의 다리'도 세워 현재도 이용 중이다.

파라과이 PARAGUARY

1. 라 산티시마 트리니다드 데 파라나와 제수스 데 타바란게 예수교 선교단 시설(Jesuit Missions of La Santisima Trinidad de Parana and Jesus de Tavarangue : 문화, 1993):

'트리니다드'와 '타바란게' 예수교 선교단은 서기 17세기-서기 18세기 파라과이에서 선교활동을 하면서 식민지에서 벌린 소규모 사업의 대표적인 두 예들이다. 그들 예수교단은 기독교를 믿는 토착인디오들인 과라니 족을 모아 조그만 도시형태의 국가를 형성하였다. 서기 1706년 트리니다드 선교단은 자급자족의 도시를 생각하면서 도시 중앙에 만남의 장소, 광장, 대규모 교회시설, 학교, 여러 가지 工房시설, 박물관, 토착민들의 주거시설 등을 설치하였다. 이웃의 타바란게 예수교 선교단도 서기 1685년에 들어져 비슷한 자급자족의 설비를 갖추었다. 서기 1993년 이곳을 세계문화유산으로 등재하기 전 위원회에서 파라과이 정부로 하여금 이 건물과 시설들을 현존하는 과라니 족들의 예수교회 이름하에 하나로 확대 지정토록 권유하였으나 아르헨티나는 서기 1984년에 이에 응해 되었고 파라과이는 준비가 안 되어서 한꺼번에 포함시키지 못하였다. 그래서 과라니 족들이 기독교를 믿으면서 살고 있는 아르헨티나와 브라질 등의 관계 국가들이 개별적으로 등재하게 된 것이다. 아르헨티나와 브라질은 '과라니 족의 예수회 선교단 시설(Jesuit Missions of the Guaranis, 1983/1984)'이란 명칭으로 함께 세계문화유산으로 등재하였다.

파키스탄(巴基斯坦) PAKISTAN

1. 모헨조다로 고고유적(Archaeological Ruin at Mohenjodaro: 문화, 1980):

기원전 2300년-기원전 1750년에 존재했던 인더스 문명의 중심도시 중의 하나인 모헨조다로시의 유적. 모헨조다로(Mohenjo-daro)는 현 파키스탄에 속하며 인더스 문명 중 3-40,000명의 인구를 가진 가장 중요한 도시이다. 또 이곳은 인더스 문명-제국을 통솔하던 수도이기도 하다. 모헨조다로는 서기 1920년대 마샬, 서기 1930년대에 멕케이, 서기 1940년대와 최근까지 휠러와 데일스에 의해 발굴되어 왔다. 약 1평방 마일 면적의 이 도시는 이제까지 알려진 가장 오랜 방격법으로 구획되어 있다. 정교한 배수구와 넓은 도로에 의해 둘러싸인 커다란 구획들은 다시 세분되고 그 안에는 벽돌집이 밀집되어 있다. 서쪽지구 중간에 있는 구획은 11m 정도의 높이를 형성하는 요새로 다른 지역보다 높다. 그 주위에는 진흙과 벽돌담의 흔적이 발견되었는데 이구역 안에서 대학, 목욕탕, 창고와 僧院 등이 발굴되었다. 가장 높은곳에는 인더스 문명과 직접 관련이 없는 후일 불교 사원의 탑이 세워져 있다. 높은 강수면 때문에 이 이상 깊이 발굴해 나갈 수 없었다. 강의 홍수 때문에 형성된 도시 밑의 진흙층은 12m나 된다. 이 도시의 가장 마지막 층은 인더스 문명의 마지막 멸망 단계를 보여준다. 이것이 인더스 문명의 멸망 중의 하나가 인더스 강의 홍수에 원인이 있다는 가설의 하나가 되게 된 것이다.

2. 탁티바이 불교유적과 사리바롤 주변도시 유적(Buddhist Ruins at Takht-i-Bahi and Neighboring City Remains at Sahr-i-Bahlol: 문화, 1980):

파키스탄 키베르-파크툰크와(Khyber-Pakhtunkhwa) 주 마르단(Mardan) 시에서 15km 떨어진 구릉 꼭대기와 물가에 위치했다고 해서 탁티바이(페르시아나 Urdu어로 始原의 王座 throne of water/spring를 의미한다)란 이름을 가진 불교사원 복합단지는 서기 1세기경에 건립되었는데

높은 구릉 위에 위치해 계속되는 외적의 침공을 피해 잘 보존되었고
이 시기의 대표적인 불교사원 유적이다. 근처에 있는 사리바롤 유적
도 같은 시기인 서기 1세기경에 만들어진 요새화 된 도시유적이며 그
근처에는 같은 이름의 마을이 들어서 있다.

3. 탁실라 고고유적(Taxila: 문화, 1980):

이곳은 신석기시대 고분 및 기원전 500년-서기 2세기의 불교문
화유적이다. 여기에는 간다라(Gandhra)시대(기원전 304년-기원전 30년)
가 중심으로 힌두와 불교문화의 중심지였던 탁실라(Tak-asilā)의 간다
라 시(Gandhāran city)에 산재한 유적들을 포함한다. 탁실라는 서부 펀
잡(Punjab)에 있으며 마케도니아 제국(기원전 338년-기원전 146년)의 알
렉산더대왕(기원전 356년-기원전 323년 6월 10일)이 고대 인도를 정벌할
때 중요한 도시였다. 여기에서 가장 오래된 곳은 기원전 6세기경의
비르 마운드(Bhir Mound)이며, 그 다음은 기원전 2세기경 그리스 계통
의 박트리아 왕들이 세운 시르캅(Sirkap)이고, 마지막은 쿠샨(Kushan)
왕들과 관련된 시르스쿠(Sirsukh) 도시이다. 이곳들의 대표적인 유적
들은 비르 마운드의 다르마라지카 수투파(Dharmarajika stupa: 부처님의
사리를 모신 불탑), 시르캅의 雙頭鷲塔과 시르스쿠의 자우리안(Jaulian)
佛塔 등을 들 수 있다.

4. 라호르의 성채와 샬라마르 정원(Fort and Shalamar Gardens in La-
hore: 문화, 1981):

샤히 퀼라(Shahi Qila/Urdu)로 알려진 펀잡(Punjab)에 위치한 현재의
라호르 성채는 무갈 제국의 3대 악크바르(Akbar, 서기 1556년-서기 1605
년) 왕 때 기초가 다져졌으며, 그 안에 있는 샬리마르 정원(Shalimar

Gardens)은 5대 샤 자한 왕(Shah Jahan, 서기 1628년-서기 1658년)의 재위 중인 서기 1641년에 만들어졌다가 성채에는 모자이크와 도금장식을 한 궁전, 사원과 정원이 있으며 대표적인 건물로는 쉬시 마할(Sheesh Mahal), 아람기리 문(Alamgiri Gate), 다이아몬드, 루비 사파이어와 청금 석 등으로 벽을 장식한 나우라카 房/亭子(Naulakha pavillion)와 모티 마 스지드(Moti Msjid)가 있다.

무갈 제국/모굴/무갈 제국(Mogul, Mughul Empire, 서기 1526년-서기 1857 년 그러나 서기 1707년에는 왕조가 이미 망함)은 몽고 제국 칭기즈칸의 5 대손인 바브르 왕(Baber/Babur, 1대 서기 1483년-서기 1530년)이 북쪽 우 즈베키스탄 지역에서 내려와 서기 1526년 파니파트 전쟁에서 승리 를 얻어 델리의 로디왕조에 이어 세운 후, 후마윤(Humâyûn, 2대 서기 1530년-서기 1556년), 아크바르(Akbar, 3대 서기 1556년-서기 1605년), 자한 기르(Jahangir, 4대 서기 1605년-서기 1627년), 샤자한 왕(Shah Jahan, 5대, 서 기 1628년-서기 1658년)을 거쳐, 아우랑제브 왕(Aurangzeb, 6대 서기 1658년 -서기 1707년) 때 망한다.

5대 샤 자한 왕은 서기 1612년에 연애 결혼해 14명 째의 아이를 출 산하다 죽은 부인 뭄타즈 마할 왕비[부인 뭄타즈(아르주망 마할 배강, 아 르주망 바누 배굼, Arjumand Banu Begum, 서기 1593년 4월-서기 1631년 6월 17일]를 위해 서기 1631년-서기 1645년 묘소인 타지마할 靈廟인 타지마할 영 묘(Taj Mahal Mausoleum)를 축조하였다. 이 건축물은 사라센(Saracen) 건 축물을 대표하는 오늘날 세계적인 명소가 되었다.

5. 타타 기념물(Historical Monuments of Thatta: 문화, 1981):

담수호인 키니하르(Keenjhar) 근처 신드(Sindh) 주의 타타는 세 왕조 연속적인 수도[알렉산더 대왕 시파탈라(Patala), 수므로(Soomro) 부족의 95년

간 수도]였으나 후일 델리의 무갈 왕조에 의해 지배를 받던 서기 1592
년-서기 1739년에 번영을 하였다. 서기 1739년 페르시아의 나디르 샤
(Nadir Shah)에게 카르날(Karnal) 전투에서 진 이후 이 도시는 폐허가 되
었다. 이 도시의 남아있는 유적은 무갈/모굴제국시대의 것으로 신드
의 도시와 이스람 예술의 중심지로 알려져 있으며 근처 말리키(Makli)
의 공동묘지(서기 1559년)가 인상적이며 현재 잠 니자무딘의 무덤(tomb
of Jam Nizamuddin, Shah Jahan이 서기 1647년-서기 1649년에 건립), 小이사 칸
타르칸의 무덤(tomb of IsaKhan Tarkhan the Younger), 잔 바바의 무덤(tomb
of Jan Baba), 디완 수르파 칸의 무덤(tomb of Diwan Shurfa Khan)과, 다브
기르(mosque of Dabgir)와 샤 자한(mosque of Shah Jahan) 사원이 남아있다.

6. 로타스 요새(Rohtas Fort: 문화, 1997):

   셰르 샤 수리(Sher Shah Suri, Sher Khan)가 서기 1541년 무갈 제국의
2대 후마윤 왕(Humâyûn, 2대 서기 1530년-1556년)을 로타스에서 패배시
킨 후 후마윤 왕에 대항해 이 지역을 보호하기 위해 서기 1541년-서
기 1543년에 걸쳐 쌓은 초기 무슬림(이슬람)의 군사요새·복합단지이
나 10년 후 셰르 칸(Sher Khan)이 죽고 나서 휘하 장군의 배반으로 후
마윤 왕에게 최후로 굴복 당하였다. 이 요새는 셰르 칸이 무갈 제국
을 패배시킨 지명을 따 이름지어졌다. 서기 18세기 이 요새가 폐기된
후 성안에 마을이 들어섰다. 로타스(Qila Rothas라고도 불림) 요새의 성
벽 높이는 18.28m, 폭은 12.5m, 둘레는 4km에 이르며 68개의 반원형
의 甕城이 만들어졌다. 사암제의 성문들은 육중하고 장식이 많은 것
이 특징으로 무갈 제국의 이와 같은 건축에 많은 영향을 끼쳤을 것으
로 생각된다. 이 성은 중앙아시아와 남아시아에서 무스림 군사 건물
중 뛰어난 예인데 터키와 인도대륙의 예술전통을 혼합해서 만든 무

갈 제국 성의 모델로 되었다. 성벽 자체는 물론 소하일(Sohail), 샤 찬드왈리(Shah Chandwali), 카불리(Kabuli), 시시(Shishi), 랑가르 카니(Langar Khani), 탈라키(Talaqi), 크와스 카니(Khwas Khani) 성문들과 옹성, 기도실과 샤하(Shahi) 사원, 라니 마할(Rani Mahal) 등의 건물도 오늘날까지 잘 보존되고 있다.

파푸아 뉴기니 PAPUA NEW GUINEA

1. 쿡크 초기농경유적(Kuk Early Agricyltural Site: 문화, 2008):

파푸아 뉴기니 고원쿡크 습지에 대한 다각도의 학제적 연구에 의하면 농경은 독립적으로 발생했으며 그 년대는 6950-6440년B.P.(B.P.는 before present의 약자로 서기 1950년을 기준으로 한다. 기원전 5000년-기원전 4490년)이다. 식물의 개발과 어떤 종의 재배는 제 1기 10220-9910B.P.(기원전 8270년-기원전 7960년)에 일어났고, 제 2기의 堀耕(mound culti-vation)은 6950-6440B.P.(기원전 5000년-기원전 4490년)에, 제 3기의 耨耕(ditched cultivation)은 4350-3980B.P.(기원전 2400년-기원전 2030년)에 일어났다고 한다. 森林의 개발은 沖積世 초기(現世統, 기원전 5000년-기원전 4490년)에 일어나 초원으로 바뀌었다. 타로(taro)와 바나나(bananas)는 沖積世초기 기원전 5000년-기원전 4490년에 일어났다고 한다.

팔레스타인 PALESTINE

1. 예수 탄생지(Birthplace of Jesus: the Church of the Nativity and

the Pilgrimage Route, Bethlehem: 문화, 2012):

예수 탄생지는 지하에서 물이 새어나와 조금씩 붕괴되어 가는 '위험에 처한 세계문화유산 목록'으로 등재되었다. 이 유산은 서기 2세기 이후 기독교에서 전통적으로 입증하고 있는 예수 탄생지로 알려져 있으며 예루살렘 남쪽 10km 떨어져 있다. 이곳에 서기 339년 교회가 세워졌으며 서기 6세기 이 교회가 화재로 소실된 후 다시 다른 교회가 그 위에 지어졌으나 당시의 바닥에 만든 모자이크는 그대로 보관되고 있다. 라틴(천주교), 그리스정교, 프란시스코 파[성 프란시스 아사시시(Saint Francis of Assisi)가 만든 가톨릭 종교단체], 아르메니안 수도원[예루살렘 4개 구 중의 하나인 The Armenian Quarter는 그중 인구와 규모도 가장 적으며 성 야곱 수도원 관구(the Patriarchate at the St. James Monastery) 주위에 모여 살고 있다], 여러 교회들과 함께 종탑, 계단으로 된 정원, 순례의 길도 '위험에 처한 세계문화유산 목록'에 포함된다.

2. 올리브와 포도나무의 땅인 예루살렘 남부 바티르의 문화경관(Land of Olives and Vines – Cultural Landscape of Southern Jerusalem, Battir: 문화, 2014):

베들레헴의 서쪽 베이트 잘라(Beit Jala, 해발 약 900m)의 西岸에서 이스라엘과 분리되는 휴전선(해발 약 500m)으로 이어지는 나브루스(Nablus)와 헤브론(Hebron)사이 지중해 연안을 따라 북에서 남으로 뻗은 팔레스타인 중앙고원, 다시 말해 예루살렘에서 남서쪽으로 7km 떨어진 바티르 마을 구릉의 문화경관은 인위적으로 바위를 깎아 계단상으로 만들고 그 위에 덮은 토양층이 매우 얇은 특징이 있는데 이를 현지에서는 위디안(widian)이라고 부른다. 이곳은 관개농업으로 시장에 내다 팔 곡물과 콩, 야채와 같은 간단한 농작물을 심기도 하고 또 포도, 올리브, 아몬드와 과일나무를 심는 일련의 과수원을 형성하는 계곡이기도 하다. 이러한 산간지대에 계단상 농경이 발달한 것은 지하수가 흐르는 관개수로망이 있기 때문이다. 지하수와 물의 분배라는 전통적인 체계는 이웃 바티르에 사는 농경민들 사이에서는 매우 익숙하다. 그래서 이곳의 연평균 강우량은 400mm임에도 불구하고 모든 농사가 순조롭게 이루어진다. 그리고 이곳에서는 선사시대부터 변하지 않고 그대로 남아있는 구릉과 언덕, 요새, 로마시대의 무덤, 옛날부터 계속 이어저온 마을, 야자열매 숲, 관개농업, 농업을 통해 생계를 어렵게 이어가는 사람 사는 모습 등을 볼 수 있다. 밭을 따라 나있는 옛날 길과 그 사이로 부는 바람, 돌로 지어진 집, 망루, 이정표로 만들어진 돌무덤(rujoum), 계단, 계단상 밭 사이로 난 진입로 등 이 모든 것들이 과학적인 지혜로 배려되어 아름다운 문화경관을 형성하고 있다. 이러한 요소들은 특징이 있는 가자 지구(Gaza Strip)의 연안지역과 함께 중앙고원, 내륙으로 반쯤 후퇴한 바닷가, 동쪽 경사면, 요단 계곡과 같은 농경-생태 지역에서 보여주듯이 여러 문화경관과 생물의 다양성을 만들어 낸다. 이러한 전체적인 분위기는 오직 팔레스타인 지역에서만 볼 수 있는 문화적 맥락인 것이다.

3. 헤브론 알 카릴 옛 시가와 주변 환경(Old town of Hebron al-Khalil & its chalcolithic/Aneolithic period, 기원전 4000년-기원전 3000년 경)

서기 661년부터 서기 750년까지 아랍 제국을 다스린 첫 번째 이슬람 칼리파 세습왕조인 우마이야조(Umayyad period, 서기 661년-서기 750년)에 이르기 까지 사람이 거주하고 있었음을 알 수 있다. 그러나 헤브론은 언제나 예언자 아브라함(Abraham/Ibrahim), 이삭(Isaac), 야곱(Jacob)과 그들의 부인의 무덤으로 알려져 있었다. 로마의 지배기간 헤롯(Herod the Great, 기원전 73년-기원전 4년)은 예언자들의 무덤이 있는 동굴을 에워싸는 거대한 성벽을 축조하기도 하였다. 서기 1099년 십자군에 의해 헤브론은 정복당하였고 성벽 안은 교회로, 서기 1187년 살라딘(Saladin, 서기 1137년-서기 1193년 3월 4일)에 의한 재탈환에 의해 이곳은 하람 아쉬 샤리프(Haram ash-Sharif)란 명칭의 이스람의 모스크로 바뀌었다. 모스크의 안쪽에는 살라딘이 이집트에서 가져온 이스람권에서 가장 오래된 것으로 추정되는 호두나무로 만든 제단(pulpit, Minbur)이 놓여 있었다. 아랍-무스림의 헤브론/알 카릴의 침공으로 헤브론/알 카릴은 메카(Mecca), 메디나(Medina), 예루살렘(Jerusalem)의 바위 돔 사원(서기 691년에 축조한 Golden Dome of Rock)에 이어 4번째의 聖地/순례지가 되었다. 근처 지방에서 채석한 석회암은 서기 1206년에서 1320년 동안 존재한 인도 최초의 이슬람 왕조 또는 노예 왕조로 팔레스타인을 포함한 이집트와 시리아를 서기 1250년-서기 1517년간 지배한 맘루크 왕조(Mamluk Dynasty)의 기간 동안 제벨 에르 루메이데(Jebel er-Rumeideh)로 알려진 헤브론 알 카릴 옛 시가지를 형성하였다. 도시의 한 가운데에 있는 알 모스크-이브라힘/족장의 무덤(Al mosque-Ibrahim/the tomb of the Patriarchs)은 서기 1세기경 족장 아브라함(Abraham)/이브라힘(Ibrahim)과 그의 가족 무덤을 보호하기위해 지은 복합 건물이다. 이 장소는 유태인, 기독교와 이스람교의 3대 一神敎의 巡禮地가 되었다. 이 시가는 팔레스타인 남부, 시나이(Sinai), 요르단(Jordan) 동부, 아라비아(Arabia) 반도 북쪽을 지나다니던 隊商들이 지나던 무역로의 중심을 이루는 교차점이었다. 비록 그 다음에 나타난 오스만 투르크(서기 1453년-서기 1922년)의 지배 시 이 도시는 확장하고 여러 건물이 지어졌다. 특히 맘루크 왕조시기에 만들어진 집의 지붕을 손질해 여러 층을 더 올려 맘루크 왕조시기 시가의 전반적인 모습은 차별화되어 남아있는 지역, 민속, 종교, 장인(직공)들이 거주한 특수 지역, 구조, 기능과 공간을 고려하여 만든 세 가지 제도 (tree-shaped system of the structure, function and capacity)에 의해 여러 방이 밀집해 있는 집들에서나 찾아볼 수 있을 따름이다.

페루 PERU

1. 마추피추 역사보호지구(Historic Sanctuary of Machu Picchu: 복합, 1983):

서기 1911년 하이램 빙햄(Hiram Bingham)에 의해 해발 2,430m 열대 삼림의 우르밤바 계곡에서 발견된 잉카 제국의 마지막 요새인(서기 1532년-서기 1572년까지 40년간 사용됨) 마추피추(Machu Picchu)에서 보이는 것과 같은 척박한 땅을 비옥한 곳으로 만든 집약농경을 위한 관개시설을 갖춘 원형의 계단식(terrace)농경, 왕권과 재산의 분리 상속 제도, 해안가 부족에 대한 산간지대에 살던 잉카 제국의 징세와 통제(Vetical Control)정책, 돌을 다루는 기술 등에서 찾아질 수 있다. 최근 잉카 제국의 마지막 요새로 알려져 있던 마추피추는 윌리 쿡(Willie Cook)과 지에르모 지글러(Giermo Gerie Ziggler) 같은 잉카학자들에 의해서 이 유적이 1438년 파챠쿠티 왕(서기 1438년-서기 1471년)이 만든 곳으로 왕족의 은신처로 밝혀졌다. 이곳에는 夏至날을 가장 중시하던 잉카 족의 자연숭배사상(animism)의 태양숭배지[태양을 끌어들이는 곳이라는 의미의 '인티우아타나'라는 聖所가 중심, 또 이곳에는 콘도르(Condor)신전도 있다]로서, 지금도 사용되고 있는 인력(人力)의 掘地具(掘耕)인 차키타카(Chakitagalla)로 농사를 짓는 계단식 집약농경지(terrace)에서 산출되는 풍부한 잉여생산물로 자급자족을 누리고 나머지는 수도 쿠스코로 보내기도 한 교역과 무역의 중심지 역할을 했었던 제사장, 귀족들과 함께 잉카 왕족들이 머물던 최상급의 은신처였음이 밝혀지고 있다. 특히 잉카의 특유의 계단식농경은 관개기술을 이용한 집약농경으로 그곳에서 감자, 퀴노아와 옥수수 등이 집중 재배되었다. 그리고 야마를 1,000여 마리 사육하던 배후 목장의 존재가 새로이 발견되고, 근처에서 조사된 인골의 ¾이 가벼운 노동을 하던 여자로 보아 직조공이나 교양 있는 기능공들이 함께 살았던 곳으로도 여겨진다. 이곳에는 현재 태양의 문, 계단식 밭(terrace)과 밭에 물을 대던 관개시설, 파수꾼 전망대, 태양의 신전(인티우아타나, 해시계로도 이야기함), 왕의 미라를 모셔놓았던 곳으로 추정되는 陵墓, 새 창문의 신전 등 당시의 건물들이 그대로 남아있다. 또 이곳은 서기 1532년 11월 16일 프란시스코 피자로의 스페인의 점령 이후 서기 16세기 초 스페인과 잉카 후손 사이에서 피초(picho, 마추피추를 의미)라는 소유 토지의 재산 분쟁으로 인한 소송에서 잉카 후손이 이긴 문서에서 확인되고 있다.

2. 쿠스코 시(Old City of Cuzco: 문화, 1983):

잉카(서기 1438년–서기 1532년 11월 16일)는 서기 1200년경 만코 카팍(Sapa Inca Manco Capac)이 쿠스크 시에서 처음 나라를 열었으나 실제 8대 비라코챠(Viracocha)의 아들 파차쿠티 왕[9대, Pachacuti(pachatec) Inca Yupanqui, 서기 1438년–서기 1471년, 마케도니아의 필립 II세에 비견됨], 투팍 잉카(Túpac Inca Yupanqui, 서기 1471년–서기 1493년, 마케도니아의 알렉산더 대왕에 비견됨)와 우아이나 카팍(Huayna Capac, 서기 1493년–서기 1525년)의 세 왕 때 갑작스런 발전과 영토 확장이 이루어져 서기 1438년을 그 기원으로 삼고 있다. 처음에는 고원지대, 그리고 에콰도르와 북부해안의 치무 등이 차례로 점령되었다. 서기 1525년에는 앞서 언급한 광역의 영토를 가진 잉카 제국이 성립되었다. 잉카 제국의 멸망은 우아이나 카팍 왕의 두 아들인 아타우알파(Athahualpa Yupanqui, Sapa Inca, 서기 1497년-서기 1533년)와 이복동생인 우아스카(Huáscar) 사이의 왕위다툼에 의한 내란으로 인한 것이었다. 비록 아타우알파가 싸움에 이겨 권력을 장악했다. 그러나 잉카 제국도 8만 명의 군사가 말과 총으로 무장한 168명의 프란시스코 피자로(Francisco Pizzaro)가 거느리는 스페인군대에 의해 서기 1532년 11월 16일 카하마르카(Cajamarca) 전투에서 패배함으로써 완전히 정복된다. 그리고 서기 1533년 7월 26일 아타우알파가 스페인군에 의해 교살 당함으로 잉카 왕국은 종말을 맞게 된다. 그리고 피자로 자신도 서기 1541년 6월 26일 리마에 있던 자신의 집에서 암살당한다. 이 사건은 스페인으로서는 촬스(Charles) I세(서기 1516년-서기 1556년: Holy Roman Emperor Charles V세, 서기 1519년-서기 1556년) 때였다. 스페인군은 서기 1533년 11월 15일 쿠스코에 들어오며 프란시스코 피자로는 서기 1534년 3월 23일 공식적으로 이곳에 入城한다. 그들은 잉카의 중요한 신전 건물의 초석들을 그대로 두고 그 위에 정복자들의 저택이 있는 궁전, 산타 클라라(Santa Clara)와 산 브라스(San Blas) 지구와 교회를 지었다. 그리고 쿠스코 시 자체는 파챠쿠티 왕 이전 이미 도시계획이 있었고 두 강이 도시 주위를 흐르도록 한 유기적인 성장이 있어 왔다. 잉카의 수도인 쿠스코(Cuzco/Cusco, 페루의 동남방 우루밤바 계곡 근처에 위치)에는 '돌의 마술사'라고 불리울 정도로 잉카인이 돌을 잘 다루어 만든 석축을 보여주는 삭사우아만(Sacsayhuamán/Saksaq Waman, 잉카의 首都, 석축 중 12角의 석재도 있음), 코리칸챠(Koricancha, 잉카의 태양신전이나 스페인의 산타 도밍고 수도원으로 됨), 올란타이탐보(Ollantaytambo, 요새), 켄코(Kenco,

신전, 천문대), 모라이(Moray, 천문대), 탐푸마차이(Tampumachay, 水道), 피삭(Pisac, 귀족들의 묘지) 등이 남아있다.

　사파 잉카(케추아어로 Sapa Inka, 유일한 잉카)는 쿠스코 왕국 및 그 후신인 타완틴수유 제국 지배자의 칭호이다. 이 명칭은 서기 1100년경을 전후해 사용되기 시작한 것으로 보이며, 그 외에도 아푸(Apu, 신), 잉카 카팍(Inka Qhapaq, 강력한 잉카), 사파(Sapa, 유일자)라고도 불렸다. 사파 잉카는 세습 군주직이었고, 치무나 잉카가 무력을 앞세워 영토를 확장해나가 제국을 형성하게 된 것은 분리된 상속(split inheritance)과 같이 자식들이 왕권과 재산을 따로 따로 상속받기 때문으로 여겨진다. 스페인의 잉카 정복 당시 권력을 잡고 있던 것은 하난(Hanan)족이다. 잉카 제국의 지배자는 다음과 같다.

야와르 우아칵(Yahuar Huácac, 서기 1348년-서기 1370년 재위)

비라코차 잉카(Huiracocha Inca, 서기 1370년-서기 1430년 재위)

파차쿠티(Pachacútec, 서기 1430년-서기 1478년 재위)

투팍 잉카 유팡키(Tupac Inca Yupanqui, 서기 1478년-서기 1488년 재위)

우아이나 카팍(Huayna Cápac, 서기 1488년-서기 1525년 재위)

우아스카르(Huáscar, 서기 1525년-서기 1532년 재위)

아타우알파(Atahuallpa, 서기 532년-서기 1533년 재위, 서기 1502년-
　서기 1533년 7월 26일)

3. 차빈 고고유적지(Chavín Archaeological Site: 문화, 1985):

　차빈지구 우아리, 안카시 리마에서 북쪽 250km 떨어진 해발 3,200m의 안데스 깊은 계곡에 자리 잡은 기원전 750년-기원전 400년의 차빈(Chavín de Huantar) 문화 유적은 콜럼버스의 서기 1492년 10월 12일 신대륙발견 이전인 pre-Columbian 또는 Inca가 이곳에 들어오기 이전시대에 속하는 유적으로 다듬은 돌로 방형 또는 계단상의 테라스의 형태로 쌓아 올리고 동물화 된 장식을 붙인 儀式과 종교중심지이다. 여기에는 피라미드와 같은 방형 또는 계단상의 테라스 신전을 비롯해 원형의 광장, 新·舊의 신전, 란조(Lanzó)의 석비 등이 남아있다. 신대륙 고고학 편년상 퍼마티브(Formative, 형성기)에 속한다.

그리고 최근 페루의 수도 리마 북쪽 250km 떨어진 코르디에라 브란카(Cordillera Blanca)산 뒤 해발 3,150m의 카에혼 데 콘츄코스(Callejón de Conchucos)의 계곡에 자리 잡고 있는 챠빈 데 우안타(Chavín de Huántar) 유적은 기원전 850년에 세워진 옛 신전(Old Temple)으로 알려진 길이 약 40m, 15ac 넓이의 광장을 둘러싸고 있는 U자형 기반위에 세워진 거대한 석조신전이며 그 아래에는 浮彫로 장식된 석판으로 돌린 직경 15m둘레의 푹 꺼진 원형 광장(court)이 있으며 그 가운데에 斜方晶의 화강암으로 만든 4m 높이의 單一石인 테요 方尖塔(Tello Obelisk, 현재 리마의 페루 국립박물관에 전시)이 위치해있었다. 이 방첨탑은 홀리오 테요(Julio César Tello, 서기 1880년 4월 11일-서기 1947년 6월 3일)가 서기 1919년 챠빈 데 우안타 유적을 발굴하고 테요의 方尖塔을 처음 확인하였다.

챠빈 데 우안타의 발굴조사에서 ① 테요의 方尖塔(Tello obelisk)에 새겨진 카사바(cassava 또는 마니옥/manioc), 고추, 땅콩, 야마, 뱀(아나콘다/Anaconda), 카이만 악어(Caimans은 Caimaninaecaimans의 alligatorid crocodylians이다) 등으로 볼 때 챠빈 문화가 북동쪽 아마죤 상류 안데스산맥 북부 고원지방인 이퀴토스(Iquitos)로부터 내려온 '안데스문명의 發祥'일 가능성이 높다고 홀리오 테요는 추정하였다. 그러나 ② 의식중심지(ceremonial center)로 볼 때 오히려 리마의 북쪽 200km 떨어진 바란카주(Barranca province) 수페 계곡(Supe Valley) 해안가의 풍요한 바다 漁場

(지금도 갈대배를 타고 나가 엔쵸비/멸치/anchovy를 포함한 다량의 생선을 잡음)을 활용한 문명인 카랄(Caral, 2600 B.C.) 유적→ 카스마(Casma) 주의 라스 알다스(Las Aldas, 1600 B.C.)→ 챠빈(Chavin de Huántar, 기원전 900년-기원전 200년/기원전 750년-기원전 400년, 전성기에는 약 3,000명이 거주) 유적의 조사로 챠빈 문화가 안데스 고원→ 평지로 내려온 것이 아니라 해안→ 내륙으로 문화가 전파되었을 가능성이 더 높다고 고고학자들은 반박하고 있다. ③ 이는 武力이나 軍隊를 사용하지 않고도 고도의 챠빈 문화를 700년-800년 이상 유지했던 것은 지배층 司祭를 중심으로 산 페드로 선인장(san-pedro-cactus)에서 추출한 환각제를 사용해서 음악과 춤을 배합한 일종의 챠빈교의 永續性을 유지하려던 정교한 宗敎儀式 때문으로 여겨진다. 이러한 종교의식은 챠빈 데 우안타 유적에서 확인된다. 산 페드로 선인장의 즙을 마신 후 3-4시간 후 절정에 올라 사제의 안내로 떠난 약 3.3km길이의 지하터널에서 환각의 마지막 여정에서 만나게 되는 엘 란존(El Lanzón, 기원전 1100년)이라 부르는 천상의 재규어(Jaguar)신, 그 위에 작은 환기통인 수직통로가 나있어 엘 란존을 볼 때 눈부시게 하는 효과를 노린 通風口, 3km가 넘고 물이 흐를 때 轟音을 내도록 효과가 있는 排水路 시설, 소라껍데기를 이용한 트럼펫 악기 20점과 藥碾(chemist's mortar), 약 절구, 약 맷돌과 같은 도구에 갈아 물에 탄 강한 담배를 새 뼈로 만든 코담배 관 吸入具(snuff tubes)를 통해 코로 흡입한 후 코에서 점액이 흘러내리는 모습을 표현한 조각상(Tenon stone head) 등의 존재를 '무아지경을 통해 인간의 저주와 부적과 같은 부정적 기운 등으로 부터 해방되어가는 과정'을 새로이 해석하는 데에서 이해된다. ④ 그리고 이러한 종교의식은 현재에도 훌리아라는 현대의 무당(Julia Calderon is a curandera; a modern shaman)이 행하는 민간요법으로 남아 북동쪽 해안가의

투르히요(Turjillo)에서도 행해지고 있다. 이를 통해 챠빈은 춤, 음악과 환각제를 통해 민중을 통제하던 神政政治(theocracy)의 영적인 종교국 가였음을 알 수 있다.

4. 챤챤 고고 유적지대(Chan Chan Archaeological Zone: 문화, 1986):

투르히요 서쪽 5km 떨어진 치무 왕국[서기 1200년경-서기 1470년의 수도인 챤챤은 남미의 고고학 편년 상 포스트크라식(후고전기, post-classic, 서기 800년-서기 1532년)기에 속하며, 티아우아나코(티와나쿠, Tiwanaku), 와리(Wari, Huari), 치무(1200년-서기 1470년), 잉카(서기 1438년-서기 1532년)도 같은 후고전기에 속한다]에 속하며 북쪽 해안가 모체 계곡에 위치하며 중앙 안데스 고원에서 가장 발달하였다. 그 영토는 북쪽 툼베즈에서 남쪽 찬케이(Chancay)에 이르는 직선 1,000km나 되며, 도읍지인 챤챤(Chan Chan, 투르히요 동쪽 5km)도 15-30km^{2}의 규모이다. 이 도읍지의 최대의 건물은 17ha나 되며 흙벽돌로 둘러싸여 있다. 그 구획 안의 건물은 10개소나 되며 각각의 크기는 다르지만 내부에는 거리, 정원, 방과 광장을 공통적으로 갖고 있다. 그중에서 최대 규모의 "그란치무"는 아마 지배자가 살던 곳으로, 그리고 나머지 다른 곳들은 정치와 경제 기능을 담당했던 행정사무소로 여겨진다. 치무는 세금대신 부역하는 강제 노동(mita labour taxation)으로 챤챤의 치무 도시건설 이외에도 우아카의 해와 달 피라미드(Huaca del Sol & Huaca de La Luna), 투루히요(Trujillo)의 성벽과 라 쿰브레(La Cumbre)의 운하 등의 거대한 건축물을 남겼는데, 여기에서 후일 잉카에서 보이는 "미타"라는 강제 노동 방식이 이미 적용되고 있음을 알 수 있다. 그러나 이 사회는 금과 구리를 다룰 줄 아는 야금술은 발달했어도 아직 청동기를 만들어내지 못하였다. 이 치무에서는 서기 1983년 투르히요 성벽에서 발견된 마법사란 뜻의 엘 브로호(El Brujo) 벽화와 서기 1987년 월터 알바에 의해 발굴된 남미에서 가장 부유한 부장품[터키옥, 청금석(lapis lazuri)과 의식용 칼인 투미와 같은 금장식품]를 가진 35세 가량으로, 키는 168cm 정도의 시판(Sipan)의 왕묘가 유명하다. 그는 모체 토기에 묘사된 희생자의 피를 담은 컵을 받아 마시는 人身供犠라는 고대 의식의 주인공이기도 하다. 이는 神에게 인간의 犠牲을 제물로 바치는 동시에 신으로부터 질서 안정과 평화를 바라는 종교와 폭력과의 상관관계를 나타낸다. 페루와 칠레 해안가는 사막성 기후로 매장된 시체가 자연히 미라화 되는데 페루의 북쪽 모체(Moche) 왕국의 Jequetepeque 계곡 내 도스 카베쟈스(Dos Cabezas) 유적[Huaca de LaLuna(Pyramid of the Moon) 사원 근처]에서 비와 관련된 종교적 의식으로 서기 500년경 희생된 16-65세 사이의 모체의 미라화 된 시체 60구를 발굴하였다. 서기 2005년 엘 브로호(El Brujo) 외곽 Huaca Cao Viejo에서 서기 450년경에 속하는 모체의 女戰士 미라가 곤봉과 창과 함께 발굴되기도 하였다. 진화론적 사회 발전에 대한 개념으로 신대륙 고고학 편년상 포스트크라식(후고전기)기에는 도시화(urbanization), 군국주의(militarism)와 세속왕권(secularism)의 대두, 그리고 점진적인 사회조직의 복잡화 등이 특징이다.

5. 리마 역사 지구(Historic Centre of Lima: 문화, 1988/1991 확대지정):

리마는 프란시스코 피자로(Francisco Pizarro)의 스페인군에 의해 서기 1532년 잉카가 멸망한 후 스페인인에 의해 들어선 'City of Kings'로 불리는 남미 최대의 수도이다. 피자로는 처음 하우이아(Jauja)를 수도로 택했지만 리막(Rimac) 강변에서 좋은 곳을 발견하여 서기 1535년 1월 8일 시우다드 데 로스 레이에스(Ciudad de los Reyes)를 세우고 총독의 수도로 삼았다. 서기 18세기 중반 지진으로 이곳의 유적은 대부분 파괴되었지만 그래도 전 세계에서 규모가 제일 크고 구세계의 문화와 토착민의 기술이 융합된 결과로서 만들어진 산 프란시스코 수도회(Covent of San Francisco)를 비롯해 성마가(Saint Mark) 대학(서기 1551년), 인쇄소(서기 1584년), 로마 가톨릭 주교 관구(서기 1541년, 5년 후 대주교 관구로 바뀜) 등 스페인 식민지시대의 역사적 유적이 많이 남아있다.

6. 리오 아비세오 국립공원(Rio Abiseo National Park: 복합, 1990/1992 확대지정):

우이쿤고(Huicungo) 지구, 마리스칼 카세레스(Mariscal Caceres)의 산마틴(San Martin)에 위치한 리오 아비세오 국립공원은 해발 2,500-4,000m 안데스 산록에 사는 노랑꼬리털 원숭이를 비롯한 여러 동식물을 보호하기 위해 서기 1983년에 조성되었고 서기 1985년 이래 이곳을 발굴해 36개의 잉카시대 이전에 속하는 새로운 유적을 발굴하였다. 발굴된 유적은 산마틴 지구 차차포야(Chachapoyas)의 그란 파하텐(Gran Pajáten), 로스 핀추도스(Los Pinchudos, 서기 1965년), 절벽 위의 무덤 등이다. 최근 15세기(서기 1470년경)경 잉카 족에 의해 멸망당한 '구름의 사람들' 또는 '위대한 전사들'이란 명칭을 지닌 안데스 북쪽 아마존 강으로 들어가는 무역의 거점지인 쿠에랍(Kuelap)의 챠챠포야(Chachapoyas) 족의 잉카 식민지화 이전 잉카에 대항해 격렬한 저항과 문화의 산 증거인 절벽 위의 무덤(崖墓, rock-cliff tomb)들이 산 카를로스, 레이메밤바(Leymebamba) 등지의 절벽과 동굴에서 발견되고 있다.

7. 나스카와 후마나 평원(Lines and Geoglyph of Nasca/Nazca and Pampas de Jumana: 문화, 1994):

기원전 400년-서기 400년의 나스카 문화 중심지로 공중에서 보아야만 확인할 수 있는 새와 같은 선각(線刻)의 유구들이 남아 있다. 팜파 콜로라다(Pampa Colorada, Red Plain) 사막의 공중에서 보아야만 확인될 수 있는 엘 아스트로노토(El Astronoto)라고 불리 우는 인물상을 비롯해 원숭이, 거미, 날개, 새, 동물, 도마뱀, 나무, 개, 꽃, 사다리꼴, 별, 야마, 펠리칸과 宇宙人을 비롯한 고래, 물고기, 바닷새 등과 같은 325여 개의 불가사의한 그림유적이 유명하다. 이는 'Nazca Lines'나 'Geoglyphs'로 불린다. 이것은 산화철(FeO, Iron oxide)이나 검게 된 붉은 암반을 파낸 것으로 그 밑의 가벼운 모래로 윤곽이 형성되어 여러 가지 문양이 남겨진 것인데, 규모가 하도 커 하늘에서만 윤곽을 확인할 수 있다. 이것은 기원전 200년에서 서기 700년 사이에 만들어진 것으로 보고 있다. 이의 용도는 콘돌(condor) 독수리의 출현과 함께 비가 내리는 물과 관련 된 천체달력으로, 또 볼리비아의 민속축제인 인티라이미(Intiraimi festival)나 祈雨祭와 관련되어 오늘날의 매스게임(mass game)처럼 한두 사람의 지휘 아래 만들어진 것으로도 보고 있다. 최근의 연구결과도 물과 관련을 맺고 있다. 즉 기원전 100년경 종전까지 습지였던 지역이 사막화되면서 나스카 주민들이 부족한 물을 구하게 되고 서기 400년경 푸키오(Pukio, mahamaes cultivation)라는 인공 지하샘을 개발하면서 점차 불모지와 같은 척박한 환경을 극복해 나갔는데 이 지하 샘의 확보를 둘러싸고 이웃 부족과의 전쟁이 끊이지 않았던 모양이다. 물을 구하는 과정에서 40개가 넘는 칼루아치(Cahuachi, 儀禮중심지)라는 피라미드 신전구역에 신분이 높은 사람을 犧牲하여 坐葬하여 묻고 머리만 떼어내 구멍을 뚫어 신전에 받쳤던 모양이다. 그리고 'Nazca Lines'나 'Geoglyphs'로 불리우는 野外神殿을 조영하였는데 이 地上畵는 비와 풍요를 기원하는 종교적 목적이 있었다고 한다. 지상화를 조성하고 난후 그 주위에 여러 동물과 사람을 그린 도기와 그 속에 옥수나 제물을 넣어 하늘에 제사를 지낸 모양이다. 다시 말해 나스카 문화의 특징인 지상화는 비를 내리거나 풍작을 祈願하는 野外神殿의 기능을 가지고 있었다고 보인다. 그러나 나스카는 서기 700년경 북쪽 고지에서 내려온 와리 족에 멸망을 당하였다. 그러나 스위스인 에리히 폰 다니켄(Erich von Daniken/Däniken)같은 사람들은 "천체고고학" 또는 "우주고고학"이라는 용어를 만들어 이를 지구와 화성 사이에 존재해 있다가 멸망한 위성에 살던 외계인이 지구를 식민지로 이용할 때 만든 활주로라고 주장하고 있다. 즉 미확인 비행물체(unidentified flying object: UFO)와 관련 하에 재미있는 이야기를 만들어내고 있다.

8. 아레퀴파 역사도시(Historical Centre of the City of Arequipa: 문화, 2000):

아레퀴파 주 엘 미스티 화산 아래 고원지대에 위치한 아레퀴파는 서기 1532년 이후 스페인 점령시대의 옛 도시로 화산암으로 만든 야나우라라의 미라도(Mirador of Yanahuara) 건물을 비롯해 도시의 두터운 성벽, 궁륭상의 길과 궁륭형 천장, 넓은 內庭, 정면이 바로크 양식인 건물 등 유럽인들, 스페인 식민지에서 혼혈로 태어난 크리오요(criollo)와 토착 인디안들의 합작품인 많은 건물들이 많다. 그래서 이곳은 화산암으로 만들어진 흰색의 건물이 많다고 해서 La Ciudad Blanca(white city)로 불린다.

9. 카랄-쥬페의 神聖도시(Sacred city of Caral-Supe: 문화, 2009):

쥬페 강의 초록빛 계곡을 굽어보는 건조한 사막지대 구릉 626ha의 넓이에 카랄-쥬페의 神聖도시가 위치하며 연대는 신대륙 고고학 편년 상 아케익(Archaic) 말기인 기원전 3000년-기원전 2000년경에 속한다. 18개소의 도시 주거의 하나인 카랄 유적은 기념비적인 돌과 흙으로 만든 土臺에 보이는 복잡한 도상, 6개소의 피라미드구조를 포함하여 궁전과 같은 竪穴의 구조물, 圓形廣場, 정보를 기록하는 기능의 뀌푸(quipu, 잉카에서는 매듭/結繩문자로 본다)의 존재 등은 4대 文明에 필적할 만한 카랄 사회의 발전과 복잡성을 보여준다. 도시의 구획과 상류층들의 주거는 막강한 종교적인 이념을 의미하는 儀式의 기능까지도 있음을 보여준다.

10. 쿠하파크 난 안데스 도로체계(Qhapaq Ñan, Andean Road System: 문화, 2014):

→ 아르헨티나 4항을 참조할 것.

포르투갈 PORTUGAL

1. 앙그라 도 헤로이스모 시 중앙지역(Certral Zone of the Town of Angra do Heroismo: 문화, 1983):

서기 1450년 알바로 마틴스(Álvaro Martins)가 만든 아조레스(Azores, 아소르스 제도) 群島(Açores 자치구) 화산폭발로 인해 만들어진 섬인 테르세이라/티세이라[Terceira, Ilha da Terceira(포르투갈 현지 발음은 tir'sejrɐ임)]섬의 앙그라 도 헤로이스모는 서기 15세기부터 蒸氣船이 출현하는 서기 19세까지 유럽에서 신대륙에 가는 배들의 寄航港으로 산 세바스타오(San Sebastão)와 산 호아오 밥티스타(San João Baptista) 군사요새가 있다. 그러나 서기 1980년 1월 1일 지진으로 파괴가 심하다. 아조레스 군도 중 두 번째로 큰 화산섬인 987ha 넓이의 피쿠(Pico Islan, iʌe du ˈpiku)섬에서는 화산암을 이용해 포도재배와 함개 포도주를 생산하고 있다. 특히 포르투갈의 대표적 문화요소 중의 하나인 벽을 흰색으로 칠한 집, 벽타일을 이용한 벽화와 장식/아주레호/아줄레주(azulejos, 포르투갈에서 5세기 동안 변치 않고 사용된 주석유약을 입혀 만든 청금 빛 타일의 건물도 유명하다.

2. 토마르의 그리스도 수도원(Convent of Christ in Tomar: 문화, 1983):

토마르에 있는 로마가톨릭 건물인 토마르 기독교 수도회는 템플기사단이 사용하던 城과 수도회의 복합체이며 서기 1160년 城이 만들어지기 시작하였다. 남부유럽에서와 마찬가지로 성에 딸린 土地도 포르투갈의 왕이 무어 족에 대한 기독교인들의 국토회복운동의 보조로 템플기사단에 주어진 것이다. 수도회는 성이 존속하는 연장책으로 추가된 것이다. 템플 기사단은 서기 1312년 해체되었으며 포르투갈에 남아있는 재산들은 서기 1319년 만들어진 기독교 교단으로(Order of Christ) 넘어갔다. 서기 15세기-서기 16세기에는 새로운 군사단체가 포르투갈 해외식민지의 운영에 중요한 역할을 하였다. 건물은 포르투갈 고딕 말기의 마누엘린(manueline) 양식으로 지어졌다.

3. 바탈하 수도원(Monastery of Batalha: 문화, 1983):

바탈하(Leiria)의 서기 1385년 알후바로타(Aljubarrota) 전투에서 포르투갈군이 카스티아군에 승리한 것을 기념하여 세운 바탈하 수도원(Santa Maria da Vitória na Baatalha, 서기 1386년-서기 1517년 7왕들에 의해 건립)은 포르투갈 왕들이 다음 200년간 세운 건물들의 범본이 된다. 왕립수도원의 건물에서 보다시피 포르투갈 고딕 말기의의 마누엘린 (manueline) 양식에서 영향을 받은 고딕 양식이 발전해 이곳에서 발전해 나왔음을 알 수 있다. 이는 사치스럽고 화려한 박공(博栱), 尖塔, 꼭대기의 작은 뾰족탑, 버팀벽에서 알 수 있다.

4. 히에로니미테스 수도원과 리스본의 벨렘 탑(Monastery of Hieronym-ites and Tower of Belém on Lisbon: 문화, 1983):

포르투갈 수도 리스본 항구 옆에 있는 히에로니미테스 수도원(Jeró-nimos Monastery)은 서기 1502년에 포르투갈 고딕 말기 양식인 마누엘린(manueline)으로 건립된 포르투갈 건물의 대표 예 중의 하나이며 그 안에 신 마누엘린 양식으로 조각된 바스코 다가마(Vasco da Gama)의 石棺이 안치되어 있다. 그 옆의 벨렘 탑은 바스코 다 가마의 인도항로 발견을 기념하여 세웠다. 바스코 다 가마와 그 일행이 서기 1497년 인도로 출발하기 전 이 수도원이 지어지기 전의 히에로니미테스 수도사를 위한 집에서 기도로 밤을 새웠다.

5. 에보라 역사 지구(Historic Centre of évora: 문화, 1986):

에보라 알렌테호는 로마시대까지 거슬러 올라가지만 주로 서기 15세기의 황금시대(Golden age)의 포르투갈 왕들이 거처하던 궁전 건물로 서기 16세기-서기 18세기 브라질의 건축물들에 영향을 주었다. 특히 벽을 흰색으로 칠한 집, 벽타일을 이용한 벽화와 장식/아주레호/아줄레주(azulejos, 포르투갈에서 5세기 동안 변치 않고 사용된 주석유약을 입혀 만든 청금 빛 타일로 포르투갈의 대표적 문화요소 중의 하나임, tin-glazed ceramic tilework, 어원은 아랍어로 '작은 돌'을 의미하는 al-zulayj이다)와 철제 발코니가 특색이다. 이곳에는 아구아 프라타 수로(Água de Prata Aqueduct, Aqueduct of Silver Water, 왕 조아오/João III세가 서기 1531년-서기 1537년 도시에 물을 끌어들이기 위해 9km를 건설한 水路), 에보라 성당(서기 1280년-서기 1340년), St. Bras 예배당(서기 1480년), 성 프란시스 교회(서기 15세기 말-서기 16세기 초), Palace of Vasco da Gama(바스코다 가마가 서기 1519년-서기 1524년 이곳에서 살았다), 바스토 백작의 궁전(Palace of the Counts of Basto), 카다발 공작의 궁전(Palace of the Dukes of Cadaval, 서기 17세기), 로마의 다이아나 신전(서기 1세기, 기둥의 높이 7.68m), 에보라 대학(서기 1556년), 지랄도(Giraldo, 서기 1570년) 광장, 에보라 시에서 15km 떨어진 알멘드레스(Almendres)의 環狀列石과 10km 떨어진 잠부이헤이호(Zambujejro)의 지석묘 등이 있다.

6. 알코바샤 수도원(Monastery of Alcobaça: 문화, 1989):

리스본 시 북쪽 알코바샤(Alcobaça)에 위치한 산타 마리아 알코바샤(Santa Maria d'Alcobaça) 성당으로 서기 1153년/1178년경 포르투갈 초대 왕인 알폰소(Afonso) I세(Alfonso I, D. Afonso Henriques, 서기 1109년 7월 25일-서기 1185년 12월 6일, 서기 1139년-서기 1185년 재위)가 무어 족(Moors)이 다스리던 산타렘(Santarém) 지역을 기독교인들의 국토회복운동(Reconquista/reconquest/레콩키스타)의 일환으로 탈환한 후 성 베르나드(St. Bernard) 신부에게 성당과 영지를 하사하여 지어지기 시작했다. 서기 18세기 때 제작된 성당 내의 靑金石판에 이와 같은 기록이 보인다. 이 성당은 중세시대의 건물로 시토 수도회의(Cistercian)의 고딕건축양식을 보여주는 중요한 건물이다. 여기에는 초대 왕인 알폰소 I세부터 서기 18세기의 호세(D. José) I세까지의 조각상들이 왕의 방(Kings' Hall)에 모셔져 있다. 그리고 성당 내부에는 페드로(Pedro) I세(서기 1334년 8월 30일-서기 1369년 3월23일, 1350년-서기 1369년 재위)와 사후에 왕비로 봉해진 비운의 이네스 페레스 데카스트로(Inês Pêres de Castro, 서기 1325년-서기 1355년 1월 7일)의 석관이 마주보며 위치해 있다.

7. 신트라 문화 경관(Cultural Landscape of Sintra: 문화, 1995):

서기 19세기 신트라는 유럽 낭만주의 건축의 중심지가 되었다. 페르디난도 II세가 폐허가 된 수도원을城으로 바꾸고 고딕, 이집트, 무어와 르네상스의 건축양식을 받아들이고, 산의 구릉(serra, mountain range)을 따라 국내와 외국의 진귀한 식물로 정원을 꾸몄고 아름다운 조경을 형성했다. 여기에는 궁전과 교회를 포함하는데 페나(Pena), 신트라(Sintra), 몬세라테(Monserrate), 세테아이스(Seteais) 궁전, 무어족의 성 등이 있다.

8. 오포르토 역사센터(Historic Centre of Oporto: 문화, 1996):

도우로(Douror) 강구 양쪽 41.66km^{2}의 범위에 위치한 2,000년 된 역사·문화도시로 로마인의 침입 이전의 켈트(Celt) 족, Porto 도는 Portus Cale라 불렀던 로마인의 도시, 서고트(Visigoths) 족의 침입, 그리고 무어인들이 서기 540년-서기 716년 침공을 거쳐, 서기 868년 비마라 페레스 백작(Count Vimara Peres)이 처음으로 포르투갈의 국토로 편입시키는 역사를 가지고 있다. 따라서 이곳은 포트 와인(Port-wine)의 생산지, 식민지 개척사의 헨리 엔리코(Henry Enricho) 왕자(서기 1394년-서기 1460년, Henrythe Navigator) 동상, 서기 1842년 지어진 보스라(Bolsa) 궁전, 서기 17세기 때에 지어진 산 프란시스코와 그레리고스/크리에그스(Krieges) 성당, 고딕 말기 양식의 산타 크라라(Santa Clara) 교회, 서기 18세기의 수도사들의 탑(Towers of Clerics), 서기 1877년 에펠탑을 만든 오귀스트 에펠(Auguste Eiffel)의 마리아 피아(Maria Pia) 철교, 서기 1836

에 설립된 고등예술학교(High School of Fine Arts), 서기 1911년에 설립된 포르토(Porto) 대학과 신고전주의 양식으로 지어진 증권거래소 등 역사적으로 중요한 건물들이 도시 곳곳에 산재해 있다.

9. 코아 계곡 선사시대 암각화(Prehistoric Rock-Art sites in the Côa Valley: 문화, 1998):

Côa 계곡 입구 16km의 범위에 후기구석기시대 기원전 22000년-기원전 10,000년까지의 암각화와 집자리들은 들은 모두 16개소로 다음과 같다. Broeira, Canada do Inferno/Rego da Vide, Faia, Faia(Vale Afonsinho), Vale das Namoradas, Vale de Moinhos, Vale de Figueira/Texiugo, Ribeira de Piscos/Quinta dos Poios, Meijapão, Fonte Frieira, Penascosa, Quinta da Ervamoira, Salto do Boi(Cardina), Ribeirinha, Quinta do Fariseu, Quinta da Barca. 이들은 후기구석기시대의 주거지와 암각화의 복합문화로 암각화에는 말, 소, 염소와 인간의 모습도 표현되어 있다. 크기는 15-180cm이며 40-50cm의 것이 중심을 이룬다. 이들은 Mazouco(포르투갈), Fornols-Haut(프랑스), Domingo Garcia와 Siega Verde(스페인)들과 그 중요성이 비견될 수 있다. 이 암각화들은 원래 포르투갈 정부에서 계곡에 댐을 막아 수력발전소를 만들려고 하였다가 유적의 중요성 때문에 보존된 곳이다.

10. 알토 도우로 포도주 산지(Alto Douro Wine Region: 문화, 2001):

트라스 알토 도우로(Trás-os-Montes e Alto Douro) 지역의 2000년에 걸친 포트 와인(port wine) 포도주 생산지로 덥고 건조하고 암석토양이 小環境을 이루어 포도재배에 적합하고 경관도 아름답다. 포트 와인은 또한 Vinho do Porto 또는 Porto란 명칭으로 알려져 있으며 포르투갈 북부 도우로 계곡에서만 생산되는 'Portuguese fortified wine'이며 sweet와 red wine의 두 종류로 Tawny port, Ruby port, Vintage port가 잘 알려져 있다. 이 포도주는 식후 디저트로 애용되는데 dry, semi-dry, white 등으로 마실 수 있다.

11. 구이마레에스 역사지구(Historic Centre of Guimarães: 문화, 2001):

브라가(Braga) 지구의 구이마레에스 역사지구는 서기 12세기 포르투갈인들의 동질성을 알려주는 중요한 곳이다. 중세시대에서 현대의 도시에 이르는 잘 보존되고 전통가옥 재료와 기술을 사용한 근거가 확실한 건물들이 많아 서기 15세기-서기 19세기 포르투갈의 건물들을 편년하는데 좋은 範本을 제공해준다.

12. 피쿠 섬의 포도주 생산유적(Landscape of the Pico Island Vineyard Culture: 문화, 2004):

아조레스 군도 중 두 번째로 큰 화산섬인 987㏊ 넓이의 피쿠 섬에서는 서기 15세기 초기 이주자들이 쿠라이스(currais)라 하는 현무암 덩어리로 쌓아 올린 세 단계 규모의 작은, 서로 인접한 연속적인 수천 개의 장방형(small, contiguous, rectangular plots) 구획의 벽을 쌓아 바람과 바닷물로부터 보호하기위한 포도밭에서 피쿠 포도주(Vinho do Pico)를 생산하는데 이는 인간이 자연환경을 극복해나가는 모습을 보여준다. 이곳에는 서기 19세기 초기까지의 牆垣, 포도주 저장소, 교회, 항구 등이 그대로 남아있다.

13. 몸바사 예수 요새(Fort Jesus, Mombasa: 문화, 2011):

서기 1593년-서기 1596년 지오바니 바티스타 카이라티(Giovanni

Battista Cairati)의 설계에 따라 몸바사 항구를 지키기 위해 만들어진 이 요새는 서기 16세기 포르투갈의 군사요새 중 가장 뛰어나고 잘 남아 있다. 그리고 이 요새는 이런 종류의 건축사에서 이정표가 된다. 이 요새의 설계와 형태는 인간의 신체비율에 해당하는 르네상스의 이상적인 비율과 기하학적인 조화를 갖추고 있다. 이 요새는 2.5ha의 넓이, 垓字와 인접한 주위 환경을 포함한다.

14. 엘바스 요새마을과 성채(Garrison Border Town of Elvas and its Fortifications: 문화, 2012):

서기 17세기−서기 19세기에 성채를 갖춘 이 요새는 규모가 가장 큰 堡壘로 둘러친 물이 차지 않는 垓字체계를 갖추었다. 성벽내의 마을에는 兵舍, 군사시설, 교회와 수도원이 있다. 리스본 동쪽 200km 떨어져 스페인의 바다호즈(Badajoz) 마을과 경계를 이룬 엘바스 마을의 유적의 연대는 서기 10세기까지 올라가지만 성채는 포르투갈이 서기 1460년 이곳을 재탈환하여 독립을 얻을 때에 만들어졌다. 네덜란드 제수이트 교단(耶蘇會) 신부인 파드레 코스만더(Padre João Piscáthe Amoreira Aqueductsio Cosmander)가 설계한 이 성채는 철두철미 네덜란드의 築城方式으로 이루어졌다. 이 유적은 또한 장기간 포위되었을 때 아모레이라(Amoreira) 지역에서 엘바스까지 물을 끌어들여 버틸 수 있도록 고안한 'Amoreira Aqueduct(Aqueduto da Amoreira)'를 설치하였다. 이 水路(水道管)은 서기 1460년경 축조되었으며 전체 길이 8km, 31m의 높이의 아치(기둥)열에, 5개의 탑과 843개의 아치가 만들어졌다. 서기 1542년 이 수로공사는 산프란시스코 수도원(the Convent of San Francisco)까지 연장되었다.

15. 코임브라 대학(University of Coimbra—Alta and Sofia: 문화 2013):

도시를 굽어보는 언덕 위에 위치한 코임브라 대학은 지식을 생산하고 보급하는데 공헌한 여러 건물군을 포함하는데, 이 대학은 과거 7세기 동안 성장·진화해 와서 의심의 여지없이 코임브라 시 안에서도 자체로 고귀하고 정의가 뚜렷한 도시를 형성하고 있다. 오래된 학교 건물의 뚜렷한 외형 자체와 같이 이 학교 역사도 유럽에서 가장 오래된 대학의 하나로 만들고 있다. 이 대학은 연구기관에 한정된 전통과 문화적 양상을 간직하며 국내외에서 배움의 상징으로 인정받고 있다. 포르투갈에서 모든 대학의 역사는 코임브라 대학과 관련되어 있다. 포르투갈에서 처음으로 대학은 서기 13세기에 생겼다. 이는 서기 1288년 당시 엘리트 신부가 사인을 한 교육기관(아카데미, Estudo Geral)을 포르투갈에서 세울 것을 청원한 Suplica 청원서와 관련이 있다. 리스본에 교육기관을 설립한 돔 디니스(Dom Dinis/Denis/Dinis/Diniz, Lisbon, 서기 1261년 10월 9일-서기 1325년 1월 7일) 왕이 칙령을, 그리고 서기 1290년 3월 16일 교황이 교서(Papal Bull of gm August 7290)를 내려 새로 생긴 교육기관을 공식적으로 승인하였다. 서기 1308년 대학은 리스본에서 코임브라로 옮겨왔으나 서기 1338년-서기 1354년 리스본으로 다시 옮겨갔다. 그러다가 리스본으로 다시 옮겨 2세기를 보낸 후 코임브라에 마지막으로 옮겨가 정착한 것이 서기 1537년이었다. 코임브라에 대학을 설립한 것은 대학이 대도시가 아니라 조그만 도시 중심에 자리 잡아야 한다는 르네상스식 발상으로 왕이 이를 직접 결정하였다. 다시 돌아온 후 코임브라 대학은 왕 돔 조아오/존 III세(Dom JoSo III세/João III/D. John III, King of Portugal and the Algarves, 서기 1502년 6월 7일-서기 1557년 6월 11일, 서기 1521년 12월 13일-서기 1557년 6월 11일 재위)의 개혁에 따라 도시가 내려 보이는 알카프바 궁전(Alcapva Palace)에 자리 잡앉는데 이 개혁은 교육기관 Esiudo Geral의 중세시대의 방랑이 끝남과 동시 啓蒙主義(Enlightenment)시대 이전 앞을 내다보는 중요한 조처였다. 이때부터 이 대학은 포르투갈 밖에서 권위 있는 연구기관으로 인정받았으며 국내에서는 엘리트 양성 기관의 중심이 되었다. 이 대학은 서기 1559년-서기 1779년 존속했던 에보라 대학(University of Evora) 이외에는 서기 20세기 초까지 포르투갈 제국의 유일한 대학으로 남았었다. 이 기간부터 시작되는 산타 쿠루즈(Santa Cruz) 수도원의 개혁으로 수도원에서 유지하는 기숙사가 있는 대학들의 수가 증가하게 되었는데 가장 주목할 만한 것은 예수회(Company of Jesus, Jesuits, 耶蘇會)에서 만든 예수대학(College of Jesus, Conimbricenses 또는 Collegium Conimbricenses는 코임브라에 있는 예수회 대학)이었다. 이 대학은 아리스토텔레스의 중요한 작품에 대한 서기 16세기의 註釋(Commentaries 또는 Conimbricenses로 알려지고 아리스토텔레스의 11권 책 중 8권이 진정한 commentaries임)으로 유명하게 되었는데, 이 주석은 유럽 대학에서 순회해서 르네 데카르트(Rene Descartes)와 같은 위대한 지식인들에게 영향을 주었다. 파코 레알 데 코임브라(Paco Real de Coimbra)와 후일 파코 레알 다스 에스콜라스(Paco Real das Escolas)로 알려진 알카바 궁전(Alcavva Palace)은 왕 돔 죠고 III(Dom Jogo III)세의 개혁으로 신축건물을 지으려는 앞선 계획과 노력을 수포로 만들면서 대학의 중심지로 자리 잡게 되었다. 그 결과 대학이 궁전을 소유함으로써 왕실의 후원을 받는 것을 당연하게 여겼는데 이는 서기 15세기 이후 자신의 건물을 소유한 대부분 유럽의 대학들과 달랐다. 서기 1597년 왕이 대학에 건물을 기증하였는데 이것이 오늘날에도 자랑하는 "Paço das Escolas JJ"로 알려져 있다. 이 건물의 기원은 이 성 아래서 서기 1세기 때의 로마시대 건물의 흔적이 고고학 조사로 발견되었지만 사각형 디자인과 반원형의 탑이 있는 현재의 알카코바(성)는 이스람 시대로 거슬러 올라간다. 이 서은 서기 1064년 국토회복운동(Reconquista/reconquest)시 기독교인의 공격으로 많이 파괴가 되었으며 가축우리(albacar, corral)가 추가된 반면 남쪽의 성탑이 개조되었으며, 건물이 기독교인 요새 사령관의 저택으로 바뀌면서 요새가 서쪽으로 연장되었다. 여기에서 백작과 백작부인(Dom Henrique and Dona TeresaIt)과 왕 알폰소 헨리크(Dom Afonso Henriques, Afonso I세/Afonso Henriques, 서기 1109년 6월 25일-서기 1185년 12월 6일, 별명은 the Conqueror, the Founder, the Great이다. 국토회복운동/Reconquista으로 무어/the Moors인들과 싸워 포르투갈의 초대왕이 되었다)가 거주하였다. 이곳에서 포르투갈의 많은 왕세자가 태어나고, 서기 1385년 귀족이 모여 왕 Dom Jo5o I세가 선출되었다. 군주는 유리창을 내면서 이 궁을 많이 뜯어 고쳤고 후일 코임브라의 백작인 왕(Dom Pedro)이 가축우리를 파괴하고 앞선 건물과 수직으로 제2의 건물을 증축하고 예배당을 만들기 시작하였다. 서기 16세기 왕 Dorn Jo5o I세는 이궁을 살기 좋은 왕실로 꾸몄는데 후일 여기에 대학본부가 들어섰다. 서기 1717년 중요한 코임브라 대학 건물의 하나가 들어섰다. 대학 도서관으로 알려진 Casa da Livraria는 바로크 양식으로 지어졌으며 이는 당시 유럽에서 가장 유명한 도서관이었다. 폼발의 후작(The Marques de Pombal)의 개혁은 국제적 관계에서 변화를 가져왔고 대학교육에서 실험주의가 나타났다. 수학과 철학 교수들이 생겨났으며, 건물을 짓기 시작하고 종전의 건물도 개조하여 종전의 예수교대학이 대학병원, 약조제소, 자연사박물관, 화학실험실, 천문관측대, 식물원과 대학출판사로 바뀌었다. 대학은 폼발의 사후에도 번영하여 서기 1799년-서기 1859년 공공교육의 감독을 책임지게 되었다. 항상 국가와 연결되어 대학은 유럽의 다른 대학처럼 자치를 얻지 못했다. 폼발의 개혁에 의존하여 자유기간(Liberal period: 서기 19세기 중엽 화란의 동인도 회사의 경제 경찰제도)에도 멀리 내다보는 실제적 계획도 없었지만 법만은 이 대학에서 중요한 분야였다. 보수주의에도 불구하고 대학의 역사기간 동안 자유기간 후에도 중요한 논쟁에서 중심역할을 해왔다. 이러한 논쟁에는 대학의 퇴폐에 대항해 자유로운 교육세대의 반항, 브라질 독립운동시 브라질 학생들의 투쟁, 가장 중용한 것으로 지적할 수 있는 군주에 대항하기 위한 구실로 이용되어왔던 '코인브라 질문'(Coimbra Question, Commemorations of Cam6es or Pornbal)이라는 논쟁도 포함된다. 제 1 공화국수립과 함께 이제까지 누려왔던 특권과 상징성을 잃어버린 코임브라 대학은 지방의 대학에서 머무르지 않고 그 보상으로 인문대학을 만들었다. 살라자르(Salazar)가 권력을 쥐었을 때 이 대학은 살라자리즘(Salazarism)에 공헌하는 이념의 수립에 선도적 역할을 하였는데, 이는 기독교민주학문센터(CADC, Centro Academico de Democracia Cristi: The Academic Center of Christian Democracy는 코임브라의 주교관구(Roman Catholic Diocese of Coimbra)에 속하는 기독교 성령협회로 코임브라에서 공부하는 대학생을 후원한다. 중요한 회원에는 António de Oliveira Salazar가 포함된다)과 연결되는 Lusitanian Integralism(서기 1914년 코임므라에서 일어난 포르투갈 통합정치운동)과 기독교사회운동(Catholic social movement)으로 알려진 군주제를 위한 신−전통주의운동이다. 억압적인 성격의 살라자르 독재는 교수들의 축출, 행정력·경찰력을 동원을 이용한 억압으로 인해 학교는 자치권에 심각한 타격을 받았다. 코임브라 학문협회(The Coimbra Academic Association, MC)는 반정부 대모의 거점지중의 하나가 되고, 학교 자신의 민주조직을 위해 운동하고, Norton de Matos과 Humberto Delgado 같은 민주적 야당 대통령 후보를 위해 선거운동에도 참여하였다. 이것은 학문권을 뒤흔들어 학문무대회사

(the Academic Theatre Companies, TEUC와 CITAC)와 같은 반파시스트 문화조직을 만들어지게 하면서 식민지전쟁에 대항하는 지식인들의 투쟁을 조장하였다. 코임브라 학생조직에 의해 만들어진 정부에 대항하는 운동 때문에 독재정권의 정부가 개입하게되고 역사적 건물을 가진 캠퍼스(Atla)의 일부와 도시의 위쪽은 파괴되고, 민족주의 정부의 기념비적 건물들이 들어서서 학생들의 반대운동을 좀 더 가까이에서 통제할 수 있도록 하였다. 예술, 의학, 과학, 경제와 공학의 새로운 교수들이 들어왔다. 서기 1974년의 혁명과 함께 대학은 새로운 전기를 맞게 되고, 중류사회로 도시생활에 영향을 미치지 않았던 아래 도시(Baixa)에 비해 훨씬 우월했던 대학 캠퍼스(Alta)는 서기 20세기 초까지 종전보다 약간의 발전이 있어 왔고 반면 도시는 좀 더 커졌다. 대학에서 민주조직의 제도화로 사회비판을 하지않게된 학문적 관례(praxes)가 만들어진 대신에 문화적 특성을 추구하는 학문적 제도의 부활을 가져왔다. 서기 21세기 초 코임브라 대학은 제도적 과학적 정체성의 위기를 맞았는데, 이는 대학이 세계를 향해 문호를 개방한 학교의 미래를 만들기 위해 절대 필요하지만 충분치 못한 자원이지만 과거 얻던 이익도 택해야 하면서도 자치와 강력한 중앙통제 사이에서 나타난 갈등으로부터 새로운 구조에 대한 정의를 뚜렷이 하려는 시도 때문이다. 민주주의로 돌아온 이후 수 년간 교육의 민주화로 코임브라 학생의 수가 증가하였는데 이로 인해 결정할 사항이 많아졌다. 교육이 많아져 대학의 재조직이 불가피하게 되었고, 어떤 학부는 외부 증축 건물로 이전하였는데, 이것이 완성되면 알타 캠퍼스의 회복을 가져오게 될지 모르는 일이었다. 포르투갈의 대학사뿐만 아니라 포르투갈 국가와 식민지제국의 역사와도 일치하는 이 대학의 역사는 너무 분량이 커 여기에서 다룰 수 없지만 몇 가지 요점만으로도 그 중요성을 제

시할 수 있다. 코임브라 대학은 유럽에서 가장 연대가 올라가는 대학 중의 하나이고 그 기록은 서기 14세기 초부터 나타난다. 이 대학은 큰 도시보다 작은 도시에 대학의 설립은 르네상스식 생각이다. 이 대학은 포르투갈 역사에 가장 먼저 나타난 문화발전의 核이였으며 산타 쿠르즈(Santa Cruz) 수도원이 해온 중요한 역할과 관련이 된 이 나라 최초의 정치적 요람이었다. 코임브라 대학은 포르투갈어의 표준어의 형성과 강화, 개혁 그리고 포르투갈과 제국 전체에 전파시키는데에도 중요한 역할을 해온 중심지였다. 이 대학의 지적 결과물은 포르투갈의 정치적 조직, 도시계획과 문화뿐만 아니라 유럽 철학분야의 지성인들에게도 직접 영향을 주었다. 수 세기 동안 포르투갈의 유일한 대학으로 제국의 지성인들을 가르키고 권력자들의 이념을 형성하게 공헌하였으며 동시에 엘리트 학생들이 후일 정부에 대항해서 저항운동을 조직하고 이끌어 나가는데에도 일조를 하였다. 이 대학은 보수적이던 진보적이던 국가의 정체성을 형성하는데 책임이 있었으며 유럽 최후의 독재정치와 식정치를 타파한 문화적 엘리트들의 저항운동을 주도하였다. 이 대학의 역사와 성장기간, 위축, 재조직은 정치권과 밀접한 관계를 맺으며, 왕 Dom Joao III세부터 내려오는 과거 단과대학인 비블로테카 요하나(Biblioteca Joanha)로 알려진 도서관을 포함한 파코 에스콜라(Paço das Escolas) 캠퍼스(Alta)의 도시계획, 식물원, 마차도 카스트로(Machado de Castro) 국립박물관, 성 죤 알메디나(St. John of Almedina) 교회, 신성당(the New Cathedral 또는 Se Nova), 예수대학(College of Jesus), 신성십자가 교회(Church of the Holy Cross), 만가(Manga)와 세레이아(Sereia) 정원, 화학연구소, 성당학교(Se Velha), 학생기숙사(repijblicas)와 서기 20세기의 건물 등의 많은 건조물을 남겨놓았다. 이들 유산은 학교제도의 여러 가지 다른 기능을 보여주지만 예술과 건축에서도 뛰어남을 잃지 않고 있다.

16. 마프라의 왕립 건조물[Royal Building of Mafra-Palace, Basilica, Convent, Cerco Garden and Hunting Park(Tapada)]: 문화, 2019):

리스본에서 북서쪽 30km떨어진 곳에 위치하는 마프라 시의 왕립 건조물은 서기 1711년 포르투갈의 국왕 주앙 V세(King João V, 서기 1689년 10월 22일-서기 1750년 7월 1일, 서기 1706년-서기 1750년 재위)의 대표적 작품으로 왕권과 국가에 대한 그의 생각을 有形으로 뚜렷하게 표현한 것이다. 인상적인 4각형의 건물 안에는 왕과 왕비의 궁전, 로마 바로크 양식의 성당과 같이 지은 교회당, 프란시스코 수도원과 36,000권을 소장하고 있는 도서관이 자리 잡고 있다. 또 주위에 기하학적으로 꾸며놓은 원형의 정원(Cerco garden)과 왕립 사냥터(Tapada)가 위치한다. 왕립 마르파 건조물(The Royal Mafra Building)은 주앙 5세 왕이 만든 가장 뚜렷한 업적으로 로마와 이탈리아 바로크 건물과 예술양식을 채택하고 마프라 시의 왕립 건조물을 이탈리아 바로크 양식의 특별한 예로 만들도록 위임한 포르투갈 국왕의 권력과 한계를 여실히 보여준다.

17. 브라가 시의 봉 제수스 두 몬테 聖域(Sanctuary of Bom Jesus do Monte in Braga: 문화, 2019):

포르투갈 북쪽 브라가 시를 굽어보는 에스핀호(Espinho) 산록의 문화경관은 교회가 왕관처럼 산 정상에 위치하고 있어 이스라엘 예루살렘의 기독교 유적을 상기 시키게 한다. 이 성역(至聖所)은 600년간 이상 지속하고 있는데 원래는 바로크 양식으로 지어진 건물로 서기 16세기 종교 개혁(Protestant Reformation, 서방교회의 개혁을 위한 교회 내부 운동으로 1517년을 기준으로 본다)에 대한 대응으로 열린 트렌트 회의(서기 1545년과 서기 1563년 사이에 열린 이탈리아 북부 Trento 시에서 열린 트렌트 협의회 Concilium Tridentinum, Council of Trent) 가톨릭 교회에서 추진하는 '신성한 산'(Sacri Mont, sacred mountains)을 표현하는 유럽의 전통을 보여준다. 봉 제수스(The Bom Jesus) 교회는 서쪽 산록으로 올라가는 '십자가의 길(Via Crucis)'의 중심에 위치하여 주위와 조화를 이루고 있다. 이 길에는 여러 예배당이 이어져 있으며 그 교회 안에는 '십자가 위에서의 수난(suffering of Christ on the cross)'을 상징하는 분수(fountains), 은유적인 조각물과 공식적인 정원(formal gardens)을 안치하고 있다. '십자가의 길'은 서기 1784년-서기 1811년에 지어진 봉 제수스 교회에서 정점을 이룬다. 화강암으로 지어진 건물의 출입구로 이용되는 정면 외벽 부분인 파사드(façades)는 석제의 벽에 회반죽을 칠했다. 벽, 계단, 분수, 조각물(像), 다른 장식물이 붙어있는 유명한 '五感의 계단(Stairway of the Five Senses)'이 문화유산 중에 바로크 양식으로 만들어진 최고의 상징물이다.

폴란드 POLAND

1. 크라쿠프 역사지구(Cracow's Historic Centre: 문화, 1978):

남부 폴란드(Lesser Poland, Malopolska 서기 1038년-서기 1596년) 초기 폴란드의 수도인 크라쿠프/크라코우(Kraków/Krakow/Cracow)는 서기 1257년 비스툴라(Vistula/Wisla) 강 옆에 건립되었다. 그리고 그 당시에 만들어진 유럽에서 제일 큰 광장도 있다. 폴란드는 야기에우워 왕조(리투아니아어: Jogailaičiai, 폴란드어: Jagiellonowie, 서기 1386년-서기 1572년)시 브와리스와프 II세(Wladyslaus/Wtadystaw II, 서기 1351년-서기 1434년), 지그문트 I세(Zygmund/Sigismund Stary, 서기 1467년-서기 1548년)와 II세(서기

1569년–서기 1572년) 때 가장 융성하였다. 서기 1596년 지그문트 III세 때 바르샤바/발샤(Warsaw)로 수도를 옮겼지만 바벨(Wawel) 王城과 부속 대성당은 대관식을 하고 왕의 묘소가 있는 곳으로 폴란드의 상징이다. 세계에서 가장 오래된 것 중의 하나인 야기에론(Jagellonian) 대학교 [Casimir III세가 서기 1364년 설립한 크라쿠프 대학으로 여기에는 '탐구한 자만 이해할 수 있다'라는 글귀와 함께 地動說을 주장한 코페르니쿠스(Nicolaus Copernicus, 서기 1473년 2월 19일–서기 1543년 5월 24일)가 졸업함]과 서기 14세기의 성, 서기 1320년에 지어진 바벨 대성당의 돔이 있는 왕들이 묻힌 고딕 대성당(현재 보물무기박물관이 들어섬), 바이트 소스(Veit Stoss, Wit Stowsz)가 조각한 목조 祭壇이 있는 성 마리아 성당(높이 80m), 타타르(Tatar) 몽고인으로부터 방어하기 위한 바벨 성(Zamek krolewski na Wawelu), 바르바칸(Barbakan, 서기 15세기경) 원형 요새, 프로리아(Florian Gate, 서기 1300년대에 지어졌다. 서기 1694년 改築한 높이 37.5m의 고딕 성문탑), 시장이 들어선 직물회관(Cloth Hall, 琥珀 판매가 유명), 비지에네크 식당(서기 1364년부터 시작), 花卉시장과 유대인들이 살던 카지미에르즈(Kazimierz) 지구에 중세시대의 교회(synagogues)도 남아있다. 그리고 니콜라스 코페르니쿠스와 264대 교황 요한 바오로 II세(Pope Johan Paul II, 서기 1978년–서기 2005년)도 야기에론 대학교의 동문이다.

크라쿠프의 바벨 언덕(Wawel Hill)에 있는 바벨 언덕의 성 스타니슬라오(Stanislaus)과 성 벤체슬라오의 왕립 주교좌 대성당인 바벨 대성당(Wawel Cathedral, Katedra Wawelska)이 있다. 그리고 폴란드 크라쿠프 시장 광장(Main Market Square, Plac Mariacki/Marian Square)에 인접한 리네크 글루프니에 위치한 성모 승천 교회(Saint Mary's Basilica, Kościół Mariacki)는 서기 13세기에 높이 80m의 고딕양식으로 지어진 것으로 폴란드 고딕 건물을 대표한다. 또 이 건물 안에 안치된 목조 제단은 베이트

스토스(Veit Stoss, Wit Stwosz)가 조각한 것으로 이 성당도 서기 1978년
에 지정된 크라쿠프 역사지구 세계문화유산에 함께 포함된다. 이 성
당은 서기 1999년 베르나르트 하이팅크(Bernard Johan Herman Haitink)가
베르린 필하모니(Berliner Philharmoniker)가 시작한 유럽연주회(Europak-
onzert)의 일환으로 베르린 필하모니를 지휘했던 바와 같이 이곳은 가
끔 실내음악당으로 이용되고 있다.

2. 비에리치카와 보치니아의 왕립 소금광산(Royal Salt Mines in Wieliczka and Bochnia: 문화, 1978/확대지정, 2013):

남부 폴란드(Lesser Poland, Malopolska) 비에리치카 시 크라코프(Kraków/
Cracow) 수도 지구에 위치한 서기 13세기 이래 서기 1966년 소금값
의 저하로 문을 닫은 비에리치카-보치니아(Wieliczka-Bochnia)의 바위
소금(암염)광산은 내부 9층, 180개의 방, 지하 327m로 이루어지고 총
300km의 2,040개의 坑道에 지하주거지, 성 안토니(서기 1698년)와 성
킨가 예배당(서기 1860년), 예술작품을 전시하는 화랑, 예수, 난장이와
샹들리에의 소금조각상 등이 있어 과거 산업지구를 흥미롭게 둘러볼
수 있다. 서기 2013년에는 서기 1978년 지정된 비에리치카 소금광산
(Wieliczka Salt Mine)에 보치니아(Bochnia) 지역을 확대·지정하였다. 비에
리치카-보치니아의 왕립소금광산은 서기 13세기 중반-서기 20세기
말까지 계속 운영되던 주피 크라코프스키(Żupy Krakowskie)라 불리우
는 역사적인 국립소금광산회사(Polish salt mining company)에서 함께 취
급된다. 비에리치카 소금광산이 서기 1978년 지정될 당시 암염의 개
발, 광산 하수도, 採光과 통풍 등의 지구상에서 유일한 과거의 기록
들이 준비가 되었지만, 보치니아의 소금광산은 소금의 산업적 채굴이
지속되고 있었기 때문에 지정준비가 덜 되어 방문자들이 접근하기가

어려웠다. 보치니아의 岩鹽은 이른바 카르파티안(Carpathians) 소금지구에 속한다. 소금은 中新世(Miocene)의 바다에서, 그리고 남으로부터 이동하고 북쪽의 방파제로 압력을 견디어낸 카르파티안 지구에 의해 형성되었다. 암염자원이 형성되는 과정에서 소금 층과 그 사이에 貫入된 다른 지질대의 형성이 넓고 다양하게 되었던 점은 매우 특징이 있다. 크라코프 근처에 위치한 비에리치카-보치니아 소금광산의 특징은 암염자원이 採鑛으로 이루어진다는 것이다. 암염자원이 채광되던 직후인 서기 1290년 주피 크라코프스키라는 폴란드 국립소금광산 회사가 만들어졌다. 이 회사는 비에리치카-보치니아 소금생산 중심지역에서 광산을 통합하고 작업인부를 모았다. 배타적인 원칙 때문에 소금생산지역과 소금의 생산소유권에 대한 모든 권리가 지배자에게 소속되어 여기서 얻은 이익은 국가예산에 필요한 중요한 수입원이 되었다. 보치니아 광산은 서기 12세기 이래 작업은 이루어지고 있었지만 서기 13세기 소금물이 나오는 우물을 더 깊게 파는 데에서 비롯되어 채광을 할 정도의 굳은 암염이 확인되었다. 서기 1251년 이후 체계적이 채광작업이 시작되었다. 보치니아가 서기 1253년 주정부의 권리를 획득한 이후 소금산업은 본격화되었다. 보치니아 광산이 역사적으로 보면 지하 깊이 70m-약 330m에 나있는 9층과 3km의 범위의 채굴지역에서 수토리스(Sutoris, 서기 13세기 중반)→ 캠피(Campi, 서기 16세기 중반)→ 트리니타티스(Trinitatis, 서기 20세기 초)의 세 단계를 거친다. 수평갱, 수직갱, 採掘室, 넓은 단일층, 다층 사이의 연락망, 운반, 통풍장치 같은 坑道들이 서기 13세기-서기 20세기 사이에 만들어졌다. 손으로 또는 기계로 하던 작업부터 광산기술에 대한 해결책까지 확인할 수 있는 여러 가지 소금을 채굴하던 기술이 보전되고 있다. 소금을 채굴할 때 자신을 보호하는 껍데기, 씌우게, 천장을 지탱하는 기둥을 갖춘 채워진 선택된 넓은 지역, 채굴한 광물, 물, 통풍장치와 고립된 댐 등 채굴시 닥쳐올 위험으로부터 보호하는 갱도도 중요하다. 그 당시에 보존된 기계와 보호 장치들은 옛날부터 현재까지 모양이 약간 다르지만 모두 채굴, 운반, 보호, 하수구 등에 이용되었다. 보치니아 광부들의 보다 중요한 정신적인 유산은 지하에 만든 교회와 종교적 예배당에서 확인된다. 하나는 서기 18세기 중반 이후 이용된 질이 높은 바로크 多彩 장식이 있는 그리스도 수난교회(Passions Chapel)를 들 수 있다. 또 다른 하나는 값어치를 매길 수 없는 장소로 암염광부의 수호신인 성 킨가 교회(Saint Kinga Chapel)이다. 전체 표면에는 암반을 파내고 성구보관소, 예수탄생지로 베들레헴 동굴, 예수의 무덤, 성가대가 만들어졌다. 보치니아의 소금광산에는 서기 16세기 이후 폴란드와 외국인들의 발길이 끊이지 않았다. 서기 1995년 3층-6층까지 이르는 2km 길이의 관광로가 개설되고 특히 지하는 전시실, 강의, 과학, 연구목적, 스포츠, 휴게소, 지하휴양소로 이용되고 있다.

3. 아우슈비츠 수용소(Auschwitz Concentration Camp: 문화, 1979):

오시베엥침(Oświęcim)에 위치한 세계제2차대전 중 유태인 수용소로 서기 1942년 봄부터 서기 1944년 가을까지 나치에 의해 유태인 약 400만 명이 학살(Holocaust/Pogrom, anti-Semitism, 全燔祭)된 현장 중의 하나이며 입구에는 'Arbeit macht frei(Work makes you free)'라는 팻말이 붙어 있다. 이곳에는 3곳의 캠프가 있는데 I캠프는 수용소, II는 가스실, III은 노동 캠프이며 모두 45개의 위성 갬프가 있었다.

4. 바르샤바/발샤 역사 지구(Historic Centre of Warsaw: 문화, 1980):

서기 1609년 지그문트 III세(서기 1566년-서기 1632년) 때 수도를 크라코우/크라쿠프(Kraków/Krakow/Cracow)에서 이곳으로 옮겼다. 서기 1944년 8월 1일 봉기 때 나치군에 의해 도시의 85%가 파괴당했으나 전후 5년간 구시가지를 꼼꼼하게 복원하여 서기 13세기-서기 20세기에 이르는 옛 궁전(Royal castle, 서기 1596년-서기 1619년), 라젠스키 궁전(Łazensky palae, Palae on water), 체프스키(Czapskipalace, 서기 1712년-서기 1721년) 궁전, 왕궁 광장, 人魚像이 상징인 시청, 시장, 프레데릭 쇼팡 (Frederic François Chopin, 서기 1810년-서기 1849년)의 조각상이 있는 와젠키 공원(Wazenki park), 쇼팡의 심장이 묻힌 성 십자가 성당 및 성모 마리아 교회(서기 1411년) 등 오늘날의 모습을 되찾게 되었다.

5. 자모스치 구시가지(Old City of Zamość: 문화, 1992):

루브릴 보이보드쉽(Lublin Voivodship, 전 Zamość Voivodship)의 서기 16세기 재상 얀 자모이스키(Jan Zamoysky)에 의해 서구, 북유럽과 黑海를 잇는 貿易路로 개발된 도시이다. 이탈리아의 이상향의 도시로 파두아(Padua) 출신의 건축가 베르나도 모란도(Bernando Morando)에 의해 설계되었다. 이 도시는 서기 16세기 말 르네상스시대의 대표적인 곳으로 이탈리아와 중앙유럽의 건축적 전통을 융합하였다.

6. 토룬 중세마을(The Medieval Town of Toruń: 문화, 1997):

토룬 마을은 프러시아의 정복과 복음전파의 기지로서 튜우튼 교단에 따라 서기 13세기 중반 때 건립되었으며 한자동맹의 일원으로 상업적 번영을 누렸다. 新·舊 시가지에 있는 서기 14세기-서기 15세기 때의 공공건물과 개인의 집들이 토룬의 중요한 중세마을의 모습을 형성한다. 그중에는 천문학자 코페르니쿠스가 탄생한 집(서기 1473년)도 포함된다.

7. 말보크의 게르만 양식의 성(Castle of Teutonic Order in Malbork: 문화, 1997):

서기 1274년 初建된 성으로 발틱 해안을 관장하였던 튜우튼 교단의 기사단장의 자리가 베니스에서 마리안부르그(Marienburg, 말보크)로 옮겨감에 따라 서기 1309년 크게 벽돌로 증축되어 튜우튼 교단의 사령부가 되었다. 서기 1930년대 나치 힛틀러 소년단과 독일소녀연맹의 순례지로 이용되기도 하였다. 세계제2차대전 중 거의 파괴가 되었으나 2차대전 이후 이 성은 거의 복원되었다.

8. 칼와리아 제브르지도우카(Kalwaria Zebrzydowska; the Mannerist Architectural and Park Landscape Complex and Pilgrimage Park: 문화, 1999):

폴란드 남쪽 크라코프(Kraków/Cracow) 남쪽 조경공원에 위치한 칼와리아 제브르지도우카는 정신적 중요성을 지닌 문화 조경단지이다. 빼어난 자연 환경 속에 그리스도의 受難과 성모 마리아의 일생에 관련된 상징적인 숭배 장소가 서기 17세기 초반에 만들어져 아직까지 변하지 않고 순례 장소가 되어오고 있다. 이 종교단지 공원은 명칭을 서기 1602년 12월 1일 이 종교단지를 만든 크라코프 주의 미코라이 제브르지도우스키(Mikolaj Zebrzydowsky) 지사의 이름을 따지었다. 이곳을 포함하는 시가 서기 1617년에 생기고 또 서기 1640년 확장되어 오늘에 이른다. 순례자들이 참배 오는 수도원과 조경이 아우러진 공원성역은 자레크(Żarek, 해발 527m), 란크코로나(Lanckorona, 해발 530m)에 위치하고 모두 44동의 건물을 포함하는데 대부분이 교회이다.

9. 자워와 스위드니카의 평화교회(Churches of Peace in Jawor and

Świdnica: 문화, 2001):

폴란드 남부 실레시안(Lower Silesian, Doloslaskie)의 자워와 스위드니카에 위치한 목조와 진흙으로 일 년 안에 지은 교회로 원래 3개 만들어졌으나 그라고브(Glogów)의 것은 서기 1758년 불타고 나머지 자워와 스위드니카의 교회는 현재까지 남아있다. 이곳은 서기 1648년 로만 가톨릭교에 항거한 마틴 루터의 신교도들이 베스트팔리아(Westphalia) 평화조약 후 합스부르그 왕가의 가돌릭 신봉자인 황제로부터 실레시아에 교회를 지어도 좋다는 허가를 받아 만든 곳이다. 세 동의 목조교회를 설계한 사람은 알브레히드 폰 사비시(Albrecht von Sabish)였고 이 교회는 개신교도들의 피난처가 될 만큼 넓은 공간을 가지고 있다. 이곳은 당시 가톨릭교회에 대한 종교적 자유와 루터파의 이념을 표현할 수 있는 증거물이다.

10. 남부 리틀 폴란드의 목조교회(Wooden Churches of Southern Little Poland: 문화, 2003):

남부 리틀 폴란드의 목조교회는 9개로 중세시대 이래 동부와 북부 유럽에서 흔한 통나무를 수평으로 쌓아올려 만든 교회로 귀족가문의 후원을 받았고 곧 신분의 상징이 되었다. 또 도시에서 세워진 것과 같은 석조교회를 짓도록 제안을 받기도 하였다. 현재 남아있는 목조교회는 다음과 같다.

1. The church of the Archangel Michael(Binarowa)
2. The church of All Saints(Blizne)
3. The church of Archangel Michael(Debno)
4. The church of the Blessed Virgin Mary and Archangel Michael(Haczow)
5. The church of St. Peter and St. Paul(Lachowice)

6. The church of St. Leonard(Lipnica Murowana)

7. The church of St. John the Baptist(Orawka)

8. The church of St. Philip and St. James the Apostles(Sekowa)

9. The church of Archangel Michael(Szalowa)

11. 무스카우어 공원(Muskauer Park/Park Mużakowski: 2004, 문화):

독일(Muskauer Park, 2.1km²)과 폴란드(Park Muzakowski, 3.5km²) 국경지대에 위치한 역사도시 루사타아(Lusatia) 지역의 무스카우어 마을에서 "Hints on the LandscapeGardening"의 저자 헤르만 폰 픽클러-무스카우(Hermann von Pückler-Muskau, 서기 1785년-서기 1871년) 태자가 서기 1815년부터 서기 1844년까지 영국식 정원의 틀을 이용하여 루사티안 나이세(Lusatian Neisse) 강둑을 따라 '식물로 그림을 그리듯' 5.6km² 규모의 공원을 조성해 놓았다. 그는 바드 무스카우(Bad Muskau)에 국제조경학교를 세워 자연을 개선하는데 주안점을 둔 한 마을 전체를 포괄하는 조경공원을 짓는데 기초를 잡았다. 이 공원은 조경예술의 이상향을 이루었고 더 나아가 마을 전체까지 확대되어 근처의 다리, 무스카우 城과 수목원도 모두 이에 따라 새로가 복원·단장되었다.

12. 브로츠와프의 백년 홀(Centennial Hall in Wrocław: 문화, 2006):

폴란드 남부 실레시안(Lower Silesian, Doloslaskie)의 브로츠와프의 백년 홀은 콘크리트와 철로 지은 건축사의 기념비적 작품으로 서기 1813년-서기 1815년 나폴레옹으로부터 해방전쟁 승리 100주년을 기념하기 위해 서기 1911년-서기 1913년에 지었다. 건축가는 막스 베르크(Max Berg)로 직경 65m, 4잎의 左右同形의 형태, 지붕 천장에 강철과 유리로 등을 설치, 로마의 판테온보다 50%가 더 크고 제일 아래층은 박람회·전시실용이고 나머지는 휴양·오락시설이 들어선 다용도의 건물이다. 이 건물은 서기 1880년 호주 멜버른 국제 박람회를 위하여 만든 왕립전시관(Royal Exhibition Building)과 비교된다.

13. 폴란드와 우크라이나 카르파티안 지역의 목조교회(Wooden Tserkvas of the Carpathian Region in Poland and Ukraine: 문화, 2013):

목조교회인 체르크바(tserkva)는 모두 16곳으로 8곳은 폴란드 말로폴스키(Małopolskie Province)와 포드카라파키(Podkarpackie Province)에 나머지 8곳은 우크라이나 카르파티안에 위치한다. 교회의 명칭은 다음과 같다.

Poland

Tserkva of St. Michael the Archangel, Brunary

Tserkva of the Birth of the Blessed Virgin Mary, Chotyniec

Tserkva of St. Paraskevia, Kwiatoń

Virgin Mary's Care Tserkva, Owczary

St. James the Less Tserkva, Powroźnik

Tserkva of St. Paraskevia, Radruż

St. Michael the Archangel Tserkva, Smolnik

St. Michael the Archangel Tserkva, Turzańsk

Ukraine

Descent of the Holy Spirit Church, Potelych

Holy Trinity Church, Zhovkva

St. Yuriy's(George's) Church, Drohobych

St. Dmytro's Church, Matkiv

Descent of the Holy Spirit Church, Rohatyn

The Church of the Nativity of B.V.M., Nyzhniy Verbizh

The Church of St. Archangel Mykhailo, Uzhok

The Church of Ascension of Our Lord, Yasynia

서기 1797년 이후 그리스正敎會의 목조교회는 세 부분의 건물, 가로로 쌓아 올린 통나무 건축의 外部, 서기 18세기-서기 19세기의 多彩畵 장식, 서기 18세기의 아이콘 장식벽(iconostsis, 교회의 본당과 성역을 나누는 아이콘 聖像과 종교적 그림으로 장식된 벽)으로 된 內部로 나눈다. 여기에는 폴란드 성 미카엘 대천사의 목조교회(Tserkva of St. Michael the Archangel)와 성모 마리아 탄생 목조교회(Tserkva of the Birth of the Blessed Virgin Mary, 서기 1600년경)는 서부 렘코(West-Lemko) 정교회의 종교건물 중 대표 예이다. 성 미카엘 대천사의 목조교회의 외부는 비를 막기 위해 댄 비늘판(Weather-boarding), 판자지붕, 너세 지붕의 본당, 여러 겹의 너새지붕을 인 聖壇, 낮은 쪽에 계단상의 지붕, 장미꽃 그림으로 채색된 소벽(frieze)으로 장식된 계단상의 판자, 빛이 통하지 않는 채광창이 달린 양파모양의 돔 지붕, 나중에 갖다 붙인 방이 있는 탑 등이 보인다. 내부 장식은 서기 18세기 바로크 양식의 장식벽과 제단(서기 17세기), 로코코 양식의 제단(서기 18세기), 복음서의 저자들을 그린 연단(서기 18세기)과 성상과 십자가를 그린 의자(서기 18세기-서기 19세기)가 있다. 성모 마리아 탄생 목조교회는 현재 천주교성당으로 사용되고 있고 서기 1600년경에 지어졌다. 가까이에 목조교회의 공동묘지와 목조 종탑이 있다. 외부는 가로로 쌓아 올린 통나무 건축의 목조교회로서 현관, 조립건물, 양쪽의 비를 막기 위해 댄 비늘판등이, 내부에는 장방형의 본당 옆에 장방형의 성구보관소(pastophories, sacristy)로 확대되고 삼면이 벽으로 막힌 聖壇, 본당의 반대편에 곡선형태의 상인방 서까래가 달린 '여성들의 현관(women's porch, babiniec, a portal with a wave-shaped lintel)'이 있다. 목조건물의 옛날 부분은 열주(arcade, soboty)로 둘러싸여 있다. 외부의 열주와 여성들의 현관 너머에는 회랑(gallery, 回廊/美道/널길)이 기둥 위 반원형으로 이룬 서까래로 반쯤 덮여 있다. 이 회랑을 따라 바깥의 계단으로 올라가면 남쪽 벽에 이른다. 본당에서 聖所와 위층의 예배당은 서기 1722년(대분이 이 해에 제작됨)-서기 1735년에 그려진 인물과 다채화의 장식으로 그려져 있다. 동쪽 본당 쪽에는 서기 1671년에 제작된 5단의 아이콘 장식 벽, 서기 1756년에 제작된 제단, 서기 1700년경에 제작된 측면 제단이 있다. 목조교회는 폴란드에서 가장 시대가 올라가며 예배당 주위 회랑이 돌아가는 보기 드문 그리스정교회이다. 목조교회는 과학적, 미적, 감정적 분야에서 충분히 근거가 있는 기념물이다. 그들은 역사적으로 중요한 기념물로, 지역적으로 특징있는 모습을 보여주는 동시에 지역을 벗어나서도 매우 두드러지며 그 지역의 문화 경관에 어울린다. 오랜 시간 동안 약간의 변형이 있으면서도 중세시대의 상인조합(guild)에서 만든 전통과 기술을 지속시켜나가면서 원래의 모습을 잃지 않고 있다. 교회 내부의 설비들은 수세기 동안 예배와 의식을 끊이지 않고 지속시켜 왔다. 이들 주변에는 남아 있는 정신문화의 가치를 볼 수 있는데 이들은 우주론적인 표현과 동시에 지역적인 종교와 문화적 정체성에도 초점을 맞추어 나가고 있다. 그들은 전통적인 의식과 예식에 대한 배경을 형성한다. 서기 20세기에 목조교회의 복원에 관심을 갖기 시작하였다. 이전에는 그 시대의 양식과 기능에 따라 수리·복원되었다. 기술적인 전통의 지속으로 같은 기술과 재료도 보존되었다. 현재 사용되는 복원의 원칙은 구조물, 세부와 장식의 믿을 수 있는 근거를 일일이 확인해나가는 것이다. 우크라이나, 폴란드, 러시아와 루마니아에서 종교적인 건물은 여러 가지 원칙에 의존하고 공

간적 구성형태에 따라 발전하고 있다. 폴란드와 우크라이나의 카르파
티안 지역에서 가장 오래된 목조교회는 서기 16세기에 만들어졌는데
이들 교회는 당시의 목조교회 중 가장 잘 지어진 것이다.

14. 타르노프스키에구리 납-은-아연 광산과 지하수 관리(Tarnowskie Góry Lead-Silver-Zinc Mine and its Underground Water Management System: 문화, 2017):

폴란드 남부 실롱스크주 남부 실레시아(Silesia) 상류에 위치하는 중
부 유럽의 중요한 광산 중의 하나인 타르노스키에구리에는 지하 전
체의 橫坑, 竪坑, 回廊과 함께 지하수 관리가 중요하다. 대부분의 광
구는 지하에 위치하지만 露天鑛山에는 서기 19세기의 펌프로 물을
퍼올리던 장소도 포함하고 있는데 이는 지하수를 뽑아 올리던 과거
300년간의 노력을 보여 준다. 이 광산에서는 채광에 방해되는 지하
수를 뽑아 올려 도시와 공장에 공급을 하였다. 타르노프스키에구리
광산은 납과 아연의 생산량에 앞장서 유럽에 많은 량을 공급하였다.

15. 크르제미온키 선사시대 석기제작용 줄무늬 플린트 석 채광지역(Krzemionki Prehistoric Striped Flint Mining Region: 문화, 2019):

폴란드 중부에 위치한 시비엥토크시스키에(Świętokrzyskie)의 크르제
미온키 오빠토우스키(Krzemionki Opatowskie) 유적에는 기원전 3900년-
기원전 1600년 신석기 시대에서 청동기시대에 이르는 4개의 石器
제작용 줄무늬 플린트 석(striped flint, banded flint)을 채굴하는 광산이 있
다. 이곳에서는 플린트 석제를 채굴해서 주로 돌도끼(石斧)를 만들어
내고 있다. 지하 광산 구조와 함께 석제 제작 장소와 4,000개의 수직
갱(垂直坑)과 수평으로 뚫어놓은 통로(水平通路)는 선사시대에 어떻

게 석기제작 원료를 채굴해서 석기를 만들었는지의 일련의 과정을 잘 보여준다. 이 유적은 선사시대 주거지에서의 생활과 작업에 관한 단절된 문화전통을 그대로 간직하고 있어 인류의 역사에서 선사시대 당시의 석기제작용 플린트 석재의 채굴과 가공과정을 잘 보여주는 아주 특이하고 매우 중요하다.

16. 클라드루비 나트 라벰의 儀式 운반용 말사육과 훈련(Landscape for Breeding and Training of Ceremonial Carriage Horses at Kladruby nad Labem: 문화, 2019):

엘베 고원(Elbe plain)의 클라두르버(Kladruber) 말 품종의 고향으로 잘 알려진 클라두르비 나드라벰(Kladruby nad Labem, 국립 스터드 농장)은 편평하고 모래토양과 야외 필드, 울타리 처진 초원, 숲과 건물로 이루어져 있는데 이는 모두 합스부르크(Habsburg, 서기 1438년 부터 1740년 까지 신성 로마 제국의 제위는 연달아 합스부르크 가문에서 나왔으며. 특히 오스트리아 왕실을 거의 600년 동안 지배함) 왕가의 정원에서 의식용으로 이용하던 견인(牽引)용 말 클라두르버 말의 사육과 훈련을 위한 시설이다. 이 왕가의 농장은 서기 1579년에 세워져 그때부터 말의 사육과 훈련을 해왔다. 이곳은 유럽에서 제일가는 말 사육-훈련 기관으로 말이 운반, 농경, 군사지원과 귀족적인 표시를 위해 중요한 역할을 할 수 있도록 하였다.

17. 에르츠 산맥의 광산(Erzgebirge/Krušnohoří Mining Region, Ore Mountains: 문화, 2019):

에르츠 산맥은 독일 남동부 작센주(Saxony)와 북서쪽 체코 보헤미아 사이에 걸쳐있으며 중세시대 이후로 여러 가지 금속을 채광 하던 광산 지대이다. 서기 1460년부터 서기 1560년 사이에 은(Ag, silver)을 채굴하면서 채광기술을 향상시킨 중요한 지역이었다. 주석(Sn, Tin)은 역사적으로 보면 이곳에서 은 다음으로 채굴해서 제련했던 중요한 광물이었다. 서기 19세기말 이 지역에서 우라늄(U, uranium)이 나와 전 세계적으로 중요한 지역이 되었다. 이 광산의 문화경관은 서기 12세기에서 서기 20세기까지 800년간에 걸쳐 채광, 선구적인 물 관리 체계, 혁신적인 광물처리와 제련, 광산 도시에 의해 짙게 형성되었다.

프랑스 FRANCE

1. 베르사이유 궁원(Palace and Park of Versailles: 문화, 1979):

루이 8세의 계승자인 루이 XIV세(Louis XIV, 서기 1638년-서기 1715년)부터 루이 16세(서기 1754년8월 23일-서기 1793년 1월 21일)까지 거주했던 궁전으로 서기 1661년 착공하여 서기 1682년 5월 6일 완성하였다. 베르사이유 성(Château de Versailles)으로 알려져 있는 이 궁전에는 아폴론의 방, 왕의 옥좌, 메르퀴르 방, 루이 14세의 전쟁의 방과 루이 15세의 평화의 방, 길이 73m 폭 16m의 제일 큰 방인 거울의 방, 그리스도의 부활이란 천장벽화가 그려진 왕실 예배당, 오스트리아 합스브르크(Hapsburg) 왕가의 마리아 테레사(Maria Theresa, 서기 1717년-서기 1780년) 女帝의 15번째이며 마지막에서 두 번째의 딸로 14세 때 부르봉(Bourbon) 왕가 루이 XVI세에 시집와 서기 1789년 7월 4일 일어난 불란서혁명으로 서기 1793년 단두대에서 사라진 마리 앙투아네트(Marie Antoinette, 서기 1755년 11월 2일-서기 1793년 10월 16일)의 침실과 부속 비밀의 문, 모라르가 서기 1706년 제작한 시계를 비롯한 당시의 각종 중요한 문화재가 거의 그대로 현장에 보존되어 있다. 그리고 베르사이유 궁원이 만들어지기 전 한적한 시골이던 루이 14세 때의 건물인 샘물의 집을 비롯하여 정원에는 아폴론의 샘, 마를론의 샘, 플로라의 샘(봄의 샘), 케루스의 샘(여름의 샘), 박카스의 샘(가을의 샘), 사투르누스의 샘(겨울의 샘), 그랑 트리아농(Grand Trianon, 루이 14세의 별궁), 루이 XV세와 루이 XVI세의 부인 마리 앙투아네트와 자식들이 거주하던 별궁인 프티 트리아농(Petit Trianon) 등의 분수와 별장들이 있다. 베르사유 궁전 내에 있는 '오페라 로얄'/가브리엘 극장(Opéra Royal du Château de Versailles, Théâtre Gabriel, Ange-Jacques Gabriel이 설계, 서기 1770년 5월 16일 완공)은 서기 1997년 다니엘 바렌보임(Daniel Barenboim)이 베를린 필하모니(Berliner Philharmoniker)가 시작한 유럽연주회(Europakonzert)의 일환으로 피아노 솔리스트(piano solist) 겸 베를린 필하모니를 지휘했던 바와 같이 이곳은 가끔 실내음악당으로 이용되고 있다.

2. 몽—생—미셸과 만(Le Mont—Saint—Michel & Its Bay: 문화, 1979):

이곳은 불란서 북쪽 해안 아브랑슈(Avranches) 마을과 쿠에농(Couesnon) 강 입구에서 약 1km 떨어진 노르망디(Normandy)와 브리타니(Brittany) 사이의 강력한 조수에 면한 거대한 모래톱 가운데 나있는 조그만 바위섬 위에 틀어 앉은 성 미카엘 대천사에게 바친 고딕 양식의 베네딕트 수도원(Saint Michael's Mount)과 거대한 외벽 안에 자리 잡고 있는 현재 상주인구 41명의 조그만 마을이다. 이 수도원은 서기 11세기—서기 16세기에 지어진 것으로 주변의 조수차가 14m나 되는 독특한 환경을 극복하여 대성당을 만든 기술과 또 예술의 절정을 보여준다. 전설에 따르면 서기 708년 대천사인 성 미카엘이 아브랑슈 성당 주교인 성 오베르(St. Aubert)에게 나타나 조그만 바위섬에 교회를 지으라고 지시한다. 그러나 주교가 번번이 이를 무시하자 성 미카엘이 그의 머리 위를 손가락으로 태워 구멍을 내어버린다. 이곳은 서기 1066년 노르망(Norman) 왕가(서기 1066년-서기 1087년)의 시조가 된 정복왕 윌리암 I세(William the Conqueror, 서기 1027년-서기 1087년)가 노르망디 공국으로 편입시키고, 또 서기 1067년에는 이곳 수도원에서 윌리암 I세를 도와 영국의 왕위를 얻는데 도움을 주었던 역사적 사실도 있다. 서기 11세기 노르망디의 리차드(Richard) II세 때 이탈리아 건축가인 윌리암 드 볼피아노(William de Volpiano)가 로마네스크 양식으로 건물을 짓기 시작하였고, 노르망디 공이었던 영국의 헨리(Henry) II세가 현재의 모습으로 짓고, 불란서의 샤를르(Charles) II세(서기 1368년 12월 3일-서기 1422년 10월 21일)가 요새와 첨탑, 정원을 추가하였다. 이곳 베네딕트 수도원에는 현재 고딕 양식의 성당, 요새화된 성벽, 로마네스크 양식의 回廊(서기 1221년), 尖塔 위의 대천사 미카엘상 등이 잘 남아있다.

3. 샤르트르 대성당(Chartres Cathedral: 문화, 1979):

프랑스 곡창지대인 보스(Beauce) 지방의 중심지에 위치한 샤르트르 대성당은 서기 9세기에 처음 지어졌으나 서기 858년, 서기 1020년, 서기 1134년과 서기 1194년의 4번에 걸친 화재 이후 26년 동안 재건축되어 서기 1220년 다시 완공되어 오늘에 이르렀다. 전체 길이 130m, 폭 16.6m 높이 36.5m, 첨탑의 높이 106m(새 탑은 115m), 전체 넓이 약 2,000m², 정면 고딕과 로마네스크 양식의 두 첨탑을 가진 프랑스 제일의 고딕건축물로 '왕의 문'으로 불리는 정문 주위의 조각상(Jamb statues of Old Testament queen and two kings, Saint Martin, Jerome and Gregory 등)과 프랑스의 '장미창'이라고 불리는 176개의 스테인드 그라스 창(stained glass window)과 서기 876년 샤를마뉴(Charlemagne)가 십자군 원정 때 선물 받고 손자 카를 II세가 성당에 기증하였지만 서기 1194년 대화재 때 화를 면한 '예수 그리스도를 낳을 때 성모마리아가 입었던 옷 조각'(서기 876년부터 이 성당에 보관) 등이 이 성당이 순례지로서의 중요한 가치를 지닌다.

4. 베제르 계곡의 동굴벽화(Decorated caves of the Vézére Valley: 문화, 1979):

프랑스의 서남부지역 베제르 계곡은 벽화가 있는 동굴유적으로 유명하다. 여기에는 후기구석기시대를 포함하는 선사시대의 147개 유적과 25개소의 동굴벽화가 남아 있는데 이들 유적은 아키텐(Aquitaine) 주 도르도뉴(Dordogne) 현의 레 제지 드 타이악(Communes of Les Eyzies de Tayac), 뛰르삭(Tursac), 몽티냑-쉬르-베제르(Montignac-sur-Vézère), 생-레옹-쉬르-베제르(Saint-Leon-sur-Vézère), 마르케(Marquay), 마노리-루피냑(Manaurie-Rouffignac)과 생-시르크-뒤 뷔그(Saint-Cirq-du Bugue) 등 7개 마을에 위치한다. 이 중 서기 1940년 아키텐(Aquitaine) 주 도르도뉴(Dordogne) 현 몽티냑(Montignac) 마을에서 발견된 후기구석기시대의 마그달레니안(Magdalenian) 문화기(기원전 16000년-기원전 8000년)를 대표하는 라스코(Lascaux, 기원전 15000년-기원전 14500년, 2만 년 전) 동굴벽화가 가장 중요하고 벽화는 이들을 제작한 후기구석기시대의 사람에 대한 민족학, 인류학과 미적 관점에서 매우 흥미롭다. 사냥 장면의 벽화에서 지금은 화석에서만 볼 수 있는 절멸 동물인 들소를 비롯한 살아 있는 듯한 100여 마리 이상의 동물상을 보여주고 세부적인 묘사, 풍부한 색채와 질적인 면에서 서기 1879년 스페인 북부 피레네 산맥의 산탄데르(Santander) 시 서쪽 30km 떨어진 안틸라나 칸타브리아(Antillana Cantabria) 마을 사우투올라(Sautuola) 백작의 領地에서 마르셀리노 산즈 데 사우투올라(Marcelino Sanz de Sautuola) 백작에 의해 세계 최초로 발견된 알타미라 동굴(Altamira Cave, 18,000-15,000년 전) 동굴벽화를 제외한 다른 것들과는 비교할 수 없을 정도로 훌륭하다. 동굴은 하나의 주동굴과 3-4개의 좁고 긴 방으로 구성되어 있으며 벽면은 새기거나(刻畵) 광물안료를 입이나 파이프 (새의 뼈)로 불거나 뱉어내 채색해 그린 벽화로 장식되어 있다. 彩畵 와 刻畵는 모두 2,000점 이상이 되며 이들은 동물, 사람과 추상적 사 인(기호)의 세 가지로 구분할 수 있다. 동물에는 들소와 축우(4-5%), 야생마(34%, 346건으로 가장 많다), 사슴(90건), 염소, 새, 고양이 등이, 사람에는 사냥꾼과 呪術師, 추상적 사인(기호)에는 手印과 별자리표 (星座) 등이 있다. 동굴 중 가장 유명한 것은 들소, 말과 사슴이 그려 진 'The Great Hall of the Bulls'와 'Painted Gallery'이다. 어떤 들소는 길 이가 5.2m에 달하는 것도 있다. 이 동굴은 보존을 위해 서기 1963년 다시 폐쇄되었는데 옆에 서기 1983년 복제동굴 라스코 II를 세웠다. 최근에는 쇼베(Chauvet, 36,000년 전), 코스케(Cosquer, 27,000년 전) 동굴 등에서도 후기구석기시대의 벽화가 추가로 발견되고 있다.

5. 베즐레 교회와 언덕(Church and Hill of Vézelay: 문화, 1979):

  부르고뉴(Bourgogne) 주 욘(Yonne) 현에 서기 9세기경에 처음 지어진 베즐레 베네딕트파 수도원(Basilica of Magdalene)은 보디용(Baudillon) 신 부가 생-막시멩-라-생트-봄(Saint-Maximin-la-Sainte-Baume)에서 가져 온 성 마리아 막달레나(St. Mary Magdalene)의 유해(뼈)를 간직하게 되 었으며 서기 1058년 교황이 이의 眞品을 인정한 이후 오늘날까지 스 페인의 산티아고 데 콤포스텔라(Sntiago de Compostela, 서기 11세기경 재건)까지 중요한 순례지의 시발점이 되었다. 성 베르나르(St. Bernard)는 서기 1146년 제2차 十字軍聖戰을 설교하였고, 사자 왕 리차드(Richard the Lion-Hearted)와 아우구스투스(Augustus)가 여기에서 만나 서기 1190년의 3차 십자군성전을 치르러가게 되었다. 이 수도원의 기둥머리와 정문 榑栱의 삼각면(Tympanum of central portal)의 조각품들, 막달레나의 유해와 함께 이곳 서기 12세기에 지어진 수도원-교회는 로마네스크 예술과 건축의 걸작으로 여겨지고 있다.

6. 아미앵 대성당(Amiens Cathedral: 문화, 1981):

피카르디(Picardy) 중심부에 위치 한 아미앵 대성당(Cathedral of Our Lady of Amiens)은 서기 13세기를 대표하는 최대 규모의 고전적인 고딕건물로 프랑스의 샤르트르(Chartres Cathedral)와 랭스(Reims) 대성당과 더불어 고딕건축의 발전과정을 살펴보는데 중요한 역할을 한다. 이 성당의 건축은 서기 1220년에 시작하여 서기 1228년에 완공하였는데 건축가 로베르 데 루자르슈(Robert de Luzarches, 서기 1228년까지 작업), 토마 드 코르몽(Thomas de Cormont, 서기 1225년까지 작업)과 그의 아들 르노 드 코르몽(Renau de Cormont, 서기 1288년까지 작업)들이 참여하였다. 성당의 평면 설계, 성당 내부 천장에 이르는(높이 20m에 이르는 아치의 上昇性효과) 세 개의 기둥의 아름다움, 翼廊의 정면에 새겨놓은 조각들의 일관성은 잘 알려져 있다. 길이 145m, 몸체의 폭 32m(익랑까지는 65.5m), 천장 궁륭(vault)까지의 높이 42.3m, 넓이가 770m²이다. 서쪽 정면에 두 개의 탑을 배치하였는데 남쪽은 65m(서기 14세기), 북쪽은 66m(서기 15세기)이다. 성당에는 모두 3,600여 점의 조각이 있으며 서쪽 정면에 있는 '왕들의 갤러리'에는 왕관을 쓴 조각상이, 그 아래의 3개의 문에는 '돌 백과사전'이라고 불릴 정도의 많은

조각들이 새겨져있다. 서기 15세기 말의 보부아르 대주교의 무덤에
는 순교 성인 생 피르맹(Saint Firmin)의 생애가 조각으로 장식되고 있
다. 그리고 복도의 무덤 뚜껑에 눈물을 흘리는 天使閣(Weeping Angel,
서기 17세기)과 장 밥티스트(John Baptist)의 聖骨函도 유명하다. 이곳과
더불어 프랑스의 베즐레(Vézelay)와 스페인의 콤포스텔라(Santiago de
Compostela)는 기독교인들의 순례코스 중의 하나이다.

7. 퐁텐블로 궁전과 정원(Palace and Park of Fontainebleau: 문화, 1981):

일-드-프랑스(Ile-de-France) 지역의 숲에 위치한, 서기 12세기부터
루이(Louis) 7세, 필립 아우구스투스/오귀스튀스(Philip Augustus, Philip II)
와 루이 9세를 포함한 프랑스 왕들이 사용했던 중세시대 왕립 사냥
용 숙소로 시작하여 서기 16세기 프랑수아 I세(François I)가 중축하고
새로이 단장한 프랑스 王宮/城(royal château)으로 그는 새로운 로마(New
Rome)로 만들고자 하였다. 여기에 건축가 질 르 브르통(Gilles le Breton)
이 타원형의 정원(Cour Ovale)과 금도금 문(Porte Dorée)을 짓고 이탈리아
건축가인 세바스티아노 세를리오(Sebastiano Serlio)와 레오나르도 다 빈
치(Leonardo da Vinci)도 초청하였다. 治裝壁土를 칠하고 그 위에 프레
스코화를 그린 불란서 최초의 프랑수아 I세의 화랑(Gallery of François I
세) 건물은 이태리의 로소 피오렌티노(Rosso Fiorentino)가 서기 1522년-
서기 1540년에 완성하였다. 축제의 방(Salle des Fêtes)이 있는 건물은 이
태리의 Mannerist(이탈리아 르네상스 절정기인 서기 1520년-서기 1580년 유
행 양식) 화가인 프란체스코 프리마티치오(Francesco Primaticcio)와 니콜
로 델 아바테(Niccolò dell' Abbate)가 앙리(Henry) II세 때에 치장하였다.
이 성을 위해 위탁받은 벤베누토 첼리니(Benvenuto Cellini)의 퐁텐블로
의 요정(Nymph of Fontainebleau) 그림은 따로 루브르 박물관에 전시되고

있다. 앙리 II세와 카트린 데 메디치(Catherine de' Medici) 때에도 필리베르 들로름(Philibert Delorme)과 장 뷜랑(Jean Bullant)을 불러 많은 건축물을 조성하게 하였다. 나폴레옹(Napoleon I)이 서기 1814년 궁 밖에서 군대에 작별인사를 하고 나폴레옹 III세는 이곳에서 서기 1864년 시암/샴/사이암(현 태국)의 대사를 접견하기도 하였다. 거대한 공원으로 둘러싸인 이탈리아 양식(Italian Mannerist style)으로 꾸민 이 궁전은 르네상스와 프랑스 예술적 전통을 잘 결합시키고 있다. 영광의 정원(Cour d'Honneur), 나폴레옹 I세의 침실(서기 1800년-서기 1900년), 마리 앙투아네트의 침실(서기 1890년-서기 1900년), 앙리 II세의 화랑(서기 1890년-서기 1900년), 극장, 도서관 玉座室, 정원 등이 잘 보존되어 있다.

8. 샹보르 성(Château and Estate of Chambord: 문화, 1981):

루아르-에-쉐르(Loir-et-Cher) 주 샹보르의 루아르 계곡 숲에 건립된 가장 큰 성으로 프랑수아 I세(François I, 서기 1494년-서기 1547년 심장마비로 죽음)의 사냥용 숙소로 지어졌는데[그가 사는 궁전은 블루아(Château de Bloi)와 앙부아즈(Château d'Amboise)였음] 프랑스 중세풍의 건물양식에 고전 이탈리아 양식을 가미하여 만든 프랑스 르네상스시대 최고의 건축이다. 이 성은 도메니코 다 코르토나(Domenico da Cortona)의 목조 모델에 따라 지어졌다고 하나 최근의 주장은 레오나르도 다 빈치(Leonardo da Vinci)의 설계로 지었다고 한다. 서기 16세기 프랑수아 I세가 프랑스 중요한 가문의 하나인 쥘리앵 드 클레르몽(Julien de Clermont)의 부인인 투리 백작부인(Comtessede Thoury) 클로드 로앙(Claude Rohan)의 영지인 뮈드 성(Château de Mudes)에 더 가까이 다가가기 위해 이 성을 지었다고 한다. 그녀의 팔 모습은 성의 장식용으로 조각되었다. 이 성은 440개의 방, 365개의 벽난로, 84개의 계단, 4개의 장방형의 궁륭상의 천장이 있는 복도로 꾸며져 있다. 지붕은 11개의 탑과 3형식의 굴뚝이 있으나 대칭을 이루지 않고 있다. 성의 정면의 높이는 128m, 800여 개의 조각이 나 있는 기둥, 정교하게 장식된 지붕이 특징적이다. 이 성은 52.5km²의 숲에 둘러싸여 있으며, 성벽의 길이는 31km나 된다. 루이 14세는 이 성을 폐기하고, 스타니슬라스(Stanislas Leszczyński, Stanislas I, 루이 15세의 장인)는 서기 1725년에서 서기 1733년까지 이곳에서 살았고 서기 1870년에서 서기 1871년 프랑스-프러시아(Franco-Prussian) 전쟁 때에는 병원으로 사용되기도 하였다.

9. 퐁트네의 시토파 수도원(Cistercian Abbey of Fontenay: 문화, 1981):

부르고뉴(Bourgogne) 주 코트-도르(Côte-d'Or) 현 마르마뉴(Marmagne) 면 몽바르(Montbard) 근처에 위치(현 디종/Dijon시에서 서북쪽 60km 떨어진 곳)한 부루군디(Brugundian Monastery) 퐁트네 수도회는 조그만 마을에 성 베르나르(St. Bernard of Clairvaux)가 서기 1118년에 건립하였는데 여기에는 로마네스크 양식으로 지어진 교회, 수도원, 기숙사, 복도, 온탕 욕실, 식당, 빵 굽는 곳, 비둘기장과 대장간(철공소) 그리고 후일 추가된 수도원장의 숙소와 진료소 등 당시 시토 수도회(서기 1098년 창설)의 교리에 충실한 자급자족의 모습을 보여준다. 서기 12세기와 13세기에 번영하여 프랑스왕의 보호도 받았으나 100년 전쟁(서기 1337년-서기 1453년)과 종교전쟁(서기 1562년-서기 1598년) 때는 약탈당하기도 하였다. 그 후 수도원이 점차 기울기 시작하여 서기 1745년 식당이 파괴되고 불란서혁명 때는 문을 닫고 서기 1902년까지 종이 공장으로 사용되었다가 서기 1905년 에두아르 아이나르(Édouard Aynard)가 이곳을 구입해 파괴된 식당만 빼고 모두 다 복원하였다.

10. 오랑주의 로마시대 극장과 개선문(Roman Theatre and the "Trium-phal Arch" of Orange: 문화, 1981):

로마의 帝政이 시작된 아우구스투스 황제(옥타비아누스, 기원전 27년 -서기 14년 재위)의 사후 팍스로마나 시대(서기 14년-서기 476년)가 시작 되는데 아우구스투스 황제의 재위시인 서기 10년-서기 25년 론(Rhone) 계곡에 건립된 개선문과 고대 로마시대 원형극장은 이제까지 로마 식민지에 만들어진 것들 중 가장 잘 보관되고 아름다운 예 중의 하 나이다. 프랑스 동남쪽 프로방스-알프-코트 다쥐르(Provence-Alpes-Côte d'Azur) 주 보클뤼즈(Vaucluse) 현 오랑주(아비뇽 북쪽으로 21km 떨어 짐)의 로마 극장은 길이가 103m이고 만 명이 앉을 수 있었다. 그리고 개선문은 팍스로마나 시대가 시작되었다는 것을 칭송하는 낮은 浮彫벽면에 새겨져있다. 오랑주 시는 기원전 35년 로마 제2여단(Second Gallica Roman legion)에서 켈트족 水神의 이름을 따 만든 아라우시오 (Arausio) 시로서 북쪽 변경 로마 식민지역을 뭉뚱그려 하나의 수도를 삼기 위해 만들었으며 아라우시오 시에는 9,000m²의 넓은 범위에 극 장과 개선문, 신전과 대광장(forum) 등을 만들어 놓았다. 이 도시는 서 기 412년 서고트(Visigoths)에 의해 침략을 받았다.

11. 아를르의 로마시대 기념물(Roman and Romanesque Monuments of Arles : 문화, 1981):

아를르 지역은 기원전 6세기 그리스, 기원전 535년 켈트 족, 기원 전 40년 로마의 침입을 받았다. 그래서 "The Rome in Gaul"이라 부 르는 이 지역은 기원전 1세기의 로마시대 원형극장, 91m의 지하 아 치건물, 2만 명을 수용할 수 있는 원형경기장(서기 60년경 건립, 19세기 후반 복원), 로마시대의 무덤 등 기념물을 비롯해 로마네스크와 고딕

건물이 조화된 서기 12세기-서기 15세기에 지어진 생-트로핌(Saint-Trophime) 수도원과 성당 등이 혼재해 있음. 서기 19세기 철도건설로 유적지가 많이 파괴되었다. 서기 1853년 네덜란드에서 태어난 반 고흐(Vincent Van Gogh, 서기 1853년-서기 1890년)는 서기 1888년 2월 21일 이곳 아를르에 와서 15개월을 머무르면서 밤 카페(Night café), 노란색의 방(Yellow room), 해바라기(Sunflower)와 같은 걸작을 포함해 300점을 남겼다. 그러나 그는 생전에 그림 한 점도 팔지 못했다고 전해진다.

12. 아르크-에-세낭 왕립 제염소(Royal Salt Works of Arc-et-Senans: 문화, 1982/확대지정, 2009):

   루이 XVI세(서기 1754년 8월 23일-서기 1793년 1월 21일) 때인 서기 1775년 건축가 클로드-니콜라 르두(Claude-Nicolas Ledoux, 서기 1736년-서기 1806년)에 의해 프랑스 동부 두(Doubs)의 브장송(Besançon) 근처에 지어진 아르크-에-세낭 왕립제염소는 계몽주의 이상과 철학이론을 바탕으로 작업공정에 있어 合理와 계급조직의 바탕을 추구했지만 결코 실현할 수 없었던 계획인 이상적 도시구현의 일환으로 확장되어 나타난 산업건축물이다. 중세부터 바닷물에서 소금을 추출하던 살랭-레-뱅(Salins-les-Bains) 제염소는 소금창고, 아몬드(Almond) 우물, 이전 주택의 세 건물 동으로 이루어져 있으며 클로드-니콜라 르두가 설계한 반원형의 복합단지인 아르크-에-세낭 왕립제염소와 연결되어 있다. 이들은 프랑스 소금 추출역사의 산 증거가 되며 이곳에 건립된 르두(Ledoux) 박물관에서 이를 확인할 수 있다. 2009년 확대지정에는 살랭-레-뱅(Salins-les-Bains) 제염소가 추가되었다.

13. 낭시의 스타니슬라스 광장, 카리에르와 알리앙스 광장(Place Stanislas,

Place de la Carriére and Place d'Alliance in Nancy: 문화, 1983):

파리의 동남쪽 370km 떨어진 로렌(Lorraine) 주 낭시에는 프랑스에서 가장 아름다운 도시, 스타니슬라스(125m×106m, 검은 돌을 교차시켜 끼어 넣은 가벼운 돌로 鋪裝), 카리에르, 알리앙스 광장과 아르누보 건축으로도 유명한 스타니슬라스 궁전이 있다. 세 개의 광장과 주위 기념물들은 서기 1734년 폴란드-리투아니아 공화국 왕을 두 번이나 퇴위를 당하고 서기 1737년 로렌 공작 작위를 받은 루이 XV세(서기 1710년-서기 1774년)의 장인인 스타니슬라스(Stanislas Leszczyński, 서기 1677년-서기 1766년)의 머릿속에서 나온 것이다. 왕립건축가 엠마뉘엘 에레 드 코르니(Emmanuel Héré de Corny, 서기 1705년-서기 1763년)가 설계했는데 통치자의 권위와 기능을 한꺼번에 고려한 수도를 만들려고 한 도시 설계의 작품이었다. 그는 또 匠人 장 라무르(Jean Lamour)와 조각가 기발(Guibal)과 시플레(Cyfflé)의 도움도 받았다.

이곳의 명칭은 스타니슬라스의 이름을 따서 서기 1752년-서기 1756년에 건설하였다. 광장 주위에는 조각, 분수, 개선문(Triumphal Arch, 서기 1754년-서기 1756년 건립), 오페라 극장(전 추기경의 궁전, 서기 1778년 툴/Toul에서 이곳으로 옮김), 법원, 도서관, 식물원, 시청(Hôtel de Ville)과 정부청사(Hôtel du Gouvernement)와 같은 공공 기능을 염두에 둔 건물로 장식되었다. 그리고 광장은 돌로 포장해 모두 걸어서 갈 수 있도록 설계되었다. 특징 있는 것은 장 라무르가 금도금으로 손질한 철문이다. 스타니슬라스 광장은 7개의 정자로 둘러싸여 있으며 가장 큰 것이 시청(Hôtel de Ville)이며 작은 것은 살롱 카레(Salon Carré), 그랑 살롱(Grand Salon), 주택 등이다. 이곳은 서기 12세기-서기 18세기까지 로렌 공화국의 수도였다. 알리앙스 광장은 매우 작으며 로렌과 프랑스 왕립하우스의 이름을 땄다. 카리에르 광장은 서기 18세기 낭시에서 거행된 토너먼트(tournament) 경기인 馬上 창 시합을 할 수 있도록 설계되었다.

14. 생-사뱅-쉬르 가르탕프 교회(Saint-Savin-sur Gartempe Church: 문화, 1983):

로마네스크 양식의 시스틴 교회(Romanesque Sistine Chapel)로 알려진 생-사뱅-쉬르 가르탕프 교회의 역사는 샤를르마뉴 대제(서기 747년-서기 814년) 때 5세기에 순교한 생 사뱅과 시프리앙(Cyprian)의 유해를 마르무티에(Marmoutier)의 대수도원장인 대딜리우스(Daidilius)가 기적처럼 발견함으로부터 시작한다. 그는 교회에 이 유해를 모실 납골당을 만들라고 명한다. 그래서 당시의 납골당이 이 수도원 지하에 보관되고 있다. 우연히도 샤를르마뉴 대제가 이 수도원 근처에 성을 지어 바이킹의 침공 때 이 수도원이 약탈을 당하지 않았고 서기 9세기-서기 10세기 생 사뱅과 시프리앙의 유해는 현재의 수도원으로 옮겨졌다. 이 수도원은 서기 11세기에 로마네스크양식으로 다시 지어졌으며 서기 11세기-서기 12세기 내부에 그려진 벽화는 아직도 아름답고 원형 그대로 잘 보존되어 있다. 첨탑은 서기 14세기에 추가되었다. 종탑의 높이는 80m에 이른다.

15. 퐁 뒤 가르 로마시대 수로(Pont du Gard-Roman Aqueduct: 문화, 1985):

기원전 1세기 말경 로마의 건축가와 수로기술자들이 프랑스 남부 님므(Nimes)의 고르동(Gordon) 강 위에 다리 겸 지어놓은 로마의 수로(水路)로 3단으로 높이 49m, 길이가 275m에 이른다. 그리고 서기 1702년 支柱들이 다시 복원되고, 서기 1743년 프랑스 기술자 앙리 피토(Henri Pitot)가 이 옆에 새로운 다리를 놓고, 서기 19세기 중반 나폴레옹 III세 때 관광의 목적으로 최종적으로 복원되었다.

16. 스트라스부르 구시가지(Strasburg—Grande Isle: 문화, 1988):

프랑스 동북부 독일과 프랑스의 국경지대 알자스(Alsace)에 위치하며 독일의 영향이 많이 보이는 곳으로 중세도시의 특징을 보여주는 일(île) 대성당과 4개의 고대 교회, 호안 팔레(Palais Rohan) 등의 기념물이 있다. 이곳에서 태어난 발트토이펠(Émile Waldteufel, 서기 1837년 12월 9일-서기 1915년 2월 12일)은 서기 1882년 스케이터스 왈쯔(The Skaters, Les Patineur Valse, op.183)를 작곡하였다.

17. 파리의 센 강변(Banks of the Seine in Paris: 문화, 1991):

파리의 로마시대부터의 옛 이름은 뤼테스(La Lutèce)이다. 북 프랑스 디종(Dijon)에서 출발하여 파리를 관통해 영국 해협으로 흘러가는 총 길이 127km의 센 강변을 따라 나있는 파리의 역사와 발전과정을 보여주는 다리와 여러 문화재 건축물을 말한다. 37개의 다리 중 파리 시내에 있는 퐁 루이-필리프(Pont Louis-Philippe)와 퐁 뇌프(Pont Neuf, 서기 1607년), 콩코르드 다리와 오벨리스크[테베 룩소르에 있던 람세스 II세의 쌍둥이 오벨리스크 중 하나이며 1829년 이집트 총독 메메트 알리(Mehmet Ali)에 의해 기증받아 현재 파리의 콩코르드(Concorde) 광장에 세워져 있음], 알렉산더 3세 다리, 퐁 데 자르(Pont des Arts, 예술가의 다리)가 유명하며 그 외에도 노트르담 대성당(고딕성당, 서기 1163년 루이 7세 때 시작하여 서기 1345년 완공, 나폴레옹 황제의 대관식이 거행됨), 오페라 가르니에(오페라좌), 나폴레옹의 궁전이었던 루브르 미술관(레오나르도 다 빈치의 모나리자와 미로의 비너스 상 등이 전시, 나폴레옹의 조카인 나폴레옹 III세의 거실이 있음)과 앵발리드[돔 성당, 나폴레옹 황제(서기 1769년-서기 1821년)관이 모셔져 있음], 몽테뉴 거리, 개선문이 있는 샹젤리제 거리, 파사주 데 파노라마 골목길/상업지구, 노트르담 시장, 베르사이유 궁전과 정원[루이 14세(Louis XIV, 서기 1638년-서기 1715년)부터 루이 16세(서기1754년 8월 23일-서기 1793년 1월 21일)까지 거주했던 궁전으로 서기 1661년에 착공하여 서기 1682년 5월 6일 완성함. 베르사이유 성(Château de Versailles)으로 알려져 있다], 마리 앙투아네트(Marie Antoinette, 서기 1775년 11월 2일-서기 1793년 10월 16일, 단두대에서 사라진 2,782명의 명단이 있음)가 단두대에서 사라지기 전 유폐되었던 콩시에르주리(Conciergerie궁, 루이 16세와 마리 앙투아네트의 예배당과 근위병 대기실이 있음)와 현재 없어진 마레 지구의 탕플 탑(Tower of Temple in the Marais) 등도 포함된다. 그 중 만국박람회(Universal exposition)와 불란서혁명 100주년 기념을 계기로 서기 1889년 3월 31일 관람을 시작한 철근만으로 만들어진 에펠탑(iron lattice tower, Gustave Eiffel의 설계)은 높이 324m(서기 1930년까지 세계에서 제일 높음)로 현재 전망대와 방송통신용 탑으로 이용되고 있다. 파리와 프랑스를 대표하는 가장 중요한 상징으로 여겨지고 있다.

18. 노트르담 성당과 생 레미 수도원 및 토 궁전(Cathedral of Notre-Dame, Saint Rémi Abbey and Palace of Tau: 문화, 1991):

랭스(Reims)에는 노트르담 성당과 생 레미 수도원 및 토 궁전이 위치하는데, 랭스 대성당으로도 불리우는 노트르담(우리의 귀부인이라는 뜻으로 성모 마리아를 의미함) 대성당은 로마 가톨릭 교회 건물로 파리 대주교좌 성당으로 사용되고 있으며 프랑스 고딕성당의 대표 예 중의 하나로 외벽의 조각장식과 건축이 잘 어우러지고 있다. 서기 1163년 루이 VII세(서기1137년-서기 1180년) 때 시작하여 서기 1345년 완공을 본 노트르담 대성당은 서기 13세기의 가장 뛰어난 신 건축기법으로 건립된 고딕예술의 걸작이다. 여기에는 프랑수아 앙리 크리코가 서기 1700년대에 설치한 파이프 오르간이 있다. 탑의 높이 81m, 성당 내부의 길이 138.75m, 폭 30m, 넓이 약 4.5ha, 그리고 5개의 종이 설치되어 있는데 남쪽의 2개 중 로렌 추기경이 기증한 샤를로트(Charlotte, Charles, Cardinal of Lorraine, 서기 1570년)란 이름을 가진 종은 무게가 11톤이 나간다. 생 레미 수도원에는 프랑스 왕들에게 神權帝王式[the Holy Anointing, 서기 496년 Clovis(서기 481년-511년)가 여기서 세례를 받음]을 제도화한 성 레미(서기 440년-서기 553년) 대주교의 유물과 9세기경의 본당 회중석이 보존되어 있다. 종교의식 특히 프랑스 왕들의 戴冠式에서 중요한 역할을 했던 대주교가 살던 토 궁전은 거의 대부분 서기 17세기에 복원된 것이다. 이 랭스(Reims) 대성당은 아미앵 대성당(Cathedral of Our Lady of Amiens), 샤르트르(Chartres Cathedral) 성당과 함께 프랑스의 서기 13세기를 대표하는 최대 규모의 고전적인 고딕 건물로 고딕건축의 발전과정을 살펴보는데 중요한 역할을 한다. 그러나 서기 2019년 4월 15일(월, 한국시간 16일 화) 원인을 알 수 없는 대화재가 나 상징적인 첨탑(aspire)이 무너지고 지붕이 불타 현재 복원중이다.

19. 부르주 대성당(Bourges Cathedral: 문화, 1992):

부르주에 위치한 부르주 대성당은 성 스테판(St. Stephen)에게 헌정된 곳으로 샤르트르(Chartres Cathedral, 서기 1194년-서기 1120년) 성당과 비슷한 연대인 서기 1195년에 건립이 시작되어 서기 1225년에 완공을 보았다. 성가대석은 서기 1225년, 중앙 내부는 서기 1250년, 서쪽 벽면은 서기 1270년에 완성되었다. 이것을 설계한 건축가는 폴-루이 뵈스윌왈드(Paul-Louis Boeswillwald), 시공한 장인은 필리프 베뤼예(Philippe Berruyer)였다. 이 성당은 당시 고딕건축의 최대 걸작품 중의 하나로

균형과 비례, 디자인, 정문 牏栱의 삼각면(Tympanum of central portal)의
조각품들, 외벽의 조각과 내부의 벽화와 스테인드 그라스가 무척 뛰
어난다. 성당의 중앙 내부의 길이 37m, 폭 15m, 아치기둥(arcade)의 높
이는 20m로 내부 복도의 높이 21.3m, 외부 복도의 높이는 9.3m이다.

20. 아비뇽 역사지구(Historic Centre of Avignon: 문화, 1995):

프랑스 남부 아비뇽의 교황청은 서기 1303년 필립 4세와 교황 보니
파시오 8세 사이와 대립 중 프랑스군이 아나니에 있는 교황을 습격한
아나니 사건과 신성로마제국의 하인리히 VII세의 침략(서기 1310년-서
기 1313년)을 받아 교황이 바티칸에 가지 못하고 이곳에서 서기 1309
년부터 서기 1377년까지 교황이 머무른 시기를 말한다. 이 교황청
(Palace of the Popes)에는 7대의 교황이 거주하였다. 그들 교황은 클레멘
스 V세(서기 1305년-서기 1314년), 존 XXII세(서기 1316년-서기 1334년), 베
네딕토 XII세(서기 1334년-서기 1342년), 클레멘스 VI세(서기 1342년-서기
1352년), 인노체시오 VI세(서기 1352년-서기 1362년), 우르바노 V세(서기
1362년-서기 1370년)와 그레고리오 XI세(서기 1370년-서기 1378년)이다.
현재 교황청 내부는 텅 비어 있으며 예배당과 회랑만 남아있다. 교
황청 성벽은 높이 50m, 두께 4m의 거대한 요새와 같다. 그리고 이곳
은 궁정(Place du Palais), 교황궁(Palais des Papes), 노트르담 성당(Cathedral
of Notre-Dame des Doms), 소궁(the Petit Palais), 시앙의 종루(the Tour des
Chiens), 요새(the Ramparts), 생-베네제교(Saint-Benezet Bridge/아비뇽 다
리, 서기 12세기)가 유명하다.

21. 미디 운하(Le Canal du Midi: 문화, 1996):

서기 1667년에서 서기 1694년에 완공된 지중해와 대서양을 연결하

는 360km의 항해를 할 수 있는 '두 바다의 운하'라는 뜻을 지닌 미디 운하는 항해 도중 328개의 水門, 水路, 橋梁, 터널 등과 같은 機關·構造物을 만나게 되는데 이는 현대의 가장 괄목할 만한 업적 중의 하나로 서기 1750년의 산업혁명에 이르는 길을 터놓았다. 피에르-폴 리케(Pierre-Paul Riquet)가 이것을 고안하고 시공했는데 운하 주위의 자연환경과 미적 조화를 이루는 건축적 조경과 경관을 한꺼번에 얻는 기술적인 성과를 보였다. 운하는 가론(Garonne) 강에서 지중해의 에탕 드 토(Étang de Thau)로 연결되고, 가론 운하를 따라 되 메르(Deux Mers) 운하가 만들어져 대서양으로 흘러간다. 운하는 툴루즈(Toulouse) 시로부터 아래로 흘러 운하의 동쪽 지중해 쪽의 關門인 세트(Séte)로 흘러간다. 다시 말해 대서양의 툴루즈 시에서 지중해의 에탕 드 토까지 가는 코스로 그 사이에 되 메르와 가론 운하를 지나게 된다. 이 운하를 만든 목적은 서기 17세기 당시 적대적인 스페인의 해안을 돌아가는 한 달간의 장기항해를 피하는 지름길을 만드는데 있었다. 가는 도중 아그드(Agde) 수문, 베지에(Béziers)의 퐁세란(Fonsérannes) 수문, 옹글루(Onglous) 등대, 말파(Malpas) 세계 최초의 운하 터널 등을 지난다.

22. 카르카손 역사 요새 도시(Historic Fortified City of Carcassonne: 문화, 1997):

불란서 남부 카르카손에는 기원전 12,000년의 니오[Niaux 동굴벽화, 약 300개체의 뼈가 발견된 신석기시대의 거석분묘(megalithic tomb)]의 하나인 집단묘(collective tomb)가 발견되었고, 로마시대 이전부터 카르카손 언덕에 요새화된 주거지도 형성되었다. 그리고 주위에는 서기 11세기-서기 13세기경 중세 요새도시로 고성이 많이 보인다. 특히 서기 1209년 바티칸에서 교황 이노센트[Innocent III세(서기 1198년-서기 1216

년)]는 이곳 카타르(Cathar)교 주민들을 이교도(Catharism)로 몰아 십자 군원정대(Crusading army of Simon de Montfort/Albigensian Crusade: 서기 1209 년-서기 1255년)를 보냈으나 이들은 오스타니아(Ostania) 왕국을 만들 어 끝까지 저항한 역사적 사실로도 잘 알려져 있다. 카르카손을 포 함한 랑그독(Languedoc) 지역에는 케리뷔스(Queribus), 페르페르튀즈 (Peyrepertuse), 카바레(Cabaret), 테르므(Termes), 아길라(Aguila), 퓌베르 (Puivert), 최후의 저항지 몽세귀르(Montsegur) 성 등이 많으나 그중에서 렌(Rennes) 성은 베랑제 소니에르(Bérenger Saunière) 신부(서기 1852년-서 기 1807년)가 서기 1885년-서기 1909년 이곳 교구에 근무하면서 많은 금화를 발견했다는 소문 덕에 템플/템플 기사단(Knight Templar)과 성 배(Holy grail)와 관련이 많아졌다. 그리고 다 빈치 코드(Dan Brown's The Da Vinci Code, 2003)란 책이 나오고부터 예수(Jesus Christ), 마리아 막달 레나(Maria Magdalene), 템플 기사단, 부르봉(Bourbon) 왕가와 같은 역사 적 단어들이 이곳과 복잡하게 얽히게 되었다.

23. 리옹 유적지(Historic site of Lyon: 문화, 1998):

로마제국시대인 기원전 43년 뤼그두눔(Lugdunum, 리옹의 설립자는 Lucius Munatius Plancus임)이란 이름으로 Three Gauls의 수도였고 그 이 후에도 프레스킬(Presqu'île)을 형성하는 역사중심지로 합류하는 손 (Saône) 강과 론(Rhône) 강으로 둘러싸이고 서쪽으로는 푸르비에르 (Fourvire, the hills that prays란 의미), 북쪽으로 크루아-루스(Croix-Rousse, the hill that works이란 의미)를 포함하는 전략적 요충지에 위치하고 있어 유럽의 정치, 문화, 경제발전 특히 무역에 중요한 역할을 하였던 프랑 스 제 2의 도시로 도시의 구조와 많은 역사적 건물들이 생생하게 남 아있다. 로마시대에는 여러 길이 모이는 중심지로 로마정부의 사령부도 있었다. 이곳은 또 비단, 금융과 인쇄로 잘 알려졌다. 서기 476년 로마제국의 멸망 이후 리옹 시는 로타링기아(Lotharingia, 서기 855년-서기 939년), 브루군디(Brugundy), 신성로마제국(the Holy Roman Empire, 서기 800년-서기 1806년)과 프랑스왕국의 일부가 되고, 서기 16세기 이후 전통적인 리옹 지구인 크루아-루스와 푸르비에르 지구를 벗어나 확장하게 되어 사람이 거주하던 2,000년간의 도시 역사를 생생하게 보여주고 있다. 로마구역, 푸르비에르, 르네상스 지역(Vieux-Lyon), 서기 12세기 이후 현대까지 프레스킬(Presqu'île)의 비단지구인 크루아-루스 山麓 등 4개 지구가 리옹의 역사를 대변한다. 푸르비에르 언덕의 로마시대의 극장, 대주교의 본당인 생-장(Saint-Jean) 성당도 잘 알려져 있다.

24. 콤포스텔라의 산티아고 길(The Routes of Santiago de Compostela: 문화, 1998):

스페인의 콤포스텔라의 산티아고 길[Camino de Santiago(the Way of St. James)]은 서기 1987년 유럽위원회에서 유럽 첫 번째의 문화 순례의 길로 선언하였는데 이는 프랑스에서 스페인의 콤포스텔라(Santiago de Compostela) 성당(이곳에는 서기 813년에 발견된 성 야곱의 관이 안치되어 있으며 이로 인해 알폰소 II세가 그 위에 성당을 지었다)에 이르는 순례의 길이며 길을 따라 종교적이던 세속적이던 간에 역사적으로 흥미 있는 1,800여 개의 건물이 있다. 이 순례는 중세시대 이베리아 반도와 유럽의 여타 지역 간의 문화적 교류라는 중요한 역할을 하였으며 이 길은 유럽 전 지역과 모든 계급의 사람들에게 기독교 신앙의 힘이 얼마나 큰지를 보여준다. 스페인 서북부 콤포스텔라 성당에 이르는 두 달반의 모두 1,600km 순례의 길은 서기 12세기부터 내려온 고전적인 방식를 따르면 프랑스 중남부의 르 퓌(Le Puy)가 전통적인 출발점이 된다. 전통적 순례코스인 Camino de Santiago(the Way of St. James)는 Le Puy(전통적 출발점)/또는 Tour, Vezelsy, Arles에서 출발→ Biaritz 근처의 St. Jean-Pied-du-Port→ Pamplona→ Burgos→ Leon→ Santiago de Compostela 성당과 St. James의 무덤에 이른다. 아미앵 대성당(Amiens Cathedral), 샤르트르 대성당(Chartres Cathedral), 베즐레(Vézelay) 대성당과 부르고스 대성당(Burgos Cathedral)도 순례코스 중의 하나이다.

25. 생-테밀리옹 포도재배 지구(The Jurisdiction of Saint-Emilion: 문화, 1999):

아키텐(Aquitaine) 주 지롱드(Gironde) 현 보르도(Bordeaux) 근처 생-테밀리옹(Saint-Emilion) 지역의 포도 재배는 서기 2세기경 로마인들에 의해 처음 소개가 되었으며 중세시대는 집중적으로 경작이 이루어졌다. 서기 4세기에 로마시인 아우소니우스(Ausonius)가 이 지역의 많은 포도 수확을 노래했다. 이 지역은 기독교 순례자들의 콤포스텔라의 산티아고 길(The Routes of Santiago de Compostela)의 길목에 위치해 있어 많은 혜택을 누리고 있다. 여기에는 교회, 수도원, 순례자를 위한 숙소가 서기 11세기 이래 많이 지어졌다. 서기 12세기 영국의 지배를 받을 때 사법권(Jurisdiction)의 특혜를 받았다. 이 지역과 마을에 산재한 많은 역사적 기념물과 함께 포도재배의 경관은 뛰어나다. 생-테밀리옹 지역은 메독(Médoc), 포므롤(Pomerol), 그라브 & 프삭-레오냥(Graves & Pessac-Léognan)과 함께 보르도의 4대 赤포도주 생산지이다.

26. 벨기에와 프랑스의 종루(Belfries of Belgium and France: 문화, 1999/2005 확대지정):

플란더스(Flanders)와 왈로니아(Wallonia)의 종루 그리고 2005년 확대

지정한 프랑스 북부의 노르-파 드 칼레(Nord-pas de Calais)와 피가르디(Picardie) 그리고 벨기에 왈롱(Wallon) 지역의 장블루(Gembloux)에 있는 모두 56기의 鐘樓는 서기 11세기-서기 17세기 중세시대에 지어진 것으로 로마네스크, 고딕, 르네상스, 바로크의 건축양식을 보여준다. 그들은 마을 중심에 세워져 도시화 되어가는 마을, 교회와 관계를 맺고 있다. 그래서 이 종루들은 점차 마을주민들이 자유를 획득하는데 대한 중요한 증거물도 된다. 또 이들은 중세시대의 封建制度에서 벗어나 도시의 중요성을 점차로 강조해나가는 상징성을 지니고 있다. 현재 남은 것 중 가장 오래된 것은 서기 13세기에 지어졌는데 잦은 화재로 인해 재료를 나무대신 돌로 지어 시간이 지나면서 방형의 튼튼한 종루가 생겨나게 되었다. 서기 14세기-서기 17세기에는 종루의 방어적 성격도 없어지고 대신 바로크 양식의 영향을 받아 종루의 폭이 좁아지게 되었다. 이탈리아, 독일, 영국과 서북쪽의 유럽의 마을들도 마을회관을 지으면서 종루의 존재를 강조하였다. 도시화하는 마을의 유지와 종루의 설립은 영주, 교회와 시의회의 권력을 상징한다. 수 세기 동안 마을 주민들은 종루를 세움으로서 마을의 영향력과 부를 나타내게 되었다. 이런 종루는 현재 브루게스(Bruges/Belfort), 안트워프(Antwerp), 겐트(Ghent), 몽(Mons), 투르나이(Tournai), 불로뉴-쉬르-메르(Boulogne-sur-Mer), 아브빌(Abbeville) 등지에서 발견할 수 있다.

27. 프로뱅 중세도시 상가지역(Provins, Town of Medieval Fairs: 문화, 2001):

프로뱅의 요새화된 중세의 도시는 강력한 샴페인(Champagne) 백작들의 영지에 속해 있었으며 중세 유럽경제에 중요한 샴페인 박람회의 하나로 잘 알려져 있다. 이곳은 국제박람회와 수공업과 毛織物

산업화 속에서 발전해 나왔다. 프로뱅의 도시구조는 국제박람회와 그와 관련된 행사를 치루기 위한 적합한 구조로 발전했다. 현재 시저/세자르(Caesar, Tour César) 탑과 성벽을 포함한 요새, 상·하 마을이 잘 남아있다. 가장 큰 도시는 몽트로-포-욘(Montereau-Fault-Yonne)이며, 그곳에 있는 생 키리아스(Saint Quiriace Collegiate) 교회는 서기 12세기에 건립을 시작했으나 경제적 문제로 완성되지 못하고 돔은 서기 17세기에 덮어 씌어졌다.

28. 피레네 산맥의 몽 페르뒤 지역(Pyrénées-Mont Perdu: 복합, 1997/ 확대지정, 1999):

프랑스와 스페인의 국경지대인 31,189ha의 북쪽의 圈谷지대, 남쪽의 片巖으로 이루어진 高原지대와 20km 이상 뻗어있는 경사 급한 해발 3,000m 이상의 石灰岩 斷層地塊인 피레네산맥 중앙지역은 動·植物·自然環境의 寶庫뿐만 아니라 산악지대 환경에 대한 인류의 적응도 중요하다. 사람이 살던 주거지, 環狀列石, 支石墓와 40,000년-10,000년 전 후기구석기시대의 사람들이 살던 동굴유적도 발견된다. 그리고 콤포스텔라의 산티아고 순례자의 길[중세시대 순례자의 길, the Way of St. James(the Camino de Santiago)]도 이곳을 지나며 아직도 행해지는 移動牧畜은 문화의 교류도 가능케 한다.

29. 오귀스트 페레가 재건축한 아브르 항구도시(Le Havre, the City Re-built by Auguste Perret: 문화, 2005):

세계제2차대전 중 파괴된 노르망디 영불해협의 르 아브르(Le Havre) 시를 건축가 오귀스트 페레(Auguste Perret)를 중심으로 하여 서기 1945년-서기 1964년까지 재건하여 행정, 산업, 문화적 중심지로 만들었다. 方格形으로 구획된 새로운 도시계획, 조립식 가옥 부품의 사용, 유용한 콘크리트 자재들의 혁신적 이용에 발맞추어 현존하는 역사적 건물들도 조화를 잃지 않도록 배려하여 새로이 복원되는 도시의 모델이 된다. 이곳은 2차대전 당시 심한 포격을 받아 5,000명이 죽었고 8만 명 이상이 집을 잃었었다.

30. 달의 항구, 보르도(Bordeaux, Port of the Moon: 문화, 2007):

　프랑스의 서남부 '달의 항구'인 보르도 시의 항구도시는 서기 18세기 계몽주의 시대에 만들어진 도시와 건축물의 조화를 이룬 뛰어난 곳으로 그 가치는 서기 20세기 초반까지도 인정받게 되었다. 그리고 파리를 제외하고는 가장 많은 역사적 건물이 보존된 곳이기도 하다. 서기 12세기 이후 영국, 유럽 내륙지역과의 교역을 통해 문화교류의 중요한 역할을 했던 곳이기도 하다. 서기 18세기 초 이후 도시계획과 건물의 조화를 이루어 고전과 신고전양식을 조합한 혁신적인 도시의 예가 되었다. 도시의 형태는 인본주의, 보편성과 문화라는 틀에 부어 만든 계몽주의의 철학자들의 이상이 깃든 도시이기도하다. 이곳에는 팔레 갈리앙(Palais Gallien, 서기 2세기말의 로마원형극장), 부르스 궁(Bourse, 서기 1730년-서기 1775년), 생-탕드레 성당(Saint-André, 서기1096년), 생 피에르(St. Pierre)와 십자가(Holy Cross) 교회 등의 건물들이 있다.

31. 보방 요새(fortifications of Vauban: 문화, 2008):

　이 요새는 프랑스 서부, 북부와 동부 해안가를 따라 만든 12개의 방어요새 중의 하나로 루이 XIV세의 군사 공병(工兵) 기술자의 한 사람인 세바스티앙 보방(Sébastien Le Prestre de Vauban, 서기 1633년-서기 1707년)에 의해 세워졌다. 요새, 도시 甕城과 望樓, 산과 바다에 세

워진 한 쌍의 요새, 두 개의 산을 연결하는 통신건축물 등 유럽 서부
의 전형적인 고전주의 군사 건축물로 서기 19세기 중반까지 유럽과
다른 대륙 城郭築造史에서 중요한 역할을 하였다. 등재된 12개소의
요새 관련시설은 다음과 같다.

Arras: citadel

Besançon: citadel, city walls and Fort Griffon

Blaye-Cussac-Fort-Médoc: citadel of Blaye, city walls, Fort Paté and
    Fort Médoc

Briançon: city walls, Redoute des Salettes, Fort des Trois-Têtes, Fort du
    Randouillet, ouvrage de la communication Y and the Asfeld Bridge

Camaret-sur-Mer: Tour dorée(lit. "Golden Tower") aka. Tour Vauban

Longwy: ville neuve

Mont-Dauphin: place forte

Mont-Louis: citadel and city walls

Neuf-Brisach: ville neuve/Breisach(Germany):

gateway of the Rhine

Saint-Martin-de-Ré: city walls and citadel

Saint-Vaast-la-Hougue/Tatihou: watchtowers

Villefranche-de-Conflent: city walls, Fort Libéria and Cova Bastera

32. 알비 대주교의 시(Episcopal City of Albi: 문화, 2010):

프랑스 서남부 타른(Tarn) 강둑에 자리 잡은 알비 옛 도시는 중세시
대와 현대의 건물이 절묘하게 조화를 이루고 있다. 오늘날 옛 다리
(Pont-Vieux), 생-살비 지구(Saint-Salvi)와 교회는 서기 10세기-서기 11
세기에 처음 만들어졌다. 서기 13세기 카타르 지역 이교도를 공격한

알비장시앙 십자군(Albigensian Crusade) 이후 대주교의 도시가 되었다. 즉 서기 1209년 바티칸에서 교황 인노체시오[Innocent III세(서기 1198년-서기 1216년)]는 이곳 카타르(Cathar)교 주민들을 이교도(Catharism)로 몰아 십자군원정대(Crusading army of Simon de Montfort/Albigensian Crusade: 서기 1209년-서기 1255년)를 보냈으나 이들은 오스타니아(Ostania) 왕국을 만들어 끝까지 저항한 역사적 사실로도 잘 알려져 있다. 서기 13세기 말 이 지방에서 구워진 붉은 빛과 오렌지색의 벽돌로 프랑스 남부의 독특한 고딕양식으로 지은 우뚝 솟은 요새화한 성당은 로마 교황청으로부터 얻은 권력을 도시에 마음껏 뽐내었다. 대주교의 궁전(Palais de la Berbie)과 성당은 옆 강을 내려다보며 중세시대 서민들의 주택에 둘러싸여 있다. 알비 대주교의 도시는 기념물과 주택지구가 서로 연결되고 동질성을 갖고 있으면서 수세기 동안 변하지 않은 채로 내려왔다. 현재 세실(Cecile) 성당이 잘 남아 있다.

33. 지중해 농업-목축 문화경관인 코스와 세벤(The Causses and the Cévennes, Mediterranean agro-pastorl Cultural Landscape: 문화, 2011):

302,319ha 규모의 프랑스 남부 石灰質 高原은 깊은 계곡으로 형성되어 있어 케이블카(draille, 鋼鐵線, 控索)와 가축을 모는 길을 통하여 농업-목축 체계와 생물-물리학적 관계를 잘 보여주고 있다. 코스의 깊은 단구 위에 형성된 마을과 돌집의 농가들은 서기 11세기 이후의 수도원과의 밀접한 관계를 반영한다. 이 고원 안에 있는 로제르 산(Mont Lozère)은 여름 가축을 옮기는 마지막 장소이다.

34. 알프스 산맥 주위의 선사시대 掘立柱式집(Prehistoric Pile dwellings

around the Alps: 문화, 2011):

알프스 산맥 주위의 오스트리아, 프랑스, 독일 이탈리아, 슬로베니아와 스위스에 111개소의 개별적인 유적에서 말뚝을 박아 높이 지은 掘立柱式집(pile dwellings, stilt houses)들이 발굴되었는데 원래 기원전 5000년-기원전 500년 호수가, 강가와 저습지에 살던 유럽인들이 지은 湖上住居의 형식이다. 발굴에서 나타난 증거들은 알프스 산맥 주위의 신석기와 청동기시대 사람들이 자연환경에 어떻게 적응하면서 살았는지를 보여준다. 그중 56채가 스위스에서 발굴되었다. 이들은 잘 보존이 되어 있으며 유럽 초기 농업사회를 연구하는데 중요한 고고학 자료가 된다(→ 스위스 7항을 참조 할 것).

35. 노르-파 드 칼레 탄광분지(Nord-Pas de Calais Mining Basin: 문화, 2012):

서기 1700년-서기 1900년의 3세기 동안 석탄을 채굴하면서 훌륭한 경관이 형성된 이 유적은 12,000ha의 넓이에 109개의 독립적인 요소로 이루어지고 있다. 이 유적은 사회활동, 학교, 교회, 의료와 공공시설, 회사 사옥, 소유자와 관리인의 숙소, 공회당을 포함하여 서기 1850년에 만들어진 가장 오래된 炭坑에서 위로 올리는 昇降지원시설, 90ha에 높이 40m가 넘게 쌓인 슬래그(석탄찌꺼기)더미, 석탄운반시설, 철도역, 작업인부의 숙소 등을 포함한다. 이곳은 서기 19세기에서 서기 1960년대 중반까지 여타 광산작업장의 모델이 되면서 아울러 유럽산업의 역사도 함께 보여준다. 이곳은 작업인부들의 생활조건과 그로부터 파생되는 유대관계에 대한 기록이다.

36. 퐁 다르크/쇼베-퐁 다르크 동굴벽화(Decorated Cave of Pont d'Arc,

known as Grotte Chauvet—Pont d'Arc, Ardéche, 문화: 2014):

　남부 프랑스 아르데슈(Ardèche)에 있는 이 쇼베-퐁 다르크 동굴(Chauvet -Pont d'Arc cave)벽화는 서기 1940년 도르도뉴(Dordogne) 현 몽티냑(Montig-nac) 마을에서 발견된 후기구석기시대의 마그달레니안(Magdalenian) 문화기(기원전 16000년-기원전 8000년)를 대표하는 라스코(Lascaux, 기원전 15000년-기원전 14500년) 동굴벽화보다도 15,000년 이상 더 오래된 약 32,000-30,000년 전에 만들어진 것으로 세계에서 제일 오래되었으며 또 후기구석기시대의 생활상에 대해서도 많은 자료를 보여준다.

　동굴 속에서 불을 켜면 석회암 동굴 벽 틈을 가로질러 어두운 곳에서 사자, 곰, 맘모스, 들소들이 나타난다. 그리고 당시 벽화를 제작하던 선사인들의 손과 발의 흔적이 진흙에 남겨져 있는데 이는 이 유적의 영원성과 아울러 선사시대 예술가들과 이 어진 靈的인 끈이다. 과거 수 만년 동안 아무도 들어가 보지 못한 자연이 만든 거대 한 聖堂인 쇼베-퐁 다르크(the Chauvet-Pont d'Arc)동굴은 아직도 당시 그대로의 신선함을 유지하고 있다. 지름길인퐁 다르크의 자연이 만들어 준 거대한 석교를 넘어 아르데슈(Ardèche)의 발롱-퐁-다르크(Vallon-Pont-d'Arc)에 있는 에스트르 콩브(Estre Combe)를 따라 가면 마치 시간이 과거에서 이미 정지해 있는 듯하다. 서기 1994년 12월 18일 장-마리 쇼베(Jean-Marie Chauvet), 엘리에트 브뤼넬(Eliette Brunel)과 크리스티앙 일레르(Christian Hillaire) 세 명의 이 지방 탐험가가 32,000년 전에 만들어진 벽화, 조각과 화석화된 손·발자국을 발견하였다. 쇼베 동굴 유적의 이름도 장 마리 쇼베로 부터 따왔다. 여기에는 13종 425마리의 동물 벽화뿐만 아니라 벽화의 질, 사용된 기술, 32,000/36,000년이란 장구한 시간 때문에 고고학과 미술사학계를 놀라게 했다.

　프랑스 고고학자인 장 클로트(Jean Clottes)는 그림에서 검은 색, 횃불과 바닥의 검댕이를 시료로 방사성동위원소연대(C¹⁴)를 추출하여 이 유적이 후기구석기시대의 오리냐시앙[Aurignacian, 32,000B.P-30,000B.P.(오리냐시안기, Gifa 99776from "zone 10"의 샘플의 연대는 32,900±490B.P.이다)]과 그라베티앙(Gravettian, 27,000B.P.-25,000B.P.) 두 문화기에 속하고 있음을 밝혀냈다. 그라베티앙 문화기의 흔적은 어린아이의 왼쪽 발자국(足跡), 爐址, 동굴에 켰던 횃불에서 나온 검댕이를 포함한다. 어린애가 이 동굴을 방문한 후에는 서기 1994년 이 유적이 발견될 때까지 산사태 때문에 입구가 폐쇄되어 있었다. 이 어린아이의 족적은 이제까지 발견된 것 중 그 연대가 가장 올라간다. 이 굴 안에는 동굴 곰이 살던 흔적과 함께 앞발의 발자국도 남아있다. 이 동굴에서 발견된 13종의 화석화된 동물 뼈 중에는 동굴곰과 야생염소 머리뼈가 많이 포함된다. 말, 소, 맘모스 이외에도 동굴사자, 퓨마, 곰, 동굴 하이에나 등 육식동물들도 많다. 이 동굴벽화의 특징 중 부분적으로 陰部를 양다리 사이에 그려 넣은 비너스(Venus)의 그림을 제외하고는 인간의 모습을 담은 것이 하나도 없다. 이 비너스 그림 위에는 들소의 머리가 있어 半人半獸의 미노타우로스(Minotaur)란 합성된 그림을 연상하게 한다.

붉은 염료를 묻혀 손을 찍은 몇 개의 장면이 있으며 또 암벽 표면에 손을 대고 그 위에 염료를 입으로 뿌려 만든 손 무늬도 보인다. 선과 점 같은 추상적인 부호도 동굴 내에서 발견된다. 나비나 조류도 보이나 확인할 수 없는 그림도 보인다. 이러한 일련의 해독할 수 없는 그림들은 儀式, 샤만(巫敎, 薩滿, Shaman)과 呪術적인 주제로 생각된다. 독특한 그림들을 그려낸 이곳의 예술가들은 다른 곳에서 거의 볼 수 없는 기술 을 사용하였다. 대부분의 그림들은 암벽표면에 있는 부스러기나 응고물을 제거하고 작업하기 좋게 부드러운 표면을

프랑스 니스에 있는 떼라 아마따(Terra Amata, 38만년 전, 전기구석기시대) 구석기시대 박물관(홍미영 박사 제공)

만든 다음 그려졌다. 그림을 삼차원으로 또 움직이는 모습을 표현하기 위해 그림의 주위를 파내거나 蝕刻(etching, 에칭)의 기술을 사용하였다. 또 동물들이 서로 만나고, 뿔을 부딪치고 있는 털이 많이 난 한 쌍의 코뿔소의 장면은 영역권 다툼이나 짝짓기를 묘사한 듯 보인다.

이 유적은 서기 1994년 처음 발견된 이래 이전의 라스코(Lascaux, 기원전 15000년-기원전 14500년, 2만 년 전) 동굴벽화의 발견에서 얻은 경험으로 입구를 봉해 일반 사람의 접근을 엄격히 제한하고 있다. "Faux Lascaux"란 이름의 복제 동굴을 모델로 하여 쇼베 동굴의 복제품을 만들어 서기 2015년 4월부터 일반에게 공개하고 있다. 그리고 꼬스께(Cosquer) 동굴벽화는 27,000년 전, 알타미라(Altamira Niaux)는 18000-15000년 전으로 보고 있다.

37. 부르고뉴 지방의 기후, 토지(Climats, Terroirs of Burgundy/Bour-gogne, 문화: 2015):

토지(land)라는 의미의 테루아르는 지리, 지질과 일정지역의 기후가 한데 어울려 나타나는 특별한 성격으로 식물의 유전자와 상호작용을 하여 포도주, 커피, 담배, 초콜릿, 칠리 페퍼, 홉 열매, 용설란, 토마토, 유산 밀(heritage wheat), 단풍나무 시럽(maple syrup), 차와 마리화나 등의 농산품을 생산하게 된다. 테루아르의 개념은 프랑스 포도주에서 명칭과 포도주 법의 모델이 된 'Appellation d'origine contrôlée(AOC) system' [controlled designation of origin으로 프랑스 The Institut national de l'origine et de la qualité(Institut National des Appellations d'Origine, INAO)에서 프랑스의 포도주, 치즈와 버터 같은 농산품에 'Protected Designations of Origin(PDOs)'을 붙이는 인증제도]을 의미하게 된다. 그 중심은 포도는 자라고 있는 토지로부터 특유의 성질(맛)을 갖게 된다는 생각이다. 테루아르라는 이름하에 받는 영향과 범위는 포도주 산업에서 논쟁의 여지가 많다. 과거 수 세기동안 프랑스의 포도주 제조업자들은 다른 지역에서 나오는 포도주들의 맛의 차이, 포도밭의 차이, 심지어는 같은 포도밭 내에서도 다른 구역과의 차이와 같은 개념들을 발전시켜왔는데 프랑스 정부는 이러한 테루아르를 '토지에서 자라는 포도의 성장에 영향을 주는 토지의 독특한 모습'이라는 개념을 구체화하기 시작했다. 프랑스 이전의 포도주 제조업자들도 다른 지역에서는 물론 같은 포도에서도 다르고 독특한 포도주를 만들 수 있다는 생각을 갖고 있었다. 고대 그리스인들도 포도주를 담는 암포라 병에 원산지 확인 표시를 하였고 원산지에 따라 포도주의 급(명성)도 다르게 취급하였다. 프랑스 중앙에서 동쪽으로 약간 치우쳐 있으며 적포도주 산지로 잘 알려져 있는 부르고뉴(Bourgogne/Burgundy) 지방에서는 교육을 받은 원칙주의자들인 베네딕트(Benedictine)와 시토 수도회(Cistercian)의 신부들에 의해 포도가 재배되었다. 많은 경작지의 休耕과 함께 신부들은 여러 구획의 토지들이 각기 포도의 성장에 영향을 준다는 것을 관찰하였다. 그들은 심지어 토양을 맛보기도 하였다고 한다. 오랫동안 관찰한 결과들을 모아 각기 다른 테루아르의 경계를 만들어내기도 했는데 이는 오늘날에도 'the Grand Cru vineyards of Burgundy'로서 그대로 존재한다.

38. 발포성 샴페인 포도밭 언덕, 주택과 포도주 저장고(Champagne Hillsides, Houses and Cellars, 문화: 2015):

샴페인은 프랑스의 지역 명 샹파뉴의 영어식 표현으로 샹파뉴 지역 야산의 문화경관에서 생산되는 발포성 포도주로 알려져 있다. 오늘날 샴페인에는 "고급"과 "축제"라는 의미도 포함된다. 이제까지 세계문화유산의 등재에서는 포도밭 문화경관이 우수한 라보(Lavaux, Switzerland, 2007), 알토 도우로(Alto Douro, Portugal, 2001), 피쿠 섬(포르투갈령 아소르스/des Açores 제도 중 하나인 피쿠 섬/Pico, Acores/Pico Açores, 2004)이나 역사적 성격이 독특한 토카이(Tokaj, Hungary, 2002), 생-테밀리옹(St-Emilion, France, 1999)의 포도밭을 선정하였다. 그래서 '발포성 샴페인 포도밭 언덕, 주택과 포도주 저장고'라는 제목은 유네스코에 등재된 다른 나라들의 포도가 자라는 경관과는 다르다. 이는 샹파뉴의 모습과 포도 생산을 구체화시키기 위한 것으로 포도생산지역에서 농·산업의 발전 다시 말해 오늘의 샴페인이 나오기까지 인간과 자연 사이에 있어 필요한 치밀한 협동 과정을 보여준다. 샴페인 생산의 경우 포도가 자라는 지역에서 다양성과 특이함이 나타나는 일련의 장소들도 포함된다. 샹파뉴는 인간이 독특한 유산(지방, 도시와 지하)을 이용해 인간에는 결코 친화적이 못되는 白堊(chalk)층에서 세계적으로 인정받는 발포성 포도주를 생산하게 된다. 샹파뉴 AOC[프랑스 The Institut national de l'origine et de la qualité(Institut National des Appellations d'Origine, INAO)에서 프랑스의 포도주, 치즈와 버터 같은 농산품에 'Protected Designations of Origin(PDOs)'을 붙이는 인증제도]로 "appellation d'origine contrôlée"/"controlled designation of origin"라고 한다. 그리고 샹파뉴에서는 발포성 포도주가 아닌 코토 샹프누아/Coteaux Champenois라는 이름의 AOC를 사용하는 일반 포도주도 생산하고 있다). 319개의 샴페인 코뮌(프랑스, 벨기에 등의 최소 지방 자치체)을 대표하는 세 곳이 선정되었고 이곳을 통하여 발포성 포도주의 생산 작업, 숙성과정, 판매유통망을 보여준다.

① 마르느(Marne)계곡 반대쪽 오빌레르(Hautvillers)와 마뢰이-쉬르-아이(Mareuil-sur-Aÿ)사이 포도가 자라는 언덕으로 샹파뉴 지역에서 가장 오래됨

② 랭스(Reims)의 생-니케즈(Saint-Nicaise)위쪽에 만들어진 샴페인 집(Champagne Houses)으로 전시적인 역할도 하고 아직도 사용하는 백악 채석장의 지하 성당도 겸하고 있음

③ 에페르네 샴페인 길(Avenue de Champagne in Epernay)옆에 늘어선 포도주 생산 장소와 뒤섞여 있는 우아한 상업판매용 집과 '도시아래의 새로운 도시'를 형성하는 수 km의 연결망을 가진 지하 포도주 저장고

샹파뉴 경관협회(Association Paysages du Champagne)는 세계문화유산으로 등재된 "발포성 샴페인 포도밭 언덕, 주택과 포도주 저장고" 이외에도 프랑스의 포도가 자라는 경관의 지위를 보존하고 높이려고 집단적으로 노력하고 있으며 특히 샹파뉴의 경관은 이 지역 특색의 문화유산과 샴페인의 개발과정에서 나타난 발포성 포도주를 세계의 모델로 만든 인간의 기술혁신을 좀 더 잘 이해하게 한다.

마르느의 샹파뉴-아르덴(Champagne-Ardenne, Marne)에 위치한 '발포

성 샴페인 포도밭 언덕, 주택과 포도주 저장고' 14개의 명칭과 장소
는 다음과 같다.

1. Coteaux d'Hautvillers, Hautvillers

2. Caves coopératives d'Hautvillers, Hautvillers

3. Cave Thomas, Hautvillers

4. Coteaux d'Aÿ, Aÿ

5. Caves d'Aÿ, Aÿ

6. Coteaux de Mareuil-sur-Aÿ, Mareuil-sur-Aÿ

7. Caves de Mareuil-sur-Aÿ, Mareuil-sur-Aÿ

8. Colline Saint-Nicaise, Reims

9. Caves Pommery, Ruinart, Veuve-Clicquot, Charles Heidsieck, Reims

10. Caves Taittinger, Reims

11. Caves Martel, Reims

12. Avenue de Champagne, Épernay

13. Fort Chabro, Épernay

14. Caves de l'avenue deChampagne, Épernay

39. 르 코르뷔지에의 건축활동. 현대화에 뛰어난 공헌(The Architectural Work of Le Corbusier, an Outstanding Contribution to the Modern Movement 문화, 2016):

→ 스위스 8항을 참조할 것.

40. 타푸타푸아테아(Taputapuātea: 문화, 2017):

여러 섬들로 점철된 태평양의 넓은 지역인 폴리네시아 삼각지
(Polynesian Triangle)의 한 가운데 위치한 라이아테아 섬(Ra'iatea Island)의

타푸타푸아테아는 인간이 거주하는 마지막 섬이다. 이 지역은 두 군데의 삼림의 계곡, 潟湖, 珊瑚礁, 태평양으로 이어지는 空海로 형성된다. 이 지역의 한 가운데 라이아테아 남동부 해안가 오포아(Opoa in Taputapuatea)에 타푸타푸아테아 정치, 儀禮건물, 묘지 등의 인공물과 공간의 전체 복합체인 Taputapuātea marae complex가 있다. 儀禮 건물은 포장된 안 뜰 한 가운데에 立石을 세워 놓은 祭壇으로 서기 1994년에 복원되었다.

폴리네시아에서 마래(marae)는 살아 있는 자들과 죽은 자들의 세계가 서로 교차하는 곳을 의미한다. 타푸타푸아테아는 프랑스 령 폴리네시아에 살고 있는 토착민인 마오이(māʼohi, Maohi)족의 1,000년의 역사를 간직한 마오이 문명(māʼohi civilization)이 아직도 존재하는 예외적인 곳이다. 마오이족은 타이티(Tahitian)언어를 사용하는 Polynesian 인의 조상이다.

피지 Republic of FIJI

1. 레부카 역사적 항구도시(Levuka Historical Port Town: 문화, 2013):

남태평양 미크로네시아(Micronesia, 멜라네시아/Melanesia Micronesia)에 속하는 피지의 타원형처럼 생긴 화산섬 오바라우(Ovalau)는 길이 13km, 폭 10km(넓이 약 100sq.km)로 피지의 중심 섬인 비티 레부(Viti Levu)로부터 16km 떨어져 있다. 섬 중앙에 위치한 레보니(Lovoni) 계곡과 江口를 제외하고는 평지가 없다. 레보니 계곡은 독립적이고 피지에 마지막까지 예속되기를 거부했던 무섭도록 독립적인 부족들인 이 마을 사람들의 터전이다. 이 섬은 해발 626m가 가장 높은 곳이다. 섬 안쪽에는 코로마카와(koromakawa)라는 옛 마을 유적과 전략적으로 중요한 나코로레부(Nakorolevu) 구릉과 같은 그 고장 고유의 요새가 있는데, 이는 라투 세루 카코바우(Ratu Seru Cakobau) 大族長에 대항해서 서기 1871년까지 버틴 곳이기도 하다. 오바라우는 현재 피지의 탄생지이기도 하다. 현재 인구가 2,600명 정도 되는 레부카는 서기 1830년대에 고래잡이와 브레헤레트(Breheret) 신부가 중심이 되어 만든 선교사 정착지로 출발하였으나 섬에서 가장 큰 도시로 피지의 첫 번째 수도였다. 서기 19세기 중반 남태평양에서 활동하던 무역선과 포경선이 기항하는 중요한 항구 중의 하나였다. 이곳은 서기 1871년 카코바우가 왕이 되어 현대 정부가 처음으로 들어선 곳으로, 서기 1874년 빅토리아 여왕(Queen Victoria, Alexandrina Victoria, 서기 1819년 5월 24일-서기 1901년 1월 22일, 서기 1837년 6월 20일부터 작고할 때까지 the United Kingdom of Great Britain and Ireland의 여왕/君主였고 서기 1876년 5월 1일부터 'Empress of India'란 다른 이름도 갖고 있었다)에게 이 땅이 양도되었다. 식민정부가 서기 1881년 수바(Suva)로 移都할 때까지 레부카는 서기 19세기 중-후반의 시민지 시대 도시의 타임캡슐(time capsule: 후세인의 참고가 될 수 있도록 그 시대 특유의 유물을 넣어 지하에 묻어두는 상자)이었다. 제일 오랜 건물인 왕립호텔(Royal Hotel)을 비롯하여 세이크리드 하트 교회(Sacred Heart Church), 공립학교, Sacred Heart Church, 태평양에 면한 비치거리(Beach Street) 등 옛 건물과 길의 다수가 도시에 그대로 남아 있고 주위 환경도 거의 한 세기가 넘도록 변하지 않았다.

핀란드 FINLAND

1. 라우마 구시가지(Old Rauma: 문화, 1991):

핀란드 사타쿤타(Satakunta)지구의 서쪽 보트니아(Botnia) 만의 약 0.3km²(29ha)넓이에 위치하는 라우마 구시가지는 서기 1442년에 세워진 이 주에서 세 번째로 오래된 도시이며 핀란드 내에서 서기 15세기경의 목조건축이 잘 보존되어 있는 북유럽의 가장 오래된 항구도시이다. 그런데 서기 1640년과 서기 1682년의 두 번에 걸친 대 화재로 손실이 많았지만 서기 1698년-서기 1710년 사이에 많이 복구되어 600여동의 목조(현재 800여명이 거주)건물들이 남아있어 지방건축 양식을 그대로 보존하고 있다. 그 중 현재 박물관으로 이용되는 크리스티 하우스(Kirsti house, 서기 18세기-서기 19세기)와 선박소유자의 말래라 하우스(Marela house, 서기 18세기), 서기 15세기 중반에 지어졌으며 중세의 그림이 남아있는 프란체스코 수도원의 십자가 교회(Holy Cross Church)가 남아있으며, 이 도시의 상징인 구 구청청사(the Old Town Hal)인 스톤 타운 홀(stone town hall)은 서기 1776년 건축가 슈뢰더(C. Fr. Schröder)에 의해 설계되었다.

2. 수오멘리나 요새(Fortress of Suomenlinna: 문화, 1991):

핀란드가 스웨덴의 일부이었을 때 헬싱키 항구로 들어가는 입구에 스웨덴이 서기 1748년 6개의 섬에 이 요새를 건설 시작하였으며 이 요새 자체는 러시아에 대한 스웨덴의 저항을 의미했다. 임무가 막중해 많은 군인들이 요새를 짓는데 동원되었다. 헬싱키 연안의 6개의 섬이 헬싱키 시보다 더 많은 사람이 사는 시로 바뀌었다. 서기 1808년 5월 3일 러시아군이 이 성을 접수해 자기들의 러시아식으로 개조하였다. 서기 1917년 러시아로부터 핀란드 독립 이후 이 요새의 명칭도 서기 1918년 Sveaborg(스웨덴의 성)에서 Finland의 성이란 이름의 수오멘리나로 바뀌었다. 건설 당시에는 이 요새는 군사건축 상 흥미로운 존재였고, 현재 박물관, 실내음악당, 식물과 해안이 있는 인기가 있는 공원이 되었다.

3. 페테예베시 교회(Petäjävesi Old Church: 문화, 1994):

 핀란드 중앙 페테예베시의 페젠(Päjänne) 호수 옆 옛 교회는 서기 1763년-서기 1765년에 자코 클레멘틴 레페넨(Jaakko Klemetinpoika Leppänen)에 의해 건립된 통나무로 만든 루터 교회로 그 옆의 시계탑은 손자인 에리키 레페넨(Erikki Leppänen)에 의해 서기 1821년에 세워졌다. 이 교회는 르네상스양식의 평면구조에 고딕 양식의 궁륭상 첨탑을 결합하고 있다. 핀란드에서 호수가의 교회는 물길을 따라 만들어졌으며 겨울에는 배나 얼음길을 따라갈 수 있었다. 이 교회는 노르웨이의 우르네스 목조교회와 비견된다.

4. 벨라의 제지·판자 공장(Verla Groundwood and Board Mill: 문화, 1996):

 키멘라스코(Kymenlaakso) 벨라의 펄프, 종이, 판자를 생산하는 製紙·板子공장은 서기 19세기-서기 20세기 초 북유럽과 북아메리카에 번영하던 소규모 지방산업단지로 공장과 근처 숙소들이 잘 보존되어 있다. 벨라에서 공장이 처음 설립된 것은 서기 1872년 휴고 나우만(Hugo Nauman)에 의하였으나 이 공장은 서기 1876년 화재로 소실되고 서기 1882년 좀 더 큰 공장이 고트리브 크레이들(Gottlieb Kreidl)과 루이스 헤넬(Louis Haenel)에 의해 설립되어 서기 1964년까지 운영되었다. 이와 같은 공장은 핀란드에 몇 예 남지 않았다.

5. 사말라덴메키 청동기시대 매장지(The Bronze Age Burial Site of Sammallah-denmäki: 문화, 1999):

사타쿤타 지역 사말라덴메키의 기원전 1500년-기원전 500년에 속하는 청동기시대 33기의 화강암으로 쌓아올린 積石塚群으로 서기 2002년 8기가 발굴되었는데 화장한 인골을 매장한 무덤으로 밝혀졌다. 이곳에서 'Chuch Floor'라 불리는 방형의 적석총과 堤防처럼 쌓은 'Long Ruin of Huilu'가 특징이 있다. 이 적석총은 핀란드 청동기시대의 생활상과 장례의식을 보여준다.

6. 스트루브 자오선 측지점(Struve Geodetic Arc: 문화, 2005):

노르웨이(NORWAY), 라트비아(LATVIA), 리투아니아(LITHUANIA), 러시아(RUSSIAN FEDERATION), 벨라루스(BELARUS), 에스토니아(ESTONIA), 우크라이나(UKRAINE), 스웨덴(SWEDEN)과 핀란드(FINLAND) 지역이 함께 자오선 측정의 삼각측량점

필리핀 PHILIPPINES

1. 필리핀 바로크 양식 교회(Baroque Churches of the Philippines: 문화, 1993):

마닐라의 산 아구스틴(San Agustin), 산타 마리아의 라 아순시온(La Asuncion), 파오아이의 산 아구스틴(San Agustin), 미아그-아오의 산토 토마스(Santo Tomas)의 4개의 교회는 서기 16세기 말 스페인인들에 의해 처음 건립되었으며 이 건물의 특이성은 유럽 바로크 양식의 교회 건물이 중국과 필립핀인 기술자들에 의해 기술과 장식이 재해석되어 만들어졌다는 것이다. 여기에는 분리된 鐘塔, 이 지역에 흔한 지진에 대비하기 위한 강한 버팀목을 사용했던 새로운 수법이 보인다.

2. 필리핀의 계단식 벼 경작지, 코르디에라스(Rice Terraces of the Philippines Cordilleras: 문화, 1995):

루손(Luzon) 섬에 살던 이푸가오(Ifugao) 족들이 과거 2,000년 동안 해발 1,500m에 이른 코르디에라스 산맥의 높은 구릉을 깎아 계단식 (terrace)농지를 만들어 二毛作의 집약농경으로 벼농사를 해오던 곳으로 전통가옥, 벼농사와 관련된 닭을 잡아 피를 바치는 의례와 농사에 필요한 물을 저장하는 삼림을 보호하는 친환경적 삶의 모습이 유지되고 있다. 이는 잉카 제국의 마지막 요새로 알려져 있던 마추피추(Machu Picchu)의 집약농경지(terrace)인 잉카의 특유의 계단식농경에 관개기술을 이용하여 감자, 퀴노아와 옥수수 등이 집중 재배하는 방식과 유사하다. 현재 바나우에(Banaue, Batad와 Bangaan), 마요야오(May-oyao; 중앙 Mayoyao), 클랑간(Klangan, Nagacadan), 홍두안(Hungduan)의 4지구가 잘 보존되었다. 이곳은 云南省 紅河區 元陽県에 위하는 紅河哈尼族(Hānī Zú)의 계단상 쌀 경작지(梯田)의 문화경관과 유사하다.

3. 비간 역사도시(Historic Town of Vigan: 문화, 1999):

루손(Luzon) 섬에 위치하며 서기 1574년 스페인인들이 들어와서 중국과 교역을 위해 연 유럽식 상업도시로 이곳 현재 5만 명 주민의 80%는 중국인과 필리핀인들의 혼혈인 메스티조(Mestizo)이다. 이곳 아브라(Abra) 강에서 금이 많이 나오고 또 금으로 반짝거려 이 마을의 중심도로도 그 이름을 금으로 반짝이는 아름다운 거리 'Crisologo street'라고 명명했다. 그 길을 1km 정도 따라가면 길 양쪽에 석조로 지어진 스페인 식 건물이 30여 채 있는데 지붕은 중국식 영향을 받아 목조로 지어졌다. 이곳이 일본군에 점령을 당하고 한 일본 장군이 필리핀 부인과 이곳에 살았다가 서기 1945년 미군의 공격으로 철수할 때 부인과 가족을 남겨두고 떠나면서 마을을 불태우지 않아 마을이 서기 16세기 때의 모습을 그대로 간직하게 되었다. 이곳은 필리핀, 중국과 스페인의 문화가 혼합되어 아시아 전역 어떤 곳에서도 볼 수 없는 독특한 문화와 마을의 경관을 지니게 되었다. 이곳에는 성 바오르 대성당, 사랑의 성모성당, 종탑(여기에는 세례, 결혼, 위험 등을 알리는 각기 다른 기능을 하는 종들이 걸려있다), 혼혈을 의미하는 메스티조 광장, 부르고스 광장 등이 남아 있다. 이 비간 도시는 서기 15세기-서기 19세기 베트남의 토착적이고 전통적인 문화 요소에 도자기, 비단과 향신료무역(spice trade)을 통해 받아들인 인도, 중국과 일본 등의 아시아와 포르투갈과 네덜란드의 외국적인 것들을 접목시켜 만들어진 독특한 문화인 베트남의 참파(Champa, 占城) 시로 알려진 광남성(Quáng Nam province) 회안(會安, 海浦) 항구도시인 고대마을과 비견된다.

한국(韓國) REP. of KOREA

1. 石窟庵과 佛國寺(Seokguram Grotto and Bulguksa Temple: 문화, 1995):

경주 진현동 佛國寺는 史記에 의하면 통일신라 초 재상 金大城이 건립(서기 701년 시작-서기 774년 완공. 법흥왕 때 창건, 景德王 10년에 김대성이 중창했다 함)하였으며 石窟庵(국보 24호)도 김대성이 경덕왕 10년(서기 751년)에 건립하였다. 불국사에는 多寶塔(국보 20호), 삼층석탑(釋迦塔, 국보 21호), 蓮花橋·七寶橋(국보 22호), 靑雲橋·白雲橋(국보 23호), 金銅毘盧遮那佛坐像(국보 26호), 金銅阿彌陀如來坐像(국보 27호), 舍利塔(보물 61호), 九品蓮池가 남아 있다.

2. 宗廟(Jongmyo Shrine: 문화, 1995):

　서울 종로구 훈정동 소재 종묘는 태조가 수도를 서울로 옮긴 서기 1394년 12월에 처음 세워졌고 임진왜란 때 불탄 것을 광해군 즉위년 서기 1608년에 다시 지어졌다. 서기 1392년 이래 조선왕조 역대 왕과 왕후의 神位를 모신 유교전통의 사당(신전)으로 사적 125호이며, 正殿은 국보 225호 永寧殿는 보물 821호이다.

3. 海印寺 藏經板殿(Haeinsa Temple Janggyeong Panjeon, the Depositories for the Tripitaka Koreana woodblocks: 문화, 1995):

　경상남도 합천 해인사 내 서기 1237년–서기 1249년까지 고려시대에 제작된 불교경전의 결집체인 8만여 장의 대장경 목판이 보관되어 있는 成宗 19년(서기 1488년)의 건축물이다. 藏經板殿(정면 15칸, 국보 52호), 大藏經板 81,258판(국보 32호), 高麗刻板 2,725판(국보 206호), 高麗刻板 110판(보물 734호)이 지정되어 있다.

4. 昌德宮(The Changdeokgung Palace Complex: 문화, 1997):

　서울 종로구 와룡동에 위치하는 조선 3대 太宗 5년(서기 1405년) 건립된 창덕궁은 秘苑의 정원 조경으로 뛰어나다. 이곳에는 인정전(국보 225호), 인정문(보물 813호), 선정전(보물 814호), 희정당(보물 815호), 대조전(보물 816호), 구 선원전(보물 817호)이 있다.

5. 수원 華城(Suwon Hwaseong Fortress: 문화, 1997):

　경기도 수원 팔달구와 장안구에 위치하며 성의 전체 둘레 5.4km의 성곽이다. 조선 22대 왕 正祖 20년 서기 1796년 9월 10일에 축조된 성으로 사적 3호이다. 네 개의 대문, 다섯 곳의 암문과 두 곳의 수문

석교수문(石橋水門)인 수원 화성의 북수문(화홍문, 필자 촬영)

이 있다. 장안문, 팔달문, 창룡문, 화서문, 홍예(虹霓)의 석교수문(石橋水門)인 북수문(華虹門), 서장대와 노서대, 서북공심돈 등이 있다. 이 성의 건설 책임자는 茶山 丁若鏞(서기 1762년-서기 1836년)이다.

6. 慶州 역사유적 지구(Gyeongju Historic Areas: 문화, 2000):

신라 및 통일신라시대(기원전 57년-서기 935년)의 유적. 王京, 黃龍寺, 月城, 瞻星臺, 경주 南山 등이 남아 있다. 이곳에 포함되는 역사적 유적은 다음과 같다.

① 남산지구(사적 제311호)

보리사 마애석불(지방유형문화재 제193호)

경주 남산 미륵곡 석불좌상(보물 제136호)

경주 남산용장사곡 삼층석탑(보물 제186호)

경주 남산용장사곡 석불좌상(보물 제187호)

용장사지 마애여래좌상(보물 제913호)

천룡사지 삼층석탑(보물 제1188호)

남간사지 당간지주(보물 제909호)

남간사지 석정(지방문화재자료 제13호)

경주 남산리 삼층석탑(보물 제124호)

경주 배리 석불입상(보물 제63호)

경주 남산 불곡 석불좌상(보물 제198호)

경주 남산 신선암 마애보살반가상(보물 제199호)

남산 칠불암 마애석불(보물 제200호)

남산 탑곡 마애조상군(보물 제201호)

경주 삼릉계 석불좌상(보물 제666호)

남산 삼릉계곡 마애관음보살상(지방유형문화재 제19호)

남산 삼릉계곡 선각 육존불(지방유형문화재 제21호)

경주 남산 입곡 석불두(지방유형문화재 제94호)

남산 침식곡 석불좌상(지방유형문화재 제112호)

남산 열암곡 석불좌상(지방유형문화재 제113호)

남산 약수계곡 마애입불상(지방유형문화재 제114호)

남산 삼릉계곡 마애 석가여래좌상(지방유형문화재 제158호)

남산 삼릉계곡 선각 여래좌상(지방유형문화재 제159호)

경주 배리 윤을곡 마애불좌상(지방유형문화재 제195호)

배리 삼릉(사적 제219호)

신라 일성왕릉(사적 제173호)

신라 정강왕릉(사적 제186호)

신라 헌강왕릉(사적 제187호)

지마왕릉(사적 제221호)

경애왕릉(사적 제222호)

신라 내물왕릉(사적 제188호)

경주 포석정지(사적 제1호)

경주 남산성(사적 제22호)

서출지(사적 제138호)

경주 나정(사적 제245호)

경주 남산동 석조감실(지방문화재자료 제6호)

백운대 마애석불입상(지방유형문화재 제206호)

② 월성지구

경주 계림(사적 제19호)

경주 월성(사적 제16호)

경주 임해전지(사적 제18호)

경주 첨성대(국보 제31호)

내물왕릉, 계림, 월성지대(사적 및 명승 제2호)

③ 대능원지구

신라 미추왕릉(사적 제175호)

경주 황남리고분군(사적 제40호)

경주 노동리고분군(사적 제38호)

경주 노서리고분군(사적 제39호)

신라 오릉(사적 제172호)

동부사적지대(사적 제161호)

재매정(사적 제246호)

④ 황룡사지구

황룡사지(사적 제6호)

분황사 석탑(국보 제30호)

⑤ 산성지구

　　명활산성(사적 제47호)

7. 고창·화순·강화 고인돌유적(Gochang, Hwasun and Ganghwa Dolmen Sites: 문화, 2000):

기원전 1500년-기원전 1년까지 다시 말해 청동기시대(기원전 2,000/1,500년)-철기시대전기(기원전 400년-기원전 1년) 사이에 만들어진 거석문화의 하나이다. 우리나라의 거석문화는 지석묘(고인돌)와 입석(선돌)의 두 가지로 대표된다. 그러나 기원전 4500년 전후 세계에서 제일 빠른 거석문화의 발생지로 여겨지는 구라파에서는 지석묘(dolmen), 입석(menhir), 스톤써클(stone circle : 영국의 Stonehenge가 대표), 열석(alignment, 불란서의 Carnac이 대표), 집단묘(collective tomb) 중 羨道(널길) 있는 석실분(passage grave, access passage)과 羨道(널길)가 없는 석실분(gallery grave, allée couverte)의 5종 여섯 가지 형태가 나타난다. 이 중 거친 割石으로 만들어지고 죽은 사람을 위한 무덤의 기능을 가진 지석묘는 우리나라에서만 약 29,000여기가 발견되고 있다. 중국의 요녕성과 절강성의 것들을 합하면 더욱 더 많아질 것이다. 남한의 고인돌은 北方式, 南方式과 蓋石式의 셋으로 구분하고 발달 순서도 북방식-남방식-개석식으로 생각되고 있다. 그러나 북한의 지석묘는 황주 침촌리와 연탄 오덕리의 두 형식으로 대별되고, 그 발달 순서도 변형의 침촌리식(황해도 황주 침촌리)에서 전형적인 오덕리(황해도 연탄 오덕리)식으로 보고 있다. 이들은 마지막으로 개별적인 무덤 구역을 가지고 구조도 수혈식에서 횡혈식으로 바뀌어 나가거나 이중개석를 가진 평안남도 개천 묵방리식으로 발전하게 된다. 우리나라의 지석묘사회는 일반적으로 전문직의 발생, 재분배 경제, 조상 숭배와 혈연을 기반으로 하는 계급사회로 인식되고 있다. 그리고 우리나라의 지석묘(고인돌)가 만들어진 연대는 기원전 1,500년-기원전 400년의 청동기시대이나 전라남도나 제주도 등지에서는 기원전 400년-기원전 1년의 철기시대 전기에까지 토착인들의 묘제로 사용되고 있었다. 최근의 고고학적 자료는 전남지방의 청동기시대는 전기(기원전 1500년-기원전 1000년)까지 거슬러 올라감을 알 수 있다. 그에 대한 자료는 광주광역시 북구 동림동 2택지개발지구, 여천 적량동 상적 지석묘(청동기시대 전기 말-중기 초, 기원전 11세기경, 이중구연 단사선문, 구순각목, 공렬토기, 비파형동검/古朝鮮式銅劍 6점), 여수시 월내동 상촌 II 지석묘(이중구연에 단사선문이 있는 토기, 공렬토기, 비파형동검 3점, 청동기시대 전기 말-중기 초, 기원전 11세기경), 고흥 두원면 운대리 전라남도 高興 豆原面 雲岱里 支石墓(1926년 11월 朝鮮總督府博物館), 중대 지석묘(비파형동검, 광주박물관), 전라남도 여천 화장동 고인돌(비파형동검, 기원전 1005년) 등에서 나타난다. 그러나 전남지방에 많은 수의 지석묘(고인돌)는 철기시대까지 사용된 정치·경제적 상류층의 무덤이며 그곳이 당시 농경을 기반으로 하는 청동기·철기시대의 가장 좋은 생태적 환경이었던 것이다. 이 토착사회가 해체되면서 마한사회가 나타나게 된 것이다. 최근 여수 화양면 화동리 안골 고인돌의 축조가 기원전 480년-기원전 70년이라는 사실과 영암 엄길리의 이중개석 고인돌 하에서 출토한 철기시대전기(기원전 400년-기원전 1년)에 속하는 두 점의 흑도 장경호는 이를 입증해주는 좋은 자료이다. 일찍이 충청북도 제천 황석리 고인돌의 축조도 기원전 410년이란 연대로 밝혀진 바 있다. 우리나라에서 사적으로 지정된 지석묘(고인돌)는 강원도 속초 조양동(사적 376호), 경기도 강화도 부근리(사적 137호), 경기도 파주군 덕은리/옥석리(玉石里)(기원전 640년, 사적 148호), 경상남도 마산 진동리(사적 472호), 전라남도 화순 춘

양면 대신리와 도산 효산리(기원전 555년, 사적 410호), 전라북도 하서면 구암리(사적 103호), 고창지방(고창읍 죽림리, 상갑리와 도산리 일대의 고인돌군은 현재 사적 391호)이며, 그중 강화도, 고창과 화순의 고인돌들은 세계문화유산으로 지정되어 있다. 지석묘의 기원과 전파에 대하여는 연대와 형식의 문제점 때문에 현재로서는 구라파 쪽에서 전파된 것으로 보다 '韓半島 自生說'쪽으로 기울어지고 있는 실정이다.

8. 조선왕조의 왕묘군(Royal Tombs of the Joseon Dynasty: 문화, 2009):

조선왕조(서기 1392년–서기 1910년)의 왕릉 40기(문화, 2009): 정릉(제1대 태조 계비 신덕왕후 강씨), 경릉(제9대 성종 사친(私親) 덕종 및 소혜왕후 한씨), 창릉(제8대예종 및 계비 인순왕후 한씨), 명릉(제19대 숙종 및 계비 인현왕후 민씨, 인원왕후김씨), 익릉(제19대 숙종비 인경왕후 김씨), 홍릉(제21대 영조비 정성왕후 서씨), 효릉(제12대 인종 및 인성왕후 박씨), 예릉(제25대 철종 및 철인왕후 김씨), 희릉(제11대 중종계비 장경왕후 윤씨), 온릉(제11대 중종비 단경왕후 신씨), 광릉(제7대 세조 및 정희왕후 윤씨), 건원릉(제1대 태조), 현릉(제5대 문종 및 현덕왕후 권씨), 목릉(제14대 선조 및 의인왕후 박씨, 계비 인목왕후 김씨), 휘릉(제16대 인조계비 장열왕후 조씨), 숭릉(제18대 현종 및 명성왕후 김씨), 혜릉(제20대 경종비 단의왕후 심씨), 원릉(제21대 영조 및 계비 정순왕후 김씨), 수릉(추존 문조 및 왕후신정왕후 조씨), 경릉(제24대 헌종 및 효현왕후 김씨, 계비 효정왕후 홍씨), 태릉(제11대 중종 계비 문정왕후 윤씨), 강릉(제13대 명종 및 인순왕후 박씨), 홍릉(제26대 고종 및 명성황후 민씨), 유릉(제27대 순종 및 순명황후 민씨, 순정황후 윤씨), 사릉(제6대 단종비 정순왕후 송씨), 헌릉(제3대 태종 및 원경왕후 민씨), 인릉(제23대 순조 및 순원왕후 김씨), 선릉(제9대 성종 및 계비 정현왕후 윤씨), 정릉(제11대 중종), 융릉[추존 장조(사도세자) 및 헌경왕후 홍씨], 건릉

(제22대 정조 및 효의왕후 김씨), 공릉(제8대 예종비 장순왕후 한씨), 영릉(永陵, 추존진종 및 효순왕후 조씨), 장릉(長陵, 제16대 인조 및 인열왕후 한씨), 장릉(章陵, 추존 제16대 인조부(父) 원종 및 인헌왕후 구씨), 의릉(제20대 경종 및 계비 선의왕후 어씨), 영릉(英陵, 제4대 세종 및 소헌왕후 심씨), 영릉(寧陵, 제17대 효종 및 인선왕후 장씨), 장릉(莊陵, 제6대 端宗).

유네스코 세계유산인 조선왕릉 가운데 하나인 思陵(경기도 楊州 群場里, 현재의 南楊州市 眞乾邑 思陵里진건읍 사릉리에 위치, 端宗의 正妃 定順王后 宋氏의 릉, 사적 제 209호)을 조성할 당시, 석재를 채취했던 채석장이 강북구 水踰洞 산127-1 九天溪谷 일대에서 확인되어 서울시 기념물 제44호로 지정되었다. 구천폭포 인근 바위에는 '己卯年(서기 1699년, 肅宗 25년) 正月' 사릉을 조성하는데 필요한 석물을 채취하면서 그 업무를 담당했던 관리들과 석수의 이름이 새겨져 있다. 이 기록은 思陵封陵都監儀軌와도 일치한다. 또 북한산 국립공원 안 능선을 따라 동서로 흐르는 강북구 수유동 일대의 구천계곡에는 조선왕실의 채석장으로서 일반 백성의 접근과 석물 채취를 금하는 표식으로 '禁標'와 '浮石禁標'가 새겨진 바위가 이를 잘 알려준다.

9. 安東 河回마을과 慶州 양동마을(the Historic villages of Hahoe and Yangdong: 문화, 2010):

낙동강이 'S'자 모양으로 마을을 감싸 안고 흐르는 경상북도 안동시 풍천면 하회마을(중요민속자료 제122호)은 豊山 柳씨들이 600년간 살아오던 同姓 마을(集成村)이며 한국을 대표하는 民俗村이다. 이곳은 謙菴 柳雲龍(중종 34년, 서기 1539년-선조 34년, 서기 1601년)과 임진왜란 때 領議政을 지낸 西崖 柳成龍(중종 37년, 서기 1542년-선조 40년, 서기 1607년) 형제가 태어난 곳으로 유명하다. 하회별신굿탈놀이(중요무형문화재

69호), 하회탈(국보 121호), 西崖 柳成龍의 懲毖錄(국보 132호), 立巖古宅(柳仲郢, 중종 10년, 서기 1515년-선조 6년, 서기 1573년, 養眞堂, 보물 306호), 忠孝堂(보물 414호), 작천 고택(중요민속자료 87호), 하동고택(중요민속자료 177호), 北村宅(중요민속자료 84호), 南村宅(중요민속자료 90호), 主一齋(중요민속자료 91호), 志山書樓, 하정재, 당연재, 屛山書院(사적360호, 서기 1572년), 花川書院, 遠志精舍(중요민속자료 85호), 賓淵精舍(謙菴 柳雲龍의 서재, 중요민속자료 86호, 서기 1583년), 玉淵精舍(중요민속자료 88호, 서기 1576년-서기 1586년), 謙菴精舍(중요민속자료 89호, 서기 1567년), 翔鳳亭 등 국보 2점, 보물 2점, 중요민속자료 9점 모두 13점이 지정되어 있다. 그중에는 유운룡과 유성룡 형제와 관련된 瓦家, 草家와 民家들이 많이 남아있다. 서기 1999년 영국의 엘리자베스 II세 여왕과 서기 2005년 미국의 부시 대통령이 이곳을 방문한 바 있다.

경주시 강동면 북쪽 설창산의 良洞里마을은 慶州 孫씨와 驪江 李씨(良洞 이씨)들의 同姓마을(集成村)이며 民俗村이다. 愚齋 孫仲暾(세조 8년 서기 1463년-중종 24년, 서기 1529년)과 晦齋 李彦迪(성종 22년, 서기 1491년-명종 8년, 서기 1553년)의 후손과 관련된 通鑑續編(국보 283호), 무첨당(無忝堂, 李彦迪의 別堂, 보물 411호), 香壇(李彦迪 가옥, 보물 412호), 觀稼亭(孫仲暾가옥, 보물 442호), 이곳의 入鄕祖인 孫昭影幀(세종 15년, 서기 1433년-성종 15년, 서기 1484년, 보물 1216호), 書百堂(孫昭가옥, 서기 1454년, 중요민속자료 23호), 孫昭先生分財記(경북유형문화재 14호) 등이 있다. 안동 하회마을과 경주 양동리 두 곳은 한국의 살아있는 역사와 민속을 이해할 수 있는 전통적인 마을을 대표한다.

10. 南漢山城(Namhan Fortress: 문화, 2014):

남한산성(南漢山城, 사적 57호)은 경기도 광주시, 성남시, 하남시에 걸쳐 있는, 남한산을 중심으로 하는 산성이다. 丙子胡亂 때 조선의 왕 仁祖가 淸나라에 대항한 곳으로 잘 알려져 있으며, 서기 1950년대 초대 李承晩 대통령에 의해 공원화된 후 현재 도립공원으로 지정되어 있다. 남한산성의 역사는 삼국 時代까지 거슬러 올라간다. 한때 백제의 수도 河南慰禮城으로 추정되기도 했던 남한산성은 백제의 시조 溫祚王이 세운 성 또는 신라 시대에 쌓은 성이라는 설도 있다. 서기 672년 통일신라시대 문무왕 12년) 첫 축조로 당시의 이름은 晝長城이었다. 그러나 조선 시대에 인조와 숙종 때에 각종 시설물을 세우고 성을 증축하여 오늘날의 형태를 갖추게 되었으나 일제 강점기 직전인 서기 1907년에 일본군에 의해 다수의 건물이 훼손되기도 하였다. 그러나 남한산성에 사람이 살기 시작한 것은 馬韓·百濟 시대의 토기 파편과 신라 시대의 거대한 건물 터가 발견된 것으로 미루어 볼 때, 적어도 기원전 3세기-기원전 2세기의 마한시대로 거슬러 올라간다. 고려 시대까지만 해도 일시적 농성전용 요새로 사용되었던 것으로 추정되며, 본격적으로 사람이 남한산에 거주하기 시작한 것은 조선 시대에 남한산성을 수축하며 산성 내로 촌락을 이전하면서부터라고 볼 수 있다. 서기 1963년 1월 21일 남한산성의 성벽이 국가 사적 제 57호로 지정되었고, 1971년 3월 17일 남한산성은 경기도립공원으로 지정되어(제 158호), 5년 후인 1976년 7월 1일 관리사무소가 개소되었다. 서기 1999년에는 남한산성 역사관이 개장하고, 서기 2010년에는 세계문화유산 잠정목록[세계 190개 협약 당사국 중 172개국이 1,569개의 잠정목록(2013년 12월 16일 현재)을 제출하였다. 이들 목록은 강진 도요지, 공주·부여 역사유적지구, 중부내륙 산성군(삼년산성, 상당산성, 미륵산성, 충주산성, 장미산성, 덕주산성, 온달산성), 익산 역사유적지구(왕궁리 일원, 미륵사지 일원, 입점리 일원), 염전(전남 신안군, 영광군), 대곡천 암각화군(울산 대

곡리 반구대 암각화, 천전리 각석), 낙안읍성, 충남 아산시 외암마을, 서원(남계서원, 옥산서원, 도산서원, 필암서원, 병산서원, 돈암서원, 무성서원), 서울 한양도성, 김해, 함안 가야고분군 들이다]에 등재되면서 현재에 이르고 있다.

남한산성은 청량산(497m)과 남한산(480m)을 중심으로 북쪽의 연주봉(467.6m), 동쪽으로 남한산의 주봉인 벌봉(522m)과 망월봉(502m), 남쪽으로 한봉(414m)을 비롯한 몇 개의 봉우리를 연결하여 쌓은 성이다. 산성의 내부는 높이 400m 정도의 고위 평탄면으로, 일시적 방어 요새로만 기능하는 다른 산성과는 달리 조선 시대와 일제강점기에 광주군청이 설치될 정도로 행정의 중심지이자 지역 중심지의 역할을 해왔다.

현재 이곳에는 새로이 복원된 行宮(사적 제480호, 서기 1626년 6월 摠戎使 李曙가 신축)를 비롯해 원성과 외성, 옹성, 4대문, 암문, 치, 장대, 포루(포구), 수구, 단, 묘, 해, 정, 사찰, 제당 등 많은 시설물이 있다. 남한산성 성곽이 1963년에 국가사적 제 57호로 지정된 이후, 수어장대로 불리는 서장대(수어장대, 경기도 유형문화재 제 1호, 서기 1896년 유수 박기수가 재건한 것)를 비롯해 숭열전(崇烈殿, 경기도 유형문화재 제 2호, 백제의 시조 온조왕의 위패를 봉안하고 제사를 드리던 사당으로 仁祖 16년/서기 1638년에 건립), 청량당(경기도 유형문화재 제3호), 현절사(경기도 유형문화재 제4호), 침괘정(경기도 유형문화재 제5호), 연무관(경기도 유형문화재 제 6호), 지수당(경기도 문화재자료 제14호), 창경사(경기도 문화재자료 제15호), 망월사지(경기도 기념물 제111호, 인조 2년/1624년 이전에 지어졌을 것으로 추정], 개원사지(경기도 기념물 제 119호) 등이 문화재로 지정되었다.

성곽은 기본적으로 원성과 외성으로 구분하며, 원성은 하나로 연결된 본성이며, 외성으로 동쪽에 봉암성과 한봉성, 남쪽에 신남성이 있으며, 동·서 두 개의 돈대가 구축되어 있다. 원성은 서기 1624년(仁

祖 2년)-서기 1626년(仁祖 4년) 사이에 개·증축 당시 축성되어 둘레는 7,545m이다. 원성 내부는 2,135,752㎥로서 대략 627,200평이다. 현재 원성은 남쪽과 북쪽 일부가 훼손된 상태다. 전체 8,888m의 옹성(甕城)과 3,213m의 외성(外城)을 포함한 성벽의 전체 길이는 12,355m에 이른다. 성벽에는 여장, 총안, 암문과 수문이 잘 남아있다. 4대문은 남문(至和門, 正祖 3년(서기 1779년), 북문(戰勝門, 서기 1624년에 신축되고 서기 1779년 성곽을 개보수함), 동문(左翼門), 서문(右翼門)이다. 성벽은 자연석으로 막돌 쌓기를 하였는데, 높은 성벽이 무너지지 않도록 큰 돌을 아래에 쌓고 작은 돌을 위로 쌓았으며, 성벽은 위로 갈수록 안쪽으로 기울어져 있다. 성벽의 높이는 약 3-7m에 이른다. 이 성은 조선시대 후기의 축성술을 알 수 있을 뿐만 아니라 서울 송파구 삼전동(현 석촌호수 부근)에 세워진 三田渡汗碑(사적 101호, 三田渡清太宗功德碑)가 보여주듯이 仁祖(16대, 서기 1595年-서기 1649年)가 清나라 太宗[滿洲/清의 清太宗 홍타이지/皇太極, 서기 1626년-서기 1636년 재위]에게 서기 1637년(丁丑年) 2월 24일(음력 1월 30일) 항복한 조선시대 비운의 역사적 장소이기도하다.

11. 백제역사지구(Baekje Historic Areas: 문화, 2015):

백제는 首都의 변천 상 漢城시대(기원전 18년-서기 475년)→熊津(公州)시대(서기 475년-서기 538년)→泗沘(扶餘)시대(서기 538년-서기 660년)의 세시기로 나누며 백제역사유적지구(공주·부여·익산 백제역사유적지구)는 마지막 사비시대에 해당한다. 백제역사유적지구는 백제의 왕도였던 공주, 부여와 武王 때 창건했다고 추정되는 왕궁 터가 있는 益山의 백제유적으로 구성된다.

백제역사유적지구는 都城, 寺刹과 陵墓 유적으로 나누어진다. 도

성 유적에는 공주 公山城(사적 제12호), 정치공간인 왕궁이 있던 부여 官北里 유적(사적 제428호)과 피난성인 부소산성(사적 제5호), 관북리 유적과 扶蘇山城(사적 제5호)을 둘러싸고 있는 부여 羅城(사적 제58호), 별도인 익산 왕궁리 유적(사적 제408호)이 포함된다. 사찰 유적에는 1塔-1金堂 구조를 갖고 있는 국가 사찰인 부여 定林寺址(사적 제301호), 彌勒의 龍華三會(미래불인 미륵보살이 56억 7천만 년 후 龍華樹 아래에서 성불하고 華林園에서 3차에 걸쳐 중생을 제도하는 회의)의 신앙을 표현한 3탑-3금당의 三院樣式을 표현한 익산 彌勒寺址(사적 제150호)가 포함되었다. 익산 미륵사는 백제 武王 40년(서기 639년) 佐平 沙宅 積德의 딸인 무왕의 황후에 의해 만들어졌다는 익산 彌勒寺 舍利奉安記가 있다. 부여 王興寺址(사적 427호) 출토 청동사리함의 명문에는 서기 577년 昌王이 23년 2월 15일 죽은 아들을 위해 王興寺 寺刹을 세웠다는 기록도 보인다. 능묘 유적에는 무령왕릉을 포함한 한성시대 이래의 석실분 전통을 이어 받은 橫穴式 石室墳(깬돌을 쌓아 만든 반원 굴식 돌방무덤)의 공주 송산리 고분군(사적 13호, 현 공주시 금성동, 1호-6호)에서 전축분인 武寧王陵의 왕과 왕비의 誌石 2매(買地券, 국보 163호, 寧東大將軍 百濟斯麻王 年六十二歲 癸卯年五月 丙戌朔 七日壬辰 崩到 乙巳年八月 癸酉朔 十二日甲申 安登冠大墓 立志如左)이 나와 삼국시대의 왕릉 중 신원을 확인할 수 있는 유일한 무덤인 무령왕릉(서기 523년 무령왕이 붕어하고 3년 상을 치른 서기 526년 안치, 그 후 서기 526년에 왕비가 죽자 3년 상을 치른 후 서기 529년에 함께 안치)과 송산리 6호분, 부여 陵山里 고분군(사적 제14호)이 포함되었다. 부여 능산리 고분군과 羅城 사이 寶喜寺 또는 子基寺라는 木簡이 나온 陵寺(능산리 사지)의 공방터에서 백제 27대 威德王인 昌王 13년(서기 567년)銘이 있는 舍利龕이 발견되고 또는 陵山里고분군의 願刹격인 宗廟터에서에서 백제시대의 금동대향로(국보 287호, 발견 당시 처음 이름은 金銅龍鳳蓬萊山香爐임, 일명 博山爐, 제작연대는 武王 35년 서기 634년으로 추정됨)가 출토되었다. 송산리 5호와 6호 사이에 있으며 송산리 7호분인 무령왕릉의 구조는 橫穴式 塼築墳(굴식 벽돌무덤, 벽돌은 28종으로 '…士壬辰年作, 梁官瓦爲師矣, 大方, 中方, 急使'라는 명문이 壓出되고 문양은 蓮花紋과 忍冬蓮花紋, 蓮花斜格子紋, 斜格子紋이다)으로 南京 江寧 上坊 孫吳墓(전축분, 서기 264년-서기 280년)의 孫吳존재로 보아 종래 생각해오던 南北朝시대의 六朝 중 梁(서기 502년-서기 557년)나라보다 앞서는 중국의 삼국시대 孫吳(吳/孙吴/东吴: 서기 222년-서기 280년)의 영향으로 보여 진다. 무령왕릉에서만 108종 2,906점이 출토하였으며 그 중 국보 154호 왕의 金製冠飾, 국보 156호 金製심엽형이식(귀걸이), 국보 159호 금제뒤꽂이, 국보 165호 足座(발받침), 국보 155호 왕비의 금제관식, 국보 155호 금제관식, 국보 158호 금제경식, 국보 160호 은제팔찌, 국보 157호 금제수식부이식(귀걸이), 국보 164호 두침(베개), 국보 162호 石獸, 국보 161호 청동신수경, 국보 161-1호 청동신수경. 국보 161-2호 의자손수대경, 국보 161-3호 수대경이 잘 알려져 있다. 무령왕릉에서 출토한 중국산 도자기와 五銖錢, 일본 규슈지방의 금송인 棺材, 동남아시아에서 기원한 구슬 등의 유물들은 백제와 중국(吳와 梁), 일본, 동남아시아 사이에 이루어진 문물교류를 잘 보여준다.

12. 山寺, 한국의 山地僧院(Sansa, Buddhist Mountain Monasteries in Korea: 문화, 2018):

세계문화유산에 '山寺, 한국의 山地僧院'으로 등재된 7개의 절은 ① 경남 梁山 靈鷲山 通度寺(신라 善德女王 15년, 서기 646년, 慈藏律師) ② 경북 榮州 浮石寺(신라 文武王 12년, 서기 672년, 義湘大師의 제

자인 能仁大師) ④ 충북 報恩 俗離山 法住寺(真興王 14년, 서기 553년, 義信祖師), ⑤ 충남 公州 泰華山 麻谷寺(신라 善德女王 9년 서기 640년, 慈藏律師), ⑥ 전남 順天 曹溪山 仙巖寺(백제 聖王 7년, 서기 529년 阿道和尚), ⑦ 전남 海南 頭輪山 大興寺(淨觀이 서기 426년에 초창했다고 전해지나 서기 544년 阿道和尚이 창건)의 7개 사찰은 모두 서기 7세기–서기 9세기 三國時代에 창건된 사찰이지만 계속 발전·확장이 되어 高麗時代의 국교를 거쳐 朝鮮 중기 이후에 伽藍配置가 정형화된 산지 사찰들이다. 이들 사찰은 다양하게 형성된 중심축이 주변의 계곡과 조화를 이루면서 한국 산지가람의 정형을 잘 보여준다. 산지가람은 절에 이르는 산 속으로 난 긴 진입로를 통과한 후 사찰의 중심영역과 생활영역으로 이어지도록 배치되었다. 사찰의 공간은 신앙의 대상이 되는 主尊佛을 모시는 法堂인 大雄殿(釋迦如來), 極樂殿과 無量壽殿(阿彌陀佛), 藥師殿(藥師如來)과 같은 건물을 중심으로 修行者들이 경전을 공부하는 講堂, 수행자가 참선하는 仙院, 僧侶들의 개인공간인 寮舍体 등이 배치되어 있다. 또 산지가람은 山勢, 배경이 되는 봉우리와 지형적 특징을 잘 활용하여 佛敎敎理를 바탕으로 건물을 배치하였다.

그리고 이들 7개의 절은 현재 조계종 본사로서 그 아래 소속된 많은 수의 사찰과 庵子들이 있어 현재까지 佛心을 유지하고 종교적 儀式을 행해오고 있는 한국 불교의 중심역할을 하고 있다. 그리고 이 절들에는 國寶와 寶物로 지정된 문화재가 많아 한국불교문화재의 寶庫라고 할 수 있다.

한국에서 佛敎의 유입은 高句麗 372년(17대 小獸林王 2년), 百濟 384년(15대 枕流王 원년), 新羅 527년(23대 法興王 14년)이다. 이후 불교는 고려 말까지 약 천년에 걸쳐서 國敎로 융성하였다.

한국의 산사를 세계문화유산에 등재하면서 제주 화산섬과 용암동굴(2007년)의 자연유산을 제외하고 석굴암·불국사, 해인사 장경판전, 종묘(이상 1995년), 창덕궁, 수원 화성(이상 1997년), 경주역사유적지구, 고창·화순·강화 고인돌 유적(이상 2000년), 조선왕릉(2009년), 한국의 역사마을: 하회와 양동(2010년), 남한산성(2014년), 백제역사유적지구(2015년)를 포함해 세계문화유산을 12건을 보유하게 됐다. 여기에 북한에 있는 고구려 고분군(2004년), 개성역사유적지구(2013년), 그리고 중국 동북지방 일대 고구려 유적(2004년)을 합치면 한 민족 관련 세계유산은 15건이 된다.

13. 한국의 書院(Seowon, Korean Neo-Confucian Academies: 문화, 2019):

세계 문화유산으로 등재된 한국의 서원'은 9개소로 구성된 연속유산이다. 이들 '한국의 서원'은 朝鮮時代 사회 전반에 보편화됐던 儒教 性理學이 중심이 되는 지배 계층인 양반인 儒家士林의 활동 기반으로서 국가 경영과 사회운영을 논하는 경륜을 펼친 곳이자 최고의 교육기관으로서 역할을 하였다. 그 중 영주 紹修書院은 최초의 賜額書院이다. 하지만 士林들이 정계에 진출하면서 서원이 폐단이 들어나고, 서원의 學緣이 朋黨政治의 온상이 되면서 서원 설립이 남발하게 되었다. 또 사액서원이 급증하면서 국가의 재정 부담이 커졌고, 이에 따른 鄕村 사회에서의 폐단도 늘어났다. 서기 18세기 중엽 1000여 개에 달했던 서원은 서기 1871년 興宣大院君의 강력한 서원 철폐령으로 전국에 47개만 남기고 모두 毁撤되었다. 현재 637개 서원만 남아있으나, 그 중 지금도 잘 보존 관리된 9개의 서원은 매우 높은 문화유산의 가치를 지니고 있다. 이들 서원은 2009년까지 모두 국가지정문화재인 史蹟으로 지정됐으며, 훼손되지 않고 원형이 비교적 잘 보존된 것으로 평가받고 있다.

① 영주 紹修書院은 일명 '白雲洞書院'으로 경상북도 영주시 내죽리에 있으며 조선 中宗 37年(서기 1542년) 풍기군수였던 周世鵬(서기 1495년-서기 1554년)이 安珦(서기 1243년-서기 1306년)을 위해 세운 한국 최초의 본격적 서원이며, 최초의 사액서원이다. 서기 1963년 1월 21일 사적 제 55호로 지정되었다. 또 풍기군수로 부임한 退溪 李滉의 건의에 따라 明宗이 '紹修書院'이란 현판과 서적을 하사하면서 백운동서원으로 이름을 바꿨다.

② 안동 陶山書院은 退溪 李滉(서기 1502년-서기 1571년)선생을 기리기 위해 만든 경상북도 안동시 도산면 토계리에 있는 서원이다. 사적 제 170호로 이황이 사망한 지 4년 후인 서기 1574년에 설립되었다.

③ 안동 屛山書院은 西厓 柳成龍(서기 1542년-서기 1607년) 선생을 기리기 위해 만든 경상북도 안동시 풍천면 병산리에 있는 서원이다. 서기 1978년 3월 31일 사적 제 260호로 지정되었다.

④ 경주 玉山書院은 경상북도 경주시 안강읍 옥산리에 있으며 文元公 晦齋 李彦迪(서기 1491년-서기 1553년) 선생을 모시기 위해 지어졌고, 서기 1574년 宣祖로부터 賜額을 받았다.

⑤ 달성 道東書院은 대구광역시 달성군 구지면 도동리에 있는 서원으로 서기 2007년 10월 10일 사적 제 488호로 지정되었다. 조선 五賢의 한 사람인 文敬公 金宏弼(서기 1454년-서기 1504년)의 학문과 덕행을 추모하기 위하여 서기 1568년 유림에서 현풍현 비슬산 동쪽 기슭에 세우고 雙溪書院이라 했으나 임진왜란 때 소실되었다, 당초 현풍읍 가까이 雙溪書院으로 설립되었던 김굉필의 서원은 김굉필의 外曾孫인 寒岡 鄭逑(서기 1543년-서기 1620년)가 주도하여 현재의 위치로 이설되었다. 서기 1573년 賜額되었다. 임진왜란으로 소

실되었다가 서기 1604년 사당을 먼저 지어 위패를 봉안하고 이듬해 강당 등 서원 전체를 만들었는데 이의 건립을 주도했던 인물이 한강 정구와 퇴계李滉이었다. 서기 1605년 사림들이 지금의 자리에 사우를 중건하여 甫勞洞書院이라고 하였고 서기 1607년에 도동 서원으로 사액되었다. 그리고 道東書院 中正堂·祠堂·담장은 보물 제350호로 지정되었다.

⑥ 함양 藍溪書院은 경상남도 함양군 수동면 원평리에 있는 조선시대 두 번째로 세워진 서원으로 文獻公 丁汝昌(서기 1450년-서기 1504년) 선생의 학덕을 기리고 그를 추모하기 위하여 이 고을의 유생 介庵 姜翼을 중심으로 30여 명의 선비들이 합심하여 서기 1552년 남계에 건립하였다. 조선중기 학자이자 관리였던 정여창의 학문과 덕행을 기리기 위해 세워진 남계서원은 사적 499호이다.

⑦ 장성 筆巖書院은 전라남도 장성군 황룡면 필암리에 있으며 조선시대 성리학자로 호남에서 유일하게 문묘에 종사되고, 호남 지방의 유종으로 추앙받는 河西 金麟厚(서기 1510년-서기 1560년)의 학덕을 기리기 위해 건립된 서원으로 서기 1975년 4월 23일 사적 제 242호로 지정되었다.

⑧ 정읍 武城書院은 전라북도 정읍시 칠보면 무성리에 있는 서원이다. 서기 1968년 12월 19일 사적 제166호로 지정되었다. 고려시대 지방 유림들이 孤雲 崔致遠(서기 857년-?) 선생의 학문과 덕행을 추모하기 위해 生祠堂을 창건하여 泰山祠라 하였고, 고려 말 쇠퇴해졌다가 서기 1483년(成宗 14년)丁克仁이 세운 鄉學堂이 있던 지금의 자리로 이전하였다.

⑨ 논산 遯巖書院은 조선 중기 유학자로 기호학파를 대표하는 希元 金長生(서기 1548년-서기 1631년) 선생을 모시기 위해 세워진 곳으로

충청지역을 대표하는 서원이다. 서기 1660년(顯宗 1년)에에 세워지고 사적 383호이다.

헝가리 HUNGARY

1. 안드레시 애비뉴와 천 년 간의 지하유적("부다페스트의 다뉴브 강 연안과 부다 성(城) 지구: 문화, 1987"의 확장)(Andrásy Avenue and the Millennium Underground(extension to "Budapest, Banks of the Danube with the district of Buda Castle":문화, 1987/확대지정, 2002):

헝가리 국가 탄생 100주년 기념의 일부로 지어진 안드레시 거리(서기 1872년-서기 1875년)와 밀레니엄 지하철(서기 1893년-서기 1896년)을 비롯하여 부다 성이 지정되었다. 王宮 또는 王城(Royal Palace 또는 Royal Castle)이라 불리던 부다 왕궁(Buda Castle)은 중세, 바로크와 서기 19세기 공공건물 옆에 세워졌으며 성 언덕 후니쿨라(Castle Hill Funicular) 옆 아담 크라크 광장(Adam Clark Square)과 세체니 다리(Széchenyi chain bridge)와 연결되어 있다. 첫 번째는 서기 1247년-서기 1265년 사이 베라(Béla) IV세 때 지어졌으나 현재 가장 오래된 건물은 슬라보니아(Slavonia) 공작 스테펜(Stephen) 태자가 지은 것이다. 서기 1541년 헝가리 왕국의 멸망 후 오스만투르크 제국(서기 1299년-서기 1922년)에 점령당하였다. 서기 1686년 기독교왕국으로 되찾아진 다음 서기 1715년 촬스(Charles) III세가 옛날 궁전의 파괴를 명했으나 남쪽 요새가 남았다. 새로운 궁전은 서기 1769년 완공되었다. 그것도 서기 1849년 혁명으로 파괴되고 서기 1850년-서기 1856년 재건되어 현재 국회의 사당과 국립역사박물관으로 이용되고 있다. 그중 마차시 성당은 마챠시 왕, 엘리자베스와 오스트리아의 합스브르그(Hapsburg) 왕가(서기 1278년-서기 1918년)의 프란츠 요셉(Franz Joseph) I세 황제(서기 1867년-서기 1916년)의 戴冠式이 거행되기도 하였다. 지그문트(Sigmund) 교회, 파차시(Pacassi) 설계로 지은 城교회, 교회 지하실 납골당, 합스부르그 왕가의 방 등이 유명하다. 현재 역사박물관으로 이용되는 이 궁전은 서기 1950년에 복원되었다.

2. 홀로쾌 전통마을(Hollókö: 문화, 1987):

현재 헝가리에는 1000여 명 정도 남은 홀 로코족들이 부다페스트 91.1km 떨어진 노그라드(Nógrád)의 췌르하트(Cserhat) 산맥 구릉에 전통적인 마을을 형성하고 헝가리의 옛 언어인 팔록(Paloc)어를 사용하고 있으며 현대화된 농업 이전의 잘 보존된 시골마을이다. 이곳에서 라요스 코수트(LaiosKossuth)와 산도르 페퇴피(Sandor Petöfi) 거리, 55채의 집, 민속박물관, 위버의 집, 목공예가인 훼렌크 켈레멘(Ferenc Kelemen)의 전시관, 성당 홀로쾌(Hollókő) 성 등을 볼 수 있다.

3. 파논할마의 베네딕트 천년 왕국 수도원과 자연환경(Millenary Bene-
 dictine Monastery of Pannonhalma and its Natural Environ-
 ment: 문화, 1996):

기왜르-모손-소프론(Györ-Moson-Sopron)에 있는 파논할마의 베네딕트 수도원은 서기 996년에 설립되고 서기 1055년 항가리에서 최초의 수도원으로 문서화된 기록을 남기고 있다. 이 수도원은 서기 1590년대 오스만투르크의 침입으로 버려졌다가 서기 17세기 베네딕트파 수도사들이 다시 들어와 복구되었다. 현재 50여명의 수도사들이 이곳에 기거하면서 기숙사를 운영하고 있다. 이 건물은 지난

1,000여 년 동안 유지되고 가장 오래된 건물의 기록은 서기 1224년까지 거슬러 올라간다. 그래서 건물 사용의 연속성에서 오래된 역사를 엿볼 수 있다.

4. 호르토바지 국립공원(Hortobágy National Park-the Puszta: 문화, 1999):

호르토바지 푸스챠는 중앙유럽인 동부 항가리 대평원에서 광범위한 평원과 저습지를 포함하며 이곳에서 과거 2천 년 간 마자르(Mazar)족의 후예인 치코스(Csíkos)족의 전통적인 토지사용, 가축의 사용 등을 알 수 있는 문화 조경지역이다. 이곳에는 스키타이인들의 쿠르간 封土墳, 고대 집자리 흔적인 텔(tell, mound, tepe, hüyük), 항가리에서 가장 긴 9개의 홍예(아치)가 있는 석조다리인 Nine Arch Bridge, 서기 18세기-서기 19세기 여행자들을 위한 여관 등을 볼 수 있다.

5. 소피아나 초기 기독교 묘지[Early Christian Cemetery/Necropolis of Pecs(Sopianae): 문화, 2000]:

바란야(Baranya) 주 서기 4세기 초 로마의 행정도시인 소피아네(Sopianae, 현 Pécs)의 지하 기독교 묘지와 그 위에 건립된 교회로 지하 묘지(underground burial chambers)에는 기독교 주제의 벽화가 많이 그려져 있다. 이곳은 교회, 예술적으로도 가치가 있는 지하 壁畵墳과 靈廟가 잘 알려져 있다.

6. 토카이 와인지역 문화유산(Tokaji Wine Region Cultural Landscape: 문화, 2002):

항가리 동북쪽 토카이[원래 이름은 산기슭이라는 의미의 헤기야랴(Hegyalja)

임. 또는 슬라브어의 스토카이(Stokaj)에서 나옴, 그리고 아르메니아어로는 포도를 뜻함]의 낮은 구릉과 강 계곡에서 과거 약 300년간 인간이 포도를 재배하여 세계적으로 유명한 토카이 아스주 포도주[Tokaji Aszú wine, 세계에서 가장 오래된 botrytized wine: 아민(amine)과 有機酸(organic acid)이 화합하여 고난도의 액체 色層분석(chromatography)기술로 만들어짐. 다시 말해 토카이 포도주는 귀부균(貴腐菌, Botrytis cinerea)이란 회색 곰팡이에 감염된 포도알을 사용하여 자연 발효시켜 제조한 Noble sweet wine을 말한다.]를 만들어내던 까다롭고 복잡한 약 7,000ha과 5,000그루의 포도밭, 지하 깊이 설치한 포도주 저장고, 농장과 조그만 마을이 인간과 자연환경이 조화를 이루고 있다. 이 포도재배와 포도주의 명성은 기원전 켈트족에 까지 거슬러 올라가며, 서기 1703년 루이 XIV세(서기 1638년-서기 1715년)가 이를 'wine of kings, king of wine'이라 칭찬한데서 비롯된다고 한다.

7. 로마제국의 변경(Frontiers of the Roman Empire: 문화, 2019):

→ 오스트리아 9항을 참조할 것

홀리시 HOLY SEE

1. 바티칸 시티(Vatican City: 문화, 1984):

서부 바티칸 언덕(Mons Vaticanus)에 위치한 San Paolo Furoi le Mura (St. Paul Outside the Walls, 우르바노/Urban VIII세의 성벽)라는 교황의 대성당(the Papal Basilica)이 있는 바티칸(Vatican: State della citta del vaticano, 공식 국가명칭은 the State of the Vatican City이다) 시는 서기 1929년 2월 11일 라테란(Laterano)협정에 의해 이탈리아로부터 독립을 얻은 전 세계의 가

톨릭을 대표하는 홀리시(Holy See/Sancta Sedes, 이 말은 바티칸 시란 명칭
과는 다른 것으로 교황으로 알려진 대주교가 거처하는 가톨릭의 교황청을 의
미한다)로 0.44km²의 조그만 세속적 영토주권국가이며 로마의 대주
교(bishop) 겸 가톨릭 敎皇國이다. 이 국가에는 성 베드로 대성당, 카
스텔 간돌포(Castel Gandolfo)에 있는 교황궁(Pontifical Palace), 여름휴가
지, 로마 부근의 5개소 이탈리아 전역에 흩어져 있는 23개소가 포함
된다. 바티칸 시는 기독교 최대의 성지로 로마시대 베드로(St. Peter)
의 순교지 위에 세워진 6만 명을 수용하는 최대의 성 베드로 성당(the
Papalof St. Peter/St. Peter's Basilica, 베드로의 무덤은 제단 바로 아래에 있음)이
대표한다. 이 성당은 뛰어난 예술적 건축물로 서기 1506년 율리오
(Julius) II세 교황 때 시작하여 서기 1615년 바울(Paul) V세 때 완공되었
으며, 건물과 돔의 설계는 여러 번에 걸쳐 수정을 반복을 거쳤다. 브
라만테(Donato Bramante), 지우리아노 다 상갈로(Giuliano da Sangallo), 흐
라 지오콘도(Fra Giocondo), 라파엘(Raphael, 교황 율리오(Julius) II세의 집
무실 천장의 '성 베드로의 해방', '아테네의 학당' 등의 프레스코 벽화
와 박물관에 남아있는 '그리스도의 변모'의 그림, 37세에 작고)을 거
쳐, 서기 1547년 1월 1일 교황 바오르(Paul) III세에 의해 위촉을 받은
70세의 미켈란제로(Michelangelo), 서기 1588년 그 뒤를 이은 자코모 델
라 포르타(Giacomo della Porta)와 도메네코 폰타나(Domenico Fontana)가
식스투스(Sixtus) V세의 마지막 해인 서기 1590년 돔의 완공을 보았다.
돔의 직경 42.4m 바닥에서 돔 위의 십자가까지의 높이 138m이다. 교
황 바오르(Paul) V세는 서기 1602년 도메네코 폰타나의 조카인 마데
르노(Carl Madeno)를 임명하여 베드로 대성당의 聖壇이 있는 곳이 西
向, 전체 길이 220m×폭 150m, 성당 건물의 정면 길이 114.69m, 높
이 5m, 성당 내부의 넓이 15,160.12m²로, 전체 石灰華를 사용해 짓도

록 다시 설계를 하였다. 바오르(Paul) V세는 서기 1606년 2월 18일 기존의 콘스탄틴 성당을 허물고 새로 지은 베드로 성당으로 옮겨갈 준비를 하였다. 교황 우르반(Urban) VIII세(서기 1568년-서기 1644년)가 베르니니(Gianlorenzo Bernini, 서기 1598년-서기 1680년)를 임명하여 이중의 圓柱回廊을 가진 베드로 광장(St. Peter's square, 1656년-서기 1667년, 길이 340m, 폭 240m, 전체, 248개의 기둥으로, 각 기둥 사이의 길가 93m, 높이 20m)을 설계하게 하여 오늘날의 모습으로 갖추게 되었다. 이곳에는 높이 40m, 무게 360.2톤의 오벨리스크가 있다.

이 베드로 성당(The Papal Basilica of Saint Peter in the Vatican) 지하 동굴에는 100여가 넘는 무덤이 있으며 그중에는 네로 황제 때 순교한 초대 교황 베드로(St. Peter/Simon Peter/Petrus/페트루스, ?-서기 64년)를 비롯해 성 이그나티우스 안티오크(St. Ignatius Antioch), 신성로마제국의 오토(Otto) II세에서 요한 바오르 II세(서기 1978년-서기 2005년 4월 8일)까지를 포함하는 91명의 교황이 잠들어 있다. 또 탑과 현관이 있다. 정면 탑의 오래된 시계는 서기 1288년까지 거슬러 올라간다. 북쪽 끝의 교황의 聖年(25년, 50년) 때만 문을 여는 'Holy Door', 돔의 창사가 벽에 세워놓은 石像, 미켈란젤로가 조각한 피에타(Pietá), 시스티나 성당(The Sistine Chapel) 벽화 중 미켈란젤로가 서기 1508년-서기 1512년 '천지창조', '아담의 창조', '원조', '홍수' 등의 천장에 그려진 프레스코 벽화와 23년 후인 서기 1535년 61세에 교황 바울 3세의 요청으로 그린 제단 벽화인 '최후의 심판', 베르니니의 'Truth' 등이 유명하다. 서기 1053년 이후 성 베드로 성당의 首席司祭는 지오바니(서기 1053년)부터 안젤로 코마스트리(Angelo Comastri, 서기 2006년 10월 10일-현재)까지 60명에 이른다.

World Heritage List

세계문화유산의 알파벳 순서상 목록: 세계문화유산 영문 전체 목차

World Heritage List(2019년 7월 10일 현재 1,121 Properties, 39 Transboundary, 2 Delisted, 53 In Danger, 869 Cultural, 213 Natural, 39 Mixed, 167 States Parties)

Afghanistan
- Minaret and Archaeological Remains of Jam
- Cultural Landscape and Archaeological Remains of the Bamiyan Valley

Albania
- Natural and Cultural Heritage of the Ohrid region * I
- Butrint
- Historic Centres of Berat and Gjirokastra
- Ancient and Primeval Beech Forests of the Carpathians and Other Regions of Europe *

Algeria
- Al Qal'a of Beni Hammad
- Djémila
- M'Zab Valley
- Tassili n'Ajjer #
- Timgad
- Tipasa
- Kasbah of Algiers

Andorra
- Madriu-Perafita-Claror Valley

Angola

- Mbanza Kongo, Vestiges of the Capital of the former Kingdom of Kongo

Antigua and Barbuda
- Antigua Naval Dockyard and Related Archaeological Sites

Argentina
- Los Glaciares National Park #
- Jesuit Missions of the Guaranis: San Ignacio Mini, Santa Ana, Nuestra Señora de Loreto and Santa Maria Mayor(Argentina), Ruins of Sao Miguel das Missoes(Brazil) *
- Iguazu National Park
- Cueva de las Manos, Río Pinturas
- Península Valdés
- Ischigualasto / Talampaya Natural Parks
- Jesuit Block and Estancias of Córdoba
- Quebrada de Humahuaca
- Qhapaq Ñan, Andean Road System *
- The Architectural Work of Le Corbusier, an Outstanding Contribution to the Modern Movement *
- Los Alerces National Park

Armenia
- Monasteries of Haghpat and Sanahin
- Cathedral and Churches of Echmiatsin and the Archaeological Site of Zvartnots
- Monastery of Geghard and the Upper Azat Valley

Australia
- Great Barrier Reef
- Kakadu National Park
- Willandra Lakes Region
- Lord Howe Island Group
- Tasmanian Wilderness

- Gondwana Rainforests of Australia 2
- Uluru-Kata Tjuta National Park 3
- Wet Tropics of Queensland
- Shark Bay, Western Australia
- Fraser Island
- Australian Fossil Mammal Sites(Riversleigh / Naracoorte)
- Heard and McDonald Islands
- Macquarie Island
- Greater Blue Mountains Area
- Purnululu National Park
- Royal Exhibition Building and Carlton Gardens
- Sydney Opera House
- Australian Convict Sites
- Ningaloo Coast
- Budj Bim Cultural Landscape

Austria
- Historic Centre of the City of Salzburg
- Palace and Gardens of Schönbrunn
- Hallstatt-Dachstein / Salzkammergut Cultural Landscape
- Semmering Railway
- City of Graz—Historic Centre and Schloss Eggenberg
- Wachau Cultural Landscape
- Historic Centre of Vienna
- Fertö / Neusiedlersee Cultural Landscape *
- Ancient and Primeval Beech Forests of the Carpathians and Other Regions of Europe *
- Prehistoric Pile Dwellings around the Alps *

Azerbaijan
- Walled City of Baku with the Shirvanshah's Palace and Maiden Tower

- Gobustan Rock Art Cultural Landscape
- Historic Centre of Sheki with the Khan's Palace

Bahrain

- Qal'at al-Bahrain—Ancient Harbour and Capital of Dilmun
- Pearling, Testimony of an Island Economy
- Dilmun Burial Mounds

Bangladesh

- Historic Mosque City of Bagerhat
- Ruins of the Buddhist Vihara at Paharpur
- The Sundarbans
- Barbados
- Historic Bridgetown and its Garrison

Belarus

- Białowieża Forest *
- Mir Castle Complex
- Architectural, Residential and Cultural Complex of the Radziwill Family at Nesvizh
- Struve Geodetic Arc *

Belgium

- Flemish Béguinages
- La Grand-Place, Brussels
- The Four Lifts on the Canal du Centre and their Environs, La Louvière and Le Roeulx(Hainaut)
- Belfries of Belgium and France * 4
- Historic Centre of Brugge
- Major Town Houses of the Architect Victor Horta(Brussels)
- Neolithic Flint Mines at Spiennes(Mons)
- Notre-Dame Cathedral in Tournai
- Plantin-Moretus House-Workshops-Museum Complex

- Ancient and Primeval Beech Forests of the Carpathians and Other Regions of Europe *
- Stoclet House
- Major Mining Sites of Wallonia
- The Architectural Work of Le Corbusier, an Outstanding Contribution to the Modern Movement *
- Belize
- Belize Barrier Reef Reserve System

Benin
- Royal Palaces of Abomey
- W-Arly-Pendjari Complex *

Bolivia(Plurinational State of)
- City of Potosí
- Jesuit Missions of the Chiquitos
- Historic City of Sucre
- Fuerte de Samaipata
- Noel Kempff Mercado National Park
- Tiwanaku: Spiritual and Political Centre of the Tiwanaku Culture
- Qhapaq Ñan, Andean Road System *

Bosnia and Herzegovina
- Old Bridge Area of the Old City of Mostar
- Mehmed Paša Sokolović Bridge in Višegrad
- Stećci Medieval Tombstone Graveyards *

Botswana
- Tsodilo
- Okavango Delta

Brazil
- Historic Town of Ouro Preto
- Historic Centre of the Town of Olinda

- Jesuit Missions of the Guaranis: San Ignacio Mini, Santa Ana, Nuestra Señora de Loreto and Santa Maria Mayor(Argentina), Ruins of Sao Miguel das Missoes(Brazil) *
- Historic Centre of Salvador de Bahia
- Sanctuary of Bom Jesus do Congonhas
- Iguaçu National Park
- Brasilia
- Serra da Capivara National Park
- Historic Centre of São Luís
- Atlantic Forest South-East Reserves
- Discovery Coast Atlantic Forest Reserves
- Historic Centre of the Town of Diamantina
- Central Amazon Conservation Complex 5
- Pantanal Conservation Area
- Brazilian Atlantic Islands: Fernando de Noronha and Atol das Rocas Reserves
- Cerrado Protected Areas: Chapada dos Veadeiros and Emas National Parks
- Historic Centre of the Town of Goiás
- São Francisco Square in the Town of São Cristóvão
- Rio de Janeiro: Carioca Landscapes between the Mountain and the Sea
- Pampulha Modern Ensemble
- Valongo Wharf Archaeological Site
- Paraty and Ilha Grande—Culture and Biodiversity

Bulgaria
- Boyana Church
- Madara Rider
- Rock-Hewn Churches of Ivanovo
- Thracian Tomb of Kazanlak

- Ancient City of Nessebar
- Pirin National Park
- Rila Monastery
- Srebarna Nature Reserve
- Thracian Tomb of Sveshtari
- Ancient and Primeval Beech Forests of the Carpathians and Other Regions of Europe *

Burkina Faso
- W-Arly-Pendjari Complex *
- Ruins of Loropéni
- Ancient ferrous metallurgy sites of Burkina Faso

Cabo Verde
- Cidade Velha, Historic Centre of Ribeira Grande

Cambodia
- Angkor
- Temple of Preah Vihear
- Temple Zone of Sambor Prei Kuk, Archaeological Site of Ancient Ishanapura

Cameroon
- Dja Faunal Reserve
- Sangha Trinational *

Canada
- L'Anse aux Meadows National Historic Site
- Nahanni National Park #
- Dinosaur Provincial Park
- Kluane / Wrangell-St. Elias / Glacier Bay / Tatshenshini-Alsek # * 6
- Head-Smashed-In Buffalo Jump
- SGang Gwaay
- Wood Buffalo National Park

- Canadian Rocky Mountain Parks # 7
- Historic District of Old Québec
- Gros Morne National Park
- Old Town Lunenburg
- Waterton Glacier International Peace Park *
- Miguasha National Park
- Rideau Canal
- Joggins Fossil Cliffs
- Landscape of Grand Pré
- Red Bay Basque Whaling Station
- Mistaken Point
- Pimachiowin Aki
- Writing-on-Stone / Áísínai'pi

Central African Republic
- Manovo-Gounda St Floris National Park
- Sangha Trinational *

Chad
- Lakes of Ounianga
- Ennedi Massif: Natural and Cultural Landscape

Chile
- Rapa Nui National Park
- Churches of Chiloé
- Historic Quarter of the Seaport City of Valparaíso
- Humberstone and Santa Laura Saltpeter Works
- Sewell Mining Town
- Qhapaq Ñan, Andean Road System *

China
- Imperial Palaces of the Ming and Qing Dynasties in Beijing and Shenyang
- Mausoleum of the First Qin Emperor

- Mogao Caves
- Mount Taishan
- Peking Man Site at Zhoukoudian
- The Great Wall
- Mount Huangshan
- Huanglong Scenic and Historic Interest Area
- Jiuzhaigou Valley Scenic and Historic Interest Area
- Wulingyuan Scenic and Historic Interest Area
- Ancient Building Complex in the Wudang Mountains
- Historic Ensemble of the Potala Palace, Lhasa 8
- Mountain Resort and its Outlying Temples, Chengde
- Temple and Cemetery of Confucius and the Kong Family Mansion in Qufu
- Lushan National Park
- Mount Emei Scenic Area, including Leshan Giant Buddha Scenic Area
- Ancient City of Ping Yao
- Classical Gardens of Suzhou
- Old Town of Lijiang
- Summer Palace, an Imperial Garden in Beijing
- Temple of Heaven: an Imperial Sacrificial Altar in Beijing
- Dazu Rock Carvings
- Mount Wuyi
- Ancient Villages in Southern Anhui—Xidi and Hongcun
- Imperial Tombs of the Ming and Qing Dynasties
- Longmen Grottoes
- Mount Qingcheng and the Dujiangyan Irrigation System
- Yungang Grottoes
- Three Parallel Rivers of Yunnan Protected Areas
- Capital Cities and Tombs of the Ancient Koguryo Kingdom

- Historic Centre of Macao
- Sichuan Giant Panda Sanctuaries-Wolong, Mt Siguniang and Jiajin Mountains
- Yin Xu
- Kaiping Diaolou and Villages
- South China Karst
- Fujian Tulou
- Mount Sanqingshan National Park
- Mount Wutai
- China Danxia
- Historic Monuments of Dengfeng in "The Centre of Heaven and Earth"
- West Lake Cultural Landscape of Hangzhou
- Chengjiang Fossil Site
- Site of Xanadu
- Cultural Landscape of Honghe Hani Rice Terraces
- Xinjiang Tianshan
- Silk Roads: the Routes Network of Chang'an-Tianshan Corridor *
- The Grand Canal
- Tusi Sites
- Hubei Shennongjia
- Zuojiang Huashan Rock Art Cultural Landscape
- Kulangsu, a Historic International Settlement
- Qinghai Hoh Xil
- Fanjingshan
- Archaeological Ruins of Liangzhu City
- Migratory Bird Sanctuaries along the Coast of Yellow Sea-Bohai Gulf of China(Phase I)

Colombia
- Port, Fortresses and Group of Monuments, Cartagena

- Los Katíos National Park
- Historic Centre of Santa Cruz de Mompox
- National Archeological Park of Tierradentro
- San Agustín Archaeological Park
- Malpelo Fauna and Flora Sanctuary
- Coffee Cultural Landscape of Colombia
- Qhapaq Ñan, Andean Road System *
- Chiribiquete National Park—"The Maloca of the Jaguar"

Congo
- Sangha Trinational *

Costa Rica
- Talamanca Range-La Amistad Reserves/La Amistad National Park *
- Cocos Island National Park
- Area de Conservación Guanacaste
- Precolumbian Chiefdom Settlements with Stone Spheres of the Diquís

Côte d'Ivoire
- Mount Nimba Strict Nature Reserve *
- Taï National Park
- Comoé National Park
- Historic Town of Grand-Bassam

Croatia
- Historical Complex of Split with the Palace of Diocletian
- Old City of Dubrovnik
- Plitvice Lakes National Park #
- Episcopal Complex of the Euphrasian Basilica in the Historic Centre of Poreč
- Historic City of Trogir
- The Cathedral of St James in Šibenik
- Ancient and Primeval Beech Forests of the Carpathians and Other

Regions of Europe *
- Stari Grad Plain
- Stećci Medieval Tombstone Graveyards *
- Venetian Works of Defence between the 16th and 17th Centuries: Stato da Terra—Western Stato da Mar *

Cuba
- Old Havana and its Fortification System
- Trinidad and the Valley de los Ingenios
- San Pedro de la Roca Castle, Santiago de Cuba
- Desembarco del Granma National Park
- Viñales Valley
- Archaeological Landscape of the First Coffee Plantations in the South-East of Cuba
- Alejandro de Humboldt National Park
- Urban Historic Centre of Cienfuegos
- Historic Centre of Camagüey

Cyprus
- Paphos
- Painted Churches in the Troodos Region
- Choirokoitia

Czechia(Czechoslovakia)
- Historic Centre of Český Krumlov
- Historic Centre of Prague
- Historic Centre of Telč
- Pilgrimage Church of St John of Nepomuk at Zelená Hora
- Kutná Hora: Historical Town Centre with the Church of St Barbara and the Cathedral of Our Lady at Sedlec
- Lednice-Valtice Cultural Landscape
- Gardens and Castle at Kroměříž

- Holašovice Historic Village
- Litomyšl Castle
- Holy Trinity Column in Olomouc
- Tugendhat Villa in Brno
- Jewish Quarter and St Procopius' Basilica in Třebíč
- Erzgebirge/Krušnohoří Mining Region *
- Landscape for Breeding and Training of Ceremonial Carriage Horses at Kladruby nad Labem

Democratic People's Republic of Korea
- Complex of Koguryo Tombs
- Historic Monuments and Sites in Kaesong

Democratic Republic of the Congo
- Virunga National Park #
- Kahuzi-Biega National Park
- Garamba National Park
- Salonga National Park
- Okapi Wildlife Reserve

Denmark
- Jelling Mounds, Runic Stones and Church
- Roskilde Cathedral
- Kronborg Castle
- Ilulissat Icefjord
- Wadden Sea *
- Stevns Klint
- Christiansfeld, a Moravian Church Settlement
- The par force hunting landscape in North Zealand
- Kujataa Greenland: Norse and Inuit Farming at the Edge of the Ice Cap
- Aasivissuit–Nipisat. Inuit Hunting Ground between Ice and Sea

Dominica

- Morne Trois Pitons National Park

Dominican Republic

- Colonial City of Santo Domingo

Ecuador

- City of Quito
- Galápagos Islands
- Sangay National Park #
- Historic Centre of Santa Ana de los Ríos de Cuenca
- Qhapaq Ñan, Andean Road System *

Egypt

- Abu Mena
- Ancient Thebes with its Necropolis
- Historic Cairo
- Memphis and its Necropolis–the Pyramid Fields from Giza to Dahshur
- Nubian Monuments from Abu Simbel to Philae
- Saint Catherine Area
- Wadi Al-Hitan(Whale Valley)

El Salvador

- Joya de Cerén Archaeological Site

Eritrea

- Asmara: A Modernist African City

Estonia

- Historic Centre(Old Town) of Tallinn
- Struve Geodetic Arc *

Ethiopia

- Rock-Hewn Churches, Lalibela
- Simien National Park
- Fasil Ghebbi, Gondar Region
- Aksum

- Lower Valley of the Awash
- Lower Valley of the Omo
- Tiya
- Harar Jugol, the Fortified Historic Town
- Konso Cultural Landscape

Fiji

- Levuka Historical Port Town

Finland

- Fortress of Suomenlinna
- Old Rauma
- Petäjävesi Old Church
- Verla Groundwood and Board Mill
- Bronze Age Burial Site of Sammallahdenmäki
- High Coast / Kvarken Archipelago *
- Struve Geodetic Arc *

France

- Chartres Cathedral
- Mont-Saint-Michel and its Bay
- Palace and Park of Versailles
- Prehistoric Sites and Decorated Caves of the Vézère Valley
- Vézelay, Church and Hill
- Amiens Cathedral
- Arles, Roman and Romanesque Monuments
- Cistercian Abbey of Fontenay
- Palace and Park of Fontainebleau
- Roman Theatre and its Surroundings and the "Triumphal Arch" of Orange
- From the Great Saltworks of Salins-les-Bains to the Royal Saltworks of Arc-et-Senans, the Production of Open-pan Salt

- Abbey Church of Saint-Savin sur Gartempe
- Gulf of Porto: Calanche of Piana, Gulf of Girolata, Scandola Reserve #
- Place Stanislas, Place de la Carrière and Place d'Alliance in Nancy
- Pont du Gard(Roman Aqueduct)
- Strasbourg, Grande-Île and Neustadt
- Cathedral of Notre-Dame, Former Abbey of Saint-Rémi and Palace of Tau, Reims
- Paris, Banks of the Seine
- Bourges Cathedral
- Historic Centre of Avignon: Papal Palace, Episcopal Ensemble and Avignon Bridge
- Canal du Midi
- Historic Fortified City of Carcassonne
- Pyrénées-Mont Perdu *
- Historic Site of Lyon
- Routes of Santiago de Compostela in France
- Belfries of Belgium and France * 9
- Jurisdiction of Saint-Emilion
- The Loire Valley between Sully-sur-Loire and Chalonnes 10
- Provins, Town of Medieval Fairs
- Le Havre, the City Rebuilt by Auguste Perret
- Bordeaux, Port of the Moon
- Fortifications of Vauban
- Lagoons of New Caledonia: Reef Diversity and Associated Ecosystems
- Episcopal City of Albi
- Pitons, cirques and remparts of Reunion Island
- Prehistoric Pile Dwellings around the Alps *
- The Causses and the Cévennes, Mediterranean agro-pastoral Cultural Landscape

- Nord-Pas de Calais Mining Basin
- Decorated Cave of Pont d'Arc, known as Grotte Chauvet-Pont d'Arc, Ardèche
- Champagne Hillsides, Houses and Cellars
- The Climats, terroirs of Burgundy
- The Architectural Work of Le Corbusier, an Outstanding Contribution to the Modern Movement *
- Taputapuātea
- Chaîne des Puys-Limagne fault tectonic arena
- French Austral Lands and Seas

Gabon
- Ecosystem and Relict Cultural Landscape of Lopé-Okanda

Gambia(the)
- Kunta Kinteh Island and Related Sites
- Stone Circles of Senegambia *

Georgia
- Gelati Monastery
- Historical Monuments of Mtskheta
- Upper Svaneti

Germany
- Aachen Cathedral
- Speyer Cathedral
- Würzburg Residence with the Court Gardens and Residence Square
- Pilgrimage Church of Wies
- Castles of Augustusburg and Falkenlust at Brühl
- St Mary's Cathedral and St Michael's Church at Hildesheim
- Roman Monuments, Cathedral of St Peter and Church of Our Lady in Trier
- Frontiers of the Roman Empire * 11

- Hanseatic City of Lübeck
- Palaces and Parks of Potsdam and Berlin
- Abbey and Altenmünster of Lorsch
- Mines of Rammelsberg, Historic Town of Goslar and Upper Harz Water Management System #
- Maulbronn Monastery Complex
- Town of Bamberg
- Collegiate Church, Castle and Old Town of Quedlinburg
- Völklingen Ironworks
- Messel Pit Fossil Site
- Bauhaus and its Sites in Weimar, Dessau and Bernau
- Cologne Cathedral
- Luther Memorials in Eisleben and Wittenberg
- Classical Weimar
- Museumsinsel(Museum Island), Berlin
- Wartburg Castle
- Garden Kingdom of Dessau-Wörlitz
- Monastic Island of Reichenau
- Zollverein Coal Mine Industrial Complex in Essen
- Historic Centres of Stralsund and Wismar
- Upper Middle Rhine Valley
- Dresden Elbe Valley Delisted 2009
- Muskauer Park / Park Mużakowski *
- Town Hall and Roland on the Marketplace of Bremen
- Old town of Regensburg with Stadtamhof
- Ancient and Primeval Beech Forests of the Carpathians and Other Regions of Europe *
- Berlin Modernism Housing Estates
- Wadden Sea *

- Fagus Factory in Alfeld
- Prehistoric Pile Dwellings around the Alps *
- Margravial Opera House Bayreuth
- Bergpark Wilhelmshöhe
- Carolingian Westwork and Civitas Corvey
- Speicherstadt and Kontorhaus District with Chilehaus
- The Architectural Work of Le Corbusier, an Outstanding Contribution to the Modern Movement *
- Caves and Ice Age Art in the Swabian Jura
- Archaeological Border complex of Hedeby and the Danevirke
- Naumburg Cathedral
- Erzgebirge/Krušnohoří Mining Region *
- Water Management System of Augsburg

Ghana
- Forts and Castles, Volta, Greater Accra, Central and Western Regions
- Asante Traditional Buildings

Greece
- Temple of Apollo Epicurius at Bassae
- Acropolis, Athens
- Archaeological Site of Delphi
- Medieval City of Rhodes
- Meteora
- Mount Athos
- Paleochristian and Byzantine Monuments of Thessalonika
- Sanctuary of Asklepios at Epidaurus
- Archaeological Site of Mystras
- Archaeological Site of Olympia
- Delos
- Monasteries of Daphni, Hosios Loukas and Nea Moni of Chios

- Pythagoreion and Heraion of Samos
- Archaeological Site of Aigai(modern name Vergina)
- Archaeological Sites of Mycenae and Tiryns
- The Historic Centre(Chorá) with the Monastery of Saint-John the Theologian and the Cave of the Apocalypse on the Island of Pátmos
- Old Town of Corfu
- Archaeological Site of Philippi

Guatemala
- Antigua Guatemala
- Tikal National Park
- Archaeological Park and Ruins of Quirigua

Guinea
- Mount Nimba Strict Nature Reserve *

Haiti
- National History Park—Citadel, Sans Souci, Ramiers

Holy See
- Historic Centre of Rome, the Properties of the Holy See in that City Enjoying Extraterritorial Rights and San Paolo Fuori le Mura * 12
- Vatican City

Honduras
- Maya Site of Copan
- Río Plátano Biosphere Reserve

Hungary
- Budapest, including the Banks of the Danube, the Buda Castle Quarter and Andrássy Avenue
- Old Village of Hollókő and its Surroundings
- Caves of Aggtelek Karst and Slovak Karst *
- Millenary Benedictine Abbey of Pannonhalma and its Natural Environment

- Hortobágy National Park-the Puszta
- Early Christian Necropolis of Pécs(Sopianae)
- Fertö/Neusiedlersee Cultural Landscape *
- Tokaj Wine Region Historic Cultural Landscape

Iceland

- Þingvellir National Park
- Surtsey
- Vatnajökull National Park-dynamic nature of fire and ice

India

- Agra Fort
- Ajanta Caves
- Ellora Caves
- Taj Mahal
- Group of Monuments at Mahabalipuram
- Sun Temple, Konârak
- Kaziranga National Park
- Keoladeo National Park
- Manas Wildlife Sanctuary
- Churches and Convents of Goa
- Fatehpur Sikri
- Group of Monuments at Hampi
- Khajuraho Group of Monuments
- Elephanta Caves
- Great Living Chola Temples 13
- Group of Monuments at Pattadakal
- Sundarbans National Park
- Nanda Devi and Valley of Flowers National Parks
- Buddhist Monuments at Sanchi
- Humayun's Tomb, Delhi

- Qutb Minar and its Monuments, Delhi
- Mountain Railways of India
- Mahabodhi Temple Complex at Bodh Gaya
- Rock Shelters of Bhimbetka
- Champaner–Pavagadh Archaeological Park
- Chhatrapati Shivaji Terminus(formerly Victoria Terminus)
- Red Fort Complex
- The Jantar Mantar, Jaipur
- Western Ghats
- Hill Forts of Rajasthan
- Great Himalayan National Park Conservation Area
- Rani-ki-Vav(the Queen's Stepwell) at Patan, Gujarat
- Archaeological Site of Nalanda Mahavihara at Nalanda, Bihar
- Khangchendzonga National Park
- The Architectural Work of Le Corbusier, an Outstanding Contribution to the Modern Movement *
- Historic City of Ahmadabad
- Victorian Gothic and Art Deco Ensembles of Mumbai
- Jaipur City, Rajasthan

Indonesia
- Borobudur Temple Compounds
- Komodo National Park
- Prambanan Temple Compounds
- Ujung Kulon National Park
- Sangiran Early Man Site
- Lorentz National Park
- Tropical Rainforest Heritage of Sumatra
- Cultural Landscape of Bali Province: the Subak System as a Manifestation of the Tri Hita Karana Philosophy

- Ombilin Coal Mining Heritage of Sawahlunto

Iran(Islamic Republic of)

- Meidan Emam, Esfahan
- Persepolis
- Tchogha Zanbil
- Takht-e Soleyman
- Bam and its Cultural Landscape
- Pasargadae
- Soltaniyeh
- Bisotun
- Armenian Monastic Ensembles of Iran
- Shushtar Historical Hydraulic System
- Sheikh Safi al-din Khānegāh and Shrine Ensemble in Ardabil
- Tabriz Historic Bazaar Complex
- The Persian Garden
- Gonbad-e Qābus
- Masjed-e Jāmé of Isfahan
- Golestan Palace
- Shahr-i Sokhta
- Cultural Landscape of Maymand
- Susa
- Lut Desert
- The Persian Qanat
- Historic City of Yazd
- Sassanid Archaeological Landscape of Fars Region
- Hyrcanian Forests

Iraq

- Hatra
- Ashur(Qal'at Sherqat)

- Samarra Archaeological City
- Erbil Citadel
- The Ahwar of Southern Iraq: Refuge of Biodiversity and the Relict Landscape of the Mesopotamian Cities
- Babylon

Ireland
- Brú na Bóinne-Archaeological Ensemble of the Bend of the Boyne
- Sceilg Mhichíl

Israel
- Masada
- Old City of Acre
- White City of Tel-Aviv-the Modern Movement
- Biblical Tels-Megiddo, Hazor, Beer Sheba
- Incense Route-Desert Cities in the Negev
- Bahá'i Holy Places in Haifa and the Western Galilee
- Sites of Human Evolution at Mount Carmel: The Nahal Me'arot/ Wadi el-Mughara Caves
- Caves of Maresha and Bet-Guvrin in the Judean Lowlands as a Microcosm of the Land of the Caves
- Necropolis of Bet She'arim: A Landmark of Jewish Renewal

Italy
- Rock Drawings in Valcamonica
- Church and Dominican Convent of Santa Maria delle Grazie with "The Last Supper" by Leonardo da Vinci
- Historic Centre of Rome, the Properties of the Holy See in that City Enjoying Extraterritorial Rights and San Paolo Fuori le Mura * 14
- Historic Centre of Florence
- Piazza del Duomo, Pisa
- Venice and its Lagoon

- Historic Centre of San Gimignano
- The Sassi and the Park of the Rupestrian Churches of Matera
- City of Vicenza and the Palladian Villas of the Veneto
- Crespi d'Adda
- Ferrara, City of the Renaissance, and its Po Delta 15
- Historic Centre of Naples
- Historic Centre of Siena
- Castel del Monte
- Early Christian Monuments of Ravenna
- Historic Centre of the City of Pienza
- The Trulli of Alberobello
- 18th-Century Royal Palace at Caserta with the Park, the Aqueduct of Vanvitelli, and the San Leucio Complex
- Archaeological Area of Agrigento
- Archaeological Areas of Pompei, Herculaneum and Torre Annunziata
- Botanical Garden(Orto Botanico), Padua
- Cathedral, Torre Civica and Piazza Grande, Modena
- Costiera Amalfitana
- Portovenere, Cinque Terre, and the Islands(Palmaria, Tino and Tinetto)
- Residences of the Royal House of Savoy
- Su Nuraxi di Barumini
- Villa Romana del Casale
- Archaeological Area and the Patriarchal Basilica of Aquileia
- Cilento and Vallo di Diano National Park with the Archeological Sites of Paestum and Velia, and the Certosa di Padula
- Historic Centre of Urbino
- Villa Adriana(Tivoli)
- Assisi, the Basilica of San Francesco and Other Franciscan Sites
- City of Verona

- Isole Eolie(Aeolian Islands)
- Villa d'Este, Tivoli
- Late Baroque Towns of the Val di Noto(South-Eastern Sicily)
- Sacri Monti of Piedmont and Lombardy
- Monte San Giorgio *
- Etruscan Necropolises of Cerveteri and Tarquinia
- Val d'Orcia
- Syracuse and the Rocky Necropolis of Pantalica
- Genoa: Le Strade Nuove and the system of the Palazzi dei Rolli
- Ancient and Primeval Beech Forests of the Carpathians and Other Regions of Europe *
- Mantua and Sabbioneta
- Rhaetian Railway in the Albula/Bernina Landscapes *
- The Dolomites
- Longobards in Italy. Places of the Power(568-774 A.D.)
- Prehistoric Pile Dwellings around the Alps *
- Medici Villas and Gardens in Tuscany
- Mount Etna
- Vineyard Landscape of Piedmont: Langhe-Roero and Monferrato
- Arab-Norman Palermo and the Cathedral Churches of Cefalú and Monreale
- Venetian Works of Defence between the 16th and 17th Centuries: Stato da Terra—Western Stato da Mar *
- Ivrea, industrial city of the 20th century
- Le Colline del Prosecco di Conegliano e Valdobbiadene

Jamaica
- Blue and John Crow Mountains

Japan
- Buddhist Monuments in the Horyu-ji Area

- Himeji-jo
- Shirakami-Sanchi
- Yakushima
- Historic Monuments of Ancient Kyoto(Kyoto, Uji and Otsu Cities)
- Historic Villages of Shirakawa-go and Gokayama
- Hiroshima Peace Memorial(Genbaku Dome)
- Itsukushima Shinto Shrine
- Historic Monuments of Ancient Nara
- Shrines and Temples of Nikko
- Gusuku Sites and Related Properties of the Kingdom of Ryukyu
- Sacred Sites and Pilgrimage Routes in the Kii Mountain Range
- Shiretoko
- Iwami Ginzan Silver Mine and its Cultural Landscape
- Hiraizumi—Temples, Gardens and Archaeological Sites Representing the Buddhist Pure Land
- Ogasawara Islands
- Fujisan, sacred place and source of artistic inspiration
- Tomioka Silk Mill and Related Sites
- Sites of Japan's Meiji Industrial Revolution: Iron and Steel, Shipbuilding and Coal Mining
- The Architectural Work of Le Corbusier, an Outstanding Contribution to the Modern Movement *
- Sacred Island of Okinoshima and Associated Sites in the Munakata Region
- Hidden Christian Sites in the Nagasaki Region
- Mozu-Furuichi Kofun Group: Mounded Tombs of Ancient Japan

Jerusalem(Site proposed by Jordan)
- Old City of Jerusalem and its Walls

Jordan

- Petra
- Quseir Amra
- Um er-Rasas(Kastrom Mefa'a)
- Wadi Rum Protected Area
- Baptism Site "Bethany Beyond the Jordan"(Al-Maghtas)

Kazakhstan
- Mausoleum of Khoja Ahmed Yasawi
- Petroglyphs within the Archaeological Landscape of Tamgaly
- Saryarka—Steppe and Lakes of Northern Kazakhstan
- Silk Roads: the Routes Network of Chang'an-Tianshan Corridor *
- Western Tien-Shan *

Kenya
- Lake Turkana National Parks
- Mount Kenya National Park/Natural Forest
- Lamu Old Town
- Sacred Mijikenda Kaya Forests
- Fort Jesus, Mombasa
- Kenya Lake System in the Great Rift Valley
- Thimlich Ohinga Archaeological Site

Kiribati
- Phoenix Islands Protected Area

Kyrgyzstan
- Sulaiman-Too Sacred Mountain
- Silk Roads: the Routes Network of Chang'an-Tianshan Corridor *
- Western Tien-Shan *

Lao People's Democratic Republic
- Town of Luang Prabang
- Vat Phou and Associated Ancient Settlements within the Champasak Cultural Landscape

- Megalithic Jar Sites in Xiengkhuang–Plain of Jars

Latvia

- Historic Centre of Riga
- Struve Geodetic Arc *

Lebanon

- Anjar
- Baalbek
- Byblos
- Tyre
- Ouadi Qadisha(the Holy Valley) and the Forest of the Cedars of God(Horsh Arz el-Rab)

Lesotho

- Maloti–Drakensberg Park *

Libya

- Archaeological Site of Cyrene
- Archaeological Site of Leptis Magna
- Archaeological Site of Sabratha
- Rock-Art Sites of Tadrart Acacus
- Old Town of Ghadamès

Lithuania

- Vilnius Historic Centre
- Curonian Spit *
- Kernavė Archaeological Site(Cultural Reserve of Kernavė)
- Struve Geodetic Arc *

Luxembourg

- City of Luxembourg: its Old Quarters and Fortifications
- Madagascar
- Tsingy de Bemaraha Strict Nature Reserve
- Royal Hill of Ambohimanga

• Rainforests of the Atsinanana

Malawi

• Lake Malawi National Park

• Chongoni Rock-Art Area

Malaysia

• Gunung Mulu National Park

• Kinabalu Park

• Melaka and George Town, Historic Cities of the Straits of Malacca

• Archaeological Heritage of the Lenggong Valley

Mali

• Old Towns of Djenné

• Timbuktu

• Cliff of Bandiagara(Land of the Dogons)

• Tomb of Askia

Malta

• City of Valletta

• Ħal Saflieni Hypogeum

• Megalithic Temples of Malta 16

Marshall Islands

• Bikini Atoll Nuclear Test Site

Mauritania

• Banc d'Arguin National Park

• Ancient Ksour of Ouadane, Chinguetti, Tichitt and Oualata

Mauritius

• Aapravasi Ghat

• Le Morne Cultural Landscape

Mexico

• Historic Centre of Mexico City and Xochimilco

• Historic Centre of Oaxaca and Archaeological Site of Monte Albán

- Historic Centre of Puebla
- Pre-Hispanic City and National Park of Palenque
- Pre-Hispanic City of Teotihuacan
- Sian Ka'an
- Historic Town of Guanajuato and Adjacent Mines
- Pre-Hispanic City of Chichen-Itza
- Historic Centre of Morelia
- El Tajin, Pre-Hispanic City
- Historic Centre of Zacatecas
- Rock Paintings of the Sierra de San Francisco
- Whale Sanctuary of El Vizcaino
- Earliest 16th-Century Monasteries on the Slopes of Popocatepetl
- Historic Monuments Zone of Querétaro
- Pre-Hispanic Town of Uxmal
- Hospicio Cabañas, Guadalajara
- Archaeological Zone of Paquimé, Casas Grandes
- Historic Monuments Zone of Tlacotalpan
- Archaeological Monuments Zone of Xochicalco
- Historic Fortified Town of Campeche
- Ancient Maya City and Protected Tropical Forests of Calakmul, Campeche
- Franciscan Missions in the Sierra Gorda of Querétaro
- Luis Barragán House and Studio
- Islands and Protected Areas of the Gulf of California
- Agave Landscape and Ancient Industrial Facilities of Tequila
- Central University City Campus of the Universidad Nacional Autónoma de México(UNAM)
- Monarch Butterfly Biosphere Reserve
- Protective town of San Miguel and the Sanctuary of Jesús Nazareno

de Atotonilco
- Camino Real de Tierra Adentro
- Prehistoric Caves of Yagul and Mitla in the Central Valley of Oaxaca
- El Pinacate and Gran Desierto de Altar Biosphere Reserve
- Aqueduct of Padre Tembleque Hydraulic System
- Archipiélago de Revillagigedo
- Tehuacán-Cuicatlán Valley: originary habitat of Mesoamerica

Micronesia(Federated States of)
- Nan Madol: Ceremonial Centre of Eastern Micronesia

Mongolia
- Uvs Nuur Basin *
- Orkhon Valley Cultural Landscape
- Petroglyphic Complexes of the Mongolian Altai
- Great Burkhan Khaldun Mountain and its surrounding sacred land-scape
- Landscapes of Dauria *

Montenegro
- Natural and Culturo-Historical Region of Kotor
- Durmitor National Park
- Stećci Medieval Tombstone Graveyards *
- Venetian Works of Defence between the 16th and 17th Centuries: Stato da Terra-Western Stato da Mar *

Morocco
- Medina of Fez
- Medina of Marrakesh
- Ksar of Ait-Ben-Haddou
- Historic City of Meknes
- Archaeological Site of Volubilis
- Medina of Tétouan(formerly known as Titawin)

- Medina of Essaouira(formerly Mogador)
- Portuguese City of Mazagan(El Jadida)
- Rabat, Modern Capital and Historic City: a Shared Heritage

Mozambique
- Island of Mozambique

Myanmar
- Pyu Ancient Cities
- Bagan

Namibia
- Twyfelfontein or /Ui-//aes
- Namib Sand Sea

Nepal
- Kathmandu Valley
- Sagarmatha National Park
- Chitwan National Park
- Lumbini, the Birthplace of the Lord Buddha

Netherlands
- Schokland and Surroundings
- Defence Line of Amsterdam
- Historic Area of Willemstad, Inner City and Harbour, Curaçao
- Mill Network at Kinderdijk-Elshout
- Ir.D.F. Woudagemaal(D.F. Wouda Steam Pumping Station)
- Droogmakerij de Beemster(Beemster Polder)
- Rietveld Schröderhuis(Rietveld Schröder House)
- Wadden Sea *
- Seventeenth-Century Canal Ring Area of Amsterdam inside the Singelgracht
- Van Nellefabriek

New Zealand

- Te Wahipounamu–South West New Zealand 17
- Tongariro National Park #
- New Zealand Sub-Antarctic Islands

Nicaragua
- Ruins of León Viejo
- León Cathedral

Niger
- Air and Ténéré Natural Reserves
- W-Arly-Pendjari Complex *
- Historic Centre of Agadez

Nigeria
- Sukur Cultural Landscape
- Osun-Osogbo Sacred Grove

North Macedonia
- Natural and Cultural Heritage of the Ohrid region * 18

Norway
- Bryggen
- Urnes Stave Church
- Røros Mining Town and the Circumference
- Rock Art of Alta
- Vegaøyan–The Vega Archipelago
- Struve Geodetic Arc *
- West Norwegian Fjords–Geirangerfjord and Nærøyfjord
- Rjukan-Notodden Industrial Heritage Site

Oman
- Bahla Fort
- Archaeological Sites of Bat, Al-Khutm and Al-Ayn
- Arabian Oryx Sanctuary Delisted 2007
- Land of Frankincense

- Aflaj Irrigation Systems of Oman
- Ancient City of Qalhat

Pakistan

- Archaeological Ruins at Moenjodaro
- Buddhist Ruins of Takht-i-Bahi and Neighbouring City Remains at Sahr-i-Bahlol
- Taxila
- Fort and Shalamar Gardens in Lahore
- Historical Monuments at Makli, Thatta
- Rohtas Fort

Palau

- Rock Islands Southern Lagoon

Palestine

- Birthplace of Jesus: Church of the Nativity and the Pilgrimage Route, Bethlehem
- Palestine: Land of Olives and Vines—Cultural Landscape of Southern Jerusalem, Battir
- Hebron/Al-Khalil Old Town

Panama

- Fortifications on the Caribbean Side of Panama: Portobelo-San Lorenzo
- Darien National Park
- Talamanca Range-La Amistad Reserves / La Amistad National Park *
- Archaeological Site of Panamá Viejo and Historic District of Panamá
- Coiba National Park and its Special Zone of Marine Protection

Papua New Guinea

- Kuk Early Agricultural Site

Paraguay

- Jesuit Missions of La Santísima Trinidad de Paraná and Jesús de Tavarangue

Peru

- City of Cuzco
- Historic Sanctuary of Machu Picchu
- Chavin(Archaeological Site)
- Huascarán National Park #
- Chan Chan Archaeological Zone
- Manú National Park
- Historic Centre of Lima 19
- Río Abiseo National Park
- Lines and Geoglyphs of Nasca and Palpa
- Historical Centre of the City of Arequipa
- Sacred City of Caral-Supe
- Qhapaq Ñan, Andean Road System *

Philippines

- Baroque Churches of the Philippines
- Tubbataha Reefs Natural Park
- Rice Terraces of the Philippine Cordilleras
- Historic City of Vigan
- Puerto-Princesa Subterranean River National Park
- Mount Hamiguitan Range Wildlife Sanctuary

Poland

- Historic Centre of Kraków
- Wieliczka and Bochnia Royal Salt Mines
- Auschwitz Birkenau German Nazi Concentration and Extermination
  Camp(1940-1945)
- Białowieża Forest *
- Historic Centre of Warsaw
- Old City of Zamość

- Castle of the Teutonic Order in Malbork
- Medieval Town of Toruń
- Kalwaria Zebrzydowska: the Mannerist Architectural and Park Landscape Complex and Pilgrimage Park
- Churches of Peace in Jawor and Świdnica
- Wooden Churches of Southern Małopolska
- Muskauer Park / Park Mużakowski *
- Centennial Hall in Wrocław
- Wooden Tserkvas of the Carpathian Region in Poland and Ukraine *
- Tarnowskie Góry Lead-Silver-Zinc Mine and its Underground Water Management System
- Krzemionki Prehistoric Striped Flint Mining Region

Portugal
- Central Zone of the Town of Angra do Heroismo in the Azores
- Convent of Christ in Tomar
- Monastery of Batalha
- Monastery of the Hieronymites and Tower of Belém in Lisbon
- Historic Centre of Évora
- Monastery of Alcobaça
- Cultural Landscape of Sintra
- Historic Centre of Oporto, Luiz I Bridge and Monastery of Serra do Pilar
- Prehistoric Rock Art Sites in the Côa Valley and Siega Verde * 20
- Laurisilva of Madeira
- Alto Douro Wine Region
- Historic Centre of Guimarães
- Landscape of the Pico Island Vineyard Culture
- Garrison Border Town of Elvas and its Fortifications
- University of Coimbra—Alta and Sofia
- Royal Building of Mafra—Palace, Basilica, Convent, Cerco Garden and

Hunting Park(Tapada)

- Sanctuary of Bom Jesus do Monte in Braga

Qatar

- Al Zubarah Archaeological Site

Republic of Korea

- Haeinsa Temple Janggyeong Panjeon, the Depositories for the Tripi-
  taka Koreana Woodblocks
- Jongmyo Shrine
- Seokguram Grotto and Bulguksa Temple
- Changdeokgung Palace Complex
- Hwaseong Fortress
- Gochang, Hwasun and Ganghwa Dolmen Sites
- Gyeongju Historic Areas
- Jeju Volcanic Island and Lava Tubes
- Royal Tombs of the Joseon Dynasty
- Historic Villages of Korea: Hahoe and Yangdong
- Namhansanseong
- Baekje Historic Areas
- Sansa, Buddhist Mountain Monasteries in Korea
- Seowon, Korean Neo-Confucian Academies

Republic of Moldova

- Struve Geodetic Arc *

Romania

- Danube Delta
- Churches of Moldavia
- Monastery of Horezu
- Villages with Fortified Churches in Transylvania 21
- Dacian Fortresses of the Orastie Mountains
- Historic Centre of Sighişoara

- Wooden Churches of Maramureş
- Ancient and Primeval Beech Forests of the Carpathians and Other Regions of Europe *

Russian Federation

- Historic Centre of Saint Petersburg and Related Groups of Monuments
- Kizhi Pogost
- Kremlin and Red Square, Moscow
- Cultural and Historic Ensemble of the Solovetsky Islands
- Historic Monuments of Novgorod and Surroundings
- White Monuments of Vladimir and Suzdal
- Architectural Ensemble of the Trinity Sergius Lavra in Sergiev Posad
- Church of the Ascension, Kolomenskoye
- Virgin Komi Forests
- Lake Baikal
- Volcanoes of Kamchatka 22
- Golden Mountains of Altai
- Western Caucasus
- Curonian Spit *
- Ensemble of the Ferapontov Monastery
- Historic and Architectural Complex of the Kazan Kremlin
- Central Sikhote-Alin
- Citadel, Ancient City and Fortress Buildings of Derbent
- Uvs Nuur Basin *
- Ensemble of the Novodevichy Convent
- Natural System of Wrangel Island Reserve
- Historical Centre of the City of Yaroslavl
- Struve Geodetic Arc *
- Putorana Plateau
- Lena Pillars Nature Park

- Bolgar Historical and Archaeological Complex
- Assumption Cathedral and Monastery of the town-island of Sviyazhsk
- Landscapes of Dauria *
- Churches of the Pskov School of Architecture

Saint Kitts and Nevis
- Brimstone Hill Fortress National Park

Saint Lucia
- Pitons Management Area

San Marino
- San Marino Historic Centre and Mount Titano

Saudi Arabia
- Al-Hijr Archaeological Site(Madâin Sâlih)
- At-Turaif District in ad-Dir'iyah
- Historic Jeddah, the Gate to Makkah
- Rock Art in the Hail Region of Saudi Arabia
- Al-Ahsa Oasis, an Evolving Cultural Landscape

Senegal
- Island of Gorée
- Niokolo-Koba National Park
- Djoudj National Bird Sanctuary
- Island of Saint-Louis
- Stone Circles of Senegambia *
- Saloum Delta
- Bassari Country: Bassari, Fula and Bedik Cultural Landscapes

Serbia
- Stari Ras and Sopoćani
- Studenica Monastery
- Medieval Monuments in Kosovo
- Gamzigrad-Romuliana, Palace of Galerius

- Stećci Medieval Tombstone Graveyards *

Seychelles
- Aldabra Atoll
- Vallée de Mai Nature Reserve

Singapore
- Singapore Botanic Gardens

Slovakia
- Historic Town of Banská Štiavnica and the Technical Monuments in its Vicinity
- Levoča, Spišský Hrad and the Associated Cultural Monuments
- Vlkolínec
- Caves of Aggtelek Karst and Slovak Karst *
- Bardejov Town Conservation Reserve
- Ancient and Primeval Beech Forests of the Carpathians and Other Regions of Europe *
- Wooden Churches of the Slovak part of the Carpathian Mountain Area

Slovenia
- Škocjan Caves #
- Ancient and Primeval Beech Forests of the Carpathians and Other Regions of Europe *
- Prehistoric Pile Dwellings around the Alps *
- Heritage of Mercury. Almadén and Idrija *

Solomon Islands
- East Rennell

South Africa
- Fossil Hominid Sites of South Africa
- iSimangaliso Wetland Park
- Robben Island

- Maloti-Drakensberg Park *
- Mapungubwe Cultural Landscape
- Cape Floral Region Protected Areas
- Vredefort Dome
- Richtersveld Cultural and Botanical Landscape
- ≠Khomani Cultural Landscape
- Barberton Makhonjwa Mountains

Spain
- Alhambra, Generalife and Albayzín, Granada 23
- Burgos Cathedral
- Historic Centre of Cordoba 24
- Monastery and Site of the Escurial, Madrid
- Works of Antoni Gaudí 25
- Cave of Altamira and Paleolithic Cave Art of Northern Spain
- Monuments of Oviedo and the Kingdom of the Asturias 26
- Old Town of Ávila with its Extra-Muros Churches
- Old Town of Segovia and its Aqueduct
- Santiago de Compostela(Old Town)
- Garajonay National Park
- Historic City of Toledo
- Mudejar Architecture of Aragon 27
- Old Town of Cáceres
- Cathedral, Alcázar and Archivo de Indias in Seville
- Old City of Salamanca
- Poblet Monastery
- Archaeological Ensemble of Mérida
- Routes of Santiago de Compostela: Camino Francés and Routes of
  Northern Spain
- Royal Monastery of Santa María de Guadalupe

- Doñana National Park
- Historic Walled Town of Cuenca
- La Lonja de la Seda de Valencia
- Las Médulas
- Palau de la Música Catalana and Hospital de Sant Pau, Barcelona
- Pyrénées-Mont Perdu *
- San Millán Yuso and Suso Monasteries
- Prehistoric Rock Art Sites in the Côa Valley and Siega Verde * 28
- Rock Art of the Mediterranean Basin on the Iberian Peninsula
- University and Historic Precinct of Alcalá de Henares
- Ibiza, Biodiversity and Culture
- San Cristóbal de La Laguna
- Archaeological Ensemble of Tárraco
- Archaeological Site of Atapuerca
- Catalan Romanesque Churches of the Vall de Boí
- Palmeral of Elche
- Roman Walls of Lugo 29
- Aranjuez Cultural Landscape
- Renaissance Monumental Ensembles of Úbeda and Baeza
- Vizcaya Bridge
- Ancient and Primeval Beech Forests of the Carpathians and Other Regions of Europe *
- Teide National Park
- Tower of Hercules
- Cultural Landscape of the Serra de Tramuntana
- Heritage of Mercury. Almadén and Idrija *
- Antequera Dolmens Site
- Caliphate City of Medina Azahara
- Risco Caido and the Sacred Mountains of Gran Canaria Cultural

Landscape

Sri Lanka

- Ancient City of Polonnaruwa
- Ancient City of Sigiriya
- Sacred City of Anuradhapura
- Old Town of Galle and its Fortifications
- Sacred City of Kandy
- Sinharaja Forest Reserve 30
- Golden Temple of Dambulla
- Central Highlands of Sri Lanka

Sudan

- Gebel Barkal and the Sites of the Napatan Region
- Archaeological Sites of the Island of Meroe
- Sanganeb Marine National Park and Dungonab Bay—Mukkawar
  Island Marine National Park

Suriname

- Central Suriname Nature Reserve
- Historic Inner City of Paramaribo

Sweden

- Royal Domain of Drottningholm
- Birka and Hovgården
- Engelsberg Ironworks
- Rock Carvings in Tanum
- Skogskyrkogården
- Hanseatic Town of Visby
- Church Town of Gammelstad, Luleå
- Laponian Area
- Naval Port of Karlskrona
- Agricultural Landscape of Southern Öland

- High Coast / Kvarken Archipelago *
- Mining Area of the Great Copper Mountain in Falun
- Grimeton Radio Station, Varberg
- Struve Geodetic Arc *
- Decorated Farmhouses of Hälsingland

Switzerland

- Abbey of St Gall
- Benedictine Convent of St John at Müstair
- Old City of Berne
- Three Castles, Defensive Wall and Ramparts of the Market-Town of Bellinzona
- Swiss Alps Jungfrau-Aletsch
- Monte San Giorgio *
- Lavaux, Vineyard Terraces
- Rhaetian Railway in the Albula / Bernina Landscapes *
- Swiss Tectonic Arena Sardona
- La Chaux-de-Fonds / Le Locle, Watchmaking Town Planning
- Prehistoric Pile Dwellings around the Alps *
- The Architectural Work of Le Corbusier, an Outstanding Contribution to the Modern Movement *

Syrian Arab Republic

- Ancient City of Damascus
- Ancient City of Bosra
- Site of Palmyra
- Ancient City of Aleppo
- Crac des Chevaliers and Qal'at Salah El-Din
- Ancient Villages of Northern Syria

Tajikistan

- Proto-urban Site of Sarazm

- Tajik National Park(Mountains of the Pamirs)

Thailand

- Historic City of Ayutthaya
- Historic Town of Sukhothai and Associated Historic Towns
- Thungyai-Huai Kha Khaeng Wildlife Sanctuaries
- Ban Chiang Archaeological Site
- Dong Phayayen-Khao Yai Forest Complex

Togo

- Koutammakou, the Land of the Batammariba

Tunisia

- Amphitheatre of El Jem
- Archaeological Site of Carthage
- Medina of Tunis
- Ichkeul National Park
- Punic Town of Kerkuane and its Necropolis
- Kairouan
- Medina of Sousse
- Dougga / Thugga

Turkey

- Göreme National Park and the Rock Sites of Cappadocia
- Great Mosque and Hospital of Divriği
- Historic Areas of Istanbul
- Hattusha: the Hittite Capital
- Nemrut Dağ
- Hierapolis-Pamukkale
- Xanthos-Letoon
- City of Safranbolu
- Archaeological Site of Troy
- Selimiye Mosque and its Social Complex

- Neolithic Site of Çatalhöyük
- Bursa and Cumalıkızık: the Birth of the Ottoman Empire
- Pergamon and its Multi-Layered Cultural Landscape
- Diyarbakır Fortress and Hevsel Gardens Cultural Landscape
- Ephesus
- Archaeological Site of Ani
- Aphrodisias
- Göbekli Tepe

Turkmenistan
- State Historical and Cultural Park "Ancient Merv"
- Kunya-Urgench
- Parthian Fortresses of Nisa

Uganda
- Bwindi Impenetrable National Park
- Rwenzori Mountains National Park
- Tombs of Buganda Kings at Kasubi

Ukraine
- Kiev: Saint-Sophia Cathedral and Related Monastic Buildings, Kiev-Pechersk Lavra
- L'viv—the Ensemble of the Historic Centre
- Struve Geodetic Arc *
- Ancient and Primeval Beech Forests of the Carpathians and Other Regions of Europe *
- Residence of Bukovinian and Dalmatian Metropolitans
- Ancient City of Tauric Chersonese and its Chora
- Wooden Tserkvas of the Carpathian Region in Poland and Ukraine *

United Arab Emirates
- Cultural Sites of Al Ain(Hafit, Hili, Bidaa Bint Saud and Oases Areas)

United Kingdom of Great Britain and Northern Ireland

- Castles and Town Walls of King Edward in Gwynedd
- Durham Castle and Cathedral
- Giant's Causeway and Causeway Coast
- Ironbridge Gorge
- St Kilda
- Stonehenge, Avebury and Associated Sites
- Studley Royal Park including the Ruins of Fountains Abbey
- Blenheim Palace
- City of Bath
- Frontiers of the Roman Empire * 31
- Palace of Westminster and Westminster Abbey including Saint Margaret's Church
- Canterbury Cathedral, St Augustine's Abbey, and St Martin's Church
- Henderson Island
- Tower of London
- Gough and Inaccessible Islands 32
- Old and New Towns of Edinburgh
- Maritime Greenwich
- Heart of Neolithic Orkney
- Blaenavon Industrial Landscape
- Historic Town of St George and Related Fortifications, Bermuda
- Derwent Valley Mills
- Dorset and East Devon Coast
- New Lanark
- Saltaire
- Royal Botanic Gardens, Kew
- Liverpool—Maritime Mercantile City
- Cornwall and West Devon Mining Landscape
- Pontcysyllte Aqueduct and Canal

- The Forth Bridge
- Gorham's Cave Complex
- The English Lake District
- Jodrell Bank Observatory

United Republic of Tanzania

- Ngorongoro Conservation Area 33
- Ruins of Kilwa Kisiwani and Ruins of Songo Mnara
- Serengeti National Park
- Selous Game Reserve
- Kilimanjaro National Park
- Stone Town of Zanzibar
- Kondoa Rock-Art Sites

United States of America

- Mesa Verde National Park
- Yellowstone National Park
- Everglades National Park
- Grand Canyon National Park
- Independence Hall
- Kluane / Wrangell-St. Elias / Glacier Bay / Tatshenshini-Alsek #*34
- Redwood National and State Parks
- Mammoth Cave National Park
- Olympic National Park
- Cahokia Mounds State Historic Site
- Great Smoky Mountains National Park
- La Fortaleza and San Juan National Historic Site in Puerto Rico
- Statue of Liberty
- Yosemite National Park #
- Chaco Culture
- Hawaii Volcanoes National Park #

- Monticello and the University of Virginia in Charlottesville
- Taos Pueblo
- Carlsbad Caverns National Park
- Waterton Glacier International Peace Park *
- Papahānaumokuākea
- Monumental Earthworks of Poverty Point
- San Antonio Missions
- The 20th-Century Architecture of Frank Lloyd Wright

Uruguay

- Historic Quarter of the City of Colonia del Sacramento
- Fray Bentos Industrial Landscape

Uzbekistan

- Itchan Kala
- Historic Centre of Bukhara
- Historic Centre of Shakhrisyabz
- Samarkand-Crossroad of Cultures
- Western Tien-Shan *

Vanuatu

- Chief Roi Mata's Domain

Venezuela(Bolivarian Republic of)

- Coro and its Port
- Canaima National Park
- Ciudad Universitaria de Caracas

Viet Nam

- Complex of Hué Monuments
- Ha Long Bay
- Hoi An Ancient Town
- My Son Sanctuary
- Phong Nha-Ke Bang National Park

- Central Sector of the Imperial Citadel of Thang Long-Hanoi
- Citadel of the Ho Dynasty
- Trang An Landscape Complex

Yemen
- Old Walled City of Shibam
- Old City of Sana'a
- Historic Town of Zabid
- Socotra Archipelago

Zambia
- Mosi-oa-Tunya/Victoria Falls # *

Zimbabwe
- Mana Pools National Park, Sapi and Chewore Safari Areas
- Great Zimbabwe National Monument
- Khami Ruins National Monument
- Mosi-oa-Tunya/Victoria Falls # *
- Matobo Hills

Notes

1. In 1979, the Committee decided to inscribe the Ohrid Lake on the World Heritage List under natural criteria(iii). In 1980, this property was extended to include the cultural and historical area, and cultural criteria(i)(iii)(iv) were added.

2. Extension of the "Australian East Coast Temperate and Subtropical Rainforest Park". name changed 2007 from 'Central Eastern Rainforest Reserves(Australia)'

3. Renomination of "Uluru-Kata Tjuta National Park" under cultural criteria.

4. The "Belfries of Flanders and Wallonia" which were previously inscribed on the World Heritage List, are part of the transnational property "The Belfries of Belgium and France".

5. Extension of "Jaú National Park".

6. Extension of the "Glacier Bay/Wrangell/St Elias/Kluane" property.

7. The "Burgess Shale" property, which was previously inscribed on the World Heritage List, is part of the "Canadian Rocky Mountain Parks".

8. Extension of "The Potala Palace and the Jokhang Temple Monastery, Lhasa" to include the Norbulingka area.

9. The "Belfries of Flanders and Wallonia" which were previously inscribed on the World Heritage List, are part of the transnational property "The Belfries of Belgium and France".

10. The "Chateau and Estate of Chambord", which was previously inscribed on the World Heritage List, is part of the "Loire Valley between Sully-sur-Loire and Chalonnes".

11. The "Hadrian's Wall" which was previously inscribed on the World

Heritage List, is part of the transnational property "Frontiers of the Roman Empire".

12. At the time the property was extended, cultural criterion(iv) was also found applicable.

13. The "Brihadisvara Temple, Tanjavur", which was previously inscribed on the World Heritage List, is part of the "Great Living Chola Temples".

14. At the time the property was extended, cultural criterion(iv) was also found applicable.

15. At the time the property was extended, criteria(iii) and(v) were also found applicable.

16. The Committee decided to extend the existing cultural property, the "Temple of Ggantija", to include the five prehistoric temples situated on the islands of Malta and Gozo and to rename the property as "The Megalithic Temples of Malta".

17. The Westland and Mount Cook National Park and the Fiordland National Park, which were previously inscribed on the World Heritage List, are part of the "Te Wahipounamu–South West New Zealand".

18. In 1979, the Committee decided to inscribe the Ohrid Lake on the World Heritage List under natural criteria(iii). In 1980, this property was extended to include the cultural and historical area, and cultural criteria(i)(iii)(iv) were added.

19. The "Convent Ensemble of San Francisco de Lima", which was previously inscribed on the World Heritage List, is part of the "Historic Centre of Lima".

20. Extension de 《Sites d'art rupestre préhistorique de la vallée de Côa》,

Portugal

21. Extension of "Biertan and its Fortified Church".

22. At the time the property was extended, natural criterion(iv) was also found applicable.

23. Extension of the "Alhambra and the Generalife, Granada", to include the Albayzin quarter.

24. Extension of the "Mosque of Cordoba".

25. The property "Parque Güell, Palacio Güell and Casa Mila in Barcelona", previously inscribed on the World Heritage List, is part of the "Works of Antoni Gaudí".

26. Extension of the "Churches of the Kingdom of the Asturias", to include monuments in the city of Oviedo.

27. Extension of the "Mudejar Architecture of Teruel".

28. Extension de 《Sites d'art rupestre préhistorique de la vallée de Côa》, Portugal

29. Following a survey of ownership carried out in the late 1960s, ownership of the totality of the walls was vested in 1973 in the Spanish State, through the Ministry of Education and Science. It was transferred to the Xunta de Galicia by Royal Decree in 1994. The Spanish Constitution reserves certain rights in relation to the heritage to the central government. However, these are delegated to the competent agencies in the Autonomous Communities, in this case the Xunta de Galicia. For the Lugo walls the Xunta is in the position of both owner and competent agency. Under the Galician Heritage Law the Xunta is required to cooperate with the municipal authorities in ensuring the protection and conservation of listed monuments, and certain functions are delegated down to them. The Xunta operates

through its General Directorate of Cultural Heritage(Dirección General de Patrimonio Cultural), based in Santiago de Compostela. The Master Plan for the Conservation and Restoration of the Roman Walls of Lugo(1992) covered proposals for actions to be taken in respect of research and techniques of restoration. This was followed in 1997 by the Special Plan for the Protection and Internal Reform of the Fortified Enceinte of the Town of Lugo, which is concerned principally with the urban environment of the historic town. However, it has a direct impact on the protection afforded to the walls, in terms of traffic planning, the creation of open spaces, and regulation of building heights. Another planning instrument which affects the walls is the Special Plan for the Protection of the Miño [river], approved by the municipality at the beginning of 1998. There is at the present time no management plan sensu stricto for the walls in operation in Lugo: work is continuing on the basis of the 1992 plan. Nor is there a technical unit specifically responsible for the conservation and restoration of the walls. It is against this background that serious consideration is being given to the creation of an independent foundation, under royal patronage and with representatives from government, academic, voluntary, and business institutions, to work with the General Directorate of Cultural Heritage of Galicia. The work plan of this body would include the development and implementation of integrated conservation, restoration, and maintenance programmes.

30. The WH area is managed directly by the Divisional Forest Officer from the Forest Dept. A national steering Committee co-ordinates institutions for Sinharaja as a National Wilderness Area, Biosphere

Reserve(1988), and WH site. There are two management plans, prepared in 1985/86 and 1992/94, which emphasise conservation, scientific research, buffer zone management, benefit-sharing, and community participation.

31. The "Hadrian's Wall" which was previously inscribed on the World Heritage List, is part of the transnational property "Frontiers of the Roman Empire".

32. Extension of "Gough Island Wildlife Reserve".

33. (renomination under cultural criteria)

34. Extension of the "Glacier Bay/Wrangell/St Elias/Kluane" property.

 * : transboundary property

 # : As for 19 Natural and Mixed Properties inscribed for geological values before 1994, criteria numbering of this property has changed. See Decision 30.COM 8D.1

이들은 유네스코의 세계문화유산 목록 웹사이트 [URL: http://whc.unesco.org/en/list/#transboundary]를 통해 확인하였다.